Ungeschickt

Ulrich Breuer

Ungeschickt

Eine Fallgeschichte der deutschen Literatur

BRILL | WILHELM FINK

Die Arbeiten an diesem Buch wurden durch ein *Zielgerade*-Fellowship des Gutenberg-Forschungskollegs der Johannes Gutenberg-Universität Mainz gefördert.

Umschlagabbildung: Johannes Breuer, Weimar

Bibliografische Information der Deutschen Nationalbibliothek

Die Deutsche Nationalbibliothek verzeichnet diese Publikation in der Deutschen Nationalbibliografie; detaillierte bibliografische Daten sind im Internet über http://dnb.d-nb.de abrufbar.

www.fink.de

Einbandgestaltung: Evelyn Ziegler, München
Herstellung: Brill Deutschland GmbH, Paderborn

ISBN 978-3-7705-6103-2 (hardback)
ISBN 978-3-8467-6103-8 (e-book)

Ich sah ~~bis in~~ in die Vergangenheit bis in den mit Bären bevölkerten Deutschen Urwald hinein.

Friedrich Hebbel

Inhalt

VIERTER TEIL
Tanzbären / 1704–1789

FÜNFTER TEIL
Hampelmänner / 1791–1815

SECHSTER TEIL
Tollpatsche / 1814–1894

SIEBTER TEIL
Ernstfälle / 1893–1942

ACHTER TEIL
Reinfälle / 1944–1990

NEUNTER TEIL
Abgestürzte / 1990–2018

ZEHNTER TEIL
... usw. – Kurzer Schluss

ERSTER TEIL

Schön ungeschickt – Lange Einleitung

I

Aus dem Takt geraten

Stoße Dich nur nicht an der Ecke des Worts
Friedrich Schlegel

In seinen Roman *Die Obstdiebin* hat Peter Handke ein kleines Loblied auf einen Fußballspieler eingefügt. Es feiert das Ungeschick, eingebettet in eine Poetik der partiellen Abwesenheit. Der Bruder der Titelheldin ist angetan von der Spielweise des Argentiniers Javier Pastore, der 2017 für Paris Saint-Germain auflief. Die Spielweise fasziniert ihn, weil sie große Anmut mit ebenso großer Ungeschicklichkeit verbindet. Außerordentlich präzise Pässe wechseln ab mit stümperhaften Ballverlusten. In beiden Fällen weiß der Spieler nicht, wie ihm geschieht. Auch seine Mitspieler werden von seinen Handlungen überrascht; sie verstehen ihn gut, aber nicht immer. Der Erzähler resümiert: „Wunderbares zu schaffen" und zugleich „neben sich selber zu stehen", dem, was geschieht, Tür und Tor zu öffnen, das sei „gewaltig".[1]

Für eine Studie zur Ungeschicklichkeit in der deutschen Literatur ist das kein schlechter Start. Die Anekdote verdeutlicht, dass es bei der Ungeschicklichkeit um ein halbbewusstes, gleichsam präreflexives Geschehen geht. Es kann sich als Selbstvergessenheit zeigen (neben sich stehen), jemandem widerfahren und irreguläre Handlungen veranlassen (Ballverluste). Das stempelt das Subjekt dieser Handlungen nur zu leicht zum Idioten, der nicht weiß, wie man es macht. Die Episode zeigt aber auch, dass Ungeschicklichkeit nicht nur als peinliche Panne, sondern im dynamischen Verbund mit ihrem Gegenteil und mit einer Portion Risikobereitschaft auch als faszinierende Form des Umgangs mit dem Latenten und Unverfügbaren verstanden werden kann (Wunderbares schaffen). Als

1 Peter Handke: Die Obstdiebin oder Einfache Fahrt ins Landesinnere. Berlin 2017, S. 536.

 | DOI:10.30965/9783846761038_002

„prekärer Balanceakt“[2] gehört sie dann zu jenen kleinen und niederschwelligen, auf den ersten Blick unscheinbaren Anstößen mit erheblicher Wirkung, durch die Biographen und Historiker in Brot und Arbeit gesetzt werden.[3] Und schließlich erlaubt es die Episode, die Ungeschicklichkeit mit raffinierten, ansprechenden und klugen Formen des Handelns zu verbinden, zu denen neben dem Fußball auch die Kunst und unter den Künsten die Literatur gehört.

Während das Ungeschick als Problem der Praxis die Regeln sichtbar macht, deren Befolgung in einer Situation üblicherweise erwartet wird, erscheint es in der Kunst und speziell in der Literatur lediglich als Nuance, in älterer Terminologie auch diminuiert zum Zug[4]. Man hat die Nuance *„das, was danebengeht*, was mißlingt,“[5] genannt. Als literarische Nuance, als Abstufung, Abschattung und Differenzierung im Kosmos der Texte, ist Ungeschicklichkeit aber potenziell schön. In jedem Fall führt sie den latenten, ebenso unverfügbaren wie inkommensurablen Hinter- und Untergrund mit, vor dem sich das Schöne und Gelungene allererst konstituieren kann. Damit ist sie eine Statthalterin der möglichen Wirklichkeiten in der Welt der wirklichen Möglichkeiten, eine Anwältin realer Unschärfen im Reich scheinbarer Klarheit und vielleicht auch der dunkle Spiegel jeder außerordentlichen Leistung. Wenn also Ungeschicklichkeit literarisch thematisiert oder prozessiert wird, dann spricht

---

2 Günter Oesterle: Fünf Fallskizzen zum Ungeschickten. In: Christopher Busch/Till Dembeck/Maren Jäger (Hg.): Ichtexte. Beiträge zur Philologie des Individuellen. Paderborn 2019, S. 13–20, hier S. 20.

3 Als locus classicus am Beginn der Doppelbiographie Alexander/Cäsar bei Plutarch: Von großen Griechen und Römern. Fünf Doppelbiographien (zuerst ab 96). Übers. von Konrad Ziegler und Walter Wuhrmann. München 1991, S. 39–211, hier S. 41. Pointiert spricht Blaise Pascal: Über die Religion und einige andere Gegenstände (zuerst 1669). Übers. von Ewald Wasmuth. Frankfurt a. M. 1987, S. 91, vom „Ich-weiß-nicht-was, das so wenig ist, daß man es kaum fassen kann“ und das dennoch „die Erde, die Fürsten, die Heere, die ganze Welt in Bewegung“ setzt.

4 Vgl. Elisabeth Frenzel: Stoff-, Motiv- und Symbolforschung. 4., durchges. und erg. Aufl. Stuttgart 1978, S. 29 und S. 44 f.

5 So, im Anschluss an Maurice Blanchot, Roland Barthes: Die Vorbereitung des Romans. Vorlesung am Collège de France 1978–1979 und 1979–1980. Hg. von Éric Marty. Übers. von Horst Brühmann. Frankfurt a. M. 2008, S. 94.

die Literatur zugleich über die Voraussetzungen ihrer Attraktivität, über ihren Glanz und in Deutschland auch über ihren Fall.

Will man das schärfer fassen, dann ist eine brauchbare Bestimmung der Ungeschicklichkeit nötig. Sie kann ihren Ausgang vom Wort und seiner Geschichte nehmen, darf dabei aber nicht stehen bleiben. Konvergieren muss sie auf den Begriff.

Der Form nach ist das Wort *Ungeschicklichkeit* ein komplex komponiertes Nomen mit femininem Genus, das über der Basis *schick-* aufgebaut ist. Die Basis findet sich auch im schwer befrachteten *Schicksal*, zu dem es hintergründige, schwierig zu explizierende Beziehungen unterhält. Abgeleitet wurde *Ungeschicklichkeit* im Frühneuhochdeutschen aus dem mittelhochdeutschen Adjektiv *ungeschicket*, das zunächst ‚missgestaltet' (im Sinne von „übel gemacht, bereitet"[6]), dann auch ‚ungerüstet, ungeordnet, unpassend' sowie, bezogen auf Verhaltenserwartungen, ‚ungebührlich' bedeutete.[7] Das Adjektiv wiederum geht über das Partizip Präteritum des Verbs *schicken* vermutlich auf *schëhen* (‚schnell dahin fahren, jagen, rennen, eilen'[8]) zurück. Trifft das zu, dann unterliegt der Ungeschicklichkeit eine Bewegungshemmung, ein Stocken und plötzliches Innehalten.

Im Laufe der Sprachentwicklung ist die Bedeutung von *ungeschickt* in mehreren Stufen verengt und subjektiviert worden. Das ist im *Deutschen Wörterbuch* der Brüder Grimm ausführlich dokumentiert.[9] Grob gesagt verläuft die Wortgeschichte von der älteren, pragmatisch-poetischen Bedeutungsposition ‚übel gemacht'[10], die sich gleichermaßen auf Gegenstände und Personen beziehen konnte und eine böswillige Instanz voraussetzt, über die

6 Jacob und Wilhelm Grimm: Deutsches Wörterbuch. Bd. 11. Abt. III. Leipzig 1936, Sp. 840.

7 Matthias Lexer: Mittelhochdeutsches Taschenwörterbuch. 6. Aufl. Stuttgart 1981, S. 252.

8 Vgl. Wilhelm Müller: Mittelhochdeutsches Wörterbuch. Bd. 2. Abt. 2. Leipzig 1866, S. 118.

9 Grimm: Deutsches Wörterbuch. Bd. 11 (s. Anm. 6), Sp. 840–845.

10 Lexikographisch früh kodifiziert bei Josua Maaler: Die Teütsch spraach. Zürich 1561, Bl. 462^{v}: „übel gemacht vnnd geordnet".

frühneuhochdeutsche, attributiv und relational zu verwendende Position ‚unpassend, ungeeignet, unfähig' (für bzw. zu etwas), zur aktuellen, ausschließlich auf Personen bezogenen Bedeutung, die auch ohne nähere Bestimmung gewissermaßen existenziell gebraucht werden kann (*ungeschickt sein*) und sich in alltagspraktischer Perspektive auf die mangelhafte motorische oder soziale Agilität von Individuen bezieht.[11] Gegen Ende der Frühen Neuzeit war das Bedeutungsspektrum noch recht breit, da die älteren Positionen noch und die aktuellen schon zur Verfügung standen.[12] Heute hat sich die Bedeutung des Adjektivs *ungeschickt* auf individuelles Fehlverhalten verengt und umfasst dabei (im Sinne von „nicht geschickt; linkisch, unbeholfen") in erster Linie das motorische, insbesondere das manuelle Verhalten, daneben (im Sinne von „nicht, wenig gewandt") auch weiterhin das Interaktionsverhalten.[13] In der Gesellschaft der Singularitäten ist jeder Ungeschickte tendenziell ein Idiot. Das gilt freilich nur für das Standarddeutsche, denn regional, besonders im Süddeutschen, werden die älteren, nicht auf Personen, sondern auf Dinge und Ereignisse bezogenen Positionen „unpraktisch, wenig handlich" und „zu einem unpassenden Zeitpunkt" weitergeführt.[14]

Geht man vom Wort zum Begriff über, so empfiehlt sich der Anschluss an den aktuellen Stand der Wortbedeutung. Nur so ist gewährleistet, dass eine Geschichte der Ungeschicklichkeit einer breiten Gegenwart[15] auch ‚etwas zu sagen hat'. Der Hinweis auf die Wortgeschichte und ihre metaphorischen Implikationen verdeutlicht aber als eine Art Warnsignal, dass ab einer bestimmten historischen Tiefe im

11 Vgl. am Beispiel von *geschickt* in kondensierter Form auch Hermann Paul: Deutsches Wörterbuch. Bedeutungsgeschichte und Aufbau unseres Wortschatzes. 10., überarb. und erw. Aufl. von Helmut Henne, Heidrun Kämper und Georg Objartel. Tübingen 2002, S. 402, sowie am Beispiel von *Geschick* Wolfgang Pfeifer: Etymologisches Wörterbuch des Deutschen. 2., durchges. und erg. Aufl. Berlin 1993, S. 346 f.

12 Vgl. Paul: Deutsches Wörterbuch (s. Anm. 11), S. 1061.

13 Duden. Deutsches Universalwörterbuch. 6., überarb. und erw. Aufl. Hg. von der Dudenredaktion. Mannheim/Leipzig/Wien/Zürich 2007, S. 1763.

14 Ebd.

15 Im Sinne von Hans Ulrich Gumbrecht: Unsere breite Gegenwart. Übers. von Frank Born. Berlin 2010.

Verbreitungsbereich der deutschen Literatur erhebliche Differenzen zwischen Wort und Begriff auftreten werden. Geht man noch weiter zurück, etwa ins Mittelalter, so werden beide nichts mehr miteinander zu tun haben. Daher ist es nötig, die Literaturgeschichte der Ungeschicklichkeit mit der historischen Semantik des Ausdrucks zu verschränken.

Anknüpfend an den aktuellen Stand der Wortbedeutung lässt sich der Bezug auf Objekte aber zunächst zurückstellen und die Ungeschicklichkeit den Verhaltensweisen zuordnen. Darunter versteht die Verhaltensbiologie funktionale Einheiten, die aus distinkten Elementen zusammengesetzt sind[16] und der Lösung von Adaptionsproblemen eines Organismus an seinen Lebensraum dienen.[17] Die Verhaltensweise des Fressens etwa setzt sich aus Greif-, Beiß-, Kau- und Schluckbewegungen zusammen. Verhaltensweisen können sich ihrerseits zu Verhaltensmustern verbinden, aus denen sich schließlich das Verhaltensrepertoire (das Ethogramm) einer biologischen Art ergibt. Bei der Ungeschicklichkeit geht es nun um die Art und Weise der Ausführung von Verhaltensweisen: Sie kann schleppend oder schnell, fließend oder ruckartig und eben auch geschickt oder ungeschickt erfolgen. Die Beispiele zeigen, dass der Ausführungsmodus (allerdings nur in einem physiologisch vorgegebenen Rahmen) skalierbar ist, wobei die Ausschläge im hier interessierenden Fall vom unauffälligen Standardmodus hin zu den beiden hochgradig auffälligen Extremwerten einer perfekten und einer defizitären Ausführung erfolgen können. Geschickt ist dann die auffallend gelungene, ungeschickt dagegen die auffallend defizitäre Ausführung einer beobachtbaren Verhaltensweise. In der Regel handelt es sich dabei um eine Bewegungsabfolge.

Da es hier freilich um kulturelle Aspekte der Ungeschicklichkeit geht, zu denen neben der Körpermotorik auch das Interaktionsverhalten gehört, muss die verhaltensbiologische Bestimmung in

16 Hansjörg Hemminger/Evelin Kirkilionis: Verhaltensweise. In: Lexikon der Biologie. Hg. von Robert Huber und Hubert Ziegler. Bd. 14. Heidelberg 2004, S. 181.

17 Peter Kappeler: Verhaltensbiologie. 4., korr. Aufl. Berlin/Heidelberg 2014, S. 5 f.

eine kulturwissenschaftlich anschlussfähigere Terminologie transformiert werden. Dafür bietet sich in einem ersten Schritt ein Rückgriff auf Wittgensteins *Philosophische Untersuchungen* an. Mit ihnen lässt sich die Ungeschicklichkeit als Ausführungs- oder Performanzfehler bestimmen. Im Unterschied zum Unfall oder zur Katastrophe, denen schwere Ausführungsfehler zugrunde liegen können, handelt es sich bei der Ungeschicklichkeit um einen leichten Fehler, gewissermaßen um einen Clinch „mit dem Bagatell"[18]. Während jedoch Wittgenstein bei Ausführungsfehlern an die Ausführung von Sprachspielen und ihre Regeln denkt und diese dann als „Praxis" bezeichnet,[19] wird hier von der Ausführung motorischer und sozialer Routinen ausgegangen. Anders als soziale Regeln garantieren Routinen durch Habitualisierung Gewissheit und ermöglichen dadurch Entlastung.[20] Als mehr oder weniger überlebenswichtige Handlungsschemata sind sie „stabil disponibel"[21] und als Gewohnheiten konstituieren sie in elementarer Weise Sozialität.[22] Mit dem Begriff der Routinen wird der Regelbegriff Wittgensteins abgeschwächt. Zugleich bleibt es möglich, dass Routinen aus Regeln und umgekehrt auch Regeln aus Routinen entstehen können. In jedem Fall verweisen Routinen ins „Vorformatierte und im Vollzug nur Halbbewusste der Kultur"[23]. Ungeschickt ist dann die fehler-

18 Friedrich Theodor Vischer: Auch Einer. Eine Reisebekanntschaft (zuerst 1879). Hg. von Otto Borst. Frankfurt a. M. 1987, S. 27.

19 Ludwig Wittgenstein: Philosophische Untersuchungen (zuerst 1953). In: ders.: Werkausgabe. Bd. 1. Frankfurt a. M. 1984, S. 225–580, hier S. 345.

20 Vgl. Philipp Sarasin: Routine. In: Ute Frietsch/Jörg Rogge (Hg.): Über die Praxis des kulturwissenschaftlichen Arbeitens. Ein Handwörterbuch. Bielefeld 2013, S. 352–357, hier S. 355.

21 Manfred Sommer: Von der Bildfläche. Eine Archäologie der Lineatur. Berlin 2016, S. 181.

22 Vgl. Friedrich Schlegel: Studien des Alterthums. In: Kritische Friedrich-Schlegel-Ausgabe. Hg. von Ernst Behler u. a. Bd. 15.3. Paderborn u. a. 2020, S. 83–163, hier S. 153: „Das älteste Organ d Vereinigung unter Menschen ist d Gebrauch, als Gesetzmäßiges Gleichförmiges im Sinnlichen, in äußrer Handlung."

23 Sarasin: Routine (s. Anm. 20), S. 356. Aus der Perspektive der Klugheitslehre hat man Gewohnheiten als „gekonntes Tun" und in kritischer Absicht als „ein Gespenstiges, das im Körper sitzt", bezeichnet; Emanuel Seitz: List und Form. Über Klugheit. Frankfurt a. M. 2019, S. 25 und S. 31.

hafte Ausführung dieses Vorformatierten und Latenten. ‚Automatisch', ohne darüber nachzudenken, geht man davon aus, dass eine Routine auch beim nächsten Mal reibungslos abläuft, man verfügt auch über die nötigen Voraussetzungen dafür (oder dachte es zumindest), aber dennoch misslingt es in einem konkreten Fall, zu tun was zu tun gewesen wäre: Der Ball springt vom Fuß, statt den Mitspieler zu erreichen, man beginnt zu essen, statt auf die anderen zu warten, und der etwas zu derbe Witz erzeugt Verlegenheit, statt die Gastgeber zu erheitern.

Das Skandalon der Ungeschicklichkeit ist die Unbestimmtheit ihres Grundes. Zugleich liegt darin ihr Faszinosum. Zwar ist derjenige, dem sie zustößt, auch für sie verantwortlich, ihn trifft aber keine Schuld. Das folgt aus der präreflexiven Struktur ungeschickten Handelns, seinem Widerfahrnischarakter.[24] Rechtfertigungsversuche von Schusseln und Trampeln laufen daher ins Leere.[25] Belegen lässt sich das schon durch die Standardformeln, mit denen man den Grund des Performanzfehlers zu fassen versucht: Da kommt etwas dazwischen; man weiß nicht, wie einem geschieht; und vor allem hat man es nicht gewollt. Die Beschäftigung mit der Ungeschicklichkeit ist eine Beschäftigung mit diesem sehr agilen, aber etwas unheimlichen ‚Es', das im Phraseologismus „Ungeschickt lässt grüßen" oder im *Wunderhorn*-Lied *Das bucklige Männlein* auch als Akteur mit dämonischen Zügen auftreten kann. Es macht sich im Alltag störend bemerkbar, erregt Aufmerksamkeit und kann daher nur mit Mühe unter den Teppich gekehrt werden. Die Geschichte der leichten Performanzfehler, zu denen prominent die Ungeschicklichkeit gehört, ist insofern die Geschichte einer unbestimmten

24 Bernhard Waldenfels: Platon. Zwischen Logos und Pathos. Berlin 2017, S. 10, hat das Widerfahrnis im griechischen Verständnis als Pathos rekonstruiert: „Das Pathos kommt nicht einfach früher, sondern zu früh. Ein Pathos, das erstaunlich, aber auch erschreckend auftritt, nimmt uns das Wort aus dem Mund; es bewirkt, daß uns mit einem Male Hören und Sehen vergeht und der Lebensatem stockt."

25 Vgl. Maria-Sybilla Lotter: Der Mensch, ein Trampeltier. Moralische Verantwortung von Schusseln. In: Nino Tomaschek/Andreas Streinzer (Hg.): Verantwortung. Über das Handeln in einer komplexen Welt. Münster/New York 2014, S. 15–22.

Störung, einer latenten Irritation und Aberration, einer idiotischen ‚Mikroverletzung'[26], deren Ursachen kaum zu greifen und deren Auswirkungen schwer zu kontrollieren sind. Weil das so ist, kann es auch von Vorteil sein, sich mit dem Kleinen und Unbedeutenden zu verbünden und die dadurch auszulösenden Irritationen geschehen zu lassen oder gar gezielt herbeizuführen. Das ist der Fall von Kunst und Literatur.

Mit der Bestimmung der Ungeschicklichkeit als geringfügiger Performanzfehler ohne bestimmbaren Grund und der Beziehung dieses Fehlers auf Verhaltensroutinen nähert sich die vorliegende Studie einem kulturwissenschaftlichen Forschungskontext, dem es um die Erkundung der Praxis geht. Charakteristisch für diese Forschungsrichtung ist ein ausgeprägtes Interesse an kulturellen Routinen und der Beschreibung ihrer internen Logik.[27] Es wird davon ausgegangen, dass Handlungen grundsätzlich kontingent sind und daher auch misslingen können. Durch misslingende Handlungen wird die kulturelle Praxis zwar gefährdet, sie wird durch sie aber nicht beseitigt, sondern lediglich verändert und teils auch bereichert. Die Bereicherungsthese, die aus der Praxeologie im engeren Sinne wieder herausführt und auch nach kulturellen Innovationen fragt, ist vehement von Nietzsche, Foucault und der Dekonstruktion vertreten worden. Demnach benötigt die kulturelle Praxis für ihren Fortbestand Impulse, die sie infrage stellen und partiell außer Kraft setzen.[28] Zu ihnen gehören auch Irrtümer und Ausführungsfehler. Neuere Beiträge zu diesem Forschungsfeld sprechen vorsichtiger und analytisch trennschärfer von Fehlern im System und ihren

26 Vgl. Karl-Siegbert Rehberg: Der ‚Fehltritt' als Heuristik bedrohter Integrität. Über Mikroverletzungen institutioneller Handlungsordnungen. In: Peter von Moos (Hg.): Der Fehltritt. Vergehen und Versehen in der Vormoderne. Köln/Weimar/Wien 2001, S. 419–446, hier S. 419.

27 Vgl. etwa am Beispiel der Wissenschaft Ute Frietsch: Praxeologie der Wissenschaften. In: Frietsch/Rogge (Hg.): Über die Praxis des kulturwissenschaftlichen Arbeitens (s. Anm. 20), S. 311–317.

28 Vgl. Christian Lavagno: Jenseits der Ordnung. Versuch einer philosophischen Ataxiologie. Bielefeld 2012, S. 25 f., sowie S. 44 f.

produktiven Effekten für unterschiedliche Kulturen.[29] Neben dem Rahmenbegriff des Systems hat sich als Leitkonzept des Misslingens mittlerweile der Begriff der Störung durchgesetzt. Entsprechende Arbeiten mit system-, kommunikations- und medientheoretischer Ausrichtung, insbesondere in der Soziologie[30], aber auch in der Neurobiologie[31] und der Wissenspoetik[32], verbindet die Entscheidung, Störungen nicht nur als dysfunktional aufzufassen, sondern ihnen auch „eine produktive und gleichsam stabilisierende Bedeutung" zuzuschreiben.[33]

Auch die vorliegende Arbeit ordnet sich der kulturwissenschaftlichen Störungsforschung zu. Sie versteht die Störung im weitesten Sinne als „Negation des Systems im System"[34] und fasst die Ungeschicklichkeit analog als schwache, latent wirksame Form einer Negation der Praxis in der Praxis auf. Erst wenn der Alltag gestört wird, sieht man, in welchem Maße er an Routinen und Normen gebunden und als Leistungsstruktur organisiert ist. Zugleich liegen in der Störung und den von ihr ausgehenden Benennungs- und Verarbeitungsappellen die Potenziale für kulturelle und ästhetische Innovationen.[35]

29 Vgl. Felix Philipp Ingold/Yvette Sánchez (Hg.): Fehler im System. Irrtum, Defizit und Katastrophe als Faktoren kultureller Produktivität. Göttingen 2008; ähnlich Otto Neumaier (Hg.): Was aus Fehlern zu lernen ist in Alltag, Wissenschaft und Kunst. Berlin 2010.

30 Dirk Baecker: Organisation und Störung. Aufsätze. Frankfurt a. M. 2011.

31 Vgl. etwa Gerhard Neuweiler: Und wir sind es doch – die Krone der Evolution. Berlin 2008, S. 202.

32 Vgl. z. B. Lars Koch/Christer Petersen/Joseph Vogl (Hg.): Störfälle. Bielefeld 2011.

33 Carsten Gansel/Norman Ächtler: Das ‚Prinzip Störung' in den Geistes- und Sozialwissenschaften – Einleitung. In: dies. (Hg.): Das ‚Prinzip Störung' in den Geistes- und Sozialwissenschaften. Berlin/Boston 2013, S. 7–13, hier S. 13.

34 Vgl. Dirk Baecker: Vorwort. In: ders.: Organisation und Störung (s. Anm. 30), S. 7–10, hier S. 7.

35 Aus phänomenologischer Perspektive hat Waldenfels: Platon (s. Anm. 24), S. 12, dafür den Begriff des Hyperphänomens vorgeschlagen: „Alles, was ist, ist mehr, als es ist. Dieses Mehr entspricht einer Ordnung, die nicht in sich selbst ruht, sondern Momente des Außerordentlichen und Fremdartigen aus sich entläßt und in sich einläßt."

Eine kulturwissenschaftliche Theorie der Ungeschicklichkeit kann auf Vorarbeiten zurückgreifen. Sieht man sie sich näher an, so lassen sie sich zwei Gruppen zuordnen. Die eine konzentriert sich auf das modernetypische Phänomen der motorischen Ungeschicklichkeit,[36] die andere interessiert sich eher für das schon in der Frühen Neuzeit, vor allem im Rahmen der Rhetorik diskutierte Phänomen des ungeschickten Interaktionsverhaltens, kurz gesagt: für die soziale Ungeschicklichkeit.

Innerhalb der Forschung zur motorischen Ungeschicklichkeit lassen sich zwei Phasen unterscheiden, wobei der Übergang von der ersten zur zweiten in den 1950er Jahren erfolgt. Erstmals begann man sich im Fin de Siècle aus kulturphilosophischer und tiefenpsychologischer Perspektive für das Problem der motorischen Ungeschicklichkeit zu interessieren. Nachdem der Philosoph Henri Bergson im Jahr 1900 motorische Ungeschicklichkeiten im Alltagsverhalten als Ausdruck einer mechanischen Versteifung der Gesellschaft gedeutet hatte, die als abwehrende Gegenreaktion die „soziale Geste“[37] des Lachens provoziere, wurden sie 1901 von Sigmund Freud den „kleinen Funktionsstörungen des täglichen Lebens Gesunder“ zugerechnet und als „symbolische Darstellung“ unbewusster Gedanken und Absichten bestimmt.[38] In den 1950er Jahren ist dann die motorische Ungeschicklichkeit, in entschiedener Distanzierung von Freuds Verdachtshermeneutik, aus verhaltenspsychologischer Perspektive und mit den Mitteln der Phänomenologie als „Bruch zwischen Mensch und Umgebung“[39] beschrieben worden. In der Art und Weise des

---

36 Zwar führt schon Maaler: Die Teütsch spraach (s. Anm. 10), Bl. 463v, im 16. Jhdt. das Belegbeispiel *„Ein Ungeschickt unordentlich ungestaltig dantzen.* Inconditus motus“ an, doch ist hier der Tanz noch Bestandteil des Interaktionsverhaltens. Einen Eigenwert erhält die motorische Ungeschicklichkeit erst am Anfang des 18. Jhdts. Bei Matthias Kramer: Das herrlich-Große Teutsch-Italiânische Dictionarium. Bd. 2. Nürnberg 1702, S. 512, wird etwa *ungeschickt* durch „plump, Grob, Esel, Baur“ erläutert.

37 Henri Bergson: Das Lachen. Ein Essay über die Bedeutung des Komischen (zuerst 1900). Übers. von Roswitha Plancherel-Walter. Hamburg 2011, S. 67.

38 Sigmund Freud: Zur Psychopathologie des Alltagslebens (Über Vergessen, Versprechen, Vergreifen, Aberglaube und Irrtum). Berlin 1904, S. 55 f.

39 Louise Willemina Koch: Zur Phänomenologie der motorischen Ungeschicklichkeit. Wageningen 1955, S. 41. Die Arbeit interessiert sich auch für die

Verhaltens werde das Anforderungsprofil einer Situation verfehlt. Der Situationsbruch werde umso wahrscheinlicher, desto schwerer einem die auszuführende Routinehandlung falle.[40] Ungeschicklichkeit wird dabei als skalierbar[41] und grundsätzlich produktiv[42] begriffen; sie ist „wesentlich etwas Ungewolltes“[43], für das man dennoch verantwortlich ist und zu dem man sich wiederum geschickt oder ungeschickt verhalten kann.[44] Letztlich geht es dabei um die Optimierung von Arbeitsleistungen unter den Bedingungen automatisierter Serienproduktion.

In den sechziger Jahren trat die Forschung zur motorischen Ungeschicklichkeit in eine zweite Phase ein. Das Interesse am Alltag und der Arbeitswelt gesunder Erwachsener ging zurück und man konzentrierte sich stattdessen auf Kinder und Jugendliche. Zugleich wurde die Forschung nun stärker empirisch angelegt. Die entscheidenden Impulse gingen von der philosophischen Anthropologie und der Motopädie aus. 1961 hielt der Philosoph und Anthropologe Helmuth Plessner im Rückgriff auf Forschungsergebnisse der Biologie fest, dass viele Jungtiere im Laufe ihrer Entwicklung ihren Bindungstrieb vom Muttertier auf die Umwelt verlagern und dabei ihre noch unfertige Motorik einüben. Es komme zu Spielhandlungen, in denen sich die „Unfertigkeit, Ungerichtetheit und Ungeschicklichkeit“[45] jugendlichen Verhaltens zeige. Beim Menschen ist die

---

Phänomenologie des Lernens und mündet in Vorschläge zur Steigerung der Arbeitsrentabilität in der industriellen Produktion. Sie werde in dem Maße gesteigert, in dem „der Mensch in seiner Situation engagiert ist“; ebd., S. 70. Ähnlich, wenn auch mit vordergründig anderer Intention, Hartmut Rosa: Unverfügbarkeit. 2. Aufl. Wien/Salzburg 2019, S. 63.

40 Koch: Zur Phänomenologie der motorischen Ungeschicklichkeit (s. Anm. 39), S. 32.

41 Ebd., S. 20; vgl. S. 42: „Ungeschicklichkeit bedeutet Unfähigkeit, aber keine vollständige.“

42 Ebd. Die Begründung lautet, dass jede Form menschlichen Handelns schöpferisch und keine Situation vollständig fremd sei.

43 Ebd., S. 48.

44 Ebd., S. 50.

45 Helmuth Plessner: Die Frage nach der Conditio humana (zuerst 1961). In: ders.: Die Frage nach der Conditio humana. Aufsätze zur philosophischen Anthropologie. Frankfurt a. M. 1976, S. 7–81, hier S. 35.

Jugendphase erheblich verlängert, woraus sich spezifische Chancen bis hin zum lebenslangen ästhetischen Spiel ergeben.[46] Für die Ungeschicklichkeit folgt daraus eine perspektivische Nobilitierung. Zumindest in Kindheit und Jugend kann sie als erwartbarer Normalfall, zusammen mit dem Spiel aber auch als lebenslanger Ausgangspunkt innovativen Verhaltens in institutionalisierten Segmenten wie der Kunst oder den Wissenschaften aufgefasst werden.

Die in den fünfziger Jahren von dem Sportpädagogen Ernst J. Kiphard begründete Motopädie hat sich parallel dazu für die motorische Ungeschicklichkeit von Kindern interessiert. Damit traten die kulturell produktiven Aspekte des Phänomens in den Hintergrund. Stattdessen ging es darum, die Sorge der Eltern um die Lernkarriere ihrer Kinder in die Bahnen therapeutischer Maßnahmen zu lenken, mit denen ein Defizit zum Verschwinden gebracht werden sollte. In diesem Defizitmodell dürften auch aktuelle Optimierungsstrategien, die Ungeschicklichkeit und Scheitern dem Selbstmanagement unterstellen und in Karrierechancen umzumünzen versprechen, ihren Ursprung haben. Die entsprechenden Phänomene wurden von dem ehemaligen Kampfschwimmer und Zirkusclown Kiphard als Koordinationsstörungen mit psychischen oder physiologischen Ursachen verstanden, die von den betroffenen Kindern als quälend erlebt werden und durch einen aktiven, die jeweilige Situation beachtenden Umgang mit der Welt behandelt werden können.[47] Aktuellere Forschungen vermuten in neurologischer Perspektive die Ursachen motorischer Ungeschicklichkeit eher in Störungen der sensorischen Integration.[48]

Während diese erste Forschungsrichtung sich für die motorische Ungeschicklichkeit Gesunder, Jugendlicher und schließlich von

46 Radikalisiert von Hans Blumenberg: Beschreibung des Menschen. Aus dem Nachlaß hg. von Manfred Sommer. Frankfurt a. M. 2006, S. 637: „Die Kindheit des Menschen endet nie. Sie geht gewissermaßen unmittelbar in die Senilität über".

47 Ernst J. Kiphard: Unser Kind ist ungeschickt. Hilfen für das bewegungsauffällige Kind (zuerst 1966). 4., aktual. Aufl. München/Basel 1996, S. 8–14.

48 Vgl. Erwin Breitenbach: Sensorische Integration. In: Franz B. Wember/Roland Stein/Ulrich Heimlich (Hg.): Handlexikon Lernschwierigkeiten und Verhaltensstörungen. Stuttgart 2014, S. 174–176.

Kindern interessiert hat, geht es in der zweiten, deutlich jüngeren, um Formen sozialer Ungeschicklichkeit. Sie treten mehr oder weniger spontan innerhalb von Interaktionsverhältnissen auf, etwa als unpassender Redebeitrag, verräterisches Erröten oder gesellschaftlicher Fauxpas, und stehen damit der Unschicklichkeit nahe. Während *unschicklich* aber den Performanzfehler aus der Perspektive der Konvention bezeichnet, wird er durch *ungeschickt* auf die Kompetenzen des handelnden Subjekts bezogen. Die Nähe beider Konzepte zeigt sich darin, dass es bis zum Ende der Frühen Neuzeit unter dem Dach der Rhetorik kaum Möglichkeiten gab, zwischen Ungeschicklichkeit und Unschicklichkeit trennscharf zu unterscheiden. Beide wurden unter den lateinischen Begriff *ineptia* subsumiert. Er bezeichnet das Gegenteil eines Kernkonzepts der alteuropäischen Rhetorik, des *aptum* oder *decorum*.[49] Dabei geht es um die Angemessenheit einer Rede in Bezug auf die Umstände, unter denen sie gehalten wird. Wenn diese Umstände typisiert und konventionalisiert worden sind, agiert der Orator ineptus insofern ungeschickt, als er sich ihnen gegenüber unangemessen – oder eben unschicklich – verhält. Erst im 18. Jahrhundert traten ungeschickt und unschicklich unter einem zunehmenden Subjektivierungsdruck, der auch die Geltung der alteuropäischen Rhetorik relativiert hat, auseinander. Zugleich wurde Ungeschicklichkeit primär männlich codiert und allmählich für Positivierungen geöffnet, während Frauen als Hüterinnen der Schicklichkeit von ihr ausgeschlossen wurden. Damit ist die stärker an die Willkür des dissidenten männlichen Körpers gebundene motorische Ungeschicklichkeit gegenüber der primär kulturell geprägten und mit Weiblichkeit konnotierten sozialen Ungeschicklichkeit zum Musterfall aufgestiegen. Seither gilt, dass motorische Ungeschicklichkeit auch eine soziale Dimension haben kann, sie aber nicht zwangsläufig haben muss.

---

49 Vgl. Jan Dietrich Müller: Decorum. Konzepte von Angemessenheit in der Theorie der Rhetorik von den Sophisten bis zur Renaissance. Berlin/Boston 2011, wonach das Angemessene aus der sophistischen Auffassung des *kairós* entsteht. Dieser bestimmt als rechter Augenblick, was jeweils zu tun ist; ebd., S. 24 f.

In theoretischer Perspektive, freilich außerhalb der Fachgrenzen, ist das soziale Ungeschick wohl zuerst im Anschluss an Impulse der Kritischen Theorie von Michael Rutschky thematisiert worden. In einer Reihe von Essays hat er in ihm die Signatur der Postmoderne erkannt. Rutschky fragt nach der Bedeutung, die das „Muster des Ungeschicks" an der Schwelle zur Digitalisierungsmoderne gespielt hat. Er beantwortet die Frage zum einen genealogisch mit dem „Konservatismus von Aufsteigern",[50] die damit ihre Unsicherheit im neuen Milieu kompensieren, zum anderen soziostrukturell mit der Inklusionsmacht von Diskursen und sozialen Systemen. Nach der Jahrtausendwende ist die Ungeschicklichkeit dann, wie gesehen, soziologisch den „Mikroverletzungen institutionell formierter Verhaltenserwartungen"[51] zugerechnet und aufgrund ihrer Unbestimmtheit als „situationsbezogenes *Medium* der Kommunikation über Abweichung und Ordnung"[52] beschrieben worden. In eine ähnliche Richtung, freilich mit anderer Bewertung, zielen auch neuere sozialphilosophische Überlegungen, die an Jacques Rancière anschließen und auf die Entstehung der sozialen Praxis aus unvermeidlich ungeschickten Reaktionen der Machthaber gegenüber berechtigten Ansprüchen der von ihnen Beherrschten hinweisen.[53] Zu denken wäre dabei etwa an die Fridays-for-Future-Bewegung und die darauf reagierenden, teils kontraproduktiven Beschwichtigungsversuche der etablierten Politik.

In jüngerer Zeit ist das Problempotenzial irritierter Sozialverhältnisse vor allem anlässlich des Störfalls profiliert worden. Er skaliert den kleinen Ausführungsfehler hoch zur Katastrophe. Man hat versucht, den Störfall funktional zu bestimmen und dazu thesenhaft festgehalten:

---

50 Michael Rutschky: Reise durch das Ungeschick. In: Merkur 40 (1986), S. 768–779, hier S. 778.

51 Rehberg: Der ‚Fehltritt' als Heuristik bedrohter Integrität (s. Anm. 26), S. 419.

52 Ebd., S. 420. Die Kommunikation über das Verhältnis von Abweichung und Ordnung gehört zugleich zum Grundrauschen des 20. Jahrhunderts.

53 Michel Vanni: Verantwortung und Ungeschicklichkeit. Herkunft und Herstellung des Staates aus den sozialen Ansprüchen. In: Ludger Heidbrink/Alfred Hirsch (Hg.): Staat ohne Verantwortung? Zum Wandel der Aufgaben von Staat und Politik. Frankfurt a. M./New York 2007, S. 217–230.

> Die im Grenzbereich von Normalisierungsprozessen angesiedelten Störfälle erscheinen als prominente Anlässe gesellschaftlicher Selbstthematisierung, im Rahmen derer die Verhältnisse von Ordnung und Unordnung, von systemischen Ein- und Ausschlüssen, von Faktischem und Kontrafaktischem jeweils neu verhandelt werden. Störfälle irritieren dabei kulturelle Selbstbeschreibungsformeln ebenso wie sie diese stabilisieren.[54]

Das ist zugleich der Prospekt für eine Fallgeschichte der Ungeschicklichkeit. Denn auch ungeschicktes Verhalten kann soziale Routinen irritieren, es kann die latent katastrophische Substruktur der Zivilisation zu Tage fördern,[55] und es kann neue Absprachen und Zugeständnisse im Feld der Politik nach sich ziehen. Veranlasst durch soziale Ungeschicklichkeiten können die diskursiven Konventionen, mit denen eine Kultur sich selbst beschreibt, aus dem Takt gebracht und grundlegend verändert werden;[56] es kann aber auch dazu kommen, dass sie sich stärker als je zuvor konsolidieren und verfestigen.[57]

Versucht man die Forschungsergebnisse zu bündeln, dann hat sich das Interesse am deutlich älteren Phänomen der sozialen Ungeschicklichkeit erst spät in der Soziologie disziplinär konsolidiert, während sich mit der erstmals im 18. Jahrhundert auftretenden motorischen Ungeschicklichkeit inzwischen vornehmlich die Verhaltenspsychologie beschäftigt. Es fehlt dagegen an Studien zur produktiven oder poetischen Dimension des Ungeschicks. Als lange Zeit dominant Männern vorbehaltenes Phänomen steht das poetische Ungeschick zwischen dem individuellen Problem der motorischen Ungeschicklichkeit und dem gesellschaftlichen Problem der sozialen Ungeschicklichkeit und erlaubt es, beide zu verbinden. Hier setzt die vorliegende Studie ein.

---

54 Lars Koch/Christer Petersen: Störfall – Fluchtlinien einer Wissensfigur. In: Koch/Petersen/Vogl (Hg.): Störfälle (s. Anm. 32), S. 7–11, hier S. 10.

55 Vgl. Ulrich Peltzer: Angefangen wird mittendrin. Frankfurter Poetikvorlesungen. Frankfurt a. M. 2011, S. 20.

56 Vgl. dazu etwa aus der Perspektive des Kunstsystems den Essay von Hanno Rautenberg: Wie frei ist die Kunst? Der neue Kulturkampf und die Krise des Liberalismus. 2. Aufl. Berlin 2018.

57 Zahlreiche Beispiele, vor allem aus Spätmittelalter und Früher Neuzeit, bietet der Band von Moos (Hg.): Der Fehltritt (s. Anm. 26).

II

Ich weiß auch nicht

Que sais-je?
Montaigne

Ungeschicklichkeitsforschung ist ein Liebhaberprojekt. Wer sich ihr verschreibt, muss nehmen, was er kriegen kann. Die Entwicklung einer Theorie der poetischen Ungeschicklichkeit, die auch ihre Beziehungen zur sozialen und motorischen mitzuführen in der Lage ist, kann auf einen schmalen Essay des amerikanischen Theologen und Kulturphilosophen Adam Kotsko zurückgreifen.[58] Er fächert die Forschungsergebnisse in ein Formenspektrum auf und ergänzt die kulturwissenschaftliche um eine kulturpoetische Perspektive. Kotsko unterscheidet nach dem Kriterium des Stabilitätsgrads einer jeweils fehlerhaft ausgeführten Routine zwischen alltäglicher, kultureller und radikaler Ungeschicklichkeit.[59] Im Fall der alltäglichen Ungeschicklichkeit ist die auszuführende Routine hochgradig stabil und die Peinlichkeit angesichts des Performanzfehlers entsprechend groß. Dieser Form lässt sich die von Bergson, Freud und anderen thematisierte motorische Ungeschicklichkeit zuordnen, da sie an die peripheren Ausführungsorgane und ihre begrenzten Spielräume für alltägliche Verrichtungen gebunden ist. Das gilt besonders für die Hand (greifen etc.) aber auch für die Füße (gehen etc.) und in weiter abgeschwächter Weise für die Gesichtsmuskulatur (grinsen,

---

58 Adam Kotsko: Awkwardness. An Essay. Winchester/Washington 2010. Das engl. *awkwardness* bezieht sich, anders als das dt. *Ungeschicklichkeit*, auch auf das Peinlichkeitsgefühl, das durch ungeschicktes Verhalten ausgelöst wird. Vgl. dazu auch Melissa Dahl: Cringeworthy. A Theory of Awkwardness. New York 2018.

59 Zusammenfassend heißt es bei Kotsko: Awkwardness (s. Anm. 58), S. 17: „Putting the three on a continuum, one could say that *everyday awkwardness* names the violation of a relatively strong norm, *cultural awkwardness* the general malaise that accompanies a relatively weak norm, and *radical awkwardness* the panic brought on by the lack of any norm at all."

 | DOI:10.30965/9783846761038_003

singen etc.). Da die entsprechenden Bewegungsroutinen kulturübergreifend als stabil gelten können, lassen sich motorische Ausführungsfehler breitenwirksam für komische Effekte in visuellen Medien wie dem Theater (Komödie), dem Film (Slapstick),[60] dem Fernsehen (Pannenshows) oder auch für Videoclips (Youtube) nutzen. Diese Form der Ungeschicklichkeit soll aus Kohärenzgründen hier nicht als alltägliche, sondern weiterhin als motorische bezeichnet werden.

Im Fall der kulturellen Ungeschicklichkeit geht es dagegen um schwach verfestigte Routinen mit geringeren Peinlichkeitseffekten. Das erklärt sich schon aus dem Umstand, dass die für eine Kultur spezifischen Konventionen stets nur relativ zu den Konventionen einer anderen Kultur gelten. Wer in einer fremden Kultur lebt, bewegt sich „gemeiniglich lang in einer großen Unbehaglichkeit",[61] weil sie oder er nicht wissen kann, ob er oder sie nicht gerade eine geltende Interaktionsregel verletzt oder falsch ausführt. Adorno hat dazu aus eigener Erfahrung mit dem Status des Emigranten geradezu verzweifelt festgehalten: „immerzu ist er in der Irre".[62] Ähnlich ergeht es sozialen Aufsteigern, die nicht wissen, wie man sich in der neuen, besser gestellten Umgebung angemessen benimmt. Ganz unten macht man sowieso immer alles falsch,[63] ganz oben könnte einem auch alles gründlich egal sein. Im Kulturkontakt ebenso wie im Fall der sozialen Mobilität steigt insofern die Wahrscheinlichkeit ungeschickten Verhaltens und es schwindet die Verhaltenssicherheit. Die kulturelle Ungeschicklichkeit, die aufgrund ihrer Herkunft aus der alteuropäischen Rhetorik der Unschicklichkeit nahesteht, wird hier aus Kohärenzgründen weiterhin als soziale bezeichnet.

---

60 Vgl. Sarah Leperchey: L'Esthétique de la maladresse au cinéma. Paris 2011.

61 Georg Friedrich Pöschmann: Einleitung in die allgemeine Menschengeschichte als Leitfaden zu akademischen Vorlesungen (zuerst 1802). In: Kulturgeschichten der Aufklärung. Eine kommentierte Anthologie deutschsprachiger Texte. Hg. von Christine Waldschmidt und Ulrich Breuer. Bielefeld 2020 (i. Dr.).

62 Theodor W. Adorno: Minima Moralia. Reflexionen aus dem beschädigten Leben (zuerst 1951). Frankfurt a. M. 1978, S. 32.

63 „Der Proletarier weiß, dass er immer alles falsch macht." Michael Rutschky: In die neue Zeit. Aufzeichnungen 1988–1992. Berlin 2017, S. 128.

Besonderes Interesse verdient Kotskos Konzept der radikalen Ungeschicklichkeit. Von ihr war bisher nur im Zusammenhang mit der kulturell produktiven Dimension ungeschickten Verhaltens die Rede. Sprachlich entspricht ihr der Ausdruck *ungeschickt sein*. Es handelt sich dabei um einen ‚idiotischen' Sonderfall, der quer zu den beiden anderen steht. Radikale Ungeschicklichkeit liegt dann vor, wenn mit Gewohnheiten bewusst gebrochen oder eine Regel sichtbar gemacht wird, die bisher niemand kannte.[64] Daher lässt sich nur noch im übertragenen Sinne von einem Performanzfehler sprechen. Diese Form der Ungeschicklichkeit entsteht dann, wenn die Regeln des Verhaltens zusammenbrechen. Das kann durch eine massive Schwächung oder Zerstörung leitender Verhaltensmuster und das Aufkündigen von Konventionen geschehen. Man gerät in einen Ausnahmezustand, in dem man handeln muss, aber partout nicht weiß, welchem Muster dabei zu folgen ist. Ob das, was man dann tut, peinlich ist oder pfiffig, entscheidet sich erst im Handlungsverlauf. Auch die Bezeichnung und Bewertung des eigenen Handelns muss erst noch gefunden und ausgehandelt werden, teils gegenläufig zur verdichteten Ordnung der Diskurse. Radikale Ungeschicklichkeit wird insofern zu einem Testfall von Souveränität.[65] Das macht sie theologisch attraktiv. Da sie sich von allen vorfindlichen Regeln ablöst und tentativ neue setzt, bisher unbekannte Beschreibungen auffälliger Sachverhalte provoziert und sich fallweise in individuell zurechenbaren Innovationen manifestiert, wird sie hier als poetische[66], teils auch als idiotische oder absolute Ungeschicklichkeit bezeichnet. Nur in ihrem Fall wird deutlich, dass die Unbestimmtheit der Handlungsgründe sowohl in Katastrophen als auch in Spitzenleistungen einmünden kann.

---

64 Zum Brechen von Gewohnheiten und ihren Folgen vgl. Seitz: List und Form (s. Anm. 23), S. 32. Zu kreativen Fehlern vgl. Otto Neumaier: Wer oder was fehlt bei einem Fehler? In: ders. (Hg.): Was aus Fehlern zu lernen ist (s. Anm. 29), S. 9–30, hier S. 14 f.

65 Ähnlich Dahl: Cringeworthy (s. Anm. 58), S. 1–17.

66 In Anlehnung an Gabriele Brandstetter: Über Gehen und Fallen. Fehltritte im Tanz, Lücken in der Choreographie. In: Ingold/Sánchez (Hg.): Fehler im System (s. Anm. 29), S. 170–185, hier S. 175, die von einer „Poetik des Imperfekten" spricht.

Poetische Ungeschicklichkeit fügt in die horizontale Differenz von motorischem und sozialem Ungeschick eine vertikale Dimension ein, an der sich Kulturen bereichern, an der sie aber auch scheitern können. Zugleich findet hier das Ästhetische seinen Ort, das nach Schiller „gleich ungeschickt" ist, „den Charakter zu gründen und den Kopf aufzuklären."[67]

Wenn man die theologisch-existenzialistischen Prämissen Kotskos ernst nimmt, kann man an dieser Stelle auch aufs Ganze gehen. Generell, gewissermaßen ontologisch, gilt dann: „Zu allem, was es gibt, gehört ein Minimum an Unvollkommenheit."[68] Das ist bereits für kleine organische Strukturen wie z. B. Viren der Fall,[69] lässt sich aber auch für die Weltlage komplexer Organismen in Anschlag bringen. Der Mensch, so hat man vermutet, könnte gerade „nicht die Konsequenz der organischen Evolution, sondern nur deren umständliche, aufwendige, innerhalb dieser Evolution ganz heterogene Korrektur von Schwierigkeiten, von Erschwernissen der Anpassung, sein."[70] Daher handle es sich bei ihm um „die verkörperte Unwahrscheinlichkeit. Er ist das Tier, das trotzdem lebt."[71] Wie alle Jungtiere findet es die Regeln seines Handelns nicht vor, sondern hat sie spielerisch und situationsgemäß, unter dem ständigen Risiko des Misslingens, zu entwickeln, zu überprüfen und zu verändern. Dafür benötigt man Übung und Glück. Zugleich weiß keiner, wo ‚es' herkommt. Deshalb kann absolute Ungeschicklichkeit in mythologischer, metaphysischer, innerpsychischer oder ideologischer Perspektive auch die Anerkennung unverfügbarer Instanzen veranlassen, denen man dann zutraut, dämonisch, triebstark oder tückisch verhüllt in die menschliche

---

67 Friedrich Schiller: Über die ästhetische Erziehung des Menschen in einer Reihe von Briefen (zuerst 1795). In: ders.: Werke und Briefe. Hg. von Otto Dann u. a. Bd. 8. Frankfurt a. M. 1992, S. 556–676, hier S. 636.

68 Sommer: Von der Bildfläche (s. Anm. 21), S. 80.

69 „Jedes Mal, wenn sich ein Virus in seiner Wirtszelle vermehrt, kann es beim Kopieren der Erbinformation zu winzigen Fehlern kommen." Christian Speicher: Coronovarius soll doch aus China stammen. In: Neue Zürcher Zeitung, 31.3.2020, S. 3.

70 Blumenberg: Beschreibung des Menschen (s. Anm. 46), S. 491.

71 Ebd., S. 550.

Praxis einzubrechen.[72] Gelegentlich wird auch deren Wiederkehr postuliert.[73] In kultursemiotischer Perspektive lässt sich die poetische Dimension der Ungeschicklichkeit als Schwingungsphänomen verstehen, das sich zwischen explosiven (die Informativität eines Systems sprunghaft erhöhenden) und stabilisierenden (zur Entropie neigenden) Prozessen hin und her bewegt.[74] Daher kann sie auch spezieller zur Erklärung neuer, bahnbrechender Erkenntnisse in der Wissenschaft herangezogen werden, die nicht selten auf produktive Ausführungsfehler zurückgehen und sich in jedem Fall auf „das Mißlingen vieler Versuche und die begangenen Irrtümer"[75] der Vergangenheit stützen müssen. Als Risikoforschung kalkuliert Wissenschaft sogar Fehler und Ungeschicklichkeiten aktiv ein, um neue Erkenntnisse zu gewinnen.[76] Schließlich lässt sich die idiotisch-poetische Ungeschicklichkeit, wie mehrfach angedeutet, zu den elementaren Faktoren ästhetischen Handelns rechnen, ja sie ist ein wesentlicher Bestandteil der Kraft der Kunst.[77] Erst in jüngerer Zeit hat sich die philosophische Ästhetik mit dieser Kraft beschäftigt. Christoph Menke hat nach Vorstudien zur ästhetischen Leistung des Kraftbegriffs[78] thesenhaft festgehalten: „Die Kunst

72 Ebd., S. 680: „[L]ästig wird dem Ungeschickten ‚alles', weil es ihm bis zur Vertracktheit Widerstand zu leisten scheint, als sei es ihm mißgünstig."

73 Vgl. zuletzt resonanzreich Hartmut Rosa: Unverfügbarkeit (s. Anm. 39).

74 Jurij M. Lotman: Kultur und Explosion (zuerst 2000). Hg. von Susi K. Krank, Cornelia Ruhe und Alexander Schmitz. Berlin 2010, S. 15; vgl. auch ebd., S. 23, sowie zusammenfassend S. 200.

75 Ludwik Fleck: Entstehung und Entwicklung einer wissenschaftlichen Tatsache. Einführung in die Lehre von Denkstil und Denkkollektiv (zuerst 1935). Hg. von Lothar Schäfer und Thomas Schnelle. Frankfurt a. M. 1980, S. 128.

76 Vgl. aus der Perspektive der Germanistik Steffen Martus: Der Mut des Fehlens. Über das literaturwissenschaftliche Ethos des Fehlermachens. In: Ralf Klausnitzer/Carlos Spoerhase/Dirk Werle (Hg.): Ethos und Pathos der Geisteswissenschaften. Berlin/Boston 2015, S. 61–78.

77 Darin steht sie dem Handicap und seiner im Laufe der Kulturgeschichte immer entschiedener vorgenommenen Positivierung nahe; vgl. Lorenz Jäger: Beschädigte Schönheit. Eine Ästhetik des Handicaps. Springe 2014.

78 Christoph Menke: Kraft. Ein Grundbegriff ästhetischer Anthropologie. Frankfurt a. M. 2008. Menke versteht dort im Rückgriff auf Herder „das Ästhetische als Rückfall des Subjekts in den Zustand, aus dem und gegen den es sich übend gebildet hat"; ebd., S. 70.

besteht in einem paradoxen Können: zu können, nicht zu können; fähig zu sein, unfähig zu sein."[79] In der absoluten Ungeschicklichkeit, gewissermaßen im ergebnisoffenen Dauerstolpern, eröffnet sich ein konventionsfreier Raum für die „Freiheit vom Sozialen im Sozialen."[80] Man könnte auch von einer Freiheit von der Praxis in der Praxis sprechen, die latente Möglichkeiten in kluger Weise auszunutzen und dadurch Unvorhergesehenes zu erzeugen versteht.[81]

Sieht man sich das Verhältnis zwischen den drei Formen der Ungeschicklichkeit näher an, dann lassen sich die motorische und die soziale als Ungeschicklichkeit im engen, die idiotisch-poetische oder absolute dagegen als Ungeschicklichkeit im weiten Sinne verstehen. Poetische Ungeschicklichkeit ist freilich auf der phänomenalen oder alltagspraktischen Ebene von der motorischen und der sozialen gar nicht zu unterscheiden. Sie benötigt gewissermaßen deren Masken, um sich zu zeigen. Umgekehrt lassen sich in jeder motorischen und jeder sozialen Ungeschicklichkeit auch Züge der poetischen ausmachen, da eine fehlerhaft ausgeführte Verhaltensregel immer auch als Verletzung dieser Regel und die Regelverletzung wiederum nur zu leicht als Lizenz zur Regelfreiheit verstanden werden kann. In der Soziologie weiß man, dass Ausführungsfehler die Brüchigkeit der sozialen Sicherungen sichtbar machen und als fundamentale Bedrohung der sozialen Ordnung interpretiert werden können.[82] In dieser Perspektive wird deutlich, dass poetische Ungeschicklichkeit nur darum als Motor kultureller Emergenz wirksam werden kann, weil sie eine Eskalationslogik ins Spiel bringt. Diese Logik ist bereits den motorischen und sozialen Formen zu eigen. Sie tritt dann in Kraft, wenn es um den Umgang mit (gleich welchen) Formen der Ungeschicklichkeit geht: Immer dann, wenn sich für einen

---

79 Christoph Menke: Die Kraft der Kunst. Berlin 2013, S. 14. Vgl. auch die kursorischen Bemerkungen zur Ästhetik des Missgeschicks bei Ulf Heuner: Missgeschicke. Eine Philosophie der kleinen und großen Katastrophen. Überarb. Neuausg. Berlin 2013, S. 123–127.

80 Menke: Die Kraft der Kunst (s. Anm. 79), S. 14. Vgl. dazu auch Juliane Rebentisch: Die Kunst der Freiheit. Zur Dialektik demokratischer Existenz. Berlin 2012.

81 Seitz: List und Form (s. Anm. 23), S. 40.

82 Rehberg: Der ‚Fehltritt' als Heuristik bedrohter Integrität (s. Anm. 26), S. 420 f.

Ausführungsfehler nicht sofort eine Regel ausfindig machen lässt, am ehesten also bei allen Arten sozialer Ungeschicklichkeit, könnte auch poetische Ungeschicklichkeit und mit ihr ein Ordnungsproblem vorliegen. Erst der Beobachter (bei dem es sich auch um den Ungeschickten selbst handeln kann) entscheidet über den Ausführungsfehler und sein Gewicht. Das aber bestätigt, dass es sich bei der Ungeschicklichkeit – was auch immer ihr zugrunde liegen mag – um ein anlass- und situationsgebundenes Zuschreibungsphänomen handelt.

Wenn man das einmal erkannt hat, kann man den Spieß auch umdrehen und Ungeschicklichkeit strategisch einsetzen. Aus der Perspektive der Klugheitslehre gilt dann: „Es kann sein, dass etwas in der Ausführung selbst nicht makelfrei und tadellos sein darf und man Fehler in einer bestimmten Hinsicht begehen muss, damit das Aufgegebene gelingt."[83] Vielleicht sieht man sich genötigt, wie Superman mit seinem trotteligen Alter Ego Clark Kent, herausragende Fähigkeiten zu kaschieren, oder man will die Zuschreibungen provozieren, die der poetisch inszenierten Ungeschicklichkeit zuteil werden. Mit der Inszenierung motorischer Ungeschicklichkeit lassen sich komische Effekte erzielen, mit der Inszenierung rhetorischer Ungeschicklichkeit kann man anti-elitäre Sympathien wecken und mit der Inszenierung sozialer Ungeschicklichkeit können Ordnungsstörungen etabliert werden, deren Skandaleffekte sich kapitalisieren und deren destabilisierende Leistungen sich politisch nutzen lassen. Die aktuelle Politik, besonders in den USA, bietet dafür täglich neue Beispiele.[84] Ein professioneller Beobachter wie der ehemalige britische Botschafter hat diese Politik in internen Dossiers als „diplomatisch ungeschickt und unfähig"[85] bezeichnet. Stephen Greenblatt dagegen hat sie mit dem Theater Shakespeares verglichen und in einem Interview festgehalten:

---

83 Seitz: List und Form (s. Anm. 23), S. 34.

84 Vgl. etwa Georg Seeßlen: Trump! *Pop*ulismus als Politik. Berlin 2017, S. 53 f. und S. 100 f. Zu Trumps Rhetorik vgl. Ryan Skinnell (Hg.): Faking the News. What Rhetoric can teach us about Donald J. Trump. Exeter 2018.

85 Jochen Wittmann: „Trump ist unfähig!" Britischer Botschafter in Washington urteilt vernichtend über den amerikanischen Präsidenten. In: Mainzer Allgemeine Zeitung, 8.7.2019, S. 3.

> Wenn jemand in der Öffentlichkeit einen unerhörten Verstoss begeht, ist man darüber zum Teil moralisch entsetzt, aber ein anderer Teil von einem verspürt einen heimlichen, widerwilligen Kitzel angesichts der Vorstellung, dass eine Grenze überschritten und eine Norm gebrochen wurde.[86]

Schwerer ist es allerdings, poetische Ungeschicklichkeit zu inszenieren, weil sie erstens phänomenal nicht von motorischer und sozialer Ungeschicklichkeit unterscheidbar ist, weil sie zweitens den Ausnahmezustand der Regellosigkeit voraussetzt und weil sie drittens von einem Beobachter auch als Effekt einer entsprechenden Notlage bewertet werden muss. Es ist und bleibt daher weitgehend das Privileg der Kunst,[87] insbesondere der Literatur, poetische Ungeschicklichkeit in Szene zu setzen.

Poetische Ungeschicklichkeit ist im Grunde ein Paradox. Sie lässt sich als eine spezifische Form strategischer Ungeschicklichkeit verstehen, bei der die Vortäuschung von Authentizität schwerfällt. Im vorliegenden Zusammenhang geht es primär um poetische Ungeschicklichkeit in der Literatur. Versucht man ihre paradoxe Struktur zu entfalten, dann können Literatur und Ungeschicklichkeit in drei Hinsichten aufeinander bezogen sein. Erstens kann Ungeschicklichkeit als Kontrastphänomen auftreten, vor dem sich Literatur als geschickte Art des Mediengebrauchs abhebt und profiliert, auf das sie aber auch – wie die Figur auf ihren Grund – bezogen bleibt. Zweitens kann Ungeschicklichkeit als Folge, insbesondere als sozialer Effekt der Beschäftigung mit Literatur und ihrer spezifischen Geschicklichkeit auftreten, der sie und die mit ihr Befassten je nach Perspektive entweder dem Spott aussetzen oder immens nobilitieren kann. Und drittens schließlich kann Ungeschicklichkeit nicht nur zum Thema der Literatur werden, sondern auch ihre Form bestimmen, wodurch die Literatur den Anschluss an die von Ausführungsfehlern aller Art durchzogene kulturelle Praxis nicht verliert und langfristig ihre

86 Stephen Greenblatt im Gespräch mit Thomas David. In: Neue Zürcher Zeitung, 5.2.2019, S. 18.

87 Vgl. etwa Victoria Lacombe: La maladresse dans l'art contemporain. Vérité du geste ou illusion esthétique? Paris 2014.

Bedeutsamkeit sichert. Sie nähert sich dem an, was sie grundsätzlich nicht ist.

Die Formen des Zusammenhangs zwischen Ungeschicklichkeit und Literatur lassen sich an drei Beispielen mit paradigmatischem Anspruch illustrieren. Das erste von ihnen stammt aus den ältesten Schichten der europäischen Literatur. Im dritten Gesang der *Ilias* erinnert sich der Greis Antenor im Gespräch mit Helena an einen Besuch des Odysseus. Dieser sei einst als Gesandter nach Troja gekommen und habe in der Versammlung um das Wort gebeten. Daraufhin sei etwas Unerwartetes geschehen:

> Aber sobald sich der listenreiche Odysseus erhoben,
> Stand er und schaute zur Erde hinab mit gehefteten Augen;
> Weder rückwärts schwang er den Stab, noch hob er ihn vorwärts,
> Sondern er hielt ihn steif in der Hand und glich einem Toren,
> Daß du leicht für tückisch ihn achtetest oder für sinnlos.[88]

Odysseus verhält sich zu Beginn seiner Rede motorisch ungeschickt. Er nimmt keinen Blickkontakt mit seinen Zuhörern auf und setzt weder seinen Körper noch den Stab, das Zeichen seiner Fürstenwürde, in Bewegung. Vielmehr bleibt er steif und mit gesenktem Blick stehen wie ein Tollpatsch, der niemals zu reden gelernt hat. Er nähert sich damit vorübergehend seiner hinkenden und böswilligen Gegenfigur Thersites[89] und dem komischen Dummkopf und Antihelden Margites[90]. Aus der Perspektive seiner Zuhörer verletzt Odysseus die Routinen, die der soziale Akt des Redebeginns auszuführen verlangt hätte. Insofern verstößt er gegen das geltende Rednerideal.[91] Seine Zuhörer fragen sich daher nach den Gründen für den Verstoß,

---

88 Homer: Ilias (zuerst um 650 v. Chr.). Gr./dt. Übers. von Hans Rupé. 11. Aufl. Düsseldorf/Zürich 2001, S. 99 (V. 216–220).

89 Ebd., S. 51–55 (V. 212–277). Thersites wird nach seiner Brandrede von Odysseus blutig geschlagen.

90 Vgl. Reinhold F. Glei: Margites. In: Der neue Pauly. Hg. von Herbert Cancik und Helmuth Schneider. Bd. 7. Stuttgart/Weimar 1999, S. 885 f. Mit Dank an Thomas Schirren für den Hinweis.

91 Vgl. Franz-Hubert Robling: Redner und Rhetorik. Studie zur Begriffs- und Ideengeschichte des Rednerideals. Hamburg 2007, S. 45–47. Zum Bruch des „Kompetenz-Versprechens", das in der Antike jeder Rede zugrunde lag, und seinen Folgen vgl. Johan Schloemann: „I have a dream". Die Kunst der freien Rede. Von Cicero bis Barack Obama. München 2019, S. 23–26.

werden unruhig und beginnen zu spekulieren. Vermutlich weil man einem Gesandten eine gute rhetorische Ausbildung unterstellen konnte, lag es nahe, ihm verborgene oder fehlende Absichten zuzuschreiben. Möglicherweise handelte er aber auch nach einer unbekannten Regel oder aber regellos, also poetisch ungeschickt.

Allen Spekulationen jedoch, so erinnert sich Antenor, bereitete Odysseus rasch ein Ende:

> Aber sobald seiner Brust die Stimme gewaltig entströmte
> Und die Worte so dicht wie Schneegestöber des Winters,
> Dann wohl hätte kein Mensch es gleichgetan dem Odysseus;
> Nicht so befremdlich war uns jetzt des Odysseus Erscheinung.[92]

Sobald der Redner losgelegt hat, erweist sich seine Rede als so geschickt und kraftvoll, dass sie die Aufmerksamkeit der Zuhörer vollständig absorbiert und von ihm ablenkt. Im Bann seiner Redekunst gefangen, schlägt das Misstrauen des Publikums gegen den ungeschickten Fremden in uneingeschränkte Bewunderung um. Die anfängliche Ungeschicklichkeit des Odysseus verschwimmt und wird zum verblassenden Hintergrund einer außerordentlichen Leistung.

Das lässt sich verallgemeinern. Versteht man nämlich die perfekte Rede des Odysseus als Analogon der immer auch auf Perfektion angelegten Literatur, dann zeigt die Episode, dass Literatur ihre Strahlkraft vor dem Hintergrund ungeschickten Verhaltens und seiner bedrohlichen sozialen Folgen steigern kann. Das liegt daran, dass gelingende Literatur in der Regel eine besonders geschickte Art der Ausführung sprachlichen Handelns darstellt. Insofern kontrastiert sie mit allen Formen der Ungeschicklichkeit und profiliert sich als deren technisch brillante Alternative. Wenn ein zunächst ungeschickt Erscheinender rhetorisch oder literarisch erfolgreich handelt, dann ‚heilt' sein Handeln alle seine Ausführungsfehler[93] und macht aus einem Fremden beinahe einen Vertrauten.

---

92 Homer: Ilias (s. Anm. 88), S. 99–101 (V. 221–224).

93 Ich variiere hier den titelgebenden Leitgedanken von Ludwig Völker: Muse Melancholie – Therapeutikum Poesie. Studien zum Melancholie-Problem in der deutschen Lyrik von Hölty bis Benn. München 1978.

Das zweite Beispiel führt die Ungeschicklichkeit als Folge, genauer gesagt als sozialen Effekt der Literatur bzw. der für sie grundlegenden Einstellung vor und demonstriert nachdrücklich die unterschiedlichen Bewertungen dieses Effekts. Es stammt aus der Gründungsphase der Philosophie im alten Athen. In Platons Dialog *Theaitetos* charakterisiert Sokrates im Gespräch mit Theodoros die Lebensform des Philosophen – und damit auch sich selbst. Kennzeichnend für diese Lebensform, die man als temperierte Weltfremdheit bezeichnet hat,[94] ist das Desinteresse an der Politik und den mit ihr verbundenen Weisen sozialer Praxis. Der Philosoph verachtet sogar den eigenen Leib mitsamt seiner Motorik und vermeidet alles situativ Naheliegende, um sich ganz auf seine intellektuellen Tätigkeiten konzentrieren zu können.[95] Ein guter Redner, der den günstigen Moment zu nutzen hätte, wird daraus kaum hervorgehen. Sokrates veranschaulicht die lebenspraktische Ungeschicklichkeit des Theoretikers durch eine Anekdote. Sie greift zurück auf eine Äsopische Fabel, die vom nächtlichen Sturz eines die Sterne betrachtenden Astrologen in einen Brunnen erzählt.[96] Platon hat dem Astrologen einen Namen gegeben und mit Thales einen frühen Vertreter der Philosophie zum Protagonisten gemacht:

> Wie auch den Thales, o Theodoros, als er, um die Sterne zu beschauen, den Blick nach oben gerichtet in den Brunnen fiel, eine artige und witzige thrakische Magd soll verspottet haben, daß er, was am Himmel wäre, wohl strebte zu erfahren, was aber vor ihm läge und zu seinen Füßen, ihm unbekannt bliebe.[97]

Der nächtliche Brunnensturz des Protophilosophen, erneut ein Fall motorischer Ungeschicklichkeit, hat soziale Folgen. Er veranlasst eine unfreie, theoretisch ungebildete Zuschauerin aus der zum Standardrepertoire der Komödie gehörenden Schicht der

94 Ralf Konersmann: Kulturelle Tatsachen. Frankfurt a. M. 2006, S. 49.

95 Platon: Theaitetos (zuerst um 360 v. Chr.). In: ders.: Werke in acht Bänden. Gr./dt. Hg. von Günther Eigler. Bd. 6. 2., unveränd. Aufl. Darmstadt 1990, S. 1–217, hier, S. 99–101 (173 c–174 a).

96 Äsop: Fabeln (um 300 v. Chr.). Gr./dt. Übers. und hg. von Thomas Voskuhl. Stuttgart 2016, S. 46.

97 Platon: Theaitetos (s. Anm. 95), S. 101 (174 a).

Dienstboten spontan zu Hohn und Spott. Ihr erscheint es lächerlich, dass sich jemand nicht in der Situation engagiert, in der er sich bewegt, sondern sich stattdessen für das interessiert, was ihn notwendig vom Gehen (vielleicht auch von ihr selbst) ablenken und ins Stolpern, am Ende auch zu Fall bringen muss.

Zugleich legt die Anekdote aber auch eine andere, positive Bewertung der Ungeschicklichkeit nahe, indem sie den Wirklichkeitsbegriff der Theorie mit dem der Alltagspraxis konfrontiert.[98] Man hat das als Ursprungserzählung der Philosophie gedeutet, die aus dem Stürzen und Fallen ins Staunen übergeht und insofern eine „*Geburt des Logos aus dem Pathos*“ darstellt.[99] Die Anekdote verleiht der Gestalt des Theoretikers aber auch tragikomische Züge.[100] Denn im Spott der thrakischen Magd klingt bereits das Gelächter an, mit dem im Platonischen Höhlengleichnis die Gefesselten den von der Ideenschau Zurückkehrenden bestrafen, weil er aufgrund seiner Blendung durch das Licht der Wahrheit die Schatten auf der Höhlenwand weniger geschickt beurteilt als sie selbst.[101] Und dieses Gelächter weist wiederum auf den Tod des Sokrates voraus, da die Gefesselten, so heißt es in Platons Gleichnis, denjenigen umbringen würden, der sie befreien, aufklären und zur Wahrheit führen wollte.[102] Mit der ungeschickten Lebensform des Theoretikers (vom platonischen, literarisch ambitionierten Typ) ist seither nicht nur die Zerstreutheit

---

98 Vgl. Hans Blumenberg: Das Lachen der Thrakerin. Eine Urgeschichte der Theorie. Frankfurt a. M. 1987, S. 14. Einspruch dagegen erhebt Heinrich Niehues-Pröbsting: Überredung zur Einsicht. Der Zusammenhang von Philosophie und Rhetorik bei Platon und in der Phänomenologie. Frankfurt a. M. 1987, S. 55–64.

99 Waldenfels: Platon (s. Anm. 24), S. 10.

100 Die Nähe der philosophischen Lebenshaltung des kontrollierten Fallens zur Komik konstatiert im Anschluss an Louis Althusser und dessen Deutung der Thales-Anekdote auch Günter Oesterle: Fünf Fallskizzen zum Ungeschickten (s. Anm. 2), S. 15 f.

101 Platon: Politeia (zuerst 390–370 v. Chr.). In: ders.: Werke in acht Bänden. Gr./dt. Hg. von Günther Eigler. Bd. 4. 2., unveränd. Aufl. Darmstadt 1990, S. 563 (516 e–517 a).

102 Ebd. (517 a).

als problematisches Standeszeichen des Gelehrten,[103] sondern unauflöslich auch das Dauerrisiko tragikomischer Kollisionen mit der Welt der Praxis verbunden. Das wirkungsmächtige literarische Pendant dazu hat Cervantes mit der Figur des Don Quijote entwickelt, bei dem der tragikomische Praxisbruch durch übermäßige Lektüre erzeugt wird.

Verallgemeinert man auch hier den Befund, dann gerät die Ungeschicklichkeit derer in den Blick, die sich – wie Thales oder Sokrates – im Übermaß mit theoretischen, oder – wie Don Quijote – mit literarischen Gegenständen beschäftigen. Die Anekdote zeigt überdies, dass man diese Ungeschicklichkeit, je nach der eigenen Stellung zur Praxis, entweder zutiefst lächerlich oder höchst bewundernswert finden kann.

Das dritte Beispiel führt schließlich vor Augen, dass die Literatur sich nicht nur von der Ungeschicklichkeit abheben und die mit ihr Beschäftigten in sie hineinführen, sondern dass sie auch ihre Form bestimmen und dadurch ihre Verbindlichkeit und ihren Verbreitungsgrad steigern kann. Das Beispiel stammt aus dem frühen Christentum. Es findet sich im Zweiten Brief des Apostels Paulus an die christliche Gemeinde in der griechischen Hafenstadt Korinth. Angesichts der Attraktivität konkurrierender Heilsangebote drohte die Gemeinde zu zerfallen. Ebenso wie der erste Brief an die Korinther reagiert insofern auch der zweite auf eine Krisenlage. Im zweiten Teil des Briefs, bei dem es sich möglicherweise um ein ursprünglich eigenständiges Schreiben gehandelt hat, erläutert und verteidigt Paulus sein christliches Selbstverständnis gegen das der erfolgreichen Konkurrenten vor Ort, die er als „Überapostel"[104] verspottet. Der Name verweist polemisch auf die hervorragende rhetorische Ausbildung dieser Konkurrenten, die ihnen bei den Christen von Korinth Gehör verschafft hatte. Paulus moniert, dass

103 Vgl. Gadi Algazzi: Gelehrte Zerstreutheit und gelernte Vergeßlichkeit. In: Moos (Hg.): Der Fehltritt (s. Anm. 26), S. 235–250, hier S. 238.

104 Die Bibel. Nach der Übersetzung Martin Luthers. Mit Apokryphen. Hg. von der Evangelischen Kirche in Deutschland. Stuttgart 1985, S. 220 (2 Kor 11, 5). Im Griechischen ist von „hyperlían apostólon" die Rede; Novum Testamentum Graece. Hg. von Erwin Nestle. 17. Aufl. Stuttgart 1941, S. 473.

der eine oder andere dieser Überapostel „einen andern Jesus predigt", die Korinther „einen andern Geist empfangen" lässt oder ihnen gar „ein anderes Evangelium, das ihr nicht angenommen habt", nahelegt.[105] Um seine gewieften Konkurrenten zu diskreditieren, hält ihnen der wahre Apostel seine rhetorische Ungeschicklichkeit entgegen, die allerdings mit einem privilegierten Zugang zur göttlichen Wahrheit einhergehe: „Und wenn ich schon ungeschickt bin in der Rede (idiótes to lógo), so bin ich's doch nicht in der Erkenntnis"[106]. Damit soll zunächst die Rhetorik insgesamt abgewertet werden: Auf sie kommt es nicht an, sondern allein auf die Kraft der Wahrheit und die Einsicht in diese Kraft.[107] Schon in seinem ersten Brief an die Korinther hatte Paulus das Stil- und Wirkungsideal der antiken Rhetorik zurückgewiesen und stattdessen ganz auf die Macht des Redegegenstands, des Wissens um Jesus und seinen Kreuzestod, gesetzt.[108] Nicht um wirkungsvolle Reden geht es ihm, die eine Situation zugunsten des Redners verändern können, sondern um eine Form der Wahrheit, die den Hörer ergreifen und fortan sein Leben bestimmen soll. Der Hinweis auf die eigene Ungeschicklichkeit im Reden ist also zugleich ein Plädoyer für eine authentische Form der Mitteilung. Sie hat Vorläufer im Alten Testament,[109] aber auch in der griechischen und römischen Rhetorik[110]. Merkmale

---

105 Die Bibel (s. Anm. 104), S. 219 (2 Kor 11, 4).

106 Ebd., S. 220 (2 Kor 11, 6). Vgl. dazu Schloemann: „I have a dream" (s. Anm. 91), S. 84, wonach Paulus hier das lange bekannte Eingeständnis der eigenen Ungeschicklichkeit zur Steigerung der Glaubwürdigkeit einsetzt, dieses Argument aber nun „zusätzlich mit der allerhöchsten denkbaren Autorität" auflädt, „nämlich der göttlichen."

107 Vgl. Robling: Redner und Rhetorik (s. Anm. 91), S. 128.

108 1 Kor 2, 1–5.

109 Vgl. 2 Mose 4, 10–12: „Mose aber sprach zu dem HERRN: Ach, mein Herr, ich bin von jeher nicht beredt gewesen, auch jetzt nicht, seitdem du mit deinem Knecht redest; denn ich hab eine schwere Sprache und eine schwere Zunge. / Der HERR sprach zu ihm: Wer hat dem Menschen den Mund geschaffen? Oder wer hat den Stummen oder Tauben oder Sehenden oder Blinden gemacht? Habe ich's nicht getan, der HERR? / So geh nur hin: Ich will mit deinem Munde sein und dich lehren, was du sagen sollst."

110 Aristoteles bemerkt, dass die Ungebildeten oft erfolgreicher reden als die Gebildeten, weil sie anders als diese nur das Gewisse und Naheliegende aussprechen. Aristoteles: Rhetorik (um 350 v. Chr.). Übers. und hg. von

dieser Form der Rede sind Schlichtheit und Treue zur Wahrheit. Es kann ihr daher nicht schaden, wenn sie hier und da gegen die Regeln der Rhetorik und ihre Wirkungsstrategien verstößt – und wenn sie diese Verstöße geschickt einsetzt. Ein Beispiel dafür gibt Paulus selbst kurz darauf, wenn er zu einer Narrenrede anhebt. In ihr destruiert er unter der Maske eines Überapostels die Selbsteinschätzung professioneller Redner. In den Spuren dieser Narrenrede wird sich viele Jahrhunderte später Erasmus von Rotterdam mit seinem *Moriae encomium* (*Lob der Torheit*) bewegen, das seinerseits unter anderem den *Ungeschickten Redner* (*Orator ineptus*) Johann Balthasar Schupps oder Jean Pauls Satire *Das Lob der Dummheit* inspiriert hat. Auch Friedrich Schlegels „Bekenntnisse eines Ungeschickten", die den ersten Teil seines Romans *Lucinde* ausmachen, stehen in dieser Traditionslinie. Ihre Macht wird gesteigert, wenn für die authentische Rede nicht nur die Lizenz zur Ungeschicklichkeit beansprucht wird, sondern wenn man literarische Ungeschicklichkeit als Authentizitätsausweis in Anspruch nimmt. Damit arbeitet der Essay und bis hin zu Rolf Dieter Brinkmann und Rainald Goetz das autobiographische Schreiben, in jüngster Zeit auch die kulturkritische Reemphatisierung der Literatur im Zeitalter ihres Funktionsverlusts.[111]

Verallgemeinert man erneut den Befund und versteht den Brief des Paulus als literarischen Text im weiten Sinne, dann ist Ungeschicklichkeit nicht nur ein mögliches Thema der Literatur, sondern sie

Franz G. Sieveke. 2., durchges. Aufl. München 1987, S. 141 (1395b). Cicero hat dringend empfohlen, sich am Beginn einer Rede scheu zu geben und „Zeichen der Verwirrung zu zeigen"; Marcus Tullius Cicero: De oratore/Über den Redner. Lat./dt. Übers. und hg. von Harald Merklin. Stuttgart 1986, S. 109 (1, 119). Er geht zudem von Sorgfalt auch in der Lässigkeit aus; Marcus Tullius Cicero: Orator/Der Redner. Lat./dt. Übers. und hg. von Harald Merklin. Stuttgart 2004, S. 72 (78): „sed quaedam etiam neglegentia est diligens." Vgl. dazu Schloemann: „I have a dream" (s. Anm. 91), S. 62.

111 Vgl. den ausdrücklichen Rekurs auf das Pauluswort bei Botho Strauß: Die Lichter des Toren. Der Idiot und sein Jahrhundert. München 2013, S. 63. Strauß hebt auf das Stammeln des Apostels ab und erkennt in diesem Stammeln den Dichter als „behinderten Verkünder".

kann auch deren Form bestimmen. Poetiken der Authentizität,[112] aber auch Schreibweisen wie Satire, Groteske und Essayistik, und nicht zuletzt ästhetische Kategorien wie das Komische oder das Hässliche, setzen rhetorische und strukturelle Fehlgriffe gezielt ein, um in die Breite zu wirken und ihre Leser besonders nachhaltig zu erreichen. Sie arbeiten damit an einer Nivellierung der grundlegenden Distanz, die zwischen dem literarischen Werk einerseits und seiner Produktion und Rezeption andererseits besteht. In der literarischen Ungeschicklichkeit wird Unbestimmtheit zu einem Formprinzip. Es baut Schwellen ab und erhöht die Zugänglichkeit, kann aber auch die Kraft der Literatur vermehren.

Die Beispiele haben gezeigt, dass Ungeschicklichkeit als latenter Hintergrund der Literatur begegnen kann, vor dem sie sich selbstbewusst abhebt, aber auch als ihre Folge oder ihr Effekt, in den sie ihre Adressaten hineinstürzen lässt; und nicht zuletzt kann sie als Authentizitätsausweis auftreten und die Form der Literatur bestimmen, wodurch allerdings die Kontrastleistung der Ungeschicklichkeit abgeschwächt, die existenzielle Bedeutsamkeit und die lebenspraktische Relevanz der Literatur aber gesteigert wird. Reflektiert sich im Thema die Form, dann wird die Ungeschicklichkeit auch poetologisch wirksam. Die Beispiele legen zudem nahe, dass die Hintergrundleistung dominant von der motorischen Ungeschicklichkeit erfüllt wird, während es bei den Effekten der Literatur eher um die soziale und hinsichtlich ihrer Form vor allem um das Paradox der idiotisch-poetischen Ungeschicklichkeit geht. Man kann schließlich die möglichen Beziehungen zwischen Literatur und Ungeschicklichkeit auch in Termini der Ästhetik fassen und von einer produktions-, einer rezeptions- und einer werkästhetischen Leistung der Ungeschicklichkeit für die Literatur sprechen.

Die Literaturwissenschaft hat sich bisher nur sporadisch für die Ungeschicklichkeit interessiert. Die wenigen Studien zum Thema

112 Vgl. etwa Susanne Knaller: Ein Wort aus der Fremde. Geschichte und Theorie des Begriffs Authentizität. Heidelberg 2007, sowie Christoph Zeller: Ästhetik des Authentischen. Literatur und Kunst um 1970. Berlin/New York 2010.

beschäftigen sich in literaturgeschichtlicher Perspektive mit begrenzten Zeiträumen aus den europäischen Nationalliteraturen. Sie konzentrieren sich nahezu ausschließlich auf die soziale Ungeschicklichkeit und untersuchen sie als semantische Einheit[113]. Neben der Anglistik und Romanistik hat sich dabei besonders die Germanistik ins Zeug gelegt. Formen sozialer Ungeschicklichkeit kamen etwa als Elemente einer Heuristik des Fehltritts in Texten des Mittelalters und der Frühen Neuzeit in den Blick, sie wurden in einer Studie zur Semantik von Blödigkeit als Schwellenphänomen im Übergang zur Moderne untersucht und schließlich auch an unterschiedlichen Akzentuierungen der Figur des Ungeschickten in Prosatexten der deutschen Romantik sowie des 19. Jahrhunderts nachgewiesen.[114] In der Anglistik hat man sich für Aspekte der sozialen und teils auch der radikalen Ungeschicklichkeit als Merkmal weiblicher Adoleszenz und ihrer Freiheitsspielräume in fiktionalen Texten des Viktorianischen England interessiert[115] und in der Romanistik schließlich für die Figur des überreflektierten Intellektuellen im italienischen Roman der klassischen Moderne[116].

Eine bemerkenswerte Ausnahme von der Dominanz semantisch orientierter Studien zur sozialen Ungeschicklichkeit findet sich in einer Untersuchung zur angelsächsischen Post-Holocaust-Lyrik.[117] Sie greift auf die negative Ästhetik Adornos zurück, insbesondere auf

113 Vgl. Dirk Werle: Für eine Literaturgeschichte semantischer Einheiten. In: Matthias Buschmeier/Walter Erhart/Kai Kauffmann (Hg.): Literaturgeschichte. Theorien – Modelle – Praktiken. Berlin/Boston 2014, S. 63–85.

114 Moos (Hg.): Der Fehltritt (s. Anm. 26); Georg Stanitzek: Blödigkeit. Beschreibungen des Individuums im 18. Jahrhundert. Tübingen 1989; Ulrich Stadler: 1798. Ungeschickt lässt grüßen. Zur Karriere einer Erzählfigur um 1800. In: Kalender kleiner Innovationen. 50 Anfänge einer Moderne zwischen 1755 und 1856. Für Günter Oesterle. Hg. von Roland Borgards, Almuth Hammer und Christiane Holm. Würzburg 2006, S. 167–174; Oesterle: Fünf Fallskizzen zum Ungeschickten (s. Anm. 2).

115 Sarah Bilston: The Awkward Age in Women's Popular Fiction, 1850–1900. Girls and the Transition of Womanhood. Oxford 2004.

116 Christian Gerth: Das Phänomen der ‚inettudine' in der italienischen Erzählliteratur des frühen 20. Jahrhunderts. Göttingen 2008.

117 Antony Rowland: Holocaust Poetry. Awkward Poetics in the Work of Sylvia Plath, Geoffrey Hill, Tony Harrison and Ted Hughes. Edinburgh 2005.

sein Verdikt über das Schreiben von Gedichten nach Auschwitz.[118] Die Studie interessiert sich für die absolute oder idiotisch-poetische Ungeschicklichkeit und versteht sie primär als Formprinzip. Entsprechend werden Bausteine zu einer Stilistik der Ungeschicklichkeit angeboten, der sich bereits der Zweite Korintherbrief des Paulus, aber auch die *Essais* Montaignes verdanken.[119] Zu ihr gehören Merkmale aus dem Fundus des Manierismus wie Reflexivität, Antirhetorik, Paradoxien, Inkongruenzen, Elemente des Grotesken, Archaismen, Formen der Exzentrik und die Bevorzugung des artistischen Bruchs bzw. des Bruchs mit dem Artistischen und Ästhetischen. Raymond Queneau hat in seinen *Stilübungen* vorgeführt, wie das geht: „Ich bin es nicht gewohnt zu schreiben. Ich weiß nicht."[120]

Die Übersicht über die Forschungsergebnisse verdeutlicht zweierlei. Zum einen zeigt sie, dass es sich bei der Ungeschicklichkeit um ein ausbaufähiges literaturwissenschaftliches Arbeitsfeld handelt. Wenn man sich vor allem in jüngerer Zeit mit ihm beschäftigt, so hat dies gute Gründe. Sie bestehen in der Invisibilisierung der Ungeschicklichkeit angesichts der rasanten Informalisierung sämtlicher Umgangsformen und der damit aufs Engste verbundenen Notwendigkeit einer angemessenen Einschätzung und Beurteilung präreflexiver Leistungen. In disziplinärer Hinsicht zeigen die Studien, dass literarische Ungeschicklichkeit sowohl eine semantische als auch eine formbezogene Dimension aufweist. Allerdings wurde (sieht man von Stanitzeks Studie einmal ab) weder das Wissen um die historische Semantik des Ausdrucks, noch die qualifizierte Unterscheidung zwischen motorischer, sozialer und

118 Vgl. Theodor W. Adorno: Kulturkritik und Gesellschaft (zuerst 1951). In: ders.: Gesammelte Schriften. Hg. von Rolf Tiedemann. Bd. 10.1. Frankfurt a. M. 1977, S. 11–30, hier S. 30.

119 Vgl. Michel de Montaigne: Bemerkungen über Cicero (zuerst 1580). In: ders.: Essais. Übers. von Herbert Lüthy. 7. Aufl. Zürich 1991, S. 271–278, hier S. 276: „Ich habe von Natur aus einen kunstlosen und hausbackenen Stil, doch nach einer Art, die mein eigen ist, untauglich zu öffentlichen Geschäften, wie es meine Redeweise überhaupt ist: zu gedrängt, zu ungeordnet, abgehackt und eigenbrötlerisch".

120 Raymond Queneau: Ungeschickt. In: ders.: Stilübungen (zuerst 1947). Übers. von Frank Heibert und Hinrich Schmidt-Henkel. 2. Aufl. Berlin 2017, S. 62 f.

idiotisch-poetischer Ungeschicklichkeit, und schließlich auch nicht das schon im alteuropäischen Tiefenraum belegbare und bis zur Gegenwart genutzte Spektrum der literarischen Ausstellung dieser Formen systematisch genutzt.

Zum anderen legen die Forschungsergebnisse in literaturgeschichtlicher Perspektive nahe, literarische Ungeschicklichkeit historisch deutlich weiträumiger als bisher in den Blick zu nehmen. Dadurch können Ähnlichkeiten und Unterschiede in ihren Ausprägungen präziser bestimmt und erfolgversprechender genutzt werden. Nach ihrem Untersuchungszeitraum geordnet decken die angeführten Studien zwar bereits annähernd die gesamte Strecke der europäischen Literatur vom Mittelalter bis in die Gegenwart ab, konzentrieren sich dabei allerdings mit unterschiedlichen Akzentsetzungen auf verschiedene Nationalliteraturen. Am intensivsten hat sich bisher die Germanistik mit der literarischen Ungeschicklichkeit beschäftigt. Auch die vorliegende Studie ist als Geschichte der Ungeschicklichkeit in der deutschsprachigen Literatur angelegt. Das bedarf eines weiteren Begründungsschritts.

III

Der deutsche Michel

Denn ein Deutscher ist mit Vergnügen alles, nur nicht er selber.

Jean Paul

Ungeschicklichkeit ist speziell den Deutschen zugeschrieben worden. Sie gehört zur Konstruktion und Figuration eines deutschen Nationalcharakters. Das gilt sowohl für Fremdzuweisungen als auch für Selbstbeschreibungen und hat eine lange Tradition. Schon in der *Germania* des Römers Tacitus wird nur einem einzigen Stamm der Germanen, den Chatten, ein gewisses Maß an Umsicht und Geschick attestiert.[121] Die Ausnahme bestätigt die Regel: Germanen sind eigentlich ungeschickt. Verbreitet wurde diese Auffassung in der europäischen Renaissance, als Gelehrte wie Nikolaus von Kues die *Germania* wiederentdeckt haben. Als Gegenfigur zum gebildeten, lateinisch sprechenden Humanisten taucht nun neben dem erstmals lexikographisch verzeichneten Ungeschickten[122] auch der ‚deutsche Michel'[123] auf. Zunächst nur ein grober, ungebildeter Bauer, wird er im 17. Jahrhundert zu einer Berufungsinstanz gegen übermäßigen Fremdwortgebrauch, erhält im 18. Jahrhundert auch gemütliche und sympathische Züge und bekommt am Anfang des 19. die Nachtmütze aufgesetzt. Die erste bekannte Abbildung, ein Kupferstich, entsteht 1808 in der patriotisch aufgeladenen Hochromantik. Angefertigt hat ihn Ludwig Emil Grimm für Achim

121 Tacitus: De origine et situ Germanorum liber (zuerst 98). Lat/dt. Übers. von Manfred Fuhrmann. Stuttgart 1978, S. 44: „multum, ut inter Germanos, rationis ac sollertiae".

122 Bei dem Nürnberger Frühdrucker Conrad Zeninger: Vocabularius teutonicus […]. Nürnberg 1482, unpag., findet sich der Eintrag „Ungeschickter. inhabilis quasi nō habilis vel aptus".

123 Nach Sebastian Franck: Sprichwŏrter […]. Tl. 2. Frankfurt a. M. 1541, S. 49^{v}, kann man „eiñ groben dŏlpel vnd fantasten" auch „der teutsch Michel" nennen.

 | DOI:10.30965/9783846761038_004

von Arnims *Zeitung für Einsiedler*.[124] Dergestalt ausstaffiert wird aus dem deutschen Michel ein Autostereotyp, das zunehmend karikaturistisch verwendet wurde.[125] Dazu haben auch prominente Zuschreibungen des Ungeschicks zum deutschen Nationalcharakter beigetragen. Exemplarisch anführen lässt sich zunächst Goethe, nach dem die Deutschen „über allem schwer werden" und „alles über ihnen schwer wird",[126] weiter Hölderlin, der den Deutschen im *Hyperion* vorwirft, dass sie „nichts Heiliges unbetastet lassen mit den plumpen Händen"[127], und schließlich Nietzsche, nach dem sich der Deutsche „auf die Schleichwege zum Chaos"[128] versteht und strategisch, immer auch ein wenig verlogen, mit dem Attribut *ungeschickt* umgeht[129].

Unter den Formen der Ungeschicklichkeit ist den Deutschen sowohl die soziale als auch die motorische und gelegentlich sogar die poetische Variante attestiert worden. Motorisch ungeschickt ist schon der deutsche Michel mit seiner Plumpheit und Trägheit, während soziale Ungeschicklichkeit dem Interaktionsverhalten der deutschen Nation zugeschrieben wurde. In Goethes *Wilhelm Meister* sagt Aurelie über sie:

> Sie kam mir im Ganzen so links vor, so übel erzogen, so schlecht unterrichtet, so leer von gefälligem Wesen, so geschmacklos. Oft rief

---

124 Vgl. Achim von Arnim/Clemens Brentano (Hg.): Zeitung für Einsiedler 1 (1808), Tafeln.

125 Vgl. Tomasz Szarota: Der deutsche Michel. Die Geschichte eines nationalen Symbols und Autostereotyps. Übers. von Kordula Zentgraf-Zubrzycka. Osnabrück 1998.

126 Johann Wolfgang Goethe: Wilhelm Meisters Lehrjahre (zuerst 1795/96). In: ders.: Sämtliche Werke. Briefe, Tagebücher und Gespräche. Hg. von Friedmar Apel u. a. Abt. I. Bd. 9. Frankfurt a. M. 1992, S. 355–992, hier S. 643.

127 Friedrich Hölderlin: Hyperion oder der Eremit in Griechenland (zuerst 1797–99). In: ders.: Sämtliche Werke und Briefe. Hg. von Michael Knaupp. Bd. 1. München/Wien 1992, S. 609–760, hier S. 757.

128 Friedrich Nietzsche: Jenseits von Gut und Böse. Vorspiel einer Philosophie der Zukunft (zuerst 1886). In: ders.: Sämtliche Werke. Kritische Studienausgabe. Hg. von Giorgio Colli und Mazzino Montinari. Bd. 5. 2., durchges. Aufl. München 1988, S. 9–243, hier S. 185, S. 186; vgl. Dieter Borchmeyer: Was ist deutsch? Die Suche einer Nation nach sich selbst. Berlin 2017, S. 381.

129 Nietzsche: Jenseits von Gut und Böse (s. Anm. 128), S. 186.

Abb. 1
Ludwig Emil Grimm, Mann mit Mütze, 1808

> ich aus: es kann doch kein Deutscher einen Schuh zuschnallen, der es nicht von einer fremden Nation gelernt hat![130]

Hier wird zu den negativen Merkmalen auch die Unselbstständigkeit addiert. Der übel beleumdete „Air allemand"[131], den der deutsche Adel vor allem im 18. Jahrhundert mehr oder weniger erfolgreich abzulegen versucht hat, ist auch Reisenden aus dem Ausland aufgefallen. Zu erinnern ist dabei neben dem Römer Tacitus auch an französische Stimmen wie diejenige Montaignes, der die Deutschen „die grobschlächtigste unter allen gegenwärtigen Nationen"[132] genannt hat, vor allem aber an Germaine de Staël. In ihrer Abhandlung *De l'Allemagne* hält sie „la lenteur et [...] l'inertie du peuple

130 Goethe: Wilhelm Meisters Lehrjahre (s. Anm. 126), S. 624.

131 Friedrich Nicolai: Das Leben und die Meinungen des Herrn Magister Sebaldus Nothanker (zuerst 1773–76). Kritische Ausgabe. Hg. von Bernd Witte. Stuttgart 1991, S. 144.

132 Michel de Montaigne: Über die Trunksucht (zuerst 1580). In: ders.: Essais (s. Anm. 119), S. 326–337, hier S. 327.

allemand“ (die Langsamkeit und Trägheit des deutschen Volkes) fest, seine „rudesse dans les manières“ (Rauheit in den Manieren) und seine Unfähigkeit zu Biegsamkeit und Gewandtheit in der Konversation.[133] Ähnliches hat der Amerikaner Henry Edwin Dwight bemerkt: Deutsche verhalten sich im Gespräch verlegen, bewegen ihren Körper in ungeschickter Weise, schauen zu Boden und machen lange Redepausen. Sie scheinen sich nicht entscheiden zu können, ob sie ihre Rede abbrechen oder fortsetzen sollen.[134] Das korreliert mit einem defizitären Selbstbewusstsein[135] und einem hohen Grad an „Selbstunsicherheit“, der sich dem Fehlen einer inneren Balance zu verdanken scheint und zu den Ursachen des deutschen Antisemitismus gerechnet worden ist.[136] Im Nationalismus des 19. Jahrhunderts schlug die Unsicherheit dann in offene Aggression um. Nachdem Kaiser Wilhelm II. deutsche Soldaten mit dem Befehl ausgesandt hatte, sich aufzuführen wie „vor tausend Jahren die Hunnen“,[137] scheint noch während der Weimarer Republik unter Europäern die „Einstellung“ verbreitet gewesen zu sein, „sie hätten es mit Hottentotten in den Deutschen zu tun (wie man dies sehr richtig genannt hat)“.[138] Als ob man das hätte bestätigen wollen kennzeichnete im Zweiten Weltkrieg eine gezielte, ideologisch motivierte „extreme Barbarei“ insbesondere das Verhalten deutscher Soldaten während des Kriegs gegen die Sowjetunion.[139]

Die soziale Ungeschicklichkeit der Deutschen, die man ihnen von außen attestiert und von innen vorgehalten hat, korreliert in auffälliger Weise mit einer Vorliebe für informelle Formen der

133 De l’Allemagne par Mme La Baronne de Staël Holstein. Bd. 1. London 1813, S. 20, S. 25, S. 32. Vgl. Borchmeyer: Was ist deutsch? (s. Anm. 128), S. 162.

134 Henry Edwin Dwight: Travels in the North of Germany, in the Years 1825 and 1826. New York 1829, S. 163.

135 Vgl. Jean Paul: Vorschule der Ästhetik (zuerst 1804). In: ders.: Werke. Hg. von Norbert Miller. Bd. 5. 3. Aufl. München 1973, S. 7–456, hier S. 135: „so sagt der Deutsche nur selten Ich *selber*, doch aber gern ‚ich meines Orts‘, welches ihm, hofft er, niemand als besondere Aufblasung auslegen wird.“

136 Vgl. Götz Aly: Warum die Deutschen? Warum die Juden? Gleichheit, Neid und Rassenhass 1800–1900. Frankfurt a. M. 2011, S. 13.

137 Zit. nach Ian Kershaw: Höllensturz. Europa 1914 bis 1949. Übers. von Klaus Binder, Bernd Leinenweber und Britta Schröder. 2. Aufl. München 2016, S. 40.

138 Walter Benjamin: Einbahnstraße. Berlin 1928, S. 31.

139 Kershaw: Höllensturz (s. Anm. 136), S. 497.

Interaktion bis hin zur Grobheit. Das wohl prominenteste Beispiel ist Martin Luther. Er hat sich in seiner Kampfschrift gegen Erasmus von Rotterdam einen Barbaren unter Barbaren („barbarus inter barbarie“[140]) genannt, der (wie vor ihm Paulus) zwar ungeschickt sei in der Rede, nicht aber in der Erkenntnis („sermone sum imperitus, rerum tamen scientia non sum imperitus“).[141] Im Schlepptau der Positivierung informeller Verhaltensweisen unter dem Mantel der Gemütlichkeit stehen dann zahllose Beiträge zur „Mentalität des Durchschnittsdeutschen“[142], die sich auch in der bildenden Kunst niedergeschlagen haben. Anton von Werner etwa zeigt auf seinem Gemälde *Im Etappenquartier vor Paris* (1894) deutsche Soldaten, die sich 1870 auf ihrem Weg nach Paris mit schmutzigen Stiefeln in einem eleganten französischen Salon herumlümmeln und dabei wehmütig Heimatlieder singen.

Abb. 2 Anton von Werner, Im Etappenquartier vor Paris, 1894

140 De servo arbitrio mar. Lutheri ad D. Erasmum Roterodamum. Wittenberg 1525, Bl. Aij^r.

141 Ebd., Bl. Aiij^r.

142 Vgl. Werner Hofmann: Wie deutsch ist die deutsche Kunst? Eine Streitschrift. Leipzig 1999, S. 44.

Die idiotisch-poetische Ungeschicklichkeit der Deutschen ist dagegen Bestandteil eines seinerseits paradoxen Ambivalenzschemas, das auf die Unbestimmtheit des Ungeschicks zurückgeht und die motorische ebenso wie die soziale Variante transzendieren und legitimieren soll. Es entsteht in der Reformation und koppelt mit Blick auf das Individuum eine Innen- mit einer Außenperspektive. Dabei wird die Innenperspektive zuerst mit religiösen, dann verstärkt mit moralischen Argumenten gegenüber dem Sozialverhalten aufgewertet. In Umkehrung eines umgangssprachlichen Phraseologismus könnte man salopp sagen, der Deutsche sei innen hui und außen pfui. Wilhelm Müller hat in seinem Prolog zur *Schönen Müllerin* ironisch von „edler deutscher Roheit“[143] gesprochen, Eduard Mörike hat diese Rohheit im *Maler Nolten* gelegentlich als „Herzensgüte seines Sansfaçon“[144] entschuldigt, während Heine in der *Romantischen Schule* aus leidvoller Erfahrung das „idealische Flegeltum“ der Deutschen beklagt hat.[145] Komplexer ist die Form, die Norbert von Hellingrath dem Schema gegeben hat. In einem während des Ersten Weltkriegs gehaltenen Vortrag über Hölderlin überführt er es in ein Schichtenmodell mit zweischneidiger Wirkung. Er spricht dort von der „Doppelgesichtigkeit“ eines Volkes, „dessen innerer Kern jeden ebenso überwältigt und zur Liebe zwingt, wie in der äußern Schicht etwas ist, das jeden abgestoßen und beleidigt hat.“[146]

---

143 Wilhelm Müller: Die schöne Müllerin. Im Winter zu lesen (zuerst 1821). In: ders.: Die Winterreise und andere Gedichte. Hg. von Hans-Rüdiger Schwab. Frankfurt a. M. 1986, S. 9–40, hier S. 11.

144 Eduard Mörike: Maler Nolten. Novelle (zuerst 1832). In: ders.: Werke und Briefe. Historisch-kritische Gesamtausgabe. Hg. von Hans-Henrik Krummacher, Herbert Meyer und Bernhard Zeller. Bd. 3. Stuttgart 1967, S. 305.

145 Heinrich Heine: Die romantische Schule (zuerst 1836). In: ders.: Sämtliche Schriften. Hg. von Klaus Briegleb. Bd. 3. 3., durchges. Aufl. München 1996, S. 357–504, hier S. 379.

146 Norbert von Hellingrath: Hölderlin und die Deutschen. In: ders.: Hölderlin. Zwei Vorträge. 2. Aufl. München 1922, S. 13–48, hier S. 41. Georg Simmel: Rembrandt. Ein kunstphilosophischer Versuch. Leipzig 1916, S. 202, spricht in ähnlicher Weise von einem fundamentalen germanischen Zug zur Negation

Das deutsche Ambivalenzschema ist wiederholt thematisiert und dabei unterschiedlich akzentuiert worden. Ernst Cassirer hat es, ebenfalls während des Ersten Weltkriegs, in seinen *Studien zur deutschen Geistesgeschichte* auf einen grundsätzlichen Gegensatz von Freiheit und Form und die zwischen ihnen sich entfaltende Dynamik zurückgeführt.[147] In jüngerer und jüngster Zeit hat Dieter Borchmeyer, der sich dabei unter anderem auf Thomas Mann und Navid Kermani beruft, diese Dynamik in kultur- und literaturhistorischer Perspektive zwischen dem provinziellen Rückzug der Deutschen auf sich selbst und ihrer kosmopolitischen Selbsttranszendenz angesiedelt.[148] Borchmeyer steht darin dem Kunsthistoriker Werner Hofmann nahe, der allerdings stärker die poetisch-produktive Dimension des Ambivalenzschemas betont hat. Hofmann zufolge ist es in der Geschichte der deutschen Kunst immer dann zu überzeugenden Lösungen gekommen, wenn dem Hang der Nation zum „Anderssein, ohne es preiszugeben, eine das Nationale und Partikulare überwindende Form" abgewonnen werden konnte.[149] Die Ungeschicklichkeit der Deutschen wäre dann ein Effekt ihres Hangs zur Absonderung, zum Rückzug ins Provinzielle, Informelle und Idiotische, der mit einem höchst instabilen, Formen der Selbstrelativierung bis hin zum Selbsthass einschließenden Selbstverständnis einhergeht.[150] Scheinbar allein gelassen sucht man händeringend nach dem Ausweg. Gelingt die Selbsttranszendenz – vulgo: die Selbstbildung – nicht, dann schlägt das instabile Selbstverständnis (und mit ihm die Ungeschicklichkeit) nur zu leicht in Überheblichkeit und Aggressivität um. Gelingt sie aber, besonders in der Kunst, dann erzielt sie nicht selten internationale Resonanz, wobei sie zugleich „im geistigen Haushalt der

---

der Form, „der auf den Fremden unleugbar als eine gewisse Ungeschicklichkeit und Formlosigkeit wirkt."

147 Ernst Cassirer: Freiheit und Form. Studien zur deutschen Geistesgeschichte (zuerst 1916). 6. Aufl. Darmstadt 1994.

148 Borchmeyer: Was ist deutsch? (s. Anm. 128), S. 239, S. 797 und S. 834.

149 Hofmann: Wie deutsch ist die deutsche Kunst? (s. Anm. 142), S. 26.

150 Vgl. Borchmeyer: Was ist deutsch? (s. Anm. 128), S. 81, S. 106, S. 137, S. 197 f., S. 835, S. 924.

Deutschen so etwas wie produktive ‚Selbstwidersprüche' sichtbar"[151] werden lässt.[152] Man sieht dann, wo ‚es' herkommt.

Gesteht man zu, dass der Ungeschicklichkeit für das Selbstverständnis und den Nationalcharakter der Deutschen eine signifikante Rolle zugesprochen worden ist, dann bleibt freilich noch die Frage zu beantworten, was sie speziell mit der deutschen Literatur zu tun hat. Es kann dabei nicht nur um ein literarisches Thema gehen, sondern auch um die spezifische, um nicht zu sagen idiotische Form dieser Literatur. Das sei vorgreifend durch einige Streiflichter verdeutlicht.

Bereits Luthers paulinisch begründete Verdammung der geschickten, dem Humanismus verpflichteten Rhetorik eines Erasmus von Rotterdam hatte einen engen Bezug zur Literatur. Sie findet ihren Ausdruck etwa in der Abwendung der deutschsprachigen Literatur des 16. und 17. Jahrhunderts vom Kulturmonopol des Lateinischen und einer Hinwendung zu dem, was man für deutsch hielt. Das zeigt sich etwa in der makkaronischen Poesie und im Grobianismus[153], aber auch in drastischen Schwänken sowie in Komödien und Satiren der Frühen Neuzeit. Auf dieser Grundlage entstand im 18. Jahrhundert eine produktionsästhetische Variante des Ambivalenzschemas, die erste Elemente einer Poetik der Ungeschicklichkeit für die deutsche Literatur skizziert hat. Erstmals findet sie sich in einem clandestinen, anonym erschienenen „Extremtext"[154] der Frühaufklärung. Sein vermutlicher Autor, Gabriel Wagner, hat sich darin in scharfer Form gegen die Vorbildfunktion der französischen Kultur gewandt. Wagners Attacke schreibt den Deutschen

151 Hofmann: Wie deutsch ist die deutsche Kunst? (s. Anm. 142), S. 46.

152 Ähnlich – mit Blick auf die aktuellen Debatten – Thea Dorn: deutsch, nicht dumpf. Ein Leitfaden für aufgeklärte Patrioten. München 2018, S. 311. Dorn zufolge macht „die Zerrissenheit der deutschen Kultur" zugleich „ihr Bestes" aus. Wenn man dabei aber, wie Dorn, die ästhetische Dimension tilgt, wird es diffus und belehrend: Die Zerrissenheit sei auszuhalten und „in produktive Spannungen umzuwandeln."

153 Vgl. etwa Barbara Correll: The End of Conduct. *Grobianus* and the Renaissance Text of the Subject. Ithaca/London 1996.

154 Martin Disselkamp: Einleitung. In: Nachricht von *Realis de Vienna* Prüfung des Europischen Verstandes durch di Weltweise Geschicht (zuerst 1715). Hg. von M. D. Heidelberg 2005, S. VII–L, hier S. VII.

im Sinne der poetischen Ungeschicklichkeit eine besondere „natur hoheit" zu, die sich nun aber gerade nicht mehr in religiöser und moralischer Überlegenheit, sondern in außerordentlichen Kulturleistungen (Techniken wie dem Buchdruck, Mathematik, Philosophie etc.) manifestiert habe. Diese Leistungen legitimierten dann auch die Vernachlässigung der Frage, „wi man sich gegen die leute müßte anstellen", also die vielfach konstatierte und beklagte soziale Ungeschicklichkeit der Deutschen.[155] Wer, so Wagner in der Linie Platons, Paulus' oder Luthers, „der welt erkentnis in die welt" gebracht habe, dem könne es gleichgültig sein, wenn man ihn aufgrund seines Benehmens als „dikke[n] lümmel" und „*Minerven*-esel" beschimpfe.[156] Fragen der Etikette sind für ein Volk von tüchtigen Technikern und tiefsinnigen Tüftlern lediglich „Kinderpossen"[157].

Die massive Aufwertung ihrer kulturellen Leistungen hat Folgen für die Performanz der Deutschen – und damit auch für ihre Literatur. Sie begründet, warum diese Nation nicht nur zur Orientierung an den Franzosen gänzlich ungeeignet ist, sondern generell „beim nachaffen nothwendich ungeschickt" agiert.[158] Wer so viel kann, muss sich nicht mehr nach anderen richten. Das ist ein ausgesprochen problematisches Argument für rüpelhaftes Verhalten, gewissermaßen eine Werther-Idee. Auf dem Boden der Kulturtheorie bereitet sich mit diesem Argument die Herausbildung der Ästhetik mit ihrer Umstellung vom Mimesis- zum Poiesispostulat vor. Sie geht einher mit einer Emphatisierung des Könnens, die in die Geniesemantik einmündet. Zugleich wird deutlich, dass die Entdeckung einer nationalen Eigenleistung im deutschsprachigen Raum mit einer merkwürdigen Lizenz zum schlechten Benehmen verbunden wird.

Daran ist vor allem Herder beteiligt, der in seinen *Briefen zur Beförderung der Humanität* die längst vergessenen Thesen Gabriel Wagners aufnimmt, zuspitzt und in einen umfassenden Beitrag zum deutschen Bildungskonzept integriert. Dabei kommt es auch zu einer literaturtheoretischen Spezifikation der Theorie kultureller

155 Nachricht von *Realis de Vienna* Prüfung (s. Anm. 154), S. 1–110, hier S. 40.
156 Ebd., S. 20.
157 Ebd., S. 40.
158 Ebd., S. 41.

Kreativität. 1793, in der zweiten Sammlung seiner Humanitätsbriefe, hatte Herder zunächst ausführlich Wagners Extremtext zitiert und dabei auch dessen These erwähnt, dass die Deutschen ungeschickte Adepten ausländischer Vorbilder seien.[159] In der 1796 erschienenen achten Sammlung verbindet er diese These mit der deutschen Literatur. In ihr zeige sich der nationale Eigenwert besonders dann, wenn fremde Formen adaptiert würden, letztlich also bei der imitatio auctorum. Herder hält dazu fest:

> Rechtliche Ehrlichkeit also, Richtigkeit in Gedanken, Stärke im Willen und Ausdruck, dabei Gutmütigkeit, Bereitschaft zu helfen und zu dienen; dies ist die Gemütsart unsres Volks, die es auch im Nachahmen, selbst im ungeschickten Nachahmen des Fremden nie verleugnen konnte. Denn woher fiel das Nachahmen der Deutschen oft so ungeschickt aus? Weil sie es allenthalben *zu ehrlich* meinten, so wurden sie oft getäuscht und betrogen. Die ganze Nachahmungssucht der Deutschen rührt von ihrer *Gutmütigkeit* her. Sie dachten zu bescheiden von sich, und wollten immer lernen, auch wo sie allenfalls lehren konnten.[160]

Positive Charaktermerkmale wie Aufrichtigkeit und Hilfsbereitschaft, letztlich also religiöse und moralische Werte, sind nach Herder für die formale Ungeschicklichkeit und das Misslingen deutschsprachiger Adaptionen fremdkultureller Muster verantwortlich. Das ist ein ethisch fundiertes produktionsästhetisches Argument, mit dem das Ambivalenzschema idiotisch-poetischer Ungeschicklichkeit legitimiert wird. Herder begründet die deutsche Neigung zur Adaption fremder Vorbilder soziologisch mit der Abhängigkeit der deutschen Literatur des späten 17. und frühen 18. Jahrhunderts von der europäischen Adelskultur.[161] Weil sie es ihren europäisch agierenden Oberschichten recht machen wollten, adaptierten deutsche Autoren in ihren Provinzen insbesondere

---

159 Johann Gottfried Herder: Briefe zur Beförderung der Humanität (zuerst 1793–97). In: ders.: Werke in zehn Bänden. Hg. von Martin Bollacher u. a. Bd. 7. Frankfurt a. M. 1991, S. 9–753, hier S. 219.

160 Ebd., S. 553 f.

161 Ebd., S. 554, unter Verweis u. a. auf Hoffmannswaldau, Lohenstein und Weise, sowie auf die „Kanzleipoesien" Bessers und Königs.

Formen der französischen Literatur, verrieten dadurch ihre Eigenheiten und hätten sich daher zwangsläufig in Ausführungsfehlern verloren. Der Schritt von Innen nach Außen darf kein Umweg sein.

Man könnte Herders These als Appell verstehen, die deutsche Literatur aus dem entschiedenen Rückgriff auf den moralisch aufgewerteten deutschen Charakter heraus zu erneuern. Das ist auch der Weg, den der von Herder geförderte Jean Paul gegen den ‚amoralischen' Klassizismus Goethes verfolgt hat. Der mehr oder weniger subkutan von einem versimpelten Herder befeuerte irrationale Flügel der Germanistik hat diesen Weg bis weit ins 20. Jahrhundert hinein festzuschreiben versucht.[162] Damit ist aber das Problempotenzial der These keineswegs ausgeschöpft. Denn bereits Gabriel Wagner hatte ja nicht nur eine partielle, sondern eine absolute Ungeschicklichkeit der Deutschen im „nachaffen" behauptet. Aktualisiert und radikalisiert man diese These, dann lässt sich aus ihr eine grundsätzliche Negation intertextueller Bezugnahmen und die Dauerfeier des Genies ableiten. Literatur entsteht aber grundsätzlich aus Literatur, sie kann ohne die Wiederaufnahme bereits vorhandener Literatur, ihrer Themen und ihrer Formen, als *Literatur* gar nicht fortgeführt werden. Denn „[ü]ber Neuheit und Originalität entscheidet nicht, *ob* nachgeahmt wird, sondern *dass* nachgeahmt wird und *wie* nachgeahmt wird."[163] Eine autochthone, ganz aus der Eigenart ihrer Produzenten entspringende Literatur ist ein Ding der Unmöglichkeit – selbst unter den Deutschen. Dass dieser Grenzwert allerdings von ihnen angestrebt und überdies kontinuierlich an ihn erinnert worden ist, legt nahe, daraus eine weitere These abzuleiten: Die Ungeschicklichkeit der deutschen Literatur besteht in dem perennierenden Verdacht, dass sie auf dem Weg von Innen nach Außen scheitern könnte, dass die eigenen Idiosynkrasien immer schon mit den falschen Mitteln und gegenüber den falschen

---

162 Für eine angemessene Rekonstruktion von Herders Kulturkonzept vgl. dagegen Till Dembeck: X oder U? Herders ‚Interkulturalität'. In: Dieter Heimböckel/Irmgard Honnef-Becker/Georg Mein u. a. (Hg.): Zwischen Provokation und Usurpation. Interkulturalität als (un-)vollendetes Projekt der Literatur- und Sprachwissenschaften. München 2010, S. 103–128.

163 Seitz: List und Form (s. Anm. 23), S. 167.

Adressaten zu transzendieren versucht wurden, und dass schließlich ihre Mitteilungsformen dem informatorischen Reichtum – vulgo: den Tiefen (oder Untiefen) der eigenen (deutschen) Seele – nicht zu entsprechen vermöchten. Auch am Ende des 20. Jahrhunderts ist die Koketterie mit der Latenz des Ungeschicks noch nicht ausgestanden:

> Der Dichter denkt so bisschen lose dichtend vor sich hin, er denkt zum Beispiel an ein mögliches Gedicht. Das war ein Fehler, das war falsch. Das war es gewesen, das wars, der Fehler war dieses Gedicht gewesen. Ein Fehlgedicht, natürlich, ganz eindeutig falsch, das war ihm fehlerhafterweise unterlaufen. Wie konnte das geschehen? Es ist nun leider nicht zu ändern, es ist passiert und publiziert, verdammt.[164]

Was aber dann? Passivität und Schweigen,[165] Konzepte wie die des Künstlers ohne Werk,[166] wären aus dieser Perspektive bedeutsamer (tiefer!) als jedes engagierte Reden.[167] Trifft das zu, dann lässt sich damit die vielfach beobachtete Reflexivität der deutschen Literatur erklären, die Mühseligkeit und Angestrengtheit ihrer Formenwahl und das Zögernde ihres Vortrags – allesamt Eigenschaften, die so manchem Beobachter auch als schiere Verquältheit vorgekommen sein mögen. Die deutsche Literatur hat ein Schwellenproblem, sie tritt nur zögernd ins Licht.

Davon spricht ihr Umgang mit der Ungeschicklichkeit. An der Wende vom 18. zum 19. Jahrhundert wird das Ungeschick, ähnlich wie das Interessante, zu einer ästhetischen Kategorie, die ihre moralisch-religiöse Genealogie nicht verleugnen kann. Entsprechend macht Friedrich Schlegel die Ungeschicklichkeit zu einer Charakterfrage. Über den deutschen Künstler schreibt er: „Rechtlich,

164 Rainald Goetz: Dekonspiratione. Erzählung. Frankfurt a. M. 1998, S. 115.

165 Vgl. Roland Barthes: Das Neutrum. Vorlesung am Collège de France 1977–1978. Hg. von Éric Marty. Übers. von Horst Brühmann. Frankfurt a. M. 2005, S. 55–67.

166 Vgl. Alexandra Pontzen: Künstler ohne Werk. Modelle negativer Produktionsästhetik in der Künstlerliteratur von Wackenroder bis Heiner Müller. Berlin 2000.

167 Vgl. Gottfried Benn: Altern als Problem für Künstler (zuerst 1954). In: ders.: Essays und Reden. In der Fassung der Erstdrucke. Hg. von Bruno Hillebrand. Frankfurt a. M. 1989, S. 565–588, hier S. 584.

treuherzig, gründlich, genau und tiefsinnig ist dieser Charakter, dabei unschuldig und etwas ungeschickt."[168] Subtil verbindet der Satz Ungeschicklichkeit mit Unschuld. Er könnte auch den deutschen Michel meinen und lässt jedenfalls den romantischen Künstler zum naiven, moralisch integren Kind werden. Das ersetzt die religiöse, auf Luther und Paulus zurückgehende Legitimation ungeschickter Mitteilungsformen, die sich auf die Schwäche und Sündigkeit des Menschen berufen konnte. Zugleich wird über den utopischen Charakter der Kindheit in der Romantik die Ambivalenzfigur der deutschen Ungeschicklichkeit geschichtsphilosophisch aufgeladen. Sie weist voraus auf die Wiederkehr eines ehemals gewissen goldenen Zeitalters[169] und macht für alle Ausführungsfehler in der Gegenwart entweder das freie und naive Spiel oder die böse Moderne verantwortlich.

Lässt man sich auch auf Themen ein, die an die Ungeschicklichkeit angrenzen, dann kann der Befund durch die germanistische Forschung präzisiert werden. Den Forschungsrahmen hat während des Zweiten Weltkriegs der Niederländer Herman Meyer in seiner Amsterdamer Dissertation über den Typus des Sonderlings in der deutschen Literatur abgesteckt.[170] Meyer interpretiert diesen Typus, der als Variante des deutschen Michel aufgefasst werden kann, als sozialen Außenseiter, der aus dem Leiden unter dem Gegensatz von Ideal und Wirklichkeit zum Exzentriker wird und erst in der Überwindung seiner Außenseiterposition lebenspraktisch Stand und Sicherheit gewinnt.[171] Nimmt man hinzu, dass der Sonderling in

168 Friedrich Schlegel: Ideen (zuerst 1800). In: Kritische Friedrich-Schlegel-Ausgabe. Hg. von Ernst Behler. Bd. 2. München u. a. 1967, S. 257–272, hier S. 268.

169 Vgl. zuletzt am Beispiel Schlegels Asko Nivala: The Romantic Idea of the Golden Age in Friedrich Schlegel's Philosophy of History. New York/London 2017.

170 Herman Meyer: Der Typus des Sonderlings in der deutschen Literatur. Amsterdam 1943. Hier zitiert nach der Neuausgabe; Herman Meyer: Der Sonderling in der deutschen Dichtung (zuerst 1963). Frankfurt a. M. 1990.

171 Ebd., S. 19.

seinem Leiden an der Realität zur Ungeschicklichkeit neigt,[172] dann ist leicht zu sehen, dass mit ihm das wiederholt zur Charakterisierung des ungeschickten Deutschen eingesetzte Ambivalenzschema variiert und in eine beobachtbare Sozialfigur überführt wird. Sie ist für die geistesgeschichtlich angelegte Argumentation Meyers darum von Interesse, weil sie als heuristisches Mittel das Selbstverständnis ‚großer' deutscher Autoren und ihre als normativ verstandene Anthropologie zugänglich macht.[173] Meyer analysiert den Sonderling als Figur, die eine bearbeitbare Differenz zwischen Individuum und Gesellschaft voraussetzt[174] und auf der problematischen Prämisse beruht, ganz aus der eigenen (idiotischen) Innerlichkeit heraus agieren zu können.[175] Angelegt ist seine Untersuchung als historischer Längsschnitt. Sie geht kurz auf frühneuzeitliche Vorläufer wie den Narren ein,[176] konzentriert sich aber dann auf Erzähltexte aus der neueren deutschen Literatur vom 18. Jahrhundert bis zur Gegenwart. Zu den Ergebnissen gehört, dass der Sonderling in der Spätaufklärung als komischer Kauz profiliert worden sei, dass er in der Romantik idealisiert und im Realismus durch den Kontakt mit der Gesellschaft zum Humoristen werde, während er im 20. Jahrhundert weitgehend verschwinde.

Neuere Arbeiten zur Ungeschicklichkeit in der deutschen Literatur haben zunächst nicht direkt an Meyers Grundlegung angeschlossen. Das lässt sich mit dem Versickern geistes- und motivgeschichtlicher Zugänge in der Germanistik erklären, möglicherweise auch mit der Stellung Meyers als ‚Auslandsgermanist', hat

---

172 Das verdeutlicht Meyer: Der Typus des Sonderlings (s. Anm. 170), vor allem an E. T. A. Hoffmanns Erzählung *Der goldne Topf* (ebd., S. 122) und an Gottfried Kellers Roman *Der grüne Heinrich* (ebd., S. 193).

173 Ebd., S. 20.

174 So akzentuiert, im langen Schatten Meyers, aus komparatistischer Perspektive Elisabeth Frenzel: Sonderling. In: dies.: Motive der Weltliteratur. Ein Lexikon dichtungsgeschichtlicher Längsschnitte. 3., überarb. und erw. Aufl. Stuttgart 1988, S. 643–656, hier S. 643.

175 Ebd., S. 655.

176 Vgl. dazu auch Jean Schillinger (Hg.): Der Narr in der deutschen Literatur im Mittelalter und in der Frühen Neuzeit. Kolloquium in Nancy (13.–14. März 2008). Bern 2009, sowie Alexander Košenina: Der gelehrte Narr. Gelehrtensatire seit der Aufklärung. Göttingen 2003.

aber in jedem Fall den historischen Rahmen verengt, in dem das Problem Konturen gewinnen kann. Abgelöst wurde dieser Rahmen durch das modernetheoretische Konzept der Exklusionsindividualität[177]. Es ist historisch deutlich enger geschnitten als die Figur des Sonderlings und fällt in die Sattelzeit um 1800. Prominent ist es von Niklas Luhmann eingeführt worden, der damit die Herausbildung einer neuen Individualitätssemantik zu beschreiben versucht hat. Exklusionsindividualität bezeichnet das Problem, dass jede Einzelperson nach der Auflösung der alteuropäischen Ständeordnung und ihrer Umstellung auf eine funktionale Differenzierung der Gesellschaft nicht länger nur einem einzigen sozialen Teilsystem (einem Stand) angehört, sondern an mehreren Systemen zugleich teilhat (am Wirtschafts-, Rechts-, Erziehungssystem usw.). Damit aber steht das Individuum als solches einer immer stärker differenzierten Gesellschaft gegenüber und „kann nicht mehr durch Inklusion, sondern nur noch durch Exklusion definiert werden."[178] Zu den Möglichkeiten der fortan massenhaft Exkludierten, dennoch in Gesellschaft zu bleiben und an ihrer Kultur teilzuhaben, gehört nach Luhmann insbesondere im deutschsprachigen Raum die Beschäftigung mit Kunstwerken.[179] Der Germanist Karl Eibl hat ergänzend zu zeigen versucht, inwiefern Exklusionsindividualität „in besonderem Maße verflochten ist mit der Entstehung von Poesie".[180] Die deutsche Literatur wird zur Inklusionsagentur speziell für die exkludierten Einzelnen, für die Masse der neuen Idioten, Genies und Sonderlinge. In ihrem Einzugsgebiet hat das Postulat der soziokulturellen Teilhabe an Literatur und Kunst auch einen eigenen Namen erhalten:

177 Vgl. aus soziologischer Perspektive Frank Hillebrandt: Exklusionsindividualität. Moderne Gesellschaftsstruktur und die soziale Konstruktion des Menschen. Wiesbaden 1999.

178 Niklas Luhmann: Individuum, Individualität, Individualismus. In: ders.: Gesellschaftsstruktur und Semantik. Studien zur Wissenssoziologie der modernen Gesellschaft. Bd. 3. Frankfurt a. M. 1989, S. 149–258, hier S. 158. Zur neueren Diskussion vgl. Markus Schroer: Das Individuum der Gesellschaft. Synchrone und diachrone Theorieperspektiven. Frankfurt a. M. 2000.

179 Luhmann: Individuum, Individualität, Individualismus (s. Anm. 178), S. 200–208.

180 Karl Eibl: Die Entstehung der Poesie. Frankfurt a. M. 1995, S. 45.

den der Bildung. Schule und Universität sind im 19. und 20. Jahrhundert ihre Agenturen geworden.

Jüngere neugermanistische Arbeiten haben sich für den Phänomenkomplex der Ungeschicklichkeit unter dem Aspekt der Exklusionsindividualität interessiert. Wegweisend war dabei die begriffs- und sozialgeschichtlich angelegte Studie von Georg Stanitzek über Blödigkeit in der deutschen Literatur des 18. Jahrhunderts.[181] *Blödigkeit* ist der Ausdruck der Aufklärer für das zunehmend exkludierte und dann in seiner Innerlichkeit befangene Individuum. Stanitzek kann zeigen, dass „Blödigkeit letztlich nur ein Zögern des Individuums vor dem Eintritt in die Moderne darstellt"; dieses Zögern ist allerdings hochgradig signifikant, weil es im Laufe der Moderne nicht verschwindet, sondern sich „immer erneut wiederholen zu sollen scheint."[182] Zwar ist der Ausdruck *blöde* allenfalls partiell bedeutungsgleich mit *ungeschickt*, doch kann motorische und soziale Ungeschicklichkeit sowohl zum Anlass als auch zu einer möglichen Folge von Blödigkeit werden. Nicht zuletzt ist Hölderlins Ode *Blödigkeit* zugleich eines der markantesten Beispiele für poetische Ungeschicklichkeit. Da Stanitzek zum einen den Bedeutungswandel des Ausdrucks *Blödigkeit* am Ende der Frühen Neuzeit untersucht und zum anderen die Fortsetzung des Zögerns, mit dem sich der Einzelne seit dem 18. Jahrhundert ‚in Gesellschaft' begibt, über seinen Untersuchungszeitraum hinaus bis in die Gegenwart konstatiert,[183] hält er trotz seiner Konzentration auf das 18. Jahrhundert an dem von Meyer vorgegebenen weiten historischen Rahmen fest.

Ulrich Stadler hat seinen erstmals explizit der Ungeschicklichkeit gewidmeten Beitrag an Meyers Thesen zum Sonderling angeschlossen,[184] Stanitzeks Studie aber ignoriert, obwohl er ebenso wie dieser mit dem Konzept der Exklusionsindividualität arbeitet.

---

181 Stanitzek: Blödigkeit (s. Anm. 114).

182 Ebd., S. VII. Vgl. prominent Franz Kafka: Tagebücher in der Fassung der Handschrift. Hg. von Hans-Gerd Koch, Michael Müller und Malcolm Pasley. New York 1990, S. 888: „Mein Leben ist das Zögern vor der Geburt."

183 Vgl. dazu auch, stärker systematisierend und ohne Anschluss an Stanitzek, Joseph Vogl: Über das Zaudern. Zürich/Berlin 2007.

184 Stadler: 1798. Ungeschickt lässt grüßen (s. Anm. 114), S. 170.

Stadler hält fest, dass die Figur des Ungeschickten in Prosatexten der deutschen Romantik prominent auftritt und dabei auffällig positiv bewertet wird. Der Beitrag erklärt diese Aufwertung mit der Neukonzeption des Zusammenhangs von Literatur und Individualität um 1800. Die deutsche Literatur nehme sich seit der Romantik des sozial exkludierten, auf sich selbst zurückgeworfenen Individuums an und offeriere ihm Glückschancen, die ihm die Gesellschaft vorenthalte. Daher könne die soziale Exklusion der freigesetzten Individuen und die mit ihr einhergehende Ungeschicklichkeit nur noch vordergründig als Makel verstanden werden. Vor allem im kindlich-naiven Ungeschickten erkenne die deutsche Romantik ein „vorbildliches Individuum“[185], das innerhalb der depravierenden Moderne auf ein goldenes Zeitalter verweise und dem daher im Sinne Ernst Blochs der „Index des Utopischen“[186] zukomme. Der ungeschickte Mann wird zur idealisierten Gegenfigur der Moderne.

Das ist auf Widerspruch gestoßen. Günter Oesterle, dem Stadlers Beitrag gewidmet ist, hat die Idealisierung des Ungeschickten in einer knappen Skizze, die sich vor allem mit der deutschen Literatur des Realismus beschäftigt, relativiert und gedämpft. Zwar bestätigt er, gestützt auf eine Erzählung Mörikes, dass sich über das Ungeschick durchaus ein „Zugang zu einem letzten Rest von Wunderbarem in der Moderne“ eröffnet, führt aber dann an Vischers Roman *Auch Einer* vor, dass dieser Zugang auch problematische Seiten hat und „zum schicksalhaften Missgeschick“[187] ausschlagen kann.[188] Philosophisch und literarisch grundsätzlich bedeutsam sei das Ungeschick, weil es ein Heraustreten aus den Regeln, Normen und Praktiken, ein Freisein vom Zwang des Dazugehörens ermögliche.[189] Literaturhistorisch lasse sich mit seiner Hilfe Defizitäres oder als defizitär Deklariertes, wie etwa das Phänomen weiblicher Autorschaft, ins Singuläre und Geniale überführen. Die romantische Positivierung der Ungeschicklichkeit verkehre sich

185 Ebd., S. 173.

186 Ebd., S. 173 f.

187 Oesterle: Fünf Fallskizzen zum Ungeschickten (s. Anm. 2), S. 14.

188 Ebd., S. 15.

189 Ebd., S. 16.

aber schon im poetischen Realismus ins Tragische. Das zeige sich besonders markant in der Dorfgeschichte und ihrer Fortschreibung, der Ghettogeschichte. Spätestens in ihr werde sichtbar, dass der Bruch mit der Tradition oder der Orthodoxie die Betroffenen in der Moderne für immer „fremd und ungeschickt" erscheinen lasse und sie gefährlichen Missverständnissen aussetze.[190] Das Ungeschickte ist daher nach Oesterle ein ambivalenter Drahtseilakt zwischen Defizit und Chance, zwischen Scheitern und Gelingen. Das steht dem Zögern vor der Moderne nahe, das Stanitzek als Signum des Blöden herausgearbeitet hat. Nach Oesterle liegt in der Ambivalenz der Ungeschicklichkeit ihr „ästhetisches Faszinosum"[191], das aber immer nur in einem begrenzten, für Außenstehende kaum einsichtigen Spielraum produktiv werden könne. Zugänglich werde es nur für eine Form der Philologie, die sich als „Medium der Akribie im Felde des Defizitären"[192] verstehe. Das macht eine Studie zur Ungeschicklichkeit zum Liebhaberprojekt.

Die Forschungsergebnisse verdeutlichen zum einen, dass sich die Figur des Ungeschickten einer ‚deutschen Optik' verdankt. Ähnlich wie schon der Sonderling ist auch der Ungeschickte eine literarische Variante des deutschen Michel. Er realisiert das Ambivalenzschema von innerem Glanz und äußerer Stumpfheit, indem er es als Konfiguration von poetischer, sozialer und motorischer Ungeschicklichkeit spezifiziert. Über die deutsche Optik hinaus wird aber auch deutlich, dass der Ungeschickte seine Konturen im Zuge einer gesamteuropäischen, in der Folge auch weltweiten Umstellung der Individualitätssemantik erhält. Sie hat eine Vorgeschichte in der Frühen Neuzeit, erlebt im langen 19. Jahrhundert ihren Höhepunkt und verliert ihre Geltung seit den siebziger Jahren in der Gesellschaft der Singularitäten.[193] In ihr gehört Ungeschicklichkeit zu den Strategien, authentisch zu erscheinen. Die vorliegende Studie verknüpft die ‚deutsche Optik', der sich das bisher erarbeitete

190 Ebd., S. 19.

191 Ebd.

192 Ebd., S. 17.

193 Vgl. Andreas Reckwitz: Die Gesellschaft der Singularitäten. Zum Strukturwandel der Moderne. 5. Aufl. Berlin 2018.

Wissen um den Sonderling, den Blöden und den Ungeschickten verdankt, mit dem globalen Problemrahmen der aktuellen Singularisierungsgebote. Sie geht davon aus, dass diese Gebote sich aus dem Umgang der deutschen Literatur mit dem Ungeschickten heraus besser verstehen und vielleicht auch erfolgreicher umgehen lassen. Daher ist sie als Fallgeschichte angelegt.[194]

194 Ich nehme damit eine Anregung Günter Oesterles auf, der seinen Beitrag zum Ungeschickten (s. Anm. 2) als Reihe von Fallskizzen angelegt hat.

IV

Was der Fall ist

Was ich hier vorlege, ist ja ohnehin nur Halbzeug

Hans Blumenberg

Fallgeschichten, auch die vom ungeschickten Deutschen, verbinden singuläre, faktisch gegebene Vorfälle mit dem Typischen und Allgemeinen, indem sie davon erzählen.[195] Das macht sie zur Grundlage aller historisch arbeitenden Wissenschaften.[196] Durch ihre narrative Ordnung verhindern sie einerseits die Emphatisierung und Mythisierung des Singulären, die sich zur Apotheose der Kontingenz versteigen kann, legen aber auch dessen ‚Bedeutsamkeit'[197] frei, ohne es vorschnell dem Zugriff der Kategorien und Begriffe auszuliefern. Dabei kommt eine Fallgeschichte selten allein. Das hängt mit der Tendenz des Genres zur Pathologisierung ihres Gegenstands zusammen. Man kann das ganz wörtlich verstehen, als Rede (Logos) nämlich, die sich einem Widerfahrnis (Pathos) verdankt und diesem dann folgt oder nachgeht, indem sie es zum Ausdruck bringt. Etwa so, wie Platons Schriften dem singulären Fall des Sokrates nachgehen.[198] Hätten wir nur diese Schriften, dann hätten wir auch nur eine einzige Ursprungsgeschichte der Philosophie. Weil aber auch Aristophanes und Xenophon den Fall des Sokrates

195 Vgl. Christiane Frey: Fallgeschichte. In: Roland Borgards/Harald Neumeyer/Nicolas Pethes u. a. (Hg.): Literatur und Wissen. Ein interdisziplinäres Handbuch. Stuttgart 2013, S. 282–287, hier S. 282.

196 „Geschichtswissenschaft verlangt das intensive, in die Tiefe bohrende Studium umgrenzbarer Fälle." Jürgen Osterhammel: Die Verwandlung der Welt. Eine Geschichte des 19. Jahrhunderts. 2. Aufl. der Sonderausg. München 2016, S. 14.

197 Im Sinne von Hans Blumenberg: Arbeit am Mythos. 3., erneut durchges. Aufl. Frankfurt a. M. 1984 (zuerst 1979), S. 68–126, der von der „apotropäischen Qualität" der Bedeutsamkeit spricht (ebd., S. 125).

198 Vgl. Waldenfels: Platon (s. Anm. 24), S. 10 f.

 | DOI:10.30965/9783846761038_005

beschrieben haben, kann man auf Vergleichsmöglichkeiten zurückgreifen, die das Pathos des Einzelfalls relativieren.

Es gibt aber nicht nur mehrere Geschichten eines einzigen Falls, sondern auch Reihen oder Serien von Einzelfällen mit den jeweils auf sie bezogenen Geschichten. Eine solche Fallreihe entsteht, wenn man zum Beispiel Jesus (von dem es – denkt man nur an die Evangelien – ebenfalls mehr als eine Fallgeschichte gibt) neben Sokrates stellt. Durch die Bildung von Fallreihen wird der exzeptionelle (oder existenzielle) Status des einen durch einen zweiten (dritten, vierten ...), dem ersten partiell ähnlichen Fall relativiert und teilweise auch normalisiert. Serialisierung der Fälle führt zur Entpathologisierung des Einzelfalls. Sie baut am Idiotischen und Singulären das Absolute ab, pluralisiert die Zugänge, die wir zu ihm haben, und fasst es weniger als Zeichen auf, sondern eher als Indiz. Auch mit Blick auf den deutschen Michel und den Fall des ungeschickten Deutschen ist Aufklärung ein „Pluralisierungseffekt"[199].

Aus dem Gegenstandsbezug der Fallgeschichte, ihrem Realismus und ihrer Tendenz zur Serialität ergeben sich für die hier vorgelegte Fallgeschichte der deutschen Literatur zwei abschließende Aufgaben. Zum einen ist zu klären, was in ihr der Fall ist, zum anderen ist ihr Verhältnis zur Literaturgeschichte näher zu bestimmen. Die erste Frage lässt sich durch eine kleine Poetik der Ungeschicklichkeit beantworten, die zweite durch den Vorschlag einer ‚anderen' Geschichte der deutschen Literatur im Format einer Fallgeschichte.

Zur Beantwortung der ersten Frage, die auf die Spezifik des hier verhandelten Falls zielt, lässt sich zunächst das weite Bedeutungsspektrum des lateinischen Ausdrucks *casus*[200] und seines deutschen Äquivalents *Fall*[201] heranziehen. Neben dem Ereignis und dem

199 Steffen Martus: Aufklärung. Das deutsche 18. Jahrhundert – ein Epochenbild. 2. Aufl. Berlin 2015, S. 19.

200 *Casus* ist seinerseits eine Übersetzung des griechischen *ptosis*, das von *piptein* (‚fallen') abgeleitet ist; vgl. Frey: Fallgeschichte (s. Anm. 195), S. 283.

201 Vgl. dazu Nicolas Pethes: Literarische Fallgeschichten. Zur Poetik einer epistemischen Schreibweise. Konstanz 2016, S. 38–40.

Zufall[202] gehört zu dieser Spezifik auch das Resultat des Fehltritts, das als Unglück und Unfall auftreten kann, bis hin zu topischen Verdichtungen wie dem biblischen Sündenfall (dem *lapsus*), dem moralischen Skandalon des ‚gefallenen Mädchens' und dem technologischen Störfall. In diesem weiten Sinne eröffnet die Ungeschicklichkeit, und damit auch der ungeschickte Deutsche, den Zugang zu einer ‚counter history', einer Geschichte des Übersehenen und Verdrängten.[203]

Zu Analysezwecken bietet es sich an, den hier thematischen Fall zu typisieren und seine Poetik zu skizzieren. Dafür wird dem Begriff der Ungeschicklichkeit ein Szenario zugeordnet, in dem er sich idealtypisch realisiert.[204] Es kann als Äquivalent der Situation verstanden werden, die aus phänomenologischer Perspektive für ungeschicktes Verhalten konstitutiv ist. In ihrem Zentrum steht ein Erwartungsbruch, der Beobachtungsverhältnisse und über diese auch die Szene konstituiert. Das Verhältnis zwischen Situation und Szene[205] lässt sich so fassen, dass die Ungeschicklichkeitsszene als Inszenierung einer Ungeschicklichkeitssituation verstanden wird. Dadurch ist die Szene von vornherein als Darstellungskategorie konzipiert. Nur so kann neben der motorischen und sozialen auch die idiotisch-poetische Ungeschicklichkeit analytisch erfasst werden. In der Ungeschicklichkeitsszene kommt die Poetik der Ungeschicklichkeit und mit ihr die idiotisch-absolute Ungeschicklichkeit zum Ausdruck. Sie strukturiert den Möglichkeitsraum der Fallgeschichte, die sich von ihr erzählen lässt,[206] und kann sich in unterschiedlichen

202 Vgl. dazu den Essay von Erich Kahler: Der literarische Zufall, das Mögliche und die Notwendigkeit. München 1973.

203 Vgl. mit ähnlicher Zielsetzung aber anderem Material Brandstetter: Über Gehen und Fallen (s. Anm. 66), S. 170–185, hier S. 180.

204 Ich orientiere mich dabei am Fehltritt-Szenario bei Peter von Moos: Einleitung. Fehltritt, Fauxpas und andere Transgressionen im Mittelalter. In: ders. (Hg.): Der Fehltritt (s. Anm. 26), S. 1–96, hier S. 69–72.

205 Unter einer Szene verstehe ich mit Heiko Christans: Crux Scenica – Eine Kulturgeschichte der Szene von Aischylos bis YouTube. Bielefeld 2016, S. 10, sowohl eine „technisch basierte Kulturleistung", als auch ein historisch variables Medienformat.

206 Die Fallgeschichte nähert sich damit der Begriffs- und Metapherngeschichte; vgl. als Praxisbeispiel Hans Blumenberg: Begriffe in Geschichten. Frankfurt

Medien und Gattungen realisieren. Das ist ihre Eintrittskarte in die literarische Zirkulation, die ihrerseits erst Rekursionen und Innovationen ermöglicht. Zugleich bleibt in der Ungeschicklichkeitsszene das Charakteristikum des Situationsbruchs erhalten. Insofern arbeitet diese Szene mit Realitätseffekten,[207] die Durchblicke auf vergangene Gegenwarten erlauben.[208]

Da das Analysemodell möglichst alle vorkommenden Fälle erfassen soll, muss es einen vergleichsweise hohen Abstraktionsgrad aufweisen. Deshalb soll es an einem Beispiel entwickelt werden. Besonders gut ist dafür der Anfang von Eduard Mörikes Novelle *Mozart auf der Reise nach Prag* geeignet. An einem heißen Herbsttag, während der Reise des Ehepaars Mozart nach Prag, ist ein „kleines Unheil"[209], ein Malheur passiert. Beim Aussteigen der Reisenden aus ihrer aufgeheizten Kutsche kommt es plötzlich „an den Tag"[210]. Einmal bemerkt, drängt das Ereignis zur Erörterung und beschert dem Komponisten „einen Zank"[211] mit seiner Ehefrau Constanze. Was ist passiert? „Durch seine Achtlosigkeit war ein Flacon mit kostbarem Riechwasser aufgegangen und hatte seinen Inhalt unvermerkt in die Kleider und Polster ergossen."[212] Mozart versucht seine aufgebrachte Ehefrau zu beruhigen, indem er seine Ungeschicklichkeit rechtfertigt und ihr einen unmittelbaren Nutzen zuspricht:

---

a. M. 1998. Zum literaturwissenschaftlichen Potenzial der Begriffsgeschichte vgl. Christoph Strosetzki (Hg.): Literaturwissenschaft als Begriffsgeschichte. Hamburg 2010.

207 In Anlehnung an Roland Barthes: Der Wirklichkeitseffekt (zuerst 1968). In: ders.: Das Rauschen der Sprache (Kritische Essays IV). Übers. von Dieter Hornig. Frankfurt a. M. 2005, S. 164–172.

208 Im Sinne der metaphorologischen Studie von Hans Blumenberg: Schiffbruch mit Zuschauer. Paradigma einer Daseinsmetapher. Frankfurt a. M. 1979.

209 Eduard Mörike: Mozart auf der Reise nach Prag. Novelle (zuerst 1855). In: ders.: Werke und Briefe. Historisch-kritische Gesamtausgabe. Hg. von Hubert Arbogast, Hans-Henrik Krummacher, Herbert Meyer und Bernhard Zeller. Bd. 6.1. Stuttgart 2005, S. 169–285, hier S. 226.

210 Ebd.

211 Ebd.

212 Ebd.

> „Ei, Närrchen", gab er ihr zum Trost zurück, „begreife doch, auf solche Weise ganz allein war uns dein Götter-Riechschnaps etwas nütze. Erst saß man in einem Backofen und all dein Gefächel half nichts, bald aber schien der ganze Wagen gleichsam ausgekühlt; du schriebst es den paar Tropfen zu, die ich mir auf den Jabot goß; wir waren neu belebt und das Gespräch floß munter fort, statt daß wir sonst die Köpfe hätten hängen lassen wie die Hämmel auf des Fleischers Karren; und diese Wohlthat wird uns auf dem ganzen Weg begleiten. [...]"[213]

Tragisch vertieft wird die kleine Szene durch den Namen des Parfums. Es heißt „Rosée d'Aurore"[214] (Tau der Morgenröte), und verweist mit seinem Namen auf den Choral „Dein Lachen endet vor der Morgenröthe"[215], von dessen Komposition Mozart im Laufe der Novelle berichtet. Sein Bericht verstärkt den Verdacht einer jungen Verehrerin Mozarts, „daß dieser Mann sich schnell und unaufhaltsam in seiner eigenen Gluth verzehre, daß er nur eine flüchtige Erscheinung auf der Erde seyn könne, weil sie den Überfluß, den er verströmen würde, in Wahrheit nicht ertrüge."[216] Im kontrovers bewerteten Verströmen des Parfums ist das Verströmen Mozarts,[217] vielleicht auch das der Poesie auf Erden, angelegt. Und wenn Mozart dieses Verströmen als gemeinsame Belebung und Ermunterung zum wechselseitigen Gespräch rechtfertigt, so ist das auch in eigener (auf Mozart wie auch auf Mörike zu beziehender) Sache gesagt. Das Schöne ist eine Duftnote, eine Nuance, die sich nur allzu rasch wieder verflüchtigt.

Aus dem Beispiel lässt sich ableiten, dass für die Ungeschicklichkeitsszene drei interagierende Instanzen nötig sind. Sie werden in der Regel als Figuren realisiert. Bei der ersten handelt es sich um

213 Ebd., S. 226 f.

214 Ebd., S. 226.

215 Ebd., S. 279.

216 Ebd., S. 283 f.

217 Mathias Mayer verweist in seinem Stellenkommentar auf die Mozart-Biographie Alexander Oulibicheffs. Ihm zufolge habe Mozart sein Genie derart verschwendet, dass seine Lebensgeister rasch erschöpft gewesen seien. Eduard Mörike: Werke und Briefe. Historisch-kritische Gesamtausgabe. Hg. von Hubert Arbogast, Hans-Henrik Krummacher, Herbert Meyer und Bernhard Zeller. Bd. 6.2. Stuttgart 2008, S. 276.

den Ungeschickten (Mozart), der einen Ausführungsfehler begeht und für ihn verantwortlich ist, bei der zweiten um den Beobachter, der den Fehler bemerkt und thematisiert (Constanze), und bei der dritten um eine Entscheidungsinstanz (erneut Mozart, aber auch Constanze, der Erzähler und die Leserin/der Leser), die über den Umgang mit dem Ausführungsfehler befindet. Alle drei Instanzen können in einer oder in zwei von ihnen zusammenfallen; sie können aber auch anonym bleiben oder durch einen Kollektivsingular bzw. durch ein Figurenensemble besetzt werden.

Die drei Instanzen treten in ein Geschehen ein, das man als Phasenmodell beschreiben kann. In narratologischer Terminologie ist es auf der Ebene der Diegese angesiedelt. Das Modell besteht aus drei Schritten. Die Ungeschicklichkeitsszene beginnt mit einem Situationsbruch angesichts eines geringfügigen Ausführungsfehlers (das achtlose Verschließen des Parfumflakons), greift die damit verbundene Irritation sodann diskursiv auf (der Streit zwischen Mozart und Constanze) und endet politisch mit einer Stabilisierung oder Neuordnung der Alltagspraxis (angesichts der Flüchtigkeit der Kunst) mit mehr oder weniger katastrophalen Effekten (früher Tod des Künstlers). Aufgrund der essenziellen Unbestimmtheit der Ungeschicklichkeit und des darin begründeten Störpotenzials ist dem Modell schon in der ersten Phase eine das Soziale bedrohende Eskalationslogik eingeschrieben, die es in der zweiten und dritten auf- und abzufangen gilt. Denn in der jeweils nächsten Phase verschärfen sich die Konflikte der vorangehenden, erhöhen so den Druck auf die beteiligten Instanzen und vermehren dadurch die Chancen auf weitere Ausführungsfehler. Das kann dazu führen, geringfügige Ausführungsfehler gerade nicht zu thematisieren. Wenn sie aber dennoch zum Thema werden, liegt es nahe, ihr Störpotenzial diskret zu entschärfen – etwa durch „sedative Integration des Störenfrieds in den Kontext, den er zu stören droht.“[218] Sind sie trotzdem handlungspraktisch relevant geworden, so kann man nur noch versuchen, den Weg in die Katastrophe durch politische Maßnahmen zu verhindern. Nicht zufällig geht die Entschärfung und

218 Sommer: Von der Bildfläche (s. Anm. 21), S. 333.

Sublimierung von Ungeschicklichkeit weitgehend konform mit dem Verlauf des Zivilisationsprozesses.

Zur Operationalisierung des Modells bietet es sich an, die drei Phasen genauer zu konturieren. In der ersten Phase geht es um die Aufmerksamkeit auf eine Irritation, die durch einen Erwartungsbruch angesichts eines Performanzfehlers ausgelöst wird.[219] Im angeführten Beispiel besteht der Performanzfehler in einer Unaufmerksamkeit und die Irritation im intensiven Duft des verströmten Parfums. Wenn die Irritation bemerkt wird, hat die Störung die Wahrnehmungsschwelle überschritten und der Ausführungsfehler ist zu einem Gegenstand des Bewusstseins geworden. Er hat sich dort festgesetzt und lässt sich nicht mehr negieren. Diese Phase soll deshalb als Apperzeptionsphase bezeichnet werden. Ob der Ausführungsfehler eines Akteurs diesem selbst oder einer externen Beobachterinstanz aufgefallen ist, ist dabei nicht von Belang. In jedem Fall wird mit dem Bemerken des Fehlers auch die Regel aufgerufen, die verletzt wurde: Parfumflakons sind nach dem Gebrauch fest zu verschließen, damit da nichts ausläuft.

In der zweiten Phase wird der Situationsbruch zum Thema. Mozart und Constanze streiten nun über das Verschütten des teuren Parfums. Damit kommt die Ebene des Diskurses – Sprache, Kommunikation und Medialität – ins Spiel. Zwei Teilphasen lassen sich unterscheiden. In der ersten geht es um die adäquate Benennung, Beschreibung und Begründung des Ausführungsfehlers, in der zweiten um seine angemessene Beurteilung. Beides muss häufig ausgehandelt werden, denn aufgrund der unbestimmten Gründe ungeschickten Verhaltens wird die Einschätzung in der Regel kontrovers ausfallen. Die beiden Teilphasen lassen sich als Explorations- und Evaluationsphase bezeichnen. Für die Exploration des Ausführungsfehlers kann unter sprachlichen Aspekten auf Worte, Begriffe und Sätze, für seine Evaluation auf Sätze und Urteile zurückgegriffen werden. Beide Teilphasen fallen niederschwellig zusammen, wenn der Gastgeber auf das klassische Umstoßen eines Weinglases mit „Aber das macht doch nichts“ reagiert. In diesem Fall signalisiert

219 Vgl. dazu auch Rehberg: Der ‚Fehltritt‘ als Heuristik bedrohter Integrität (s. Anm. 26), S. 419 f.

das adversative ‚aber‘ den direkten Übergang von der Situation zur Phase der Diskursivierung, in welcher der bestimmte Artikel ‚das‘ als Platzhalter für peinliche Konkretisierungen fungiert und ‚macht doch nichts‘ ein negatives Urteil zwar impliziert, es de facto aber verschweigt, um den Akteur im Vorgriff auf die dritte Phase stattdessen von allen mit diesem Urteil potenziell verbundenen Folgen zu entlasten. Elaborierter ist hinsichtlich der Explorationsphase der Rückgriff auf eine Beschreibung oder Benennung der fehlerhaften Ausführung, sowie auf den Ausdruck *ungeschickt* (bzw. sein Äquivalent in anderen Sprachen) mit allen seinen möglichen Derivaten und Synonymen. Daher schlägt mit der Diskursivierung der Ungeschicklichkeit auch die Stunde der Literatur. Im Falle Mörikes behält sich der Erzähler die Exploration der Ungeschicklichkeit vor, während die Evaluation den Figuren übertragen wird und daher erwartungsgemäß kontrovers verläuft. Constanze schätzt die Ungeschicklichkeit ihres Mannes negativ ein und beklagt die Verschwendung des teuren Parfums, Mozart dagegen bewertet gerade die Verschwendung positiv, indem er ihren kulturellen Nutzen hervorhebt und sie dadurch zur Wohltat stilisiert.

In der Evaluationsphase treffen unterschiedliche diskursive Ordnungen aufeinander, an denen die Ungeschicklichkeit, aber auch derjenige gemessen wird, dem sie zugestoßen ist. Im Falle Mörikes sind es die Ordnungen der Kultur und der Ökonomie, die als Maßstab dienen. Die Art und Weise ihrer Konfrontation (Verschwenden vs. Sparen) erlaubt Rückschlüsse auf die historischen Konstellationen, denen sich die jeweiligen Texte verdanken. Mörike etwa sympathisiert mit der vom Adel getragenen Hochkultur und ihrer Verschwendungslogik, sieht aber angesichts der Dominanz ökonomischer Rationalität im 19. Jahrhundert melancholisch auch ihren Rückhalt schwinden.

Bricht die Ungeschicklichkeitsszene auch nach der Evaluationsphase noch nicht ab, dann kommt es zur dritten und letzten Phase. In ihr geht es um die sozialen und politischen Folgen der Ungeschicklichkeit. Es müssen Konsequenzen gezogen, Entscheidungen getroffen und diese fallweise auch gegen Widerstände durchgesetzt werden. Daher bietet es sich an, die dritte und letzte Phase als Dezisionsphase zu bezeichnen. Entscheidungen erfordern

Macht und Autorität und fallen daher in den Zuständigkeitsbereich der Politik. In der Dezisionsphase wird das Verhalten des Ungeschickten in der Regel sanktioniert und nur selten bestätigt und affirmiert oder gar emphatisch gefeiert. Kommt es zu einer positiven Einschätzung, so kann der Träger ungeschickten Verhaltens – wie in Mörikes Erzählung – zum mehr oder weniger tragischen Genie stilisiert und dadurch emphatisch aufgeladen werden. In jedem Fall werden in dieser Phase Maßnahmen ergriffen, mit denen die Ungeschicklichkeitsszene beendet, die Wellen geglättet und eine Rückkehr zum Alltag ermöglicht wird. Vor allem in literarischen Texten verdient die Dezisionsphase Aufmerksamkeit. Denn Literatur ist sprachlich verfasst und kann sich als mehr oder weniger autonome den Entscheidungszwängen der Politik partiell entziehen. Sie greift aber auch auf diskursive Ordnungen zurück und positioniert sich zu ihnen. Dazu gehört auch der Rückgriff auf Entscheidungen über Ungeschickte. Es lohnt sich daher, literarische Texte auf ihren Umgang mit dem Ungeschick zu beobachten und dabei entweder nach der Logik der jeweils eingesetzten Sanktionierungen oder nach Formen der Affirmation und Emphatisierung zu fragen. Dazu gehört auch das Problem, dass literarische Texte ihre eigene Ungeschicklichkeit moderieren und zum Politikum machen können.

Der Entwurf einer Poetik der Ungeschicklichkeitsszene hat gezeigt, was in der Fallgeschichte der Ungeschicklichkeit der Fall ist, und wie man es analytisch erfassen kann. Auf dieser Grundlage ist abschließend die Frage nach dem historischen, insbesondere dem literaturhistorischen Status einer Fallgeschichte der deutschen Literatur zu beantworten. Dabei geht es um die konzeptionelle Ebene einer Geschichte der kleinen Störungen und Ausführungsfehler, insbesondere um die Nähe oder Ferne dieser Geschichte zur Geschichte der deutschen Literatur.

Um die Antwort im Kern vorwegzunehmen: Die Fallgeschichte der deutschen Literatur ist kein Ersatz der Literaturgeschichte, sondern allenfalls ihre skeptische Schwester. Sie nähert sich dem Eingangsbereich literaturgeschichtlicher Großgebäude, tritt aber nicht in sie ein. Aber auch das andere Extrem wird vermieden: Die hier vorgelegte Fallgeschichte ist keine schlichte Addition von Einzelfällen, kein bloßes Aggregat von Ungeschicklichkeitsszenen, kein ausgeleerter Zettelkasten. Eher liefert sie das, was Hans Blumenberg mit Blick auf die Metaphorologie „als eine katalysatorische Sphäre" bezeichnet hat.[220] Zwar sind in der vorliegenden Studie Ungeschicklichkeitsszenen und Beispielreihen aus deutschsprachigen Texten seit dem 16. Jahrhundert gesammelt und je nach ihrer Präferenz für wiederholt überlieferte oder neu erscheinende Varianten der Figur des ungeschickten Deutschen sortiert worden, zwar wurden diese Szenen je nach den in ihnen dominierenden Ausführungsschemata (die dann auch die Ausführungsfehler bestimmen) zu Reihen zusammengestellt und dadurch zu Episoden einer nach Typen geordneten Präsentation dieser Figur gemacht, doch erhebt sich diese Geschichte nicht über die Störfälle, aus denen sie sich zusammensetzt, sondern kehrt immer wieder zu ihren Anlässen in Raum und Zeit, letztlich also auch, durch die epochalen Ausführungsschemata hindurch, zum Individuellen und Singulären, ja zum Idiotischen zurück.[221] Der Panoramablick fällt aus. Eher befindet man sich in einem Wald und liest fremde Spuren. Das verhindert böse Überraschungen.

Als ‚Indizienparadigma' gehört das Lesen fremder Spuren inzwischen zu den grundlegenden Methoden der Geschichts- und Kulturwissenschaften. Man hat es „als eine genuin moderne Form der Wahrheitssuche" bezeichnet, die „wissenschaftliches und ästhetisches, rationales und emotionales Wissen nicht trennt, sondern kombiniert."[222] Das lässt sich auch als Lösungsversuch des Problems der Zugänglichkeit verstehen, das aktuell wohl zu den drängendsten Fragen der Literaturwissenschaft gehört.[223] Aus der Perspektive der Zugänglichkeit ist die Masse der mittlerweile erreichbaren Daten leserseitig ein Problem. In abgeschwächter Weise hat es sich bereits

220 Hans Blumenberg: Paradigmen zu einer Metaphorologie (zuerst 1960). Frankfurt a. M. 1998, S. 11.

221 Für die deutsche Literaturgeschichte modellbildend war dafür A New History of German Literature. Hg. von David E. Wellbery, Judith Ryan u. a. Cambridge, Mass./London 2004.

222 Dorothee Kimmich: Lebendige Dinge in der Moderne. Konstanz 2011, S. 51.

223 Vgl. Nikolaus Wegmann: Zugänglichkeit / Access. Wie kommt die Literatur zum Leser? In: Busch/Dembeck/Jäger (Hg.): Ichtexte (s. Anm. 2), S. 217–230.

im 18. Jahrhundert gestellt, als die Masse des Gedruckten auch für Spezialisten unübersichtlich zu werden begann. Zu den Lösungsversuchen des Problems gehörte das Projekt der Literaturgeschichte. Es verwendete als „klassifikatorische Dominante“[224] das Konzept der Nation, um aus der Masse des überlieferten, archivierten und neu andrängenden Materials eine Auswahl treffen zu können und diese Auswahl dann einer kohärenten Erzählung zu integrieren. Dahin führt kein Weg zurück.[225]

Die Skepsis der vorliegenden Fallgeschichte, ihre gleichermaßen gegen teleologische Rahmungen wie auch gegen jede Singularisierungsemphase gerichtete Urteilsenthaltung, hat aber noch einen tieferen Grund. Er liegt, wie bei allem ‚Tiefen‘ naheliegend, im Begriff des Deutschen. Eine literaturgeschichtlich hochgerüstete Fallgeschichte des ungeschickten Deutschen könnte als Beitrag zur deutschen Pathologie missverstanden werden und dadurch der These eines deutschen Sonderwegs in die Hände spielen. Durch die Bildung einer Fallreihe, die sich gleichwohl nicht noch einmal zu einer Nationalgeschichte zusammenschließt, wird diese Lesart durchgestrichen und die Figur des ungeschickten Deutschen dezentriert und entpathologisiert. Vorgelegt wird damit letztlich eine Fallgeschichte aus Fallgeschichten. Die einzelnen Episoden, aus denen sie sich zusammensetzt, sind sowohl bekannten und häufig untersuchten, als auch weitgehend unbekannten, bisher unbeachteten Werken der deutschen Literatur seit dem 16. Jahrhundert entnommen. Sie lassen nicht nur den seriellen Charakter, sondern auch wiederkehrende Ausführungsmuster mit den ihnen mehr oder weniger eindeutig zugeordneten Performanzfehlern hervortreten.

---

224 Jürgen Fohrmann: Das Projekt der deutschen Literaturgeschichte. Entstehung und Scheitern einer nationalen Poesiegeschichtsschreibung zwischen Humanismus und Deutschem Kaiserreich. Stuttgart 1989, S. 111.

225 Zum Diskussionsstand vgl. Jörg Schönert: Literaturgeschichtsschreibung. In: Thomas Anz (Hg.): Handbuch Literaturwissenschaft. Bd. 2: Methoden und Theorien. Stuttgart 2007, S. 267–284, sowie Buschmeier/Erhart/Kauffmann (Hg.): Literaturgeschichte (s. Anm. 113).

Die Performanzfehler können dann Instanzen zugerechnet und zu Störungsmustern verdichtet werden.[226]

Daraus ergeben sich epochentypische Figuren. In der Frühen Neuzeit, die Ausführungsmuster und Ausführungsfehler im Begriff der Ineptia eng aufeinander bezieht, fügen sie sich zu einem Narrenreigen zusammen.[227] Er besteht aus den Blindgängern des Reformationszeitalters den Rohlingen des Barock und den Tanzbären der Aufklärung. Nachdem Muster- und Fehlerseite sich um 1800 voneinander zu entfernen begonnen haben, wird daraus eine Revue der Unfähigen und Versehrten. Sie beginnt mit den Hampelmännern der Sattelzeit, gefolgt von den Tollpatschen des 19. Jahrhunderts, dramatisiert sich in den Ernstfällen der Heroischen Moderne und den Reingefallenen der Globalisierungsmoderne, bis sie mit dem Auftritt von Abgestürzten in der Gegenwart vorläufig endet. Die Typenreihe, in Szene gesetzt von Stars, Sternchen und Nobodys, gibt dem Konstrukt des ungeschickten Deutschen historische Konturen und nüchtert es über seine historische Staffelung aus. Zugleich ist die Arbeit am Begriff der Ungeschicklichkeit und die Poetik der Ungeschicklichkeitsszene so global angelegt, dass beide nicht spezifisch sind für die deutsche Kultur.[228] Man kann sich auch andere Fallgeschichten der Ungeschicklichkeit vorstellen.

Zu ihnen würde prominent die Geschichte des weiblichen Ungeschicks gehören. Da im 18. Jahrhundert das Ungeschick zu einer kreativ nutzbaren Domäne von Männern gemacht, Frauen dagegen ein verstärktes Interesse an der Bewahrung von Schicklichkeitsregeln zugeschrieben worden ist, setzt diese Fallgeschichte wesentlich später ein als ihr männliches Pendant. Charakteristisch für sie ist etwa, dass in Dorothea Schlegels Roman *Florentin* eine Frau

---

226 Ähnlich verfährt zuletzt Botho Strauß: zu oft umsonst gelächelt. München 2019, S. 68: „*Man geht beim Erzählen – ja, der Reigen der Episoden und Begebenheiten geht von einem Versehrten zum nächsten hin.*"

227 Eine ausführliche Übersicht über den Narrenreigen findet sich im Schlussteil dieser Studie, in dem zugleich, auch im Sinne einer Lesehilfe, die Ergebnisse resümiert werden; s. oben, S. 741–747.

228 Zu den Leistungen und Grenzen des Konzepts einer globalen Literaturgeschichte vgl. zuletzt Sandra Richter: Eine Weltgeschichte der deutschsprachigen Literatur. München 2017.

den erotischen Übergriff eines „außer sich" geratenen Mannes erschrocken abwehrt und sich mit einem erzürnten Blick „geschickt aus seinen Armen" windet.[229] Charakteristisch ist auch, dass Annette Droste-Hülshoff in lyrischer Form die ungeschickten Folgen eines guten, aber unangemessen agierenden Willens angreift[230] und das Ungeschick daher weiterhin eng mit dem Unschicklichen verbindet.[231] Erst im späten 19. Jahrhundert wird Frauen eine auf die Pubertät beschränkte Phase ungeschickten Verhaltens zugestanden, ein eigenes awkward age,[232] das im Deutschen als Backfischalter bezeichnet und in den *Trotzkopf*-Romanen[233] und ihren Nachfolgern ausfabuliert worden ist. Signifikant für die Fallgeschichte des weiblichen Ungeschicks ist auch der Umstand, dass Michael Rutschky den Mann zum Kämpfer gegen das Ungeschick stilisiert, während er eine Frau, die deutlich auf seine Ehefrau Katharina verweist, vor der Vermehrung des Ungeschicks durch die Maßnahmen, die dagegen ergriffen werden, warnen lässt.[234] Auch hier ist der Horizont des situativ Angemessenen und Schicklichen noch greifbar nahe. Erst im 21. Jahrhundert ist die Differenz zwischen männlichem und weiblichem Ungeschick weitestgehend eingeebnet.[235] Es gehört zu den Ergebnissen der hier vorgelegten Fallgeschichte, dass es sich bei der weiblichen Ungeschicklichkeit und ihrer literarischen Darstellung um ein eigenes Thema handelt, das eine gesonderte Untersuchung

229 Dorothea Schlegel: Florentin. Ein Roman (zuerst 1801). Hg. von Wolfgang Nehring. Stuttgart 1993, S. 45.

230 Annette von Droste-Hülshoff: Guten Willens Ungeschick. In: dies.: Historisch-kritische Ausgabe. Werke. Briefwechsel. Hg. von Winfried Woesler. Bd. I.1: Gedichte zu Lebzeiten. Text. Tübingen 1986, S. 135 f.

231 Vgl. Ulrich Breuer: Schlimmes Helfen. Poetik und Politik des Leidens in Annette von Droste-Hülshoffs *Guten Willens Ungeschick*. In: Droste-Jahrbuch 13 (2019/20) (i. Dr.).

232 Vgl. Bilston: The Awkward Age in Women's Popular Fiction, 1850–1900 (s. Anm. 115).

233 Im Anschluss an Emmy von Rhoden [= Emmy Friedrich]: Der Trotzkopf. Stuttgart 1885.

234 Michael Rutschky: Wartezeit. Ein Sittenbild. Köln 1983, S. 168.

235 Vgl. Dahl: Cringeworthy (s. Anm. 58), die sich allerdings mit der Akzentuierung peinlichen Verhaltens ebenfalls wieder auf den Horizont des Schicklichen bezieht.

verdient. Geboten wird hier daher zunächst nur eine Fallgeschichte des männlichen Ungeschicks, die um ihre perspektivische Verzerrung weiß.

Der Abstraktionsgrad des Untersuchungsmodells, die Reihenbildung über gegenderte Typen, die kulturwissenschaftlich begründete Skepsis gegenüber literaturgeschichtlichen Großprojekten und das Beharren auf Zugänglichkeit dienen gemeinsam der Entmythologisierung des deutschen Geistes und seiner Derivate. An die Stelle einer weiteren Apotheose tritt der Nachweis, wie breitenwirksam, attraktiv und wandlungsfähig die Figur des ungeschickten Deutschen im Laufe der Jahrhunderte gewesen ist, wie sie kulturelle Entwicklungen aufgesaugt und ihrerseits angestoßen hat, aber auch, wie wenig sie sich in der globalen Gesellschaft der Singularitäten mittlerweile von anderen, französischen, amerikanischen, finnischen etc. Ausformungen der Figur unterscheidet. Diese Indifferenz, die eng mit einer Tendenz zur Normalisierung von Störverhalten und Ausführungsfehlern bis hin zu ihrer Invisibilisierung einhergeht, gehört zu den wichtigsten Erkenntnissen der hier vorgelegten Fallgeschichte der deutschen Literatur. Zum Schicksal des Ungeschicks passt es, keines zu haben. Ungeschick tendiert zur Entropie.

Die Darstellung knüpft explizit an ältere, noch vor dem Siegeszug einer nationalen Literaturgeschichtsschreibung entwickelte literarhistorische Modelle an. Auch ihnen ging es um Zugänglichkeit, allerdings nicht in der hier erprobten Weise. Prominent ist die Verschränkung von nationaler Besonderheit und globaler Perspektive im frühen 19. Jahrhundert von Friedrich und August Wilhelm Schlegel entwickelt und praktiziert worden.[236] Durch die Verfahren der Fallgeschichte wird sie dem aktuellen Stand der Literaturwissenschaft angepasst und strukturiert auch die Anlage der insgesamt acht Teile.

236 Vgl. Karlheinz Stierle: Literaturwissenschaft. In: Ulfert Ricklefs (Hg.): Das Fischer Lexikon Literatur. Bd. 2. Frankfurt a. M. 1996, S. 1156–1185, hier S. 1158 f. Speziell zu Friedrich Schlegels Wiener Vorlesungen über Literaturgeschichte und ihrer Verbindung von national konzipierter Sprach- mit global konzipierter Literaturgeschichte vgl. Andrea Polaschegg: „Geschichte der alten und neuen Literatur“. In: Johannes Endres (Hg.): Friedrich Schlegel-Handbuch. Leben – Werk – Wirkung. Stuttgart 2017, S. 224–233.

Sie umfassen die ‚lange' Geschichte der deutschen Literatur vom 16. Jahrhundert bis in die Gegenwart in ihren kulturgeschichtlichen Kontexten.[237] Um der Vielfalt medialer Realisierungsmöglichkeiten der Ungeschicklichkeitsszene zumindest ansatzweise Rechnung zu tragen, sind auch bildliche Darstellungen einbezogen worden. Am Beginn jedes Kapitels steht daher die Diskussion eines Gemäldes, einer Zeichnung oder einer Plastik. Um die Perspektive zu erweitern wurden die Artefakte nicht der deutschen Kunstgeschichte entnommen. Aus ihrer Beschreibung wird jeweils eine Perspektive abgeleitet, die das jeweilige Kapitel strukturiert. In ihrem zweiten Teil gehen die Kapitel sodann auf die Rahmenbedingungen ein, unter denen die Ungeschicklichkeit thematisiert worden ist. Dabei werden zum einen zeitgenössische Wörterbücher herangezogen, um Änderungen in der Semantik des Ausdrucks zu erfassen,[238] zum anderen werden zeittypische Fassungen der Figur des ungeschickten Deutschen präsentiert. Während der zweite Teil kulturgeschichtlich angelegt ist, dabei aber auch literarische Belege heranzieht, verfährt der dritte literaturgeschichtlich, zieht aber auch kulturelle Kontexte heran. Im Übergang von der Kultur- zur Literaturgeschichte wiederholt sich die begriffsgeschichtlich virulente Differenz zwischen sozialer und poetischer Ungeschicklichkeit. In diesen Teilen der acht historisch angelegten Kapitel werden ausschließlich literarische Fälle analysiert. Die Kapitel zum 16. und 17. Jahrhundert konzentrieren sich auf mindestens zwei Einzelwerke, während die Kapitel zum 18. Jahrhundert und zur

---

237 Im Gegensatz zu dem polemischen, ebenso intensiv wie kontrovers diskutierten Vorschlag von Heinz Schlaffer: Die kurze Geschichte der deutschen Literatur. München/Wien 2002. Aufgrund ihrer kulturgeschichtlichen Anlage ist für den literaturgeschichtlich zentralen Ausgleich „zwischen Zeit und Dauer, zwischen Genese und Geltung" (ebd., S. 157) in der hier vorliegenden Fallgeschichte nicht nur das Auswahlkriterium der ästhetischen Innovation, sondern auch das der Signifikanz herangezogen worden.

238 Zum transnationalen Aufschlusswert von Wörterbüchern vgl. Wilhelm Schmidt-Biggemann: Kulturgeschichte, europäisch. In: Mitteilungen des Deutschen Germanistenverbandes 46 (1999), S. 486–494, hier S. 493. Zur historischen Semantik vgl. zuletzt die Übersicht von Ernst Müller/Falko Schmieder: Begriffsgeschichte und historische Semantik. Ein kritisches Kompendium. Berlin 2016.

Sattelzeit nur eines heranziehen und das Kapitel zum 19., sowie die beiden Kapitel zum 20. Jahrhundert von der Analyse von Einzelwerken auf Untersuchungen von prägnanten Passagen umstellen, teils aber auch Werkkomplexe untersuchen. Begründet ist dieser Wechsel im historischen Wandel der Ungeschicklichkeitsszene. Bis zum Ende der Frühen Neuzeit tritt sie in literarischen Texten nur selten, dann aber sehr markant auf, wird im 18. Jahrhundert poetisch aufgeladen und in der Sattelzeit von Friedrich Schlegel als das modernetypische Aberrante für die Literatur entdeckt. Sie steigt danach zu einem ubiquitären literarischen Gegenstand auf, um in der Gegenwart aus der Literatur in andere Darstellungsmedien und ästhetische Praktiken abzuwandern.

Die Fallgeschichte der literarischen Darstellung des ungeschickten Deutschen verzichtet zwar auf geschichtstheoretische Modelle, arbeitet aber in heuristischer Absicht mit einem Periodisierungsvorschlag, den der Historiker Heinz Dieter Kittsteiner für die deutsche Geschichte nach dem Ende des Mittelalters zur Diskussion gestellt hat.[239] Der Vorschlag besagt, dass auf die Religiöse Moderne (1500–1618) die Phase der Stabilisierungsmoderne (1618–1780) folgt, die dann am Beginn der Sattelzeit von der Fortschrittsmoderne (1780–1883) abgelöst wird. Letztere ruft als Gegenreaktion die Phase der Heroischen Moderne hervor (1880–1945), die sich selbst zerstört und am Ende der unterschwellig fortdauernden Globalisierungsmoderne Raum gibt. Der Vorschlag hilft bei der Feststellung von Ähnlichkeiten und Unterschieden, insbesondere hinsichtlich der Rahmenbedingungen der Ungeschicklichkeitsszene. Er wird zudem zur Binnendifferenzierung der einzelnen Kapitel herangezogen. Die Periodisierung der hier vorgelegten Fallgeschichte ist aber einerseits gröber und anspruchsloser, insofern sie überwiegend schlicht nach Jahrhunderten gegliedert ist, andererseits aber gegenstandssensibler, insofern sie das Ende des rhetorischen Ineptia-Paradigmas im

---

239 Vgl. Heinz Dieter Kittsteiner: Die Stabilisierungsmoderne. Deutschland und Europa 1618–1715. München 2010, S. 24. Zuerst vorgestellt und ausführlich begründet in ders.: Die Stufen der Moderne. In: Johannes Rohbeck/Herta Nagl-Docekal (Hg.): Geschichtsphilosophie und Kulturkritik. Historische und systematische Studien. Darmstadt 2003, S. 91–117.

18. Jahrhundert als Epochenschwelle verwendet, das in der Fallgeschichte der Ungeschicklichkeit die Literatur der Frühen Neuzeit von derjenigen der Moderne im engeren Sinne unterscheidet, und innerhalb der Literatur nach 1750 den Grad der literarischen Integration des Ungeschicks als Gliederungsprinzip nutzt. Die Revue der Ungeschickten macht da etwas sichtbar, wo wir blind zu werden beginnen.

ZWEITER TEIL

Blindgänger / 1494–1580

I

Im freien Fall

Die grobbheyt ist yetz kumen vß
Vnd wont gar noh / jnn yedem huß
Sebastian Brant

Die Rede über Ungeschicklichkeit bezieht im 16. Jahrhundert ihre Dramatik aus einer neuen Verteilung der Zuständigkeiten von Religion und Politik. Diese Neuverteilung gehört zu einem umfassenden Prozess der Pluralisierung von Meinungen und Ausdrucksformen, der in der Frühen Neuzeit schrittweise zur Herausbildung einer neuen Form von Öffentlichkeit geführt hat.[1] Die Folgen für den Ungeschicklichkeitsdiskurs sind das Thema dieses Kapitels. Sie lassen sich vorgreifend an dem Ölgemälde *Der Blindensturz* von Pieter Bruegel d. Ä. illustrieren. Bildmächtig inszeniert es ein Jesuswort, das sich im Matthäusevangelium und in der Bergpredigt findet. In der Bergpredigt hat es Gleichnisform und kommt lakonisch als Doppelfrage daher: „Mag auch ein Blinder einem Blinden den weg weisen? Werden sie nicht alle beide in die Gruben fallen?"[2] Bei Matthäus dagegen bezieht es Jesus konkret auf die Pharisäer und ihre leere Rhetorik.[3] Wer dieser Rhetorik folgt, verbleibt im Raum der Politik, kommt dort zwangsläufig zu Fall und verfehlt somit den Weg ins Himmelreich. Das ließ sich auf die politisch instrumentalisierten Glaubenskämpfe im Zeitalter der Reformation beziehen, in denen beide Seiten sich religiöse Blindheit und politisches Versagen vorwerfen konnten und dabei auch vor groben Anschuldigungen nicht zurückschreckten.

1 Vgl. Andreas Keller: Frühe Neuzeit. Das rhetorische Zeitalter. Berlin 2008, S. 13.

2 Lk 6, 39. Hier zit. nach: Das Neue Testament in der deutschen Übersetzung von Martin Luther nach dem Bibeldruck von 1545 mit sämtlichen Holzschnitten. Studienausgabe. Hg. von Hans-Gert Roloff. Bd. 1. Stuttgart 1989, S. 170 f.

3 Mt 15, 14: „Lasst sie faren / Sie sind blind / vnd Blindeleiter. Wenn aber ein Blinder den andern leitet / so fallen sie beide in die Gruben." Das Neue Testament (s. Anm. 2), S. 53.

 DOI:10.30965/9783846761038_006

In den Niederlanden des 16. Jahrhunderts war das Thema des Blindensturzes sprichwörtlich.[4] Häufig wurde es genutzt, um in den konfessionellen Auseinandersetzungen die jeweils andere Partei und ihre Anhänger zu denunzieren. In Bruegels Umfeld ist das Sprichwort vielfach illustriert worden und auch er selbst hat es 1559 auf seinem Ölgemälde *Die niederländischen Sprichwörter* dargestellt. Sinnfällig wird es dort in einem kleinen Grüppchen, bestehend aus drei Blinden, die, gestützt auf ihre Stöcke und einander bei der Schulter fassend, am Horizont entlangstolpern und sich dabei von der jenseits des Meeres liegenden Kirche entfernen. Ein um 1568 entstandener Kupferstich von Johannes Wierix erläutert auch den zeitgenössischen Sinn des Sprichworts: „Wandelt stets in aller Vorsicht, seid getreu im Vertrauen auf niemand als Gott allein, denn wenn ein Blinder den anderen leitet, sieht man beide zusammen in die Grube fallen."[5] Will man in der Welt nicht ungeschickt werden, dann ist Gottvertrauen jeder anderen Art des Vertrauens vorzuordnen.

Bruegels gewichtigster Beitrag zum Thema des ungeschickten Fehltritts ist sein großformatiges Alterswerk *Der Blindensturz*. Es entstand 1568, ein Jahr vor seinem Tod. Weil es von Anfang an für den Export bestimmt war, wurde es in Öl auf Leinwand ausgeführt. Ein Exemplar ging an den französischen Kardinal Antoine Perrenot de Granvelle, ein zweites an den italienischen Grafen Cosimo Masi.[6] Das Gemälde sollte einem höfischen Publikum Anlass zum Gespräch geben und war daher gezielt auf Deutungsoffenheit angelegt. Anders als in den *Niederländischen Sprichwörtern* beschränkt sich Bruegel nun nicht mehr auf drei Blinde, sondern verdoppelt ihre Anzahl. Dadurch steigert er die Dramatik des Themas und dynamisiert seine Wirkung. Überdies macht er die monumental ausgeführten Figuren zu Bettlern und siedelt die Gruppe damit im Jenseits der zeitgenössischen Ständegesellschaft an. Seine sechs Bettler haben

---

4 „Als de eene blinde de andere leidt, vallen ze beide in de gracht." Ida von Düringsfeld/Otto Freiherr von Reinsberg-Düringsfeld: Sprichwörter der Germanischen und Romanischen Sprachen. Vergleichend zusammengestellt. Leipzig 1872, S. 126.

5 Zit. nach Nils Büttner: Pieter Bruegel d. Ä. München 2018, S. 110 f.

6 Ebd., S. 109.

Tafel 1 Pieter Breugel d. Ä., Der Blindensturz, 1568

die befestigte Landstraße, die zur Kirche führt, verlassen und tasten sich nun quer durch eine abschüssige ländliche Umgebung, in der außer ihnen niemand zu sehen ist.[7] Wie die Abwendung von der Kirche zeigt, ist die physische Blindheit der Männer allegorisch auch als geistige Blindheit zu verstehen. Jeder hält sich orientierungssuchend am anderen fest und ergreift dazu die Schulter oder den Stock seines Vordermannes. Wenn keiner den anderen loslässt, muss das beim Weitergehen dazu führen, dass zusammen mit dem ersten Blinden sukzessive auch alle anderen zu Fall kommen werden. Das Gemälde führt insofern verschiedene Phasen einer kollektiven Fallbewegung, eines gemeinsamen Absturzes vor. Zwei der Bettler stürzen gerade oder sind schon in den Graben gefallen, die vier anderen stehen dagegen noch mehr oder weniger aufrecht, wobei der vorderste von ihnen den drohenden Sturz bereits zu ahnen scheint. Die Not des Standverlustes, die auch dem Aufhorchenden droht, wird in den ausgestochenen Augenhöhlen und der entsetzten Mine des stürzenden Bettlers zum Ausdruck gebracht, die Hilflosigkeit der Wegsuchenden im flehend empor gehobenen Gesicht desjenigen, der die Katastrophe ahnt.[8] Der Dorfkirche im Hintergrund, die zwischen den beiden gefallenen und den vier noch aufgerichteten Blinden sichtbar wird und den Fluchtpunkt des Betrachters bildet, ist durch den Bildrand das Kirchturmkreuz abgeschnitten. Es würde in der ‚Blickrichtung' des flehend den Kopf erhebenden Bettlers liegen.[9] Würde der dritte Blinde den Stab, der ihn mit seinem stürzenden Vordermann verbindet, loslassen, dann wäre er – und mit ihm seine drei Nachfolger – der Fallbewegung

---

7 Zum ursprünglichen, aufgrund unsachgemäßer Reinigung nur bei sehr genauem Hinsehen erkennbaren Motivbestand des Bildes gehörte allerdings noch ein Hirte mit Gänsen und Kühen, wobei sich eine der Kühe vom Hirten entfernt hat und im Begriff ist, in einen Graben zu stürzen; vgl. Jürgen Müller: Sechs Blinde stürzen quer durchs Bild. In: Neue Zürcher Zeitung, 8.4.2017, S. 27.

8 Elias Canetti: Die Fackel im Ohr. Lebensgeschichte 1921–1931 (zuerst 1980). München/Wien 1993, S. 111, hat in dem Gesicht des flehend Emporschauenden „nicht Angst, aber den Ansatz einer Frage" gesehen, in der das naive Vertrauen der hinter ihm Gehenden ihr unwiderrufliches Ende finde.

9 Müller: Sechs Blinde stürzen quer durchs Bild (s. Anm. 7), S. 27.

entgangen. Man kann das als eine Mahnung verstehen, die sich auch an den Betrachter richtet.

Der ungeschickte Sturz ist auf Bruegels Gemälde kein Gegenstand des Gelächters, wie in Platons Thales-Anekdote. Vielmehr vollzieht sich in ihm ein irreversibler Abfall von Gott und die wechselseitige Auslieferung sozialer Außenseiter aneinander. Das macht den Sturz zu einem entsetzlichen Ereignis, das unbedingt zu vermeiden ist. In der Ungeschicklichkeit der blinden Bettler wird nicht nur ein physisches Übel sinnfällig, sondern die grundsätzlich unaufhebbare Blindheit des Menschen auf seinem schwierigen Weg zur Erkenntnis. Darin zeigt sich die Radikalität, gewissermaßen die schwarze Anthropologie der paulinischen, durch Luther erneuerten Sündentheologie. Darüber hinaus handelt der Blindensturz aber auch in politischer Perspektive „vom Fall der christlichen Religion" und demonstriert, dass Religion niemals zu einer Institution der Orthodoxie verkommen darf.[10] Nur wer die Blickrichtung ändert, den Weg nach Innen einschlägt und dabei bescheiden auf Gott vertraut, entgeht dem spirituellen Ungeschick und der verhängnisvollen Rhetorik politischer Instanzen und Interessen aller Couleur. Nur dann ist oder bleibt man im Sinne des 16. Jahrhunderts ein frommer Christ.

Von einer eigenständigen Ungeschicklichkeitsszene kann in der deutschen Literatur erst seit dem Beginn der Frühen Neuzeit, insbesondere seit dem 16. Jahrhundert, und dort wiederum in der Reformation die Rede sein. Nun erst steht für sie auch ein eigener Ausdruck zur Verfügung. Zweifellos gibt es aber auch schon vereinzelte Vorläufer in literarischen Texten des Mittelalters, vor allem in der Epik, aber auch im Schwank. Die älteren Belege stehen jedoch im Rahmen eines mächtigen Ehrencodes, der auf die Oberschichten beschränkt war und Verstöße gegen die Etikette streng verbat.[11] Zugleich schloss der hohe Formalitätsgrad sozialer Rituale es aus,

10 Ebd.

11 Vgl. Peter von Moos: Einleitung. Fehltritt, Fauxpas und andere Transgressionen im Mittelalter. In: ders. (Hg.): Der Fehltritt. Vergehen und Versehen in der Vormoderne. Köln/Weimar/Wien 2001, S. 1–96, hier S. 42.

derartige Verstöße zu bagatellisieren.[12] Sie konnten also erhebliche Wucht entfalten. Man hat daher den Fehltritt im Mittelalter als eine Rutschbahn ins Verbrechen charakterisiert.[13]

Im *Rolandslied* etwa lässt Genelun, der Schwager des Kaisers, ungeschickt den Handschuh fallen, den dieser ihm als Bestätigung eines Auftrags überreicht hat, und gibt dadurch frühzeitig seine ethische Defizienz zu erkennen.[14] Auch in der höfischen Großepik finden sich hier und da Fälle ungeschickten Verhaltens, allerdings in transitorischer und inszenierter Form. Zu denken wäre etwa an den in der höfischen Etikette unerfahrenen Parzival, der sich gelegentlich selbst vor weiterem ungeschickten Verhalten warnen muss[15] und vom Einsiedler Trevrizent aufgrund seiner Gralssuche als „tumber man"[16] bezeichnet wird, oder an Tristan, der als Pilger verkleidet Isolde vom Schiff ans Ufer trägt und dort in Absprache mit ihr so tut, als würde er ungeschickt in ihre Arme stürzen.[17] Die neuzeitliche Semantik wird jedoch nicht im Umfeld der höfischen Epik, sondern im Kontext der Konfrontation ritterlichen Verhaltens mit ‚bäurischem' vorbereitet. In Neidharts Winterliedern, die den höfischen Minnesang ins Bauernmilieu übertragen, wird Ungeschicklichkeit einer Gruppe von Kunstfiguren zugeschrieben,

12 Ebd., S. 79.

13 Mündliche Formulierung von Jan-Dirk Müller auf einer Luzerner Tagung zum Fehltritt, wiedergegeben von Gerd Schwerhoff: Fehltritt oder Provokation? Theologisch-rechtliche Deutung und sozialen [sic] Praxis der Gotteslästerung im 15. und 16. Jahrhundert. In: Moos (Hg.): Der Fehltritt (s. Anm. 11), S. 403–418, hier S. 418.

14 Das Rolandslied des Pfaffen Konrad (zuerst um 1170). Mhd./nhd. Hg., übers. und komm. von Dieter Kartschoke. Durchges. und bibliogr. aktual. Ausg. Stuttgart 2011, S. 106 (V. 1434–1441). Roland, der wahre Held, nimmt später darauf Bezug, wenn er dem Kaiser versichert: „der van ne scol mir nicht sô lîchte enphallen / sô der hantscouch Genelûne." Ebd., S. 226 (V. 3212 f.). Ich danke Uta Störmer-Caysa für den Hinweis.

15 Wolfram von Eschenbach: Parzival (zuerst um 1205). Mhd./nhd. Übers. von Wolfgang Spiewok. Bd. 1. Stuttgart 1981, S. 408 (239, V. 14 f.): „waz ob mîn wesen hie geschiht / die mâze als dort bî im?".

16 Ebd. Bd. 2. Stuttgart 1981, S. 64 (468, V. 11) und S. 72 (473, V. 13).

17 Gottfried von Straßburg: Tristan (zuerst um 1210). Mhd./nhd. Übers. von Rüdiger Krohn. Bd. 2. Unveränd. Nachdr. der 6., durchges. Aufl. Stuttgart 2014, S. 340 (V. 15582–15598).

die außerhalb der höfischen Konventionen stehen. Neidhart bezeichnet sie als „ungevüege dörper".[18] Ihr Ungeschick äußert sich in Interaktionskonflikten. Dazu gehören groteske Streitszenen, in denen die Knüppel fliegen und mit Eiern geworfen wird,[19] vor allem aber chaotische Tänze. Einer der Bauern bewegt sich so unkontrolliert, dass er die Herrschaft über seinen Körper verloren zu haben scheint.[20] In der kleinen Verfehlung öffnet sich für Neidhart ein direkter Weg ins Chaos, der schließlich in den Abgrund einer universellen Katastrophe führen muss.

Hier schließt die spätmittelalterliche Bauernsatire an. Zu ihren prominentesten Vertretern gehört das monumentale Lehrgedicht *Der Ring* von Heinrich Wittenwiler. Bei ihm stampfen und trampeln die tanzenden Bauern wie die wilden Bären („samt die wilden per"[21]), werden am Ende schwindelig und fallen schließlich um[22]. Vor allem aber treten ihre schrecklichen Tischmanieren an den Tag. Gierig schütten sie heiße Suppe in den Dreck, um sie rascher aufschlürfen zu können,[23] werfen einander die Speisen vor und schaufeln sie sich zur Not, wenn der Löffel fehlt, auch mit der Hand in den Mund.[24] Wer daher lernen will, wie man sich angemessen („gefüeggig"[25]) oder gar höfisch und elegant („hofleich und gezier")

---

18 Neidhart: Lieder (um 1230). Mhd./nhd. Auswahl. Übers. und hg. von Helmut Lomnitzer. Überarb. Ausg. Stuttgart 1984, S. 90 (Nr. 20, V. 4). Vgl. dazu Jan-Dirk Müller: Kleine Katastrophen. Zum Verhältnis von Fehltritt und Sanktionen in der höfischen Literatur des deutschen Mittelalters. In: Moos (Hg.): Der Fehltritt (s. Anm. 11), S. 317–342.

19 Vgl. etwa Neidhart: Lieder (s. Anm. 18), S. 38 (Nr. 10, V. 1–10).

20 Ebd. (Nr. 20, VII, V. 1–3): „Er spranc winsterhalben an ir wîzen hant: / houbet und hals gie im vil vaste entwer, / dem gelîche, als der des lîbes niht gewalten mac." Vgl. dazu Müller: Kleine Katastrophen (s. Anm. 18), S. 329.

21 Heinrich Wittenwiler: Der Ring (um 1409). Fnhd./nhd. Übers. und hg. von Horst Brunner. Durchges. und bibliogr. erg. Ausg. Stuttgart 2003, S. 370 (V. 6384–6393).

22 Ebd., S. 366 (V. 6315 f.).

23 Ebd., S. 322 (V. 5541–5553).

24 Ebd., S. 332 (V. 5711–5730).

25 Ebd., S. 288 (V. 4937).

benimmt, muss sich nur einen Bauern vorstellen und dann genau das Gegenteil tun.[26]

Was die mittelalterlichen Ungeschicklichkeitsszenen jedoch grundsätzlich von denen des 16. Jahrhunderts unterscheidet, ist ihre Beschränkung auf die Interaktion in höfischen Oberschichten. Sie resultiert aus der Pflicht zur Selbstbeherrschung und der grundsätzlichen Distanz der Adelskultur gegenüber dem angeblich dummen und ungeschickten Verhalten derer, die von ihr ausgeschlossen sind. Man kann sie nicht richtig ernst nehmen. Ähnliches gilt für die geistliche Herrschaft. Kleriker wurden schon als Novizen dazu angehalten, Fehltritte gerade nicht zu thematisieren, sondern zu übersehen.[27] Auch in der Märendichtung geht es häufig um eine möglichst lebenskluge Reaktion.[28] Ungeschicktes Verhalten versteckte sich zudem hinter Polysemien des christlichen Lasterdiskurses und teils auch des aristokratischen Standesdiskurses.[29] Bedenkt man zudem, dass die Wortgeschichte von *ungeschickt* nicht innerhalb, sondern außerhalb der höfischen Sphäre vereinzelt in Mystik[30] und Naturlehre[31] und lexikographisch erst zu Beginn der Frühen Neuzeit startet[32], dann ist Ungeschicklichkeit im Rahmen der höfischen Kultur allenfalls als Indikator der Bosheit wie im *Rolandslied*, als tragikomisches Übergangsphänomen auf dem Weg zum Vollritter wie im Fall Parzivals, als strategische Täuschung wie im Fall Tristans, oder als topischer Anlass zu Spott und Furcht vor dem Chaos wie im Fall Neidharts und Wittenwilers ein legitimes Thema.

---

26 Ebd., S. 284 (V. 4861–4866).

27 Vgl., unter Berufung auf Hugo von St. Victor, Moos: Einleitung (s. Anm. 11), S. 20.

28 Vgl. Rüdiger Schnell: Literarische Spielregeln für die Inszenierung und Wertung von Fehltritten. In: Moos (Hg.): Der Fehltritt (s. Anm. 11), S. 265–315, hier S. 311.

29 Ebd., S. 25.

30 Meister Eckhart: Predigt Nr. LVIII (um 1320). In: Deutsche Mystiker des vierzehnten Jahrhunderts. Hg. von Franz Pfeiffer. Bd. 2: Meister Eckhart. 2, unveränd. Aufl. Göttingen 1906, S. 184–188, hier S. 187.

31 Konrad von Megenberg: Das Buch der Natur (zuerst 1349/50). Hg. von Franz Pfeiffer. Stuttgart 1861, S. 488.

32 Bei Conrad Zeninger: Vocabularius teutonicus […]. Nürnberg 1482, unpag., findet sich früh das Lemma *Ungeschickter*.

Die allgemeine Verhaltensregel der europäischen Adelskultur hat en passant Montaigne formuliert: „Alle Sonderlichkeit und Seltsamkeit in unsern Sitten und Lebensweisen ist zu meiden, weil sie dem Umgang und der Geselligkeit feind und fast abscheulich ist."[33] Mit dem „Niedergang des Rittertums bei gleichzeitigem Aufstieg des Stadtbürgertums" endet allmählich die agrarisch organisierte Gesellschaftsformation des Mittelalters und es beginnt die Frühe Neuzeit.[34]

Entscheidend für die Fallgeschichte der Ungeschicklichkeit in der Frühen Neuzeit ist ihr religionspolitischer Charakter. Die Ungeschicklichkeitsszene entsteht in einer schweren Krise der sozialen Ordnung, die im 16. Jahrhundert durch die Reformation ausgelöst wird. Die Aufspaltung in Konfessionen ist der Preis, den Europa für seine Modernisierung zahlen musste.[35] In der religiösen Moderne wird politisches Handeln unter der Prämisse thematisiert, dass es Wichtigeres gibt als ausgerechnet politische Handlungen und soziale Ordnungen. Zu den historischen Voraussetzungen und Anforderungen, von denen die Herausbildung der Szene im deutschsprachigen Raum begünstigt wird, gehören vor allem drei Faktoren. Der erste ist die literarische Figur des Grobians und ihre latente Fusion mit der des ungeschickten Deutschen, der zweite Faktor ist ein neues Konzept der für ihr Handeln verantwortlichen Einzelperson und der dritte, die ersten beiden Faktoren zusammenführend, die radikal nominalistische Sündentheologie Luthers mit ihrer phasenweise groben, religiös gebrochenen Rhetorik. Alle drei Faktoren werden medientechnisch durch den zeitgleich emergierenden Buchdruck öffentlich verbreitet. Auch das unterscheidet die frühneuhochdeutsche Ungeschicklichkeitsszene von derjenigen des Mittelalters.

Sieht man sich den ersten der drei Faktoren näher an, dann fungiert der Ausdruck *Grobianus* im 16. Jahrhundert als deutsches

---

33 Michel de Montaigne: Über die Kindererziehung (zuerst 1580). In: ders.: Essais. Übers. von Herbert Lüthy. 7. Aufl. Zürich 1991, S. 181–214, hier S. 204.

34 Vgl. Keller: Frühe Neuzeit (s. Anm. 1), S. 15.

35 Vgl. Bernd Roeck: Der Morgen der Welt. Geschichte der Renaissance. München 2017, S. 1072 f.

Äquivalent für *rusticus*.[36] Sankt Grobianus ist der Bauer als komischer Heiliger, den man verspottet. Bäurisches Verhalten wird aber nun nicht länger primär aus höfischer Perspektive beurteilt, sondern aus derjenigen der europäisch vernetzten Gelehrten. Sie bilden allmählich eine „humanistische Horizontale" aus,[37] die sich gegen die religiöse Vertikale richtet und sie ergänzt. Bei den gelehrten Humanisten liegt jetzt das am Lateinischen orientierte Kultur- und Bildungsmonopol.[38] Der *rusticus* (und mit ihm der Grobian) ist aus ihrer Perspektive derjenige, der der „Supersprache"[39] Latein nicht mächtig ist und deshalb auch nicht über rhetorische Fähigkeiten verfügt.[40] Als Redner ist der *rusticus* eine Gegenfigur zur elitären Sonderkultur der Humanisten.[41] Mit den Worten Ciceros ist er ein „Vir absurdus"[42], ein ungeeigneter Redner, „[*m*]*it dē man nichts kann außrichten*".[43] Daher verwundert es nicht, wenn *rusticitas* in frühneuzeitlichen Wörterbüchern mit *ineptia*, also der Abwesenheit situativ angemessenen Verhaltens, in Verbindung gebracht und ebenso wie *ineptia* mit dem Ausdruck *Ungeschicklichkeit*, aber auch

36 Petrus Dasypodius: Dictionarivm Latinogermanicvm. Argentorati 1537, Bl. 412r, führt „Peürischeyt / grobheyt", als Äquivalent von *Rusticitas* an. Zum Grobianismus vgl. Hans-Jürgen Bachorski: Grobianismus. In: Reallexikon der deutschen Literaturwissenschaft. Bd. 2. Hg. von Klaus Weimar u. a. Berlin 1997, S. 743–745, sowie Barbara Correll: The End of Conduct. *Grobianus* and the Renaissance Text of the Subject. Ithaca/London 1996.

37 Roeck: Der Morgen der Welt (s. Anm. 35), S. 696, nach Johannes Helmrath.

38 Vgl. Peter von Polenz: Deutsche Sprachgeschichte vom Spätmittelalter bis zur Gegenwart. Bd. 1. 2., überarb. und erg. Aufl. Berlin/New York 2000, S. 94.

39 Roeck: Der Morgen der Welt (s. Anm. 35), S. 150.

40 In den italienischen Stadtkommunen der Renaissance wurde die *rusticitas* der *urbanitas* und *civilitas* gegenübergestellt; Moos: Einleitung (s. Anm. 12), S. 22.

41 Vgl. Eckhard Bernstein: Humanistische Standeskultur. In: Werner Röcke/ Marina Münkler (Hg.): Die Literatur im Übergang vom Mittelalter zur Neuzeit. München/Wien 2004, S. 97–129, hier S. 101 f.

42 Marcus Tullius Cicero: De oratore/Über den Redner (zuerst 55 v. Chr.). Lat./ dt. Übers. und hg. von Harald Merklin. 2., durchges. und bibliogr. erg. Aufl. Stuttgart 1986, S. 260 (II 85).

43 Josua Maaler: Die Teütsch spraach. Tiguri 1561, Bl. 464v; ähnlich bereits Johannes Fries: Dictionarivm Latinogermanicum. Zürich 1556, S. 12.

mit *Unschicklichkeit* übersetzt wird.[44] Der bildungslose Bauer kann es nicht und er weiß auch nicht, wie es geht. Das gibt ihn der Lächerlichkeit preis.

Seinen ersten literarischen Auftritt hat der Grobian 1494 im 72. Kapitel von Sebastian Brants Erfolgsbuch *Das Narrenschyff.* Es trägt den Titel „Von groben Narren". Charakteristisch für diesen Narrentyp ist sein Hang zur Zusammenrottung und seine Ausblendung der Vertikale. Als gäbe es nur die eigene Lebenszeit zieht dieser Sünder trinkend und grölend als inverser Heiliger namens „sant Grobian" mit seinen Kumpanen, die er in Schandtaten und wüsten Reden zu überbieten versucht, durch prosperierende Städte wie Basel oder Nürnberg.[45] Es handelt sich also nicht um Bauern, sondern eher um Handwerkergesellen, die sich in ungenierter Weise bäurisch-grob verhalten. Brant nennt sie „[d]ie wůst rott".[46] In einem späteren Druck des *Narrenschyffs* wird das grobe und ungehobelte Verhalten bei den Mahlzeiten hinzugefügt und der Grobian dergestalt in die Tradition satirischer Tischzuchten eingegliedert.[47] Über die *Schelmenzunft* Thomas Murners, in welcher der Grobian als Vorsitzender einer Tischgesellschaft die Gestalt eines Schweins annimmt, sowie weitere Ausgestaltungen gelangt die Figur zu Friedrich Dedekind, der sie 1549 in seinem neulateinischen *Grobianus* breitenwirksam ausstaffiert.[48] Caspar Scheidt hat den *Grobianus* schließlich 1551 verdeutscht und zu einem Erfolgsbuch gemacht.[49] Entscheidend für den literarischen Grobianismus ist das Verfahren der Negativdidaxe. Satirisch, durch die scheinbar zustimmende

---

44 Johannes Melber: Vocabularius praedicantium. [Speyer] [ca. 1476], unpag., gibt für *Ineptia* die Bedeutung „vnschicklichkeit" an; Dasypodius: Dictionarivm Latinogermanicvm (s. Anm. 36), Bl. 412ʳ, übersetzt *vngeSchickt*, mit „Ineptus, Incongruus, Importunus, Absurdus, a, um".

45 Sebastian Brant: Das Narrenschiff (zuerst 1494). Studienausgabe. Hg. von Joachim Knape. Stuttgart 2005, S. 352.

46 Ebd., S. 351.

47 Ebd., S. 519–527.

48 Vgl. Hans Rupprich: Die deutsche Literatur vom späten Mittelalter bis zum Barock. Tl. 2: Das Zeitalter der Reformation 1520–1570. München 1973, S. 216–220.

49 Einen knappen Überblick über die Auflagen, Übersetzungen und Erweiterungen gibt Correll: The End of Conduct (s. Anm. 36), S. 9 f.

Darstellung übertrieben egoistischer Triebäußerungen, lässt es die Grobiane sich selbst kritisieren und stabilisiert dadurch die Regeln zivilisierten Verhaltens.[50] Gestärkt werden auf diese Weise die Verhaltensnormen des mit den Humanisten – den Verfassern grobianischer Texte – verbündeten städtischen Patriziats. Darin unterscheidet sich der Grobianismus von karnevalesken Texten wie dem *Dil Ulenspiegel*, die ebenfalls Ungeschicklichkeiten (zum Beispiel komische Stürze[51]) einsetzen, damit aber Verhaltensregeln nicht stabilisieren, sondern anarchisch destruieren.

Zwar verbindet sich der Humanismus eng mit den städtischen Oberschichten,[52] er bleibt dabei aber am Lateinischen und mit ihm am alten Europa orientiert. Aufgrund seiner Vorliebe für das schöne Gespräch und die „ästhetische Inszenierung in einer häßlichen Welt" hat man ihm auch einen Hang zur Weltflucht attestiert.[53] Dennoch kommt es innerhalb der teils weit gereisten Humanisten des deutschsprachigen Raums auch zu Reflexionen über den Status ihrer Heimat. In diesen Reflexionen spielen Grobheit, Ungeschicklichkeit und rustikales Verhalten eine zentrale Rolle. Das

50 Vgl. Walter Raitz/Werner Röcke/Dieter Seitz: Konfessionalisierung der Reformation und Verkirchlichung des alltäglichen Lebens. In: Röcke/Münkler (Hg.): Die Literatur im Übergang vom Mittelalter zur Neuzeit (s. Anm. 41), S. 281–316, hier S. 312.

51 Das beginnt mit dem Sturz der betrunkenen Taufpatin, die mit dem kleinen Till auf dem Weg nach Kneitlingen vom Steg in eine Lache fällt; Ein kurtzweilig Lesen von Dil Ulenspiegel. Nach dem Druck von 1515. Hg. von Wolfgang Lindow. Bibliogr. erg. Ausg. Stuttgart 2001, S. 10: „Also fiel die Göttel in die Lachen und besudelt sich und das Kind so jämmerlich, da daz Kind schier erstickt was." Es wiederholt sich, wenn Ulenspiegels Mutter ihren Sohn beim Seiltanz in die Saale stürzen lässt (ebd., S. 15): „Da fiel Ulenspiegel, ihr Sun, in das Wasser mit grossem Spot und badet redlichen in der Sal." Zum Narrendiskurs in der Frühen Neuzeit, dem auch die Eulenspiegel-Figur zugehört, vgl. Keller: Frühe Neuzeit (s. Anm. 1), S. 93 f.

52 Eckhard Bernstein: Vom lateinischen Frühhumanismus bis Conrad Celtis. In: Röcke/Münkler (Hg.): Die Literatur im Übergang vom Mittelalter zur Neuzeit (s. Anm. 41), S. 54–76, hier S. 63, spricht die häufig zu beobachtende „Verknüpfung von humanistischen Interessen und kommunalpolitischer Verantwortung" an und nennt als Beispiele Conrad Peutinger und Willibald Pirckheimer.

53 Roeck: Der Morgen der Welt (s. Anm. 35), S. 648.

Reich, das seit dem Ende des 15. Jahrhunderts, im Unterschied zum französischen, spanischen oder englischen, nun immer häufiger ‚deutsch' genannt wurde,[54] galt auch im Ausland bis ins 17. Jahrhundert hinein als bevorzugte Heimat des Grobianismus.[55] Als Berufungsinstanz, welche die genannten Eigenschaften nicht nur negativ, sondern auch positiv, nämlich als Indikatoren einer besonderen Tüchtigkeit und Redlichkeit zu bewerten erlaubte, diente nun verstärkt die *Germania* des Tacitus.[56] Nikolaus von Kues hatte den Text in Fulda wiederentdeckt[57] und die Humanisten haben ihn sich begeistert angeeignet. Das gilt auch für Conrad Celtis, der 1500 in Wien die *Germania generalis* publiziert hat und im Entwurf das Großprojekt einer *Germania illustrata* hinterließ.[58] Mehr als zehn Jahre zuvor hatte Celtis in seiner berühmten Ode an Apollon den Musenführer angerufen und ihn gebeten, dem roh gebliebenen Heimatland endlich die von italienischen Humanisten wiederbelebte Poesie zu bringen.[59] Die Ode bezeichnet die Deutschen als ungesittetes Bauernvolk, das im Dunkeln lebt und eine Barbarensprache spricht. Daraus lässt sich schließen, dass der Grobian als Träger bäurischen Verhaltens für die Humanisten nicht zuletzt eine Version des ungeschickten Deutschen gewesen ist.

Der zweite Faktor, der zur Entstehung einer eigenständigen Szene beigetragen hat, betrifft die Ursachen der Ungeschicklichkeit. Sie sind grundsätzlich unbestimmt und historisch variabel.

---

54 Ebd., S. 629.

55 Michael Maurer: Geschichte und gesellschaftliche Strukturen des 17. Jahrhunderts. In: Albert Meier (Hg.): Die Literatur des 17. Jahrhunderts. München 1999, S. 18–99, hier S. 82. Zur Nähe von Humanismus und Grobianismus im Nürnberg des 16. Jhdts. Vgl. Niklas Holzberg: Grobe und gelehrte Leute. In: Literatur in Bayern 35 (1994), S. 16–23.

56 Keller: Frühe Neuzeit (s. Anm. 1), S. 169.

57 Vgl. Hans Rupprich: Die deutsche Literatur vom späten Mittelalter bis zum Barock. Tl. 1: Das ausgehende Mittelalter, Humanismus und Renaissance 1370–1520. Neubearb. von Hedwig Heger. 2. Aufl. München 1994, S. 414.

58 Vgl. Bernstein: Vom lateinischen Frühhumanismus bis Conrad Celtis (s. Anm. 52), S. 65–68, sowie Roeck: Der Morgen der Welt (s. Anm. 35), S. 694 f.

59 Conrad Celtis: Ode ad Apollinem repertorem poetices: ut ab Italia cum lyra ad Germanis veniat (zuerst 1486). In: Gedichte und Interpretationen. Bd. 1: Renaissance und Barock. Hg. von Volker Meid. Stuttgart 1982, S. 81.

Für den Beginn der Frühen Neuzeit ist festzuhalten, dass sich die möglichen Ursachen nun pluralisieren. Neben die mittelalterlichen Standardgründe für humane Defizite aller Art, die sündige Natur des Menschen und den unerforschlichen Willen Gottes, treten im Laufe des 15. Jahrhunderts kosmische Instanzen wie die Himmelskörper und verstärkt die eigene Verantwortung.[60] Hinsichtlich der Himmelskörper ist etwa an den weithin strahlenden Kometen auf Dürers Kupferstich *Melencolia I* zu erinnern. Maximilian, der deutsche Kaiser und Förderer Dürers, lässt in seiner lateinischen Selbstbiographie entsprechend festhalten, dass seinem Leben ein Widerstreit zwischen der Gnade Gottes (misericordia Dei) und der Ungunst der Gestirne (constellatio prava) zugrunde gelegen habe und dass er daher „mit Notwendigkeit viel Leiden und Mißgeschick erdulden" musste.[61] Als weitere Ursache für Missgeschicke werden die Handelnden selbst entdeckt. Das befeuert die scharfe Kritik an den Missständen der katholischen Kirche und ihren Vertretern, führt aber auch zu einer zunehmenden Belastung der Einzelperson, der nun verstärkt die Verantwortung für ihre Taten aufgeladen wird. Literaten wie Jörg Wickram interessieren sich deshalb verstärkt für unfertige und formbare Charaktere. Andererseits können aber auch – wie die Hexenprozesse zeigen – körperliche Besonderheiten wie ein Buckel oder rote Haare den Verdacht auslösen, „an allerlei Mißgeschick schuld zu sein."[62] Der Grobianismus setzt beide Entwicklungen voraus, denn bessern kann er seine Adressaten nur, wenn diese ihr Verhalten grundsätzlich aus eigener Kraft ändern können; zugleich wird der echte Grobian für unverbesserlich gehalten.

Der dritte Faktor, der die beiden ersten zusammenführt, ist die Reformation. Unterstützt durch den Buchdruck bildet sich mit ihr eine frühe Form der Öffentlichkeit heraus.[63] Luther hatte angesichts einer stark geschwächten kirchlichen Zentralgewalt[64] die christliche

---

60 Vgl. Rupprich: Die deutsche Literatur vom späten Mittelalter bis zum Barock. Tl. 1 (s. Anm. 57), S. 138 f.

61 Ebd., S. 131.

62 Vgl. Roeck: Der Morgen der Welt (s. Anm. 35), S. 618.

63 Ebd., S. 737.

64 Vgl. Rupprich: Die deutsche Literatur vom späten Mittelalter bis zum Barock. Tl. 2 (s. Anm. 48), S. 14.

Sündentheologie im Rückgang auf Augustinus und Paulus entscheidend verschärft und auf die völlige Unfähigkeit des Menschen hingewiesen, allein aus sich heraus gut zu handeln. Die Erbsünde ist für diese Unfähigkeit und mit ihr auch für alle Ungeschicklichkeiten verantwortlich.[65] Nicht sein Stand oder seine Geburt, sondern nur das unbedingte Vertrauen auf Gott macht das radikal imperfekte Individuum der Gnade würdig und gibt ihm Hoffnung auf Gerechtigkeit.[66] Ungeschicklichkeit wird dadurch zu einem erwartbaren Normalfall weltlichen Handelns.

Das betrifft auch die Rhetorik, die in der Reformation an Breitenwirksamkeit gewinnt, dabei zumeist ihren Kunstcharakter versteckt und auch Grobheiten gezielt einsetzt. Der extreme, der Mystik nahestehende Nominalismus Luthers, seine Sündentheologie und sein Sendungsbewusstsein machen ihn zum Gegner jeder Artistik. Vom eleganten und lebensklugen Humanismus eines Erasmus von Rotterdam grenzt er sich ab, indem er sich selbstbewusst als Barbar unter deutschen Barbaren bezeichnet.[67] Thomas Murner, einer seiner wortmächtigsten Gegner, konnte ihm daher vorwerfen, die katholische Kirche bei „der deütschen nation“ mit „vngeschickten / vnchristlichen vnd vnwarhafftigen mitlen“ angeklagt zu haben.[68] Insofern verbündet sich in der Reformation der deutsche Grobian mit dem wahren Glauben und erreicht dadurch nicht nur die Handwerker in den Städten, sondern auch die ungebildeten Bauern, die in der Literatur bisher ausgegrenzt und verlacht worden waren. Das sieht in Frankreich anders aus, wo sich Montaigne etwa als unbeholfener Tölpel im Umgang mit Routinen und angesichts der „geschwätzigen Umgangsformen der umständlichen Gesetze unserer

---

65 „Die Totalbestimmung der P[erson] vor Gott heißt Sündersein.“ Brigitte Kible: Person II. In: Historisches Wörterbuch der Philosophie. Hg. von Joachim Ritter und Karlfried Gründer. Bd. 7. Basel 1989, Sp. 283–300, hier Sp. 298.

66 Rupprich: Die deutsche Literatur vom späten Mittelalter bis zum Barock. Tl. 2 (s. Anm. 48), S. 24.

67 S. oben, S. 41.

68 Thomas Murner: An den Großmechtigsten vñ Durchlüchtigstē adel tütscher nation […] (zuerst 1520). In: Deutsche Flugschriften zur Reformation (1520–1525). Hg. von Karl Simon. Stuttgart 1980, S. 95–170, hier S. 102.

Höflichkeit“ stilisiert[69] und der Ungeschicklichkeitsszene eine neue, politische Dynamik verleiht. Sie bindet die „Bodenvermeidungseinrichtungen“[70] der Hochkultur an die auf ihr errichtete bäuerliche Basis[71] zurück, kollidiert von Anfang an mit religiösen Fragen und lässt die Szene für die Anhänger der Reformation literarisch attraktiv werden.

Die Ungeschicklichkeitsszene der Reformation ist in drei Texten des 16. Jahrhunderts markant entfaltet und in Umlauf gebracht worden. Ihnen gelten die folgenden Überlegungen. Der erste dieser Texte ist um 1521 anonym in Augsburg erschienen und thematisiert die erfolgreiche Konversion eines katholischen Handwerkers zum Anhänger Luthers. Beim zweiten handelt es sich um einen 1524 zuerst in Nürnberg erschienenen und noch im Erscheinungsjahr zehnfach nachgedruckten Prosadialog von Hans Sachs.[72] Der dritte schließlich findet sich in einer 1555 zuerst in Straßburg publizierten, mehrfach erweiterten und sehr erfolgreichen Schwanksammlung Jörg Wickrams. Während die beiden Prosadialoge der heißen Frühphase der Reformation entstammen und eine korrupte katholische von einer der Absicht nach menschenfreundlichen, der Ausführung nach eher skandalösen evangelischen Ungeschicklichkeit unterscheidet, erscheint die Schwanksammlung zeitgleich mit der rechtlichen Anerkennung der Lutherischen Konfession im Augsburger Religionsfrieden. In Wickrams Sammlung wird die Unterscheidung zweier Formen der Ungeschicklichkeit aufgenommen und aus reformierter Perspektive politisch funktionalisiert. Daran schließen die Fallgeschichten des 17. Jahrhunderts an.

---

69 Montaigne: Bemerkungen über Cicero (zuerst 1580). In: ders.: Essais (s. Anm. 33), S. 271–278, hier S. 277.

70 Manfred Sommer: Von der Bildfläche. Eine Archäologie der Lineatur. Berlin 2016, S. 98.

71 Ebd., S. 94: „Die Agrikultur ist die erste Kultur.“

72 Vgl. Martin Arnold: Handwerker als theologische Schriftsteller. Studien zu Flugschriften der frühen Reformation (1523–1525). Göttingen 1990, S. 91.

II

Der doppelte Grobian

Bevor es ins reiche Nürnberg und zu Hans Sachs geht, ist ein Besuch in einem Baseler Wirtshaus fällig. Gestern ist dort am Abend eine Gruppe von Handwerkergesellen eingetroffen, hat gegessen und getrunken und bis nach Mitternacht über Religionsfragen gestritten. Anlass dazu gaben die ebenso einfachen wie radikalen Thesen Luthers. Die meisten Gesellen waren von ihnen überzeugt, auch der Wirt. Nur Peter Schabenhut, ein Sonderling und Geizkragen, ist am Ende verstockt bei seinem angestammten Glauben und weiterhin ein Anhänger des Papstes geblieben. Damit sich das ändert, ist ein Experte nötig. Darum lässt der Wirt nach Hans Schöpfer suchen, einem belesenen und eloquenten Anhänger Luthers. Er bittet ihn, am Abend in seine Gaststube zu kommen und sich den Peter mal zur Brust zu nehmen. Das ist der Ausgangspunkt eines als Flugschrift vertriebenen Prosadialogs, der vermutlich 1521 in Augsburg bei Melchior Ramminger erschienen ist.[73] Der Verfasser ist unbekannt, der Titel knüpft an den Grobianismus Sebastian Brants und Thomas Murners an und verbindet ihn mit dem Nationaldiskurs: *Ain gůtter grober dyalogus Teütsch.*

Die Flugschrift lädt nicht nur Hans, sie lädt auch ihre Leser ins Wirtshaus ein. Wir sind dabei, wenn Hans und Peter ins Gespräch kommen, hören zu, wie Hans sein Gegenüber im Sinne Luthers auf die „Blödigkait“ des Menschen und seine tiefe Verstrickung in die Sünde hinweist,[74] wie Peter beinahe rührend seine ganz persönliche Sehnsucht nach Gottes Gnade eingesteht („ich wollt auch

73 Ain gůtter grober dyalogus Teütsch (etwa 1521). In: Die Wahrheit muß ans Licht! Dialoge aus der Zeit der Reformation. Hg. von Rudolf Bentzinger. 2. Aufl. Leipzig 1988, S. 188–211. Vgl. dazu Thomas Hohenberger: Lutherische Rechtfertigungslehre in den reformatorischen Flugschriften der Jahre 1521–22. Tübingen 1996, S. 329 f. Allgemein zu den Flugschriften der Reformation und ihren Funktionen vgl. Keller: Frühe Neuzeit (s. Anm. 1), S. 111.

74 Ain gůtter grober dyalogus Teütsch (s. Anm. 73), S. 198.

 | DOI:10.30965/9783846761038_007

gern von Gott behalten werden")[75] und wie sich der verstockte, auf Traditionen und Autoritäten fixierte Altgläubige schließlich von Hans überzeugen lässt. Nachdem er seine Bereitschaft zur Konversion erklärt hat, geht es um ein passendes Ende. Es besteht in wechselseitigen Entschuldigungen, die den Modus des Gesprächsverhaltens betreffen – und in der Beantwortung der Frage, wer die Rechnung zahlt. Peter bittet zunächst die Anwesenden um Verzeihung dafür, dass er als ehemaliger Papstanhänger „ettwas vngeschückts geredt" hat,[76] bedankt sich für den guten Rat, den er von bibelfesten Lutheranern („gschückten leüten") erhalten hat, und ist um seines neu erlangten Seelenheils willen auch gerne bereit, für alle die Zeche zu zahlen. Daraufhin bittet der Lutheraner Hans seinerseits Peter um Verzeihung dafür, dass er so grob mit ihm umgegangen ist – das sei ausschließlich aus „brüderlicher christelicher Lieb" geschehen.[77] Weil es ihm nicht um seinen Vorteil, sondern nur um Peters Seele ging, plädiert er dafür, dass jeder seine Rechnung selbst bezahlt. Das letzte Wort behält der Gastwirt. Voller Freude über die Bekehrung Peters lädt er großzügig alle ein und wünscht ihnen dann eine gute Nacht.

Sieht man sich die Ungeschicklichkeitsszene des Augsburger Dialogs näher an, dann fungiert als Bühne ein städtisches Gasthaus. Hier kann man nach getaner Arbeit gemeinsam essen und trinken, dabei ins Gespräch kommen und streiten, muss hinterher aber die Zeche zahlen. Auf dieser Bühne treten zwei Handwerkergesellen auf, die ihr Verhalten am Ende selbst als ungeschickt bzw. grob erkennen und bezeichnen: der bibelfeste Lutheraner Hans und der störrische Altgläubige Peter. Beobachtet werden sie von weiteren

---

75 Ebd., S. 203.

76 Ebd., S. 204. Nach Jürgen Kampe: Problem „Reformationsdialog". Untersuchungen zu einer Gattung im reformatorischen Medienwettstreit. Tübingen 1997, S. 120 f., der sich dabei auf das Grimm'sche Wörterbuch beruft, ist mit geschickter Rede eine schickliche Form des Sprechens gemeint, das „dem Thema und den Umgangsformen angemessen ist, während ‚ungeschickte red' bedeutet: widersinnige, falsche, verkehrte, nicht dahingehörende, ungereimte, dann aber auch sündhafte, unrechte, ungehörige, üble Rede."

77 Ain gůtter grober dyalogus Teütsch (s. Anm. 73), S. 204.

Gesellen und dem Wirt, allesamt ebenfalls Anhänger Luthers. Sowohl Peter als auch Hans verhalten sich sozial, genauer gesagt rhetorisch ungeschickt und in beiden Fällen hängt ihr Verhalten mit der korrupten Papstkirche und der Nähe zu bzw. der Distanz von ihr zusammen. Denn Peter erkennt nach seinem Konversionsentschluss, dass er sich als Altgläubiger mit unpassenden Argumenten gegen Hans zur Wehr gesetzt hatte und Hans gibt zu, dass er sein papsttreues Gegenüber – Peter – grob angehen musste, um es überhaupt erreichen zu können. Das ist auch eine offensive Antwort auf Murners Vorwurf gegenüber Luther, die Deutschen mit groben und ungeschickten Mitteln irrezuführen. Rhetorische Ungeschicklichkeit wird insofern dergestalt diskursiviert, dass sie sich perspektivisch verdoppelt und dabei graduell abstuft: Zum einen erscheint sie als notwendiges Negativmerkmal einer hoffnungslosen katholischen Rechtfertigungsrhetorik, zum anderen als kontingentes, strategisch legitimes Charakteristikum einer Missionierung aus dem Geist des Evangeliums, letztlich also als Beweis der Nächstenliebe. Damit ist die Ungeschicklichkeit skaliert worden. Auf der einen Seite wird sie weiterhin negativ bewertet; unter bestimmten, insbesondere religiösen Konditionen kann sie aber auch gerechtfertigt und positiviert werden. Wenn jemand ungeschickt *ist*, so lautet verkürzt das Argument, dann kann, ja dann muss man sich ihm gegenüber auch ungeschickt *verhalten*. Zumindest für den Wirt ist das in Ordnung, denn er erlässt zufrieden allen die Zeche.

Für die literarische Leistung der Ungeschicklichkeit folgt daraus dreierlei. Erstens bedarf die strategisch eingesetzte ungeschickte Rede der Anhänger Luthers zu ihrer Legitimierung der haltlosen Rhetorik, um nicht zu sagen der absoluten Ungeschicklichkeit der alten Kirche. Zweitens muss sie sich als Strategie im Dienste höherer Werte zu erkennen geben, wenn sie nicht der schlichten Negativdidaxe des Grobianismus, die immer auch positiv missverstanden werden kann, verfallen will. Und drittens schließlich muss die Fallgeschichte, die in diesem Fall als Dialog angelegt ist, die Entscheidung für die bedingt legitime Ungeschicklichkeit plausibilisieren.

Das ist ein labiles Konstrukt. Insbesondere war die Gefahr groß, das Verhalten der Anhänger Luthers, nicht zuletzt auch dasjenige Luthers selbst, mit dem der Grobiane zu verwechseln. Die

Reformation reagierte darauf, indem sie sich reformierte. 1522 erschien *Eine treue Vermahnung Martin Luthers an alle Christen, sich zu hüten vor Aufruhr und Empörung.*[78] In dieser Schrift wird zwischen der politischen Durchsetzung von Reformen, die nun ausschließlich der Obrigkeit überlassen werden sollen, und einer dem Evangelium gemäßen Lebensführung, die Sache jedes einzelnen Christen ist, scharf unterschieden. Das zeigt die Steigerung der Verantwortung, die im Reformationszeitalter der Einzelperson aufgebürdet wird. Sie betrifft auch das Rede- und Sozialverhalten. Damit reagiert Luther auf den Vorwurf Thomas Murners, er habe in seiner Agitation gegen die katholische Kirche ungeschickte Mittel eingesetzt. Um der Konstanz und Stabilität der evangelischen Bewegung willen sollen sich die wahren Christen künftig nur noch friedlich und integer aufführen, die Hitzköpfe unter ihnen bändigen und alle, die sich nicht bändigen lassen, ausschließen. Auch wenn sich diese Hitzköpfe Lutheraner nennen sollten, bleiben es doch bloße Grobiane. Ihnen ist am „leiblichen Aufruhr"[79] gelegen, an Provokationen durch „Fleisch, Eier, dies und das essen am Freitag"[80] – aber nicht an ihrem Nächsten. Die Altgläubigen soll man fortan, wenn sie sich denn überhaupt gesprächsbereit zeigen, „freundlich und sanft unterweisen"[81]. Das ist das neue, irenische Stilideal der Reformation. Von strategisch gerechtfertigten Grobheiten und der begrenzten Legitimität einer ungeschickten Rhetorik kann nicht mehr die Rede sein.

---

78 Martin Luther: Eine treue Vermahnung Martin Luthers an alle Christen, sich zu hüten vor Aufruhr und Empörung (zuerst 1522). In: ders.: Ausgewählte Schriften. Hg. von Karin Bornkamm und Gerhard Ebeling. Bd. 4. Frankfurt a. M. 1982, S. 20–35.

79 Ebd., S. 29.

80 Ebd., S. 33.

81 Ebd.

III

Radikale Lutheraner

Nürnberg gehörte zu Beginn des 16. Jahrhunderts zu den bedeutendsten Handelsplätzen Europas.[82] 1524 hat dort der Schuhmacher und Meistersinger Hans Sachs, der sich ein Jahr zuvor mit der *Wittenbergisch Nachtigall* als Anhänger Luthers offenbart hatte, sowohl die Namen der Protagonisten und die Differenzierung zweier Formen der Ungeschicklichkeit im *Dyalogus Teütsch*, als auch Luthers Aufruf zur Friedfertigkeit[83] aufgegriffen und in eine erstaunlich komplexe Szene integriert. In ihrem Zentrum steht der Problemfall des ungeschickten Lutheraners, einer Figur aus der Familie der ungeschickten Deutschen. Die Szene findet sich in dem Prosadialog *Eyn gesprech eynes Euangelischen Christen / mit einem Lutherischen.*[84] Man hat ihn lange am Ende der vier Reformationsdialoge des Nürnberger Erfolgsautors platziert und ihn auf Oktober 1524 datiert.[85] Die jüngere Forschung geht dagegen von einer Abfassung schon im April aus und setzt ihn damit an die zweite Stelle der vier Dialoge.[86] Das ist relevant, weil damit

---

82 Roeck: Der Morgen der Welt (s. Anm. 35), S. 391 f.

83 Vgl. Arnold: Handwerker als theologische Schriftsteller (s. Anm. 72), S. 90.

84 Titelangabe nach Franz Otten: „mit hilff gottes zw tichten … got zw lob vnd zw aůspreittůng seines heilsamen wort". Untersuchungen zur Reformationsdichtung des Hans Sachs. Göppingen 1993, S. 305. Der Dialog wird aufgrund der leichteren Greifbarkeit zitiert nach Hans Sachs: Ain gesprech eins Evangelischen christen / mit einem Lutherischen Darinn der ergerlich wandel etzlicher / die sich Lutherisch nennen angezaigt / vnd bruderlich gestrafft wirdt (zuerst 1524). In: ders.: Die Wittenbergisch Nachtigall. Spruchgedicht, vier Reformationsdialoge und das Meisterlied *Das walt Got*. Hg. von Gerald H. Seufert. Stuttgart 1974, S. 119–141.

85 Vgl. etwa Bernd Balzer: Bürgerliche Reformationspropaganda. Die Flugschriften des Hans Sachs in den Jahren 1523–1525. Stuttgart 1973, S. 157: „Ende Oktober wird die erste Ausgabe dieses Dialogs erschienen sein."

86 Otten: „mit hilff gottes zw tichten […]" (s. Anm. 84), S. 142–179; Sachs habe den Dialog „im April (bis spätestens Anfang Mai) 1524 geschrieben und publiziert" (ebd., S. 148 f.).

 | DOI:10.30965/9783846761038_008

die Entscheidung des Autors für die Zentralfigur des ungeschickten Lutheraners als Reaktion auf Ereignisse in der Nürnberger Stadtgeschichte plausibel wird. Die Akten des Stadtrats belegen nämlich, dass im März 1524, nach der „vngeschickten predigt" eines Barfüßermönchs gegen Luther, „ein groß entsetzen vnter dem volck entstanden" ist.[87] Das scheint den Anhängern Luthers in- und außerhalb der Nürnberger Stadtmauern neuen Auftrieb gegeben zu haben. Denn im Mai halten die Mitglieder des Rates fest, sie wollten die „ungeschickt und uncristenlich widerspenigkait" der Bauern, die unter Berufung auf das Evangelium ihre Abgaben verweigert hatten, nicht länger dulden.[88] Auf die Ungeschicklichkeit der Katholiken reagierte die der Lutheraner – und auf diese die Obrigkeit. Das Muster ist bekannt. Hans Sachs, der wie gesagt sowohl den *Dyalogus Teütsch* als auch Luthers *Vermahnung* kennt, bezieht beide Texte auf die aktuelle Lage Nürnbergs, indem er die Reserve des Rates gegenüber der Reaktion von Anhängern Luthers auf das ungeschickte Verhalten von Katholiken zu seinem Thema macht.

Der Erstdruck des *Gesprechs* war mit einem Holzschnitt versehen, den der Nürnberger Maler und Reformationsanhänger Sebald Beham angefertigt hat.[89] Er zeigt die Bühne des Gesprächs, den Innenraum eines Hauses, und die aus Handwerkern bestehenden Figuren der Ungeschicklichkeitsszene: den bereits im ersten Prosadialog von Sachs als Schumacher eingeführten und auf den Autor verweisenden Schustermeister Hans[90], den Bäcker Peter, dem das Haus gehört, und seinen Schwiegervater, den Handwerkermeister

87 Zit. nach Günter Vogler: Nürnberg 1524/25. Studien zur Geschichte der reformatorischen und sozialen Bewegung in der Reichsstadt. Berlin (Ost) 1982, S. 59.

88 Ebd., S. 91.

89 Vgl. Otten: „mit hilff gottes zw tichten […]" (s. Anm. 84), S. 138, Anm. 164.

90 Hans Sachs: Disputation zwischen einem Chorherren und Schuchmacher darinn das wort gottes / vnd ein recht Christlich wesen verfochen würdt (zuerst 1524). In: ders.: Die Wittenbergisch Nachtigall (s. Anm. 84), S. 41–71.

Abb. 3
Hans Sachs, Eyn gesprech, 1524

Ulrich.[91] Schon die Wahl der Bühne ist aufschlussreich, denn anders als das Wirtshaus im *Dyalogus Teütsch* ist das Wohnhaus im Zuge der Reformation zu einem „Mittelpunkt der verinnerlichten Andacht" und der religiösen Erbauung geworden.[92] Bei Sachs wird es zum Ort der Klärung eines innerreformatorischen Konflikts. Durch die Szenerie wird zudem die Rhetorik, die seit jeher auch für die

91 Sachs: Ain gesprech (s. Anm. 84), S. 121. Eine ähnliche Konstellation weist auch der Holzschnitt zur dritten Auflage eines weiteren, im gleichen Jahr erschienenen Reformationsdialogs des gleichen Autors auf: Hans Sachs: Ein gesprech von den Scheinwercken der Gaystlichen/ vnd jren gelübdten/ damit sy zůuerlesterung des blůts Christi vermaynen selig zů werden. In: ders.: Die Wittenbergisch Nachtigall (s. Anm. 84), S. 73–92, hier S. 75. Auch in diesem Dialog treten die Figuren Hans und Peter auf, wobei Peter als Bäcker und Hans als Schuster markiert wird; ebd., S. 82. Beide verstehen sich als evangelische, nicht als lutherische Christen; ebd., S. 77.

92 Vgl. Rupprich: Die deutsche Literatur vom späten Mittelalter bis zum Barock. Tl. 2 (s. Anm. 48), S. 144.

Ordnung des öffentlichen Raums zuständig war, auf die Ordnung, Verwaltung und Kultivierung von Innenräumen umdirigiert.

Auch die Figurenkonstellation wird in Behams Holzschnitt typisiert. Sicher und fest, mit dem Rücken zur Wand und dem Gesicht zur Eingangstür, sitzt an einem Holztisch der bärtige Handwerkermeister Hans. Ihm gegenüber hat ungeschickt verdreht zwischen Tisch und Tür auf einem Schemel der Gastgeber Peter Platz genommen. Peter ist trotz der eindringlichen Geste seines Gesprächspartners nicht bei der verhandelten Sache, sondern wendet sich von ihm ab und dem Hauseingang zu. Denn gerade ist sein Schwiegervater Ulrich eingetreten. Anders als die beiden Sitzenden steht Ulrich deshalb aufrecht und ein wenig bedrohlich in der Stube. Das unterscheidet ihn von der Intimität seiner religiösen Antagonisten. Durch den Rosenkranz in seinen Händen ist er als Anhänger des Papstes ausgewiesen.[93] Seine herabgezogenen Mundwinkel deuten an, dass er verärgert ist.

Dafür gibt es einen Grund. Am Freitag vor einer Woche hat Ulrich unangekündigt seine Tochter zur Mittagszeit besucht und musste bei dieser Gelegenheit feststellen, dass sein Schwiegersohn nicht nach katholischem Brauch Fisch servieren, sondern Fleisch auftragen ließ. Man delektierte sich, horribile dictu, „an einem kelbern praten"[94]. Ulrich hatte daraufhin zu fluchen begonnen, er hatte die Essenden beschimpft und jeden Kontakt zu ihnen abgebrochen. Das ist aber nur der vordergründige Anlass für Ulrichs Verärgerung. Ihr tieferer Grund ist der Umstand, dass Peter zusammen mit Gleichgesinnten als grobianische Rotte durch Nürnberg gezogen ist, um katholische Mitbürger zu verspotten und zu drangsalieren, wodurch er den geschützten Rechtsraum der Stadt verletzt hat.[95] Darin also, in einer Störung der politischen Ordnung, besteht seine Ungeschicklichkeit. Ulrich berichtet im Verlauf des Dialogs empört

---

93 In Bayern war das Tragen von Rosenkränzen vorgeschriebener Ausweis der Katholizität; vgl. Peter Hersche: Muße und Verschwendung. Europäische Gesellschaft und Kultur im Barockzeitalter. Tl. 1. Freiburg 2006, S. 432 f.

94 Sachs: Ain gesprech (s. Anm. 84), S. 124.

95 Vgl. Maria E. Müller: Der Poet der Moralität. Untersuchungen zu Hans Sachs. Bern u. a. 1985, S. 218 f.

davon und Hans macht daraufhin Peter die Ordnungsstörung zum Vorwurf. Dadurch ändert sich die Figurenkonstellation, denn Hans geht nun zu seinem vermeintlichen Glaubensgenossen auf Distanz und nähert sich seinem Glaubensgegner an. Im Kern lautet sein Vorwurf, dass Peter und dessen Kumpane sich für ihr grobianisches Verhalten ausgerechnet auf Luther berufen haben, der es in seiner *Vermahnung* doch gerade verdammt hatte. Damit haben sie den guten Namen Luthers und mit ihm die gemeinsame Bewegung diskreditiert. Hans drückt es so aus:

> Darumb ir euch in disen ewernn vngeschickten handlungenn des Christlichen mans Doctor Luthers / der es so gut Christlich vnd getrewlich maint / zu einem schandfleck nit billich gebraucht[96].

Es scheint so, als hätten Peter und seine Gesellen die *Vermahnung* nicht zur Kenntnis genommen, sondern lediglich den *Groben Dyalogus Teütsch* gekannt, in dem die Drastik im Umgang mit verstockten Katholiken als Akt der Nächstenliebe legitimiert wird. Denn Peter verteidigt sein grobes Verhalten in ähnlicher Weise wie der *Dyalogus* dasjenige von Hans Schöpfer begründet hatte – mit dem korrupten, radikal ungeschickten Verhalten der Katholiken:

> Lieber sie versteent so gar nichts in der geschrifft / vnd stellen sich so vngeschickt darzu / wie ein hundt in ein karren / so muß man inen dann darzu helffen.[97]

Kern dieses Arguments ist die Unfähigkeit der Altgläubigen, aus eigener Kraft ein angemessenes Verständnis des Evangeliums zu entwickeln. Der enigmatische Vergleich mit einem ungeschickten Hund, der seiner Aufgabe als Zugtier nicht gewachsen ist und den Karren, vor den er gespannt ist, nicht vom Fleck bringt,[98] legt aber auch eine politische Deutung nahe: Die Blindheit der Institution Kirche

96 Sachs: Ain gesprech (s. Anm. 84), S. 134.

97 Ebd., S. 135.

98 Ähnlich liest Vogler: Nürnberg 1524/25 (s. Anm. 87), S. 168: Peter rechtfertige sein rüdes Vorgehen gegen die Altgläubigen damit, dass „sie nichts von der Schrift verstehen und so ungeschickt seien, wie ein Hund zum Karrenziehen."

gegenüber dem textkritisch überprüften Evangelium hindert sie daran, ihre Führungsaufgaben wahrzunehmen.[99] Letztlich mündet also ihre philologische Inkompetenz[100] in religiösem Versagen mit unabsehbaren sozialen Folgen. Um die grassierende Stagnation zu verhindern muss man daher aus der genaueren Kenntnis der Bibel heraus eingreifen und den Schriftblinden auf die Sprünge helfen. Indem Peter die Katholiken wiederholt[101] mit Hunden vergleicht und sie dadurch beleidigt, macht er zugleich deutlich, dass er und seine Gesellen bewusst grob vorgehen und auch vor drastischen Mitteln nicht zurückschrecken werden. Insofern nähert sich Peter dem radikalen Flügel der Reformation.[102]

Vergleicht man die Rechtfertigung Peters mit derjenigen Hans Schöpfers im Augsburger Dialog, dann fällt die Hochskalierung der Problemdimension auf: War es 1521 noch ein einzelner verstockter Altgläubiger, der den Einsatz grober Mittel legitimierte, so sind es 1524 bereits alle Altgläubigen und ihr kollektives Versagen in Kirche und Politik. Das Problem hat sich also massiv verschärft – man hat es nach Ansicht Peters und seiner Mitstreiter mit einem Kollaps der sozialen Ordnung zu tun, weil diese ihre religiöse Fundierung verloren hat. Es geht ihm also um die politische Verantwortung einer religiösen, der Innerlichkeit verpflichteten Erneuerungsbewegung.

Für die Fallgeschichte, die Sachs' Dialog präsentiert, ergibt sich daraus, dass sie ebenso wie diejenige im *Dyalogus Teütsch* auf einer perspektivischen Verdoppelung aufbaut: Eine absolute, in ihrem Kern philologische Ungeschicklichkeit mit gravierenden politischen Folgen soll eine vergleichsweise harmlose Reihe von Gegenmaßnahmen rechtfertigen, die auch als soziale Ungeschicklichkeiten

---

99 Vgl. zum Kontext Roeck: Der Morgen der Welt (s. Anm. 35), S. 1132.

100 Zum Verhältnis zwischen Buchdruck, Textkritik und Professionalisierung der Philologie vgl. Jan-Dirk Müller: Formen literarischer Kommunikation im Übergang vom Mittelalter zur Neuzeit. In: Röcke/Münkler (Hg.): Die Literatur im Übergang vom Mittelalter zur Neuzeit (s. Anm. 41), S. 21–53, hier S. 47.

101 Vgl. Sachs: Ain gesprech (s. Anm. 84), S. 130.

102 Über Nähe und Differenz der Figur zu diesem Flügel und die Argumente der Forschung dazu vgl. differenziert Otten, „mit hilff gottes zw tichten […]" (s. Anm. 84), S. 156–167.

bezeichnet werden können und von Ritusverstößen über verbale Provokationen bis hin zu manifesten Rechtsverletzungen reichen. Anders als im Augsburger Dialog wird diese Legitimationsstrategie aber nicht länger akzeptiert. Zwar wird dem Hinweis Peters auf die Schriftblindheit der Altgläubigen und ihre Folgen für Kirche und Politik nicht widersprochen, doch wird Peters Sozialverhalten als grundsätzlich verfehlt verurteilt. Dabei wird erneut auf den Grobianismus zurückgegriffen, wenn Hans den Gesellen Peter und seine Kumpane mit dem Kraftausdruck „O ir groben rultzenn"[103] adressiert. Das ist nun sehr ernst gemeint, denn aus dem strategischen Umgang der Anhänger Luthers mit ihren altgläubigen Gegnern soll jede Grobheit verschwinden. Damit kehren die unter anderem von Thomas Murner inspirierten Forderungen aus Luthers *Vermahnung* wieder, die Sachs hier zitiert[104] und literarisch umsetzt.

Sieht man sich die einzelnen Phasen der Ungeschicklichkeitsszene näher an, so fällt zunächst auf, dass die Wahrnehmung der Ungeschicklichkeit nicht direkt vorgeführt wird. Ungeschicktes Verhalten wird lediglich als solches konstatiert oder es wird retrospektiv von ihm berichtet. Das gilt für beide Formen, in denen es auftritt, für die idiotisch-poetische und die soziale. Was zunächst die idiotische Ungeschicklichkeit der Altgläubigen betrifft, so stellt sie ausschließlich der Lutheraner Peter fest und dies auch nur in der zitierten, angesichts ihrer immensen Tragweite äußerst verknappten Form. Er richtet sich dabei an Hans und Ulrich, die den schweren Vorwurf der religiösen Blindheit, den Bruegels *Blindensturz* als zeitgenössisches Grundproblem inszeniert, weder bestätigen, noch zurückweisen. In diesem Fall bleibt eine Diskursivierung in auffälliger Weise aus – möglicherweise, weil der Vorwurf nur allzu gut bekannt und gerade in seiner Evidenz immer noch äußerst brisant war.

---

103 Sachs: Ain gesprech (s. Anm. 84), S. 135.

104 Um sich von ihnen zu distanzieren personalisiert Luther die falschen Lutheraner und fährt sie ebenfalls grob an: „Nicht so, du Narr!" Luther: Eine treue Vermahnung (s. Anm. 78), S. 31. Otten: „mit hilff gottes zw tichten [...]" (s. Anm. 84), S. 155, nennt Sachs' Dialog eine „aktualisierte Fassung des Luthertextes" und markiert ebd., S. 172 f., die strukturbildenden Übernahmen.

Die soziale Ungeschicklichkeit des Lutheraners Peter ist dagegen Gegenstand ausführlicher narrativer Rückblicke, die auch die Form des Dialogs konstituieren. Dabei fungieren Peter und Ulrich als Erzähler und Hans als Adressat. Peter erzählt Hans von seinem ungeschickten freitäglichen Fleischverzehr, bei dem Ulrich ihn überrascht hat, und Ulrich erzählt Hans von den Rechtsbrüchen Peters und seiner Gesellen. Dieser kommentiert beides und bewertet es auch. Die formbildende Leistung der Diskursivierung geht aus dem Umstand hervor, dass im ersten Teil des Dialogs Hans und Peter die Verletzung des katholischen Ritus thematisieren, während im zweiten Teil, der mit dem Auftritt Ulrichs beginnt, die Rechtsbrüche Peters und seiner Freunde in einem Dreiergespräch zwischen Hans, Peter und Ulrich angesprochen, versuchsweise von Peter verteidigt und schließlich von Hans verurteilt werden.

Was schließlich die Dezisionsphase betrifft, so wird der Umgang Peters und seiner Gesellen mit der idiotischen Ungeschicklichkeit der Altgläubigen, der ein gravierendes Problem lösen sollte, ebenso entschieden zurückgewiesen. Zugleich führt der Dialog vor, dass schon die Art und Weise dieser Zurückweisung das angesprochene Problem zu lösen vermag. Denn der Katholik Ulrich ist von der irenischen Rhetorik seines Kollegen Hans,[105] die in der mittleren Stillage des genus humile fundierte Bibelkenntnisse, eine Haltung der friedfertigen Nächstenliebe und die Anerkennung der städtischen Rechtsordnung verbindet, so angetan, dass er am Ende gemeinsam mit Hans die evangelische Predigt besucht. Wenn nach und nach alle Altgläubigen dazu bewegt werden können, steigt ihre Vertrautheit mit der Bibel und das Ordnungsproblem ist schnell verschwunden.

Mit Peters Ungeschicklichkeit verhält es sich dagegen nicht so einfach. Es zeichnet sich ab, dass die Reformation hier mit einem Dauerproblem konfrontiert ist. Das gilt weniger hinsichtlich der Anerkennung altkirchlicher Riten, zu denen der freitägliche Fleischverzicht gehört. In diesem Fall scheint eine Verständigung durchaus möglich, denn Peter ist am Ende seiner Auseinandersetzung mit Hans dazu bereit, entsprechende Provokationen künftig zu

105 Vgl. Siegfried Wernicke: Die Prosadialoge des Hans Sachs. Berlin 1913, S. 52.

vermeiden. Damit wäre der Friede in der Stadt gesichert. Deutlich schwieriger ist dagegen der Umgang mit der Schriftblindheit der Altgläubigen und ihren politischen Folgen. Zu diesem Problem wartet der Dialog mit einer überraschenden, ausgesprochen innovativen Lösung auf. Er lässt nämlich offen, ob Peter am Ende, wie ursprünglich geplant, zusammen mit Hans – und neu auch mit seinem Schwiegervater Ulrich – zur Predigt gehen, oder ob er sich ab sofort der evangelischen Gemeinde entziehen und zu Hause bleiben wird.[106] Ersteres würde verdeutlichen, dass er von seinen Rechtsbrüchen Abstand nimmt, letzteres würde nicht nur seine weitere Radikalisierung zum militanten Lutheraner und Anhänger der aufständischen Bauern anzeigen,[107] sondern auch sein Haus und mit ihm seine Familie isolieren und ihn möglicherweise auch die Arbeit kosten. Die Entscheidung, die Peter bezogen auf seinen Umgang mit der idiotischen Ungeschicklichkeit der korrupten Papstkirche treffen muss, wird an die Leser weitergereicht. Sie haben – gut lutherisch – die volle Entscheidungsfreiheit, müssen sie aber auch in Anspruch nehmen und sie vor Gott, sich selbst und allen anderen verantworten.

Der literarische Reiz dieser Fallgeschichte besteht insofern erstens darin, die Korruption der Papstkirche als Grund für eine politische Radikalisierung der Reformation anzuführen und Beispiele für ihre Umsetzung zu nennen. Zweitens arbeitet sie damit, auf der Basis von Bibelstellen und unter Berufung auf Luthers *Vermahnung* diese Radikalisierung mit einem ganzen Arsenal an Argumenten als ungeschickt zurückzuweisen. Und drittens liegt der Reiz im offenen Ende hinsichtlich der Frage, wie sich die Radikalisierten in einer Situation entscheiden, in der sie durch familiäre und ständische Rücksichten sowie durch öffentliche und religiöse Ordnungen fest gebunden sind. Dabei errichtet das *Gesprech*

---

106 Zur Uneindeutigkeit der Sachs'schen Texte vgl. auch Werner Röcke: Thesen zur Hans-Sachs-Forschung. In: Pirckheimer-Jahrbuch (1995), S. 188–192, hier S. 189.

107 Vgl. zu den Bauernaufständen Roeck: Der Morgen der Welt (s. Anm. 35), S. 745–752.

keinerlei Verstehensbarrieren, es ist schlicht und einfach gehalten, klar strukturiert und ohne gelehrte Vorkenntnisse zugänglich.

Dass dieses Modell erfolgreich war, belegen die zehn Nachdrucke noch im Erscheinungsjahr. Ihre Druckorte (u. a. Würzburg, Augsburg, Erfurt und Straßburg) zeigen, dass im *Gesprech* ein vor allem die größeren Städte betreffendes Problem angesprochen wurde. Dass sich dabei auch einige Leser für die Radikalisierung und gegen den vom Text favorisierten Weg der Annäherung an die Altgläubigen entschieden haben, ist einer Titeländerung des Dialogs in einem Straßburger Nachdruck zu entnehmen. Der Nachdruck stammt von Wolfgang Köpfel d. Ä., einem der bedeutendsten Reformationsdrucker Straßburgs.[108] Köpfel hielt es offenbar für nötig, die Kritik an der Radikalisierung zu verstärken. Dazu pluralisiert er den Typus des radikalen Luther-Anhängers und bringt erstmals in der deutschen Literaturgeschichte die Ungeschickten zu paratextuellen Ehren:

> *Underweysung der vngeschickten / vermeinten Lutherischen / so in eüsserlichen sachen / zů ergernüß jres nechsten / freüntlich handlē.*[109]

Mit diesem Titel ist die idiotische Ungeschicklichkeit, die im Dialog den Katholiken vorbehalten bleibt, zu einer Eigenschaft nicht eines einzigen, sondern aller radikalen Lutheraner geworden. Sie *sind* in toto nun Ungeschickte (und keine Lutheraner mehr), *weil* sie sich politisch – und damit eben ungeschickt – verhalten. Zu einem Wesensmerkmal wird die Ungeschicklichkeit dann, wenn man sich mit Äußerlichkeiten, genauer gesagt mit politischen Zusammenhängen, beschäftigt – und nicht mit dem Wort Gottes. Es ist daher auch eine Illusion dieser Ungeschickten, wenn sie sich für gute, freundliche und hilfsbereite Menschen halten, die das Gemeinwesen retten und die Altgläubigen zum Wort Gottes zurückführen

108 Vgl. Hanna-Christina Weber: Buchdrucker. In: Helga Schnabel-Schüle (Hg.): Reformation. Historisch-kulturwissenschaftliches Handbuch. Stuttgart 2017, S. 93–109, hier S. 103.

109 Hans Sachs: Underweysung der vngeschickten / vermeinten Lutherischen / so in eüsserlichen sachen / zů ergernüß jres nechsten / freüntlich handlē. O.O. [Straßburg] 1524.

werden, während sie doch in Wahrheit nur ihre Mitmenschen, die keineswegs gerettet werden wollen, gegen sich – und am Ende auch gegen die wahre Reformation – aufbringen. Der Titel des Nachdrucks von Sachs' *Gesprech* macht die idiotische Ungeschicklichkeit zur poetischen, die sich als religiöse Verdammung der Politik äußert. Das begründet die deutsche Präferenz für den Idealismus und mit ihr eine literarisch folgenreiche Kultur der Innerlichkeit.

IV

Unfähige Pfaffen

Die dritte Fallgeschichte steht im Kontext der fortgeschrittenen Reformation. Zeitgleich mit ihrer Publikation im Jahr 1555 wird der Augsburger Religionsfriede geschlossen. Er präferierte politische Erwägungen gegenüber religiösen Skrupeln und führte zur rechtlichen Gleichstellung der Lutheraner mit der Papstkirche.[110] Die Reformation konnte und musste sich nun institutionalisieren und fortan auch politisch aktiv werden. Das hatte Folgen für die Ungeschicklichkeit und ihre literarische Funktionalisierung.

Die Fallgeschichte findet sich in Jörg Wickrams Schwanksammlung *Das Rollwagenbůchlin*, die bei Knobloch in Straßburg erschienen ist. Sie verteilt sich auf zwei Schwänke, die zusammen ein Ensemble bilden. In ihrem Zentrum stehen zwei „ungeschickte priester"[111] in Lothringen. Mit ihnen stellt Wickram den Typus des inkompetenten katholischen Dorfgeistlichen dar. Zu dessen Ausgestaltung greift er auf literarische und historische Vorgaben zurück. Literarisch, genauer gesagt satirisch wurde die Figur des unfähigen Kirchenmannes vor allem in den *Dunkelmännerbriefen* (*Epistulae obscurorum virorum*) konturiert, in denen sich hohe und niedere Kleriker in fingierten Briefen als dumm und gierig erweisen und sich damit selbst desavouieren.[112] Dabei kommen auch Verfahren des Grobianismus und seiner Negativdidaxe zum Einsatz. Hinzu kommt die Tradition des Schwanks, in dem die

110 Roeck: Der Morgen der Welt (s. Anm. 35), S. 842 f.

111 Jörg Wickram: Das Rollwagenbůchlin (zuerst 1555). Hg. von Elisabeth Endres. Stuttgart 1984, S. 86.

112 Beispielsweise wird im zweiten Teil auf das Ungeschick des Inquisitors Jakob van Hoogstraten, dem erbitterten Gegner Johannes Reuchlins, hingewiesen, der in der römischen Kurie viel zu viel Geld ausgebe; Dunkelmännerbriefe (zuerst 1517). Hg. von Karl Riha. Frankfurt a. M. 1991, S. 307 f. Auch der erste Prosadialog von Hans Sachs führt einen unfähigen altgläubigen Kleriker vor; vgl. Hans Sachs: Disputation zwischen einem Chorherren und Schuchmacher (s. Anm. 90).

DOI:10.30965/9783846761038_009

Pfaffenschelte schon immer beliebt war, seit der Reformation aber im Ton verschärft wurde.[113] Aus der Fallgeschichte des Nürnbergers Sachs, aber auch aus seiner Nähe zur Reformation und zum humanistischen Reformkatholizismus[114] übernimmt Wickram das Thema der korrupten Papstkirche, das er durch das Problem der Fehlbesetzung geistlicher Dorfämter konkretisiert. Das schwierige Verhältnis der Kirche zu ihren Schutzbefohlenen, für dessen Darstellung Sachs drei Figuren benötigt hatte, wird in Wickrams Schwänken durch die durchweg angespannte Beziehung zwischen den inkompetenten Pfarrerfiguren und der aus Bauern bestehenden Dorfbevölkerung sinnfällig. Ebenso wie in Sachs' *Gesprech* geht es auch bei Wickram vor allem um das Problem eines angemessenen Umgangs mit der politisch verheerenden Ungeschicklichkeit der Papstkirche und ihren sozialen Folgen. Dabei ist der radikale Ausweg der Bauernaufstände auch für den Verfasser des *Rollwagenbůchlins* ausgeschlossen. Als Erinnerung an eine verpasste Chance ist er aber keineswegs vergessen.

Dass Wickram seine Pfaffenschelte in Lothringen ansiedelt, hat einen Grund. Er hat mit dem Anspruch seiner Sammlung zu tun, den Lesern neben Schwänken auch „Historien"[115], also Erzählungen und Berichte, anzubieten.[116] Teilweise haben diese Berichte einen wahren Kern,[117] auch und gerade die beiden im Herzogtum

113 Vgl. Erich Straßner: Schwank. 2., überarb. und erg. Aufl. Stuttgart 1978, S. 98 f.

114 Vgl. Udo Sautter: Jörg Wickrams Rollwagenbüchlein und die gegebene Ordnung. In: Zeitschrift für Religions- und Geistesgeschichte 21 (1969), S. 73–78, sowie zusammenfassend Wolfgang Beutin: Jörg Wickram. In: Deutsche Dichter. Hg. von Gunter E. Grimm und Frank Rainer Max. Bd. 2. Stuttgart 1990, S. 78–88, hier S. 80 f.

115 „Ein neüws / vor vnerhŏrts Bůchlein / dariñ vil gůter schwenck vnd Historien begriffen werdẽ"; Wickram: Das Rollwagenbůchlin (s. Anm. 111), S. 5.

116 Zu den Formen und Funktionen der Historie im 16. Jhdt. vgl. Manuel Braun: Historie und Historien. In: Röcke/Münkler (Hg.): Die Literatur im Übergang vom Mittelalter zur Neuzeit (s. Anm. 41), S. 317–361.

117 Das hat auch die Forschung gesehen und vereinzelt auch nachweisen können; vgl. etwa Marga Stede: „Ein grawsame unnd erschrockenliche History ...". Bemerkungen zum Ursprung und zur Erzählweise von Georg Wickrams *Rollwagenbüchlein*-Geschichte über einen Mord im Elsaß. In: Daphnis 15

Lothringen spielenden Schwänke. Indem er zwei Dörfer dieses Herzogtums zum Schauplatz einer Ungeschicklichkeitsszene werden lässt, setzt Wickram den „Gestus des Authentischen“[118] ein und erinnert an einen historisch belegten Skandal. Um nämlich den katholischen Kaiser zu schwächen, hatte Moritz von Sachsen, Kurfürst des Reiches und Anhänger der Reformation, die lothringischen Reichsstädte Metz, Toul und Verdun an Frankreich verkauft.[119] Darüber wurde 1552 der Vertrag von Chambord geschlossen. Frankreich besetzte daraufhin Lothringen, vertrieb die regierende, mit dem Kaiser verwandte Herzogin und löste dadurch einen deutsch/französischen Krieg aus, der im Erscheinungsjahr des *Rollwagenbůchlins* noch fortdauerte.

Geradezu unheimlich nahe kommt man dem historischen Kontext, wenn man sich die Figurenkonstellation der Ungeschicklichkeitsszene genauer ansieht. Geht man nämlich der durch ‚Lothringen‘ gelegten historischen Spur weiter nach, dann trägt bei Wickram der Ungeschickte einen Namen. Er muss nur darum nicht ausgesprochen werden, weil er jedem Zeitgenossen präsent gewesen ist und bei Publikationen generell Vorsicht geboten war.[120] Jedenfalls müssen alle mit den Umständen vertrauten Leser die Aussage im ersten der beiden Schwänke, die den Protagonisten als „doller ungeschickter pfaff, wie man dann derselbigen nit wenig in Lottringen findet“[121] einführt, auf Robert de Lénoncourt bezogen haben, den amtierenden Bischof von Metz. Nicht namentlich, wohl aber als Amtsträger wird er im zweiten der beiden Schwänke

---

(1986), S. 125–134, sowie, daran anschließend, Dieter Kartschoke: Vom erzeugten zum erzählten Lachen. Die Auflösung der Pointenstruktur in Jörg Wickrams *Rollwagenbüchlein*. In: Walter Haug/Burghart Wachinger (Hg.): Kleine Erzählformen des 15. und 16. Jahrhunderts. Tübingen 1993, S. 71–105, hier S. 77 f.

118 Ebd., S. 76.

119 In Frankreich waren Pfarrer im Übrigen beim Volk äußerst unbeliebt, weil sie auf Wunsch sowohl der Könige als auch der Bischöfe eine herausgehobene Stellung beanspruchten; vgl. Hersche: Muße und Verschwendung (s. Anm. 93), S. 131.

120 Vgl. Kartschoke: Vom erzeugten zum erzählten Lachen (s. Anm. 117), S. 86.

121 Wickram: Das Rollwagenbůchlin (s. Anm. 111), S. 81.

Abb. 4
Kardinal de Lénoncourt, um 1555

erwähnt.[122] Seit 1551 bekleidete de Lénoncourt das Bischofsamt von Metz, residierte aber zunächst in Vic-sur-Seille, wo auch der erste der beiden Schwänke spielt. Als er beschloss, seinen Bischofssitz nach Metz zu verlegen, wollte ihn die Stadt nicht aufnehmen. Erst mit Unterstützung der ohne Wissen des Königs mobilisierten französischen Armee gelang es ihm 1552, sich Metz zu unterwerfen. Damit verärgerte er Heinrich II., der das Vikariat über Metz im Vertrag von Chambort soeben für viel Geld dem Reich abgekauft hatte. Der König ließ daher umgehend das Bistum besetzen. Zusätzlich zum Krieg mit dem Reich kam es nun auch innerfranzösisch, zwischen König und Kirche, zu Kämpfen um Metz. Das ist die verheerende Ausgangslage, die den beiden Fallgeschichten Wickrams inkorporiert ist. Seine ungeschickten Dorfpfarrer stehen allegorisch

122 Ebd., S. 86. Der Küster droht seinem inkompetenten Pfarrer, „das ich den nechsten gen Metz ziehen, will eüch vor dem bischoff verklagen, der wirt eüch wissen den kalender zů leren."

für den amtsunfähigen Bischof von Metz, Robert de Lénoncourt, und die aus Bauern bestehende Dorfbevölkerung steht für die Einwohner Lothringens, insbesondere für die Bürger von Metz, die sich damals stolz als citains bezeichneten. In jedem der beiden Schwänke werden mit religionspolitischer Intention unterschiedliche Aspekte der Bezugsfigur, gewissermaßen Facetten ihrer Ungeschicklichkeit und des adäquaten Umgangs mit ihr, aktualisiert.

Der Sache nach geht es in Wickrams Szene, ähnlich wie in Sachs' *Gesprech*, um die ineptia, also um eine soziale, auch das Unschickliche einschließende Form der Ungeschicklichkeit. Angesprochen werden nun aber weniger Verhaltensweisen, sondern fehlende Kompetenzen. Figurentechnisch werden sie zu negativen Eigenschaften, mit denen die Pfarrer in den Schwänken charakterisiert werden.[123] Sie sind habituell ungeschickt und verhalten sich daher auch so. Strukturell rückt diese Form der Ungeschicklichkeit insofern in die Nähe des Temperaments, das im 16. Jahrhundert ebenfalls als fester Bestandteil des Charakters aufgefasst wurde.

Im ersten Schwank besteht die habituelle Ungeschicklichkeit des Pfarrers in seiner unmäßigen Gier. Es reicht ihm nicht aus, dass ihn seine Gemeinde in Wich (dem deutschen Namen für Vic-sur-Seille) mit Essen und Trinken versorgt, sondern er sucht überdies regelmäßig ein Nachbardorf auf, um sich auch dort noch durchfüttern zu lassen. Das bringt ihn am Dreikönigstag im wahrsten Sinne des Wortes zu Fall, denn seine Fressgier, die mit Bruegel auch als Begleiterscheinung religiöser Blindheit verstehbar ist, lässt ihn des Nachts in eine Grube stürzen.[124] Die Bauern des Nachbardorfes hatten sie als Schutz vor wilden Tieren angelegt, sie sorgfältig abgedeckt und in ihrer Mitte auf einem Pfahl eine lebende Ente befestigt, um Raubtiere anzulocken. Nach dem Pfarrer, der in der Ente schon den nächsten Braten gewittert hatte, stürzen auch noch ein Wolf und

---

123 Gary Stanton Johnson: A descriptive analysis of the humor in Jörg Wickram's Rollwagenbüchlein. Diss. [masch.] Michigan 1967, S. 194, spricht von einem „general anti-clerical bias of the *Rollwagenbüchlein*". Vgl. auch Kartschoke: Vom erzeugten zum erzählten Lachen (s. Anm. 117), S. 88.

124 Zur Rekurrenz des Motivs in der Schwankliteratur vgl. ebd., S. 93.

ein Fuchs zu ihm in die Grube. Beide Tiere werden ebenfalls von Fressgier angetrieben. Als die Bauern am nächsten Morgen mit Dreschflegeln erscheinen, gelingt es dem Pfarrer, sie zu beruhigen. Sie fallen auf seine Ablenkungs- und Beschwichtigungsreden herein und schlagen statt des größten und gefährlichsten aller Raubtiere – der gierige Kleriker – nur den Wolf und den Fuchs tot. Die Bauernkriege und ihr ernüchternder Ausgang lassen grüßen. Der Pfarrer kommt ungeschoren davon und kann seiner maßlosen Gier weiter frönen.

Im zweiten Schwank besteht die Ungeschicklichkeit des Pfarrers dagegen in seiner Dummheit. Es ist rätselhaft, wie er das Priesterexamen bestehen konnte, und wenn ihm der Bischof von Metz dennoch eine Pfarrei übertragen hat, dann belegt das nur einmal mehr dessen skandalöse Korruptheit.[125] Der Gemeindehirte von Langenwasen (heute Longtrait) ist amtsunfähig, weil er den Kalender nicht kennt und deshalb auch nicht weiß, wann er zum Gottesdienst läuten lassen muss.[126] Daher droht in seinem Dorf die soziale Ordnung zu kollabieren. Weil er aber immerhin zählen kann, verschleiert er sein Defizit durch einen Trick. Dessen Absurdität erst macht den Schwank zum Schwank. Der Pfarrer bindet nämlich täglich einen Besen, zählt die fertigen Besen durch und weiß dann, dass nach dem sechsten wieder Sonntag sein muss. Ein gewitzter und „schamparer baur“[127], der sich nichts vormachen lässt und wie die Grobiane auch kein Blatt vor den Mund nimmt, kommt seinem Pfarrer auf die Schliche und versteckt heimlich einen der Besen. Auf komische Weise tritt dadurch die Inkompetenz des Klerikers zu Tage. Der Bauer hat auch den Küster der Pfarrkirche ins Vertrauen gezogen und dieser droht nun dem Pfarrer, ihn beim Bischof von Metz, eben jenem Robert de Lénoncourt, zu verklagen. Aus Angst vor dem Verlust seiner Einnahmequelle einigt sich der Pfarrer mit

---

125 Zum Skandalcharakter des Schwanks vgl. ebd., S. 88.

126 Zum teils immensen Bildungsdefizit der Pfarrgeistlichen im 16. Jhdt., „die manchmal kaum Latein konnten und sogar nicht einmal in der Lage waren, die Messtexte herzusagen und die einfachsten kirchlichen Zeremonien vorzunehmen“ vgl. Hersche: Muße und Verschwendung (s. Anm. 93), S. 275.

127 Wickram: Das Rollwagenbůchlin (s. Anm. 111), S. 84.

dem Küster und dem Bauern und lernt fortan, mit dem Kalender umzugehen. In diesem Fall lässt sich die Ungeschicklichkeit des Pfarrers also abstellen. Er wird bei weiterlaufendem Betrieb doch noch amtsfähig.

Sieht man sich auch hier die einzelnen Phasen der Szene näher an, dann zeigt sich ein erster gewichtiger Unterschied zu Sachs' *Gesprech*. Denn in Wickrams Schwänken wird die jeweils verhandelte Ungeschicklichkeit auch zum Gegenstand der Apperzeption – allerdings in differenzierter Weise. Im Schwank um den Pfarrer aus Wych ist es der Zuhörer oder Leser, den der Erzähler zum Zeugen der Gier seines Protagonisten macht. Wir sind dabei, wenn der Pfarrer seine habituelle Gier in ungeschicktes Verhalten umsetzt und in die Fallgrube stürzt. Wirkungsvoll wird das Ereignis erzählt: „In solchem eylenden lauff falt er gar ungestůmlich in die wolffsgrůben."[128] Dagegen wird der tägliche Amtsmissbrauch nicht vorgeführt. Ihn hatten angeblich glaubwürdige Zeugen wahrgenommen, die dem Erzähler davon berichtet haben. Der Schwank unterstreicht dadurch seine Nähe zur potenziell realitätshaltigen, in jedem Fall bedeutsamen Historie. Im zweiten Schwank geht es ähnlich zu. Der Erzähler berichtet davon, wie der Pfarrer in Langenwasen schon seit langem durch seinen Besentrick den nächsten Sonntag herausfindet. Das hat aber niemand bemerkt. Wahrgenommen und aufgedeckt wird seine Ungeschicklichkeit erst von dem gewitzten Bauern, der sie dann auch zum Thema macht.

Die Diskursivierung erfolgt im ersten Schwank zum einen durch glaubwürdige Zeugen, denen der Erzähler seine Informationen zum Amtsmissbrauch des Pfarrers zu verdanken behauptet, zum anderen durch ein komisches Exempel, das die maßlose Gier des Klerikers illustriert und sie dem Spott und dem Gelächter aussetzt.[129] Nur dieses Exempel, bei dem es um den Sturz des Pfarrers

128 Ebd., S. 82.

129 Für alle Formen der Diskursivierung ist zu beachten, dass im *Rollwagenbůchlin* „auch auf dem Feld der epischen Kurzprosa ein autonomes Erzählinteresse freigesetzt" wird; Kartschoke: Vom erzeugten zum erzählten Lachen (s. Anm. 117), S. 74.

in die Fallgrube geht, wird dann auch zum Thema eines Gesprächs, das zwischen dem Gestürzten und den Bauern stattfindet. In diesem Gespräch gelingt es dem Pfarrer, die Bauern von seinen wahren Motiven abzulenken. Weil der Leser aber über den täglichen Amtsmissbrauch informiert ist und daher bereits schadenfroh über den ungeschickten Sturz des Pfarrers gelacht hat, muss er auch das Gespräch und dessen Manipulation durch den Gestürzten als weiteren Fall eben dieses Missbrauchs auffassen. Insofern die Ungeschicklichkeit auch nach dem Sturz ungehemmt weitergeht, obwohl die Zuhörer und Leser um sie wissen, endet der Schwank negativ.

Im zweiten Schwank ist das anders. Hier erfolgt die Diskursivierung der Ungeschicklichkeit zwar ebenfalls in Form eines Gesprächs, das zuerst der gewitzte Bauer mit dem Küster und dann beide zusammen mit dem Pfarrer führen. In diesem Fall deckt die Diskursivierung den Amtsmissbrauch aber auf und führt am Ende auch dazu, dass er abgestellt wird. Es kommt zu „Ausgleich und Versöhnung“[130]. Das macht den Schwank zum positiven Pendant des ersten. Sie sind eng aufeinander bezogen und entwerfen gemeinsam ein Lösungsmodell, wie mit der schwer zu bekämpfenden Amtsunfähigkeit des katholischen Klerus in Lothringen, aber auch darüber hinaus, erfolgreich umgegangen werden kann.

Die Entscheidung über die geeignete Form des Umgangs mit der Amtsunfähigkeit fällt in der Dezisionsphase. Im Nachbardorf von Wych, das im historischen Kontext des *Rollwagenbůchlins* auf die Reichsstadt Metz verweist, stehen die Bauern mit Dreschflegeln um den gefallenen Kleriker herum, der sie einmal mehr bestehlen und hintergehen wollte. Sie sind in der Lage ihn totzuschlagen und hätten das auch getan, wenn sie klüger gewesen wären und er sich nicht unter Einsatz seiner berufstypischen Rhetorik aus der Affäre gezogen hätte. Das ist wie gesagt die Alternative der Bauernkriege, die von Wickram markant in Erinnerung gerufen, aber nicht favorisiert wird. Favorisiert wird dagegen das gemeinsame Gespräch mutiger Gemeindemitglieder mit ihrem Pfarrer. Das Vertrauen auf die Macht des Gesprächs verbindet Wickrams Schwänke mit Sachs' Dialog. Wickram lässt aber zur wechselseitigen ‚Verständigung über den

130 Vgl. ebd., S. 96, zur Typik dieses Schlusses.

Lauf der Welt“[131] auch mutige Bauern und niedere Kirchendiener zu. Mit ihnen kommen machiavellistische Strategien wie die List und das Kalkulieren mit Eigeninteressen sowie Machtverhältnissen bis hin zur Erpressung ins Spiel. Sie führen in das reformatorische Gespräch Formen der politischen Klugheit ein. Weder mit Gewalt, noch durch eine Verdammung des Politischen lässt sich die Ungeschicklichkeit des katholischen Klerus beenden, sondern nur mit Mut, Witz und strategisch klugen Handlungsweisen.

Damit kommt auch die Form der Fallgeschichte in den Blick. In Wickrams *Rollwagenbůchlin* wird sie durch ein Schwankensemble realisiert. In ihrem Zentrum steht der Typus des ungeschickten lothringischen Pfarrers, der als „wirklichkeitsadäquate Fiktion“[132] auf den damals amtierenden und als unfähig bekannten Bischof von Metz verweist. Die Ungeschicklichkeit dieses Typus’ wird zum einen grob verspottet, zum anderen wird nach Strategien eines geeigneten Umgangs mit ihr gesucht. Präferiert wird dabei ein gewitztes, mutiges und politisch kluges Handeln. In idealer Weise verkörpert es der handlungsschnelle Bauer aus Langenwasen. Er deckt die Amtsunfähigkeit seines Pfarrers mutig auf, geht wirkungsvolle Allianzen ein und bringt es schließlich dazu, das Problem ohne Einschaltung der Öffentlichkeit dauerhaft zu lösen. In poetologischer Perspektive kann der angstlose Bauer daher als Stellvertreter des Erzählers – um nicht zu sagen: des Autors und seines Selbstverständnisses – verstanden werden. Beiden geht es um gute Unterhaltung, zu der insbesondere Verfahren der Komisierung eingesetzt werden, aber auch um die Mobilisierung der Leser. Sie werden zur Bekämpfung von Missständen aus dem Geist der Friedfertigkeit angeregt.

Das Schwankensemble endet mit einer Geste der Verallgemeinerung, die den Sonderfall in Lothringen durch den Einsatz von Ironie auf das deutsche Reich zu übertragen auffordert: „Solch ungeschickte priester hand wir nit im teütschen land, es fel dann

131 Ebd., S. 84.
132 Ebd., S. 78.

etwann."[133] Gegenläufig zur wörtlichen Bedeutung fordert die Ironie dazu auf, die beiden Einzelfälle amtsunfähiger Pfarrer auf das alltägliche Gebaren der Papstkirche hochzurechnen. Es ist davon auszugehen, dass die Trefferquote hoch ausfallen wird. Damit aber wird auch der scheinbar authentische Einzelfall des gierigen Bischofs von Metz zu einem Exempel. An ihm und seinem Verhalten lässt sich die generelle Verfasstheit der Kirche ablesen. Sie besteht in ihrer absoluten politischen Ungeschicklichkeit. Konstatiert hatte das bereits der radikale Lutheraner Peter in Sachs' *Gesprech*. Allerdings durfte er daraus keine handlungsrelevanten Schlüsse ableiten. Das ist in der Mitte des 16. Jahrhunderts anders geworden. Nun stehen die Mittel bereit, mit politischer Ungeschicklichkeit umzugehen. Der Weg ist gebahnt für die Rohlinge des Barockzeitalters.

133 Wickram: Das Rollwagenbůchlin (s. Anm. 111), S. 86; nach Heinrich Kurz ist gemeint „es möchte denn manchmal anders sein"; Jörg Wickram: Rollwagenbüchlein. Hg. und mit Erl. vers. von Heinrich Kurz. Leipzig 1865, S. 86. Vgl. zur Stelle auch Kartschoke: Vom erzeugten zum erzählten Lachen (s. Anm. 117), S. 88.

DRITTER TEIL

Rohlinge / 1610–1691

I

Die Garnspule

ein ungnädiges Geschikke hatte das Teutsche Blut zu Mutueller Ermordung und gäntzlicher Ausrottung erschreklich verblendet

Justus Georg Schottelius

In der zweiten Phase der Frühen Neuzeit[1] wird die Ungeschicklichkeit zu einem negativen Formprinzip und der grobe, aber auch formbare Rohling zu seinem Träger. Das Ungeschick firmiert nun unter dem Begriff der *inconcinnitas*, des Mangels an Harmonie, und ist in diesem Sinne auch in der bildenden Kunst ebenso engagiert wie provokant genutzt worden. Das lässt sich vorgreifend am Werk Rembrandts aufweisen. Generell hatte die ökonomisch sehr erfolgreiche niederländische Ständegesellschaft weniger Berührungsängste gegenüber bäurisch groben, traditionell mit der Ungeschicklichkeit assoziierten Verhaltensweisen als die stärker höfisch geprägte Gesellschaft im Deutschen Reich. Das zeigen schon die zahlreichen Bauern im Werk Bruegels. Rembrandt geht deutlich weiter und integriert Performanzfehler offensiv in seine Bilder. Jacob Burckhardt hat 1877 in einem Vortrag angesichts der verbreiteten Hochschätzung seiner Zeitgenossen für Idealisierungen und klassizistische Formideale nicht nur unverblümt die „Ungeschicklichkeit der Anordnung"[2] auf einigen von Rembrandts Gemälden angesprochen, sondern auch „die Unfähigkeit, den Menschenleib normal zu bilden und die Gefahr, ihn perspektivisch unrichtig zu zeichnen".[3] Burckhardt

1 Zur Phasengliederung der Frühen Neuzeit vgl. Volker Meid: Die deutsche Literatur im Zeitalter des Barock. Vom Späthumanismus zur Frühaufklärung 1570–1740. München 2009, S. XIV.

2 Jacob Burckhardt: Rembrandt. In: ders.: Vorträge 1844–1887. Hg. von Emil Dürr. Basel 1918, S. 130–150, hier S. 136.

3 Ebd., S. 143. Mit diesem Topos spielt noch W. G. Sebald: Die Ringe des Saturn. Eine englische Wallfahrt (zuerst 1995). München 2015, S. 27, wenn er auf die

 | DOI:10.30965/9783846761038_010

hat aber auch früh den Vorrang des Erscheinens auf Rembrandts Bildern und die dem Moment hingegebenen, selbstvergessenen Figuren auf seinen Zeichnungen und Radierungen, insbesondere zu biblischen Motiven, erkannt.[4] Die neuere Forschung schließt daran an. Sie versteht Rembrandts Werke als unbestimmte, den Betrachter aktivierende und zum Mitvollzug einladende Gesamtszenen, die durch eine Verschränkung von heftigen Aktionsgesten, verweilenden Dialoggebärden und ruhig andauernden Handlungen konstituiert werden.[5]

Alle drei Aspekte treffen auch auf die um 1652 entstandene Radierung *Christus predigend – La petite tombe* zu, die für die ästhetische Dimension der Ungeschicklichkeit im 17. Jahrhundert emblematischen Charakter hat.[6] In einer höhlenartigen, einen Durchblick gewährenden Architekturkulisse sieht man Jesus als animal loquens, als sprechendes Wesen, das erhöht auf einer Art Sockel steht und mit erhobenen Händen eine offene, aber unbestimmte, möglicherweise um Zustimmung bittende Redegeste vollzieht. Sie definiert den Moment des Bildes. In einem Oval umgeben ihn dicht gedrängt, aber mit respektvollem Abstand, seine Zuhörer, überwiegend arme und zerlumpte Gestalten, die sich dem Sprechenden intensiv zuwenden, teils aber auch gut gekleidete Reiche, die sich deutlich distanzierter verhalten. Alle Zuhörer blicken den Redner an, der aber seinerseits nur Blicke für ein Kind zu haben scheint, das abgewandten Gesichtes neben seiner Mutter am Fuß des Sockels vor ihm liegt und ebenso selbstvergessen wie ungeschickt mit seinem linken Zeigefinger auf dem Boden hin und her fährt. Bedingt durch die Raumregie scheint die Redegeste der Jesusfigur das Kind zugleich in seiner Größe abzumessen und zu sich zu rufen. Neben dem Kind liegt eine Garnspule, von der sich das eine

---

„unförmige Hand" des Leichnams auf Rembrandts Gemälde *Die Anatomie des Dr. Tulp* hinweist. Die ungeschickte Hand gehört zu den Allegorien von Sebalds eigener Poetik (s. dazu unten, S. 701–703).

4 Burckhardt: Rembrandt (s. Anm. 2), S. 143.

5 Michael Bockemühl: Rembrandt 1606–1669. Das Rätsel der Erscheinung. Köln 2016, S. 30.

6 Vgl. zu dieser Radierung Maria Kreutzer: Rembrandt und die Bibel. Radierungen, Zeichnungen, Kommentare. Stuttgart 2003, S. 138.

Tafel 2 Rembrandt van Rijn, Christus predigend, ca. 1652

Ende eines Bindfadens ein wenig abgewickelt hat. Folgt man dem Fadenende mit dem Blick, dann setzt damit eine Kreisbewegung ein, die über den alten Mann mit dem auffällig angewinkelten Bein und den statuarischen, abweisend blickenden dicken Mann, wieder zu Jesus verläuft und auf der rechten Seite der Radierung weiter über die kauernde junge Frau an seiner Seite, den die Redegeste Jesu aufnehmenden Torbogen mit dem Durchblick auf hell erleuchtete Gebäude, die beiden in gegensätzliche Richtungen blickenden und sich bewegenden alten Männer und die Rückenansicht der Mutter des Kindes, die ein Baby im Arm hält, schließlich zum liegenden Kind zurückführt.

Insbesondere das Kind hat dazu Anlass gegeben, Rembrandts Radierung als Illustration einer berühmten Rede Jesu zu verstehen, die im Matthäusevangelium festgehalten wird. Jesus beantwortet mit der Rede die Frage seiner Jünger, wer der Größte im Himmelreich sei. Zu Beginn der Rede ruft er ein zufällig in der Nähe befindliches Kind herbei und illustriert an ihm seine Antwort. Luther, dessen Bibelübersetzung Rembrandt besessen hat,[7] gibt den Anfang der Rede so wieder:

> Warlich ich sage euch / Es sey denn / das jr euch vmbkeret / vnd werdet wie die Kinder / so werdet jr nicht ins Himelreich komen. Wer nu sich selbs nidriget / wie dis Kind / der ist der grössest im Himmelreich. Vnd wer ein solchs Kind auffnimpt / in meinem Namen / der nimpt mich auff.[8]

Die Radierung würde entsprechend den Moment festhalten, in dem sich Jesus zur Beantwortung der Frage seiner Jünger nach dem Größten für die Kleinsten und damit für den Aufruf eines Kindes entscheidet. Das ist die heftige Aktionsgeste, die im Bild zur Erscheinung kommt. Die Dialoggebärde des Redners führt visuell vor, was Größe und was Erniedrigung bedeuten. Im Blick auf das tastend und ungeschickt agierende, in seiner Selbstvergessenheit Zeichen

---

7 Ebd., S. 11.

8 Mt 18, 3–5. Hier zit. nach: Das Neue Testament in der deutschen Übersetzung von Martin Luther nach dem Bibeldruck von 1545 mit sämtlichen Holzschnitten. Studienausgabe. Hg. von Hans-Gert Roloff. Bd. 1. Stuttgart 1989, S. 60.

malende Kind, mit dem eine ruhig währende Handlung hinzutritt, scheint Jesus sich schließlich selbst zu erkennen – und zwar in dreifacher Hinsicht. Erstens kann er sich in dem Kind retrospektiv als junger, selbstvergessener und des eigenen Schicksals noch ungewisser Knabe wiederfinden; zweitens weisen ihn die Schreibbewegungen des Kindes prospektiv auf die Niederschrift seiner Worte und Taten in den Evangelien hin und machen ihm damit seinen bevorstehenden Kreuzestod bewusst[9]; und drittens schließlich könnte er in der ungeschickten Bewegung des Kindes seine eigene, aktuelle Ungeschicklichkeit als Redner reflektiert sehen. Denn auch er beherrscht den Kontrapost nicht, erhebt nicht den Kopf, verleiht seinen Bewegungen keine Spannung und sieht seine Zuhörer nicht an. Die innere Beziehung zwischen dem Redner und dem Kind kommt nicht nur durch die Anordnung der Figuren und die Lichtregie, sondern auch durch die Nähebeziehung zwischen dem linken Zeigefinger beider Figuren zustande. Derjenige der Jesusfigur scheint sich mimetisch demjenigen des Kindes anzugleichen.

Zu den massiven Verstößen gegen visuelle Konventionen, die Rembrandt sich leistet, sind vor allem die am rechten unteren Rand der Radierung sichtbaren Füße zu rechnen. Der Körper, zu dem sie gehören, wird durch den Bildrand abgeschnitten. Die Füße verweisen auf den Betrachter der Radierung, den sie als leiblich engagierte Instanz in das theatrale Geschehen hineinziehen und an der dreifachen Selbsterkenntnis des ungeschickten Redners beteiligen.

9 Nach Kreutzer: Rembrandt und die Bibel (s. Anm. 6), S. 138, lässt die heller schraffierte Senkrechte hinter Jesus „an eine Martersäule denken". Sie würde dann seine Erniedrigung am Kreuz vergegenwärtigen, während der Heiligenschein über seinem Kopf auf seine Erhöhung verweist.

II

Die große Ordnung

Hatte man im 16. Jahrhundert noch dominant *über* die Ungeschickten geredet, so beginnen sie im Barockzeitalter[10] *selbst* zu reden und ihre Fehler zu thematisieren.[11] Allerdings tragen sie dabei eine Maske und sind oftmals auch verkleidet. Die Ungeschicklichkeitsszene greift damit auf Formen verstellten Sprechens zurück, wie sie aus Platons *Phaidros*, aus der Narrenrede des Paulus im Zweiten Korintherbrief oder aus der Negativdidaxe des Grobianismus bekannt sind. Allerdings kommt es im 17. Jahrhundert zu einer Pluralisierung und Hybridisierung der Darstellungskonventionen. Entweder ist der ungeschickte Redner weiterhin als Negativexempel angelegt, das dazu auffordert, sich genau umgekehrt zu verhalten, oder er fungiert – wie Paulus, Luther oder Rembrandts Jesus – als Identifikationsfigur, die durch das Eingeständnis eigener Fehler und Schwächen ihre Glaubwürdigkeit steigert. Das Wissen um die Unzulänglichkeit des Menschen und das dringende Bedürfnis ihrer Abmilderung gehört zu den Voraussetzungen des Zeitalters.[12] Spannend wird es dann, wenn ein Negativexempel zugleich Züge einer Identifikationsfigur aufweist und eine Identifikationsfigur auch als Negativexempel fungiert. Weil es nun verstärkt zu derartigen Überblendungen kommt, lassen sich die ungeschickten

10 Für eine Wiederaufnahme des Barockbegriffs plädiert Peter Hersche: Muße und Verschwendung. Europäische Gesellschaft und Kultur im Barockzeitalter. Tl. 1. Freiburg 2006, S. 25.

11 Signifikant wird Selbsterkenntnis als Verpflichtung zur Erkenntnis der eigenen Fehler verstanden von Blaise Pascal: Über die Religion und einige andere Gegenstände (zuerst 1669). Übers. von Ewald Wasmuth. Frankfurt a. M. 1987, S. 65: „Es ist fraglos ein Übel, voller Fehler zu sein, aber es ist ein noch größeres Übel, es zu sein und sie nicht kennen zu wollen, weil das heißt, daß man ihnen willentlich noch den Betrug hinzufügt."

12 Vgl. Hersche: Muße und Verschwendung (s. Anm. 10), Tl. 2, S. 945. Markant spricht Pascal: Über die Religion (s. Anm. 11), S. 77, vom „natürlichen Unglück unserer schwachen, sterblichen und so elenden Seinslage, daß uns nichts zu trösten vermag, sobald wir nur genauer darüber nachdenken."

 | DOI:10.30965/9783846761038_011

Redner des 17. Jahrhunderts als Rohlinge bezeichnen. Als solche taugen sie zunächst zu gar nichts, stehen aber für unterschiedliche Funktionen bereit, für die sie dann jeweils weiterbearbeitet werden können. Insofern hat der Ungeschickte in der deutschen Literatur des 17. Jahrhunderts prototypischen Status. Es rumort schon im Bauch des Leviathans, aber man weiß noch nicht so genau, was dabei herauskommen wird.

Zu den Rahmenbedingungen des Ungeschicklichkeitsdiskurses im 17. Jahrhundert gehört in erster Linie der Absolutismus. Er ist die radikalste politische Neuerung des Barockzeitalters. Auch die Rede des Ungeschickten ist durch ihn bestimmt. Zugleich wird durch ihn der ungeschickte Redner herausgefordert und irritiert. Man hat den Absolutismus als Folge der konfessionellen Spaltung im 16. Jahrhundert verstanden[13] und ihn der Stabilisierungsmoderne zugerechnet[14]. Er separiert Politik und Religion und eröffnet dadurch dem politischen Handeln neue, eigenständige Möglichkeiten. Damit entfällt die reformatorische Identifikation von Politik und Ungeschicklichkeit, sodass letztere für neue Konstellationen frei wird. Der Absolutismus, der im deutschen Reich die Form des Territorialabsolutismus annimmt, entspricht seinerseits der Großen Ordnung, dem dominanten Strukturprinzip des Barockzeitalters.[15] Gestützt auf die Kirche und ihre Allgegenwart in allen Lebensbereichen[16] stellt sie sich bevorzugt als vielfach gestufter, von Gott eingerichteter und auch den Kosmos umfassender Zusammenhang dar. In dieser „gesetzlosen Setzung", die „einmal ohne Begründung gegeben" worden ist und dennoch nicht relativiert werden darf,[17] steht

13 Vgl. Michael Maurer: Geschichte und gesellschaftliche Strukturen des 17. Jahrhunderts. In: Albert Meier (Hg.): Die Literatur des 17. Jahrhunderts. München u. a. 1999, S. 18–99, hier S. 40.

14 Heinz Dieter Kittsteiner: Die Stabilisierungsmoderne. Deutschland und Europa 1618–1715. München 2010. Das Stabilitätsbedürfnis des Barockzeitalters unterstreicht auch Hersche: Muße und Verschwendung (s. Anm. 10), Tl. 1, S. 245 und Tl. 2., S. 944.

15 Maurer: Geschichte und gesellschaftliche Strukturen (s. Anm. 13), S. 72 f.

16 Vgl. thesenhaft zugespitzt Hersche: Muße und Verschwendung (s. Anm. 10), Tl. 2, S. 944.

17 Pascal: Über die Religion (s. Anm. 11), S. 150.

unweigerlich auch der Ungeschickte. Einerseits ist ihm ein stabiler Ort in der sozialen Ordnung gewiss, der ihm Sicherheit und Schutz gewährt, andererseits wird er aber auch durch das Ordnungsgefüge, das ihm diesen Platz garantiert, in seinen Handlungsoptionen begrenzt und eingeschränkt. Zugunsten von Ordnung und Stabilität im Großen müssen im Kleinen die Untertanen ihre Freiheits- und Rechtsansprüche zurückfahren und sich disziplinieren.[18] Im starken, das Unschickliche immer mitdenkenden Sinne der Frühen Neuzeit ist ungeschickt, wer dagegen aufbegehrt.

Auch der Auftritt der ungeschickten Persona ist durch die Große Ordnung bestimmt. Nur weil sie durch diese Ordnung stabilisiert wird, kann sie zu reden beginnen und weil diese Ordnung sie auf einen Stand einschränkt, muss sie sich inszenieren und dabei auch zur Virtuosin des Täuschens und Verbergens oder zum Inbegriff des Glaubwürdigen werden. Das Inszenierungsgebot ist der Grund, warum mit Descartes nicht nur der einflussreichste Philosoph[19] und mit Wallenstein der bekannteste Feldherr[20] des Zeitalters, sondern auch der ungeschickte Rohling und Ordnungsstörer unter einer Maske agiert. In welchem Maße man in einer theatralen Kultur lebt, lässt sich durch eine Fallgeschichte belegen. Als Gustav Adolf, der Schwedische König, am 26. Juni 1630 in Usedom vom Boot aufs Land sprang, um mit seinen Truppen in den Dreißigjährigen Krieg einzugreifen, stolperte er und stürzte zu Boden. Da dies als schlechtes Omen galt, deutete der König seine Ungeschicklichkeit sofort in eine Demutsgeste gegenüber Gott um, ließ das Stolpern in einen Kniefall übergehen und sprach ein Gebet.[21] Durch die Umdeutung motorischer Ungeschicklichkeit in eine religiöse Handlung rettete

18 Maurer: Geschichte und gesellschaftliche Strukturen (s. Anm. 13), S. 77. Für einen differenzierten Umgang mit der Disziplinierungsthese plädiert Hersche: Muße und Verschwendung (s. Anm. 10), Tl. 2, S. 668–670 und S. 712.

19 Descartes hielt 1619 in privaten Aufzeichnungen fest: „larvatus prodeo“; René Descartes: Regulae ad directionem ingenii. Cogitationes privatae/Regeln zur Ausrichtung der Geisteskraft. Private Gedanken (zuerst 1659). Übers. von Christian Wohlers. Hamburg 2011, S. 191.

20 Herfried Münkler: Der Dreißigjährige Krieg. Europäische Katastrophe, Deutsches Trauma. 1618–1648. 2. Aufl. Berlin 2017, S. 350.

21 Ebd., S. 415.

er sein Gesicht als Souverän, vermied es, als Negativexempel in die Geschichte einzugehen und steigerte seine Glaubwürdigkeit als Feldherr.

Die Theaterkultur des 17. Jahrhunderts versorgt ihre Akteure mit Sprecherrollen und bereitet sie auch auf Rollenwechsel vor.[22] Das gilt auch für den ungeschickten Redner. Die Wahrscheinlichkeit, sich in der Rolle des Ungeschickten wiederzufinden, stieg zum einen im Zuge des Dreißigjährigen Krieges, der in der Wahrnehmung der Zeitgenossen „alle gegenwärtigen und aus der Antike bekannten Dimensionen sprengte",[23] nur zu leicht „Ungelegenheit, Defection und Abfall" erzeugte[24], in den großen Plünderungen auch karnevaleske Seiten offenbarte,[25] für die Heerführer schließlich zur „Lebensgewohnheit"[26] wurde und gegen Ende die Regeln des Sozialen erodieren und Gesetzlosigkeit um sich greifen ließ.[27] Zum anderen stiegen die Gelegenheiten zur Ungeschicklichkeit mit der entschiedenen Zivilisierung und Disziplinierung des Verhaltens in den höfischen Oberschichten. Sie orientierte sich am Vorbild des französischen Hofes und betraf neben dem Rede- und Komplimentierverhalten auch den Körper und seine Motorik.[28] Als Ideal des Höflings, des Cortegiano, fungierte das humanistische Erziehungsziel des vir bonus, das in der Adelsgesellschaft nicht mehr auf die Rhetorik beschränkt blieb, sondern alle Angehörigen des Hofes einer hochformalisierten Etikette unterwarf, ihre Fertigkeiten definierte und Performanzfehler durch Dauerbeobachtung geradezu

22 Maurer: Geschichte und gesellschaftliche Strukturen (s. Anm. 13), S. 79.

23 Kittsteiner: Die Stabilisierungsmoderne (s. Anm. 14), S. 41.

24 Zit. nach Münkler: Der Dreißigjährige Krieg (s. Anm. 20), S. 288.

25 Ebd., S. 403 f.

26 Ebd., S. 607.

27 Ebd., S. 557.

28 Vgl. Peter von Moos: Einleitung. Fehltritt, Fauxpas und andere Transgressionen im Mittelalter. In: ders. (Hg.): Der Fehltritt. Vergehen und Versehen in der Vormoderne. Köln/Weimar/Wien 2001, S. 1–96, hier S. 5 f., wonach in der höfischen Gesellschaft Frankreichs „der Tanzboden, die Bühne oder die Manege, ein abgezirkelter, von festen Bewegungsvorschriften kontrollierter Raum", den metaphorischen Hintergrund für den neu aufkommenden Ausdruck *Fauxpas* bildete.

provozierte.[29] Wenn allen Reden, Handlungen und Bewegungen der Anschein von Leichtigkeit und Anmut gegeben werden muss,[30] droht jederzeit der Absturz in die Katastrophe. Selbst „die Stufen der Stiege können uns töten, wenn wir ungeschickt gehen.“[31] Da der Hofmann nichts stärker zu fürchten hatte als den Gesichtsverlust, und an die Stelle der Höllenfurcht die Furcht vor der Lächerlichkeit trat,[32] kam es vor allem in Frankreich zu einer sprunghaften Vermehrung der Gelegenheiten und mit ihnen auch der Ausdrücke für den Fauxpas[33].

Inbegriff des Lächerlichen und Ungeschickten ist auch im deutschen Reich des 17. Jahrhunderts noch der Bauer.[34] Darin zeigen sich Konstanz und Ausbau der Adelskultur. Indem sie sich nach ihrer gewalttätigen Entgleisung im Dreißigjährigen Krieg zivilisatorisch formiert, schließt sie ungesteuertes Spontanverhalten immer entschiedener aus und verlangt zunehmend vehementer ausgebildete Fähigkeiten. Generell heißt es dazu lange vor Ausbruch des Krieges in der Sprichwörtersammlung Friedrich Petris: „Wer etwas kann / den halt man werth / Deß vngeschickten keiner begert.“[35] Dass sich der Typus des Ungeschickten auch im 17. Jahrhundert noch soziostrukturell an dem des Bauern orientiert, lässt sich durch ein Epigramm des Schlesiers Friedrich von Logau belegen. Es findet sich in seinen 1654 erschienenen *Deutschen Sinn-Getichten*:

---

29 Vgl. Boy Hinrichs: Rhetorik und Poetik. In: Meier (Hg.): Die Literatur des 17. Jahrhunderts (s. Anm. 13), S. 209–232.

30 Vgl. Meid: Die deutsche Literatur im Zeitalter des Barock (s. Anm. 1), S. 865.

31 Pascal: Über die Religion (s. Anm. 11), S. 229.

32 Niklas Luhmann: Die Ausdifferenzierung der Religion. In: ders.: Gesellschaftsstruktur und Semantik. Studien zur Wissenssoziologie der modernen Gesellschaft. Bd. 3. Frankfurt a. M. 1989, S. 259–357, hier S. 307.

33 Vgl. Moos: Einleitung (s. Anm. 28), S. 32.

34 Nach Hersche: Muße und Verschwendung (s. Anm. 10), Tl. 1, S. 460, beruhte das Barockzeitalter auf dem „System einer dominant agrarischen Ökonomie, dessen Träger überwiegend die Bauern und der Adel waren,“ das aber auf den Klerikerstand nicht verzichten konnte; ebd., Tl. 2, S. 943.

35 Friedrich Petri: Der Teutschen Wißheit Das ist Außerlesen kurtze / sinnreiche / lehrhaffte und sittige Sprüche und Sprichwörter [...]. Hamburg 1605, Das ander Theil, Bl. F ff v^{a}.

Ein Sperling.
Der Sperling / der ist unter Vogeln / was unter Menschen ist der Bauer:
Jst ungeschickt / ist schlecht gezieret / hat Weitzen lieb / ist gar ein Lauer.[36]

Das Epigramm stellt eine Analogie her zwischen dem geringsten unter den Vögeln und dem Bauern, der in der Standespyramide die Basis bildete. Charakterisiert werden beide durch die Attribute der Ungeschicklichkeit, der Unscheinbarkeit, der einseitigen Ernährung und der Hinterlist[37]. In der Kombination von Ungeschicklichkeit und Hinterlist kommen die Regellosigkeit und das Motivationsproblem ungeschickten Verhaltens zum Ausdruck, die schon die *Odyssee* thematisiert hatte. Wenn man selbst kein Bauer und kein Sperling ist, weiß man nicht so genau, zu was die da unten fähig sein könnten.

Man muss freilich im 17. Jahrhundert nicht unbedingt ein Bauer sein, um sich bäurisch roh und ungeschickt zu verhalten und dadurch zu einer komischen Figur zu werden. Das belegt nicht nur die anhaltende Aktualität des Grobianismus, die neue Publikationen wie Scherffers Alexandrinersatire *Der Grobianer und die Grobianerin* anregt,[38] sondern auch Jacob Masens neulateinische Komödie *Rusticus imperans*. Ihr Held ist ein dem Trunk ergebener, ungeschickter Schmied, der unversehens in die Rolle des Fürsten hineingerät, ihr aber nur partiell gerecht zu werden vermag. 1657, im Erscheinungsjahr von Masens Komödie, publizierte Andreas Gryphius seine *Absurda Comica. Oder Herr Peter Squentz*. Es handelt sich dabei um ein „Schimpff-Spiel", wie es im Untertitel heißt, das sich an Shakespeares *A Midsummer nights dream* anlehnt. Auch hier wird rohes, bäurisch grobes, motorisch und sozial ungeschicktes

36 Friedrich von Logau: Sinngedichte (zuerst 1654). Hg. von Ernst-Peter Wieckenberg. Stuttgart 1984, S. 166.

37 Vgl. den Kommentar von Wieckenberg; ebd., S. 260 und S. 236.

38 Vgl. Meid: Die deutsche Literatur im Zeitalter des Barock (s. Anm. 1), S. 864. Die Überwindung des in Deutschland zum Nationalcharakter gerechneten Grobianismus im Laufe des 17. Jahrhunderts konstatiert Hersche: Muße und Verschwendung (s. Anm. 10), Tl. 2, S. 712.

Verhalten zur Erzeugung von Komik genutzt. Dabei fällt zum einen die anarchische, antiabsolutistische Dimension der Ungeschicklichkeit ins Auge: Der Schulmeister Peter Squentz ist in ein Buch vertieft und wird dabei von einem Hofmann umgestoßen. Er stürzt in ungeschickter Weise zu Boden. Nachdem er sich wieder aufgerafft hat, *„spricht er"*, wie es in einer Regiebemerkung heißt, *„wider den König"*, den Statthalter und Garanten der Großen Ordnung.[39] Das macht ihn latent zu einem Rebellen. Andererseits wird das Leitkonzept der Großen Ordnung aber auch bestätigt, wenn Peter Squentz wenig später ein Getümmel unter den Schauspielern zu schlichten versucht, bei dem ein Krug zu Bruch geht. Er beendet ihren Wortkampf mit einem Imperativ: „tretet wieder in die Ordnung"[40]. Gemeint ist damit primär die Ordnung der Szene, die jedem Akteur seine Stelle zuschreibt. Darüber hinaus verweist die Formulierung aber auch auf die Ordnung des Sozialen, die durch ungeschicktes Verhalten bedroht wird.

Die bisher angeführten Belege zur teils hybriden Semantik der Ungeschicklichkeit aus der Mitte des 17. Jahrhunderts lassen sich in historischer und systematischer Perspektive durch zwei Wörterbucheinträge vom Anfang und vom Ende des Jahrhunderts rahmen und differenzieren. Dadurch werden zugleich die beiden Fallgeschichten vorbereitet, die im Zentrum des vorliegenden Kapitels stehen.

Der erste Eintrag findet sich im kurz vor Ausbruch des Dreißigjährigen Krieges publizierten ersten und einzigen Band des Wörterbuchs *Teütsche Sprach vnd Weißheit* von Georg Henisch. Henisch orientierte sich erstmals nicht mehr an der machtvollen Autorität des Lateinischen und dem Vorbildcharakter antiker Texte, sondern an der gesprochenen Volkssprache und der ständischen

---

39 Andreas Gryphius: Absurda Comica Oder Herr Peter Squentz. Schimpfspiel (zuerst 1657). Kritische Ausgabe. Hg. von Gerhard Dünnhaupt und Karl-Heinz Habersetzer. Bibliogr. erg. Ausg. Stuttgart 2001, S. 29.

40 Ebd., S. 41. Zum „ständigen ‚Wortkampf'" als Merkmal der Frühen Neuzeit vgl. Andreas Keller: Frühe Neuzeit. Das rhetorische Zeitalter. Berlin 2008, S. 17.

Gesellschaftsordnung des frühneuzeitlichen Europa.[41] Sein Wörterbuch erläutert daher auch *ungeschickt* in neuer Weise durch „imperitus, imparatus“ (unerfahren, unvorbereitet), tilgt damit den Bezug auf den bildungsfernen Bauernstand und die Sündentheologie, und stellt stattdessen auf Pädagogik um.[42] Unerfahrene und unvorbereitete Rohlinge sind dann vor allem Kinder, die das aber nicht bleiben müssen, sondern durch geeignete Maßnahmen erzogen und auf ihre Stellung vorbereitet werden können. Das geht einher mit einer Abwertung höfischer Geschicklichkeitsideale, die eine latente, in der neutestamentlichen Hochschätzung von Kindlichkeit[43] fundierte Positivierung der Ungeschicklichkeit zur Folge hat. Ähnlich wie in der Reformation wird höfisch-politische Geschicklichkeit aus religiösen Gründen kritisiert, weil sie der Sphäre des Handelns und mit ihr der Politik zu viel Gewicht beimisst. Ein Höfling jedenfalls soll aus dem Rohling nicht werden. Das belegt Henischs Beispielsatz „Auß geschickten vnd geschwinden Kǒpffen werden gemeinigklich Schwermer vnd Ketzer“. Deutlicher noch wird die auf Luther zurückgehende Sentenz „Je weniger einer geschickt ist fu̇r der Welt / je weniger er wider GOtt thut.“[44] Gott ist mit den Langsamen und Ungeschickten und der frühneuzeitliche Absolutismus steuert mitsamt seinen geschickten Höflingen geradewegs auf die Hölle zu.[45]

1675 hat Johannes Scheffler aus der Perspektive der katholischen Mystik sogar jede Form extensiven Weltkontakts epigrammatisch

---

41 Vgl. Ulrike Haß-Zumkehr: Deutsche Wörterbücher – Brennpunkt von Sprach- und Kulturgeschichte. Berlin/New York 2001, S. 61 f.

42 Zum Kontext vgl. am Beispiel des Dramas Meid: Die deutsche Literatur im Zeitalter des Barock (s. Anm. 1), S. 374.

43 Vgl. vor allem Mt 18, 1–5. Die Stelle liegt auch Rembrandts Kupferstich *La petite tombe* zugrunde.

44 Georg Henisch: Teütsche Sprach vnd Weißheit. Thesaurus linguae et sapientiae Germanicae. Augsburg 1616, Sp. 1537. Die Sentenz hat Henisch vermutlich übernommen aus Petri: Der Teutschen Wißheit (s. Anm. 35), unpag. (Das ander Theil). Sie findet sich zuerst in Luthers Predigt zum 23. Sonntag nach Trinitatis.

45 Zu dieser Figur vgl. Helmuth Kiesel: „Bei Hof, bei Höll“. Untersuchungen zur literarischen Hofkritik von Sebastian Brant bis Friedrich Schiller. Tübingen 1979.

zurückgewiesen und den geschickten Politicus zum ungeschickten Christen gemacht:

Das zeitliche macht ungeschikt.
Ach mein / wie magstu doch die Welt so in dich sauffen?
Du wirst ja ungeschikt den Ehrn Krantz zuerlauffen![46]

Der Ehrenkranz gebührt nur dem, der sich vor der Welt verschließt und sich mit deutscher Gründlichkeit in Gott versenkt.

Die säkulare Gegenposition markiert am Ende des Barockzeitalters der höfisch versierte Lexikograph Caspar Stieler. In sein streng geordnetes, vor allem morphologisch innovatives Wörterbuch *Der Teutschen Sprache Stammbaum und Fortwachs*, mit dem das Deutsche zu einer leistungsfähigen, von den Oberschichten getragenen Hochsprache ausgebaut werden sollte,[47] ist die langjährige Tätigkeit des Autors als leitender Sekretär zunächst am Schwarzburg-Rudolstädter und später am Weimarer Hof eingegangen. Stieler fasst die frühneuzeitlichen Bedeutungspositionen des Ausdrucks *ungeschickt* durch die Angabe lateinischer Äquivalente klar und konzise zusammen. Zentral ist dabei die im Verfehlen des rhetorischen aptum begründete Nähe zur Unschicklichkeit („ineptus"), sowie die von Henisch erstmals kodifizierte pädagogische Dimension („rudis").[48] Es wird aber auch die komödiantische Seite („absurdus") und die schon für Wickram bedeutsame der Fehlbesetzung eines Amtes („præposteré") angegeben.[49] Zusätzlich verzeichnet Stieler erstmalig das im höfischen Kontext entscheidende Fehlverhalten.[50] Das belegen vor allem die Angaben zum Substantiv *Ungeschicklichkeit*.

46 Angelus Silesius: Cherubinischer Wandersmann (zuerst 1675). Kritische Ausgabe. Hg. von Louise Gnädiger. Bibliogr. erg. Ausg. Stuttgart 2000, S. 257.

47 Vgl. Haß-Zumkehr: Deutsche Wörterbücher (s. Anm. 41), S. 67 f.

48 Caspar Stieler: Der Teutschen Sprache Stammbaum und Fortwachs oder Teutscher Sprachschatz. Bd. 2. Nürnberg 1691, Sp. 1773.

49 Ebd., Sp. 1774.

50 „Der Hof und seine Repräsentanten stellen die Norm dar, an der gesellschaftliches Fehlverhalten gemessen wird." Meid: Die deutsche Literatur im Zeitalter des Barock (s. Anm. 1), S. 440.

Sie lauten: „inconcinnitas, insipientia, rusticitas, ineptia".[51] Die bäurische Plumpheit und das Verfehlen des aptum erscheinen nun nachrangig. Stattdessen werden zwei Mangelbegriffe dominant. Während der Mangel an Einsicht (insipientia) auf die pädagogische Dimension der Ungeschicklichkeit sowie auf die Fehlbarkeit der menschlichen Vernunft verweist, wird im Mangel an Harmonie (inconcinnitas) erstmals in der Begriffsgeschichte der Ungeschicklichkeit ein Formkonzept zentral. Nimmt man hinzu, dass mit diesem Konzept der Gegenbegriff zu einer echten oder gelebten, das praktische Verhalten bestimmenden und durchdringenden Gelehrsamkeit („*Große Geschicklichkeit* / altissima eruditio"[52]) ins Spiel kommt, dann verweist der Mangel an Harmonie auf das Verfehlen des höfischen Verhaltenskodexes durch diejenigen, die ihm nicht durch ihre Geburt, sondern aufgrund ihrer Karrierepläne unterworfen sind. Ungeschicklichkeit gehört daher gegen Ende des Barockzeitalters zu den ständig drohenden Gefahren, denen die nichtadeligen Funktionseliten im frühneuzeitlichen Territorialabsolutismus ausgesetzt sind. Zugleich wird sie zu einem ethisch zurechenbaren negativen Formprinzip, das nicht nur sie selbst, sondern auch ihre Werke bedroht.

Die Positivierung des Ungeschicks verbindet sich im 17. Jahrhundert eng mit dem Postulat deutscher Redlichkeit. Hippolyt Guarinoni hat 1610 in seiner Gesundheitslehre *Die Grewel der Verwüstung Menschlichen Geschlechts* „die Teutsch Redligkeit" der „Politisch falschheit" gegenübergestellt und nur ersterer zugebilligt, „Mund vnd Hertz" jederzeit „bey einander gehabt" zu haben.[53] Weniger rigoros stellte der Schriftsteller Philipp von Zesen 1645 den aus Italien und Frankreich importierten Liebesromanen in seiner *Adriatischen Rosemund* das Programm einer deutschen „wohl-anständigen

51 Stieler: Der Teutschen Sprache Stammbaum und Fortwachs (s. Anm. 48), S. 1774.

52 Ebd.

53 Zit. nach Meid: Die deutsche Literatur im Zeitalter des Barock (s. Anm. 1), S. 879.

ernsthaftigkeit“ gegenüber,[54] während sich der österreichische Jurist Matthias Abele in seinen 1651–54 erschienenen *Metamorphosis Telae Judiciariae: Das Seltzame Gerichtshåndel* „den Diziplinierungstendenzen des Absolutismus zugunsten der ‚alten teutschen Redlichkeit‘ verweigert“ hat.[55] Auf der Bühne der Politik mussten sich, so wiederum Guarinoni, Mund und Herz, Rede und Gewissen notwendig trennen. Das geht vor allem auf die Reformation und die von ihr angeregte Separierung der Zuständigkeitsbereiche von Politik und Religion zurück, erhält im 17. Jahrhundert aber auch die Form einer religiös motivierten Kritik höfischer Geschicklichkeitspostulate.

Die historischen Neuerungen der Ungeschicklichkeitsszene im 17. Jahrhundert werden im Folgenden an zwei Fallgeschichten verdeutlicht. Sie sollen zeigen was es heißt, wenn – wie auf Rembrandts Radierung – der Ungeschickte selbst zu reden und sich als solcher zu erkennen beginnt. Bei der ersten Fallgeschichte handelt es sich um den 1638 im Druck erschienenen *Orator ineptus*, eine ebenso erfolgreiche wie wirkungsmächtige akademische Rede von Johann Balthasar Schupp, die Balthasar Kindermann unter dem Titel *Der ungeschickte Redner* ins Deutsche übersetzt hat. Unter der Maske eines ungeschickten Redners war Schupp an der Universität Marburg aufgetreten, um in verstellter Form über sein neues, politisch relevantes Rhetorikverständnis sprechen zu können. Er arbeitet mit Strategien der grobianischen Negativdidaxe, stattet seinen ungeschickten Rohling aber auch mit Wahrheitswerten aus. Bei der zweiten Fallgeschichte geht es um den 1673 erschienenen höfisch-historischen Roman *Glůks=Verwandlung Der Verliebten*, dessen Autor, Johann Gottfried Taust, sich im ausladenden Untertitel eine „selbst erkennende Ungeschickligkeit“ attestiert und ankündigt, dass sein Roman eine wahre, traurig endende Geschichte unter Masken versteckt. In diesem Fall ist der Autor eine Identifikationsfigur, die mit ihren religiös verstärkten Strategien der Negativdidaxe keinen geringeren als den Deutschen Kaiser zur Raison bringen will.

---

54 Zit. nach ebd., S. 700.

55 Ebd., S. 754.

III

Der maskierte Sokrates

Am Donnerstag, den 24. Juni 1638, morgens um 7 Uhr, war das an der Lahn gelegene Auditorium der Universität Marburg gut gefüllt. Ein akademisch gebildetes Publikum hatte sich versammelt, um den Direktor des Collegium oratorium sprechen zu hören. Er hatte angekündigt, als ungeschickter Redner aufzutreten und damit rundum Neugierde geweckt. Als er das Podest betritt, ist er in einen langen schwarzen Mantel gehüllt. Die Rede liest er von einem Manuskript ab, das er am Ende in die Höhe hebt und dann wirkungsvoll auf den Boden wirft. Es war bereits sein zweiter Auftritt mit diesem Manuskript. Zum ersten waren wenige Tage zuvor kaum Zuhörer gekommen. Diejenigen, die nicht dabei sein konnten, bestürmten den Redner, den Marburger Professor für Beredsamkeit Johann Balthasar Schupp,[56] seinen Auftritt zu wiederholen. Wir wissen, was das Auditorium von seinem „akademischen enfant terrible"[57] geboten bekam, denn wenige Wochen später, am 16. Juli 1638, erschien der *Orator ineptus* in Marburg bei Nikolai Hampel als schmaler, ausgesprochen sorgfältig ausgestatteter Quartband im Druck.[58] In den nächsten vier Jahren folgten mindestens zwei weitere Drucke des lateinischen Textes im ebenfalls in Marburg ansässigen Verlag von Caspar Chemlin und 22 Jahre später, unter dem Titel *Der ungeschickte Redner*, auch eine Übersetzung ins Deutsche.[59]

56 Vgl. Herbert Jaumann: Schupp, Johann Balthasar. In: ders.: Handbuch Gelehrtenkultur der Frühen Neuzeit. Bd. 1. Berlin/New York 2004, S. 593–595.

57 Wilfried Barner: Barockrhetorik. Untersuchungen zu ihren geschichtlichen Grundlagen. Tübingen 1970, S. 435.

58 Orator ineptus paucis regulis raptim informatus à Johan-Balthasar Schuppio. Marburg 1638. Die Auflagen und ihre Nachdrucke verzeichnet Gerhard Dünnhaupt: Bibliographisches Handbuch der Barockliteratur. Bd. 3. Stuttgart 1981, S. 1704 f.

59 [Johann Balthasar Schupp:] Der ungeschickte Redner mit Einwilligung seines Meisters übersetzt von M. B. Kindermann. Keyserlichen gekröhnten Poeten. Franckfurt a.d.O. o.J. [1660].

 | DOI:10.30965/9783846761038_012

Erklären lässt sich der Erfolg der akademischen Rede und des auf ihr basierenden Drucktextes mit der burlesken Zuspitzung, die darin der Rhetorik zu Teil wird.[60] Das war durchaus provokant. Immerhin gründete auf der Rhetorik der kommunikative Haushalt, ja die gesamte Kultur des absolutistischen Staates.[61] Rhetorik war für die Politik ebenso unverzichtbar wie für die Religion und die Poesie, aber auch für sämtliche Wissenschaften unter Einschluss der Theologie. Schupp bediente mit seiner Rede den im 17. Jahrhundert weit verbreiteten „Wunsch nach rhetorischer Repräsentation".[62] Er nutzte die verheerenden Auswirkungen des Dreißigjährigen Krieges, der inzwischen in seine letzte, besonders brutale und vollständig perspektivlose Phase eingetreten war,[63] um durch die Fiktion eines vollständigen Zusammenbruchs der Rhetorik ihre unverzichtbare Kulturleistung umso strahlender hervortreten zu lassen.[64] Ebenso wie Jacob Balde, der im Erscheinungsjahr des *Orator ineptus* mit dem *Agathyrsus* ein ironisches Lob der Magerkeit publiziert hat,[65] griff auch Schupp für sein Lob der rhetorischen Ungeschicklichkeit

60 Denkbar ist in dieser Hinsicht ein Einfluss des satirischen Dialogs Hans Pumbsack / Das ist: Ein Gespråch zwischen zweyen Persohnen *Philomusum* und Hansen Pumbsack […]. O.O. 1627. Der Dialog will nach Auskunft des Titels nachweisen, wie „nerrisch vnd vngeschickt diejenigen / so den freyen Kůnsten zuwiedern seyn", über die Gelehrten und den akademischen Betrieb reden.

61 Vgl. grundlegend Barner: Barockrhetorik (s. Anm. 57). Bezogen auf das vir bonus-Ideal vgl. auch Gert Ueding/Bernd Steinbrink: Grundriß der Rhetorik. Geschichte – Technik – Methode. 2. Aufl. Stuttgart 1986, S. 88.

62 Barner: Barockrhetorik (s. Anm. 57), S. 292 f.

63 Vgl. Münkler: Der dreißigjährige Krieg (s. Anm. 20), S. 556 f. und S. 633–638. Zu Schupps Vertrautheit mit den Kriegsereignissen und seiner vom Landgrafen gerügten Thematisierung der Kriegsursachen in seinen Marburger Lehrveranstaltungen vgl. Carl Bertheau: Schupp, Johann Balthasar. In: Allgemeine Deutsche Biographie. Hg. von der Historischen Kommission bei der Bayerischen Akademie der Wissenschaften. Bd. 33. Leipzig 1891, S. 67–77, hier S. 67 f. Zur Ausdehnung des Themen- und Formenspektrums der deutschen Literatur im Gefolge des Dreißigjährigen Krieges vgl. Meid: Die deutsche Literatur im Zeitalter des Barock (s. Anm. 1), S. 719.

64 Zu den Rückschritten der Alphabetisierung nach dem Dreißigjährigen Krieg und zur Geringschätzung der auf dem geschriebenen Wort beruhenden Bildung vgl. Hersche: Muße und Verschwendung (s. Anm. 10), Tl. 2, S. 847.

65 Vgl. Meid: Die deutsche Literatur im Zeitalter des Barock (s. Anm. 1), S. 209.

auf die Tradition des ironischen Enkomions nach dem Vorbild des Erasmus von Rotterdam und der Dunkelmännerbriefe zurück.[66] Dadurch zwang er sein Publikum, die skandalöse Feier ungeschickten Redens zurechtzurücken und umzukehren. Ähnlich wie in der Negativdidaxe des Grobianismus sollten die Zuhörer seine Rede im Gegenteil als flammendes Plädoyer für eine reformierte, nicht länger nur an den Worten, sondern an den Sachen orientierte und dadurch auch politisch wirksame Rhetorik verstehen.[67] Schupp greift damit Neukonzeptionen der Rhetorik auf, die er in den Niederlanden, besonders an der Universität Leiden bei Daniel Heinsius und Marcus Zuerius von Boxhorn kennengelernt hatte.[68] Er wendet sich speziell gegen die von Martin Opitz beeinflusste Rhetorik Matthäus Meyfarts[69] und gesellt sich zu den Befürwortern einer an den Sachen orientierten, den Eigenwert der Politik anerkennenden pädagogischen Reform.[70] Das macht den ungeschickten Redner zu

66 Zu Schupps Vertrautheit mit beiden vgl. ebd., S. 727. Generell zum *Orator ineptus* vgl. Johann Lühmann: Johann Balthasar Schupp. Beiträge zu seiner Würdigung. Marburg 1907, S. 40–45.

67 Zu Schupps Auffassung der Rhetorik vgl. Ernst Weicker: Johann Balthasar Schupp in seinem Verhältnis zur Pädagogik des 17. Jahrhunderts. Weissenfels 1874, S. 14. Zur Aufwertung des ‚Politicus' bei Schupp vgl. Barner: Barockrhetorik (s. Anm. 57), S. 139.

68 Heinsius wird von Schupp als „Princeps literatorum" bezeichnet; Schupp: Orator ineptus (s. Anm. 58), S. 4, Boxhorn ist einer der Widmungsträger des Erstdrucks; ebd., S. 2. Zur Bedeutung des Aufenthalts in den Niederlanden für Schupp vgl. Bertheau: Schupp (s. Anm. 61), S. 68; zu seinem ironisch-zustimmenden Verhältnis zur Leidener Rhetorik vgl. Katharina Graupe: Oratio historica – Reden über Geschichte. Untersuchungen zur praktischen Rhetorik während des spanisch-niederländischen Konfliktes im 16. und 17. Jahrhundert. Berlin/Boston 2012, S. 425 f.

69 Schupp: Orator ineptus (s. Anm. 58), S. 31. Vgl. Barner: Barockrhetorik (s. Anm. 57), S. 162.

70 Inauguriert wurde die pädagogische Reformbewegung des 17. Jahrhunderts vor allem durch Wolfgang Ratke und zu ihren Vertretern gehörte unter anderem Schupps Schwiegervater Christoph Helwig. Vgl. Klaus Schaller: Johann Balthasar Schupp: Muttersprache und realistische Bildung. In: Albrecht Schöne (Hg.): Stadt – Schule – Universität – Buchwesen und die deutsche Literatur des 17. Jahrhunderts. Vorlagen und Diskussionen eines Barock-Symposions der Deutschen Forschungsgemeinschaft 1974 in Wolfenbüttel. München 1976, S. 198–209, hier S. 204, sowie Uwe Kordes: Wolfgang

einem Rohling mit negativen und positiven Zügen und verbindet ihn dadurch mit dem ungeschickten und gerade darum der Unterweisung nicht nur bedürftigen, sondern auch fähigen Peter in Sachs' *Gesprech*. Die bildungspolitische Traditionslinie, die bei Montaigne und Bacon beginnt, führt über Schupp und Daniel Richter weiter zu Balthasar Kindermann und dem Zittauer Schuldirektor Christian Weise bis in die Frühaufklärung zu Christian Thomasius.[71] Denkt man auch an clandestine Radikalisierungen des Modells wie den *Ineptus religiosus*[72], dann lässt sich die Linie noch bis hin zu Lessing und über ihn zu Friedrich Schlegels „Bekenntnissen eines Ungeschickten" weiterziehen. Vor allem über die bildungspolitische Zielsetzung der Schulrede erhält der ungeschickte Redner positive Züge, die seine Kritik an der Rhetorik prägen.

Damit der ungeschickte Redner seinen Siegeszug beginnen konnte, waren nach den beiden akademischen Auftritten Schupps einige Umrüstungen nötig. Sie betreffen die literarische Form der Schulrede. Es konnte nicht einfach nur der Redetext abgedruckt werden, weil dieser als solcher unverständlich bleiben musste. Die leibhafte Präsenz des ‚rohen' Redners, sein ‚actus'[73], war vielmehr in geeigneter Weise durch die Performanz des Drucktextes zu ersetzen. Der Erstdruck löst das Problem durch eine Reihe von Paratexten. Sie umgeben den Redetext, der im Zentrum steht, wie der lange schwarze Mantel und unter diesem seine Kleidung den Redner umgeben hatte. Dazu gehören im weiten Sinne das Titelblatt, die Widmung und das Vorwort (Præfatio) vor dem Haupttext, sowie im Anschluss an diesen ein kurzer Abschnitt zur Entstehungsgeschichte und ein satirischer Namensindex (Index Authorum). Im engeren Sinne gehören zu den Paratexten auch die Einleitung (Programma) und die Leseranrede (Ad Lectorem), welche die eigentliche Rede (Oratio) umgeben und zusammen mit ihr den Haupttext bilden.

Ratke (Ratichius, 1571–1635). Gesellschaft, Religiosität und Gelehrsamkeit im frühen 17. Jahrhundert. Heidelberg 1999, S. 111–115.

71 Vgl. Barner: Barockrhetorik (s. Anm. 57), S. 163–189, sowie Meid: Die deutsche Literatur im Zeitalter des Barock (s. Anm. 1), S. 728.

72 Vgl. Martin Mulsow: Moderne aus dem Untergrund. Radikale Frühaufklärung in Deutschland 1680–1720. Hamburg 2002, S. 435 f.

73 Vgl. Barner: Barockrhetorik (s. Anm. 57), S. 243.

Paratextuellen Status haben aber auch die visuellen Elemente, die dem *Orator ineptus* im wahrsten Sinne des Wortes ein Gesicht geben. Sie sind über den gesamten Drucktext verstreut und fügen sich zu einem regelrechten Bildprogramm zusammen.[74] Herauszuheben ist dabei die figürlich ausgestaltete Kopfleiste auf der Rückseite des Titelblatts. Sie ist den vier Widmungen vorangestellt, mit denen der Drucktext wie damals üblich seinen sozialen Ort und seine Adressaten bestimmte.[75] Im Zentrum der Kopfleiste blickt der ungeschickte Redner seinen Leser an. Er ist als Kopffüßler mit grotesk vergrößerten Ohren inmitten einer antithetisch strukturierten Inszenierung der Großen Ordnung platziert. Gerahmt wird sie von zwei Voluten, die den Bildraum zur Bühne vertiefen. Zur Linken des Kopffüßlers sind Himmelskörper im nächtlich verdunkelten Kosmos zu erkennen, zu seiner taghell erleuchteten Rechten ist unter anderem eine Maske sichtbar, wie sie die Menschen im Großen Welttheater zu tragen pflegen.[76] Die Bedeutung des übergroßen Kopfes mit den riesenhaften Ohren lässt sich dem in der Frühen Neuzeit in mehreren Auflagen verbreiteten *Großen Planeten=Buch* Sebastian Brenners entnehmen. Es gibt an, dass ein großer runder Kopf auf „einen heimlichen Menschen, fůrsichtig in seinen Wercken, sinnreich erbar, großer Betrachtung, stet, arbeitsam und frey“[77] verweist. Das trifft auf den Typus des Akademikers zu. Die großen Ohren heben die überwiegend positiven Attribute aber weitgehend wieder auf. Brenner hält dazu fest:

---

74 Das Bildprogramm tritt im Laufe der Textgeschichte immer mehr zurück, um in der deutschen Übersetzung schließlich weitestgehend zu verschwinden. Nach Keller: Frühe Neuzeit (s. Anm. 40), S. 30, ist das „visualisierte Denken in Funktionsebenen“ typisch für Drucktexte der Frühen Neuzeit.

75 Gewidmet ist der Erstdruck an erster Stelle einem politisch aktiven Amtmann und Berater des Souveräns, an zweiter einem niederländischen Ordinarius für Rhetorik, sowie an dritter und vierter Stelle zwei Männern der Praxis, einem Hamburger Juristen und einem in Ulm tätigen Mediziner.

76 Vgl. zur Bedeutung der Maske im Barock Richard Alewyn: Das große Welttheater. Die Epoche der höfischen Feste (zuerst 1959). Nachdr. der 2., erw. Aufl. München 1989, S. 91–114.

77 [Sebastian Brenner:] Das Grosse Planeten=Buch Welches aus dem Platone, Ptolomeo, Hali Albumasar, Barlaam und Johanne Königsperger aufs kürzeste und fleißigste zusammen gezogen. Leipzig o.J. [ca. 1650], S. 266.

Abb. 5 Johann Balthasar Schupp, Orator ineptus, 1638

> Welcher fast grosse Ohren hat, der ist ein Thor, einfältig, faul, grober Speise, ungeschickter Begreiffligkeit, unbesonnener Rede, ausgenommen, daß er guter Behåltniß sey.[78]

Die szenisch eingebettete groteske Visualisierung lässt demnach einen rohen und ungeschickten Akademiker auftreten und integriert ihn in die Große Ordnung des Barockzeitalters. Zusätzlich unterstrichen wird die Ungeschicklichkeit der Figur durch ihre extrem verkümmerten Gliedmaßen. Der ungeschickte Redner ist ganz offensichtlich zu nichts zu gebrauchen. Daher gehört er weder zur nächtlichen Ordnung des Kosmos, noch zur Tagwelt der Kultur, sondern nimmt trotz seiner Zentralstellung einen Ort außerhalb der Ordnung ein. Es ist der Ort des Idioten. Dessen Visualisierung entspricht einer Selbstaussage am Ende der Einleitung, in der sich der ungeschickte Redner als ‚extraordinarius homuncio'[79] bezeichnet, also als außerordentliches oder außergewöhnliches Menschlein; in Kindermanns Übersetzung ist er ein „ausser der Ordnung lebende[r] Kerl[]"[80].

Was aber meint ‚ineptus' im Falle dieses Redners? Inwiefern ist er ‚ungeschickt', wie Kindermann übersetzt hat? Und welche Form der Ungeschicklichkeit liegt hier vor? Schon der erste Abschnitt des Vorworts belegt, dass *ineptus* für Schupp ‚unfähig' oder ‚ungeeignet' bedeutet. Denn als der Redner, wie es sich gehört, seinen politisch

---

78 Ebd.

79 Schupp: Orator ineptus (s. Anm. 58), S. 11.

80 [Schupp:] Der ungeschickte Redner (s. Anm. 59), S. Aiiij^{v}. Radikalisiert bei Pascal: Über die Religion (s. Anm. 11), S. 198 f., nach dem „der Mensch verirrt" und „aus seinem Ort gefallen ist", den er „ruhelos sucht" und „nicht wiederfinden kann".

erfahrenen Patron Friedrich List, dem er seine Schrift an erster Stelle widmet, rühmen und darlegen will, was er ihm schuldet und verdankt, findet er dafür nicht die richtigen Worte und begründet das mit seiner rhetorischen Unfähigkeit: „Sed Orator ineptus sum."[81] Schupp schließt damit an denjenigen Strang der Semantik von *ungeschickt* an, den auch Jörg Wickram genutzt hatte.[82] Dessen lothringische Pfarrerfiguren waren ebenso wie ihr Bischof unfähig, ein Amt korrekt auszuüben. Da dieses Amt mit sozialen Pflichten verbunden war, lag ein Fall sozialer Ungeschicklichkeit vor. Das gilt auch für die Rede Schupps. In ihr ist allerdings die Fähigkeit, eine mit dem eigenen Amt und Stand verbundene Aufgabe korrekt auszuführen, auf die Rhetorik ausgedehnt, die für ganz unterschiedliche Ämter unverzichtbar war. Weil aber die Rhetorik im Absolutismus die gesamte Kultursphäre trug, musste sich die Unfähigkeit zu reden wesentlich stärker auswirken als in Wickrams Gemeindekontexten. Schupp hat die Amtsunfähigkeit insofern auf die politische und kulturelle Praxis im Absolutismus hochskaliert. Wenn deren Träger, die an Universitäten ausgebildeten Geistlichen und Beamten, sich als unfähige Redner erweisen sollten, dann ist der Staat als solcher unfähig geworden, seine Leistungen zu erbringen und muss zusammenbrechen.[83] In diesem Sinne handelt es sich bei der von Schupp thematisierten Ungeschicklichkeit zugleich um einen Fall idiotisch-poetischer Ungeschicklichkeit und der andauernde, geographisch indifferente und jegliche Konventionen missachtende

---

81 Schupp: Orator ineptus (s. Anm. 58), S. 3.

82 Dass es sich dabei um ein Grundproblem des frühmodernen Staates handelt, belegt drastisch Matthias Kramer: Das herrlich-große Teutsch-Italiånische Dictionarium. Bd. 2. Nürnberg 1702, S. 512: „ungeschickte Esel zu Aemtern erheben". Zu Schupps Urteilen über die Amtsunfähigkeit der Lehrer im zeitgenössischen Schulsystem, insbesondere ihre „Roheit, Unwissenheit und Pedanterie", vgl. Weicker: Johann Balthasar Schupp (s. Anm. 67), S. 18.

83 Zu Schupps Verhältnis gegenüber der lutherischen Orthodoxie und dem absolutistischen Staat vgl. das Ergebnis der Analyse von Joachim Whaley: Obedient servants? Lutheran attitudes to authority and society in the first half of the seventeenth century: The case of Johann Balthasar Schupp. In: The Historical Journal 35 (1992), S. 27–42, hier S. 33: „he provides an orthodox view informed by sharp and realistic criticism".

Krieg dürfte das Anschauungsmaterial für sie geliefert haben.[84] Das kann sich auf eine biographisch verbürgte, in den *Orator ineptus* aufgenommene Anekdote aus der Königsberger Studienzeit Schupps stützen, wonach eine ungeschickt zur Schau gestellte akademische Bildung ungebildete Bauern provoziert und ihre Gewaltbereitschaft geweckt hatte.[85] Möglicherweise hat Schupp die Anekdote auch als Allegorie der Ursachen des großen, anhaltenden Krieges verstanden.

Um sich die Dimension der Ungeschicklichkeit in Schupps *Orator ineptus* zu verdeutlichen genügt es, an die Etymologie von *ineptia* zu erinnern: Der Begriff bezieht sich auf das Verfehlen der rhetorischen Kategorie des aptum bzw. decorum, die im Rhetorikunterricht des 17. Jahrhunderts zur „Zentralkategorie“[86] wird. Damit ist der rhetorische Kernbegriff des Kairos, des günstigen Augenblicks oder der Gelegenheit gemeint. Der gute Redner zeichnet sich seit der Antike dadurch aus, dass er eine Situation im richtigen Moment zu beeinflussen und zu verändern versteht.[87] Eben das gelingt dem ungeschickten Redner nicht. Er verpasst durchgehend den geeigneten Moment zur Rede und wenn er ihn zufällig doch erwischt, dann fehlen ihm die passenden Worte und Strategien. Das ist vor dem Hintergrund der rhetorischen Traditionen, die sich bis weit in die Frühe Neuzeit hinein am Ideal des vir bonus dicendi, des guten Redners, orientiert haben, skandalös.[88] Die Oratio des *Ungeschickten Redners* spricht sogar von einer Häresie[89]. Daher kann über den unfähigen Redner nur ironisch gesprochen werden und deshalb geht es in Schupps Rede um einen Fall satirisch inszenierter sozialer Ungeschicklichkeit. Die Inszenierung federt die Dramatik ab, die von der idiotischen

---

84 Vgl. Münkler: Der dreißigjährige Krieg (s. Anm. 20), S. 241 und S. 516 f.

85 Schupp: Orator ineptus (s. Anm. 58), S. 31 f.

86 Barner: Barockrhetorik (s. Anm. 57), S. 254.

87 Vgl. Jan Dietrich Müller: Decorum. Konzepte der Angemessenheit in der Theorie der Rhetorik von den Sophisten bis zur Renaissance. Berlin/Boston 2011.

88 Vgl. Franz-Hubert Robling: Redner und Rhetorik. Studien zur Begriffs- und Ideengeschichte des Rednerideals. Hamburg 2007. Ciceros Ideal des perfekten Redners, der entscheidend zur Kultur beiträgt (ebd., S. 83) wird am Anfang der Oratio auch angesprochen; Schupp: Orator ineptus (s. Anm. 58), S. 12.

89 Ebd., S. 18: „hanc ineptorum Oratorum hæresin“.

Ungeschicklichkeit unfähiger Redner ausgeht. Um sie zu entschärfen bittet Schupp in seiner Widmung auch den Vertreter der politischen Ordnung, den ungeschickten Redner nicht allzu ernst zu nehmen, sondern vielmehr über seine gelehrten Albernheiten zu lachen: „Ride quoque ad ineptias has Scholasticas."[90]

Das Zitat belegt zugleich, dass Schupp aus dem Spektrum der frühneuzeitlichen Bedeutungspositionen von *ungeschickt* auch die des Komischen (die Stieler mit *absurdus* angibt) abruft. Damit gewinnt der ungeschickte Redner auch einen Eigenwert. Verstärkt wird dieser Wert durch die zuerst von Henisch kodifizierte pädagogische Dimension der Ungeschicklichkeit. Sie wird angesprochen, wenn Schupp sich über die akademische Jugend beklagt, die in der letzten Phase des Dreißigjährigen Kriegs die Universitäten besucht. Dazu heißt es desillusioniert: „Serpunt per scholas tot ineptiarum exempla"[91]. Kindermann übersetzt das mit: „Es kriechen so viel Arthen der Ungeschickligkeit durch die Schulen"[92].

Sieht man sich daraufhin die Ungeschicklichkeitsszene im *Orator ineptus* näher an, dann wird sie durch den Auftritt des ungeschickten Redners konstituiert. Er wendet sich an ein akademisch gebildetes und an der politischen Praxis interessiertes Publikum. Schauplatz seines Auftritts ist die Universität. Die Widmungen und die Vorrede zeigen, dass dieser Schauplatz als Ausbildungsstätte von künftigen Amtsträgern im absolutistischen Staat aufgefasst wird. Sowohl für das Publikum der gesprochenen als auch für die Leser der gedruckten Rede bestehen keine Zweifel daran, dass die Figur des ungeschickten Redners von ihrem Träger bzw. Autor, dem Marburger Professor Johann Balthasar Schupp, zu unterscheiden ist. Es handelt sich also um eine Camouflage. Ein versierter Redner hat sich eine Redemaske aufgesetzt, um, wie das Horaz-Motto ankündigt, lachend die Wahrheit sagen zu können.[93] Schupp hat die

---

90 Ebd., S. 3.

91 Ebd., S. 9.

92 [Schupp:] Der ungeschickte Redner (s. Anm. 59), S. Ai^{v}.

93 „Ridentem dicere verum, / Quid vetat?"; Schupp: Orator ineptus (s. Anm. 58), S. 1; vgl. Horaz: Sermones/Satiren (zuerst ca. 35 v. Chr.). Lat./dt. Übertr. und hg. von Karl Büchner. Stuttgart 1972, S. 4 (I,1). Zum Einsatz der Maxime als Unterrichtsprinzip vgl. Barner: Barockrhetorik (s. Anm. 57), S. 209.

Differenz zwischen Redner und Maske effektvoll genutzt. Indem er den ungeschickten Redner als Philosophen markiert, dem die Wahrheit wichtiger ist als die Form der Rede, kann er die zeitgenössische Prunkrhetorik aus der Perspektive der Philosophie kritisieren.[94] Ähnlich wie im Fall der reformatorischen Kritik des politischen Handelns aus der Perspektive der Religion wird dadurch die Position des ungeschickten Rohlings weiter aufgewertet. Schupp arbeitet daran, die Kultur als Reich der Freiheit zu etablieren.[95] Als Leitfiguren dieser Arbeit fungieren vor allem Sokrates, der im Zuge seiner scharfen Kritik an der zeitgenössischen Rhetorik die Philosophie erfunden hatte, aber auch der Komödiendichter Aristophanes, der seinen Zeitgenossen Sokrates verspottete und ähnlich wie Schupp besonders an seiner Gegenwart (etwa am Peloponnesischen Krieg) interessiert war. Die philosophische Aufwertung des ungeschickten Redners geht demnach stets mit einer komödientypischen Skepsis gegenüber der Philosophie einher, ohne dass dabei eine der beiden Seiten dominant wird. Schupp lässt seinen ungeschickten Redner als neuen Sokrates beginnen, indem er ihn nur das Eine sicher wissen lässt, nämlich dass er nichts weiß: „Hoc unum scio me nihil scire."[96] Gegen Ende der Rede spielt der Ungeschickte dann auf das ironische Sokratesporträt an, das Aristophanes in den *Wolken* ausgeführt hat.[97] Ernst und Spott hängen untrennbar zusammen.

Wahrgenommen wird die doppelt perspektivierte Ungeschicklichkeit im Fall des *Orator ineptus* vor allem seitens des Lesers. Ihm wird dadurch einiges abverlangt. Paratexte wie der Titel, die Præfatio oder das Programma, aber auch die Visualisierung des ungeschickten Redners in der Kopfleiste über den Widmungen,

94 Schupp stand dabei vor allem Francis Bacon nahe, dessen Schriften er wiederholt zitiert; vgl. Weicker: Johann Balthasar Schupp (s. Anm. 68), S. 10 und S. 26.

95 Nach Hersche: Muße und Verschwendung (s. Anm. 10), Tl. 2, S. 943, ist die religiös abgestützte Auffassung der Kultur als Reich der Freiheit eines der zentralen Merkmale des Barockzeitalters.

96 Schupp: Orator ineptus (s. Anm. 58), S. 12. Ähnlich Pascal: Über die Religion (s. Anm. 11), S. 161, der „eine wissende Unwissenheit, die von sich weiß", von einer natürlichen Unwissenheit unterscheidet.

97 Schupp: Orator ineptus (s. Anm. 58), S. 26.

kündigen ihm eine Inszenierung an und unterscheiden die Figur des Redners von ihrem Autor. Im Fall der universitären Rede ist dabei an die Titelei zu denken, die zwischen dem Buchtitel („Orator ineptus paucis regulis raptim informatvs") und dem Autor („à Johan Balthasar Schuppio, Eloquentiæ et Historiarum Professore in Academia Marpurgensi") topographisch wie typographisch klar unterscheidet, vor allem aber an das Programma, das im Druck der Oratio vorangestellt ist.[98] Es erläutert Anlass und Zielsetzung der Inszenierung. Schupp geht dort auf seine Verpflichtungen als Marburger Ordinarius ein und gibt an, dass ihn die Unwissenheit seiner Studenten und die fehlende Praxistauglichkeit der Marburger Absolventen zu seiner Rede veranlasst hätten. Um beides zu ändern, plädiert er für eine neue, philosophische Rhetorik. Sie soll den verhängnisvollen Vorrang der Wörter vor den Sachen, der bislang die gelehrte Rhetorik auszeichnete, zurücknehmen und stattdessen politische Wirksamkeit anstreben. Um dieses Ziel zu erreichen will Schupp die zeitgenössischen Redner ungeschönt so darstellen, wie sie wirklich sind: „Describam Oratores nostros, non quales esse debent, sed quales sunt."[99]

Die Phase der Diskursivierung der Ungeschicklichkeit ist über alle Ebenen des Drucktextes verteilt. Der Titel kündigt den ungeschickten Redner an, die Bildleiste auf der Widmungsseite visualisiert ihn, die Præfatio führt ihn als Sprechermaske ein, und das Programma nennt Anlass und Zielsetzung seiner Rede. In der Oratio ergreift er dann selbst das Wort und führt in einem ersten, scherzhaften Schritt Regeln vor, mit deren Hilfe eine Rede möglichst ungeschickt eingerichtet werden kann; in einem zweiten, ernsthaften Schritt widerlegt er sodann die unter ungeschickten Rednern kursierenden Argumente gegen eine praxistaugliche Rhetorik. Der Abschnitt Ad Lectorem gibt anschließend an, wie die Leser mit dem ungeschickten Redner und seiner Oratio umgehen sollen; die Rezeptionsanleitung geht auch auf die vom Redner und nicht von „ungeschickten Buchdruckern"[100] zu verantwortenden Druckfehler

98 Ebd., S. 8–12.
99 Ebd., S. 11.
100 [Schupp:] Der ungeschickte Redner (s. Anm. 59), S. Cviij^{r}.

ein. Eine Nachschrift schließlich erläutert das Zustandekommen der Druckfassung und spielt am Beispiel eines tölpelhaften Marburger Buchhändlers mit der Ungeschicklichkeit des Mediums Buch. Der witzige Index, der den Druck beschließt, kommt über die Buchstaben A, B und C nicht hinaus und führt lediglich einen höfischen Liebesroman, eine Grußformel und ein verbreitetes lateinisches Wörterbuch an.

Was die Dezionsphase, also die Bewertung des ungeschickten Redners und die Entscheidung darüber, wie mit ihm zu verfahren ist, betrifft, so steht sie angesichts des häretischen Titels bereits fest: Das Lob des ungeschickten Redners ist ironisch zu verstehen, es muss vom Rezipienten in einen Tadel der Figur umgewandelt werden. Obwohl der Redner diese Lesart im Sinne der Negativdidaxe unterstützt, indem er am Ende seines Auftritts sein Redemanuskript und mit ihm seine Argumente zu Boden und in den Dreck wirft,[101] gelingt die strikte Umkehrlektüre aber nur zum Teil. Denn indem Schupp seine Redemaske an die Projektionsfigur Sokrates zurückbindet, kann er sie auch positivieren und in ihrem Schutz die Wahrheit sagen. Das trifft vor allem auf die durchaus ernst gemeinte Widerlegung von Argumenten gegen die von ihm vertretene Form einer praxistauglichen Rhetorik zu. Der Abschnitt Ad Lectorem weist schließlich auch explizit darauf hin, dass man die Worte des ungeschickten Redners weder durchgehend gutheißen, noch durchgehend missbilligen dürfe. Wer ersteres versuche, sei ein Narr, wer sich für letzteres entscheide, ein Esel.[102] Es geht im *Ungeschickten Redner* also um eine von Fall zu Fall abwägende Reaktion, die einen aktiven Nachvollzug und eine trainierte Urteilskraft erfordert. Vor allem geht es um eine Aktivierung des Rezipienten, der angesichts seiner konkreten Erfahrungen selbst entscheiden muss, welchen Stellenwert er der akademischen Rhetorik einräumen will und welche Form diese Rhetorik haben soll, um ihre Aufgaben in Gesellschaft und Politik der ersten Hälfte des 17. Jahrhunderts zu erfüllen. Damit rückt der *Orator ineptus* noch näher an das Sachs'sche

---

101 Schupp: Orator ineptus (s. Anm. 58), S. 30: „hic jacent in trecco". Mit „trecco" (für *Dreck*) greift Schupp Traditionen makkaronischer Sprachmischung auf.

102 Ebd., S. 31: „Si omnia in eâ probas, stultus es; Si nihil, asinus."

Gesprech heran, das ebenfalls die Entscheidung über den Umgang mit dem Ungeschickten und seinem Verhalten offenhält und letztlich den Rezipienten überlässt. Deutlich stärker als Sachs macht Schupp den Ungeschickten aber zu einer Ambivalenzfigur, die es sowohl abzulehnen, als auch ernst zu nehmen gilt.

In funktionaler Perspektive wird die literarische Darstellung rhetorischer Ungeschicklichkeit im *Orator ineptus* keineswegs als attraktiver Kontrast zu Formen lebenspraktischer Ungeschicklichkeit, sondern als deren illusionsloses Abbild vorgeführt. Der Text soll eben auch als Negativexempel fungieren, das einer neuen Form der Rhetorik den Weg bereiten kann. Diese muss sich aber mit der praktischen Philosophie verbünden, wie schon im alten Rom öffentlich wirksam werden und vor allem zu einer strategisch klugen, sachangemessenen Steuerung der aktuellen politischen Herausforderungen beitragen.[103] In jedem Fall erzeugt für Schupp die weit verbreitete, den Sachen die Worte vorziehende und mit den weltfremden Liebesreden im höfischen Roman paktierende Form der akademisch vermittelten Rhetorik in großen Mengen praxisferne, unfähige und politisch ungeschickt agierende Redner. Dominant ist im *Orator ineptus* dabei die Formfunktion, denn er thematisiert Ungeschicklichkeit auf allen seinen Ebenen und verfährt zwar nicht durchgehend, aber doch mehrfach gezielt ungeschickt. Zu dieser Art der Performanz gehört etwa die Adaption makkaronischer Rede, der bewusste Einbau eines Druckfehlers[104] und der defizitäre Index. Mit seiner Adaption ungeschickter Formelemente steht der *Orator ineptus* wie gesagt der Narrenrede des Paulus und ihren frühneuzeitlichen Filiationen (Erasmus etc.), aber auch dem Werk Rembrandts nahe. Das passt zu Schupps Vorliebe für die niederländische

---

103 Die Studenten sollen lernen, was sie „in dem Regiment / oder auf der Cantzel werden benȍtigt seyn". [Schupp:] Der ungeschickte Redner (s. Anm. 59), S. Aiij^{v}. Nach Keller: Frühe Neuzeit (s. Anm. 40), S. 13, gehört „die sukzessive Bildung von Öffentlichkeit" zu den charakteristischen Kennzeichen der Frühen Neuzeit.

104 Diejenigen, denen Rechtschreibfehler unterlaufen, werden nicht als Banausen (also als bloße Praktiker ohne jede Gelehrsamkeit), sondern als „Beanulis" bezeichnet; Schupp: Orator ineptus (s. Anm. 58), S. 33.

Rhetorik eines Heinsius oder Boxhorn. Er knüpft damit an religiös motivierte, ebenfalls das Ungeschick positivierende Stilideale der Reformation an, setzt sie aber nicht (wie Henisch oder Angelus Silesius) zur Abwertung des Politischen ein, sondern letztlich zu dessen erfolgreicher Stabilisierung.

Mit Schupps *Orator ineptus* liegt eine der radikalsten und zugleich ansprechendsten Ausformungen der Figur des Ungeschickten in der deutschen Literatur vor. Die 1660 erschienene Übersetzung Kindermanns hat die Verbreitung des ungeschickten Redners bis ins 18. Jahrhundert hinein gesichert. 1673, in der zweiten Hälfte des 17. Jahrhunderts, ist aus der Maske des ungeschickten Redners dann die des ungeschickten Autors geworden. Das Maskenspiel des Rohlings wird subtiler, riskanter und literarischer – über die Zwischenstufe der Selbsterkenntnis verwandelt sich die Maske allmählich in ein Gesicht.[105]

105 In Anlehnung an Alewyn: Das große Welttheater (s. Anm. 77), S. 113.

IV

Der schwarze Stab

Nicht zufällig gelangt der Ungeschickte ausgerechnet im Jahrhundert Descartes', Pascals und Lockes zur Selbsterkenntnis. Das ist das Verdienst eines merkwürdigen, anonym bei Samuel Krebs in Jena erschienenen Romans mit dem Titel *Glůks=Verwandlung Der Verliebten.*[106] Die germanistische Forschung hat ihn bisher ignoriert. Indem der erst vor wenigen Jahren identifizierte Verfasser[107] des Duodezbändchens unter der Autormaske eines Trauernden seine Ungeschicklichkeit zugleich verstellt und als Anlass einer religiösen Wende einbekennt, fordert er seinen primären Adressaten, den Kaiser des Heiligen Römischen Reichs deutscher Nation, dazu auf, es ihm gleich zu tun. Auch Leopold I. ist ein Trauernder und auch er trägt, so die Insinuation des Romans, durch ein ungeschicktes Verhalten die Verantwortung dafür. Vor allem die politisch geschützte Religion, vielleicht auch die ominöse Ister- oder Donau-Gesellschaft und ihre ausgedehnten Verbindungen,[108] erlauben dem protestantischen

---

106 [Johann Gottfried Taust:] Glůks=Verwandlung der Verliebten. Eine verlarfte / zum Theil wahrhafftige Geschicht: Beschrieben von einem Freund der Musen / deme sein unglůckliches Schicksel / und selbst erkennende Ungeschickligkeit / sich nicht anders zu nennen verlaubt als den Traurenden. Jena 1673.

107 Vgl. John L. Flood: Johann Gottfried Taust. Der Trauernde. In: ders.: Poets laureate in the Holy Roman Empire. A Bio-bibliographical Handbook. Bd. 4. Berlin/New York 2006, S. 2066 f.; darauf gestützt und deutlich ausführlicher Klaus-Dieter Herbst: Taust, Johann Gottfried. In: ders.: Biobibliographisches Handbuch der Kalendermacher von 1550–1750. In: www.presseforschung.uni-bremen.de/dokuwiki/doku.php?id=taust_johann_gottfried (11.11.2019).

108 Vgl. Martin Bircher: Johann Wilhelm von Stubenberg (1619–1663) und sein Freundeskreis. Studien zur österreichischen Barockliteratur protestantischer Edelleute. Berlin 1968, S. 75–97, der auch einige der Mitglieder namentlich benennt und ihre Zielsetzung in der „Pflege der Gesellschaft, gemäß den Spielformen jener Zeit", erkennt (ebd., S. 78); im Anschluss an Harsdörffer hat ein eng mit der Gesellschaft verbundener Autor wie Stubenberg versucht, unter den Mitgliedern Tugenden wie Keuschheit und Sittsamkeit zu befördern (ebd., S. 79).

 | DOI:10.30965/9783846761038_013

Untertan das Sakrileg, seinem katholischen Souverän in geradezu skandalöser Weise auf den Leib zu rücken. Indem er die Rhetorik als „Waffe ‚ad conservationem sui ipsius'" nutzt, versucht er bei seinem Regenten „eine ‚gute Opinion'" zu erwecken.[109]

Ausgangspunkt ist ein illustrer Trauerfall, der sich am 3. März 1673 in Wien ereignet hat. Man verkündete den Tod der jungen Kaiserin. Margarita Teresa, als Kind prominent porträtiert von Diego Velázquez auf dem Gemälde *Las Meninas*, war als 14-jähriges Mädchen an Kaiser Leopold I. verheiratet worden, ihren Onkel und Cousin.[110] Die außerordentlich aufwändigen Hochzeitsfeierlichkeiten, die sich über fast zwei Jahre erstreckten, etwa 1.300 Mitwirkende einspannten und neben einem Feuerwerk auch ein Rossballett und eine Oper zur Aufführung brachten, sollten den Führungsanspruch des Hauses Habsburg demonstrieren.[111] Sie spielten geradezu penetrant auf das topische Schwanken der Glücksgöttin Fortuna an.[112] In den sechs Jahren der gemeinsamen Ehe hat Leopold seine Nichte siebenmal geschwängert, erhielt aber nie den ersehnten und zur Friedenssicherung notwendigen Thronfolger.[113] Das ist die ‚politische' Ungeschicklichkeit, auf die sich der Roman bezieht. Während ihrer siebten Schwangerschaft erstickte die Kaiserin an einer chronischen Bronchitis. Als man sie obduzierte, barg man einen toten Prinzen. Der gesamte Hof trauerte ostentativ um die Verstorbene und beklagte den Tod des ungeborenen Thronfolgers. Gedächtnisblätter hielten die Aufbahrung der Leiche auf dem Paradebett fest und verbreiteten die Nachricht vom Tod der Kaiserin im ganzen Reich. Die Blätter zeigten die Verstorbene zusammen

109 Vgl. Barner: Barockrhetorik (s. Anm. 57), S. 171, der Christian Weise zitiert.

110 Die Hochzeit erfolgte trotz der innerhalb der Habsburger-Dynastie seit ca. 1650 unübersehbar gewordenen Inzestgefahr. Vgl. John P. Spielman: Leopold I. Zur Macht nicht geboren. Übers. von Gerald und Uta Szyszkowitz. Graz u. a. 1981, S. 11.

111 Vgl. Meid: Die deutsche Literatur im Zeitalter des Barock (s. Anm. 1), S. 481 f. In dieser Hochzeit wird die These vom Barock als „Kultur der Verschwendung", die den jeweils erwirtschafteten Mehrwert „in ostentativem Konsum verbraucht" und der „Statusdemonstration" dient, augenfällig; vgl. Hersche: Muße und Verschwendung (s. Anm. 10), Tl. 2, S. 946.

112 Spielman: Leopold I. (s. Anm. 110), S. 46.

113 Ebd., S. 56.

mit himmlischen Putten, die auch den ungeborenen Prinzen zu sich holten,[114] oder führten den weinenden Kaiser inmitten von trauernden Hofdamen vor[115].

Im fernen Jena, der Hauptstadt eines kleinen Herzogtums, veranlasste der Tod Margarita Teresas eine ungewöhnliche Reaktion.[116] Dort betrauerte gerade der studierte protestantische Theologe Johann Gottfried Taust den Tod einer ihm nahestehenden Freundin. Sie trug den gleichen Namen wie die verstorbene Kaiserin: Margaret.[117] Durch eine Ungeschicklichkeit dürfte sich der junge Kandidat an ihrem Tod mitschuldig gemacht haben. Das scheint ihn dazu veranlasst zu haben, eine enge Korrespondenz zwischen seinem Schicksal und dem des Kaisers, dem man angesichts der zahlreichen Schwangerschaften seiner sehr jungen Gattin eine gewisse Mitschuld an ihrem Tod geben konnte, zu inszenieren. Taust griff zur Feder und verfasste die *Glůks=Verwandlung Der Verliebten*, in der diese Korrespondenz fiktionalisiert und zu einem Roman ausgebaut wird.[118] Bereits der Romantitel greift mit der Unstetigkeit

---

114 Abbildung des allzufrůh entseelten Leichnams Der Allerdurchlåuchtigsten Fůrstin und Frauen / Frauen MARGARITÆ Weiland regierenden Rômischen Kåyserin. O.O. 1673.

115 Elias Wellhöfer: Aigendliche Warhaffte *Relation* von dem nachdencklichen traurigen Hintritt Der Allerdurchleuchtigsten Fůrstin und Frauen / Frauen MARGARITÆ Weiland regierenden Rômischen Kayserin zu Wien. Augsburg 1673.

116 Sie belegt den Umstand, dass „das ‚habsburgische Weltbild' weit in der Gesellschaft der deutschen Erblande und des deutschen Reiches verbreitet" gewesen ist; Rouven Pons: „Wo der gekrönte Löw hat seinen Kayser-Sitz". Herrschaftsrepräsentation am Wiener Kaiserhof zur Zeit Leopolds I. Egelsbach b. Frankfurt a. M. 2001, S. 154.

117 Am Ende seines Romans, in der *Grab=Schrifft// Seiner (des Tichters) besten// Freundin*, imaginiert der Autor den aufgebahrten Leichnam der Verstorbenen und gibt bekannt, dass es sich bei der Toten um „Die edle Margaret'" gehandelt habe.

118 Möglicherweise war der Roman aber auch bereits (weitgehend) abgeschlossen und wurde dann lediglich dem Anlass, dem Tod der Kaiserin, angepasst. Dafür spricht die Geschwindigkeit, mit welcher Taust auf die Nachricht aus Wien reagiert, aber auch die Beschränkung direkter Bezüge auf den Wiener Trauerfall in später hinzuzufügenden Paratexten wie der Widmungsvorrede und den angehängten Gedichten.

Fortunas das Leitmotiv der Hochzeit Leopolds I. mit seiner kindlichen Nichte Margarita Teresa auf. In Tausts Roman geht es prominent um eine Todesfolge aus Unachtsamkeit und um Verstöße gegen das höfische decorum, die auf „viehische Begierde“[119], also auf einen rohen, enthemmten Sexualtrieb zurückgehen. Der Autor widmete seinen Roman den reichsunmittelbaren Fürstinnen und Gräfinnen im Deutschen Reich, die einigen Einfluss auf den Kaiser ausübten und teilweise der Ister-Gesellschaft angehörten.[120] Er deutet die biographischen Zusammenhänge in der Vorrede (sein Roman sei „einer denckens werthen Person zu Ehren“[121] verfasst worden, von der „unter der Mascheer verstelten Stand und Nahmens“[122] die Rede sei) sowie in beigefügten Gedichten an, und gab alles in den Druck. Mindestens zwei Exemplare sandte er, wie damals vorgeschrieben, nach Wien an den Hof.[123] Dort hat man die Anspielungen erkannt.[124] Vielleicht weil der Kaiser die Öffentlichkeit fürchtete, die durch die Verbreitung des Romans entstehen konnte, vielleicht auch weil ihn die Widmungsträgerinnen, aus deren Kreis die Tote stammte, und/oder Angehörige der Ister-Gesellschaft unter Druck setzten, vielleicht aber auch, weil er zu Repräsentationszwecken ohnehin

---

119 [Taust:] Glůks=Verwandlung Der Verliebten (s. Anm. 106), S. 317.

120 Schon 1619 wurde von Damen des Hochadels die Tugendliche Gesellschaft gegründet, die bis 1650 existierte. Zu dieser und weiteren Gesellschaften von Frauen im 17. Jahrhundert vgl. Meid: Die deutsche Literatur im Zeitalter des Barock (s. Anm. 1), S. 37. Der Ister- oder Donaugesellschaft hat Hans Ludwig von Kuefstein seine Übersetzung von Montemayors *Diana*, Herzog Anton Ulrich von Braunschweig-Wolfenbüttel hat ihr seinen Roman *Octavia* gewidmet und Stubenberg eignet ihr sowohl den zweiten Band seiner *Eromena*-Übersetzung als auch die Übersetzung von Marinis *Wettstreit der Verzweifelten* zu; vgl. Bircher: Johann Wilhelm von Stubenberg (s. Anm. 108), S. 76 f.

121 [Taust:] Glůks=Verwandlung Der Verliebten (s. Anm. 106), S. Aiiij^{v}.

122 Ebd., S. Av^{v}.

123 Vgl. Pons: „Wo der gekrönte Löw hat seinen Kayser-Sitz“ (s. Anm. 116), S. 155.

124 Obwohl die Residenz des Kaisers nach Bircher: Johann Wilhelm von Stubenberg (s. Anm. 108), S. 15, „zu einem Zentrum der Gegenreformation und der Intoleranz geworden“ war, agierten dort auch einflussreiche evangelische Adelige wie Gottlieb von Windisch-Graetz, der als Vermittler gedient haben könnte.

gerne Gnadenerweise verteilte[125] und Privilegien verlieh[126], bestrafte er jedoch den indezenten Autor nicht, sondern zeichnete ihn vielmehr mit dem Ehrentitel eines poeta laureatus caesarius aus.[127] Dadurch nahm er das Werk als Mittel der Herrschaftsrepräsentation an[128] und stabilisierte auf diese Weise seine Macht. Im gleichen Jahr erhielt Taust – wohl als hoheitlichen Gnadenerweis – eine Pfarrei in der Gemeinde Oppin und konnte mit Anna Maria Schilling die Ehe eingehen. Fortan verfasste er keine Romane mehr, sondern schrieb neben seiner Tätigkeit als Pfarrer astrologische Texte und betätigte sich als Kalendermacher.[129]

Wir wissen um die Dichterkrönung Tausts, weil Philipp von Zesen den Autor der *Glůks=Verwandlung* 1678 in seine Deutschgesinnte Genossenschaft aufgenommen und aus diesem Anlass ein Lobgedicht auf ihn publiziert hat.[130] Es geht, freilich in enigmatischer Form, auch auf den hier thematischen Roman und seine Entstehung ein. Zesen repräsentiert den Kaiser allegorisch durch einen „gůldnen Liljenstab". Als Repräsentant Leopolds I. habe der Stab einen „Frevel" begangen und sei darüber beinahe „kohlenschwartz" geworden.[131] Man kann das auf die wiederholte Schwängerung der jungen Kaiserin und ihren frühen Tod beziehen. Den Frevel dieser

125 Gnadenerweise erhöhten „die Akzeptanz der Herrschaft" und banden „die damit Bedachten individuell auf sanftem Wege in das System" ein; Hersche: Muße und Verschwendung (s. Anm. 10), Tl. 2, S. 671.

126 Spielman: Leopold I. (s. Anm. 110), S. 19.

127 Die Auszeichnung war ein Rechtsakt, der mit Privilegien verbunden war, den Gekrönten aber auch zur Loyalität gegenüber dem Herrscher verpflichtete; vgl. Meid: Die deutsche Literatur im Zeitalter des Barock (s. Anm. 1), S. 39. Vgl. auch Keller: Frühe Neuzeit (s. Anm. 40), S. 84: „Der Herrscher ermöglichte dem Dichter das Überleben im Diesseits, wofür dieser ihm den gegenwärtigen Ruhm, vor allem aber das ‚ewige Nachleben' zu garantieren hatte."

128 Nach Pons: „Wo der gekrönte Löw hat seinen Kayser-Sitz" (s. Anm. 116), S. 47, war es für die „Einstufung eines Kunstwerks als Repräsentationsmittel" entscheidend, „ob dieses Werk zur Herrschaftsrepräsentation vom Kaiser angenommen wurde."

129 Die Entdeckung des Kalendermachers Taust ist das Verdienst von Herbst: Taust, Johann Gottfried (s. Anm. 107).

130 Philipp von Zesen: Tausendmahl Glük / und / Tausendmahl Seegen [...]. Halle 1678, unpag.

131 Ebd.

Rohheit habe Taust dann seinerseits mit „schwartzen Reimen / traurig auf ein weisses Blat" gebracht. Dadurch habe er den Frevel erfolgreich „verbråhmt",[132] ihn also – so kann man das lesen – literarisch präsentiert und zugleich kunstvoll verborgen.

Tausts Druckwerk folgt dem Muster des höfisch-historischen Romans und bietet eine genretypische Helden- und Liebesgeschichte. Sie propagiert in preziösem, an die Stilideale Zesens erinnernden Ton die Tugendprogramme und Konversationsideale der europäischen Adelsgesellschaft, an die sie sich richtet und in der sie sich abspielt. Dabei werden auch zeitgenössische Ereignisse wie die Hinrichtung Karls I. in England zum Thema.[133] Der Text integriert zudem Elemente des Schäferromans.[134] Darauf verweisen Übernahmen von Figuren aus genrebildenden Klassikern wie derjenigen des scheußlichen Drachentöters Gorforaste aus Jorge des Montemayors *Diana*, aber auch die mehr oder weniger verschlüsselten Anspielungen auf Leopold I. und den Tod der Kaiserin sowie die Autormaske des aus Ungeschick Trauernden. Als unmittelbare Formvorbilder können die deutschen Übersetzungen zweier erfolgreicher italienischer Romane, der *Eromena* Giovanni Francesco Biondis und der *Stratonica* Luca Assarinos, ausgemacht werden. Die Übersetzungen verweisen auf die Vorliebe des Kaiserhofs für die italienische Literatur und speziell auf einen Kreis religiös verfolgter protestantischer Adeliger, der sich in Niederösterreich um Johann Wilhelm von Stubenberg versammelt hatte. Die Mitglieder dieses Kreises unterhielten sowohl Beziehungen zum Ister-Orden als auch nach Sachsen.[135] Taust zitiert aus Stubenbergs Übersetzung der *Eromena*[136] in der Widmungsvorrede und aus der unter anderem

132 Ebd.

133 [Taust:] Glůks=Verwandlung Der Verliebten (s. Anm. 106), S. 51. Vgl. zur Frequenz des Themas Meid: Die deutsche Literatur im Zeitalter des Barock (s. Anm. 1), S. 406 und S. 413–415.

134 Zu den nach 1650 verstärkt zu beobachtenden Annäherungen zwischen höfisch-historischem Roman und Schäferroman vgl. ebd., S. 711.

135 Vgl. Pons: „Wo der gekrönte Löw hat seinen Kayser-Sitz" (s. Anm. 116), S. 156 f., sowie Meid: Die deutsche Literatur im Zeitalter des Barock (s. Anm. 1), S. 188 und S. 686.

136 Vgl. Bircher: Johann Wilhelm von Stubenberg (s. Anm. 108), S. 56 f.

ebenfalls von Stubenberg übersetzten *Stratonica* im Schlussgedicht seines Romans.

Die *Glůks=Verwandlung* setzt sich aus einer Reihe von Bild- und Textelementen zusammen. Das beginnt mit einem zweiteiligen Kupferstichensemble, auf das die eigentliche Titelei folgt. An diesen Eingang schließt sich die „Zuschrifft" an das „Hoch=Adeliche Frauenzimmer"[137] an. Es folgt der aus vier Büchern bestehende eigentliche Roman. Die beiden ersten Bücher erzählen im Sinne der Fortuna-Allegorie die (nur scheinbar glückliche) Geschichte des Ritters vom Glück und schachteln die Geschichte des unglücklichen Ritters Accomates ein, während die beiden letzten umgekehrt die Geschichte der Weltabkehr des unglücklichen Ritters Accomates erzählen und den unglücklichen Ausgang der Geschichte des Ritters vom Glück integrieren. Strukturiert werden die vier Bücher geographisch durch eine Süd-Nord-Achse, insofern das im Süden Griechenlands beginnende Geschehen über Spanien nach Frankreich bis in die Normandie geführt wird. Der geographische Cursus ist zugleich ein spiritueller, denn er leitet den Leser von der erotischen zur religiösen Liebe. Das ist die Glücksverwandlung, um die es geht, denn sie schafft Stabilität und beendet das Schwanken Fortunas. Den Roman beschließt ein „Zusatz etlicher Sonnetten"[138], in dem die biographischen Zusammenhänge hergestellt werden.

Aufschlussreich für Tausts Inszenierung der Ungeschicklichkeit ist das zweiteilige Kupferstichensemble, das dem Druck vorangestellt ist. Es integriert Funktionen, die in anderen Fällen auf ein Titelkupfer, ein Frontispiz und die Mottos verteilt sind. Das Ensemble greift auf die zeitgenössische Emblematik zurück und hat insofern programmatischen Charakter, als es der ‚horizontalen' erotischen Liebe und der mit ihr verbundenen weltlichen Ungeschicklichkeit

137 [Taust:] Glůks=Verwandlung Der Verliebten (s. Anm. 106), S. Aiij^{r}. Auch die im 17. Jahrhundert wiederholt aufgelegte Jůngst=erbawete Schåfferey / Oder Keusche Liebes=Beschreibung / Von der Verliebten Nimfen Amoena, Vnd dem Lobwůrdigen Schåffer Amandus […]. Leipzig 1632, Bl. Aij, ist „An das Adeliche / lieb=lǒbliche Frawenzimmer" adressiert. Zudem trägt das ‚Vorbild' Amoenas den gleichen Namen wie die Freundin Tausts und die verstorbene Kaiserin: Sie hieß Sibylle Margarethe von Brieg.

138 [Taust:] Glůks=Verwandlung Der Verliebten (s. Anm. 106), S. 364–371.

Abb. 6 Johann Gottfried Taust, Glůks=Verwandlung Der Verliebten, 1673

die Vertikalität der religiösen Liebe zu Gott gegenüberstellt. In dieser Differenz wird die Unterscheidung des Reformationszeitalters zwischen der horizontalen Dimension des Politischen und der vertikalen Dimension des Religiösen weitergeführt, indem sie auf die temporale Differenz zwischen Antike und Christentum projiziert und zugleich internalisiert wird.

Der linksseitig platzierte Stich übernimmt Funktionen eines Titelkupfers, wobei allerdings der angegebene Kurztitel von dem der Titelei ein wenig abweicht.[139] Der Stich stellt die erotische Liebe und den mit ihr verbundenen Glückswechsel dar, eine weitere Anspielung auf die Hochzeit Leopolds I. mit Margarita. Er greift dafür

139 Statt „Glůks=Verwandlung Der Verliebten" heißt es hier „Glük veränderung der verliebten". Die Differenz legt nahe, dass Text und Kupferstiche zeitlich parallel entstanden sind und unterschiedlichen Informationsständen entsprechen. Das lässt sich als Indiz der Eile verstehen, mit der das Buch vermutlich produziert worden ist.

auf eine Idylle Theokrits zurück, die in der Frühen Neuzeit weit verbreitet und besonders im Humanismus beliebt war:[140] Der Knabe Eros stiehlt Honig aus einem Bienenkorb, verhält sich dabei ungeschickt und wird deshalb gestochen. Weinend beklagt er sich bei seiner Mutter Aphrodite über die Aggressivität der kleinen Flügelwesen. Sie hält ihm lachend den Spiegel vor und bittet ihn zu bedenken, dass er ebenfalls klein und beflügelt ist, dennoch aber den Menschen durch die unscheinbaren Verletzungen seiner Liebespfeile erhebliche Schmerzen zufügen kann. Damit inszeniert der Stich eben die Selbsterkenntnis des Ungeschickten, die auch der Romantitel ankündigt.[141] Er führt zu diesem Zweck den begehrlichen, aber ungeschickt durchgeführten Honigdiebstahl des kleinen Eros, seinen daraus entstehenden Glückswechsel und seine Klage darüber simultan vor Augen und montiert dafür zwei thematisch verwandte, hintereinander abgedruckte Embleme aus der 1580 durch Jeremias Held besorgten Ausgabe des *Liber emblematum* von Andreas Alciatus zusammen.[142]

Der gegenüberliegende Stich integriert Funktionen des Frontispizes und des Mottos. Er konfrontiert die heidnisch-antike mit einer christlich-spirituellen Perspektive auf die Liebe. Dazu werden gleich drei zeitgenössische Embleme in eines zusammengeführt. Das erste von ihnen wird für den Hintergrund genutzt. Es illustriert das Jesuswort vom schmalen und engen Weg zum wahren Leben[143] durch einen der Welt entsagenden Wanderer, der sich in ein steiles Gebirge begibt.[144] Der Vordergrund des Stichs motiviert den Aufbruch des Wanderers. Er zeigt einen Altar, auf dem ein brennendes

---

140 Vgl. Theokrit: Gedichte (zuerst um 270 v. Chr.). Gr./dt. Übers. u. hg. von Regina Höschele. Stuttgart 2016, S. 152. Lucas Cranach d. Ä. hat diese Idylle für sein Gemälde *Venus mit Amor als Honigdieb* genutzt.

141 Selbsterkenntnis ist im 17. Jahrhundert ein zentrales Thema des deutschsprachigen satirischen Romans, insbesondere in Johann Michael Moscheroschs *Gesichte Philanders von Sittewalt* (zuerst 1640); vgl. Meid: Die deutsche Literatur im Zeitalter des Barock (s. Anm. 1), S. 724.

142 Jeremias Held: Liber emblematum D. Andreae Alciati. Frankfurt 1580, Bl. 66 f.

143 Mt 7, 14.

144 Als Vorlage diente Johann Mannich: Sacra Emblemata […]. Nürnberg 1624, S. 61. Zusammen mit affinen Emblemen verzeichnet bei Arthur Henkel/Albrecht Schöne (Hg.): Emblemata. Handbuch zur Sinnbildkunst des XVI.

Herz geopfert wird. Der Rauch des Opfers steigt zum Himmel empor, in dem das Tetragramm JHWH den Namen Gottes symbolisiert. Die Vorlage findet sich bei Gabriel Rollenhagen.[145] Dieser bezieht sich explizit auf den vierten Bußpsalm, dem zufolge Gott besonders gerne ein geängstigtes und zerschlagenes Herz als Opfer annimmt.[146] Die Subscriptio in Rollenhagens Emblem bestimmt das geopferte Herz näher: Es wird von Trauer beschwert und durch ein Vergehen bedrückt. Das lässt sich zum einen auf den weinenden Honigdieb Amor zurückbeziehen und zum anderen mit dem ungeschickten Verhalten und dem daraus hervorgegangenen Glückswechsel verbinden, der Leopold I. und Johann Friedrich Taust gemeinsam gewesen zu sein scheint. Der Stich in Tausts Roman versieht den Sockel des Altars mit einer holprig gereimten Inschrift, die auf die Vergeblichkeit der irdischen im Unterschied zur himmlischen Liebe aufmerksam macht:

> Des Höchsten gunst
> Hegt Liebes brunst
> Die nicht um sunst

Das kann als Motto des Romans verstanden werden. Vollständig ‚umsonst', im Sinne von nichtig und vergänglich, ist demnach die im weltlichen Kontext agierende erotische Begierde (die „Liebes brunst"), gerettet und bewahrt wird das Begehren dagegen, wenn es sich in die Liebe zu Gott, dem „Höchsten", transformiert. Daher begibt sich der Wanderer im Hintergrund auf den Weg ins Gebirge. Dem Motto gemäß sollen alle Verliebten, auch der theologisch gebildete Autor und sein theologisch gleichfalls beschlagener Adressat, ihr irdisches Treiben religiös transzendieren.[147] Der Kupferstich ist damit aber noch nicht erschöpft. Er begibt sich auch hinab in die

---

und XVII. Jahrhunderts. Sonderausgabe. 2., unveränd. Aufl. Stuttgart 2013, Sp. 983–986.

145 Gabriel Rollenhagen: Nucleus emblematum selectissimorum. Köln 1611, S. 65.

146 Ps 51, 19.

147 Leopold I. war früh für eine geistliche Laufbahn ausgebildet worden und blieb Zeit seines Lebens der Religion eng verbunden; vgl. Spielman: Leopold I. (s. Anm. 110), S. 26 f.

Niederungen, wo die Verführung durch das Böse zu Hause ist und Mord und Totschlag lauern. Dafür stehen die Schlangen, die sich am Fuß des Opferaltars ringeln und das geopferte Herz anfeinden. Das Motiv erinnert von Ferne an die Arten der Ungeschicklichkeit, die im *Orator Ineptus* durch die Gänge der zeitgenössischen Bildungsanstalten kriechen. Der Kupferstich zu Tausts Roman entlehnt es einem 1622 erschienenen Emblembuch von Gregor Kleppis.[148] Von Kleppis stammt auch die lateinische Subscriptio des Kupferstichs, die dieser zudem mit einer etwas unbeholfenen Übersetzung versehen hat:

> Kein Schlang der andern schadt mit gifft
> Ein Mensch den andrn offt Thödtlich trifft.[149]

Selbst das im zeitgenössischen Verständnis niedrigste Tier, die falsche, verführerische und gefährliche Schlange,[150] schont ihresgleichen, während die Menschen einander verletzen und sogar töten können. Damit ist am Ende des Kupferstichensembles auch der „Frevel" benannt, von dem Zesen in seiner Lobrede spricht: es geht um den Glückswechsel, den die Mitschuld am Tod eines nahestehenden Menschen nach sich zieht, konkret um die Verantwortung Leopolds I. für den Tod Margaritas und diejenige Johann Gottfried Tausts für den Tod Margarets.

In beiden Fällen ist nach Tausts Auffassung der Tod der Frau die Folge einer männlichen Rohheit oder Nachlässigkeit. Der Form nach handelt es sich dabei um Fälle sozialen, die Geschlechterordnung betreffenden Ungeschicks. Insbesondere geht es um eine fehlende Beachtung der Handlungsumstände. Im Sinne des Stieler'schen Wörterbuchs ist die für Taust entscheidende Bedeutung des

148 Gregor Kleppis: Emblemata varia. Frankfurt a. M. 1622, unpag. Es ist in diesem Zusammenhang nicht unwichtig, dass Kleppis 1612 zum Poeta laureatus gekrönt worden ist.

149 Ebd.

150 Im Roman wimmelt der Ort, wo der Autor einst mit seiner verstorbenen Freundin spazieren ging, nun „voll falscher Nattern"; er trage in sich „den verleumdungs Worm"; [Taust:] Glůks=Verwandlung Der Verliebten (s. Anm. 106), S. 366.

Ausdrucks daher am ehesten mit ‚insiepientia' und ‚inconcinnitas' anzugeben. Beides verweist auf die Sphäre des höfischen Verhaltens, speziell auf die Gebote der Dezenz im Umgang von Männern mit Frauen. Bezogen auf den Kaiser heißt dies, dass er bei seinen politisch gebotenen Bemühungen um einen Erben und Thronfolger das jugendliche Alter und die Kränklichkeit seiner Ehefrau stärker hätte berücksichtigen müssen. Er hatte während seiner Hochzeit zu viel versprochen[151] und als es darauf ankam, fehlte es ihm an Feingefühl und der gebotenen Zurückhaltung.

Das ungeschickte Verhalten Tausts lässt sich nur über einen Umweg erschließen. Da er sich in der Titelei das Pseudonym ‚der Trauernde' zulegt, bietet es sich an, die Figur des ‚trauernden Ritters'[152] im Roman als fiktionales Alter Ego aufzufassen. Der trauernde Ritter heißt Accomates und liebt (wie der Kaiser) seine Nichte, die hier den Namen Melinde trägt. Als Accomates/Taust an den Windpocken erkrankt, muss er räumlich von Melinde getrennt werden. Er schreibt ihr daher „ein kleines Briefflein",[153] welches sie auch liest. Anschließend erkrankt sie ebenfalls an den Windpocken und stirbt wenig später sogar an ihnen. Taust-Accomates fühlt sich daraufhin schuldig, nennt sich einen „Mo̊rder" und erklärt, er habe den Tod Melindes „durch ein von meiner Kranckheit vergifftes Briefichen unachtsamer Dinge / verursacht".[154] Damit wird auf das tödliche Gift verwiesen, das die Subscriptio des Kupferstichensembles im Bild der Schlangen in Szene gesetzt hatte. Accomates erkennt allmählich die Unbeständigkeit alles Irdischen und die Beständigkeit allein der spirituellen Liebe. Daher ist er am Ende – wie

151 Vgl. die allegorische Schlüsselszene der Oper *Il pomo d'oro*, die während der Hochzeitsfeierlichkeiten aufgeführt worden ist. Sie stellte den Kaiser als letzten männlichen Nachkommen einer aussterbenden Dynastie vor und ordnete ihm hoffnungsvoll eine reiche und glückliche Nachkommenschaft zu; Spielman: Leopold I. (s. Anm. 110), S. 54.

152 Vgl. [Taust:] Glůks=Verwandlung Der Verliebten (s. Anm. 106), S. 349.

153 Ebd., S. 141.

154 Ebd., S. 344; vgl. auch S. 159, S. 300 und S. 344.

der fortan als Pfarrer tätige Autor des Romans – „gantz entschlossen auch geistlich zu werden“[155].

Als Handlungskontext der Ungeschicklichkeitsszene in Tausts Roman lassen sich Liebesverhältnisse ausmachen. Sie spielen sich grundsätzlich sowohl in der Horizontalen als höfisch überformte erotische Liebe zwischen Mann und Frau ab, als auch in der Vertikalen, wo sie in spiritueller Form das Verhältnis des Einzelnen zu Gott betreffen und nicht auf den Hof beschränkt sind. Nur in erotischen Beziehungen – auf dem Schauplatz der Welt und vor allem bei Hofe – kann man sich aber ungeschickt verhalten. Das belegen die Figuren der Ungeschicklichkeitsszene. Bei ihnen handelt es sich um den Deutschen Kaiser, dessen ungeschicktes Sexualverhalten zum Tod seiner Ehefrau beigetragen hat, und um den Autor des Romans, der die höfischen Konventionen kennt und möglicherweise ebenso wie sein fiktionales Alter Ego Accomates die eigene Nichte aus Unachtsamkeit mit den Windpocken infiziert hat. Der Roman präsentiert dazu eine preziöse, an den Stilidealen Philipp von Zesens orientierte und weitgehend in den Bahnen generischer Konventionen verlaufende Erzählung, die es erlaubt, die Biographie des Autors allegorisch mit der Biographie des Kaisers zu verschalten. In der Figur des trauernden Ritters Accomates schneiden sich die Parallelen. Er und seine Nichte Melinde sind daher die entscheidenden Akteure des hier thematischen, in einem unbeabsichtigten Tötungsakt kulminierenden Glückswechsels. Er spielt sich bei Hofe ab. Als Beobachter fungiert auf einer ersten Stufe der Ungeschickte selbst, der seine Tat erkennt und sich für sie verantwortlich fühlt. Auf einer zweiten Stufe unterbreitet der Autor Taust seine in Romanform gebrachte und durch ein Kupferstichensemble illustrierte Selbsterkenntnis als Ungeschickter den Damen des Deutschen Hochadels (und über sie dem Ister-Orden), denen er den Roman zueignet. Auf einer dritten Stufe adressiert er auch den Deutschen Kaiser, um ihn mit Unterstützung der am Wiener Hof einflussreichen adeligen Frauen ebenfalls zur Selbsterkenntnis und damit letztlich zur sexuellen Dezenz zu veranlassen. Insofern all

155 Ebd., S. 348.

dies in Form eines gedruckten Buches geschieht, ist viertens grundsätzlich auch das lesekundige Publikum als Beobachter der Szene anzusetzen.[156] Weil Leopold darum weiß, weil überdies der Roman entschieden auf die Unterordnung auch des Kaisers unter die allgemeine Vergänglichkeit hinweist,[157] sind die Handlungsspielräume des zu Milde und Nachsicht neigenden und überdies ausnehmend frommen Souveräns begrenzt.[158] Er hat die Flucht nach vorn angetreten, gute Miene zum bösen Spiel gemacht und den Autor des Romans zum kaiserlichen Poeten gekrönt.[159]

Sieht man sich die einzelnen Phasen der fiktionalen Ungeschicklichkeitsszene näher an und berücksichtigt dabei ihren biographischen Verweis- und Appellcharakter, dann nimmt auf der Ebene der Diegese die Figur des Accomates ihre Ungeschicklichkeit zunächst als mögliche, später dann als gewisse Ursache des Todes seiner Freundin und Nichte Melinde wahr.[160] Der intradiegetischen Selbsterkenntnis der Romanfigur entspricht dann extradiegetisch die „selbst erkennende Ungeschickligkeit", die sich der Autor des Romans im Titel attestiert. Sie hat ihn veranlasst, sich ‚der Trauernde' zu nennen. Diejenige, um die er trauert und für deren Tod er durch seine Ungeschicklichkeit vermutlich mitverantwortlich war, hieß Margaret. Die Ähnlichkeit ihres Namens mit dem der gerade verstorbenen Kaiserin erlaubt es dem Autor, auch Leopold I. und

156 Zu denken ist dabei primär an den Adel, das städtische Patriziat und an hohe Beamte; vgl. Meid: Die deutsche Literatur im Zeitalter des Barock (s. Anm. 1), S. 46 f.

157 Im Schlussgedicht heißt es unverblümt: „Ach Vanitas! Auch Kåyserliche Wůrde / Kunst und Geschicklichkeit packstu in eine Bůrde"; [Taust:] Glůks=Verwandlung Der Verliebten (s. Anm. 106), S. 371.

158 Zum Charakter Leopolds vgl. Pons: „Wo der gekrönte Löw hat seinen Kayser-Sitz" (s. Anm. 116), S. 52–56. Generell zur ausschlaggebenden Rolle des Charakters des jeweiligen Herrschers im 17. Jahrhundert vgl. Münkler: Der dreißigjährige Krieg (s. Anm. 20), S. 109.

159 Der Kaiser wurde nach dem Tod Margaretas übrigens „immer verschlossener und hölzerner in seinem Auftreten" sowie „langsam und konservativ in seinen Reaktionen"; Spielman: Leopold I. (s. Anm. 110), S. 72.

160 Einerseits denkt Accomates, dass er „vielleicht" ihren Tod verursacht hat; [Taust:] Glůks=Verwandlung Der Verliebten (s. Anm. 106), S. 159, andererseits nennt er sich wie gesagt ihren „Mőrder"; ebd.

seinem Umfeld die Selbsterkenntnis der eigenen, letztlich sexuell motivierten Ungeschicklichkeit zuzumuten. Dem deutschen Kaiser wird ein religiös begründetes Modell des Umgangs mit ihren Folgen angeboten, das verhaltenstechnisch an seine Dezenz appelliert.

Fasst man die Ergebnisse bis hierher zusammen, dann entsteht dieses Modell aus und mit der Diskursivierung der Ungeschicklichkeit und fällt mit dem Roman und seinen Paratexten zusammen. Im Roman wird die Ungeschicklichkeit allegorisch-textuell durch ein infiziertes Schriftstück repräsentiert, durch das eine Frau zu Tode kommt. Es ist Teil der Liebesgeschichte zwischen Accomates und Melinde, die es abrupt beendet. Accomates muss erkennen, dass er durch sein unachtsames Verhalten für den Tod Melindes verantwortlich geworden ist. Fortan tritt er als trauernder Ritter auf und teilt seine Tat auch anderen mit, um sich schließlich konsequent für die Weltabkehr zu entscheiden. Parallel dazu legt der Autor durch die Gedichte im Anhang seines Romans sowie durch die Titelei in biographischer Perspektive nahe, dass er ebenfalls eine Ungeschicklichkeit begangen hat, dass dabei ebenfalls eine Frau zu Tode kam und dass auch er sich daher das Pseudonym des Trauernden zugelegt hat. Mit diesem Bekenntnis wendet er sich in der Vorrede seines Romans an die adeligen Frauen im Umfeld des Kaiserhofs. Indem darin auf die Ereignisse am Wiener Hof angespielt wird, erfolgt ein Appell an den Kaiser. Er soll in den fiktionalen, aber biographisch verbürgten Geschehnissen des Romans seine eigene Rohheit und Indezenz mitsamt ihren Folgen erkennen. Zur Diskursivierung der Ungeschicklichkeit trägt schließlich auch das Kupferstichensemble des Romans bei. Es präsentiert einerseits – auf dem linken der beiden Stiche – das Ungeschick als scheinbar geringfügigen Honigraub und potenziell wirkungsmächtigen Liebespfeil; andererseits weist es – mit dem rechten der beiden Stiche – auf die Tötung als Folge einer Ungeschicklichkeit explizit hin und empfiehlt als probate Form der Sühne das Selbstopfer und den Weg zu Gott.

Die Dezisionsphase der mehrfach gestaffelten Ungeschicklichkeitsszene besteht in diesem hochintrikaten Fall darin, sich gegen die vergängliche Welt mit ihren Gelegenheiten zur Ungeschicklichkeit und für den religiösen Weg zu Gott zu entscheiden. Auf der fiktionalen Ebene des Romans wird diese Entscheidung genretypisch anlässlich der zufälligen Begegnung von Accomates mit einem Einsiedler vorgeführt.[161] Der Einsiedler mit dem sprechenden Namen Infortunus hat sich nach einem Karriereknick bei Hofe und dem Verlust seiner Geliebten in einen Wald zurückgezogen und sein Leben Gott geweiht. Seinem Vorbild gemäß will Accomates, nachdem er seine Aufgaben als Ritter erledigt hat, in ein Kloster eintreten. Der Autor Taust, der nicht nur sein ungeschicktes Verhalten gegenüber seiner Freundin Margaret eingesteht, sondern auch die Form seines Romans als ungeschickt bezeichnet,[162] der überdies nach Auskunft des Kupferstichensembles ebenso wie der Einsiedler Infortunus und der traurige Ritter Accomates religiös geworden ist, setzt sich der Entscheidungsmacht des Wiener Hofes und letztlich des Kaisers aus. Das ist hochriskant und wird daher auch durch soziale und religiöse Strategien hieb- und stichfest abgesichert. Durch die Krönung Johann Gottfried Tausts zum Poeta laureatus hat sich der Kaiser dagegen entschieden, den literarischen Appell seines Untertans zurückzuweisen und zu sanktionieren.

Unter funktionalen Aspekten ist festzuhalten, dass in diesem Fall eine lebensweltliche, biographisch zurechenbare Ungeschicklichkeit mit den Tugendnormen und Verhaltenskodizes des höfisch-historischen Romans kollidiert. Letztere gelten in besonderer Weise für die Interaktion zwischen den Geschlechtern und lassen Rohheit und fehlende Achtsamkeit, erst recht aber das Ausleben sexueller Begierden, im höfischen Kontext als indezent erscheinen. Indem sich der Verfasser in der Vorrede an hochgestellte Frauen im Umfeld Leopolds I. wendet, nutzt er die Kontrastfunktion der literarischen Form zur Verurteilung der Indezenz des ranghöchsten Mannes und appelliert zugleich an die Hüterinnen des guten Geschmacks, weitere Verstöße zu verhindern. Was die Wirkungsfunktion betrifft, so trägt Literatur in diesem Fall nicht zur Ungeschicklichkeit bei und

---

161 Accomates stellt sich dem Einsiedler als Suchender vor: „Ich bin ein Ritter / welcher Abentheuren nachreitend sich in diesem Gehǒltze verirret / und zu meinem grossen Glůck Euch umb Herberge anzusprechen / und den rechten Weg aus dem Wald zu erfahren hieher gelanget bin.“ Ebd., S. 217.

162 Am Ende der Vorrede gesteht der Autor ein, aufgrund seiner Trauer sei „das Gedichte gleich an ihme selbst schlecht und unschicklich gegeben“; ebd., S. Av^{r} f.

wertet sie auch nicht auf. Stattdessen arbeitet sie die Tragik heraus, die aus fehlender Achtsamkeit und sexueller Rohheit entstehen kann. Tausts Roman dient damit der Verurteilung und prospektiven Verhinderung ähnlicher Verhaltensformen durch die Warnung vor ihren hochdramatischen Folgen. In dieser Hinsicht arbeitet auch er mit Strategien der Negativdidaxe. Zugleich gesteht der Autor ein, als Schriftsteller Fehler begangen und gegen Schicklichkeitsnormen verstoßen zu haben. Man kann darin einen zeittypischen Einsatz der topischen captatio benevolentiae sehen, man kann das Manöver aber auch im Sinne eines religiös oder philosophisch begründeten Formverzichts auffassen, wie ihn Paulus in seiner Narrenrede, Schupp in seinem *Orator ineptus* oder Rembrandt in seiner Radierung inszeniert haben. Der offen eingestandene und aufwändig diskursivierte Fauxpas steigert auch in diesem Fall die Glaubwürdigkeit des Autors, der in barocktypischer Weise seine Redekunst als „Medium der sozialen Selbstbehauptung“[163] nutzt.

Johann Gottfried Taust hat in seinem von der Forschung übersehenen Roman *Glůks=Verwandlung Der Verliebten* ein neues Format für die Darstellung von Ungeschicklichkeit gefunden. Es kombiniert das komplexe Erzählschema des höfisch-historischen Romans mit visuellen und lyrischen Elementen zu einem hybriden Gebilde, das fiktionale Geschehnisse mit faktualen Bezügen performativ verknüpft.[164] Für die Fallgeschichte der Ungeschicklichkeit in der deutschen Literatur ist vor allem die narrativ inszenierte Selbsterkenntnis des Autors und Erzählers als ungeschickter männlicher Rohling bedeutsam. Sie geht über die Selbsterkenntnis des ungeschickten Redners in Schupps *Orator ineptus* hinaus und bleibt zunächst ohne direkte Folgen, weist aber auf Goethes Gedicht *Lili's Park* und Friedrich Schlegels *Lucinde* voraus. Zuvor

163 Barner: Barockrhetorik (s. Anm. 57), S. 451.

164 Zur häufig anzutreffenden Verschlüsselung politischer Ereignisse im Roman des 17. Jahrhunderts vgl. Ingo Breuer: Formen des Romans. In: Meier (Hg.): Die Literatur des 17. Jahrhunderts (s. Anm. 13), S. 575–593, hier S. 578, Keller: Frühe Neuzeit (s. Anm. 40), S. 172; Meid: Die deutsche Literatur im Zeitalter des Barock (s. Anm. 1), S. 564 und S. 574 f., sowie Gertrud Maria Rösch: Clavis Scientiae. Studien zum Verhältnis von Faktizität und Fiktionalität am Fall der Schlüsselliteratur. Tübingen 2004, S. 41–78.

musste allerdings die Ungeschicklichkeit aus ihrer höfischen Verdammung herausgelöst und nicht nur in religiösen, sondern auch in weltlichen Kontexten aufgewertet werden. Das geschieht im Zuge der patriotisch motivierten Kritik höfischen Verhaltens während des 18. Jahrhunderts. In ihrem Zentrum steht die groteske Figur des Tanzbären.

VIERTER TEIL

Tanzbären / 1704–1789

I

Der Blick des Esels

Wir zappeln auf dem Trocknen und es
muß irgendwo ein Ozean für uns sein.
Matthias Claudius

Im 18. Jahrhundert nimmt der ungeschickte Rohling seine Maske ab und erhält ein Gesicht. Sein Körper ist freilich noch ungelenk wie ein Tanzbär und steckt bevorzugt im grotesken Gewand eines Harlekins. Antoine Watteau hat ihn als *Pierrot, dit autrefois Gilles*, dargestellt. Das großformatige, 1718 entstandene Ölgemälde präsentiert den ungeschickten Pedrolino oder Pierrot, der zum Improvisationstheater der Commedia dell'arte gehörte. Im Ensemble ihrer Figuren ist Pierrot der junge, linkisch-poetische, oft auch naive und unverstandene Liebhaber. Justus Möser, der deutsche Experte für den Harlekin und das Groteske, hat die Figur in seinem einschlägigen Essay als „baurisch=lůcherlich"[1] charakterisiert und sie dadurch in die frühneuzeitliche Traditionslinie des rustikalen Grobianismus gestellt. Zumeist tritt Pierrot in einem schweren weißen Gewand mit zu langen Ärmeln und weißen Schleifenschuhen auf.[2] Er ist hauptsächlich damit beschäftigt, subtile, meistens unglücklich endende Beziehungen zu „petites soubrettes" anzuspinnen.[3] Der Flame Watteau, ein indifferenter Einzelgänger, der sich in Gesellschaft unwohl fühlte, daher zurückgezogen lebte, aber gerne ins Theater ging,[4] lernte die Commedia dell'arte in Paris über den Theater- und Bühnenmaler Claude Gillot kennen, für den er seit 1704 arbeitete.

1 [Justus Möser:] Harlekin, oder Vertheidigung des Groteske=Komischen. O.O. 1761, S. 72.

2 Martin Sonnabend: Antoine Watteau. Der Zeichner. In: Michiel Plomp/M. S.: Watteau. Der Zeichner. München 2016, S. 11–29, hier S. 15.

3 Henning Mehnert: Commedia dell'arte. Struktur – Geschichte – Rezeption. Stuttgart 2003, S. 117.

4 Vgl. Iris Lauterbach: Watteau. 1684–1721. Köln 2008, S. 21, S. 38 f.; Sonnabend: Antoine Watteau (s. Anm. 2), S. 21.

 | DOI:10.30965/9783846761038_014

Ab 1712, dem Jahr seines Durchbruchs, finden sich typische Figuren der zufallsaffinen Commedia dell'arte, oft vermischt mit der Darstellung von Zeitgenossen, auf seinen Zeichnungen und Gemälden, auch auf den berühmten *Fêtes galantes*. Der ungeschickte Pierrot spielt dabei eine exponierte Rolle. Er kommt häufig dann zum Zug, wenn Watteau auf seinen Theaterbildern einen Blickkontakt zwischen einer Figur und dem Betrachter herstellen will.[5]

Die Korrespondenz der Blicke ist auch für den *Pierrot* von 1718 charakteristisch. Watteau stellt ihn unbewegt und spannungslos, mit herunterhängenden Armen, auf eine kleine Anhöhe.[6] Unterhalb seines Standorts und hinter seinem Rücken zerren weitere Figuren aus der Commedia dell'arte vor einem mit großen Wolkenbänken bedeckten Himmel einen Esel von links nach rechts, in Richtung einer großen Satyrbüste. Der Körper Pierrots wird von einem weiten Kostüm aus schwerem weißem Stoff bedeckt, das an den Armbeugen stark gestaut ist. Im Kunstprodukt des Kostüms, das Watteau in seiner Werkstatt für unterschiedliche Modelle vorrätig hielt,[7] konzentriert sich der Typus des ungeschickten Pierrot.[8] In scharfem Kontrast zum Kostüm stehen Gesicht und Hände der Figur, die unbedeckt bleiben. Sie individualisieren den Rollentyp, der insbesondere durch das charakteristische Gesicht als überdimensionales Schauspielerporträt erscheint.[9] Dazu trägt nicht zuletzt die Blickregie bei. Denn die hybride, aus typischen und individuellen Merkmalen zusammengesetzte Figur schaut den Betrachter von seiner erhöhten Position aus direkt an. Ihr Blick ist schutzlos und dennoch unbeirrt,

---

5 Plomp/Sonnabend: Watteau (s. Anm. 2), S. 180.

6 Aus der Sicht der zeitgenössischen Auftrittslehren macht die Figur alles falsch, was man falsch machen kann. Vgl. Doris Kolesch: Auftrittsweisen. Überlegungen zur Historisierung der Kategorie des Auftritts. In: Juliane Vogel/Christopher Wild (Hg.): Auftreten. Wege auf die Bühne. Berlin 2014, S. 38–53, hier S. 42–48.

7 Sonnabend: Antoine Watteau (s. Anm. 2), S. 24.

8 Vgl. Lauterbach: Watteau (s. Anm. 4), S. 68.

9 Man hat das Bild als Porträt des Schauspielers Belloni verstanden, der lange als Pierrot brilliert hatte; ebd., S. 46.

Tafel 3 Antoine Watteau, Pierrot, dit autrefois Gilles, 1718/19

die Mimik mit dem angedeuteten Lächeln, das entfernt an die Mona Lisa erinnert, unbestimmt und deutungsoffen.[10]

Doch nicht nur Typus und Individuum geraten auf Watteaus Gemälde in einen instabilen Schwebezustand, sondern auch Kunst und Natur. Das ist durchaus programmatisch zu verstehen, denn als gelehrter Maler hat Watteau auch zur zeitgenössischen Debatte über ihr Verhältnis beigetragen.[11] Während das Kostüm Pierrots ebenso wie die typischen Figuren der Commedia dell'arte im Hintergrund und die Satyrbüste zur Sphäre der Kunst gehören, lassen sich Gesicht und Hände der Figur als natürlich auffassen. Unterstrichen wird die Zuordnung durch den Esel, insbesondere durch das rechte Auge des Tiers, das den Betrachter ebenso offen, ernst und unverwandt anschaut wie Pierrot in seinem ungeschickten Kostüm.[12]

Daraus lässt sich eine Unterscheidung innerhalb der Ungeschicklichkeit ableiten, die den Diskurs fortan prägen wird. Ihr zufolge steht der vordergründigen Eindeutigkeit typischer Merkmale ungeschickten Verhaltens, wie sie im Kostüm Pierrots zum Ausdruck kommt, die untergründige und unbestimmte Zuordnung der Ungeschicklichkeit zur animalischen Natur gegenüber, die sich im schutzlosen Blick von Mensch und Esel äußert und aus dem Performanzfehler eine nicht negierbare Wesensbestimmung, ein Anthropologicum werden lässt. Man *verhält* sich dann nicht nur ungeschickt, sondern man *ist* es – ohne die bisher mitlaufende moralische Verdammung. Vielmehr entscheidet sich nun erst im stummen Blickwechsel mit dem Betrachter der Umgang mit dem Ungeschickten, es entscheidet sich darin aber auch der Umgang mit den Perfektionierungsprogrammen der Aufklärung. Denn durch das Geschehen hinter dem erhöhten Pierrot wird eine Dynamik ins Bild gesetzt, die in analoger Weise auch die Fortschrittsidee für sich beansprucht. Das betrifft die Figuren, die den störrischen Esel in Richtung der großen Satyrbüste zerren. Sie haben damit ihre Mühe, aber auch einiges Vergnügen. Dieser Bewegung opponiert der Blick Pierrots ebenso wie der Blick des Esels. Beide bauen eine ‚natürliche'

10 Vgl. ebd.

11 Vgl. ebd., S. 61.

12 Vgl. dazu auch ebd., S. 46.

Blickachse zum Betrachter auf. Durch sie wird die von links nach rechts gerichtete Fortschrittsdynamik im Hintergrund, das auf Lustgewinn abzielende Herumzerren am Animalischen und mit ihm die Dynamik der Kultur, für die Dauer des Blickkontakts sistiert. Im Stillstand der Zeit, in der Präsenz des Bildraums öffnet sich die Möglichkeit, Ungeschicklichkeit (auch und gerade in eroticis) nicht nur faktisch zu konstatieren und abzulehnen, sondern sie zwischen natürlicher Mitgift und kultureller Zuschreibung auch als Chance zu begreifen. In ihr schlägt die Stunde der Poesie – als Stunde des Idioten.

II

Die Entdeckung der Natur

Die elfte der *Moralischen Reden* des Leipziger Theologen und Predigers Romanus Teller trägt den Titel: „Die Ungeschicklichkeit der Menschen in irdischen Dingen als ein Beweiß ihres Unvermögens in himmlischen".[13] Mit dieser Formulierung ist das Standardmodell der lutherischen Orthodoxie, das die Ungeschicklichkeitsszene der Reformation bestimmt und im 17. Jahrhundert die Hofkritik befeuert hatte, bis ins Zeitalter der Aufklärung gelangt: Aus eigener Kraft sind wir unfähig zur Erlösung und wenn wir als grobe Klötze, Harlekine oder drollige Tapsbären durch die Welt stolpern, dann bestätigt das nur unser radikales Unvermögen, unsere absolute Ungeschicklichkeit. Allerdings schlägt der theologischen Verbissenheit im Umgang mit der Welt nun ein frischer, pragmatischer Wind entgegen. Denn zu den zahlreichen ehrgeizigen Zielsetzungen der Aufklärung gehörte die „Urbanisierung des Verhaltens".[14] Jedermann, nicht nur der Höfling, sollte frei und ungezwungen reden und sich bewegen können. Zu dieser letztlich politischen, am Ende aber nur auf gut ausgebildete Eliten beschränkten Forderung[15] passten neue, philosophisch hochgerüstete Modelle wie dasjenige des Philosophen Christian Wolff, der den Menschen grundsätzlich als vernünftig und glücksfähig konzipierte.[16] Die theologisch geprägte Aufklärung stand damit vor der Aufgabe, Theologie und Philosophie zu verbinden, die These vom wesenhaft ungeschickten (weil sündigen) mit der des zumindest potenziell geschickten Menschen zu vermitteln. Zu den

13 Romanus Teller: Sammlung Moralischer Reden, so an heiliger Stäte gehalten worden. Leipzig/Eisleben 1736, S. 288–310.

14 Steffen Martus: Aufklärung. Das deutsche 18. Jahrhundert – ein Epochenbild. 2. Aufl. Berlin 2015, S. 182.

15 „Urbanität, nur auf Akademien zu lernen, / Welche das platte Land nun und nimmer begreift." So der Einspruch von Matthias Claudius: Ausgewählte Werke. Hg. von Walter Münz. Stuttgart 1990, S. 355, in seiner Rezension von Schillers *Musen-Almanach für das Jahr 1797*.

16 Vgl. Martus: Aufklärung (s. Anm. 14), S. 276.

prominentesten Lösungen des Problems gehörte das pädagogische, geschichtsphilosophisch legitimierte Konzept der Perfektibilität,[17] das von einer relativ festen, dabei aber immer noch hinreichend flexiblen Basis ausging. Denken, Handeln und Empfinden waren demnach ‚von Natur' gegeben, mussten aber nicht bleiben, was sie waren. Vielmehr konnten sie mit viel Disziplin und etwas gutem Willen nahezu unbegrenzt verbessert und gesteigert werden. Mit den Worten eines Aufklärers: „Diese fortschreitende Entwickelung menschlicher Kräfte und Anlagen, nach welcher unsere Natur immer mehr gleichsam ausgearbeitet, feiner und vielseitiger ausgebildet wird, nennen wir Vervollkommnung (Perfectibiliät)."[18] Die stetige Reihe der Optimierungen bildet dann den Fortschritt, an dessen Ende das Glück der Menschheit stehen sollte. Dieses Modell wurde schon von den Zeitgenossen skeptisch betrachtet. Das zeigt sich bereits bei Jenisch selbst,[19] aber auch mit selbstkritischer Pointe bei Lichtenberg.[20] Man hat aber auch Widerspruch eingelegt und gezeigt, dass sich der Fortschrittspfeil umkehren lässt. Wirkungsmächtig stellte vor allem Rousseau an den Anfang der Geschichte den natürlichen als guten, an deren Ende den kultivierten als schlechten Menschen. Differenzierter war die anthropologische These des Theologen Herder, der in fortschrittsskeptischer Perspektive mit

17 Vgl. Sven Aage Jørgensen/Klaus Bohnen/Per Øhrgaard: Aufklärung, Sturm und Drang, Frühe Klassik. 1740–1789. München 1990, S. 49. Zum Zusammenhang von Perfektibilität und Bildung vgl. Wilhelm Voßkamp: Der Roman des Lebens. Die Aktualität der Bildung und ihre Geschichte im Bildungsroman. Berlin 2009, S. 33–48.

18 Daniel Jenisch: Universalhistorischer Ueberblick der Entwickelung des Menschengeschlechts, als eines sich fortbildenden Ganzen. Eine Philosophie der Culturgeschichte (1801). In: Kulturgeschichten der Aufklärung. Eine kommentierte Anthologie deutschsprachiger Texte. Hg. von Christine Waldschmidt und Ulrich Breuer. Bielefeld 2020 (i. Dr.).

19 Die wirkliche Geschichte der Menschheit führe uns überwiegend „Abweichungen von dem geraden Wege zum Ziel der Vervollkommnung" vor Augen; ebd., S. 127.

20 „Bei aller meiner Bequemlichkeit bin ich immer in Kenntnis meiner selbst gewachsen, ohne die Kraft zu haben mich zu bessern". Georg Christoph Lichtenberg: Schriften und Briefe. Hg. von Wolfgang Promies. Bd. 1: Sudelbücher I. München 1968, S. 788.

Diskontinuitäten rechnete und den Menschen als ebenso fehleranfälliges wie geniales Mängelwesen konzipierte.[21]

Für die Zeitgenossen hatten die widersprüchlichen Anforderungen, die Theologie und Politik an sie herantrugen, durchaus quälenden Charakter. Sie rangen um Auftrittssicherheit und fühlten sich dabei schlecht beraten. Das belegt etwa der erste erhaltene Brief Friedrich Hölderlins. Der Fünfzehnjährige wendet sich im November 1785 an seinen Lehrer, den Nürtinger Diakon Nathanael Köstlin, und formuliert dabei en passant sein Lebensproblem:

> Etliche Betrachtungen, insonderheit seit ich wieder von Nürtingen hier bin, brachten mich auf den Gedanken, wie man doch Klugheit in seinem Betragen, Gefälligkeit und Religion verbinden könne. Es wollte mir nie recht gelingen; immer wankte ich hin und her.[22]

Wer auf Religion setzt und sich mit seinem Gottesverhältnis beschäftigt, vereinsamt und droht „die Menschheit zu verachten".[23] Versucht er dagegen unter die Menschen zu gehen und dabei klug zu agieren, wird er gemein und eitel. Im instabilen Schwanken zwischen Religion und Klugheit, zwischen dem Rückzug auf sich selbst und dem Wunsch nach sozialer Bindung, erfährt sich der junge Schreiber als ungeschicktes Individuum. Er ist damit keineswegs allein; allerdings hat auch kein anderer das Problem so markant verdichtet wie Hölderlin in seiner Ode *Blödigkeit*.[24]

Die Ungeschicklichkeitsszene des 18. Jahrhunderts ist eng mit dem Konzept des Individuums verbunden. Man hat das Individuum als Effekt einer Erosion der ständischen Ordnung im Übergang zur

---

21 Vgl. Martus: Aufklärung (s. Anm. 14), S. 679 f. Schon [Möser:] Harlekin (s. Anm. 1), S. 79, geht davon aus, „daß jeder Mensch wechselweise klug und nårrisch ist". Für Lichtenberg: Schriften und Briefe (s. Anm. 20), S. 534, ist der Mensch sogar „so perfektibel und korruptibel, daß er aus Vernunft ein Narr werden kann." Spätestens Nietzsche wird damit ernst machen.

22 Friedrich Hölderlin an Nathanael Köstlin, November 1785. In: ders: Sämtliche Werke und Briefe. Hg. von Michael Knaupp. Bd. 2. München/Wien 1992, S. 393 f. hier S. 393.

23 Ebd.

24 Vgl. zum Kontext und zu Hölderlins Ode Georg Stanitzek: Blödigkeit. Beschreibungen des Individuums im 18. Jahrhundert. Tübingen 1989.

Moderne mit ihrem Zwang zur Einbindung der Untertanen in neu emergierende soziale Strukturen verstanden.[25] Es erfährt sich darin als dasjenige, was von diesen Strukturen ausgeschlossen bleibt. In dieser Erfahrung wird es zu einem „explosiven Begriffsgemisch",[26] in dem Einfachheit und Steigerbarkeit, Unzerstörbarkeit und Veränderbarkeit auf paradoxe Weise kombiniert sind: Einfachheit und Unzerstörbarkeit verweisen zurück auf den theologischen Begriff der Seele, der im 18. Jahrhundert durch den der Natur ersetzt wird, während die Möglichkeit, das Individuum zu steigern und zu verändern, die Grundlage der Perfektibilität bildet, die es allem und jedem – und insofern auch dem Individuum – ermöglichen soll, ständig besser zu werden.

Eine Verbindung zwischen der fixen Natur des Individuums und seiner laufenden Perfektionierung erlaubt der pragmatische, mit Vergleichen operierende Kulturbegriff der Aufklärung.[27] Er gehört zu den zahlreichen semantischen Neuerungen des Zeitalters. Als einer der ersten hat Johann Georg Walch unter *Cultur* explizit die „Verbesserung einer Sache" durch „hůlfreiches Zuthun und Bemůhen" verstanden.[28] Organismen wie Nutzpflanzen, Blumen oder Menschen sind dann kultiviert, wenn sie „in einen vollkommenern Zustand versetzet worden" sind, in dem sie „nicht von Natur sich befinden".[29] Damit kommt der Körper ins Spiel. Für die Ungeschicklichkeit des Individuums folgt daraus einerseits, dass es verpflichtet ist, seine Rückständigkeit durch intensive Übung aller körperlichen und geistigen Eigenschaften zu beheben und abzustellen. Ebenso wie der Fürst über seine Untertanen herrscht, muss auch der Verstand jedes Untertanen lernen, über den eigenen Körper und seine Leidenschaften zu regieren – sonst gebärden sich die Untertanen wie die Leidenschaften als böse Kobolde, die Chaos und Unordnung

---

25 Vgl. Martus: Aufklärung (s. Anm. 14), S. 586.

26 Niklas Luhmann: Individuum, Individualität, Individualismus. In: ders.: Gesellschaftsstruktur und Semantik. Studien zur Wissenssoziologie der modernen Gesellschaft. Bd. 3. Frankfurt a. M. 1989, S. 149–258, hier S. 191.

27 Vgl. Dirk Baecker: Wozu Kultur? 2., erw. Aufl. Berlin 2001, S. 64–70.

28 Johann Georg Walch: Philosophisches Lexicon. Tl. 1. 4. Aufl. Leipzig 1775, Sp. 666.

29 Ebd.

erzeugen.[30] Letztlich ist die Behebung der Ungeschicklichkeit aber nicht nur Sache des Einzelsubjekts oder des Staates, sondern Aufgabe der Menschheit. Folgt man dem Artikel „Geschicklichkeit" in Zedlers *Universal=Lexicon*, dann muss

> das gantze durch die Geselligkeit an einander hangende menschliche Geschlecht durch gemeinschafftliche Ausarbeitung der Natur mit vereinigten Kråfften an der Glůckseligkeit aller arbeiten.[31]

Wer sich nicht daran beteiligt und ungeschickt bleibt, wird zum Fortschrittsverhinderer und Menschheitshemmnis. Er blockiert die Einschiffung nach Kythera, den gemeinsamen Weg zur Glückseligkeit.[32] Damit aber das Individuum seine Geschicklichkeit steigern kann, wird es in neuer Weise als autonomes Subjekt mit spezifischen Eigenschaften konzipiert.[33] Das hat vor allem Immanuel Kant aufgenommen und weiter differenziert. Für ihn ist Geschicklichkeit lediglich ein „Kunstvermögen zu beliebiger Absicht".[34] Die Beliebigkeit der Absichten zeigt an, dass man ohne moralisch einwandfreie Ziele zwar ein geschickter Arzt, aber auch ein geschickter Dieb werden kann. Weil Moralität für Kant immer an gute, auch für andere akzeptable Intentionen gebunden bleibt, ist Geschicklichkeit – und mit ihr auch die Ungeschicklichkeit – moralisch indifferent. Das ist die entscheidende Neuerung im Ungeschicklichkeitsdiskurs des

30 Vgl. etwa Daniel Wilhelm Triller: Der Hausherr und dessen wider seinen Willen getreuer und überall mitfolgender Kobold (zuerst 1740). In: Deutsche Fabeln des 18. Jahrhunderts. Hg. von Manfred Windfuhr. Stuttgart 1960, S. 4 f.

31 Johann Heinrich Zedler: Geschicklichkeit. In: ders.: Grosses vollståndiges Universal-Lexicon Aller Wissenschaften und Kůnste [...]. Bd. 10. Halle/Leipzig 1735, Sp. 1221. Der Eintrag greift auf Textpassagen zurück, die weitgehend wörtlich, im Detail aber auch mit signifikanten Differenzen entnommen sind aus August Friedrich Müller: Einleitung in die philosophischen Wissenschaften. Bd. 2. Leipzig 1728, S. 825. Zum Zedler und seiner kompilatorischen Anlage vgl. Martus: Aufklärung (s. Anm. 14), S. 437–444.

32 Vgl. Stefanie Arend: Glückseligkeit. Geschichte einer Faszination der Aufklärung. Von Aristoteles bis Lessing. Göttingen 2019.

33 Vgl. Martus: Aufklärung (s. Anm. 14), S. 371 f.

34 Immanuel Kant: Anthropologie in pragmatischer Hinsicht (zuerst 1798). In: ders.: Werke in sechs Bänden. Hg. von Wilhelm Weischedel. Bd. 6. 5., erneut überprüfter reprogr. Nachdr. Darmstadt 1983, S. 395–690, hier S. 511.

18. Jahrhunderts. Geschicklichkeit spielt aber nach Kant durchaus eine vorbereitende Rolle für Moral, Kultur und Charakterbildung, die kaum zu überschätzen ist. Insbesondere bringe sie die Naturanlagen der Menschen in Form,[35] steigere das Kulturniveau und befördere die Freiheit[36]. In pädagogischer Perspektive schließlich muss sich Geschicklichkeit nach Kant im Zögling als Gründlichkeit und Ehrlichkeit niederschlagen. Wenn das gelingt, trägt sie auch zur Charakterbildung bei.[37] Der Ungeschickte erscheint im Kontrast als schwacher, unkultivierter und charakterloser Naturbursche. Er könnte alles mögliche werden, hat aber zunächst noch schlechte Chancen.

Aus der Zuordnung der Ungeschicklichkeit zur Natur des Individuums, von der es sich im Laufe seiner Entwicklung dann durch Übung abstoßen soll, folgt die Anbindung des Ungeschicks an den Körper und seine Motorik. Auch der Körper des Untertanen ist anfangs schwach und ungeübt. Matthias Claudius etwa spricht in theologischer Tradition von der „Blöde und Brechlichkeit der sinnlichen und körperlichen Natur im Menschen".[38] Auch wenn man das neutraler formuliert, gehört die Inkorporation der Ungeschicklichkeit, zusammen mit ihrer Entmoralisierung, zu den nachhaltigsten Neuerungen der Semantik im 18. Jahrhundert. Sieht man sich das näher an, dann sind die Betroffenen schon früh von katholischer Seite, im Umfeld Kaiser Leopolds I., als grobe, ungehobelte Klötze und „vngeschlachte Blőck"[39] charakterisiert worden, wie sie insbesondere

---

35 Immanuel Kant: Kritik der praktischen Vernunft (zuerst 1788). In: ders.: Werke in sechs Bänden. Hg. von Wilhelm Weischedel. Bd. 4. 5., erneut überprüfter reprogr. Nachdr. Darmstadt 1983, S. 103–302, hier S. 154.

36 Immanuel Kant: Kritik der Urteilskraft (zuerst 1790). In: ders.: Werke in sechs Bänden. Hg. von Wilhelm Weischedel. Bd. 5. 5., erneut überprüfter reprogr. Nachdr. Darmstadt 1983, S. 233–620, hier S. 554.

37 Immanuel Kant: Über Pädagogik (zuerst 1803). In: ders.: Werke in sechs Bänden. Hg. von Wilhelm Weischedel. Bd. 6. 5., erneut überprüfter reprogr. Nachdr. Darmstadt 1983, S. 691–761, hier S. 747.

38 Matthias Claudius: Vorrede des Übersetzers (zuerst 1782). In: ders.: Ausgewählte Werke (s. Anm. 15), S. 130–136, hier S. 135.

39 Abraham a Sancta Clara: Ein Karn voller Narrn […]. Salzburg 1704, S. 21. Abraham rückt die Ungeschicklichkeit weiterhin in die Nähe der Sünde

unter den Dienstboten zu finden seien. Das führt den Grobianismus weiter. Von protestantischer, eng mit der Aufklärung verbundener Seite können Ungeschicklichkeiten dagegen entschuldigt werden, wenn sie lediglich auf einem von Gott gegebenen „natůrlichen Unvermǒgen" beruhen.[40] Darin bereitet sich ihre Entmoralisierung vor. Wie bisher wird der Ungeschickte jedoch verurteilt, wenn er aus „Untůchtigkeit", also aus eigenem Verschulden, „eine gewisse Handlung, die von der Ubung der Gliedmaßen, des Leibs, sonderlich *dependi*ret, auf eine sehr unvollkommene Art zu Wercke richtet."[41] Seine Motorik wirkt dann „gezwungen", er wird durch andere, die ihn beobachten „leichtlich *confus* und in Verwirrung gesetzt", handelt nicht selbstsicher, sondern „schůchtern und erschrocken" und kann angefangene Arbeiten nicht fertigstellen.[42] Neben Faulheit, Nachlässigkeit und Aufsässigkeit gehört auch übermäßige Wissbegierde,[43] ja sogar häufiges Denken[44] zu den Ursachen der Ungeschicklichkeit. Ist man einmal als ungeschickt stigmatisiert,

---

(Luzifer war der erst ungeschickte Narr; ebd., S. 19), nimmt aber auch religiös legitimiertes Handeln vom Verdacht der Ungeschicklichkeit aus. König David etwa simuliert lediglich seine Plumpheit, um unter Feinden überleben zu können (ebd., S. 20). Beides setzt Traditionen der Frühen Neuzeit fort. Zu Abraham vgl. Volker Meid: Die deutsche Literatur im Zeitalter des Barock. Vom Späthumanismus zur Frühaufklärung. 1570–1740. München 2009, S. 789–794.

40 Julius Bernhard von Rohr: Erleichterte und zum Gebrauch des Menschlichen Lebens eingerichtete Tugend=Lehre […]. Nürnberg 1729, S. 296.

41 Ebd.

42 Ebd., 297.

43 Ebd., S. 297 f. Vgl. auch Jean-Jacques Rousseau: Die Bekenntnisse (zuerst 1782). Übers. von Alfred Semerau, durchges. von Dietrich Leube. 2. Aufl. München 1984, S. 240: „Dieser Lerneifer wurde zu einer Manie, die mich wie blöde machte; ich war immer beschäftigt und murmelte stets etwas zwischen meinen Zähnen."

44 Vgl. Lichtenberg: Schriften und Briefe. Bd. 1 (s. Anm. 20), S. 746: „Ich habe überhaupt sehr viel gedacht, das weiß ich, viel mehr als ich gelesen habe, es ist mir daher sehr viel von dem unbekannt, was die Welt weiß, und daher irre ich mich oft, wenn ich mich in die Welt mische, und dieses macht mich schüchtern."

so hat das Folgen für die Karriere.[45] Aus der Perspektive der Politik ist der Ungeschickte, wie es in einem zeitgenössischen Wörterbuch heißt, „non accomodatus",[46] also unpassend und ungeeignet für die Anforderungen des Territorialabsolutismus.[47] Darum wird er weder geschätzt noch gebraucht, sondern „verspottet und ausgelacht".[48] Ruhm, Achtung und Verdienst bleiben ihm versagt, „weil ihm die Geschicktern allzeit vorgezogen werden"[49]. Performanzfehler, die sich einem ungeübten Körper verdanken, verhindern vor allem die soziale Mobilität und gefährden nicht nur den Fortschritt, sondern die Wohlfahrt des Staates. Wer das zulässt, muss sich nun dafür verantworten.[50] Zu den Gegenmaßnahmen gehört das möglichst geschickte Verbergen der eigenen Ungeschicklichkeit, aber auch das ständige Training des Körpers. Jeder hat nun alles zu tun,

> wodurch seine Gesundheit erhalten und sein Leib geschickt wird; hingegen zu unterlassen, was die Gesundheit stöhret, das ist, den Leib kranck, oder auch was ihn ungeschickt machet.[51]

Ausgenommen vom schroffen Verdikt ist wie gesagt die natürliche Ungeschicklichkeit. Das gilt bereits für die Frühaufklärung. Hier

---

45 Zur Bedeutung der Karriere im 18. Jahrhundert vgl. Jørgensen/Bohnen/Øhrgaard: Aufklärung, Sturm und Drang, Frühe Klassik (s. Anm. 17), S. 82, sowie Martus: Aufklärung (s. Anm. 14), S. 312.

46 Christoph Ernst Steinbach: Vollståndiges Deutsches Wörter=Buch […]. Bd. 2. Breslau 1734, S. 404.

47 Zum analogen Problem der Unhöflichkeit vgl. Isabelle Stauffer: Verführung zur Galanterie. Benehmen, Körperlichkeit und Gefühlsinszenierungen im literarischen Kulturtransfer 1664–1772. Wiesbaden 2018, S. 209–216.

48 von Rohr: Erleichterte und zum Gebrauch des Menschlichen Lebens eingerichtete Tugend=Lehre (s. Anm. 40), S. 298.

49 Ebd.

50 Ebd.: „er hat, wegen seiner Ungeschicklichkeit, öfters grosse Verantwortung auszustehen."

51 Johann Heinrich Zedler: Ungeschicklichkeit. In: ders.: Grosses vollståndiges Universal-Lexicon Aller Wissenschafften und Künste […]. Bd. 49. Leipzig/Halle 1746, Sp. 1458. Zitiert wird Christian Wolff: Vernünfftige Gedancken von der Menschen Thun und Lassen […]. 5., hin und wieder verm. Aufl. Frankfurt/Leipzig 1736, S. 302 f.

liegt die Möglichkeit für eine Auf- und Umwertung von Performanzfehlern, wie sie bisher ausschließlich im religiösen Kontext denkbar war. Nicht zufällig ist es daher mit Herder ein Theologe, der bruchlos von der Theodizeekritik zur Natur des Menschen umschalten und kritisch nachfragen kann: „tadelst du die Schöpfung Gottes? oder siehst du nicht in jedem deiner so genannten Fehler *Vehikulum, einziges Vehikulum alles Guten*?“[52] Man sieht, wie die Umwertung der Performanzfehler vom Aufstieg des Natürlichen zum neuen Wertmaßstab profitiert. Verstärkt wird dieser Aufstieg seitens der Physikotheologie, die aus der Schönheit und Vollkommenheit der Natur auf ihren Schöpfer schließt, später auch vom Spinozismus, der Gott und Natur nur noch perspektivisch unterscheidet, vor allem aber durch Rousseau und den Rousseauismus. Mit der Aufwertung und schrittweisen Enttheologisierung der Natur und der damit verbundenen Inthronisation des Körpers kommt es im 18. Jahrhundert auch zu einer Rehabilitierung der Sinnlichkeit,[53] auf der unter anderem die neu entstehende Ästhetik basiert. Nicht zuletzt hat das Natürlichkeitspostulat aber auch kaum zu überschätzende Folgen für die Interaktion, da es das rhetorische Gebot der Angemessenheit ablöst.[54] Man muss sich jetzt nicht länger in erster Linie den Regularien der Situation entsprechend, sondern vor allem natürlich verhalten. Gemeint war damit freilich, so miteinander umzugehen, als stünde man im Schriftkontakt.[55] Damit setzt eine zunehmende Informalisierung der Umgangsformen ein. Sie bleibt nicht auf die Verhaltenslehren der Aufklärung beschränkt, sondern greift auch auf die Poetik im Zeitalter der Vernunft über.

Für die Ungeschicklichkeitsszene des 18. Jahrhunderts folgt daraus, dass die in der Frühen Neuzeit vorherrschende Einheit von Unschicklichkeit und Ungeschicklichkeit aufgelöst wird. Beide waren

52 Johann Gottfried Herder: Auch eine Philosophie der Geschichte zur Bildung der Menschheit (zuerst 1774). In: ders.: Werke in zehn Bänden. Hg. von Günter Arnold u. a. Bd. 4. Frankfurt a. M. 1994, S. 9–107, hier S. 18.

53 Iwan-Michelangelo D'Aprile/Winfried Siebers: Das 18. Jahrhundert. Zeitalter der Aufklärung. Berlin 2008, S. 82.

54 Wilfried Barner: Barockrhetorik. Untersuchungen zu ihren geschichtlichen Grundlagen. Tübingen 1970, S. 16.

55 Martus: Aufklärung (s. Anm. 14), S. 53.

seit dem späten 15. Jahrhundert im rhetorischen Begriff der ineptia, der Verfehlung des aptum, verbunden. Dabei stand die Unschicklichkeit auf der Seite der Konventionen und die Ungeschicklichkeit auf der Seite der Personen.[56] Ein grobes und ungeschicktes Verhalten kann im 18. Jahrhundert in neuer Weise als natürlich aufgefasst und damit gerechtfertigt werden, obwohl es massiv gegen Konventionen verstößt, also unschicklich ist. Davon machen Empfindsamkeit und Sturm und Drang ausgiebig Gebrauch: „Mißtraue der Gestikulation", heißt es etwa bei Matthias Claudius, „und gebärde Dich schlecht und recht."[57] Am besten spricht und handelt jeder, auch auf der Bühne, „ganz natürlich und ungeschminkt von der Leber weg".[58] Insbesondere das Verhalten von Frauen wird im Laufe des 18. Jahrhunderts mit einer generellen Natürlichkeitslizenz ausgestattet, die Stummheit, Reglosigkeit, Blödigkeit, Eitelkeit, fehlende Bildung und selbst manifeste Dummheit zu verzeihen, ja zu verehren erlaubt.[59] Hier setzte im 19. Jahrhundert die Aufwertung des ungeschickten deutschen Nationalcharakters an. Es konnte aber auch – natürlich nur als Männerphantasie – vorkommen, dass eine Frau den vernünftigen Diskurs eines Mannes durch eine kleine Verschiebung in

---

56 Die Konsequenzen der frühneuzeitlichen Auffassung für die Poetik verdeutlicht Johann Georg Sulzer: Schiklich. In: ders.: Allgemeine Theorie der Schȏnen Kůnste […]. Bd. 4. 2., verm. Aufl. Leipzig 1794, S. 298 f., hier S. 298: Zur Kunst gehöre die Reflexion des Künstlers, „nicht nur, ob in seinem Werke nichts Unschikliches sey, sondern auch, ob nichts Schikliches darin fehle."

57 Matthias Claudius: An meinen Sohn Johannes (zuerst 1799). In: ders.: Ausgewählte Werke (s. Anm. 15), S. 290–295, hier S. 294.

58 So ebenfalls Matthias Claudius: [Rez. zu:] Der Hofmeister oder Vorteile der Privat-Erziehung (zuerst 1774). In: ders.: Ausgewählte Werke (s. Anm. 15), S. 337–339, hier S. 338. Claudius greift damit ältere Vorbehalte gegen das Einüben rhetorisch wirksamer Gesten auf. Bei dem lutherischen Theologen Friedrich Andreas Hallbauer: Anweisung zur verbesserten Teutschen Oratorie. Jena 1725, S. 562, lautet das Argument gegen die Rhetorik: „Daraus wird nichts, als ein affektirtes Wesen entstehen. Jeder folge seiner Natur, und affektire in nichts, so wird er eine gute und angenehme Action haben."

59 Vgl. exemplarisch Johann Elias Schlegel: Die stumme Schönheit. Ein Lustspiel in einem Aufzuge (zuerst 1748). In: Luise Adelgunde Viktorie Gottsched: Der Witzling/J. E. S.: Die stumme Schönheit. Hg. von Wolfgang Hecht. Berlin 1962, S. 39–70, hier S. 42, S. 44, S. 50, S. 55, S. 65. Mit Dank für den Hinweis an Ethel Matala de Mazza.

ihrer Kleidung verwirrt und dabei auch noch etwas nachhilft. Indem zum Beispiel die Protagonistin in Wielands *Musarion*, deren Busen durch eine Lücke ihres Gewandes hindurch ein wenig sichtbar geworden ist,

> […] beschäftigt scheint den Zufall zu verbessern,
> Hat sie die Ungeschicklichkeit,
> (Wofern's nicht Bosheit war) das Übel zu vergrößern.[60]

Das ist zugleich ein treffendes Beispiel für das Wissen um die Möglichkeit eines strategischen Einsatzes von Ungeschicklichkeit.

Im Namen der Natur lässt sich schließlich auch die Vernunft als ungeschickt einschätzen. Für den einen kann sie jederzeit fehlerhafte Einsichten generieren,[61] für den anderen ist sie keineswegs immer schon gesund und kräftig, sondern bisweilen krank, träge oder leidenschaftlich bewegt,[62] und der dritte hält bissig fest: „So vortrefflich die gesunde Vernunft sich überall anläßt, so abscheulich links stellt sich die ungesunde bei jeder Gelegenheit."[63]

Einen Sonderfall bildet die Liebe. Am Körper des Liebenden wird die Ungeschicklichkeit zum Zeichen, dass es ernst wird. Besonders leicht verraten sich die Empfindsamen, vor allem dann, wenn sie ins Poetenfach einschlagen. Bei Friedrich Nicolai trägt einer von ihnen, ein junger Lyriker, den witzigen Namen Säugling. Als dieser unverhofft seiner geliebten Mariane in Gesellschaft ihrer gräflichen Herrschaft begegnet, wird er feuerrot. Säugling

> stand mit einemmale, wie eine Salzsäule, so daß er auch weder die Gräfinn noch Marianen grüßte. Die Gräfinn redete ihn an, er ward

60 Christoph Martin Wieland: Musarion oder Die Philosophie der Grazien. Ein Gedicht in drei Aufzügen (zuerst 1768). Hg. von Alfred Anger. Durchges. und bibliogr. erg. Ausg. Stuttgart 1979, S. 41.

61 Vgl. Martus: Aufklärung (s. Anm. 14), S. 519, der Johann Jakob Bodmer zitiert.

62 Vgl. Jørgensen/Bohnen/Øhrgaard: Aufklärung, Sturm und Drang, Frühe Klassik (s. Anm. 17), S. 22, die Johann Georg Hamann zitieren.

63 Lichtenberg: Schriften und Briefe. Bd. 1 (s. Anm. 20), S. 126.

> blaß und roth, wollte seine Verwirrung verbergen, und sahe noch dähmischer aus.[64]

Im Gespräch beginnt er zu stammeln und verspricht sich. Was hier noch satirisch zugespitzt erscheint, wird alsbald zum mehr oder weniger erwartbaren Normalfall. Der deutsche Dichter ist anfangs überwiegend ein Trottel.[65] Vor allem die Literaten und neuen Genies, die sich besonders unklug benehmen, werten die Ungeschicklichkeit aber auch zunehmend auf. Ihr großes Vorbild Rousseau etwa macht seine Schüchternheit und fehlende Geistesgegenwart in der Interaktion sogar zum Grund des Entschlusses, sich aus der Gesellschaft zurückzuziehen, um zu einem bevorzugt indirekt mit ihr kommunizierenden Literaten zu werden.[66] Für die deutsche Literatur ist prominent an Goethe zu erinnern, der sich als junger Student in Leipzig gerade in Liebesdingen denkbar ungeschickt verhalten[67] und die Literatur des 18. Jahrhunderts dann mit Werther[68], Tasso[69] und Wilhelm Meister gleich um drei ungeschickte Identifikationsfiguren bereichert hat. Gegen Ende des Jahrhunderts häufen sich die Fälle, wobei etwa an Goethe-Leser wie Friedrich Schlegel, Kleist und erneut an Hölderlin zu denken ist. Hölderlin hat sich

---

64 Friedrich Nicolai: Das Leben und die Meinungen des Herrn Magister Sebaldus Nothanker (zuerst 1773–1776). Kritische Ausgabe. Hg. von Bernd Witte. Stuttgart 1991, S. 259.

65 Vgl. Lichtenberg: Schriften und Briefe. Bd. 1 (s. Anm. 20), S. 544: „Wer nicht zu gewissen Jahren oft in Gesellschaft war […] wird gewiß ein Tropf werden und das sind gewiß allemal 9 unter 10 unserer gerühmten Dichter. Der Mann von Welt kann nichts von ihnen lernen, er übersieht sie".

66 Rousseau: Die Bekenntnisse (s. Anm. 43), S. 114–118.

67 Vgl. Karlheinz Schulz: Goethe. Eine Biographie in 16 Kapiteln. Stuttgart 1999, S. 34–38.

68 Nach Jørgensen/Bohnen/Øhrgaard: Aufklärung, Sturm und Drang, Frühe Klassik (s. Anm. 17), S. 457, ist Werther „auf sonderbare Weise an seiner Umwelt nicht-engagiert".

69 Einen „Dichter mit schlechtem Betragen" nennt ihn Gerhard Schulz: Die deutsche Literatur zwischen Französischer Revolution und Restauration. Erster Teil. 2., neubearb. Aufl. München 2000, S. 481.

früh einen „Ansaz von Roheit“[70] attestiert und sich als „Kloz“[71] bezeichnet; rückblickend hat er resigniert eingestanden: „Ich benahm mich immer so linkisch.“[72] Das geht als Erfahrungshintergrund in die Ode *Blödigkeit* ein, die in früheren Fassungen *Muth des Dichters* bzw. *Dichtermuth* hieß und zu den wichtigsten Dokumenten des Ungeschicklichkeitsdiskurses um 1800 gehört.[73] Es bleibt aber noch ein langer Weg bis zur Nobilitierung der poetischen Ungeschicklichkeit. Ihn einzuschlagen ist der Romantik vorbehalten.

Die Aufklärung dagegen verurteilt Ungeschicklichkeit nicht zuletzt darum, weil sie in ihr – wie gesehen – auf individueller Ebene ein Karrierehindernis, auf politischer ein Problem für das reibungslose Funktionieren des Territorialabsolutismus und in geschichtsphilosophischer Perspektive auch ein Fortschrittshemmnis sieht. Die Verurteilung der Ungeschickten, die zunehmend auch literarisch publik wurde, scheint allerdings Widerstände erzeugt zu haben, denn im Umgang mit ungeschicktem Verhalten wurde den Kritikern Vorsicht und Klugheit ins Stammbuch geschrieben. Das lässt sich mit Gellerts Verserzählung *Das Land der Hinkenden* belegen. In diesem Land – bei dem man durchaus an ein kleines deutsches Fürstentum denken darf – stammeln und hinken alle Einwohner. Sie haben sich nicht nur an ihre soziale und motorische Ungeschicklichkeit gewöhnt, sondern finden beides auch noch höchst „galant“[74]. Als ein Fremder ihre Bewunderung daher durch einen gleichmäßigen Gang erringen will und sie dabei auch in freier Rede anspricht, lachen sie ihn aus und verspotten ihn. Das Epimythion warnt daraufhin die ausnehmend Klugen davor, einer eingeschworenen Gemeinschaft

---

70 Friedrich Hölderlin an Immanuel Nast, Januar 1787. In: ders.: Sämtliche Werke und Briefe. Bd. 2 (s. Anm. 22), S. 397.

71 Friedrich Hölderlin an Immanuel Nast, 18.2.1787. In: ebd., S. 400.

72 Friedrich Hölderlin an Christian Ludwig Neuffer, zweite Hälfte April 1792. In: ebd., S. 484.

73 Friedrich Hölderlin: Blödigkeit (zuerst 1805). In: ders.: Sämtliche Werke und Briefe. Hg. von Michael Knaupp. Bd. 1. München/Wien 1992, S. 443 f. Vgl. dazu Stanitzek: Blödigkeit (s. Anm. 24), S. 243–275.

74 Christian Fürchtegott Gellert: Das Land der Hinkenden (zuerst 1746). In: ders.: Fabeln und Erzählungen. Hg. von Karl-Heinz Fallbacher. Stuttgart 1986, S. 18–19, hier S. 19. Zum Diskurs des Galanten und Gellerts Verhältnis zu ihm vgl. Stauffer: Verführung zur Galanterie (s. Anm. 47), S. 185–187.

ihre zur Konvention gewordenen Fehler vorzuhalten. Man werde dann selbst als ungeschickt bezeichnet und müsse mit Sanktionen bis hin zur Exklusion rechnen.

Lexikographisch gebündelt und fixiert werden die semantischen Neuerungen im Ungeschicklichkeitsdiskurs des 18. Jahrhunderts durch Johann Christoph Adelung.[75] Im Sinne der Aufklärung erfasst sein maßstabsetzendes Wörterbuch die Wortbedeutungen erstmals durch Definitionen und orientiert sich dabei an naturwissenschaftlichen Klassifikationsverfahren wie demjenigen des Botanikers Carl von Linné.[76] Nachdem Adelung das Adjektiv *geschickt* als „die zur Erreichung einer Absicht nöthige Eigenschaft habend"[77] bestimmt hat, definiert er *ungeschickt* konsequent als Negation dieser Bestimmung.[78] Dabei sind die fehlenden Eigenschaften „[a]m häufigsten" geistiger Art.[79] Adelung bezieht sich damit auf die Verantwortung des einzelnen für seinen Körper und dessen Ausbildung. Aus der Bestimmung des adverbialen Gebrauchs von *ungeschickt* geht hervor, dass der Lexikograph neben der selbstverschuldeten auch eine natürliche Ungeschicklichkeit kennt. Sie betrifft die Körpermotorik und macht den Betroffenen „unfähig, seine Bewegungen und Handlungen mit vorzüglicher Leichtigkeit zu vollbringen"[80]. In die gleiche Richtung zielt die Definition von *Ungeschicklichkeit*: „Mangel, gewisse Bewegungen mit Leichtigkeit zu vollbringen".[81] Die Notwendigkeit einer Steuerung des

75 Vgl. Claudia Stockinger: Adelung, Johann Christoph. In: Internationales Germanistenlexikon. Hg. von Christoph König. Bd. 1. Berlin/New York 2003, S. 4–6.

76 Vgl. Ulrike Haß-Zumkehr: Deutsche Wörterbücher – Brennpunkt von Sprach- und Kulturgeschichte. Berlin/New York 2001, S. 106–110.

77 Johann Christoph Adelung: Versuch eines vollståndigen grammatisch=kritischen Wôrterbuches der Hochdeutschen Mundart […]. Bd. 2. Leipzig 1775, Sp. 602.

78 „Gegensatz von geschickt, in dessen sämtlichen Bedeutungen". Johann Christoph Adelung: Versuch eines vollståndigen grammatisch=kritischen Wôrterbuches der Hochdeutschen Mundart […]. Bd. 4. Leipzig 1780, Sp. 1246.

79 Ebd.

80 Ebd.

81 Ebd.

eigenen Körpers hat auch bei Adelung eine politische Dimension. Verdeutlicht wird das durch ein Kompetenzbeispiel, das die fehlende Tauglichkeit des Ungeschickten für die Anforderungen des frühmodernen Staates in den Blick nimmt: „Zu einem Amte ungeschickt seyn“[82]. Illustriert hatte das Problem bereits Jörg Wickram im 16. Jahrhundert. Zugleich treten im Aufklärungszeitalter Körpermotorik und Politik, individuelle und konventionelle Dimension des lateinischen Äquivalents *ineptia*, auseinander. Das wird am religiösen Beispiel des niemals ungeschickten Verhaltens Jesu belegt. Im 16. Jahrhundert hatte Luther das griechische „outos dè oudèn átopon épraxen“[83] aus dem Lukas-Evangelium noch mit „Dieser aber hat nichts vngeschicktes gehandelt“[84] übersetzt, was Adelung mit „Nichts ungeschicktes thun“ wiedergibt.[85] Adelung fügt aber hinzu, dass statt dieser okkasionellen, konventionsbezogenen Verwendung von *ungeschickt* inzwischen „doch unschicklich üblicher“ geworden sei.[86] Der Eintrag belegt, dass man sich im Zeitalter der Aufklärung selbst beherrschen, dabei natürlich wirken und dennoch die Konventionen beachten muss. Das war keine leichte Übung, denn in allen drei Hinsichten drohte das Ungeschick.

Die Differenz zwischen natürlicher Freiheit und kulturellen Konventionen markiert auch den Einsatz der Ungeschicklichkeit im patriotischen Diskurs. Vor allem an der Peripherie des Deutschen Reichs, in Zonen des Kulturkontaktes, beginnt im 18. Jahrhundert ein neues Bemühen um verschüttete nationale Traditionen, um „eine Art alternativer Kultur“, die bevorzugt im ‚Volk‘ beheimatet

82 Ebd.

83 Luk. 23, 41. Novum Testamentum Graece. Hg. von Erwin Nestle. 17. Aufl. Stuttgart 1941, S. 224. Die Vulgata übersetzt „hic vero nihil mali gessit“; Biblia Sacra iuxta vulgatam versionem. Hg. von Roger Gryson. 4., verb. Aufl. Stuttgart 1994, S. 1655.

84 Das Neue Testament in der deutschen Übersetzung von Martin Luther nach dem Bibeldruck von 1545 mit sämtlichen Holzschnitten. Studienausgabe. Hg. von Hans-Gert Roloff. Bd. 1. Stuttgart 1989, S. 229 f.

85 Adelung: Versuch eines vollståndigen grammatisch=kritischen Wőrterbuches. Bd. 4 (s. Anm. 78), Sp. 1246.

86 Ebd.

sein sollte.[87] Zunächst schnitten die Deutschen in ihrer Selbstwahrnehmung jedoch schlecht, weil zu ungeschickt ab. Nach der scharfen Kritik, die Christian Thomasius an ihrem unzivilisierten Verhalten geübt hatte, attestierte Michael von Loen ihnen „ein gewisses, steiffes und hochgeschraubtes Wesen, welches uns bey fremden Völkern keine Hochachtung erwirbt."[88] Für Lessing, der damit an Tacitus anschließt, sind die Deutschen „von innen noch immer die alten Barbaren"[89]; entsprechend heißt es in Nicolais Roman *Sebaldus Nothanker*, der Protagonist habe bis zu seiner Hochzeit „als ein halber Wilder gelebt"[90]. Auch Friedrich II., der mit einem ungeschickten Vater aufgewachsen war,[91] will das „Unkraut der Barbarei" auf deutschem Boden ausrotten und alles tun, „um die Vollkommenheit zu beschleunigen"[92].

Eine Umwertung der deutschen Ungeschicklichkeit setzt weitgehend resonanzlos in einem Extremtext der Frühaufklärung ein, der vermutlich von Gabriel Wagner verfasst worden ist. Das wurde bereits in der Einleitung dargelegt. Die Umwertung steht im Kontext einer zunehmend entschiedeneren Ablehnung der höfischen Kultur und ihrer von Frankreich bestimmten Formkonventionen.[93] Wagner verteidigt gegen Thomasius' Empfehlung, sich angesichts des „Teutschen ungeschicks"[94] durch die Adaption französischer

87 Jørgensen/Bohnen/Øhrgaard: Aufklärung, Sturm und Drang, Frühe Klassik (s. Anm. 17), S. 167.

88 Zit. nach Martus: Aufklärung (s. Anm. 14), S. 37.

89 Gotthold Ephraim Lessing: <An Mäcen> (zuerst 1755). In: ders.: Werke und Briefe in zwölf Bänden. Hg. von Wilfried Barner u. a. Bd. 3. Frankfurt a. M. 2003, S. 836 f., hier S. 836.

90 Nicolai: Sebaldus Nothanker (s. Anm. 64), S. 12.

91 Vgl. Martus: Aufklärung (s. Anm. 14), S. 333 f.

92 Friedrich II.: Über die deutsche Literatur; die Mängel, die man ihr vorwerfen kann; die Ursachen derselben und die Mittel, sie zu verbessern (zuerst 1780). In: Friedrich II., König von Preußen, und die deutsche Literatur des 18. Jahrhunderts. Texte und Dokumente. Hg. von Horst Steinmetz. Stuttgart 1985, S. 60–99, S. hier S. 67.

93 Vgl. Jørgensen/Bohnen/Øhrgaard: Aufklärung, Sturm und Drang, Frühe Klassik (s. Anm. 17), S. 428.

94 Nachricht von Realis de Vienna Prüfung des Europischen Verstandes durch di Weltweise Geschicht (zuerst 1715). Hg. von Martin Disselkamp. Heidelberg 2005, S. 1–110, hier S. 13.

Vorbilder zu kultivieren, „di alte Teutsche einfachheit / di man für einfalt hält".[95] Ihre Eigenart verbiete es den Deutschen, die gewandten „Tanzosen"[96] zu imitieren. Versuchten sie es dennoch, dann verhielten sie sich „nothwendich ungeschickt / ungereimt" und handelten „wider di natur".[97]

Mit der Legitimationsinstanz der Natur, die immer auch gegen die Welt der Bücher ausgespielt werden kann, ist auch hier das entscheidende Stichwort gefallen. Im Rekurs darauf hat vor allem Justus Möser, deutlich resonanzreicher als Wagner, die deutsche Ungeschicklichkeit aufgewertet. Er argumentiert im Umfeld des Sturm und Drang ‚reichsästhetisch',[98] fordert also eine dem polyzentrischen deutschen Reich angemessene Kunstübung. Möser favorisiert entsprechend eine „Dramaturgie des Diversen"[99], die er dem klassizistisch bereinigten und unifizierten französischen Schönheitsideal entgegenstellt. Ebenso wie in England habe man auch im deutschen Reich „die Mannigfaltigkeit der höchsten Schönheit vorgezogen und lieber ein plattes Gesicht mitunter als lauter Habichtsnasen malen wollen."[100] Das ist ein frühes Plädoyer für das Schlichte, Alltägliche und Gewöhnliche. Gegen den aus Frankreich importierten, höfisch geprägten „Konventionswohlstand" der Oberschichten plädiert Möser für den „Weg zur Mannigfaltigkeit" und nimmt dabei auch „Verwilderung", „Irrwege" und populäre Auswüchse wie die Hypertrophie der Empfindung in Goethes *Werther* in Kauf.[101] Neben der „schönen und kunstvollen Nachlässigkeit" Gellerts[102] werden auch die Stürmer und Dränger Lenz, Klinger und Goethe, vor allem aber Lessing, als Vorbilder ausgelobt. Von hier aus

95 Ebd., S. 63.

96 Ebd., S. 53. Dass die Deutschen unfähig zum letztlich liederlichen Tanz seien, beweise die Überlegenheit ihres Verstandes; ebd., S. 50.

97 Ebd., S. 41.

98 Martus: Aufklärung (s. Anm. 14), S. 716.

99 Ebd.

100 Justus Möser: Über die deutsche Sprache und Literatur (zuerst 1781). In: Friedrich II., König von Preußen, und die deutsche Literatur (s. Anm. 92), S. 122–141, hier S. 130.

101 Ebd., S. 131 und S. 136.

102 Ebd.

ist es nur noch ein kleiner Schritt zu Herder, der in seinen *Briefen zur Beförderung der Humanität* die Ungeschicklichkeit der Deutschen im Umgang mit ästhetischen Autoritäten ihrer „*Gutmütigkeit*" zuschreibt, um sie dadurch moralisch aufzuwerten[103] – und über ihn zur Germanistik, die Mösers Gewährsleute kanonisieren wird.

Die folgenden Ausführungen werden sich angesichts des Zeitpunkts der Umwertung ungeschickten Verhaltens auf den Übergang vom Sturm und Drang zur Weimarer Klassik konzentrieren und sich vor allem mit der Ungeschicklichkeitsszene in Goethes Langgedicht *Lili's Park* beschäftigen. Im Zentrum steht dabei der Konflikt zwischen natürlich-absoluter Ungeschicklichkeit einerseits und sozialer, kulturell bedingter andererseits. Letztere wird von Goethe als Effekt der französisch geprägten Rokokokultur konturiert, gegen die nun das natürliche Ungeschick ausgespielt und positiviert wird. *Lili's Park* bedient sich bei instrumentellen Genres, die in der Literatur der Aufklärung bevorzugt worden sind. Nur damit ließ sich die neu entstehende Öffentlichkeit anregen und belehren.[104] Zu ihnen gehörte prominent die Fabel, aber auch Dialog und Essay. Den Ausführungen zu Goethes Gedicht, in dem der Erzähler sich vor einer Herrenrunde als ungeschickter Bär präsentiert, werden aus Gründen der Prägnanzsteigerung Analysen der Ungeschicklichkeitsszene in Bärenfabeln der Aufklärung vorangestellt. An ihnen lässt sich die Transformation der Ungeschicklichkeit in ein literarisches Formprinzip ebenso ablesen wie ihre Politisierung. Der Politisierung korrespondiert dann auf komplexe Weise die Selbstermächtigung des Ungeschickten in Goethes Gedicht, das bereits 1775 entstanden, aber erst im Revolutionsjahr 1789 publiziert worden ist.

---

103 Johann Gottfried Herder: Briefe zur Beförderung der Humanität (zuerst 1793–97). In: ders.: Werke in zehn Bänden. Hg. von Martin Bollacher u. a. Bd. 7. Frankfurt a. M. 1991, S. 9–753, hier S. 554. Hervorh. in der Vorlage.

104 Vgl. D'Aprile/Siebers: Das 18. Jahrhundert (s. Anm. 53), S. 69.

III

Sei nicht geschickt!

Als kleine Form reflektiert die Fabel seit der Antike Problemzonen der Kultur durch ihre Transposition ins Tierreich. Die Rede vom Tier ist dann immer auch „die Rede des Menschen *durch das Tier*".[105] Damit diese Rede gelingt und die fraglichen Problemzonen treffen kann, sind den tierischen Redemasken seit jeher typische Eigenschaften beigelegt worden. Im sprechenden Löwen kann dann ohne größeren Aufwand der König erkannt werden. Um den Ungeschickten zu charakterisieren, hat das Zeitalter der Aufklärung wiederholt zum Bären gegriffen. Man konnte sich dabei auf La Fontaine berufen, der ihn im Unterschied zu Äsop oder Phaedrus, bei denen sich Bären keineswegs ungeschickt verhalten, erstmals mit Dummheit, Ungeselligkeit und einer plumpen Motorik ausgestattet hatte. In Fabeln wie *L'Ours & les deux Compagnons*[106] und *L'Ours & l'Amateur des jardins*[107] wurde der Bär zum rohen und unkultivierten, dabei aber körperlich starken und autonomen Gegenbild des Höflings. Er besetzt die im 18. Jahrhundert sich neu eröffnende Zone zwischen Ungeschicklichkeit und Unschicklichkeit, Freiheitsanspruch und Konventionalität, Authentizität und Rhetorik. Das haben prominente Akteure des 18. Jahrhunderts für ihre Selbstdeutung genutzt. Rousseau charakterisiert sich in seiner Autobiographie angesichts seiner notorischen Ungeselligkeit als wilder Bär[108] und Goethe bezeichnet sich in Reisebriefen der 1770er Jahre zunächst als durchgebrochenen, in Weimar später auch als

105 Hans Jürgen Scheuer/Ulrike Vedder: Tier im Text. Exemplarizität und Allegorizität literarischer Lebewesen. Vorwort. In: dies. (Hg.): dass. Bern u. a. 2015, S. 9–20, hier S. 14.

106 Jean de la Fontaine: Fables choisies. Mises en vers. Bd. 2. Paris 1678, S. 154–158.

107 Ders.: dass. Bd. 3. Paris 1678, S. 134–139.

108 Rousseau: Die Bekenntnisse (s. Anm. 43), S. 363.

 | DOI:10.30965/9783846761038_016

unfeinen Bären.[109] In seine Autobiographie nimmt er das nicht auf, erwähnt aber, dass seine Freunde ihn im vornehmen Haus der Schönemanns wegen seines unhöflichen Verhaltens als Bären eingeführt hätten.[110]

Besondere Aufmerksamkeit erfährt in der deutschen Aufklärung zunächst freilich weniger der wilde als vielmehr der gezähmte, ja der abgerichtete Bär. Als Tanzbär[111] verstößt er gegen die Konventionen eingeschliffener Kulturtechniken, vor allem gegen den angemessenen, für die rhetorische Actio unerlässlichen Gebrauch der Hände und Füße. Seine Abrichtung bringt ihn in Konflikt mit seinen ungezähmten Artgenossen, aber auch mit seiner eigenen Natur. Dem Ursus gesticulatorius ist im 18. Jahrhundert eine kleine Reihe von Fabeln gewidmet, die es erlaubt, von einem eigenen Genre zu sprechen.[112] Es verdankt sich dem Umstand, dass sich am Tanzbären der Kultivierungszwang des Individuums im pädagogischen Zeitalter reflektieren ließ. Durch Übung wird es gezwungen, gegen seine Natur zu handeln, um für die höfische Kultur des Territorialabsolutismus tauglich zu erscheinen. Wie der Tanzbär weiter zu zeigen erlaubt, beherrscht der abgerichtete Sozialaufsteiger am Ende aber nicht wirklich die höfisch geforderte Koordination des

---

109 Goethe an Johanna Fahlmer, 24. und 26.5.1775. In: Johann Wolfgang von Goethe: Sämtliche Werke. Briefe, Tagebücher und Gespräche. Hg. von Friedmar Apel u. a. Abt. II. Bd. 1. Frankfurt a. M. 1997, S. 452 f., hier S. 453; an dies., 5.6.1775, ebd., S. 454; an Charlotte von Stein, Juni 1778. In: Goethes Werke. Hg. im Auftrage der Herzogin Sophie von Sachsen. Abt. IV. Bd. 3. Weimar 1888, S. 229.

110 Johann Wolfgang Goethe: Aus meinem Leben. Dichtung und Wahrheit (zuerst 1811–1833). In: ders.: Sämtliche Werke. Briefe, Tagebücher und Gespräche. Hg. von Friedmar Apel u. a. Abt. I. Bd. 14. Frankfurt a. M. 1986, S. 9–852, hier S. 739.

111 Aus kulturgeschichtlicher Perspektive vgl. Sonja Windmüller: An der Nase geführt. Perspektiven auf das Phänomen ‚Tanzbär' (und zugleich auch auf den Tanz). In: Vokus. Volkskundlich-kulturwissenschaftliche Schriften 19 (2009), S. 17–36.

112 Vgl. Jørgensen/Bohnen/Øhrgaard: Aufklärung, Sturm und Drang, Frühe Klassik (s. Anm. 17), S. 156. Die literaturgeschichtlichen Zusammenhänge sind aufgearbeitet bei Winfried Woesler: Heines Tanzbär. Historisch-literarische Untersuchungen zum *Atta Troll*. Hamburg 1978, S. 146–158.

Körpers und die Actio-Regeln der Rhetorik, ganz zu schweigen von der typischsten aller Hofkünste, dem Tanz[113]. In Wahrheit macht er sich permanent lächerlich und wird zum Gespött der Leute. In seinem Fall ist der Weg von der Natur zur Geschicklichkeit ein Irrweg, der Ungeschicklichkeit nicht abbaut, sondern erzeugt.

Gleich die erste Tanzbärenfabel der deutschen Aufklärung steuert auf das Denaturierungsproblem zu und versucht sich – wenn auch etwas unbeholfen – an einer Lösung. Der Königsberger Professor Johann Georg Bock, ein Freund Gottscheds und zeitweise ein Kollege Kants, führt in seiner Alexandrinerfabel *Der tanzende Bår* den Ursus gesticulatorius als „zottigte[n] Scapin"[114] ein. Er spielt damit auf Molières Komödie *Les Fourberies de Scapin* an, die Anregungen aus der Commedia dell'arte aufnimmt und mit Scapin einen gerissenen Diener ins Zentrum stellt. Durch das Attribut ‚zottig' wird die Figur als unbeholfen gekennzeichnet. Das rückt sie in die Nähe der ungeschickten Diener in Abraham a Sancta Claras Satire *Ein Karn voller Narrn*, verbindet sie aber auch mit Watteaus *Pierrot*. Dazu stimmt auch der Umstand, dass ebenso wie bei La Fontaine auch in Bocks Fabel der Bär als „Narr"[115] apostrophiert wird. Die Fabel kritisiert mit der Figur des abgerichteten Tanzbären, der sich mit seinen Auftritten für einen faulen und geldgierigen Impressario zum Gespött der Leute macht, in zeittypischer Weise den „Hokus Pokus"[116] umherreisender Komödiantentruppen.[117] Die unbeholfenen Bewegungen von Tanzbären bedienen in dieser Perspektive ausschließlich die niedrigen, für Bock illegitimen Unterhaltungsbedürfnisse eines ungebildeten

113 Vgl. zum zeitgenössischen Diskurs über den Tanz Monika Woitas: Im Zeichen des Tanzes. Zum ästhetischen Diskurs der darstellenden Künste zwischen 1760 und 1830. Herbolzheim 2004.

114 [Johann Georg Bock:] Der tanzende Bår. In: [ders.:] Der deutsche Aesop, bestehend in drey hundert vier und zwanzig Lehrreichen Fabeln. Königsberg 1743, S. 374–375, hier S. 374. Mit Dank an Miriam Finkeldey für die Beschaffung des Textes.

115 Ebd., S. 375.

116 Ebd., S. 374.

117 Sie steht damit im Kontext der großflächigen Reinigung des zeitgenössischen Theaters von seinen ‚karnevalesken' Momenten; vgl. Meid: Die deutsche Literatur im Zeitalter des Barock (s. Anm. 39), S. 897.

Publikums. Zugleich wird in der Fabel aber auch das für die Frühaufklärung charakteristische Karrierestreben verurteilt, das zum Verlassen des eigenen Standes zugunsten höherer Aufgaben rät. Sprachrohr der Kritik ist eine Horde Schweine, die das Spektakel des ungeschickt tanzenden Bären beobachten, sich aber das komödientypische Lachen der Überlegenheit[118] verbieten. Stattdessen werden ausgerechnet die Schweine zu ernsthaften Theaterkritikern in der Tradition Gottscheds, die das unwürdige „Lustspiel"[119] des Bärentanzes aus Vernunftgründen ablehnen. Ihr zentrales Argument lautet, dass man die eigene Natur und mit ihr den eigenen Stand keinesfalls verraten und hinter sich lassen darf. Das verbietet ihnen auch jede Karriereabsicht, da sie sich dann Fähigkeiten aneignen müssten, die nicht zu ihnen passen. Wer sich über die eigene Natur erhebt, macht sich – aus der Sicht der Schweine – unweigerlich zum Narren. Das Epimythion zieht daraus einen radikalen Schluss: Es wendet sich gegen das Aufklärungsaxiom der gleichmäßig verteilten Vernunft, indem es Rationalität an ihre Anwendung bindet. Bock will denjenigen die Vernunft absprechen, die sie nicht nutzen. Dazu gehört das Publikum von derartig niedrigen Formen der Unterhaltung wie es Tanzbärenauftritte für ihn sind. Die johlenden Zuschauer, die sich an den ungeschickten Bewegungen eines denaturierten Tiers belustigen, würden dadurch zwar ihrerseits zum ungeschickten „Thier" herabgestuft, kämen damit aber dem Erzähler der Fabel „noch viel gescheuter fůr"[120] als ein der Vernunft zwar fähiges, sie aber nicht anwendendes Wesen. Bocks Fabel erhebt sich im Namen der Vernunft über den Pöbel. Sie wiederholt damit die frühneuzeitliche Verdammung und Ausgrenzung des Ungeschickten. Allerdings ist das Lachen kassiert und die Begründung instabil geworden.

118 In der Theorie der Komik ist das selbstaffirmative Lachen lange der Standardfall. Bei Thomas Hobbes: De homine (zuerst 1658), hier zit. nach Texte zur Theorie der Komik. Hg. von Helmut Bachmaier. Stuttgart 2013, S. 16, heißt es: „Allgemein ist das Lachen das plötzliche Gefühl der eigenen Überlegenheit angesichts fremder Fehler."

119 [Bock:] Der tanzende Bår (s. Anm. 114), S. 374.

120 Ebd., S. 375.

Das wird in Christian Fürchtegott Gellerts Fabel *Der Tanzbär* aufgenommen und forciert. Sie erscheint 1748 in den *Fabeln und Erzählungen,* einem der größten publizistischen Erfolge der deutschen Aufklärung und einer nahezu unerschöpflichen Fundgrube der Moralistik. Gellerts Neuerung gegenüber Bock besteht vor allem darin, die Kritik am Tanzbären poetologisch zu wenden: Indem sie denjenigen, der sie betreibt, in die Bewegung der Kritik einbezieht, wird sie zur Selbstkritik. Als solche bestimmt sie auch die Form, in der sie erscheint. Das entspricht dem avancierten Literaturmodell Gellerts. Dieser hatte sich auch theoretisch und historisch mit der Fabel beschäftigt[121] und in seinen eigenen Fabeln hohe Ansprüche[122] mit erstaunlicher Popularität verbunden.[123] In Gellerts Fabel ist der ungeschickte Tanzbär seinem Peiniger entlaufen und in den Wald zu seinen Artgenossen zurückgekehrt. Dort reiht er sich aber nicht wieder umstandslos unter Seinesgleichen ein, sondern fällt während seines Rückblicks auf die Jahre der Gefangenschaft in eben die Tanzschritte zurück, die ihm damals antrainiert worden sind. Das animiert die Zuhörer zunächst, es ihm gleichzutun – doch alsbald zeigt sich ihre fehlende Übung und sie purzeln ungeschickt auf den Rücken:

> Allein an Statt, wie er, zu gehn:
> So konnten sie kaum aufrecht stehn,
> Und mancher fiel die Långe lang danieder.[124]

---

121 Vgl. Christian Fürchtegott Gellert: Nachricht und Exempel von alten deutschen Fabeln. In: ders.: Fabeln und Erzåhlungen. Leipzig 1746, S. A2r–C8v.

122 Selbst der König war begeistert, obwohl er die deutsche Literatur bekanntlich ablehnte: „das ist gut, das ist sehr gut, natürlich, kurz und leicht. Das habe ich nicht gedacht." Christian Fürchtegott Gellert: Gespräch mit Friedrich II. Brief an Gottlieb Wilhelm Rabener (zuerst 1761). In: Friedrich II., König von Preußen, und die deutsche Literatur (s. Anm. 92), S. 44–50, hier S. 45.

123 Letztere zeigte sich vor allem anlässlich von Gellerts Beerdigung; vgl. Jørgensen/Bohnen/Øhrgaard: Aufklärung, Sturm und Drang, Frühe Klassik (s. Anm. 17), S. 153 f.

124 Christian Fürchtegott Gellert: Der Tanzbår. In: ders.: Fabeln und Erzåhlungen (s. Anm. 121), S. 6 f., hier S. 6.

Der entlaufene Tanzbär ist jedoch so tief in seine motorischen Routinen zurückgekehrt, dass er sich selbst vergisst und den Zwischenfall gar nicht wahrnimmt, sondern nur umso ekstatischer weitertanzt. Das bekommt ihm überhaupt nicht gut, denn nun erhebt sich gegen ihn ein Sturm der Entrüstung. Auf einem kleinen, 1776 publizierten Kupferstich zu Gellerts Tanzbärenfabel, der kompositorisch entfernt an Watteaus *Pierrot* erinnert, hat Daniel Chodowiecki den Moment festgehalten, in dem die ersten umgefallenen Bären sich wieder in Stellung gebracht haben und zum Angriff auf den Tänzer übergehen.[125] Ebenso wie die Schweine in der Fabel Bocks werfen sie dem Tanzbären vor, dass er klüger erscheinen wolle als sie und dabei doch nur ein ausgemachter „Narr“[126] sei. Allerdings gehen sie weiter als die Schweine, weil sie den Bären zwingen, „davon zu laufen“[127]. Die Szene endet im Eklat, man jagt den Denaturierten ins Exil.

Das Epimythion diskutiert den Fall unter dem Aspekt des klugen Umgangs mit außergewöhnlichen Kompetenzen. Es ruft diejenigen, die durch rigorose Abrichtung und intensive Übung ungewöhnlich gut ausgeprägte Fertigkeiten erworben haben, dazu auf, diese Fertigkeiten zu verbergen und bescheiden zu bleiben, um unter ihren weniger gut ausgebildeten Mitmenschen keinen Neid zu erregen:

> Sey nicht geschickt, man wird dich wenig hassen,
> Weil dir dann jeder åhnlich ist.[128]

Wer dagegen mit seinen Kompetenzen prahlt, dem wird daraus ein Strick gedreht. Er provoziert Neider, die aus ihnen ein „unvergebliches Verbrechen“[129] machen werden. Die selbstvergessene Prahlerei ist daher eine wesentlich größere Ungeschicklichkeit als der kollektive Sturz der ungeübten Bären. Das lässt sich in erster Linie auf Karrieristen im deutschen Territorialabsolutismus beziehen, die sich erfolgreich höfische Verhaltenstechniken angeeignet

---

125 Daniel Chodowiecki: Zwölf Blätter zu Gellert's Fabeln. Berlin 1776.
126 Gellert: Der Tanzbår (s. Anm. 124), S. 6.
127 Ebd.
128 Ebd., S. 7.
129 Ebd.

Abb. 7
Daniel Chodowiecki,
Tanzbär, 1776

haben und von Zeit zu Zeit in ihre Herkunftswelten zurückkehren. Dort sollten sie – so Gellert – ihr antrainiertes Verhalten verbergen und bewusst bescheiden auftreten.

Die Pointe von Gellerts Fabel geht aber darüber noch hinaus. Denn sowohl der Auftritt des Tanzbären als auch die Moral der Fabel kann auch auf den Poeten bezogen werden, besonders auf den Fabeldichter. Auch ihm sind besondere Fertigkeiten antrainiert worden, die er unter Seinesgleichen tunlichst verbergen sollte. Wenn er ein ungebildetes Publikum erreichen will, muss er jede Form ekstatischer Selbstvergessenheit vermeiden und seine Kunstfertigkeit gezielt verstecken (dissimulieren). Gellerts Fabel führt die höfische Technik der Dissimulation an ihrer eigenen Form sehr subtil vor. Sie setzt die Virtuosität des Autors Gellert im Umgang mit Metrum, Stil und Gattungsvorgaben kontrolliert ein, indem sie Könnerschaft formal integriert und dem Sprechen dadurch den Eindruck des ‚Natürlichen' verleiht. Das lässt sich etwa an der unauffälligen, aber wirkungsvollen Verbindung von prosaischen mit poetischen Redeweisen und an metrischen Details wie dem Auftaktverzicht, mit dem der Wutrede der Bären Nachdruck verliehen wird, nachweisen.[130] Die Poetik der Fabel besteht in der geschickten Integration von Ungeschicklichkeit in die Form der Literatur und das Epimythion („Sey nicht geschickt") fordert diese Integration auch im Sozialen ein. Zu den Effekten des Verfahrens gehört der Eindruck müheloser Natürlichkeit. Für die deutsche Literatur war er wegweisend.

Es hat aber auch Einspruch gegeben. Er richtete sich gegen Gellerts grundsätzliche Akzeptanz höfischer Konventionen und Geschmacksvorgaben. Dass Gellert tatsächlich die höfische Kultur als Maßstab akzeptiert, zeigt sich thematisch und formal in seiner fraglosen Hinnahme der Denaturierung des Tanzbären zugunsten des Erwerbs von Kunstmitteln wie dem Tanz, die der Kultur der Oberschichten zugehören. Belegt wird Gellerts Affinität zur Kultur der Höfe auch durch das Lob, das der in diesen Dingen ausgesprochen heikle Preußenkönig Gellerts Fabeln gezollt hat. Es hat vor allem Lessing provoziert. Er hatte schon als Schüler in St. Afra mit einem in Sprache und Umgang unbeholfenen Lehrer sympathisiert und behielt seither eine Vorliebe für Außenseiter.[131] Im galanten und urbanen Leipzig musste er seine bäurische Schlichtheit bemerken und versuchte, sie durch Tanz- und Fechtunterricht zu beheben.[132] Als er dann in den 1750er Jahren im deutlich größeren Berlin lebte

130 Während die ersten vier Verse sich durch die Inkongruenz von Satz- und Versgrenze der Prosa nähern, sind die deutlich kürzeren Verse fünf und sechs durch den Parallelismus der Segmentierung von Syntax und Vers eher poetisch akzentuiert. Durch den Auftaktverzicht in V. 21, unterstützt durch die Wortwiederholung, wird der Aufruf der Bären zur Exklusion des Prahlers markant akzentuiert: „Fort, schrien alle, fort mit dir!" Gellert: Der Tanzbår (s. Anm. 124), S. 6.

131 Vgl. Hugh Barr Nisbet: Lessing. Eine Biographie. Übers. von Karl S. Guthke. München 2008, S. 32.

132 Ebd., S. 49.

und arbeitete, beobachtete er dort den Hof Friedrichs II. mit großer Reserve.[133] Seinen Einspruch gegen Gellerts Poetik der Ungeschicklichkeit hat Lessing einer seiner frühen Versfabeln anvertraut, der er den gleichen Titel gab wie Gellert der seinigen: *Der Tanzbär*.[134] Es handelt sich um eine Kontrafaktur der Gellert'schen Fabel.[135] Erstmals publiziert wurde sie im Oktober 1751 innerhalb der Monatsbeilage *Das Neueste aus dem Reiche des Witzes*, die zur *Berlinischen privilegierten Zeitung* gehörte.[136] Die Beilage richtete sich an das literarisch interessierte Publikum in der Preußischen Hauptstadt. Lessing hat in seinen frühen Versfabeln generell, besonders prägnant aber in seiner Tanzbärenfabel, die von Gellert noch selbstverständlich weitergeführte Koppelung der Gattungsform an die höfische Kultur der Oberschichten aufgelöst und die Fabel zu einem ständepolitisch indifferenten Medium der Kritik gemacht. Dadurch hat er die Gattung in wegweisender Form moralisiert[137] – und mit ihr die Poetik der Ungeschicklichkeit.

In hofkritischer Stoßrichtung macht Lessing den Tanzbären zum Sklaven und Fürstenknecht. Damit opponiert er gegen die Abrichtung des Naturwesens zu einem Agenten höfischer Geschmacksnormen. Im Gegenzug wird die rohe Natur des Tieres zur Grundlage einer literaturkritischen Poetik der Freiheit, die auf radikale Kürze setzt, programmatisch jeden Redeschmuck auf ein Minimum zu reduzieren versucht und zur Steigerung der Prägnanz auch Ungeschicklichkeiten explizit zulässt. Als Ausgangspunkt von Lessings

---

133 Vgl. Wilfried Barner/Gunter E. Grimm/Helmuth Kiesel/Martin Kramer: Lessing. Epoche – Werk – Wirkung. 5. Aufl. München 1987, S. 103–105.

134 Gotthold Ephraim Lessing: Der Tanzbär (zuerst 1751). In: ders.: Werke und Briefe in zwölf Bänden. Hg. von Wilfried Barner u. a. Bd. 2. Frankfurt a. M. 1998, S. 248.

135 Zum Vergleich der Fabeln Gellerts und Lessings vgl. Klaus Schaefer: Die „Tanzbär“-Fabeln von Chr. F. Gellert, G. E. Lessing und G. K. Pfeffel. Ein Vergleich. In: Werkinterpretationen zur deutschen Literatur. Hg. von einem Autorenkollektiv unter Leitung von Horst Hartmann. Berlin (Ost) 1986, S. 42–51.

136 Vgl. dazu Nisbet: Lessing (s. Anm. 131), S. 135.

137 Zur Moralisierung als politisch problematischem Effekt der Kritik im 18. Jahrhunderts vgl. Reinhart Koselleck: Kritik und Krise. Eine Studie zur Pathogenese der bürgerlichen Welt. Frankfurt a. M. 1973.

Tanzbärenfabel und ihrer Poetik kann man die Behauptung Herodots vom Sklavenstand des Begründers der Fabel, Äsop, annehmen.[138] Lessing hat auch gewusst, dass sich Phaedrus, der bedeutendste römische Fabeldichter, als freigelassenen Sklaven bezeichnet[139] und behauptet hat, dass die Fabel unter Sklaven entstanden sei. Als Unfreie hätten sie nur durch verhüllte Formen der Rede ihr Herz zu erleichtern wagen können, nicht durch freies Sprechen.[140] Wenn Lessing den Tanzbären also zu einem Sklaven macht, konfrontiert er die Selbstdeutung Gellerts als höfisch versierter, seine Versiertheit aber bescheiden verbergender Virtuose mit seiner eigenen Selbstdeutung als freier Autor. Zu Beginn der Fabel hat sich ein abgerichteter Tanzbär von der Kette losgerissen und ist in den Wald zu seinen freien Artgenossen zurückgekehrt. Dort versucht er aber gar nicht erst sich einzureihen und seine neue Freiheit zu gebrauchen, sondern prahlt unaufgefordert mit den außergewöhnlichen Fertigkeiten, die man ihm antrainiert hat. Provokant fordert er überdies seine Artgenossen auf, es ihm nachzutun:

> „Seht“, schrie er, „das ist Kunst; das lernt man in der Welt.
> Tut mir es nach, wenns euch gefällt,
> Und wenn ihr könnt!“ […].[141]

Anders als bei Gellert erzeugt die massive Provokation keinen einzigen Neider. Die Reaktionen beschränken sich auf die Rede eines alten Bären, der den Prahler zurechtweist. Im Zentrum seiner Ausführungen steht der Begriff der Kunst und die Beziehung der Kunst zur Freiheit. Dabei geht es um Wertfragen. Bereits der Tanzbär hatte seine Darbietung als Kunst bezeichnet, um dann ihren Wert mit der

138 Herodot: Historien (zuerst 5. Jh. v. Chr.). Gr./dt. Hg. von Josef Feix. Bd. 1. 4. Aufl. München/Zürich 1988, S. 316 (II 134, 3–4).

139 Phaedrus nennt sich im Titel seines Fabelbuchs einen ehemaligen Sklaven des Augustus („Phaedri Augusti liberti Liber Fabularum“); Phaedrus: Liber Fabularum/Fabelbuch (zuerst um 50). Lat./dt. Hg. und erl. von Otto Schönberger. Stuttgart 2012, S. 3. Vgl. Otto Schönberger: Nachwort. In: dass., S. 206–232, hier S. 215.

140 „Servitus obnoxia, / Quia quae volebat non audebat dicere, / Affectus proprios in fabellas transtulit“; ebd., S. 48.

141 Lessing: Der Tanzbär (s. Anm. 134), S. 248.

„Welt", im zeitgenössischen Kontext also mit den Konventionen der höfischen Kultur, zu legitimieren. Eben das wird in der Entgegnung des alten Bären zum Beweis der Preisgabe von individueller Freiheit und Autonomie, der den Kern des Tadels bildet:

> [...] „Geh", ruft ein alter Bär,
> „Dergleichen Kunst, sie sei auch noch so schwer,
> Sie sei so rar sie sei,
> Zeigt deinen niedern Geist und deine Sklaverei."[142]

Die Bindung des Tanzes an die Konventionen der adeligen Oberschicht wird damit bestätigt, sie wird aber aus einem positiven zu einem negativen Wert umcodiert. Das wird durch eine Verschiebung der Perspektive vom Tanz auf den Tänzer bewerkstelligt. Denn zu einem freien Bären passt es grundsätzlich nicht, zu tanzen.[143] Das Ansinnen widerstrebt – um das Argument Bocks aufzugreifen – seiner Natur. Der alte Bär bringt stattdessen eine andere Kunst ins Spiel, die der Kraft und Freiheit eines Bären für Lessing eher entspricht: die Kunst der Kritik. Sie ist zugleich der primäre Operationsmodus der Aufklärung.[144] Der Kritiker muss sich als freier Geist von allen Kunstmitteln unabhängig machen, sie aber nach Bedarf auch adaptieren und ironisch dekonstruieren können. Lessings Fabel führt das eindrucksvoll an der Kritik des alten Bären vor. Sie setzt ironisch Wiederholungsfiguren wie Repetition und Alliteration ein und kombiniert sie virtuos mit den metrischen Vorgaben. Dadurch wird die Rede des alten Bären zu einer Parodie des Gellert'schen Formprinzips, die zugleich dessen Nähe zur höfischen Kunstform des Tanzes aufdeckt. Lessings Tanzbär parodiert mit der Poetik

---

142 Ebd.

143 Schon bei von Rohr: Erleichterte und zum Gebrauch des Menschlichen Lebens eingerichtete Tugend=Lehre (s. Anm. 40), S. 296, geht es um die Frage, welches Verhalten zu wem passt. So müssen etwa hohe Beamte wie Kanzler oder Staatsminister nicht „zierlich tantzen" können und bei einem hohen Geistlichen kann die Geschicklichkeit im Fechten oder Spielen sogar ein Makel sein.

144 Vgl. Martin Fontius: Kritisch/Kritik. In: Ästhetische Grundbegriffe. Historisches Wörterbuch in sieben Bänden. Hg. von Karlheinz Barck, M. F., Dieter Schlenstedt u. a. Bd. 3. Stuttgart/Weimar 2001, S. 450–489.

Gellerts auch ihren Autor und führt den Liebling des Volkes als das vor, was er geschickt verbergen wollte: als Fürstenknecht.

Als Merkmal eines freien und unabhängigen Geistes hat Lessing die Ungeschicklichkeit positiviert. Zunächst aber wirft sie in seiner Fabel der versklavte Tanzbär seinen Artgenossen vor. Er unterstellt ihnen, zur Nachahmung seiner Tanzkünste unfähig zu sein. Wenn dieser Vorwurf von der Fabel abgewiesen wird, dann wiederholt sich darin der Einspruch Gabriel Wagners gegen Thomasius und dessen Aufforderung an die Deutschen, ihre Ungeschicklichkeit durch Nachahmung der „Tanzosen"[145] zu überwinden. Auch in Lessings Fabel sollen die deutschen Bären bleiben was sie sind: frei und unabhängig und dabei auch partiell ungeschickt. Wie man sich artikuliert, wenn man frei und ungeschickt ist, führt Lessings Versfabel durch ihre Form vor: Die Syntax erscheint maximal verdichtet und verknappt, in der Lexik ist jedes überflüssige Element getilgt, auf die Ausstellung poetischer Mittel wird ostentativ verzichtet und der Vers nähert sich deutlich entschiedener als bei Gellert der Prosa. Lessings Fabel arbeitet mit einer Poetik der Kürze und der Kargheit, die der Autor wenig später auch praktisch ausgearbeitet und theoretisch begründet hat.[146] Lediglich die Rede des alten Bären weicht in Lessings Tanzbärenfabel markant von dieser Poetik ab. Das ist jedoch als ironisches Formzitat aufzufassen, in dem sich die kritische Distanz befreiter Sklaven zur Welt ihrer Herren artikuliert. Zudem ersetzt die Rede die Position des Epimythions. Erst wenn man die radikale Differenz der Redeweise des alten Bären zum propositionalen Gehalt seiner Rede und ihre stilistische Differenz zum Kontext der Fabel ernst nimmt, erweist sich die strategische Faktur von Lessings maximal verknappter Tanzbärenfabel: Sie identifiziert die natürliche Ungeschicklichkeit der Deutschen mit ihrer Freiheit und wendet sich damit gegen die kulturelle Hegemonie der

145 S. Anm. 96.

146 Gotthold Ephraim Lessing: Abhandlungen (zuerst 1759). In: ders.: Werke und Briefe. Hg. von Wilfried Barner u. a. Bd. 4. Frankfurt a. M. 1997, S. 345–411, hier S. 402: Damit die Fabel auf einen Blick überschaubar bleibt, „muß sie so kurz sein, als möglich. Alle Zierraten aber sind dieser Kürze entgegen; denn ohne sie würde sie noch kürzer sein können: folglich streiten alle Zierraten, in so fern sie leere Verlängerungen sind, mit der Absicht der Fabel."

Höfe, insbesondere gegen die profranzösische Kulturpolitik des Preußischen Königs. Damit nimmt sie Mösers protodemokratische Reichsästhetik mit ihrer Feier des Diversen vorweg, die nicht zufällig im Werk Lessings ihr wichtigstes Vorbild erkennen wird.

Lessing hat seine Tanzbärenfabel 1753 in den ersten Band seiner *Schrifften* aufgenommen und sie bei dieser Gelegenheit erweitert.[147] Die Erweiterung wendet die animalische Konstellation des heimkehrenden Tanzbären auf einen humanen Einzelfall an. Es geht dabei um die schlichte, rein rhetorisch gemeinte Alternativfrage ob es „Lob oder Tadel"[148] verdient, wenn jemand ein Maximum an Geschicklichkeit erworben und es damit zum großen Hofmann gebracht hat. Gegenläufig zu ihrer Schlichtheit wird die Frage syntaktisch kunstvoll konstruiert, indem die einzelnen (durchgehend moralisch bedenklichen) Bestimmungsstücke eines formidablen Hofmanns aufgezählt werden: Schmeichelei, List, Intrigen, Betrug und leere Worte. Die Pointe liegt dabei in der Suggestion, dass die kunstvolle Form der Rede, die dem großen Hofmann mit dem großen Dichter gemeinsam ist, bei der Antwort eine Rolle spielen könnte. Wer hier mit Ja antwortet und den großen Hofmann lobt, hat sich schon auf die Seite Gellerts geschlagen. Gellert ist im Feld der Poesie derjenige, der Schlichtheit artistisch aufbauscht und sich damit selbst dem König empfiehlt („des Fůrsten Gunst erstielt"[149]). Lessings Sklavenperspektive dagegen fordert dazu auf, ausschließlich die Propositionen und nicht die Form der Rede zu beachten und von ihnen her die Sozialfigur des Hofmanns ebenso schroff abzulehnen wie diejenige des denaturierten Tanzbären.[150] Die Wortwolke bricht dann in sich zusammen.

Primär aus dem Geist der Freiheit und der Kritik, aus dem Geist Lessings also, ist das Genre der Tanzbärenfabeln weitergeführt worden. Die Moralisierung des Sujets verschärfend wurde die Befreiung des zum Tanz abgerichteten Bären von seinen Fesseln

---

147 Gotthold Ephraim Lessing: Der Tanzbår. In: ders.: Schrifften. Bd. 1. Berlin 1753, S. 136 f.

148 Ebd., S. 137.

149 Ebd.

150 Ähnlich Nisbet: Lessing (s. Anm. 131), S. 355.

sozialkritisch und kulturpolitisch radikalisiert. Mit dem Verblassen des Abrichtungsmotivs angesichts der Politisierung der Bärenfabel verschwindet allerdings auch das Interesse an der Ungeschicklichkeit. An die Stelle einer kritischen Darstellung der Folgen von Erziehungsprozessen, die der sozialen Mobilität unter den Konditionen des Absolutismus dienen, tritt der kraftvolle Aufstand freier Bären gegen ihre adeligen Peiniger und deren Helfershelfer. Allenfalls in der Begegnung mit schönen Damen werden sie noch rot und agieren ungeschickt.

IV

In Lili's Park

Es gibt eine verdeckte Fortsetzung der Tanzbärenfabeln, in der die höfische Konditionierung des Individuums und mit ihr auch das Problem der Ungeschicklichkeit radikaler und zukunftsträchtiger noch als bei Gellert und Lessing der literarischen Literatur inkorporiert worden ist. Dabei wird die poetische Ungeschicklichkeit in all ihrem Spannungsreichtum eingeführt. Die Rede ist von Goethes Gedicht *Lili's Park*. In der Geschichte der Ungeschicklichkeit paradiert es als Schwellentext, der in kulturgeschichtlicher Perspektive zwischen Früher Neuzeit und Moderne, in literaturgeschichtlicher zwischen Sturm und Drang und Weimarer Klassik angesiedelt, markant eine Zone artistisch funktionalisierter Ausführungsfehler etabliert. Im Modus der Groteske werden dazu stilistische Eigenarten der Verserzählungen Gellerts[151] mit der rigorosen Freiheitsemphase Lessings[152] und dem Sturm-und-Drang-Konzept des Kraftgenies[153] zusammengeführt. Der erotisch-galante Park, auf den der Titel verweist, präformiert bereits den Park von Belriguardo in Goethes *Tasso*, wobei letzterer allerdings, anders als der Park Lilis, keinen Ausweg mehr kennt. *Lili's Park* entstand 1775 während der intensiven Beziehung Goethes zu der Frankfurter Bankierstochter Anna Elisabeth Schönemann, die auf eine Heirat zusteuerte, von Goethe aber einseitig abgebrochen wurde.[154]

---

151 Darauf hat Erich Trunz in seinem Kommentar zu *Lili's Park* hingewiesen; Johann Wolfgang Goethe: Werke. Hg. von Erich Trunz. Bd. 1. 13. Aufl. München 1982, S. 526.

152 Zum komplizierten Verhältnis Goethes zu Lessing vgl. Wilfried Barner: Goethe und Lessing. Eine schwierige Konstellation. Göttingen 2001.

153 Goethes Beitrag zu diesem Konzept, vor allem in seiner *Prometheus*-Hymne, erörtert Jochen Schmidt: Die Geschichte des Genie-Gedankens 1750–1945. Bd. 1. Darmstadt 1985, S. 261–269.

154 Vgl. Ernst Beutler: Lili. Wiederholte Spiegelungen. In: ders.: Essays um Goethe. Bd. 2. Wiesbaden 1947, S. 1–160. Wesentliche Motive von *Lili's Park* finden sich auch in einem Briefgedicht Goethes an das Ehepaar d'Orville; vgl. ebd., S. 133 f.

 | DOI:10.30965/9783846761038_017

Fluchtartig verließ er Frankfurt für eine Reise in die Schweiz und folgte dann im Herbst der Einladung des Weimarer Herzogs an dessen Hof. Gedruckt wurde das Gedicht freilich erst 1789, im achten Band der ersten Werkausgabe. Dort steht es in der Verlegenheitsrubrik „Vermischte Gedichte. Erste Sammlung".[155] Der Kontext der Französischen Revolution dürfte vor allem die antihöfische Freiheitsemphase des Textes, die nun aber in ein Spannungsverhältnis zu Goethes Anstellung am Weimarer Fürstenhof rücken musste, verstärkt haben. Für die Geschichte der Ungeschicklichkeitsszene in der deutschen Literatur ist *Lili's Park* signifikant, weil das Gedicht aus der rezenten Abrichtung des ungeschickten Individuums für die galante, französisch geprägte Kultur der deutschen Oberschichten, die der Tanzbär symbolisiert hatte, eine schwer zu widerstehende, erotisch aufgeladene Abhängigkeit werden lässt, gegen die nun der niemals gänzlich gelingende Rückzug auf die eigene Kraft ausgespielt wird. Mit dem Rückzugsbegehren wird zugleich die natürliche Ungeschicklichkeit als literarisches, im Kern antihöfisches Residuum positiviert und zur Grundlage einer Poetik des Individuellen gemacht.[156]

In *Lili's Park* berichtet ein aufgeregter Erzähler einer Herrenrunde von seiner verhängnisvollen, weiterhin andauernden Leidenschaft für die schöne und verführerische Lili. Er bezeichnet sich dabei als wilden und ungeschickten Bären, den Lili aus seinem Wald in ihren Park gelockt habe. Zusammen mit anderen, kleineren und weniger wilden Tieren bemüht er sich dort, ihre Gunst zu erlangen. Das zwingt ihn dazu, die eleganten Konventionen der Rokokokultur zu internalisieren, die Lili perfekt beherrscht, die den Erzähler aber zunehmend abstoßen. Zwischen seiner Leidenschaft für Lili und seinen Regressionswünschen schwankt er unschlüssig hin und her.

155 Johann Wolfgang Goethe: Lili's Park. In: Goethe's Schriften. Bd. 8. Leipzig 1789, S. 136–143. Zu Goethes Problemen mit einer angemessenen Platzierung des Gedichts innerhalb seiner Werkausgaben vgl. Reiner Wild: „Liebe liebe lass mich los". Goethes Lili-Lyrik. In: Ulrich Kittstein (Hg.): Poesie der Liebe. Aufsätze zur deutschen Liebeslyrik. Frankfurt a. M. 2006, S. 156–202, hier S. 187.

156 Vgl. zur Genese dieser Poetik Ulrich Breuer: Melancholie und Reise. Studien zur Archäologie des Individuellen im deutschen Roman des 16.–18. Jahrhunderts. Münster/Hamburg 1994.

Als Lili ihn jedoch triumphierend als gezähmten Tanzbären[157] vorführen will und zudem Kunstmittel einsetzt, um ihn zu sedieren, hat er genug und entschließt sich im Vertrauen auf die ihm verbliebene Kraft zur Flucht. Ob sie ihm gelingen wird, bleibt unentschieden.

Dem Gedicht ist allerdings auch ein mythischer Subtext eingeschrieben, der vor allem auf Homers *Odyssee* zurückgreift. Er lädt die Figuren mit Bedeutsamkeit auf und verrät mehr über ihren Charakter und ihr weiteres Schicksal als der Text ausspricht. Das gilt vor allem für den ungeschickten Bären. Er wird als neuer Odysseus markiert, den Lili als neue Circe zu verzaubern und als neue Sirene zu betören und an sich zu binden versucht. Während das Gedicht offen lässt, ob sie damit Erfolg hat, vermittelt der mythische Subtext die Gewissheit und vielleicht auch den archaischen Trost, dass ebenso wie seine Präfiguration auch der neue Odysseus nur vorübergehend aufgehalten und an seiner Heimkehr letztlich nicht gehindert werden kann.

In der älteren Forschung, mit Ausläufern bis in die jüngere Gegenwart,[158] ist *Lili's Park* überwiegend in biographischer Perspektive als Quelle für die eigenartige Beziehung Goethes zu der jungen Elisabeth Schönemann behandelt worden.[159] Ernst Beutler hat in seiner gründlich recherchierten Studie über diese bemerkenswerte Frau erstmals sämtliche relevanten Informationen zusammengestellt und auch schon die mythologische Schicht des Gedichts angesprochen.[160] Erste Hinweise zur hybriden Form des Gedichtes finden sich in einer kurzen Skizze von Werner Kraft.[161] Zuletzt

157 So auch Per Øhrgaard: Lili's Park. In: Goethe-Handbuch. Hg. von Bernd Witte u. a. Bd. 1. Stuttgart 1996, S. 137–139, hier S. 138.

158 Zu den Arbeiten bis Mitte der 1990er Jahre vgl. ebd., S. 138 f.

159 Vgl. Friedrich Gundolf: Goethe (zuerst 1916). 13. Aufl. Berlin 1930, S. 197–207; Emil Staiger: Goethe. Bd. 1: 1749–1786. Zürich/Freiburg i. Br. 1952, S. 245–264; Karl Otto Conrady: Goethe. Leben und Werk (zuerst 1982). Bd. 1. Frankfurt a. M. 1988, S. 259–277; Nicholas Boyle: Goethe. Der Dichter in seiner Zeit. Bd. 1 (zuerst 1995). Übers. von Holger Fliessbach. 3., unveränd. Aufl. München 2000, S. 234–240.

160 Beutler: Lili (s. Anm. 154), S. 133 f., S. 151.

161 Werner Kraft: Eingemischte Prosasätze. Zu *Lili's Park*. In: Akzente 3 (1956), S. 374–376.

haben sich Reiner Wild, Volker Neuhaus und Jan Röhnert unter dem Aspekt der Liebesthematik zu dem Gedicht geäußert.[162] Die Ungeschicklichkeit des Protagonisten ist dabei allenfalls am Rande angesprochen worden.[163]

Sie steht in engem Zusammenhang mit dem Formprinzip der Groteske.[164] Das hat die Forschung übersehen. Stattdessen hat sie sich lange mit der letztlich müßigen Frage herumgeschlagen, ob der Konflikt des Bären zwischen Liebesfesselung und Freiheitsverlangen eher komisch oder eher tragisch präsentiert wird.[165] Beides ist der Fall – und gerade dadurch konstituiert sich die groteske Form des Textes. Man hätte das einem Fingerzeig Goethes in *Dichtung und Wahrheit* entnehmen können. Dort wird im Rückblick behauptet, dass *Lili's Park*, „mit genialer Heftigkeit, das Widerwärtige zu erhöhen und durch komisch ärgerliche Bilder das Entsagen in Verzweiflung umzuwandeln trachtet."[166] Daher sei in *Dichtung und Wahrheit* auf einen erneuten Abdruck verzichtet worden. Das dürfte tiefere Gründe haben. Denn im deutschsprachigen Raum wurde das Groteske wegweisend durch Justus Möser bestimmt, der, nach Goethes spätem Zeugnis, „sehr großen Einfluß

---

162 Wild: „Liebe liebe lass mich los" (s. Anm. 155), S. 175–177; Volker Neuhaus: Andre verschlafen ihren Rausch, meiner steht auf dem Papiere. Goethes Leben in seiner Lyrik. Köln 2007, S. 168–185; Jan Röhnert: Empfindung und Empirie. Autobiographische Selbstbehauptung in Goethes Liebeslyrik von 1771 bis 1775. In: Carsten Rohde/Thorsten Valk (Hg.): Goethes Liebeslyrik. Semantiken der Leidenschaft um 1800. Berlin/Boston 2013, S. 47–65, hier S. 55–59.

163 Vgl. Wild: „Liebe liebe lass mich los" (s. Anm. 155), S. 175; Röhnert: Empfindung und Empirie (s. Anm. 162), S. 56, der eine Wiederaufnahme von Gellerts *Tanzbär* nahelegt.

164 Vgl. dazu Elisheva Rosen: Grotesk. In: Ästhetische Grundbegriffe. Historisches Wörterbuch in sieben Bänden. Hg. von Karlheinz Barck, Martin Fontius, Dieter Schlenstedt u. a. Bd. 2. Stuttgart/Weimar 2001, S. 876–900.

165 Vgl. Øhrgaard: Lili's Park (s. Anm. 157), S. 139.

166 Goethe: Dichtung und Wahrheit (s. Anm. 110), S. 832. Zu den Lili-Episoden in *Dichtung und Wahrheit*, die den Konflikt von sozialen Konventionen und individueller Empfindung in der Kombination von narrativer Darstellung mit lyrischen Einlagen reflektieren, vgl. Wild: „Liebe liebe lass mich los" (s. Anm. 155), S. 158–165.

auf meine Bildung gehabt hat."[167] Möser hat das Groteske in seiner zuerst 1761 erschienenen Abhandlung *Harlekin, oder Vertheidigung des Groteske=Komischen* im Rekurs auf die ‚Volkskultur' als hof- und aufklärungskritische Kategorie in die Ästhetik eingeführt. Im Sinne seiner Distanz gegenüber den hegemonialen Zügen der französischen Kulturvorbilder bestimmt er es als „Uebertreibung der Gestalten", als gezielte Abweichung „von der wahren Wellenlinie der Schönheit" und „beståndige Ausschweifung".[168] Das Groteske könne durch Verbindung mit dem Anstand der Einfalt[169] zwar eine gewisse Eigenständigkeit beanspruchen, bleibe jedoch als „*Geschmack des schiefen*"[170] auf das höher bewertete Schöne bezogen. Es diente daher im Klassizismus des 18. Jahrhunderts als Begründung für den Ausschluss entsprechender Werke aus dem Kanon. Diese Leistung des Grotesken nutzt auch der alte Goethe, um den Verzicht auf einen Abdruck von *Lili's Park* in seiner Autobiographie zu legitimieren. Das Gedicht passte nicht mehr zu seiner Selbstdeutung – vielleicht auch, weil es zu viel über ihn verrät.

In *Lili's Park* lassen sich die Merkmale des Grotesken auf nahezu allen Ebenen des Textes finden. Das Gedicht erweist sich im Sinne Mösers als eine durchgehende „Vermischung unterschiedener Arten", die nur durch die „Einheit der Absicht" erträglich wird.[171] Auf der Formebene dominieren harte, ja destruktive Fügungen heterogener Elemente über ihre harmonische Verbindung. Dazu gehört der Kontrast zwischen umfangreichen Versgruppen einerseits und extrem verknappten andererseits, die Kombination von schlichten mit sehr komplexen Reimen, der teils abrupte Wechsel von distanzierter Erzählerrede, hochemotionaler Rollenrede und eingeschalteter Fremdrede, und nicht zuletzt die Poetik der Mehrsprachigkeit mit ihren modischen Gallizismen und Anglizismen sowie ihren bildungssprachlichen Gräzismen und Latinismen, aber

---

167 Johann Wolfgang Goethe: Justus Möser (zuerst 1823). In: ders.: Sämtliche Werke. Briefe, Tagebücher und Gespräche. Hg. von Friedmar Apel u. a. Abt. I. Bd. 21. Frankfurt a. M. 1998, S. 473–475, hier S. 473.

168 [Möser:] Harlekin (s. Anm. 1), S. 37, S. 43, S. 65 f.

169 Ebd., S. 51.

170 Ebd., S. 44; Hervorh. im Original.

171 Ebd., S. 34, S. 70.

auch mit dem Einsatz kolloquialer Redeweisen, insbesondere von Neologismen und Interjektionen. Auf thematischer Ebene verweist die Nebeneinanderstellung anthropologisch-empfindsamer mit animalischen Eigenschaften, sowie von antiker und christlicher Mythologie, vor allem aber die Vermengung von heroischen mit idyllischen Aussagen auf die Groteske. Selbst auf der Ebene der Typographie wird mit entsprechenden Kontrasten gearbeitet, vor allem beim Schriftwechsel von der Fraktur zur Antiqua, der die eingeschaltete französische Rede Lilis markiert,[172] daneben auch in der Sperrung des Personalpronomens ‚Ich', die den Übergang von der Erzählung zum Bekenntnis anzeigt. Alles in allem lässt sich die groteske Poetik des Gedichts als mehr oder weniger absichtsvoll ungeschickte Leistung eines unglücklich verliebten Pierrots im Sinne Watteaus, eines deutschen Harlekins im Sinne Mösers oder eines freien und kraftvollen Bären im Sinne Lessings verstehen. Der Maler und Satiriker Johann Heinrich Ramberg hat die groteske Struktur des Gedichtes präzise begriffen und pointiert umgesetzt, indem er auf einer 1835 entstandenen Kreidezeichnung unter anderem der erotisch aufgeladenen Unterwerfung des Bären einen musizierenden Affen beigesellt.

Fragt man nach der Art der Ungeschicklichkeit in Goethes Gedicht, dann werden nahezu alle Nuancen der zeitgenössischen Semantik aufgerufen. Insofern der Bär „ungeleckt und ungezogen"[173] aus seinem Wald heraustritt, erweist er sich im Sinne Henischs und von Rohrs als unerzogenes und unkultiviertes Naturwesen. Bestätigt wird dies durch sein ungebärdiges Verhalten im Park, das durch einen Neologismus charakterisiert wird: „Es wildst die innere Natur."[174] Hier geht es um die natürliche, um nicht zu sagen animalische Ungeschicklichkeit, die auch die Form der Rede des Bären und die groteske Poetik des Gedichts bestimmt und insofern als poetische Ungeschicklichkeit konturiert ist. Da sich der Bär in Lilis Park zudem

172 Das ist in späteren Drucken überwiegend aufgelöst worden. Daher wird der Text hier nach dem Erstdruck zitiert.

173 Goethe: Lili's Park (s. Anm. 155), S. 138.

174 Ebd., S. 139.

Abb. 8
Johann Heinrich Ramberg, Lilis Park, 1835

aus Leidenschaft daneben benimmt[175] und den eleganten Ton nicht trifft[176], verfehlt er im Sinne Steinbachs auch das Anforderungsprofil einer an den Höfen verankerten Rokokokultur. Damit erweist er sich als sozial ungeschickt. Hinzu kommt die fehlende Selbstkontrolle eigener Affekte im Sinne von Zedlers Lexikoneintrag (der Bär ist „wüthig“[177] und bringt das auch zum Ausdruck), die man mit Adelung auch als geistige Ungeschicklichkeit verstehen kann, sowie seine motorische Ungeschicklichkeit. Sie wird in einem Redebeitrag Lilis angesprochen, mit dem sie dem ‚drolligen Ungeheuer‘ die Attribute „zottig, täpsig, knollig“ zuweist.[178] Während bereits der Tanzbär in Bocks Fabel als ‚zottig‘ bezeichnet worden ist und sich ‚knollig‘ auf seine rundliche Form bezieht, verweist ‚täpsig‘ im Sinne Abraham a Sancta Claras, Julius Bernhard von Rohrs und Johann Christoph Adelungs auf die motorische Ungeschicklichkeit des

175 Indem er etwa querfeldein läuft und dabei ungestüm „alle Sträuche nieder“ tritt; ebd., S. 140.
176 Über Brummen (ebd., S. 139) und Knurren (S. 141) gelangt er nicht hinaus.
177 Ebd., S. 138.
178 Ebd., S. 141.

verliebten Bären. Versteht man weiterhin das Schwanken zwischen antagonistischen Optionen und das Ringen um Auftrittssicherheit, das noch den jungen Hölderlin umtreibt, als mögliche Ursache ungeschickten Verhaltens, dann lässt sich dieser Aspekt der Semantik in der perennierenden Unfähigkeit des Bären wiederfinden, zwischen der Fesselung an die Geliebte und seinem Freiheitsverlangen eine Entscheidung zu treffen. Das Freiheitsverlangen opponiert im Sinne des Sturm und Drang einer an Frankreich orientierten Rokokokultur und wertet die Ungeschicklichkeit des Bären zur deutschen ‚Tugend' auf. Diese kann sich aber nicht mehr durchsetzen.

Schauplatz der Ungeschicklichkeit in Goethes Gedicht ist ein Park, von dem zuerst rückblickend, dann vergegenwärtigend erzählt wird. Der Park demonstrierte im 18. Jahrhundert Macht, Reichtum und technisches Können seiner meist adeligen Besitzer. In Goethes Gedicht ist er im französischen Stil mit einem Fischbassin, beschnittenen Bäumen und Hecken, einem sorgsam gepflegten Rasen, künstlichen Wasserfällen und Nymphenstatuen aus Porzellan ausgestattet.[179] Nach außen wird er durch einen dichten Zaun begrenzt. Jenseits dieser Grenze befindet sich ein dunkler Wald, der die Heimat des Bären bildet. Wald und Park stehen sich gegenüber wie deutsche Natur und französische Kultur, wobei die Kulturwelt des Parks zugleich als höfische Menagerie und märchenhaftes Feenreich angelegt ist. Als Menagerie erweist sich der Park, weil er zahlreiche gezähmte oder harmlose Tiere beherbergt. Dabei handelt es sich um ehemals freie Kleintiere wie Hühner und Enten, Hasen oder Eichhörnchen, zu denen sich als Ausnahme der große und wilde Bär gesellt. Alle Tiere werden regelmäßig von Lili gefüttert, die wie eine Prinzessin den Park beherrscht.[180] Ihre Fütterung ist als groteske

179 Zum Kontext vgl. Michael Gamper: „Die Natur ist republikanisch". Zu den ästhetischen, anthropologischen und politischen Konzepten der deutschen Gartenliteratur im 18. Jahrhundert. Würzburg 1998, sowie Ana-Stanca Tabarasi: Der Landschaftsgarten als Lebensmodell. Zur Symbolik der „Gartenrevolution" in Europa. Würzburg 2007, S. 310–326. Zur Kritik des französischen Parks im Unterschied zum englischen vgl. [Möser:] Harlekin (s. Anm. 1), S. 12.

180 Sie ist von „armen Prinzen" umgeben; Goethe: Lili's Park (s. Anm. 155), S. 136.

Liebesszene ausgestaltet, in der sich die verliebten Tiere ebenso kopflos wie ungeschickt um jeden kleinen Gunsterweis streiten. Damit ist zugleich die Liebesszene als Handlungstyp benannt, in den die Ungeschicklichkeit in diesem Fall eingebunden ist. Freilich trägt sie ambivalente und fatale Züge. Das hängt damit zusammen, dass die Menagerie zugleich als phantastischer Zaubergarten und galantes Liebeslabyrinth[181] angelegt ist. In ihm residiert Lili als „Fee"[182]. Ihr Vorbild ist die mythische Zauberin Circe in Homers *Odyssee*. Ähnlich wie diese hat Lili ihre Liebhaber in Tiere verwandelt und sie dann gezähmt. Auch den Bären will sie zähmen und setzt dazu eine perverse Mischung aus Zärtlichkeit und Schlägen sowie eine Art Zaubertrank ein. Dagegen begehrt der Bär auf. Er will das „dumpfe Zauberwerk"[183], das seine Identität bedroht und in das er sich zunehmend verstrickt sieht,[184] durch seine Flucht beenden. Über ihre phantastischen Züge nähert sich die Szenerie den französischen Feenmärchen und ihrer ironisierenden Adaption durch Christoph Martin Wieland.[185] Die Ungeschicklichkeitsszene ist insofern zugleich Liebes- und präromantische Märchenszene, wobei sie mit dem Einsatz von anthropomorphen Tieren auch Elemente der Fabel, insbesondere der Tanzbärenfabel, aufgreift.

Konstituiert wird die Ungeschicklichkeitsszene in *Lili's Park* durch zwei Haupt- und mehrere Nebenfiguren. Als Hauptfigur fungiert der Bär, der zugleich Träger der Ungeschicklichkeit ist, aber auch Lili, die bezogen auf den ungeselligen Bären als sozial versierte Kontrastfigur angelegt ist. Sieht man sich die Figur des Bären näher an, dann wird sie zunächst unter der Maske eines extradiegetischen

---

181 Vgl. Röhnert: Empfindung und Empirie (s. Anm. 162), S. 61.

182 Goethe: Lili's Park (s. Anm. 155), S. 136.

183 Ebd., S. 143.

184 Der Bär sieht sich „[i]n einem Filetschurz gefangen"; ebd., S. 138. Zur magischen Macht der Geliebten in der Lili-Lyrik, die zu einer Gefährdung der Identität des als Künstler konturierten männlichen Subjekts führe, vgl. Wild: „Liebe liebe lass mich los" (s. Anm. 155), S. 172 f.; zum drohenden Identitätsverlust in *Lili's Park* vgl. ebd., S. 176 f.

185 Vgl. Manfred Grätz: Das Märchen in der deutschen Aufklärung. Vom Feenmärchen zum Volksmärchen. Stuttgart 1988.

Erzählers eingeführt. Dieser berichtet einem anonymen Publikum, das er mit „ihr“[186] anredet, rückblickend von Lili und ihrem Park. Erst nachdem er in seine Erzählung den unerzogenen Bären eingeführt hat, verrät er durch den Übergang zur lyrischen Ich-Rede, dass er selbst dieser Bär ist. Mit dem Wechsel der Diegese, der mit einem Wechsel vom narrativen zum lyrischen Redemodus einhergeht, wird zugleich das anfangs noch unkonturierte Publikum zu einer Herrenrunde spezifiziert.[187] Es sind ausschließlich Männer, die zum Zeugen der affektiv aufgeladenen Wut- und Bekenntnisrede des Bären werden. Sie erfolgt ihnen gegenüber auch nicht mehr rückblickend-distanziert, sondern bringt eine aktuelle Empfindungslage zum Ausdruck. Versteht man das Gedicht als Minidrama, dann inszeniert es den Monolog eines ungeschickten Außenseiters vor seinesgleichen. Ungeschickt ist er einerseits von Natur, wie sich in seinen unkontrollierten Affekten und seiner unbeholfenen Motorik, aber auch in der ungebändigten Fülle seiner „Kraft“[188] zeigt, andererseits aber auch aus der dem Text eingeschriebenen Perspektive seiner kultivierten Antagonistin, die seine Kraft brechen und ihn auf die große Welt hin konditionieren will.

Als literaturfernes Naturwesen ist der Bär affektiv auf Lili bezogen und ihr dadurch ausgeliefert. Sie kontrolliert den Park und vor allem die Tiere, die ihn bevölkern. Motor ihrer Herrschaft ist eine gezielt eingesetzte Erotik, denn alle vertierten Männer im Park, auch und besonders der von ihrer Stimme angelockte Bär, sind der schönen und anmutigen Frau hörig. Lili beherrscht in perfekter Weise sämtliche Konventionen der Rokokokultur, insbesondere das erotische Spiel mit Nähe und Distanz. So gewährt sie dem Bären, ihre Schuhe zu küssen und sich sachte an ihr Knie zu schmiegen, weist ihn dann aber mit einem „muthwillig derben Schlag“[189] wieder in seine Schranken. Lili ist zudem die einzige Figur, die neben dem Bären im Gedicht zur Sprache kommt. Sein Monolog wird nur von

186 Goethe: Lili's Park (s. Anm. 155), S. 138.

187 Ebd.: „[…] Gut denn, ihr Herrn, g'rad' aus: Ich bin der Bär!“

188 Ebd., S. 143.

189 Ebd., S. 141. Vgl. [Möser:] Harlekin (s. Anm. 1), S. 75, der gelegentlich von einer Abrichtung „mit Schlågen zum Grotesken“ spricht.

ihrem kindlich-naiven, dabei zugleich skatologischen Lockruf „Pipi! Pipi!“[190] und der französischen Spottrede unterbrochen, mit der sie den Bären bittet, wie ein „joli Seigneur“[191] ein höfliches Kompliment zu machen und für sie zu tanzen. Mit dem typographisch markierten Inserat von Fremdrede wechselt das Gedicht vom lyrischen Monolog in den dramatischen Modus. Das bricht die inszenierte Herrenrunde auf. Sie verliert dadurch ihren exklusiven Charakter. Zugleich markiert Lilis Spottrede die Defizite des unbeholfenen Bären aus der Perspektive der Konvention.

Neben den beiden Haupt- gibt es auch Nebenfiguren. Zu ihnen gehört zum einen das unkonturierte Publikum des Erzählers, das sich, wie gesehen, alsbald in ungalanter Weise auf eine reine Herrenrunde reduziert, die aber aufgelöst wird und verblasst; zum anderen gehören dazu die zahlreichen Kleintiere in Lilis Park, die sich ebenso wie der Bär um ihre Gunst bemühen. Sowohl das Publikum als auch die Kleintiere verfügen nicht über eigene Redeanteile. Die angesprochenen Herren verbindet zudem mit den Kleintieren und dem Bären die Gefahr, dass sie als gleichfalls ungeschickte Männer in den Bann der Zauberfee Lili geraten könnten. In diesem Sinne erweist sich das Gedicht nicht zuletzt als Selbstvergewisserung massiv gefährdeter deutscher ‚Kerle‘, die sich gegenseitig vor der erotischen Faszination einer weiblich geprägten und an französischen Vorbildern orientierten Rokoko-Geselligkeit warnen müssen.[192] Ihnen wird die Besinnung auf die eigene Kraft entgegengestellt. Historisch verweist der Begriff der Kraft auf das Sturm-und-Drang-Konzept des Kraftgenies, das sich selbst hilft,[193] insbesondere auf die anthropologischen Überlegungen Herders zur ästhetischen Natur des

190 Goethe: Lili’s Park (s. Anm. 155), S. 137.

191 Ebd., S. 141.

192 Das deckt sich mit den Hinweisen von Matthias Luserke: Sturm und Drang. Autoren – Texte – Themen. Stuttgart 1997, S. 42, auf die Dominanz von Männern und von Gruppenbildungen im Sturm und Drang, für die Frauen als bloße „Männerphantasien“ fungierten. Zur Rokoko-Geselligkeit als soziales Umfeld der Geliebten in der Lili-Lyrik vgl. Wild: „Liebe liebe lass mich los“ (s. Anm. 155), S. 174 f.

193 Vgl. Luserke: Sturm und Drang (s. Anm. 192), S. 10–12.

Menschen, die dieser mit der Phantasietätigkeit verbindet und „als Anfang und Abgrund des Subjekts zugleich" versteht.[194]

Wahrgenommen wird die Ungeschicklichkeit in Goethes Gedicht zuerst vom Erzähler, dem das ungeschickte Verhalten der Kleintiere in Lilis Menagerie auffällt. Er sieht sie in ihrer Liebesqual „hüpfen, laufen, trappeln, / Mit abgestumpften Flügeln zappeln,"[195] und bemerkt damit ihre würdelose, allein vom Affekt regierte Motorik. Ihm fällt weiter auf, dass sich die Ungeschicklichkeit der Kleintiere aus Anlass ihrer Fütterung vom Komischen ins Groteske steigert:

> Sie stürzen einander über die Nacken,
> Schieben sich, drängen sich, reißen sich,
> Jagen sich, ängsten sich, beißen sich[196].

Nachdem sich der Erzähler als ebenfalls liebestoller Bär zu erkennen gegeben hat, verschiebt sich seine Perspektive auf die Ungeschicklichkeit von der Fremd- zur Selbstwahrnehmung. Unter anderem bekennt er sein unentschiedenes Hin und Her zwischen Anziehung und Abstoßung, erzählt von seinen ebenso überstürzten wie hilflosen Flucht- und seinen tollpatschigen Annäherungsversuchen, erkennt, dass er aus Liebe ein „Thor"[197] geworden sei und gesteht schließlich auch seine gerade noch abgewendete Sedierung und Bannung durch Lili ein. In dem Maße, in dem er sich im Kontakt mit ihr als ungeschickt erkennt, wertet der Bär aber auch seine wilde und ungeschickte Natur auf. Er erinnert sich, „ungeleckt und ungezogen"[198] aus seinem dunklen Wald gekommen zu sein, bemerkt, wie im künstlichen Park ein „mächt'ger Geist" und eine wild gebliebene „innere Natur"[199] sich in ihm regt und ihn zum Widerstand befeuert, fühlt intensiv seine „Lust" und seine „Schmerzen" und besinnt sich schließlich auf die ursprüngliche „Kraft", die ihm seine verlorene

194 Vgl. Christoph Menke: Kraft. Ein Grundbegriff ästhetischer Anthropologie. Frankfurt a. M. 2008, S. 66.

195 Goethe: Lili's Park (s. Anm. 155), S. 136.

196 Ebd., S. 137.

197 Ebd., S. 139 und S. 142.

198 Ebd., S. 138.

199 Ebd., S. 139.

„Freyheit" wiedergeben soll.[200] Vor allem aber verdankt sich sein Eingeständnis der eigenen Ungeschicklichkeit der Wut über den nur knapp gescheiterten Versuch der Abrichtung zum würdelosen Tanzbären. Innerhalb der Selbstwahrnehmung der Ungeschicklichkeit kehrt aber auch die Fremdwahrnehmung wieder. Denn auch Lili nimmt den Bären als ungeschickt, vor allem als „täpsig"[201] wahr und spricht dies auch aus. Anders als der Angesprochene verurteilt sie aus der Perspektive der kulturellen Konventionen jedoch zusammen mit seinem ungeschickten Verhalten auch die ‚Natur', der es sich verdankt. Das verdeutlichen drastisch die derben Schläge, mit denen sie seine ungeschickten Annäherungsversuche zurückweist und auf Distanz hält.

Die Diskursivierung der Ungeschicklichkeit erfolgt durch den Einsatz dreier Instanzen. Erstens wird sie durch den Bären vorgenommen, zweitens durch Lili und drittens durch die Form des Gedichts. Da sich der Bär zuerst als distanzierter Erzähler ausgibt und erst im Laufe seiner Rede als liebeskranker Mann erkennbar wird, ist ein narrativer von einem lyrischen Diskursivierungsmodus zu unterscheiden. Im narrativen Modus wird sowohl die motorische und soziale Ungeschicklichkeit der liebestollen Kleintiere in Lilis Park thematisiert, als auch die natürliche und latent poetische Ungeschicklichkeit des verliebten Bären. Im lyrischen Modus dagegen bringt der Bär seine soziale und motorische Ungeschicklichkeit zur Sprache. Zu diesem Zweck agiert er poetisch ungeschickt, wie sich in der grotesken Form des Textes zeigt. Indem auch Lili die Ungeschicklichkeit – und zwar ausschließlich die des Bären – aus einer Beobachterperspektive diskursiviert, tritt ein dramatischer (zugleich aber an den narrativen des Erzählers erinnernder) Modus hinzu, der den lyrischen unterbricht und mit ihm interagiert. Alle drei Modi konstituieren gemeinsam die Form des Gedichts. Die Analyse dieser Form hat gezeigt, dass *Lili's Park* nicht nur groteske Formen des Verhaltens thematisiert, sondern auch auf der Formebene die Merkmale des Grotesken einsetzt. Versteht man das Groteske also als zentrales, von Möser einer antifranzösischen

200 Ebd., S. 142 f.

201 Ebd., S. 141.

Reichsästhetik zugeordnetes Formprinzip der Ungeschicklichkeit, dann hat Goethes Gedicht der Ungeschicklichkeit erstmals eine spezifisch poetische Form gegeben.

Was die Dezisionsphase betrifft, so beharrt der Bär, trotz der Erkenntnis seiner sozialen und motorischen Ungeschicklichkeit, auf seiner Wildheit und Natürlichkeit. Er will sich partout nicht zum Tanzbären abrichten und zivilisieren lassen. Damit aber insistiert er auch auf der mit seiner Wildheit verbundenen natürlichen oder poetischen Ungeschicklichkeit. Sie zeichnete ihn bereits in der dunklen Höhle des Waldes aus, der er entstammt. Im Sinne Luthers oder Lessings könnte man auch sagen, dass der Bär um seiner Freiheit willen ein deutscher Barbar bleiben will und immens darunter leidet, dass ihm das wegen seines Liebesdrangs nicht gelingt.[202] Seine Entscheidung gegen die kultivierte Sphäre des Parks erfolgt aber, während er sich noch in dieser Sphäre gefangen weiß und sie teils auch geradezu masochistisch genießen kann.[203] Insofern sind ihre Erfolgsaussichten unsicher. Lediglich der mythische Subtext legt mit der Präfiguration des Bären durch den archetypischen Heimkehrer Odysseus nahe, dass der Plan gelingt. Man kann das als mythische Motivierung auffassen.[204] Am Ende des Gedichts ruft der Bär daher nicht von ungefähr als letzte Rettung vor der „Gewöhnlichkeit"[205] die Götter an und bittet sie um Hilfe. Er geht also vom Bekenntnis zum Gebet über und schließt damit an Redegesten an, wie sie aus Goethes Sturm-und-Drang-Hymnen bekannt sind.[206]

Die Möglichkeitsbedingung dafür, die Entscheidung zur Flucht trotz der andauernden Faszination durch die erotisch aufgeladene

---

202 Die Signifikanz dieser Konstellation zeigt sich in ihrer variierenden Wiederaufnahme bei Friedrich Hölderlin: Die Eichbäume. In: ders., Sämtliche Werke und Briefe. Hg. von Michael Knaupp. Bd. 1. München/Wien 1992, S. 180 f. Hier sind Goethe und Schiller titanisch-freie deutsche Barbaren.

203 Von einem Masochismus der Sprecherinstanz spricht Röhnert: Empfindung und Empirie (s. Anm. 162), S. 56 f.

204 Vgl. zu diesem Konzept zuletzt Catherine Dedié: Mythische Motivierung. Narrative Strukturen in Prosatexten der Frühromantik. Heidelberg 2019.

205 Röhnert: Empfindung und Empirie (s. Anm. 162), S. 59.

206 Nach Röhnert bestehen zudem Analogien zum Schluss von „Mir schlug das Herz"; ebd., S. 57 f.

Kultursphäre auch umzusetzen, ist die bereits mehrfach angesprochene „Kraft", die dem Bären von Natur eignet, die von den enervierenden Verlockungen Lilis allerdings teilweise aufgezehrt wurde, und deren Restbestände er noch in sich spürt. Goethe hat den Begriff der Kraft in seiner Rezension von Sulzers Artikel *Die schönen Künste* als produktives Moment einer agonalen, blind agierenden Natur bestimmt und dabei auch – ähnlich wie Möser – das Mannigfaltige einbezogen:

> Was wir von Natur sehn, ist Kraft, die Kraft verschlingt, nichts gegenwärtig alles vorübergehend, tausend Keime zertreten jeden Augenblick tausend geboren, groß und bedeutend, mannigfaltig ins Unendliche; schön und häßlich, gut und bös, alles mit gleichem Rechte neben einander existierend.[207]

Versteht man entsprechend die Kraft als vielgestaltiges, die Gegensätze vereinigendes Prinzip, dann ist damit auch das Groteske legitimiert, das die Form von *Lili's Park* bestimmt. Daher ist festzuhalten, dass die Entscheidung über den Umgang mit der Ungeschicklichkeit zwar mythisch motiviert und ihre erfolgreiche Umsetzung insofern auch präformiert ist, dass sie durch die Form des Gedichts aber auch aufgeschoben und hinausgezögert wird. Goethes Gedicht inszeniert in dieser Perspektive einen Dezisionsverzicht im Umgang mit der Ungeschicklichkeit. Er ist gleichbedeutend mit der Entscheidung, sich ihr partiell zu überlassen. Das wird die weitere Geschichte der Ungeschicklichkeitsszene in der deutschen Literatur entscheidend prägen. Im Dezisionsverzicht öffnet sich die Möglichkeit, Ungeschicklichkeit mit Geschicklichkeit artistisch zu mischen und auf geschickte Weise ungeschickt oder auf ungeschickte Art geschickt zu agieren. *Lili's Park* inszeniert diese Möglichkeit als Angst des Mannes vor der Frau und mit ihr auch vor einer bestimmten, von Austausch- und Angleichungsprozessen geprägten Form der Kultur. Das Gedicht prozessiert, anders gewendet, die Weigerung des Mannes erwachsen zu werden und sich mit sozialen Konventionen zu arrangieren. In der juvenilen, die Phase der Pubertät auf Dauer

---

207 Johann Wolfgang Goethe: [Rez.] Die schönen Künste […] von J. G. Sulzer (zuerst 1772). In: ders.: Sämtliche Werke. Briefe, Tagebücher und Gespräche. Hg. von Friedmar Apel u. a. Abt. I. Bd. 18. Frankfurt a. M. 1998, S. 96–101, hier S. 99.

stellenden Weigerungshaltung des freien ‚Kraftgenies' spiegelt sich das Dauerzögern des blöden Individuums vor seinem Eintritt in die Moderne.

Wie steht es abschließend um die Funktion, die in Goethes Gedicht die Literatur in ihrem Verhältnis zur Ungeschicklichkeit übernimmt? Zunächst ist festzustellen, dass die in den frühneuzeitlichen Fallgeschichten stark ausgeprägte Kontrastfunktion zurücktritt. Die Ungeschicklichkeit ist nicht länger dasjenige, vor dem sich Literatur als besonders geschickte Art des Mediengebrauchs abhebt. Im Gegenteil versucht das Gedicht in seiner grotesken Form vor allem die natürliche und damit zugleich poetische Ungeschicklichkeit des Bären zum Ausdruck zu bringen. Ihr schmiegt sich die Form gewissermaßen an. Das ist ein Neueinsatz in der Geschichte der Ungeschicklichkeitsszene. Die Einwanderung der Ungeschicklichkeit in die Form ihrer Darstellung, die sich auf die anthropologische Ästhetik Herders, auf Mösers Dramaturgie des Diversen und auf das Formprinzip der Groteske berufen kann, tritt in einen scharfen Gegensatz zu harmonischen Alternativen, insbesondere zu sämtlichen Konventionen und Erwartungen der Rokokokultur. Ebenso wie Lessings Tanzbärenfabel gegen Gellerts Respekt vor den Konventionen der höfischen Kultur opponiert hatte, verwahrt sich auch Goethes Gedicht – das gleichwohl Formelemente und Themenvorgaben der Gellert'schen Fabeln adaptiert – gegen diese Konventionen. Sowohl deren höfischer als auch deren profranzösischer Charakter werden zurückgewiesen und es wird ihnen das Bekenntnis zur eigenen Kraft unter Einschluss natürlicher, zugleich poetischer und überdies national markierter Ungeschicklichkeit gegenübergestellt. Allerdings erfolgt dieses Bekenntnis innerhalb und nicht außerhalb der Rokokokultur, es ist mit einer tiefen Faszination durch diese Kultur verbunden und droht daher auch ein bloßes – und gerade daher stets zu wiederholendes – Bekenntnis zum Konventionsbruch zu bleiben.[208]

---

208 Bekanntlich hat Goethe alle seine Werke als Bruchstücke einer großen Konfession bezeichnet. Vgl. dazu Ulrich Breuer: Bekenntnisse. Diskurs – Gattung – Werk. Frankfurt a. M. 2000, S. 266–294.

Was die Wirkungsfunktion betrifft, so entsteht Ungeschicklichkeit in diesem Fall zwar nicht aus Literatur, sie ist aber durchaus ein Effekt der Normen, denen die Rokokokultur (und damit auch die mit ihr korrelierende Literatur) verpflichtet ist. Erst diese Normen lassen den liebestollen Bären in Lilis Rokokopark als ungeschickten Grobmotoriker und grotesken Harlekin erscheinen, der nicht weiß, wie man sich gegenüber einer Dame zu benehmen hat. Eben die an französischen Vorbildern orientierten Normen des feinen Umgangs sind es auch, die das lyrische Ich zum ungeschlachten deutschen Bären machen.

Die Formfunktion der Ungeschicklichkeit ist in *Lili's Park* besonders stark ausgeprägt. Im Rückgriff auf Gellerts Verserzählungen, aber auch auf die kargheitsselige Freiheitsemphase Lessings, unterstützt durch rezente Poetiken des Diversen, ist es vor allem das Formprinzip der Groteske, das Goethes Gedicht konstituiert. Da es als lyrische Rede, szenisch gesprochen: als Monolog eines liebestollen deutschen Bären angelegt ist, bildet die Groteske auch das Formprinzip seiner Rede. Wenige Jahre später proben die Damen, die Goethes Gedicht sowohl ausschließt, als auch zum leidenschaftlich begehrten Maßstab der eigenen Rede macht, den Aufstand – und der Tanzbär fliegt als Hampelmann durch die Luft.

FÜNFTER TEIL

Hampelmänner / 1791–1815

I

Alle fallen

> Und so gebärdeten sich denn auch die Ungeschicktesten meisterlich, so wie die Plumpheit selber komisch wird, wenn sie über ihre eigene Füße fällt.
>
> *Joseph von Eichendorff*

1775 verfasste Goethe nicht nur *Lili's Park*, er übersiedelte auch an den Weimarer Hof. Im gleichen Jahr hatte der etwa gleichaltrige Francisco Goya seine Heimat verlassen und damit begonnen, in Madrid für den Königshof zu arbeiten.[1] Seine Anstellung bei der Teppichmanufaktur Santa Bárbara, die Tapisserien für die außerhalb von Madrid gelegenen königlichen Schlösser San Lorenzo de El Escorial und Palacio Real El Pardo produzierte, war ein erster, entscheidender Karriereschritt für den ehrgeizigen jungen Maler aus der Provinz Saragossa. Goya hatte den Auftrag, sogenannte ‚Cartones' herzustellen, die den Teppichwebern als Vorlagen dienen sollten. Die fertigen Teppiche dienten dem Schutz vor Kälte und Feuchtigkeit und hellten die meist düsteren Räume in den königlichen Schlössern auf.[2] Ihre Themen wurden vom König und seiner Gemahlin vorgegeben. Sie sollten nicht mehr aus der Mythologie oder der antiken Geschichte stammen, sondern aus der Gegenwart. Während sich der König Jagdszenen wünschte, verlangte die Königin vor allem Szenen aus dem spanischen Alltag.[3] Möglichst realistisch sollte dabei die Lebensart der Untertanen hervortreten, wobei auch derbe Saufereien und Prügelszenen willkommen waren. Wie überall in Europa erlaubte auch in Spanien die Darstellung von ungeschickten Untertanen den Herrschern ein Gefühl der

1 Werner Busch: Goya. München 2018, S. 7.

2 Rose-Marie und Rainer Hagen: Francisco de Goya 1746–1828. Am Aufbruch der Moderne. Köln 2016, S. 7.

3 Ebd., S. 8.

 DOI:10.30965/9783846761038_018

Überlegenheit. Besonderes Interesse galt in der spanischen Königsfamilie den pittoresken Majas und Majos, die eine Randschicht der Gesellschaft bildeten, ähnlich wie der Adel die Arbeit scheuten und sich dennoch wirkungsvoll zu inszenieren wussten; vor allem in sexueller Hinsicht agierten sie freizügig und ignorierten die etablierten Rollenmuster.[4] Die hohe Qualität von Goyas Vorlagen verschaffte ihm 1780 die Aufnahme in die königliche Kunstakademie von San Fernando, in deren Leitungsgremium er 1785 eintrat. Obwohl und vielleicht auch weil seine Kartons immer wieder einer brutalen, illusionslosen Wirklichkeit Eingang in die unmittelbare Umgebung des Königspaars verschafften, gefielen sie dort so gut, dass er im Revolutionsjahr 1789 zum Königlichen Hofmaler ernannt wurde.[5]

Bis 1792 arbeitete Goya für die Teppichmanufaktur Santa Bárbara. Erst nachdem seine Vorlagen doch noch zu Spannungen mit dem Königshof geführt hatten, verließ er Madrid. Kurz darauf erkrankte er schwer. Zu seinen letzten Auftragsbildern, die thematisch und stilistisch bereits auf die wenig später einsetzenden Caprichos vorausweisen,[6] gehörte das 1791/92 entstandene Ölgemälde *El Pelele*. Indem es die Abhängigkeit des Mannes in *Lili's Park* von der Gunst der Geliebten radikalisiert,[7] zeigt es den Ungeschickten als hilflosen Spielball weiblicher Indolenz. Der Titel des Bildes bezeichnet eine Strohpuppe, aber auch einen Hampelmann und im übertragenen Sinn einen Trottel. Zu sehen sind vier junge Frauen, die in einer Parklandschaft unter Einsatz eines zwischen ihnen ausgespannten Tuchs eine Puppe in die Luft schleudern. Die Puppe ist als Mann kostümiert und mit einer Maske versehen. Gebannt, dabei erheitert, spöttisch und mitleidslos beobachten die Frauen die von ihnen herbeigeführten Verrenkungen des Hampelmanns, der mit verdrehten Beinen den Kopf nach rechts und die Arme nach unten hängen lässt. In zwei überlieferten Entwürfen zu dem Karton

4 Vgl. Werner Hofmann: Goya. Vom Himmel durch die Welt zur Hölle. 2. Aufl. der Sonderaufl. München 2014, S. 12.

5 Ebd., S. 48, S. 58.

6 Vgl. Busch: Goya (s. Anm. 1), S. 43.

7 Vgl. ebd., S. 61 f., zu Goyas Vertrautheit mit diesem Motivkomplex auch die Bemerkungen über Goyas *Capricho* 19, auf dem mehrere Vögel die Herzogin von Alba umflattern, während einige von ihnen bereits gerupft und gefoltert werden.

Tafel 4 Francisco Goya, El Pelele, 1791/92

hatte Goya die Puppe noch mit erhobenem Haupt und würdigerer Körperhaltung dargestellt. Das hatte ihr den Anschein der Freude über ihre Luftsprünge verliehen.[8] Die Endfassung lässt das maskenhafte Gesicht der Figur so in die Horizontale absacken, dass es errötet aber gefasst in den grau verhangenen Himmel starrt. Will man den Gesichtsausdruck genauer betrachten, muss man seinen Kopf verrenken und sich dadurch selbst zum Hampelmann machen.

Durch ihre ungeschickte, spannungslose Haltung erinnert die Puppe entfernt an Watteaus Pierrot. Anders als dieser hat sie aber sowohl ihre (artistisch erzeugte) Natürlichkeit, als auch ihre Würde verloren und ist zum Opfer eines bösen Spiels geworden. Der Skeptiker Goya, technisch unter anderem an Rembrandt geschult,[9] literarisch vertraut mit Erasmus von Rotterdam, Cervantes und Gracián,[10] führt vor, wozu die Menschen fähig sind. Dazu rückt er Zeichen und Bezeichnetes auseinander, ein generelles Merkmal seiner Arbeiten.[11] In diesem Fall verweist das Bild der verkleideten Puppe nicht nur auf einen damals bekannten Brauch, sondern auch auf die Ordnung der Geschlechter. In einer für Goya typischen Form der Rollenverdoppelung[12] ist die Strohpuppe zugleich der blöde Mann, der in der erotisch aufgeladenen Interaktion der Oberschichten mitspielen muss und schon bei geringen Anlässen bloßgestellt und verhöhnt werden kann. Das Bild führt vor, wie Frauen aus Lust und Laune und mit vereinten Kräften einen Mann zum Trottel machen können. Wenn sich Karl IV. in ihm als hilfloser Hampelmann seiner Gemahlin, die seit 1788 mit Manuel de Godoy eine Affäre unterhielt, wiedererkannt haben sollte, so musste das geradezu zwangsläufig zu Spannungen mit dem Königlichen Hofmaler führen. Aber auch der in den höfischen Umgangsformen wenig gewandte Goya könnte sich auf dem Bild als entwürdigte Strohpuppe dargestellt haben. In jedem Fall verdeutlicht Goyas Karton die psychologische Relativität von Werten und Rollenmustern im

8 R.-M. und R. Hagen: Francisco de Goya (s. Anm. 2), S. 19.

9 Hofmann: Goya (s. Anm. 4), S. 31.

10 Busch: Goya (s. Anm. 1), S. 11, S. 68.

11 Ebd., S. 11.

12 Hofmann: Goya (s. Anm. 4), S. 29.

ausgehenden 18. Jahrhundert, mitsamt ihren dramatischen Folgen für die individuelle Existenz.[13] Das macht ihn zu einem Romantiker. Übernimmt man überdies Goyas Optik der Weltverachtung[14], so verwandelt sich das harmlose Spiel geradezu in eine Folterszene. Aus der Puppe wird dann ein misshandelter Mensch und aus der Heiterkeit der Frauen ein infernalisches Grinsen, das sich an der Qual der Opfer weidet.[15] Goyas Gemälde engagiert sich einerseits für den Ungeschickten, indem es in der Tradition der Aufklärung die perfiden Mechanismen aufdeckt, die seine Defizite erzeugen. Würden diese Mechanismen wegfallen, dann wäre auch die Ungeschicklichkeit vermeidbar. Andererseits legt das Bild aber auch in anthropologischer Perspektive nahe, dass Menschen generell nur im Fallen und Stürzen existieren.[16] Das wäre dann grundsätzlich nicht zu vermeiden. In anthropologischer Perspektive werden die vier Mädchen zu Schicksalsgöttinnen, die sich mit dem Mängelwesen Mensch einen derben Spaß erlauben.

Goyas *El Pelele* führt vor, dass der Ungeschickte in der Sattelzeit um 1800 zum Spielball neuer Mächte wird. Der Rekurs auf eine vorgängige, theologisch konzipierte Natur ist nun zunehmend versperrt, da diese parzelliert und zum Gegenstand unterschiedlicher Wissenschaften gemacht worden ist. Das eröffnet Chancen für eine neue, vom Buchmarkt massiv unterstützte Form der literarischen Literatur, die den Ungeschickten strategisch und reflexiv einsetzt. Entweder dient er dabei als Grenzwert, an dem die Folgen der Unterschreitung von Verhaltensstandards der weiterhin herrschenden Adelsgesellschaft demonstriert werden können, oder er wird zum

---

13 Vgl. Busch: Goya (s. Anm. 1), S. 97. Zum Wertrelativismus um 1800 vgl. auch Gerhard Schulz: Die deutsche Literatur zwischen Französischer Revolution und Restauration. Erster Teil: Das Zeitalter der Französischen Revolution 1789–1806. 2., neubearb. Aufl. München 2000, S. 206.

14 Busch: Goya (s. Anm. 1), S. 68.

15 Vgl. Harald Tausch: Literatur um 1800. Klassisch-romantische Moderne. Berlin 2011, S. 150, der das Gemälde als Emblem für den Bildungsdiskurs in der deutschen Literatur um 1800 liest. Ich folge ihm in der emblematischen Verwendung, akzentuiere allerdings anders.

16 Vgl. die These von Hofmann: Goya (s. Anm. 4), S. 40, der zufolge Goya die menschliche Existenz parabolisch „in ihrer schicksalhaften Fallsüchtigkeit" vorführt.

Katalysator neuer Verhaltensformen, die sich am instabilen Ideal des freien Individuums orientieren und daher ihrerseits instabil und transitorisch bleiben müssen. Ersteres ist der vergleichsweise konservative Weg, den in der deutschen Literatur die Weimarer Klassik einschlägt, letzteres umreißt die bevorzugte Option der Romantik. In den Napoleonischen Kriegen kommt es dann zu einer Politisierung und Radikalisierung auch von Literatur und Poesie. Mit ihr gerät das ungeschickte Individuum in die Gewalt untergründig agierender Instanzen.[17] Dazu gehören neben dem mehr oder weniger dämonischen Schicksal und den abgedunkelten Schichten der Psyche auch soziale Parteien und Fraktionen, im Laufe des 19. Jahrhunderts dann die Industrie, das Kapital oder die breite Masse.

17 Gerhard Schulz: Die deutsche Literatur zwischen Französischer Revolution und Restauration. Zweiter Teil: Das Zeitalter der Napoleonischen Kriege und der Restauration. 1806–1830. München 1989, S. 165, weist für die Zeit nach 1806 vor allem auf Kapital, Industrie und Technik, aber auch auf die politische Funktionalisierung der Sprache hin. Anlässlich der Erzählungen Kleists würden zudem neue „Triebe und Kräfte außerhalb oder unterhalb menschlicher Vernunft" namhaft gemacht, die nun ständig zu eskalieren drohten (ebd., S. 372).

II

Jenseits des Alltags

In der deutschen Literatur um 1800 gewinnt die Ungeschicklichkeitsszene deutlich an Prominenz. Es findet sich eine geradezu überbordende Fülle an Belegen für ungeschicktes Verhalten – auch und gerade in vielfach gelesenen und wiederholt untersuchten Texten. Das Spektrum reicht von der bloßen Erwähnung von Performanzfehlern in Prosa, Lyrik und Drama über signifikante Szenen und markante Figuren wie Kleists Dorfrichter Adam, Chamissos Peter Schlemihl und E. T. A. Hoffmanns Studenten Anselmus im *Goldnen Topf*, bis hin zu ganzen Werken wie Schlegels Roman *Lucinde*, oder Brentanos *Godwi*. Schon der schiere Reichtum der Quellen rechtfertigt einen eigenen Teil der Fallgeschichte, lässt es aber auch als sinnvoll erscheinen, einen Schlüsseltext genauer zu untersuchen. An Schlegels *Lucinde* lässt sich exemplarisch zeigen, inwiefern die Literaturgeschichte poetischer Adaptionen des Ungeschicks in den Jahren um 1800 ihren Anfang nimmt. Versucht man, die Belege zu ordnen und die großen Linien nachzuzeichnen, dann ist vorab an die Einheit der dergestalt abgesteckten Epoche[18] und ihre Folgen für die Kulturgeschichte der Ungeschicklichkeit zu erinnern. Sie basiert auf einer grundlegenden Ausgangserfahrung und einer generellen Zielsetzung der darauf bezogenen Literatur. Man hat als Kernproblem der sogenannten Sattelzeit eine „fundamental neue Verzeitlichungserfahrung"[19] mit entsprechenden Gewissheitsverlusten identifiziert, und die ein wenig trotzige Zielsetzung der

18 Vgl. Sabine M. Schneider: Klassizismus und Romantik – zwei Konfigurationen der einen ästhetischen Moderne. Konzeptuelle Überlegungen und neuere Forschungsperspektiven. In: Jahrbuch der Jean-Paul-Gesellschaft 37 (2002), S. 86–128. In dekonstruktiver Perspektive Georg Stanitzek: Brutale Lektüre, „um 1800" (heute). In: Joseph Vogl (Hg.): Poetologien des Wissens um 1800. München 1999, S. 249–265.

19 Tausch: Literatur um 1800 (s. Anm. 15), S. 13. Zum Begriff der Sattelzeit vgl. prominent Reinhart Koselleck: Einleitung. In: Geschichtliche Grundbegriffe. Historisches Lexikon zur politisch-sozialen Sprache in Deutschland. Hg. von

 | DOI:10.30965/9783846761038_019

daraus hervorgehenden Literatur darin gesehen, „sich dem Alltagstrott zu entziehen"[20]. Während die Weimarer Klassik den Alltag mit abgeschlossenen Werken, die sich ihm gegenüber durch die Ausbildung selbsttragender Strukturen behaupten sollten, auf Distanz hielt, hat die deutsche Romantik sich mit offenen Werken von einem zunehmend als philiströs empfundenen Alltag abzugrenzen, über die Offenheit dieser Werke aber auch auf ihn einzuwirken und ihn vor allem poetisch zu optimieren, später auch kulturpolitisch zu steuern versucht.[21] Unter den Solitären hat sich wohl am wenigsten Hölderlin, deutlich stärker Kleist und am weitesten Jean Paul dem Alltag geöffnet, der eine mit terroristisch-grotesken, der andere mit idyllisch-humoristischen Akzenten.

Für die Ungeschicklichkeit folgt daraus, dass die Weimarer Klassik sich bis in ihre Figuren- und Formenwahl hinein weiterhin am Angemessenen (aptum) orientiert und dabei den Verhaltenskodex der höfischen Oberschichten fortschreibt. Daher ist das Ungeschickte (inepte) bei Goethe und Schiller wieder und immer noch das Unschickliche; es verstößt gegen die machtgeschützten Regeln der Bienséance und die Routinen des guten Tons. In der Klassik geht es insofern primär um soziale Ungeschicklichkeit. In der Romantik dagegen, der für die Fallgeschichte der Ungeschicklichkeit deutlich innovativeren Formation, kommt es zu einer massiven Integration des Interessanten, Unalltäglichen, Subjektiven, Komischen und Grotesken in die Literatur.[22] Sie öffnet

---

Otto Brunner, Werner Conze und R. K. Bd. 1. Stuttgart 1972, S. XIII–XXVII, hier S. XV.

20 Albert Meier: Klassik – Romantik. Unter Mitarb. von Stephanie Düsterhöft. Stuttgart 2008, S. 11.

21 Das ist zuletzt an Friedrich von Hardenberg und seiner dynamischen Neukonfiguration der Kategorie des Gewöhnlichen demonstriert worden; Nicolas von Passavant: Nachromantische Exzentrik. Literarische Konfigurationen des Gewöhnlichen. Göttingen 2019, S. 13–70.

22 Friedrich Schlegel: Fragmente zur Geschichte der Griechischen Poesie. In: Kritische Friedrich-Schlegel-Ausgabe. Hg. von Ernst Behler u. a. Bd. 15.3. Paderborn u. a. 2020, S. 3–81, hier S. 45, notiert sich mit Blick auf die moderne Poesie im Unterschied zur griechischen: „Bei uns ist die Willkühr im Innern der Poesie selbst"; das sei „aber für viele eine große Störung die keinen Sinn für Willkühr haben."

auch der Ungeschicklichkeitsszene und ihren Protagonisten Tür und Tor. Das betrifft verstärkt die Motorik und gilt sowohl für die Figur, als auch für das Thema. Störungen und Ausführungsfehler, die Routinen entkoppeln und dadurch die angestrebte Poetisierung oder Romantisierung des Alltags ermöglichen, begegnen in ihr aber nicht nur auf der thematischen und der Figurenebene, sondern auch als Formprinzip, das ganze „Kunstwerke der Ungeschicklichkeit"[23] hervorzubringen erlaubt. Werke dieser Art polemisieren gezielt gegen Konventionen, gegen das, was als schicklich gilt, auch und gerade in der Literatur. Das Schickliche löst sich nun allmählich von der Adelskultur ab, nimmt naive und moralische Konturen an und gerät dabei zunehmend in die Niederungen des Philiströsen.[24] Erreicht es die Literatur, dann erhält es nicht selten das Stigma des Trivialen. In die gleiche Richtung bewegt sich der Aufstieg formaler Geschicklichkeit und gut trainierter Spezialkenntnisse, die zu Merkmalen einer neuen Arbeitsmoral werden. Sie unterscheidet sich massiv von den breiter gestreuten Fertigkeiten des Adels und seinen Mußekonzepten.[25] Als Individuum ist der neue Bürger das, was nicht in seinen Spezialisierungen und seiner Arbeitsleistung aufgeht – ein unbestimmbarer Rest, der sich nur zu gern als ‚Ganzes' geriert. Die Literatur der Romantik bearbeitet diesen Rest und die ihn begleitenden Totalitätsansprüche.[26] Dabei kommt es erstaunlich

---

23 Friedrich Schlegel: Lucinde. Ein Roman (zuerst 1799). Studienausgabe. Hg. von Karl Konrad Polheim. Rev. und erw. Ausg. Stuttgart 1999, S. 107 f. Der Erstdruck hat „Kunstwreke" und es kann bezweifelt werden, dass dabei wirklich ein „Druckgebrechen" (ebd., S. 124) vorliegt, das ohne weiteres emendiert werden darf. Ich zitiere im Folgenden nach der Studienausgabe, weil sie den Text der Erstausgabe bietet und auch deren Seitenzählung angibt. Sämtliche Zitate wurden an der Erstausgabe überprüft und in einzelnen Fällen wird direkt nach ihr zitiert.

24 Vgl. Remigius Bunia/Till Dembeck/Georg Stanitzek: Elemente einer Literatur- und Kulturgeschichte des Philisters. Einleitung. In: dies. (Hg.): Philister. Problemgeschichte einer Sozialfigur in der neueren deutschen Literatur. Berlin 2011, S. 13–51. Zum Philister bei Novalis vgl. Passavant: Nachromantische Exzentrik (s. Anm. 21), S. 45–53.

25 Vgl. Tausch: Literatur um 1800 (s. Anm. 15), S. 151.

26 Vgl. Ulrich Stadler: 1798. Ungeschickt lässt grüßen. Zur Karriere einer Erzählfigur um 1800. In: Kalender kleiner Innovationen. 50 Anfänge einer Moderne

häufig zu Darstellungen selbstvergessenen Verhaltens, das zunächst Züge eines Wunschbilds trägt. Als Kindlichkeit (etwa bei Tieck oder Novalis), idyllentypische Genügsamkeit (bei Jean Paul) oder absonderlicher Somnambulismus (vor allem bei Kleist) wandert es, häufig angezeigt durch Ungeschicklichkeit, ins Zentrum der Poesie ein und offenbart dort zunehmend unheimliche Züge.

Sieht man sich zunächst den vergleichsweise traditionellen Umgang der Weimarer Klassik mit der Ungeschicklichkeit näher an, dann ist vor allem an Goethe zu erinnern. Während er selbst als junger Student in Leipzig, ebenso wie seine Figuren Götz und Werther oder der wilde Bär in *Lili's Park*, noch mehr oder weniger ungeschickt gegen erotische, soziale und literarische Konventionen aufbegehrt hatte, akzeptiert er nach seinem Wechsel an den Weimarer Hof die Umgangsformen der Oberschichten als zivilisatorische Errungenschaften und interessiert sich für einen Ausgleich mit ihnen. Das lässt sich am *Tasso* nachweisen. Das Schauspiel führt einen Poeten vor, dem die Autonomie seines Werkes über alles geht. Zugleich fehlt es Torquato Tasso nach Einschätzung seiner Umgebung an „Geschick" und „Sorgsamkeit" für alltägliche Verrichtungen, etwa für den Umgang mit seiner Kleidung.[27] Ebenso wie der Bär in *Lili's Park* erscheint er als lebensuntaugliches Genie, das wiederholt gegen höfische Konventionen verstößt. Unter anderem zieht er gegenüber seinem Widerpart, dem erfolgsverwöhnten Staatssekretär Antonio, den Degen, obwohl in der Umgebung des Fürsten jede Art von Gewaltausübung strengstens verboten ist; später lässt er sich durch die limitierte Empfindsamkeit der Prinzessin Leonore von Este, einer Schwester des Fürsten, dazu hinreißen, sie zu umarmen. Die Unterschätzung des sozialen Scheins führt Tasso in die Katastrophe, gegen die ihm auch die Erkenntnis nichts hilft, dass es sich bei seiner

---

zwischen 1755 und 1856. Für Günter Oesterle. Hg. von Roland Borgards, Almuth Hammer und Christiane Holm. Würzburg 2006, S. 167–174.

27 So behauptet es jedenfalls die Gräfin Leonore Sanvitale; Johann Wolfgang Goethe: Torquato Tasso. Ein Schauspiel (zuerst 1790). In: ders.: Sämtliche Werke. Briefe, Tagebücher und Gespräche. Hg. von Friedmar Apel u. a. Abt. I. Bd. 5. Frankfurt a. M. 1988, S. 731–834, hier S. 793.

Ungeschicklichkeit partiell um eine strategische Fiktion seiner Gegner handelt.[28] Das Schauspiel demonstriert am Ende die Macht der Konventionen über das Postulat ästhetischer Autonomie und plädiert für ein prekäres Bündnis der Poesie mit der Politik, die diese Macht verwaltet.

Ähnlich, wenn auch weitaus differenzierter, sieht es in *Wilhelm Meisters Lehrjahren* aus. Der Roman ist das narrative Sprungbrett in die Romantik und zugleich der langfristig virulente Bezugstext einer angeblich typisch deutschen Erzählform[29]. Nun geht es um einen poetisch ambitionierten Protagonisten, den der Leser eingangs als „unbefiederten Kaufmannssohn"[30] kennenlernt. Er verfügt also nur über eine schwache Schwungkraft und damit auch über eine geringe Agilität. Schon als Kind ist er aber äußerst ehrgeizig und neigt zum Perfektionismus, aber auch zur Eitelkeit. Deshalb ärgert er sich extrem, wenn er beim Puppenspiel ungeschickt agiert.[31] Als junger Mann stellt er seine Dichtungen nicht fertig, weil er sie als „etwas Ungeschicktes" erkennt,[32] und Mariane, die er liebt, musste angeblich erst seine „Zurückhaltung und Blödigkeit"[33] überwinden, damit die Beziehung beginnen konnte. Unter den Schauspielern, denen er sich als eine Art Heilsbringer angeschlossen hat, begreift er dann (nicht zufällig an der Seite der ebenso attraktiven wie leichtfertigen Philine), dass auch und gerade die Verbindung von Ungeschicklichkeit und Virtuosität ein überzeugendes und unterhaltsames „Ganzes" erzeugen kann.[34] Das ist ein poetologisch bedeutsamer Hinweis zur Faktur des *Wilhelm Meister* mit erheblichen Ausstrahlungen auf die Romantik bis hin zu Peter Handke. Wilhelm

---

28 Ebd., S. 813.

29 Vgl. Jürgen Jacobs/Markus Krause: Der deutsche Bildungsroman. Gattungsgeschichte vom 18. bis zum 20. Jahrhundert. München 1989; zuletzt dazu auf der Basis umfangreicher Vorstudien zusammenfassend und aktualisierend Voßkamp: Der Roman des Lebens (s. Anm. 17).

30 Johann Wolfgang Goethe: Wilhelm Meisters Lehrjahre (1795–96). In: ders.: Sämtliche Werke. Briefe, Tagebücher und Gespräche. Hg. von Friedmar Apel u. a. Abt. I. Bd. 9. Frankfurt a. M. 1992, S. 355–992, hier S. 361.

31 Ebd., S. 373. Zu Wilhelms Perfektionismus vgl. auch ebd., S. 560.

32 Ebd., S. 387.

33 Vgl. ebd., S. 416.

34 Ebd., S. 450.

gerät gemeinsam mit seinen Schauspielerkollegen in engen Kontakt mit der Adelskultur, ist aber mit ihren Anstandsregeln nicht vertraut[35] und verhält sich daher gegenüber einer Gräfin steif und ungeschickt,[36] später auch im wahrsten Sinne des Wortes verletzend (indem er ihr bei einer Umarmung eine Brosche gegen die Brust drückt)[37]. Die vom Leben enttäuschte Schauspielerin Aurelie macht den ungeschickten Perfektionisten auf seine Naivität im Umgang mit Anderen und sein schülerhaftes Wesen aufmerksam,[38] lobt aber zugleich die mit seiner Ungeschicklichkeit eng verbundenen Merkmale der „Dunkelheit und Unschuld" als Begleiterscheinungen einer schönen „Fülle des Herzens",[39] die – ähnlich wie im *Tasso* – den wahren Künstler kennzeichneten. Wilhelms ehrgeizige Suche nach Verhaltenssicherheit und sozialem Prestige kulminiert in seinem Brief an den Jugendfreund Werner, den das fünfte Buch präsentiert. Darin stellt er sich überheblich und voreilig als erwachsenen Mann dar, der seine Ungeschicklichkeit überwunden, wie ein „Edelmann" nicht „einzelne Fähigkeiten" sondern ‚sich selbst' ausgebildet habe, insofern auch „in Gesellschaft nicht mißfalle" und daher nun bereit sei, „eine öffentliche Person zu sein"; er wolle künftig auch „in einem weitern Kreise"[40] tätig werden. Der unbefangene Umgang mit höfischen Konventionen scheint aber dann doch nicht Wilhelms letztes Ziel zu sein, denn während seiner Aufnahme in die Turmgesellschaft wird ihm klar, dass er bislang „Bildung suchte, wo keine zu finden war" und sich dabei irrigerweise „einbildete ein Talent erwerben zu können, zu dem ich nicht die geringste Anlage hatte".[41]

Es gehört zu den subtilen Pointen der *Lehrjahre*, dass der Bildungsweg Wilhelm Meisters, der ihn aus seiner Ungeschicklichkeit

35 Ebd., S. 539.

36 Ebd., S. 560.

37 Ebd., S. 718. Die Szene erinnert an Tassos unschickliche Umarmung der Prinzessin.

38 Ebd., S. 621.

39 Ebd., S. 622.

40 Ebd., S. 659. Wie der „vornehme Anstand" zu erwerben ist und dass er letztlich nur denen gelinge, die wirklich vornehm sind, erklärt ihm später Serlo ebd., S. 722.

41 Ebd., S. 873.

herausführen und ihm Zugang zu den Oberschichten verschaffen soll, erst nach der Aufdeckung der vermeintlichen Untreue Marianes beginnt. In Wahrheit war Mariane bereits in der ersten Episode des Romans von Wilhelm schwanger, wollte sich ihm zuliebe endgültig von ihrem Liebhaber trennen und blieb ihm auch nach seinem grundlosen Rückzug treu bis ins Grab. Erst im vierten und letzten Band der *Lehrjahre*, der 1796 erschien, erfährt der Leser zudem von Marianes Vorgeschichte. Dabei wird deutlich, dass sie als weibliches Pendant zu Wilhelm angelegt ist, ja dass sie ihn in Sachen Ungeschicklichkeit und herzensguter Einfalt, aber auch in ihrem Unverständnis für ökonomische Fragen, noch übertrifft. Mit der Figur der Mariane hat Goethe ein weibliches Pendant zur bislang dominierenden Figur des ungeschickten Mannes entwickelt. „Sie hatte", so heißt es da, „nicht die mindeste Gewandtheit in weltlichen Dingen, sie war unschuldig im eigentlichen Sinne; sie hatte keinen Begriff, daß man kaufen könne, ohne zu bezahlen".[42] Während aber der etwas träge Wilhelm, nicht zuletzt beflügelt von Marianes hingebungsvoller Liebe, Mittel und Wege findet, seine Fähigkeiten umfassend zu entwickeln und seinen Neigungen bis in die Adelssphäre hinein zu folgen, gerät Mariane selbst, parallel zum Aufstieg ihres ehemaligen Geliebten, auf die schiefe Bahn, bringt das gemeinsame Kind zur Welt, vereinsamt und stirbt früh im Elend. Das ist in seiner Lakonik nicht nur eine subtile, sondern auch eine böse, genderpolitisch aufschlussreiche Pointe, die den Roman in die Halbwelt des Scheiterns, in das poetisch idealisierte Umfeld Mignons[43] und des Harfners hineinführt, dabei aber in der

---

42 Ebd., S. 855.

43 Durch ihr Übermaß an akrobatischem Geschick, also motorisch, aber auch in rhetorischer und sozialer Hinsicht agiert auch Mignon ungeschickt. Nimmt man Natalie hinzu, die sich pädagogisch ungeschickt verhält, und Therese, die ihre männlichen Züge ausagiert und als Liebende ungeschickt handelt, dann führt Goethe mit Mariane, Mignon, Aurelie, Natalie, Therese und der schönen Seele im Moment der ‚Entdeckung' weiblicher Ungeschicklichkeit für das Erzählen eine erstaunlich umfangreiche und in sich differenzierte Reihe von ungeschickten Frauenfiguren vor. Das verdiente eine eigene Untersuchung. Als Ansatzpunkt vgl. Liliane Weissberg (Hg.): Weiblichkeit als Maskerade. Frankfurt a. M. 1994.

Manier spätaufklärerischer Katastrophenrevuen à la Johann Karl Wezel auf jede poetische Idealisierung verzichtet. Zugleich wertet die Fallgeschichte Marianes nachträglich die oft als heterogene Zutat des Romans beurteilten „Bekenntnisse einer schönen Seele" auf, insofern es sich bei ihnen ebenfalls um einen weiblichen Weg zur sozialen Stabilität handelt. Auch die stark religiös geprägte schöne Seele verhält sich ungeschickt, indem sie sich, etwa im Umgang mit den Männern, Grobheiten erlaubt.[44] Dabei scheitert sie nicht, wie Mariane, fällt aber weder auf den trügerischen Glanz höfischen Verhaltens herein (wie zeitweilig Wilhelm Meister), noch entzieht sie sich ihm (wie Tasso).[45] Möglich wird ihr das aber nur als weiblicher Vorbote des Sonderlings gemäß der Maxime, „daß man das ohne Hindernis und Rückhalt, auf dem graden Wege, tun kann, was man für recht und schicklich hält".[46] Das ist das Programm eines einsamen Solitärs.

In den *Wahlverwandtschaften* hat Goethe dann Ottilie ungeschickt agieren lassen, indem ihr das Kind Charlottes in den See gleitet.[47] Hier ist der ‚klassische' Umgang mit der Ungeschicklichkeit in der unanständigen Zeugung des Kindes begründet, weil die Partner dabei nicht aneinander, sondern nach dem Prinzip der Wahlverwandtschaft an ihre jeweiligen Geliebten gedacht haben. Die Natur holt sich das Produkt des doppelten Fehltritts deshalb zurück und zieht das Kind dämonisch in ihre indifferenten Tiefen. Das treibt Ottilie, deren Ungeschicklichkeit zum Werkzeug irrationaler Mächte

---

44 Goethe: Wilhelm Meisters Lehrjahre (s. Anm. 30), S. 735. Vgl. auch ebd., S. 751: „wem ich nicht kindlichen Respekt schuldig war, der wurde derb abgefertigt."

45 Vgl. ebd., S. 757: „Im Laufe des geselligen Kreises darf man nicht stocken, ohne unhöflich zu sein, und alles was nötig war, leistete ich gern, weil ich es für Pflicht hielt, weil ich wußte, daß es bald vorüber gehen würde".

46 Ebd., S. 786.

47 Vgl. Johann Wolfgang Goethe: Die Wahlverwandtschaften (zuerst 1809). In: ders.: Sämtliche Werke. Briefe, Tagebücher und Gespräche. Hg. von Friedmar Apel u. a. Abt. I. Bd. 8. Frankfurt a. M. 1994, S. 269–529, hier S. 494: „Auf dem linken Arme das Kind, in der linken Hand das Buch, in der rechten das Ruder, schwankt auch sie und fällt in den Kahn. Das Ruder entfährt ihr, nach der einen Seite, und wie sie sich erhalten will, Kind und Buch, nach der andern, alles ins Wasser."

geworden ist, in die Entsagung, lässt sie alle Nahrung verschmähen und macht sie am Ende zu einer romantisch verklärten Heiligen.

Auch der späte Roman *Wilhelm Meisters Wanderjahre*, zu dem die *Wahlverwandtschaften* ursprünglich gehören sollten, thematisiert in seinen Novellen Fälle groben, ungeschickten und taktlosen Verhaltens.[48] Nun geht es über die Dämonisierung des Ungeschicks hinaus freilich um eine Erziehung der Deutschen, die gegen die Forderungen von Sitte und Anstand so gerne verstoßen und dadurch Unheil in die Welt bringen. In den *Lehrjahren* ist diese Kritik mehrfach vorbereitet, wenn etwa der Erzähler festhält:

> Denn da es der Charakter unsrer Landsleute ist, das Gute ohne viel Prunk zu tun und zu leisten; so denken sie selten daran, daß es auch eine Art gebe, das Rechte mit Zierlichkeit und Anmut zu tun, und verfallen vielmehr, von einem Geiste des Widerspruchs getrieben, leicht in den Fehler, durch ein mürrisches Wesen, ihre liebste Tugend im Kontraste darzustellen.[49]

Als Ausweg aus der moralisch legitimierten deutschen Dauergrobheit fungiert in den *Wanderjahren* die Chiffre Amerika. Dorthin möchte der kleine Kreis derjenigen auswandern, die künftig nicht länger ungeschickt, mürrisch und rabiat, sondern in zivilisierter Weise (eben „mit Zierlichkeit und Anmut") handeln wollen. Man muss sich Amerika als großen Rokokopark vorstellen. Das wird in Goethes letztem Roman freilich nicht mehr ausgeführt, sondern bleibt eine Utopie.

Es fällt nicht schwer, in dieser Utopie das Fortwirken von Ansätzen Schillers zu erkennen. Auch Goethes langjähriger Weggefährte und Spezialist für anmutiges (und würdevolles) Verhalten bemisst die Ungeschicklichkeit am Schicklichen und Angemessenen; auch bei ihm bleiben die zivilisatorischen Standards und transnationalen Konventionen der Oberschichten unangetastet. Das lässt sich schon dem Brief Schillers an den Prinzen Friedrich Christian von Schleswig-Holstein-Sonderburg-Augustenburg vom 9. Februar 1793

48 Vgl. Schulz: Die deutsche Literatur zwischen Französischer Revolution und Restauration. Zweiter Teil (s. Anm. 17), S. 346–348.

49 Goethe: Wilhelm Meisters Lehrjahre (s. Anm. 30), S. 465.

entnehmen, der Keimzelle der wirkungsmächtigen Briefe *Über die ästhetische Erziehung des Menschen*. Schiller begründet sein langes Schweigen gegenüber dem Prinzen mit seiner Krankheit und einer daraus hervorgegangenen Hypochondrie, die ihn „gänzlich ungeschickt" gemacht habe, „mich zu der heitern Geistesstimmung zu erheben, die ich Ihnen gerne zeigen möchte."[50] Der Schreiber weiß also, wie man sich im direkten Verkehr mit dem Adel benehmen muss. Das Schlüsselwort lautet ‚Erhebung'. Es steht in engem Zusammenhang mit Schillers Begeisterung für das Reine und Erhabene, kurz: für das Ideal.

Auch die Literatur muss sich dem Ideal unterstellen. Es erhebt sie dann weit über alle Spezialisierungen, wie sie im bürgerlichen Alltag inzwischen gang und gäbe geworden sind. Erst wenn die Poesie auf den ganzen Menschen gewirkt und den Charakter des Individuums gebessert hat, kann sie auch dessen spezifische Tätigkeiten und mit ihnen die Arbeitsmoral bestimmen. In seinem Aufsatz *Über das Pathetische*, der 1793 entstanden, aber erst 1801 veröffentlicht worden ist, schreibt Schiller nieder, was auch Wilhelm Meister an seinen Freund Werner hätte schreiben können:

> Die Dichtkunst führt bei dem Menschen nie ein besondres Geschäft aus, und man könnte kein ungeschickteres Werkzeug erwählen, um einen einzelnen Auftrag, ein Detail, gut besorgt zu sehen. Ihr Wirkungskreis ist das Total der menschlichen Natur, und bloß, insofern sie auf den Charakter einfließt, kann sie auf seine einzelnen Wirkungen Einfluß haben.[51]

Fehlende Spezialisierung ist die Voraussetzung totaler Wirkung und die Ungeschicklichkeit der Kunst im Alltag ist die Kehrseite ihrer Verherrlichung des Subjekts. Schon vor der Publikation konnten die Leser Schillers diese eng aufeinander bezogenen Aspekte getrennt voneinander studieren. Im 21. Brief seines Großessays *Über*

---

50 Friedrich Schiller: Briefe an den Herzog Friedrich Christian von Augustenburg (zuerst 1793). In: ders.: Werke und Briefe. Hg. von Otto Dann u. a. Bd. 8. Frankfurt a. M. 1992, S. 491–555, hier S. 491.

51 Friedrich Schiller: Über das Pathetische (zuerst 1801). In: ders.: Werke und Briefe. Bd. 8 (s. Anm. 50), S. 423–451, hier S. 449.

die ästhetische Erziehung des Menschen wird zunächst das Argument der fehlenden Spezifik des Schönen ausgeführt. Schiller übernimmt es von Rousseau, der es in kulturkritischer Absicht eingesetzt hatte, und pointiert es unter Verwendung kantischer Begrifflichkeiten zur These der ungeschickten Schönheit:

> die Schönheit gibt schlechterdings kein einzelnes Resultat weder für den Verstand noch für den Willen, sie führt keinen einzelnen weder intellektuellen, noch moralischen Zweck aus, sie findet keine einzige Wahrheit, hilft uns keine einzige Pflicht erfüllen, und ist, mit einem Worte, gleich ungeschickt, den Charakter zu gründen und den Kopf aufzuklären.[52]

Im 22. Brief wird daraufhin die Gegenthese durchgespielt, die den Grund der totalen Wirkung des Schönen erläutert. Gerade weil die Schönheit zu allen bestimmten Zwecken untauglich ist, öffnet der Umgang mit ihr den Zugang zum Unbestimmten und Unbegrenzten. Mit ihrer Hilfe werden wir befiedert. Die ungeschickte Schönheit erhebt uns über die Niederungen des Alltags mit seinen provinziellen Beschränkungen zu einem reinen und abstrakten Ganzen, sie initiiert uns ins schöne Spiel[53] – und lässt uns zu Hampelmännern werden. Gegenüber einzelnen Fertigkeiten und anderen Idealen hat sie den Vorzug, dass man mit ihr für das Grenzenlose und letztlich für die Freiheit trainiert: „Alle andere Übungen geben dem Gemüt irgend ein besondres Geschick, aber setzen ihm dafür auch eine besondere Grenze; die ästhetische allein führt zum Unbegrenzten."[54] Wer durch beharrliche Übung im Ästhetischen heimisch geworden ist, fühlt sich schließlich „wie aus der Zeit gerissen"[55]. Das ist ein ambivalenter Gewinn. Zwar konnten mit ihm die Verzeitlichungs- und Verunsicherungserfahrungen im Gefolge der Französischen Revolution punktuell negiert und vergessen gemacht werden, mit

---

52 Schiller: Über die ästhetische Erziehung des Menschen in einer Reihe von Briefen (zuerst 1795). In: ders.: Werke und Briefe. Bd. 8 (s. Anm. 50), S. 556–676, hier S. 636.

53 Vgl. Jürgen Brokoff: Geschichte der reinen Poesie. Von der Weimarer Klassik bis zur historischen Avantgarde. Göttingen 2010, S. 229–281.

54 Schiller: Über die ästhetische Erziehung (s. Anm. 52), S. 638.

55 Ebd.

den Verlockungen einer autonomen Poesie wechselte aber auch das Ungeschick die Seiten.[56] Denn nun konnte es auch von der Poesie selbst ausgehen.

Die Folgen werden in der Romantik sichtbar. Zuerst ist es die Radikalisierung der Anthropologie der Aufklärung zur Psychologie und der damit verbundene Selbstbeobachtungsauftrag, der ihre Protagonisten ungeschickt werden lässt. Die Folgen zeigten sich etwa bei Karl Philipp Moritz. Sein Schüler Ludwig Tieck hat ihn 1792 in einem Brief an Wilhelm Heinrich Wackenroder als Ungeschickten von eigenen Gnaden charakterisiert. Die von Moritz begründete Erfahrungsseelenkunde habe ihren Erfinder „immer tiefer in das verworrene Gewebe seines Herzens" Einblick gewinnen lassen; das habe ihn dann in Selbstzweifel gestürzt, zum Pessimisten und Misanthropen gemacht, die Grundlagen seiner Moral zerstört und ihn „seinen Launen, seinen augenblicklichen Stimmungen" ausgeliefert.[57] Das „Studium der Psychologie" sei daher eine einzige *„Thorheit"*, da es dem, der es betreibe, „alle Kraft zu handeln" nehme und ihn dazu bringe, sich nur noch „in trägen Speculationen" zu ergehen.[58] Tieck hat die Psychologie deshalb aufgegeben.

Eine aufschlussreiche Ausdehnung der Kritik an *einer* Wissensform der Aufklärung auf *alle* Äußerungen der Bewegungsmoderne findet sich sodann bei Friedrich Schlegel in den *Studien des Alterthums*. Für ihn hat die Gegenwart ein Formproblem, denn ihre Motorik ist gehemmt. Im Unterschied zur griechischen Antike, in der man dem raschen Wechsel der Formen eine elegante „Bewegung wie die eines gebildeten Menschen" zuschreiben könne, vollziehe sich der Formenwandel in „der neuen Geschichte" ähnlich wie „die

---

56 Schiller hat das auch gesehen und es durch eine Paratheorie abzufangen gesucht: Wenn sich jemand nach seinem Kunstgenuss zu bestimmten Handlungen aufgelegt, zu anderen aber ungeschickt fühle, so habe er mit Sicherheit „keine *rein ästhetische* Wirkung" erfahren; ebd., S. 639.

57 Ludwig Tieck an Wilhelm Heinrich Wackenroder, 20.12.1792–7.1.1793. In: Wilhelm Heinrich Wackenroder: Sämtliche Werke und Briefe. Historisch-kritische Ausgabe. Hg. von Silvio Vietta und Richard Littlejohns. Bd. 2. Heidelberg 1991, S. 102–116, hier S. 114 f.

58 Ebd., S. 115.

steifen tölpischen Bewegungen eines Gliedermannes, die bald zu ohnmächtig, bald zu stark, schwerfällig und plump sind".[59] Blickt man zurück auf Goyas *El Pelele*, dann erscheint die Neuzeit in diskursgeschichtlicher Perspektive als monströser Hampelmann.[60] In seinem Großessay *Über das Studium der griechischen Poesie* hat Schlegel auch das Gegenmittel angegeben. Es sei von einer neuen, gebildeten Form der Poesie zu erwarten, als deren Vorboten ihm die ersten ‚klassischen' Beiträge Goethes erschienen sind.

Erst bei Clemens Brentano, dem wohl eifrigsten Adepten Schlegels, kippt der poetische Enthusiasmus mitsamt seiner Freiheitsemphase in offene Verzweiflung um.[61] Im Sommer 1800 wendet sich Brentano aufs höchste gereizt und erregt aus dem thüringischen Altenburg an seinen Freund Friedrich Karl von Savigny. Weder mit sich selbst, noch mit den Anderen komme er ins Reine, sondern kämpfe einen aussichtslosen Kampf „gegen einen Feind, deßen Sizz ich nicht kenne"[62]. In einzelnen Geschäften sei er steif und ungeschickt,[63]

59 Friedrich Schlegel: Studien des Alterthums. In: Kritische Friedrich-Schlegel-Ausgabe. Bd. 15.3 (s. Anm. 22), S. 83–163, hier S. 159.

60 Für Ludwig Tieck: Franz Sternbalds Wanderungen. Eine altdeutsche Geschichte (zuerst 1798). Studienausgabe. Hg. von Alfred Anger. Bibliogr. erg. Ausg. Stuttgart 1979, S. 79 f., ist nichts weniger als die Zeit ein ungeschickter Künstler. Bei Joseph von Eichendorff: Ahnung und Gegenwart. Ein Roman (zuerst 1815). In: ders.: Werke. Hg. von Wolfgang Frühwald u. a. Bd. 1. Frankfurt a. M. 1985, S. 53–382, hier S. 221, erhält das Ungeschick dann allegorische Züge: „Die Welt, der große Tölpel, der niemals gescheider wird".

61 Zu denken wäre dabei auch an Friedrich Schlegel: Über das Studium der Griechischen Poesie (zuerst 1797). In: Kritische Friedrich-Schlegel-Ausgabe. Hg. von Ernst Behler. Bd. 1. Paderborn u. a. 1979, S. 217–367, hier S. 219, wo bereits von der modernen Literatur als „Darstellung der Verwirrung in höchster Fülle, der Verzweiflung im Überfluß aller Kräfte", die Rede ist.

62 Clemens Brentano an Friedrich Karl von Savigny, Mitte Juli 1800. In: ders.: Sämtliche Werke und Briefe. Hg. von Wolfgang Frühwald u. a. Bd. 29. Stuttgart u. a. 1988, S. 224–228, hier S. 225. Georg Stanitzek: Blödigkeit. Beschreibungen des Individuums im 18. Jahrhundert. Tübingen 1989, S. 203, hat den Brief als Beleg der These gelesen, dass seit der Genieperiode „diejenigen, die das Schöne zu schöpfen unternehmen, in Blödigkeit eine stete Begleiterin als merkwürdigen Genius zur Seite haben."

63 Zur Ungeschicklichkeit Brentanos, die ihn bis ins Alter begleitete, vgl. auch die Zeugnisse bei Hartwig Schultz: Schwarzer Schmetterling. Zwanzig Kapitel

finde aber gleichzeitig „einige Virtuosität für das meiste“[64] in sich vor. Das nimmt die von Goethes Wilhelm Meister als Bildungsziel formulierte und von Schiller für die Ästhetik ausgearbeitete Differenz von negativ bewerteten partiellen Fähigkeiten einerseits und positiv bewerteten ganzheitlichen Fähigkeiten andererseits auf. Zugleich findet sich in Brentanos Gegenüberstellung das neue Individualitätskonzept wieder, nach welchem gerade in den ganzheitlichen Fähigkeiten, die konkret zu nichts zu gebrauchen sind, der Wert des Einzelnen und das Reich der Poesie beschlossen liegt. Hinzu kommt ein Übermaß an artistischen Anlagen, das ihren Träger ungeschickt werden lässt.[65] Für Brentano ist daher auch sein poetischer Überschuss mehr Fluch als Segen. Das zeigt sich schon in der Vermutung, dass die vielen unbestimmten Fähigkeiten, über die er verfüge, ihn „in den Verdacht eines ästetisch elenden“[66] hätten geraten lassen. Sein Freund Savigny hatte ihm die „Ungeschiklichkeit des Gebildeten“[67] vorgeworfen, weil er die Berührungspunkte übersehe, die ihn mit anderen verbinden könnten. Das zielt auf den Topos der sozialen Devianz des Gelehrtenstandes.[68] Brentano weiß mit dem Vorwurf wenig anzufangen. Er findet es „schreklich, daß ich gar nichts kann“, bezieht sich dabei offenbar auf praxistaugliche Fähigkeiten, und sieht zugleich sein Unglück darin, „daß ich alles auf so vielerlei Arten kann, daß ich fast verrükt dabei werden könnte“.[69] Die Einsicht in die leere Allgemeinheit und Insuffizienz seines Polypragmatismus und einer darauf aufbauenden Dichtung und Literatur kulminiert in einem Geständnis, das die Kunst gegenüber dem Leben abwertet: „die Poesie, kann mir mit all ihren Reizzen, nie

---

aus dem Leben des romantischen Dichters Clemens Brentano. Berlin 2000, S. 193 f., S. 196 und S. 332.

64 Brentano an Savigny, Mitte Juli 1800 (s. Anm. 62), S. 225.

65 Um 1800 modellhaft ausformuliert von Denis Diderot: Rameaus Neffe. Ein Dialog. Übers. von Johann Wolfgang Goethe (zuerst 1805). Fr./dt. Hg. von Horst Günther. Frankfurt a. M. 1984.

66 Brentano an Savigny, Mitte Juli 1800 (s. Anm. 62), S. 225.

67 Ebd.

68 Vgl. Gadi Algazzi: Gelehrte Zerstreutheit und gelernte Vergeßlichkeit. In: Peter von Moos (Hg.): Der Fehltritt. Vergehen und Versehen in der Vormoderne. Köln/Weimar/Wien 2001, S. 235–250.

69 Brentano an Savigny, Mitte Juli 1800 (s. Anm. 62), S. 226.

geben, waß ich gelebt habe".[70] Um den falschen Reizen der Poesie zu entkommen und wieder Anschluss ans Leben zu finden, sehnt sich Brentano weniger nach zusätzlichen Sozialkontakten, sondern vielmehr nach intensiven Begegnungen und Erfahrungen, nach Liebe, Freundschaft und Selbstvergessenheit. Er möchte endlich „ein Element finden in dem ich mich ruhig mit voller Bewustloßigkeit mit allen Kräften wie in einer Homogenen Natur bewege".[71] Schrift und Buch sind Medien, die eben dies verhindern. Das ist auch ein Kommentar zur entschiedenen Aufwertung der Buchmedialität durch Friedrich Schlegel.

Drei Aspekte lassen sich daraus ableiten. Für den Umgang mit der Ungeschicklichkeit in der Literatur der Romantik kommt ihnen konstitutive Bedeutung zu. Erstens handelt es sich beim Ungeschick um die Folgen einer Überreflexion, die sich als Effekt einer Durchrationalisierung aller Lebensbereiche bis hin zum Selbstbewusstsein verstehen lässt. Sie führt aber auch, im Zusammenhang mit einem neuen Interesse an psychologischen Fragen, zu Verunsicherungen und Fehltritten und erzeugt den Wunsch nach Selbstvergessenheit. Zweitens geht es um die ‚Entdeckung' und Ausarbeitung utopisch aufgeladener Phantasie- und Schutzräume wie diejenigen der Natur und der Kindheit, in geschichtsphilosophischer Perspektive auch von archaischen, dereinst hoffentlich auf höherer Stufe wiederkehrenden Paradiesen, in denen dieser Wunsch ausagiert und befriedigt werden soll. Und drittens schließlich ist die zunehmende Dämonisierung dieser Fluchträume und mit ihnen auch der ‚Natur des Menschen' (sowohl der eigenen als auch derjenigen der anderen) anzuführen, die vor Ungeschicklichkeit nicht länger zu schützen, sondern sie allererst zu erzeugen scheint. Sie ist eng mit der endgültigen Durchsetzung von Druckmedien wie dem Buch und der Zeitschrift verknüpft.

Alle drei Aspekte versammelt bereits Tiecks frühe Erzählung *Der blonde Eckbert*. Sie erschien 1797 in den *Volksmåhrchen von Peter Leberecht* im Verlag des Sohnes von Friedrich Nicolai und kann

70 Ebd., S. 228.
71 Ebd., S. 226.

als exemplarisch für die frühromantische Prosa gelten. Um Mitternacht sitzen Eckbert und seine Frau Bertha zusammen mit Eckberts Freund Walther um den Kamin. Bertha erzählt den Männern ihre Lebensgeschichte, die Walther nicht zu kennen scheint. Man hat in ihrer Erzählung die Züge jener psychologisch aufschlussreichen Fallgeschichten entdeckt, die Tiecks Lehrer Moritz in sein *Magazin für Erfahrungsseelenkunde* aufgenommen und in seinem Antibildungsroman *Anton Reiser* verarbeitet hatte.[72] Berthas Erzählung liest sich aber auch wie die ausführlichere Variante der Lebensgeschichte Marianes in Goethes *Wilhelm Meister*.[73] Ebenso wie Mariane ist auch Bertha in äußerst einfachen Verhältnissen aufgewachsen und hat sich schon als Kind ungeschickt verhalten:

> Sonst hört' ich beständig von mir, daß ich ein einfältiges dummes Kind sei, das nicht das unbedeutendste Geschäft auszurichten wisse, und wirklich war ich äußerst ungeschickt und unbeholfen, ich ließ alles aus den Händen fallen, ich lernte weder nähen noch spinnen, ich konnte nichts in der Wirthschaft helfen […].[74]

Komplementär zu ihrer motorischen Ungeschicklichkeit ist Berthas Einbildungskraft übermäßig stark ausgebildet. Das ungeschickte Kind kann sich vor allem in Not und Armut seiner Eltern „außerordentlich gut" einfühlen.[75] Zurückgezogen in einen Winkel der ärmlichen Behausung lässt es seinen Phantasien freien Lauf und übt sich im Konjunktiv. Es stellt sich vor,

> wie ich ihnen helfen wollte, wenn ich plötzlich reich würde, wie ich sie mit Gold und Silber überschütten und mich an ihrem Erstaunen laben wollte, dann sah ich Geister heraufschweben, die mir unterirrdische Schätze entdeckten, oder mir kleine Kiesel gaben, die

---

72 Vgl. Tausch: Literatur um 1800 (s. Anm. 15), S. 173, sowie Nicolas Pethes: Literarische Fallgeschichten. Zur Poetik einer epistemischen Schreibweise. Konstanz 2016, S. 55–73.

73 Mariane verweist mit ihrem Namen überdies intertextuell auf Friedrich Nicolais *Sebaldus Nothanker* zurück, der die Figur der Mariane ebenso wie die des Protagonisten seinerseits Thümmels *Wilhelmine* entlehnt hat.

74 [Ludwig Tieck:] Der blonde Eckbert. In: [ders.:] Volksmåhrchen herausgegeben von Peter Leberecht. Bd. 1. Berlin 1797, S. 191–242, hier S. 198.

75 Ebd.

> sich nachher in Edelsteine verwandelten, kurz, die wunderbarsten Phantasien beschäftigten mich dann […].[76]

Diese Phantasien machen die kleine Bertha aber nur „noch viel ungeschickter"[77]. Daher wird sie von ihrem Vater „auf die grausamste Art"[78] gezüchtigt, sodass sie mit acht Jahren aus dem Elternhaus zu fliehen beschließt. Bertha kommt bei einer alten Frau unter und entwickelt sich dort zu einem sehr geschickten Mädchen, das sich rasch an das neue Leben gewöhnt. Vor allem in der Episode bei der Alten, die ihr gegenüber Mutterstelle vertritt, wird die Kindheit als utopischer Schutzraum greifbar. Durch Lektüre, also durch den Gebrauch von Druckmedien, wird aber erneut die Phantasie der kleinen Bertha angeregt und sie erhält eine Vorstellung von dem, was ihr bei der alten Frau entgeht. Vierzehnjährig verlässt sie daher den Status der Kindheit. Bertha kommentiert das im Rückblick wie folgt: „es ist ein Unglück für den Menschen, daß er seinen Verstand nur darum bekömmt, um die Unschuld seiner Seele zu verlieren."[79] Damit ist auch das Problem der Überreflexion angesprochen. Schuldig wird Bertha dadurch, dass sie ihre Gastgeberin verlässt und sie dabei auch noch bestiehlt. Diese Schuld führt hinein in die dämonische Dimension der Erzählung. Erzeugt wird sie durch die Zurückhaltung des Erzählers, die dazu zwingt, der Rede der Figuren Glauben zu schenken. So entsteht der Eindruck einer irrationalen Wiederkehr der alten Frau in neuer Gestalt. Schon der Hausfreund Walther scheint ein Wiedergänger der Alten zu sein, eine ‚Entdeckung', die die überspannte Bertha in den Tod treibt. Zur dämonischen Dimension der Erzählung gehört schließlich auch die Suggestion einer inzestuösen Beziehung zwischen Bertha und Eckbert, die letzteren im Wahnsinn enden lässt. Stets ist es die narrative Unfassbarkeit des Geschehens, die es unheimlich erscheinen lässt.

Sieht man sich Frequenz und Relevanz der einzelnen Aspekte näher an und beginnt mit der Selbstvergessenheit, dann wird sie

76 Ebd., S. 198 f.

77 Ebd., S. 199.

78 Ebd.

79 Ebd., S. 218.

besonders prägnant in Kleists Drama *Prinz Friedrich von Homburg* eingesetzt. Es arbeitet an einer Revision von Goethes *Tasso*, insbesondere an dessen Fixierung auf das Schickliche.[80] Der Prinz von Homburg wird als junger Tor[81] und Träumer[82] eingeführt, später wird er auch als „dieser Fehltritt, blond mit blauen Augen"[83] bezeichnet. Ähnlich wie Tasso agiert er wiederholt ungeschickt und unverständlich, insbesondere bei seinem Auftritt als Schlafwandler. Im Gespräch verhält er sich „[v]erstört und schüchtern"[84], teils auch „zerstreut" und „abwesend".[85] Sich selbst charakterisiert er ähnlich wie Brentano in seinem Brief an Savigny: „Bin hülflos, ein Verlaßner, und kann nichts!"[86] Als seien Tasso und Antonio ein und dieselbe Figur geworden und hätten sich dabei das wilde Tier aus Lilis Park inkorporiert, vermag der Prinz jedoch auch „[d]em Bären gleich, von Wuth gespornt und Rache"[87], eine Schlacht zu entscheiden. Allerdings verstößt seine Tat gegen einen Befehl und er gerät dadurch in Todesnähe.[88] Die Rettung des ungeschickten Träumers geschieht ebenso unerwartet wie sein Verhalten rätselhaft bleibt. In Kleists Essay *Über das Marionettentheater* kehrt der entschlossene Träumer

80 Etwa wenn der Prinz äußert „Er handle, wie er darf; / Mir ziemt's hier zu verfahren, wie ich soll!" Heinrich von Kleist: Prinz Friedrich von Homburg. Ein Schauspiel (zuerst 1821). In: ders.: Sämtliche Werke und Briefe. Hg. von Roland Reuß und Peter Staengle. Bd. 1. München/Frankfurt a. M. 2010, S. 745–838, hier S. 816.

81 Ebd., S. 749, vgl. auch S. 757.

82 Ebd., S. 748, vgl. auch S. 754, S. 765, S. 830.

83 Ebd., S. 803.

84 Ebd., S. 806.

85 Ebd., S. 829 f.

86 Ebd., S. 799.

87 Ebd., S. 777.

88 Legitimiert wird die Handlung des Prinzen im Essay *Von der Überlegung* mit der Pointe: „Die Überlegung, wisse, findet ihren Zeitpunkt weit schicklicher nach, als vor der That." Kommt die Reflexion vor oder während der Tat zum Einsatz, so verwirrt, hemmt und unterdrückt „sie nur die zum Handeln nöthige Kraft". Das ist eine deutliche Spitze gegen die romantische Neigung zur Überreflexion. Heinrich von Kleist: Von der Überlegung. (Eine Paradoxe.) (zuerst 1810). In: ders.: Sämtliche Werke und Briefe. Hg. von Roland Reuß und Peter Staengle. Bd. 2. München/Frankfurt a. M. 2010, S. 423 f., hier S. 424.

wenig später als erfolgreicher Tänzer wieder.[89] Im Gespräch mit dem Erzähler H. v. K. (Heinrich von Kleist), der den Essay im Erstdruck auch unterzeichnete, vertritt er eine eigenartige, subkutan auf Schlegels *Studium*-Aufsatz verweisende These. Ihr zufolge soll sich der durch Überreflexion und Selbstbeobachtung ungeschickt gewordene Mensch der Moderne an einem ebenso selbstvergessenen wie kraftvoll agierenden, subtil auf Goethe verweisenden Bären orientieren.[90]

Das Ideal der Kindlichkeit hat am nachdrücklichsten wohl Novalis in seinem Romanfragment *Die Lehrlinge zu Saïs* vertreten. Es schließt an die Traditionslinie der Hochschätzung religiös begründeter Ungeschicklichkeit an. In den *Lehrlingen* wird „Kindern, oder kindlichen Menschen die nicht wissen, was sie thun“[91], ein privilegierter Zugang zur Natur zugeschrieben.[92] Einer der Lehrlinge ist ein junger Ungeschickter, dem nichts glückt, der nichts findet, schlechte Augen hat, keine Ordnung herstellen kann und alles zerbricht. Eines Tages gelingt aber gerade ihm der Fund eines kleinen Steinchens „von seltsamer Gestalt“, durch das sich plötzlich alle anderen Steine zu einer schönen Ordnung fügen.[93] Mit diesem Ungeschickten identifiziert sich der Erzähler. Er träumt im zweiten Abschnitt des Fragments von einer künftigen Welt, in der sich die Menschen endlich von ihren Fesseln befreien werden. Möglich wird die Befreiung, wenn sie sich „durch einen großen gemeinschaftlichen Entschluß aus dieser peinlichen Lage, aus diesem furchtbaren Gefängnisse reißen“ und sich so „zu ihrem alten Vater retten“.[94] Die dergestalt Befreiten müssten dann an „die Spuren jenes verloren gegangenen Urvolks“

---

89 Heinrich von Kleist: Über das Marionettentheater (zuerst 1810). In: ders.: Sämtliche Werke und Briefe. Bd. 2 (s. Anm. 88), S. 425–433.

90 Zum Goethe-Bezug vgl. Katharina Mommsen: Kleists Kampf mit Goethe. Frankfurt a. M. 1979, S. 264 f.

91 Friedrich von Hardenberg: Die Lehrlinge zu Saïs (zuerst 1802). In: Novalis. Werke, Tagebücher und Briefe Friedrich von Hardenbergs. Hg. von Hans-Joachim Mähl und Richard Samuel. Bd. 1. München/Wien 1978, S. 199–233, hier S. 210.

92 Vgl. dazu auch Passavant: Nachromantische Exzentrik (s. Anm. 21), S. 64 f.

93 Hardenberg: Die Lehrlinge zu Saïs (s. Anm. 91), S. 203.

94 Ebd., S. 211.

anschließen, „dessen entartete und verwilderte Reste die heutige Menschheit zu seyn“ scheint. Aufgrund von „hoher Bildung“ haben die Gefangenen der Gegenwart ihren längst vergangenen Vorfahren auch ihre „wichtigsten und unentbehrlichsten Kenntnisse und Werkzeuge zu danken“.[95] Ähnlich wie Kleist entwirft Novalis damit ein triadisches, gnostisch gefärbtes Geschichtsmodell, das unter den Zeitgenossen prominent von Schelling vertreten wurde[96] und für die Romantik, insbesondere für Novalis[97] und Friedrich Schlegel,[98] von größter Bedeutung gewesen ist. Damit die üble Gegenwart überwunden werden und in der Zukunft eine glückliche Vergangenheit wiederkehren kann, ist Kindlichkeit, die mit Ungeschicklichkeit einhergehen darf, ja soll, unverzichtbar. Verborgen in der großen Masse gibt es nach Novalis seit jeher die Lieblinge der Natur, die „einfältiger und ungeschickter zu seyn“ scheinen „als Andere“.[99] Daran kann man sie erkennen. Sie verfügen weder über besondere rhetorische Fähigkeiten noch über eine besondere Klugheit oder ein gewandtes Betragen. Vielmehr zeichnen sie sich durch „die einfachen Worte, den geraden Sinn, und ein schlichtes Wesen“ aus.[100] Das erinnert an die Selbstcharakteristik des Paulus als wahrer Christ und hat seine Vorlage im Pietismus. Man begegnet den kindlich ungeschickten Menschen unter Handwerkern und Künstlern, aber auch unter Bauern, Bergleuten und verschiedenen Gewerben.[101] Der wahre Naturkundige wird sie erkennen und sie gemeinsam mit anderen

95 Ebd., S. 230.

96 Vgl. Schulz: Die deutsche Literatur zwischen französischer Revolution und Restauration. Erster Teil (s. Anm. 13), S. 184–187.

97 Hans-Joachim Mähl: Die Idee des goldenen Zeitalters im Werk des Novalis. Studien zur Wesensbestimmung der frühromantischen Utopie und zu ihren ideengeschichtlichen Voraussetzungen. Heidelberg 1965.

98 Vgl. Asko Nivala: The Romantic Idea of the Golden Age in Friedrich Schlegel's Philosophy of History. New York/London 2017.

99 Hardenberg: Die Lehrlinge zu Saïs (s. Anm. 91), S. 232.

100 Ebd.

101 Bei Eichendorff: Ahnung und Gegenwart (s. Anm. 60) kann aber auch ein Adeliger wie Friedrich einfältig wie ein Kind (S. 57), zugleich nicht „recht geschickt“ (S. 85) und schwerfällig sein (S. 168). Er wird zudem als „neumodischer Don Quixote“ bezeichnet und damit auf das wohl wirkmächtigste europäische Modell des naiven Ungeschickten bezogen (S. 211).

Schülern zur Einsicht führen. Vergleichbare Konzepte verbreiten sich nun rasch und wirkungsvoll, nicht nur in der Literatur. Caspar David Friedrich, um nur ihn zu nennen, hat darauf hingewiesen, „daß die Kunst nicht eine bloße Geschicklichkeit ist und sein soll"; vielmehr müsse sie „die Sprache unserer Empfindung, unserer Gemütsstimmung, ja selbst unsere Andacht, unser Gebet sein".[102] Mit der in diesem Sinne wenig geschickt angelegten Bleistiftskizze eines gekrümmt nach links gehenden Mannes hat Friedrich auch einen Beitrag zur visuellen Darstellung des Ungeschickten in der deutschen Romantik geleistet.

Abb. 9
Caspar David Friedrich, Gekrümmt gehender Mann nach links, 1799/1800

In breitenwirksamer Form findet sich das Ideal der ungeschickten Kindlichkeit und Naturnähe in Fouqués *Undine* entfaltet. Dort wird es in ambivalenter Weise in der Protagonistin verdichtet und mit einer lyrischen Einlage emphatisch beschworen: „zartes

102 Hier zit. nach Hans Ulrich Gumbrecht: Stimmungen lesen. Über eine verdeckte Wirklichkeit der Literatur. München 2011, S. 93.

Kind! – / Unbewußt mit Blumen tändelt's"[103]. Das steht im Kontext der romantischen Idealisierung von Kindheit, Kindlichkeit und Naivität seit Novalis, die ihren literarischen Höhepunkt in der Liedersammlung *Des Knaben Wunderhorn* und den *Kinder- und Hausmärchen* der Brüder Grimm gefunden hat. Zugleich radikalisiert Fouqués *Undine* aber auch die von Brentano benannten verführerischen Reize der Poesie und steigert sie ins Dämonische. Das gilt nicht nur für die Protagonistin, die als ungezogen und wild,[104] aber auch als anmutig und hold[105] charakterisiert wird, sowie in ähnlicher Weise für die mit ihr verwandten chaotisch-ungeschickten Kobolde[106], sondern wird auch explizit vom Erzähler formuliert. Sentenzenhaft hält er fest: „Die tückische Macht, die lauert, uns zu verderben, singt ihr auserkornes Opfer gern mit süßen Liedern und goldnen Märchen in den Schlaf."[107] Das bekannte Lorely-Gedicht Heinrich Heines liest sich wie eine Illustration dieser tückischen Macht. Es evoziert im Modus der ironisch gebrochenen Erinnerung die dämonische Gewalt der romantischen Poesie, die das Leben ihrer Anhänger steigert und intensiviert, sie damit aber auch im Alltag krachend scheitern lässt. In der ironischen Brechung des Fazits, das romantisches Singen und prosaisch-alltägliches Tun in harter Fügung kombiniert („Und das hat mit ihrem Singen / Die Lore-Ley getan"[108]), wird aber auch die artistische Faktur des Dämonischen ausgestellt: Ähnlich wie in Tiecks *Blondem Eckbert* erweist es sich als das Produkt gezielt erzeugter Unbestimmtheit, ja Ungeschicklichkeit.

Im Verlauf der Romantik kommt es aber auch zu Konkretisierungen des Dämonischen, für die vor allem die Wissenschaften verantwortlich sind. Insofern kann man auch von einer

103 Friedrich de la Motte Fouqué: Undine. Eine Erzählung (zuerst 1811). Stuttgart 1980, S. 55.

104 Ebd., S. 8 f., S. 16.

105 Ebd., S. 17, S. 45.

106 Ebd., S. 25, S. 29, S. 46, S. 53.

107 Ebd., S. 78.

108 Heinrich Heine: „Ich weiß nicht was soll es bedeuten" (zuerst 1824). In: ders.: Sämtliche Schriften. Hg. von Klaus Briegleb. Bd. 1. 3., durchges. und erg. Aufl. München 1998, S. 107.

Rationalisierung der Gründe für ungeschicktes Verhalten sprechen. Die Konkretisierungen weisen voraus auf den Umgang mit der Ungeschicklichkeit im 19. und 20. Jahrhundert. In ihrem Gefolge verliert die ‚tückische Macht', die uns ungeschickt werden lässt und uns letztlich verderben will, ihre Assoziationen mit einer diffusen Natur, in der Reste theologischer Markierungen mitgeführt werden und die – wie bei Novalis – häufig ins Gnostische einschlägt. Die dämonische Macht wird stattdessen einerseits, auf die Psychoanalyse vorausweisend, mit den Trieben identifiziert, vor allem mit dem Sexualtrieb, zum anderen mit der erstmals als solche beschreibbaren Gesellschaft und ihren Strukturen.

Die Verlegung der Ungeschicklichkeit in die Triebe findet sich prominent im *Wunderhorn*-Lied *Das bucklige Männlein*. Es ist im Anhang der Sammlung abgedruckt, in der Rubrik *Kinderlieder*, und führt insofern die Dämonie der Ungeschicklichkeit ins Kindliche ein. Das Lied handelt von einer bösen Macht, die als männliche Figur auftritt und im Alltag das Verhalten der weiblich konturierten Sprechinstanz als ungeschickt erscheinen lässt: Sie stört seine Verrichtungen im Garten, zerbricht in der Küche den Topf, verzehrt die zubereitete Mahlzeit, stiehlt das Holz, nimmt den Weinkrug weg, blockiert das Spinnrad, lacht beim Bettenmachen und bittet trotz alledem am Ende das lyrische Ich, das sie als „Liebes Kindlein" anredet,[109] sie in sein Gebet einzubeziehen. Möglicherweise geht das Gedicht auf eine Situation der sexuellen Nötigung zurück, in der ein älterer Mann seine junge Dienstmagd bedrängt hat. Der Bezug bleibt aber diffus, sodass der Bucklige durchaus auch als Dämon, freilich als Alltagsdämon, apostrophiert werden kann. Er scheint Freude daran zu haben, die alltäglichen Routinen der Sprecherin zu stören und zu verhindern, um ihre Aufmerksamkeit ganz auf sich zu lenken. Der Schluss deutet den Versuch an, auch das Böse und seinen Vertreter

109 [Anon.:] Das bucklige Männlein (zuerst 1808). In: Des Knaben Wunderhorn. Alte deutsche Lieder. Gesammelt von Achim von Arnim und Clemens Brentano. Hg. von Heinz Rölleke. 2. Aufl. Frankfurt a. M./Leipzig 2007, S. 1136 f., hier S. 1137. Vgl. dazu Frithjof Haider: Verkörperungen des Selbst. Das bucklige Männlein als Übergangsphänomen bei Clemens Brentano, Thomas Mann, Walter Benjamin. Frankfurt a. M. 2003, S. 77–82.

religiös und damit letztlich theologisch zu retten. Mit ganz anderen Dimensionen, aber – denkt man an Gretchen – ähnlicher Ausgangslage, ist das auch das Programm von Goethes *Faust*.

Hinsichtlich der Sexualität wesentlich eindeutiger als das *Wunderhorn*-Lied verfährt Kleist in seiner Komödie *Der zerbrochne Krug*. Dort hat der Dorfrichter Adam die junge Eve sexuell bedrängt und ist dabei ungeschickt gestürzt. Bei seinem Fehltritt hat er einen alten Krug zerbrochen, in dessen Vorgeschichte es den verhängnisvollen Sturz eines Ungeschickten schon einmal gegeben hat.[110] Bereits die Namen der Protagonisten (Adam und Eve) deuten an, dass dieser Sturz, ebenso wie auf den Bildern Goyas, in seiner Banalität eine theologisch-anthropologische Dimension aufweist. Wenn Kleist den Dorfrichter sagen lässt:

> Gestrauchelt bin ich hier; denn jeder trägt
> Den leid'gen Stein zum Anstoß in sich selbst,[111]

dann verlegt er damit die Ursachen ungeschickten Verhaltens in die Psyche. Adam muss im Verlauf der Komödie die Gründe aufdecken, die zum Zerbrechen des Krugs geführt haben und da er den Krug selbst zerbrochen hat, decouvriert er sich dadurch zunehmend selbst. Man kann das Verfahren des Dramas im weitesten Sinne als Psychoanalyse der Ungeschicklichkeit auffassen und umgekehrt vielleicht auch die Psychoanalyse als Wissenschaft vom Ungeschick verstehen.[112]

Die soziale Konkretisierung des Ungeschicks findet sich prominent bei Adelbert von Chamisso in seiner Märchenerzählung *Peter*

---

110 Heinrich von Kleist: Der zerbrochne Krug, ein Lustspiel (zuerst 1811). In: ders.: Sämtliche Werke und Briefe. Bd. 1 (s. Anm. 80), S. 163–256, hier S. 199: Zachäus, ein Schneider in Tirlemont, warf den Krug während der Plünderung durch die Franzosen aus dem Fenster, „[s]prang selbst, und brach den Hals, der Ungeschickte".

111 Ebd., S. 165.

112 Der hinkende Adam verweist nicht umsonst auf den Schwellfuß Ödipus und dieser wiederum auf den Menschen als noch nicht und nicht mehr bipedes Wesen, wie ihn die Anthropologie des Rätsels der Sphinx in Sophokles' Tragödie *König Ödipus* konturiert. Mit Dank für den Hinweis an Tim Attanucci.

Schlemihls wundersame Geschichte. Ähnlich wie im *Wunderhorn*-Lied geht es erneut primär um Alltagserfahrungen, darüber hinaus aber auch um soziale Zuschreibungen. Zwar bezeichnet der Nachname des Protagonisten im Jiddischen eine ungeschickte Person,[113] doch im vorangestellten Brief Eduard Hitzigs an Chamisso wird dieser Schlemihl als „langbeiniger Bursch" bezeichnet, den man lediglich „ungeschickt glaubte, weil er linkisch war".[114] Das macht ihn nach Aussage des Autors in Deutschland zu einer Identifikationsfigur derjenigen, denen Ungeschicklichkeit von anderen zugeschrieben wird.[115] Dafür reichen bereits Indizien. Auch die Erzählung selbst arbeitet mit der Zuschreibungsthese. So unterstellt der Maler, von dem sich Schlemihl seinen verlorenen Schatten ersetzen lassen will, dem Schattenlosen „Ungeschicklichkeit" und „Nachlässigkeit".[116] Schlemihl selbst schreibt sich diese Attribute nicht zu. Er gesteht allenfalls ein, vorschnell gehandelt zu haben. In jedem Fall verursacht ihm der Verkauf des Schattens Probleme mit der motorischen Koordination und führt den Schattenlosen ins soziale Abseits. Das verbindet ihn mit anderen Vertretern und Figurationen des Ungeschickten in der Romantik, wobei etwa an Brentano oder E. T. A. Hoffmann zu denken wäre. Peter Schlemihl übernimmt für seine soziale Exklusion durchaus Verantwortung, denn er sieht sich „[d]urch frühe Schuld von der menschlichen Gesellschaft ausgeschlossen" und stattdessen an Natur und Wissenschaft verwiesen.[117] Am Ende taumelt der schattenlose, sozial exkludierte Wissenschaftler aber halb besinnungslos auf der Erde herum und stürzt schließlich – ebenso wie Goyas Figuren und Kleists Dorfrichter Adam – zu Boden. Allerdings ist es hier ein anonymer ‚Jemand', der dem angeblich Ungeschickten „einen

113 Vgl. Heidi Stern: Wörterbuch zum jiddischen Lehnwortschatz in den deutschen Dialekten. Tübingen 2000, S. 190 f.

114 Adelbert von Chamisso: Peter Schlemihls wundersame Geschichte (zuerst 1814). Hg. von Dagmar Walach. Durchges. Aufl. Stuttgart 2003, S. 4.

115 Was der Figur zustößt, werde „in unserm lieben Deutschlande" bei so manchem echten Landsmann „ein gerührtes Lächeln" auslösen; ebd., S. 6.

116 Ebd., S. 22.

117 Ebd., S. 64. Zuvor hatte er diese Schuld als einen „übereilten Fehltritt" bezeichnet; ebd., S. 50.

starken Stoß" versetzt und ihn dadurch zu Fall gebracht hat.[118] Die Ungeschicklichkeit erweist sich damit als Effekt sozialer Gewalt und die unheimliche Dimension von Chamissos Erzählung besteht nicht zuletzt darin, dass Peter Schlemihl nach seiner Einlieferung in ein Hospiz nicht nur für ungeschickt, sondern auch „für einen Juden" gehalten wird.[119] Ebenso wie für das bucklige Männlein und seinen Störtrieb soll man schließlich auch für das Opfer sozialer Exklusionen beten.[120]

Wer sich für die Semantik der Ungeschicklichkeit um 1800 interessiert, sieht sich an Joachim Heinrich Campes *Wörterbuch der Deutschen Sprache* verwiesen. In ihm zeichnen sich einige folgenreiche Umakzentuierungen des überlieferten Bedeutungsspektrums ab. Campe knüpft zwar eng an Adelungs Pionierleistung an, kritisiert aber auch aus der Perspektive der Volksaufklärung die Bindung seines Vorgängers an die Sprachverwendung der Oberschichten.[121] Er will eine „Veränderung der sozialen Verhältnisse mithilfe der Sprache vorwegnehmen und beschleunigen".[122] Die Wörterbücher von Adelung und Campe verhalten sich damit in sozialgeschichtlicher Hinsicht zueinander wie Weimarer Klassik und deutsche Romantik. Der Beitrag des Campe'schen Wörterbuchs zur Ungeschicklichkeitssemantik, genauer gesagt derjenige Christian Samuel Theodor Bernds, der nahezu sämtliche Artikel verfasst hat, besteht zunächst darin, dass unter dem Lemma *geschickt* Adelungs Begriff der Absichten durch den von Kant philosophisch geschärften der Zwecke ersetzt wird. Der Geschickte verfügt entsprechend über

118 Ebd., S. 68.

119 Ebd.

120 Ebd., S. 69.

121 Vgl. Ulrike Haß-Zumkehr: Deutsche Wörterbücher – Brennpunkt von Sprach- und Kulturgeschichte. Berlin/New York 2001, S. 113. Zu Campe vgl. Silke Köstler-Holste: Campe, Johann Heinrich. In: Internationales Germanistenlexikon 1800–1950. Hg. von Christoph König. Bd. 1. Berlin/New York 2003, S. 309–312.

122 Haß-Zumkehr: Deutsche Wörterbücher (s. Anm. 121), S. 329.

„die zur Erreichung eines Zweckes erfoderliche Eigenschaft".[123] Das kann man als Rationalisierung auffassen, in der sich der Ausgriff der Aufklärung auf sämtliche Lebensbereiche zeigt. Sie geht einher mit einem markanten Beleg für den hohen sozialgeschichtlichen Aufschlusswert von Geschicklichkeit und ihrer Negation in der Sattelzeit. Denn Geschicklichkeit für etwas Bestimmtes zu erwerben, bedeutet nun für das Individuum, „sich in Stand setzen es zu thun"[124]. Die Geschicklichkeit erst macht also den Einzelnen handlungsfähig und versetzt ihn dadurch in die Lage, sich seinen Stand selbst zu bestimmen.[125] Das ist eine zwar unscheinbare aber hochsignifikante Beschreibung des Individuums am Beginn der funktional geordneten modernen Gesellschaft. Es bleibt nicht länger in dem Stand befangen, der ihm von Geburt zugewiesen wurde, sondern wählt sich diesen Stand selbst aus, indem es seine Fähigkeiten ausbildet. Von hier aus ist auch verständlich, dass der Leib mit seiner Motorik zum bevorzugten Schauplatz der Ungeschicklichkeit wird, während soziale Konventionen an Bedeutung verlieren. Nicht zuletzt begegnet in Bernds Artikel auch schon der Begriff der „Arbeit", der zusammenfassend die Tätigkeiten des zweckrational organisierten Individuums in der modernen Gesellschaft bezeichnet.[126]

Für die Ungeschicklichkeit hat das erhebliche Folgen. Sie wird zu einer diffusen, individuell zu verantwortenden Schuld, die das Individuum auf sich lädt und die es fortan zu tragen hat. Das belegt Bernd mit einem Kompetenzbeispiel: „Seine Ungeschicklichkeit ist allein Schuld daran."[127] Zugleich stellt sie denjenigen, der von ihr betroffen ist, ins soziale Abseits. Als hätte Bernd den jungen Clemens

123 Joachim Heinrich Campe: Wörterbuch der Deutschen Sprache. Bd. 2. Braunschweig 1808, S. 329.

124 Ebd.

125 Bei Schlegel: Lucinde (s. Anm. 23), S. 90, fordert der Protagonist seine Geliebte auf: „So laß uns denn unsre Stelle in dieser schönen Welt verdienen". Das kann man so verstehen, dass es die Stelle schon gibt, aber auch so, dass man die Stelle erst in der Welt einrichten muss.

126 Campe: Wörterbuch der Deutschen Sprache. Bd. 2 (s. Anm. 123), S. 329: „Eine geschickte Arbeit."

127 Joachim Heinrich Campe: Wörterbuch der Deutschen Sprache. Bd. 5. Braunschweig 1811, S. 161; die folgenden Zitate ebd.

Brentano, Kleists Dorfrichter Adam oder bereits Chamissos Peter Schlemihl vor sich, heißt es unter dem Lemma *Ungeschickt*: „Ein ungeschickter Mensch, der in keiner Sache geschickt ist, nichts weiß und kann, wie auch, der nichts mit Leichtigkeit vollbringen kann." Mit dem Absprechen von praktischen, mentalen und motorischen Kompetenzen ist der Nullpunkt von Humanismus, Aufklärung und Moderne erreicht. Wer von Geburt keinen Stand mehr zugewiesen bekommt und sich selbst keinen zu erarbeiten in der Lage ist, wird zu einer exterritorialen Figur ohne jeden sozialen Rückhalt. Bernd kennt auch den Namen dieser Figur: „Der Ungeschick, –s, Mz. –e, ein ungeschickter Mensch, der Alles ungeschickt vornimmt, vollbringt." Endgültig verabschiedet wird nun die enge Koppelung von Ungeschicklichkeit und Unschicklichkeit, die für die höfische Gesellschaft typisch war. Zwar lässt sie sich noch hier und da beobachten, aber damit soll endlich Schluss sein. Zum Adjektiv *ungeschickt* wird daher festgehalten: „Zuweilen wird es auch […], aber ungut, für unschicklich gebraucht."

Wie hängt schließlich die Ungeschicklichkeit in der Sattelzeit mit Reflexionen über das deutsche Selbstbewusstsein zusammen? Das Spektrum der Positionen teilt sich um 1800 in eine ablehnende klassische und eine zustimmende romantische Variante auf. Die klassische hat Schiller in seinen Briefen *Über die ästhetische Erziehung des Menschen* entwickelt. Gegen die von Rousseau inaugurierte Kulturkritik erhebt er den Vorwurf, dass sie zusammen mit dem falschen Schein und seinen verheerenden Auswirkungen auf die Moral auch den richtigen, den ästhetischen Schein, beseitigen will, der uns zur Freiheit erhebt, den Charakter bildet und damit auch die Moral stärkt. Der Vorwurf hat eine sozial- und nationalpolitische Dimension, denn er hält am „schönen Umgang" der höfischen Gesellschaft und mit ihm an einem europäischen Niveau zivilisierten Verhaltens fest. Damit markiert er diejenigen, die in Sturm-und-Drang-Manier dagegen aufbegehren und dazu „das Wesen" ins Feld führen,[128] als rückständige und ungeschickte Deutsche. Sie wollen, so Schiller, nicht nur „das Herzliche, Kernhafte

128 Schiller: Über die ästhetische Erziehung (s. Anm. 52), S. 666.

und Gediegene der vorigen Zeiten" wieder zurückhaben, sondern mit ihm auch „das Eckige und Derbe der ersten Sitten, das Schwerfällige der alten Formen, und den ehemaligen gothischen Überfluß".[129] In die gleiche Richtung zielt Goethe im *Wilhelm Meister*. Nach Ansicht des Erzählers pflegen die Deutschen „das Gute ohne viel Prunk zu tun" und übersehen dabei, „daß es auch eine Art gebe, das Rechte mit Zierlichkeit und Anmut zu tun".[130] Deutlicher lässt Goethe Aurelie werden. Ihr kommen die Deutschen „im ganzen so links vor, so übel erzogen, so schlecht unterrichtet, so leer von gefälligem Wesen, so geschmacklos".[131] Für Goethe und Schiller ist der Deutsche ungeschickt, darf es aber nicht länger bleiben.

Die romantische Zustimmung zur deutschen Ungeschicklichkeit findet sich markant bei Friedrich Schlegel. Nachdem er im *Studium*-Aufsatz einerseits noch die Weimarer Auffassung einer Indifferenz der Deutschen gegenüber der Form geteilt und ihre Schwerfälligkeit getadelt,[132] andererseits aber auch schon „die sogenannte Charakterlosigkeit der Deutschen [...] dem manirierten Charakter andrer Nationen weit vorzuziehen"[133] empfohlen hatte, findet die Umwertung des Ungeschicks vor allem in den *Ideen* statt. Sie bilden eine Art Seitenstück zu Novalis' *Lehrlingen von Saïs*. Schlegel fordert in ihnen eben das ein, was Schiller als barbarisch abgelehnt hatte. Dazu appelliert er an seine Landsleute, sich auch künftig zum Geist der „alten Helden deutscher Kunst und Wissenschaft" zu bekennen.[134] Diesen Helden rechnet er Dürer, Keppler, Hans Sachs, Luther und Jacob Böhme zu. Sie repräsentieren für ihn den Charakter des deutschen Künstlers. Dazu heißt es: „Rechtlich, treuherzig,

129 Ebd.

130 Goethe: Wilhelm Meisters Lehrjahre (s. Anm. 30), S. 465.

131 Ebd., S. 624.

132 Schlegel: Über das Studium der griechischen Poesie (s. Anm. 61), S. 222, sowie S. 258: „Den charakterlosen Deutschen macht aber die kleinliche Umständlichkeit, die verworrne Schwerfälligkeit, die uralte bedächtliche Langsamkeit seines Geistes zu den leichten Spielen der freien Kunst vollends ganz unfähig."

133 Ebd., S. 258 f.

134 Friedrich Schlegel: Ideen (zuerst 1800). In: Kritische Friedrich-Schlegel-Ausgabe. Hg. von Ernst Behler u. a. Bd. 2. München u. a. 1967, S. 256–271, hier S. 268.

gründlich, genau und tiefsinnig ist dieser Charakter, dabei unschuldig und etwas ungeschickt."[135] Die von Schiller und Goethe als unzivilisiert abgewiesene Ungeschicklichkeit wird nun zu einer „Nationaleigenheit"[136] der Deutschen. Allerdings erscheinen ihre rohen Seiten abgemildert durch das Attribut „unschuldig", das auf die romantische Hochschätzung kindlichen Verhaltens insbesondere bei Novalis verweist. Die Ungeschicklichkeit charakterisiert in erster Linie das Alltagsverhalten produktiver deutscher Männer. Sie ist aufs Engste mit der Entscheidung verknüpft, „die Kunst und die Wissenschaft bloß um der Kunst und der Wissenschaft willen göttlich zu verehren".[137] Wie schon im Fall des poeta doctus wird hier der ungeschickte Gelehrte mit dem Künstler verbunden und mit dem Argument antihöfischer Sachlichkeit und romantischer Kunstautonomie entschuldigt, ja legitimiert.

Weitere Äußerungen füllen das zweipolige Formular auf und weiten seinen Einzugsbereich aus. Am weitesten ist dabei wohl Fichte in seinen *Reden an die deutsche Nation* gegangen. Die französische Besetzung Berlins hat aus seiner Perspektive 1807 eine Notlage erzeugt, die jede Etikette zu ignorieren erlaubte. Den Verfechtern zivilisierten Verhaltens, zu denen damals auch Goethe gehörte, hält Fichte entgegen: „Wir ringen ums Leben; wollen sie, daß wir unsre Schritte abmessen, damit nicht etwa durch den erregten Staub irgendein Staatskleid bestäubt werde?"[138] Ganz im Sinne Schlegels ruft er seine Landsleute daher offen zur Unverschämtheit auf:

> Möchten wir der Ausstellungen, die man uns zu machen pflegt, daß es uns gar sehr an Schnelligkeit und leichter Fertigkeit gebreche, und daß wir über allem zu ernst, zu schwer, und zu gewichtig werden, uns

135 Ebd. Als Modell kann Eduard in der *Lucinde* verstanden werden: „Er ist rauh und herbe, seine Tugend ist mehr kräftig als empfindsam: aber er hat ein männliches großes Herz, und in jedem bessern Zeitalter wäre er, das sage ich kühn, ein Held gewesen." Schlegel: Lucinde (s. Anm. 23), S. 111.

136 Schlegel: Ideen (s. Anm. 134), S. 268.

137 Ebd.

138 Johann Gottlieb Fichte: Reden an die deutsche Nation (zuerst 1808). Mit einer Einl. von Reinhard Lauth. 5., durchges. Aufl. Hamburg 1978, S. 202.

> so wenig schämen, daß wir uns vielmehr bestrebten, sie immer mit größerem Rechte, und in weiterer Ausdehnung zu verdienen.[139]

Die Feier der Grobheit stützt sich auch auf die von Wagner und Herder konstatierte Unfähigkeit der Deutschen zur Nachahmung. Fichte fordert dazu auf, das Ausland nicht länger zum Zeugen „der großen Ungeschicklichkeit" zu machen, mit der man ihm im deutschen Reich stets zu schmeicheln versucht habe; würde man weiterhin versuchen anderen zu gefallen, dann würde man „der Verachtung unsrer Nichtigkeit auch noch den lächerlichen Anblick unsrer Ungelenkigkeit hinzufügen".[140] Das Ungeschick der Deutschen ist nicht länger ein Vorwurf, sondern eine bewusst zu wählende Auszeichnung.

In die Aufwertung des Ungeschicks hat, freilich deutlich vorsichtiger, auch der deutsche Adel eingestimmt. In Kleists *Friedrich von Homburg* charakterisiert der Prinz sich in ähnlicher Weise wie Schiller die Stürmer und Dränger und Schlegel den deutschen Künstler charakterisiert hat:

> Ein deutsches Herz, von altem Schrot und Korn,
> Bin ich gewohnt an Edelmuth und Liebe[141].

Auch hier werden Herzlichkeit und alte deutsche Sitten reklamiert, nun aber auch für einen Fürsten, der ‚eigentlich' der international geltenden höfischen Etikette unterstehen müsste. Das ist ein Effekt der Empfindsamkeit, die Adel und Bürger gleichermaßen adressiert hatte. Zur Innerlichkeit wird sie in Eichendorffs Roman *Ahnung und Gegenwart*, wenn der Adelige Friedrich die von Schiller und Goethe propagierte Erziehung zur höfischen Etikette dezidiert ablehnt. Mit ihrer Hilfe könne man sich lediglich „hinter Geschicklichkeiten verbergen"; stattdessen komme es darauf an, „sich innerlichst nur recht zusammenzunehmen zu hohen Entschließungen und einem

139 Ebd., S. 218.

140 Ebd., S. 225.

141 Kleist: Prinz Friedrich von Homburg (s. Anm. 80), S. 789.

tugendhaften Wandel".[142] Friedrich kann daher „leicht für einfältig gehalten" werden.[143]

Ernst Moritz Arndt hat dann zu Beginn der Befreiungskriege das Formular auf alle Deutschen ausgedehnt. Zu diesem Zweck verallgemeinert er das Attribut des Tiefsinns. Nach Arndt, der damit Fichtes Einsatz aufnimmt, haben die Deutschen zu viel „eigene Tiefe", um sich „in fremden Gestalten leicht, gefällig, und liebenswürdig zu bewegen".[144] Der Deutsche sei „von Gott mit besonderem Reichthum von Eigenheiten begabt" und zugleich „von Natur ungeschickt", „sich in fremden Gestalten leicht, gefällig, und liebenswürdig zu bewegen."[145] Das wiederholt noch einmal die Kritik an der Imitation insbesondere französischer Formvorgaben bei Wagner und Herder, wendet sie nun aber mit Fichte gegen die Okkupation durch Napoleon. Auch für Joseph Görres ist schließlich noch die Natur der Maßstab des Handelns. Verhält sich der Deutsche „seiner Natur gemäß", dann handelt er automatisch „in Treue und Gerechtigkeit".[146] Darin kehren die Attribute der Rechtlichkeit und Treuherzigkeit aus Schlegels *Ideen* wieder. Verlässt ein Deutscher aber die Grenzen seiner Natur, dann ist „alles, was er außer ihr unternimmt", zwangsläufig „ungeschickt, dumm und ohne Segen".[147] Görres nimmt damit nicht nur das von Schlegel formulierte Attribut der Ungeschicklichkeit und Fichtes Lob der Grobheit, sondern auch die Imitationskritik Arndts und ihre patriotische Ausweitung auf und führt sie im Anspruch auf moralische Überlegenheit zusammen.

142 Eichendorff: Ahnung und Gegenwart (s. Anm. 60), S. 67.

143 Ebd., S. 57.

144 Ernst Moritz Arndt: Ueber Volkshaß und über den Gebrauch einer fremden Sprache. O.O. 1813, S. 18.

145 Ebd.

146 Joseph Görres: Teutschland und die Revolution (zuerst 1819). In: ders.: Gesammelte Schriften. Hg. von Wilhelm Schellberg. Bd. 13. Köln 1929, S. 35–143, hier S. 138.

147 Ebd.

III

Ein freier Geist

Die folgenden Ausführungen nehmen die Ungeschicklichkeitsszene in einem Erzähltext der Frühromantik in den Blick. An Friedrich Schlegels *Lucinde* soll gezeigt werden, wie um 1800 das Ungeschick die Form eines Romans – mit Schlegel gesprochen: eines romantischen Buches[148] – bestimmt hat. Schlegels „ästhetisches Experiment"[149] kann ähnlich wie die *Ideen* als zeitgenössisches Seitenstück zu Novalis' Romanfragment *Die Lehrlinge zu Saïs* verstanden werden. Die *Lucinde* akzentuiert in einer Reihe von Teiltexten, die formal die zeitgenössische Praxis der Briefbeilagen aufgreifen, das soziale Ungeschick eines Mannes. Es erweist sich als Folge eines erotischen Enthusiasmus, der in einer als Korrespondenz inszenierten Liebesbeziehung seine ihrerseits ungeschickte Form findet.

Reflexiver Enthusiasmus

In Friedrich Schlegels Skandalroman[150] *Lucinde* wird die Ungeschicklichkeit zu einem literarischen Formprinzip. Der auf mehrere Teilbände angelegte, aber nur partiell realisierte Roman tritt innerhalb der Fallgeschichte der deutschen Literatur an die Seite von Schupps *Orator ineptus*, in dem die frühneuzeitliche Ineptia zu einem

148 Friedrich Schlegel: Gespräch über die Poesie (zuerst 1800). In: Kritische Friedrich-Schlegel-Ausgabe. Bd. 2 (s. Anm. 134), S. 284–351, hier S. 335.

149 Vgl. Schulz: Die deutsche Literatur zwischen Französischer Revolution und Restauration. Erster Teil (s. Anm. 13), S. 411.

150 Zur zeitgenössischen Rezeption vgl. Hans Eichner: Friedrich Schlegel im Spiegel seiner Zeitgenossen. Hg. von Hartwig Mayer und Hermann Patsch. Bd. 3. Würzburg 2012, S. 38–83. Der Skandal kulminierte in Handgreiflichkeiten während des Jenaer Habilitationsverfahrens Friedrich Schlegels; vgl. die von Hermann Patsch zusammengestellten Dokumente in: Kritische Friedrich-Schlegel-Ausgabe. Hg. von Ernst Behler u. a. Bd. 25. Paderborn u. a. 2009, S. 694–707.

 | DOI:10.30965/9783846761038_020

rhetorischen Formprinzip weiterentwickelt worden ist. 1799 erschien der erste und einzige Teil der *Lucinde* in Berlin bei Heinrich Frölich, dem Nachfolger Friedrich Viewegs als Verleger der skandalträchtigen Zeitschrift *Athenaeum*.[151] Der erste Teil des Romans trägt den Titel „Bekenntnisse eines Ungeschickten" und geht auf Skizzen zurück, die Schlegel nach der Flucht vor seinen Leipziger Gläubigern 1794 in Dresden niedergeschrieben hatte. Schon in der ersten größeren Notiz[152] zur *Lucinde* stand fest, dass es in diesem Roman um die leidenschaftliche Liebesbeziehung zwischen einem Mann und einer Frau gehen sollte.[153] Sie würden sich gemeinsam über den grauen Alltag aller übrigen Menschen erheben und ihm gegenüber einen eigenständigen, ebenso intensiven wie universalen Weltbezug ausbilden.[154] Im Verlauf der Erziehung des ebenso enthusiastischen wie ungeschickten Mannes durch seine gelassene und unprätentiöse Geliebte sollten beide zu einer Art Doppelfigur verschmelzen und gewissermaßen einen platonischen Kugelmenschen bilden.[155] Dem

151 Hier zitiert nach der von Karl Konrad Polheim besorgten Studienausgabe; Schlegel: Lucinde (s. Anm. 23). Zum Verlegerwechsel und seinen Gründen vgl. Hermann Patsch: „Unsre merkantilische Trennung". Das vergebliche Ringen um die Fortsetzung des *Athenaeums* – mit einem Brief Friedrich Schlegels an Friedrich Vieweg. In: Athenäum 21 (2011), S. 151–173, hier S. 168–170. Zum Gesamtplan vgl. Mark-Georg Dehrmann: „Lucinde". In: Johannes Endres (Hg.): Friedrich Schlegel-Handbuch. Leben – Werk – Wirkung. Stuttgart 2017, S. 171–178, hier S. 178.

152 Friedrich Schlegel: Idee zu einem Roman von 1794. In: Kritische Friedrich-Schlegel-Ausgabe. Hg. von Ernst Behler u. a. Bd. 16. Paderborn u. a. 1981, S. 252. Zuerst bekannt gemacht durch Josef Körner: Die Urform der Lucinde. In: Das literarische Echo 16 (1913/14), Sp. 950–954; vgl. auch ders.: Neues vom Dichter der *Lucinde*. Mitteilungen aus Friedrich Schlegels jüngst entdecktem handschriftlichen Nachlaß. In: Preußische Jahrbücher 183/184 (1921), S. 309–330.

153 Im fertigen Roman, genauer gesagt im zweiten der „Zwey Briefe", heißt es dazu bündig: „Wir beyde sind eins"; Schlegel: Lucinde (s. Anm. 23), S. 104. Schon im ersten Brief findet sich die Präzisierung, dass Julius und Lucinde zwar einander das Universum geworden sind, dabei aber „erst recht" ihren „Sinn für die Welt" ausgebildet hätten; ebd., S. 97. Vgl. auch Niels Werber: Liebe als Roman. Zur Koevolution intimer und literarischer Kommunikation. München 2003, S. 450–457.

154 Schlegel: Idee zu einem Roman von 1794 (s. Anm. 152), S. 252.

155 Ebd.; vgl. Dehrmann: „Lucinde" (s. Anm. 151), S. 176 f. Zum Genderprogramm des Romans vgl. Gerrit Hoche: Utopische Liebesentwürfe der Moderne.

deutlich aktiveren Mann wurde dabei die Erzählerrolle zugedacht. Der spezifische Ton des Romans sollte „blühend, leicht, und fröhlich“ sein, dabei sollte gelten: „Ohne Ueberspannung.“[156]

Die frühe Skizze zur *Lucinde* führt tief hinein in die biographische und theoretische Vorgeschichte des Romans. Als Schlegel von Leipzig nach Dresden übersiedelte, wo die Skizze entstand, lag in biographischer Perspektive sowohl eine intensive Konfrontation mit der eigenen Ungeschicklichkeit hinter ihm als auch die Begegnung mit einer Frau, die ihm einen adäquaten Umgang mit diesem Makel ermöglicht hatte. Thematisiert hat Friedrich Schlegel seine Verhaltensdefizite in einem langen Bekenntnisbrief aus Leipzig an den Bruder vom November 1792. Ähnlich wie acht Jahre später sein Adept Clemens Brentano porträtiert sich Friedrich Schlegel dort als Ungeschickter. Das bezieht sich sowohl auf seine literarische Tätigkeit, als auch auf sein Interaktionsverhalten. In der Tat schreibe er, wie sein Bruder ihm vorgeworfen habe, rau, also ohne Feingefühl, verhalte sich aber „noch weit rauher“ im Gespräch, weil er „beständigen Missklang“ in sich fühle.[157] Das treibe ihn „zur höchsten Verzweiflung“.[158] Ihm fehle es entsprechend an Selbstzufriedenheit, Sanftmut und Grazie. Zwar finde man ihn im galanten und mondänen Leipzig „interessant“[159], gehe ihm aber aus dem Weg: „Am liebsten besieht man mich aus der Ferne, wie eine gefährliche Rarität.“[160] Daher figuriere er in der Gesellschaft als „Sonderling, das ist ein Narr mit Geist“.[161] Um sein defizitäres Verhalten abzulegen, hatte Schlegel einige Monate vor der Niederschrift seines Bekenntnisbriefs eine

Zur narrativen Produktion und Reflexion von Geschlechterdifferenzen in Schlegels *Lucinde* und Ingeborg Bachmanns *Malina*, Frankfurt a. M. 2010.

156 Schlegel: Idee zu einem Roman von 1794 (s. Anm. 151), S. 252.

157 Friedrich Schlegel an August Wilhelm Schlegel, 21.–25.11.1792. In: Kritische Friedrich-Schlegel-Ausgabe. Hg. von Ernst Behler u. a. Bd. 23. Paderborn u. a. 1987, S. 69–79, hier S. 70.

158 Ebd.

159 Ebd. Das Interessante wird dann im *Studium*-Aufsatz zur Schlüsselkategorie der ästhetischen Moderne.

160 Ebd.

161 Ebd.

Liebesaffäre mit der verheirateten Laura Limburger zu beginnen versucht.[162] Er warb heftig um sie und verschuldete sich dabei immens. Die Umworbene machte sich jedoch in Gesellschaft über ihren schüchternen Liebhaber lustig – und verstärkte dadurch seine Ungeschicklichkeit. Erst die Begegnung mit Caroline Böhmer, der Verlobten seines Bruders, half dem jungen Mann wenig später, mit der Kränkung und seinem Verhaltensdefizit umzugehen, indem sie ihn zum Schreiben ermutigte. Friedrich Schlegel hatte sie schon in Göttingen während seines Studiums kennengelernt. Damals hieß sie noch Michaelis. Im Spätsommer 1793, als beide sich regelmäßig sahen, war sie verwitwet und wurde wegen Hochverrats polizeilich gesucht. Denn in der kurzen Phase der Mainzer Republik, während der sie im Haus Georg Forsters wohnte, hatte sie sich öffentlich zu den Idealen der französischen Revolution bekannt und war überdies von einem französischen Offizier schwanger geworden. August Wilhelm hatte ihr daraufhin die Ehe angetragen und sie in der Nähe von Leipzig untergebracht. Seinen Bruder Friedrich bat er, sich um sie zu kümmern.[163] In den Begegnungen mit Caroline Böhmer gelang es Friedrich Schlegel, seine tiefe Melancholie, die in Selbstmordabsichten kulminierte, dauerhaft zu überwinden.[164] Im Rückblick hat ihr Friedrich Schlegel jedenfalls gestanden: „Was ich bin und seyn werde, verdanke ich mir selbst; daß ich es bin, zum Theil Ihnen."[165]

162 Parallel umwarb Friedrich von Hardenberg ihre Schwester. Vgl. Richard Samuel: Friedrich Schlegel's and Friedrich von Hardenberg's Love Affairs in Leipzig. A Contribution to their Biographies. In: Festschrift für Ralph Farrell. Hg. von Anthony Stephens, H. L. Rogers und Brian Coghlan. Bern u. a. 1977, S. 47–56.

163 Vgl. Roger Paulin: August Wilhelm Schlegel. Biografie. Übers. von Philipp Multhaupt, Paderborn 2017, S. 50.

164 Vgl. Ulrich Breuer: Dolche reden. Die Wahrheit der Melancholie bei Friedrich Schlegel und Friedrich Nietzsche. In: Klaus Vieweg (Hg.): Friedrich Schlegel und Friedrich Nietzsche. Transzendentalpoesie oder Dichtkunst mit Begriffen. Paderborn u. a. 2009, S. 41–56.

165 Friedrich Schlegel an Caroline Schlegel, 2.8.1796. In: Kritische Friedrich-Schlegel-Ausgabe. Bd. 23 (s. Anm. 157), S. 326–328, hier S. 326.

Neben der biographischen gibt es eine theoretische Vorgeschichte der Ungeschicklichkeit in Schlegels *Lucinde*. Auch auf sie weist die frühe Skizze voraus. Seinen Niederschlag hat dieser Strang der Textgenese zum einen im 1794 erschienenen Aufsatz *Vom ästhetischen Werte der griechischen Komödie* und zum anderen im programmatischen, erst 1797 publizierten Essay *Über das Studium der Griechischen Poesie* gefunden. In beiden Fällen geht es um technische Aspekte des Kunstwerks. Während der Beitrag zur Komödie die Ungeschicklichkeit mit dem Fiktionsbruch verbindet und dadurch die autofiktionale Struktur der *Lucinde* begründet, führt der Studiumaufsatz sie unter geschichtsphilosophischen Vorzeichen als Element einer Theorie poetischer Inkorrektheit in der Moderne ein und legitimiert dadurch die literarische Form von Schlegels Roman. Sieht man sich zunächst den Fiktionsbruch und seinen Zusammenhang mit dem Ungeschick näher an, dann werden im Komödienbeitrag gegen Ende kritische Vorbehalte der klassizistisch geschulten Zeitgenossen gegenüber den Komödien des Aristophanes diskutiert. In dieser Diskussion kündigt sich die offene Form der romantischen Literatur an. Konkret geht es um den klassizistisch motivierten Vorwurf, dass es der aristophanischen Komödie an „Zusammenhang und Einheit" mangle, weil durch die politisch motivierten Anreden des Publikums seitens des Chors in den Parabasen „die Täuschung" und mit ihr die Kohärenz der dramatischen Fiktion unterbrochen werde.[166] Schlegel weist den Vorwurf zurück. Bei den Unterbrechungen handle es sich keineswegs um eine „Ungeschicklichkeit", also um einen technischen Fehler des griechischen Autors. Vielmehr äußere sich darin „besonnener Mutwille, überschäumende Lebensfülle", ohne dass die dramatische Täuschung gänzlich aufgehoben werde.[167] Der nur scheinbar ungeschickte Fiktionsbruch wird energetisch

---

166 Friedrich Schlegel: Vom ästhetischen Werte der griechischen Komödie (zuerst 1794). In: Kritische Friedrich-Schlegel-Ausgabe. Bd. 1 (s. Anm. 61), S. 19–33, hier S. 30.

167 Ebd.; vgl. dazu auch Günter Oesterle: Fünf Fallskizzen zum Ungeschickten. In: Christopher Busch/Till Dembeck/Maren Jäger (Hg.): Ichtexte. Beiträge zur Philologie des Individuellen. Paderborn 2019, S. 13–20, hier S. 16.

begründet und dadurch zu einem ästhetischen Prinzip nobilitiert, das weit über das griechische Drama hinausweist:

> Die höchste Regsamkeit des Lebens muß wirken, muß zerstören; findet sie nichts außer sich, so wendet sie sich zurück auf einen geliebten Gegenstand, auf sich selbst, ihr eigen Werk; sie verletzt dann, um zu reizen, ohne zu zerstören.[168]

Damit ist die Ungeschicklichkeit zum Bestandteil einer Werkästhetik geworden. Ihr Vorbild findet sie nicht nur bei Aristophanes, sondern auch im Zweiten Korintherbrief des Paulus. In Schlegels Werkästhetik verbinden sich zeitgenössische Theorien der Kraft, zu denen prominent auch Herder und Goethe beigetragen haben,[169] mit der Freiheitsemphase Lessings und Schillers. Zugleich weist diese Ästhetik voraus auf Schopenhauers Willensmetaphysik und Nietzsches Konzept des Dionysischen.[170] Schlegel entwirft die Inversionstheorie eines Vitaltriebs, der bei ausbleibender äußerer Resonanz seine Richtung ändert, sich auf sich selbst zurückbiegt und die eigenen, erotisch besetzten Hervorbringungen affiziert. Bedenkt man dabei auch die von Schlegel angesprochene politische Leistung der Parabase, dann wird in der Passage – wohl nicht zuletzt auf der Basis biographischer Erfahrungen – der umständehalber reflexiv gewendete Enthusiasmus deutscher Revolutionsanhänger zum Thema. Unter den Titeln Witz und Ironie befeuert er in den Folgejahren Schlegels romantische Schreibpraxis. In die *Lucinde* geht der reflexive Enthusiasmus als männliche Ungeschicklichkeit ein, die als parabatisches Moment über den Erzähler auf den Autor zurückverweist und dadurch die Fiktion scheinbar unterbricht, tatsächlich aber den Leser aktivieren soll.

---

168 Schlegel: Vom ästhetischen Werte der griechischen Komödie (s. Anm. 166), S. 30.

169 Ebd., S. 30 f., spricht Schlegel von einem „charakteristische[n] Zug des Lebens und der Freude". Zur ästhetischen Kategorie der Kraft vgl. Christoph Menke: Kraft. Ein Grundbegriff ästhetischer Anthropologie. Frankfurt a. M. 2008.

170 Vgl. Ernst Behler: Die Auffassung des Dionysischen durch die Brüder Schlegel und Friedrich Nietzsche. In: Nietzsche-Studien 12 (1983), S. 335–354, sowie Breuer: Dolche reden (s. Anm. 164).

In der Vorrede seines Buches *Die Griechen und Römer*, das auch seinen Essay *Über das Studium der griechischen Poesie* enthielt, hat Schlegel das Theoriestück des reflexiven Enthusiasmus aufgenommen und es in eine Theorie der modernen, romantischen Poesie im Unterschied zur griechischen eingebaut. Kernbegriff der romantischen Poesie seit dem Siegeszug des Christentums ist für ihn das Interessante, das als „subjektive ästhetische Kraft“[171] mit provisorischem ästhetischen Wert[172] bestimmt wird. Die Werke, in denen sich diese Kraft äußert, prominent etwa Shakespeares *Hamlet*, lassen sich nicht mehr mit einer Ästhetik des Schönen, sondern nur noch mit einer Ästhetik des Hässlichen begreifen. Schlegel entwickelt daher in seinem Essay eine ästhetische, geschichtsphilosophisch fundierte Theorie des Hässlichen,[173] der er unter dem Aspekt der poetischen Praxis eine Theorie der Inkorrektheit zur Seite stellt. Erst beide Theorien, die des Hässlichen und die des Fehlerhaften, können die romantische Poesie adäquat erfassen. Die Ungeschicklichkeit gehört zur Theorie des Fehlerhaften. In dieser Theorie geht es um eine Klassifikation der Gründe für technische Fehler, die sich Schlegels Ansicht nach an Kunstwerken der Moderne regelmäßig beobachten lassen. Dazu gehören neben der Ungeschicklichkeit auch Unvermögen, Verkehrtheit und Inkohärenz. Es ist leicht zu erkennen, dass darin Elemente der Theorie des reflexiven Enthusiasmus aus Schlegels Komödienbeitrag wiederkehren. Freilich geht es jetzt nicht mehr um den Anschein der Ungeschicklichkeit, sondern um manifeste Fehler. Charakteristisch für die aus Ungeschick begangenen Fehler ist dabei der Umstand, dass ein Künstler „die vorhandne Kraft und den gegebnen Stoff nicht glücklich zu benutzen“ weiß. „Die Darstellung ist dann stumpf, dunkel, verworren

171 Friedrich Schlegel: Vorrede (zuerst 1797). In: Kritische Friedrich-Schlegel-Ausgabe. Bd. 1 (s. Anm. 61), S. 204–216, hier S. 208.

172 Ebd., S. 214.

173 Vgl. Günter Oesterle: Entwurf einer Monographie des ästhetisch Häßlichen. Die Geschichte einer ästhetischen Kategorie von Friedrich Schlegels *Studium*-Aufsatz bis zu Karl Rosenkranz' *Ästhetik des Häßlichen* als Suche nach dem Ursprung der Moderne. In: Dieter Bänsch (Hg.): Zur Modernität der Romantik. Stuttgart 1997, S. 217–297.

und lückenhaft."[174] Wenn sich also der fiktive Briefschreiber in Schlegels *Lucinde* als ungeschickt bezeichnet, schreibt er sich einen typischen Fehler moderner, romantischer Poesie zu. Insbesondere die Merkmale des Verworrenen und der Lückenhaftigkeit greift der Roman gezielt auf und markiert damit nicht nur den reflexiven Enthusiasmus seines Autors, sondern auch das Zeitgemäße, typisch Romantische seiner Form.[175]

Zur Vorgeschichte der Ungeschicklichkeitsszene in Schlegels *Lucinde* gehört ein dritter Strang, in dem sich biographische und theoretische Bezüge kreuzen. Nun geht es um Lessing, dem in Schlegels Werk der Status eines Säulenheiligen zukommt.[176] Schlegel hat sich früh und intensiv mit Lessing auseinandergesetzt und die Resultate auch in der Charakteristik *Über Lessing* publiziert. Für seinen Begriff der Kritik war Lessing die entscheidende Instanz.[177] Schlegel nennt ihn daher seinen „Leitstern"[178]. Es dürfte für ihn von erheblichem Reiz gewesen sein, dass seine Geliebte Dorothea Veit, in einigen Hinsichten das Vorbild der Lucinde, die Tochter eines engen Freundes Lessings gewesen ist. Sie hatte Lessing im Haus ihres Vaters Moses Mendelssohn kennengelernt. Für den Lessing-Leser Schlegel musste dadurch der Umstand biographisch verstärkt werden, dass sich sein

174 Schlegel: Über das Studium der Griechischen Poesie (s. Anm. 61), S. 314.

175 Das wird in der Folge zum Standard. So gilt noch für Thomas Mann: Betrachtungen eines Unpolitischen (zuerst 1918). In: ders.: Große kommentierte Frankfurter Ausgabe. Hg. von Heinrich Detering u. a. Bd. 13.1. Frankfurt a. M. 2009, S. 7–640, hier S. 450: „Umgekehrt ist alle Kunst, welche die Kunst und den Künstler zum Gegenstande hat – sei die Behandlung dieses Gegenstandes auch noch so skeptisch-ironisch – ist also alle *Bekenntnis*kunst *romantische Kunst*".

176 Vgl. Robert Leventhal: Lessing und die Aufklärung. In: Endres (Hg.): Friedrich Schlegel-Handbuch (s. Anm. 151), S. 34–39.

177 Vgl. ebd., sowie Antonie Magen: Praktische Kritik und ihre theoretische Begründung aus dem Geist der Aufklärung. Zum Begriff der Kritik bei Friedrich Schlegel. In: Ulrich Breuer/Ana-Stanca Tabarasi-Hoffmann (Hg.): Der Begriff der Kritik in der Romantik. Paderborn u. a. 2015, S. 55–69.

178 Friedrich Schlegel: [Abschluß des Lessing-Aufsatzes] (zuerst 1801). In: ders.: Kritische Friedrich Schlegel-Ausgabe. Bd. 2 (s. Anm. 134), S. 397–419, hier S. 398. Zu Schlegels Umgang mit Lessing vgl. auch Hugh Barr Nisbet: Lessing. Eine Biographie. Übers. von Karl S. Guthke. München 2008, S. 852–856.

Vorbild implizit bereits in seiner Tanzbärenfabel, deutlicher dann in den *Abhandlungen*[179] über die Fabel und explizit schließlich im letzten Stück der *Hamburgischen Dramaturgie* als ungeschickter Dichter charakterisiert, damit aber zugleich den höheren, letztlich philosophischen Rang eines freien Geistes für sich beansprucht hatte. Damit schließt Lessing an den diskursgeschichtlichen Strang der religiösen Ungeschicklichkeit (Paulus, Luther etc.) an.[180] In der *Hamburgischen Dramaturgie* nimmt Lessing zu Beginn des abschließenden Stücks, in dem er sich von dem gescheiterten Theaterprojekt verabschiedet und es kritisch Revue passieren lässt, die „Gewohnheit der Schauspieler" in Anspruch, „auf ihre Hauptvorstellung ein kleines Nachspiel folgen zu lassen"[181]. Er nutzt diese Gewohnheit, um sich als ungeschickten Poeten zu inszenieren. Seine Ungeschicklichkeit verdanke sich einer hypertrophen Fähigkeit zur Kritik. Sie verlangsame seine Produktionen und habe daher zur Folge, „daß zu einem Arbeiter, der ein Theater mit Neuigkeiten unterhalten soll, niemand in der Welt ungeschickter sein kann, als ich."[182] Das ist ironisch zu verstehen. Denn ungeschickt ist dieser Autor eben nur

179 Vgl. Gotthold Ephraim Lessing: Abhandlungen (zuerst 1759). In: ders.: Werke und Briefe. Hg. von Wilfried Barner u. a. Bd. 4. Frankfurt a. M. 1997, S. 345–411, hier S. 404: Zur Rechtfertigung seines Verzichts auf versifizierte Fabeln nach dem Vorbild La Fontaines heißt es: „ich fühlte mich zu unfähig, jene zierliche Kürze in Versen zu erreichen". Lessing spricht sich damit herausragende poetische Fähigkeiten ab: „Ich habe die Versification nie so in meiner Gewalt gehabt, daß ich auf keine Weise besorgen dürfen, das Sylbenmaß und der Reim werde hier und da den Meister über mich spielen." Ebd., S. 405.

180 Als mögliches Vorbild für Lessings Selbstcharakteristik als Ungeschickter könnte der 1652 anonym erschienene *Ineptus religiosus* gedient haben, dem Lessing 1754 eine seiner *Rettungen* gewidmet hat. Er geht mit seinem burlesken Stil seinerseits, wie zuerst Karl Borinski: Lessing und der Ineptus Religiosus. In: Zeitschrift für deutsches Altertum und deutsche Literatur 33 (1889), S. 220–237, und sodann differenzierter Martin Mulsow: Moderne aus dem Untergrund. Radikale Frühaufklärung in Deutschland 1680–1720. Hamburg 2002, S. 375–386, gezeigt haben, in mehreren Hinsichten auf Schupps *Orator ineptus* zurück.

181 Gotthold Ephraim Lessing: Hamburgische Dramaturgie (zuerst 1767–1769). In: ders.: Werke und Briefe. Hg. von Wilfried Barner u. a. Bd. 6. Frankfurt a. M. 1985, S. 181–694, hier S. 679.

182 Ebd., S. 681.

als unkritischer Unterhaltungsschriftsteller im Dienste einer Bühne, die sich ausschließlich dem Amüsement verschrieben hat. Legt man einen anderen Maßstab an als den des Populären, etwa den des Selbstdenkers oder freien Geistes, dann wird die angesprochene Ungeschicklichkeit zu einem Indiz theoretischer Dignität, ethischer Integrität und ästhetischer Qualität.

Eben das ist es, was Friedrich Schlegel an Lessing interessiert und was er für seine „Bekenntnisse eines Ungeschickten" nutzt. Schlegel hat das doppelbödige Bekenntnis seines ‚Leitsterns' zur eigenen Ungeschicklichkeit in der Charakteristik *Über Lessing* ausführlich zitiert.[183] Es fungiert dort als gewichtigster Beleg, als „Hauptstelle"[184] für den polemisch zugespitzten Zweifel, ob Lessing „überall ein Dichter gewesen sei, ja ob er poetischen Sinn und Kunstgefühl gehabt habe."[185] Für Schlegel besteht Lessings Leistung nicht primär in seiner poetischen Produktion, sondern darin, dass er „einer von den *revolutionären* Geistern" gewesen sei, die in der Öffentlichkeit „die heftigsten Gärungen und gewaltigsten Erschütterungen" veranlassen.[186] Im letzten Absatz seines Essays fasst er Lessings öffentliche Wirksamkeit in das Bewegungsbild einer stetig anschwellenden Lawine: „Ganz klein und leise fing Lessing wie überall so auch in der Poesie an, wuchs dann gleich einer Lawine; erst unscheinbar, zuletzt aber *gigantisch*."[187] Schlegel macht den klugen und ungeschickten Lessing damit zum Begründer der romantischen Poesie. Das ist auch in eigener Sache gesagt.

Der Durchgang durch die Vorgeschichte der „Bekenntnisse eines Ungeschickten" hat gezeigt, dass Ungeschicklichkeit für den Autor der *Lucinde* zum Zeitpunkt der Niederschrift sowohl eine biographische Erfahrung als auch ein ästhetischer Grundbegriff gewesen ist. Als poetisches Prinzip bezeichnet sie ein unpopuläres, die Kohärenz eines literarischen Textes aufbrechendes

---

183 Friedrich Schlegel: Über Lessing (zuerst 1797). In: Kritische Friedrich Schlegel-Ausgabe. Bd. 2 (s. Anm. 134), S. 100–125, hier S. 113 f.

184 Ebd., S. 113.

185 Ebd.

186 Ebd., S. 101.

187 Ebd., S. 125.

Darstellungsmittel, das freie Geister für ihre Selbstinszenierung und die Ansprache ihrer Leser nutzen können. Unter technisch-klassizistischen Aspekten muss sie zwar als Fehler verbucht werden, ist aber für moderne, von Schlegel als romantisch bezeichnete Schreibverfahren charakteristisch und bewegt sich daher auf der Höhe der Zeit.

Die fatale Gesellschaft

Der Leserin, die 1799 die Erstausgabe der *Lucinde* aufschlug, wurde auf dem Titelblatt unter dem Haupttitel *Lucinde*, abgesetzt durch einen Punkt, *Ein Roman von Friedrich Schlegel* angekündigt. Auf die Angabe von Gattung und Autor folgte, erneut abgesetzt durch einen Punkt, der Hinweis *Erster Theil.*[188] Es waren also weitere Teile vorgesehen. Der Titel des ersten Teils – bei dem es dann bleiben sollte – wird erst im Anschluss an den Prolog, der auf das Titelblatt folgte und sich mithin nicht nur auf den ersten Teil, sondern auch auf alle weiteren Teile beziehen sollte, bekannt gegeben. Er ist auf ein separates Blatt gedruckt und lautet: „Bekenntnisse eines Ungeschickten“[189]. Damit wird die Angabe „Erster Theil“ auf dem Titelblatt spezifiziert. Für ein angemessenes Verständnis des Romans und seiner Rezeptionsgeschichte ist es aufschlussreich, die strukturelle Nähe zwischen dem Untertitel der *Lucinde*, ‚Ein Roman von Friedrich Schlegel‘ und dem Titel des ersten Teils, ‚Bekenntnisse eines Ungeschickten‘, zu bedenken. Beide Titel bestehen in syntagmatischer Hinsicht aus einer Kombination von Gattungs- und Autorangabe. Dadurch werden unter paradigmatischem Aspekt die Gattungsangaben ‚Ein Roman‘ und ‚Bekenntnisse‘ ebenso austauschbar wie die Autorangaben ‚Friedrich Schlegel‘ und ‚ein Ungeschickter‘. Die Autorangaben sind zudem generisch kongruent, da beide maskulin markiert sind. Die Austauschbarkeit der Elemente hat zum einen den Effekt, dass die *Lucinde* neben der üblichen Lektüre ‚nach vorn‘ auch eine deutlich schwieriger zu bewerkstelligende

188 Lucinde. Ein Roman von Friedrich Schlegel. Berlin 1799, Titelblatt.
189 Ebd., S. 3.

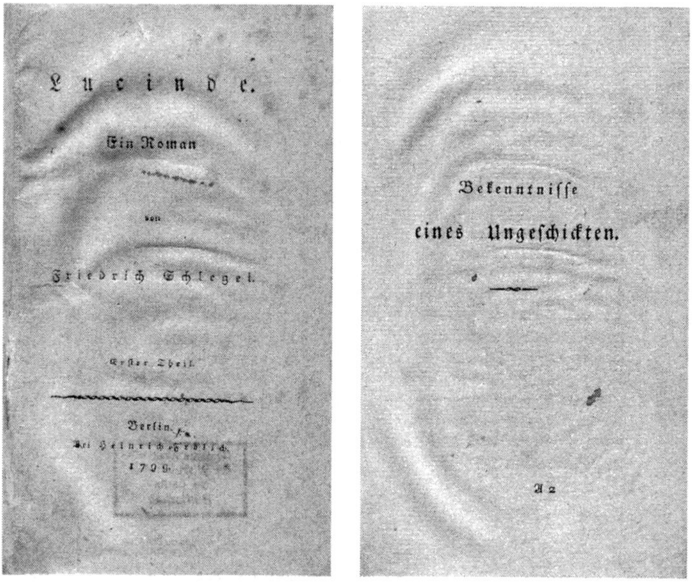

Abb. 10 Friedrich Schlegel, Lucinde, 1799

und durchzuhaltende Lektüre ‚nach hinten' einrichtet. Ihr Vorbild hat diese doppelte Lektüre im Speichermedium Vers, das im Voranschreiten das Vernommene nicht vergessen macht, sondern es anreichert und neu perspektiviert. Für den modernen Roman wurde das Lektüreverfahren prominent durch Laurence Sterne adaptiert, der es im *Tristram Shandy* auch explizit thematisiert.[190] Zum anderen etabliert die Austauschbarkeit der Gattungsangaben ‚ein Roman' und ‚Bekenntnisse', sowie der maskulin markierten Autorangaben ‚Friedrich Schlegel' und ‚ein Ungeschickter', die Möglichkeit, den ersten (und einzigen) Teil der *Lucinde* im Sinne

190 Etwa im sechsten Kapitel des Ersten Buches: neue Informationen zwingen zur Modifikation der zuvor vergebenen, die ihrerseits bereits im Wissen um künftige Modifikation verfasst wurden; vgl. Laurence Sterne: Leben und Meinungen von Tristram Shandy Gentleman (zuerst 1759 ff.). Übers. von Adolf Seubert, durchges. und rev. von Hans J. Schütz. Hg. von Norbert Kohl. Frankfurt a. M. 1982, S. 20 f. Zur eminenten Ausstrahlung des *Tristram Shandy* auf die deutsche Literatur um 1800 vgl. Peter Michelsen: Laurence Sterne und der deutsche Roman des 18. Jahrhunderts. 2. Aufl. Göttingen 1972.

von Schlegels frühem Komödienbeitrag als Autofiktion zu lesen. Der Briefroman gehört dann zugleich zu den Bekenntnissen[191] und der männliche Autor oder Bekenner, der den Namen Friedrich Schlegel trägt, ist zugleich ein ungeschickter Erzähler. Letzteres ist wie gesehen nicht nur biographisch verbürgt, sondern betrifft auch, etwa im Sinne des Studium-Aufsatzes, die handwerkliche Faktur bzw. die Produziertheit *der Lucinde*. Der erste Teil ist ein „aus einem einzigen monologischen Brief" bestehender Briefroman, den der Protagonist Julius an seine Geliebte Lucinde schreibt und in den er für sie insgesamt zwölf heterogene, mit eigenen Titeln versehene Beilagen einfügt.[192] Unter den Beilagen finden sich weitere Briefe, fiktionale und reflexive Texte, sowie die bekenntnishaften, an das Muster des Bildungsromans angelehnten „Lehrjahre der Männlichkeit".[193] Die meisten Beilagen arbeiten mit einer homodiegetischen, teils auch autodiegetischen Sprecherinstanz, während der Erzähler der „Lehrjahre" heterodiegetisch angelegt ist.[194] Die zahlreichen Beilagen und der Wechsel der Erzählerposition lassen das Erzählen als verworren

191 Dass Bekenntnisse ihrer Autoren (zusammen mit dem Formprinzip des Grotesken) zum Besten moderner Romane gehören, hält Antonio wenig später im „Brief über den Roman" des *Gesprächs über die Poesie* fest; Schlegel: Gespräch über die Poesie (s. Anm. 148), S. 330.

192 Das hat als erster Dehrmann: „Lucinde" (s. Anm. 151), S. 174, gesehen und mit typographischen Argumenten an der Erstausgabe belegt.

193 Zum Bekenntnischarakter vgl. Martha Helfer: „Confessions of an improper man". Friedrich Schlegel's *Lucinde*. In: Alice A. Kuzniar (Hg.): Outing Goethe & His Age. Stanford 1996, S. 174–193, hier S. 186; zur Anlehnung an den Bildungsroman vgl. Gert Mattenklott: Der Sehnsucht eine Form. Zum Ursprung des modernen Romans bei Friedrich Schlegel; erläutert an der *Lucinde*. In: Dieter Bänsch (Hg.): Zur Modernität der Romantik. Stuttgart 1977, S. 143–166, hier S. 157.

194 Poetologisch wird die heterodiegetische Anlage der „Lehrjahre" über die Figur der Prostituierten Lisette legitimiert, die als weibliches Pendant der Erotomanie des Protagonisten Julius vor seiner Initiation in die Liebe angelegt ist. Über sie heißt es: „Denn sie achtete nichts und hatte Sinn für nichts als für Realität und fand alle Poesie lächerlich. Sie war einmal Schauspielerin gewesen, aber nur kurze Zeit und sie machte sich gern lustig über ihr Ungeschick dazu und über die Langeweile, die sie dabey ausgestanden. Es war eine von ihren vielen Eigenheiten, daß sie bey solchen Gelegenheiten in der dritten Person von sich sprach." Schlegel: Lucinde (s. Anm. 23), S. 62.

und lückenhaft, im Sinne des Studium-Aufsatzes also als ungeschickt erscheinen. Das fällt auf den Autor zurück. Da aber die Bekenntnisse im ersten Teil der *Lucinde* zugleich als Roman, also als fiktionaler Text, angelegt sind, darf die Ungeschicklichkeit im Sinne Lessings nicht als Unvermögen, sondern muss vielmehr als Camouflage eines freien Geistes verstanden werden. Verworrenheit und Lückenhaftigkeit unterlaufen einem freien Geist freilich nicht einfach, sondern werden gezielt von ihm eingesetzt und durch das Formprinzip der Arabeske auch poetologisch legitimiert.[195] Ungeschicklichkeit und Arabeske werden zudem etwa in der Mitte des kurzen Prologs miteinander verbunden, wenn es dort bildhaft heißt: „Hebt eine herrliche Pflanze aus dem fruchtbaren mütterlichen Boden, und es wird sich manches liebevoll daran hängen, was nur einem Kargen überflüssig scheinen kann."[196] Die Arabeske erscheint hier im Bild der Pflanze, während die Ungeschicklichkeit als mehr oder weniger schmutziger oder hässlicher Erdenrest figuriert, der gerne an den Wurzeln der Pflanze haften bleiben will – und es auch soll.[197]

Die Konfundierung von Roman, Brief und Bekenntnis, Autor, Briefschreiber und ungeschicktem Erzähler hat Folgen für die Semantik der Ungeschicklichkeit in Schlegels *Lucinde*. Während

195 Zwar wird die Arabeske in der *Lucinde* nicht explizit erwähnt, doch wird vielfach auf sie verwiesen. Einige der Verweise hat Karl Konrad Polheim in seinem Repertorium dokumentiert; Schlegel: Lucinde (s. Anm. 23), S. 135. Besonders einschlägig ist eine gelegentliche Notiz Schlegels in den *Fragmenten zur Poesie und Literatur*, die zugleich den Charakter des geplanten zweiten Teils andeutet: „So arabesk der erste Theil, so mährchenhaft der II." Friedrich Schlegel: Ideen zu Gedichten (S. 3–32). In: Kritische Friedrich-Schlegel-Ausgabe. Bd. 16 (s. Anm. 152), S. 227–252, hier S. 233.

196 Schlegel: Lucinde (s. Anm. 23), S. 7.

197 Vgl. auch den Hinweis im ersten der „Zwey Briefe" auf „diese unbeholfnen Klumpen von allem was verderbt und krank ist in der Menschheit"; ebd., S. 91. Auch für Novalis gilt, „dass die Begeisterung für die Vermischung des Hohen und des Niederen […] an der Gürtellinie nicht halt macht: Alles soll in einem großen Bewegungsmuster vereint werden." Passavant: Nachromantische Exzentrik (s. Anm. 21), S. 30.

die motorische Ungeschicklichkeit nur schwach ausgeprägt ist,[198] dominiert die soziale. Allerdings findet sie sich in einer ungewöhnlichen, genderspezifischen Form wieder, da sie speziell dem Mann zugeschrieben wird. Sie erscheint insofern als radikale, letztlich poetische Ungeschicklichkeit, die sich zwangsläufig auch in der Interaktion offenbart. Vor allem darin äußert sie sich poetisch, dass sie die literarischen Hervorbringungen des Mannes prägt. Bei näherem Hinsehen erweist sich die poetische Ungeschicklichkeit in Schlegels *Lucinde* als eine Verschiebung der motorischen in höherstufige, schriftsprachliche Bewegungsformen. Sie organisiert Textbewegungen.[199]

Die soziale Ungeschicklichkeit wird markant schon im Manteltext der *Lucinde*, dem Brief des Julius an seine Geliebte, thematisiert. Julius erwähnt dort seine „Schwerfälligkeit“[200], deren Geschichte er Lucinde erzählen will. In den Beilagen zeigt sich die Schwerfälligkeit dann auch wiederholt in seinem Verhalten. So wirft Lucinde Julius im Dialog *Treue und Scherz* vor, sich in Gesellschaft ihr gegenüber ungeschickt – im älteren Sinne von unpassend oder unangemessen – benommen zu haben. Er gibt den Vorwurf zu und entschuldigt sich bei ihr mit den Worten: „Verzeih mir nur! Ich bekenne mich schuldig, du weißt wie verlegen ich mit dir in Gesellschaft bin.“[201] Das rekurriert auf die Blödigkeit als Stigma des Individuums im Übergang zur Moderne und bestätigt den im Campe'schen *Wörterbuch* lexikographisch kodifizierten Befund, dass Ungeschicklichkeit um 1800 mit individueller Schuld konnotiert wird. Es bestätigt aber auch die Distanz der beiden Liebenden gegenüber ‚der Gesellschaft‘, mit der letztere zugleich die Konturen eines Grundbegriffs der Moderne

198 Sie findet sich etwa im ersten der „Zwey Briefe“, wenn Julius von seinem ziellosen Umherstreifen in der Gegend berichtet. Es lasse ihn an einen Ort gelangen „wohin ich am wenigsten wollte.“ Zudem gebärdet er sich, als ob er „heftige Reden hielte“; ebd., S. 95.

199 Vgl. dazu auch Till Dembeck: Anbilden/Umbilden – lesbar/schreibbar. Bewegte Texte bei Friedrich Schlegel, Roland Barthes u. a. In: Matthias Buschmeier/T. D. (Hg.): Textbewegungen 1800/1900. Würzburg 2007, S. 49–72.

200 Schlegel: Lucinde (s. Anm. 23), S. 13.

201 Ebd., S. 47.

erhält. Da die semantische Bifurkation von *schicklich* und *geschickt* aus soziostrukturellen Gründen weitestgehend abgeschlossen ist, geht es in Julius' Verhalten nicht mehr um einen Verstoß gegen Konventionen der Oberschichten. Das wird durch eine Bemerkung der „Lehrjahre der Männlichkeit" belegt, wonach Julius nach dem Selbstmord der Prostituierten Lisette „die gesellschaftlichen Vorurtheile" verachtet, nachdem er sie zuvor lediglich vernachlässigt habe.[202] Die „Lehrjahre der Männlichkeit" gehen aber deutlich darüber hinaus und erzählen die Entwicklung des Protagonisten Julius zu einem freien Geist, der eine neue Moral vertritt. Denn da er „sich eigentlich alles erlaubt hielt und sich selbst über das Lächerliche wegsetzen konnte", hat er „eine andre Schicklichkeit im Sinne und vor Augen [...] als die, welche allgemein gilt."[203] Das ungeschickte Individuum verachtet also nicht nur die Konventionen der anderen, sondern lebt überdies nach anderen, eigenen Konventionen. Es ist ihm daher auch gleichgültig, wenn die anderen es „unliebend und unliebenswürdig"[204] finden. Hier werden bereits Kernmomente des modernen Künstlerhabitus' und der erst im 19. Jahrhundert aufkommenden Bohème greifbar.[205] Zugleich bleibt das Individuum aber auch von der Gesellschaft abhängig.

Nirgendwo zeigt sich das deutlicher als in der Liebe. Sie unterliegt auch dann – und gerade dann – sozialen Restriktionen, wenn sich die Liebenden nur auf sich selbst konzentrieren. Das verdeutlicht Schlegels Roman an einer vergleichsweise unscheinbaren Szene, der freilich bei genauerem Hinsehen Schlüsselcharakter zukommt. Julius und Lucinde lernen sich in einer Gesellschaft, vermutlich in einem Salon, näher kennen, fühlen sich zueinander hingezogen und als einmal für einen Moment alle anderen den Raum verlassen haben, küsst er sie zum ersten Mal. Daraufhin geschieht folgendes:

---

202 Ebd., S. 65.

203 Ebd., S. 67.

204 Ebd., S. 74.

205 Vgl. Wolfgang Ruppert: Der moderne Künstler. Zur Sozial- und Kulturgeschichte kreativer Individualität in der kulturellen Moderne im 19. und frühen 20. Jahrhundert. 2. Aufl. Frankfurt a. M. 2000, sowie Helmut Kreuzer: Die Boheme. Analyse und Dokumentation der intellektuellen Subkultur vom 19. Jahrhundert bis zur Gegenwart. Neuaufl. Stuttgart 2000.

> Mit ewigem Entzücken fühlte er das göttliche Haupt der hohen Gestalt auf seine Schulter sinken, die schwarzen Locken flossen über den Schnee des vollen Busens und des schönen Rückens, leise sagte er herrliche Frau! als die fatale Gesellschaft unerwartet hereintrat.[206]

Das ist typographisch, gerade im Fehlen eines Gedankenstrichs und dem Übergang von der Sperrung nach dem Rufzeichen in die Standardlaufweite,[207] als Schockerfahrung inszeniert. Indem die übrigen Teilnehmer am Salongespräch die Liebenden in flagranti ertappen, ändert sich schlagartig der Aggregatzustand der Beziehung. Sie wird in diesem Moment – und erst mit ihm – unwiderruflich. Aus einem Kuss, den alle sehen, wird eine ‚schwere' soziale Tatsache, ein Gegenstand des öffentlichen Diskurses, den man ab sofort nicht mehr negieren kann. Es spricht einiges dafür, dass mit dieser Passage ein biographisches Erlebnis zwischen Friedrich Schlegel und Dorothea Veit Eingang in den Briefroman gefunden hat.[208] Doch auch unabhängig davon wird erst als soziale Tatsache die Liebesbeziehung zwischen Julius und Lucinde zum Gegenstand des Briefromans und in diesem Sinne kann die Gesellschaft dann auch als fatal, also als schicksalhaft bezeichnet werden. Sie lässt uns zu Ungeschickten werden, auch wenn wir es für uns und für diejenigen, die uns lieben, gar nicht sein sollten.

Nun ist wie gesagt die soziale Ungeschicklichkeit in der *Lucinde* zugleich als männliche Ungeschicklichkeit angelegt.[209] Weil er ein

---

206 Schlegel: Lucinde (s. Anm. 23), S. 79.

207 Der Erstdruck hat nach „herrliche Frau!" einen Zeilenumbruch, der den Schockmoment unterstreicht. Überdies endet nach dem Eintritt der Gesellschaft die Seite. Vgl. Lucinde. Ein Roman von Friedrich Schlegel (s. Anm. 188), S. 194.

208 Friedrich Schlegel und Dorothea Veit hatten sich im Berliner Salon von Henriette und Marcus Herz kennengelernt; vgl. Ulrich Breuer: Lebensstationen. In: Endres (Hg.): Friedrich Schlegel Handbuch (s. Anm. 151), S. 1–32, hier S. 9.

209 Ähnlich bereits Richard Littlejohns: The „Bekenntnisse eines Ungeschickten". A re-examination of emancipatory ideas in Friedrich Schlegel's *Lucinde*. In: Modern Language Review 72 (1977), S. 605–614, hier S. 609.

Mann ist, verhält sich Julius in der sozialen Interaktion, aber auch als Schriftsteller, ungeschickt. Das wird erstmals in der Beilage *Dithyrambische Fantasie über die schönste Situazion* verdeutlicht. Julius vermutet dort,

> es liege ursprünglich und wesentlich in der Natur des Mannes ein gewisser tölpelhafter Enthusiasmus, der gern mit allem Zarten und Heiligen herausplatzt, nicht selten über seinen eignen treuherzigen Eifer ungeschickterweise hinstürzt und mit einem Worte leicht bis zur Grobheit göttlich ist.[210]

Männliche Ungeschicklichkeit wird hier als Affekt modelliert, der das Mitteilungsverhalten prägt. Er kann am ehesten als unpassende, aber nicht unbedingt unsympathische Voreiligkeit beschrieben werden. In ihre Genealogie gehören zahlreiche männliche Figuren im literarischen Diskurs des ausgehenden 18. Jahrhunderts. Zu denken ist dabei an den verliebten Bären in *Lili's Park*, aber auch an Aurelies Klage über die Zudringlichkeit von „dumpf, dringend, dreist, ungeschickt" agierenden Männern im *Wilhelm Meister*,[211] vor allem aber an das Konzept des romantischen Enthusiasmus, das mit reflexiver Wendung bereits Schlegels Komödienbeitrag geprägt hat. In der *Lucinde* wird dieser Enthusiasmus eng mit der männlichen Sexualität verbunden. Das zeigt sich beispielsweise in einem Vorwurf, den Julius in den „Lehrjahren der Männlichkeit" gegen sich selbst erhebt. Nachdem sein Verführungsversuch eines sehr jungen Mädchens aus Mitleid und moralischen Gründen gescheitert ist, wirft sich Julius vor, den üblichen, vom Diskurs des Galanten[212] geprägten Erwartungen an das männliche Sexualverhalten nicht zu entsprechen. Er sei sogar „zu ungeschickt, ein Kind zu verführen"[213]. Zudem befürchtet er, dass auch seine weniger skrupulösen Freunde „sein Benehmen ungeschickt und lächerlich finden"[214] könnten. Von

---

210 Schlegel: Lucinde (s. Anm. 23), S. 20.

211 Goethe: Wilhelm Meisters Lehrjahre (s. Anm. 30), S. 616.

212 Vgl. Isabelle Stauffer: Verführung zur Galanterie. Benehmen, Körperlichkeit und Gefühlsinszenierungen im literarischen Kulturtransfer 1664–1772. Wiesbaden 2018.

213 Schlegel: Lucinde (s. Anm. 23), S. 55.

214 Ebd., S. 57.

Erwartungen wie diesen distanziert er sich dann aber – und mit ihnen auch von allen sozialen Konventionen. Seine Entwicklung zu einem freien Geist lässt auch die Koppelung seiner Ungeschicklichkeit an die eigene Sexualität und an den auf ihr beruhenden männlichen Enthusiasmus zum Problem werden. Erst nachdem er Lucinde getroffen und mit ihr eine Beziehung begonnen hat, kann Julius im galanten Selbstkonzept eines erotomanen Verführers à la Casanova den größten aller Fehler erkennen. Es hindert ihn nämlich daran, sich jenseits generischer Vorgaben als authentisch Liebenden zu begreifen:

> Nun ward Julius erst allmählig inne, wie groß seine Ungeschicklichkeit sey und sein Mangel an Verstand. Er hatte die Liebe und das Glück überall gesucht, wo sie nicht zu finden waren, und nun da er das Höchste besaß, hatte er nicht einmal gewußt oder gewagt, ihm den rechten Namen zu geben.[215]

Erst als er in der Begegnung mit Lucinde, der Leuchtenden,[216] den Namen der Liebe gefunden, ausgesprochen und niedergeschrieben hat, ist seine Ungeschicklichkeit überwunden.

Kunstwerke der Ungeschicklichkeit

Das führt auf die dritte Art der Ungeschicklichkeit in Schlegels *Lucinde*. Sie lässt sich als idiotisch-poetisch bezeichnen. Nun geht es um die Ausdrucksbewegungen des Protagonisten Julius. Sie haben die Form von „Bekenntnissen eines Ungeschickten", wobei sich die Bedeutung von *ungeschickt* in der Abfolge der Beilagen ändert. Zum Zeitpunkt der Niederschrift des Mantel- oder Trägerbriefs, am Ende also des in den Beilagen thematisierten Prozesses, hat sich der Protagonist

215 Ebd., S. 81 f.

216 Der Name *Lucinde* war während des 17. und 18. Jahrhunderts in literarischen Kontexten vergleichsweise geläufig. Zu finden ist er im *Don Quixote* des Cervantes, im pornographischen Roman, bei Lessing, der Karschin, sowie bei Heinse und in Tiecks *William Lovell*. Häufig verweist er auf frivole und/oder vorurteilsfreie Frauenfiguren.

zu einem freien Geist entwickelt, der in der Liebe zu Lucinde das Glück gefunden hat. Er weiß seine Männlichkeit trotz ihrer Defizite von seiner Geliebten angenommen und hält Distanz zur ‚fatalen Gesellschaft', auf die er auch in der erotischen Enklave gemeinsam mit Lucinde weiter bezogen bleibt. In dieser Lage entschließt er sich dazu, der Geliebten in einem Brief „die mannichfachen Produkte meiner Ungeschicklichkeit darzustellen, nebst den Lehrjahren meiner Männlichkeit"[217]. Insofern nimmt Julius in seinen Bekenntnissen die eigene Ungeschicklichkeit retrospektiv in den Blick; er hat sich über sie und mit ihr auch über die Gesellschaft erhoben und blickt auf sie herab, kann diese Perspektive aber nun auch in Form eines mit Beilagen versehenen Briefes publizieren und damit der Gesellschaft bekannt geben. Die Distanzierung ist in die Form des angereicherten Briefes eingegangen und hat einen Gestus sozialer Exklusivität erzeugt, der von der Literatur begierig adaptiert werden wird und nicht nur auf die Bohème, sondern auch auf die Künstler/Bürger-Thematik im Umfeld des Fin de Siècle vorausweist. Durch die Überwindung seiner sozial- und genderspezifisch markierten Ungeschicklichkeit ist aus Julius ein „gebildeter Liebhaber und Schriftsteller" geworden, der nicht länger den Kontingenzen der Moderne ausgeliefert ist, sondern sie literarisch zu gestalten vermag. Dadurch gelingt es ihm, „den rohen Zufall zu bilden und ihn zum Zwecke gestalten" zu können.[218] Sein Ungeschick als Schriftsteller ist also eine bewusst eingesetzte Strategie, ein „Costum"[219]. Den ästhetischen Maßstab findet dieses Kostüm, ähnlich wie in den *Lehrlingen zu Saïs*, im Verhalten von Kindern. Bei Schlegel ist es die kleine Wilhelmine, ein weibliches Gegenstück zu Goethes Wilhelm,

217 Schlegel: Lucinde (s. Anm. 23), S. 13.

218 Ebd., S. 14. Analog ist der Begriff ‚Roman' für Novalis „zum Synonym für die Bewältigung des Dispersen und Kontingenten" geworden; Passavant: Nachromantische Exzentrik (s. Anm. 21), S. 55.

219 Schlegel: Lucinde (s. Anm. 23), S. 23. Zum „gender play" des Romans, in dem „the male subject defines himself as a woman who produces self-reflexive Romantic poesy" vgl. Helfer: „Confessions of an improper man" (s. Anm. 193), S. 192; zum Kontext vgl. Claudia Benthien/Inge Stephan (Hg.): Männlichkeit als Maskerade. Kulturelle Inszenierungen vom Mittelalter bis zur Gegenwart. Köln 2003.

die sich um die Konventionen der Erwachsenen nicht schert. Sie gibt der *Lucinde*, „diesem kleinen Kunstwerke", die „Linie des Schicklichen" vor, an der es sich orientieren kann.[220] Das rousseauistische Ideal ungezwungenen und authentischen Verhaltens, das Schlegel wenig später in den *Ideen* um die Lizenz zur Ungeschicklichkeit ergänzen und dem (männlichen!) deutschen Künstler attestieren wird, erlaubt es dann auch, „die Freyheiten und Frechheiten" des Autors Julius (alias Friedrich Schlegel) „von einem höhern Standpunkte beurtheilen und würdigen" zu können.[221] Das ist der auch die Poesie hinter sich lassende Standpunkt des freien Geistes, den Lessing am Ende der *Hamburgischen Dramaturgie* für sich beansprucht und den Schlegel von ihm übernommen hat.[222] Dieser Standpunkt[223] erst erlaubt es, das poetische Ungeschick ästhetisch zu realisieren, indem das männlich-essenzielle als spezielle Form des sozialen auf ungeschickte Art thematisiert und darin auch distanziert wird. So entstehen „Kunstwreke der Ungeschicklichkeit", die auf ihre literarische Faktur nicht zuletzt typographisch aufmerksam machen und in denen die poetische Ungeschicklichkeit, „den Stoff zu dem was sie bilden will, oft nicht ungern von der männlichen Begeisterung entlehnt."[224] Diesem Verfahren verdankt sich Schlegels *Lucinde*.

Nachdem die Form der Ungeschicklichkeit in der *Lucinde* geklärt ist, gilt es den Schauplatz der Ungeschicklichkeitsszene näher ins

---

220 Schlegel: Lucinde (s. Anm. 23), S. 22.

221 Ebd.

222 Zu denken ist dabei auch an die Inszenierung Rousseaus zu Beginn des I. Buches der *Confessions*, der sich mit seinem Buch in der Hand dem Urteil des höchsten Richters aussetzt und diesen bittet, „die unzählbare Schar meiner Mitmenschen" um ihn zu versammeln; vgl. Jean-Jacques Rousseau: Die Bekenntnisse (zuerst 1782). Übers. von Alfred Semerau, durchges. von Dietrich Leube. 2. Aufl. München 1984, S. 9.

223 Auf ihm angelangt ist man „von denen, die nicht in der gemeinen Welt leben, sondern in einer eignen selbstgedachten und selbstgebildeten"; Schlegel: Lucinde (s. Anm. 23), S. 78. Schlegel hat diesen Standpunkt in den *Ideen* ausgeführt. Er weist voraus auf Nietzsche und den Kreis um Stefan George im 20. Jahrhundert; zu letzterem vgl. Ulrich Raulff: Kreis ohne Meister. Stefan Georges Nachleben. 2. Aufl. München 2010.

224 Lucinde. Ein Roman von Friedrich Schlegel (s. Anm. 188), S. 271.

Auge zu fassen. Dabei geht es in erster Linie um die ‚Bühne', auf der die Figur des Ungeschickten zur Aufführung kommt. In Schlegels *Lucinde* ist diese Bühne ein Brief an die Geliebte, in dem sich ein Ungeschickter ihr gegenüber monologisch in Szene setzt. Sein Monolog und die ihm beigefügten Beilagen sind der Schauplatz, auf dem seine Performanzfehler sichtbar werden sollen. Der Monolog ist im Fall der *Lucinde* als Roman im Medium Buch realisiert worden und insofern, mit einer etwa zeitgleichen Formulierung Schlegels zur Bestimmung des Romans, als „ein romantisches Buch"[225] angelegt. Darauf macht vor allem der inszenierte Druckfehler „Kunstwreke" aufmerksam, den die Erstausgabe durch eine Vertauschung zweier Lettern ausgerechnet in den Werkbegriff eingebaut hat. Er stellt den Printcharakter der „Bekenntnisse eines Ungeschickten", die Materialität ihres Textträgers, offen aus, indem er das Medium nicht mit einer beliebigen (die gibt es freilich auch), sondern mit einer signifikanten Störung versieht. Dass es sich an dieser Stelle um eine signifikante Störung handelt, lässt sich durch einen Vergleich der Druckfehler,[226] aber auch in historischer Perspektive durch den Hinweis auf Schupps *Orator ineptus* stützen, der in den Drucktext ebenfalls gezielt Satzfehler eingebaut und diese dann überdies explizit thematisiert hatte. Im Diskurs der Ungeschicklichkeit setzt Schlegels Roman also eine bereits eingeführte Praxis fort.

Geht man diesem Fingerzeig weiter nach, dann fällt die Fülle und Komplexität der Paratexte ins Auge, mit denen die *Lucinde* ausgestattet ist. Die Masse an Paratexten steht in krassem Gegensatz zum ein Jahr zuvor erschienenen ersten Band (zweites Stück) der Zeitschrift *Athenaeum*, der vor allem in den hochgradig irritierenden *Fragmenten* auf Paratexte weitestgehend verzichtet und die Leser dadurch sich selbst überlassen hatte. Das Spiel der leserlenkenden, die Leser aber auch gezielt verwirrenden Paratexte beginnt mit der Titelfindung. Auffällig ist zunächst das schwer zu kategorisierende Element „Bekenntnisse eines Ungeschickten", das

---

225 Schlegel: Gespräch über die Poesie (s. Anm. 148), S. 335.

226 Vgl. Polheims Liste der Emendationen; Schlegel: Lucinde (s. Anm. 23), S. 124. Dass „zn" in „zu" und „rr" in „er" korrigiert wurde, macht in nachvollziehbarer Weise Satzfehler rückgängig.

eine ganze Druckseite okkupiert und sich erst bei näherem Hinsehen als Titel des ersten Teils eines auf mehrere Teile angelegten Romans herausstellt. Umgesetzt werden die „Bekenntnisse", wie gesehen, in Form eines Briefes mit 12 Beilagen, die jeweils über eigene Titel verfügen. Zwei der Beilagen („Zwei Briefe" und „Julius an Antonio") erweisen sich zudem als mehrteilig und zeigen dies durch entsprechende Angaben (I/II) auch an. Darüber hinaus setzen sich mindestens drei Titel in eine parodistische Beziehung zu Goethes Roman *Wilhelm Meisters Lehrjahre*.[227] Denn die „Bekenntnisse eines Ungeschickten" beziehen sich auf das sechste Buch des Romans, das den Titel „Bekenntnisse einer schönen Seele" trägt, und die Beilagen „Charakteristik der kleinen Wilhelmine" und „Lehrjahre der Männlichkeit" spielen auf Bestandteile des Romantitels *Wilhelm Meisters Lehrjahre* an. Die „Charakteristik der kleinen Wilhelmine" parodiert darüber hinaus auch die Form der Charakteristik, zu deren avanciertestem Vertreter sich Schlegel unter anderem im ersten Band des *Athenaeum* (zweites Stück) mit seiner Charakteristik *Über Goethe's Meister* aufgeschwungen hatte.

Über die Titelgebung hinaus arbeitet die Erstausgabe der *Lucinde* mit typographischen Elementen wie Zierleisten und Zwischenstrichen, die den Text gliedern.[228] Während die Zierleisten auf dem Titelblatt, vor dem „Prolog" und vor dem initialen Brief der „Bekenntnisse eines Ungeschickten" zur Gliederung von paratextuellen Zonen eingesetzt werden, dienen die Zwischenstriche zur Unterscheidung der Beilagen. Auch dabei geht es wiederholt um die Inszenierung von Ungeschicklichkeit. Schon im Haupttext, dem Brief „Julius an Lucinde", wird ein Zwischenstrich semantisch aufgeladen. Mit ihm wird „ein ungebildeter und ungefälliger Zufall"[229] visualisiert, der Julius bei der Niederschrift seines Briefes an Lucinde unterbrochen und ihn aus dem Modus der Narration in den der

227 Vgl. dazu auch Stefan Keppler-Tasaki: Die doppelte Lucinde. Verdeckte Kriegsführung zwischen Goethe und Friedrich Schlegel. In: Deutsche Vierteljahrsschrift für Literaturwissenschaft und Geistesgeschichte 83 (2009), S. 375–395.

228 Vgl. dazu auch Dehrmann: „Lucinde" (s. Anm. 151), S. 174.

229 Schlegel: Lucinde (s. Anm. 23), S. 13.

Reflexion befördert haben soll. Damit wird zugleich das Prinzip der in den Trägerbrief eingelegten Beilagen veranschaulicht. Innerhalb der Beilagen werden zudem Gedankenstriche eingesetzt, die ebenfalls zum Teil semantische Funktion übernehmen und den Text etwa mit leseraktivierenden Lücken ausstatten. Aber auch das Fehlen eines Gedankenstrichs kann signifikant sein, wie das Beispiel der Kussszene mit dem plötzlichen, keinen weiteren Gedanken mehr zulassenden Erscheinen der „fatalen Gesellschaft" verdeutlicht.

Sieht man sich die Ungeschicklichkeitsszene auch unter dem Aspekt des Auftritts ungeschickter Figuren näher an, dann gerät der Protagonist Julius in den Blick. Er organisiert und artikuliert seinen Auftritt in der Form von Liebesbekenntnissen, die er in einem mit Beilagen versehenen Brief an seine Geliebte Lucinde ablegt. Mit seinen Bekenntnissen präsentiert er seine ehemaligen sozialen und aktuellen poetischen Defizite aus der Perspektive der Schicklichkeitsnormen und Verhaltenserwartungen eines zeitgenössischen Publikums.[230] Zwar kennt er die entsprechenden Regeln, die sich unter dem Begriff des aptum oder decorum versammeln lassen, doch haben sie für ihn keine Geltung mehr.[231] Denn Julius lebt zum Zeitpunkt der Niederschrift seines Briefes an Lucinde in einer glücklichen Liebesbeziehung mit ihr. Daraus folgt, dass sein Ungeschick, seine Ineptia, ihm von der Geliebten aktuell verziehen wird oder zumindest als belebendes Moment in die Beziehung integriert worden ist. Letzteres wird durch eine rhetorische Frage bestätigt, mit der Julius auf Lucindes gelegentlichen Tadel seines ungeschickten Verhaltens in Gesellschaft reagiert: „Könntest du mich lieben, wenn ich nicht so brennbar und elektrisch wäre? bist du es nicht auch?"[232] Julius rechtfertigt damit seinen ungestümen Enthusiasmus, der „schnell und leicht" sei wie alles Schöne und Göttliche und daher

230 Vgl. zum generischen Kontext Ulrich Breuer: Bekenntnisse. Diskurs – Gattung – Werk. Frankfurt a. M. 2000, S. 150–153.

231 Im Gegensatz etwa zu Zeitgenossen wie Johann Georg Sulzer: Schiklich. In: ders.: Allgemeine Theorie der Schȯnen Kůnste […]. Bd. 4. 2., verm. Aufl. Leipzig 1794, S. 298 f.

232 Schlegel: Lucinde (s. Anm. 23), S. 47.

„consequentes Betragen“, das allenfalls dem geschickten Ansammeln von Geld und Besitz dienen mag, den Philistern überlässt.[233] In belebender Weise ‚schnell und leicht‘ sind daher auch die Beilagen seines Bekenntnisbriefs mit ihrer bunten Fülle unterschiedlicher Darbietungsformen. Auch sie können von philiströsen Lesern als ungeschickt aufgefasst werden, erweisen sich aber in einer urbanen und gebildeten Perspektive als Äußerungen eines freien Geistes und unter dem Aspekt der romantischen Liebe als Schwungfedern der Erotik.

Lucinde ist als Kontrastfigur zu Julius angelegt. Ähnlich wie die Figur der Lili in *Lili's Park* dient auch in Schlegels Roman eine Frau der schärferen Profilierung männlicher Ungeschicklichkeit. Unter den Nebenfiguren, die in den Bekenntnissen auftreten, verdient vor allem Lisette Aufmerksamkeit. In der Form einer Mise en abyme spiegelt sie die Ungeschicklichkeit des Erzählers Julius. Lisette war vorübergehend als Schauspielerin tätig, brach ihre Tätigkeit jedoch unter anderem aus „Ungeschick dazu“[234] ab und entschied sich stattdessen dafür, eine moderne Hetäre zu werden. Julius hat eine Affäre mit ihr. Als sie ihm mitteilt, dass sie ein Kind von ihm erwartet, verlässt er sie. Lisette fügt sich daraufhin mit einem Messer mehrere tiefe Stiche zu und stirbt in Julius' Armen. Die Episode nimmt Elemente der Mariane- und der Aurelie-Episoden aus Goethes *Wilhelm Meister* auf und verdichtet sie zu einer griechischen „Tragödie“[235]. Die ungeschickte Frau fungiert darin als weibliches Pendant des ungeschickten Mannes, der eher zum Helden einer Komödie taugt. Die Nähe beider Figuren zeigt sich vor allem in der Absicht Lisettes, die eigene Lebensgeschichte analog zu den „Lehrjahren der Männlichkeit“ in der Sie-Form niederzuschreiben. Da sie ihre literarische Ungeschicklichkeit jedoch ernster nimmt als Julius die seine, gibt sie die Absicht schließlich auf.[236] Anders als der

233 Ebd.

234 Ebd., S. 62.

235 Ebd., S. 65; als Lisette das Messer gegen sich richtet, deklamiert sie als gelernte Tragödin „mit lauter Stimme die Worte: ‚Lisette soll zu Grunde gehen, zu Grunde jetzt gleich: so will es das Schicksal, das eiserne.‘“

236 Ebd., S. 62.

idealische Julius, der die Poesie als freier Geist am Ende hinter und unter sich lässt, allerdings mit ähnlichem Resultat, lässt Lisette nur die Realität gelten und findet daher „alle Poesie lächerlich“[237]. Man kann darin einen Vorschein des Abschieds von einem emphatischen Literaturverständnis sehen, den Schlegel 1801 in den *Charakteristiken und Kritiken* verkünden wird.[238] Ebenso wie Mariane, die in Goethes Roman als Pendant des ungeschickten Wilhelm fungiert, ist auch Lisette zum Scheitern verurteilt. Daraus folgt im Umkehrschluss, dass es sich bei der poetisch nobilitierten Ungeschicklichkeit um ein männliches, auf weibliche Unterstützung angewiesenes Privileg handelt. Das ist nicht nur tief in die Psychostruktur der modernen Geschlechterverhältnisse eingeschrieben, sondern wird mit seinen nationalistischen Implikationen im 19. Jahrhundert auch zum Bestandteil des deutschen Antisemitismus.[239]

Untersucht man auch die einzelnen Phasen der Ungeschicklichkeitsszene und beginnt mit der Apperzeptionsphase, dann ist eine Makro- von einer Mikroperspektive zu unterscheiden. In der Makroperspektive werden die Leser durch den Titel des ersten Teils, „Bekenntnisse eines Ungeschickten“, dazu veranlasst, das Verhalten und die Äußerungen des Briefschreibers und Erzählers Julius auf Ausführungsfehler hin zu beobachten. Alles was er tut und sagt steht dadurch von vornherein im Verdacht, ungeschickt getan und gesagt worden zu sein und zusätzlich wird erwartet, dass er seine größten und gröbsten Ungeschicklichkeiten direkt zur Sprache bringen wird. Insofern etabliert der Titel eine Lektürehaltung, die den gesamten Text und damit die Ebene der Diegese ebenso wie die Ebene der Narration betrifft. Sie lässt sich als Hermeneutik der Performanzfehler bezeichnen, die durch die Form der Bekenntnisse den Leser zum Richter über ihren Inhalt aufruft. In welcher Weise beide

237 Ebd.

238 Schlegel: [Abschluß des Lessing-Aufsatzes] (s. Anm. 178), S. 409: „Ihr merkt schon an der feierlichen Wendung, daß es meine Absicht sei, Euch ein kritisches Lebewohl zu sagen.“

239 Vgl. dazu auch die Hinweise bei Oesterle: Fünf Fallskizzen zum Ungeschickten (s. Anm. 167), S. 18–20, sowie den sechsten und siebten Teil der vorliegenden Studie.

Ebenen dann bedient werden, wurde anlässlich der Ausführungen zur sozialen und poetischen Ungeschicklichkeit des Protagonisten Julius bereits dargelegt. Auch sollte deutlich geworden sein, dass die Semantik der Ungeschicklichkeit sich im Laufe des Romans verschiebt und aus der Perspektive der idealen Beziehung schließlich als transitorisch markiert wird. Was die Mikroperspektive betrifft, so hat auch die Parallelfigur Lisette ihre Ungeschicklichkeit wahrgenommen, daraus aber andere Schlüsse gezogen als Julius. Sie hat sich dazu entschieden, ihr zu entgehen und ihr ästhetisches Ausdrucksverhalten gewissermaßen zu inhibieren, um sich fortan ganz auf ihren erotischen Enthusiasmus für den männlichen Körper zu konzentrieren. Die Entscheidung für ein Leben im Dienst der ars amatoria geht einher mit einer generellen Abneigung gegenüber der Poesie. Nimmt man das tragische Scheitern Lisettes hinzu, an dem Julius durch sein Verhalten mitschuldig wird, dann warnt der Roman vor dem Verzicht auf die Diskursivierung der eigenen Ungeschicklichkeit. Er mag in älteren Zeiten angemessen gewesen sein, doch für die Moderne taugt er nicht.

Dagegen empfiehlt Schlegels Roman den Künstlern der Moderne, ihre Ungeschicklichkeit zum Thema zu machen und unbekümmert um alle Regeln offen von ihr zu sprechen. Allerdings erweist sich die Diskursivierung der Ungeschicklichkeit in diesem Fall als ebenso ambitioniertes wie provokantes Experiment. Es hat die Form einer Kippfigur. Denn einerseits greift die *Lucinde*, ähnlich wie Goethes Gedicht *Lilly's Park*, die Form der Bekenntnisse auf. Seit Augustinus und vor allem seit Rousseau legt diese Form eine autobiographische, den Protagonisten ebenso wie den Erzähler auf den Autor beziehende Lektüre nahe. Andererseits wird dieser Verweis aber auch blockiert, da die brieflichen Bekenntnisse in der *Lucinde* zugleich Bestandteil eines Briefromans sind. Das macht sie zu fiktiven Bekenntnissen. Ihre Ausgestaltung unterstreicht dann – bis auf die „Lehrjahre der Männlichkeit" – eher den Roman- als den Bekenntnischarakter. Angezeigt durch die Wahl zahlreicher unterschiedlicher Genres, zu denen auch lyrische und dramatische Textsorten sowie Briefe und Essays gehören, aber auch durch den Wechsel der Erzählerposition, sind die „Bekenntnisse eines Ungeschickten" als literarisches Werk diskursiviert worden. Da dieses Werk aber

Formen der Ungeschicklichkeit thematisiert und sich auch auf der Ebene der Narration bis in den Einsatz von technischen Fehlern hinein ungeschickt gibt, da es zudem auf einen ungeschickten Akteur zurückzugehen behauptet, wird der Werkcharakter zugleich problematisiert. Es handelt sich zwar um ein Kunstwerk, aber eben ‚nur' um ein unvollkommenes, eines der Ungeschicklichkeit. Insofern nutzt die romanhafte Konstruktion der Bekenntnisse die Figur der Ungeschicklichkeit in dekonstruktiver Absicht. Aufbau und Abbau von literarischer Form konstituieren zusammen mit den parodistischen Bezugnahmen auf Goethes *Wilhelm Meister* die charakteristische Textbewegung von Schlegels Bekenntnis- und Briefroman.

Auf die Rezeption der *Lucinde* hat sich das mehr oder weniger desaströs ausgewirkt. Entweder wurde ihre Form ignoriert und der Roman als Bekenntnis gelesen, oder es wurde der autobiographische Charakter ignoriert und allein die ästhetische Form beachtet. Durch seine Reduktion auf die Ebene der Bekenntnisse konnte man den Roman nur zu leicht skandalisieren. Zu diesem Zweck wurde etwa die Figur der Lucinde in denunziatorischer Absicht namentlich mit Dorothea Veit identifiziert.[240] Heine hat dann umgekehrt die *Lucinde* als schlechten Roman gelesen und sie als Verrat an der Kunst verworfen.[241] In Heines Schlepptau hat Rudolf Haym den Roman als „absolute Mißgestalt" und „ästhetische Ungeheuerlichkeit" beurteilt[242] und Dilthey steht ihm mit seiner Formulierung von der *Lucinde* als „kleines Ungeheuer"[243] wenig nach.[244] Beide Lektüre-

---

240 [Daniel Jenisch:] Diogenes-Laterne. Berlin 1799, S. 374; vgl. dazu Ulrich Breuer: Making of. Zur Vorgeschichte von Friedrich Schlegels *Gespräch über die Poesie*. In: Dirk von Petersdorff/U. B: (Hg.): Das Jenaer Romantikertreffen im November 1799. Ein romantischer Streitfall. Paderborn 2015, S. 139–165, hier S. 149.

241 Heinrich Heine: Die romantische Schule (zuerst 1836). In: ders.: Sämtliche Schriften. Hg. von Klaus Briegleb. Bd. 3. 3., durchges. Aufl. München/Wien 1996, S. 357–504, hier S. 408 f.

242 Rudolf Haym: Die romantische Schule. Ein Beitrag zur Geschichte des deutschen Geistes. Berlin 1870, S. 469.

243 Wilhelm Dilthey: Leben Schleiermachers. Bd. 1. Berlin 1870, S. 492.

244 Zur Rezeptionsgeschichte vgl. Ernst Behler: Friedrich Schlegels *Lucinde*. In: Paul Michael Lützeler (Hg.): Romane und Erzählungen der deutschen Romantik. Neue Interpretationen. Stuttgart 1981, S. 98–124.

verfahren, das autobiographische und das ästhetisch-poetologische, haben recht, erfassen aber jeweils nur die halbe Wahrheit. Sie müssen laufend verbunden werden, wenn man dem Gebilde gerecht werden will.[245] Weil das den eingeübten Umgangsweisen mit literarischen Texten widerspricht, ist Schlegels Diskursivierung der Ungeschicklichkeit in Form eines Bekenntnisromans beim breiten Publikum gescheitert. Chancen hat sie nur bei freien Geistern.

Hinsichtlich der Dezisionsphase lautet die zentrale Frage, welche Entscheidungen und welche Konsequenzen die *Lucinde* hinsichtlich des Umgangs mit der Ungeschicklichkeit nahelegt? Auf der Suche nach einer Antwort fällt zunächst auf, dass die soziale Ungeschicklichkeit des Protagonisten, insbesondere sein typisch männlicher Übereifer, einerseits vom autodiegetischen Erzähler und Briefschreiber offen eingestanden und andererseits formbildend eingesetzt wird. Das transformiert die sozialen in poetische Performanzfehler und erzeugt dadurch Kunstwerke der Ungeschicklichkeit. Entsprechend ihrer faktual/fiktionalen Doppelstruktur weisen sie auf doppelte Weise über sich hinaus. Denn zum einen sind sie Bestandteile der Liebesbeziehung zwischen Julius und Lucinde, die während der mehr oder weniger kurzen Phasen der Unterbrechung des direkten Kontaktes zwischen ihnen als Präsenzsubstitute fungieren. Julius ersetzt in seinem initialen Brief und dessen Beilagen die Abwesenheit Lucindes durch die Anwesenheit von Tinte und Papier und schickt ihr seine Produkte dann in gebündelter Weise zu. Das konstituiert seine Schreibszene, wobei zwischen der Schreibszene des initialen Briefes und denjenigen der unterschiedlichen Beilagen zu unterscheiden ist. Was letztere angeht, so heißt es etwa im ersten der *Zwey Briefe*: „Es bedarf nun dieser Art von Fantasie – der geschriebenen – nicht mehr. Ich werde bald bey dir sein."[246] Wenig später wird Julius konkreter: „Indessen finde ich es doch rathsamer, daß wir den Styl und das Schreiben nun lassen und die schönsten und höchsten Studien nicht länger aussetzen, und

245 Zu einer den philologischen Reflexionen Schlegels angemessenen Lektüre des Romans vgl. Christoph König: Grenzen der Cyklisation. Friedrich Schlegels Notate *Zur Philologie* als Form des Romans *Lucinde*. In: Ulrich Breuer/Remigius Bunia/Armin Erlinghagen (Hg.): Friedrich Schlegel und die Philologie. Paderborn u. a. 2013, S. 15–43.

246 Schlegel: Lucinde (s. Anm. 23), S. 94.

ich bin so ziemlich entschlossen, in acht Tagen schon zu reisen."[247] Gegenüber der Realpräsenz der Geliebten verblassen die Kunstwerke der Ungeschicklichkeit zu Ersatzhandlungen. Das rückt sie in die Nähe des pornographischen Romans[248] und erklärt strukturell ihren Skandalcharakter. Versteht man die Präsenz der Geliebten aber nicht nur unter erotisch-punktuellen, sondern auch unter soziologisch-permanenten Aspekten, denkt man also an die „Ehe" zwischen den beiden, durch die Julius „das Bürgerrecht im Stande der Natur" erlangt haben will,[249] dann erweisen sich die Kunstwerke der Ungeschicklichkeit als transitorische Elemente eines profanen bürgerlichen Alltags, in dem Entfernungen durch Reisen überbrückt werden, in dem man sich über das Beschneiden von Weinreben und Rasenflächen verständigen muss,[250] und in dem es um Fragen der Erziehung geht.[251] Die poetische Ungeschicklichkeit wird damit profanisiert und depotenziert – es gibt Wichtigeres. Dazu gehört auch die Konstitution von Freundeskreisen und Gemeinschaften, die dem Ungeschickten – ähnlich wie die Geliebte – sein ungehobeltes Verhalten zu verzeihen und ihn zu integrieren bereit sind.[252] In dieser Dezision kündigt sich die Einrichtung des Privaten und die Akzeptanz des davon unterschiedenen Politischen,[253] in literaturgeschichtlicher Perspektive auch schon der poetische Realismus an.

---

247 Ebd., S. 99.

248 Zum „Funktionsschema" des pornographischen Romans im 18. Jhdt. vgl. Jean Marie Goulemot: Gefährliche Bücher. Erotische Literatur, Pornographie, Leser und Zensur im 18. Jahrhundert. Übers. von Andrea Spingler. Reinbek b. Hamburg 1993, S. 147.

249 Schlegel: Lucinde (s. Anm. 23), S. 91.

250 Ebd., S. 92. Man kann dabei an Goethes *Wahlverwandtschaften* denken, deren Beziehungen zur *Lucinde* eine eigene Untersuchung verdienen würden, sowie an Stifters *Nachsommer*.

251 Ebd., S. 94: Der ehemals ungeschickte Julius will zunächst seinen Sohn lehren, wie man sich in der Welt beträgt, ihn dann aber (ebd., S. 98) ganz vor jeder Erziehung bewahren.

252 Ebd., S. 95. Das auf die Innerlichkeit bezogene Ideal dieser Zirkel ist eine „schöne Mystik des Umgangs"; ebd., S. 112. Vorbereitet wird es im Mantel- oder Trägerbrief „Julius an Lucinde".

253 Zu parallelen Überlegungen bei Novalis vgl. Passavant: Nachromantische Exzentrik (s. Anm. 21), S. 31–40.

Gegenläufig zur ‚realistischen' Überwindung des Ungeschicks geht die *Lucinde* aber auch ästhetisch über die Ungeschicklichkeit hinaus. Sie schließt dazu an die Textbewegung an, die der erste Teil etabliert hat. In der letzten Beilage, den „Tändeleyen der Fantasie", wird diese Bewegung im Rückgriff auf die Einbildungskraft eigens thematisiert. Der Leser konnte sich ebenso wie der Protagonist, wie es nun heißt, „auf dem innern Strom ewig fließender Bilder und Gefühle frey bewegen"[254] und soll dies im Sinne eines sorgenfreien und absichtslosen, gewissermaßen träumerischen Lebens, auf das es in der romantischen Poesie ankommt, auch künftig fortsetzen. In diesem Postulat meldet sich erneut die idealisierende, den Alltag hinter und unter sich lassende Intention der deutschen Literatur um 1800. Der ästhetische Ort des Postulats wird am Ende der „Tändeleyen" benannt. Es erfüllt sich im „Zauberkreis" der romantischen Poesie, zu deren Inbegriff nun die Lyrik avanciert. Sie ist gemeint, wenn die „Harmonie der Liebe", in der sich Julius und Lucinde vereinigen, vom „Gesang" begleitet wird, der bevorzugt die Form der „Romanze" annehmen kann und in dem sich ein intensiviertes, gesteigertes Leben mit der „Musik der Gefühle" verbindet.[255] Damit wird der zweite Teil des Romans angekündigt, in dem verstärkt Lucinde zu Wort kommen und der vor allem aus lyrischen Texten bestehen sollte. Für die Frage nach dem Umgang mit der Ungeschicklichkeit folgt daraus, dass es nicht nur wichtigere Handlungszusammenhänge, sondern mit der Lyrik auch Formalternativen zu Bekenntnis und Briefroman gibt, mit denen die Virulenz der poetischen Ungeschicklichkeit eingehegt und relativiert werden kann. Allerdings ist dieser zweite Teil nie erschienen, sodass der Roman als ganzer den Beweis für das Gelingen der in ihm angelegten Alternative schuldig geblieben ist. Man kann das auch so verstehen, dass dem Einzug des Ungeschicks in die Prosa der Moderne nichts mehr entgegensteht.

Wie steht es abschließend um die funktionale Leistung der Ungeschicklichkeitsszene in Schlegels einzigem, nur teilweise

---

254 Schlegel: Lucinde (s. Anm. 23), S. 117.

255 Ebd., S. 119.

abgeschlossenen Roman? Es ist zunächst leicht zu sehen, dass in diesem Fall die Literatur zwar als Kontrastfolie und in formaler Hinsicht auch als Umsetzung der Ungeschicklichkeit gelten kann, dass aber Ungeschicklichkeit nicht aus Literatur entsteht. Das gilt auch dann, wenn ähnlich wie in Tiecks *Blondem Eckbert* der Protagonist Julius „die furchtbare Allmacht der Fantasie" erfährt.[256] Während also die Wirkungsfunktion nur schwach vertreten ist, sind Kontrast- und Formfunktion dominant und werden überdies eng verbunden. Denn auf der einen Seite arbeitet Schlegel intensiv mit dem Kontrastverhältnis zwischen Literatur und Ungeschicklichkeit, indem er ein ganzes Feuerwerk unterschiedlicher Schreibverfahren abbrennt, auf der anderen Seite nutzt er die Ungeschicklichkeit und das ihr zugeordnete Formprinzip der Bekenntnisse, um die literarische Form seines Textes mit Störelementen auszustatten und sie im Vorgriff auf jede Art von Kritik zu depotenzieren. Seinen Abschied von Literatur und Kritik wird Schlegel erst später verkünden[257] – in der *Lucinde* nimmt er bereits Abschied von der Poesie.

Was wäre festzuhalten? In der Ungeschicklichkeit des Mannes, den die Frauen auf Goyas Gemälde grinsend in die Luft werfen, liegt nach der Lektüre von Schlegels *Lucinde* die Chance einer Befreiung, ja nachgerade einer Erlösung. Indem er seinen Enthusiasmus zum literarischen Produktionsprinzip werden lässt und ihn auch in seinen literarischen Werken festhält, distanziert er sich von ihm und schwingt sich dadurch zum Freigeist auf. Für seinesgleichen haben technische Fragen und die Regeln des Verhaltens nur noch nachrangige Bedeutung. Das ist die Geburtsstunde der zahllosen Tröpfe und Tollpatsche in der deutschen Literatur des 19. Jahrhunderts.

---

256 Ebd., S. 99. Julius erfährt sie an sich selbst, als er die Nachricht von der Erkrankung Lucindes so weit ausphantasiert, dass er schließlich ihren Tod für gewiss hält.

257 S. Anm. 238.

SECHSTER TEIL

Tollpatsche / 1814–1894

I

Tanz der Kobolde

> Aber wir Deutsche haben in unsrer Mitte und Menge auch die köstlichsten Tröpfe, Dummköpfe und Wirrköpfe von der Welt.
>
> *Ernst Moritz Arndt*

Das 19. Jahrhundert hat man bevorzugt als Zeitalter der Bewegung und Beschleunigung und des Umgangs damit verstanden.[1] Zu denken ist dabei nicht nur an die zusammen mit der Industrialisierung auftretenden sozialen Bewegungen und den Aufstieg des Bürgertums, sondern seit den 1830er Jahren auch an technisch erzeugte Temposteigerungen. Dafür sorgten Druckerpresse, Dampfschifffahrt und Eisenbahn.[2] Es kam zu einer umfassenden Demokratisierung und Industrialisierung von Raum und Zeit. Insofern kann es nicht verwundern, dass Gesamtdarstellungen der Epoche mit Vorliebe zeitgenössische Visualisierungen von Geschwindigkeit aufgegriffen haben. Ikonischen Status hat dabei William Turners *Rain, Steam and Speed – the Great Western Railway* erlangt.[3] Auf dem Gemälde

---

1 Vgl. Theo Jung: Beschleunigung im langen 19. Jahrhundert. Einheit und Vielfalt einer Epochenkategorie. In: Traverse. Zeitschrift für Geschichte 23 (2016), Nr. 3, S. 51–63.

2 Vgl. Wolfgang Schivelbusch: Geschichte der Eisenbahnreise. Zur Industrialisierung von Raum und Zeit im 19. Jahrhundert. Frankfurt a. M. 1989. Zum Faszinosum Eisenbahn in der deutschen Literatur des späten 19. Jahrhunderts vgl. Peter Sprengel: Geschichte der deutschsprachigen Literatur 1870–1900. Von der Reichsgründung bis zur Jahrhundertwende. München 1998, S. 25–28. Die Eisenbahn stand an der Spitze einer Verkehrs- und Kommunikationsrevolution seit dem Vormärz, die zu einer immensen Beschleunigung der Informationsübermittlung führte; vgl. Peter Stein: Sozialgeschichtliche Signatur 1815–1848. In: Gert Sautermeister/Ulrich Schmid (Hg.): Zwischen Revolution und Restauration 1815–1848. München 1998, S. 16–37, hier S. 22.

3 Prominent für den Schutzumschlag genutzt von Jürgen Osterhammel: Die Verwandlung der Welt. Eine Geschichte des 19. Jahrhunderts. 2. Aufl. der Sonderausg. München 2016. Vgl. zum Thema ebd., S. 127: „Maschinelle Beschleunigung und

 | DOI:10.30965/9783846761038_021

scheint sich in bisher unerhörter Weise die Eisenbahn direkt auf den Betrachter zuzubewegen. Turner bricht mit Darstellungskonventionen, um Bewegung und Geschwindigkeit zu visualisieren. An dieser Bruchstelle kommt massiv die erstmals von Schlegel theoretisch erfasste poetische Ungeschicklichkeit ins Spiel. Sie ist ein aktives Inserat, das an eine Beobachterperspektive gebunden ist und je nach Standort entweder als Konventionsverstoß oder als modernetypische Innovation verstanden werden kann.

Deutlicher als bei Turner zeigt sich freilich der Umgang des 19. Jahrhunderts mit der poetischen Ungeschicklichkeit in den Bildfindungen Édouard Manets. Sie verzichten auf jede Idealisierung und stellen in ihrem „roh dargebotenen Realismus"[4] unerschütterlich auch das Hässliche aus. Auf dem Frontispiz der Erstpublikation seiner von Goya beeinflussten Radierungen verweist ein grobianischer Hanswurst, der frech hinter einem Vorhang hervorlugt, auf das provokante Selbstverständnis Manets.[5] Seine Bilder waren nach akademischen Konventionen vielfach ungeschickt aufgebaut und seine flächige, kontrastreiche Malweise wirkte auf viele Betrachter stümperhaft. Ausstellungen seiner Gemälde haben daher bei zahlreichen Zeitgenossen Aggressionen ausgelöst und öffentliche Skandale erregt; heute gelten sie als Ikonen der Moderne.[6] Ihrerseits von Literaten wie Baudelaire inspiriert stellten sie schon in der Phase des Realismus ein Bildreservoir bereit, aus dem sich nach dem Einsatz der Heroischen Moderne im deutschen Kaiserreich dann auch der Naturalismus bedienen konnte.[7]

Denaturalisierung der Zeiterfahrung ist eine genuine […] Menschheitserfahrung des 19. Jahrhunderts."

4 Gilles Néret: Édouard Manet 1832–1883. Vorreiter der Moderne. Übers. von Bettina Blumenberg. Köln 2003, S. 10.

5 Vgl. Oskar Bätschmann: Edouard Manet. München 2015, S. 24 f.

6 Vgl. Néret: Édouard Manet (s. Anm. 4), S. 7: Mit Manet beginnt „das große Abenteuer der modernen Malerei, die sich vom Anekdotischen befreite und alle falschen Konventionen abzuwerfen versuchte." Zur Modernität Manets, der „das Bild als Objekt, das Bild als Materialität" erfunden habe, vgl. auch Michel Foucault: Die Malerei von Manet. Übers. von Peter Geble. Berlin 1999, S. 10.

7 Vgl. Claudia Stockinger: Das 19. Jahrhundert. Zeitalter des Realismus. Berlin 2010, S. 63.

Eine gezielt ‚ungeschickte' Darstellung von Geschwindigkeit findet sich in den Arbeiten, die Manet nach dem Besuch von Pferderennen im Pariser Bois de Boulogne angefertigt hat. Sie stehen im größeren Kontext seiner lebenslangen Beschäftigung mit der Großstadt Paris, die er mit den Freunden Baudelaire und Zola teilte. Typisch für die Art dieser Beschäftigung war eine kühle, analytische, gleichsam unbeteiligte Beobachtung der zeitgenössischen Gesellschaft,[8] wie sie sich auch in den Romanen Flauberts findet. 1879 schlug Manet dem Präfekten von Paris vor, das neue Rathaus mit einer Reihe eigener Kompositionen auszustatten. Sie sollten die Stadt als urbanen Großraum vorführen und unter anderem die Markthallen, Eisenbahnen, Brücken, Pferderennen und öffentlichen Gärten der Metropole darstellen.[9] Der Plan zerschlug sich, doch die Pariser Rennen hat Manet festgehalten. Möglicherweise veranlasst durch Baudelaire, der „die wechselnden Vorkommnisse des Sports, der Rennplätze," als ideales Sujet moderner Zeichnungen und Gemälde empfohlen hatte,[10] und nachweislich angeregt von Edgar Degas, begann er, sich in den 1860er Jahren für das kurz zuvor nach englischen Vorbildern eröffnete Hippodrom Longchamp zu interessieren. Es wurde rasch zu einem Schauplatz mondäner Freizeitvergnügungen, wo sich elegante Aristokraten zusammen mit gut gestellten Prostituierten zeigten und Buchmacher Wetten annahmen. Manet besuchte einige Rennen und fertigte Skizzen vom Einlaufen der Pferde an. Auf dieser Grundlage entstand eine Reihe von motivgleichen Arbeiten, die den Bildkern zunehmend auf das Wesentliche reduzierten. Nicht alle sind erhalten. Unter den erhaltenen Arbeiten befindet sich das 1864 entstandene und 1865 in zwei Teile zerschnittene Aquarell *Aspect d'une course au bois de Boulogne*, die nach 1865 hergestellte, aber

8 Bätschmann: Edouard Manet (s. Anm. 5), S. 15.

9 Vgl. ebd., S. 89. Osterhammel: Die Verwandlung der Welt (s. Anm. 3), S. 360, hat das 19. Jahrhundert als „eine Epoche intensivster Urbanisierung" charakterisiert.

10 Vgl. Charles Baudelaire: Der Maler des modernen Lebens (zuerst 1863). In: ders.: Sämtliche Werke/Briefe. Hg. von Friedhelm Kemp und Claude Pichois. Bd. 5. München/Wien 1989, S. 213–258, hier S. 256.

erst 1884 posthum publizierte Lithografie *Les Courses*, sowie das 1867 entstandene Ölgemälde *Les Courses à Longchamp.*[11]

Zur vorgreifenden Illustration der ästhetischen Ungeschicklichkeit im 19. Jahrhundert ist vor allem die Lithografie *Les Courses* geeignet.[12] Sie gibt den Eindruck eines Beobachters wieder, der von seinem Standpunkt aus die Reiter in vollem Galopp aus der Tiefe des Raums direkt auf sich zurasen sieht. Radikaler als Turners *Rain, Steam and Speed* bricht Manets Lithografie mit der bis dahin üblichen Darstellung von bewegten Objekten im Profil.[13] Der Eindruck großer Geschwindigkeit wird durch den Kontrast zwischen den gleichsam tanzenden, von der Intensität der Bewegung vorwärtsgerissenen Tieren an der Spitze des Pulks und der vergleichsweise statischen Masse der Zuschauer hinter den Absperrungen der Rennstrecke und auf den Tribünen hervorgerufen.[14] Zudem bleibt offen, ob es sich bei der dunkel schraffierten Fläche hinter den Pferden, die den Tiefenraum markiert, um eine große Staubwolke, um ein monströses Wesen oder um die mächtige Krone eines Baumes handelt. Technisch wirkt die Lithografie auf den ersten Blick „wie eine wüste Kritzelei“[15]. Sie besteht aus einem Gewirr von schrägen, senkrechten, waagerechten, teils auch gerundeten Schraffuren und distinkten Strichen, die sowohl mit der Spitze als auch mit der Seite der Kreide erzeugt worden sind und zwischen lichtem Grau und tiefem Schwarz changieren. Die scheinbare Ungeschicklichkeit und Flüchtigkeit der Darstellung, aus der sich die Massen und Zonen des Bildes immer nur momenthaft herausheben, ist strategisch bedingt.[16] Sie zielt auf die Repräsentation eines lebendigen Eindrucks, in dem

---

11 Vgl. zur Chronologie Manet 1832–1883. Hg. von Françoise Cachin und Charles S. Moffet. New York 1983, S. 263 f.

12 Vgl. ebd., S. 266 f.

13 Vgl. Bätschmann: Edouard Manet (s. Anm. 5), S. 90 f.

14 Vgl. Baudelaire: Der Maler des modernen Lebens (s. Anm. 10), S. 256, der auch auf den Zeichnungen von Constantin Guys die besondere Rolle der Zuschauer von Pferderennen hervorgehoben sah: „aufmerksam verfolgen sie ein festliches Ereignis, das sich fern auf der Rennbahn abspielt.“

15 Vgl. Ernst H. Gombrich: Die Geschichte der Kunst. 16. Ausg. London 1996, S. 517.

16 Néret: Édouard Manet (s. Anm. 4), S. 64, nennt vergleichbare ‚Fehler‘ „ein kalkuliertes Vergehen Manets, ein Ausloten neuer formaler Möglichkeiten,

Tafel 5 Édouard Manet, Les Courses, 1863

sich Geschwindigkeit und Licht mit der Erregung des Publikums verbinden. Alles erwartet aufs höchste gespannt die Entscheidung im Kampf der etwa gleichauf liegenden Pferde um den Sieg. Erst der scheinbare Wirrwarr, der die Massen und Zonen zugleich trennt und verbindet, der einzelne Formen freigibt und wieder ins Ganze des Bildes zurücktreten lässt, kann zeigen, was ein realer Beobachter wirklich sieht: die Bewegung der rasend sich nähernden Pferde mit ihren Jockeys auf der Bühne einer gut besuchten öffentlichen Rennbahn. Insofern handelt es sich um eine ‚realistische' Darstellung.[17]

Als semiotische Abbreviaturen einer strategisch eingesetzten Ungeschicklichkeit können insbesondere die Figuren der Reiter an vorderster Front des herangaloppierenden Pulks gelten. Damit sie bewegt erscheinen werden die Pferde auf ihre Vorderbeine reduziert und ihre Körper wirken bei näherem Hinsehen wie grotesk verzerrte Schemen. Während der mittlere Pferdeschemen, dessen Reiter sich hell vor der schraffierten Fläche hinter ihm abhebt, wie ein Kobold auf der Stelle tritt, scheinen der linke und rechte seitwärts von ihm weggesprengt zu werden.[18] Versteht man Manet als Artisten der Inszenierung,[19] dann thematisiert die Lithografie am Beispiel der Pferderennen im Hippodrom von Longchamp die öffentliche Ausstellung von Geschwindigkeit und führt zusammen mit der Bühne auch das Publikum vor, das dieser Ausstellung zusieht. Die figürliche Deformation der Pferde kann dann als Effekt der Ausstellung großer Geschwindigkeit verstanden werden und wenn man den Kampf der Reiter um den Sieg im Rennen bedenkt, dann stellt die Lithografie

mit denen sich eine Vereinfachung der Kunst ankündigte, der sich alle Maler in seiner Nachfolge, von Cézanne bis Matisse, verschreiben sollten."

17 Ebd.

18 Es ist aufschlussreich, damit eine ähnlich verfahrende Darstellung von Geschwindigkeit aus der Literatur des Naturalismus zu vergleichen. Bei Gerhart Hauptmann: Bahnwärter Thiel. Novellistische Studie aus dem märkischen Kiefernforst (zuerst 1888). Studienausgabe. Hg. von Peter Langemeyer. Stuttgart 2017, S. 24, heißt es über einen sich nähernden Eisenbahnzug: „ein dunkler Punkt am Horizonte, da wo die Gleise sich trafen, vergrößerte sich. Von Sekunde zu Sekunde wachsend, schien er dennoch auf einer Stelle zu stehen. Plötzlich bekam er Bewegung und näherte sich."

19 Im Anschluss an Bätschmann: Edouard Manet (s. Anm. 5), S. 28.

auch die agonale Lage des modernen Künstlers dar.[20] Ebenso wie die angepeitschten Tiere und ihre Jockeys muss er sich in der Öffentlichkeit vor einem anonymen, als träge Masse agierenden Publikum gegen einen ganzen Pulk von ehrgeizigen Konkurrenten durchsetzen. Dabei droht er seinerseits zum ungeschickt tanzenden Kobold deformiert[21] und zur Seite der Verlierer weggesprengt zu werden. Die dunkel schraffierte Fläche hinter dem mittleren Reiter, der das Rennen zu gewinnen scheint, kann dann als diffuse Aureole, aber auch als Figuration jener verborgenen Instanzen verstanden werden, die im Laufe des 19. Jahrhunderts heroisiert und für Performanzfehler verantwortlich gemacht worden sind: das Schicksal, der Wille, das Kapital, die Naturgesetze – und schließlich auch das Unbewusste.

---

20 Vgl. Wolfgang Ruppert: Der moderne Künstler. Zur Sozial- und Kulturgeschichte kreativer Individualität in der kulturellen Moderne im 19. und frühen 20. Jahrhundert. 2. Aufl. Frankfurt a. M. 2000.

21 Manet litt ab 1880 an einer Ataxie des linken Fußes und einer zunehmenden Versteifung. Beides war eine Folge der Syphilis. Im April 1883 wurde ihm das linke Bein amputiert; zehn Tage später war er tot; Néret: Édouard Manet (s. Anm. 4), S. 95.

II

Kreuzende Mächte

Unter den Möglichkeiten, das 19. Jahrhundert zu periodisieren, wird angesichts des vorausgehenden Teils der Fallgeschichte die Variante eines ‚kurzen' Jahrhunderts präferiert. Es beginnt mit der Neuordnung Europas nach dem Wiener Kongress von 1814/15 und endet spätestens 1898 mit dem Eintritt der USA in die Weltpolitik.[22] Zu den Rahmenbedingungen der Ungeschicklichkeitsszene gehören in diesem Zeitraum zwei gegenläufige Faktoren. Einerseits wird die Szene nun durch Erfahrungen der Bewegung und Beschleunigung bestimmt, die sich auf Massen beziehen,[23] globale Auswirkungen anzunehmen beginnen[24] und daher destabilisierend wirken, andererseits durch einen latent metaphysisch aufgeladenen Kult der Partikularitäten bis hin zu Nationen, Regionen, Individuen und einzelnen Dingen[25]. Beides kann sich auch in unguter Weise verbinden[26] und

22 Vgl. Osterhammel: Die Verwandlung der Welt (s. Anm. 3), S. 85.

23 Vgl. Friedrich Hebbel: Tagebücher. Neue historisch-kritische Ausgabe. Hg. von Monika Ritzer. Bd. 1. Berlin/Boston 2017, S. 7: „Das ist das Unterscheidendste der jetzigen Zeit gegen die frühere, daß jetzt nur die Masse und ehemals nur der bedeutende Einzelne, ~~zu leben~~ lebte." Vgl. auf der Ebene der Selbsterfahrung auch Wilhelm Busch: Abenteuer eines Junggesellen. In: ders.: Bildergeschichten. Hg. von Friedrich Bohne. Zürich 2007, S. 183–413, hier S. 248: „Und als regellose Masse / Findet Knopp sich auf der Gasse."

24 Vgl. Osterhammel: Die Verwandlung der Welt (s. Anm. 3), S. 14: „Das 19. Jahrhundert reflektierte seine eigene werdende Globalität."

25 Zur stabilisierenden Funktion der Dinge vgl. prägnant Adalbert Stifter: Die Mappe meines Urgroßvaters (zuerst 1841). In: ders.: Studien. Hg. von Ulrich Dittmann. Stuttgart 2007, S. 423–645, hier S. 606, wo der Protagonist gelegentlich festhält: „die Dinge, die ich herstelle, sollen mich gleichsam lieben". Zur Bedeutung der Dinge bei Stifter vgl. Dorothee Kimmich: Lebendige Dinge in der Moderne. Konstanz 2011, S. 30–32.

26 Etwa bei Adalbert Stifter: Der Waldsteig (zuerst 1844). In: ders.: Studien (s. Anm. 25), S. 1014–1082, hier S. 1021: „Zur Unruhe mehrten sich viele Dinge." Zur sprichwörtlich gewordenen Tücke des Objekts gesteigert dann bei Friedrich Theodor Vischer: Auch Einer. Eine Reisebekanntschaft (zuerst 1879). Mit einem Nachwort von Otto Borst. Frankfurt a. M. 1987.

 | DOI:10.30965/9783846761038_022

beides geht mit einer regelrechten „Wirklichkeitssucht"[27] einher. Sie wird durch neue Medien wie die Fotografie befeuert und verbindet sich mit einer forcierten Suche nach Kausalitäten, die sich dem Prestigegewinn der aufstrebenden Naturwissenschaften verdankt. Man genießt nun „die heilsame Kühle wissenschaftlichen Denkens",[28] ist sich einig über „die Gewalt der Aeußerlichkeiten" und muss daher aufwändig daran arbeiten, „an aller Wesenheit der menschlichen Natur und jeder Natur" nicht geradewegs zu „verzweifeln".[29] Angesichts der Opazität der Gründe und Ursachen ungeschickten Verhaltens geraten aber sowohl kausale Erklärungen, die Performanzfehler auf Naturgesetze oder statistische Werte zurückführen wollen, als auch finale, die sie gewissermaßen ethisch aus ihren Wirkungen heraus zu begreifen versuchen, in Schwierigkeiten. Wenn man nicht weiterkommt, spricht man von Schuld oder Schicksal und zieht sich auf den Glauben zurück. In der Literatur des 19. Jahrhunderts werden die konstitutiven Benennungsprobleme angesichts der Ursachen ungeschickten Verhaltens im Rahmen einer gesteigerten Selbstbeobachtung produktiv.[30] Weil freilich der Realismus als dominantes ästhetisches Programm von seinen Vorgängern in Klassik und Romantik das Idealisierungsgebot übernimmt (und deshalb in einer seiner Spielarten ‚poetischer' Realismus heißt),[31] ist Ungeschicklichkeit als literarisches Thema, zusammen mit dem Hässlichen und Ekelhaften, eigentlich unerwünscht. Bis zum Einsatz des Naturalismus in den 1890er Jahren soll sie als solche eher verdeckt oder verklärt, mindestens aber ästhetisch integriert werden. Friedrich Hebbel, der genauer als viele andere wusste wovon er sprach, hat das illusionslos erkannt: „Die Poesie ist die Schminke des Lebens, die Kunst, uns über unsere Armuth zu täuschen."[32] Blumiger reimt es Friedrich Bodenstedt:

---

27 Osterhammel: Die Verwandlung der Welt (s. Anm. 3), S. 81.

28 Vischer: Auch Einer (s. Anm. 26), S. 62.

29 Hebbel: Tagebücher (s. Anm. 23), S. 323.

30 Vgl. Osterhammel: Die Verwandlung der Welt (s. Anm. 3), S. 26.

31 Zum Realismus des 19. Jahrhunderts vgl. Sprengel: Geschichte der deutschsprachigen Literatur 1870–1900 (s. Anm. 2), S. 99–102.

32 Hebbel: Tagebücher (s. Anm. 23), S. 208.

O Geist der Dichtung, göttliche Gabe, Du
Deckst mit Blumen den Abgrund des Lebens zu;[33]

während unüberbietbar salopp Wilhelm Busch konstatiert:

Im Durchschnitt ist man kummervoll
Und weiß nicht, was man machen soll. –

Nicht so der Dichter. Kaum mißfällt
Ihm diese altgebackne Welt,
So knetet er aus weicher Kleie
Für sich privatim eine neue[34].

Wenn dennoch die deutsche Literatur des 19. Jahrhunderts und speziell der Realismus als Paradies der literarischen Ungeschicklichkeit gelten kann, dann liegt das an der Öffnung auf den Alltag. Das ließe sich beispielhaft wiederum an Wilhelm Busch zeigen. Während sich Klassik und Romantik noch programmatisch vom Alltag absetzten, erscheinen nun ‚Alltagsgeschichten'[35], in denen unscheinbare Dinge den Aufstand proben,[36] in denen der Protagonist stolpert und niest, verlegen errötet, Krüge und Vasen zertrümmert, Flüssigkeiten verschüttet oder von vornherein als mehr oder weniger liebenswürdiger Tollpatsch das Licht der Welt erblickt.

Produktiv werden die Benennungsprobleme ungeschickten Verhaltens aber nicht nur in thematischer, sondern auch in formaler Hinsicht. Das hängt mit der Orientierung des poetischen Realismus am klassizistischen Werkkonzept zusammen. Seine deutlichste Ausprägung findet dieses Konzept nun im Drama, das

33 Friedrich Bodenstedt: Aus dem Nachlasse Mirza Schaffy's. Neues Liederbuch. Berlin 1877, S. 82.

34 Wilhelm Busch: Balduin Bählamm, der verhinderte Dichter (zuerst 1883). In: ders.: Bildergeschichten (s. Anm. 23), S. 601–676, hier S. 603.

35 Vgl. Theodor Fontane: Irrungen, Wirrungen (zuerst 1888). Hg. von Andreas Catsch und Helmuth Nürnberger. Frankfurt a. M. u. a. 1984, S. 197: Der Untertitel des Vorabdrucks in der *Vossischen Zeitung* lautete „Eine Berliner Alltagsgeschichte".

36 Vgl. Jörg Kreienbrock: Malicious Objects, Anger Management, and the Question of Modern Literature. New York 2013. Mit Dank für den Hinweis an Ulrich Stadler.

an der Spitze der Gattungshierarchie rangiert. Die Tektonik des Dramas diktiert auch der Prosa des 19. Jahrhunderts, allen voran der Novelle, ihre Form. Keine Szene, keine Episode kann demnach Selbstständigkeit beanspruchen.[37] Sie muss vielmehr zum einen in horizontaler Perspektive über sich hinaus auf ihren Vorgänger und ihren Nachfolger verweisen und andererseits in vertikaler Richtung zur Gesamtwirkung auf ein zunehmend diverses und disperses Publikum beitragen. Konsequent relativiert sich dadurch auch die Eigenständigkeit der Ungeschicklichkeitsszene. Auch sie wird werk- und wirkungsästhetisch integriert.

Markant lässt sich das an einem zentralen Text des französischen Realismus, an Flauberts Roman *L'Education sentimentale*, belegen. Flaubert verknüpft die soziale aufs Engste mit der motorischen Ungeschicklichkeit, die er zugleich ästhetisiert. Sein aufstiegswilliger, dabei aber gefühlsseliger Protagonist Frédéric stolpert im Salon des reichen Kunsthändlers und Verlegers Arnoux bei seinem ersten Besuch über ein Tigerfell.[38] Das Stolpern wiederholt sich bei einem weiteren Besuch, nun aber stößt er gegen das Bein eines Sessels.[39] Dabei fällt ein Sonnenschirm herab, dessen Griff zerbricht. Er gehört der Dame des Hauses, in die sich Frédéric leidenschaftlich verliebt hat. Um sich für seine Ungeschicklichkeit zu entschuldigen und ihre Gunst zu erlangen, kauft er ihr einen neuen Sonnenschirm und schenkt ihn ihr zum Geburtstag. Bei der Übergabe stellt er sich so ungeschickt an, dass er dafür von Herrn Arnoux gerügt wird.[40] Am Ende wird das Motiv ins Banale und Alltägliche verschoben und danach auch verabschiedet: Frédéric erblickt im Hof seines Wohnhauses einen Waschtrog, „über den er gestern abend gestolpert war."[41] Die variierende, genau austarierte Wiederholung trägt nicht nur zur

37 Vgl. Stockinger: Das 19. Jahrhundert (s. Anm. 7), S. 179. Markant die Verallgemeinerung bei Hebbel: Tagebücher (s. Anm. 23), S. 592, wonach „das Wesen der Darstellung nun aber eben in der Veranschaulichung der Nothwendigkeit besteht".

38 Gustave Flaubert: Lehrjahre des Gefühls. Geschichte eines jungen Mannes (zuerst 1869). Übers. von Paul Wiegler. Frankfurt a. M. 1977, S. 59.

39 Ebd., S. 80.

40 Ebd., S. 100.

41 Ebd., S. 118.

Charakteristik des Protagonisten bei (dessen Name bereits zum Stolpern einlädt), sondern strukturiert auch den ersten Teil des Romans und bereitet den Übergang zum zweiten vor.[42] Durch die Ästhetisierung von Handlungselementen und deren Revokation eröffnet der Roman Alternativen zum Schema des Bildungsromans.

Gegenläufig zum Integrationspostulat erlaubt der wirkungsästhetische Einsatz der Ungeschicklichkeitsszene aber auch die Öffnung der Form auf ihren dunklen Grund, auf das produktive Chaos, auf dasjenige, was sich der kausalen Motivierung und finalen Erklärung entzieht. Das hatte schon Friedrich Schlegel gesehen, doch blieb seine Poetik der Ungeschicklichkeit in der klassizistisch orientierten Poetik des 19. Jahrhunderts ohne erkennbare Resonanz. In der Literatur des Realismus wird die ästhetische Leistung der Ungeschicklichkeit vor allem im Rahmen von Determinismus und Historismus umgesetzt. In deterministischer Perspektive wird nach den Einflüssen gefragt, die das menschliche Handeln bestimmen.[43] Unter ihnen spielen in neuer Weise, etwa bei Büchner und Hebbel, die soziale Herkunft und das gesellschaftliche Milieu eine ausschlaggebende Rolle.[44] Man erhofft sich die „endliche Lösung des ungeheuren gesellschaftlichen Räthsels", muss aber enttäuscht konstatieren, dass „nirgends auch nur ein ernstlicher Versuch" dazu unternommen wird.[45] Besonderes Interesse findet dabei die Er-

42 Das Verfahren der variierenden Wiederholung einer motorischen Ungeschicklichkeit findet sich – eingebettet in eine Pathologie – bereits bei Georg Büchner: „Lenz" (zuerst 1839). In: ders. Sämtliche Werke und Briefe. Hg. von Ariane Martin. Stuttgart 2012, S. 153–181. Der Protagonist stürzt beim ersten Auftreten des Motivs in den „Brunnstein" und patscht darin herum (S. 158), beim zweiten Auftreten stürzt er sich in den „Brunnen", verrichtet sein Bad aber nun „mit weniger Geräusch" (S. 159) und beim dritten stürzt er sich in den „Brunnentrog" und patscht wieder darin herum (S. 174). Man kann in der Form der Wiederholung auch eine Angleichung an die dargestellte Erfahrung des Protagonisten erkennen.

43 Vgl. Stockinger: Das 19. Jahrhundert (s. Anm. 7), S. 34.

44 Das steht im Kontext von Debatten über die soziale Frage, die seit den 1840er Jahren im Deutschen Reich auf der Tagesordnung stehen; vgl. Gert Sautermeister/Ulrich Schmid: Einleitung. In: dies. (Hg.): Zwischen Revolution und Restauration (s. Anm. 2), S. 9–15, hier S. 11.

45 Hebbel: Tagebücher (s. Anm. 23), S. 618.

klärung defizienten und defizitären Verhaltens. Vor allem wird gefragt, wie ein Verbrecher, aber auch wie ein Tollpatsch entsteht und wie man angemessen mit ihm umgehen kann.

Im Historismus, der in den Kulturwissenschaften nun zum leitenden Paradigma aufsteigt, werden die Determinanten des Handelns dann in die Vergangenheit verlegt. Indem man Erinnerungen hegt und aufwändig organisiert,[46] schützt man sich auch vor den Herausforderungen der Moderne.[47] Das wird bald zum Mainstream, sodass der Historismus am Ende des Jahrhunderts auch ironisch relativiert werden kann: „Und den historischen Sinn im Menschen erklären heutzutage ja viele Gelehrte für das Vorzüglichste, was es überhaupt im Menschen gibt."[48] Der Historist sammelt und ordnet die Überlieferung. Er bewahrt sie dadurch, unterwirft sie aber auch – etwa bei Stifter – einem archäologischen, später – so bei Nietzsche – einem genealogischen Wahrheitsbegehren. Erinnerungen, Sedimente, Fossilien und alte Codices laden ihn ein zu einer „Reise in die Untergründe"[49], die ihn von den Rednerbühnen der Politik und ihren medialen Verstärkern bewusst entfernt, deren Resultate aber nur Gehör finden können, wenn sie zuvor idealisiert und poetisch überformt worden sind. In diesen Untergründen nistet auch das Ungeschick, das idiomatisch grüßen

46 Vgl. zu den weltweit angelegten Erinnerungshorten und Speichermedien des 19. Jahrhunderts Osterhammel: Die Verwandlung der Welt (s. Anm. 3), S. 31–44.

47 Vgl. Sprengel: Geschichte der deutschsprachigen Literatur 1870–1900 (s. Anm. 2), S. 68.

48 Wilhelm Raabe: Stopfkuchen. Eine See- und Mordgeschichte (zuerst 1891). In: ders.: Sämtliche Werke. Im Auftrag der Braunschweigischen Wissenschaftlichen Gesellschaft hg. von Karl Hoppe. Bd. 18. 2., durchges. Aufl. 1969, S. 5–207, hier S. 70. Der Protagonist Heinrich Schaumann, der das äußert, fährt fort: „Ich bin nicht dieser Ansicht." Ebd. Ralf Simon: Raabes literarische Historik. In: Jahrbuch der Raabe-Gesellschaft (2009), S. 7–21, hier S. 21, hat die Passage als Beleg für den Widerspruch der literarischen Historik Raabes gegen den Historismus gelesen.

49 Vgl. Jacques Rancière: Politik der Literatur. Übers. von Richard Steurer. 2, überarb. Aufl. Wien 2011, S. 34. Osterhammel: Die Verwandlung der Welt (s. Anm. 3), S. 46 f., hat darauf hingewiesen, dass im 19. Jahrhundert die ersten ‚modernen' Sozialreportagen entstanden sind.

lässt, dessen Semantik nun lexikographisch rekonstruiert und in der Kodifikation aktualisiert wird und das als „kreuzende Macht“[50], „Tücke des Objekts“[51] oder „Sphäre des reinen Widersinns“[52] jedes Ordnungsbegehren, auch das des Novellisten und Dramatikers, zu unterlaufen droht.

Führt man die formale mit der thematischen Ebene zusammen, dann gelangt man zum Stil der Literatur des 19. Jahrhunderts. Es ist darauf hingewiesen worden, dass der Stil im Realismus nicht mehr durchgehend den Sujets oder den Figuren angepasst sei. Vielmehr gewinne er einen Eigenwert, indem er eine neue Weise des Sehens zum Ausdruck bringe.[53] Neu ist diese Art des Sehens, weil sie Unterschiedliches gleich behandelt und sich darin von der repräsentativen Ordnung der Adelsgesellschaft abkehrt.[54] Theodor Fontane hat daher den Realismus als eine spezielle Art der ‚Interessenvertretung‘ apostrophiert.[55] Auch auf dieser Ebene, auf der es um die stilistische Äquivalenz von thematisch Heterogenem geht, wird die Ungeschicklichkeit nun produktiv. Sowohl auf der Ebene des Dargestellten als auch auf derjenigen der Darstellung zeigt sie sich in der Verbindung grotesker mit erhabenen Elementen. Diese Verbindung war schon für Goethes Gedicht *Lili's Park* konstitutiv und diente dort der Konturierung des ebenso ungeschickten wie kraftvollen Bären. Heinrich von Kleist und Henriette Vogel haben in ihrem grellen Abschiedsbrief vor dem gemeinsamen Selbstmord nicht zufällig aus *Lili's Park* zitiert.[56] In der Tat spielt insbesondere im Werk Kleists, humoristisch abgefedert aber auch bei Jean Paul und später

---

50 Hebbel: Tagebücher (s. Anm. 23), S. 270; vgl. Vischer: Auch Einer (s. Anm. 26), S. 284.

51 Ebd., S. 24, S. 323 und S. 491.

52 Ebd., S. 284.

53 Rancière: Politik der Literatur (s. Anm. 49), S. 21 f. Nach Osterhammel: Die Verwandlung der Welt (s. Anm. 3), S. 48, kann der realistische Roman geradezu als „Verwandter der Sozialreportage“ verstanden werden.

54 Rancière: Politik der Literatur (s. Anm. 49), S. 23 f.

55 In seinem Aufsatz *Unsere lyrische und epische Poesie seit 1848*. Hier zit. nach Sprengel: Geschichte der deutschsprachigen Literatur 1870–1900 (s. Anm. 2), S. 100.

56 Heinrich von Kleist und Henriette Vogel an Sophie Müller, 20.11.1811. In: Heinrich von Kleist: Sämtliche Werke und Briefe. Auf der Grundlage der

bei E. T. A. Hoffmann, die Mischung von grotesken und erhabenen Momenten eine zentrale Rolle. Für die Dramentheorie des 19. Jahrhunderts hat diese Mischung prominent Victor Hugo eingefordert, der dabei seinerseits auf Einflüsse aus Deutschland zurückgriff.[57]

Im deutschen Reich wurde das Postulat der Verbindung gegensätzlicher Stilmerkmale zugunsten einer neuen Haltung zur Realität etwa in den bitterbösen Bildergeschichten Wilhelm Buschs umgesetzt.[58] Es lässt sich aber auch in der zeitgenössischen Novellistik beobachten. So führt Conrad Ferdinand Meyer zu Beginn seiner Novelle *Der Schuß von der Kanzel* vor, wie der Kandidat Pfannenstiel beim Abstieg am Berg von einem Dorf zum anderen ins Stolpern gerät. Er stößt sich ungeschickt an einem Stein. Wie im Realismus üblich wird das Ereignis begründet. Dass dem „schmalen und hagern"[59] Theologen etwas zwischen die Beine geraten konnte, hat seinen Grund zum einen in der plötzlichen Ansprache durch den Gefährten, mit dem zusammen er den Berg hinuntersteigt. Zum anderen wird es durch den Umstand verursacht, dass Pfannenstiel seine Augen „bis jetzt unverwandt auf die Turmspitze von Mythikon geheftet" hatte, „die am jenseitigen Ufer über einer dunkelbewaldeten Halbinsel als schlanke Nadel in den Himmel aufstach."[60] Im Anblick der ‚erhabenen' Turmspitze verdichten sich die Hoffnungen des Kandidaten auf ein bescheidenes Lebensglück.[61] Seine Augen ziehen ihn aus der Gegenwart ab, während seine Füße ihn ins Hier und Jetzt zurückreißen. Strukturell, im Sinne der tektonischen Integration, verweist das Stolpern des Kandidaten sowohl auf den plötzlich ausgelösten, letztlich humoristischen Schuss eines

Brandenburger Ausgabe hg. von Roland Reuß und Peter Staengle. Bd. 2. München 2010, S. 994 f., hier S. 995.

57 Stockinger: Das 19. Jahrhundert (s. Anm. 7), S. 190.

58 Ebd.

59 Conrad Ferdinand Meyer: Der Schuß von der Kanzel (zuerst 1878). In: ders.: Sämtliche Werke. Hg. von Erwin Laaths. Bd. 1. München 1976, S. 62–105, hier S. 62.

60 Ebd., S. 63.

61 Das wird in der Novelle durch einen bissigen Kommentar General Wertmüllers bekräftigt, der dem Kandidaten empfiehlt: „Das beste ist, Ihr bleibt zu Hause. Blickt aus! Zählt alle die Turmspitzen am See – das Kanaan der Pfarrer." Ebd., S. 75.

predigenden Pfarrers, den der Titel der Novelle ankündigt, als auch auf das tragische „Fallen“[62] des spottlustigen Generals Wertmüller im Feldzug, auf das der Handlungsbogen der Novelle hinarbeitet. Zwischen dem Grotesken und dem Erhabenen, dem Komischen und dem Tragischen entfalten sich in unterschiedlichen Mischungsverhältnissen die Koordinaten auch des realistischen Erzählens und das Ungeschick gehört zu seinen Motoren.

Versucht man den „anthropologischen Heißhunger“ des 19. Jahrhunderts auf die Kombination von „Kunsteifer“ mit „Unbeholfenheit“[63] sozial- und mediengeschichtlich tiefer zu legen, dann rücken die Druckmedien in den Blick. Nachdem im Zeitalter der Restauration die Agrarreformen und die Einführung der Gewerbefreiheit die feudale Strukturierung der Gesellschaft zwar nicht abgeschafft, aber auszuhöhlen begonnen hatten, kommt es zur Einrichtung des Marktes als dominanter Organisationsform von Wirtschaft und Gesellschaft.[64] Das wird durch technische Neuerungen unterstützt und wirkt sich auch auf die Literatur aus. Schreiben wird im Vormärz zu einem Massenphänomen,[65] dessen Agenten sich auf dem freien Markt behaupten müssen. Teils parallel, teils gegenläufig zur politischen Herrschaft entsteht mit der Einführung von schnelleren Druckerpressen und der Verbilligung des Papiers eine neue „Demokratie der Schrift“[66]. Ihr wichtigster Agent wird die über Zeitungen operierende Presse. Man hat sie als „Medium gesellschaftlicher Selbstbeobachtung unter Bedingungen einer dramatischen Ausweitung der Reichweite medial gestützter Kommunikation“ bezeichnet.[67] Indem sich eine wachsende Masse von Autoren an ein anonymes Publikum richtet, realisiert sich die Demokratie der

---

62 Der General nimmt sein Schicksal im Gespräch mit Pfannenstiel vorweg: „Fallen – wohlan!“ Ebd., S. 74.

63 Franz Grillparzer: Der arme Spielmann. Erzählung (zuerst 1848). Hg. von Helmut Bachmaier. Stuttgart 2002, S. 8.

64 Vgl. Stein: Sozialgeschichtliche Signatur 1815–1848 (s. Anm. 2), S. 21.

65 Germaine Goetzinger: Die Situation der Autorinnen und Autoren. In: Sautermeister/Schmid (Hg.): Zwischen Revolution und Restauration (s. Anm. 2), S. 38–59, hier S. 39.

66 Rancière: Politik der Literatur (s. Anm. 49), S. 25.

67 Osterhammel: Die Verwandlung der Welt (s. Anm. 3), S. 76.

Schrift nun auch in einer zunehmend jenseits von Anredeverhältnissen zirkulierenden Form der Literatur.[68] Auch wenn ihre Wirkungsmacht in Deutschland durch staatliche Eingriffe wie die Zensur gesteuert wird, geht mit ihr eine neue Toleranz gegenüber Phänomenen der Alterität einher. Die Literatur des Realismus gewährt auch solchen Themen, Autoren- und Lesergruppen Raum, die bislang aus dem Literaturbetrieb ausgeschlossen waren.[69]

Exemplarisch lässt sich das an Gottfried Kellers Roman *Der grüne Heinrich* verdeutlichen. Im Konfirmationsunterricht, an dem auch der Protagonist Heinrich Lee teilnimmt, kommen junge Männer aus allen Ständen zusammen. Am oberen Ende des Tisches sitzen „die Vornehmen und Studierenden", danach kommt „der mittlere Bürgerstand" und am unteren Ende finden sich,

> ganz in der Dunkelheit, arme Schuhmacherlehrlinge, Dienstboten und Fabrikarbeiter, etwas roh und schüchtern, unter denen wohl dann und wann eine plumpe Störung vorfiel, während weiter oben man sich mit Anstand einer ruhigen Unaufmerksamkeit hingab.[70]

Die nicht zuletzt medial bedingte Alteritätstoleranz des poetischen Realismus versetzt zudem die Normen öffentlicher Kommunikation in Bewegung, lässt die Ordnungen des Schicklichen weiter zurücktreten[71] und muss daher auch das Ungeschick in neuer Weise konzipieren und literarisch integrieren. Wie bereits ausgeführt

---

68 Vgl. Manuela Günter: Im Vorhof der Kunst. Mediengeschichten der Literatur im 19. Jahrhundert. Bielefeld 2008.

69 Vgl. zu den Autoren Goetzinger: Die Situation der Autorinnen und Autoren (s. Anm. 65), S. 45.

70 Gottfried Keller: Der grüne Heinrich. Zweite Fassung (zuerst 1879/80). In: ders.: Sämtliche Werke. Hg. von Thomas Böning u. a. Bd. 3. Frankfurt a. M. 1996, S. 303; vgl. die leicht abweichende Passage in der Erstfassung; Gottfried Keller: Der grüne Heinrich. Erste Fassung (zuerst 1854/55). In: ders.: Sämtliche Werke. Hg. von Thomas Böning u. a. Bd. 2. Frankfurt a. M. 1985, S. 367.

71 Gegenläufig dazu werden in den Familienzeitschriften die „Grenzen des erotisch Schicklichen", aber auch die „des sozial Schicklichen", strengstens beachtet und stabilisiert; vgl. Eva D. Becker: Literaturverbreitung. In: Edward McInnes/Gerhard Plumpe (Hg.): Bürgerlicher Realismus und Gründerzeit 1848–1890. München/Wien 1996, S. 108–143, hier S. 122 f.

geschieht dies in der Literatur des Realismus sowohl auf thematischer als auch auf formaler Ebene. In thematischer Hinsicht ist dabei an die Öffnung der Literatur gegenüber dem Alltag mit seinen Tücken zu erinnern, in formaler dagegen – ex negativo – an das Idealisierungsgebot, mit dem sich die literarische Literatur von ihren Konkurrentinnen und Konkurrenten, insbesondere vom Journalismus und der Trivialliteratur, abzuheben versucht. Während die Trivialliteratur Alltägliches zwar schicklich, aber in ungeschickter Weise thematisiert, setzt die literarische Literatur Alltägliches – und das ihm zugehörige Ungeschick – ausnehmend geschickt in Szene.

III

Meister Ungeschick

Im 19. Jahrhundert verändert sich erneut die Semantik des Ausdrucks *ungeschickt*. Auch sie wird ‚modern'. Vor allem wird der Begriff ideologisch, insbesondere antisemitisch, aufgeladen. Um die semantischen Verschiebungen zu rekonstruieren, bietet sich wie zuvor schon ein Blick in die zeitgenössischen Wörterbücher an. Im Laufe des 19. Jahrhunderts geraten sie zusammen mit der neu entstehenden Germanistik in den Bann des Historismus. Das lexikographische Monument dieser Neuausrichtung ist das *Deutsche Wörterbuch* von Jacob und Wilhelm Grimm, dessen erster Band 1854 erscheint.[72] In der Gegenwart des 19. Jahrhunderts werden nun immer auch die reichen, teils überreichen Ausdrucksmöglichkeiten der Vergangenheit mitgeführt – zunehmend in der präskriptiven Absicht, diese Vergangenheit zur Norm der Gegenwart zu machen. Insofern verbindet sich die Wörterbucharbeit mit einer durchgehenden Politisierung und Ideologisierung der öffentlichen Sprache. Denkt man an das kompakte Handwörterbuch von Johann Christian Heyse und seinem Sohn Karl Wilhelm Ludwig (der Tausts *Glůks=Verwandlung Der Verliebten* besessen hat), sowie an das liberale, an der Gegenwartssprache und der neueren Literatur seit Goethe orientierte Wörterbuch von Daniel Sanders, dann wirkt sich bis zur Reichsgründung von 1871 das historistische Paradigma noch relativ moderat aus und die rationalistischen Ergebnisse Adelungs sowie die volkspädagogischen Campes bleiben weiterhin in Geltung. Nach 1871 wurde der liberalistische Traum „gerade für die engagierteste Fraktion des Bürgertums zum Trauma"[73] und der Antisemitismus der Heroischen Moderne trat auch im Wörterbuch hervor.

---

72 Deutsches Wörterbuch. Hg. von Jacob und Wilhelm Grimm. 33 Bde. Leipzig 1854–1971.

73 Sprengel: Geschichte der deutschsprachigen Literatur 1870–1900 (s. Anm. 2), S. 9.

 | DOI:10.30965/9783846761038_023

Geht man in die Details, dann kündigt sich die Historisierung in Heyses *Handwörterbuch der deutschen Sprache* an. Es bezieht erstmals systematisch auch die Etymologie ein[74] und war während des 19. Jahrhunderts sehr erfolgreich. Das Lemma *Ungeschick* findet sich im 1849 erschienenen zweiten Band. Die Ausführungen beziehen sich zurück auf das Lemma *Geschick*. Als dessen Grundbedeutung wird genealogisch „etwas Geschicktes, Gefügtes" und, darauf aufbauend, „eine Fügung menschlicher Begebenheiten durch eine höhere Macht" angegeben.[75] Das Adjektiv *ungeschickt* wird dann ebenso wie bei Adelung und Campe als Antonym zu *geschickt* eingeführt, wobei Heyse allerdings nur zwei und nicht drei Bedeutungspositionen unterscheidet.[76] In der ersten, älteren, bezieht sich *ungeschickt* sowohl auf Dinge als auch auf Personen. Wird der Ausdruck auf Dinge angewandt, dann meint er „ungeeignet, untauglich, unbrauchbar"; bezeichnet man mit ihm Personen, dann bedeutet er „kein Geschick habend, unfähig zu etwas". Die zweite, jüngere Bedeutungsposition ist ganz auf Personen und deren Körpermotorik eingeschränkt und wird mit „körperlich ungeübt, ungewandt" angegeben. Die erläuternden Kompetenzbeispiele zu dieser Position übernimmt Heyse von Campe. In zwei dialektalen Sonderbedeutungen, die erkennbar die frühneuzeitliche, in der Standardsprache ausgeschaltete Rustikal- und Ineptiasemantik konservieren, versteckt sich die dritte Bedeutungsposition der Wörterbücher Adelungs und Campes. In dieser Verwendung meint das Adjektiv „unförmlich, groß und plump", im Oberdeutschen auch weiterhin „unschicklich, ungebührlich".

---

74 Vgl. Ulrike Haß-Zumkehr: Deutsche Wörterbücher – Brennpunkt von Sprach- und Kulturgeschichte. Berlin/New York 2001, S. 173.

75 Johann Christian August Heyse: Handwörterbuch der deutschen Sprache mit Hinsicht auf Rechtschreibung, Abstammung und Bildung, Biegung und Fügung der Wörter, sowie deren Sinnverwandtschaft. Bd. 1. Magdeburg 1833, S. 558. Zum Autor vgl. Red.: Heyse, Johann Christian. In: Internationales Germanistenlexikon 1800–1950. Hg. von Christoph König. Bd. 2. Berlin/New York 2003, S. 745 f.

76 Johann Christian August Heyse: Handwörterbuch der deutschen Sprache. Bd. 2.2. Magdeburg 1849, S. 1421. Die folgenden Zitate ebd.

Einige Jahre später hat der jüdisch-deutsche Philologe, 48er-Revolutionär und Lexikograph Daniel Sanders sein *Wörterbuch der Deutschen Sprache* als vergleichsweise benutzerfreundliches Konkurrenzunternehmen zum radikal historistisch verfahrenden und in Umfang und Format eher rücksichtslosen Grimm'schen Wörterbuch angelegt.[77] Der ‚Sanders' erschien zwischen 1859 und 1865 in drei Bänden. Das Wörterbuch versteht Sprache als „Instrument demokratischer Kommunikation", sowie als „Medium von Bildung und des Austauschs mit anderen Völkern".[78] Damit ist es ein Beleg für die Globalisierungstendenzen des 19. Jahrhunderts. Gestützt auf die deutsche Literatur von Luther bis zur Gegenwart, aber auch auf Fachliteratur und erstmals auf Belege aus der Presse, soll der Sprachgebrauch der Gegenwart dokumentiert und das Handeln in ihr unterstützt werden. Das Lemma *ungeschickt* hat Sanders im Artikel zu *Schicken* untergebracht. Ebenso wie Adelung und Campe unterscheidet er wieder explizit drei Bedeutungspositionen, nimmt aber auch Umakzentuierungen vor. Dabei steigert er gegenüber den Vorgängern, aber auch gegenüber seinem eigenen Eintrag zum Lemma *geschickt*, in erheblichem Umfang die Belegdichte, wobei nun ausschließlich literarische Beispiele herangezogen werden. Sanders versteht die deutsche Literatur als Medium der Bildung und der sozialen Aufwärtsmobilität. Gemäß der ersten, auf Dinge bezogenen Bedeutungsposition verneint der Ausdruck *ungeschickt*, dass etwas zu einem Zweck tauglich ist: „Etwas un-g[eschickt] und zweckwidrig finden".[79] Belegt wird das durch Zitate aus Werken Goethes (*Dichtung und Wahrheit, Tasso*), Schillers (*Die berühmte*

77 Das zog Sanders die scharfe, teils antisemitisch motivierte Kritik aus dem Kreis der Mitarbeiter am *Deutschen Wörterbuch* zu; vgl. Haß-Zumkehr: Deutsche Wörterbücher (s. Anm. 74), S. 146. Zum Autor vgl. Ulrike Haß: Sanders, Daniel. In: Internationales Germanistenlexikon 1800–1950. Hg. von Christoph König. Bd. 3. Berlin/New York 2003, S. 1561–1563.

78 Haß-Zumkehr: Deutsche Wörterbücher (s. Anm. 74), S. 147. Mehrsprachigkeit war bis ins 19. Jahrhundert weltweit der Normalfall. Das wurde erst durch die Gleichsetzung von Nation und Nationalkultur verdunkelt; vgl. Osterhammel: Die Verwandlung der Welt (s. Anm. 3), S. 665.

79 Daniel Sanders: Wörterbuch der Deutschen Sprache. Mit Belegen von Luther bis auf die Gegenwart. Bd. 2.2. 2., unveränd. Aufl. Leipzig 1876, S. 916.

Frau), Therese Hubers (*Johann Georg Forster's Briefwechsel*) und Tiecks (*Dramaturgische Blätter*). In der zweiten Bedeutungsposition ist der Ausdruck *ungeschickt* ausschließlich auf Personen bezogen und bezeichnet dann eine fehlende Fertigkeit und Gewandtheit im Handeln.[80] Diese Position scheint Sanders für die aktuell dominante zu halten. Sie wird mit Verweisen auf Texte von Goethe (*Wilhelm Meister, Iphigenie*) und Chamisso (*Peter Schlemihl*) belegt. Ihr ordnet Sanders auch die Anrede „(Meister) Un-g[eschickt]" zu,[81] die er als erster lexikographisch kodifiziert. Er hat sie bei Fouqué (*Die Runenschrift*) und in einer Aristophanes-Übersetzung (*Der Friede*) gefunden. Außerdem bezieht Sanders den Phraseologismus *Ungeschick lässt grüßen* ein, indem er auf das Lemma *grüßen* verweist, und führt die Nominalisierung *Ungeschicktheit* an, die er durch Textstellen aus Werken von Rahel Varnhagen (Briefwechsel mit Alexander von der Marwitz), Fichte (*Reden an die deutsche Nation*) und Auerbach (*Tagebuch aus Wien; Schrift und Volk*) belegt. Die dritte Bedeutungsposition wird vergleichsweise kurz abgehandelt. Es geht dabei um die frühneuzeitliche Semantik des Ausdrucks, die auch Sanders für veraltet hält. Ihr zufolge charakterisiert *ungeschickt* ein Benehmen oder Verhalten als „unschicklich, unpassend".[82] Der einzige neuere Beleg stammt aus Herders Verserzählung *Der Fremdling auf Golgatha*, ist aber, wie Sanders vermerkt, ein Luther-Zitat, das Herder aus Luthers Übersetzung des *Neuen Testaments* übernommen hat. Darüber hinaus verweist Sanders für diese ältere, nur im Oberdeutschen noch gebräuchliche Bedeutungsposition auf Huldreich Zwinglis *Grůndlich verglimpfung und ableinung*, eine Polemik gegen Luthers Predigt über die Schwärmer, wo wiederholt von der „ungeschickte der gschrift"[83] die Rede ist. Mit diesem historisierenden Beleg verleiht Sanders dem Ausdruck abschließend

80 Ebd.

81 Ebd.

82 Ebd.

83 Huldrych Zwingli: Grůndlich verglimpfung und ableinung über die predigt des treffenlichen Martini Luthers wider die schwårmer. In: Huldreich Zwingli's Werke. Hg. von Melchior Schuler und Johann Schulthess. Bd. 2.2. Zürich 1842, S. 1–15, hier: S. 12: „Und darum merk iez uf die ungeschickte der gschrift"; vgl. ebd., S. 13: „Das ist die ungeschickte, von der wir sagend."

eine schriftkritische Aura. Da der Historismus wesentlich auf Schriftzeugnissen beruht und Wurzeln im Humanismus hat, ist das auch als Kritik an ihm lesbar. In jedem Fall geht Sanders zum radikalen Historismus des 19. Jahrhunderts auf Distanz.

Das ist bemerkenswert, weil nach dem Start des Grimm'schen Wörterbuchs die Sprachgeschichte in der Lexikographie zum Nonplusultra aufgestiegen war. An ihr maß zumindest die erstarkende Germanistik jedes neue Wörterbuch. Das musste auch Sanders erfahren. Die teils bösartige Kritik der Fachvertreter an seiner Arbeit wurde in ihrer Wirksamkeit noch durch den Umstand verstärkt, dass es sich beim *Deutschen Wörterbuch* um ein zunehmend staatlich finanziertes Kollektivunternehmen von immensen Dimensionen handelte. Nach der Reichsgründung war seine Monopolstellung nicht mehr zu erschüttern. Zu den Mitarbeitern gehörte auch der Göttinger Mediävist und Oberbibliothekar Moritz Heyne, ein überzeugter Nationalist.[84] Sein Wörterbuch, das zwischen 1890 und 1895 in drei Bänden erschienen ist, will dem Kaiserreich in der Heroischen Moderne die Errungenschaften des Grimm'schen Wörterbuchs schon vor dessen Abschluss und in entschiedener, antisemitisch aufgeladener Gegenstellung zu Sanders zugänglich machen. Es richtet sich explizit an „weitere Kreise" und will in ideologischer Absicht vor allem den „Gebildeten" unter den Deutschen (von denen die deutschen Juden nun zunehmend unterschieden werden) einen historisch fundierten Sprachgebrauch an die Hand geben.[85] Zu diesem Zweck werden Belege vom frühen Mittelalter bis zur Gegenwart aufgeboten, die emphatisch die deutsche Dichtung bevorzugen. Die deutsche Literatur bleibt dann Sanders und den deutschen Juden überlassen. Die Definitionen, aber auch die numerischen Differenzierungen der Bedeutungspositionen, die

84 Vgl. Ulrich Hunger: Heyne, Moritz. In: Internationales Germanistenlexikon 1800–1950. Hg. von Christoph König. Bd. 2. Berlin/New York 2003, S. 743 f.

85 Moritz Heyne: Vorwort. In: ders.: Deutsches Wörterbuch. Bd. 1. Leipzig 1890, S. VI–VII, hier: S. VI. Vgl. zum ideologischen Charakter von Heynes Wörterbuch Haß-Zumkehr: Deutsche Wörterbücher (s. Anm. 74), S. 181.

Adelung, Campe, Heyse und Sanders geboten hatten, werden zugunsten einer genetisch-integralen Darstellung in einem historisch gestaffelten Bedeutungskontinuum bei Seite geschoben.

Heynes zweifelhafter Beitrag zur Ungeschicklichkeitssemantik besteht zunächst darin, dass er den Ausdruck *geschickt* ideologisch auflädt. Im Eintrag zum Lemma *Schick* stellt er der breiten Verwendung des Ausdrucks „in alter Spr[ache]“, die in historischer Abfolge zuerst „eingerichtet, gefügt, gestaltet“, dann „fähig“, „empfänglich“, „bereit“ und schließlich „tüchtig, passend tauglich“ umfasst habe, eine spätestens seit der Aufklärung nachweisbare Verwendung „in bedeutendem Sinne“ gegenüber.[86] Letztere wird mit den Synonymen „kundig, verständig“ umschrieben.[87] Wie die Belegbeispiele zeigen, will Heyne damit im Rückgriff auf Kant eine bloße, die ethische Dimension der eigenen Handlungsziele ausblendende Form der Geschicklichkeit von einer moralisch verantwortbaren unterscheiden und diese Unterscheidung auch in der Bedeutungsgeschichte des Ausdrucks unterbringen. Dabei verfolgt er eine klare Tendenz. Geht man nämlich seinen Belegen nach, dann insinuieren sie eine Assoziation der ‚bloßen‘ Geschicklichkeit mit dem Judentum, während die Geschicklichkeit „in bedeutendem Sinne“, also eine Art Hochwertgeschicklichkeit, den angeblich immer schon ethisch gesinnten deutschen Christen vorbehalten wird.[88] Man kann darin einen Ausdruck der Angst deutscher Christen vor der Affinität der deutschen Juden zur Fortschrittsmoderne, vor ihrer Beweglichkeit, Witzigkeit und Keckheit im Umgang mit dem Neuen, und damit auch einen Ausdruck des Neids auf die dabei erzielten Erfolge sehen.[89]

In diesem Dunstkreis bewegen sich auch die Ausführungen zum Ausdruck *ungeschickt*. Sie finden sich unter dem Lemma *Un=*, das Heyne nicht schätzt: „Die verneinende Bed[eutung] der Vorsilbe

---

86 Moritz Heyne: Deutsches Wörterbuch. Bd. 3. Leipzig 1895, Sp. 322.

87 Ebd.

88 Vgl. auch die Ausführungen zu Karl Hermann Scheidler, unten S. 360–364.

89 Vgl. zu diesem Syndrom Götz Aly: Warum die Deutschen? Warum die Juden? Gleichheit, Neid und Rassenhass 1800–1933. Frankfurt a. M. 2011, S. 11 und S. 48 f.

geht nicht auf eine Thatsache, sondern auf eine Eigenschaft, daher Worte mit *un-* schwächende, beraubende Bed[eutung] zeigen, die an Substantiven in den Begriff des Mangels, der Verkehrtheit, des Widrigen umschlägt."[90] Entsprechend kurz und missmutig fällt – ganz im Gegensatz zu dem ausführlichen Eintrag von Sanders – der Artikelabschnitt zu *ungeschickt* aus. Er geht einleitend auf die mittelhochdeutsche Ursprungsbedeutung „unpassend" ein, die auf Dinge und Personen bezogen war und im Sinne der Ausführungen zu *geschickt* durch das wertende Synonym „unrecht" ergänzt wird.[91] Blickt man zurück auf die Verwendung des Ausdrucks bei Hans Sachs und Wickram, dann präferiert Heyne in den Glaubenskämpfen des Reformationszeitalters retrospektiv die Sieger. Er stützt seine Angabe durch einen Beleg, den er Luthers Übersetzung des *Neuen Testaments* entnimmt, und profiliert damit den moralisch integren Jesus gegenüber den mit ihm gekreuzigten Juden. Dadurch zieht er auch diesem Eintrag einen christlichen, latent antisemitischen Subtext ein. Es folgt die zuerst im Frühneuhochdeutschen auftretende und auf Personen beschränkte Bedeutung „nicht kunstfertig, plump", für die ein Beleg aus Fischarts Vorrede zu seiner Rabelais-Übersetzung herangezogen wird. Fischart stellt dort seine Kompetenz im Deutschen über diejenige unfähiger Übersetzer. Die anschließenden Kompetenzbelege „ungeschickt arbeiten, tanzen"[92] verdeutlichen die Ausbreitung dieser prosaischen Bedeutungsposition im Alltag des Kaiserreichs. Am Ende des Eintrags wird schließlich die oberdeutsche Sonderbedeutung „ungelegen" mit einem Zitat aus Schillers *Fiesko* nachgewiesen und es wird – mit einem Grillparzer-Beleg – das Idiom „meister Ungeschickt" als „scherzhafter Eigenname" angeführt. Insgesamt nimmt die historisierende Intention den Ausführungen ihren Gebrauchswert. Zugunsten ihrer reichhaltigen Vergangenheit dürfen die deutschen Christen die Gegenwart vernachlässigen und sie neidisch und zunehmend auch hasserfüllt den deutschen Juden überlassen.

90 Heyne: Deutsches Wörterbuch. Bd. 3 (s. Anm. 86), Sp. 1136 f.
91 Ebd., Sp. 1145.
92 Ebd.

Den Rahmen für das gesellschaftliche Leben bildeten im 19. Jahrhundert Imperien und Nationalstaaten.[93] Daher hat man die Epoche auch als Zeitalter des forcierten Nation Building verstanden. Es geht einher mit einer ausgeprägten Vorliebe für die Konstruktion von Nationalcharakteren und ihrer Mobilisierung. Auch in Deutschland, das erst am Ende des 19. Jahrhunderts zu den Imperien aufzuschließen begann, wird eifrig daran gearbeitet. Dabei kommt es zur Integration der Ungeschicklichkeit in die Reihe derjenigen Attribute, die von außen und von innen (letzteres teils mit antisemitischem Impetus) dem deutschen Nationalcharakter zugeschrieben werden. Konstitutive Bedeutung erhält nun der Vergleich zwischen dem Imperium Frankreich und dem verspätet den Status einer Nation erlangenden deutschen Reich.[94] Drei Phasen lassen sich unterscheiden, wobei die erste bis 1848 dauert und das Ungeschick der Deutschen aus französischer Perspektive ambivalent bewertet, die zweite mit der Reichsgründung von 1871 endet und das Ungeschick mit antifranzösischem Impetus aufwertet und die dritte aus einer profranzösisch-imperialistischen Perspektive in der Heroischen Moderne den deutschen Flirt mit dem Ungeschick verspottet und an der Erkenntnis der strategischen Potenziale des Ungeschicks schließlich zerbricht.

Für die erste Phase ist der Essay *De l'Allemagne* von Germaine de Staël typisch. Erschienen ist er 1813 in London, während der antinapoleonischen Befreiungskriege. Die Autorin greift darin Überlegungen der Frühromantik auf, die den deutschen Künstler als ungeschicktes Kind charakterisiert hatte. Sie aktiviert den antinapoleonischen Patriotismus, der deutsche Tugenden eng mit der Lizenz zu ungeschicktem Verhalten amalgamierte, sie nutzt auch die intime Vertrautheit August Wilhelm Schlegels mit der deutschen

93 Vgl. Osterhammel: Die Verwandlung der Welt (s. Anm. 3), S. 565. Zum global während des 19. Jhdt. wenig erfolgreichen Nationalismus und zur Unterscheidung zwischen Nationalismus und „Solidaritätsstiftung im Namen einer ‚Nation'" vgl. ebd., S. 670; zur Dynamik nationalistischer Rhetoriken der Selbstbeschreibung vgl. ebd., S. 671.

94 Vgl. ebd., S. 584: „Erst die Erfahrung französischer ‚Fremdherrschaft' radikalisierte den Nationalismus in Deutschland."

Literatur und Kultur, geht aber vor allem auf eigene Einsichten zurück, die sie während ihrer Reisen durch Deutschland gewinnen konnte. Der Essay richtet sich gegen die imperialen Zielsetzungen Napoleons. Er sollte die Franzosen mit der deutschen Romantik bekannt und sie dadurch auch ein wenig ‚deutscher' machen. Die 1815 erschienene Übersetzung konnte nachgerade als Liebeserklärung an den deutschen Tiefsinn gelesen werden, demonstrierte aber auch die Kauzigkeit und zivilisatorische Rückständigkeit seiner sinnenden Träger.

Für Germaine de Staël sind die Deutschen tatsächlich ruhige und tiefblickende Grübler[95] von wilder Herkunft,[96] die sich in „Nebel und Frost"[97] heimisch fühlen. Während die Franzosen „nur in Masse allmåchtig" seien, liege die Kraft der Deutschen in ihrer „eigenthůmlichen Originalität".[98] Gerade das Fehlen eines „Gesellschaftsgeistes"[99], der sie sozial ungeschickt werden lasse, begründe die Vorzüge der Deutschen. Das ist eine ausgesprochen wirkungsmächtige Fassung des deutschen Ambivalenzschemas. Entsprechend neigen für Germaine de Staël die Deutschen zwar zu „Ruhe, Trågheit und Nachdenken"[100], sind dabei aber auch geistig unabhängig,[101] „bieder"[102], sowie „aufrichtig und treu"[103]. Das mache sie unfähig zu Betrug und Arglist[104]. Ihre Entschlüsse reiften zwar langsam und allzu leicht ließen sie sich dabei entmutigen,[105] doch erlaube „eine Art sanfter friedlicher Anarchie" unter ihnen einem jeden, seine

95 De l'Allemagne par Mme La Baronne de Staël Holstein. Bd. 1. London 1813; hier zit. nach der ersten deutschen Übers. von Friedrich Buchholz u. a.: Deutschland. Von Anne Germaine, Baronin von Staël Holstein. Bd. 1. Reutlingen 1815, S. 96.

96 Ebd., S. 16.

97 Ebd., S. 53.

98 Ebd., S. 96.

99 Ebd., S. 87.

100 Ebd., S. 66.

101 Ebd., S. 96.

102 Ebd., S. 17.

103 Ebd., S. 28.

104 Ebd.

105 Ebd., S. 34.

eigenen Ansichten zu vertreten.[106] Die lockere Form ihrer Geselligkeit mache die Deutschen freilich auch unfähig zur Oberflächlichkeit der Franzosen, insbesondere „in der Kunst zu schwatzen"[107] und der leichten Unterhaltung, in die sie unvermittelt ihr schweres Bücherwissen einfließen ließen.[108] Das liege auch daran, dass die Deutschen immer in die Tiefe dringen müssten.[109] Sie hätten stets mehr Ideen im Kopf, als sie aussprechen könnten.[110] Wenn sie aber einmal nicht denken würden, könnten sie auch nichts sagen und verwickelten sich dann in Respektgesten, zu denen ehrerbietige Verneigungen oder förmliche Höflichkeiten gehörten.[111] Das solle ihrem Gesprächspartner dann als Höflichkeit erscheinen, sei ihnen selbst aber erkennbar lästig.[112] Die weiten Spielräume, die ihnen die milde Anarchie ihres Zusammenlebens eröffne, lasse die Deutschen auch motorisch ungeschickt werden. Es sei ihnen nicht gegeben, gewandt und geschickt aufzutreten, sondern sie erschienen stets beunruhigt und verlegen.[113] Im Umgang legten sie eine „låchelnde Steifheit" an den Tag, „die mit aller Zwanglosigkeit alle Wůrde verscheucht."[114] Ebenso wie Deutsche in Gesellschaft „blǒde und roh"[115] blieben, fehle es auch den Gelehrten an „Umgangssitte"[116].

Die scharf pointierten Urteile der Gegnerin Napoleons verbinden in diskursgeschichtlicher Perspektive die Ungeschicklichkeitsdistanz der Weimarer Klassik[117] mit der Ungeschicklichkeitsemphase der Romantik. Zugleich korrespondieren sie aber auch in verhängnisvoller Weise mit dem Nationalpatriotismus Ernst Moritz

106 Ebd., S. 26.
107 Ebd., S. 74.
108 Ebd., S. 18.
109 Ebd., S. 77.
110 Ebd., S. 82.
111 Ebd., S. 33.
112 Ebd., S. 83.
113 Ebd., S. 38.
114 Ebd., S. 53. Ähnliches berichteten zeitgenössische Besucher von Goethe, bei dem Germaine de Staël 1803 im Winter 1803/04 zu Gast war.
115 Ebd., S. 79.
116 Ebd., S. 71.
117 Vgl. dazu auch Dieter Borchmeyer: Was ist deutsch? Die Suche einer Nation nach sich selbst. Berlin 2017, S. 429 f.

Arndts, der ebenfalls 1813 das Starre, Schwerfällige und Bedächtige der Deutschen verherrlicht und „den Hass des Tölpels und der Transuse auf die Regsamen und Behänden“, unter denen er die Juden verstand, legitimiert hatte.[118] Man hat das als Bewirtschaftung eines Bodens verstanden, aus dem im 19. Jahrhundert der deutsche Antisemitismus entstand: als „national eintöniges Gleichheitsgebrause, Engherzigkeit und grämlicher Neid auf diejenigen, die sich mit hellwachem Geist an der Gegenwart erfreuten und deren Geschäfte in bunter Vielfalt blühten.“[119]

Für die ambivalente Verbindung der Ungeschicklichkeit mit dem deutschen Nationalcharakter und die Geschichte dieser Verbindung im 19. Jahrhundert sind in der Folge vor allem zwei Entwicklungen aufschlussreich: die Philistersemantik und der Aufstieg des deutschen Michel. Beide gehen zurück auf die soziale Krise der 1840er Jahre. Durch den Bevölkerungsüberschuss und die aufkommende Industrialisierung brach die traditionelle Kleinstadtwelt mit ihren Zunftordnungen auf. Zugleich wurde der konstitutionelle Liberalismus durch einen innenpolitisch begründeten Nationalismus dynamisiert und in einen Gegensatz zum restaurativen Staat gebracht. Dadurch wurde die klassisch-romantische Zielsetzung der Kulturnation in die liberale der Staatsnation transformiert. Zum Träger dieser Transformation schwang sich die nationale Bewegung auf, die sich im Vormärz gegen sämtliche Gegner durchsetzen konnte. Sie profitierte von neuen, massenmedialen Kommunikationsstrukturen, allen voran von der Presse. Auf verschiedenen Ebenen kamen nun nationale Identitäten zum Ausdruck, in denen sich eine ökonomisch gestützte Staatsbürgergesellschaft formierte.[120] Sie hatte zunächst noch den Status eines labilen Mittelstands, in dem sich auch und besonders die deutschen Juden entfalten konnten. Ihnen gelang „eine wohldosierte Anpassung an die Umgebung bei

118 Ernst Moritz Arndt: Phantasien zur Berichtigung der Urteile über die künftige deutsche Verfassung (1815). Hier zit. nach Aly: Warum die Deutschen? Warum die Juden? (s. Anm. 89), S. 57.

119 Ebd.

120 Stein: Sozialgeschichtliche Signatur 1815–1848 (s. Anm. 2), S. 33 f.

gleichzeitiger Bewahrung eines Kerns von jüdischer Identität."[121] Von den Anhängern des älteren Konzepts der Kulturnation, zu denen auch das Gros der deutschen Schriftsteller gehörte, wurde der neue Mittelstand allerdings mithilfe der Sozialfigur des Philisters angegriffen und verspottet. Die Vertreter des Mittelstands galten den Verfechtern der Kulturnation als pedantische, träge und teils auch tollpatschige Pfahlbürger, angesiedelt „im Schnittpunkt von Antisemitismus und Nationalbewegung".[122]

Zum karikaturistisch ergiebigen visuellen Pendant des Bildungsphilisters avancierte seit den 1830er Jahren der deutsche Michel.[123] Karl Julius Weber hat ihn in seinem Essay *Die Deutschen* zum Nationalsymbol gemacht: „uns personifizirt der deutsche Michel, der sich selbst einen Tritt vor den Hintern gefallen läßt, und frägt: ‚Was beliebt?'"[124] In den Ausgaben der von Ludwig Pfau herausgegebenen Satirezeitschrift *Eulenspiegel* aus dem Jahr 1849 finden sich dann zum Beispiel Karikaturen, die den deutschen Philister verspotten,[125] aber auch solche, die den deutschen Michel und seine Preisgabe gerade errungener bürgerlicher Grundrechte in der Märzrevolution von 1848 thematisieren[126]. Verbunden werden beide Figuren ikono-

121 Osterhammel: Die Verwandlung der Welt (s. Anm. 3), S. 1229.

122 Remigius Bunia/Till Dembeck/Georg Stanitzek: Elemente einer Literatur- und Kulturgeschichte des Philisters. Einleitung. In: dies.: Philister. Problemgeschichte einer Sozialfigur in der neueren deutschen Literatur. Berlin 2011, S. 13–51, hier S. 13.

123 Vgl. Tomasz Szarota: Der deutsche Michel. Die Geschichte eines nationalen Symbols und Autostereotyps. Übers. von Kordula Zentgraf-Zubrzycka. Osnabrück 1998, S. 78–86; Stein: Sozialgeschichtliche Signatur 1815–1848 (s. Anm. 2), S. 20; Borchmeyer: Was ist deutsch? (s. Anm. 117), S. 408.

124 Carl Julius Weber: Die Deutschen. In: ders.: Democritos oder hinterlassene Papiere eines lachenden Philosophen. Bd. 9. 2., neu durchges. Aufl. Stuttgart 1839, S. 91–115, hier S. 93 f.

125 Eulenspiegel, Nr. 17, 21.4.1849, S. 68 (Ein „Musterbürger", der seine Ruhe haben will), ebd., Nr. 19, 5.5.1849, S. 76 („Die sogenannte deutsche Treue des Philisters").

126 Vgl. u. a. Eulenspiegel, Nr. 8, 17.2.1849, S. 30 f. (Michel verspielt seine Errungenschaften aus der Märzrevolution, schleppt schwer an seinen verbrieften Rechten und ist am Ende erschöpft), Nr. 9, 24.2.1849, S. 35 (Michel wird darüber belehrt, dass die März-Veilchen abgeknickt werden mussten, damit die Blumen der Reaktion umso prächtiger aufblühen konnten), sowie

graphisch durch ihre schlaffe, resignative Haltung und das gemeinsame Attribut der Passivität und Trägheit. Besonders deutlich wird eine Karikatur, die „Michel und seine Kappe im Jahr 48" darstellt. Sie zeigt, wie die Energie des Aufstands gegen die Obrigkeit allmählich verpufft und einer philiströsen Lethargie Platz macht. Die motorische Ungeschicklichkeit des deutschen Michel besteht wesentlich in seiner Untätigkeit. Gelegentlich ist aber auch von „seinen linkischen Manieren und ungelenkem Wesen" die Rede.[127]

— 51 —

Michel und seine Kappe im Jahr 48.

Frühjahr.

Sommer.

Spätjahr.

Eulenspiegels Feuilleton.

Lied eines deutschen Proletariers.

Was grünst du Laub, was blühst du so?
Mein Weib liegt unterm grünen Klee!
Du Nachtigall, was schlägst du froh?
Mein liebes Kind liegt auch dabei!
Sie darbten, darbten mit Geduld,
Bis sie zuletzt gestorben sind;
Der Hunger hat sie eingelullt,
Barmherziger als ein Menschenkind.

Mein Vater zog nach Westen fort
Mit wankem Fuß und weißem Haar;
Zum Sterben sucht' er einen Ort,
Der alte, müde Proletar.
Mein Mütterlein, das arme Weib,
Das braucht jetzt keine Erde mehr:
Sie senkten ihren morschen Leib
Zur ew'gen Ruh' ins tiefe Meer.

Wohl flüstert noch der Eichenbaum
Von alter Zeit ob meinem Haupt,
Die Glocken singen wie im Traum
Die Lieder, die ich sonst geglaubt.
Wer sagt, daß Glauben selig macht?
O schöner Trost der Ewigkeit!
Wo man euch also reich bedacht —
Wenn ihr einmal gestorben seid!

Abb. 11
Michel und seine Kappe, 1849

Nr. 15, 7.4.1849, S. 60 (Der Wechsel, den Michel von der Zentralmacht auf seine Grundrechte erhalten hat, ist ungedeckt und die Zentralmacht in Wahrheit eine Vogelscheuche). Vgl. dazu Szarota: Der deutsche Michel (s. Anm. 123), S. 157.

127 Arthur Schopenhauer: Parerga und Paralipomena. Kleine philosophische Schriften. Bd. 2 (zuerst 1851). In: ders.: Sämtliche Werke. Hg. von Wolfgang Freiherr von Löhneysen. Bd. 5. Frankfurt a. M. 1965, S. 5–773, hier S. 304.

Sieht man sich weitere Fälle an, marginale und prominente, dann zeichnen sich in der Zuschreibung von Ungeschicklichkeit zum deutschen Nationalcharakter Konstanten und Entwicklungen ab. Während seines Paris-Aufenthalts im Jahr 1843 hat sich Friedrich Hebbel im Tagebuch mit der These Heinrich Heines vom Ende der „Nationalität der Völker" beschäftigt. Hebbel hat die These bestätigt, die Poesie aber von ihr ausgenommen. Seiner Ansicht nach würden die verschiedenen Nationen auch weiterhin „Werke produciren", welche „die Welt-Literatur zugleich begründen und die National-Literatur abschließen".[128] Gerade der Doppelblick auf Welt und Nation, der Blick der Poesie also, erlaubt es dem Dramatiker Hebbel dann, in zwei alltäglichen Pariser Straßenszenen emblematisch einen deutschen Nationalcharakter zu erkennen:

> Das erste Deutsch, was ich hier auf der Straße hörte, war, daß ein Commis zum andern sagte: wenn Sie Philosoph wären wie ich, so pp Das zweite hörte ich so eben von zwei sich raufenden Gassenjungen, wahrscheinlich aus dem Elsaß: nun, Du Lumpenhund, kratz' mir nur nicht das Nas entzwei! Bezeichnend genug; raufen und philosophiren![129]

Das ist in karikierter Form weiterhin die deutsche Neigung zum tiefsinnigen Selbstdenken, die Germaine de Staël konstatiert hatte, während sich die deutsche Ungeschicklichkeitslizenz nun zur Rauflust steigert – ein früher Vorschein des kaiserzeitlichen Militarismus, der den deutschen Michel heroisieren und ihm die preußische Pickelhaube aufsetzen wird. Hebbel hat im Revolutionsjahr 1848 den deutschen Hang zum Parteienstreit beklagt und sich ironisch darüber gewundert, „daß in dem Körper eines Deutschen Einigkeit herrscht, daß sich nicht das Herz gegen den Kopf, der Arm gegen das

128 Hebbel: Tagebücher (s. Anm. 23), S. 373. Hebbel könnte sich dabei auf eine Passage aus Heines *Lutetia* beziehen, es könnte sich aber auch um eine Erinnerung an ein Gespräch mit Heine handeln; vgl. den Kommentar der Herausgeberin in Friedrich Hebbel: Tagebücher. Neue historisch-kritische Ausgabe. Hg. von Monika Ritzer. Bd. 2. Berlin/Boston 2017, S. 141.

129 Hebbel: Tagebücher (s. Anm. 23), S. 374.

Bein empört."[130] Die fehlende Koordinationsfähigkeit ist auch ein Erklärungsschema für das motorische Ungeschick der Deutschen.

In seinen sehr erfolgreichen *Bildern aus der deutschen Vergangenheit* hat Gustav Freytag einige Jahre später die Politisierung und Heroisierung der deutschen Ungeschicklichkeit weiter verstärkt. Damit tritt der Diskurs in seine zweite Phase ein. Freytag hebt in seiner Charakterisierung „der Deutschen bis in das zehnte Jahrhundert nach Chr."[131] die elementare Kraft der alten Germanen hervor und verbindet sie mit ihrer Ungeschicklichkeit auf dem Gebiet der Politik. Nach Freytag wiesen die Germanen extrem ausgeprägte und einander widersprechende Eigenschaften auf: nicht nur innige Heimatliebe sondern auch „der unerhörte Wandertrieb" hätten sie gekennzeichnet, nicht nur Kontinuität in Recht und Ackerbau sondern auch „Sehnsucht und Freude an Cultur und Genuß der Fremde" seien für sie typisch gewesen, und nicht nur „ihre heldenmäßige Urkraft" gelte es zu konstatieren, sondern auch „ihr Ungeschick für große politische Thaten".[132] Das klingt an Hölderlins Charakteristik der Deutschen als „[t]hatenarm und gedankenvoll"[133] an, kann aber auch als Wiederaufnahme einer Zuschreibung Germaine de Staëls verstanden werden, die die Unfähigkeit der Deutschen zum Handeln – also ihre Tatenarmut – mit ihrem Hang zur Gleichsetzung von Macht und Schicksal verbunden hat.[134] Freytag legt nahe, in der Gegenwart den reckenhaften Heroismus der alten Germanen erneut zu aktivieren, das damit verbundene politische Ungeschick aber abzulegen und es durch eine

130 Ebd., S. 600. Der Gedanke geht 1851 in das Gedicht *An die Deutschen* ein, in dem Hebbel resigniert die mögliche Einigung der Deutschen erst in der gemeinsamen Vernichtung, im Tod, konstatiert; ebd., S. 635.

131 Gustav Freytag: Bilder aus der deutschen Vergangenheit. Bd. 1: Aus dem Mittelalter (zuerst 1859), 6., verm. Aufl. Leipzig 1871, S. 60.

132 Ebd.

133 Friedrich Hölderlin: An die Deutschen <Erste Fassung>. In: ders.: Sämtliche Werke und Briefe. Hg. von Michael Knaupp. Bd. 1. München/Wien 1992, S. 193.

134 [De Staël:] Deutschland (s. Anm. 95), S. 30.

kluge Realpolitik zu ersetzen. Zu ihrem bekanntesten Vertreter stieg nach der ersten Ausgabe von Freytags *Bildern* Otto von Bismarck auf.

Der wohl markanteste Beleg des 19. Jahrhunderts für die Aufwertung des deutschen Ungeschicks stammt von Bogumil Goltz. 1860 erschien seine Abhandlung *Die Deutschen, ethnographische Studien*, die 1864 in zweiter Auflage den Titel *Zur Geschichte und Charakteristik des deutschen Genius* erhielt. Goltz hat die Ungeschicklichkeit der Deutschen mit ihrem unbestimmten Nationalcharakter begründet und sie dadurch in weltbürgerlicher Absicht legitimiert. Er ruft dazu noch einmal sämtliche Elemente auf, die Humanisten (Sebastian Brant, Conrad Celtis), Reformatoren und ihre Anhänger (Luther, Hans Sachs), Autoren des 17. Jahrhunderts (Guarinoni, Zesen, Angelus Silesius), Aufklärer (Gabriel Wagner, Herder), sowie Romantiker (Novalis, Schlegel, Fichte, Arndt) und nicht zuletzt die Französin Germaine de Staël zur Figur des ungeschickten Deutschen im Laufe der Zeit zusammengetragen haben:

> Der Deutsche war und ist nur zu oft ein ungeschlachter und unflätiger Mensch, ein von allen Grazien verlassener Tölpel, ein Träumer und Einfalts=Pinsel, ein Idealist und Märchen=Mensch, der sich leicht düpiren, der sich halb mit Wissen und Willen Phantasiestücke anheften läßt, oder für den eignen Gebrauch fabrizirt.[135]

Ähnlich wie Fichte in seinen *Reden an die deutsche Nation* und Arndt in seinen *Phantasien zur Berichtigung der Urteile über die künftige deutsche Verfassung* sieht Goltz darin aber nichts Negatives, sondern einen Vorzug. Er fundiert den deutschen Hang zur Ungeschicklichkeit im Charakter der Nation, der für ihn allerdings nicht in einem statischen Merkmalsbündel, sondern in einem dynamischen Begehren, nämlich in der Liebe zu Wahrheit und Gerechtigkeit besteht. In diesem „Grundzuge des deutschen Menschen" will Goltz auch den Anlass zur „sittlichen Ueberlegenheit" der Deutschen über ihre französischen Nachbarn erkennen – und

135 Bogumil Goltz: Zur Geschichte und Charakteristik des deutschen Genius. Eine ethnographische Studie. Zweiter Theil. Berlin 1864, S. 169. Vgl. dazu Borchmeyer: Was ist deutsch? (s. Anm. 117), S. 170–177.

letztlich sogar den Beweis, „daß der Deutsche zur Weltherrschaft berufen ist, die er im Geiste bereits ausübt"[136].

Der Begründungszusammenhang, durch den psychophysische Disposition, eine darauf angeblich beruhende Moralität und ein ungeschicktes Verhalten miteinander verknüpft werden sollen, bietet gerade in seiner moralischen Akzentuierung eine aufschlussreiche Variante des deutschen Ambivalenzschemas. Er wird von Goltz wie folgt resümiert: „Die deutsche, sich forterbende Wahrhaftigkeit und Biederkeit ist es, die unsere Ungrazie, unser ungeschlachtes Wesen, unsern Cynismus, unsern Mangel an äußerlicher Wohlanständigkeit und Repräsentation verschuldet".[137] Nach Goltz gilt dieser Zusammenhang für alle sozialen Schichten bis hinunter zu den Handwerkern und Tagelöhnern (für die jüdischen Deutschen scheint er allerdings nicht zu gelten). Auch im zumeist linkischen und gedrückten Verhalten der Unterschichten zeige sich letztlich „die religiöse Demuth und die innere Würde des deutschen Geistes".[138] Daher verallgemeinert Goltz seine These und behauptet: „Unsern deutschen nationalen Gebrechen liegen rein menschliche Facultäten, liegt eine Gemüthstiefe, eine Wahrheitsliebe, Herzensdelikatesse zum Grunde".[139]

Das abschließende Kapitel seiner Abhandlung trägt den Titel „Deutsche Miseren und Malheurs"[140]. Es führt den Begründungszusammenhang zwischen der Ungeschicklichkeit der Deutschen und ihrem Nationalcharakter an einer Reihe von Einzelphänomenen und Figuren weiter aus. Zu ihnen gehört neben dem Pedanten die Figur des Philisters. Auch sie wird zuerst scharf kritisiert, dann aber aufgewertet und mit Sympathiewerten ausgestattet. Kritisch nimmt Goltz vor allem „die angeborne Philisterei"[141] der Deutschen aufs Korn, die jede Ausbildung von Urbanität verhindert und die Deutschen kleinstädtisch gehalten habe. Zum kleinstädtischen

136 Goltz: Zur Geschichte und Charakteristik des deutschen Genius (s. Anm. 135), S. 170.

137 Ebd.

138 Ebd., S. 174.

139 Ebd.

140 Ebd., S. 209–247.

141 Ebd., S. 232.

Charakter werden unter anderem die „Mikrologie“ und die „Winkel=Poesie“,[142] das „Sonderlings=Wesen“ und der „Partikularismus“ gerechnet. Letzterer gehe in komischer Weise einher mit der „Ehrfurcht vor der Literatur, vor allem Gedruckten“ und verbinde die Deutschen eng mit den Juden. Denn die Merkmale des Partikularismus seien „in Summa die Qualitäten und Talente, welche der Deutsche mit der jüdischen Race gemein hat“.[143]

Es bleibt aber erneut nicht bei der negativen Charakteristik. Nachdem er der deutschen Philisterschelte in medienkritischer Perspektive vorgeworfen hat, sich in Karikaturen verselbstständigt und bis zum Überdruss „dem Thema vom deutschen Michel“[144] letzte und äußerste Steigerungen abgerungen zu haben, geht Goltz zum Lob des Philisters über. Beim deutschen Philister (und nur bei ihm) beruhe alles Ungeschick letztlich auf dem „Individualismus, der sich nicht der großen Welt und ihren Formen dienstbar machen will“.[145] Das Philiströse gehe im deutschen Reich vielmehr direkt „aus der Liebe zum deutschen Familienleben, zur Wahrhaftigkeit“ hervor[146] und sei mit seiner Verankerung in Gewohnheiten und Routinen „die natürliche Schutzwehr gegen hohle Weltbürgerlichkeit und falsche Aufklärerei“.[147] Das sind zentrale Topoi der Romantik und des Historismus. Ungeschicklichkeit wird bei Goltz damit zur legitimen Außenseite einer Kulturnation, bei der alle „constant gewordenen historischen Gefühle“ sich „Repetitionen der Vergangenheit“ verdanken; daher konnten sie sich so tief in „Gemüth und Gewissen“ verankern.[148] Die Nobilitierung des deutschen Ungeschicks mit dem deutschen Wesen und dessen Fundierung in der deutschen Kulturgeschichte ist nicht zuletzt ein Triumph des

142 Ebd.

143 Ebd., S. 233. Zu Goltz’ Verhältnis zum jüdischen Volk, in dem sich „antipathische und sympathische Züge, um nicht zu sagen Klischees“ verbänden, vgl. Borchmeyer: Was ist Deutsch? (s. Anm. 117), S. 173.

144 Goltz: Zur Geschichte und Charakteristik des deutschen Genius (s. Anm. 135), S. 234.

145 Ebd.

146 Ebd., S. 235.

147 Ebd.

148 Ebd.

Historismus. Er suggeriert angesichts der Beschleunigungswellen der Fortschrittsmoderne Sicherheit und Gemeinschaft und glaubt ressentimentgeladen und zunehmend auch hasserfüllt im Alltag, der Gegenwart und der Freiheit Domänen der deutschen Juden ausgemacht zu haben.

In der dritten Phase, die nach der Gründung des Deutschen Kaiserreichs einsetzt, auf dem ästhetischen Historismus aufsattelt und als Zeitalter der Imperien[149] oder Heroische Moderne[150] bezeichnet werden kann, wendet sich das Blatt und es kommt zu einer selbstkritischen Verdammung der deutschen Ungeschicklichkeit. Ihr härtester und entschiedenster Antipode wird nun Friedrich Nietzsche. Ebenso wie Goltz argumentiert er aus einer universalistischen Perspektive, die bei ihm aber profranzösisch und europäisch geprägt ist. Das macht ihn zum Gegner alles Deutschen[151] – und am Ende auch zum Gegner seiner selbst.

Schon 1873 hatte Nietzsche in der ersten seiner *Unzeitgemäßen Betrachtungen* den deutschen Sieg über Frankreich relativiert und vor der Austreibung des deutschen Geistes zu Gunsten des deutschen Reiches gewarnt.[152] Letztere habe den Typus des Bildungsphilisters hervorgebracht, der sich für einen legitimen Vertreter der deutschen Kultur halte, in Wahrheit aber nur eine „dauerhaft begründete

149 Osterhammel: Die Verwandlung der Welt (s. Anm. 3), S. 103.

150 Im Sinne von Heinz Dieter Kittsteiner: Die Stufen der Moderne. In: Johannes Rohbeck/Herta Nagl-Docekal (Hg.): Geschichtsphilosophie und Kulturkritik. Historische und systematische Studien. Darmstadt 2003, S. 91–117, hier S. 107–114. Zum Paradigma des ästhetischen Historismus vgl. Sprengel: Geschichte der deutschsprachigen Literatur 1870–1900 (s. Anm. 2), S. 106, der den Heroismus der Gründerzeit näher konturiert (ebd., S. 66 f.), allerdings auch auf Gegentendenzen aufmerksam macht (ebd., S. 104).

151 Generell zu Nietzsches Kritik des deutschen Charakters vgl. Borchmeyer: Was ist deutsch? (s. Anm. 117), S. 373–385.

152 Friedrich Nietzsche: David Strauss der Bekenner und der Schriftsteller (zuerst 1873). In: ders.: Sämtliche Werke. Kritische Studienausgabe. Hg. von Giorgio Colli und Mazzino Montinari. Bd. 1. 2., durchges. Aufl. München 1988, S. 157–242, hier S. 159 f.

Barbarei“ vertrete.[153] Die europäische, vor allem in der griechischen Antike begründete Perspektive, aus der Nietzsche hier argumentiert, führt ihn 1878 in *Menschliches, Allzumenschliches* zu einer scharfen Kritik am Konzept der Nationalcharaktere. Nationale Differenzen sind für ihn lediglich Differenzen zwischen unterschiedlichen Stufen der Kultur. Da die deutsche Kultur auf einer vergleichsweise niedrigen Stufe stehe, könne man auf die Frage „was ist deutsch?“[154] als guter Deutscher nur praktisch, nämlich „durch Ueberwindung seiner deutschen Eigenschaften“[155], antworten. Daraus geht freilich auch hervor, dass Nietzsche die deutschen Eigenschaften und mit ihnen den deutschen Nationalcharakter sehr wohl zu kennen glaubte. Das macht ihn immer auch zum Objekt der eigenen Kritik.

Ihre deutlichsten und radikalsten, auch schrillsten Konturen erhält diese Kritik in Nietzsches Schriften der 1880er Jahre. In der *Morgenröthe* wird das deutsche Bildungskonzept, das schon im 19. Jahrhundert zum international angesehenen Erfolgsmodell aufgestiegen war, aus europäischer Tiefenperspektive als weitgehend wertloser Effekt eines wirklichkeitsfernen Idealismus entlarvt. Allerdings sei es immer noch dem „politischen und nationalen Wahnsinn“ vorzuziehen, den die Deutschen seit der Gründung des Kaiserreichs dafür eingetauscht hätten.[156] Die intellektuelle Unbedarftheit und Ungeschicklichkeit der Deutschen wird ein Jahr später in der *Fröhlichen Wissenschaft* zum Thema, wenn es um Schopenhauer geht. Um herauszufinden, ob Schopenhauers Pessimismus in Deutschland Epoche gemacht hat, mustert Nietzsche die deutsche Schopenhauer-Rezeption. Das Resultat ist für ihn eindeutig: „die eigenthümliche Ungeschicktheit dieses

153 Ebd., S. 166. Vgl. zur Stoßrichtung von Nietzsches Kritik auch Sprengel: Geschichte der deutschsprachigen Literatur 1870–1900 (s. Anm. 2), S. 13 f.

154 Friedrich Nietzsche: Menschliches, Allzumenschliches. Ein Buch für freie Geister (zuerst 1878). In: ders.: Sämtliche Werke (s. Anm. 152), Bd. 2, S. 9–704, hier S. 511.

155 Ebd., S. 512.

156 Friedrich Nietzsche: Morgenröthe. Gedanken über die moralischen Vorurtheile (zuerst 1881). In: ders.: Sämtliche Werke (s. Anm. 152), Bd. 3, S. 9–331, hier S. 163.

Nach-Schopenhauerischen Pessimismus“[157] beweise klar und deutlich, dass Schopenhauer ein Pessimist „als guter Europäer und nicht als Deutscher“[158] gewesen sei.

In *Jenseits von Gut und Böse* wird die deutsche Ungeschicklichkeit dann als ästhetisches Verfahren diskutiert. In der Musik Richard Wagners gebe es eine absichtsvolle Plumpheit,[159] „eine schwerfällige Gewandung, etwas Willkürlich-Barbarisches und Feierliches“, „etwas auf deutsche Art Vielfaches, Unförmliches und Unausschöpfliches“,[160] das durchaus mit Sympathie beschrieben wird. In diesen Kompositionen stecke „etwas Deutsches, im besten und schlimmsten Sinn des Wortes“.[161] Das ist das deutsche Ambivalenzschema. Wenn es artistisch eingesetzt wird, wie bei Wagner, findet es zumindest partiell Nietzsches Billigung. Wird es aber zum Maßstab des Verhaltens, dann trifft es seine Verachtung. Wenn es heißt: „Der Deutsche schleppt an seiner Seele; er schleppt an allem, was er erlebt“,[162] dann ist das bereits das Kernargument der Verdammung des ungeschickten deutschen Nationalcharakters. Diese Verdammung gründet in der frühen Kritik des Bildungsphilisters. Nietzsche nimmt vor allem die Liebe des Philisters zur Bequemlichkeit, zur Offenheit und Biederkeit, ja seine (von Goltz so hochgeschätzte) Redlichkeit aufs Korn und deckt als versierter Psychologe ihre strategische Motivation auf. Die deutsche Redlichkeit und ihr Pendant, das ungeschickte Verhalten, sei lediglich eine „Verkleidung, auf die sich der Deutsche versteht“, ein falscher Schein, bei dem man sich in Wahrheit nur gehen lasse, während man aus „treuen blauen leeren deutschen Augen“ um sich blicke.[163] Auch der deutsche Hang zum Tiefsinn verfällt der

157 Friedrich Nietzsche: Die fröhliche Wissenschaft (zuerst 1882). In: ders.: Sämtliche Werke (s. Anm. 152), Bd. 3, S. 343–651, hier S. 601.

158 Ebd., S. 602.

159 Friedrich Nietzsche: Jenseits von Gut und Böse. Vorspiel einer Philosophie der Zukunft (zuerst 1886). In: ders.: Sämtliche Werke (s. Anm. 152), Bd. 5, S. 9–243, hier S. 180.

160 Ebd.

161 Ebd.

162 Ebd., S. 186.

163 Ebd.

Verdachtshermeneutik, auch er erweist sich als eine Form strategischen Handelns, eines Willens zur Macht: „Es ist für ein Volk klug, sich für tief, für ungeschickt, für gutmüthig, für redlich, für unklug gelten zu machen, gelten zu l a s s e n: es könnte sogar – tief sein!"[164] Ebenso wie Schein und Sein des Tiefsinns fallen auch ungeschicktes Verhalten und ungeschickte Existenz, soziale und absolute Ungeschicklichkeit zusammen.

Das hat eine destruktive Komponente, die sich in der *Götzen-Dämmerung* ankündigt. In seine 1889 erschienene Spätschrift hat Nietzsche eine Reihe von Aphorismen unter dem Titel „Was den Deutschen abgeht" aufgenommen.[165] Am Ende der Reihe schlägt der studierte Philologe und selbsternannte Erzieher der Deutschen sein Lieblingsthema an: die Versäumnisse der Erziehung, insbesondere der rhetorischen Erziehung, an deutschen Gymnasien und Universitäten. In der deutschen Intelligenz schwimmt für ihn zu viel Bier. Das ist erneut die Kritik am Bildungsphilister. Diesem seien die drei wichtigsten Aufgaben der Erziehung und ihr übergeordnetes Ziel verloren gegangen: „Man hat s e h e n zu lernen, man hat d e n k e n zu lernen, man hat s p r e c h e n und s c h r e i b e n zu lernen: das Ziel in allen Dreien ist eine vornehme Cultur."[166] Es besteht kein Zweifel daran, dass Nietzsche sich als Meister in allen drei Fertigkeiten und Gipfel einer ins Vornehme gesteigerten deutschen Kultur versteht. Vor allem hat nur er in dieser Kultur das Denken als eine motorische Fähigkeit erlernt und zur Vollendung gebracht; er betreibe es, so schreibt er, „a l s eine Art Tanzen …".[167] Erneut befindet man sich auf artistischem Gebiet. Unter den Deutschen regiere hier in der Regel nur eine „steife Tölpelei der geistigen Gebärde, die p l u m p e Hand beim Fassen – das ist in dem Grade deutsch, dass man es im Auslande mit dem deutschen Wesen überhaupt verwechselt."[168] Die Verdammung dieses Wesens mündet in ein vernichtendes Urteil,

164 Ebd.

165 Friedrich Nietzsche: Götzen-Dämmerung oder Wie man mit dem Hammer philosophirt (zuerst 1889). In: ders.: Sämtliche Werke (s. Anm. 152), Bd. 6, S. 55–161, hier S. 103–110.

166 Ebd., S. 108.

167 Ebd., S. 109.

168 Ebd.

das bis in die Wahl der Sprache hinein Nietzsches Vorliebe für den französischen Geist eingesteht: „Deutsche haben keine Finger für nuances …“[169]. Wer sich auf die Nuance – und mit ihr auf eine artistisch eingesetzte, poetische Form der Ungeschicklichkeit – versteht, hat gelernt, mit der Feder zu tanzen. Eben das heißt für Nietzsche schreiben. Seinen deutschen Lesern, die dergleichen nicht gewohnt sind, müssen seine Werke und ihr Autor daher „vollkommen zum Räthsel werden …“[170].

Darin kündigt sich der *Ecce homo* an. In seiner Autobiographie hat Nietzsche auch die Abgründigkeit der Deutschen zum Thema gemacht und damit eine Fallgrube gegraben, in die er selbst gestürzt ist. Er habe sein Leben lang, so heißt es nicht zufällig in den Retraktationen zur Kampfschrift *Der Fall Wagner*, in der schlechten Luft des deutschen Geistes verbracht und dabei begreifen müssen, dass man „beim Deutschen, beinahe wie beim Weibe, niemals auf den Grund“ komme; denn „e r h a t k e i n e n: das ist Alles.“[171] In Deutschland wolle man sich nicht klar werden über sich selbst und die eigene Barbarei – für Nietzsche ein Fall von psychologischer Verkommenheit. Umgekehrt heißt das aber auch, dass derjenige unter den Deutschen, der als erster den nichtswürdigen Grund der Nation erkannt hat, der eigenen Verkommenheit schonungslos ausgeliefert ist. Das ist ein Problem. In dem Moment, in dem der schärfste Kritiker des ungeschickten Deutschen sein Ungeschick als artistisch ausgeformte Maske des eigenen Nihilismus durchschaut, bricht er in sich zusammen.

---

169 Ebd., S. 110.

170 Ebd.

171 Friedrich Nietzsche: Ecce homo. Wie man wird, was man ist (zuerst 1908). In: ders.: Sämtliche Werke (s. Anm. 152), Bd. 6, S. 255–374, hier S. 361.

IV

Realismus der Alterität

Den drei Phasen der Konstruktion und Dekonstruktion des plumpen deutschen Nationalcharakters entsprechend lassen sich auch im Umgang der Literatur des 19. Jahrhunderts mit der Ungeschicklichkeit drei Phasen unterscheiden. Zunächst erscheint der Ungeschickte, im engen Anschluss an die Romantik, als ambivalenter, mehr oder weniger liebenswürdiger, teils aber auch ironisch belächelter sozialer Außenseiter, sodann als Tollpatsch, der nun mal nicht anders kann und dem man daher einfach gut sein muss, und schließlich als ‚cynischer' Sonderling, der sein Ungeschick strategisch einsetzt.[172] Alle drei Phasen sind durch die Suche nach den Ursachen ungeschickten Verhaltens verbunden. Dabei gerät verstärkt die Kontingenz der sozialen Verhältnisse, des Milieus, in den Blick. Prägnant hält etwa der im bäuerlichen Umfeld aufgewachsene Friedrich Hebbel 1842 im Tagebuch fest:

> Was hilft mir Alles, was ich habe, da mir die Fähigkeit fehlt, es zu gebrauchen und geltend zu machen, und daß mir diese fehlt, das liegt doch einzig und allein an meinen früheren gedrückten Verhältnissen, also an einem Zufall. Bei Gott, wie klein fühl' ich mich immer vor Menschen, wie ängstlich und verlegen benehme ich mich den erbärmlichsten Gesellen gegenüber, wie hält mich dies aus allen geselligen Kreisen fern, und Andere halten das für Schroffheit![173]

172 Vgl. dazu die älteren Ausführungen zu Keller, Storm, Vischer und Raabe bei Herman Meyer: Der Sonderling in der deutschen Dichtung. Frankfurt a. M. 1990, S. 190–289, sowie die jüngeren „zu den ‚cynischen' Sonderlingen in der Gründerzeit" bei Nicolas von Passavant: Nachromantische Exzentrik. Literarische Konfigurationen des Gewöhnlichen. Göttingen 2019, S. 147–216, hier S. 149.

173 Hebbel: Tagebücher (s. Anm. 23), S. 296. Die Passage setzt den früheren Eintrag „Ein Wort Napoleons" fort, in dem Hebbel sein „schüchternes, verlegenes Wesen" aus einer Kindheitserfahrung heraus erklärt; ebd., S. 292.

 | DOI:10.30965/9783846761038_024

Setzt man an die Stelle der bäuerlichen Sozialverhältnisse diejenigen der jüdischen Deutschen, dann wird hier bereits das Problem der sozialen Spielräume angedeutet, innerhalb derer ungeschicktes Verhalten toleriert und positiviert werden kann.[174] Für die deutsche Literatur des späten 19. und 20. Jahrhunderts ist das von erheblicher Bedeutung. Der Umschlagpunkt liegt auch in diesem Fall – wie generell im 19. Jahrhundert[175] – ungefähr in den 1860er bis 1880er Jahren.[176] In dieser Zeit ändert das Ungeschick sein Gesicht und tritt zusammen mit seinem Pendant, dem tragisch aufgeladenen Missgeschick, in die Heroische Moderne über.

Methodisch wird im vorliegenden Teil der Fallgeschichte von der Szenenanalyse auf die Sammlung und Reihung von signifikanten Stellenbelegen umgestellt. Die Umstellung ist eine Folge des Umstands, dass der Ungeschicklichkeitsdiskurs seit der Sattelzeit (seit Goethes Erzählwerk und Schlegels *Lucinde*) in das seither gebräuchliche Verständnis von Literatur integriert worden ist. Daher fällt die Ungeschicklichkeitsszene mit der literarischen Szene zusammen und kann nicht mehr trennscharf von ihr separiert werden.

Herzensgüte der Sansfaçon

In der ersten Phase, die sich zeitlich etwa mit dem Frührealismus (bzw., je nach Perspektivierung, mit Spätromantik und Restauration oder Biedermeier und Vormärz) deckt, ist das Erbe der Romantik noch mit Händen zu greifen. Das lässt sich an drei Beispielen demonstrieren. Sie beziehen sich auf die soziale, die motorische und die poetische Ungeschicklichkeit und verdeutlichen deren Wendung ins Komische. Das erste Beispiel verschärft die soziale Ungeschicklichkeit romantischen Zuschnitts zur Posse und stammt

174 Vgl. Günter Oesterle: Fünf Fallskizzen zum Ungeschickten. In: Christopher Busch/Till Dembeck/Maren Jäger (Hg.): Ichtexte. Beiträge zur Philologie des Individuellen. Paderborn 2019, S. 13–20, hier S. 18–20.

175 Vgl. Osterhammel: Die Verwandlung der Welt (s. Anm. 3), S. 17.

176 Dagegen war in globaler Perspektive „die Zeit zwischen 1815 und den 1880er Jahren die klassische Epoche einer von Störfaktoren mehr als früher und später abgeschirmten, ‚übersichtlichen' internationalen Politik"; ebd., S. 568.

aus Mörikes 1832 erschienenem Zeit- und Künstlerroman *Maler Nolten*. Bereits die enthusiastische, emblematisch vorangestellte Beschreibung einer Federzeichnung des Protagonisten veranschaulicht die Steigerung des Themas ins Grelle und Makabre. Sie stellt einen Totentanz dar, in dem unter anderem das eine Knabengerippe dem anderen einen Schuh auszuziehen versucht – „aber das Bein bis zum Knie ging mit und der ungeschickte Bursche will sich zu Tode lachen."[177] Im Ungeschick des Knabengerippes ist leitmotivisch der rätselhafte Tod des Protagonisten und die groteske Anlage des Romans präformiert,[178] aber auch die poetologische Kernthese von der Kunst als prekärer Repräsentations- und Bewältigungsinstanz psychischer Konflikte[179].

Auf den ersten Blick ausgesprochen traditionell verfährt demgegenüber die Markierung Noltens als Ungeschickter. Dabei werden die Schwierigkeiten des Genies in der Adelskultur aufgenommen, die schon Goethe in *Lili's Park*, im *Tasso* und im *Wilhelm Meister* durchexerziert hatte. So wird dem Protagonisten von einem Freund in erwartbarer Weise attestiert, dass er, um seinen „ungeschwächten Nerv zu bewahren, ein sehr bewegtes gesellschaftliches Leben nicht" vertragen könne; schon als Kind sei er „mit erhabnen Kräften" ausgestattet gewesen und habe sich daher „auf Einmal ungeschickt und fast unmächtig fühlen" müssen, „so bald man ihn in jene blendenden Zirkel heineinzöge".[180] Unter den Derivaten der Geniesemantik schimmert der (schwäbische) Pietismus und die Abwertung des Politischen in der Reformation durch.

Der intriganten Adelskultur, die den Künstler verunsichert, steht dann die freundschaftliche Verbundenheit einfacher Menschen gegenüber. Auch das ist romantische Standardtopik, in der sich die soziologische Unterscheidung von Gemeinschaft und Gesellschaft

177 Eduard Mörike: Maler Nolten. Novelle (zuerst 1832). In: ders.: Werke und Briefe. Historisch-kritische Gesamtausgabe. Hg. von Hans-Henrik Krummacher, Herbert Meyer und Bernhard Zeller. Bd. 3. Stuttgart 1967, S. 16.

178 Vgl. Ulrich Kittstein: „Maler Nolten". In: Inge und Reiner Wild (Hg.): Mörike-Handbuch. Leben – Werk – Wirkung. Stuttgart/Weimar 2004, S. 157–178, hier S. 161.

179 Ebd., S. 170.

180 Mörike: Maler Nolten (s. Anm. 177), S. 229.

vorbereitet.[181] Der Erzähler hält fest: „Nolten sehnte sich nach der harmlosen Gegenwart eines menschlichen Wesens eben so sehr, als er sich ungeschickt fühlte, an irgend einer Gesellschaft Theil zu nehmen."[182] Die Verschärfung dieser Topik ins Grelle, Possenhafte und ‚Deutsche' erfolgt erst in der Verteidigung eines ungeschickten Kollegen durch Nolten. Dieser Kollege, ein Bildhauer, benimmt sich nicht nur in der Adelskultur daneben, sondern behandelt auch seine Braut respektlos. Der Erzähler konstatiert missbilligend, dass „es ihm in der Gesellschaft durchaus an allem Takte gebrach".[183] Für den Protagonisten ist freilich die absolute Ungeschicklichkeit seines grobschlächtigen Kollegen, die an das unschickliche Verhalten des Protagonisten von Schlegels *Lucinde* erinnert, kein Grund zur Ausgrenzung. Im Gegenteil setzt er sich vehement für ihn ein und macht ihn dadurch zum integrierten Außenseiter:

> Aber Nolten nahm sich des Bildhauers mit Wärme an; er schilderte ihn als einen unverbesserlichen Naturmenschen, als einen Mann, der seine Kräfte fühle, und übrigens von aller Tücke, wie von Affektation gleich weit entfernt sey, und wirklich gelang es ihm durch einige auffallende Anekdoten von der Herzensgüte seines Sansfaçon die Gesellschaft so weit auszusöhnen, daß man zuletzt nur noch lächelnd die Köpfe schüttelte.[184]

Die erfolgreiche Verteidigung groben Verhaltens kulminiert in einem Oxymoron. Was hier als ‚Herzensgüte der Sansfaçon' bezeichnet und von Bogumil Goltz einige Jahre später als Effekt deutscher Redlichkeit legitimiert werden wird, soll den Künstler vor dem berechtigten Unmut der Gesellschaft in Schutz nehmen. Die rhetorische Volte gelingt. Indem die ungeschickten Künstler zusammenhalten, biegen sie den drohenden Aufstand gegen das Skandalon ihrer Kreativität humoristisch in ein wohlwollendes, aber

181 Prominent ausgeführt von Ferdinand Tönnies: Gemeinschaft und Gesellschaft. Abhandlung des Communismus und des Socialismus als empirischer Culturformen. Leipzig 1887.

182 Mörike: Maler Nolten (s. Anm. 177), S. 243.

183 Vgl. ebd., S. 305.

184 Ebd.

verständnisloses Kopfschütteln um. Das schützt sie freilich nicht vor den Ambivalenzen des Metiers, dem sie sich verschrieben haben.

Auch in Eichendorffs Novelle *Aus dem Leben eines Taugenichts* werden die komischen Aspekte der Ungeschicklichkeit genutzt.[185] Nun geht es aber weniger um die soziale, sondern eher um die motorische Ungeschicklichkeit des romantischen Genies und seiner Nachfolger. Der im positiven Sinne einfältige Taugenichts in Eichendorffs Novelle schließt eng an romantische Figuren wie den kindlichen und selbstvergessenen Menschen in Novalis' *Lehrlingen zu Saïs*, den ungeschickten Mann in Schlegels *Lucinde*, vor allem aber an den ebenso ungeschickten wie phantasievollen Studenten Anselmus in E. T. A. Hoffmanns *Goldnem Topf* an. Allerdings ist das Reich der Phantasie nun eindeutig von dieser Welt[186] und aus dem zauberkundigen Archivarius Lindhorst ist ein schlichter Papagei geworden, mit dem der Taugenichts zwar „diskurrieren" kann, der sich aber beim Herumsteigen in seinem vergoldeten Käfig „immer ungeschickt über die große Zehe trat"[187]. Damit verhält er sich ähnlich ungeschickt wie der Protagonist, der sich in seinem Schlafrock verheddert,[188] über Baumwurzeln stolpert[189] und sich „mit den Füßen in den fatalen Blumenstücken"[190] sowie am Ende auch, ganz profan, beinahe „in dem fatalen Kartoffelkraut"[191] verwickelt. In Rom wird von einem Maler, der dafür eine hypertrophe Geniesemantik

---

185 Joseph von Eichendorff: Aus dem Leben eines Taugenichts. Novelle (zuerst 1826). In: ders.: Werke. Hg. von Wolfgang Frühwald u. a. Bd. 1. Frankfurt a. M. 1985, S. 445–661.

186 Vgl. ebd., S. 513, wo aus den Schlangen in Hoffmanns Erzählung „bunte Eidechsen" geworden sind. Aus dem Holunderbusch im *Goldnen Topf* hat Eichendorff zudem Haselnusssträucher gemacht, durch welche „die Sonnenstrahlen tanzten" und die Buchstaben eines Briefes sich „wie goldene und hellgrüne und rote Blüten" ineinanderschlangen; ebd., S. 516.

187 Ebd., S. 530. Im Kontrast dazu bezeichnet sich der Taugenichts als „Vogel, der aus jedem Käfig ausreißt, sobald er nur kann, und lustig singt, wenn er wieder in der Freiheit ist." Ebd., S. 549.

188 Ebd., S. 476.

189 Ebd., S. 492.

190 Ebd., S. 539.

191 Ebd., S. 553.

einsetzt, auch erklärt, was es mit diesem Stolpern auf sich hat: Der Taugenichts ist für ihn ein „vazierendes Genie“, das (ähnlich wie Chamissos Peter Schlemihl) in Siebenmeilenstiefeln „grade auf die Ewigkeit“ losschreite.[192] Er stehe daher schon „mit dem einen Beine in der Zukunft“, mit dem anderen aber noch in der profanen Gegenwart. In dieser aber hänge sich – wie die Erdenreste an die Wurzeln der Pflanze in Schlegels *Lucinde* und wie der Schlafrock, die Blumenstücke und das Kartoffelkraut im *Taugenichts* – „das ganze Säkulum“ an den Stiefel des Genies und wolle mit in die Zukunft gezogen werden.[193] Erneut erscheint damit die Zeit als Subjekt des Ungeschicks. Das muss auch den Kräftigsten ins Stolpern bringen. Die Ungeschicklichkeit des romantischen Artisten ist ein Effekt des starken Zukunftsversprechens, das die Zeitgenossen in ihm sehen wollen, aber auch einer trägen Gegenwart, die mit allen Mitteln ihre eigene Persistenz durchzusetzen versucht.

In Heines *Das Lied vom blöden Ritter* wird das romantische Hochwertkonzept der poetischen Ungeschicklichkeit, das in Schlegels *Lucinde* oder Hoffmanns *Goldnem Topf* den Künstler zu nobilitieren erlaubt hatte, weniger komisch gerettet, sondern ironisch und illusionslos depotenziert. Das Gedicht ist erstmals 1821 im *Rheinisch-Westfälischen Musenalmanach* für das Jahr 1822 erschienen und eröffnete 1823 unter dem Titel *Prolog* die Abteilung *Lyrisches Intermezzo* innerhalb der *Tragödien, nebst einem Lyrischen Intermezzo*. Als Bestandteil der Abteilung *Lyrisches Intermezzo* ging es dann in das 1827 publizierte *Buch der Lieder* ein.[194] Das Gedicht handelt von

---

192 Ebd., S. 536.

193 Ebd., S. 537. Vgl. dagegen Günter Oesterle: Vom Weg abkommen oder die Entdeckung romantischer Wildnis in Eichendorffs *Aus dem Leben eines Taugenichts*. In: Zwischen Wildnis und Park. Bilder und Konzepte der Landschaft in der Dichtung von der Goethezeit bis in die Gegenwart. Festschrift für Gerhard R. Kaiser aus Anlass seines 75. Geburtstages. Hg. von Jan Röhnert und Jan Urbich. Jena 2019, S. 59–76, hier S. 74 f., der zwischen dem Taugenichts als romantischem Virtuosen und dem modernen Genie scharf unterscheidet.

194 Heinrich Heine: Prolog (zuerst 1821). In: ders.: Sämtliche Schriften. Hg. von Klaus Briegleb. Bd. 1. 3., durchges. und erg. Aufl. München 1998, S. 74 f. Zur Publikationsgeschichte vgl. Gerhard Höhn: „Buch der Lieder“. In: ders.:

der Figur eines trübseligen, stummen Ritters, die Heine in Briefen auch zur Selbstdeutung eingesetzt hat.[195] Tagsüber schwankt und stolpert dieser Wiedergänger Don Quichotes schlotternd durch die Gegend und verhält sich dabei „so hölzern, so täppisch, so links", dass alle Mädchen zu kichern beginnen.[196] In der Einsamkeit der Nacht dagegen läuft er zu großer Form auf. Er phantasiert sich zum romantischen Liebhaber um, der Besuch von seiner Geliebten erhält. „Der Blöde" wird in der Gegenwart des Phantombildes „freier und freier"; er fühlt sich gar, ähnlich wie der Student Anselmus in Hoffmanns *Goldnem Topf*, in „einen kristallenen Wasserpalast" hineingezaubert.[197] Als er sein Phantasma aber in die Arme schließen will, ist der Spuk vorbei und alles verschwunden. Mit metrischer Raffinesse, die zur falschen, ins Vulgäre einschlagenden Betonung der Hochwertvokabel ‚Poeten' zwingt,[198] heißt es:

> Der Ritter sitzt wieder ganz einsam zu Haus,
> In dem düstern Poetenstübchen.[199]

Das erotisch aufgeladene Konzept der romantischen Poesie mit ihrer Vorliebe für die Nacht kompensiert hier die habituelle Ungeschicklichkeit eines dichtenden Ritters. Allerdings ist die Kompensation nur eine Einbildung – wenn auch eine ausnehmend starke. Das Gedicht legt nahe, realistisch mit ihr umzugehen und ihren Wert mit Skepsis zu betrachten. Aus dieser Perspektive wird die Poesie dann nicht nur als liebenswürdige Kompensation, sondern auch

---

Heine-Handbuch. Zeit, Person, Werk. 3., überarb. und erw. Aufl. Stuttgart/Weimar 2004, S. 54–80, hier S. 56.

195 Vgl. den Kommentar von Klaus Briegleb, in: Heine: Sämtliche Schriften. Bd. 1 (s. Anm. 194), S. 629–874, hier S. 706.

196 Heine: Prolog (s. Anm. 194), S. 74. Ähnlich reagiert bei Grillparzer: Der arme Spielmann (s. Anm. 63), S. 35, die junge Barbara, die den Protagonisten zudem ständig tadelt. Er referiert ihren Tadel so: „Alles war ungeschickt; Gott hatte mir zwei linke Hände erschaffen; mein Rock saß wie an einer Vogelscheuche; ich ging wie die Enten, mit einer Anmahnung an den Haushahn."

197 Heine: Prolog (s. Anm. 194), S. 74.

198 Statt in korrekter Weise ‚Poétenstübchen' zu akzentuieren, legt das Metrum die Betonung ‚Póetenstübchen' nahe.

199 Heine: Prolog (s. Anm. 194), S. 75.

als Ursache ungeschickten Verhaltens verstanden werden müssen: Eben weil ihre von nächtlichen Ekstasen erschöpften Agenten auch tagsüber „[i]n dumpfen Träumen befangen“ sind, kommen sie immer nur „stolpernd“ oder, wenn man die Geschichte der Blödigkeit bedenkt, zögernd und zaudernd voran.[200]

„Herr Theodor, Herr Turbulor“

In der zweiten Phase verschiebt sich der Akzent. Nun geht es weniger darum, sich nicht allzu sehr ungeschickt zu *verhalten*, als vielmehr um den Umgang mit der Erkenntnis, ungeschickt zu *sein*. Damit ist das ‚Wesen‘ betroffen. Ein Tollpatsch ist man von Geburt, infolge einer Erkrankung oder aus sozialen Gründen. Zu letzteren kann die soziale Schicht gehören, in die hinein man geboren wird, das fluide Milieu, das einen prägt, oder die Erziehung, die einem widerfährt. Sie zu erkennen enthält die Aufforderung, sie zu akzeptieren. Aus der Perspektive des Dramatikers hat Friedrich Hebbel die Form der Prägung umrissen. Er hat sie dabei mit dem zeitgenössischen Interesse am Archäologischen verbunden. Im September 1853 hält er im Tagebuch fest:

> Der dramatische Individuierungs-Proceß ist vielleicht durch das Wasser am besten zu versinnlichen. Ueberall ist das Wasser Wasser und der Mensch Mensch; aber wie jenes von jeder Erdschicht, durch die es strömt oder sickert, einen geheimnißvollen Beigeschmack annimmt, so der Mensch ~~von der~~ ein Eigenthümliches von Zeit, Nation, Geschichte und Geschick.[201]

Die Annahme einer natürlich bedingten Ungeschicklichkeit findet sich etwa bei Melchior Meyr, eingebettet in eine Typologie der

200 Ebd., S. 74.

201 Hebbel: Tagebücher (s. Anm. 23), S. 670. Zur Verwendung der hier noch eher unauffällig eingesetzten Wassermetaphorik als Kollektivsymbol nach 1870 vgl. Sprengel: Geschichte der deutschsprachigen Literatur 1870–1900 (s. Anm. 2), S. 44–48.

Grobheit.[202] Darin bildet „der Naturgrobe, der sogenannte Lümmel“ den Anfang.[203] Beim Lümmel entsteht die Ungeschicklichkeit aus „blindem Triebe“ und dem „Instict des Thieres“, sodass sie sich „brutal“ äußert.[204] Zu denken ist dabei einmal mehr an den frühneuzeitlichen Grobian und seine antihumanistische Assoziation mit dem Bauernstand. Das Ende der Skala bildet dagegen der „Grobian der Gerechtigkeit“, ein waschechter Idealist, der aus ethischen Motiven eine aus dem Lot geratene Welt „wieder in die richtige Stellung zurückzuschimpfen“ versucht.[205] Auf ihn ist zurückzukommen.

Die Annahme einer krankheitsbedingten Ungeschicklichkeit wird dagegen prominent in Büchners *Lenz* entfaltet. Aufgrund seines psychischen Zustands ist der Protagonist nur scheinbar noch Herr seiner selbst: „Was er that, that er mit Bewußtsein und doch zwang ihn ein innerlicher Instinkt.“[206] Ebenso wie seine Instinkte verselbstständigt sich auch seine Phantasie. Sie treibt ihn dazu, „die wahnwitzigsten Possen auszusinnen.“[207] Das rückt die Figur in die Nähe der Beschreibung des Beinausziehers in Mörikes *Maler Nolten*. Auch Büchners Lenz drängen die grotesken Szenen, die ihm einfallen, zur Realisierung und nur mit äußerster Kraft, die sich dann auch in seiner Physiognomie äußert, kann er sich gegen seine Einfälle zur Wehr setzen: „Manchmal fühlte er einen unwiderstehlichen Drang, das Ding auszuführen, und dann schnitt er entsetzliche Fratzen.“[208]

Zu den folgenreichsten Neuerungen, die das 19. Jahrhundert in den Ungeschicklichkeitsdiskurs eingebracht hat, gehört allerdings weder die natürliche, noch die durch Krankheit verursachte, sondern vielmehr die sozial bedingte Ungeschicklichkeit. Prominent hat

202 [Melchior Meyr:] Gespräche mit einem Grobian. Herausgegeben von einem seiner Freunde. Leipzig 1866.
203 Ebd., S. 46.
204 Ebd.
205 Ebd., S. 52.
206 Büchner: „Lenz“ (s. Anm. 42), S. 177.
207 Ebd., S. 178.
208 Ebd.

Bertold Auerbach in seinen *Schwarzwälder Dorfgeschichten* den Ungeschickten mit der sozialen Schicht verbunden, der er angehört. Die erste, genrebildende Erzählung erschien 1842 und trug den Titel *Der Tolpatsch*. Ihr Held ist ein junger Bauer. Das nimmt die frühneuzeitliche Zuschreibung ungeschickten und unschicklichen Verhaltens zum Bauernstand wieder auf, macht aber aus dem negativ bewerteten Grobian nun den tendenziell positiv bewerteten Tollpatsch. Positiviert wird er vor allem durch eine elegische Präsentation, die eine evokative mit einer distanzierenden Geste verbindet. Der Erzähler beschwört schon im ersten Satz seinen ehemaligen Spielkameraden Aloys Schorer, eben den Tollpatsch, mit den Worten: „Ich sehe Dich vor mir, guter Tolpatsch, in Deiner leibhaftigen Gestalt".[209] Dem anonymen Publikum erscheint Aloys als sympathischer, von Natur benachteiligter junger Mann mit einem „breiten Gesichte", „großen blauen Glotzaugen" und einem „allweg halb offenen Munde".[210] Um die Geschichte der Figur aber erzählen zu können, muss das gerade beschworene Bild sofort wieder verschwinden – Aloys soll nicht hören, was der Erzähler dem Publikum über ihn mitzuteilen hat.[211] Voraussetzung des Erzählens ist die Abwesenheit seines Gegenstands.[212] Die Distanzierung der evozierten Figur lässt sich als eine dem Idealisierungsgebot des Realismus geschuldete Geste der Dezenz verstehen, die sich in ähnlicher Weise auch in Droste-Hülshoffs Gedicht *Guten Willens Ungeschick* im Sühneakt des lyrischen Ichs[213] oder in der Beschämung des Protagonisten

209 Berthold Auerbach: Der Tolpatsch (zuerst 1842). In: ders.: Schwarzwälder Dorfgeschichten. Erster Theil. Mannheim 1843, S. 1–31, hier S. 1.

210 Ebd.

211 „Jetzt aber, nimm mir's nicht übel, lieber Tolpatsch, und mach dich wieder fort. Ich kann dir deine Geschichte nicht so ins Gesicht hinein erzählen; sei ruhig, ich werde dir nichts Böses nachsagen, wenn ich auch per ‚Er' von dir spreche." Ebd., S. 8.

212 Das wird in ähnlicher Weise von Karl May am Anfang der *Winnetou*-Tetralogie eingesetzt; vgl. dazu Ulrich Breuer: „Dead Redskins": *Winnetou* as Knowledge Gap. In: Mita Banerjee (Hg.): Comparative Indigenous Studies. Heidelberg 2016, S. 225–240, hier S. 234 f.

213 Annette von Droste-Hülshoff: Guten Willens Ungeschick (zuerst 1844). In: dies.: Historisch-kritische Ausgabe. Werke. Briefwechsel. Hg. von Winfried Woesler. Bd. I.1: Gedichte zu Lebzeiten. Text. Tübingen 1986, S. 135 f.; vgl. dazu

in Storms Novelle *Auf dem Staatshof* nach seinem Verrat an einem tollpatschigen Spielkameraden findet.[214] Obwohl Aloys, der noch als 17-Jähriger mit Kindern spielt, Bräuche ignoriert und sich auch sonst ungeschickt verhält, zu seinem Leidwesen von Gleichaltrigen geneckt und verspottet wird, ist er in das Dorf integriert. Nachdem er im Haus seiner Mutter die beiden Kühe und das Kalb gefüttert hat, arbeitet er auch noch im Stall des Schmieds und versorgt dort sorgfältig das Vieh. Es gelingt ihm sogar, seine Verlegenheit zu überwinden und eine Beziehung zu Marianne, der Tochter des Schmieds, anzuspinnen. Diese jedoch fällt auf einen schneidigen Kavalleristen herein, der eines Tages im Dorf auftaucht und beim Dorfvorsteher als Pferdeknecht arbeitet.[215] Mit dem Eintritt des dämonischen Jörgeli in die Dorfgemeinschaft wird die Ordnung der Idylle aufgesprengt. Auerbach etabliert mit der gesprengten Idylle ein Standardmodell des poetischen Realismus, das bis hin zu Raabe wirksam bleibt. Während Aloys vor der Ankunft seines geschickten Konkurrenten mit seiner habituellen Ungeschicklichkeit problemlos und erfolgversprechend umzugehen vermocht hat,[216] durchkreuzt „sein Störenfried"[217] das bescheidene Lebensglück des Tollpatschs und veranlasst ihn, nicht länger nur aus „seiner halben Unbewußtheit"[218] heraus, sondern mit voller Absicht ungeschickt zu agieren. Darin

Ulrich Breuer: Schlimmes Helfen. Poetik und Politik des Leidens in Annette von Droste-Hülshoffs *Guten Willens Ungeschick*. In: Droste-Jahrbuch 13 (2019/20) (i. Dr.).

214 Theodor Storm: Auf dem Staatshof (zuerst 1859). In: ders.: Werke in einem Band. Hg. von Peter Goldammer. München 1988, S. 194–222, hier S. 200 f.

215 Mit der Differenz zwischen dem „Kühbauern" Aloys, der zeitweilig zum „Ochsenbauern" aufsteigt, und den „Pferdsbauern", bei denen Jörgeli arbeitet, „deren Zugthiere weder Milch noch Fleisch geben, und die doch das beste Futter fressen und oft am meisten gelten", wird zugleich das zeitgenössische Sozialsystem kritisiert; Auerbach: Der Tolpatsch (s. Anm. 209), S. 6. Oben stehen die Geschickten, die von den Ungeschickten erhalten werden und dennoch deren Lebensformen zerstören.

216 Es gelingt ihm etwa, Marianne gegenüber einen Werbungsspruch „[m]it einer ungewohnte[n] Festigkeit" vorzubringen, obwohl die Umstehenden befürchten mussten, „der Aloys möchte in seiner Rede stecken bleiben"; ebd., S. 9.

217 Ebd.

218 Ebd., S. 15.

bereitet sich der Typus des absichtsvoll und insofern ‚cynischen' Ungeschickten vor, der in der dritten Phase dominieren wird. Er appliziert gewissermaßen die Dezisionsphase der Ungeschicklichkeitsszene auf sich selbst.

Um seiner Geliebten zu gefallen, lässt sich Aloys von ihr zum Tanz überreden und macht sich dadurch zum Gespött des Dorfes.[219] Der Erzähler verdichtet den ebenso verhängnisvollen wie unausweichlichen Entschluss des Protagonisten zur Selbstperfektionierung im sexualisierten Dingsymbol des Besentauschs: „er warf den steifen alten Stallbesen fort und steckte einen neuen biegsamen an den Stiel".[220] Aloys will nicht länger ein Tollpatsch bleiben – und wird es gerade dadurch erst recht. Die Maßnahmen, die gegen das Ungeschick ergriffen werden, steigern es also nur. Das wird deutlich, wenn Aloys seinen Störenfried nachzuahmen versucht und sich zum Militärdienst rekrutieren lässt. Durch den militärischen Drill gelingt es ihm durchaus, seine habituelle Ungeschicklichkeit nach außen hin zu überwinden und „ein prächtiger Bursch" zu werden.[221] Dennoch (oder gerade deshalb) verliert er Marianne an den Pferdeknecht, der sie schwängert und daher auch heiraten muss. Damit greift Auerbach auf die Figur des gefallenen Mädchens zurück, die vor allem Goethes *Faust* prominent gemacht hat. Der verzweifelte Aloys wandert daraufhin aus und wird „ein freier Bürger von Amerika"[222]. Er hat auf dem fernen Kontinent auch Erfolg, erinnert sich aber wehmütig an seine verlorene Heimat und sein verlorenes Glück – ebenso wie sich der Erzähler zu Beginn wehmütig an seinen Protagonisten erinnert hatte: Wäre er doch geblieben, was er keinesfalls bleiben konnte. Auerbachs Dorfgeschichte demonstriert, dass überschaubare Gemeinschaften zwar vorübergehend die habituelle Ungeschicklichkeit einzelner Akteure kompensieren können, dass sie aber unter den Konditionen der Moderne sowohl von innen durch das Begehren als auch von außen durch die Invasion alternativer Lebensformen erodieren müssen. Das konfrontiert den

219 Ebd., S. 11 f.
220 Ebd., S. 13.
221 Ebd., S. 23.
222 Ebd., S. 31.

Ungeschickten mit sich selbst und treibt ihn in die Fremde. Dort mag er – wie Friedrich Hebbel – seine Ungeschicklichkeit auf den ersten Blick verloren haben, doch bei näherem Hinsehen ist er auch als ausgewanderter Deutscher und freier Bürger Amerikas geblieben was er war: ein mehr oder weniger liebenswürdiger Tollpatsch des Lebens. Erst wenn er verschwunden ist, kann man von ihm erzählen.

Auch in Stifters Erzählung *Der Waldsteig*, die erstmals 1845 im *Oberösterreichischen Jahrbuch für Literatur und Landeskunde* publiziert worden ist und 1850 für den fünften Band der *Studien* überarbeitet und erweitert wurde, geht es um soziale Ursachen der Ungeschicklichkeit – daneben aber auch um Ungeschicklichkeit als Krankheit und um ihr Verschwinden. In diesem Fall ist ein Erziehungsprozess für die Steigerung einer kleinen Störung zur Narrheit verantwortlich und die soziale Agentur der Liebesheirat nimmt die Folgen dieses Prozesses am Ende wieder zurück. Der Erzähler macht unter „mehreren Ursachen“[223], aus denen sein Protagonist Theodor Kneight ein ungeschickter Narr und Außenseiter geworden ist, vor allem die Erziehung durch vier unterschiedliche Instanzen verantwortlich. Dazu gehört erstens und zweitens die „Geschlechtsabstammung“[224], verdeutlicht durch die beiden auf unterschiedliche Art und Weise unglücklich agierenden Elternteile, drittens ein pedantischer Hofmeister und viertens ein Onkel, der in der Stadt wohnt. Mit der Stadt ist zugleich der unruhige und närrische Gegenort zum ländlichen Raum markiert, dem aufgrund seiner Ruhe und seiner Dauer bei Stifter regelmäßig heilsame Wirkungen zugeschrieben werden. Der Onkel kommentiert die Serie der ungeschickten Handlungen des kleinen Theodor, die ihren wahren Grund in einem sinnenden und grübelnden Charakter und einer daraus resultierenden Zerstreutheit haben, mit einem ungewöhnlichen Spitznamen, den dieser künftig nicht mehr loswerden wird. Er ersetzt in der folgenden Passage gewissermaßen die

223 Stifter: Der Waldsteig (s. Anm. 26), S. 1015.

224 Ebd., S. 1016.

Gedankenstriche, in die der Erzähler jedes Missgeschick des Kindes einmünden lässt,[225] und transformiert sie in einen Weckruf:

> Wenn er nun, um etwas von dem hohen Kleiderkasten herab zu holen, seine Kindertrommel als Schemel hinstellte – wenn er sich zum Spazierengehen seine Kappe ausbürstete, und dann die Kappe niederlegte und mit der Bürste fort ging – wenn er bei gräulichem Wetter sich beim Fortgehen noch vorher die Schuhe auf der vor der Thür liegenden Matte sauber abwischte – oder wenn er mitten im Salatbeete saß und zu Kazen und Käfern sprach: pflegte gerne der Oheim zu rufen: „Oho! Herr Theodor, Herr Turbulor, Herr Tiburius, Tiburius, Tiburius!“[226]

Unter dem Namen ‚Tiburius‘, der die resonanzreiche ad hoc-Bildung ‚Turbulor‘ ersetzt, nach Ansicht des Erzählers „wirblicht“ klingt und „in keinem Kalender“ steht,[227] stellt Stifter dem im bäuerlichen Milieu beheimateten Tollpatsch ein bürgerliches Pendant zur Seite. In Wahrheit charakterisiert der Name eher die Erzieher als den Zögling, insbesondere den von der Stadt ungut beeinflussten Onkel, denn aus dem Erziehungsprozess tritt Theodor als gänzlich unbestimmte Figur hervor.[228] Nur in den Augen der anderen verhält er sich kurios, während er doch weitgehend sich selbst genügt. Geheilt wird die ihm zugeschriebene Narrheit durch die Erfahrung der Natur und eine unstandesgemäße Mesalliance, die sich als psychologischer Glücksfall erweist. Theodor lernt auf seinen Waldspaziergängen eine attraktive Frau „aus dem Bauernstande“[229] kennen. Maria, so ihr Name, nimmt die Werbung Theodors an, weil sie als einzige seine sozial erzeugte

---

225 Vgl. dazu auch Joseph Vogl: Der Gedankenstrich bei Stifter. In: Alexander Nebrig/Carlos Spoerhase (Hg.): Die Poesie der Zeichensetzung. Studien zur Stilistik der Interpunktion. Bern u. a. 2012, S. 275–294.

226 Stifter: Der Waldsteig (s. Anm. 26), S. 1018.

227 Vgl. dazu Barbara Neymeyr: „Der Waldsteig“. In: Christian Begemann/Davide Giuriato (Hg.): Stifter-Handbuch. Leben – Werk – Wirkung. Stuttgart 2017, S. 52–55, hier S. 53.

228 „Man konnte nicht sagen, wie er wurde: weil er sich nicht zeigte, und weil unter dem Erziehungslärm nur die Erzieher zu vernehmen waren, nicht das, was an dem Knaben davon haften blieb.“ Stifter: Der Waldsteig (s. Anm. 26), S. 1019.

229 Ebd., S. 1081.

Narrheit und Ungeschicklichkeit durchschaut, bis auf sein wahres Wesen hindurchblicken kann und ihn daher nicht Tiburius, sondern richtig Theodor nennt. Damit revoziert sie die verkehrte Namensgebung. Warum sie seine Werbung annimmt, begründet sie so: „denn er ist so gut, wie gar kein einziger anderer ist, er ist von einer solchen rechtschaffenen Artigkeit, daß man weit und breit mit ihm in den Wäldern und der Wildniß herum gehen könnte“[230]. Moralität und Singularität des pädagogisch Deformierten zeigen sich nur einem vorurteilslosen, unverstellten und von jeder Pädagogik verschonten Blick. Es ist ein Blick von unten, ein Blick der Sympathie – und zugleich, wie unter den Zeitgenossen vor allem Schopenhauer betont hat, einer des Begehrens.[231]

Das markanteste Beispiel einer soziologisch konditionierten und überwundenen Ungeschicklichkeit bietet im 19. Jahrhundert vermutlich Gottfried Kellers „Desillusionsroman“[232] *Der grüne Heinrich*. Bemerkenswert ist Kellers Roman darum, weil sich in ihm das Unvermögen des Sohnes und Künstlers zumindest partiell nicht nur durch die Geschlechtsliebe, sondern auch durch eines ihrer Derivate, den Patriotismus, überwinden zu lassen scheint. In jedem Fall gilt das für den Autor Gottfried Keller, der sich in seinem Helden auch selbst dargestellt hat. Im ersten Band, der 1854 erschienen ist, tritt der in armen Verhältnissen lebende Protagonist Heinrich Lee „blöde und

---

230 Ebd., S. 1078. Vorher schon begründet sie Theodor gegenüber, warum sie sich nicht vor ihm ängstigt: „weil ihr gut seid, und weil ihr anders seid, als die andern.“ Ebd., S. 1075.

231 Nachdem der Protagonist eingestanden hat, dass er die Erdbeeren Marias „recht gerne“ hätte, schenkt sie ihm diese „mit sehr gutem Willen“ und bringt ihn dann dazu, „ihren Willen zu tun“; ebd. S. 1058 f. Damit ist bereits alles entschieden, auch der Schluss: „es wurde ihm nehmlich sein erstes Kind, ein lustiger schreiender Knabe, geboren.“ Ebd., S. 1082. Vgl. Arthur Schopenhauer: Metaphysik der Geschlechtsliebe (zuerst 1844). In: ders.: Sämtliche Werke. Hg. von Wolfgang Freiherr von Löhneysen. Bd. 2. Frankfurt a. M. 1960, S. 678–718, hier S. 684: „Daß dieses bestimmte Kind erzeugt werde, ist der wahre, wenngleich den Teilnehmern unbewußte Zweck des ganzen Liebesromans“.

232 Vgl. Gert Sautermeister: Gottfried Keller: *Der grüne Heinrich*. In: Romane des 19. Jahrhunderts. Interpretationen. Stuttgart 2005, S. 280–320, hier S. 314.

unsicher"[233] vor seine deutlich besser gestellten und daher auch selbstbewusster auftretenden Mitschüler. Zeitweilig versucht er sich ihnen gegenüber als Prahler und Aufschneider zu profilieren, macht damit aber schlechte Erfahrungen und wird daher „wieder ungeschickt und blöde".[234] Dramatisch, ja latent tragisch zugespitzt wird die soziologisch bedingte Ungeschicklichkeit Heinrichs aber erst durch seine Lehrer. Im Kapitel „Ungeschickte Lehrer, schlimme Schüler", einem Beitrag zum Genre der deutschen Schulerzählung, kommt es nach Fehlhandlungen des Lehrpersonals zum Ausschluss des Ungeschickten aus der Schule. Der Erzähler stellt daraufhin die rhetorische Frage, „ob der Staat das Recht hat, ein Kind oder einen jungen Menschen, die gerade nicht tobsüchtig sind, von seinem Erziehungssysteme auszuschließen".[235] Für den Protagonisten ist die Exklusion eine folgenreiche Stigmatisierung, die mit einem ausgeprägten Schuldgefühl einhergeht.[236] Sie bildet den vorläufigen Höhepunkt im „immerwährenden Mißlingen meines Zusammentreffens mit der übrigen Welt".[237] Auch dass man ihn – nicht zuletzt im Titel des Romans – den grünen Heinrich nennt, hat direkt mit seiner Exklusion zu tun. Nicht ganz unähnlich dem Ich-Erzähler in Karl Mays *Winnetou*, den man aufgrund seiner anfänglichen Ungeschicklichkeit in allen Dingen des Wilden Westens als Greenhorn bezeichnet,[238] erhält Heinrich Lee seinen Spitznamen, „weil ich meiner ganzen Vergangenheit nach eine abgesonderte und abgeschiedene Erscheinung war".[239] Heinrich entscheidet sich dafür, sich mit seiner Exklusion nicht abzufinden, sondern der sozialen Wirklichkeit in all ihren Facetten gegenüberzutreten: „denn es

233 Keller: Der grüne Heinrich. Erste Fassung (s. Anm. 70), S. 163.

234 Ebd., S. 185.

235 Ebd., S. 207.

236 Vgl. Sautermeister: Gottfried Keller: *Der grüne Heinrich* (s. Anm. 232), S. 288.

237 Keller: Der grüne Heinrich. Erste Fassung (s. Anm. 70), S. 210.

238 Karl May: Winnetou. Reiseerzählung. Erster Band (zuerst 1893). Neu hg. von Lothar Schmid. Bamberg 1992, S. 40; vgl. ebd., S. 48, wo sich der Erzähler ironisch „den deutschen Greenhorns" zurechnet und S. 326, wo ihm klar wird, dass die schöne Indianerin Nscho-tschi ihn (natürlich zu Unrecht) „für eine ungeschickte Memme gehalten" hatte.

239 Keller: Der grüne Heinrich. Erste Fassung (s. Anm. 70), S. 364. Vgl. dazu auch Meyer: Der Sonderling (s. Anm. 172), S. 193.

schien mir nun darauf anzukommen, nirgends ausgeschlossen zu sein und alles zu übersehen."[240] Das gelingt ihm freilich nur mehr schlecht als recht. Im ebenfalls 1854 erschienenen dritten Band wird dann der für die Geschichte der kleinen Störungen folgenreiche Zusammenhang zwischen Ungeschicklichkeit und Politik hergestellt. Während seiner Studienjahre als Maler, in denen er das Programm der umfassenden Übersicht vergeblich umzusetzen versucht, muss Heinrich Lee erfahren, dass sein politisierter Lehrer die Regierung „einen Trupp ungeschickter Krähwinkler" nennt.[241] In der Spätfassung[242] konstatiert er darüber hinaus, dass „Deutschland von seinen dreißig oder vierzig Inhabern so engsinnig und ungeschickt verwaltet wurde, daß Scharen von Vertriebenen jenseits der Grenzen umherzogen und die Fremden im Schmähen und Schelten gegen ihr Vaterland förmlich unterrichteten."[243] Im vierten Band der Erstfassung, der 1855 publiziert wurde, kommt es dagegen zur patriotischen Utopie einer Republik, die aus der Ungeschicklichkeit ihrer Bürger zu lernen und sich zu optimieren verstanden hat. Indem sie seine Ungeschicklichkeit positiviert und sich mit ihrer Unterstützung politisch realisiert, kann sie auch die Exklusion des Protagonisten und sein Scheitern als Künstler rückgängig machen.

Das sei kurz ausgeführt. Heinrich identifiziert sich während seiner Rückkehr in die Schweiz mit der demokratischen Instanz der Mehrheit, die er als „einzige wirkliche und notwendige Macht im Lande" anerkennt.[244] Indem er diese Macht personifiziert, wird sie für ihn auch „der einzig untrügliche Halt", von dem überdies ein „ewig jugendlicher Reiz" ausgehe.[245] Diesem reizenden Halt können und müssen dann auch alle seine Irrtümer – zu denen auch

240 Keller: Der grüne Heinrich. Erste Fassung (s. Anm. 70), S. 442.

241 Ebd., S. 495.

242 Zu den Differenzen der Fassungen vgl. Sautermeister: Gottfried Keller: *Der grüne Heinrich* (s. Anm. 232), S. 284 und S. 315–318.

243 Keller: Der grüne Heinrich. Zweite Fassung (s. Anm. 70), S. 518.

244 Keller: Der grüne Heinrich. Erste Fassung (s. Anm. 70), S. 888.

245 Ebd., S. 888. Ähnlich hatte es Friedrich Hebbel schon 1840 im Tagebuch festgehalten: „Wenn ein begangener Fehler einen neuen, bisher verschlossenen Pflichtkreis öffnet, so ist er gerechtfertigt." Hebbel: Tagebücher (s. Anm. 23), S. 242.

Heinrichs pädagogische Exklusion gehört – verziehen werden. Hinsichtlich der demokratischen Mehrheit gilt: „selbst wenn sie irrt, hilft die gemeine Verantwortlichkeit den Schaden zu ertragen."[246] Allerdings kommt alles darauf an, dass der Irrtum von der Mehrheit auch erkannt und anerkannt wird. Ist das der Fall, dann gleicht der Moment der Irrtumseinsicht „dem Schönsten und Anmutigsten, was es gibt".[247] Das ähnelt dem „mut des fehlens", den Jacob Grimm im *Vorwort* seiner *Geschichte der deutschen Sprache* wenige Jahre zuvor für sich in Anspruch genommen hatte,[248] und mündet bei Keller in eine Theorie der demokratischen Selbstoptimierung durch Selbstaufklärung. Denn für die Mehrheit, die ihren Fehler eingesehen hat, gilt (hier nach der prägnanteren Spätfassung von 1880 zitiert):

> Sie läßt es sich nicht einfallen, sich stark zu schämen, ja die allgemein verbreitete Heiterkeit läßt den begangenen Fehltritt kaum ungeschehen wünschen, da er ihre Erfahrung bereichert, diese die Lust der Besserung hervorgerufen hat und auf das schwindende Dunkel das Licht erst recht hell erscheinen läßt.[249]

Die Passage hat eine poetologische Pointe. Sie besteht darin, dass der Roman *Der grüne Heinrich* den Schweizern, für die Keller von 1861 bis 1876 als Erster Staatsschreiber des Kantons Zürich tätig war, schon in den 1850er Jahren von der Exklusion eines ihrer Bürger erzählt hat und ihnen dadurch dazu verhelfen wollte, diese Exklusion zugleich als Fehler und als Exemplum zu begreifen. Aus diesem „kritisch-bürgerlichen Realismus"[250] sollte sich etwas lernen

---

246 Keller: Der grüne Heinrich. Erste Fassung (s. Anm. 70), S. 888.

247 Ebd., S. 889.

248 Jacob Grimm: Geschichte der deutschen Sprache. Bd. 2. Leipzig 1849, S. VIII. Vgl. dazu Steffen Martus: Der Mut des Fehlens. Über das literaturwissenschaftliche Ethos des Fehlermachens. In: Ralf Klausnitzer/Carlos Spoerhase/Dirk Werle (Hg.): Ethos und Pathos der Geisteswissenschaften. Berlin/Boston 2015, S. 61–78.

249 Keller: Der grüne Heinrich. Zweite Fassung (s. Anm. 70), S. 833; vgl. Keller: Der grüne Heinrich. Erste Fassung (s. Anm. 70), S. 889.

250 Sautermeister: Gottfried Keller: *Der grüne Heinrich* (s. Anm. 232), S. 287. Vgl. auch ebd., S. 311, wonach die „Diskordanzen", die der Roman prozessiere, „dem Bürgerlichen Realismus Kellers ein kritisches, in seiner Epoche selten erreichtes Gewicht" verleihen. Es stehe dem „Wirtschaftsrealismus" des

lassen. Darin besteht sein utopisch-didaktischer Charakter. Als eine Art indirekter Bildungsroman bietet er seinen Lesern an, den Einzelfall zu verallgemeinern und die Einsicht in die sozial bedingte Ungeschicklichkeit des Protagonisten (und Autors) zur entscheidenden Voraussetzung für das heitere Gelingen eines republikanischen Großprojektes zu machen.

Über den Erfolgsgeschichten der Ungeschicklichkeit im Zeitalter des Realismus darf freilich nicht vergessen werden, dass es auch eine dunkle und düstere Seite dieser Geschichte gibt. Dabei geht es um die Beobachter des Ungeschicks und ihre Reaktionen. Das betrifft zum einen die Kinder und ihre Erziehung, zum anderen die deutschen Juden. Was die Kinder angeht, so wird die romantische Idealisierung der Kindheit und damit auch die utopische Aufladung kindlicher Ungeschicklichkeit im Laufe des 19. Jahrhunderts fallweise wieder zurückgefahren. An ihre Stelle treten Haus- und Erziehungsbücher, die satirische Verfahren einsetzen und mit Formen der Negativdidaxe arbeiten. Das wohl bekannteste Erziehungsbuch des 19. Jahrhunderts publizierte der Frankfurter Arzt und Psychiater Heinrich Hoffmann zunächst unter dem Pseudonym *Kinderlieb*. 1845 erschienen unter diesem Namen *Lustige Geschichten und drollige Bilder mit 15 schön kolorierten Tafeln für Kinder von 3–6 Jahren*. Seit der vierten Auflage von 1846 firmieren sie unter dem Titel *Struwwelpeter*. Erst 1861 erhielt die Figur das heute bekannte Erscheinungsbild. Hoffmanns Erziehungsbuch führt in warnender Absicht Kinder vor, die nicht auf ihre Eltern oder die Gemeinschaft hören und sich dadurch in Gefahr begeben. Unter ihnen befinden sich auch zwei ungeschickte Figuren. Nach heutigem Verständnis leiden sie unter Dyspraxien. Dabei handelt es sich zum einen um den hyperaktiven Zappelphilipp, zum anderen um den Träumer Hanns Guck-in-die-Luft.

---

frühen Marx näher „als dem Realidealismus zeitgenössischer Ästhetiker und liberaler Ökonomietheoretiker."

In der „Geschichte von dem Zappel=Philipp“[251] interessiert sich der Sohn bei Tisch nicht für die Ermahnungen des Vaters und ignoriert auch die stumme Missbilligung der Mutter:

Doch der Philipp hörte nicht,
Was zu ihm der Vater spricht.
Er gaukelt
Und schaukelt,
Er trappelt
Und zappelt
Auf dem Stuhle hin und her.[252]

Die Illustration führt vor Augen, wie der renitente Sohn als veritabler Turbulor schließlich mit seinem Stuhl umkippt und dabei das Tischtuch mitsamt allen Speisen herunterreißt: „Da ist Nichts mehr, was ihn hält“.[253] Philipp ist am Ende unter dem Tischtuch begraben, Vater und Mutter dagegen sind mit fassungslos erhobenen Händen und grimmigen Mienen aufgesprungen und für beide gilt: „Haben nichts zu essen mehr.“[254] Wie es ihrem Sohn unter dem Tischtuch ergeht, bleibt offen. In jedem Fall zappeln nun die Eltern und Philipp gibt Ruhe.

In der „Geschichte vom Hanns Guck-in-die-Luft“, die erst 1847 in die fünfte Auflage integriert worden ist, tritt ein Schüler auf, der auf dem Schulweg seinen Blick stets nach oben gerichtet hält und dabei die Vögel beobachtet:

Nach den Dächern, Wolken, Schwalben
Schaut er aufwärts allenthalben[255].

251 Hier zit. nach [Heinrich Hoffmann:] Lustige Geschichten und drollige Bilder mit 20 schön colorirten Tafeln für Kinder von 3–6 Jahren. 2., verb. und stark verm. Aufl. Frankfurt a. M. o. J. [1846].

252 Ebd., S. 17.

253 Ebd., S. 18.

254 Ebd., S. 19.

255 Hier zitiert nach Heinrich Hoffmann: Der Struwwelpeter oder lustige Geschichten und drollige Bilder. Für Kinder von 3–6 Jahren. Frankfurt a. M. 1848, S. 21.

Damit wiederholt der junge Theoretiker das ungeschickte Verhalten des Philosophen Thales, das mit dem Sturz in einen Brunnen endete. Auch an den Kandidaten Pfannenstiel in Meyers Novelle *Der Schuß von der Kanzel* und allgemeiner noch an das Idealisierungsgebot des poetischen Realismus darf man sich erinnern. Die Fixierung aufs Erhabene blendet den Boden aus, auf dem man sich fortbewegt:

> Vor die eignen Füße dicht,
> Ja, da sah der Bursche nicht[256].

Seine fehlende Achtsamkeit rächt sich erstmals, als Hanns mit einem auf ihn zu rennenden Hund kollidiert: „Pauz! – Perdauz! – da liegen zwei!"[257] Ohne etwas daraus zu lernen marschiert er beim nächsten Mal mit erhobenem Haupt auf eine Kaimauer zu und fällt prompt ins Wasser:

> Noch ein Schritt! – und plumps! der Hanns
> Stürzt hinab kopfüber ganz! –[258]

Zwar wird er gerettet, doch ist dem „armen Wicht"[259], der am Ende als triefender Tropf und ohne seine Schulmappe an der Kaimauer steht, der Spott gewiss: Jetzt erheben die Fische im Wasser ihren Blick nach oben und machen ihn zum Gegenstand der Beobachtung. Dabei brechen sie angesichts des Jammerbildes und trotz ihrer sprichwörtlichen Stummheit – ähnlich wie die Thrakische Magd in der Thales-Anekdote – in lautes Lachen aus:

> Doch die Fischlein alle drei,
> Schwimmen hurtig gleich herbei;
> Strecken's Köpflein aus der Fluth,
> Lachen, daß mans hören thut[260].

256 Ebd.
257 Ebd.
258 Ebd., S. 22.
259 Ebd., S. 23.
260 Ebd.

Abb. 12
Heinrich Hoffmann,
Struwwelpeter, 1847

Die Ungeschicklichkeitsszene endet mit einer Persiflage. Durch ihre versetzte Imitation wird die theoretische Einstellung des Protagonisten der Lächerlichkeit preisgegeben. Zu diesem Zweck sind aus den drei Schwalben am Himmel, durch deren unverwandte Beobachtung Hanns zweimal zu Fall gebracht worden war, im letzten Bild drei Fische geworden. Auf dem zweiten waren sie noch über sein Verhalten erstaunt und dann über seinen Sturz erschrocken;[261] nun lachen sie den durchnässten Träumer aus. Im Lachen der stummen Fische werden ebenso wie in der stummen Mutter des Zappelphilipps die anonymen Beobachter habitueller Ungeschicklichkeiten modelliert. Das ist typisch für die medialen Verhältnisse im 19. Jahrhundert.

Die Assoziation der deutschen Juden mit dem Ungeschick, genauer gesagt mit einer antisemitischen Umdeutung der Geschicklichkeit, ist bereits mit Blick auf die Wörterbücher des 19. Jahrhunderts und im Zusammenhang mit der Figur des ungeschickten

261 Vgl. ebd., S. 22.

Deutschen angesprochen worden. Sie gehört zu den verhängnisvollsten Veränderungen der Ungeschicklichkeitssemantik im 19. Jahrhundert. Man hat den Antisemitismus des 19. Jahrhunderts als eine Geschichte des Ressentiments rekonstruiert.[262] Angesichts der Beschleunigungsschübe der Fortschrittsmoderne ziehen sich die Deutschen in ihre Geschichte zurück und geben die wiederholt ihnen zugeschriebene Trägheit und Schwerfälligkeit, sowie ihr grobes, ungeschicktes Verhalten, als nationale Tugenden aus. Das wurde unter anderem an Bogumil Goltz nachgewiesen. Aus ihrer angstbesetzten Schutzhaltung heraus entwickeln sie einen intensiven Neid auf ihre jüdischen Mitbürger, die beweglicher und geschickter als sie mit den Herausforderungen der Fortschrittsmoderne umgehen und dabei auch deutlich mehr Erfolg haben.

Exemplarisch lässt sich das an einem Enzyklopädieartikel zum Lemma *Geschicklichkeit* verdeutlichen.[263] Er verknüpft in den 1850er Jahren die Juden mit dem Ungeschick. Das rückt den Artikel in die Nähe der Darstellung des unansehnlichen, schlecht gekleideten und raffgierigen Juden Veitel Itzig in Gustav Freytags 1855 erschienenem Erfolgsroman *Soll und Haben*, der Kontrastfigur des braven und schmucken Anton Wohlfart.[264] Aber auch der Jude Schmulchen Schievelbeiner in Wilhelm Buschs Bildergeschichte *Plisch und Plum*, der sich ‚aus Vernunft' selbst zum Hund erniedrigt,

262 Vgl. Osterhammel: Die Verwandlung der Welt (s. Anm. 3), S. 1230, der von wiederholten „Anklagen gegen die Juden als Protagonisten und Profiteure einer irritierenden Moderne" spricht; die Vorwürfe seien nach etwa 1870 „zu Verschwörungstheorien gesteigert" worden. Differenziert dazu Aly: Warum die Deutschen? Warum die Juden? (s. Anm. 89).

263 Karl Hermann Scheidler: Geschicklichkeit. In: Allgemeine Encyklopådie der Wissenschaften und Kůnste […]. Hg. von Johann Samuel Ersch und Johann Gottfried Gruber. Bd. 62. Leipzig 1856, S. 387 f.

264 Vgl. Ramona Ehret: Soll und Haben (Roman von Gustav Freytag, 1855), In: Wolfgang Benz (Hg.): Handbuch des Antisemitismus. Judenfeindschaft in Geschichte und Gegenwart. Bd. 7: Literatur, Film, Theater und Kunst. Berlin u. a. 2015, S. 462–464; relativierend Aly: Warum die Deutschen? Warum die Juden? (s. Anm. 89), S. 34 f., mit dem Resümee: „Tatsächlich bedienten im 19. Jahrhundert vergleichsweise wenige deutsche Schriftsteller von Rang antisemitische Klischees." Ebd., S. 35.

ist nach diesem Muster angelegt.[265] Karl Hermann Scheidler, der Verfasser des Enzyklopädieartikels, hatte als Freiwilliger im Lützowschen Freicorps an den Befreiungskriegen teilgenommen, 1815 in Jena die erste Burschenschaft mitgegründet,[266] sich während seines Studiums in Berlin dem rüpelhaften Turnvater Jahn angeschlossen[267] und war seit 1826 in Jena als Professor für Philosophie tätig. Eine nationalistische Standardbiographie. Dergestalt vorbereitet publizierte Scheidler 1856 in der *Allgemeinen Encyklopådie der Wissenschaften und Kůnste*[268] seinen Artikel zum Lemma *Geschicklichkeit*. Die antisemitische Infamie des Artikels besteht darin, eine wahre, an ethische Prinzipien gebundene Form der Geschicklichkeit von einer bloßen, rein technischen und daher moralisch verwerflichen Form zu unterscheiden und erstere für das christliche Bürgertum zu reservieren, letztere aber den jüdischen Deutschen zuzuschreiben. Eben das wird am Ende des Jahrhunderts von Heyne lexikographisch kodifiziert werden.

Scheidler nimmt seinerseits das von Kant aufgeworfene Problem der moralischen Indifferenz geschickten Verhaltens auf. Seine ideologisch aufgeladene Argumentation legt im ersten, philologischen, dem Ausdruck und seiner Semantik gewidmeten Teil des Artikels durch eine Reihe von Zitaten aus dem Alten Testament die Vertrautheit der Juden mit einer rein instrumentellen Form der Geschicklichkeit nahe. Im zweiten, psychologischen Teil wird dann die Geschicklichkeit dynamisiert und mit dem Willen, insbesondere dem Willen zum ökonomischen Erfolg, verbunden. Scheidler fragt

---

265 Wilhelm Busch: Plisch und Plum. In: ders.: Bildergeschichten (s. Anm. 23), S. 533–599, hier S. 564–570. Vgl. dazu Ulrich Wyrwa: Plisch und Plum (Bildergeschichte von Wilhelm Busch, 1882). In: Benz (Hg.): Handbuch des Antisemitismus. Bd. 7 (s. Anm. 264), S. 382–384.

266 Zum satzungsmäßigen Ausschluss von Juden aus der Urburschenschaft vgl. Aly: Warum die Deutschen? Warum die Juden? (s. Anm. 89), S. 55.

267 Zum Antisemitismus Jahns vgl. ebd., S. 59 f.

268 Das monumentale Unternehmen scheiterte an dem Versuch, die Enzyklopädien der Aufklärung dadurch zu retten, dass man sie gegen das sehr erfolgreiche Konkurrenzunternehmen der Konversationslexika ins Feld führte; vgl. Haß-Zumkehr: Deutsche Wörterbücher (s. Anm. 74), S. 318.

im Rückgriff auf die christliche Moralphilosophie[269] nach den Ursachen des Erfolgswillens und erkennt sie in den natürlichen Anlagen der Staatsbürger sowie in der Übung der eigenen Fähigkeiten. Er behält jedoch einen ethisch verantwortlichen Umgang mit der Geschicklichkeit allein den Christen vor.[270] Nur diese verfügen nach seiner Überzeugung über den für diesen Umgang nötigen ‚Witz', den Scheidler als „angeborenes feineres Vergleichungsvermögen"[271] und „Talent der Klugheit (daher ‚Mutterwitz')" bestimmt.[272] Der christliche Witz wird dadurch von anderen Formen des Witzes, zu denen der Artikel unausgesprochen den jüdischen rechnet, separiert.[273] Konsequent fordert Scheidler die deutschen Christen dazu auf, ihren Witz als eine Tugend zu begreifen[274] und ihn in ihrem Wirtschaftsverhalten auch zur Geltung zu bringen. Das bestätigt im Umkehrschluss die These vom Neid der Deutschen auf den wirtschaftlichen Erfolg ihrer jüdischen Mitbürger.[275] Im dritten und letzten Teil des Artikels wird schließlich am Beispiel eines mit plumpen Händen geborenen und daher ungeschickten

---

269 Scheidler: Geschicklichkeit (s. Anm. 263), S. 388; zitiert wird Franz Volkmar Reinhard: System der christlichen Moral. Bd. 2. 4., verm. und verb. Aufl. Wien/Prag 1813, S. 314.

270 Den Juden dagegen wird im deutschen Antisemitismus „die lachende Frechheit" zugewiesen; so bei [Meyr:] Gespräche mit einem Grobian (s. Anm. 202), S. 34.

271 Scheidler: Geschicklichkeit (s. Anm. 263), S. 388, verweist dabei auf Jakob Friedrich Fries: Handbuch der psychischen Anthropologie. 2 Bde. Jena 1820–21. Fries, bei dem der Kotzebue-Attentäter Karl Sand gehört hatte und der später die Dissertation von Karl Marx betreute, gehörte zu den „arrivierten Agitatoren auf der Wartburg"; er forderte 1816 die Verteidigung der deutschen Volksgemeinschaft gegen die Juden, die er als „Volksschädlinge" bezeichnete; Aly: Warum die Deutschen? Warum die Juden? (s. Anm. 89), S. 62 f.

272 Scheidler: Geschicklichkeit (s. Anm. 263), S. 388.

273 Nach Aly: Warum die Deutschen? Warum die Juden? (s. Anm. 89), S. 49, waren die jüdischen Deutschen „weniger bedächtig, feierlich und gehorsam als die christlichen, eher beweglich, witzig und keck."

274 Zu diesem Zweck wird auch ein Paulusbrief zitiert, der freilich den Philippern lediglich empfiehlt, sich neben den genuin christlichen Tugenden auch allgemeine, für nichtchristliche Gemeinschaften geltende anzueignen; Scheidler: Geschicklichkeit (s. Anm. 263), S. 388.

275 Vgl. den Beleg bei Aly: Warum die Deutschen? Warum die Juden? (s. Anm. 89), S. 91 f.

Diebes die große Bedeutung der Übung eigener Fähigkeiten, aber auch – mit einem patriotischen Schillerzitat – die Notwendigkeit einer kritischen Überprüfung der jeweiligen Handlungsziele hervorgehoben: Geschicklichkeit „erfordert, daß der Mensch bedenkt, was er vollbringt."[276] Der moralisch wie religiös korrekte Einsatz der Geschicklichkeit verlangt darüber hinaus aber auch eine ständige Anstrengung. Scheidler zitiert dazu in polemischer Absicht erneut aus dem Alten Testament den Psalm 127, wonach es der Herr den Seinen im Schlaf gibt.[277] Er suggeriert damit im Sinne des ersten Teils seines Artikels, dass der Gott der Juden ein fatalistisches Laissez-faire eher tolerieren wird als der Gott der Christen, der seine Schäfchen nur dann geschickt zu machen bereit ist, wenn sie sich für ihre ‚guten Ziele' auch so richtig ins Zeug legen. Das wird mit einem Hesiod-Zitat abgesichert, demzufolge die Götter vor die Trefflichkeit den Schweiß gesetzt hätten.[278] Scheidler nimmt also die Geschicklichkeit in einen christlichen, humanistisch abgestützten und antisemitisch grundierten Tugendkanon auf und versucht, mit diesem Kanon die Deutschen mindestens auf Augenhöhe mit ihren jüdischen Mitbürgern zu bringen und sie so für das Industriezeitalter auszurüsten.

Für die Ungeschicklichkeit folgt daraus, dass sie eigentlich nur den gutwilligen deutschen Christen und dies auch nur bei nachlassender Anstrengung zustoßen kann. Das verdient Sorge und Aufmerksamkeit, auch diejenige der Literatur. Dagegen werden die jüdischen Deutschen ihren bösen Willen überwiegend geschickt durchsetzen.[279] Handeln sie dagegen ungeschickt, dann kann das

276 Scheidler: Geschicklichkeit (s. Anm. 263), S. 388, im nicht nachgewiesenen Rückgriff auf Friedrich Schiller: Das Lied von der Glocke (zuerst 1799). In: ders.: Werke und Briefe. Hg. von Otto Dann u. a. Bd. 1. Frankfurt a. M. 1992, S. 56–68, hier S. 56, wo es heißt: „Den schlechten Mann muß man verachten, / Der nie bedacht, was er vollbringt."

277 Scheidler: Geschicklichkeit (s. Anm. 263), S. 388. Vgl. Psalm 127,2.

278 Scheidler: Geschicklichkeit (s. Anm. 263), S. 388. Vgl. Hesiod: Werke und Tage (zuerst um 620 v. Chr.). In: ders.: Theogonie. Werke und Tage. Gr./dt. Hg. und übers. von Albert von Schirnding. München/Zürich 1991, S. 82–147, hier S. 104 (V. 289 f.).

279 Das gilt im 19. Jahrhundert auch für die Angehörigen der Unterschichten. Hebbel hält im Tagebuch fest, dass sein Vater in ihm „stets ein mißrathenes, unbrauchbares, wohl gar böswilliges Geschöpf" gesehen habe. Einzig seine

aus der von Scheidler etablierten Perspektive für die Christen nur vorteilhaft sein. Dafür muss man sich aber nicht mehr interessieren, auch nicht in der Literatur. Ausnahmen wie Berthold Auerbach, der den deutschen Judenhass früh erkannte und scharfsichtig analysierte,[280] aber auch Karl Emil Franzos, der sich mit dem Scheitern ungeschickter Frauen beschäftigt hat,[281] bestätigen die Regel.

Für die Fallgeschichte der Ungeschicklichkeit hat die Unterscheidung zwischen einer hoch- und einer minderwertigen Form der Geschicklichkeit, die auch das Antonym *ungeschickt* betrifft, erhebliche Folgen. Zum einen wird deutlich, dass zu den Affordanzen der Fortschrittsmoderne in besonderer Weise ein auch ökonomisch geschicktes Verhalten gehört. Im Vergleich der Statusmerkmale kann man dann sehen, wer sich geschickter oder ungeschickter verhält als andere. Das führt in der zweiten Phase des Ungeschicklichkeitsdiskurses im 19. Jahrhundert zu einer modernekritischen Aufwertung der deutschen Ungeschicklichkeit, die naives Ungeschick zu verhindern versucht und die Geschicklichkeit jüdischer Deutscher neiderfüllt anprangert. Zum anderen findet die Bifurkation der Semantik nun zunehmend auch einen Niederschlag auf der Ausdrucksebene. Das zeigt sich vor allem in der semantischen Neukodierung von *Ungeschick* und *Missgeschick*, bei der das Ungeschick die niederwertige und das Missgeschick die hochwertige, schicksalhaft aufgeladene Bedeutungsposition repräsentiert. Ungeschickt verhalten sich dann vor allem Kinder und jüdische Deutsche, während ein echtes Missgeschick nur einem redlichen und christlichen Deutschen zustoßen kann. Das wird in der dritten Phase verstärkt, aber erst im 20. Jahrhundert lexikographisch kodifiziert und literarisch virulent.

Mutter habe zu ihm gestanden, insofern sie „mich fort und fort gegen die Anfeindungen meines Vaters […] mit Eifer in Schutz nahm“; Hebbel: Tagebücher (s. Anm. 23), S. 142.

280 Vgl. Aly: Warum die Deutschen? Warum die Juden? (s. Anm. 89), S. 74 f.

281 S. unten, S. 387–393.

Grobiane der Gerechtigkeit

In der dritten Phase des Umgangs der deutschen Literatur des 19. Jahrhunderts mit der Ungeschicklichkeit dominiert der absichtsvoll Ausgegrenzte und seine Komplementärfigur, der ‚cynische' Sonderling. Er bekennt sich zu seinem Außenseiterstatus und setzt sein Ungeschick strategisch ein. Seit den 1880er Jahren „wird die Übereinkunft der bürgerlichen liberalen Erzähler mit ihren Medien brüchig", sodass die ‚Realisten' „mehr und mehr zu Außenseitern" mutieren.[282] Das Folgeprodukt des heroischen Sonderlings wurde von der älteren germanistischen Forschung als Idealist verstanden, der sich „der moralischen Verderbnis der trostlosen Gegenwart" entgegenstemme; er sei daher „der getreue Eckart echten Menschentums, vorbildlich gerade durch seine Unzeitgemäßheit."[283] Angemessener und weniger emphatisch wäre es, den heroischen Sonderling bei festgehaltenem Alltagsbezug als Radikalisierung jenes Zwangs zur Idealisierung und Poetisierung der Wirklichkeit zu verstehen, die den poetischen Realismus durchgehend antreibt. Zudem ist zu klären, in welchem Verhältnis der ‚cynische' Sonderling zu seinem Komplement, dem absichtsvoll Ausgegrenzten, und in welchem beide zur Ungeschicklichkeit stehen. Dabei ist festzuhalten, dass beide Figuren im Ungeschicklichkeitsdiskurs vorbereitet sind. Ihre Prototypen finden sich in Auerbachs Dorferzählung *Der Tolpatsch*. Denn als der Tollpatsch das Stigma seiner Ausgrenzung abzulegen versucht, benimmt er sich erst recht und dabei auch absichtlich ungeschickt.

Im Kern geht es in der dritten Phase des Ungeschicklichkeitsdiskurses darum, das Verständnis ‚der anderen' zu ignorieren, gegenüber dem Hohn und dem Spott von Fischlein und Menschlein gleichgültig zu werden und nach dem Vorbild des freien Geistes in Schlegels *Lucinde* heroisch zur eigenen Ungeschicklichkeit zu stehen, sich vielleicht sogar öffentlich zu ihr zu bekennen.[284]

---

282 Becker: Literaturverbreitung (s. Anm. 71), S. 128.

283 Meyer: Der Sonderling (s. Anm. 172), S. 228.

284 Wie beispielsweise Friedrich Nietzsche: Zur Genealogie der Moral. Eine Streitschrift (zuerst 1887). In: ders.: Sämtliche Werke (s. Anm. 152), Bd. 5,

Ins Zentrum des Ungeschicklichkeitsdiskurses rückt damit, was Max Stirner schon 1844, allerdings noch weitgehend resonanzlos, postuliert hatte: der Einzige und sein Eigentum.[285] Mit der Exposition heroischer Singularität sollen dann auch alle Formen der Ungeschicklichkeit und die ‚cynische' Negativfigur des Ausgegrenzten überwunden werden. Weil die letzten Menschen in Nietzsches *Zarathustra* Virtuosen der Achtsamkeit sind, unterläuft ihnen auch kein Fehltritt mehr: „Ein Thor, der noch über Steine oder Menschen stolpert!"[286] Zu Fall kommen sie allenfalls über ihre hochgeschraubten Ansprüche.

An vier Beispielen lassen sich die heroische Ungeschicklichkeit und die Komplementärfigur des absichtsvoll Ausgegrenzten in der dritten und letzten Phase prägnant veranschaulichen. In allen vier Fällen handelt es sich um umfangreichere Prosatexte. In seinen *Gesprächen mit einem Grobian* führt Melchior Meyr die Figur des heroischen Sonderlings als Variante des aus Idealismus groben Deutschen ein und legt ihre Merkmale fest. Friedrich Theodor Vischer verbindet dann in seinem Roman *Auch Einer* einen Idealisten mit dem Epochenproblem der Übereilung, das ihn ungeschickt werden und verzweifelt gegen den Eigensinn der Wirklichkeit anrennen lässt. Wilhelm Raabe kontert in seinem Roman *Stopfkuchen* mit einem betont langsamen und trägen, von seinen Mitmenschen verhöhnten Protagonisten, der im Einklang mit seiner philiströsen Trägheit und Bedächtigkeit alle seine Ideale erreicht hat

---

S. 245–412, hier S. 251: „Damals brachte ich, wie gesagt, zum ersten Male jene Herkunfts-Hypothesen an's Tageslicht, denen diese Abhandlungen gewidmet sind, mit Ungeschick, wie ich mir selbst am letzten verbergen möchte, noch unfrei, noch ohne eine eigne Sprache für diese eignen Dinge und mit mancherlei Rückfälligkeit und Schwankung."

285 Max Stirner: Der Einzige und sein Eigentum. Hg. von Ahlrich Meyer. Bibliogr. erg. Ausg. Stuttgart 2011, S. 409: Es ist „Aufgabe des Einzelnen […], die Idee zu realer Wirksamkeit zu bringen."

286 Friedrich Nietzsche: Also sprach Zarathustra. Ein Buch für Alle und Keinen (zuerst 1883–85). In: ders.: Sämtliche Werke. Kritische Studienausgabe. Hg. von Giorgio Colli und Mazzino Montinari. Bd. 4. 2., durchges. Aufl. München 1988, S. 9–408, hier S. 20. Vgl. dazu auch Till Dembeck: Zarathustra und wir: Wie man wird, was man liest. In: Busch/Dembeck/Jäger (Hg.): Ichtexte (s. Anm. 174), S. 287–311.

und sich im Erzählen für seine soziale Exklusion rächt. Und Karl Emil Franzos verdeutlicht schließlich in den Novellen seiner Sammlung *Ungeschickte Leute* die verhängnisvollen Folgen der Ungeschicklichkeit für das Mobilitätsbegehren von Frauen in der österreichisch-ungarischen Doppelmonarchie.

Den von Berthold Auerbach entwickelten Prototyp des heroischen Sonderlings hat der Schwabe Melchior Meyr[287] zur Serienreife gebracht. In seinen resonanzreichen, heute allerdings weitgehend vergessenen, für die Geschichte des Sonderlings und der Ungeschicklichkeit aber wegweisenden *Gesprächen mit einem Grobian* hat er die Ambivalenz des Tollpatschs patriotisch vereindeutigt und soziologisch transformiert. Im Zentrum seiner 1866 anonym erschienenen *Gespräche* steht die Figur Victors, eines Freiherrn von ***, der sich als „Sonderling"[288] mit seinem Studienfreund Edmund von *** austauscht. Davon erfährt der Erzähler, der während seines Studiums mit Victor und Edmund befreundet war. Als Studenten waren alle drei deutsche Idealisten, wie sie im Buche – z. B. Fichtes – stehen. Als solche verbanden sie „mit einem höhern Sinn [...] alle Naturfrische, Keckheit und Derbheit germanischer Jugend"[289]. Das klingt wie eine Wiederaufnahme des antifranzösischen Kraftgenies aus *Lili's Park* unter den patriotischen Konditionen des 19. Jahrhunderts. Die drei Studienfreunde in Meyrs *Gesprächen* sind

287 Zu Meyr vgl. zuletzt den sorgfältig recherchierten biographischen Abriss von Wilfried Sponsel: Melchior Meyr (1810–1871). Ein Denker auf der „Grenzscheide zweier Weltanschauungen". In: Markus Würmseher/René Brugger (Hg.): Grenzüberschreitungen zwischen Altbayern und Schwaben. Geschichte, Politik und Kunst zu beiden Seiten des Lechs. Regensburg 2016, S. 295–312. Sponsels Beitrag ergänzt und korrigiert den älteren biographischen Abriss von August Ramminger: Die Gedankenwelt Melchior Meyr's. Straubing 1936, S. 2–29.

288 [Meyr:] Gespräche mit einem Grobian (s. Anm. 202), S. 61. Die beiden Auflagen, den Separatdruck aus der vermehrten zweiten Auflage und die zeitgenössischen Rezensionen verzeichnet Thomas Lindenberg: Meyr, Johann Melchior. In: Deutsches Schriftstellerlexikon. 1830–1880. Goedekes Grundriss zur Geschichte der deutschen Dichtung – Fortführung. Hg. von Herbert Jacob, Marianne Jacob und Th. L. Bd. V.2. Berlin 2011, S. 286–294, hier S. 290 f.

289 [Meyr:] Gespräche mit einem Grobian (s. Anm. 202), S. 1.

mittlerweile finanziell unabhängig, doch nur Victor hat seinen germanischen Idealismus in einer Weise zu radikalisieren gewagt, die den Erzähler hinreißt: „Ein Grobian! Schärfste Kritik in den Formen ungebändigter Naturkraft! Ah! Jetzt haben wir ihn in seiner ganzen Bestimmtheit!"[290] Das ist die Figur des ungeschickten und gerade darin hochzuschätzenden Deutschen, wie sie Germaine de Staël und Bogumil Goltz konzipiert haben. Da Victor sich aber nicht öffentlich äußern will, bittet der Erzähler seinen Freund Edmund, dessen Gespräche mit Victor aufzuzeichnen. Er redigiert dann die Aufzeichnungen – so die Fiktion – und publiziert sie auch. Aus den Gesprächen erfahren die Leser, dass Victor durch drei „Unbilden von seiten der Menschen"[291] zum heroischen Sonderling geworden ist. Erstens hat er als Beamter auf eine Kränkung durch einen Vorgesetzten mit einem drastischen Kommentar reagiert und sich dann geweigert, diesen zurückzunehmen; daher hat er den Staatsdienst quittiert. Zweitens ist er als Literat mit einer moralisch-politischen Publikation am Desinteresse des Publikums gescheitert, woraufhin er sich enttäuscht aus dem öffentlichen Leben zurückgezogen hat. Und drittens schließlich ist sein Versuch, „in glücklicher Häuslichkeit die dumme Welt fröhlich"[292] zu vergessen, in sich zusammengebrochen, weil die Auserwählte einen anderen vorgezogen und ihm einen Korb gegeben hat. Um sich für seine dreifache Zurücksetzung zu rächen, isoliert sich der Freiherr, misst in seiner Abgeschiedenheit Welt und Menschen an seinen hohen Idealen und setzt dabei beide herab. Er wird zu einem exzentrischen „G r o b i a n d e r G e r e c h t i g k e i t", der nicht länger strategisch, sondern „absichtslos, aus heiligem Dunkel",[293] seine Schimpftiraden abfeuert. Sie sollen schonungslos „die Kehrseite des menschlichen Wesens" aufdecken.[294] Das verbindet den Grobian mit dem Pessimismus Schopenhauers, der auch explizit als zeitweiliges Vorbild genannt

290 Ebd., S. 13.
291 Ebd., S. 18.
292 Ebd., S. 19.
293 Ebd., S. 38.
294 Ebd., S. 52 f.

wird,[295] der Sache nach aber auch mit den Schopenhauer-Adepten Wilhelm Raabe und Wilhelm Busch, sowie mit dessen selbsternannten Überwinder Friedrich Nietzsche.[296]

Zum Ungeschickten wird Meyrs Grobian, weil er sich in sozialen Kontexten aus Wahrheitsliebe ohne Rücksicht auf andere daneben benimmt. Er hat sich Manieren angeeignet, „die ihn so ziemlich vom geselligen Verkehr ausschließen!"[297] Freilich ignoriert der idealistische Rüpel die Interaktionsregeln der Oberschichten aus moralischen Gründen und kann daher seiner Ansicht nach anderen nur ungalant erscheinen, obwohl er nach seiner eigenen Überzeugung aufrichtig und in höherem (Außenstehenden allerdings unzugänglichen) Sinne auch durchaus respektvoll agiert. Verdeutlicht wird das an seinem Verhalten gegenüber Frauen. So erregt er beispielsweise durch eine begründete Missachtung ihrer prätentiösen Wünsche den Zorn einer benachbarten Adeligen; oder er hält der Gattin eines Beamten, die er nach dem gemeinsamen Besuch einer angesehenen Familie nach Hause begleitet, mit berechtigten Argumenten ihre Charakterlosigkeit vor, woraufhin diese ihm prompt „ein abscheuliches Benehmen"[298] attestiert. Seine soziale Ungeschicklichkeit entsteht letztlich aus einem „unglückseligen Scharfblick", der ihn bei allen Menschen „durch die Künste der Höflichkeit hindurch auf den Grund ihrer Herzen" blicken lässt.[299] Der ‚cynische' Sonderling betritt die literarische Szene als besserer, eigentlicher Mensch, der sich in einen intransigent agierenden und dadurch auch ungeschickten Deutschen verkleidet hat.

295 Ebd., S. 22. Victor hat ihn „eine Zeit lang" außerordentlich geschätzt und „gegen Welt und Menschheit mit seinen Worten" geschimpft, dann aber Schopenhauers 1851 erschienene *Parerga und Paralipomena* aufgrund der Herzlosigkeit ihres Verfassers im wahrsten Sinne des Wortes mit Füßen getreten.

296 Zur deutschen Schopenhauer-Rezeption vgl. den Überblick bei Sprengel: Geschichte der deutschsprachigen Literatur 1870–1900 (s. Anm. 2), S. 60–64.

297 [Meyr:] Gespräche mit einem Grobian (s. Anm. 202), S. 56.

298 Ebd., S. 58.

299 Ebd., S. 66.

Über „jenes Etwas, wozu man sagen möchte: wieder einmal ein Mensch",[300] verfügt auch der Protagonist in Friedrich Theodor Vischers Erfolgsroman *Auch Einer* aus dem Jahr 1879. Eben darum trägt der Roman seinen Titel. Gemeint ist damit: ebenfalls ein Mensch, einer ‚von uns', ein „menschlicher Mensch"[301]. Ebenso wie in Meyrs *Gesprächen mit einem Grobian* ist er zum ‚cynischen' Sonderling erst gemacht worden und ebenso wie dort kommt er auch in Vischers Roman nicht direkt zur Sprache – jedenfalls nicht von Anfang an und nicht als unmittelbarer Zeitgenosse. In diesem Fall lernt ihn der Erzähler auf einer Reise kennen (daher der Untertitel *Eine Reisebekanntschaft*), verliert ihn dann aber aus den Augen. Er erhält jedoch einige Zeit nach der Reise von seinem zunächst noch anonymen Bekannten das umfangreiche Manuskript einer selbstverfassten Novelle (*Der Besuch. Eine Pfahldorfgeschichte*), das er in seinen Roman integriert. Schließlich stellt er Nachforschungen über seine Reisebekanntschaft an. Dabei erfährt er Namen und Beruf des ungeschickten Sonderlings. Es handelt sich um den 1815 geborenen und inzwischen verstorbenen, längere Zeit als Bezirkspolizeidirekor tätigen und wegen eines angeblichen politischen Vergehens in den Ruhestand versetzten Albert Einhart. Der Erzähler findet in dessen Nachlass weitere Manuskripte, darunter auch das wüst und chaotisch anmutende Fragment eines *Systems des harmonischen Weltalls*. Es versucht sich an einer „Übersicht der Durchkreuzungen, denen das Leben und Tun des armen Sterblichen durch die Tücke jenes Etwas unterliegt, das wir in Kürze den kleinen Zufall nennen."[302] Ein umfangreiches Kapitel dieses Systemfragments, aus dem Auszüge abgedruckt werden, beschäftigt sich mit der Aufsässigkeit der Dinge, die den Menschen im Alltag quälen. Einhart hatte die aufsässigen Dinge daher als Teufel bezeichnet und „Hauptarten der Teufel" unterschieden sowie deren „Aktionen" dargestellt.[303] Außerdem

---

300 Vischer: Auch Einer (s. Anm. 26), S. 10.

301 Ebd., S. 54. Zur ‚cynischen' Strategie des Romans und seines Autors vgl. Passavant: Nachromantische Exzentrik (s. Anm. 172), S. 148–172. Zu Vischers Begriff des ‚Cynischen' vgl. ebd., S. 166 f.

302 Vischer: Auch Einer (s. Anm. 26), S. 323. Vgl. dazu Passavant: Nachromantische Exzentrik (s. Anm. 172), S. 161–166.

303 Vgl. Kreienbrock: Malicious Objects (s. Anm. 36), S. 122–171.

findet sich in seinem Nachlass ein Singspiel, das der Erzähler einrückt, vor allem aber ein umfangreiches Tagebuch, das am Ende des Romans abgedruckt wird.[304]

Inwiefern ist Albert Einhart aber nun ungeschickt? Zunächst ist er es in motorischer Hinsicht. Ein entsprechendes, auf der Schwelle zwischen menschlicher und technischer Bewegung angesiedeltes Ungeschick prägt bereits die Bekanntschaft des Erzählers mit ihm. Beide begegnen sich auf einem Dampfboot auf dem Zuger See, wo dem Erzähler ein Fremder durch seine melancholische Zurückhaltung auffällt. Wenig später springt der eigenartige Fremde verärgert nach einem Hustenanfall, der ihm zur Unzeit das Wort abgeschnitten hatte, aus einem fahrenden Postomnibus. Dabei „blieb er am Tritt hängen und fiel zu Boden in den dichten Staub des Weges."[305] Die Mitreisenden gehen von der Apperzeptions- direkt zur Dezisionsphase über und lachen den Mann, der erst „so würdig und ernst" erschien, höhnisch aus.[306] Vergleicht man die Szene mit ähnlichen Stürzen in Werken E. T. A. Hoffmanns und Eichendorffs, dann wird rasch die entscheidende Differenz erkennbar. Denn durch die Situierung des Missgeschicks in der Nähe von technisch aufgerüsteten Verkehrsmitteln wie Dampfboot und Postwagen wird die Ungeschicklichkeit im Übergang von der Fortschrittsmoderne zur heroischen Moderne mit dem Merkmal der mechanisch gesteigerten Geschwindigkeit verknüpft. Letztere verlangt auch den Zeitgenossen weitere Temposteigerungen ab und verschärft dadurch die Sturzfolgen.

Eben in der Beschleunigung liegt aber auch die Ursache der Ungeschicklichkeit Albert Einharts, die er sogleich verallgemeinert. Denn immer dann, „wenn wir die höchste Eile haben, etwas fertig zu bringen, was nötig und vernünftig ist", drängen sich uns „die elenden Objekte, diese Igel, diese Nickel" auf und haken sich störend – als wären es Kobolde – in unsere Handlungen ein. Nichts befeuert

304 Zur Modernität von Vischers Roman vgl. Sprengel: Geschichte der deutschsprachigen Literatur 1870–1900 (s. Anm. 2), S. 303, sowie Passavant: Nachromantische Exzentrik (s. Anm. 172), S. 164.

305 Vischer: Auch Einer (s. Anm. 26), S. 11.

306 Ebd.

daher mehr den permanenten Aufstand der Dinge, als Einharts verzweifelte Anrede an sie: „ich hab' ja keine Zeit, keine Zeit für euch!"[307] Da reiben sich die Dinge die Hände. Durch Achtsamkeit und Entschleunigung könnte ihr Aufstand niedergeschlagen und die Würde des Menschen gerettet werden, denn „alles Objekt" lauert immer nur genau „auf den Augenblick, wo man nicht Acht gibt"; dafür aber fehlt es im Übergang zur heroischen Moderne an Geduld: „Aber um Gottes willen, wer kann's durchführen? Wer hat Zeit?"[308] Ausdrücklich wird dabei festgehalten, dass Einhart im Unterschied zu Aloys oder Tiburius kein Tollpatsch von Natur ist. An der Art, wie er mit geübten Griffen seine Reisetasche packt, erkennt der Erzähler: „Ungeschicklichkeit, das sah ich, konnte nicht die Ursache des Kriegszustandes sein, in dem er mit dem Bagatell sich befand."[309] Vielmehr ist es eben die Eile, die permanente Anstrengung (vulgo: die Industrie), unter den Bedingungen einer Beschleunigung aller Lebensverhältnisse weiterhin vernunftgemäß zu handeln, die ihn ungeschickt erscheinen und ihn im größeren Maßstab aus der Sicht der Vernünftigen und Braven „zum Fex, zum Trottel, zum Kinderspott, zum bösen Nickel, zum Schmutzigel, ja zum Verbrecher, zum Scheusal"[310] werden lässt.

Vollends zum „unbequemen Sonderling"[311] wird Albert Einhart aber erst aus politischen Gründen. Ähnlich wie Meyrs *Gespräche mit einem Grobian*, die im Jahr der Schlacht bei Königgrätz publiziert worden sind, übt auch Vischers Romanheld Albert Einhart scharfe Kritik an den deutschen Verhältnissen.[312] Allerdings artikuliert sich diese Kritik in Vischers Roman, der acht Jahre nach der Reichsgründung erschienen ist, deutlich entschiedener aus dem Geist des Nationalliberalismus.[313] Verstärkt wird die politische Intention

307 Ebd., S. 22.

308 Ebd., S. 30.

309 Ebd., S. 27.

310 Ebd., S. 73.

311 Ebd., S. 68.

312 Vgl. Passavant: Nachromantische Exzentrik (s. Anm. 172), S. 153 f.

313 Für engagierte Vertreter des Liberalismus verkehrte sich der Traum von der nationalen Einheit nach seiner Realisierung zum Trauma; vgl. Sprengel: Geschichte der deutschsprachigen Literatur 1870–1900 (s. Anm. 2), S. 9.

durch den Umstand, dass der Erzähler sich der Haltung seines Protagonisten anschließt. Einhart hatte schon während seiner Bekanntschaft mit dem Erzähler in den 1860er Jahren die Unfähigkeit der Deutschen beklagt, sich einem einmal erreichten Glück und einer einmal erlangten Größe gewachsen zu zeigen. Da sie in romantischer Tradition durch eine unendliche Sehnsucht nach dem Ideal geprägt seien, würden sie dann, wenn das Ideal erreicht und „nichts mehr zu sehnen ist“, „frivol“ werden, sich die Hände reiben und sich mir nichts dir nichts in „rechte gemeine Genuß- und Geldhunde mit ausgestreckter Zunge“ verwandeln.[314] Da 1871 das Ideal der staatlichen Einheit erreicht worden ist, erscheinen dem Erzähler diese Worte als prophetisch. Denn inzwischen hätten sich tatsächlich „Unehrlichkeit, Betrug, Fälschung“[315] in der deutschen Nation ausgebreitet. Ähnlich wie die späte, zeitlich weitgehend parallel erschienene Fassung von Kellers *Grünem Heinrich* will auch Vischers Roman zur sozialen Hygiene beitragen und die moralische „Fäulnis“, die „tiefer und tiefer in das Blut unserer Nation sich einfrißt“,[316] beseitigen helfen.

Neugierig geworden lernt der Erzähler seine inzwischen verstorbene Reisebekanntschaft in Gesprächen mit dessen Haushälterin dann auch näher kennen. Nun erfährt er, dass Einhart einen starken, hochmoralischen Willen mit scharfem Denken und einer ausgeprägten Gabe zur Poesie verbunden hat.[317] Auch Einhart ist ein Grobian der Gerechtigkeit. Gerade darum konnte er die Tücke des Objekts, die aus seinem überhasteten Eintreten für die Vernunft entstand und ihn ungeschickt erscheinen ließ, nicht ertragen. Das hat ihn gegen die Welt der Dinge aggressiv werden lassen. Seine ersten Worte nach der Versetzung in den Ruhestand lauteten daher: „jetzt les’ ich in meinen Büchern, schreibe etliches nieder, prügle ab und zu einen argen Tierquäler und exekutioniere einiges allzu rebellische

314 Vischer: Auch Einer (s. Anm. 26), S. 68. Vgl. Einharts Tagebuchnotiz zur Reaktion der Deutschen auf den Sieg in der Schlacht bei Sedan; ebd., S. 295.

315 Ebd. Einhart hält im Tagebuch fest, dass schon nach 1848 „Stumpfheit, Roheit und Heuchelei“ ans Ruder gekommen seien; ebd., S. 301.

316 Ebd. Auf Keller und seine liberale Haltung wird auch explizit angespielt; vgl. Passavant: Nachromantische Exzentrik (s. Anm. 172), S. 165.

317 Vischer: Auch Einer (s. Anm. 26), S. 305.

Objekt".[318] Noch näher lernen Erzähler und Leser den heroischen Sonderling in seinem Tagebuch kennen. Es trägt selbst die Spuren der Ungeschicklichkeit (in Form von verschütteter Tinte, vom Hund zerbissener Blätter, des plötzlichen Abbruchs einer Passage[319]) und gewährt durch die Persona Albert Einhart hindurch auch Durchblicke auf den Autor Vischer. Das Tagebuch lässt sich in seiner Schärfe und Prägnanz mit demjenigen Hebbels vergleichen. Gleich der zweite Eintrag enthält ein lakonisches Bekenntnis zu Schopenhauer: „Verwandt."[320] Das vertieft die Beziehung Vischers zum Pessimismus Meyrs, Buschs und Raabes. Das Ungeschickte erscheint nun als „Dämonisches in der Natur", das teilweise im Rückgang auf Herder und die Romantik als „‚der dunkle Grund', das traurige Geheimnis im Unterbau" der Realität identifiziert wird.[321] Dieser Grund ist überdies weiblich codiert und zeigt sich etwa im „Falkenauge der Mädel für Komisches, für Ungeschicktes im Äußern".[322] Da der Tagebuchschreiber dem weiblichen Scharfblick – ähnlich wie Meyrs Grobian – zum Opfer gefallen ist, wächst sich die Zurechnung männlicher Ungeschicklichkeit auf das Konto der Frauen zu einer massiven Misogynie aus.[323] Sie wird zu einem zentralen Charakteristikum des Mannes in der Heroischen Moderne.[324]

Neben der motorischen wird auch die soziale Ungeschicklichkeit in Einharts Tagebuch zum Thema. Ebenso wie Meyrs Grobian hat der Tagebuchschreiber Probleme mit jeder Art von Gesellschaft.

---

318 Ebd. Nach Sprengel: Geschichte der deutschsprachigen Literatur 1870–1900 (s. Anm. 2), S. 304, gehört die „Dialektik von Liebe und Gewalt […] sicher zu den eigenartigsten und interessantesten Zügen von Vischers *Auch Einer*."

319 Vischer: Auch Einer (s. Anm. 26), S. 400.

320 Ebd., S. 357.

321 Ebd., S. 373; vgl. zur Romantik ebd., S. 358 f.

322 Ebd., S. 397.

323 Ebd., S. 450–454; mit dem heroischen, eine militaristische Metaphorik einsetzenden Fazit ebd., S. 454: „Es kommt alles darauf an, ob einer ein Kerl ist, das heißt, ob er Kaliber hat." Der Ungeschickte wird zur Waffe. Vgl. zur Misogynie des Protagonisten Andrea Hauser: „Ein Frauenbild im großen Styl". Vischers Männerphantasien. In: „Auch Einer". Friedrich Theodor Vischer zum 100. Todestag. Hg. von Andrea Berger-Fix. Ludwigsburg 1987, S. 142–154.

324 Vgl. Klaus Theweleit: Männerphantasien. 2 Bde. Frankfurt a. M. 1977–78.

Dennoch kann und will er sich den Einladungen der Oberschichten nicht entziehen. Wenn er sie aber angenommen hat, steht er alsbald „mit der Form auf gespanntem Fuße“[325]. Zwar sieht er die Notwendigkeit von Umgangsformen und Konventionen ein, empfindet aber, wie Goethes Werther, Büchners Lenz und Meyrs Grobian, auch den „ungeheuren Reiz“, ihre geistlosen und antiquierten Träger massiv „vor den Kopf zu stoßen“.[326] Ineptia, bis zum Peinlichen deutlich artikuliert, ist Trumpf.[327] Der Tagebuchschreiber reflektiert das Problem im Anschluss an Goethes *Tasso* und bezieht sich dabei auch auf Goethe selbst, den er als Legitimationsfigur heranzieht. Goethe habe sich in Weimar aus ähnlichen Gründen wie auch er in eine förmliche Steifheit gerettet, die gerade die stark ausgeprägte Natur und die mächtige Phantasie des Dichters beweise. Daraus leitet Einhart eine Maxime ab: „Wer über die Form erhaben ist, ist ängstlich in ihr.“[328] Um die eigene Ängstlichkeit und ihre Folgen zu legitimieren, geht das Tagebuch schließlich näher auf die Schwierigkeiten aller Gelehrten ein, den in Gesellschaft nötigen formellen Takt zu erlernen. Im Gespräch gehe ein (deutscher) Gelehrter „immer ungeschickt ehrlich geradeaus auf Beweis, auf Erklärung los“.[329] Jede vornehme Gesellschaft werde dadurch brüskiert. Das greift die Beobachtungen von Germaine de Staël auf. Da sich der Tagebuchschreiber aber weniger den Gelehrten, als vielmehr den „Phantasiemenschen“ vom Schlage Goethes zugehörig fühlt, verstärkt sich für ihn das Problem. Die Phantasiebegabten vergessen nämlich „im raschen Bilderzug“, wer ihnen gerade zuhört.[330] In romantischer Tradition achten sie nicht länger auf die Situation, in der sie sich bewegen. Das findet sich bereits bei Rousseau, es ist ein Standardeffekt der im 19. Jahrhundert ausufernden Schriftkultur, gehört aber seit Goltz und Meyr auch zu den Merkmalen des deutschen Nationalcharakters. Nicht nur die motorische, sondern auch die

---

325 Vischer: Auch Einer (s. Anm. 26), S. 499.

326 Ebd.

327 Vgl. Passavant: Nachromantische Exzentrik (s. Anm. 172), S. 168 f.

328 Vischer: Auch Einer (s. Anm. 26), S. 500.

329 Ebd.

330 Ebd.

soziale Ungeschicklichkeit erweist sich damit in Vischers Roman als Effekt einer Beschleunigung.[331] Während der eilende Körper die Tücke des Objekts begünstigt, das ihn dann prompt ins Stolpern und zu Fall bringt, verblasst angesichts der Geschwindigkeit der Phantasie die soziale Umgebung, die darauf mit Befremden reagiert. Der unbequeme Sonderling fällt ungeschickt aus der Zeit, kann sich dabei aber auf eine „agonistische Kulturtheorie" stützen, in der die kleinen Störungen stabilisierend wirken, aber auch als vertiefende Irritationsmomente fingieren.[332] Gerade als Unzeitgemäßer, wie das Beispiel Nietzsches belegt, kann der ‚cynische' Sonderling heroisch werden.

Das dritte Beispiel zeigt, wie der heroische Sonderling in seiner unzeitgemäßen Position Ein- und Übersicht gewinnt – und wie er beides strategisch zu nutzen versteht. Während Albert Einhart aus Hast und Übereifer für das Gute und die Sache der Vernunft den Eigensinn der Dinge vergisst, deshalb in ihren Bannkreis gerät und ungeschickt agiert, ist Heinrich Schaumann als dessen Gegenfigur angelegt. Schaumann, der Mann des Schauens, aber auch des sprachlichen Handelns, ist der Protagonist in Wilhelm Raabes Außenseitererzählung *Stopfkuchen*.[333] Für alles, worauf es in der heroischen Moderne anzukommen scheint, ist er zu langsam, zu dick und zu träge. Damit entspricht er dem Typus des ungeschickten Deutschen. Ein Defizit, genauer gesagt ein „Mißverhältnis zwischen körperlicher und geistiger Veranlagung", hat ihn „faktisch unfähig" gemacht, „mit dem, was gedeihlich durch den Lebensweg hastet,

---

331 Vgl. bereits, allerdings nur bezogen auf die motorische Ungeschicklichkeit, Adalbert Stifter: Der Hagestolz (zuerst 1844). In: ders.: Studien (s. Anm. 25), S. 886–1013, hier S. 899: „Und wie man oft bei innerer Bewegung in der äußern ungeschikt ist, geschah es ihm auch, daß er die Schulter an die Fassung der Thür anstieß."

332 Vgl. Passavant: Nachromantische Exzentrik (s. Anm. 172), S. 169.

333 Vgl. Ralf Simon: „Stopfkuchen". In: Dirk Göttsche/Florian Krobb/Rolf Parr (Hg.): Raabe-Handbuch. Leben – Werk – Wirkung. Stuttgart 2016, S. 228–235, hier S. 230. Zuletzt erhellend Passavant: Nachromantische Exzentrik (s. Anm. 172), S. 193–216, zu den poetologischen und politischen Aspekten des ‚cynischen' Sonderlings.

wettzulaufen".[334] Im Darwin'schen Struggle for Existence, dem sich in „dieser bissigen Welt"[335] jeder stellen muss,[336] hat er scheinbar die schlechtesten Karten. Weil er von klein auf zwar „stark von Magen und Verdauung",[337] dabei aber „immer etwas schwach, nicht nur von Begriffen, sondern auch auf den Füßen" gewesen ist,[338] wird er dick und ungeschickt. Überall da, wo andere laufen, bleibt er lieber liegen.[339] Seine „Veranlagung zum Idiotentum"[340] macht ihn zu einem „Hinhocker", der es auch als Erwachsener noch vorzieht „langsam, langsam" zu gehen.[341] Dafür wird er schon „in dem dumpfigen Schulstall"[342], der auch als „Kulturpferch"[343] bezeichnet wird, von seinen Mitschülern gehänselt und aufgezogen. Raabe geht damit von der Evaluations- zur Dezisionsphase über. Um den „armen maulfaulen, feisten, schwitzenden Tropf" führen seine Mitschüler „[n]ette Siegestänze" ihrer „Überlegenheit" auf[344] und lassen ihn „jung allein unter der Hecke liegen".[345] Indem sie sich das Recht des Stärkeren, das Schaumann als ihr „schändliches Menschenrecht"[346] bezeichnet, herausnehmen, verkennen sie ihn („die

334 Raabe: Stopfkuchen (s. Anm. 48), S. 135.
335 Ebd., S. 87.
336 Vgl. Eberhard Rohse: „Transzendentale Menschenkunde" im Zeichen des Affen. Raabes literarische Antwort auf die Darwinismusdebatte des 19. Jahrhunderts. In: Jahrbuch der Raabe-Gesellschaft (1988), S. 168–210, sowie Katharina Brundiek: Raabes Antworten auf Darwin. Beobachtungen an der Schnittstelle von Diskursen. Göttingen 2005, S. 124–161.
337 Raabe: Stopfkuchen (s. Anm. 48), S. 65.
338 Ebd., S. 62.
339 Ebd., S. 28.
340 Ebd., S. 65.
341 Ebd., S. 61. Vgl. zu den Regressionsbewegungen und zur Selbststigmatisierung des Protagonisten Passavant: Nachromantische Exzentrik (s. Anm. 172), S. 196–204.
342 Raabe: Stopfkuchen (s. Anm. 48), S. 22.
343 Ebd., S. 116. Raabes Roman trägt damit ebenso wie Kellers *Der grüne Heinrich* zum Genre der Schulerzählung bei.
344 Ebd., S. 67.
345 Ebd., S. 197; vgl. S. 92.
346 Ebd., S. 66.

Schätze in meinem Busen lagen euch, offen gesagt, dummen Jungen viel zu tief"[347]) und verekeln ihm gründlich Kindheit und Jugend.

Ähnlich wie der Tollpatsch Aloys in Auerbachs Dorfgeschichte versucht sich auch der ungeschickte Heinrich Schaumann mit seiner Lage abzufinden. Das lässt auch ihn zu einem heroischen Sonderling werden, der sich zu seinem eigenen Ideal macht,[348] ja sich zu einem Gott aufschwingt[349] und in der Übernahme der Dezisionsphase auch die eigene Ungeschicklichkeit akzeptiert: „Was blieb mir da anders übrig, als mich an meinen Appetit zu halten und mich auf mich selber zu beschränken und euch mit meinen herzlichsten Segenswünschen die Rückseite zuzudrehen."[350] Schon als Jugendlicher beschließt er, passiv zu bleiben und ebenso wie die Massen an Nahrung auch „das Schicksal in mich hineinzufressen"[351] (daher der Spitzname Stopfkuchen[352]). Er vergisst aber seine Peinigungen keineswegs und beginnt, langfristig zu planen. Das lässt ihn allmählich zum „Diskurs-Täter"[353] werden, der auf den richtigen Augenblick zum Zuschlagen wartet. Dabei konzentriert er sich klug und beharrlich auf Ziele, die ihm unter den gegebenen Umständen erreichbar bleiben, um „nach Jahren ruhigen Wartens geduldig ertragene Verspottung und Zurücksetzung" heimzuzahlen.[354] Schaumann entschließt sich zur Eskalation, geht dabei aber strategisch vor.

---

347 Ebd., S. 116.

348 Ebd., S. 77: „damit ich ihr Ideal werde, mußte ich doch unbedingt vorher erst meines sein".

349 Vgl. Heinrich Detering: Theodizee und Erzählverfahren. Narrative Experimente mit religiösen Modellen im Werk Wilhelm Raabes. Göttingen 1990, S. 206–210. Kritisch dagegen zur These der Selbstvergottung Helmuth Mojem/ Peter Sprengel: Wilhelm Raabe: *Stopfkuchen* – Lebenskampf und Leibesfülle. In: Romane des 19. Jahrhunderts. Interpretationen. Stuttgart 2005, S. 350–386, hier S. 362–367. Zuletzt eher vermittelnd Passavant: Nachromantische Exzentrik (s. Anm. 172), S. 202 f., nach dem sich Schaumann „freiwillig in die stigmatisierte Position" begibt (ebd., S. 203).

350 Raabe: Stopfkuchen (s. Anm. 48), S. 67.

351 Ebd., S. 35.

352 Vgl. ebd., S. 153 f.

353 Ulf Eisele: Der Dichter und sein Detektiv. Raabes *Stopfkuchen* und die Frage des Realismus. Tübingen 1979, S. 21.

354 Raabe: Stopfkuchen (s. Anm. 48), S. 96.

Seine Absichten richten sich auf die Rote Schanze, eine ehemalige Befestigungsanlage aus dem Siebenjährigen Krieg.[355] Sie wird von dem Bauern Andreas Quakatz bewohnt, der dort mit seiner Tochter Valentine wirtschaftet. Quakatz ist ein Außenseiter wie Heinrich Schaumann.[356] In der Kleinstadt hält man ihn für den Mörder eines Viehhändlers namens Kienbaum. Seit Jahren versucht er vergeblich, seine Unschuld zu beweisen. Darüber verbittert er zunehmend und lässt seinen Hof ebenso verwahrlosen wie seine Tochter. Heinrich Schaumann verdingt sich 1871, im Jahr der deutschen Reichsgründung, auf dem Hof des angeblichen Mörders[357] und gewinnt die Zuneigung Valentines, die er ritterlich gegen die Angriffe der Dorfjugend verteidigt. Das lässt Raabes Erzählung zu einer Allegorie auf den Umgang der Deutschen mit ihren Idealen werden. Trotz seiner habituellen Ungeschicklichkeit gelingt es Heinrich zusammen mit Valentine, die er auch heiratet, die Rote Schanze zu kultivieren. Nachdem der Bauer Quakatz gestorben ist, gehört sie schließlich Heinrich und Valentine. Dazu heißt es, in deutlicher Anspielung auf die Deutschen und die Erfüllung ihrer nationalen Hoffnungen: „Ja, ich hatte es nun, was ich hatte haben wollen. Ich saß mitten drin in meinem Ideal, und ich war mit meinem Ideal allein auf der Roten Schanze."[358] Nicht nur für die deutsche Geschichte, sondern auch für den poetischen Realismus ist mit dem Zusammenfall von Ideal

355 Über die Beziehung zum Siebenjährigen Krieg ist der Roman mit seinem ähnlich elaborierten Vorgänger *Das Odfeld* verbunden, der im Siebenjährigen Krieg spielt.

356 Dass Schaumann als Außenseiter Quakatz „sonderbar ähnelt" konstatiert Detering: Theodizee und Erzählverfahren (s. Anm. 349), S. 201.

357 Vgl. Raabe: Stopfkuchen (s. Anm. 48), S. 141.

358 Ebd., S. 146. Für Raabe galt hinsichtlich der Reichsgründung analog zu seinem Protagonisten: „seine politischen Nahziele waren erreicht". Horst Denkler: Wilhelm Raabe. Legende – Leben – Literatur. Tübingen 1989, S. 137. Nach Sprengel: Geschichte der deutschsprachigen Literatur 1870–1900 (s. Anm. 2), S. 9, blieb für Raabe trotz einer „wachsenden Verbitterung über die Entwicklung nach 1871 [...] die erkämpfte Einheit selbst und die Reihe der darauf zuführenden Kriege [...] sakrosankt."

und Wirklichkeit ein problematischer Grenzfall erreicht, der Raabes Erzählen entschieden in Richtung Moderne driften lässt.[359]

Das zeigt sich in der Adaption von Elementen der Kriminalerzählung,[360] die geradezu naturalistisch versachlicht und pragmatisch instrumentalisiert werden. Damit nämlich der Ungeschickte sein Behagen finden kann, muss er zuvor den Ruf der Roten Schanze retten und dazu den Mörder Kienbaums finden. Zu diesem Zweck geht er streng rational im Sinne des Kausalitätsdenkens vor und folgt mit Wolff und Schopenhauer dem Satz des zureichenden Grundes.[361] Zugleich sucht er im Sinne des Historismus zu ergründen, „wie es eigentlich gewesen ist“[362]. Es gelingt Schaumann mit seinem archäologischen Ansatz auch, den Mörder zu identifizieren, bei dem es sich nach seinen Angaben um einen Landbriefträger namens Störzer handelt.

Im Zentrum der angeblichen Untat Störzers steht eine motorische Ungeschicklichkeit. Als der Briefträger, der ständig unterwegs ist, sich ein einziges Mal wie sein Antipode Heinrich Schaumann verhält und sich Zeit nimmt, sich hinhockt und eine Pause einlegt,[363] taucht zufällig sein Quälgeist, der Viehändler Kienbaum auf. Raabe hat diesen Quälgeist als eine monströse Reinkarnation der tückischen Dingteufel in Vischers *Auch Einer* angelegt und man kann dabei

359 Zu den Impulsen der Literatur des späten 19. Jahrhunderts, darunter auch Raabes, für die Entwicklung im 20. Jahrhundert vgl. Sprengel: Geschichte der deutschsprachigen Literatur 1870–1900 (s. Anm. 2), S. 58.

360 Vgl. zu den Forschungspositionen Simon: „Stopfkuchen“ (s. Anm. 333), S. 233, nach dem „keine Kriminalgeschichte“ vorliege, „sondern nur die diskursive Konstruktion eines Realitätseffekts neben anderen.“

361 Raabe: Stopfkuchen (s. Anm. 48), S. 197.

362 Ebd., S. 198. Vgl. zur Kritik des Historismus im *Stopfkuchen* Simon: Raabes literarische Historik (s. Anm. 48), S. 18–21.

363 Raabe: Stopfkuchen (s. Anm. 48), S. 190: „‚Der Ewige Jude bist du doch nicht, Störzer‘, sage ich mir. ‚Fünf Minuten wird's ja mal Zeit haben‘, und da faßt mich der Teufel, oder der liebe Herrgott will's, und ich setze mich die fünf Minuten hier auf den Grabenrand: o hätte mir doch der Himmel lieber fünf Minuten vorher einen durchgehenden, vierspännigen Heuwagen über den Leib gehen lassen!“ Die theologische Aufladung des Monologs legt nahe, den Steinwurf im Sinne von Joh 8,7 als Ausdruck einer grundlegenden menschlichen Fehlbarkeit zu verstehen.

auch an die koboldhaften Reiter auf Manets Lithografie denken. Ebenso wie Schaumann von seinen Kameraden verspottet wurde, hat sich auch Kienbaum über Störzer von Kindesbeinen an lustig gemacht und ihn verhöhnt.[364] Als beide sich nun wiedersehen, beschimpft Kienbaum von seiner Kutsche herab den Briefträger als „Blödbock“ und zieht ihm, Evaluation und Dezision verbindend, mit der Peitsche „einen blutigen Striemen über die Hand“.[365] Das lässt die Szene eskalieren. In den von Schaumann zitierten und von Eduard fixierten Worten Störzers geschieht folgendes:

> Ich lasse den Stock fallen und greife im Schmerz nach ihm auf dem Erdboden; aber dafür kommt mir, barmherziger Gott, an seiner Statt der nächstliegende Feldstein in die Hand. Gedacht hab ich mir nichts bei dem Wurfe und gezielt habe ich auch nicht, aber getroffen hat es – durch Gottes und des Satans Willen.[366]

Entscheidend ist hier die Absichtslosigkeit der Wurfgeste, ja ihre fehlende Bindung an die Intentionalität eines handelnden Subjekts. Die Schuld, von der das Subjekt sich freispricht, wird freilich rasch durch das adversative „aber“ und das Impersonale „es“ in der Wendung „getroffen hat es“ einer schwer zu fassenden Instanz zugewiesen.[367] Als großgeschriebenes ‚Es‘ ist dieses Impersonale wenig später von Sigmund Freud begrifflich als Unbewusstes gefasst und der *Psychopathologie des Alltagslebens* zugeordnet worden. Der Steinwurf ereignet sich nach Störzers Aussage „nur durch mein halbes Zutun und ganz durch den schrecklichen Zufall!“[368] Dennoch ist der Werfende auch nicht unbeteiligt, denn er hatte sich immer schon für seine Erniedrigungen rächen wollen. Daher kommt ihm der Tod seines Intimfeindes nicht ungelegen.

Für die Geschichte der Ungeschicklichkeitsszene kommt nun alles darauf an, den äußerlich so beweglichen Störzer als eine Parallelfigur

364 Raabe: Stopfkuchen (s. Anm. 48), S. 187–190.
365 Ebd., S. 192.
366 Ebd.
367 Die theologischen Implikationen deutet Detering: Theodizee und Erzählverfahren (s. Anm. 349), S. 206, an.
368 Raabe: Stopfkuchen (s. Anm. 48), S. 188.

zum äußerlich statischen Heinrich Schaumann zu begreifen. Beide wurden als Kinder verspottet und ausgegrenzt.[369] Allerdings reagieren beide anders auf ihre Exklusion. Schaumann akzeptiert seine Defizite, frisst passiv alle Demütigungen in sich hinein und wartet ruhig auf den Zeitpunkt, an dem er sich mit Worten für seine Ausgrenzung rächen kann. Sämtliche Folgen ist er zu tragen bereit. Störzer dagegen akzeptiert seine Ausgrenzung nicht, entscheidet sich für ein Leben in ständiger Bewegung, das ihn permanent ablenkt, und erhebt gegen seinen Peiniger im entscheidenden Moment auch die Hand. Das lässt in seinem Fall die Ungeschicklichkeitsszene – im Unterschied zu derjenigen Schaumanns – massiv eskalieren und hat den allenfalls unterbewusst beabsichtigten Totschlag zur Folge. In der Kleinstadt wird er sofort als Mord aufgefasst. Anders als der ungeschickte Antiheld Schaumann ist Störzer nach seinem ungeschickten Racheakt aber nicht bereit, die Konsequenzen zu tragen und die Verantwortung für seine Tat zu übernehmen. Stattdessen lässt er zu, dass der unschuldige Quakatz jahrzehntelang als Mörder verdächtigt und seine Tochter beschimpft und verfolgt wird. Ähnlich wie in Meyers Novelle *Der Schuß von der Kanzel* wird auch in Raabes *Stopfkuchen* eine im Zentrum des Geschehens situierte Ungeschicklichkeitsszene, die zudem über ein erhebliches Eskalationspotenzial verfügt, gezielt verschwiegen. Erst die Erzählung deckt sie auf und macht sie zeitversetzt publik. Die Eskalationsdynamik wird zum Motor einer narrativen Strategie.

Umgesetzt wird sie in zwei medial differenzierten Stufen. Ihre Beziehung reflektiert die für das 19. Jahrhundert zentrale Unterscheidung von Massenmedien und Literatur.[370] Für die Öffentlich-

369 Nach Simon: „Stopfkuchen" (s. Anm. 333), S. 234, bilden Schaumann und Störzer insofern ein Aktantenpaar, als es sich bei beiden um „rituelle Sündenböcke" handelt. Sie erhalten ähnliche Spitznamen, sie kommen darin überein, sich „die Welt nach ihren Konstruktionsbedingungen zurechtzulegen" und sie helfen beide einer verfemten Frau. Idealtypisch stelle sich in diesem Paar „die Reaktion des ausgestoßenen Sündenbocks auf seine Verfemung dar".

370 Vgl. dazu Ulrike Landfester: Das Genuß-Verbrechen. Spätrealistische Bildungskritik in Wilhelm Raabes Roman *Stopfkuchen* (1891). In: Jahrbuch der Raabe-Gesellschaft (2005), S. 34–52, hier S. 51: In Raabes Roman gehe

keit der Kleinstadt, in der das Geschehen sich abspielt, wird der Mord durch Heinrich Schaumann aufgeklärt. Er weiß angeblich lange schon, wer der Mörder war, verschweigt es aber – darin Störzers Schweigen fortsetzend – über Jahre hinweg allen gegenüber, auch gegenüber seiner Frau. Sein Spitzname zeigt an, warum ihm das gelingt. Erst nach dem Tod des Mörders erzählt er in einem überbordenden Wortschwall seinem alten Freund Eduard, der ihn besucht, was genau sich angeblich zugetragen hat. Schaumann wählt dazu das Gasthaus zum Goldenen Arm und er redet dabei so laut, dass die Kellnerin in der Wirtsstube ihn deutlich verstehen kann.[371] Der Erzähler ist sich sicher, dass sie die sensationelle Geschichte alsbald als Klatsch zum Besten geben und dass das Geschehen sich daraufhin wie ein Lauffeuer in der gesamten Kleinstadt verbreiten wird. In medientechnischer Perspektive vertraut Schaumann auf die Macht der Fama, des mündlich sich verbreitenden Gerüchts. Dafür stehen im Medienpool des ausgehenden 19. Jahrhunderts die Zeitungen und Journale bereit.[372] Insofern sich Schaumann mit seiner Erzählung an den Bewohnern der Kleinstadt für die Demütigungen rächen will, die sie ihm und seiner Ehefrau angetan haben, kann seine Erzählung als Äquivalent des ungeschickten Steinwurfs verstanden werden, den Störzer gegen Kienbaum getätigt hatte. Ebenso wie der Steinwurf ist auch die Erzählung teils durch Absicht und teils durch Zufälle bestimmt. Auch sie weist Merkmale der Ungeschicklichkeit auf. Schaumanns Ehefrau etwa charakterisiert das Erzählen ihres Mannes so: „Du erzählst

---

es um die Ermittlung „der Möglichkeiten literarischen Schreibens unter Bedingungen, unter denen ‚Realismus' längst schon eine mimetische Bezugnahme auf die Grundkonfiguration der Beziehung zwischen Literatur und Massenmedien des ausgehenden 19. Jahrhunderts einschließt."

371 Generell gilt nach Simon: „Stopfkuchen" (s. Anm. 333), S. 233: „In den Gasthäusern wird die Mordfama produziert und verteilt." Schaumann spiele im Gasthaus zum Goldenen Arm seine „juristisch in jeder Hinsicht haltlose Geschichte in ihrer ganzen sozialen Macht" aus.

372 Vgl. mit Blick auf Raabes *Stopfkuchen* Günter: Im Vorhof der Kunst (s. Anm. 68), S. 275–279, teils unter Berufung auf Georg Stanitzek: Fama/Musenkette. Zwei klassische Probleme der Literaturwissenschaft mit den Medien. In: ders./Wilhelm Voßkamp (Hg.): Schnittstelle: Medien und Kulturwissenschaft. Köln 2000, S. 135–150.

freilich den ganzen Tag durch nach deiner gewöhnlichen Art das Schlimmste und das Beste, das Herzbrechendste und das Dummste, wie als wenn man einen alten Strumpf aufriwwelt".[373] Anders als Störzers ungeschickter Steinwurf richtet sich das ungeschickt eine langjährige Verstrickung auflösende, dabei aber sachliche (wenn auch nicht überprüfbare) Erzählen Schaumanns freilich nicht gegen den Leib, sondern zielt auf die Einsicht, die Gegenrede und letztlich das Handeln seiner Adressaten. Das ist seine durchgehend polemische Raison d'Être.[374] Schaumanns Narration ist auch nur auf den ersten Blick ungeschickt und umwegig, während sie sich bei näherem Hinsehen als zielführend und geordnet erweist. Beim Aufribbeln zeigt sich gewissermaßen erst der rote Faden. Auch das wird in Raabes Erzählung vorbereitet. So heißt es, dass schon der junge Heinrich Schaumann zwar nicht von Natur geschickt war, dass ihn aber in seiner aufgenötigten Einsamkeit, insbesondere auf der Roten Schanze, auch „die Geschicklichkeit" anflog.[375] Insbesondere hat ihn gefreut, wie er „beim Mistauf- und -abladen" erstmals „auch Geschick entwickelte" und dafür anerkannt wurde.[376] Als Erzähler besteht seine Geschicklichkeit darin, den lebenslang in sich aufgespeicherten ‚Unrat' auf Seiten eines grobschlächtigen Publikums rasch, restlos und durchaus auch geschickt wieder abzuladen.[377]

Für die zweite Stufe der narrativen Defäkation, der schwallhaften Entladung und Erleichterung, als die sich Raabes Roman in poetologischer Perspektive verstehen lässt, liegt die Verantwortung bei dem Erzähler des Romans, bei Eduard, einem ehemaligen Mitschüler Heinrich Schaumanns.[378] Auch er hatte dazu beigetragen, Heinrich zu quälen und ihn zu einem Ungeschickten werden zu lassen. Nach einem Studium der Medizin ist er nach Afrika

373 Raabe: Stopfkuchen (s. Anm. 48), S. 150.

374 Vgl. Passavant: Nachromantische Exzentrik (s. Anm. 172), S. 208 f.

375 Raabe: Stopfkuchen (s. Anm. 48), S. 140.

376 Ebd., S. 141.

377 Die Stelle wird übersehen in der ähnlich argumentierenden Deutung von Mojem/Sprengel: Wilhelm Raabe: *Stopfkuchen* (s. Anm. 349), S. 361.

378 Vgl. dazu Claus-Michael Ort: ‚Stoffwechsel' und ‚Druckausgleich'. Raabes *Stopfkuchen* und die ‚Diätetik' des Erzählens im späten Realismus. In: Jahrbuch der Raabe-Gesellschaft (2003), S. 21–43.

ausgewandert, um dort Schafe zu züchten. Bei einem Besuch in der alten Heimat trifft er Heinrich Schaumann wieder und sieht sich dessen Lebensgeschichte mitsamt den Umständen des Mordes an dem Viehhändler Kienbaum ausgesetzt. Das lässt ihn zum idealen „Medium der dargestellten Wirklichkeit“ werden.[379] Heinrich regt Eduard dazu an, seine Erzählung noch während der Rückreise niederzuschreiben und das Geschehen dadurch für ein größeres Publikum aufzubereiten.[380] Erst durch diesen Kunstgriff wird versucht, die Geschichte im Sinne des poetischen Realismus ins Allgemeine und Ideale (bzw. das, was davon übriggeblieben ist: ins Fluidum des Kulturellen) zu wenden. Zum einen zeigt sich, dass Schaumann gerade als ausgegrenzter Ungeschickter, der im Sinne seiner Selbstapotheose gelernt hat, zu seinen Defiziten zu stehen, einen „gewissen Weltüberblick“ gewonnen, sowie „Zweck und Ziel im Erdendasein“ erreicht hat.[381] Es ist nicht abwegig, darin eine Selbstcharakteristik des Schopenhauer-Lesers Wilhelm Raabe zu erkennen.[382] Wie dieser ist auch Schaumann aus Ungeschicklichkeit zum Literaten geworden. Dazu musste er in einem ersten und entscheidenden Schritt sich selbst idealisieren. Zum anderen wird die ungeschickte Tötung Kienbaums durch Störzer, mit der sich dieser für seine ständige Demütigung rächt, zu einem Fall stilisiert, den es „gegen die Menschheit auszutragen“[383] gilt. Einen weiteren Horizont gibt es kaum. Die ungeschickte Tötung wiederholt sich nun im halb ungeschickten, halb geschickten Erzählen Schaumanns, mit dem er sich seinerseits für die ihm zugefügte Exklusion rächt. Eduard sieht es dann als seine Aufgabe an, den gegen die Menschheit angestrengten Fall der Tötung Kienbaums in

379 Simon: „Stopfkuchen“ (s. Anm. 333), S. 230.

380 Raabe: Stopfkuchen (s. Anm. 48), S. 200: „Wie wäre es denn, wenn du den Kopf aus der Geschichte zögest, Eduard, und dein Teil daran sofort mit auf das Schiff nähmest?“

381 Ebd., S. 67.

382 Zur autobiographischen Dimension des Romans vgl. Simon: „Stopfkuchen“ (s. Anm. 333), S. 228. Zu Raabes Umgang mit Schopenhauer vgl. Søren R. Fauth: Der metaphysische Realist. Zur Schopenhauer-Rezeption in Wilhelm Raabes Spätwerk. Göttingen 2007.

383 Raabe: Stopfkuchen (s. Anm. 48), S. 200.

Schaumanns Worten festzuhalten, wobei die ‚Menschheit' vor allem diejenige in seiner eigenen, ebenfalls an der Ausgrenzung eines Mitmenschen beteiligten Person ist. Tatsächlich legt Eduard schon im Bauch des Schiffes[384] ein wiederholt als Logbuch[385] bezeichnetes Manuskript der Erzählungen seines ungeschickten Freundes an. Damit vollzieht er einen „Medienwechsel"[386], der das klatschhaft-journalistische Erzählen Schaumanns literarisch transformiert. Um seine literarische Kompetenz zu belegen, gibt er sich eingangs als gebildeter Zeitgenosse aus, formuliert aber dann de facto „so ungeschickt, dass er das Gegenteil des Intendierten niederschreibt und daraus ein Plädoyer für Unbildung entsteht."[387] Vordergründig schreibt er sein Manuskript, „um es späterhin zu Hause im Wirrsal der Tage für einen möglichen stillern Augenblick bequem zur Hand zu haben. –––"[388] Es scheint ihm also um Selbsterkenntnis zu gehen. Allerdings wird er die Geschichte, die ihm die Selbstreflexion ermöglicht, nicht für sich behalten, sondern weitergeben. Denn als er sich der Heimat nähert, malt er sich die Begrüßung durch seine Ehefrau und seine Kinder und ihre Forderungen aus. Seine „doppelschlächtige deutsch-holländische Brut" werde ihn mit dem Ruf begrüßen „Vader, wat hebt gij uns mitgebracht uit het Vaderland, aus dem Deutschland?"[389] Die Antwort ist eben die absichtsvoll

384 Im Unterschied zum „Bauche" eines während der Überfahrt „den Kindern zuliebe" gefangenen Haifischs, aus dem sich „aber gottlob diesmal nichts dem Menschen allzu Greuliches entwickelt" (ebd., S. 145 f.), entwickelt sich in Eduards Manuskript, das damit als Analogon eines Verdauungsproduktes charakterisiert wird, durchaus etwas ihm und ‚dem Menschen' als solchem Entsetzliches: der nicht mehr zu idealisierende Sachverhalt der brutalen Exklusion von Kindern durch Kinder und ihre ebenso brutalen Folgen für die betroffenen Erwachsenen. Vgl. zu den Konsequenzen für Raabes Stellung zum Realismus Ort: ‚Stoffwechsel' und ‚Druckausgleich' (s. Anm. 378), S. 40–42.

385 Raabe: Stopfkuchen (s. Anm. 48), S. 146, S. 148.

386 Vgl. Ort: ‚Stoffwechsel' und ‚Druckausgleich' (s. Anm. 378), S. 31.

387 Simon: „Stopfkuchen" (s. Anm. 333), S. 230.

388 Raabe: Stopfkuchen (s. Anm. 48), S. 119. Zu den Schreibmotiven Eduards vgl. auch Ort: ‚Stoffwechsel' und ‚Druckausgleich' (s. Anm. 378), S. 25, S. 30 f. und S. 39.

389 Raabe: Stopfkuchen (s. Anm. 48), S. 207.

ungeschickte „See- und Mordgeschichte“ mit dem Titel *Stopfkuchen*, die am Ende aus dem Bauch der *Hagebucher* ausgetreten und in den Druck gelangt ist. Jeder Leser, und sei er noch so weit herumgekommen, muss sie mit der Frage nach den Errungenschaften Deutschlands beenden.

Das vierte und letzte Beispiel macht sichtbar, dass es sich bei den heroischen Sonderlingen Meyrs, Vischers und Raabes ausschließlich um Deutsche und um Männer handelt, die sich ihren Status – und damit auch ihre Ungeschicklichkeit – in sozialer und ökonomischer Hinsicht leisten konnten. Das ist keineswegs selbstverständlich, sondern verweist innerhalb der sozialen Verhältnisse des 19. Jahrhunderts auf privilegierte Positionen. Meyrs Grobian ist ein Baron, der über Vermögen verfügt, der hastige Dingverächter Vischers ist als Beamter im Ruhestand gut versorgt und Raabes bedächtiger Held konnte studieren und hat danach ökonomisch klug geheiratet. Was mit der Ungeschicklichkeitsszene geschieht, wenn Privilegien fehlen, wenn Frauen oder Juden betroffen sind, wenn die soziale Lage deutlich prekärer wird und der angestrebte Aufstieg misslingt, führt Karl Emil Franzos in seiner 1894 erschienenen Novellensammlung *Ungeschickte Leute* vor.[390] Der Schauplatz verschiebt sich damit nach Österreich.[391] Franzos war in Ostgalizien „in einem sozial ungünstigen Milieu“ aufgewachsen, hatte in Czernowitz das Gymnasium absolviert und anschließend in Graz Jura studiert.[392] Während des Studiums schloss er sich einer deutschnationalen Verbindung an, blieb aber seinem Glauben treu: „Seinem jüdischen Glauben opferte er die Hoffnung auf eine Staatsanstellung und seine

390 Karl Emil Franzos: Ungeschickte Leute. Geschichten. Jena 1894.

391 Das ist im hier interessierenden Kontext insofern legitim, als es in literaturgeschichtlicher Perspektive „so etwas wie einen epochalen Zusammenhang der Literatur des späten 19. Jahrhunderts zwischen Zürich, Wien und Berlin, über die Grenzen der Schulen, Gattungen und Qualitätsstufen hinweg“ gibt; Sprengel: Geschichte der deutschsprachigen Literatur 1870–1900 (s. Anm. 2), S. XVII.

392 Ernst Joseph Görlich: Franzos, Karl Emil. In: Neue deutsche Biographie. Hg. von Otto zu Stolberg-Wernigerode. Bd. 5. Berlin 1961, S. 378 f., hier S. 378.

große Liebe zu einem christlichen Mädchen."[393] Als Journalist und Schriftsteller, der seinen Lebensmittelpunkt in Berlin gefunden hat, war Franzos sehr erfolgreich. In dem Band *Ungeschickte Leute* hat er fünf novellistische Erzählungen versammelt. Erstmals publiziert wurden sie zwischen 1880 und 1892 in Journalen. Ihre Erstpublikation fällt damit in die Entstehungsphase des organisierten Antisemitismus.[394] Dieser berief sich gerne auf den Berliner Historiker Heinrich Treitschke, der 1879 in seiner Rede *Unsere Aussichten* jede weitere Teilnahme der deutschen Juden am kulturellen Austausch öffentlichkeitswirksam zu unterbinden versucht hatte.[395]

In Franzos' Erzählungen steht das Ungeschick ‚einfacher Leute' im Zentrum. Die Themenwahl entspricht der Vorliebe des Büchner-Herausgebers Franzos für ein deterministisches Fatum, das Karriereverläufen und Assimilationsprozessen scharfe Grenzen setzt.[396] Unter dem Titelbegriff der ‚Leute', der prominent schon in Kellers *Die Leute von Seldwyla* begegnet und auch dort das Interesse des poetischen Realismus an allen erreichbaren Leserschichten signalisiert, werden mehr oder weniger unscheinbare Männer und Frauen unterschiedlicher Herkunft subsumiert: eine verarmte, aber aufstiegswillige Offizierswitwe in Wien mit ihren Töchtern (*Ein Irrthum*), ein tollpatschiger jüdischer Popensohn in Czernowitz (*Kossowiczs Rache*), ein armer Jurastudent in Graz, der es zwar bis zum Advokaten bringt, dabei aber (wie Franzos) die Liebe seines Lebens verliert (*Das Zettelchen*), ein verhärmter Zeitungsredakteur in einer anonymen deutschen Kleinstadt, der die Liebe seines Lebens wider Erwarten doch noch gewinnt (*Die Geheimnisse einer kleinen Zeitung*) und schließlich ein vorgebliches musikalisches

393 Ebd.

394 Nach Osterhammel: Die Verwandlung der Welt (s. Anm. 3), S. 1237, war dafür international die Wirtschaftskrise nach 1873 und „der Niedergang liberaler Kräfte in der Innenpolitik zumindest der USA, Deutschlands […] und des Zarenreichs" verantwortlich. Vgl. speziell zur deutschen Entwicklung Aly: Warum die Deutschen? Warum die Juden? (s. Anm. 89), S. 101 f.

395 Vgl. Günter Oesterle: Jüdische Romantik um und nach 1900. In: Athenäum 27 (2017), S. 61–81, hier S. 65.

396 Vgl. Sprengel: Geschichte der deutschsprachigen Literatur 1870–1900 (s. Anm. 2), S. 282.

Genie, erneut in Czernowitz, das einen Walzer von Johann Strauß als Eigenkomposition ausgibt und schließlich als Hochstapler auffliegt (*Der Stern von Lopuschna*). Bis auf die erste Novelle sind alle übrigen mehr oder weniger stark autobiographisch geprägt.[397]

Die Novellensammlung führt vor, wie sich Ungeschicklichkeit in Abhängigkeit vom Geschlecht und der sozialen Lage äußert, und wie sie von beiden Faktoren allererst erzeugt wird.[398] Die Sammlung ist dabei durchgehend an Kausalitäten, an Kunst und Bildung als Bestimmungsmomenten sozialer Mobilität sowie an Fragen der Gerechtigkeit interessiert und sorgfältig durch Symmetrien und Kontraste zwischen den einzelnen Novellen komponiert. Die Themen des sozialen Aufstiegs und der Gerechtigkeit waren damals tagesaktuell und wurden besonders im Kontext der sogenannten Judenfrage diskutiert. In einer Debatte des preußischen Abgeordnetenhauses vom 20. und 22. November 1880 war es um diese Frage gegangen. Dabei wurde auch der antisemitische Sozialneid des Kaiserreichs angesprochen, für den „die Juden, aus der Mitte der deutschen Gesellschaft gesehen, *zu* modern waren."[399] Propagiert wurde er insbesondere von dem Berliner Hofprediger Adolf Stoecker, dem Gründer der strikt antisemitischen *Christlich-sozialen Partei*.[400] Ihm stellte sich der Abgeordnete Albert Traeger entgegen. Er warnte davor, das Attribut christlich-sozial dem organisierten Antisemitismus zu überlassen. Damit werde lediglich der Neid der ungeschickten deutschen Christen gegen die bis dahin sehr geschickten und erfolgreichen deutschen Juden geschürt: „Es wird, meine Herren, angefacht und angestachelt der

397 Die in Czernowitz angesiedelten Novellen des Bandes fügen sich in die „galizische Saga" ein, die Franzos in Form von Kulturbildern, Ghettogeschichten und Erzählungen entworfen hat; vgl. ebd., S. 279 f.

398 Vgl. dazu auch die Analyse zu Franzos' Novelle *Esterka Regina* von Oesterle: Fünf Fallskizzen zum Ungeschickten (s. Anm. 174), S. 18–20, mit dem Fazit: „Die Angst vor dem Ungeschickten ist tiefenhermeneutisch geworden: eine Angst vor einem unüberbrückbaren, auf Dauer gestellten Missverständnis." Ebd., S. 19.

399 Osterhammel: Die Verwandlung der Welt (s. Anm. 3), S. 1238.

400 Vgl. zum Kontext Sprengel: Geschichte der deutschsprachigen Literatur 1870–1900 (s. Anm. 2), S. 39.

Neid des weniger Besitzenden gegen den mehr Besitzenden, es wird ins Gefecht gerufen der Neid des Unbeholfenen gegen den Geschickteren."[401] Nimmt man hinzu, dass der politische Antisemitismus im deutschen Reich im Laufe der 1890er Jahre wieder abflaute, während sich die Situation in Österreich jetzt erst zuspitzte,[402] dann ist der Kontext markiert, in dem die *Ungeschickten Leute* Resonanz fanden.

Im Vergleich der Novellen wird deutlich, dass in der ersten von ihnen bereits sämtliche Themen enthalten sind, die in den vier anderen entfaltet werden. Zudem kommt nur hier das Problem der sozialen Mobilität von Frauen zur Sprache. Sieht man sich das näher an, dann handelt *Ein Irrthum* von dem strategisch umgesetzten Herzenswunsch der verarmten Offizierswitwe Katharina von Knittl, ihren beiden Töchtern ein besseres Leben zu verschaffen als es ihr selbst vergönnt war. Anders als ihre Mutter sollen sie keine „einsame, verhöhnte, verbitterte alte Jungfer" werden.[403] Um den geeigneten Mann für die ebenso unschöne wie ungeschickte, daher zur einsamen Lektüre neigende Helene und die attraktive, anmutige, daher Gesellschaft suchende Anna zu finden,[404] entwirft Frau von Knittl einen regelrechten „Feldzugsplan"[405]. In Wien täuscht sie ein ‚fashionables' Leben vor und veranstaltet regelmäßig Einladungen, während sie im Sommer mit ihren Töchtern in die

401 Die Judenfrage. Verhandlungen des Preußischen Abgeordnetenhauses über die Interpellation des Abgeordneten Dr. Hänel am 20. und 22. November 1880. Separatdruck der Amtlichen Stenographischen Berichte des Hauses der Abgeordneten. Berlin 1880, S. 62 f. Hier zit. nach Aly: Warum die Deutschen? Warum die Juden? (s. Anm. 89), S. 112.

402 Sprengel: Geschichte der deutschsprachigen Literatur 1870–1900 (s. Anm. 2), S. 39.

403 Karl Emil Franzos: Ein Irrthum. In: ders.: Ungeschickte Leute (s. Anm. 390), S. 1–90, hier S. 88 f.

404 Über das Gesicht Helenes heißt es: „Es war, als hätte ein grausamer Dämon bei der einen in Schatten gewandelt, was bei der anderen lauter Licht war"; über die Motorik Annas dagegen: „diese war von seltener Leichtigkeit und Anmut der Bewegung, während Helene langsamer und unsicherer war und namentlich an der Seite der Schwester ungraziös, ja schwerfällig erschien." Ebd., S. 22.

405 Ebd., S. 23.

Nähe des mondänen Ischl reist, aber im günstigeren Traunkirchen wohnt. In beiden Fällen ist es „die Welt – und immer wieder die Welt“,[406] an der sich die Mutter orientiert. Zum Plan Katharinas gehört es, „die ‚kleine Gelehrte‘“ Helene, die sie besonders innig liebt, in „die Professoren=Kreise“ zu verheiraten, „das ‚Weltkind‘“ Anna dagegen in „die Finanz=Aristokratie“.[407]

Scheinbar läuft daher alles nach Plan, als während des Sommerurlaubs der Wiener Archäologieprofessor Heinrich Klauser in Traunkirchen auftaucht. Er ist zudem ein Ungeschickter wie Helene, weil er unter starker Kurzsichtigkeit leidet. Die Sehschwäche verbietet ihm unter anderem das gesellige Vergnügen des Tanzens. Das macht ihn zum idealen Partner für die ältere Schwester, die sich auch prompt in ihn verliebt. Allerdings ist er ausgerechnet „aus Freude am Schönen“[408] zum Archäologen geworden und hat sich erst vor wenigen Jahren aus wissenschaftlichem Ehrgeiz die Kurzsichtigkeit zugezogen. Denn als er sich zu Studienzwecken in Ägypten aufhielt, strapazierte er seine Augen im gleißenden Sonnenlicht so stark, dass diese sich entzündeten und eine chronische Sehschwäche zurückblieb. Sein „unglückseliger Schönheitssinn“[409] ist dabei allerdings keineswegs verschwunden. Es zieht Klauser daher trotz seiner Kurzsichtigkeit und der damit verbundenen Ungeschicklichkeit nicht zur unschönen und ebenfalls ungeschickten Helene, sondern zu der attraktiven und gewandten Anna, die seine Gefühle auch erwidert. Die Mutter will ihn aber partout mit der Älteren verheiraten und bedient sich dafür einer List.

Bei dieser List handelt es sich um eine Wiederaufnahme aus der jüdischen Geschichte. Im Alten Testament führt Laban dem Jakob nach dessen Dienstzeit in der Hochzeitsnacht als Belohnung nicht wie erwartet seine schöne Tochter Rahel zu, sondern die hässliche Lea.[410] Franzos bindet mit dieser Wiederaufnahme seine Novelle an

406 Ebd., S. 87.
407 Ebd.
408 Ebd., S. 33.
409 Ebd.
410 Vgl. 1. Mose 29, 14–26.

die jüdischen Traditionen zurück, in denen er aufgewachsen ist, obwohl sie auf der Oberfläche – sieht man einmal von der Themenwahl ab – kaum etwas mit ihnen zu tun hat. Ähnlich wie Goethe in *Lili's Park* zieht er seiner Erzählung einen mythologisch-religiösen Subtext ein. Damit aktualisiert er in gezielter, sowohl dem Historismus des 19. Jahrhunderts als auch den Standards des literarischen Realismus im Übergang zum Symbolismus entsprechender Weise die Zuschreibung von Geschicklichkeit zum jüdischen Charakter, wie sie in denunziatorischer Absicht Karl Hermann Scheidler vorgenommen hatte. Frau von Knittl bestellt als weiblicher Laban den Archäologen am Abend in die Wiener Wohnung und lässt im Dämmerlicht Helene statt der von ihm erwarteten Anna auf ihn warten. Da Klauser wie erwartet die Schwestern verwechselt, erklärt er Helene seine Liebe. Sein Ungeschick erweist sich ironischerweise als Spätfolge seines hypertrophen Schönheitssinns. Obwohl Katharina die Hochzeit ihrer ältesten Tochter in Wien bereits bekannt gegeben hat, verzichtet Helene am Ende auf ihren Heinrich und mit ihm auf jedes Eheglück. Anders als die Mutter will sie sich aber nicht der Meinung der Welt unterwerfen. Vielmehr entzieht sie sich ihr, um zu versuchen, „anderen nützlich zu sein“[411]. Man kann das als Emblem der Entscheidung des Autors Franzos für die Laufbahn als deutscher Schriftsteller jüdischen Glaubens lesen.

1871, im Jahr der Gründung des Deutschen Reichs, gibt der Archäologieprofessor Heinrich Klauser daraufhin seine Heirat mit der Offizierstochter Anna von Knittl bekannt. Das erregt, angesichts der anderslautenden Erklärung der Mutter, Aufsehen in Wien, doch das Glück der Eheleute wird dadurch nicht gestört. Während also der ungeschickte Mann am Ende ans Ziel kommt und der geschickten Schwester an seiner Seite auch der mütterlicherseits angestrebte soziale Aufstieg gelingt, ist die ungeschickte Schwester zum Verzicht auf Liebe und Schönheit gezwungen. Offen bleibt ihr nur, sich durch nützliches Verhalten sozial zu etablieren. Das war auch der Weg,

---

411 Franzos: Ein Irrthum (s. Anm. 403), S. 89. Helene leitet später ein Mädchenpensionat in Graz und befriedet mit ihrem caritativen Engagement auch den Ehrgeiz ihrer Mutter; ebd., S. 90.

den Franzos eingeschlagen hat. Erkennbar werden in ihm die Umrisse einer operativen Fassung der literarischen Ungeschicklichkeit, die sich gegen ihre schicksalhafte, nationalistisch überkodierte Apotheose zum Missgeschick wendet. Daran werden sich die Ernstfälle in der deutschen Literatur der Heroischen Moderne abarbeiten.

SIEBTER TEIL

Ernstfälle / 1893–1942

I

Linksliegend

Aber da heulte es auf einmal, und er drehte sich von seinem eigenen Schwunge in der Luft um und stürzte zurück, merkwürdig ungeschickt, und lag ganz eigentümlich flach da und rührte sich nicht.

Rainer Maria Rilke

In den Jahren zwischen 1880 und 1945 gilt die Geschichte weitgehend als sinnfrei. Diagnostiziert wurde breitenwirksam, allen voran von Friedrich Nietzsche, der Nihilismus.[1] Er sorgte für den Problemdruck eines Ernstfalls, dem sich eine „heroische Moderne"[2] entgegengestemmt hat. Walter Benjamin hat den Begriff in seinen nachgelassenen Baudelaire-Studien eingeführt. Er nennt die Heroische Moderne dort ein „Trauerspiel", in dem besonders „die Heldenrolle verfügbar" sei.[3] Im bipolaren Geschlechterdiskurs seit der Jahrhundertwende war die Rolle des Heros für den Mann und für den Staat vorgesehen.[4] Sie legitimierte nicht zuletzt den Einsatz von Hass und Gewalt.[5] Dem „Typus des militanten politischen Akteurs",[6]

1 Helmuth Kiesel: Geschichte der deutschsprachigen Literatur 1918 bis 1933. München 2017, S. 103 f.

2 Walter Benjamin: Die Moderne (zuerst 1968). In: ders.: Gesammelte Schriften. Hg. von Rolf Tiedemann und Hermann Schweppenhäuser. Bd. I.2. Frankfurt a. M. 1974, S. 570–604, hier S. 600.

3 Ebd.

4 Vgl. Peter Sprengel: Geschichte der deutschsprachigen Literatur 1900–1918. Von der Jahrhundertwende bis zum Ende des Ersten Weltkriegs. München 2004, S. 20–23.

5 Zu den Merkmalen eines tragfähigen historiographischen Konzepts von Heroischer Moderne, zu denen auch die Gewalt gehört, vgl. Heinz Dieter Kittsteiner: Die Stufen der Moderne. In: Johannes Rohbeck/Herta Nagl-Docekal (Hg.): Geschichtsphilosophie und Kulturkritik. Historische und systematische Studien. Darmstadt 2003, S. 91–117, hier S. 107. Zur Freisetzung von ‚heldischem' Hass und nackter Gewalt in der Weimarer Republik vgl. Kiesel: Geschichte der deutschsprachigen Literatur 1918 bis 1933 (s. Anm. 1), S. 120–124.

6 Ebd., S. 17.

 DOI:10.30965/9783846761038_025

der in der Weimarer Republik rasch an Boden gewann, wurde auch die Literatur zur „Waffe“[7] im sozialen Kampf. Für die Aktionen von Helden, die sich nach 1918 teils als Sportler und teils als rachgierige Patrioten in Pose setzten,[8] gilt zudem die zeitgenössische Maxime: „man steigert sich, um zu fallen“[9] – und Gefallene en masse sind die Bilanz der Heroischen Moderne. Zu den Grundstrukturen, die der vom Sinnverlust, aber auch von Schwäche, Ungeschick und Rollendistanz bedrohte Heros zu regulieren versucht hat, gehört das Spannungsverhältnis zwischen Modernisierungsdruck und Modernisierungsbewältigung.[10] Eine um 1900 prominente Variante dieses Spannungsverhältnisses geht auf Friedrich Nietzsche zurück. Er hatte zwischen dem rauschhaft entgrenzenden Dionysischen und dem auf Begrenzung zielenden Apollinischen unterschieden, beide Kräfte aber auch aufeinander bezogen.[11] Im frühen 20. Jahrhundert gewinnen Oppositionen wie diese eine „neue ontologische, ja normative Dignität.“[12] Mitten im Ersten Weltkrieg ist die Spannung zwischen Chaos und Ordnung von Ernst Cassirer mit Blick auf Deutschland auf die Formel ‚Freiheit und Form‘ gebracht worden.[13] Cassirer hat sie jedoch nicht länger als Faktum,

7 Ebd., S. 18, im Anschluss an einen Essay des Verlegers Friedrich Wolff aus dem Jahr 1928.

8 Vgl. Ulrich Herbert: Geschichte Deutschlands im 20. Jahrhundert. 2., durchges. Aufl. München 2017, S. 195.

9 Carl Einstein: Bebuquin (zuerst 1912). Hg. von Erich Kleinschmidt. Stuttgart 1985, S. 31.

10 Walter Delabar: Klassische Moderne. Deutschsprachige Literatur 1918–33. Berlin 2010, S. 195.

11 Friedrich Nietzsche: Die Geburt der Tragödie aus dem Geiste der Musik (zuerst 1872). In: ders.: Sämtliche Werke. Kritische Studienausgabe. Hg. von Giorgio Colli und Mazzino Montinari. Bd. 1. 2., durchges. Aufl. München 1988, S. 9–156, hier S. 25: „beide so verschiedne Triebe gehen neben einander her, zumeist im offnen Zwiespalt mit einander und sich gegenseitig zu immer neuen kräftigeren Geburten reizend“. Zur Bedeutung Nietzsches für den Vitalismus um 1900 vgl. Philip Ajouri: Literatur um 1900. Naturalismus – Fin de Siècle – Expressionismus. Berlin 2009, S. 77–80.

12 Sprengel: Geschichte der deutschsprachigen Literatur 1900–1918 (s. Anm. 4), S. 72.

13 Ernst Cassirer: Freiheit und Form. Studien zur deutschen Geistesgeschichte (zuerst 1916). 6. Aufl. Darmstadt 1994.

sondern bereits als Problemanzeige verstanden.[14] Erst im Verbund könnten beide Prinzipien eine intensive, wenn auch labile Kultur konstituieren, in der es sich zu leben lohnen würde. Das blieb in der Heroischen Moderne allerdings weitgehend utopisch und ließ sich allenfalls temporär im Bereich der Kunst und der Subkulturen realisieren. Ästhetische Produktionen und neue Lebensentwürfe sahen sich herausgefordert durch die erschreckende Gleichzeitigkeit von scheinbar grenzenlosem technologischem Fortschritt und tiefster Barbarei. Beide Seiten waren Folgen einer gesteigerten Modernisierungsdynamik, die in Deutschland schwindelerregende Züge annahm,[15] und darauf bezogen einer massiven ideologischen Mobilisierung und Radikalisierung. Sie kulminiert im Nationalstaat. Er wird nun „die im Weltmaßstab dominante territoriale Organisationsform von Macht."[16] Mobilisierung und Radikalisierung vernichten im Verbund Traditionen, provozieren neue Ordnungsentwürfe und schwemmen sie wieder weg, sobald sie implementiert worden sind. Destabilisierung ist damit zu einem Dauerproblem geworden. Vorgänge und Zustände auf allen Ebenen der Gesellschaft werden in der ersten Hälfte des 20. Jahrhunderts permanent gestört oder erweisen sich als Resultate vorangegangener Störungen. Sie können in der vorübergehenden Stabilisierungsphase nach dem Ersten Weltkrieg nicht beruhigt werden, sondern staffeln sich auf und kulminieren im Völkermord des Zweiten Weltkriegs. In ihm wird der „völlige Zusammenbruch der europäischen Zivilisation"[17] offenbar.

---

14 Ebd., S. XII: „der Gegensatz zwischen ‚Freiheitsprinzip' und ‚Formprinzip', der als Leitgedanke der folgenden Betrachtungen festgehalten wurde", soll „lediglich ein durchgehendes *Problem*, nicht das abschließende *Ergebnis* der Untersuchung bezeichnen."

15 Plastisch dazu Einstein: Bebuquin (s. Anm. 9), S. 45: „Die Menschen verwandelten sich in sonderliche Zeichen in den Spiegeln; das Publikum wurde leise irrsinnig und richtete in drehendem Schwindel seine Bewegungen nach denen der Spiegel".

16 Jürgen Osterhammel: Die Verwandlung der Welt. Eine Geschichte des 19. Jahrhunderts. 2. Aufl. der Sonderausg. München 2016, S. 606.

17 Ian Kershaw: Höllensturz. Europa 1914 bis 1949. Übers. von Klaus Binder, Bernd Leinenweber und Britta Schröder. 2. Aufl. München 2016, S. 476.

Sowohl die Maximierung der Störungen als auch ihre soziopolitische Domestikation haben Folgen für die Ungeschicklichkeit. Angesichts der Gewalt neuer Selbstermächtigungen und Ordnungsentwürfe sowie des unfassbaren Elends ihrer Opfer drohen die kleinen Fehler zu verblassen und bedeutungslos zu werden. Dabei sind zu den Fortschrittsopfern nicht allein diejenigen zu zählen, die vom Fortschritt übersehen werden, sondern auch diejenigen, die er mit voller Kraft trifft.[18] In Friedenszeiten sickert das Ungeschick dann als kleines Versehen und triviale Panne in den Alltag der neuen Konsum- und Massengesellschaften ein und führt dort ein allenfalls komiktaugliches Nischendasein. Der Ungeschickte wird zum Abseitigen. Neue, urbane Medien wie der Film haben das breitenwirksam genutzt. Vor allem das motorische Ungeschick, das Dinge und Menschen aus ihren Ordnungen löst und zu Fall kommen lässt („Dachdecker stürzen ab und gehn entzwei, / […] Die Eisenbahnen fallen von den Brücken“[19]), wird in der ersten Hälfte des 20. Jahrhunderts als Thema der Populärkultur entdeckt. Es wird in der Stummfilmzeit zur unverzichtbaren Konstituente des Slapsticks,[20] den Siegfried Kracauer als Filmgroteske bezeichnet hat. Der Slapstick begründet den Ruhm von Schauspielern wie Karl Valentin[21], Buster Keaton und Charlie Chaplin[22]. Vor allem Chaplin war in Deutschland extrem populär.[23] Der Slapstick inspiriert aber auch Autoren

---

18 Osterhammel: Die Verwandlung der Welt (s. Anm. 16), S. 354.

19 Jakob van Hoddis: Weltende (zuerst 1911). In: Menschheitsdämmerung. Ein Dokument des Expressionismus. Mit Biographien und Bibliographien neu hg. von Kurt Pinthus. Rev. Ausg. Hamburg 1994, S. 39.

20 Vgl. Sarah Leperchey: L'esthétique de la maladresse au cinéma. Paris 2011.

21 In einer 1929 in der *Frankfurter Zeitung* erschienenen Rezension hat Kracauer darauf hingewiesen, dass Valentins erste Filme „lang vor den amerikanischen Grotesken“ gedreht worden sind; hier zit. nach Siegfried Kracauer: Warum macht Valentin keine Filme mehr? In: ders.: Von Caligari zu Hitler. Eine psychologische Geschichte des deutschen Films. Übers. von Ruth Baumgarten und Karsten Witte. 2. Aufl. Frankfurt a. M. 1993, S. 414 f., hier S. 414.

22 Vgl. zu Chaplin und seiner Rezeption in der Literatur der klassischen Moderne Dorothee Kimmich: Lebendige Dinge in der Moderne. Konstanz 2011, S. 85–104.

23 Herbert: Geschichte Deutschlands im 20. Jahrhundert (s. Anm. 8), S. 246.

wie den „zu Valentinaden und Sprachparadoxien neigenden"[24] Kafka, oder Benjamin und Adorno, die sich mit Fragen des richtigen und falschen Verhaltens unter den Konditionen einer neuen, radikal veränderten Ordnung der Gesellschaft beschäftigten[25].

Hält man sich auch hier zuerst an die bildende Kunst und sucht nach einer emblematischen Verdichtung des ungeschickten Ernstfalls in der Heroischen Moderne, dann bietet sich dafür das Werk von Paul Klee an. Ungeschicklichkeit hat bei Klee thematisch und formal die romantische Form des Kindlichen. Ebenso wie Picasso greift auch der gebürtige Schweizer die drei wichtigsten Richtungen der modernen Malerei auf und führt sie in neuer Weise zusammen: den von Cézanne begründeten Konstruktivismus, den durch van Gogh initiierten Expressionismus und den an Gauguin anschließenden Primitivismus.[26] Ähnlich wie Picasso verbindet Klee den Primitivismus regelmäßig mit infantilen Elementen.[27] Dabei interessieren sich beide Künstler sowohl für das Infantile als Gestaltungsprinzip, als auch für die damit verbundene Symbolik[28] und die Eröffnung von Ursprungsfragen. 1912 hielt Klee in seinem Tagebuch fest: „Es gibt nämlich noch Uranfänge von Kunst, wie man sie eher in ethnographischen Sammlungen findet oder daheim in seiner Kinderstube."[29] Anders als Picasso, der von Anfang an in den Traditionen der akademischen Malerei sozialisiert worden ist und nach Belieben auf sie zurückgreifen konnte, waren Klee diese

---

24 Hanns Zischler: Kafka geht ins Kino. 2. Aufl. Berlin 2017, S. 165.

25 Vgl. Delabar: Klassische Moderne (s. Anm. 10), S. 13.

26 Vgl. Ernst H. Gombrich: Die Geschichte der Kunst. 16. Ausg. London 1996, S. 554 f. Hinzuzunehmen wäre Georges Seurat; vgl. Susanna Partsch: KunstEpochen. Bd. 11: 20. Jahrhundert I. Stuttgart 2017, S. 31 f.

27 Gombrich: Die Geschichte der Kunst (s. Anm. 26), S. 577, vermutet, dass Picasso gerade durch seine überragende Geschicklichkeit zum Schlichten, Unkomplizierten und letztlich auch Kindlichen getrieben worden ist. Zu Klees und Picassos gemeinsamer Nähe zum Infantilen vgl. Daniel Kupper: Paul Klee. Reinbek b. Hamburg 2011, S. 59.

28 Ebd., S. 130.

29 Paul Klee: Tagebücher 1898–1918. Textkritische Neuedition. Hg. von der Paul-Klee-Stiftung Kunstmuseum Bern. Bearb. von Wolfgang Kersten. Stuttgart 1988, S. 322 (Nr. 905).

Traditionen nicht selbstverständlich. Vielmehr musste er sie sich mühsam und mit intellektueller Distanz aneignen.[30] Vielleicht ist das der Grund dafür, dass der Akademismus bei Klee nie Fuß fassen konnte. Es kann auch erklären, warum sich sehr wohl im expressiven Spätwerk Klees, nicht aber bei Picasso, bereits Vorgriffe auf die Postmoderne finden.[31] Diese Vorgriffe, die sich etwa beim jungen Andy Warhol nachweisen lassen,[32] machen Klee zu einer Schlüsselfigur der Malerei in der ersten Hälfte des 20. Jahrhunderts.[33]

Die Stellung der Ungeschicklichkeit in den Arbeiten Klees ergibt sich aus der Einsicht, dass in deren Zentrum Formprobleme und ihre meist spielerische Lösung stehen. Inhalte und Themen rücken dadurch in den Hintergrund. Allenfalls kommt es im Prozess der Lösung eines Formproblems auch zu thematischen Verdichtungen. Das macht Klee zu einem experimentellen Maler und einem Vertreter der Avantgarde.[34] Gegenläufig zu seinem Festhalten am Prinzip der Kunstautonomie und an einer intuitiven Arbeitsweise hat er während seiner Anstellung am Bauhaus auch die handwerklich-technischen Aspekte seiner Tätigkeit explizieren müssen und diese Explikation dann in seine Arbeiten einfließen lassen.[35] Ausgangspunkt seiner Bildfindungen sind häufig elementare Gegebenheiten der Malerei wie Punkte, Linien und Farbskalen. Während der Arbeit

---

30 Vgl. Kupper: Paul Klee (s. Anm. 27), S. 128. Das gilt insbesondere für seinen lange von Unsicherheit geprägten Umgang mit der Farbe, der erst seit der Tunisreise mühelos wird; vgl. Christian Rümelin: Paul Klee. 2., überarb. Aufl. München 2015, S. 28. Es gilt aber auch für Klees Umgang mit der Ölmalerei; ebd., S. 43.

31 Kupper: Paul Klee (s. Anm. 27), S. 124.

32 Vgl. Stefana Sabin: Andy Warhol. Mit Selbstzeugnissen und Bilddokumenten. 5. Aufl. Reinbek b. Hamburg 2008, S. 19.

33 Werner Hofmann: Grundlagen der modernen Kunst. Eine Einführung in ihre symbolischen Formen. 3. Aufl. Stuttgart 1987, S. 426, vergleicht seine Leistung sogar mit derjenigen Leonardo da Vincis.

34 Generell zum ‚Experimentalismus' der 1920er Jahre vgl. Kiesel: Geschichte der deutschsprachigen Literatur 1918 bis 1933 (s. Anm. 1), S. 107–109.

35 Früh bemerkt von Walter Benjamin: Erfahrung und Armut (zuerst 1933). In: ders.: Gesammelte Schriften. Hg. von Rolf Tiedemann und Hermann Schweppenhäuser. Bd. II.1. Frankfurt a. M. 1977, S. 213–219, hier S. 215, der auf Klees Anlehnung an die Arbeit von Ingenieuren hingewiesen hat.

werden die Elemente dann zunehmend in ein Gleichgewicht gebracht und allenfalls am Ende kann sich zeigen, dass im Prozess der Formbildung auch ‚Etwas' dargestellt worden ist. Es ereignet sich ein Umschlag von der Form- auf die Gegenstandsebene, die von den häufig auftretenden zeichenhaften Elementen und den vielfach poetischen Bildtiteln unterstützt wird.[36] Klee hat diesen Umschlag in einem programmatischen Beitrag aus dem Jahr 1920 „eine Verwesentlichung des Zufälligen"[37] genannt. Vor allem das traumhafte, tastende Moment des Entstehungsprozesses bringt es mit sich, dass die fertigen Bilder ungeschickt wirken und Außenstehenden als „kindliche Kritzelei"[38] erscheinen konnten. Tatsächlich ist Klees Berufung an die Stuttgarter Akademie, die 1919 von Willi Baumeister und Oskar Schlemmer initiiert worden war, in der Öffentlichkeit hintertrieben und vereitelt worden, indem man den Kandidaten als Juden und „ungeschickten Epigonen"[39] diffamierte. Ein Jahr später erreichte ihn aus Weimar der Ruf ans Bauhaus und 1930 ging er nach Düsseldorf an die Akademie. Fotografien aus diesen Jahren zeigen ihn als bürgerlichen, aber unsicheren Künstler.[40] Das entsprach seiner Selbstinszenierung als weltfremder und kindlicher Einzelgänger in der Tradition der Romantik.

Klees Faszination durch Formen des Kindlichen hat man biographisch mit seiner frühen Tätigkeit als Hausmann in Verbindung gebracht.[41] Während seine Frau in München Klavierunterricht erteilte, kümmerte er sich um den gemeinsamen Sohn Felix, dessen Entwicklung er fasziniert beobachtete und auch im Tagebuch festhielt. Werkpolitisch findet diese Faszination in der ungewöhnlichen Aufnahme eigener Kinderzeichnungen in das 1911 angelegte Werkverzeichnis ihren Ausdruck. Dort markieren sie nachträglich den

36 Kupper: Paul Klee (s. Anm. 27), S. 130. Zu den Titeln vgl. Rümelin: Paul Klee (s. Anm. 30), S. 107.

37 Paul Klee: [Schöpferische Konfession]. In: Kasimir Edschmid (Hg.): Tribüne der Kunst und der Zeit. Eine Schriftensammlung. Bd. 13: Schöpferische Konfession. Berlin 1920, S. 28–40, hier S. 35.

38 Gombrich: Die Geschichte der Kunst (s. Anm. 26), S. 578.

39 Zit. nach Kupper: Paul Klee (s. Anm. 27), S. 84.

40 Rümelin: Paul Klee (s. Anm. 30), S. 112.

41 Susanne Partsch: Paul Klee 1879–1940. Köln u. a. 2003, S. 15.

Beginn eines Œuvres, das sich mit ihnen „eine gewisse Unbefangenheit zuzuschreiben" versucht.[42] Formal ist die Faszination Klees durch Kinderzeichnungen eng mit seiner Neigung zum Bizarren verbunden. Ihr verdankt sich auch die frühe Radierung *Greiser Phönix*, die er gegenüber seiner Ehefrau als „Allegorie der Unzulänglichkeit"[43] aller menschlichen Dinge bezeichnet hat. Technisch wird der Eindruck von Kindlichkeit in seinen Arbeiten durch Vergrößerungen oder Verkleinerungen und das Weglassen von Gegenständen und Körperteilen erzeugt.[44] Das erlaubt es, Disproportion und Harmonie (Chaos und Ordnung) im Bildraum zu vereinigen.

Nachdem er im April 1933 als Folge der kulturellen Gleichschaltung im Deutschen Reich von der Kunstakademie Düsseldorf fristlos entlassen worden war, floh Klee mit seiner Familie in die Schweiz. Er wohnte nun in Bern und arbeitete unter erschwerten Bedingungen. Nach dem Ausbruch einer schweren Form der Sklerodermie im August 1935 entstand hier auch sein Spätwerk. 1936 sah Klee im Kino, das er ansonsten mied, Chaplins gerade erschienenen Spielfilm *Modern Times*, der in seinem ersten Teil die Automatisierung von Arbeitsabläufen thematisiert und dabei vorführt, wie katastrophal sich kleine Störungen bei hohen Produktionsgeschwindigkeiten auswirken können. Im gleichen Jahr fand in Bern die große Nationale Kunstausstellung statt, von der die gesamte Avantgarde der Schweiz, darunter auch Klee, ausgeschlossen blieb. Seine Arbeiten waren aber parallel dazu in der Zürcher Gegenausstellung *Zeitprobleme der Schweizer Malerei und Plastik* zu sehen, in der – wie es in einer zeitgenössischen Rezension hieß – die „‚linksliegenden', diese Revolutionäre der Kunst" eine international beachtete Bühne fanden.[45]

Klees Spätwerk zeichnet sich durch eine partielle Monumentalisierung aus, die vor allem durch die Wahl deutlich größerer Bildformate angezeigt wird. Ihr entspricht eine derbe, krude wirkende Bildbehandlung, die bevorzugt dunkle und matte Farben einsetzt

---

42 Rümelin: Paul Klee (s. Anm. 30), S. 7.

43 Zit. nach Partsch: Paul Klee (s. Anm. 41), S. 31.

44 Kupper: Paul Klee (s. Anm. 27), S. 59.

45 Zit. nach Partsch: Paul Klee (s. Anm. 41), S. 81.

und grobe oder rohe Materialien wie Rupfen, Jute, Gips und Kleister verwendet.[46] Es entstanden zahlreiche wuchtige, teils hochexpressive Bilder, die in ihrer Archaik, ihrem Reduktionismus und ihrem gestischen Charakter auf die Art Brut und die Postmoderne vorausweisen.[47] Malerische Techniken und Elemente der Zeichnung wurden nun enger als bisher verbunden. Dabei treten chiffrenhafte und emblematische Elemente in den Dienst einer symbolisierenden Zeichensprache.[48]

Im Todesjahr 1940 entstand das vergleichsweise kleinformatige Gemälde *Alles läuft nach!* Auf ockergelbes Tonpapier sind mit schwarzem Kleister acht stark stilisierte Figuren und ein Ausrufezeichen aufgetragen. Man könnte von einer mit malerischen Mitteln hergestellten Zeichnung sprechen. Das Gemälde changiert aber nicht nur zwischen Zeichnung und Malerei. Denn die Figuren heben sich zwar von einem Malgrund ab, könnten aber auch der sichtbare Rest des Grundes sein, auf den die Farbe aufgetragen worden ist. Es handelt sich also im doppelten Sinne um eine Kippfigur, bei der Figur und Hintergrund ihre Positionen tauschen können. Werkgenetisch knüpft Klee damit an seine frühen Hinterglaszeichnungen an, bei denen er mit Negativformen arbeitete.[49] Das bemalte Tonpapier wurde schließlich auf einen Karton aufgezogen, der im unteren Bereich, abgesetzt durch einen waagerechten Strich, auch das Entstehungsjahr und die Nummer des Bildes im Werkverzeichnis sowie den Bildtitel anführt.

Sieht man sich die neun zeichenhaften Elemente näher an, dann lassen sich zwei Gruppen unterscheiden. Zur ersten, der Menge nach dominierenden Gruppe gehören (wenn man das Ausrufezeichen hinzuzählt) sieben rein schwarze, teils aber auch den Malgrund einfassende Figuren, während die zweite, der Größe nach dominierende Gruppe zwei Figuren umfasst, die den Malgrund schwarz umranden,

---

46 Kupper: Paul Klee (s. Anm. 27), S. 107.

47 Etwa auf die Arbeiten von Jean Dubuffet; vgl. dazu Ulrich Reißer/Norbert Wolf: Kunst-Epochen. Bd. 12: 20. Jahrhundert II. Durchges. Ausg. Stuttgart 2017, S. 78–82.

48 Rümelin: Paul Klee (s. Anm. 30), S. 95.

49 Ebd., S. 17.

Tafel 6 Paul Klee, Alles läuft nach, 1940

im Sinne der Kippfigur aber auch als mit Ocker farbig ‚gefüllt' erscheinen können. Durch die beiden größeren Figuren wird das Gemälde in zwei Hälften geteilt: die rechte Seite ist von einer nach rechts laufenden menschlichen Figur beherrscht, die linke von einem ruhenden, technisch anmutenden Element, vielleicht einem Signal. Neben dem technischen Element gehören zur linken Bildhälfte die vogelartige Gestalt und die pralle Frucht im oberen Teil des Bildes sowie die abseitige, an einen Gestürzten oder Gefallenen erinnernde Figur in der linken unteren Bildecke. Zur rechten Bildhälfte gehören neben der dominanten menschlichen Figur und dem ihr zugeordneten Ausrufezeichen auch die beiden Bäume in der Bildmitte und die langgestreckte, dackel- oder podestartige Figur am unteren Bildrand. Es fällt auf, dass die linke Hälfte des Bildes den Raum in mehrere Ebenen oder Dimensionen aufteilt, in denen sich die Figuren bewegen können, während zur rechten Hälfte hin der Raum zunehmend auf eine Ebene hin konvergiert – auf den Boden unter den Füßen der menschlichen Figur. Dadurch wird dem Bild eine Diagonale eingeschrieben, die von links oben nach rechts unten verläuft. Die dadurch erzeugte Dynamik der Ebenenreduktion wird unterstützt durch die ‚Bewegung' der Figuren, die auch der Bildtitel aufgreift. Bis auf das technische Element und das Ausrufezeichen verfügen die Figuren über Beine und Füße, mit deren Hilfe sich fast alle von links nach rechts bewegen. Sie reihen sich hinter der menschlichen Figur ein und laufen ihr in diesem Sinne nach. Dazu passt der Umstand, dass die menschliche Figur sich während ihrer Vorwärtsbewegung mithilfe des Ausrufezeichens an die Figuren hinter ihr wendet und sie gewissermaßen zur Folgsamkeit auffordert. Der Ausruf erhält dadurch die Form eines Befehls. Insofern kann der obere Bereich des Bildes auch als offener, frei beweglicher Raum der akustischen Signale verstanden werden (unterstützt durch den geöffneten ‚Schnabel' der vogelartigen Figur), der untere dagegen eher als opaker, verdichteter Raum der Erdenschwere. Für die Figur des Abseitigen in der linken unteren Bildecke gilt das Nachlaufen allerdings nicht, denn sie scheint mit ihren Beinen ungeschickt in der Luft zu strampeln. Diese Figur widerspricht dem Bildtitel.[50] Sie wird durch das statisch positionierte technische Element, das zugleich alle akustischen Signale von ihr abschirmt, geschützt.

Im Verbund legen Entstehungszeit, Titel, Technik, Farbgebung, Bildregie und Arrangement der Zeichen nahe, *Alles läuft nach!* als Auseinandersetzung mit dem Nationalsozialismus[51] und dessen Auswirkungen zu verstehen. Während der Titel auf das Phänomen der ‚Mitläufer' verweist und das Ausrufezeichen auf die massenmedial verbreitete Befehlsgewalt des ‚Führers', kann die Konstitution von Zeichen und Figuren durch schwarze Pinselstriche auf dem homogen ‚braunen', an die Uniformen der SA erinnernden Untergrund auf die ‚Gleichschaltung' der Kultur ab 1933 bezogen werden.[52] Auch Tiere und Pflanzen können sich ihr nicht entziehen. Das führt die Bildregie vor Augen, die eine sogartige, rechtsgerichtete Dynamik des Ernstfalls und der Konvergenz inszeniert.

Klees Gemälde führt aber auch den Ausnahmefall der Dissidenz vor Augen. Dafür setzt es die Ungeschicklichkeit ein. Als Dissident lässt sich die abseitige, zurückgezogene und isolierte Figur am linken unteren Bildrand verstehen. Man kann sie im Sinne der Zürcher Gegenausstellung von 1936 als ‚Linksliegenden' apostrophieren.[53] Sie liegt auf dem Rücken und läuft im Unterschied zu den übrigen Figuren nicht nach. Das hängt vor allem mit dem technischen Element zusammen, das die Figur abschirmt, sie mit ihrem nach

50 Für ähnliche syntaktische Revokationen im Spätwerk Klees hat Werner Hofmann: Die Schönheit ist eine Linie. 13 Variationen über ein Thema. München 2014, S. 166, den Begriff des integrierten Widerrufs vorgeschlagen.

51 So auch, allerdings mit Einschränkungen, Fritz Billeter: Kunst und Gesellschaft. Ein Essay. Oberhausen 2017, S. 62.

52 Die deutsche Gesellschaft im Krieg, so hat man festgehalten, war „eine Gesellschaft von privilegierten Uniformträgern"; zusammen mit der damit verbundenen Befehlsgewalt gehörte dies „offenbar zu den attraktivsten Seiten des Regimes"; Herbert: Geschichte Deutschlands im 20. Jahrhundert (s. Anm. 8), S. 501.

53 Zur Leistung der ‚schwächeren' Linken vgl. auch den Klee-Verehrer Walter Benjamin: Einbahnstraße. Berlin 1928, S. 16: „In diesen Tagen darf sich niemand auf das versteifen, was er ‚kann'. In der Improvisation liegt die Stärke. Alle entscheidenden Schläge werden mit der linken Hand geführt werden."

unten gerichteten balkenartigen Fuß und der nach links gerichteten Gabelung in der linken unteren Ecke aber auch einsperrt. Da dieses Element die Figur daran hindert, sich aufzurichten, kann es für ihre Ungeschicklichkeit verantwortlich gemacht werden; denkbar wäre aber auch, dass der Abseitige an der Innenseite des Elements emporzuklettern beginnt. In jedem Fall scheint dieses Element mit dem nach links gerichteten Halbkreis, in den es mündet, eine Gegenbotschaft senden zu können, die derjenigen des Ausrufezeichens zu opponieren in der Lage ist. Man kann das Element insofern als Figuration einer technisch konzipierten Form der Kunst verstehen, die ihren Anhängern Schutz bietet, sie aber auch motorisch ungeschickt macht und sozial isoliert. Wenn die Künstler ihre Ungeschicklichkeit poetisch transformieren, gibt die Kunst dem Defizit eine eigene, stille Sprache. Sie läuft keinem nach und keiner läuft ihr hinterher.

II

Figurationen der Gewalt

Die Feststellung der Rahmenbedingungen, unter denen das Ungeschick in der deutschen Literatur der Heroischen Moderne dargestellt werden konnte, ist konfrontiert mit dem Problem der Geschichte Deutschlands im 20. Jahrhundert. Sie zerfällt in zwei kaum zu vereinbarende Hälften. In der ersten, um die es in diesem Teil geht, ist Deutschland Auslöser und teils auch Schauplatz monströser Kriege und humanitärer Katastrophen, die ihren Tiefpunkt im Sommer 1942 mit dem Auftrag zum Völkermord erreichen, während in den Jahren nach 1945, um die es im nächsten Teil gehen wird, politische Stabilität, Freiheit und hoher Wohlstand dominieren.[54] Allerdings kündigt sich die Globalisierungsmoderne schon im 19. Jahrhundert durch Formen der transnationalen, transkontinentalen und transkulturellen Überschreitung[55] und des internationalen wirtschaftlichen Austauschs[56] an. Sie treibt als zivilisationskritische Gegenbewegung in der ersten Hälfte des 20. Jahrhunderts die Selbstermächtigungen der Heroischen Moderne aus sich hervor.[57] Ausgestaltet werden sie im Nationalismus, im Futurismus und im Leninismus, Formationen, die auch in Deutschland Anhänger finden. Im Verbund mit der Verdrängung des Liberalismus und der Durchsetzung der Massenkultur haben

54 Vgl. Herbert: Geschichte Deutschlands im 20. Jahrhundert (s. Anm. 8), S. 15.

55 Osterhammel: Die Verwandlung der Welt (s. Anm. 16), S. 13.

56 Herbert: Geschichte Deutschlands im 20. Jahrhundert (s. Anm. 8), S. 27.

57 Vgl. Heinz Dieter Kittsteiner: Die Stabilisierungsmoderne. Deutschland und Europa 1618–1715. München 2010, S. 26. Das hat dann etwa die Form der Abwehr der Demokratie aufgrund ihrer globalisierenden Leistung, zum Beispiel bei Thomas Mann: Betrachtungen eines Unpolitischen (zuerst 1918). In: ders.: Große kommentierte Frankfurter Ausgabe. Hg. von Heinrich Detering u. a. Bd. 13.1. Frankfurt a. M. 2009, S. 298: Die bevorstehende Demokratisierung wäre „Angleichung nach außen, Angleichung an das Weltniveau der Zivilisation", mit dem Schreckensziel der „Entdeutschung – und welchen Sinn in aller Welt könnten danach noch deutsche Herrschaftsaufgaben haben?"

 DOI:10.30965/9783846761038_026

die Grenzverhärtungen der Heroischen Moderne, die in Friedenszeiten auch mit einem Rückgang sozialer Mobilität einhergingen,[58] massive Folgen für das Ungeschick. Es wird nun in zwei Stränge aufgespalten. Der eine, nationalistische und anti-imperialistische, lädt es schicksalhaft auf und emphatisiert es zum tragischen Missgeschick, während der andere es bagatellisiert und banalisiert, um damit die Schwachen und Abseitigen zu kennzeichnen. Beide Stränge gehen mit einem erhöhten Konformitätsdruck einher und sind untergründig miteinander verbunden.[59] Das zu zeigen, ist die Zielsetzung dieses Teils der Fallgeschichte.

Um 1900 tritt die Industrialisierung weltweit in eine neue Phase ein. Es kommt zum industriellen Take-off, der ein sich selbst tragendes Wachstum einleitet.[60] In Deutschland wirkt er sich seit dem späten 19. Jahrhundert besonders drastisch aus, weil hier die Wachstumsraten der Industrie deutlich schneller steigen, als in anderen Ländern und weil neue, moderne Sektoren wie die Chemie- und Elektroindustrie massiv expandieren.[61] Das industrielle Wachstum nimmt nun eine „spektakuläre Dramatik" an, die bereits die Zeitgenossen beeindruckt hat.[62] Die Lebensführung gleicht nun, wie Ernst Jünger festgehalten hat, „einem tödlichen Wettlauf, bei dem man alle Kräfte anspannen muß, damit man nicht auf der Strecke bleibt."[63] Nimmt man auf einer allgemeinen Ebene die Industrialisierung als treibende Kraft der Heroischen Moderne an,[64] dann hat das erhebliche Folgen für die Ungeschicklichkeit. Denn zu den Möglichkeitsbedingungen der Industrialisierung gehört die Technik – und Ungeschicklichkeit ist ein technischer Mangelbegriff.

58 Osterhammel: Die Verwandlung der Welt (s. Anm. 16), S. 250.

59 Das hat unter den Zeitgenossen vor allem Siegfried Kracauer bemerkt, der eine Bagatellisierung und Banalisierung der Begriffe ‚tragisch' und ‚Tragik' konstatiert hat; vgl. Hans Ulrich Gumbrecht: 1926. Ein Jahr am Rand der Zeit. Übers. von Joachim Schulte. Frankfurt a. M. 2001, S. 403.

60 Osterhammel: Die Verwandlung der Welt (s. Anm. 16), S. 110 f.

61 Herbert: Geschichte Deutschlands im 20. Jahrhundert (s. Anm. 8), S. 29.

62 Ebd., S. 28.

63 Ernst Jünger: Der Arbeiter. Herrschaft und Gestalt (zuerst 1932). Stuttgart 1982, S. 179.

64 Herbert: Geschichte Deutschlands im 20. Jahrhundert (s. Anm. 8), S. 17.

Allerdings hat sie mit den Fähigkeiten und Fertigkeiten von Personen zu tun. Vor allem die Fertigkeiten können aber durch technische Erfindungen gesteigert und vermehrt werden. Es entsteht eine Technosphäre, die menschliche Körper mit Hochleistungsmaschinen verkoppelt[65] und wesentlich der *„Steigerung von Geschwindigkeiten“*[66] dient. Damit wird die Modernisierung vorangetrieben und einerseits ein aggressives Potenzial entfaltet, andererseits aber auch Entlastung geboten. Zwar bleibt die Technik, wie vor allem das von den Futuristen gefeierte Automobil[67] verdeutlicht, an die Lenkungsleistung des menschlichen Bewusstseins gebunden, beginnt sich ihm gegenüber aber auch partiell zu verselbstständigen. Nur im Rahmen definierter und automatisierter Prozesse ist zuverlässig mit gleichförmigen Ergebnissen zu rechnen. Unterstützt werden sie durch eine Expansion der Bürokratie. Kommt es dennoch zu Performanzfehlern, dann fallen sie nicht auf die Organisationseinheiten, sondern auf die Nutzer zurück. Pointiert heißt es etwa in Kafkas Roman *Das Schloß*: „Es ist ein Arbeitsgrundsatz der Behörde, daß mit Fehlermöglichkeiten überhaupt nicht gerechnet wird.“[68] Nicht die Systeme, sondern die Menschen fungieren in der technisierten Welt als Konfliktherde und Fehlerquellen. Daher muss man sie entweder beseitigen, bis hin zum Völkermord, oder aber zu Helden verklären, denen kein schlichtes Ungeschick, sondern allenfalls ein tragisches Missgeschick zustoßen kann. Die Tugend des Großen Mannes „ist die des heroischen Realismus, der selbst durch die Aussicht der völligen Vernichtung und der Hoffnungslosigkeit seiner Anstrengungen nicht zu erschüttern ist.“[69] Indem er den Tod als einzige echte Herausforderung versteht, sichert er sich „den

---

65 Gumbrecht: 1926 (s. Anm. 59), S. 39.

66 Hans Blumenberg: Methodologische Probleme einer Geistesgeschichte der Technik. In: ders.: Geistesgeschichte der Technik. Hg. von Alexander Schmitz und Bernd Stiegler. Frankfurt a. M. 2009, S. 49–85, hier S. 81 (Hervorh. in der Vorlage).

67 Gumbrecht: 1926 (s. Anm. 59), S. 41–49.

68 Franz Kafka: Das Schloß. Roman (zuerst 1926). In der Fassung der Handschrift hg. von Malcolm Pasley. 4. Aufl. Frankfurt a. M. 1999, S. 103 f.

69 Jünger: Der Arbeiter (s. Anm. 63), S. 178.

heroischsten Grad an subjektiver Handlungsfähigkeit"[70]. Dem entspricht auf Seiten der Massen im Roman, im Film und im Jazz der zwanziger und frühen dreißiger Jahre eine anscheinende „Selbstverhöhnung des Mannes",[71] der vom ökonomisch selbstständigen Familienoberhaupt zum subalternen Angestellten absinkt.

Angesichts der Menge und der Produktivität technischer Artefakte wird Geschicklichkeit in der ersten Hälfte des 20. Jahrhunderts zur Norm. Fehler sind in einer Welt der gesteigerten Funktionalitäten tunlichst zu vermeiden, sie verlieren gewissermaßen ihre Unschuld, stören die Leistungsfähigkeit des Produktionsprozesses und werden zu Manifestationen subjektiven Versagens. Was aber, wenn der Fehler „nicht in der Absicht seines Urhebers liegt"?[72] Das ist der Fall der Ungeschicklichkeit. Er macht Erklärungen nötig.[73] In der Heroischen Moderne wird ungeschicktes Verhalten entweder funktionalistisch als unangemessener Umgang mit der Technisierung des Alltags erklärt oder aber verdachtshermeneutisch zum Symptom deklariert, in dem sich verdeckte Instanzen melden. Als Umgangsfehler wird sie vor allem im Umfeld von Theorien der Komik verstanden, etwa wenn Bergson sie mit Blick auf die Körpermotorik als *„mechanisch wirkende Steifheit"* beschreibt,[74] oder Friedrich Georg Jünger sie als lächerlichen Streit gegen Regeln und Normen auffasst.[75] Die Symptomthese dagegen wird von kultur- und sozialkritischen Ansätzen mit universalistischen Ansprüchen vertreten. Für die

---

70 Gumbrecht: 1926 (s. Anm. 59), S. 63.

71 Max Horkheimer/Theodor W. Adorno: Dialektik der Aufklärung. Philosophische Fragmente (zuerst 1944). Frankfurt a. M. 1971, S. 137.

72 Hermann Weimer: Psychologie der Fehler. Leipzig 1925, S. 1.

73 Vgl. Hugo von Hofmannsthal: Der Schwierige. Lustspiel in drei Akten (zuerst 1921). In: ders.: Gesammelte Werke in zehn Einzelbänden. Hg. von Bernd Schoeller. Bd. 4. Frankfurt a. M. 1979, S. 331–439, hier S. 392: „Das war eine Verkettung von Zufällen – eine Ungeschicklichkeit – ich weiß nicht, wie ich es nennen soll –".

74 Henri Bergson: Das Lachen. Ein Essay über die Bedeutung des Komischen (zuerst 1900). Übers. von Roswitha Plancherel-Walter. Hamburg 2011, S. 18 (Hervorh. in der Vorlage).

75 Friedrich Georg Jünger: Über das Komische (zuerst 1936). Zit. nach Helmut Bachmaier (Hg.): Texte zur Theorie der Komik. Stuttgart 2005, S. 104–105, hier S. 104.

Psychoanalyse Freuds ist Ungeschicklichkeit im Alltagsverhalten der Moderne ein „Ausdruck unbewusster Gedankengänge“,[76] für die Sozialtheorie Adornos ist ihre Thematisierung in der Unterhaltungsmusik eine Chiffre der „gesellschaftlichen Gesamtverfassung“.[77]

Als Spezialfall der Technisierung kann die Entstehung und Verbreitung neuer Medien verstanden werden. Auch das gehört zu den Rahmenbedingungen der Darstellung von Ungeschicklichkeit in der Heroischen Moderne. Bereits im 19. Jahrhundert hatten sich Massenmedien wie Zeitung und Fotografie etabliert, die in der ersten Hälfte des 20. Jahrhunderts der Massenpolitik neue Möglichkeiten der Mobilisierung eröffneten.[78] Zusätzlich setzen sich nun auch Innovationen der Kommunikationstechnik wie die drahtlose Verständigung[79] und neue Medien wie das Grammophon, der Film und das Radio durch, von denen die neue Massenkultur entscheidend geprägt wird.[80] Für die Ungeschicklichkeit haben die neuen Medien zwei bedeutsame Folgen. Zum einen machen sie neben dem Signal, das sie senden, auch ein zufälliges Rauschen hörbar, in dem sich ihre physikalischen Voraussetzungen ‚melden‘.[81] Das Knacken der Leerrille auf der Schallplatte, die Rückkopplung eines übersteuerten Mikrophons oder das undeutliche Geräusch während der Sendersuche eines Radiogeräts lassen es denkbar

76 Sigmund Freud: Zur Psychopathologie des Alltagslebens (Über Vergessen, Versprechen, Vergreifen, Aberglaube und Irrtum). Berlin 1904, S. 59.

77 Theodor W. Adorno: Über Jazz (zuerst 1936). In: ders.: Gesammelte Schriften in zwanzig Bänden. Hg. von Rolf Tiedemann. Bd. 17. Frankfurt a. M. 1982, S. 74–108, hier S. 81.

78 Kershaw: Höllensturz (s. Anm. 17), S. 33; speziell zum Typus des Reporters und zur politischen Bedeutung der Informationsindustrie vgl. Gumbrecht: 1926 (s. Anm. 59), S. 203–209.

79 Ebd., S. 84–94.

80 Vgl. Herbert: Geschichte Deutschlands im 20. Jahrhundert (s. Anm. 8), S. 246 f. Zu ihren Folgen für die Literatur der zwanziger Jahre vgl. Kiesel: Geschichte der deutschsprachigen Literatur 1918 bis 1933 (s. Anm. 1), S. 102.

81 Vgl. Friedrich Kittler: Grammophon, Film, Typewriter. Berlin 1986. S. 72: „Erst technische Medien, weil ihre Daten über physikalische Kanäle laufen, stehen grundsätzlich vor dem Hintergrund eines Rauschens, das als Unschärfe beim Film oder als Nadelgeräusch beim Grammophon ihren Signal-Rausch-Abstand festlegt.“

erscheinen, auch den Zufall erfahren zu können.[82] In der Heroischen Moderne übernehmen Apparate „Funktionen des Zentralnervensystems."[83] Ihr Pendant hat diese Neuerung in der zunehmenden Aufmerksamkeit auf die Materialität und Medialität ästhetischer Artefakte, die sich in der bildenden Kunst schon bei Manet, seit der Jahrhundertwende im Primitivismus und später bei den Dadaisten beobachten lässt. In der Literatur führt die Entdeckung der Medialität unter anderem zur Sprachkrise um 1900, zur Thematisierung von Kommunikationsproblemen in Drama und Lyrik, zur Berücksichtigung der konstruktiven Leistung der Sprache und zu eigenen poetischen Genres wie dem Hörspiel oder der Unsinnspoesie.

Zum anderen wird Ungeschicklichkeit von den neuen Medien in bisher unabsehbarem Umfang aufgenommen, verstärkt und zur Weiterentwicklung der technisch-medialen Infrastrukturen genutzt. Dazu trägt vor allem ihre Affinität zur Szene[84] bei, die sie um sich herum aufbaut, aber auch die ihr eingeschriebene Eskalationslogik, mit der sich Sensationen und damit auch Resonanzen erzeugen lassen. Ungeschicklichkeit wird, vor allem als Bestandteil von Komik, zum festen Bestandteil einer Kultur der Zerstreuung und Unterhaltung,[85] wobei sie sowohl ideologisch, als auch im engeren Sinn literarisch genutzt werden kann. Belegen lässt sich das mit der Romanproduktion, in der Ungeschicklichkeiten wiederholt die Narration in Gang setzen. So steht etwa am Anfang der *Buddenbrooks* (1901) das Stocken der kleinen Tony beim Aufsagen des Katechismus;[86] Kafka beginnt seinen Roman *Der Verschollene* (1911–1914) mit einem 1913 separat publizierten Kapitel, in dessen Zentrum die

82 Ebd.

83 Ebd., S. 81.

84 Vgl. Heiko Christians: Crux Scenica – Eine Kulturgeschichte der Szene von Aischylos bis YouTube. Bielefeld 2016.

85 Vgl. dazu Kiesel: Geschichte der deutschsprachigen Literatur 1918 bis 1933 (s. Anm. 1), S. 86 f.

86 Thomas Mann: Buddenbrooks. Verfall einer Familie. Roman (zuerst 1901). In: ders.: Große kommentierte Frankfurter Ausgabe. Hg. von Heinrich Detering u. a. Bd. 1.1. 2. Aufl. Frankfurt a. M. 2002, S. 9. Nachdem Tony dann doch den Artikel korrekt aufgesagt hatte, war sie „unfähig, der glatten Fahrt plötzlich Einhalt zu tun" und „schoß" daher „noch ein Stück über das Ziel hinaus ..."; ebd., S. 13.

Figur eines ungeschickten Heizers steht; Alfred Döblin will in *Berlin Alexanderplatz* (1929) von einem Mann erzählen, der „in einen regelrechten Kampf verwickelt [wird] mit etwas, das von außen kommt, das unberechenbar ist und wie ein Schicksal aussieht";[87] im ersten Kapitel von Robert Musils Roman *Der Mann ohne Eigenschaften* (1930) scheint jemand bei einem Autounfall „durch seine eigene Unachtsamkeit zu Schaden" gekommen zu sein;[88] Hermann Broch lässt den 1931 publizierten zweiten Teil seiner Romantrilogie *Die Schlafwandler* mit der Entlassung des Buchhalters Esch nach einem angeblichen Fehler und einem daraus resultierenden verbalen Ausrutscher anfangen[89] und der erste Satz von Stefan Zweigs Roman *Ungeduld des Herzens* (1939) lautet: „Die ganze Sache begann mit einer Ungeschicklichkeit, einer völlig unverschuldeten Tölpelei, einer ‚gaffe', wie die Franzosen sagen."[90]

Fragt man nach den Formen, die der deutschen Literatur in der Heroischen Moderne für die Darstellung von Ungeschicklichkeit zur Verfügung gestanden haben, dann ist zunächst festzuhalten, dass die erste Hälfte des 20. Jahrhunderts zu den produktivsten und glänzendsten Phasen der deutschen Literaturgeschichte gehört. Angesichts der Masse und Vielfalt der Zeugnisse kann die Antwort nur höchst pauschal ausfallen. Zu den groben Linien, die sich dennoch ziehen lassen, gehört die Prävalenz von Offenheit, Fragmentarität, Perspektivität, Simultaneität und Hässlichkeit als

87 Alfred Döblin: Berlin Alexanderplatz. Die Geschichte vom Franz Biberkopf (zuerst 1929). 17. Aufl. München 1976, S. 7. Zum Romanbeginn und zur Revision der Schicksalssemantik am Ende vgl. Delabar: Klassische Moderne (s. Anm. 10), S. 198–201.

88 Robert Musil: Der Mann ohne Eigenschaften. Erstes Buch (zuerst 1930). Hg. von Adolf Frisé. Reinbek b. Hamburg 1978, S. 10. Vgl. Delabar: Klassische Moderne (s. Anm. 10), S. 173.

89 Hermann Broch: 1903 • Esch oder die Anarchie (zuerst 1931). In: ders.: Die Schlafwandler. Eine Romantrilogie. Hg. von Paul Michael Lützeler. Frankfurt a. M. 1978, S. 183–381, hier S. 183.

90 Stefan Zweig: Ungeduld des Herzens. Roman (zuerst 1939). Frankfurt a. M. 1976, S. 17.

Prinzipien einer Ästhetik der Moderne,[91] die Herausbildung eines neuen Autorkonzepts, das Dichter zu Schriftstellern werden lässt,[92] aber auch die Dominanz der Prosa. Die Prosa wird zur beliebtesten literarischen Form des 20. Jahrhunderts und entsprechend häufig finden sich in den verschiedenen Prosaformen auch Darstellungen von Ungeschicklichkeit. Das gilt sowohl für solche Prosatexte, insbesondere Romane, die an Erzählformen des Realismus anschließen und dabei auch ungeschickte Figuren darstellen (Heinrich und Thomas Mann, Joseph Roth etc.), als auch für solche, in denen offen mit modernen Formen des Erzählens experimentiert und daher auch die Ungeschicklichkeit breiter und differenzierter dargestellt wird (Rainer Maria Rilke, Alfred Döblin, Gottfried Benn etc.). Neben der Prosa wird auch das Drama für die Darstellung von Ungeschicklichkeit genutzt, etwa zur satirischen Entlarvung des deutschen Spießbürgers wie in Carl Sternheims Komödie *Die Hose* oder zur Demonstration von Kommunikationsproblemen wie in Hofmannsthals Lustspiel *Der Schwierige*. Wichtiger aber ist der Umstand, dass in der Heroischen Moderne auch narrative Darstellungen von Ungeschicklichkeit in der deutschen Literatur eher am dramatischen Prinzip des Tragischen orientiert sind. Dabei kommt es verstärkt zum Einsatz von Pathos. Zwischen der Integration tragischer und komischer Strukturen stehen sachliche und dokumentarische Präsentationsformen, die sich am Medium der Fotografie, teils auch am Film orientieren, auf ideologische Wertungen verzichten und zur nüchternen Beschreibung tendieren. Dazu gehören unter anderem Reportagen. Die Lyrik verhält sich dem Thema gegenüber eher reserviert. Ausnahmen wie Hofmannsthals *Die Beiden*, in dem die Liebenden aus Zuneigung ungeschickt werden,[93] Rilkes *Das Lied*

---

91 Delabar: Klassische Moderne (s. Anm. 10), S. 75. Zum Fragmentarismus und seinen Überwindungsversuchen vgl. Kiesel: Geschichte der deutschsprachigen Literatur 1918 bis 1933 (s. Anm. 1), S. 109–111.

92 Delabar: Klassische Moderne (s. Anm. 10), S. 35.

93 Hugo von Hofmannsthal: Die Beiden (zuerst 1896). In: ders.: Gesammelte Werke in zehn Einzelbänden. Hg. von Bernd Schoeller. Bd. 1. Frankfurt a. M. 1979, S. 27: „Denn beide bebten sie so sehr, / Daß keine Hand die andre fand." Mit Dank für den Hinweis an Ludwig Völker.

des Idioten, das Auerbachs Figur des Tollpatschs radikalisiert,[94] oder Heyms *Barra Hei …*, in dem einer der tanzenden Derwische von Gottes Gewalt erfasst und zu Boden geschmettert wird,[95] bestätigen die Regel.

Bereits im Roman der Heroischen Moderne kündigt sich – so die zweite grobe Linie – eine Entwicklung hin zur Integration essayistischer, mehr oder weniger theorieaffiner Schreibweisen an, die in den kulturkritischen Arbeiten von Walter Benjamin, Siegfried Kracauer und Theodor W. Adorno kulminieren und den Essay zum wichtigsten Medium einer Kritik der Heroischen Moderne werden lassen.[96] Die „Animierkneipe ‚Essay'", wie Carl Einstein sie genannt hat,[97] erlaubt es, die Gegenwart tentativ auf Begriffe zu bringen, sie auf Alternativen durchlässig zu machen und „das Potential eines ästhetischen Widerstands"[98] zu evozieren. Dabei geht es in der Traditionslinie der Moralistik vor allem um die Beobachtung des ungeschickten Verhaltens *anderer* und den Versuch, sich zu diesem Verhalten in ein Verhältnis zu setzen.

Eine dritte grobe Linie ist diejenige des autobiographischen Schreibens. Es gehört in der deutschen Literatur vor 1945 zu den zentralen Darstellungsformaten von Ungeschicklichkeit. Schon der erste prominente Fall im hier interessierenden Zeitraum, Wilhelm Schäfers *Die Missgeschickten* von 1909, ist dem Genre des autobiographischen Schreibens zuzurechnen. Im weiten Sinne gehören dazu auch nahezu alle Texte Thomas Manns und Franz Kafkas und

---

94 Rainer Maria Rilke: Das Lied des Idioten (zuerst 1902). In: ders.: Werke. Kommentierte Ausgabe in vier Bänden. Hg. von Manfred Engel u. a. Bd. 1. Frankfurt a. M./Leipzig 1996, S. 327: „Das Blut ist das Schwerste. Das Blut ist schwer. / Manchmal glaub ich, ich kann nicht mehr –."

95 Georg Heym: Barra Hei … (Flüchtiger Entwurf) (zuerst 1911). In: ders.: Das lyrische Werk. Sämtliche Gedichte 1910–1912. Mit einer Auswahl der frühen Gedichte 1899–1909. Hg. von Karl Ludwig Schneider. München 1977, S. 367 f., hier S. 368: „Und plötzlich zerschellt / Stürzt ‹einer› und fällt."

96 Zu Benjamin und Adorno vgl. Christian Schärf: Geschichte des Essays. Von Montaigne bis Adorno. Springe 2016, S. 258–276.

97 Einstein: Bebuquin (s. Anm. 9), S. 22.

98 Schärf: Geschichte des Essays (s. Anm. 96), S. 189. Zur politischen Leistung des Gegenwartsessays in den 1920er Jahren vgl. auch Kiesel: Geschichte der deutschsprachigen Literatur 1918 bis 1933 (s. Anm. 1), S. 199 und S. 552–555.

im engen Sinne prominent Walter Benjamins *Berliner Kindheit um Neunzehnhundert.* Darum wird es in diesem Teil gehen.

Ungeschickt groß

Wer zuvor wissen will, wie sich in der Heroischen Moderne Semantik und Pragmatik des Ausdrucks *ungeschickt* entwickelt haben und was man über sie wusste, ist erneut an die Wörterbücher verwiesen. Sie gehen im Sinne einer aktiven, zunehmend ideologisch aufgeladenen Sprachpolitik nun präskriptiv vor und schleppen als Autoritätsausweis den gesamten Hof der historisch überlieferten Bedeutungspositionen fort. Das wirkt sich auch auf die Kodifikation der Semantik von *ungeschickt* aus. Sie erreicht in der Heroischen Moderne quantitativ und mit Abstrichen auch qualitativ ihren Höhepunkt. Lässt man sich vor dem Hintergrund der bisher erarbeiteten Ergebnisse darauf ein und revidiert dabei die ideologischen Implikationen, dann begründet das auch die Anlage der vorliegenden Fallgeschichte.

Der mit Abstand umfangreichste und detaillierteste Wörterbucheintrag zum Ausdruck *ungeschickt* erschien 1918 im *Deutschen Wörterbuch* der Brüder Grimm. 1908 waren die Arbeiten an diesem Großprojekt in ihre dritte Phase eingetreten. Die Preußische Akademie der Wissenschaften hatte sie an sich gezogen. Sie wollte die Artikelstruktur vereinheitlichen, den Umfang der Artikel reduzieren und den Abschluss beschleunigen, scheiterte aber mit allen drei Vorhaben.[99] Die im Umfang erneut angewachsenen Artikel bestehen weiterhin aus einem etymologisch-sprachvergleichenden Kopf, dem ein historisch gestaffelter, durchnummerierter Bedeutungs- und Belegteil folgt. Die reichlich gebotenen, unterschiedlichen Textsorten entnommenen Belege sollten die deutsche Sprache in allen ihren Stilschichten, Mundarten und Domänen dokumentieren

99 Ulrike Haß-Zumkehr: Deutsche Wörterbücher – Brennpunkt von Sprach- und Kulturgeschichte. Berlin/New York 2001, S. 136.

und sie dadurch kräftigen und beleben.[100] Gegen Ende des Ersten Weltkriegs, im Jahr 1918, erschien die Lieferung UNGERA(H)TEN–UNGLAUBE, für die der Frühneuzeitspezialist und Gymnasialprofessor Karl Euling verantwortlich zeichnete.[101] Sie enthält auch den Artikel zum Lemma *ungeschickt*. Eingegangen ist die Lieferung in die 1936 erschienene dritte Abteilung des äußerst umfangreichen elften Bandes des *Deutschen Wörterbuchs*. Sie will, wie Euling im Vorwort festhält, die „unerschöpflichen Zusammensetzungen mit Un-, Unter-, Ur- in ihren Grundzügen" erfassen.[102]

Eulings Ausführungen zum Lemma *ungeschickt* sind eingebettet in eine längere Lemmastrecke zu verwandten Formen wie *ungeschicklich* und *ungeschicktheit*. Sie orientieren sich an der Strukturierung des 1893 erschienenen Artikels *geschickt*. In ihm war als morphologische Grundbedeutung des partizipialen Adjektivs *geschickt* „*machen dasz etwas geschieht*" und als mittelhochdeutsche Ursprungsbedeutung „*fügen, bilden, ordnen, senden*" festgehalten worden.[103] Das wird mit *ungeschickt* negiert. Im Kopf seines Artikels hält Euling daher als Grundbedeutung fest: „*i*[*m*] *a*[*llgemeinen*] *g*[*egen*]*th*[*eil*] *v*[*on*] geschickt".[104] Der Artikel führt acht Bedeutungspositionen an, die teilweise mehrfach untergliedert sind, und ordnet ihnen rund 270 Belege zu. Die Bedeutungspositionen sollen die historische Entwicklung vom späten Mittelalter bis in die Gegenwart abbilden. Am Ende stehen Sonderbedeutungen und -aspekte.

Eulings Artikel unterscheidet drei historisch gestaffelte Bedeutungsschichten von *ungeschickt*. Die älteste reicht zurück bis ins Mittelalter und lässt sich als poetisch-essenzialistisch bezeichnen.

---

100 Vgl. ebd., S. 127–135.

101 Vgl. Red.: Euling, Karl. In: Internationales Germanistenlexikon 1800–1950. Hg. von Christoph König. Bd. 1. Berlin/New York 2003, S. 459 f.

102 Karl Euling: Vorwort. In: Jacob und Wilhelm Grimm: Deutsches Wörterbuch. Bd. 11. Abt. III. Hg. von Karl Euling. Leipzig 1936, S. 1. Seitens der Akademie wurde der Teilband von dem Mediävisten und bekennenden Nationalsozialisten Edward Schröder betreut, der auch ein Geleitwort (ebd.) beisteuerte.

103 Jacob und Wilhelm Grimm: Deutsches Wörterbuch. Bd. 4. Abt. I.2. Hg. von Rudolf Hildebrand und Hermann Wunderlich. Leipzig 1897, Sp. 3880.

104 Grimm: Deutsches Wörterbuch. Bd. 11. Abt. III (s. Anm. 102), Sp. 840.

Die mittlere dominiert die Wortverwendung während der Frühen Neuzeit und hat technisch-instrumentellen Charakter. Die jüngste setzt sich in der Sattelzeit durch und kann als motorisch-habituell gefasst werden. Während der Ausdruck in seiner poetisch-essenziellen und seiner technisch-instrumentellen Verwendung auf Personen und Dinge gleichermaßen bezogen werden konnte, ist er in seiner motorisch-habituellen Bedeutung nur noch auf Personen beziehbar.

Vergleicht man diese Staffelung mit den begrifflichen Differenzierungen der vorliegenden Fallgeschichte, dann lassen sich in der motorisch-habituellen Verwendung von *ungeschickt*, die seit dem 18. Jahrhundert dominiert, unschwer die motorische und die soziale Ungeschicklichkeit wiederfinden. Auffällig ist die Verlagerung, um nicht zu sagen: die Verbannung der poetischen Ungeschicklichkeit in die Vergangenheit. Sie begegnet nach Euling schon im Spätmittelalter. Generell wird sie mit *„übel gemacht, bereitet“*[105] angegeben und dann weiter ausdifferenziert. Gemeint ist eine das Wesen eines Gegenstands oder einer Person betreffende, ihm oder ihr ursprünglich eingeprägte Deformation (*ungeschickt sein*), die auch in ethischer Hinsicht negativ bewertet wird. Entweder wird sie äußerlich am Gegenstand oder der Person sichtbar oder sie lässt sich als innere Deformation, etwa als konstituierender Fehlgriff oder fehlende Willensanstrengung, aus seiner oder ihrer äußeren Beschaffenheit erschließen. Im frühen 20. Jahrhundert ist diese Bedeutungsposition nach Euling zwar noch im mündlichen Sprachgebrauch vorzufinden, doch erscheint sie nun *„schriftsprachlich in der hauptsache veraltet“*.[106]

Plausibel wird die Verschiebung der poetischen Bedeutungsposition in die Vergangenheit, wenn man die präskriptive Anlage des *Deutschen Wörterbuchs* bedenkt. Sie sieht eine ständige Erneuerung der Gegenwartssprache aus ihren ältesten Bedeutungsschichten vor. Das ist ein Erbteil der Romantik und ihrer Hochschätzung von Ursprünglichkeit. Er führt dazu, dass zum einen die gegenwärtigen gegenüber den vergangenen und zum anderen die

105 Ebd. Ohne Angabe angelehnt an Josua Maaler: Die Teütsch spraach. Zürich 1561, Bl. 462^{v}: „übel gemacht vnnd geordnet“.

106 Grimm: Deutsches Wörterbuch. Bd. 11. Abt. III (s. Anm. 102), Sp. 841.

schriftsprachlichen gegenüber den mündlichen Verwendungen von *ungeschickt* abgewertet werden. Dadurch wird Eulings Artikel eine zur Gegenwart hin ansteigende Negativität eingeschrieben. Der Lexikograph arbeitet Seite an Seite mit der Kulturkritik. Daher erscheint am Ende des Ersten Weltkriegs die schriftsprachliche Verwendung von *ungeschickt* als Tiefpunkt einer Wortgeschichte, in deren Vergangenheit allein – und ein bisschen auch noch in den Gesprächen der einfachen Leute – es bedeutungsvoll glitzert und leuchtet.

Die in der Frühen Neuzeit dominierende technisch-instrumentelle Bedeutungsschicht kommt im 16. Jahrhundert auf. Euling gibt sie mit *„ungeeignet, unpassend, unzweckmäszig“*[107] an. Sie wurde in dieser Studie an zeitgenössischen Wörterbüchern, sowie an Texten von Sachs, Wickram, Schupp und Taust aufgezeigt und lässt sich nach Euling bis in die Goethezeit, dialektal aber auch, besonders im Oberdeutschen, bis in die Heroische Moderne hinein belegen. In dieser Bedeutungsschicht geht es um die fehlende Passung eines Gegenstands, eines Zeitpunkts oder einer Person zu einer Erwartung, einer Aufgabe oder einem Zweck, den er oder sie erfüllen soll (*ungeschickt zu etw.*). Die Verwendungsnachweise beziehen sich auf die Gebrauchsdomänen der Medizin, der Rhetorik, der Politik, der Religion und des Rechts, aber auch auf die Rede über Emotionen.

Das produktive Zentrum der Semantik von *ungeschickt*, das Euling unbehaglich ist, liegt für ihn in der dritten, motorisch-habituellen Bedeutungsschicht. Sie ist wie gesagt auf Personen beschränkt und umfasst eine ältere, stark absprechende, sowie eine jüngere, auf mangelhaft oder schwach ausgeprägte Fähigkeiten und Fertigkeiten bezogene Position. Letztere ist besonders reich mit Belegbeispielen ausgestattet und intern hochgradig ausdifferenziert. Obwohl vereinzelt Verwendungsnachweise aus Drucken des 16. Jahrhunderts angeführt werden (unter anderem von Hans Sachs und aus reformatorischen Flugschriften) wird sie nach Euling erst in der Sattelzeit um 1800 dominant. Am reichsten mit Belegbeispielen versehen und zudem intern besonders stark ausdifferenziert ist die Unterposition zur Bedeutungsangabe *„ohne die erforderliche*

107 Ebd., Sp. 842.

körperliche oder geistig-sittliche geschicklichkeit, leichtigkeit und gewandtheit".[108] Euling lehnt sich mit dieser Bedeutungsangabe ohne Nachweis an Adelung an. Die motorische Ungeschicklichkeit wird nun umschrieben mit „*mangel an mechanischer beweglichkeit, leichtigkeit in der fortbewegung*",[109] während zur Charakteristik der sozialen Ungeschicklichkeit in erläuternder Absicht eine Kaskade der Negativität eingefügt wird: „*von wesentlich geistigen eigenschaften* (*der geistigen geschicklichkeit oder gewandtheit ermangelnd, von ungeschicklichkeit zeugend; ungeübt, unkundig, unwissend, ungebildet, ungelehrt, unerfahren, ungewandt in kunst, fertigkeit, verrichtung aller art*)".[110] Motorisches und soziales Ungeschick finden nach Euling ihre Einheit darin, dass sie auf ‚erforderliche' Arten des Verhaltens bezogen sind, denen die Akteure aber nicht zu entsprechen vermögen. Sie begehen Ausführungsfehler – und eben das macht sie zu Ungeschickten. Es geht dabei erkennbar um Anforderungen, die seit dem 18. Jahrhundert verstärkt an Individuen und ihr Verhalten herangetragen worden sind. Insofern kann man derartige Affordanzen als Spezifikum der Bewegungsmoderne verstehen. Erst in dieser Phase der Moderne wird – mit Vorläufern in der Reformation und der Vergabepraxis von Ämtern während der Frühen Neuzeit – die Frage nach den Handlungsvoraussetzungen von Individuen massenhaft virulent.

Dass eben hier das produktive Zentrum der Semantik liegt, demonstriert die Vielzahl grammatischer Angaben (Verwendung mit Genitiv, mit den Präpositionen *in, bei, auf, an* und *mit*, aber auch ohne nähere Bestimmung), die im Einsatz der Negationsklimax implizierte pragmatische Dimension (Belehrung und Tadel) sowie eine Fülle von Belegen. Sie entfalten – vielleicht nicht zufällig unter dem Eindruck des Ersten Weltkriegs – eine Negativbilanz sämtlicher Modernisierungsansprüche. Gegen sie wird noch einmal der dem Grimm'schen Wörterbuch radikal eingeschriebene Historismus aufgeboten. Da marschieren übel beherrschte Künste (Sprachen, Musik,

108 Ebd., Sp. 843.
109 Ebd.
110 Ebd., Sp. 843 f.

Literatur),[111] Legionen von Amts-, Berufs- und Lebensversagern (Geistliche, Kinder, Alte, Handwerker, Ärzte, Philologen, Diebe),[112] sowie verpfuschte Handlungsroutinen und ihre Ergebnisse (Übersetzungen, Holzstiche, Mahlzeiten)[113] auf und fügen sich zu einem Panorama des Scheiterns zusammen.[114] Durchzogen und grundiert ist dieses Panorama von einer latent aggressiven Haltung gegenüber ungeschicktem Verhalten und den dafür Verantwortlichen.

Diese Haltung erfährt zum Ende des Artikels eine weitere Steigerung. Die Ausführungen zur motorisch-habituellen Bedeutungsposition enden zunächst mit einer überraschenden Entscheidung. Sie betrifft die Integration der Bedeutung *„unschicklich"* in die aktuelle Semantik von *ungeschickt*. Euling erläutert sie durch die Angabe *„tadelnswerth vom standpunkt der sitte, sittlichkeit, angemessenheit u. dgl."*[115] Die angeführten Belegbeispiele stammen aus dem 16. bis 19. Jahrhundert. Eulings Entscheidung ist darum überraschend, weil sie die Bifurkation von *ungeschickt* und *unschicklich* im Laufe des 18. Jahrhunderts verschleiert. Vor dem Aufklärungszeitalter gehören beide zum semantischen Kontinuum von *inepte*, seither gehen sie semantisch getrennte Wege. Das ist im vierten Teil dieser Fallgeschichte nachgewiesen worden. Man hätte daher erwarten können, dass Euling sowohl auf die Nähe beider Ausdrücke bis zum Ende der Frühen Neuzeit, als auch auf ihre Trennung seit der Sattelzeit eingehen würde. Erst diese Trennung eröffnet überdies die Möglichkeitsbedingungen einer Aufwertung von *ungeschickt*. Eben das verbirgt Euling. Teilweise erscheint sein Vorgehen aber auch konsequent, weil es die sprachpolitische Stoßrichtung des Grimm'schen Wörterbuchs exekutiert. Das Wörterbuch

---

111 Die Belege stammen von Johannes Kessler, Johann Wolfgang Goethe und Christoph Lehman; ebd., Sp. 844.

112 Angeführt werden Belege von Martin Luther, Lazarus Sandrub, Friedrich Rudolf Staub und Ludwig Tobler, Ida und Otto von Reinsberg-Düringsfeld, Johann Friedrich August Kinderling sowie Julius Wilhelm Zincgref und Johann Leonhard Weidner; ebd.

113 Mit Belegen von Johann Jakob Bodmer, Joseph von Eichendorff und Friedrich Theodor von Schubert; ebd.

114 Vgl. ebd., Sp. 844.

115 Ebd.

erhofft sich wie gesagt die Zukunft der deutschen Sprache aus ihrer hell leuchtenden Vergangenheit, während sich in der Gegenwart alles verdunkelt hat. Eulings Entscheidung erlaubt es ihm, die an Verhaltenskonventionen orientierte frühneuzeitliche Negativwertung von *ungeschickt* zu aktualisieren. Dadurch ist für ihn auch in der Gegenwart eine Verurteilung von ungeschicktem Verhalten gesichert. Dass der Maßstab der Abwertung historisch veraltet ist, gehört zu seinem ‚altdeutschen' Güteausweis. Was aber kann in der Heroischen Moderne noch als Standpunkt der Sitte, der Sittlichkeit oder der Angemessenheit (des Decorum) gelten? Euling versteht darunter vor allem Regelverletzungen bis hin zur Aufsässigkeit. Das geht aus seiner finalen Angabe *„unartig, unfolgsam, störrisch, beleidigend, ungebührlich"* hervor.[116] Vielleicht stand ihm dabei die Russische Revolution im Februar 1917 vor Augen. Im Erscheinungsjahr der Lieferung konnten die Leser zudem an den Untergang des Kaiserreichs in der Novemberrevolution von 1918 und den Übergang zur Weimarer Republik denken.

Vor allem in der dem Artikelverlauf einkomponierten Steigerung der Aggressivität gegenüber ungeschicktem Verhalten, die sämtliche Versuche einer Aufwertung des Ausdrucks seit der Romantik wieder zurücknimmt und parallel zur Annäherung der Bedeutungsgeschichte an die Gegenwart verläuft, zeigt sich die Zugehörigkeit Eulings zur konservativen Kulturkritik der Heroischen Moderne. In den abschließenden Ausführungen tritt sie offen ans Licht. Die erste der beiden Sonderbedeutungen betrifft die Verwendung von *ungeschickt* „in schelte und rüge",[117] also in Formen der Hassrede. In lexikologischer Perspektive liegt damit eine Angabe zur Pragmatik von *ungeschickt* vor. Zur Verunglimpfung von Personen stehen nach Euling freie und phraseologische (gebundene) Varianten zur Verfügung. Zu den freien Varianten gehören der ungeschickte Tropf und der ungeschickte Büffel, aber auch – auf die Massenmedien zielend – der ungeschickte und niederträchtige Vielschreiber als

116 Ebd.
117 Ebd., Sp. 845.

Prototyp des Journalisten.[118] Hier sind dem Artikel auch kulturkritische und latente antisemitische Aversionen eingeschrieben.[119] Zu den phraseologischen Varianten gehört das Schimpfwort *Hans Ungeschickt* und der Phraseologismus *Ungeschickt lässt grüßen.*

Um die Pragmatik des Ausdrucks geht es dann auch in der zweiten Sonderbedeutung. Sie bezieht sich auf die komparative Verwendung von *ungeschickt,* die nach Euling eher im saloppen Duktus mündlicher Rede als in der Schriftsprache begegnet: wenn etwas *ungeschickt groß* genannt wird, dann ist es ‚enorm' oder ‚sehr' groß. Damit deckt der Ausdruck in seiner steigernden Verwendung eine untergründige Verbindung von Heroismus und Ungeschicklichkeit auf.[120]

Unübersehbar tritt die kulturkritische Haltung Eulings gegenüber der Moderne in den abschließenden Ausführungen zu Tage. Sie liefern einen normativen Kommentar zur Bedeutungsgeschichte. Nun heißt es warnend: *„in der von nordd*[*eutscher*] *rede abhängigen schriftspr*[*ache*] *droht* u[ngeschickt] *zu verarmen, indem es hauptsächlich auf bed*[*eutung*] *5 e bezogen zu werden pflegt"*.[121] Angeprangert wird damit in sprachpolitischer Absicht die drohende Reduktion der Semantik von *ungeschickt* auf die jüngste, motorisch-habituelle Bedeutungsschicht. Sie hat den zunehmenden Schwund der älteren, auch auf Dinge bezogenen und gut zum Tadel geeigneten

---

118 Euling führt dazu ein Zitat aus der 1761 in Wien gedruckten Komödie *Das Caffee=Haus oder die Schottländerinn* an. Das französische Original stammt von Voltaire, der sich dabei an Goldonis Prosakomödie *La bottega del caffè* orientierte; die deutsche Übersetzung hat Johann Joachim Bode angefertigt. Der französische Kaffeehausgänger, Karrierist und Protojournalist Frélon wird in Bodes Übersetzung von Lindane wie folgt charakterisiert: „Man sagt, er sey ein ungeschickter, niederträchtiger Mensch, dessen Zunge und Feder eben so boshaft wären, wie seine Handlungen, und er suche sich überall einzuschmeicheln, um da übels zu stiften, wo keins ist, um es zu vergrößern, wenn er es bereits antrifft." [Voltaire:] Das Caffee=Haus oder die Schottländerinn. Ein Lustspiel. Wien 1761, S. 18.

119 Im sozialen Hass der zwanziger Jahre brechen sie dann offen aus; Kiesel: Geschichte der deutschsprachigen Literatur 1918 bis 1933 (s. Anm. 1), S. 120 f.

120 Vgl. dazu auch Michael Breisky: Groß ist ungeschickt. Leopold Kohr im Zeitalter der Post-Globalisierung. Wien 2010.

121 Grimm: Deutsches Wörterbuch. Bd. 11. Abt. III (s. Anm. 102), Sp. 845.

zur Folge. Schauplatz dieser angeblichen Verarmung ist die Schriftsprache, ihr Motor das Norddeutsche. Gestützt auf die Autorität der Preußischen Akademie der Wissenschaften empfiehlt der pensionierte Gymnasiallehrer dagegen die gezielte Revitalisierung der ältesten, poetisch-essenzialistischen Bedeutungsschicht. Sie wird im Oberdeutschen bewahrt.[122] Dort sprudeln für Euling noch die alten Quellen, dort leuchtet das Licht der Sprache, an dem sich auch die Verwendung von *ungeschickt* im Schriftgebrauch der Gegenwart orientieren sollte. Über die Erinnerung an die sprachlichen Ursprünge und die versunkenen Schichten des semantischen Kontinuums von *ungeschickt* soll das heroische Ideal eines ‚gesamtdeutschen' (ungeschickt großen) Sprachraums realisiert werden. Das ist der Ort, an dem die poetische Ungeschicklichkeit zum Einsatz kommt. Schrift- und Literaturskepsis, Mündlichkeitsemphase und politischer Nationalismus gehen 1918 eine unheilige Allianz zur Rettung des Vollsinns von *ungeschickt* ein.

Das ließ sich kurz vor Beginn des Zweiten Weltkriegs noch einmal steigern. Nun wird auch das Wort zur Waffe. Ort des Geschehens ist Trübners *Deutsches Wörterbuch*, das größte Wörterbuchprojekt aus der Zeit des Nationalsozialismus. Die ersten Bände wurden im Auftrag der Arbeitsgemeinschaft für deutsche Wortforschung von Alfred Götze zusammen mit einem Stab von Mitarbeitern erarbeitet. Götze hatte in Leipzig Germanistik studiert, war auf Sprache und Literatur der Frühen Neuzeit spezialisiert und hatte ab 1925 eine Professur in Gießen inne. Ab 1933 gehörte er dem Nationalsozialistischen Lehrerbund an, wurde 1937 Mitglied der NSDAP und war förderndes Mitglied der SS.[123] Entsprechend sorgte er für eine durchgehende

122 Das Plädoyer für regionale Varietäten steht im größeren Kontext der Orientierung an überkommenen ständischen Strukturen und traditionellen Normen, die im Wilhelminischen Deutschland als Gegengewicht gegen die rapide sich ausdehnende kapitalistische Klassengesellschaft mit ihrer hohen Veränderungsintensität in allen Lebensbereichen ausgespielt wurde; vgl. Herbert: Geschichte Deutschlands im 20. Jahrhundert (s. Anm. 8), S. 41.

123 Vgl. Gerhard W. Baur: Götze, Alfred. In: Internationales Germanistenlexikon 1800–1950. Hg. von Christoph König. Bd. 1. Berlin/New York 2003, S. 577–579.

Instrumentalisierung des Wörterbuchs für die Zwecke der nationalsozialistischen Propaganda. Dazu vermischte er Bedeutungsangaben mit Belegen aus dem bildungsbürgerlichen Kanon und solchen nationalsozialistischer Herkunft, sodass „ein durchgehend scheinargumentierender Text entsteht, der immer auf den nationalsozialistischen Sprachgebrauch als Höhepunkt zuläuft".[124] Scheinargumentativ verfahren die Artikel vor allem dadurch, dass sie sämtliche Aussagen in eine narrative Struktur integrieren, die Wort und Sache nicht länger unterscheidet, sondern das Wort stets in den Dienst der (rassenbiologisch verstandenen) Sache stellt. Die sprachpolitische Strategie, der sich das Verfahren verdankt, ja den Kampfcharakter des Verfahrens haben bereits die Zeitgenossen bemerkt. Erich Kahler etwa beklagte 1937 die „demagogische Usurpation", mit der „heute viele schöne alte Worte ihrer Substanz beraubt und verderbt worden" seien.[125]

Einen eigenen Eintrag zum Adjektiv *ungeschickt* sucht man im Trübner vergebens. Im dritten Band, der 1939 zu Kriegsbeginn erschienen ist, findet man aber einen Artikel zum Lemma *Geschick*, der auch die negierten Formen *Mißgeschick* und *Ungeschick* streift und sie in ein für die Heroische Moderne signifikantes Verhältnis bringt.[126] Auch dieser Artikel bindet die Form- und Bedeutungsgeschichte zusammen mit ausgewählten Belegen in eine leicht konsumierbare Wortgeschichte ein. In ihr werden wissenschaftliche und didaktisch-popularisierende Intentionen verknüpft, wobei die Verknüpfung ideologisch-propagandistisch motiviert ist.[127] Eine

---

124 Haß-Zumkehr: Deutsche Wörterbücher (s. Anm. 99), S. 215.

125 Erich Kahler: Der deutsche Charakter in der Geschichte Europas. Zürich 1937, S. 24 (Fußnote).

126 Trübners Deutsches Wörterbuch. Bd. 3. Hg. von Alfred Götze. Berlin 1939, S. 124 f.

127 Im Sinne einer impliziten Appellativität, bei der sich „die Appellfunktion gewissermaßen hinter der Darstellungsfunktion versteckt"; Haß-Zumkehr: Deutsche Wörterbücher (s. Anm. 99), S. 205. Generell hat der Nationalsozialismus „die Hegemonie der Popularkultur" auch in den Kriegsjahren befördert und ausgeweitet; vgl. Herbert: Geschichte Deutschlands im 20. Jahrhundert (s. Anm. 8), S. 507.

Unterteilung in bezifferte Einzelbedeutungen entfällt zugunsten der Einheit der Narration.

Der ideologische Zuschnitt des Artikels *Geschick* zeigt sich vor allem darin, dass in ihm die Formen *Geschicklichkeit* und *geschickt* als semantisch verengte und verarmte Form-Bedeutungskontinuen auf die als archaisch ausgegebene und mit einer großen Bedeutungsfülle ausgestattete ‚Grundform' *Geschick* zurückgeführt werden. Darin wiederholt sich der kulturkritische Impetus Eulings. Im Trübner wird daraus aber gleichsam heroisch ein Appell generiert, der eine etymologisch begründete Aufwertung und Reaktualisierung von Kategorien wie Schicksal, Fatum und Verhängnis und damit eine Mythisierung der Heroischen Moderne am Beginn des Zweiten Weltkriegs zur Folge hat. Die Nutzer des Wörterbuchs sollen sich in einer Welt der äußerlichen Geschicklichkeiten und des bloß geschickten oder gar gerissenen Verhaltens – zu der aus nationalsozialistischer Perspektive neben dem Judentum auch die internationale Diplomatie gehörte – wieder einem machtvoll geordneten und gestalteten Fatum und einem charismatischen Führer anvertrauen.[128] Ihm läuft dann alles nach.

Geht man ins Detail, dann stößt man zunächst auf formgeschichtliche Bemerkungen. Sie betreffen die Wortbildung sowie die mittel- und frühneuhochdeutschen Äquivalente. Dem Ausdruck *Geschick* wird als Grundbedeutung diejenige „des Anordnens"[129] zugewiesen. Es geht also um eine Ordnungs- und Befehlsstruktur und ein entsprechendes Autoritätsgefälle. Speziell bezeichne der Ausdruck aber „das, was Gott über die Menschen bestimmt, also Gottes Fügung"[130]. Der zugehörige Beleg bringt mit der Erinnerung an die Hermannsschlacht allerdings kein jüdisch-christliches Ereignis, sondern einen Schlüsselmythos germanischer Geschichte ins Spiel. Durch drei Schiller-Zitate wird die Ordnungsmacht des *einen* Gottes

128 Zum Verlangen nach Führerschaft in der Weimarer Republik und zu Hitlers Auftritten als charismatischem, vom Schicksal begünstigtem Führer vgl. ebd., S. 280–284. Vgl. auch Kiesel: Geschichte der deutschsprachigen Literatur 1918 bis 1933 (s. Anm. 1), S. 124–130, sowie Gumbrecht: 1926 (s. Anm. 59), S. 416–423.

129 Trübners Deutsches Wörterbuch. Bd. 3 (s. Anm. 126), S. 124.

130 Ebd.

zudem sofort pluralisiert und im Anschluss daran das Schicksal selbst zur Ordnungsmacht erklärt.[131] Auf dieser Grundlage wenden sich die archaisierenden Ausführungen schließlich dem Ausdruck *Mißgeschick* zu, der für „ungünstiges Geschick" stehe.[132] Belegt wird die Angabe mit einem Zitat aus dem *Berliner Tageblatt* von 1931, das sich auf Alfred Döblins ‚missgeschickte' Romanfigur Franz Biberkopf bezieht, und einem Hinweis auf die Novelle *Die Mißgeschickten* von Wilhelm Schäfer, die irreführend auf das Jahr 1928 datiert wird, tatsächlich aber schon 1909 erschienen ist.[133] Auf sie ist in diesem Teil der Fallgeschichte noch einzugehen. Der Irrtum hat Methode, weil er die Novelle Schäfers mit dem 1929 publizierten Roman Döblins vergleichbar macht. Dem Verfasser des Artikels war bekannt, dass der Jude Döblin nach dem Reichstagsbrand von 1933 in die Schweiz emigrieren musste, während Schäfer im gleichen Jahr zum Ehrensenator der Deutschen Akademie der Dichtung ernannt worden war. Es gibt Missgeschickte, die fallen und solche, die steigen – und 1939 entschied die Rassenbiologie, wem was zu Teil wurde.

Der zweite Abschnitt des Artikels wendet sich der Bedeutungsverengung von *Geschick* auf „‚rechtes Verhältnis, Ordnung'"[134] zu. Diese Bedeutungsposition sei im Laufe der Geschichte weiter auf den menschlichen Körper und seine Eigenschaften eingeschränkt worden. Daraus ergebe sich dann „die Art, sich in etwas zu schicken, das Benehmen"[135], als Form der steuerbaren Reaktion auf vorgefundene Handlungserwartungen und -umstände. Die Einschränkung der ursprünglich kosmischen, dann auf Leib und Leben und schließlich auf die Umgangsformen verengten Bedeutung von *Geschick* habe am Ende dazu geführt, den Begriff nur noch im Sinne von „‚Fähigkeit'"[136] zu verwenden, ihn also radikal zu individualisieren. Das ist für den Verfasser des Artikels

131 Das entspricht dem Wortgebrauch Hitlers, der Begriffe wie Schicksal oder Vorsehung teils als „Metonymie für ein göttliches Wesen", teils als „Metaphern für den Zufall" verwendete; Gumbrecht: 1926 (s. Anm. 59), S. 306.

132 Trübners Deutsches Wörterbuch. Bd. 3 (s. Anm. 126), S. 124.

133 Ebd.

134 Ebd.

135 Ebd., S. 125.

136 Ebd.

erkennbar ein Übel. Es betrifft auch den Ausdruck *Ungeschick*. Nach der fatalistisch-heroischen Aufladung von *Missgeschick* ist er uninteressant, ja geradezu zum Anathema geworden. Es findet sich nicht ein einziger Beleg für seine Verwendung. Man kann daraus den Schluss ziehen, dass die Heroische Moderne sich für die Ungeschicklichkeit entweder als Mittel der Abwertung und Ausgrenzung oder gar nicht interessiert.

Der Rest des Artikels widmet sich den Formen *Geschicklichkeit* und *geschickt* (sowie dem hier zu vernachlässigenden fachsprachlichen Gebrauch von *Geschick* im Bergbau). Nun wird bedauert, dass schon im Wortbildungsprozess die Bedeutungsfülle von *Geschick* nicht mitgeführt worden sei. Zwar habe *Geschicklichkeit* in der Vergangenheit „auch ‚gutes Passen, Begabung, Kunst, Tüchtigkeit' bedeuten" können, sei aber im 20. Jahrhundert „ganz auf den Begriff der ‚Fähigkeit' und ‚Gewandtheit' eingeengt" worden.[137] Zugleich habe man die Formen *schicklich* und *Schicklichkeit* auf die Bedeutung ‚gutes Benehmen, Anstand' eingeschränkt. Parallel dazu ist nach Auskunft des Artikels die begriffliche Verengung beim Partizip *geschickt* und dem darauf beruhenden Adjektiv verlaufen. Dessen ursprünglich noch sehr weite, im 15. und 16. Jahrhundert vorzufindende Bedeutung habe zunächst noch ‚gestaltet', ‚beschaffen', ‚bereit', ‚empfänglich' sowie ‚passend' umfasst.[138] Mit einem Zitat aus Jean Pauls Satire *Aus des Teufels Papieren* wird sodann der Nachweis geführt, dass *geschickt* in der Bedeutung ‚passend' – das *ineptus*-Paradigma mithin – bis zum Ende des 18. Jahrhunderts gebräuchlich gewesen sei.[139] Regional habe sich die Bedeutung ‚artig' im Sinne

137 Ebd.

138 Ebd.

139 Ebd. In der *Zweiten Zusammenkunft mit dem Leser* hält Haberman eine „Predigt in der Kirchenloge, worin er die Menschen, seine Mitbrüder zur Verläumdung anspornt". In dieser Predigt imaginiert er die Erschaffung eines Bettelmönchs, dem er wiederum eine Rede hält. In ihr geht es u. a. um die Beichte „fremder, wenn nicht erwiesener doch großer Fehler, über die ich oben eh' du geschaffen warest einiges Geschikte gesagt habe und hätte sagen sollen"; Jean Paul: Auswahl aus des Teufels Papieren (zuerst 1789). In: ders.: Sämtliche Werke. Abt. II: Jugendwerke und vermischte Schriften. Hg. von Norbert Miller und Wilhelm Schmidt-Biggemann. Bd. 2. München 1976, S. 9–469, hier S. 290.

von ‚gutes Benehmen' ebenfalls noch bis ins 18. Jahrhundert hinein erhalten. Danach, so wird insinuiert, wurde alles immer schlimmer.

Die Ausführungen zu den Ausdrücken *Geschicklichkeit* und *geschickt* enden pseudohumoristisch mit einer Bismarck-Anekdote. Sie arbeitet mit einem Kalauer, der im Substantiv ‚ein Geschickter' die Ursprungsbedeutung ‚ein Gesandter' wieder aktiviert und den Diplomaten dadurch als Ungeschickten desavouiert: „So soll Bismarck einmal einer Dame gesagt haben: ‚Ihr Herr Gemahl ist wohl ein Gesandter, aber ganz gewiß kein Geschickter'".[140] Die Anekdote schlägt subtil den Bogen zurück zu der am Anfang des Artikels nahegelegten Reaktualisierung des Schicksalsdenkens, das dem Führer alles, dem Geschick der Diplomaten dagegen nichts mehr zutraut.[141] Der Trübner betreibt Propaganda im Gewand der Wissenschaft.

Kinder des Missgeschicks

Der Deutschlanddiskurs der Heroischen Moderne versteht das Ungeschick weiterhin als Bestandteil des Nationalcharakters. Dabei dominieren „entweder nationaler Triumphalismus und Apologetik des Deutschen – oder aber die mehr oder weniger scharfe Kritik deutschen Wesens".[142] Je nach Einschätzung der Rolle Deutschlands in der Welt hatte das geringe oder gravierende Folgen. Drei Formen des Selbstverständnisses standen um 1900 zur Verfügung. In der ersten, neutralen, war mit ‚Deutschland' ein junger, von einem

140 Trübners Deutsches Wörterbuch. Bd. 3 (s. Anm. 126), S. 124. Philologisch penibel wird auch auf das hohe Alter des Kerns der Anekdote hingewiesen: „Der Witz ist aber viel älter und wird schon dem 1613 verstorbenen Professor Taubmann in den Mund gelegt." Warum wurde dann nicht gleich die ältere Version zitiert? Die Antwort muss lauten: Um mit dem Diplomaten Bismarck im Jahr des Kriegsbeginns auch die Diplomatie der Lächerlichkeit preisgeben zu können.

141 Nach 1936 ist Hitler von der NS-Propaganda gezielt als „der vom Schicksal gesandte geniale Führer" mythisiert worden; vgl. Herbert: Geschichte Deutschlands im 20. Jahrhundert (s. Anm. 8), S. 355. Daran arbeitet das Wörterbuch mit.

142 Dieter Borchmeyer: Was ist deutsch? Die Suche einer Nation nach sich selbst. Berlin 2017, S. 177 f.

ungeschickt agierenden Kaiser regierter Nationalstaat gemeint, in der zweiten, imperialistischen, ein vergleichsweise kleines und bescheidenes Kolonialreich und in der dritten, hypertrophen, die „Phantasmagorie eines diffusen kontinentalen Großreichs, eines wiederhergestellten Heiligen Römischen Reichs, einer Sammlung aller Deutschen oder ‚Germanen', einer Sphäre deutschen ‚Lebensraums' oder gar eines deutsch dominierten ‚Mitteleuropa'".[143] Nach 1900 mehrten sich die Stimmen, die der dritten Verwendung den Vorzug gaben. Die stärkste Militärmacht auf dem Kontinent verlangte ihren Platz an der Sonne.[144] Berliner Professoren hielten *Deutsche Reden in schwerer Zeit*,[145] in denen sie zur geistigen Mobilmachung aufriefen. Ihnen stellte sich aus philosophischer Perspektive Ernst Cassirer entgegen, der während des Ersten Weltkriegs den seit 1912 lauter werdenden Nationalismus als Durchgangsstation zu einem transnationalen Universalismus verstanden wissen wollte: „Die reine Entfaltung der nationalen Grundtendenzen führt zu dem Punkte, an dem sie über sich selbst hinwegweisen."[146] Das bezog sich auch auf das deutsche Ungeschick und seine symbolische Transformation, blieb aber weitgehend ohne Resonanz.

Zwei Phasen lassen sich im Ungeschicklichkeitsdiskurs der Heroischen Moderne unterscheiden. In der ersten, die vom Jahrhundertbeginn bis zum Ende des Ersten Weltkriegs dauert, dominiert eine apologetische, im Kern apolitische Haltung, die um Verständnis und Sympathie für einen Heroismus der Schwäche wirbt, in der zweiten eine kritisch-differenzierende, in der die apolitische deutsche Innerlichkeit als Basis des Ungeschicks problematisiert und an ihrer Überwindung gearbeitet wird.

---

143 Osterhammel: Die Verwandlung der Welt (s. Anm. 16), S. 581.

144 Kershaw: Höllensturz (s. Anm. 17), S. 53. Differenziert zu den weltpolitischen Ansprüchen Deutschlands Herbert: Geschichte Deutschlands im 20. Jahrhundert (s. Anm. 8), S. 90–95.

145 Deutsche Reden in schwerer Zeit. Gehalten von Professoren an der Universität Berlin. Berlin 1914. Zu den Beiträgern gehörten unter anderem Ulrich von Willamowitz-Moellendorff, Gustav Roethe und Adolf von Harnack.

146 Cassirer: Freiheit und Form (s. Anm. 13), S. XVI.

Als wortmächtigster Vertreter der ersten Phase kann Thomas Mann mit seinen *Betrachtungen eines Unpolitischen* gelten. Der ausufernde Großessay entstand während des Krieges und wurde kurz vor dem Waffenstillstand im Oktober 1918 publiziert. Man hat ihn als „Höhepunkt und Summe der Romantik-Rezeption des frühen 20. Jahrhunderts“[147] aus einer polemisch zugespitzten, radikal konservativen Perspektive bezeichnet und darin weniger das Produkt eigener Überlegungen, sondern vielmehr „die Umsetzung einer ausschweifenden Lektüre“[148] gesehen. Zur Ungeschicklichkeit unterhält er mehr oder weniger untergründige Beziehungen. In biographischer Hinsicht schließen die *Betrachtungen* an provokative Formen der Selbstdeutung an. Thomas Mann hatte sich 1907 in seiner autobiographischen Skizze *Im Spiegel* selbstironisch und kokett als schwachen, ungeschickten und vor allem apolitischen Charakter präsentiert. Er sei ein „auf allen Gebieten ernsthafter Tätigkeit unbedingt unbrauchbarer, einzig auf Allotria bedachter, dem Staate nicht nur nicht nützlicher, sondern sogar aufsässig gesinnter Kumpan“, dabei „langsamen und unscharfen Geistes“ und am Ende nichts anderes als ein „innerlich kindischer [...] Charlatan“.[149] Damit werden Topoi der romantischen Künstlerfigur, aber auch Überlegungen Nietzsches aufgenommen und es wird an den Typus des Bohemien und Décadent angeschlossen. Trotz seiner manifesten Defizite habe es dieser Ungeschickte aber in Deutschland „zu Ansehen und höchstem Wohlleben gebracht.“ Das könne dem ungeschickten Autor nur recht sein, sei aber eigentlich „nicht in der Ordnung.“[150]

Die Passage wird im Schlusskapitel der *Betrachtungen* zitiert,[151] allerdings ohne die abschließende Wertung. Vielmehr geht es

---

147 Sprengel: Geschichte der deutschsprachigen Literatur 1900–1918 (s. Anm. 4), S. 103.

148 Kiesel: Geschichte der deutschsprachigen Literatur 1918 bis 1933 (s. Anm. 1), S. 180.

149 Thomas Mann: Im Spiegel (zuerst 1907). In: ders.: Große kommentierte Frankfurter Ausgabe. Hg. von Heinrich Detering u. a. Bd. 14.1. 2. Aufl. Frankfurt a. M. 2002, S. 181–184, hier S. 184.

150 Ebd.

151 Th. Mann: Betrachtungen eines Unpolitischen (s. Anm. 57), S. 623 f.

Thomas Mann nun darum, sich aus seinem politischen Abseits heraus dem untergehenden Kaiserreich zur Seite zu stellen und einiges von dem, was „in unserer staatlichen Ordnung mit der Zeit zur *Unordnung* geworden" ist, nicht länger hinzunehmen, sondern „richtig zu stellen".[152] Dabei wird auch die eigene Ungeschicklichkeit näher spezifiziert. Das geschieht vor dem Hintergrund einer breiten Wiederaufnahme zentraler Positionen des deutschen Ungeschicklichkeitsdiskurses. Dazu gehört die zustimmende Erwähnung von Luthers Distanz zur Politik,[153] die erneut vorgetragene identifikatorische Deutung von Eichendorffs *Taugenichts*[154] (dieser finde sich fremd in der Welt vor,[155] in der er sich als erotischer Tölpel[156] und linkischer Märchenhans[157] geriere), die über Schopenhauer vermittelte Kenntnis des ungeschickten deutschen Michel,[158] die Modellierung des ungeschickten deutschen Nationalcharakters durch Bogumil Goltz, dessen Werk über die Deutschen Thomas Mann ausführlich und zustimmend zitiert,[159] und nicht zuletzt die Diagnosen und Invektiven Nietzsches. Ebenso wie für Nietzsche ist auch für Thomas Mann der Begriff ‚deutsch' „ein Abgrund,

---

152 Ebd., S. 360.

153 Ebd., S. 558. Thomas Mann bezieht sich dabei auf den Artikel *Luther und der Staat* von Albert Hauck; vgl. den Kommentar von Hermann Kurzke; Thomas Mann: Betrachtungen eines Unpolitischen. Kommentar. In: ders.: Große kommentierte Frankfurter Ausgabe. Werke – Briefe – Tagebücher. Hg. von Heinrich Detering u. a. Bd. 13.2. Frankfurt a. M. 2009, S. 573.

154 Vgl. bereits Thomas Mann: Der Taugenichts (zuerst 1916). In: ders.: Große kommentierte Frankfurter Ausgabe. Hg. von Heinrich Detering u. a. Bd. 15.1. Frankfurt a. M. 2002, S. 151–170. Sämtliche Attribute des Taugenichts, der emphatisch als „der deutsche Mensch!" apostrophiert wird (ebd., S. 158) tauchen hier bereits auf (vgl. ebd., S. 155, S. 157, S. 158). Am Ende werden die *Betrachtungen* angekündigt; ebd., S. 170.

155 Th. Mann: Betrachtungen eines Unpolitischen (s. Anm. 57), S. 412.

156 Ebd., S. 414.

157 Ebd., S. 415.

158 Ebd., S. 139 f.

159 Ebd., S. 265 f. Zu den Auslassungen und zur Quelle vgl. Kurzke; Th. Mann: Betrachtungen eines Unpolitischen. Kommentar (s. Anm. 153), S. 360.

bodenlos".[160] Jeder, der ihn oder seine Negation unvorsichtig verwende, müsse sich hüten, „nicht zu Fall und Schaden dabei zu kommen."[161]

Vor diesem Hintergrund wird die eigene Beschäftigung mit dem Ungeschick durch den Ersten Weltkrieg bestimmt. Die Ereignisse der Kriegsjahre, so heißt es in der *Vorrede*, hätten das eigene Selbstverständnis als Künstler, der sich weiterhin „zu jeder anderen Art von Hervorbringung als völlig ungeeignet erweisen mußte", zutiefst infrage gestellt.[162] Der Autor habe sich daher in „einem krisenhaft verstörten Zustande" vorgefunden, über den ihm die Abfassung der *Betrachtungen* Klarheit verschaffen und aus dem sie ihm heraushelfen sollte.[163] Nur aus Not kommt er also zur Politik. Allerdings sei er, wie gleich die erste Seite des Buches mit einer captatio benevolentiae einbekennt, seiner „geistigen Verfassung nach" ganz ungeschickt für eine ernsthafte Auseinandersetzung mit den Zeitereignissen gewesen. Seine „unbeholfenen Bemühungen um die politische Frage" lägen den Lesern nun vor.[164] Ihr Autor nimmt es in Kauf, mit ihnen resonanzlos zu bleiben und einsam und vergessen als „Unorganisierter, Außenseiter und ‚Taugenichts'" zurückzubleiben; in dieser Position zeichnen sich für ihn aber auch ein neues Behagen und „eine neue Freiheit" ab.[165] Einige Jahre später wird Thomas Mann diese Form der Einsamkeit an prominenter Stelle in „eine besondere Form der Gesellschaftlichkeit" umdeuten und sie „als *soziale Einsamkeit*" bezeichnen.[166]

---

160 Th. Mann: Betrachtungen eines Unpolitischen (s. Anm. 57), S. 61. Thomas Mann greift damit Nietzsches Sottise vom fehlenden Grund der Deutschen aus dem *Ecce homo* auf. Vgl. dazu oben, S. 337.

161 Th. Mann: Betrachtungen eines Unpolitischen (s. Anm. 57), S. 62.

162 Ebd., S. 14.

163 Ebd.

164 Ebd., S. 17.

165 Ebd., S. 239.

166 Thomas Mann: Rede zur Gründung der Sektion für Dichtkunst der Preußischen Akademie der Künste (zuerst 1926). In: ders.: Essays. Nach den Erstdrucken kritisch durchges., komm. und hg. von Hermann Kurzke und Stephan Stachorski. Bd. 3. Frankfurt a. M. 1994, S. 40–44, hier S. 42. Zum Kontext vgl. Kiesel: Geschichte der deutschsprachigen Literatur 1918 bis 1933 (s. Anm. 1), S. 144–147.

In seiner Position als politisierender Solitär schreibt sich Thomas Mann, darin seinem homoerotischen Protagonisten Gustav Aschenbach in der Novelle *Der Tod in Venedig* ähnlich,[167] einen Heroismus der Schwäche[168] zu. Man könnte auch von einem Heroismus des Ungeschicks sprechen. Thomas Mann begründet diese Sonderform des Heroismus mit seiner grundsätzlichen Einsicht in „des Menschen Schwäche, Ratlosigkeit und Erbärmlichkeit".[169] Man wird das seinem protestantischen Erbe zurechnen dürfen. Die Einsicht habe ihn in der Öffentlichkeit zurückhaltend gestimmt und ihn aktuell „weniger behend-mitläufig, voranläufig"[170] agieren lassen als sein philantropischer, politisch informierter und agiler Bruder Heinrich. Subtil wird in der Wiederholung von „läufig" die Differenz in der sexuellen Orientierung der Brüder ins Spiel gebracht. Thomas Mann versteht sich als Ungeschickter auch aufgrund seiner Homosexualität und der Zurückhaltung, die sie ihm auferlegt.[171] Im Wissen darum, dass Kunst immer „ein Element der Unsicherheit"[172] bleiben wird, sieht er sich der „literarischen Orientiertheit"[173] Heinrichs überlegen und reklamiert für sich den Anschluss an die deutsche Dichtung und den exklusiven Erwerb von Bildung. Letztere ist für ihn nicht nur durch „Freiheit" und „Kultur", sondern auch durch „Lebensandacht", also durch eine religiös begründete und ins Ästhetische transformierte Haltung der Sympathie und des Respekts charakterisiert.[174] Im kindlichen, unbefangenen und gläubigen (durchaus libidinös aufgeladenen) Blick auf alles, „was in seinem gottgewollten Stande sich wohl fühlt, heiter aus sich herausschaut und ebenso wiederangeschaut zu werden beanspruchen darf",[175] gelingt es dem

167 Thomas Mann: Der Tod in Venedig (zuerst 1912). In: ders.: Große kommentierte Frankfurter Ausgabe. Hg. von Heinrich Detering u. a. Bd. 2.1. 2. Aufl. Frankfurt a. M. 2008, S. 501–592, hier S. 512.

168 Th. Mann: Betrachtungen eines Unpolitischen (s. Anm. 57), S. 160.

169 Ebd., S. 483.

170 Ebd., S. 533.

171 Zum zeitgenössischen Diskurs über Homosexualität vgl. Sprengel: Geschichte der deutschsprachigen Literatur 1900–1918 (s. Anm. 4), S. 120.

172 Th. Mann: Betrachtungen eines Unpolitischen (s. Anm. 57), S. 433.

173 Ebd., S. 533.

174 Ebd., S. 549.

175 Ebd., S. 622.

Ungeschickten „seine angeborene Scheu und Schüchternheit vor dem Wirklichen zu überwinden".[176]

Der biographisch motivierten poetischen Ungeschicklichkeit des traditionsverschossenen deutschen Autors entspricht in politischer Hinsicht das Ungeschick des deutschen Staates. Dabei geht es um eine verfehlte Beziehung. Dass sich auch „General Dr. von Staat", wie Thomas Mann ihn schon als Knabe imaginiert haben will, „ziemlich tölpelhaft" ausnimmt,[177] rückt den Staat in die Nähe des ungeschickten Autors. Die Tollpatschigkeit des Staates gilt nach dessen Einschätzung besonders für das Erziehungssystem, an dem Thomas Mann gescheitert ist.[178] Dennoch versucht der Autor der *Betrachtungen*, seinem kriegführenden Heimatland mit Verständnis und Unterstützung zu begegnen. Deutschland habe sich, seit es ein Reich geworden sei, „all in seinem Ungeschick" seiner außenpolitischen Aufgabe stellen müssen, und habe das trotz seinem fehlenden „Takt in der Behandlung der Fremden" auch getan.[179] Als guter Deutscher will Thomas Mann daher „dem deutschen Heroismus intellektuelle und formelhafte Stützen" leihen.[180] Der „sehr unliterarische Heroismus", den er dafür allenfalls anzubieten habe (eben der poesienahe Heroismus der Schwäche und des Ungeschicks), sei dafür aber gar nicht tauglich gewesen.[181] Daher habe sein Angebot ins Leere laufen müssen. Das sei auch gut so, denn der deutsche Staat wäre „nur belästigt und verwirrt" worden, wenn er die gut gemeinte Unterstützung angenommen hätte.[182] Ungeschickter Dichter und ungeschickter Staat verfehlen einander, doch nur das Kaiserreich geht dabei auch unter.

176 Ebd., S. 630.

177 Ebd., S. 270. Vgl. Edition und Reproduktion des vor 1900 entstandenen Notizblatts mit einer satirischen Namensliste, auf der als erster „Gen. Dr von Staat" und als letzter „Professor Dr von Menschheit, wirkl. Geh. Rat, Excellenz" rangiert, in Th. Mann: Betrachtungen eines Unpolitischen. Kommentar (s. Anm. 153), S. 648–650.

178 Vgl. Hermann Kurzke: Thomas Mann. Das Leben als Kunstwerk. München 1999, S. 33–37.

179 Th. Mann: Betrachtungen eines Unpolitischen (s. Anm. 57), S. 367.

180 Ebd., S. 190.

181 Ebd.

182 Ebd.

Die Verfehlung ist nicht weiter verwunderlich, denn die *Betrachtungen eines Unpolitischen* zielen letztlich gar nicht auf den Staat, geschweige denn auf die Ereignisse der Novemberrevolution, sondern auf das Konstrukt des deutschen Geistes. Diesem Konstrukt rechnet Thomas Mann, der 1904 die aus einer jüdischen Familie stammende Katharina Pringsheim geheiratet hatte, die deutschen Juden zu. Mit ihnen verbindet er die Hoffnung, den deutschen Nationalismus ins Europäische hinein überwinden und von dieser Warte aus Frieden finden zu können. Dabei greift er auf die zeittypische Dramatisierung des Ungeschicks zum Missgeschick zurück. Deutlich wird das in der Zustimmung Thomas Manns zu den Thesen des Dänen Johannes V. Jensen, der in seinem Essay *Unser Zeitalter* die deutschen Juden als die „gehärteten Kinder des Mißgeschicks" bezeichnet hatte.[183] Jensens Aussage dürfte sich auf die jüdische Diaspora und ihre Folgen beziehen. Speziell in Deutschland sei ihr „Wesen" dann, so Thomas Manns Referat der Thesen Jensens, „mit dem auf andere Art durch Mißgeschick erzogenen deutschen Geiste zusammengestoßen".[184] Mit dieser These wird die wiederholt, unter anderem von Bogumil Goltz konstatierte Nähe von Deutschen und Juden aufgerufen. Der Begriff des ‚Zusammenstoßes' erscheint freilich als euphemistische Darstellung des deutschen Antisemitismus. Mit Jensen ist Thomas Mann der Überzeugung, dass der ‚Zusammenstoß' von Juden und Deutschen für „den deutschen Volkscharakter" in höchstem Maße vorteilhaft gewesen ist. Der deutsche Nationalcharakter sei dadurch „momentan der schärfste, vollendetste moralische Apparat […], den die Welt je gesehen."[185] Dieser Schärfung, die an Cassirers These einer Überschreitung des Nationalismus durch die Entfaltung seiner Elemente erinnert, verdanke sich „Deutschlands hohe Entwicklung und Leistung",[186] also letztlich die rasante Dynamik der Modernisierung im Kaiserreich. Von ihr hat Thomas Mann, der sich gleichwohl scharf gegen

---

183 Ebd., S. 511; vgl. den Kommentar von Kurzke; Th. Mann: Betrachtungen eines Unpolitischen. Kommentar (s. Anm. 153), S. 541.

184 Th. Mann: Betrachtungen eines Unpolitischen (s. Anm. 57), S. 190.

185 Ebd.

186 Ebd.

die voranschreitende zivilisatorische Globalisierung ausspricht,[187] vielleicht auch die Realisierung seines Traums „von einem begütigten und versöhnten Europa“ erwartet.[188] In diesem Traumland wäre nicht zuletzt der Konflikt mit dem politisch aktiven Bruder beendet.

In der zweiten Phase werden die Prämissen, unter denen Autoren wie Thomas Mann mit dem Ungeschick der Deutschen umgegangen sind, kritisch revidiert und politisiert. Dazu tragen Formen der Ernüchterung und des Realismus, aber auch ein neues, ideologisch virulentes Pathos bei. Nach dem Ende des Ersten Weltkriegs, in der Konsolidierungsphase der Weimarer Republik, gewann vor allem die Frage nach der Kriegsschuld eine verhängnisvolle Bedeutung. Im Friedensvertrag von Versailles wurde festgehalten, dass Deutschland die alleinige Schuld an der Verursachung des Krieges treffe.[189] Das hat Empörung und Fassungslosigkeit ausgelöst. In einer Broschüre mit dem Titel *Verbrechen oder Ungeschicklichkeit?* wird zwar eingestanden, dass sich die deutsche Diplomatie ungut verhalten habe, für den Ausbruch des Ersten Weltkriegs aber wird jede Schuld zurückgewiesen und stattdessen auf Ungeschick plädiert: „Es bleibt nur ein Vorwurf: Die deutsche Diplomatie war nicht geschickt genug, um den Weltkrieg trotz alledem zu verhindern.“[190]

Auf die umfassende Brutalisierung der europäischen Gesellschaften, die massiv von der Schuldfrage befeuert wurde,[191] reagierte dann auch der Diskurs über das deutsche Ungeschick. Aus akademischer Sicht hat etwa Max Scheler 1919 angeprangert, dass an den Universitäten aus falschem Respekt vor Traditionen durch autoritätsfixierte greise Ordinarien weiterhin en masse Ungeschickte ausgebildet würden. Die Absolventen der deutschen Universitäten seien immer noch überwiegend „[k]leine Gelehrte ohne Weltkontakt und leere Intellektualisten, denen unverdautes und

187 Ebd., S. 298.
188 Ebd., S. 531.
189 Herbert: Geschichte Deutschlands im 20. Jahrhundert (s. Anm. 8), S. 191.
190 Albert Gebhardt: Verbrechen oder Ungeschicklichkeit? Berlin 1922, S. 30.
191 Kershaw: Höllensturz (s. Anm. 17), S. 154.

im Berufe unanwendbares Wissen im Bauche klappert", während ihr „Verantwortlichkeits- und Mitverantwortlichkeitssinn" brach liege.[192] In ähnlicher Weise, aber deutlich großräumiger, hat der Dadaist Hugo Ball in seinem Pamphlet *Zur Kritik der deutschen Intelligenz* die weltlose Ungeschicklichkeit der Deutschen scharf kritisiert und dabei auch gefordert, dass Deutschland seine Kriegsschuld vorbehaltlos eingestehen müsse.[193] Ball schließt sich eng an Nietzsche an, lehnt aber die protestantische Tradition, in der ebenso wie Nietzsche auch Thomas Mann steht, radikal ab. Dem Fehlweg der deutschen Geschichte, für den er vor allem Luther verantwortlich macht, verdanke sich letztlich auch die Idee des Staates mit ihren verhängnisvollen Wirkungen: „Die deutsche Staatsidee hat den deutschen Gedanken vernichtet".[194] Vor allem habe sie den deutschen Geist in die auch von Scheler kritisierte „Weltfremdheit" getrieben.[195] Auch die Geringschätzung des Geistes durch den Staat und die Politik, der (wie wiederum Thomas Manns *Betrachtungen* zeigen) die Geringschätzung von Staat und Politik durch die deutsche Intelligenz entspricht, wird von dem Katholiken Ball aufs Konto Luthers und der Reformation gesetzt.[196] Hier liegen für ihn die Wurzeln des deutschen Ungeschicks – und sie hätten direkt in den Ersten Weltkrieg ausgeschlagen.

---

192 Max Scheler: Innere Widersprüche der deutschen Universitäten (zuerst 1919). Hier zit. nach Borchmeyer: Was ist deutsch? (s. Anm. 142), S. 702. Der Topos ist alt; vgl. schon Michel de Montaigne: Von der Schulmeisterei (zuerst 1580). In: ders.: Essais. Übers. von Herbert Lüthy. 7. Aufl. Zürich 1991, S. 171–181, hier S. 178, über Absolventen der Universitäten: „es gibt nichts Ungeschickteres zu nützlichen Geschäften."

193 Hugo Ball: Zur Kritik der deutschen Intelligenz. Bern 1919, S. 7: „Deutschland ist schuldig und muss seine Schuld bekennen, soll sich der Aufbau Europas vollziehen." Zu Balls Essay und seiner Rezeption vgl. Kiesel: Geschichte der deutschsprachigen Literatur 1918 bis 1933 (s. Anm. 1), S. 185 f.

194 Ball: Zur Kritik der deutschen Intelligenz (s. Anm. 193), S. V.

195 Ebd., S. 24. Helmuth Plessner wird einige Jahre später in seinem Buch *Die verspätete Nation* analog die von Luther geprägte deutsche Innerlichkeit ins Zentrum seiner Kritik rücken; vgl. Borchmeyer: Was ist deutsch? (s. Anm. 142), S. 396.

196 Ball: Zur Kritik der deutschen Intelligenz (s. Anm. 193), S. 24.

Näher bei Thomas Mann steht Hermann Graf Keyserling, der 1919 den Essay *Deutschlands wahre politische Mission* publiziert hatte. Die „Utopie des Unpolitischen“[197] ist dort weiter radikalisiert worden. In seinem 1928 erschienen Essay *Das Spektrum Europas* gibt es dann bereits eine deutliche Reserve gegenüber jeder apolitischen Apologie des deutschen Geistes. An der Hochschätzung des heroischen Individuums hält Keyserling aber auch in der Stabilisierungsphase der Weimarer Republik fest. Zwar geht er gegenüber nationalistisch-essenziellen Denkformen bereits im ersten Satz seines Essays lässig und urban auf Distanz: „Alle Völker sind natürlich scheußlich“,[198] behauptet dann aber doch eine grundsätzliche Unklarheit und „Unverständlichkeit des Deutschen“.[199] Diese Intransparenz versucht er durch eine Aufzählung spezifisch deutscher Eigenschaften zu erhellen. Unter ihnen finden sich auch Formen des Ungeschicks. Dazu gehört die „Irrealität des deutschen Geistes“,[200] die ihn introvertiert, sentimental und damit letztlich auch unpolitisch werden lasse. Das sieht Keyserling kritisch. Denn der Hang zum Rückzug auf sich selbst blende die Präsenz des Gegenübers aus und begünstige die in den zwanziger Jahren anwachsende Faszination durch starke Kollektive.[201] Für Keyserling besteht der Ausweg aber keineswegs in der Überwindung oder Verleugnung der eigenen Introvertiertheit, sondern in ihrer bewussten Akzeptanz. Das ist auch ein Bekenntnis zum eigenen Ungeschick,[202] das es aus einem politischen Defizit in eine poetisch wirksame Kraft verwandelt. Von der Akzeptanz befeuert können die ungeschickten Deutschen *„in der langen geistigen Nacht, die der Menschheit als Ganzem bevorsteht“*,[203] zu Herolden der Kultur und ersten Europäern werden. In einem vereinten Europa will Keyserling dem Heroismus der Schwäche zum Sieg verhelfen.

197 Vgl. Kiesel: Geschichte der deutschsprachigen Literatur 1918 bis 1933 (s. Anm. 1), S. 177.

198 Hermann Graf Keyserling: Das Spektrum Europas. 2. Aufl. Heidelberg 1928, S. 9.

199 Ebd., S. 121.

200 Ebd., S. 130.

201 Vgl. Borchmeyer: Was ist deutsch? (s. Anm. 142), S. 181 f.

202 Keyserling: Das Spektrum Europas (s. Anm. 198), S. 152.

203 Ebd., S. 487 f. Hervorh. in der Vorlage.

Die Orientierung an Europa ist auch für Erich Kahler verbindlich. Sein Monumentalwerk *Der deutsche Charakter in der Geschichte Europas* entstand in der Krisenphase der Weimarer Republik, die sich in Inflation, Putschversuchen, Massenarbeitslosigkeit und Bürgerkriegsszenarien manifestierte.[204] Der erste Band war 1933 weitgehend abgeschlossen. Aufgrund der nationalsozialistischen Gleichschaltung konnte das Buch aber erst 1937 in der Schweiz erscheinen.[205] Kahler versucht sich ähnlich wie Keyserling und in den Spuren Cassirers an einer über das Nationale hinausgreifenden Bestimmung des Deutschen. Ebenso wie Goltz geht er von einem fluiden und dynamischen, letztlich unfertigen Charakter der Deutschen aus.[206] Seine Überlegungen werden von der Einsicht motiviert, dass die Deutschen zwar durch ihre geopolitische Position immer schon zur Einigung und Versöhnung Europas prädestiniert gewesen seien, dass sie aber „im Gegenteil ein Element der Spaltung und Unruhe geblieben" sind, „eine Substanz, die von Europa nicht assimiliert werden kann".[207] Das ist auch eine resignierte Reaktion auf den Aufstieg Hitlers. Kahler verschärft in seiner Abhandlung die schon bei Keyserling anklingende Kritik am Nationalismus, wenn er sich von der „Jagd nach selbstherrlicher Nationalität" abgrenzt.[208] Ungeschickt sind die Deutschen für ihn, insofern es sich bei ihnen um ein schwieriges und besonders komplexes Volk handelt.[209] Im Zentrum seiner Überlegungen steht dann erneut der Widerspruch zwischen Geist und Wirklichkeit,[210] Innerlichkeit und Politik. Das schließt an Thomas Mann, Scheler, Ball und Keyserling an. Für Kahler folgt aus diesem Widerspruch ein grundsätzlicher,

---

204 Kiesel: Geschichte der deutschsprachigen Literatur 1918 bis 1933 (s. Anm. 1), S. 90.

205 Vgl. Borchmeyer: Was ist deutsch? (s. Anm. 142), S. 189 f.

206 Vgl. ebd., S. 192.

207 Kahler: Der deutsche Charakter in der Geschichte Europas (s. Anm. 125), S. 5 f.

208 Ebd., S. 7.

209 Ebd., S. 10.

210 Vgl. Borchmeyer: Was ist deutsch? (s. Anm. 142), S. 197.

als Minderwertigkeit erfahrener Riss im deutschen Charakter.[211] Er ist für ihn dafür verantwortlich, dass in der deutschen Geschichte wiederholt der Umschlag von einem nationalen Minderwertigkeitskomplex in ein Gefühl der „Auserwählung", in die „Umkehr des Elends zu einem desto höheren Aufstieg" zu beobachten sei. Man kann das als kritische Differenzierung des Heroismus der Schwäche verstehen. Für Kahler ist es vor allem „das Gefühl des nationalen Mangels", „das die bewußte Anstrengung zur nationalen Bildung erst hervortreibt."[212] Wenn diese Anstrengung gelinge, dann komme es zur übernationalen „Universalität der großen Deutschen".[213] Auch Kahler hält also weiter an der Idee des großen und bedeutenden Individuums fest. Der damit verbundene Heroismus war 1937 bereits nachdrücklich vom nationalsozialistischen Führerkult okkupiert worden. Zu seinen Folgen gehört der „immense Zivilisationsbruch",[214] den die Deutschen in seinem Namen begangen haben. In Kategorien des Ungeschicks lässt er sich nicht mehr fassen. Thomas Mann ließ den ungeschickten Erzähler seines Romans *Doktor Faustus* zum Untergang des Dritten Reichs festhalten, die Deutschen stünden vor dem Nichts, weil ihr „letzter und äußerster Versuch, die selbsteigene politische Form zu finden, in so gräßlichem Mißlingen untergeht."[215]

---

211 Das deutsche Minderwertigkeitsgefühl ist Anfang der dreißiger Jahre auch von Zeitgenossen wie Theodor Heuss und Hendrik de Man konstatiert und als zentrale Voraussetzung für den Aufstieg Hitlers gedeutet worden; vgl. Götz Aly: Warum die Deutschen? Warum die Juden? Gleichheit, Neid und Rassenhass 1800–1933. Frankfurt a. M. 2011, S. 187–189.

212 Kahler: Der deutsche Charakter in der Geschichte Europas (s. Anm. 125), S. 96 f.

213 Ebd., S. 104.

214 Kershaw: Höllensturz (s. Anm. 17), S. 551.

215 Thomas Mann: Doktor Faustus. Das Leben des deutschen Tonsetzers Adrian Leverkühn, erzählt von einem Freunde (zuerst 1947). In: ders.: Große kommentierte Frankfurter Ausgabe. Werke – Briefe – Tagebücher. Hg. von Heinrich Detering u. a. Bd. 10.1. Frankfurt a. M. 2007, S. 698.

III

Zerbrochenes Glas

Die Fallgeschichte der Ungeschicklichkeit in der deutschen Literatur zwischen dem ausgehenden 19. Jahrhundert und dem Ende des Zweiten Weltkriegs muss sich der Frage stellen, inwiefern der Begriff der Heroischen Moderne geeignet ist, die Einheit dieses Zeitraums zu umreißen. Man hat gegen ihn eingewandt, dass sich „nicht alle politischen Parteien und weltanschaulichen Gruppierungen auf den Willen zur heroischen Daseinsbewältigung einschwören“ ließen und „die Literatur ohnehin nicht.“[216] Dem Einwand lässt sich durch zwei Argumente begegnen. Erstens hat der Begriff der Heroischen Moderne heuristischen Status. Er behauptet lediglich, dass sich die meisten Dokumente des damit bezeichneten Zeitraums auf das Grundproblem des Heroischen beziehen lassen. Dass es im gleichen Zeitraum auch andere Gruppen und Parteien gibt, ist dann kein triftiger Einwand. Überdies ist die Heroische Moderne als Bestandteil eines Schichtenmodells konzipiert, in dem ältere Schichten wie insbesondere die Bewegungsmoderne fortwirken und das Grundproblem des Heroischen als historisch signifikante Reaktion auf die Herausforderungen der Bewegungsmoderne verstanden wird.[217] Konkurrierende Parteien und Gruppierungen, denen es nicht primär um das Heroische zu gehen scheint, sind dann geradezu erwartbar. Das zweite Argument schließt hier an und bezieht sich auf das Verhältnis der Literatur zum Grundproblem des Heroischen. Es macht den Einwand, dass sich die Literatur des Zeitraums in toto gerade nicht dem Begriff des Heroischen subsumieren lässt,[218] zur Leitfrage des siebten Teils dieser Fallgeschichte. Die Fragestellung ist dreifacher

216 Kiesel: Geschichte der deutschsprachigen Literatur 1918 bis 1933 (s. Anm. 1), S. 92.

217 Kittsteiner: Die Stufen der Moderne (s. Anm. 5), S. 97 f.

218 Eine Reihe von prominenten Gegenbeispielen (darunter Th. Mann, Jünger, Brecht, Becher und Musil) nennt Kiesel: Geschichte der deutschsprachigen Literatur 1918 bis 1933 (s. Anm. 1), S. 91 f., selbst.

 | DOI:10.30965/9783846761038_027

Art und lautet: In welcher Form ist die Literatur dem Heroischen verpflichtet? Inwiefern hat sie dem Heroischen opponiert? Und inwieweit hat sie dabei selbst heroische Züge angenommen? Das Verhältnis des Ungeschicks zu diesen Fragen kann vorgreifend mit dem Schlüsselkonzept des für Thomas Mann zentralen, aber auch für Kafka grundlegenden ‚Heroismus der Schwäche' angedeutet werden. Als inverser Heroismus stemmt er sich gegen die „radikale Absage an die politisch-philosophischen Prinzipien der Gleichheit und des Schutzes der Schwachen sowie die unbedingte Vorrangstellung der Interessen der Gemeinschaft vor denjenigen des Individuums", die seit den zwanziger Jahren vor allem den Rassendiskurs prägten.[219]

Die Auseinandersetzung der deutschen Literatur mit dem Ungeschick lässt sich in der Heroischen Moderne in zwei Blöcke gliedern. Ihre Einteilung verläuft analog zu den Phasen des Diskurses über das deutsche Ungeschick. Während es in den Jahren vom späten 19. Jahrhundert bis zum Ende des Ersten Weltkriegs im Kontext von Décadence und Schicksalsemphase zu einer dramatischen Verschärfung des Ungeschicks zum Missgeschick kommt, steht in der zweiten seine literarische Versachlichung, politische Kontextualisierung und ideologische Dekonstruktion im Mittelpunkt. Die Jahre nach 1918 hat man als „eine der fruchtbarsten Phasen, die die Geschichte der deutschsprachigen Literatur überhaupt aufzuweisen hat", bezeichnet.[220] Akteure der Dekonstruktion des Missgeschicks sind mit Franz Kafka und Walter Benjamin keineswegs zufällig zwei der bedeutendsten Vertreter der jüdischen Intelligenz in Deutschland. Sie reagieren damit auf die zunächst kulturkritisch, dann nationalistisch motivierte Heroisierung des Ungeschicks zum tragisch vertieften deutschen Sonderprädikat. Sowohl Kafka als auch Benjamin verbinden dabei das Ungeschick mit einer internationalen Perspektive – Kafka in literarischer, Benjamin in politischer Hinsicht – mit der die Europaidee in den Deutschlandessays Thomas Manns, Hermann Graf Keyserlings und Erich Kahlers festgehalten und ins Globale fortgeschrieben wird. Über die ebenso

219 Herbert: Geschichte Deutschlands im 20. Jahrhundert (s. Anm. 8), S. 275.

220 Sprengel: Geschichte der deutschsprachigen Literatur 1900–1918 (s. Anm. 4), S. XII.

unbefriedigende wie alternativlose Zäsur des Jahres 1945 hinaus[221] markiert Kafkas und Benjamins Umgang mit dem Ungeschick insofern auch die untergründigen Kontinuitäten, die von der Heroischen Moderne zur Globalisierungsmoderne überleiten.

Ähnlich wie in den Ausführungen zum 19. Jahrhundert wird angesichts des extrem reichhaltigen Materials die historische Entwicklung an signifikanten Beispielen aufgewiesen. An die Stelle einer detaillierten Analyse von Ungeschicklichkeitsszenen rücken erneut einzeltextbezogene Beispielreihen und Stellensammlungen, an denen sich markante Konflikt- und Entwicklungslinien verdeutlichen lassen. Begründen lässt sich der Methodenwechsel auch weiterhin mit der Integration des Ungeschicklichkeitsdiskurses in ein eigenständiges, auf Autonomie abzielendes Konzept von Literatur seit der Sattelzeit. Bei der Auswahl wurden Texte bevorzugt, die sich als Reaktionen auf signifikante Darstellungen des Ungeschicks in zuvor erschienenen Texten verstehen lassen. In jeder der beiden Phasen verdichtet sich die Fallgeschichte in zwei für den Umgang mit der Ungeschicklichkeit besonders aufschlussreichen Texten. Für die erste handelt es sich dabei um Thomas Manns *Tonio Kröger* (zuerst 1904) und Wilhelm Schäfers biographische Erzählung *Die Missgeschickten* (1909), für die zweite um Franz Kafkas unabgeschlossenen Roman *Das Schloss* (1926) und Walter Benjamins zu Lebzeiten nur ausschnittweise publizierte Autobiographie *Berliner Kindheit um neunzehnhundert* (1938).

Fräulein Krögers Irrgang

Um 1900 ist ein international verbreitetes Krisenbewusstsein festzustellen, das sich markant auf Form und Funktion der Literatur auswirkt. Es reagiert auf schubartig beschleunigte Entwicklungen in Industrie und Technik, die Deutschland von einem Agrar- zu einem

---

221 Vgl. Wilfried Barner: Vorwort. In: ders. (Hg.): Geschichte der deutschen Literatur von 1945 bis zur Gegenwart. 2., aktual. und erw. Aufl. München 2006, S. XVII–XXVI, hier S. XXIII, sowie Wilhelm Haefs: Einleitung. In: ders. (Hg.): Nationalsozialismus und Exil 1933–1945. München 2009, S. 7–52, hier S. 17.

Industriestaat werden lassen.[222] Kulturgeschichtlich zeigt sich das Krisenbewusstsein unter anderem im Modebegriff der Nervosität.[223] Der nervöse Charakter ist sexuell inaktiv und ebnet daher die Geschlechterdifferenz weitgehend ein.[224] Das wird auch in der deutschen Literatur adaptiert, vor allem im Kontext der literarischen Décadence. Sie ist der Schauplatz, auf dem der Ungeschicklichkeitsdiskurs ins 20. Jahrhundert eintritt. Zwei Seiten lassen sich innerhalb der literarischen Décadence unterscheiden: Zum einen beruft sie sich, darin dem Naturalismus ähnlich, auf Erkenntnisse der Wissenschaft, insbesondere der Biologie und der Medizin. Zum anderen kündigt sie die Orientierung am klassizistischen Werkkonzept auf und greift verstärkt auf offene Formen zurück, wie sie vor allem die Romantik propagiert hatte. Das ist die ästhetizistische Dimension der Décadence, die sie mit der Neuromantik verbindet.[225] In ihren radikalen Varianten wird die Kunst allem Natürlichen vorgezogen und zur höchsten denkbaren Daseinsäußerung erklärt.[226] In jedem Fall regiert das Empfinden einer gesteigerten Wirklichkeit.[227] Für die Sprache hat das zur Folge, dass an ihrer Bezeichnungs- und Benennungsmacht, aber auch an ihrem Beitrag zur wechselseitigen Verständigung, offen gezweifelt wird.[228] Vor allem im Drama des Fin de Siècle werden daher Missverständnisse und Bedeutungsverluste inszeniert, die häufig verlorenen, sozial ortlos gewordenen Figuren zustoßen. Dabei geht es auch um Formen sozialer Ungeschicklichkeit. Zugleich entdeckt die Literatur nun den Eigensinn der Sprache, ihre unhintergehbare poetische Leistung.[229] In der Extremphase

222 Herbert: Geschichte Deutschlands im 20. Jahrhundert (s. Anm. 8), S. 26.

223 Vgl. Joachim Radkau: Das Zeitalter der Nervosität. Deutschland zwischen Bismarck und Hitler. München 1998. Zu den literarischen Adaptionen vgl. Sprengel: Geschichte der deutschsprachigen Literatur 1900–1918 (s. Anm. 4), S. 23–36.

224 Ebd., S. 34.

225 Vgl. zu letzterer Ulrich Breuer/Nikolaus Wegmann: Wie romantisch ist die Neuromantik? Zur Einführung. In: Athenäum 27 (2017), S. 11–19.

226 Vgl. Ajouri: Literatur um 1900 (s. Anm. 11), S. 185–187.

227 Vgl. Kimmich: Lebendige Dinge in der Moderne (s. Anm. 22), S. 91.

228 Vgl. Sprengel: Geschichte der deutschsprachigen Literatur 1900–1918 (s. Anm. 4), S. 81–86.

229 Vgl. Ajouri: Literatur um 1900 (s. Anm. 11), S. 154–158.

der Modernisierung[230] nutzen dies Avantgardebewegungen wie der Expressionismus. In ihnen konkretisiert sich auch das „vage Angstgefühl“[231] im Vorfeld des Ersten Weltkriegs. An das Provokationspotenzial des Expressionismus und seine Lust am Untergang[232] schließt die Dada-Bewegung an und steigert beides zur Zerschlagung von Sprache als Medium sozialer Selbstbeschreibung und zu der Weigerung, das Verstehensbegehren weiter zu erfüllen.[233] Als Dadaist ist man „nichts als mit Wollust frech.“[234]

In diesem Kontext, der ein enorm erfolgreiches Deutschland die Rolle „des Laboratoriums der Moderne“[235] übernehmen lässt, entsteht eine neue, ästhetizistisch-dekadente Version des heroisch Ungeschickten. Zeitgenossen haben sie als Heroismus der Schwäche zu fassen versucht. Hatte sich der Ungeschickte im Laufe des 19. Jahrhunderts entweder in einen vergeblichen Kampf mit der Welt der Dinge und ihrer intrinsischen Beschleunigung verwickelt (Vischer) oder aber sich mehr oder weniger entsagungsvoll vor der Welt und den Menschen in die Idylle eingekapselt (Raabe), sich teils auch in ein alltägliches, sozial aktives Leben zurückgezogen (Franzos), so ist er nun von schwacher körperlicher Konstitution, neigt zu Neurasthenien und bezieht gerade daraus den Impuls zur maßlosen sensorischen Verfeinerung und ästhetischen Überlegenheit. Radikalisiert heißt es in Einsteins *Bebuquin*: „Ich nenne dich, Tod, den Vater der Intensität, den Herrn der Form.“[236]

Der Heroismus der Schwäche lässt sich an zahlreichen Beispielen nachweisen. In ihnen geht es um Figuren, die durch ihre habituelle

230 Vgl. Delabar: Klassische Moderne (s. Anm. 10), S. 78.
231 Sprengel: Geschichte der deutschsprachigen Literatur 1900–1918 (s. Anm. 4), S. 61.
232 Vgl. ebd., S. 67.
233 Vgl. Delabar: Klassische Moderne (s. Anm. 10), S. 58 und S. 63, sowie Kiesel: Geschichte der deutschsprachigen Literatur 1918 bis 1933 (s. Anm. 1), S. 172–174.
234 A. Undo: Der Impertinentismus. In: Die Aktion 5 (1915), Sp. 448–450, hier Sp. 449.
235 Herbert: Geschichte Deutschlands im 20. Jahrhundert (s. Anm. 8), S. 66.
236 Einstein: Bebuquin (s. Anm. 9), S. 42.

Ungeschicklichkeit vom Weg abkommen und scheitern. 1893 erschien im Verlag des jüngsten Sohns von Theodor Fontane ein schmales Büchlein mit dem enigmatischen Titel *Totenmesse*. Sein Autor war der polnische Mediziner, Nietzscheaner und Bohèmien Stanislaw Przybyszewski. In Berlin war er unter anderem mit Edvard Munch, August Strindberg und Richard Dehmel befreundet. Letzterem ist das Büchlein auch gewidmet. Es verbindet wissenschaftliche, insbesondere medizinisch-biologische Diskurselemente, mit poetischen Ansprüchen zu einer veritablen Fallgeschichte. Sie beansprucht Verbindlichkeit für einen bisher übersehenen Typus. Gezielt an Joris-Karl Huysmans anschließend, der 1889 unter dem Titel *Certains* eine Sammlung von Künstlerporträts publiziert hatte,[237] handelt die *Totenmesse* von „Unbekannten, von den im Dunklen und in Vergessenheit lebenden ‚Certains'".[238] Dieser Typus zeichnet sich durch Unbestimmtheit, Anonymität und Dilettantismus aus.[239] Ähnlich wie die kindlich-ungeschickten Menschen bei Novalis oder der Flaneur Baudelaires bewegt er sich unerkannt durch die zeitgenössische Massengesellschaft.[240] Zu den Eigenarten dieser Ungeschickten, die Przybyszewski wesentlich durch ihre obsessive Sexualität charakterisiert und zugleich „dem aristokratischen Geschlechte des neuen Geistes" zurechnet, gehöre es, dass sie unweigerlich „auf dem Wege hinknicken, wie kranke Blumen". Im Zuge der Evolution ist es bei ihnen zu „übermäßiger Verfeinerung und allzu üppiger Gehirnentwicklung" gekommen, die sie unbeholfen werden lässt und zum Scheitern verurteilt.[241] Ursache der Ungeschicklichkeit ist insofern das biologische Faktum der Evolution und ihr Effekt ist der Untergang des Ungeschickten. Przybyszewski greift damit auf die im späten 19. Jahrhundert entwickelte Theorie der

237 Joris-Karl Huysmans: Certains (zuerst 1889). Paris 1908.

238 Stanislaw Przybyszewski: Totenmesse (zuerst 1893). In: ders.: De profundis und andere Erzählungen. Hg. von Michael Matthias Schardt und Hartmut Vollmer. Paderborn 1990, S. 7–41, hier S. 9.

239 Huysmans: Certains (s. Anm. 237), S. 7–13, beginnt mit einem Essay über den Dilettantismus.

240 Etwa als Alkoholiker, Monomane und Psychotiker; Przybyszewski: Totenmesse (s. Anm. 238), S. 10.

241 Ebd., S. 9.

Degeneration zurück, die Motive der Evolutionstheorie mit theologischen Denkformen amalgamiert.[242] Durch die Gleichsetzung von Faktum und Fatum wird das Ungeschick szientifisch marginalisiert und vom tragisch aufgeladenen Missgeschick überblendet. Die Erzählung lässt an einem markanten Fall kühl und nüchtern, aber unverkennbar mit literarischen Ansprüchen, eine Reihe von tragisch zu Fall Gekommenen aufscheinen. Przybyszewski nennt sie „die geknickten Zweige in der finsteren Wildnis“ und deklariert ihr Schicksal zu „feinen Spuren“, die allen Gleichgesinnten „zur vorläufigen Orientierung“ dienen sollen.[243] Indem er dabei auch „Rückschlüsse auf die Psychologie der Zeit“ zieht, will er zu einer Diagnose der Gegenwart beitragen. Sie zielt vor allem – ähnlich wie wenig später die Psychoanalyse Freuds – auf „das fremde Land des Unbewussten“.[244]

Stanislaw Przybyszewski gehörte in den 1890er Jahren zu den Herausgebern der Zeitschrift *Pan*. Dort konnte Heinrich Mann 1896 seine Erzählung *Das Wunderbare* unterbringen. Sie verdeutlicht, dass der ungeschickte Décadent sich inzwischen literarisch etabliert und mit dem Okkulten assoziiert hatte.[245] In Manns Erzählung begegnet ein Student während seiner Italienreise beim Rudern einer schönen, aber kranken Frau, die als symbolistische Figuration des Ästhetischen angelegt ist. Über die Begegnung der beiden Ruderboote heißt es: „Ohne recht zu wissen warum, folgte ich ihr, wie sie sicher und lautlos dahinglitt. Mein plumper Kahn schwankte hin und her, die Schaufeln klatschten geräuschvoll und gaben mir eine Vorstellung ein, wie wenn der Körper einem Seelenfluge folgen wollte.“[246] Das mühelose Dahingleiten einer zum Tode verurteilten, ins Sonderbare und Unerklärliche abgleitenden Kunst verlockt einen

242 Vgl. Peter Sprengel: Geschichte der deutschsprachigen Literatur 1870–1900. Von der Reichsgründung bis zur Jahrhundertwende. München 1998, S. 78.

243 Przybyszewski: Totenmesse (s. Anm. 238), S. 9.

244 Ebd., S. 10.

245 Zur okkulten Dimension der Erzählung vgl. auch Sprengel: Geschichte der deutschsprachigen Literatur 1870–1900 (s. Anm. 242), S. 97.

246 Heinrich Mann: Das Wunderbare (zuerst 1896). In: ders.: Haltlos. Sämtliche Erzählungen. Hg. von Peter-Paul Schneider. Bd. 1. Frankfurt a. M. 1995, S. 224–256, hier S. 237.

plumpen und ungeschickten Adepten, ihr nachzufolgen. In den erlesen ausgestatteten Wohnräumen der kranken Schönen verfällt er dann nur zu rasch ihren entnervenden Wirkungen. Dazu heißt es: „Eine große weiche Müdigkeit hatte mich ergriffen, so daß ich in einen weiten Sessel zusammengesunken blieb, zu träge, irgendeine Bewegung zu tun.“[247] Angesichts von Luxus und Bequemlichkeit erreicht die motorische Ungeschicklichkeit den Grenzwert der Trägheit und Erstarrung.

Zu den Bewunderern der Erzählung Heinrich Manns gehörte sein Bruder Thomas. Im Unterschied zu Heinrich gelang es ihm aber nicht, in Przybyszewskis Zeitschrift *Pan* zu publizieren. Dabei bewegt auch er sich in seinen frühen Erzählungen und dem Erfolgsroman *Buddenbrooks* in den Bahnen der Décadence; auch er erzählt von Figuren, häufig von Künstlern, die vom Weg abkommen und scheitern. So führt etwa die 1897 erschienene Erzählung *Der Bajazzo*, die sich wie eine späte Reaktion auf Watteaus *Pierrot* lesen lässt (und wohl nicht nur über ihren Titel in etwas unheimlicher Weise auf Karl Emil Franzos' Roman *Der Pojaz* bezogen ist), einen Ich-Erzähler vor, der sich als „Fremder, Unberechtigter, Ungehöriger“ fühlt und von „Unsicherheit, Hilflosigkeit, Haß und Jämmerlichkeit“[248] geprägt ist. Das lässt ihn in Gesellschaft wiederholt ungeschickt agieren. Er muss sich schließlich damit abfinden, „eine ‚unglückliche und lächerliche Figur‘“ abzugeben und das „Verhängnis“ akzeptieren, „als ein ‚Bajazzo‘ geboren“ worden zu sein.[249]

In den *Buddenbrooks* erfolgt dann aber eine Wende im Umgang mit der Ungeschicklichkeit, in der sich die Ablösung Thomas Manns von der Décadence ankündigt.[250] Der Roman spielt verschiedene

247 Ebd., S. 240.

248 Thomas Mann: Der Bajazzo (zuerst 1897), In: ders.: Große kommentierte Frankfurter Ausgabe. Werke – Briefe – Tagebücher. Hg. von Heinrich Detering u. a. Bd. 2.1. 2. Aufl. Frankfurt a. M. 2008, S. 120–159, hier S. 155.

249 Ebd., S. 158 f.

250 Thomas Mann verstand sich rückblickend als Teil einer Gruppe von europäischen Autoren, „die, aus der décadence kommend, zu Chronisten und Analytikern der décadence bestellt, gleichzeitig den emanzipatorischen Willen zur Absage an sie, – sagen wir pessimistisch: die Velleität dieser

Umgangsweisen mit dem Verhaltenscodex des städtischen, noch weitgehend am Adel orientierten Großbürgertums durch.[251] Dafür werden die Instrumente einer an Nietzsche geschulten Entlarvungspsychologie eingesetzt, die an den Körpern der Figuren soziale oder psychische Defizite hervortreten lassen.[252]

Mit Blick auf die Ungeschicklichkeit ist zunächst ihre an Flaubert erinnernde kompositorische Einbindung auffällig. Der Roman schließt dadurch an die Tektonik realistischer Erzähltexte an, lädt sie aber auch symbolisch auf. Erstmals wird das Ungeschick signifikant einem politisch engagierten Studenten zugewiesen. Der aufrechte und adelskritische Liberale Morten Schwarzkopf, in den sich Tony Buddenbrook verliebt, wird als linkischer junger Mann[253] eingeführt und wiederholt als eifriger, aber vor allem in seiner Gestik ungeschickter Redner[254] gekennzeichnet. Das markiert ihn als vormärzlichen Patrioten. Auch bei dem einzigen Kuss, zu dem Tony ihn motiviert, erweist er sich als wenig geschickt:

> Sie antwortete nicht, sie sah ihn nicht einmal an, sie schob nur ganz leise ihren Oberkörper am Sandberg ein wenig näher zu ihm hin, und Morten küßte sie langsam und umständlich auf den Mund. Dann sahen sie nach verschiedenen Richtungen in den Sand und schämten sich über die Maße.[255]

Es zeigt sich nur zu rasch, dass das Verhältnis zwischen den beiden tatsächlich nur auf Sand gebaut ist und keine Zukunft hat.

Absage im Herzen tragen und mit der Überwindung von Dekadenz und Nihilismus wenigstens *experimentieren*." Th. Mann: Betrachtungen eines Unpolitischen (s. Anm. 57), S. 220.

251 Vgl. Sprengel: Geschichte der deutschsprachigen Literatur 1900–1918 (s. Anm. 4), S. 344.

252 Ebd., S. 345.

253 Th. Mann: Buddenbrooks (s. Anm. 86), S. 131.

254 Besonders signifikant ebd., S. 153: „‚Nun ja, die Freiheit, wissen Sie, die Freiheit ...!' wiederholte er, indem er eine vage, ein wenig linkische aber begeisterte Armbewegung hinaus, hinunter, über die See hin vollführte". Vgl. auch ebd., S. 146, S. 149.

255 Ebd., S. 158.

Ähnlich ungeschickt wie Tonys Jugendschwarm, aber aus anderen Gründen, verhält sich später Tonys Schwiegersohn, der Selfmademan Hugo Weinschenk. Wo der aufrechte Demokrat Morten Schwarzkopf sich und seiner hehren Ideale beinahe zu sicher ist, plagen Weinschenk die Selbstzweifel des typischen sozialen Aufsteigers: „Er besaß das nicht angeborene, nicht ganz sichere, etwas übertriebene und etwas mißtrauische Selbstbewußtsein eines solchen, seine Formen waren nicht eben vollkommen, und seine Konversation von Herzen ungewandt."[256]

Die kompositorische, auch der Aemulatio an den Historismus geschuldete Verteilung von ungeschicktem Verhalten auf einen politisch engagierten Studenten und einen sozialen Aufsteiger kulminiert gegen Ende des Romans in der Konzentration auf einen angehenden Lehrer. Der Kandidat Modersohn unterrichtet auf Probe in dem Gymnasium, das der kränkliche und zarte Hanno Buddenbrook, der letzte Erbe der Kaufmannsfamilie, besucht.[257] Modersohn wird unter anderem durch das auf den ersten Blick unscheinbare Leitmotiv seiner „kleinen, ungeschickten Hand"[258] charakterisiert. Thomas Mann hat es in der Folge der Wiederaufnahmen erweitert und schließlich zu „kleinen, ungeschickten, mit Tinte besudelten Händen"[259] gesteigert. Da Modersohn die Autorität der fest angestellten Lehrer fehlt und er sich erst noch beweisen muss, wird er zum hilflosen Opfer der Mitschüler Hannos. Sie rächen sich an ihm für die Schikanen, die ihnen tagtäglich seine etablierten, aber unzulänglichen und teils auch sadistischen

---

256 Ebd., S. 483.

257 Der Entwurf zu den *Buddenbrooks* ging von einer Novelle aus, in deren Zentrum das Schicksal Hannos stehen sollte; erst später wurde die Vorgeschichte hinzugefügt. Vgl. Sprengel: Geschichte der deutschsprachigen Literatur 1900–1918 (s. Anm. 4), S. 346.

258 Th. Mann: Buddenbrooks (s. Anm. 86), S. 813; vgl. S. 812, S. 814.

259 Ebd., S. 817. Es kehrt dann, ebenfalls in leitmotivischer Funktion, als „Verkümmerung" der linken Hand des Erbprinzen Klaus Heinrich (die auf das analoge Gebrechen Kaiser Wilhelms II. verweist) wieder in Thomas Mann: Königliche Hoheit. Roman (zuerst 1909). In: ders.: Große kommentierte Frankfurter Ausgabe. Werke – Briefe – Tagebücher. Hg. von Heinrich Detering u. a. Bd. 4.1. Frankfurt a. M. 2004, S. 30.

Kollegen zufügen.[260] Für den Ungeschicklichkeitsdiskurs entscheidend ist dabei, dass Hanno Buddenbrook als einziger den gequälten Kandidaten durchschaut und sich in der Erkenntnis nicht von ihm distanziert, sondern sich ihm emphatisch annähert, ja sich partiell mit ihm identifiziert. Das ist zugleich ein Paradebeispiel für die Engführung von Entlarvungspsychologie und Selbsterkenntnis, die den Roman konstituiert:

> Er sah in diesem Augenblick Alles an ihm, jedes jämmerliche Härchen seines Bartes, der überall die Haut durchscheinen ließ, und seine braunen, blanken, hoffnungslosen Augen; sah, daß er gleichsam zwei Paar Manschetten an seinen kleinen, ungeschickten Händen trug, weil seine Hemdärmel an den Gelenken ebenso lang und breit waren, wie die eigentlichen Manschetten, sah seine ganze, armselige und verzweifelte Gestalt.[261]

In der emphatischen Erkenntnis des Kandidaten Modersohn blickt Hanno – ohne es freilich zu wissen – hindurch bis auf den Grund seines eigenen Schicksals. Auch er selbst ist ein Ungeschickter, allerdings eher im Sinne des träge und müde gewordenen Kahnfahrers in Heinrich Manns Erzählung *Das Wunderbare* oder im Sinne der dekadenten Künstlerfigur im *Bajazzo*. Wie letztere ist auch er zum Scheitern verurteilt. Am Ende stirbt er jung an Typhus.

Die emphatische (Selbst)Erkenntnis des Ungeschickten und seines Schicksals hat Thomas Mann in seiner wohl bekanntesten Erzählung *Tonio Kröger* weiterentwickelt. Nun wird sie zur Grundlage der ästhetischen Produktion. Auch Tonio Kröger, den man als „überlebenden Hanno Buddenbrook" bezeichnet hat,[262] ist von Anfang an zum Décadent – und damit zum Untergang – prädestiniert: der junge Tonio wird vom Erzähler durch Zaghaftigkeit und einen

---

260 Die Darstellung des Kollegiums folgt einem weit verbreiteten „vehementen schulkritischen Impuls" im literarischen Diskurs des frühen 20. Jahrhunderts; Sprengel: Geschichte der deutschsprachigen Literatur 1900–1918 (s. Anm. 4), S. 3. Speziell zum Schulkapitel der *Buddenbrooks* vgl. ebd., S. 6 f.

261 Th. Mann: Buddenbrooks (s. Anm. 86), S. 814.

262 Sprengel: Geschichte der deutschsprachigen Literatur 1900–1918 (s. Anm. 4), S. 349.

ungleichmäßigen Gang charakterisiert,[263] er vertut seine Zeit, ist im Unterricht langsam und geistig abwesend und erkennt sich selbst als „fahrlässig, widerspenstig und auf Dinge bedacht, an die sonst niemand denkt“[264]. Das macht ihn unter seinen Mitschülern zum Außenseiter. Seine leitenden Wertvorstellungen bezieht er aus intensiver Privatlektüre.[265] Ähnlich wie der Bajazzo verhält auch er sich in Gesellschaft ungeschickt und gerät im Tanzunterricht unversehens „unter die Damen“[266]. Thomas Mann nutzt diesen leitmotivisch eingesetzten „Zwischenfall“[267], um seinen Protagonisten als „Fräulein Kröger“[268] bezeichnen und in dessen Bloßstellung und Verspottung die grundsätzliche, auch das Sexuelle einbeziehende Indifferenz des Décadent[269] sowie camoufliert auch die eigene Homosexualität eingestehen zu können.[270] An die Fallgeschichte Przybyszewskis schließt seine Erzählung an, insofern auch in ihr der Protagonist vom Weg abkommt – ja mit Notwendigkeit von ihm abkommen muss: „Er ging den Weg, den er gehen mußte, ein wenig nachlässig und ungleichmäßig, vor sich hinpfeifend, mit seitwärts

263 Thomas Mann: Tonio Kröger (zuerst 1904). In: ders.: Große kommentierte Frankfurter Ausgabe. Bd. 2.1 (s. Anm. 248), S. 243–318, hier S. 244.

264 Ebd., S. 247. In seinem Roman *Königliche Hoheit* hält dann zugespitzt der vom Schulversager zum Dichter aufgestiegene Herr Martini fest, dass die „zweifellose und unbedingte Unfähigkeit zu allem anderen der einzige Beweis und Prüfstein des Berufes zur Poesie ist, ja, daß man in der Poesie eigentlich keinen Beruf, sondern eben nur den Ausdruck und die Zuflucht dieser Unfähigkeit zu sehen hat.“ Th. Mann: Königliche Hoheit (s. Anm. 259), S. 193.

265 Dabei handelt es sich um ein zeittypisches Detail; vgl. Sprengel: Geschichte der deutschsprachigen Literatur 1900–1918 (s. Anm. 4), S. 3.

266 Th. Mann: Tonio Kröger (s. Anm. 263), S. 259. Zur Bedeutung des Tanzes in der Erzählliteratur des frühen 20. Jahrhunderts, speziell auch in Thomas Manns *Tonio Kröger*, vgl. Sprengel: Geschichte der deutschsprachigen Literatur 1900–1918 (s. Anm. 4), S. 50–55.

267 Th. Mann: Tonio Kröger (s. Anm. 263), S. 313.

268 Ebd., S. 259.

269 Vgl. ebd., S. 273: Jeder weiß, so Tonio Kröger, dass der dekadente Künstler „kein Mensch […], sondern irgend etwas Fremdes, Befremdendes, Anderes …“ ist. Die Literaten rechnet er später den „Dämonen, Kobolden, tiefen Unholden und erkenntnisstummen Gespenstern“ zu; ebd., S. 278.

270 Vgl. Heinrich Detering: Das offene Geheimnis. Zur literarischen Produktivität eines Tabus von Winckelmann bis Thomas Mann. Göttingen 1994, S. 306–316.

geneigtem Kopfe ins Weite blickend, und wenn er irre ging, so geschah es, weil es für Etliche einen richtigen Weg überhaupt nicht giebt."[271] Allerdings scheitert dieser Certain gerade nicht an seiner habituellen Ungeschicklichkeit. Zwar gehören auch zu seinem „Irrgang"[272] in zeittypischer Weise raffinierte und exzentrische, das Satanische und Heroische streifende Ausschweifungen, denen er sich eine Zeit lang hingibt und die nicht näher ausgeführt werden.[273] Er lässt sie aber hinter sich, kehrt sich vom sündigen Süden ab und dem Norden zu, und gesteht sich offen – ähnlich wie hundert Jahre vor ihm Clemens Brentano – seine Sehnsucht nach einer schlichten und reflexionslosen, das Unbeholfene einschließenden Lebensform ein. Sie heißt nun freilich ‚bürgerlich' und wird von Thomas Mann in ebenfalls zeittypischer Weise biologistisch zugespitzt: Tonios Sehnsucht richtet sich auf eine bestimmte „Rasse" und einen konkreten „Typus" – den der „lichten, stahlblauäugigen und blondhaarigen Art".[274] Das bleibt für ihn aber ein Ideal, dem er ähnlich wie die ‚kleine Gelehrte' Helene von Knittl in Franzos' *Ungeschickte Leute* schließlich entsagt. In der Schlüsselszene der Novelle hilft er vielmehr einer jungen, wenig attraktiven Dänin auf, die sich beim Tanzen ungeschickt verhält, das Gleichgewicht verliert und dadurch unter den Tänzern „ein Stolpern, Rutschen und Stürzen ..."[275] auslöst. Als Tonio Kröger das sieht, tritt er vor, „faßte sie sacht an den Armen und hob sie auf"[276]. Das bezieht sich in der „allegorischen Syntax"[277] der Erzählung zurück auf die Figur der Magdalena Vermehren, die beim schulischen Tanzunterricht in der Heimatstadt

271 Th. Mann: Tonio Kröger (s. Anm. 263), S. 262 f. Auch das Abirren vom Weg ist ein Leitmotiv, das wiederaufgenommen wird; vgl. ebd., S. 312.

272 Ebd., S. 265.

273 Zum denkbaren Verweis der Passage auf Oscar Wildes *The Picture of Dorian Gray* vgl. Detering: Das offene Geheimnis (s. Anm. 270), S. 304. Zu möglichen biographischen Hintergründen vgl. Michael Maar: Das Blaubartzimmer. Thomas Mann und die Schuld. Frankfurt a. M. 2000.

274 Th. Mann: Tonio Kröger (s. Anm. 263), S. 310 f.

275 Ebd., S. 315.

276 Ebd.

277 Hermann Kurzke: Thomas Mann. Epoche – Werk – Wirkung. 2., überarb. Aufl. München 1991, S. 99.

Tonio Krögers immer wieder gestolpert ist.[278] Bei näherem Hinsehen bezieht es sich aber auch auf den Protagonisten selbst, der beim Tanzen ungeschickt unter die Damen geraten war.[279] Insofern hilft sich ein Ungeschickter selbst auf die Beine, indem er eine Gefallene aufrichtet. Da aber die Figur der Magdalena Vermehren untergründig zugleich das seinerseits ungeschickte und unbeholfene deutschsprachige Publikum repräsentiert, an das sich die Werke des Literaten Tonio Kröger richten,[280] gibt seine Hilfestellung für die ungeschickte Dänin den Blick frei auf die Intention der Novelle. Sie propagiert den Verzicht auf die tragisch-heroische Dimension der Ungeschicklichkeit und setzt an ihre Stelle eine strategische Sympathie mit ihren Trägern. Ihnen rechnet der „Bohémien mit Heimweh nach der guten Kinderstube"[281] auch sich selbst und seine Leser zu. Strategisch ist das Manöver, weil damit ein Ausweg aus den elitären Zirkeln der Décadence und ein Zugang zu breiten Leserschichten eröffnet werden kann.[282] Dass man das ‚Dichtung' nannte und von ‚Literatur' abgrenzte,[283] ist demgegenüber sekundär. Thomas Mann hat das einige Jahre später auch klar und deutlich eingestanden. In seinem ersten Brief an Hermann Hesse schreibt er mit Unterstreichung: *„Mich verlangt auch nach den Dummen."*[284] Der

---

278 Th. Mann: Tonio Kröger (s. Anm. 263), S. 258.

279 So auch Detering: Das offene Geheimnis (s. Anm. 270), S. 313.

280 Vgl. Th. Mann: Tonio Kröger (s. Anm. 263), S. 279: „Leute mit ungeschickten Körpern und feinen Seelen, Leute, die immer hinfallen, sozusagen".

281 Ebd., S. 317.

282 Die Nähe zur Décadence wird einige Jahre später in einer Replik Hans Castorps auf Mynheer Peeperkorn deutlich, in der er das Laster als Ausdruck einer positiv verstandenen Unzulänglichkeit verteidigt. Im Laster zeige sich „das Trachten der Unzulänglichkeit nach Gefühl ..."; Thomas Mann: Der Zauberberg. Roman (zuerst 1924). In: ders.: Große kommentierte Frankfurter Ausgabe. Werke – Briefe – Tagebücher. Hg. von Heinrich Detering u. a. Bd. 5.1. Frankfurt a. M. 2002, S. 857.

283 Vgl. Sprengel: Geschichte der deutschsprachigen Literatur 1900–1918 (s. Anm. 4), S. 351.

284 Thomas Mann an Hermann Hesse, 1.4.1910. In: ders.: Große kommentierte Frankfurter Ausgabe. Werke – Briefe – Tagebücher. Hg. von Heinrich Detering u. a. Bd. 21. Frankfurt a. M. 2002, S. 447–449, hier S. 448. Das wird dann als verdecktes Selbstzitat öffentlich gemacht in Th. Mann: Betrachtungen eines Unpolitischen (s. Anm. 57), S. 121. Der Sensationserfolg,

Operationsmodus dieses Manövers ist die Ironie.[285] Im Rückblick hat Thomas Mann sie zur „*erotischen Ironie*“[286] spezifiziert und „Ironie als Liebe“[287] bestimmt. Ohne eine Entscheidung zu treffen, hält die erotische Form der Ironie[288] sowohl die Position der Décadence, als auch diejenigen der Tradition und der Unterhaltung des Publikums sowie nicht zuletzt die rassenbiologische Option im Spiel. Obwohl die Grenzziehungen, die etwa zwischen tragischem Ungeschick und verständnisloser Masse, oder aber zwischen tätigem Lebensvollzug und kontemplativem Ästhetizismus verlaufen, erkennbar bleiben, relativieren und äquilibrieren sich die Positionen – gewissermaßen protodemokratisch[289] – wechselseitig. Vor allem wird durch den Einsatz der erotischen Ironie die tragische Aufladung der Ungeschicklichkeit in der Literatur der Décadence wieder abgemildert. „Ironie ist nicht heroisch, sondern skeptisch“[290], hat man im Rückblick der Literaturgeschichte festgehalten. Die erotische Ironie erweist sich damit als eine Schreibweise poetischer Ungeschicklichkeit mit dem Effekt des Ausgleichs und der Gewaltenteilung.

Die Missgeschickten

Das Gegenteil findet sich bei dem Autodidakten Arthur Moeller van den Bruck und seiner zeitgleich mit dem *Tonio Kröger* erschienenen

---

den die 1929 erstmals aufgelegte ‚Volksausgabe‘ der *Buddenbrooks* erzielen konnte – bis 1932 wurden 980.000 Exemplare gedruckt – belegt das Aufgehen der Strategie; vgl. dazu Walter Delabar: Klassische Moderne. Deutschsprachige Literatur 1918–33. Berlin 2010, S. 27–29.

285 Vgl. zur Ironie im *Tonio Kröger* Kurzke: Thomas Mann (s. Anm. 277), S. 101–103.

286 Th. Mann: Betrachtungen eines Unpolitischen (s. Anm. 57), S. 100.

287 Ebd., S. 590.

288 Vgl. ebd., S. 617: „Immer war Eros ein Ironiker. Und Ironie ist Erotik.“

289 Wie weit dagegen Thomas Mann in den ersten Jahrzehnten des 20. Jahrhunderts politisch von demokratischen Denkformen entfernt war, dokumentieren ebenfalls die *Betrachtungen eines Unpolitischen.*

290 Delabar: Klassische Moderne (s. Anm. 10), S. 197.

Sammlung *Verirrte Deutsche.*[291] Sie verschärft die tragische Dimension der Ungeschicklichkeit und steigert ihre Überblendung im Kontext des organisierten Antisemitismus zum heroischen Missgeschick. Schon der Titel dieser Sammlung einzelner Schriftstellerbiographien schließt an den Décadence-Topos der tragisch Verirrten an, und dem Genre nach ist das Elaborat ein Seitenstück zu Huysmans' *Certains*. Eröffnet wird die Sammlung durch den Essay „Vom Deutschen und vom Problematischen".[292] Moeller van den Bruck greift mit dem Titel auf Ferdinand Spielhagen zurück, der 1861 seinen Roman *Problematische Naturen* publiziert hatte. Spielhagen rief damit seinerseits das wirkungsmächtige „Identifikationsschema des unter seiner politischen Untätigkeit oder Erfolglosigkeit leidenden Deutschen" auf.[293] In den *Verirrten Deutschen* geht es auch Spielhagens radikalisiertem Adepten um das „Schicksal der Nation",[294] das er in ein Verhältnis zum heroischen Individuum setzt: der Heros, so die leitende These, kann an seiner Nation scheitern.[295] Das wirkt sich direkt auf den Ungeschicklichkeitsdiskurs aus, denn es transformiert den dekadenten Ungeschickten, der in die Irre geht, in die tragische Figur des deutschen Problematikers. Vorbild aller Problematiker ist nach Moeller van den Bruck Shakespeares Hamlet. Zugeordnet werden dem Typus diejenigen, die von einem Lebensproblem ausgehen und es am Ende trotz intensiver Bemühung nicht lösen können – um es dann als ungelöstes an die Menschheit weiterzugeben.[296] Ähnlich wie die Décadents oder Thomas Manns Tonio Kröger treten auch die Problematiker „schwankenden Schrittes in

291 Arthur Moeller van den Bruck: Verirrte Deutsche. Minden o.J. [1904]. Der Band eröffnet die achtbändige Reihe *Die Deutschen, unsere Menschengeschichte.*

292 Ebd., S. 1–13.

293 Bettina Plett: Problematische Naturen? Held und Heroismus im realistischen Erzählen. Paderborn u. a. 2002, S. 142.

294 Moeller van den Bruck: Verirrte Deutsche (s. Anm. 291), S. 8.

295 Das geht dann in die Selbstdeutung Hitlers ein, der in *Mein Kampf* für die Politik eine „geradezu feindselige Polarität zwischen der Genialität des Führers und der Trägheit der Masse" annimmt; vgl. Gumbrecht: 1926 (s. Anm. 59), S. 421, wo allerdings aufgrund des synchronischen Ansatzes diachrone Zusammenhänge nicht berücksichtigt werden.

296 Moeller van den Bruck: Verirrte Deutsche (s. Anm. 291), S. 10.

das Leben" ein.[297] Verantwortlich für ihr Schwanken ist aber nun eben das Konstrukt der Nation. Denn dem inneren Reichtum des Problematikers entspricht leider kein „äußerer Reichtum" und keine „äußere Schnellkraft der Kultur"[298]. Die Schwäche der Nation macht ihre hoffnungsvollsten Elemente zu tragisch endenden Missgeschickten. Obwohl sie intensiv nach Auswegen aus dieser Schwäche suchen, wird ihnen „die fehlende Größe, die fehlende Festigkeit des allgemeinen Daseins zum eigenen Verhängnis."[299] Mit Notwendigkeit müssen sie scheitern und fallen. Hinter diesem Szenario steht das Syndrom des deutschen Minderwertigkeitskomplexes, der nach seiner heroischen Vertiefung verlangte, aber auch die Rassenforschung in Stellung brachte.[300] Stets jedoch reißt „ihr Fall tiefe Spalten und Wunden, die sich dann in den Werken, die sie hinterließen, wiederfinden".[301] Ihr tragisches Scheitern an den Unvollkommenheiten der eigenen Nationalkultur macht die verirrten Deutschen zu den „eigentlichen Blutzeugen ihrer Zeit"[302]. Der Missgeschickte wird zum heroischen Märtyrer.

Die Virulenz dieser Transformation wird durch einen neuen, tragischen Schicksalsbegriff gesteigert. Ebenso wie der Nationalismus Moeller van den Brucks reagiert er auf die Modernisierungsschübe um 1900. Zu seinen Vertretern gehörte unter anderem der Kunsthistoriker Ludwig Coellen. Er hat 1906 bei Diederichs eine zeit- und literaturkritische Essaysammlung unter dem Titel *Neuromantik* publiziert. Im zweiten Teil enthält sie eine Reihe von Schriftstellerporträts. In seinem Porträt des belgischen Symbolisten Maurice Maeterlinck referiert Coellen zustimmend den Porträtierten wenn er festhält: „Heute wieder erwacht der Begriff des Schicksals; heute sehen wir, wie es verborgen das Leben durchzieht und gestaltet,

297 Ebd., S. 11.
298 Ebd., S. 12.
299 Ebd., S. 13.
300 Die deutschen Rassenforscher betonten dann wenig überraschend „die Überlegenheit und seelisch-geistige Besonderheit des eigenen Volks." Aly: Warum die Deutschen? Warum die Juden (s. Anm. 211), S. 121.
301 Moeller van den Bruck: Verirrte Deutsche (s. Anm. 291), S. 13.
302 Ebd.

und wie aus ihm alles Unheil erwächst."[303] Dieser tragisch aufgeladene Schicksalsbegriff schwang bereits mit, als Moeller van den Bruck seine Sammlung mit einer Fallgeschichte über den 1904 verstorbenen Schriftsteller und Vagabunden Peter Hille beendete. Sie schließt mit den Worten: „So lebten sie aneinander vorüber, der reminiscente Peter Hille und die moderne Kultur – in denselben Tagen, in denen das Leben fest eine Bahn ging, die es lange gesucht und endlich gefunden."[304]

Fünf Jahre später taucht Peter Hille in einer biographischen Erzählung mit dem Titel *Die Mißgeschickten* wieder auf. Darin erinnert sich der Autor und Erzähler, der mit Richard Dehmel befreundete ehemalige Bohémien und Werbetexter Wilhelm Schäfer, wie ihm Hille einmal einen Brief übergeben hatte. Schäfer hatte diesen Brief einst einer Freundin geschrieben, die ihn ihrerseits kopiert und Peter Hille gebeten hatte, die Abschrift Schäfer zu übergeben. Über das beiden gemeinsame ‚Medium', den Boten Peter Hille, wollte sie den abgebrochenen Kontakt zwischen ihr und ihrem Mann zu Schäfer und seiner Frau wiederherstellen. Der Brief Schäfers, der über Hille an seinen Urheber zurückfindet, enthält ein Porträt eben dieses ‚Verirrten'. Mit biblischen Anspielungen[305] und ganz im Sinne Moeller van den Brucks heißt es in diesem Brief über den ungeschickten Peter Hille: „Ein Missgeschickter, der nicht weiß, wo der Abend sein kluges Haupt hinlegen wird, und der alle Königreiche der Welt mit gütiger Hand trotzdem verschenkt."[306]

Der an Peter Hille entwickelte und von Wilhelm Schäfer verbreitete Neologismus des Missgeschickten wird zu einem tragisch konnotierten Schlüsselbegriff im deutschen Ungeschicklichkeitsdiskurs

303 Ludwig Coellen: Neuromantik. Jena 1906, S. 90.

304 Moeller van den Bruck: Verirrte Deutsche (s. Anm. 291), S. 175.

305 Angespielt wird auf Math. 8,20 und 4,9. Damit wird Hille zur Christusfigur stilisiert.

306 Wilhelm Schäfer: Die Missgeschickten (zuerst 1909). Mit einem Kommentar und einem Nachwort neu hg. von Christoph Knüppel und Cornelius Lüttke. Bielefeld 2011, S. 31. Im Erstdruck, der in der *Neuen Rundschau* erschien, fehlten die auf Peter Hille bezogenen Passagen. Enthalten sind sie in der im gleichen Jahr erschienenen Buchausgabe; Wilhelm Schäfer: *Die Mißgeschickten.* München/Leipzig 1909.

bis 1945, der es bis ins Wörterbuch schafft. Schäfer hatte ihn in seiner gleichnamigen, sehr erfolgreichen und mehrfach aufgelegten biographischen Skizze, der eine gekürzte Fassung in der *Neuen Rundschau* vorausging,[307] auf drei Menschen bezogen, die ihm nahestanden und die kurz hintereinander plötzlich zu Tode gekommen waren. Dabei handelt es sich um den (ähnlich wie Clemens Brentano) übermäßig begabten, als Industrieller, Philologe, Aphoristiker, Komponist und Sportler gleichermaßen erfolgreichen Fritz Koegel, seine junge, manisch-depressive Ehefrau, die aus dem Baseler Patriziat stammende Sängerin Emily Gelzer, sowie um den Schriftsteller, Klavierlehrer, Weltreisenden und Bibliothekar Gustav Kühl. Koegel war 1904 völlig überraschend im Alter von 44 Jahren an den Folgen einer Darmverschlingung verstorben. Seine Frau Emily hatte nach seinem Tod Gustav Kühl kennengelernt und beide hatten sich ineinander verliebt. Im August 1906, kurz vor der geplanten Heirat, stürzte sich Emily Koegel jedoch aus dem Fenster der Wohnung, die sie gemeinsam mit Kühl beziehen wollte. Zwei Monate später starb Gustav Kühl an den Folgen einer Blinddarmoperation. Davon erzählt Schäfers biographisch-anekdotische Skizze.

Die drei Toten waren aufs Engste mit dem Autor der *Missgeschickten* verbunden. Schäfer hatte sich in Berlin mit Fritz Koegel befreundet und dann auch dessen Ehefrau kennengelernt. Er bewunderte deren Fähigkeiten als Sängerin. Schließlich hatte sich die Freundschaft auf die Ehepaare Schäfer und Koegel ausgedehnt. Auch Gustav Kühl war mit den Schäfers bekannt. In Berlin wurde das Ehepaar Schäfer Zeuge der ersten Begegnung Kühls mit Emily Gelzer, die bei Paula Dehmel, der ersten Frau Richard Dehmels, stattfand. Der Tod seiner drei Freunde hat Schäfer nach eigenem Bekunden tief getroffen. In der „Widmung", die er seinem Text voranstellt, begründet er die Abfassung seiner Erzählung mit dem Umstand, dass er „die

307 Die Mißgeschickten / erzählt von Wilhelm Schäfer. In: Die neue Rundschau 1 (1909), S. 94–110. Die *Neue Rundschau*, redigiert von Oskar Bie und herausgegeben im Verlag Samuel Fischers, gilt „als wichtigstes Periodikum der ‚klassischen' Moderne." Vgl. Sprengel: Geschichte der deutschsprachigen Literatur 1900–1918 (s. Anm. 4), S. 128.

tragische Lösung ihres Missgeschicks erlebt" habe und sich nun gezwungen sehe, sich „den Sinn davon fertig zu machen".[308] Es geht also auf einer ersten Ebene um die Suche nach Erklärungen für ein opakes Ereignis – das zentrale Triebmittel auch des Ungeschicklichkeitsdiskurses. Diese Suche bestimmt die Form des Textes, bei dem es sich laut Schäfer weder um eine „Lebensbeschreibung", noch um eine „Novelle" handelt.[309] Die *Missgeschickten* changieren zwischen faktualem und fiktionalem Erzählen und lassen sich am ehesten als Fallgeschichte im Sinne Przybyszewskis kategorisieren. Auf einer zweiten Ebene geht es freilich nicht nur um eine individuelle Sinnsuche und rationale Erklärungen, sondern um eine Gegenwartsdiagnose. Das macht *Die Missgeschickten* zu einem Symbol der Zeit. Schäfer will aus Zuschriften, die ihn nach der Erstpublikation der gekürzten Fassung in der *Neuen Rundschau* erreicht hatten, den Eindruck gewonnen haben, dass er „für eine allgemeine Not in unserer Zeit mit meinen toten Freunden ein Sinnbild aufgezeichnet" habe. Es führe vor Augen, wie „die Wurzelschwäche des modernen Lebens zwiespältigen Begabungen gefährlicher sei, als sonst, so dass wir alle mehr oder weniger gleich ihnen Missgeschickte wären."[310] Indem er das notwendige Scheitern des Missgeschickten zu einer Signatur der Heroischen Moderne verallgemeinert, wertet Schäfer das deutsche Minderwertigkeitsgefühl auf. In ihrem Scheitern schwingt dann die nationalistische Aufladung mit, die Moeller van den Bruck dem Typus des Problematikers eingeschrieben hatte, und die Moderne ist es nun, die für das ungeschickte Verhalten dieses Typus verantwortlich gemacht wird.

Zugleich bringt Schäfer Missgeschick und Ungeschick in ein neues, für den Ungeschicklichkeitsdiskurs des 20. Jahrhunderts richtungsweisendes Verhältnis. Das lässt sich einer Schlüsselszene seiner Fallgeschichte entnehmen. Sie ist als Anekdote angelegt und nur in ihr tritt der Ausdruck *ungeschickt* auf. Bei einem Treffen der Ehepaare Schäfer und Koegel im Haus der Koegels spricht eine

---

308 Schäfer: Die Missgeschickten (s. Anm. 306), S. 11.

309 Ebd.

310 Ebd., S. 11.

der beiden Frauen „ein ungeschicktes Wort".[311] Es bezieht sich in herabsetzender Weise auf die nicht mehr altersgemäße „jünglingshafte Heiterkeit"[312] Fritz Koegels. Die ungeschickte Bemerkung kritisiert also sein Verhalten. Der Kritisierte fühlt sich dadurch zugleich erkannt und zurückgewiesen. Das wird durch seine ihrerseits ungeschickte Reaktion verdeutlicht: Koegel füllt sein Glas mit Bowle, erhebt es, um mit allen anzustoßen, setzt es dann aber ohne zu trinken „so heftig auf den Tisch, dass es zerbrach, und ging hinaus."[313] Dadurch brüskiert er die gesamte Gesellschaft. Mit seiner empfindlichen Reaktion auf eine unpassende Bemerkung wird die Figur als Missgeschickter gekennzeichnet. Als solcher befindet er sich immer schon im Konflikt mit seiner Umgebung und ist daher besonders auf Verständnis und Liebe angewiesen. Sobald beide ihm offen entzogen werden, bricht sein verborgenes Lebensproblem auf und tritt an die Oberfläche. Der Text modelliert also einen symptomatischen Zusammenhang zwischen Ungeschicklichkeit und Missgeschick, wobei Ungeschicklichkeit in der Verfügungsgewalt des Subjekts steht und grundsätzlich vermieden werden kann, während Missgeschick das verborgene, allein einer Tiefenhermeneutik zugängliche Wesen, ja das objektive Schicksal einer Person betrifft, das nicht in ihrer Gewalt steht. Dabei geht es um das Unbewusste der modernen Kultur, von dem schon Przybyszewski gesprochen hatte und um verborgene Triebstrukturen, die Sigmund Freud etwa zeitgleich in den Fallgeschichten seiner *Psychopathologie des Alltagslebens* beschrieben hat. Parallel zur Aktivierung der Tiefenschichten auch des Ausdrucks *ungeschickt* durch Moritz Heyne und das *Deutsche Wörterbuch* der Brüder Grimm markiert Schäfer mit dem

311 Ebd., S. 25.

312 Ebd.

313 Ebd. Vorbild der Szene könnte das zerbrochene Glas in einer frühen Erzählung Thomas Manns sein; Thomas Mann: Der Wille zum Glück (zuerst 1896). In: ders.: Große kommentierte Frankfurter Ausgabe. Bd. 2.1 (s. Anm. 248), S. 50–70, hier S. 69. Als Echo auf Schäfers Erzählung lässt sich eine Szene in Rilkes *Aufzeichnungen des Malte Laurids Brigge* lesen, in der ein Kammerherr sein Glas weiter füllt, obwohl es bereits voll ist. Rainer Maria Rilke: Die Aufzeichnungen des Malte Laurids Brigge (zuerst 1910). In: ders.: Werke (s. Anm. 94), Bd. 3, S. 453–635, hier S. 540.

Neologismus *Missgeschickter* die unausweichliche Tragik dreier ‚deutscher Menschen'.[314] Wenn sie sich ungeschickt verhalten, dann ist das lediglich ein Oberflächenphänomen. In ihm tritt das Tiefenschicksal der Nation an den Tag, das den Missgeschickten gerade im Scheitern die heroische Dimension der Größe verleihen soll.[315]

Im Oktober 1911, zwei Jahre nach ihrem Erscheinen, hat kein Geringerer als Franz Kafka wieder einmal „ein wenig in den Mißgeschickten" gelesen. Das hält er im Tagebuch fest.[316] Schäfers Erzählung hat ihn stark beeindruckt und es ist davon auszugehen, dass insbesondere die Verbindung von biographischen mit anekdotischen Schreibweisen von großer Bedeutung für ihn gewesen sein dürfte.[317] Kafkas außerordentliche Hochschätzung der *Missgeschickten* geht aus einer biographischen Anekdote hervor, die er wenige Tage später festhält. Sie handelt von seiner Schwester Valerie, die in der Familie ‚Valli' genannt wurde:

> Valli konnte ich gestern nachmittag zuerst nicht sehr gut leiden, als ich ihr aber die „Mißgeschickten" geborgt hatte, sie schon ein Weilchen darin las und schon ordentlich unter dem Einfluß der Geschichte sein mußte, liebte ich sie wegen dieses Einflusses und streichelte sie.[318]

---

314 Mit anderer Intention, nämlich als emigrierter deutscher Jude, arbeitet damit Jahre später noch Walter Benjamin; vgl. Deutsche Menschen. Eine Folge von Briefen (zuerst 1936). Auswahl und Einleitungen von Walter Benjamin. Frankfurt a. M. 1972.

315 Schäfer steht damit im Kontext der Reformbewegungen um 1900 und ihren „Klagen über das Fehlen von Tragik und Tiefe"; Herbert: Geschichte Deutschlands im 20. Jahrhundert (s. Anm. 8), S. 55.

316 Franz Kafka: Tagebücher in der Fassung der Handschrift. Hg. von Hans-Gerd Koch, Michael Müller und Malcolm Pasley. New York 1990, S. 212. Wilhelm Schäfer gehörte früh zu Kafkas Lieblingsautoren; vgl. Reiner Stach: Kafka. Die frühen Jahre. 2. Aufl. Frankfurt a. M. 2014, S. 418.

317 Zu Kafkas Verhältnis zur Anekdote vgl. Ulrich Stadler: Gemütverstörungskunst. Franz Kafkas Beziehungen zur (Neo)romantik. In: Athenäum 27 (2017), S. 83–102.

318 Kafka: Tagebücher (s. Anm. 316), S. 214.

Die Anekdote bezeugt den immensen Einfluss, den Kafka der Literatur, auch der eigenen, zuschrieb.[319] Sie ist aber auch schauerlich, weil ihm die eigene Schwester gerade unter der Wirkung des archaisierend-naturalistischen Ungeschicklichkeitskonzepts von Schäfers Erzählung sympathisch wird. Schauerlich ist dieser Effekt vor allem dann, wenn man ihn mit dem Tod Valerie Kafkas 1942 im polnischen Vernichtungslager Kulmhof zusammendenkt. Ihr Tod kann als Folge einer Serie heroischer Selbstermächtigungen verstanden werden, die nicht zuletzt von der semantischen Steigerung und der mehr oder weniger offen nationalistischen ‚Vertiefung' der Ungeschicklichkeit zum Missgeschick unterstützt worden sind.

319 Vgl. dazu auch Stach: Kafka. Die frühen Jahre (s. Anm. 316), S. 155 f.

IV

Der Weg geht abwärts

Nach dem Ende des Ersten Weltkriegs beginnt mit der Konstitution der Weimarer Republik eine längere, politisch spannungsvolle und literarisch sehr ertragreiche Friedensphase. In ihr werden die sozialen Strukturen der monarchisch regierten Klassengesellschaft weitgehend aufgelöst und die reichen kulturellen Bestände dynamisiert und in neuen Formen weitergeführt.[320] Vor allem der Sturz der Monarchie im Verlauf der Novemberrevolution verunsicherte die Bürger, begünstigte den Einsatz von Gewalt als politisches Mittel[321] und eröffnete dem Ungeschick neue Chancen. Zugleich konnte die Republik aber auch eine Reihe von handfesten Erfolgen vorweisen und sich dadurch vorübergehend stabilisieren. Zu den Erfolgsfaktoren gehörte vor allem eine moderne Bildungspolitik, die massiv den sozialen Aufstieg breiter Bevölkerungsschichten beförderte und dabei in kleinen Schritten auch Frauen berufliche Chancen eröffnete. Auf diese Weise entstand die neue Schicht der Angestellten[322] und der Typus der ‚Neuen Frau'.[323] Das löste einen tiefgreifenden, vielfach irritierenden Wandel in den Geschlechterbeziehungen aus.[324] Von der Bildungspolitik der Weimarer Republik profitierte nicht zuletzt die Literatur. Durch die Erhöhung der Aufstiegschancen wurden aber auch Erwartungen geweckt, die von

320 Vgl. Kiesel: Geschichte der deutschsprachigen Literatur 1918 bis 1933 (s. Anm. 1), S. 85.

321 Vgl. Herbert: Geschichte Deutschlands im 20. Jahrhundert (s. Anm. 8), S. 186.

322 Insofern ihre Arbeitswelt sowohl „Sehnsüchte nach Entgrenzung" weckte, als auch „den zähen Bestand des Gewöhnlichen und die Vergeblichkeit der Hoffnung auf eine dauerhaft-befriedigende Erlösung aus dem Alltagstrott im Bewusstsein" hielt, waren die Angestellten in besonderer Weise offen für eine modernistische Neukonfiguration nachromantischer Poetik; Nicolas von Passavant: Nachromantische Exzentrik. Literarische Konfigurationen des Gewöhnlichen. Göttingen 2019, S. 224.

323 Vgl. Herbert: Geschichte Deutschlands im 20. Jahrhundert (s. Anm. 8), S. 234–244.

324 Vgl. Gumbrecht: 1926 (s. Anm. 59), S. 327–337, sowie S. 423–433.

 | DOI:10.30965/9783846761038_028

der Wirtschaftskrise durchkreuzt und am Ende nicht mehr erfüllt werden konnten.[325] Auch das erzeugte Formen des Ungeschicks. Radikale Parteien wie die Nationalsozialisten eigneten sich die Aufstiegserwartungen an, schoben Teilen der Gesellschaft wie den deutschen Juden die Verantwortung für ihre Enttäuschung zu und bereiteten dadurch der Republik ein rasches, direkt auf den Krieg zusteuerndes Ende.

Bestimmt wurde die Weimarer Republik von einem Menschentyp, der sich überwiegend distanziert und fatalistisch, am Ende auch brutal verhielt.[326] Er ist für den „massiv bellizistischen Charakter dieser ganzen Zeit" verantwortlich.[327] Im Krieg hatte er seine Leidensfähigkeit, seinen Gleichmut und seine Kontingenztoleranz erproben müssen, war aber auch an eine hierarchische Unterordnung unter militärisch organisierte Befehlsketten gewöhnt worden.[328] Jede Art der Beschwörung von Gemeinschaft hatte sich für ihn als illusionär erwiesen.[329] Walter Benjamin hat überdies auf die „Erfahrungsarmut" hingewiesen, mit der die Soldaten aus dem Krieg zurückgekommen seien.[330] Die neuen Kriegstechnologien hätten alle bisher vertrauten Erfahrungen entwertet und die Kämpfenden auf „winzige gebrechliche Menschenkörper" reduziert.[331] Dieser Reduktion, die sich im ‚Kriegszitterer' oder ‚Schüttler' emblematisch

325 Aly: Warum die Deutschen? Warum die Juden? (s. Anm. 211), S. 163. Vgl. Kiesel: Geschichte der deutschsprachigen Literatur 1918 bis 1933 (s. Anm. 1), S. 114.

326 Delabar: Klassische Moderne (s. Anm. 10), S. 45. Kiesel: Geschichte der deutschsprachigen Literatur 1918 bis 1933 (s. Anm. 1), S. 39, spricht von „einer erschreckenden Verrohung der Gesellschaft und der Literatur".

327 Ebd., S. 37.

328 Delabar: Klassische Moderne (s. Anm. 10), S. 46. Zur Bedeutung des Militarismus für die erstarkende Rechte vgl. Herbert: Geschichte Deutschlands im 20. Jahrhundert (s. Anm. 8), S. 271 f.

329 Vgl. Matthias Schöning: Versprengte Gemeinschaft. Kriegsroman und intellektuelle Mobilmachung in Deutschland 1914–33. Göttingen 2009.

330 Benjamin: Erfahrung und Armut (s. Anm. 35), S. 215.

331 Ebd., S. 214. Vgl. Christoph Deupmann: Die verlorene Generation. Heimkehr aus dem Ersten Weltkrieg in der deutschsprachigen Literatur. Heidelberg 2019, S. 54 f.

verdichtet hat,[332] entspricht das pejorative, diminuierte Ungeschick, das die Figuren Kafkas kennzeichnet. Auf die Erfahrungsarmut reagierte nach Benjamin „eine Art von neuem Barbarentum" in der zeitgenössischen Kultur, das reinen Tisch mit allem Überlieferten machte und radikale Neuanfänge zu erzwingen versuchte.[333] Zu denken wäre dabei an den Expressionismus und die DADA-Bewegung. Benjamin nennt mit Bertold Brecht, Adolf Loos und Paul Klee auch Akteure, die der Neuen Sachlichkeit nahestanden.

In der Neuen Sachlichkeit mit ihrem „Habitus der pragmatischen Nüchternheit" hat der Nachkriegstypus, der „gewissermaßen den Krieg in sich trug",[334] seine kulturelle Form gefunden.[335] Die Neue Sachlichkeit wandte sich in Deutschland „erstmals unter republikanischen Bedingungen" und mit „demokratischem Vorzeichen"[336] der Wirklichkeit und der Oberfläche zu, ersetzte ungeschickte Innerlichkeit durch technische Präzision und Nüchternheit, bevorzugte Sujets aus dem Alltag und übte eine kontrollierte Haltung ein, die mit Ironie und Distanz harmonierte.[337] Zu ihren Zielen gehörte die „Synchronisierung des Menschen mit der Moderne".[338] Man hat die Romanproduktion der Weimarer Republik als Reaktion auf diesen Großversuch verstanden und zwischen drei typischen Reaktionsformen unterschieden: Akzeptanz, Skepsis und Unterwerfung. Exemplarisch für die Akzeptanz der Synchronisierung lässt sich Thomas Mann heranziehen. Er entwickelt sich nach den ironisch-elitären *Betrachtungen eines Unpolitischen* zu einem entschiedenen Befürworter der Republik. Freilich werden auch kleinere Vorbehalte deutlich, wenn in seinem Roman *Der Zauberberg* von

332 Vgl. ebd., S. 34–37.

333 Benjamin: Erfahrung und Armut (s. Anm. 35), S. 215. Vgl. Kiesel: Geschichte der deutschsprachigen Literatur 1918 bis 1933 (s. Anm. 1), S. 105–107.

334 Deupmann: Die verlorene Generation (s. Anm. 331), S. 7.

335 Vgl. Herbert: Geschichte Deutschlands im 20. Jahrhundert (s. Anm. 8), S. 250 f., sowie Gumbrecht: 1926 (s. Anm. 59), S. 338 f., der ihre Nähe zur Industrie und ihre Auswirkungen auf die Pädagogik betont.

336 Kiesel: Geschichte der deutschsprachigen Literatur 1918 bis 1933 (s. Anm. 1), S. 32.

337 Delabar: Klassische Moderne (s. Anm. 10), S. 88 und S. 92.

338 Ebd., S. 93.

„etwas ungeschickten Anpassungen“[339] einer Figur an ihre soziale Umgebung die Rede ist. Die Reaktionsform der Skepsis findet sich ausgeprägt bei Alfred Döblin, der den scheiternden Protagonisten seines Romans *Berlin Alexanderplatz* anfangs mit dem Schicksal in Verbindung bringt, am Ende aber dem Leser die Bewertung des Geschehens überträgt. Für die Reaktionsform der Unterwerfung unter die Anforderungen der Moderne lassen sich vor allem die Romanfragmente Kafkas heranziehen. Sie radikalisieren eine Einsicht, die Max Horkheimer und Theodor W. Adorno in kritischer Absicht den leichtgewichtigen Produkten der zeitgenössischen Kulturindustrie abgewonnen haben: „Man braucht nur der eigenen Nichtigkeit innezuwerden, nur die Niederlage zu unterschreiben, und schon gehört man dazu.“[340] Kafkas Romanfragmente machen damit ernst, indem sie eine Radikalisierung der subjektiven Perspektive mit einer Invisibilisierung und Mythologisierung der sozialen Institutionen verbinden, die für seine Protagonisten unerreichbar werden.[341] In Kafkas Texten wird der schon vom frühen Thomas Mann vertretene Heroismus der Schwäche aufgenommen und als kleines, alltägliches Ungeschick im bescheidenen Glanz seiner literarischen Wahrheit gezeigt.[342]

Kafkas Erzählwerk, insbesondere die 1919 erschienene Novelle *In der Strafkolonie*, führt die Unerbittlichkeit vor Augen, die im damaligen Erfahrungshaushalt mit der Synchronisierung von Mensch und technischer Modernisierung einherging.[343] Sie bestimmt auch die literarische Darstellung der Ungeschicklichkeit in der Phase der Weimarer Republik und des Nationalsozialismus. Als Gegenentwurf

---

339 Th. Mann: Der Zauberberg (s. Anm. 282), S. 44. Von Hans Castorp heißt es später zudem, er sei zu ungeschickt zum Ausgleich; ebd., S. 642.

340 Horkheimer/Adorno: Dialektik der Aufklärung (s. Anm. 71), S. 137.

341 Delabar: Klassische Moderne (s. Anm. 10), S. 203.

342 Nach der schönen Bestimmung von Reiner Stach: Kafka. Die Jahre der Erkenntnis. 3. Aufl. Frankfurt a. M. 2015, S. 127, war für Kafka Wahrheit nichts, was gelehrt werden kann, sondern etwas, was gelebt werden muss: „ein Kraftfeld, dessen Quelle unserem Blick entzogen bleibt, in dessen Radius aber allein ein menschenwürdiges Leben denkbar ist“. Als Wahrhaftigkeit war sie für Kafka mit absoluter Authentizität identisch; ebd., S. 135.

343 Zur Unerbittlichkeit vgl. Delabar: Klassische Moderne (s. Anm. 10), S. 167.

zur tragischen Vertiefung der Ungeschicklichkeit vor 1918, die in Wilhelm Schäfers *Missgeschickten* kulminiert, lässt sich nun eine Versachlichung und soziale Kontextualisierung des Ungeschicks beobachten. Statt der fatalistischen kommt es zu einer literarischen und politischen Markierung des Ungeschicklichkeitsdiskurses.[344] Beide arbeiten an einer Dekonstruktion des Schicksals durch die Frage nach Haltungen, Umgangsformen und sozialen Regeln, insbesondere nach Inklusions- und Exklusionsmechanismen.[345] Markant werden diese Fragen in literarischen Texten deutsch-jüdischer Autoren durchgespielt. Sie scheinen damals ein besonders ausgeprägtes Sensorium für das Ungeschick gehabt zu haben. Kafka etwa, so hat sein Biograph festgehalten, stabilisierte sich über „eine *Dynamik des Ernstfalls*".[346]

Das lässt sich mit der Lage der deutschen Juden erklären. In der Weimarer Republik wurde ihre Geistesgegenwart und Elastizität von den zahlreichen weniger gewandten Sozialaufsteigern als Bedrohung empfunden.[347] Der inzwischen nicht nur organisierte, sondern zunehmend rassenbiologisch armierte und nach der Inflation in offenen Hass umschlagende Antisemitismus hat die Geschicklichkeit der deutschen Juden sogar als Beleg für ihre Minderwertigkeit angeführt. So forderte etwa der Ökonom Werner Sombart schon 1912 den Ausschluss aller Juden von Hochschullehrerstellen.[348] Nur so hatten für ihn die weniger begabten deutschen Konkurrenten eine

344 Das steht im größeren Kontext der besonders engen „Korrespondenz zwischen politischer und literarischer Entwicklung" in der Kultur der Weimarer Republik; Kiesel: Geschichte der deutschsprachigen Literatur 1918 bis 1933 (s. Anm. 1), S. 84.

345 Als Zwischenstufe kann der katholische Dadaist Hugo Ball gelten, der 1923 in seiner Abhandlung *Byzantinisches Christentum* dem heidnischen Naturheroismus der 1920er Jahre polemisch den kultivierten Heroismus der christlichen Heiligen und Asketen entgegenstellte; vgl. Kiesel: Geschichte der deutschsprachigen Literatur 1918 bis 1933 (s. Anm. 1), S. 187.

346 Stach: Kafka. Die Jahre der Erkenntnis (s. Anm. 342), S. 175.

347 Aly: Warum die Deutschen? Warum die Juden? (s. Anm. 211), S. 183. Zur Bedeutung des Judentums für die deutsche Kultur der zwanziger Jahre vgl. Kiesel: Geschichte der deutschsprachigen Literatur 1918 bis 1933 (s. Anm. 1), S. 18 f.

348 Aly: Warum die Deutschen? Warum die Juden? (s. Anm. 211), S. 177.

reelle Chance. Wie der Artikel *geschickt* in Trübners *Deutschem Wörterbuch* belegt, wurde im Laufe der Weimarer Republik überdies zusammen mit der ideologischen Aufladung von Geschicklichkeit und Geschick auch der Gegenbegriff des Ungeschicks zugunsten des heroisch konnotierten, tragisch vertieften und antisemitisch aufgeladenen Missgeschicks banalisiert und marginalisiert. Das eröffnete hellsichtigen und sprachlich sensiblen Autoren wie Kafka neue Horizonte, die sich auch in der literarischen Semantik des Ausdrucks *ungeschickt* niederschlagen.

Die Unsicherheit insbesondere junger Sozialaufsteiger[349] und die sozialen Unruhen um das Jahr 1930 wurden von den politischen Akteuren als Zeichen eines zunehmenden Widerstands gegen die Modernisierung gedeutet und von radikalen Gruppierungen wie den national und völkisch orientierten Parteien genutzt.[350] Vor allem die NSDAP nahm „die Ziele und Ängste derjenigen auf, die sozial in Bewegung geraten waren."[351] Sie setzte dafür auf erhöhte Beschleunigung, auf das Prinzip der permanenten Aktion.[352] Schon 1930 kontaminierte Hitler den Hochwertbegriff der Jugend mit der Leitvokabel des Heroischen und versprach seinen Anhängern im Wahlkampf: „Jugendlicher Heroismus wird die greisenhafte Sterilität unseres bisherigen bürgerlichen nationalen Lebens überwinden."[353] Nach seinem Regierungsantritt machte er damit ernst. Nun wurden „Aggression und Verzweiflung der in ihren Zukunftsplänen Blockierten" gezielt auf die Juden gelenkt, um in der übrigen Bevölkerung ein Gefühl der Entlastung zu erzeugen.[354] Sie wurden für nahezu alle Widersprüche der Moderne und die schwierige Lage Deutschlands verantwortlich gemacht.[355] Die neue Regierung ging

349 Ebd., S. 225.
350 Delabar: Klassische Moderne (s. Anm. 10), S. 183, vgl. S. 186.
351 Aly: Warum die Deutschen? Warum die Juden? (s. Anm. 211), S. 222.
352 Ebd., S. 241 f.
353 Zit. nach ebd., S. 229. Zur spezifischen Lage der Jugend und ihrem Aggressionspotenzial vgl. auch Kiesel: Geschichte der deutschsprachigen Literatur 1918 bis 1933 (s. Anm. 1), S. 100 f.
354 Aly: Warum die Deutschen? Warum die Juden? (s. Anm. 211), S. 231.
355 Herbert: Geschichte Deutschlands im 20. Jahrhundert (s. Anm. 8), S. 277.

mit einem geradezu besinnungslosen Hyperaktivismus vor;[356] sie agierte in einer „Atmosphäre der Atemlosigkeit und der Dauermobilisierung".[357] Zwischen 1933 und 1938 führte dieser Aktivismus zur Vertreibung von deutschen Juden nicht nur aus allen Hochschulen, sondern aus sämtlichen Berufen.[358] Das ist die höchst prekäre Lage, in der Walter Benjamin sich mit Kafkas semantischer Neuordnung der Ungeschicklichkeit beschäftigt. In seiner Autobiographie *Berliner Kindheit um neunzehnhundert* hat er ihr mit der Wiederaufnahme der romantischen Figur des buckligen Männleins die bedeutendste Allegorie des Ungeschicks im 20. Jahrhundert zur Seite gestellt.

Irgendein trübseliger Hausbewohner

Ins Zentrum seiner monumentalen Biographie Franz Kafkas hat Reiner Stach die Frage gestellt, wie „der sozial unscheinbarste Mensch" dazu fähig sein konnte, „in der Geschichte der Weltliteratur eine Schockwelle auszulösen, deren Echos bis heute nachhallen"[359]. Zu den Erklärungsfaktoren gehört auch Kafkas Umgang mit dem Ungeschick. Das ist bisher erst schemenhaft gesehen worden. Stach hat dazu festgehalten: „Wo man ihn hinstellte, bewährte er sich, als Schüler, Student, Beamter. Doch nichts ging ihm ‚von der Hand'".[360] Man müsse sich den jungen Kafka als „sozial ungelenken und von Hemmungen gequälten" Mann vorstellen.[361] Das habe ihn unter den Zeitgenossen zu einer Durchschnittsexistenz gemacht, allerdings

356 Vgl. ebd., S. 305–319.

357 Ebd., S. 333.

358 Aly: Warum die Deutschen? Warum die Juden? (s. Anm. 211), S. 231. Durch diese Maßnahme, die so gut wie keinen nennenswerten Widerstand auslöste, wurde die „relativ konfliktarme Anpassung" der Universitäten an das neue Regime entscheidend gefördert; Herbert: Geschichte Deutschlands im 20. Jahrhundert (s. Anm. 8), S. 365.

359 Reiner Stach: Einführung. In: ders.: Kafka. Die Jahre der Entscheidungen. 6. Aufl. Frankfurt a. M. 2015, S. IX–XXVII, hier S. XXII.

360 Ebd.

361 Stach: Kafka. Die frühen Jahre (s. Anm. 316), S. 302.

mit der speziellen, durch die jüdische Herkunft verstärkten Erfahrung versehen, dass soziale Achtung eine schwer zu erringende und höchst labile Größe ist. „Eine einzige ungeschickte Bewegung" konnte sie wieder zerstören.[362] Hinter der zerstörten Achtung drohte zudem stets ein „schon vorhandenes, tieferes Unglück"[363] sichtbar zu werden. Dieses verborgene Unglück kann man als Makel der Herkunft verstehen. Stach hat aber auch Kafkas Körperkult beschrieben, seine Abhärtungsprogramme und seine sportlichen Aktivitäten (Schwimmen, Rudern, Wandern, Reiten, Tennisspielen und Fahrradfahren),[364] die ihn als Sympathisanten der am Beginn des 20. Jahrhunderts sehr erfolgreichen Lebensreformbewegungen[365] ausweisen. Erst auf dieser Grundlage ließ sich dann der große asketische Selbstentwurf ausführen, der bis 1914 weitgehend abgeschlossen war. Man hat ihn als *„Selbsterfindung"* bezeichnet und darin „die entscheidende psychische Leistung" gesehen, „die aus dem unauffälligen Prager Juden das unwiederholbare, unnachahmliche ‚Phänomen Kafka' machte."[366] Die Selbsterfindung erlaubte es Kafka, aus eigenen Schwächen Stärken zu machen.[367] Das gilt auch für seine Ungeschicklichkeit.

Franz Kafka hat sich früh als ungeschickt und ungelenk verstanden. In einem seiner ersten Briefe schreibt er dem ästhetisch gebildeten Freund Oskar Pollak,[368] er würde „mit eckigen Gesten agieren" und mit „unbehauenen Worten und viereckigen Mienen" auftreten.[369] Später erinnert er sich an seine Schulzeit, in der er den „schlechten Kleidern", die seine Eltern ihm nur geben konnten, auch in seiner Haltung nachgegeben habe. Er „gieng mit gebeugtem

---

362 Ebd., S. 67.

363 Ebd., S. 77.

364 Ebd., S. 304.

365 Vgl. Herbert: Geschichte Deutschlands im 20. Jahrhundert (s. Anm. 8), S. 47 f.; Sprengel: Geschichte der deutschsprachigen Literatur 1900–1918 (s. Anm. 4), S. 39–42.

366 Stach: Kafka. Die Jahre der Entscheidungen (s. Anm. 359), S. 484.

367 Ebd., S. 578.

368 Stach: Kafka. Die frühen Jahre (s. Anm. 316), S. 214.

369 Franz Kafka an Oskar Pollak, 4.2.1902. In: ders.: Briefe 1900–1912. Hg. von Hans-Gerd Koch. Frankfurt a. M. 1999, S. 10–11, hier S. 10, S. 11.

Rücken, schiefen Schultern, verlegenen Armen und Händen herum" und blieb aus „Schwäche des Denkens", aber auch „aus Traurigkeit und Furcht" ohne jede Zukunftsperspektive immer nur „bei den gegenwärtigen Dingen und ihren gegenwärtigen Zuständen".[370] Aber auch der Alltag in der Großstadt Prag erschien ihm zutiefst von Ungeschicklichkeiten geprägt.[371] Ebenfalls an Oskar Pollak schreibt er vom „Leben", „das da draußen über die Steine stolpert, wie die arme Postkutsche von Liboch nach Dauba humpelt."[372] Beide Formen der Ungeschicklichkeit, die eigene wie die der anderen, hat er zudem früh schon fiktionalisiert. Wiederum in einem Brief an Oskar Pollak erzählt er die Geschichte „vom schamhaften Langen" mit seinen „ungeschickten magern Spinnenfingern", der in seiner engen Stube „mit seinem großen eckigen Schädel geradewegs durch die Decke fuhr und ohne sonderliche Absicht auf die Strohdächer niederschauen mußte."[373] Schließlich dehnt er die Ungeschicklichkeit auch auf seinen Schriftgebrauch aus. Erneut gegenüber Pollak gesteht er ein, „das Unglück" sitze ihm „von früh an auf dem Buckel"; er will dem Freund demnächst seine fertigen Texte schicken und sein Urteil darüber hören, sei aber „sehr ungeschickt im Schreiben solcher Dinge".[374] Doch auch der erprobte Schriftsteller versteht sich noch als Ungeschickter. Auf einer Postkarte, die er aus Verona

370 Kafka: Tagebücher (s. Anm. 316), S. 334 f. Vgl. dazu Stach: Kafka. Die frühen Jahre (s. Anm. 316), S. 195.

371 Über Prag als kulturelles Zentrum zu Beginn des 20. Jhdts. vgl. Sprengel: Geschichte der deutschsprachigen Literatur 1900–1918 (s. Anm. 4), S. 118 f.: Aufgrund einer „krisenhaften Zuspitzung des Nationalitätengegensatzes" rückte man „gleichsam zusammen", orientierte sich aber auch an den Entwicklungen in Berlin, München oder Wien. Zum Prager Antisemitismus in der Nachkriegszeit, der auch Kafka „an Abwanderung denken ließ", vgl. Kiesel: Geschichte der deutschsprachigen Literatur 1918 bis 1933 (s. Anm. 1), S. 82.

372 Franz Kafka an Oskar Pollak, am oder vor dem 24.8.1902. In: Franz Kafka: Briefe 1900–1912. Hg. von Hans-Gerd Koch. New York/Frankfurt a. M. 1999, S. 12–15, hier S. 14 f.

373 Franz Kafka an Oskar Pollak, 20.12.1902. In: Kafka: Briefe 1900–1912 (s. Anm. 372), S. 17–19, hier S. 18. Vgl. dazu auch Sprengel: Geschichte der deutschsprachigen Literatur 1900–1918 (s. Anm. 4), S. 296.

374 Franz Kafka an Oskar Pollak, 6.3.1903. In: Kafka: Briefe 1900–1912 (s. Anm. 372), S. 24–26, hier S. 26.

an Felice Bauer schrieb, hält er fest, er sitze „müde in einer Kirchenbank" der Chiesa Sant'Anastasia, „gegenüber einem lebensgroßen Marmorzwerg, der mit glücklichem Gesichtsausdruck ein Weihwasserbecken trägt."[375] Zwei Jahre später wird daraus im Tagebuch eine Miniatur der Vergeblichkeit, wenn sich der Schreibende in einem unglücklichen Pendant des Buckligen selbst erkennt. Dieser Bucklige war 1491 von Gabriele Cagliari geschaffen worden; er trägt als Weihwasserbecken ein antikes Kapitel. Kafka schreibt:

Abb. 13
Gabriele Cagliari, Il Gobbo, 1491

Erinnerung an eine Kirche in Verona, wo ich, ganz verlassen, nur unter dem leichten Zwang der Pflicht eines Vergnügungsreisenden

375 Franz Kafka an Felice Bauer, 20.9.1913. In: Franz Kafka: Briefe 1913–März 1914. Hg. von Hans-Gerd Koch. New York/Frankfurt a. M. 1999, S. 284. Kafka bezieht sich auf die Plastik von Alessandrino Rossi aus dem Jahr 1591.

> und unter dem schweren Zwang eines in Nutzlosigkeit vergehenden Menschen widerwillig eintrat, einen überlebensgroßen Zwerg sah, der sich unter dem Weihbecken krümmte, ein wenig umhergieng, mich niedersetzte und ebenso widerwillig hinausgieng als sei draußen wieder eine gleiche Kirche Tor an Tor angebaut.[376]

Ungeschickte Figuren bevölkern nicht zuletzt den gesamten narrativen Kosmos Kafkas. Allerdings unterscheiden sie sich markant von den sensiblen, musikalisch gebildeten und tragisch vertieften Missgeschickten Wilhelm Schäfers. Eher gehören sie zur musisch desinteressierten Unterschicht der Angestellten, Arbeiter und Dienstboten.[377] Schon in der Erzählung *Der Heizer*, nach eigenen Worten eine „glatte Dickensnachahmung",[378] die in seinen Roman *Der Verschollene* eingegangen, aber 1913 auch separat publiziert worden ist, tritt ein ungeschickter Arbeiter in Erscheinung: „Er war überhaupt langsam in seinen Bewegungen, denn wenn er auch lange Beine hatte, so waren sie doch zu schwer."[379] Seine „Übereiltheit"[380] lässt ihn wiederholt Fehler begehen und seine „etwas ungeschickte

376 Kafka: Tagebücher (s. Anm. 316), S. 770. Zischler: Kafka geht ins Kino (s. Anm. 24), S. 172–174, hat vermutet, dass Kafka bei seiner Tagebuchaufzeichnung den auf der Postkarte festgehaltenen glücklichen Gesichtsausdruck des Buckligen vergessen oder verdrängt habe, übersieht dabei aber, dass es in der Kirche sowohl einen glücklichen, als auch einen unglücklichen Buckligen gibt.

377 Kafka hat später seine eigentümliche Stärke in seinem „Unmusikalisch-Sein" und damit in einer entschiedenen Distanz zu einem zentralen Wert der Hochkultur sehen wollen; Franz Kafka an Milena Pollak, 17.07.1920. In: Franz Kafka: Briefe 1918–1920. Hg. von Hans-Gerd Koch. New York/Frankfurt a. M. 2013, S. 232; vgl. auch ebd., S. 186. Zum modernen, neuen Freizeitbeschäftigungen und Unterhaltungsformen gegenüber aufgeschlossenen und insofern nicht mehr den Werten des akademisch geprägten Bildungsbürgertums verpflichteten Sozialverhalten der Angestellten vgl. Kiesel: Geschichte der deutschsprachigen Literatur 1918 bis 1933 (s. Anm. 1), S. 101. – Mit Dank für den Hinweis an Tim Attanucci.

378 Kafka: Tagebücher (s. Anm. 316), S. 841.

379 Franz Kafka: Der Heizer. Ein Fragment (zuerst 1913). In: ders.: Drucke zu Lebzeiten. Hg. von Hans-Gerd Koch, Wolf Kittler und Gerhard Neumann. New York/Frankfurt a. M. 1994, S. 63–111, hier S. 76. Vgl. auch ebd., S. 91: „Er stand da, die Beine auseinander gestellt, die Knie unsicher, den Kopf etwas gehoben, und die Luft verkehrte durch den offenen Mund, als gäbe es innen keine Lungen mehr, die sie verarbeiteten".

380 Ebd., S. 81.

Ausdrucksweise"[381] macht es ihm schwer, seine Interessen zu artikulieren. Zwar versucht der Protagonist Karl Roßmann im Hafen von New York dem von seinem Vorgesetzten schlecht behandelten Schiffsheizer Gerechtigkeit zu verschaffen, verhält sich dabei aber bei allem Willen zum diplomatischen Geschick[382] naiv und muss sein Vorhaben aufgeben. Das liegt daran, dass er keinen Plan hat und in der Kapitänskajüte zudem unverhofft auf seinen Onkel trifft. Im Sinne von Annette von Droste-Hülshoffs Gedicht *Guten Willens Ungeschick* hat am Ende Karls „schlimmes Helfen"[383] dem Heizer eher geschadet als genutzt. Karl Roßmann vergisst schließlich den Heizer und die Erzählung steigert sein Vergessen ins Absolute: „Es war wirklich, als gäbe es keinen Heizer mehr."[384]

Für die Geschichte der Ungeschicklichkeit in der deutschsprachigen Literatur der 1920er Jahre ist vor allem Kafkas spätes Romanfragment *Das Schloß* aufschlussreich. Es entstand, nachdem sich Kafka das Scheitern aller seiner Liebesbeziehungen eingestanden hatte.[385] Man hat in dem Romanbeginn, dem eine vergleichsweise lange Phase der Schreibabstinenz vorausging,[386] einen „Neuansatz auf verändertem Niveau" nach dem definitiven Abbruch des Romans *Der Proceß* gesehen.[387] Kafka arbeitete an dem Roman von Januar bis August 1922. Begonnen wird die Niederschrift wohl schon am 27.1.1922, am Tag der Ankunft im Luftkurort Spindelmühle.[388] Für den Status des neuen Romans ist entscheidend, dass sich Kafka seit 1918 nicht mehr primär als Schriftsteller verstand.[389] Seither stellte er das Schreiben vielmehr in den Dienst

381 Ebd., S. 83.

382 Vgl. ebd., S. 85 f.

383 Annette von Droste-Hülshoff: Guten Willens Ungeschick (zuerst 1844). In: dies.: Historisch-kritische Ausgabe. Werke. Briefwechsel. Hg. von Winfried Woesler. Bd. I.1: Gedichte zu Lebzeiten. Text. Tübingen 1986, S. 135 f., hier S. 135.

384 Kafka: Der Heizer (s. Anm. 379), S. 110.

385 Peter-André Alt: Franz Kafka. Der ewige Sohn. 3., durchges. Aufl. München 2018, S. 588.

386 Ebd., S. 589.

387 Sprengel: Geschichte der deutschsprachigen Literatur 1900–1918 (s. Anm. 4), S. 309 f.

388 Vgl. Stach: Kafka. Die Jahre der Erkenntnis (s. Anm. 342), S. 458 f.

389 Ebd., S. 250. Dafür mag auch der Umstand verantwortlich gewesen sein, dass ambitionierte Autoren in Prag nach 1918 nicht mehr wussten, „für welches

des Erkenntnisgewinns und versuchte mit seiner Hilfe, den ihm eigenen Ort im „Wirbel allgemeiner Auflösung“ zu bestimmen und festzuhalten.[390] Das machte den Roman zu „eine[r] Art der Selbstansprache“,[391] ja zu einer Form der Selbsttherapie, die den „Leerlauf der Selbstbeobachtung“ durchbrechen und überwinden sollte.[392] Zu diesem Zweck wird unter anderem im Rückgriff auf jüdische Legenden „ein *privater Mythos*“ entwickelt.[393] Am 11.9.1922 erklärte Kafka die Arbeit am Roman jedoch für unabschließbar. Das Fragment wurde 1926 nach dem Tod des Autors von Max Brod publiziert.

Man hat vermutet, dass zu den Anregungen für das titelgebende Schloss ein Besuch der Arwaburg gehört hat, auf der wenig später Friedrich Wilhelm Murnaus Film *Nosferatu* gedreht worden ist.[394] Stichhaltiger erscheint die These, dass mit dem Schloss auf die Prager Burg verwiesen wird, die Kafka jahrzehntelang im Blick hatte.[395] In jedem Fall greift Kafka mit dem Titel des Fragments ein prominentes Motiv der europäischen Schauerliteratur auf.[396] Für die Fallgeschichte der deutschen Literatur ist allerdings eher der Umgang des Romanfragments mit der Ikonographie und Mythologie der Heroischen Moderne bedeutsam. Beide erfahren eine entscheidende Brechung und Neukonstellation im Zeichen der Ungeschicklichkeit.

Publikum sie eigentlich schreiben wollten“; Kiesel: Geschichte der deutschsprachigen Literatur 1918 bis 1933 (s. Anm. 1), S. 83.

390 Stach: Kafka. Die Jahre der Erkenntnis (s. Anm. 342), S. 265.

391 Waldemar Fromm: „Das Schloss“. In: Manfred Engel/Bernd Auerochs (Hg.): Kafka-Handbuch. Leben – Werk – Wirkung. Stuttgart 2010, S. 301–317, hier S. 303.

392 Vgl. Stach: Kafka. Die Jahre der Erkenntnis (s. Anm. 342), S. 459.

393 Ebd., S. 480. Vgl. zu den jüdischen Einflüssen auch Alt: Franz Kafka (s. Anm. 385), S. 602 f.

394 Vgl. Peter-André Alt: Kafka und der Film. Über kinematographisches Erzählen. München 2009, S. 160–188.

395 Stach: Kafka. Die Jahre der Erkenntnis (s. Anm. 342), S. 469. Weitere Identifikationsversuche (Friedland, Wossek) werden ebd., S. 675, referiert.

396 Vgl. Dieter Lamping: Kafkas Lektüren. In: Engel/Auerochs (Hg.): Kafka-Handbuch (s. Anm. 391), S. 29–37, hier S. 35. Differenziert dazu Alt: Franz Kafka (s. Anm. 385), S. 591.

Das lässt sich zunächst an zwei Bildern zeigen, die der Beschreibung des titelgebenden Schlosses und des ihm zugeordneten Protagonisten dienen. Sie demonstrieren, was man das „Eigenleben bildhafter Vorstellungen" bei Kafka genannt hat. Dabei geht es um eine Bilddynamik, die über Werk- und Gattungsgrenzen und selbst über das literarische Schreiben hinausführt.[397] Als sich K., der Protagonist des Romanfragments, dem Schloss nähert, enttäuscht es ihn. Kaum verdient es den Namen eines Schlosses. Im Vergleich mit dem erhabenen Kirchturm seiner Heimat schneidet es nicht gut ab. Der einzige sichtbare Turm des Schlosses gehört zu einem gewöhnlichen Wohnhaus und besitzt nur kleine Fenster, deren Aufblitzen im Sonnenlicht allerdings „etwas Irrsinniges" hat.[398] Von den Zinnen des Turms heißt es, dass sie „unsicher, brüchig wie von ängstlicher oder nachlässiger Kinderhand gezeichnet sich in den blauen Himmel zackten."[399] Zu der Mischung von Alltag, Irrsinn und Primitivismus passt der Vergleich, in den die Beschreibung des Turms mündet. Kafka hat mit ihm seine frühe, biographisch gefärbte Brieferzählung vom schamhaften Langen aufgenommen und modifiziert: „Es war wie wenn irgendein trübseliger Hausbewohner, der gerechter Weise im entlegensten Zimmer des Hauses sich hätte eingesperrt halten sollen, das Dach durchbrochen und sich erhoben hätte, um sich der Welt zu zeigen."[400] Der Stein gewordene Heroismus des Schlossturms – und mit ihm des Schlosses selbst – ist Ausdruck einer irritierenden Selbstermächtigung, die Züge des Irrsinns und der Kindlichkeit trägt, dennoch aber Sichtbarkeit, Macht und Dauer für sich beansprucht.

Dem ambivalenten, auf Schwäche beruhenden Heroismus des Schlosses und seiner opaken Alltäglichkeit entspricht der ebenso ambivalente, aber lediglich transitorische, plötzlich aufblitzende Heroismus des Protagonisten K. Während eines mühsamen Ganges

397 Stach: Kafka. Die Jahre der Erkenntnis (s. Anm. 342), S. 407.

398 Kafka: Das Schloß (s. Anm. 68), S. 18.

399 Ebd.

400 Ebd. Der Vergleich veranschaulicht präzise die rätselhafte Verbindung von Unscheinbarkeit mit machtvollster Wirkung die Stach: Einführung (s. Anm. 359), S. XXII, für das zentrale Charakteristikum Kafkas hält.

durch die Winternacht erinnert er sich an seine Kindheit. Seine Erinnerung betrifft „die glatte hohe Mauer“, die in seiner Heimat einen alten Friedhof neben der Kirche umgab.[401] Alle Jungen in der Umgebung hatten sie bereits erklommen. Einmal war es auch K. gelungen, gleich im ersten Anlauf, unbeobachtet und „eine kleine Fahne zwischen den Zähnen“, die Mauer zu bezwingen. Das hatte ihn zum Helden gemacht: „Er rammte die Fahne ein, der Wind spannte das Tuch, er blickte hinunter und in die Runde, auch über die Schulter hinweg auf die in der Erde versinkenden Kreuze, niemand war hier größer als er.“[402] Das korrespondiert mit dem erhabenen Schlossturm. Allerdings erinnert er sich auch, wie zufällig ein Lehrer vorbeikam, dessen ärgerlicher Blick K. von der Mauer vertrieb. Dabei stürzte er ungeschickt, verletzte sich am Knie und gelangte nur mit Mühe nach Hause.[403] Anders als im Fall des Schlosses und seines Turms war der Heroismus K.'s als jugendliche Mutprobe gerechtfertigt (wenn er auch von einem Vertreter der Autorität missbilligt wurde), endete aber kläglich mit einer Ungeschicklichkeit. Letztere wurde jedoch sofort vergessen, während der Triumph festgehalten wird. Denn K. schien anschließend „das Gefühl dieses Sieges [...] für ein langes Leben einen Halt zu geben“.[404] Es macht ihn gewissermaßen zu einem inneren Turm.[405] Man kann den Roman als Entfaltung dieses Gefühls verstehen, das mit der verdrängten Ungeschicklichkeit allerdings in einem prekären

401 Kafka: Das Schloß (s. Anm. 68), S. 49.

402 Ebd., S. 49 f. Die Episode kann als Referenz auf Rilkes Erzählung *Die Turnstunde* gelesen werden, in welcher der schwächliche und ungeschickte Karl Gruber unaufgefordert die Kletterstange bis zur höchsten Höhe emporklimmt und wenig später stirbt; vgl. Rainer Maria Rilke: Die Turnstunde (zuerst 1902). In: ders.: Werke (s. Anm. 94), Bd. 3, S. 435–440.

403 Kafka: Das Schloß (s. Anm. 68), S. 50.

404 Ebd.

405 Die Wahl der Metapher des Turms für Formen der literarischen Existenz lag damals gewissermaßen in der Luft. Prominent eingesetzt wird sie von Hugo von Hofmannsthal: Der Turm. Ein Trauerspiel in fünf Aufzügen (zuerst 1923–1925). In: ders.: Gesammelte Werke in zehn Einzelbänden. Bd. 3. Frankfurt a. M. 1979, S. 255–381. Auf die Bedeutung von Hofmannsthals Symbolismus zumindest für die frühen Texte Kafkas verweist Sprengel: Geschichte der deutschsprachigen Literatur 1900–1918 (s. Anm. 4), S. 297.

Zusammenhang steht. Angedeutet wird dieser Zusammenhang schon am Ende des winterlichen Ganges, denn auf die leise Frage „Wo sind wir?" antwortet sein Begleiter: „Zuhause", was K. erstaunt und wie im Traum zur Kenntnis nimmt. Der Begleiter fügt warnend und mit Anklängen an biblisches Sprechen hinzu: „Jetzt aber gib acht, Herr, daß Du nicht ausgleitest. Der Weg geht abwärts."[406]

Tatsächlich wird K. in Kafkas Romanfragment als ungeschickter Heros gekennzeichnet und damit zugleich in die Nähe der Décadents, der Verirrten und Missgeschickten aus der Zeit des Fin de Siècle gerückt. Ihm werden nicht nur motorische Ungeschicklichkeiten wie der Sturz von der Mauer und die Schwerfälligkeit bei einer Handreichung[407], sondern wiederholt auch rhetorische Fehltritte zugeschrieben.[408] Dabei wird der Landvermesser seinem Autor im Romanverlauf zunehmend ähnlicher.[409] Besonders markant tritt seine Ungeschicklichkeit in einer Episode hervor, in der ihm angesichts der extremen Kälte der Kutscher eines wartenden Schlittens, der zum Schloss gehört und die dort beschäftigten Beamten transportiert, Kognak anbietet. Der Kognak befindet sich im Inneren des Schlittens. Dieses Innere ist warm und weich mit „Decken, Pölstern und Pelzen" ausgestattet.[410] Es ähnelt den Interieurs, in denen mit geschwächten Nerven und Körpern die Décadents versinken.[411]

---

406 Kafka: Das Schloß (s. Anm. 68), S. 51. Die Episode steht in enger Beziehung zu einem Tagebucheintrag vom 29.1.1922, wo von einem „verlassenen Weg" die Rede ist, „auf dem man im Dunkel im Schnee fortwährend ausgleitet, überdies ein sinnloser Weg ohne irdisches Ziel"; vgl. Kafka: Tagebücher (s. Anm. 316), S. 894. Das bezieht sich auf eine abgebrochene Wanderung Kafkas von Spindelmühle nach Weißwassergrund im tiefen Schnee, ein Erlebnis, das er im Tagebuch ins Existenzielle umdeutete und „sofort mit dem Roman in Beziehung setzte"; vgl. Stach: Kafka. Die Jahre der Erkenntnis (s. Anm. 342), S. 468. Alt: Franz Kafka (s. Anm. 385), S. 594, spricht von einem „Zustand des Entgleitens", in dem sich K. beständig befinde.

407 Kafka: Das Schloß (s. Anm. 68), S. 164.

408 So gibt er etwa dem Wirt gegenüber zu, sich „ungeschickt ausgedrückt" zu haben; ebd., S. 57.

409 Stach: Kafka. Die Jahre der Erkenntnis (s. Anm. 342), S. 463.

410 Kafka: Das Schloß (s. Anm. 68), S. 163.

411 Zum bürgerlichen Interieur des 19. Jahrhunderts vgl. Theodor W. Adorno: Kierkegaard. Konstruktion des Ästhetischen (zuerst 1933). Frankfurt a. M. 1974, S. 75–86.

K. findet den Kognak und öffnet ihn. Für ihn riecht er „so süß, so schmeichelnd, so wie wenn man von jemand, den man sehr lieb hat, Lob und gute Worte hört und gar nicht genau weiß, um was es sich handelt und es gar nicht wissen will und nur glücklich ist in dem Bewußtsein, daß er es ist, der so spricht."[412] K. trinkt von dem Kognak, macht sich deswegen Vorwürfe, kann es aber nicht lassen und trinkt erneut, bis er Schritte hört und ihm beim hastigen Verlassen des Schlittens die Flasche entfällt. Ihr Inhalt ergießt sich in einen Pelz.[413] Man kann in dieser motorischen, unübersehbar sexuell konnotierten[414] Ungeschicklichkeit eine Spiegelung der Mauerszene erkennen. Auch in ihr folgt auf ein Hochgefühl ein tiefer Fall. Gegenüber dem Beamten, der sich nähert und den Schlitten nutzen will, verhält sich K. dann überdies noch sozial ungeschickt, indem er ihn lediglich düster anblickt. Der Beamte kommentiert das gesamte Geschehen abfällig mit dem Satz „Das ist ja entsetzlich".[415] Schließlich muss K. sich weiter demütigen und auch noch seine vergessene Mütze aus dem Schlitten holen. Dabei bemerkt er mit „Unbehagen [...], wie der Kognak auf das Trittbrett tropfte."[416] Man kann Kafkas Protagonisten den Heroen der Schwäche, ja des Ungeschicks zurechnen. Immer wieder richtet er sich auf, handelt abenteuerlich und hat dabei auch Erfolge und Glücksmomente, stolpert aber gleich darauf ungeschickt in die nächste Falle. Gleichwohl bleibt er authentisch und verstellt sich nicht.[417] Die Wirtin vergleicht ihn daher einmal mit einem kleinen Kind, „das noch nicht gut gehen kann und sich weit vorwagt", sodass man sich nicht beherrschen kann, sondern eingreifen muss.[418] Das bringt sein juveniles Probehandeln präzise auf den Punkt.

---

412 Kafka: Das Schloß (s. Anm. 68), S. 164.

413 Die Szene kann als Wiederaufnahme der Eingangsszene mit dem verschütteten Parfum in Mörikes Mozart-Novelle gelesen werden.

414 Zum zeittypischen Umgang Kafkas mit der (eigenen) Sexualität vgl. Stach: Kafka. Die frühen Jahre (s. Anm. 316), S. 261.

415 Kafka: Das Schloß (s. Anm. 68), S. 165.

416 Ebd.

417 Vgl. ebd., S. 387.

418 Ebd., S. 388.

Anders als die Décadents, die Problematiker und die verirrten Deutschen, mit denen ihn sein ambivalenter Heroismus und seine Ungeschicklichkeit verbinden, ist K. aber kein Missgeschickter. Sein Verhalten hat weder eine biologistische, noch eine nationalistische und nur bedingt eine fatalistische Tiefendimension. Das geht aus dem relationalen Schicksalskonzept hervor, das K. en passant und eingebettet in Negationen und Relativierungen äußert. Dem Vorsteher gegenüber nennt er das Fatum „das lächerliche Gewirre [...], welches unter Umständen über die Existenz eines Menschen entscheidet."[419] Ein Beispiel für diesen Schicksalsbegriff liefern die Telefongespräche, die vom Wirtshaus aus mit dem Schloss geführt werden. Gleich zu Beginn des Romans scheint K.'s Auftrag als Landvermesser – und damit auch sein Schicksal – telefonisch bestätigt zu werden.[420] Als K. wenig später erstmals selbst im Schloss anruft, um dort vorgelassen zu werden, meldet sich vor allem das Medium als solches. Im Hörer vernimmt er lediglich „ein Summen" wie von zahllosen kindlichen Stimmen.[421] Es wird zum „Gesang fernster, allerfernster Stimmen", aus dem sich „in einer geradezu unmöglichen Weise eine einzige hohe aber starke Stimme" herauszubilden scheint.[422] Selbstvergessen horcht K. auf ein ätherisches Summen, dessen Herkunft ihm später vom Vorsteher erklärt wird. Es handle sich dabei um das Geräusch des ununterbrochenen Telefonierens im Schloss, das man „in den hiesigen Telephonen als Rauschen und Gesang" höre.[423] Was dem Betroffenen entrückt oder – blickt man auf K.'s Verstrickungen in die Welt des Schlosses – tragisch erscheinen mag, ist bei näherem Hinsehen und aus der Distanz schlicht chaotisch und zumeist an spezifische Umstände gebunden. Darum kann das ‚Schicksal' für einen Beobachter Züge von Situationskomik annehmen und weist insofern auch,

419 Ebd., S. 102.
420 Ebd., S. 12.
421 Ebd., S. 36. Vgl. Gumbrecht: 1926 (s. Anm. 59), S. 111–113, der die Szene mit Blick auf die dem Medium Fernsprecher impliziten Machtverhältnisse liest, sowie Alt: Franz Kafka (s. Anm. 385), S. 604, demzufolge K. nicht begreift, dass er auf der Gegenseite „den Formationen seines Selbst begegnet".
422 Kafka: Das Schloß (s. Anm. 68), S. 36.
423 Ebd., S. 116.

wie K. ebenfalls festhält, ein hohes Unterhaltungspotenzial auf. Im wechselseitigen Umschlag von Tragik in Komik liegt Kafkas Beitrag zum Ungeschicklichkeitsdiskurs in der deutschen Literatur.

Belegen lässt sich das durch K.'s Verhalten. Er plumpst, wie es in einer Analepse heißt, gleich in die erste grobe Falle, die ihm im Dorf gestellt wird, und verliebt sich in das Schankmädchen Frieda.[424] Beide wollen heiraten. Allerdings gelingt es ihr nicht – wie der Titelheldin in Schlegels *Lucinde* –, seine männliche Ungeschicklichkeit zu zivilisieren.[425] Vielmehr erlebt K. gerade in der sexuellen Verbindung mit Frieda ein radikales Fremdheitsgefühl, das ihn einmal mehr in die Nähe der Décadents und Bohémiens, der Verirrten und Missgeschickten rückt.[426] Es äußert sich im Verlauf des Romanfragments als radikale Vereinsamung, die mit einem ambivalenten Freiheitsgefühl verbunden ist. Unabweislich überfällt ihn die Freiheitsgewissheit beim tatenlosen Warten im Stall des Kutschers, an einem „ihm sonst verbotenen Ort"[427], wo sie ihm wie ein Sieg im heroischen Kampf erscheint. Damit ähnelt das Freiheitsgefühl den Empfindungen K.'s nach dem Erklimmen der glatten Kirchhofsmauer. Anders als auf der Mauer oder gar im Schlitten erscheint nun aber auch jede Störung des Triumphgefühls ausgeschlossen. Der Weg ist frei für den einsamen Heros im inneren Turm und seine Taten. Das erweist sich freilich sofort als größte aller Illusionen. Auch der Gipfelpunkt aller heroischen Selbstermächtigungen, der an die Posen der Sturm-und-Drang-Genies erinnert,[428] ist lediglich transitorisch und rasch vorbei. Er schlägt brutal in einen absoluten Tiefpunkt um. Das wird mit einem adversativen „aber" angezeigt.

424 Ebd., S. 466.

425 Dieses Konzept wird im Romanfragment anlässlich der Beziehung zwischen der Lehrerin Gisa und dem Schuldiener und Hilfslehrer Schwarzer aufgerufen; ebd., S. 258. Letzterer musste für Gisa seine Lebhaftigkeit ablegen und „langsam gehen, langsam sprechen, viel schweigen".

426 Ebd., S. 68 f. K. hat in der Umarmung Friedas das Gefühl, „er verirre sich oder er sei soweit in der Fremde, wie vor ihm noch kein Mensch, eine Fremde, in der selbst die Luft keinen Bestandteil der Heimatluft habe, in der man vor Fremdheit ersticken müsse und in deren unsinnigen Verlockungen man doch nichts tun könne als weiter gehn, weiter sich verirren."

427 Ebd., S. 169.

428 Vgl. etwa Goethes Hymnen *Prometheus* oder *Harzreise im Winter*.

Denn im Vollrausch seiner Freiheit kommt es K. so vor, „als gäbe es gleichzeitig nichts Sinnloseres, nichts Verzweifelteres als diese Freiheit, dieses Warten, diese Unverletzlichkeit."[429] Die Freiheit erweist sich als Schimäre.[430] Auch auf der Höhe der Selbsterfahrung und einer genialischen Selbstermächtigung erfolgt also der tiefe, latent komische Absturz ins Ungeschick.[431] Das ist Kafkas Version der poetischen Ungeschicklichkeit.

Vorangetrieben wird die Handlung des Romanfragments aber nicht von Gefühlen, sondern von den ihrerseits übereilten und ungeschickten Versuchen des Protagonisten K., ins Schloss einzudringen, um dort seine Angelegenheiten zu klären. Das ist vor allem darum ein Problem, weil er sich währenddessen längst im Schloss befindet.[432] Weil er das übersieht, ist der Heros der Schwäche und des Augenblicks von Anfang an auf das Phantasma eines illegitimen und irrsinnigen, aber opaken und mächtigen Schlosses fixiert. Aus der Perspektive des Schlosses, das vor allem als unnahbare, radikal auf Nüchternheit verpflichtete Organisation agiert, wird K. und sein Verhalten daher zum „Fall", den der Vorsteher pejorativ als „winzigste Kleinigkeit" bezeichnet.[433] Für K. stellt sich das anders dar. Er nimmt nach Auskunft seines Gehilfen Jeremias immer alles „sehr schwer" und empfindet seine Ankunft im Dorf als „ein großes Ereignis, während es doch in Wirklichkeit gar nichts ist."[434] In der Divergenz dieser Einschätzungen liegt potenziell die Nähe des Romanfragments zu Tragik und Missgeschick. Das betrifft die existenzielle Dimension der Fallgeschichte. Allerdings verselbstständigt sich diese Dimension nicht und gewinnt daher auch keine metaphysische Tiefe, sondern bleibt von vornherein auf die scheinbar heroisch-erratische, tatsächlich aber nüchtern-rationale

---

429 Kafka: Das Schloß (s. Anm. 68), S. 169.

430 Vgl. Fromm: „Das Schloss" (s. Anm. 391), S. 315.

431 Gerhard Neumann: Franz Kafkas *Schloß*-Roman. Das parasitäre Spiel der Zeichen. In: Wolf Kittler/G. N. (Hg.): Franz Kafka: Schriftverkehr. Freiburg i. Br. 1990, S. 199–221, hier S. 218, hat diesen Zusammenhang als „Verknotung" von Ordnungswünschen mit Momenten der Dissoziation beschrieben.

432 Vgl. Alt: Franz Kafka (s. Anm. 385), S. 618.

433 Kafka: Das Schloß (s. Anm. 68), S. 96.

434 Ebd., S. 368.

Sphäre des Schlosses und mit ihr auf eine architektonisch manifeste Organisationsform des Sozialen bezogen.

Durch seine phantasmatische Perspektive auf das Schloss reaktualisiert K. auch die Unschicklichkeitssemantik im Ungeschicklichkeitsdiskurs. Das wird etwa deutlich, wenn K. im Gespräch mit dem Lehrer den Vorwurf der Unhöflichkeit gegenüber einer Autoritätsperson zurückweist, indem er sich aus existenziellen Gründen die Lizenz zu einem groben und ungehobelten Benehmen attestiert: Er habe „an anderes zu denken [...], als an feines Benehmen, [...] denn es handelte sich um meine Existenz, die bedroht ist durch eine schmachvolle amtliche Wirtschaft".[435] In auffälliger Weise ähnelt das Argument den patriotischen, Adelskultur und Fremdherrschaft angreifenden Ungeschicklichkeitslizenzen Herders, Schlegels und Fichtes. Ebenso wie diese legitimiert K. sein grobes Verhalten im Umgang mit dem Schloss durch den Zwang zur Selbstbehauptung. Ebenso wie seine Vorgänger treibt ihn das in den Vollrausch der poetischen Freiheit, die dann auch sein ungeschicktes Handeln bestimmt und legitimiert. Aus der Sicht des Schlosses macht ihn sein Verhalten allerdings zum Störfaktor, „der sich über alles, über das Gesetz so wie über die allergewöhnlichste menschliche Rücksichtnahme mit dieser stumpfen Gleichgültigkeit und Verschlafenheit hinwegsetzt"; deshalb sieht man sich im Schloss dazu gezwungen, ihn „zu vertreiben".[436] Der Kampf K.'s geht also anders aus als der Kampf der deutschen Patrioten. Er wird ohne jede Aussicht auf Erfolg, ja sogar ohne einen realen Gegner geführt. K. meint, zum Scheitern verurteilt zu sein, er scheint auf dem abschüssigen Weg auszugleiten, schlägt dabei jede Hilfe aus, wird seiner Ansicht nach absichtsvoll exkludiert und gibt am Ende nicht dem Schloss, sondern sich selbst – wenn auch widerwillig – die „Schuld"[437] daran. Insbesondere hätten ihm Ruhe und Sachlichkeit gefehlt. Seiner neuen Geliebten Pepi gegenüber gesteht er ein, er habe sich „zu lärmend, zu kindisch, zu unerfahren bemüht", sein Ziel zu erreichen.[438]

435 Ebd., S. 143.
436 Ebd., S. 446.
437 Ebd., S. 484.
438 Ebd., S. 484.

Damit stilisiert er sich zum Ungeschickten – und eben nicht zum Missgeschickten. Fälschlich habe er „durch Weinen, durch Kratzen, durch Zerren" zu seinem Recht kommen wollen, „so wie ein Kind am Tischtuch zerrt, aber nichts gewinnt, sondern nur die ganze Pracht herunterwirft und sie sich für immer unerreichbar macht".[439] Im unterschwelligen Rekurs auf den Zappelphilipp verdichtet sich die Ungeschicklichkeit, die K. glaubt, sich vorwerfen zu müssen.

Während der Heroismus des Protagonisten damit radikal depotenziert und sein ungeschickter Kampf gegen die erratische Sphäre des irrsinnigen Schlosses gescheitert zu sein scheint, hat auch die Gegenseite Schaden genommen. Der ambivalente Heroismus des Schlosses ist durch Einblicke in das Verhalten der Beamten schwer erschüttert und dekonstruiert worden. Obwohl sie sich in den Augen K.'s gegen ihn durchsetzt, erweist sich die potente Instanz ebenfalls als eine Figur der Schwäche. Anders als K. ist sie aber – jedenfalls für ihn – durchs Dach gebrochen und konnte sich dadurch dauerhaft und weithin sichtbar manifestieren. Überdies gelingt es ihr als Organisationseinheit, sich erfolgreich gegen phantasmatische Überspanntheiten zu behaupten. Die architektonisch verkörperte Macht der Organisation wendet die Schwäche des Schlosses und seiner Agenten in eine zweifelhafte Stärke um, die auch eine ungeschickte und unschickliche Rhetorik legitim erscheinen lässt. Olga berichtet K. davon. Wenn sie nämlich endlich einmal von ihrem Schreibtisch aufstehen, finden die Herren vom Schloss (darin dem Standardmodell des Poeten ähnlich) „sich in der Welt nicht zurecht"[440]. In ihrer hilflosen „Zerstreutheit" sagen sie dann ohne Nachzudenken „das Allergröbste" – und schreiben es teilweise, etwa in Form eines amtlichen Briefes, auch nieder.[441] Von dem Beamten Klamm weiß Olga zum Beispiel, „daß er sehr grob ist, er spricht angeblich stundenlang nichts und dann sagt er plötzlich eine derartige Grobheit, daß es einen schaudert."[442] Es wird deutlich, dass die soziale Ungeschicklichkeit auf Seiten K.'s mit der sozialen

439 Ebd., S. 484 f.
440 Ebd., S. 308.
441 Ebd.
442 Ebd.

Ungeschicklichkeit auf Seiten des Schlosses und seiner Beamten korrespondiert. Die Korrespondenz besteht darin, dass beide Seiten die Lizenzen poetischer Ungeschicklichkeit in Anspruch nehmen und sich daher dazu berechtigt halten, sich grob und unschicklich benehmen zu dürfen. Während K. aber sein Verhalten verteidigen muss und aufgrund dieses Verhaltens vom Schloss auf Abstand gehalten wird,[443] bleibt das Verhalten der Beamten folgenlos. Sie können sich ihre Ungeschicklichkeit leisten, K. kann es nicht.

Die Dekonstruktion des nationalistisch, fatalistisch und spätestens seit der Jahrhundertwende auch biologistisch aufgeladenen Missgeschicks durch die Zurückführung aufs Ungeschick lässt sich innerhalb der „hierarchisch gegliederte[n] Halbwelt"[444] des Romanfragments an den Gehilfen K.'s aufzeigen. Man hat sie als Variation über das Motiv der kleinen Störquellen verstanden, die aufgrund ihrer Geringfügigkeit lächerlich sind, den Alltag aber auch zur Hölle machen können.[445] Im Roman stehen sie sowohl mit K. als auch mit dem Schloss und mit Frieda in Beziehung und partizipieren damit an sämtlichen relevanten Sphären des Romans. In Kafkas Werk gehören sie zur Figurengruppe der Arbeiter, Angestellten und Dienstboten. Auch dem Boten Peter Hille, an dem Schäfer seinen Begriff des Missgeschickten entwickelt hatte, stehen sie nahe. Frieda, die selbst zu dieser Gruppe gehört, nennt sie einmal „das leichte Volk", das am besten „leicht hinzunehmen" sei,[446] und rechnet sie der wenig gebildeten Mehrheit im Dorf zu. Mit Thomas Manns zynischer Bestimmung gehören sie zu den ‚Dummen', auf die sich bei ihm das Resonanzbegehren richtet. Charakteristisch für die Gehilfen ist ihre Plastizität, ihre morphologische Offenheit. Obwohl es sich um zwei

443 Ihm ist schon ein einfacher Vorraum zu den Kanzleien „völlig unzugänglich"; ebd. S. 289.

444 Stach: Kafka. Die Jahre der Erkenntnis (s. Anm. 342), S. 462.

445 Vgl. Stach: Kafka. Die Jahre der Entscheidungen (s. Anm. 359), S. 592. Ein ähnliches Umkippen von Alltag in Tumult, das sich in Martin Kessels 1932 erschienenem Roman *Herrn Brechers Fiasko* findet, konstatiert Passavant: Nachromantische Exzentrik (s. Anm. 322), S. 226.

446 Kafka: Das Schloß (s. Anm. 68), S. 199.

junge Männer namens Artur und Jeremias handelt,[447] will K. nicht zwischen ihnen unterscheiden und sie vielmehr „wie einen einzigen Mann behandeln".[448] Gegen Ende dann wird K. ihnen zugeordnet und als „Friedas dritter Gehilfe" bezeichnet.[449] Teils handelt es sich also um eine, teils um zwei und teils um drei Figuren. Die morphologische Offenheit der Gehilfen wird zudem durch die wechselnden, teils gleichzeitig auftretenden Lebensphasen verdeutlicht, die sie im Romanfragment, anders als alle anderen Figuren, in rascher Folge durchlaufen.[450] Anfangs wird ihnen eine kerngesunde Agilität[451] und eine ausgeprägte Kindlichkeit attestiert,[452] dann werden sie in ambivalenter Weise als „läppische Jungen" mit „Gesichtern, die auf Erwachsene, ja fast auf Studenten schließen lassen", bezeichnet[453] und wenig später ist von ihnen als „wild gewordenen, hündisch lüsternen" Männern die Rede.[454] Wildheit und sexuelle Gier dieser Männer werden weiter gesteigert, wenn K. sie „zwei Raubtiere, die sich nur unter der Knute duckten"[455] und schließlich verächtlich „nur Burschen von der Art der Knechte im Stall"[456] nennt. Dabei altern sie in rasender Geschwindigkeit, sodass K. Jeremias nach dessen Entlassung beinahe nicht wiedererkennt: „Er schien älter, müder, faltiger, aber voller im Gesicht, auch sein Gang war ganz anders als der flinke, in den Gelenken wie elektrisierte Gang der Gehilfen, er

447 Artur kann als Verweis auf den legendären König Artus verstanden werden, Jeremias verweist auf den Propheten Jeremia, den Verfasser eines alttestamentarischen Buches, dem auch die Klagelieder Jeremias zugeschrieben werden.

448 Kafka: Das Schloß (s. Anm. 68), S. 33. Vgl. dazu Gumbrecht: 1926 (s. Anm. 59), S. 29.

449 Kafka: Das Schloß (s. Anm. 68), S. 476.

450 Alt: Franz Kafka (s. Anm. 385), S. 593 f., versteht das als Ausdruck einer gestörten Zeitordnung, die kein Kontinuum und keine exakte Messung mehr kennt, sondern nur Sprünge.

451 Vgl. Kafka: Das Schloß (s. Anm. 68), S. 26.

452 Vgl. ebd., S. 207. Frieda sagt zum Lehrer: „Unsere Gehilfen sind Kinder, die trotz ihrer Jahre noch in diese Schulbänke gehören".

453 Ebd., S. 218; vgl. ebd., S. 220, wo „ihr Herumhüpfen von Kindern und ihr Armeausstrecken von Männern" imaginiert wird.

454 Ebd., S. 375.

455 Ebd., S. 393.

456 Ebd., S. 398.

war langsam, ein wenig hinkend, vornehm kränklich."[457] Das nimmt die Degenerations- und Deszendenztheorien der Jahrhundertwende auf und rückt die Gehilfen in die Nähe der Décadents und Bohémiens. Am Ende ist, ähnlich wie im Fall des Heizers, von Artur nicht mehr die Rede und Jeremias gibt – seinem Namen entsprechend – das bemitleidenswerte Jammerbild eines kranken Greises ab. Zitternd steht er bloß im Hemd auf der untersten Stufe in einem Seitengang, sein Haar ist zerrauft, sein dünner Bart „wie verregnet", seine Augen sind „mühsam, bittend und vorwurfsvoll aufgerissen".[458] Er wirkt „wie ein aus dem Spital entflohener Kranker, demgegenüber man an nichts anderes denken durfte, als ihn wieder ins Bett zurückzubringen."[459]

Letztlich ist die morphologische Offenheit und Plastizität der Gehilfen durch ihre Funktion bedingt. Sie steht mit ihrer Ungeschicklichkeit in engstem Zusammenhang und ergibt sich aus ihrem Auftrag. Das Schloss hat ihnen angeblich befohlen, K. zu erheitern. Indem sie ihn zum Lachen bringen, sollen sie seine Phantasmen aufbrechen und ihm verdeutlichen, dass seine Anwesenheit im Dorf und seine Beziehung zum Schloss, die er wie gesagt für „ein großes Ereignis" hält, „in Wirklichkeit gar nichts ist". Die Zerstreuungsabsicht erfüllt sich zunächst auch. Ihr Lachen fällt ihm sofort auf[460] und es steckt ihn wunschgemäß an.[461] Auch Frieda scherzt und lacht mit ihnen,[462] nennt sie überdies „lustig und etwas einfältig"; daher solle sich K. über ihre „Unarten" und „Dummheiten" nicht ärgern. Zwar sei sein Ärger verständlich, „aber vernünftiger sei es zu lachen".[463] Damit sie ihre Funktion erfüllen können, verhalten sich die Gehilfen ungeschickt bzw. gerieren sich so. Die Komik, die mit ihrer Hilfe in Kafkas Roman eingebracht wird, hat mit dem wiederholt festgestellten antimimetischen Impuls und dem Prinzip des perspektivischen Wechsels zu tun, dem das Erzählen

457 Ebd., S. 366 f.
458 Ebd., S. 399.
459 Ebd.
460 Ebd., S. 26.
461 Ebd., S. 31.
462 Ebd., S. 73.
463 Ebd., S. 199.

folgt.[464] Sie setzt, ähnlich wie das jiddische Theater,[465] übertriebene Körpergesten ein und nähert sich der Form des Slapsticks.[466] Wie im Slapstick kommen in dieser Art der Komik auch Formen militärischer Abrichtung zum Ausdruck.[467] Denn gleich bei ihrem ersten Erscheinen werfen die Gehilfen „im Takt die schlanken Beine“[468]. Wenn sie sich K. präsentieren, stellen sie sich „zu beiden Seiten der Tür“ auf und salutieren, wodurch sie ihn in komischer Weise an seine Militärzeit erinnern.[469] Im Haushalt von K. und Frieda kauern sie sich abends mit grotesken Verrenkungen, um Raum zu sparen, in „ein großes Knäuel“ zusammen und treiben tagsüber „Unsinn“ mit ihren Händen, die sie etwa „als Fernrohre verwendeten“.[470] K. lässt sie, nicht zuletzt zu seiner Unterhaltung, „in ihrem Eifer und Ungeschick die Treppen zehnmal hinab- und hinauflaufen“, um ihm etwas zu bringen.[471] Als schließlich die Lehrerin den Hausrat K.'s und Friedas verwüstet, lugen sie „zum großen Vergnügen der Kinder unten zwischen den Decken durch.“[472]

---

464 Vgl. Fromm: „Das Schloss“ (s. Anm. 391), S. 304.

465 Zu Kafkas Vertrautheit mit dem stark auf Körpersprache und Mimik setzenden jiddischen Theater vgl. Sprengel: Geschichte der deutschsprachigen Literatur 1900–1918 (s. Anm. 4), S. 301. Sie setzte sich fort in seinem Interesse an der ‚Unterwelt‘ von Zirkus und Varieté und wird ergänzt durch seine Vorliebe für das Kino; ebd., S. 317.

466 Kafka kennt etwa den Slapsticksketch *Nick Winter et le vol de la Joconde*, den er gemeinsam mit Max Brod in Paris gesehen hat, oder auch die Filmkomödie *Isidors Hochzeitsreise oder Endlich allein!*, in dem ein hinkender Hotelhausknecht auftritt; vgl. Zischler: Kafka geht ins Kino (s. Anm. 24), S. 106–109 und S. 182–186. Allgemein vgl. Joseph Vogl: Kafkas Komik. In: Klaus Scherpe/Elisabeth Wagner (Hg.): Kontinent Kafka. Mosse Lectures an der Humboldt-Universität zu Berlin. Berlin 2006, S. 72–87. Zusammenfassend Fromm: „Das Schloss“ (s. Anm. 391), S. 315.

467 Die tragische Seite des Militarismus hat Kafka in der Erzählung *In der Strafkolonie* ausgearbeitet.

468 Kafka: Das Schloß (s. Anm. 68), S. 26.

469 Ebd., S. 31.

470 Ebd., S. 73.

471 Ebd., S. 74.

472 Ebd., S. 203.

Mit dem Slapstick greift die Ungeschicklichkeit der Gehilfen Formen der Komik auf.[473] Er bedient sich dazu unter anderem bei der internationalen Unterhaltungsindustrie der 1910er und 1920er Jahre.[474] Ihre Elemente werden in Kafkas Romanfragment in unterschiedlichen Funktionen eingesetzt. Auf der Handlungsebene dienen sie der Ablenkung und Beruhigung K.'s. Er soll seine Beziehung zum Schloss nicht so ernst nehmen und vergessen oder übersehen, dass vom Misslingen dieser Beziehung seine gesamte Existenz bedroht ist. Mit ihrem Zerstreuungsauftrag scheitern die Gehilfen allerdings, denn K. findet spätestens ihre erotischen Aktivitäten im Kontakt mit Frieda nicht mehr komisch und trennt sich daher von ihnen. Durch diese Entscheidung nimmt er den Gehilfen ihre Funktion und entzieht ihnen dadurch auch ihre Existenzgrundlage. Nachdem K. sie vertrieben hat, nennt Frieda sie daher bedauernd „Die Armen! Die Armen!"[475] Sie werden krank, vergreisen oder geraten in Vergessenheit. Auf der Ebene der Rezeption des Romanfragments hat die Ungeschicklichkeit der Gehilfen dagegen die Funktion, den Sog ins Fatale und Tragische zu konterkarieren, der dem Roman durch das von K. empfundene Scheitern am Irrsinn des Schlosses eingeschrieben ist. Die Selbstdeutung des Protagonisten als tragischer Missgeschickter wird durch Formen eines komischen Ungeschicks gebrochen und dekonstruiert. Es lässt sich auf Instanzen und Akteure zurechnen, die so oder auch anders hätten handeln können.

Zusammenfassend ist festzuhalten, dass in Kafkas Romanfragment *Das Schloss* die Ungeschicklichkeit neu modelliert wird.

---

473 Zur Komik der Gehilfen vgl. aus psychoanalytischer und dekonstruktiver Perspektive auch Alt: Franz Kafka (s. Anm. 385), S. 609 f.

474 Folgt man Stach: Kafka. Die frühen Jahre (s. Anm. 316), S. 368, dann hat sich Kafka gerade in den „– häufig genug – dubiosen Grenzbereichen von Kunst und Show […] außerordentlich wohlgefühlt." Kafkas Nähe zu Chaplins Filmen haben zuerst Max Brod und Walter Benjamin thematisiert; vgl. Alt: Kafka und der Film (s. Anm. 394), S. 8 f. Zuletzt dazu Kimmich: Lebendige Dinge in der Moderne (s. Anm. 22), S. 98 f. Kafka erwähnt Chaplins *The Kid*, hat den Film aber wohl nicht gesehen; vgl. Zischler: Kafka geht ins Kino (s. Anm. 24), S. 201.

475 Kafka: Das Schloß (s. Anm. 68), S. 217.

Das geschieht durch eine Dekonstruktion von Grundmotiven der Heroischen Moderne. Verantwortlich dafür sind vor allem der ungeschickte Protagonist und seine Gehilfen. Die tragisch-nationalistische Vertiefung zum Missgeschick, die für die Heroische Moderne in der deutschen Literatur bis 1918 typisch war, ist zwar auch hier angelegt, wird aber letztlich nur genutzt, um die Macht von Konventionen, ihre massive Verstärkung durch Organisationen und die Ohnmacht der ihnen Unterworfenen aufzuzeigen. Deutlich tritt dabei die Rolle der Umstände hervor, der Gelegenheiten, in denen man handeln muss und nicht wissen kann, ob dieses Handeln von der Organisation als geschickt oder ungeschickt eingeschätzt werden wird. Ihrerseits kann sich die Organisation ihren Klienten gegenüber so grob und ungeschickt verhalten wie sie will. Das bleibt vollständig folgenlos. Vorgeführt wird dadurch das Phantasma der Exklusionsmacht sozialer Funktionseinheiten, das mit ihrer emotionslosen Rationalität im krassen Widerspruch steht. Die phantastische Überhöhung dieser Einheiten sorgt dafür, dass auch diejenigen sich aus ihnen ausschließen, die ihnen formal ähnlich sind. Analog zu Franzos' Novellensammlung *Ungeschickte Leute* führt Kafkas Romanfragment vor Augen, dass die deutsche Geniesemantik und mit ihr eine nationalistisch aufgeladene Form poetischer Ungeschicklichkeit an imaginäre Leistungen und kontingente Zugangsvoraussetzungen gebunden ist. Verwaltet werden sie von einer opaken, nüchternen Organisationseinheit, die Phantasmen zu depotenzieren versucht. Ungeschicklichkeit ist auf der Seite der phantasmatisch Exkludierten dann unbedingt zu vermeiden, weil sie zum radikalen, existenziell bedrohlichen Scheitern eskalieren kann. Jede Feier des Ungeschicks erscheint daher unpassend und unzulässig. Vorzuziehen ist ein unscheinbares Leben. Solange man dann das Ungeschick der anderen nüchtern beobachten kann, hat es auch heitere, befreiende, komische und sympathische Züge.

Lumpengesindel

Die Neukonstellation des Ungeschicklichkeitsdiskurses in der zweiten Phase der deutschen Literatur des 20. Jahrhunderts findet ihren Abschluss bei Walter Benjamin. Ein französischer Zeitgenosse hat seine „eigentlich sehr deutsche Schwerfälligkeit"[476] herausgestrichen, Asja Lacis, in die er sich schwer verliebt hat, will schon beim ersten Treffen seine „ungeschickte[n] Hände – die Pakete fielen ihm aus der Hand"[477] bemerkt haben, und bei seiner Habilitation, so hat einer seiner Biographen konstatiert, soll er sich ungeschickt verhalten haben.[478] Benjamin selbst wollte 1935 eine „Liste der Fehler und Fehlschläge der letzten beiden Jahre"[479] anlegen, weil ihn das Verhältnis zwischen beiden interessierte. Dabei war er zutiefst vom agonalen Klima der zwanziger und dreißiger Jahre geprägt. Bei Walter Benjamin wird nicht nur die Literatur, sondern auch „die Literaturkritik als Waffe betrachtet und gehandhabt".[480] In seiner 1928 erschienenen Studie *Ursprung des deutschen Trauerspiels* hatte er mit Blick auf die Melancholie des Höflings von der „hoffnungslosen Treue zum Kreatürlichen und zu dem Schuldgesetze seines Lebens" gesprochen; in dieser Haltung, die sich im Trauerspiel nur unbeholfen und unberechtigt artikuliere, werde „die Welt um des Wissens willen verraten".[481] Das war auch ein indirektes Selbstporträt. In seinem Essay *Franz Kafka*, in den ausgiebige Vorarbeiten eingegangen sind, und in seiner nachgelassenen Autobiographie *Berliner Kindheit um neunzehnhundert* werden diese Vorarbeiten im Zeichen der jüdisch-deutschen Sozialfigur des buckligen Männleins verdichtet. Angesichts der großen Nähe Benjamins zu Kafka ist es wenig erstaunlich, dass dabei erneut die Dekonstruktion des Missgeschicks durch das Ungeschick als entscheidende Operation

---

476 So der mit Benjamin befreundete Jean Selz; hier zit. nach Lorenz Jäger: Walter Benjamin. Das Leben eines Unvollendeten. Berlin 2017, S. 103.

477 Zit. nach ebd., S. 160.

478 Ebd., S. 150.

479 Zit. nach ebd., S. 276.

480 Kiesel: Geschichte der deutschsprachigen Literatur 1918 bis 1933 (s. Anm. 1), S. 844.

481 Walter Benjamin: Ursprung des deutschen Trauerspiels. In: ders.: Gesammelte Schriften. Hg. von Rolf Tiedemann und Hermann Schweppenhäuser. Bd. I.1. Frankfurt a. M. 1974, S. 203–430, hier S. 333 f.

begegnet.[482] Stärker als bei Kafka erhält sie bei Benjamin aber eine sozialkritische, messianisch aufgeladene Perspektive.

Walter Benjamin, der um 1930 zu den am stärksten politisierten Literaturkritikern im deutschsprachigen Raum gehörte,[483] hat sich lange und intensiv mit dem Werk Kafkas beschäftigt. Seine umfangreichen Studien beginnen in der Phase einer relativen Stabilisierung der Weimarer Republik und reichen hinüber in ihre tumultuarische Krisenphase, in der man sich verstärkt für den Krawall und die offene Gewalt entschied.[484] Benjamin wendet sich Kafka seit 1925 zu.[485] Seine Studien kulminieren in dem großen, vierteiligen Essay *Franz Kafka. Zur zehnten Wiederkehr seines Todestages*, der 1934 abgeschlossen vorlag.[486] Angestrebt war anschließend eine nie geschriebene Monographie.[487] Von dem großen Kafka-Essay sind zu Benjamins Lebzeiten lediglich der erste (*Potemkin*) und dritte Teil (*Das bucklicht Männlein*) unter dem Obertitel *Franz Kafka. Eine Würdigung* veröffentlicht worden. Vermittelt wurde die Teilpublikation von Gershom Scholem.[488] Die beiden Teile erschienen

---

482 Vgl. dazu auch Hannah Arendt: Walter Benjamin. In: dies.: Benjamin, Brecht. Zwei Essays. München 1971, S. 7–62. Der Essay erschien zuerst 1968 in drei Folgen in der Zeitschrift *Merkur*. Eva Geulen hat den Essay 2018 in einem Interview mit Ekkehard Knörer und Christian Demand einer fulminanten Relektüre unterzogen, der ich ebenso wie Arendts Essay selbst wesentliche Anregungen für die folgenden Überlegungen verdanke; vgl. https://www.youtube.com/watch?v=TU5rQVYn8hw (14.4.2019).

483 Vgl. zu seiner Stellung innerhalb der Literaturkritik der Weimarer Republik Kiesel: Geschichte der deutschsprachigen Literatur 1918 bis 1933 (s. Anm. 1), S. 158.

484 Vgl. zu den Phasen ebd., S. 63–67.

485 Vgl. Sigrid Weigel: Zu Franz Kafka. In: Burkhardt Lindner (Hg.): Benjamin-Handbuch. Leben – Werk – Wirkung. Stuttgart/Weimar 2006, S. 543–557, hier S. 544.

486 Walter Benjamin: Franz Kafka. Zur zehnten Wiederkehr seines Todestages. In: ders.: Gesammelte Schriften. Hg. von Rolf Tiedemann und Hermann Schweppenhäuser. Bd. II.2. Frankfurt a. M. 1977, S. 409–438.

487 Das Material dazu findet sich bei Rolf Tiedemann/Hermann Schweppenhäuser: Anmerkungen der Herausgeber. In: Benjamin: Gesammelte Schriften. Hg. von Rolf Tiedemann und Hermann Schweppenhäuser. Bd. II.3. Frankfurt a. M. 1977, S. 1153–1276.

488 Vgl. Weigel: Zu Franz Kafka (s. Anm. 485), S. 550.

Ende 1934 zu Kafkas zehnjährigem Todesjahr in zwei aufeinander folgenden Nummern der Zionistischen Wochenzeitung *Jüdische Rundschau.*[489] Die Publikation ist von redaktioneller Seite mit einer Einführung versehen worden, die auch die Frage nach der Zugehörigkeit Kafkas aufwirft und beantwortet:

> Die Frage, ob Franz Kafka, der in seinen Werken fast nie auf jüdische Dinge zu sprechen kommt, als ‚jüdischer' Dichter bezeichnet werden könne, ist heute müßig. Die Entwicklung in der deutschen Umwelt hat dazu beigetragen, daß ein deutschsprachiger Dichter jüdischen Blutes als Jude gilt.[490]

Der Form nach folgen die Kapitel des Kafka-Essays der Legende.[491] Im Abschnitt *Potemkin*, der am 21.12.1934 erschien, hebt Benjamin im Rückgriff auf Hermann Cohen und seine eigene Studie über *Schicksal und Charakter* die „Zweideutigkeit"[492] des von Kafka verwendeten archaischen Schicksalsbegriffs hervor.[493] Darin erweist sich Benjamins Herkunft aus historistisch-genealogischen Denkweisen, ohne dass er freilich in ihnen stecken bliebe. Zweideutig ist dieser Schicksalsbegriff, weil nach Benjamin die jeweils als schicksalhaft ausgegebenen Ordnungen in Kafkas Erzählungen ihrerseits das Schicksal der mit ihnen konfrontierten Menschen bestimmen. Auch das Romanfragment *Das Schloß* ist in seiner Konfrontation der autokratischen Organisationseinheit des Schlosses mit den Intentionen und Idealen des Landvermessers K. diesem ‚reziproken' Schicksalskonzept verpflichtet.[494] Benjamin interessieren aber besonders

---

489 Vgl. Tiedemann/Schweppenhäuser: Anmerkungen der Herausgeber (s. Anm. 487), S. 1265 f.

490 Ebd., S. 1265.

491 Weigel: Zu Franz Kafka (s. Anm. 485), S. 552.

492 Benjamin: Franz Kafka (s. Anm. 486), S. 412.

493 Vgl. Weigel: Zu Franz Kafka (s. Anm. 485), S. 553. Zu Benjamins Schicksalsbegriff vgl. Lorenz Jäger: Schicksal. In: Michael Opitz/Erdmut Wizisla (Hg.): Benjamins Begriffe. Bd. 2. Frankfurt a. M. 2000, S. 725–739.

494 Im zunächst ungedruckten Abschnitt *Ein Kinderbild*, der im Kafka-Essay dem ersten Teil folgt, hält Benjamin: Franz Kafka (s. Anm. 486), S. 420, fest, Kafka habe „die Organisation als Schicksal definiert" und diesem „Fatum" in einer seiner Erzählungen auch die Instanz eines Führers zugeordnet; ebd., S. 421.

die auf Schäfers *Missgeschickte* zurückverweisenden Gehilfen, die er einem eigenen „Gestaltenkreis" im Werk Kafkas zuordnet.[495] Die morphologisch offenen, kaum kultivierten und zwischen verschiedenen Räumen vermittelnden Figuren, die diesem Kreis zugehören, nennt Benjamin „die Unfertigen und Ungeschickten".[496] Sie seien bei Kafka in einer „kleinen, unfertigen und alltäglichen, zugleich tröstlichen und albernen Mittelwelt" zu Hause; oft treffe man sie etwa in „Kellerlöchern" an.[497] Es ist kaum zu übersehen, dass Benjamin damit in soziologischer Perspektive die Opfer sozialer Exklusionen, vor allem die Angehörigen der Unterschichten meint. Einen eigenen Charakter können sie nicht ausprägen. Gerade ihnen ordnet er aber die „Hoffnung"[498] als messianisch-revolutionäres Potenzial zu.[499] Damit hat er ein Kernmotiv der Heroischen Moderne und mit diesem auch die ‚faustische' Selbstermächtigung der Deutschen in den 1930er Jahren invertiert.[500]

Im Abschnitt *Das bucklicht Männlein* nimmt Benjamin vor diesem Hintergrund eine Aktualisierung Kafkas vor. Nach einer scharfen Kritik an den Anfängen der Kafka-Forschung, die teils theologisch, teils psychoanalytisch vorgegangen sei, bezieht er Kafkas Werk stattdessen auf die politische Lage nach 1933, nach der

495 Ebd., S. 414. Das Interesse reicht zurück bis in die zweite, nach 1928 beginnende und 1931 abgebrochene Phase der Auseinandersetzung mit Kafka, die in einen ersten, ungeschriebenen Essay münden sollte; vgl. Tiedemann/Schweppenhäuser: Anmerkungen der Herausgeber (s. Anm. 487), S. 1193.

496 Benjamin: Franz Kafka (s. Anm. 486), S. 415. Vgl. dazu Jäger: Walter Benjamin (s. Anm. 476), S. 260 f.

497 Benjamin: Franz Kafka (s. Anm. 486), S. 416. Vgl. dazu Weigel: Zu Franz Kafka (s. Anm. 485), S. 553.

498 Benjamin: Franz Kafka (s. Anm. 486), S. 416.

499 In einer ebenfalls aus der zweiten Phase stammenden Aufzeichnung heißt es, dass sich „ganz im Bodensatze und in der untersten Schicht der Kreatur, bei den Ratten, Mistkäfern und Maulwürfen die neue Verfassung der Menschheit, das neue Ohr für die neuen Gesetze und der neue Blick für die neuen Verhältnisse" vorbereite; Tiedemann/Schweppenhäuser: Anmerkungen der Herausgeber (s. Anm. 487), S. 1196.

500 Die zuletzt angeführte Aufzeichnung spricht in diesem Sinne von „Kafkas ‚Faustdichtung'", in der „vom Fausthaften nicht viel übrig" bleibe. An seine Stelle trete das „Mißlingen", das dann in „der untersten Schicht" die Umkehr vorbereite. Ebd.

gezielten Preisgabe von Demokratie, Liberalismus, Universalität und Menschenrechten und dem Übertritt in „eine radikal andere Moderne".[501] Man könne, so heißt es nun, die auf den ersten Blick rein archaischen Gewalten in Kafkas Erzähltexten „mit gleichem Recht auch als weltliche unserer Tage betrachten".[502] Das lässt sich generell auf den zunehmenden Einsatz von Gewalt als politisches Mittel in den zwanziger Jahren, vor allem aber auf den Nationalsozialismus beziehen, der Mord und Terror politisch legitimiert hatte. Seit der kulturellen Gleichschaltung im Frühjahr 1933, die im Rückblick als „kollektive Selbstgleichschaltung eines Großteils der gesellschaftlichen Institutionen"[503] bezeichnet worden ist, erging er sich gegenüber seinen Gegnern in einer „Orgie der Gewalt"[504]. Auch Walter Benjamin war davon existenziell bedroht. Die politischen Akteure hatten in seiner Perspektive Rahmenbedingungen geschaffen, durch welche die Betroffenen zum Scheitern und Misslingen veranlasst wurden, aber auch zur stellvertretenden Scham für diejenigen, die ihnen das angetan haben. Schließlich würden sie zur individuellen wie kollektiven Vergessenheit gezwungen, die vor allem den eigenen Körper betreffe.[505] Die Körper verwandelten sich unter dem Druck der öffentlichen Gewalt in „die vergessenste Fremde",[506] in ein kollektives Unbewusstes, aus dem heraus sich dann auch die Schicht der Gehilfen und der seltsamen Kreaturen Kafkas entwickle. Weil sie der Scham und dem Vergessen entstammen, sind sie nach Benjamin entstellt. Erst nach der Ankunft des Messias (in jüdisch-theologischen Begriffen) bzw. nach dem Sieg der proletarischen Revolution (in marxistischen Begriffen) würde ihre Entstellung aufgehoben und ihr Ungeschick übersehen werden können.

---

501 Herbert: Geschichte Deutschlands im 20. Jahrhundert (s. Anm. 8), S. 301.

502 Benjamin: Franz Kafka (s. Anm. 486), S. 427. Vgl. aus den Vorarbeiten die Notiz: „was Kafka als ‚vorweltliche Gewalten' betrachtet haben mag, bezeichne ich als ‚weltliche unserer Tage'." Tiedemann/Schweppenhäuser: Anmerkungen der Herausgeber (s. Anm. 487), S. 1256.

503 Herbert: Geschichte Deutschlands im 20. Jahrhundert (s. Anm. 8), S. 316.

504 Ebd., S. 336.

505 Benjamin: Franz Kafka (s. Anm. 486), S. 427–431.

506 Ebd., S. 431.

Als Urbild der politisch und gesellschaftlich bedingten Entstellung aller Ausgegrenzten im Deutschland der 1930er Jahre[507] identifiziert der Abschnitt dann aber nicht eine Figur Kafkas, sondern die Figur des buckligen Männleins aus dem Kinderlied im *Wunderhorn* Arnims und Brentanos.[508] Benjamin, der Kafkas Faszination durch den buckligen Zwerg in der Chiesa Sant'Anastasia noch nicht kennen konnte, nennt die Figur den „Buckligen"[509]. In ihr verdichtet sich sein Beitrag zum Ungeschicklichkeitsdiskurs in der deutschen Literatur. Zwar versucht er den Buckligen durchaus plausibel mit ähnlichen Erscheinungen im Werk Kafkas in Verbindung zu bringen,[510] doch geht es ihm letztlich darum, die romantische, auf das 19. Jahrhundert verweisende Figur des buckligen Männleins als volkstümliche Entsprechung zur Schicht der Entstellten und mit ihr der proletarischen Unterschichten in Anschlag zu bringen. Diese Figur ist für Benjamin ein Sinnbild sowohl der Ungeschickten, Unfertigen und Gescheiterten im Werk Kafkas, als auch ein Sinnbild der verheerenden Auswirkungen des Nationalsozialismus und seiner heroischen Selbstermächtigung auf Juden und Deutsche gleichermaßen. Benjamin hält dazu am Ende des Abschnitts fest, dass im

507 Nach der Machtergreifung Hitlers wurde ‚Asozialität' „zum Sammelbegriff für alle irgendwie sozial auffälligen, als unangenehm oder ‚unnatürlich' empfundenen, aber juristisch nicht sicher klassifizierbaren Verhaltensweisen und zum Ausdruck einer jedenfalls in der Mehrzahl der Fälle ererbten, also nicht besserungsfähigen Anlage im einzelnen Menschen." Herbert: Geschichte Deutschlands im 20. Jahrhundert (s. Anm. 8), S. 339.

508 S. dazu oben, S. 253 f. Vgl. zu Benjamins Adaption Frithjof Haider: Verkörperungen des Selbst. Das bucklige Männlein als Übergangsphänomen bei Clemens Brentano, Thomas Mann, Walter Benjamin. Frankfurt a. M. 2003, S. 153–189.

509 Benjamin: Franz Kafka (s. Anm. 486), S. 432.

510 Am ehesten gelingt ihm das mit einem Zitat aus Kafkas Tagebüchern. Kafka hat sich demnach beim Einschlafen mit gekreuzten Armen und auf die Schultern gelegten Händen selbst zu beschweren versucht, „so daß ich dalag wie ein bepackter Soldat"; Benjamin: Franz Kafka (s. Anm. 486), S. 432. Vgl. Kafka: Tagebücher (s. Anm. 316), S. 52 f. Die Stelle ist darum signifikant, weil hier die heroische Figur des Soldaten im Zustand der Schwäche und Passivität erscheint – und gerade darin für Kafka zum Selbstvergleich taugt. Man kann sie auch mit den militaristischen Zügen der Gehilfen im *Schloß* parallelisieren.

Kinderlied vom buckligen Männlein „der Grund des deutschen Volkstums so gut wie [der] des jüdischen" berührt sei.[511] Das ist eine Schlüsselstelle, die auch Adorno sofort aufgefallen ist. Sie berührt den nationalsozialistischen Leitbegriff der ‚Volksgemeinschaft', unter den Hitler nach der Machtübernahme sein Programm gestellt hatte,[512] und greift ihn an. Adorno hat nach der Lektüre des Kafka-Essays in einem langen Brief vom 17.12.1934 gegenüber Benjamin festgehalten, er empfinde „die Sätze über die Verschränkung des Deutschen und Jüdischen als ganz entscheidend."[513] Sie sind es auch und besonders für den Ungeschicklichkeitsdiskurs in der deutschen Literatur. Man kann diese Verschränkung zum einen so verstehen, dass Benjamin im maximal heroisierten Deutschen Reich das Heroische der Moderne verabschiedet, indem er es durch die Frage nach den Existenzbedingungen der Menschen im Modernisierungsprozess ersetzt.[514] Dadurch tilgt er zugleich die tragischen Reste im Ungeschicklichkeitsdiskurs. Substituiert werden sie unter anderem durch Satire, Komik und Formen des Lachens.[515] Zum anderen ist die Verschränkung so verstehbar, dass in den Unterschichten die Differenz zwischen Deutschen und Juden gleichgültig wird. Sie konvergiert im Indifferenzpunkt sozialer Depravation. Das Proletariat ist keine ethnische Einheit, sondern ein internationales Phänomen. Darin ist und bleibt Benjamin dem Marxismus und seinem Freund Brecht verbunden. Insofern der Bucklige aber die Ungeschicklichkeit

---

511 Benjamin: Franz Kafka (s. Anm. 486), S. 432.

512 Herbert: Geschichte Deutschlands im 20. Jahrhundert (s. Anm. 8), S. 306.

513 Zit. nach Tiedemann/Schweppenhäuser: Anmerkungen der Herausgeber (s. Anm. 487), S. 1177.

514 In den Notizen zum geplanten Buchprojekt über Kafka heißt es dazu prägnant: „Wo der Faschist den Heroismus einsetzt, setzt Kafka mit Fragen ein. Er fragt nach den Garantien für seine Existenz." Ebd., S. 1255.

515 Besonders deutlich wird eine Aufzeichnung von 1934 aus der Zeit der Vorbereitung der Niederschrift des Kafka-Essays. Danach vermittelt nur der Humor die Einsicht, dass es „das Ungeheuere ist, welches das Alltägliche gewährleistet"; dieser Humor sei „zuhause in jener unteren Titanenwelt der unscheinbaren und der abgeschmackten Vorgänge und Geschöpfe"; ebd., S. 1217. Im Essay selbst wird eher nebenbei auf das Lachen des buckligen Männleins und seine Analogie mit dem „Lachen Odradeks" hingewiesen; Benjamin: Franz Kafka (s. Anm. 486), S. 432.

der sozial Depravierten repräsentiert, wird er zu einem Prototyp der Globalisierungsmoderne.

Das lässt sich am Einsatz der Figur des Buckligen für die Selbstdeutung Walter Benjamins belegen. Sie findet sich am Ende der *Berliner Kindheit um neunzehnhundert*, einer Serie kurzer Prosatexte, mit denen sich ihr Verfasser in einer existenziell zunehmend prekären Lage an der Schwelle zum Dritten Reich über seine Kindheit und speziell über sein kindliches Verhältnis zu seinem Geburtsort Berlin zu verständigen versucht hat.[516] 1932 hat Hermann Ullmann die Stadt, die damals zu den größten der Welt gehörte, in seinem Großessay *Flucht aus Berlin?* als „Krisenzentrale" Deutschlands bezeichnet, in der sich das deutsche Schicksal verdichten und entscheiden müsse.[517] Auch Benjamin versteht Berlin, das von den Zeitgenossen als soziales Großexperiment angesehen wurde,[518] als einen deutschen Ort par excellence, verkehrt aber die Vorzeichen. Die Form seiner Texte schließt an Darstellungsverfahren der 1928 erschienenen *Einbahnstraße* an, einer Sammlung philosophischer Fragmente mit dezidiert kommunistischen Intentionen. Dort waren unter dem Rubrikentitel „Vergrößerungen" sechs kurze Stücke über verschiedene Arten von Kindern erschienen, von denen fünf unter anderen Titeln in die *Berliner Kindheit um neunzehnhundert* Eingang gefunden haben.[519] Die ersten Stücke des neuen Buchprojektes wurden 1932 auf Ibiza und in Berlin niedergeschrieben. Zwei frühe Typoskripte fassten sie zusammen. Das eine wurde an Margarete Karplus, die spätere Ehefrau Theodor W. Adornos, gesandt,[520] das andere war dem Sohn Stefan gewidmet[521]. Im Januar 1933, kurz vor

516 Vgl. dazu die Übersicht von Anja Lemke: „Berliner Kindheit um neunzehnhundert". In: Lindner (Hg.): Benjamin-Handbuch (s. Anm. 485), S. 653–663.

517 Hermann Ullmann: Flucht aus Berlin? Jena 1932; hier zit. nach Kiesel: Geschichte der deutschsprachigen Literatur 1918 bis 1933 (s. Anm. 1), S. 140 f.

518 Herbert: Geschichte Deutschlands im 20. Jahrhundert (s. Anm. 8), S. 245.

519 Einbahnstraße von Walter Benjamin. Berlin 1928, S. 59–66.

520 Vgl. Walter Benjamin: Berliner Kindheit um neunzehnhundert <Felicitas-Exemplar>. In: ders.: Werke und Nachlaß. Kritische Gesamtausgabe. Hg. von Christoph Gödde und Henri Lonitz. Bd. 11.1. Berlin 2019, S. 105–256.

521 Walter Benjamin: Berliner Kindheit um neunzehnhundert <Stefan-Exemplar>. In: ders.: Werke und Nachlaß. Bd. 11.1 (s. Anm. 520), S. 257–347.

der Gleichschaltung, kam es zu einem Vertrag mit der *Frankfurter Zeitung*, die Benjamin den sukzessiven Abdruck aller bis dahin vorliegenden Stücke zusicherte. Nachdem der Feuilletonredakteur aber schon im Februar entlassen worden war, wurde der Vertrag seitens der Zeitung nicht erfüllt. Nur unter Verzögerungen und teils unter Pseudonymen konnten noch einzelne Stücke abgedruckt werden, bis der Druck schließlich ganz eingestellt worden ist. Benjamin nutzte die politisch bedingten Verzögerungen und Zwangslagen, um weitere Stücke zu erstellen und die vorhandenen weiter zu verdichten. Dabei leitete ihn weiterhin die Absicht, die *Berliner Kindheit* am Ende als Buch zu publizieren. Er bot den Text daher verschiedenen Verlagen an, wobei ihm rasch die Ansichtsexemplare ausgingen. Die Herstellung weiterer Kopien scheiterte aus Kostengründen. Benjamin musste die Arbeiten schließlich abbrechen. Die letzte autorisierte Fassung ist das sogenannte „Pariser Typoskript" aus dem Jahr 1938.[522] Bei der *Berliner Kindheit um neunzehnhundert* handelt es sich also in doppelter Hinsicht um ein politisches Projekt: Zum einen hält es im Moment der existenziellen Bedrohung ihres Autors die Erinnerungen eines deutschen Intellektuellen jüdischer Herkunft an seine verlorene bürgerliche Kindheit im Kaiserreich fest, zum anderen verdankt sich seine Endgestalt dem zweifelhaften Zeitgewinn, den die rassistisch motivierte Austrocknung von Publikationsmöglichkeiten im deutschsprachigen Raum und das technische Problem der hohen Herstellungskosten von Typoskripten herbeigeführt haben.

Für den Ungeschicklichkeitsdiskurs in diesem vom Ungeschick heimgesuchten Buchprojekt[523] ist vor allem das Stück mit dem Titel *Das bucklichte Männlein* aufschlussreich. Das sogenannte Berliner Typoskript von 1933 platziert es am Ende der Sammlung,[524] während im sogenannten Pariser Typoskript von 1938, nach dem

---

522 Walter Benjamin: Berliner Kindheit um neunzehnhundert <Pariser Typoskript, 1938>. In: ders.: Werke und Nachlaß. Bd. 11.1 (s. Anm. 520), S. 500–556.

523 Vgl. die Belege bei Lemke: „Berliner Kindheit um neunzehnhundert" (s. Anm. 516), S. 659.

524 Walter Benjamin: Berliner Kindheit um neunzehnhundert <Berliner Typoskript, 1933>. In: ders.: Werke und Nachlaß. Bd. 11.1 (s. Anm. 520), S. 429–490, hier S. 488–490.

hier zitiert wird, noch zwei Stücke folgten. Der Titel *Das bucklichte Männlein* ist nicht zufällig identisch mit dem Titel des dritten Teils von Benjamins Kafka-Essay. Die Entwurfsfassung zu diesem Stück, die vermutlich auf die Phase der ersten Niederschrift der *Berliner Kindheit* im Jahr 1932 zurückgeht, stellt die Verbindung auch explizit her, indem Benjamin dort auf seine „Notizen zu Kafka" verweist.[525] Erstmals wurde *Das bucklichte Männlein* am 12.8.1933 in der *Frankfurter Zeitung* publiziert. In diesem Fall wurde dem Autor ausnahmsweise gestattet, seinen Namen zu verwenden. Etwa ein Jahr später, am 25.7.1934, kam es dann zu einem erneuten Abdruck in der *Magdeburgischen Zeitung*. Fünf Monate darauf erschien der Abschnitt *Das bucklichte Männlein* aus dem Kafka-Essay in der *Jüdischen Rundschau*. Da beide Texte etwa gleichzeitig entstanden sein dürften und jedenfalls in Teilen gleiche Formulierungen verwenden, ist festzuhalten, dass Benjamin die Figur des Buckligen sowohl für die Deutung Kafkas als auch für seine Selbstdeutung eingesetzt hat. Die Figur wird zur Allegorie deutscher Juden im Zeitalter ihrer Bedrohung und Verfolgung.[526]

Generisch ist die *Berliner Kindheit um neunzehnhundert* dem Typus der Kindheitsautobiographie zuzurechnen.[527] Zu ihren prominenten Vertretern im 19. Jahrhundert gehörten das *Buch der Kindheit* von Bogumil Goltz und Theodor Fontanes *Meine Kinderjahre*. Von Goltz übernimmt Benjamin die Lizenz zur „Traumpoesie"[528] und die Episodenstruktur, von Fontane das Darstellungsprinzip des Anekdotischen und den Anspruch, mit der Darstellung der

525 Walter Benjamin: Berliner Kindheit um neunzehnhundert <Aufzeichnungen, Entwürfe, Fassungen>. In: ders.: Werke und Nachlaß. Bd. 11.1 (s. Anm. 520), S. 355–427, hier S. 373.

526 Nach Burkhardt Lindner: Allegorie. In: Michael Opitz/Erdmut Wizisla (Hg.): Benjamins Begriffe. Bd. 1. Frankfurt a. M. 2000, S. 50–94, hier S. 51, versteht Benjamin unter einer Allegorie „die maskenhafte, fragmentierende Neubelebung der melancholischen Erfahrung" einer erstarrten Welt. Zum allegorischen Charakter der *Berliner Kindheit um neunzehnhundert* vgl. ebd., S. 87.

527 Zum Verhältnis zur Autobiographie vgl. Lemke: „Berliner Kindheit um neunzehnhundert" (s. Anm. 516), S. 653.

528 Bogumil Goltz: Buch der Kindheit. Frankfurt a. M. 1847, S. XII.

eigenen Kindheit „etwas Zeitbildliches gegeben zu haben"[529]. Auch Benjamin verbindet die Kindheitsautobiographie mit historiographischen Intentionen.[530] Ihm geht es vor allem darum, in der eigenen Kindheit die Signatur der Heroischen Moderne und ihrer Herkunft aus Erfahrungen der Schwäche auszumachen.

Die teils autobiographische, teils historiographische Form des Textes hat Folgen für die Ungeschicklichkeit. Sie wird in der *Berliner Kindheit um neunzehnhundert* wiederholt zum Thema. Markant werden etwa in dem Stück *Schmetterlingsjagd* die Folgen beschrieben, die der Jagdeifer des Kindes ausgelöst hat. Mit der geballten „Zerstörung, Plumpheit und Gewalt" des zu allem entschlossenen kleinen Jägers kontrastiert „zitternd und dennoch voller Anmut" das im Netz gefangene Tier.[531] Hier ist das Nachgeben gegenüber archaischen Impulsen (wenn man will: die Identifikation mit der Heroischen Moderne) der Grund des Ungeschicks. Das Stück *Pfaueninsel und Glienicke* erzählt dagegen von der ersten Fahrt des Kindes mit dem Fahrrad in freier Natur. Beinahe wäre es dabei gestürzt, entging aber wie durch ein Wunder dem Unfall, weil es sich dem katastrophal erscheinenden Geschehen überließ und mit ihm eins wurde.[532] Hier geht es um einen entspannten, um nicht zu sagen fatalistischen Umgang mit drohendem Ungeschick unter den Konditionen einer rasant beschleunigten Technisierung und Mechanisierung, die den Übergang zum 20. Jahrhundert prägte. Schließlich wird in dem vergleichsweise langen Stück *Blumeshof 12* an die Angst des Kindes erinnert, die ihm überreichten Weihnachtsgeschenke, „ungeschickt vor aller Augen anzufassen."[533] Für seine Begriffe gehörten sie auch nach ihrer Übergabe immer noch eher

529 Theodor Fontane: Meine Kinderjahre. Autobiographischer Roman. Berlin 1894, S. VI.

530 Zur Autobiographie als historisches Dokument und zu ihrem Stellenwert im zeitgenössischen Wissenschaftssystem vgl. Ulrich Breuer: Hermeneutics. In: Handbook of Autobiography/Autofiction. Hg. von Martina Wagner-Egelhaaf. Bd. 1. Berlin/Boston 2019, S. 64–72.

531 Benjamin: Berliner Kindheit um neunzehnhundert <Pariser Typoskript, 1938> (s. Anm. 522), S. 510.

532 Ebd., S. 530.

533 Ebd., S. 534.

den Gebern als dem Beschenkten. Erst nachdem sie vom Dienstpersonal (den ‚Gehilfen') eingepackt worden waren, konnte sie das Kind sich aneignen. Das zielt auf eine Vermeidung von Ungeschicklichkeit aus sozialen Gründen und bringt die angstbesetzte Differenz von Besitzenden und Besitzlosen, aber auch die Wirksamkeit von Verhaltenskodizes und deren Verwaltung durch die Oberschichten ins Spiel.

Darüber hinaus gibt Benjamin in seiner Kindheitsautobiographie auch dem Schicksalsbegriff Raum, den er allerdings ebenso wie Kafka depotenziert. Das wird in Form einer Allegorie am Ende des Stücks *Der Nähkasten* deutlich.[534] Dort wird von winterlichen Nähabenden erzählt, an denen die Kinder sich Schere und Faden erbeten hatten, um „nach der Zeichnung Blumen" zu nähen.[535] Der Erzähler und Protagonist gab während seiner Tätigkeit „hin und wieder der Versuchung nach, mich in das Netzwerk auf der Hinterseite zu vergaffen, das mit jedem Stich, mit dem ich vorn dem Ziele näherkam, verworrner wurde."[536] Die Allegorie[537] bezieht sich auf das eigene Lebensschicksal und poetologisch auf den autobiographischen Akt des Erinnerns. Der autobiographische Rückblick ist in diesem Fall – historiographisch – auch ein Blick auf die Rückseite des eigenen Lebens. Vorder- und Rückseite dieses Lebens stehen in einem paradoxen, von Benjamin wohl als dialektisch verstandenen Verhältnis zueinander: Gerade die vordergründig richtigen, geschickten und zielführenden Schritte steigern hintergründig das Chaos und die Verwirrung.[538] Das Richtige erweist sich zwangsläufig als das Falsche.

---

534 Vgl. dazu unter dem Aspekt des Umgangs Benjamins mit den Dingen auch Kimmich: Lebendige Dinge in der Moderne (s. Anm. 22), S. 65–68.

535 Benjamin: Berliner Kindheit um neunzehnhundert <Pariser Typoskript, 1938> (s. Anm. 522), S. 549.

536 Ebd. Dabei ist auch an Kafkas Formulierung vom „lächerlichen Gewirre" zu erinnern, das unter Umständen über die Existenz eines Menschen entscheidet; s. oben. S. 485.

537 Vgl. dazu auch die poetologische Lektüre von Lemke: „Berliner Kindheit um neunzehnhundert" (s. Anm. 516), S. 662.

538 Zum Schicksalsbegriff Benjamins, mit dem er „seine Erfahrungen als jüdischer Mann in der Moderne zu formulieren versucht" habe, vgl. Jäger: Schicksal (s. Anm. 493), S. 726.

Aufgebaut ist *Das bucklichte Männlein* aus zwei Teilen. Textgenetisch stand der zweite Teil am Anfang, während der erste wenig später hinzugefügt wurde.[539] Im ersten Teil, der als Einleitung verstanden werden kann, geht es um das Interesse des Kindes am Souterrain Berliner Geschäftshäuser und ihren etwas unheimlichen Bewohnern.[540] Innerhalb des ersten Teils lassen sich zwei Abschnitte unterscheiden. Der erste fixiert die Position des Betrachters. Er steht vor dem Schaufenster eines Geschäftshauses auf einem Gatter, das ihm auch einen Blick auf das darunter befindliche Kellergeschoss gewährt. Der zweite Abschnitt stellt der Gatterszene, die sich im Tageslicht abspielt, als ‚Rückseite' ein nächtliches Pendant gegenüber. Darin blicken die Bewohner des Kellergeschosses zurück: „im Traume zielten Blicke, die mich dingfest machten, aus solchen Kellerlöchern. Gnomen mit spitzen Mützen warfen sie. Kaum hatten sie mich erschreckt, so waren sie schon wieder fort."[541] Damit greift Benjamin auf Vischers Roman *Auch Einer* zurück, in dem es über das untere, Kunst und Wissenschaft allererst tragende Stockwerk der Gesellschaft heißt, dort sei „ein Zorn, ein Gift darüber" zu finden, dass er das obere tragen muss, „als sei da – ein – ein Etwas, ein Rachgeist, Tücke, nach den höheren Wesen, nach den Zimmerleuten des zweiten Stockwerks mit Nadeln, mit Pfriemen, haarfeinen Dolchen

---

539 Er fehlt noch in einer Entwurfsnotiz; vgl. Benjamin: Berliner Kindheit um neunzehnhundert <Aufzeichnungen, Entwürfe, Fassungen> (s. Anm. 525), S. 373 f., und im Stefan-Exemplar; vgl. Benjamin: Berliner Kindheit um neunzehnhundert <Stefan-Exemplar> (s. Anm. 521), S. 280–282. Beide Teile des Stücks sind aber auch schon früh (vor 1933) in einem etwas späteren Entwurf verbunden worden; (ebd., S. 374–376) und gehen als verbundene ins Felicitas-Exemplar ein (ebd., S. 233–236). Sowohl im Berliner (ebd., S. 488–490) als auch im Pariser Typoskript (ebd., S. 553–554), die sich vor allem durch den Grad der Verdichtung unterscheiden, sind beide Teile vereint. Der Erstdruck in der *Frankfurter Zeitung* (ebd., S. 599–601) bietet die Fassung des Berliner Typoskripts.

540 Denkbar ist eine Anspielung auf Rousseaus Vorliebe für Katakomben, sehr wahrscheinlich ein Bezug auf Dostojewskis *Aufzeichnungen aus dem Kellerloch*, einigermaßen sicher eine Anspielung auf Vischers Roman *Auch Einer*.

541 Benjamin: Berliner Kindheit um neunzehnhundert <Pariser Typoskript, 1938> (s. Anm. 521), S. 554.

durch die Dielenspalten hinaufzustechen – –".[542] Die impertinenten Wesen identifiziert Benjamin sodann mit Figuren der deutschen Romantik. Sie stammen aus Volkslied (*Das bucklige Männlein*) und Märchen (*Das Lumpengesindel*).

Im zweiten Teil des Stücks, der sich in drei Abschnitte unterteilen lässt, wird den ebenso faszinierenden wie furchterregenden Kellerbewohnern, insbesondere dem buckligen Männlein, zunächst ein Name zugeordnet: der des Ungeschicks. Dieser Name leuchtet dem Kind sofort ein, weil er in seiner Erfahrung fundiert ist. Die Mutter hatte damit die wiederholt ihm unterlaufenen Performanzfehler bezeichnet.[543] Insofern umfasst der Begriff des Ungeschicks die imaginierten Souterrainbewohner, die fiktiven Figuren aus Volkslied und Märchen und das von beiden faszinierte Kind mit seinen Verhaltensweisen gleichermaßen. In der Figur des Buckligen wird der Begriff überdies allegorisch augmentiert. Das Ungeschick erhält dadurch eine dämonische Dimension.

Im zweiten Abschnitt geht es um die Auswirkungen der Allegorie des Ungeschicks auf das Leben des Autobiographen. Der Abschnitt besteht aus einem Kommentar zu einzelnen Passagen des Volkslieds vom buckligen Männlein. Angesprochen wird die fehlende Achtsamkeit des Autobiographen auf die eigenen Lebensumstände, das Schrumpfen seiner vertrauten Lebenswelt und seiner Besitzstände und schließlich die Enteignung von Erinnerungen durch Formen des Vergessens.

Der dritte und letzte Abschnitt des zweiten Teils macht schließlich die Interaktion zwischen dem Buckligen einerseits und dem Protagonisten und Erzähler andererseits zum Thema. Dabei wird zwischen Vergangenheit und Gegenwart unterschieden. In beiden Fällen ist nur der Bucklige aktiv, während sich sein Gegenüber

---

542 Friedrich Theodor Vischer: Auch Einer. Eine Reisebekanntschaft (zuerst 1879). Mit einem Nachwort von Otto Borst. Frankfurt a. M. 1987, S. 360.

543 Dass Benjamin Freuds *Psychopathologie des Alltagslebens* und entsprechend einen psychoanalytisch geprägten Begriff der Ungeschicklichkeit einsetzte, legt eine Formulierung aus der Entwurfsfassung des Stücks nahe. Dort ist von den „Fehlleistungen" die Rede, „die entstehen, wenn das bucklige Männlein uns helfen will." Benjamin: Berliner Kindheit um neunzehnhundert <Aufzeichnungen, Entwürfe, Fassungen> (s. Anm. 525), S. 374.

passiv verhält. In der Vergangenheit bestand die Interaktion darin, dass der Bucklige als personifiziertes Ungeschick den kindlichen Protagonisten angeblickt hatte, ohne dass umgekehrt dieser ihn bemerkt hätte – als Beleg fungieren Verweise auf verschiedene Stücke der *Berliner Kindheit*, unter ihnen auch *Schmetterlingsjagd*. In der Gegenwart der Schreibszene hat dagegen der Bucklige zwar „längst abgedankt", dem Erzähler aber dennoch einen Auftrag mit auf den Weg gegeben. Denn das personifizierte Ungeschick „wispert" ihm „über die Jahrhundertschwelle" die Bitte nach, seiner zu gedenken und es in seine Gebete einzuschließen.[544] Über die religiöse Form des Gebets wird der Ungeschicklichkeit, die zuvor soziologisch und politisch konnotiert worden ist, auch eine theologische Dimension eingeschrieben.

Geht man zunächst der politischen Dimension der Ungeschicklichkeit nach und stellt die theologische zurück, dann fällt vor allem die geradezu aufdringlich inszenierte Nähe des Stücks zur deutschen Romantik ins Auge. Dazu trägt bereits die generisch bedingte Kindheitsthematik bei. Mit ihr wird die romantische Aufwertung der Ungeschicklichkeit durch ihre Zuordnung zu einem provisorischen und zugleich ursprungsnahen Lebens- und Weltalter abgerufen.[545] In politischer Perspektive geht es aber um einen spezifischen, mit dem Kindheitsthema konvergenten Beitrag der Romantik. Er besteht in der Entdeckung und Hochschätzung des Volkes. Nach ihrer literarischen Erschließung durch Herder und den Sturm und Drang sowie ihrer pädagogischen Adressierung in der Volksaufklärung ist die soziokulturelle Kategorie des Volkes in den napoleonischen Kriegen patriotisch aufgeladen worden. Das motivierte ein breites Interesse an Volkslied und Märchen, das sich wirkungsmächtig in Armin/Brentanos *Des Knaben Wunderhorn* und den *Kinder- und Hausmärchen* der Brüder Grimm niedergeschlagen hat. Auch das

---

544 Benjamin: Berliner Kindheit um neunzehnhundert <Pariser Typoskript, 1938> (s. Anm. 521), S. 554.

545 Vgl. Ulrich Stadler: 1798. Ungeschickt lässt grüßen. Zur Karriere einer Erzählfigur um 1800. In: Kalender kleiner Innovationen. 50 Anfänge einer Moderne zwischen 1755 und 1856. Für Günter Oesterle. Hg. von Roland Borgards, Almuth Hammer und Christiane Holm. Würzburg 2006, S. 167–174.

Deutsche Wörterbuch der Brüder Grimm und weniger prominente Sammlungen, wie Karl Friedrich Wanders *Deutsches Sprichwörter-Lexikon* (mit dem Untertitel *Ein Hausschatz für das Deutsche Volk*),[546] stehen in dieser Tradition. Die Hochschätzung der Volkskultur wird von Benjamin aufgerufen, um sie mit den zwielichtigen Kellerbewohnern im Berlin der Jahrhundertwende in Verbindung zu bringen. Ihr entstammt auch die Figur des Buckligen. In der späten, stark verdichteten Fassung wird festgehalten, dass sie dem jungen Benjamin „eines Tages im ‚Deutschen Kinderbuch'" begegnet sei.[547] Frühere Fassungen des Stücks, darunter auch die 1933 in der *Frankfurter Zeitung* gedruckte, halten bibliographisch präziser fest, er sei auf sie „in meinem ‚Deutschen Kinderbuch' von Georg Scherer" gestoßen.[548] Benjamin hat sie also nicht im *Wunderhorn*, sondern in der illustrierten Kompilation Scherers kennengelernt. Schon in der ersten Auflage von 1849 wird das Männlein in dem Gedicht *Die Köchin ist ausser sich!* erwähnt. Es erscheint dort als böser Störenfried, der eine Köchin, der ein Topf zerbrochen ist und die sich daher rasch einen neuen kaufen muss, zu Fall bringt:

> Will ich g'schwind zum Hafner laufen,
> Mir ein anders Haferl kaufen: –
> Steht ein bucklig's Männlein da,
> Schmeißt mich über'n Haufen.[549]

Dem Abdruck des Liedes ist auf einem separaten Blatt ein Holzschnitt von Moritz von Schwind beigefügt.[550] Er zeigt den Buckligen

546 Das von Benjamin zitierte Sprichwort „Ungeschickt lett (lässt) grüßen" findet sich im Deutschen Sprichwörter-Lexikon. Hausschatz für das deutsche Volk. Hg. von Karl Friedrich Wilhelm Wander. Bd. 4. Leipzig 1876, Sp. 1434.

547 Benjamin: Berliner Kindheit um neunzehnhundert <Pariser Typoskript, 1938> (s. Anm. 521), S. 553.

548 Das bucklichte Männlein. Von Walter Benjamin. In: Benjamin: Berliner Kindheit um neunzehnhundert <Drucke>. In: ders.: Werke und Nachlaß. Bd. 11.1 (s. Anm. 520), S. 599–601, hier S. 599.

549 Alte und neue Kinderlieder, Fabeln, Sprüche und Räthsel. Mit Bildern nach Originalzeichnungen. Hg. von Georg Scherer. Leipzig 1849, S. 114.

550 Ebd., vor S. 114. Sami R. Khatib: „Teleologie ohne Endzweck". Walter Benjamins Ent-stellung des Messianischen. Marburg 2013, S. 470 f., hat die

als schadenfrohen Gnom, der am Brunnen auf einem Marktplatz mit dem Zeigefinger seiner verschatteten rechten Hand auf die von ihm zu Fall gebrachte Magd hinweist, die im Sturz ihren neuen Krug zerbrochen hat. In Haltung und Profil hat Schwind dem Gnomen jüdische Züge verliehen.[551] Erst in die vierte Auflage von 1863, die auch den von Benjamin angeführten Titel trägt, ist das Gedicht *Das bucklige Männlein* aus *Des Knaben Wunderhorn* aufgenommen worden[552] und erst in der zweibändigen sechsten Auflage ist das Bild fest mit dem Text verbunden. Das macht die Szene enigmatisch. Es ist nun unklar, warum die Magd, bei der es sich um die Köchin des in der Erstauflage abgedruckten Liedes handelt, zu Fall gekommen ist. In jedem Fall drängt es sich auf, die Formulierung des Kafka-Essays, wonach in der Gestalt des Buckligen der Grund der deutschen wie der jüdischen Volkskultur berührt werde, auch auf die *Berliner-Kindheit* zu beziehen. Da Benjamin für die geplante deutschsprachige Buchpublikation (später plante er auch eine französische) großen Wert auf die Tilgung aller Beziehungen zur jüdischen Kultur legte und erst nach dem Scheitern des Publikationsprojekts davon abweichende Stücke aufnahm, wird hier sowohl die ‚deutsche' Faktur des Textes als auch ihre ins Untergründige verbannte Destabilisierung greifbar.

Damit aber ist der Bucklige geradezu überdeterminiert: Als dreifache Allegorie steht er erstens für die Ungeschicklichkeit von Kindern in Haushalten, die sich zu assimilieren versuchen und daher ein besonderes Sensorium für akkurates Verhalten entwickeln; zweitens repräsentiert er die sozialen Unterschichten im Kaiserreich (das Proletariat), das ins Souterrain unterhalb der

---

Abbildung reproduziert (allerdings nach einer späteren Auflage) und auf Parallelen in Benjamins Prosastück aufmerksam gemacht.

551 Das ist ein früher, emblematischer Beleg für die Verschmelzung der Volksgeistidee der Romantik mit dem später biologisch abgeleiteten Rassegedanken, die spätestens in den 1930er Jahren auch die Germanistik bestimmte; vgl. Aly: Warum die Deutschen? Warum die Juden? (s. Anm. 211), S. 207.

552 Georg Scherer's illustrirtes Deutsches Kinderbuch. Alte und neue Lieder, Märchen, Fabeln, Sprüche und Räthsel. 4., reich verm. Aufl. Stuttgart 1863, S. 154–157.

Abb. 14
Moritz von Schwind, Magd mit zerbrochenem Topf, 1879

Warenwelten abgedrängt worden ist; und drittens verkörpert er das archaisch-anarchische Moment in der deutschen, aber auch in der jüdischen Volkskultur. Die dreifache Determination macht die Figur zum Faszinosum, das den kleinen deutsch-jüdischen Bürgersohn in seinen Bann zieht. Er begegnet in ihr dem kollektiven Unbewussten des – nach Bismarcks Diktum – aus ‚Eisen und Blut' errichteten deutschen Kaiserreichs in seiner sozialen Gestalt.

Für den Umgang Benjamins mit der Ungeschicklichkeit ist es nun entscheidend, dass und wie er ihre schicksalhafte Komponente zugleich aufgenommen und destruiert hat. Die Aufnahme erfolgt mit eben den Mitteln, die auch das Kaiserreich dafür einsetzte: mit den Mitteln des Historismus und der Germanistik. In der Germanistik hatte Benjamin promoviert und sich vergeblich in ihr zu habilitieren versucht. Mit der Wiederaufnahme von Figuren und Texten der Romantik, aber auch von Phraseologismen und Etymologien, markiert er philologische Kompetenzen. In der ersten Entwurfsfassung des vollständigen Stückes fand sich etwa noch eine vulgäretymologische Spekulation zum Namen des buckligen Männleins, die ironisch verzerrt den normativen Historismus des *Deutschen Wörterbuchs* aufgreift: „Ungeschickt hieß es, und das war es auch. Denn niemand schickte es.“[553] Das wird alsbald getilgt und in ein deutlich eleganteres Spiel mit dem Wort ‚zuvorkommen‘ transformiert. In der letzten Fassung heißt es: „Das Männlein kam mir überall zuvor. Zuvorkommend stellte sichs in den Weg.“[554] Gerade die Anlehnung an philologisch-historistische Verfahren der Heroischen Moderne erlaubt es Benjamin, die Ungeschicklichkeit aus ihrer Zuordnung zu einem hypostasierten deutschen Fatum herauszulösen und sie soziologisch und politisch umzucodieren. Was als deutsches Schicksal erscheint, ist in Wahrheit das Rumoren des Proletariats in den Gedärmen des 19. Jahrhunderts.

Am Ende seines Paradestücks lädt Benjamin die in neuer Weise politisch kodierte Ungeschicklichkeit dann doch noch metaphysisch auf. Nun wird es theologisch. Allerdings verzichtet er dabei auf nationalistische und setzt nur vordergründig christliche Argumente ein. Hinter- und untergründig geht es ihm um eine Verbindung des marxistischen Klassenkampfkonzepts mit der jüdischen Idee des Messianismus, die diesem Kampf eine pragmatische Utopie einschreiben soll.

Der Übergang zur theologischen Aufladung der Ungeschicklichkeit wird über den Begriff des Ganzen organisiert. Als Grundproblem der Poetik war er Benjamin aus seinen Studien zur deutschen Frühromantik bekannt.[555] Die Frühromantik hatte das Problem der Undarstellbarkeit des Ganzen durch die Darstellungsform des Fragments zu lösen versucht. Der Begriff des Ganzen gehört aber auch zu den generischen Kernkonzepten der Autobiographie. Man hat die Gattung als „Darstellung des ganzen eigenen Lebens von

553 Benjamin: Berliner Kindheit um neunzehnhundert <Aufzeichnungen, Entwürfe, Fassungen> (s. Anm. 525), S. 375.

554 Benjamin: Berliner Kindheit um neunzehnhundert <Pariser Typoskript, 1938> (s. Anm. 522), S. 554.

555 Vgl. dazu Armin Erlinghagen: Das Konzept des ‚Ganzen‘ in Friedrich Schlegels Poetik 1793–1804. Ein systematischer Aufriss auf der Grundlage seiner Traktate über Lessing und des unveröffentlichten Notizhefts *Studien des Alterthums*. In: Athenäum 22 (2012), S. 15–63.

der Geburt bis zum Zeitpunkt der Niederschrift" definiert.[556] Eine Kindheitsautobiographie wie diejenige Benjamins muss dann auf das Ganze der eigenen Kindheit zurückblicken. Strukturell reagiert Benjamin auf diese Herausforderung ebenso wie schon Goltz, indem er seine Kindheitsautobiographie als Reihe einzelner Stücke anlegt. Das Prinzip wird nun zum Thema gemacht. In früheren Fassungen von *Das bucklichte Männlein* hatte Benjamin den Blick auf das Ganze seiner Kindheit dem Buckligen vorbehalten. Aus seiner Perspektive, der des Ungeschicks, zogen alle Ereignisse dieser Kindheit in rascher Folge so vorbei wie dem Sterbenden die Momente seines Lebens und die rasch wechselnden Bilder im Medium des Daumenkinos, das als Vorläufer des Films figuriert.[557] Nur die pauperisierten Zeitgenossen, für die der Bucklige steht, erkennen dann in den Handlungen des bürgerlichen Kindes wie im frühen Slapstick „den Boxer bei der Arbeit und den Schwimmer, wie er mit den Wellen kämpft"[558]. Erneut verfährt die Endfassung wesentlich eleganter. Nun reduziert Benjamin das Problem des Ganzen auf den poetologischen Kunstgriff, exemplarisch einige Stücke seiner *Berliner Kindheit* zu zitieren und dadurch die Einheit des projektierten Buches für das Ganze seiner Kindheit eintreten zu lassen. Was der Bucklige nun erkennen kann ist eben das, was auch jeder Leser vor sich hat. Beiden steht das Kind ‚noch einmal' vor Augen: „im Versteck und vor dem Zwinger des Fischotters, am Wintermorgen und vor dem Telephon im Küchenflur, am Brauhausberge mit den Faltern und auf meiner Eisbahn bei Blechmusik."[559] Die Stücke der *Berliner Kindheit um neunzehnhundert* sind im Nachhinein auf das Format eines Daumenkinos geschrumpft und dienen einer nachdenklichen Form des Amüsements.

556 Günter Niggl: Autobiographie. In: Walther Killy (Hg.): Literatur Lexikon. Bd. 13. Gütersloh/München 1992, S. 58–65, hier S. 58.

557 Benjamin: Berliner Kindheit um neunzehnhundert <Aufzeichnungen, Entwürfe, Fassungen> (s. Anm. 525), S. 376.

558 Das bucklichte Männlein. Von Walter Benjamin (s. Anm. 548), S. 600.

559 Benjamin: Berliner Kindheit um neunzehnhundert <Pariser Typoskript, 1938> (s. Anm. 521), S. 554. In Erinnerung gerufen werden die Stücke *Verstecke, Der Fischotter, Wintermorgen, Das Telefon, Schmetterlingsjagd* und *Zwei Blechkapellen.*

Insofern in der *Berliner Kindheit* eine Personifikation des Ungeschicks das Ganze der Kindheit so vor sich sieht wie der Leser, legt Walter Benjamin, ähnlich wie Friedrich Schlegel mit der *Lucinde*, ein Kunstwerk der Ungeschicklichkeit vor. Entschiedener als in der *Lucinde*, in der die Ungeschicklichkeit vor allem der Durchbrechung sozialer und ästhetischer Konventionen diente, ist sie bei Benjamin aber klassentheoretisch durch die kulturell ausgegrenzten Unterschichten und letztlich durch das entrechtete Proletariat bedingt. Sie ist zu einer Funktion der kapitalistischen Gesellschaft geworden. Dem Proletariat kommt ganz am Ende des *Bucklichten Männleins* die Aufgabe zu, im Bündnis mit dem Leser auch das Kind von seiner Ungeschicklichkeit zu erlösen. Das ist der Messianismus des Textes, seine theologische Intention, die sich aufs Engste mit seiner marxistischen verbindet. Die etwas abenteuerliche Konstruktion geht davon aus, dass der Bucklige als Figuration des Ungeschicks in der Gegenwart der Schreibszene zwar „seine Arbeit hinter sich" hat (als Proletariat also nicht mehr tätig ist), dem Schreibenden aber dennoch „über die Jahrhundertschwelle" die Bitte nachwispert, er möge ihn in seine Gebete einschließen.[560] Man kann das so verstehen, dass dem Autobiographen damit ein Arbeitsauftrag erteilt wird. Da ihm die Unterschichten eine komfortable Kindheit ermöglicht haben, in der er ihnen über seine Ungeschicklichkeit auch nahe gekommen und ähnlich geworden ist, tragen sie ihm nachträglich auf, sich an sie zu erinnern. In dieser Erinnerung kann er sie postum zu ihrem Recht kommen lassen und sie dadurch erlösen. Insofern ist es das Ungeschick, das Walter Benjamin zum Historiographen des 19. Jahrhunderts werden lässt. Das fragmentarische Monument dieses ‚ungeschickten' Auftrags ist das *Passagen*-Werk. Nur und gerade als Erlöser der Unterschichten des 19. Jahrhunderts kann der historiographisch ermächtigte Autobiograph dann auch sich selbst erlösen. Denn erst im Vollzug seiner historischen Rekonstruktionen ‚versteht' er in biographischer Perspektive das Ungeschick, das sein Leben seit dem Austritt aus der „Geborgenheit […], die seiner Kindheit beschieden gewesen war",[561] geprägt hat. Der Arbeitsauftrag

560 Ebd.

561 Ebd., S. 502.

umschließt damit auch die Vorgeschichte des deutschen Faschismus, in dem sich die kollektiv verdrängten Kräfte der Unterschichten inzwischen zu Tage gearbeitet haben. Nachdem das Ungeschick zur Herrschaft und an die Macht gelangt ist, treibt es seinen Historiographen brutal in den Tod.

Damit aber rückt der Bucklige, Benjamins Figuration des Ungeschicks, einerseits (sozialpsychologisch) in die Nähe des Jazzsubjekts, das Adorno in seiner Studie *Über Jazz* rekonstruiert hat, andererseits (theologisch) in die Nähe des Engels der Geschichte, einer idiosynkratischen Utopie des späten Benjamin. Adorno hatte seine Studie über den Jazz 1936 in der *Zeitschrift für Sozialforschung* publiziert.[562] Sie liest sich wie ein spätes Resümee der kulturkritischen, teils auch nationalistisch und rassistisch aufgeladenen Reserven gegenüber dem Jazz seit den zwanziger Jahren und versteht ihn als sozialgeschichtliches Symptom einer verrohten Gesellschaft. In den *Oxforder Nachträgen* aus dem Jahr 1937 hält Adorno eine Überlegung Benjamins zum Jazz fest.[563] Ihr zufolge würden im Jazz Gesten vorgezeigt „von solchen, die im Pogrom auftreten mögen: von Ungeschickten, die gezwungen sind, geschickt zu sein."[564] Das Zitat erinnert an die Betonung des Gestischen und Militaristischen im Kafka-Essay, aber auch an Joseph Roths hellsichtige Charakteristik der Soldaten als „Armee von plumpen Toren, die mit bleiernen Fittichen zu flattern versuchten" und sich dabei als „barbarische Horde" erweisen.[565] Es belegt Benjamins mehr oder weniger latente Zuordnung der Ungeschicklichkeit zum faschistischen Kleinbürger in der Heroischen Moderne. Damit ist zugleich das Erkenntnisinteresse umrissen, dem sich Adornos Essay verdankt. In ihm wird der Jazz zunächst analytisch als Interferenzphänomen bestimmt. Eine

---

562 Zur Diskussion über den Jazz in den zwanziger Jahren vgl. Gumbrecht: 1926 (s. Anm. 59), S. 154–159.

563 Nach Hans-Edwin Friedrich: Essay und Essayismus. In: Haefs (Hg.): Nationalsozialismus und Exil (s. Anm. 221), S. 446–473, hier S. 471 ist Adornos Essay „als kritische Korrektur von Benjamins Auffassungen entworfen."

564 Theodor W. Adorno: Über Jazz. In: ders.: Gesammelte Schriften in zwanzig Bänden. Bd. 17. Frankfurt a. M. 1982, S. 74–108, hier S. 102.

565 Joseph Roth: Radetzkymarsch (zuerst 1932). In: ders.: Romane. Bd. 2. Köln 1994, S. 185.

durchgehaltene, von der großen Trommel markierte Taktung verbinde sich mit synkopierten ‚Hot-Notes' und den improvisatorischen Ausbrüchen des Saxophons. Auch Adorno geht es also um die grundlegende Differenz von Chaos und Ordnung, Freiheit und Form, die in der Heroischen Moderne nur katastrophisch zur Einheit finden. In seiner Deutung der sozialen Funktion des Jazz, die er im Rückgriff auf psychoanalytische Verdachtshermeneutiken als Eindringen „in seinen latenten Traumgedanken"[566] annonciert, ordnet Adorno der formkonstitutiven Interferenz ein männliches Subjekt zu. Er nennt es das Jazz-Subjekt. Es erscheine in den Improvisationen und der „gleichsam herausstolpernden Synkope" in hohem Maße als „ungeschickt",[567] bleibe dabei aber stets an die starre Ordnung der großen Trommel gebunden. Adorno versteht dieses Subjekt als „Opfer des Kollektivs", das improvisierend auszubrechen versuche, dann aber wieder von ihm eingeholt werde. Der Jazz führe vor, dass seine Hörer schon immer ins Kollektiv gebannt waren. Die Ungeschicklichkeit des Jazz-Subjekts sei daher auch nur ein „scheinbares Ungeschick", das sich bei näherem Hinsehen als „Virtuosität der Einfügung" und sexuelle Selbstermächtigung erweise.[568] Darin ähnele das Jazz-Subjekt einem taumelnden Clown[569] oder den grotesken Entstellungen im Slapstick. Erst durch seine Identifikation mit dem Kollektiv könne das konstitutiv schwache, ja im Vibrato der Orgel hilflos wimmernde Jazz-Subjekt sich stark und potent vorkommen.[570] Erst als Kollektiv wird es viril. Adornos Soziogramm des Jazz-Subjekts setzt Benjamins autobiographisch motivierte Sozialpsychologie des ungeschickten Proletariats um 1900 kulturkritisch in eine Gegenwartsdiagnose um.

Benjamin selbst scheint sich stärker für die theologisch-messianische Dimension des Ungeschickten interessiert zu haben.

---

566 Adorno: Über Jazz (s. Anm. 564), S. 95.

567 Ebd., S. 96.

568 Ebd., S. 97.

569 Anders akzentuiert Hofmannsthal: Der Schwierige (s. Anm. 73), S. 378 f., in den sympathisierenden Ausführungen seines Kriegsheimkehrers Hans Karl zum Clown Furlani. Dieser sei „förmlich schön vor lauter Nonchalance"; ebd., S. 379.

570 Adorno: Über Jazz (s. Anm. 564), S. 97–99.

Das lässt sich durch einen abschließenden Blick auf den Engel der Geschichte verdeutlichen. Benjamin hat ihn in seinen späten Thesen *Über den Begriff der Geschichte* präsentiert. Dabei orientierte er sich an einer aquarellierten Zeichnung Paul Klees, die 1920 entstanden ist und von Benjamin 1921 erworben wurde. Sie trägt den Titel *Angelus Novus* und zeigt eine Figur mit übergroßem Kopf, rudimentären Beinen und erhobenen, als Flügel kaum zu gebrauchenden Armen. Der junge, noch nicht recht entwickelte Engel blickt mit offenem Mund aus dem Bildraum heraus am Betrachter vorbei. In der IX. von Benjamins Thesen *Über den Begriff der Geschichte* heißt es über die Zeichnung: „Ein Engel ist darauf dargestellt, der aussieht, als wäre er im Begriff, sich von etwas zu entfernen worauf er starrt. Seine Augen sind aufgerissen, sein Mund steht offen und seine Flügel sind ausgespannt. Der Engel der Geschichte muss so aussehen."[571] Insbesondere der Blick auf das Ganze, der sich hier zum Blick auf das Ganze der Geschichte erweitert und den Schauenden in seinen Bann schlägt, verbindet den ungeschickten Engel mit dem Buckligen, der konstruktiven Allegorie des Ungeschicks. Beide gehören zur Familie der Abseitigen und Linksliegenden in Zeiten von *Alles läuft nach!* Ihnen gehört die Liebe der Philologie.

Auf die Aufwertung der Ungeschicklichkeit zum nationalistisch verengten Missgeschick antwortet ihre Depotenzierung durch das Aufdecken von Handlungsumständen und ihren sozialen Ursachen. Darin besteht die Leistung Kafkas und Benjamins im Ungeschicklichkeitsdiskurs des 20. Jahrhunderts. Wirkungsmächtiger und spezifischer als ihr Zeitgenosse Oliver Brachfeld, der die Gewaltausbrüche der Heroischen Moderne als Kompensationsversuche eines tief verankerten Minderwertigkeitsgefühls verstanden hat,[572] zerstören Kafka und Benjamin die deutsche Heroisierung des Ungeschicks, indem sie das Fundament der Schwäche aufdecken, auf dem sie sich erhebt.

---

571 Walter Benjamin: <Über den Begriff der Geschichte – Handexemplar>. In: ders.: Werke und Nachlaß. Kritische Gesamtausgabe. Hg. von Christoph Gödde und Henri Lonitz. Bd. 19. Berlin 2010, S. 30–43, hier S. 35.

572 Oliver Brachfeld: Minderwertigkeitsgefühle beim Einzelnen und in der Gemeinschaft (zuerst 1935). Stuttgart 1953.

ACHTER TEIL

Reinfälle / 1944–1990

I

Apotheose der Banalität

> Ich habe von einem Bauern gehört, der sich in betrunkenem Zustand auf seinen Acker verirrte und, da er immer noch Trinkbewegungen machte, Erde verschluckte und daran starb.
>
> *Alexander Kluge*

Das Ende des Zweiten Weltkriegs war ein Novum in der globalen Politikgeschichte. Erstmals wurde ein Datum „in seinen *Nah*wirkungen von der gesamten Menschheit verspürt".[1] Nun erst treten die nationalistischen Einsprüche und Selbstermächtigungen der Heroischen Moderne zurück, sodass sich ungehindert eine multizentrische Globalisierung ausbreiten kann.[2] Die neue Formation der Globalisierungsmoderne ist nicht länger in nationalen Kategorien zu erfassen. Sie leitet in Europa eine „Epoche großer Unsicherheit"[3] ein, indem sie Grenzen auflöst und verflüssigt. Bereits 1944 hat Erich Kahler festgehalten: „Politische Grenzen werden mehr und mehr irrelevant in einer Welt, die in wachsendem Maße zu technischer und ökonomischer Verflechtung und zumindest kontinentalen Föderationen hinstrebt."[4] Auch die deutsche Gesellschaft verändert sich nach 1945 radikal, wenn auch nicht plötzlich. Das geschieht zuerst in vier verschiedenen Zonen und dann in zwei unterschiedlichen

---

1 Jürgen Osterhammel: Die Verwandlung der Welt. Eine Geschichte des 19. Jahrhunderts. 2. Aufl. der Sonderausg. München 2016, S. 97.

2 Zum Begriff der Globalisierung vgl. Ian Kershaw: Achterbahn. Europa 1950 bis heute. Übers. von Klaus-Dieter Schmidt. München 2019, S. 19, der darunter neben der ökonomischen Integration auch „die Verknüpfung von gesellschaftlichen und kulturellen Fortschrittsmustern über Ländergrenzen hinweg in der gesamten sich entwickelnden Welt" versteht und neben ihren positiven auch die dunklen Seiten verzeichnet.

3 Ebd., S. 9.

4 Erich Kahler: Das Problem Deutschland (zuerst 1944). In: ders.: Die Verantwortung des Geistes. Gesammelte Aufsätze. Frankfurt a. M. 1952, S. 92–116, hier S. 114.

 | DOI:10.30965/9783846761038_029

Staaten, die seit 1961 durch eine ebenso reale wie hochsymbolische Mauer getrennt waren. In der Bundesrepublik wandelte sich die Gesellschaft von einer autoritär regierten, militaristisch und nationalsozialistisch geprägten zu einer westlich-liberalen Formation, in der Deutschen Demokratischen Republik zu einer sozialistischen, die dem Ostblock eng verbunden war. Beide Entwicklungen lenkten von den Verbrechen Nazideutschlands ab und rehabilitierten das Land „auf wundersame Weise".[5] Man hat als verbindende Klammer hinter dem doppelten Wandel die Durchsetzung der Industrialisierung und den Kampf um das dafür am besten geeignete politische Ordnungssystem ausgemacht.[6] Angesichts der verheerenden Destabilisierungen in der Heroischen Moderne wurde aber jetzt nach neuen Ordnungsmodellen gesucht, die „sowohl Sicherheit wie Dynamik"[7] versprachen. Die Entscheidung darüber wurde den Deutschen von den Siegermächten abgenommen. Mit ihrer Hilfe wurden die desavouierten Stabilisierungsfaktoren Autorität, Macht und Terror zumindest nominell verabschiedet. Das ermöglichte den lang anhaltenden Wirtschaftsaufschwung der Nachkriegszeit und den damit einhergehenden Globalisierungsschub.[8] Aus Nazideutschland wurde ein unverzichtbarer Pfeiler der liberalen Demokratie.[9]

Obwohl die deutsche Niederlage am Ende des Zweiten Weltkriegs noch einmal massiv das pathetische Vokabular des Tragischen aufgerufen hat,[10] wird in der Globalisierungsmoderne die heroische Vertiefung des Ungeschicks zum Missgeschick rückgängig gemacht. Es beginnt eine gegenläufige Bewegung, die sich als Banalisierung des

5 Ulrich Herbert: Geschichte Deutschlands im 20. Jahrhundert. 2., durchges. Aufl. München 2017, S. 561.

6 Ebd., S. 591 f.

7 Ebd., S. 17.

8 Ebd., S. 619 f.

9 Kershaw: Achterbahn (s. Anm. 2), S. 20.

10 Etwa bei Walter Kolbenhoff: Heimkehr in die Fremde. Roman (zuerst 1949). Frankfurt a. M. 1988, S. 49, wo vom „Faustschlag des Schicksals" die Rede ist. Ähnlich ebd., S. 91 f.: „Das Schicksal hatte ihnen [den Deutschen – U. B.] eins aufs Dach gegeben, und niemand von ihnen stellte sich die Frage: Warum haben wir eins aufs Dach bekommen?"

Ungeschicks bis hin zu seiner Trivialisierung und Invisibilisierung beschreiben lässt. Der Ernstfall verflacht zum Reinfall. Indem kulturelle Routinen weltweit pluralisiert und interkulturelle Kontakte – erneut vor allem im Westen – zur Routine werden, wird ungeschicktes Verhalten immer wahrscheinlicher und zugleich auch immer gleichgültiger. Die schrittweise Liberalisierung und Informalisierung der Umgangsformen, die vom Fernsehen als neuem Leitmedium massiv unterstützt wird,[11] erschwert es zunehmend, Performanzfehler jenseits der Komik oder des Sports überhaupt zu erkennen und als solche auch zu benennen. Man hat von einem „Paradox der Unsichtbarkeit" gesprochen, das zur „Invisibilisierung der auf Visibilität beruhenden Übertretung" geführt habe.[12] Das ist im Folgenden auszuführen.

Der Blick auf das Ungeschick in der Globalisierungsmoderne kann durch ein Fallbeispiel aus der Kunstgeschichte scharfgestellt werden. Auch in der bildenden Kunst lösen sich nach dem Zweiten Weltkrieg Gattungs- und Stilgrenzen sowie nationale Raster auf. Grenzüberschreitungen bis hin zum Alltäglichen und Banalen, die auch der Ungeschicklichkeit Tür und Tor öffnen, werden nun weltweit zur Norm.[13] Dabei bleiben freilich traditionelle Auffassungen von Kunst als Bezugsgrößen intakt, an denen sich dann die unterschiedlichen Formen der Ablehnung konventioneller ästhetischer Werte und Konzepte abarbeiten.[14] Besonders gilt das für die Pop-Art, die 1958 erstmals als solche bezeichnet wurde[15] und sich in den sechziger Jahren rasch in England und vor allem den USA etabliert hat. Man hat die Pop-Art als Kultur der globalisierten Welt bezeichnet, weil

11 Vgl. Kershaw: Achterbahn (s. Anm. 2), S. 286.

12 Karl-Siegbert Rehberg: Der ‚Fehltritt' als Heuristik bedrohter Integrität. Über Mikroverletzungen institutioneller Handlungsordnungen. In: Peter von Moos (Hg.): Der Fehltritt. Vergehen und Versehen in der Vormoderne. Köln/Weimar/Wien 2001, S. 419–446, hier S. 445.

13 Vgl. Ulrich Reißer/Norbert Wolf: Kunst-Epochen. Bd. 12: 20. Jahrhundert II. Durchges. Ausg. Stuttgart 2017, S. 13 f.

14 Ebd., S. 24.

15 Vgl. Annette Spohn: Andy Warhol. Leben – Werk – Wirkung. Frankfurt a. M. 2008, S. 22 f.

sie der erste Stil der Kunstgeschichte gewesen ist, der den gesamten Globus umspannte und weil sie sich mit Bildern auseinandersetzte, die zuvor weltweit von den Massenmedien verbreitet worden waren.[16] In Abgrenzung vom radikalen Gefühlsausdruck des Abstrakten Expressionismus griff besonders die amerikanische Pop-Art Oberflächenmaterial auf, das zuvor in Fernsehen, Fotografie und Werbung genutzt und zumeist auch dort erzeugt worden war. Insofern geriet in der Pop-Art eine „vermittelte Realität ins Visier".[17] Die Vertreter der Pop-Art arbeiteten bevorzugt mit Reproduktionen, die vorgeformte Darstellungsklischees der Konsumwelt transportierten, und ließen sie ins kulturelle Hochwertkonzept Kunst eintreten.[18] Dadurch entstanden Brechungen, die den Reiz dieser Arbeiten ausmachen. Die Pop-Art markiert aber auch eine Zäsur in der Kunstgeschichte des 20. Jahrhunderts.[19] Sie beendet die von den Avantgarden vorangetriebene Überführung von Kunst in Lebenspraxis, setzt stattdessen wieder Fiktionen ein und revitalisiert das Medium der Malerei. Darin kündigte sich bereits die Postmoderne an, die in den achtziger Jahren zum Durchbruch kam. Zu den wichtigsten Vorläufern der Pop-Art gehörte Marcel Duchamp. Er hat gezeigt, wie man Banalität in Signifikanz umschlagen lassen kann,[20] aber auch nachdrücklich auf die prekäre Ambivalenz von Kunst und Realität hingewiesen. In der Pop-Art blieb die Differenz von Kunst und Leben gewahrt, auch wenn sie auf den Alltag zurückgriff und dessen Mythen rückhaltlos ästhetisierte.[21] „All is pretty" lautete die Parole.[22] Formal hält die Pop-Art am Medium des Bildes fest. Sie bewahrt die ehrwürdige Aura des Tafelbildes, deckt aber auch

16 Reißer/Wolf: Kunst-Epochen. Bd. 12: 20. Jahrhundert II (s. Anm. 13), S. 124, im Anschluss an Beat Wyss. Zur Kunst in einer globalisierten Welt vgl. Niklas Luhmann: Weltkunst. In: Frederick Bunsen/N. L./Dirk Baecker (Hg.): Unbeobachtbare Welt. Über Kunst und Architektur. Bielefeld 1990, S. 7–45.

17 Reißer/Wolf: Kunst-Epochen. Bd. 12: 20. Jahrhundert II (s. Anm. 13), S. 124. Im Anschluss an Max Imdahl.

18 Ebd.

19 Ebd. Im Anschluss an Heinrich Klotz.

20 Ebd., S. 117.

21 Ebd., S. 125.

22 Vgl. Stefana Sabin: Andy Warhol mit Selbstzeugnissen und Bilddokumenten. 5. Aufl. Reinbek b. Hamburg 2008, S. 8.

deren Kontingenz auf. Die Folge ist eine „Monumentalisierung des Trivialen,“[23] die der Ungeschicklichkeit neue Spielräume eröffnet hat.

Als Inkarnation der Pop-Art kann der Amerikaner Andy Warhol gelten.[24] Er verstand sie als ästhetische Antwort auf die moderne Massenkultur.[25] Der Sohn slowenischer Einwanderer wurde 1928 in Pittsburgh geboren und auf den Namen Andrew Warhola getauft. Die Stadt, in der sein Vater als Arbeiter tätig war, gehörte in den zwanziger Jahren zu den größten Agglomerationen der USA. Pittsburgh war ein gigantisches Industriezentrum, das ständig Arbeitskräfte benötigte. Viele von ihnen wanderten daher wie die Warholas ein und trugen zum interkulturellen Charakter der Stadt bei.[26] Andrew Warhola fiel seiner Umgebung früh durch ein besonderes Talent zum Zeichnen und durch ein ungewöhnliches Sozialverhalten auf. Joseph Fitzpatrick, bei dem er im Carnegie Museum of Art kostenlose Kunstkurse besuchte, hat festgehalten:

> Er nahm kaum Rücksicht auf andere, war das Gegenteil von liebenswürdig. Zu jener Zeit war er sehr unbeholfen im Umgang mit anderen Menschen und wirkte oft schroff. Vielleicht lag das an seinem fehlenden gesellschaftlichen Hintergrund, vielleicht gab er sich bewußt so unnahbar, um das zu verdecken.[27]

Zu den Gründen ungeschickten Verhaltens wird hier die soziale Herkunft, speziell die Unkenntnis urbaner Umgangsweisen gerechnet. Das erzeugte Unsicherheit und machte den ehrgeizigen jungen Mann verletzlich. In New York, wo er erfolgreich als Werbegrafiker arbeitete und sich in Andy Warhol umbenannte,[28] erhob er dann „die Unbeholfenheit zum Stilprinzip“[29] und kombinierte sie mit

23 Reißer/Wolf: Kunst-Epochen. Bd. 12: 20. Jahrhundert II (s. Anm. 13), S. 125.

24 Spohn: Andy Warhol (s. Anm. 15), S. 119 f.

25 Vgl. Michael Lüthy: Andy Warhol. Thirty Are Better Than One. Eine Kunst-Monographie. Frankfurt a. M./Leipzig 1995, S. 105.

26 Spohn: Andy Warhol (s. Anm. 15), S. 14.

27 Zit. nach Victor Bockris: Andy Warhol. Übers. von Monika Hahn-Prölss. Düsseldorf 1989, S. 48.

28 Vgl. Sabin: Andy Warhol (s. Anm. 22), S. 20.

29 Ebd., S. 63.

ästhetischen Grenzverletzungen. Zu Warhols Eigenheiten gehörte die Verbindung „von mutigem Aus-sich-Herausgehen und ängstlicher Zurückhaltung".[30] Auch als erfolgreicher Werbegrafiker trat er noch lange wie ein armer, bedürftiger Künstler auf. Er kleidete sich in zerknitterte Baumwollhosen, Rollkragenpullover und schäbige Turnschuhe.[31] Das trug ihm den Spitznamen ‚Ragged Andy' ein.[32] Später bearbeitete er neue Anzüge und Schuhe vor ihrem Gebrauch so lange, bis sie abgetragen aussahen.[33] Seine Freunde beschrieben ihn im Rückblick als „skurril, süß und bezaubernd – aber schrecklich schüchtern"; insgesamt erschien er ihnen als „ein schweigsamer, gänzlich nonverbaler junger Mann."[34] Auch sein Assistent Vito Giallo hielt fest, er sei „manchmal scheu und geistesabwesend" gewesen, habe lieber zugehört als selbst zu reden und sich „wie ein unschuldiges Kind" verhalten.[35] Das erinnert an Paul Klee[36] und ruft den romantischen Topos vom kindlich-ungeschickten Künstler auf, der in einer Art Dauerpubertät verharrt. Warhol verdankt diesem Verhaltenszug nach Einschätzung von Weggefährten seinen märchenhaften Erfolg.[37] Dem Habitus entspricht ein spezieller Lebens- und Produktionsraum. Andy Warhol hat ihn in der Silver Factory gefunden, die er von 1963 bis 1968 für seine Arbeiten nutzte.[38] Sie erlaubte es ihm, in befriedigender Weise Distanz mit

---

30 Spohn: Andy Warhol (s. Anm. 15), S. 19.

31 Ebd., S. 23.

32 Ebd., S. 29; vgl. Sabin: Andy Warhol (s. Anm. 22), S. 21.

33 Spohn: Andy Warhol (s. Anm. 15), S. 29.

34 Bockris: Andy Warhol (s. Anm. 27), S. 86.

35 Ebd., S. 114.

36 Auch in Warhols frühen Bildern hat man den Einfluss Klees erkannt, besonders auf dem Porträt *The Broad Gave Me My Face, But I Can Pick My Own Nose* von 1948/49; vgl. Sabin: Andy Warhol (s. Anm. 22), S. 19 f. Seinen frühen Werbegrafiken ist generell „die Verspieltheit von Kinderzeichnungen" attestiert worden, verstärkt durch die kindliche, von Schreibfehlern durchzogene Schrift seiner Mutter; ebd., S. 24 f.

37 Vgl. Klaus Honnef: Andy Warhol 1928–1987. Kunst als Kommerz. Köln 2015, S. 8, der Henry Geldzahler zitiert.

38 Vgl. zur Factory ebd., S. 72–74, sowie Sabin: Andy Warhol (s. Anm. 22), S. 64 f. und S. 70 f.

Nähe zu verbinden.[39] Zugleich schloss er damit an die experimentelle Sozialform der Bohème an und verband sie mit dem direkten und obszönen Milieu des Underground.[40] In seiner Kommunikation mit der Öffentlichkeit versah Warhol, der immerhin an der Illustration des amerikanischen Standardwerks für gute Manieren mitgewirkt hatte,[41] die Verweigerungsgeste Duchamps mit kommerziellen Akzenten, verhielt sich unkultiviert[42] und gab etwa auf Fragen von Journalisten sinnlose Antworten.[43] Das weckte das Interesse des Publikums und steigerte seinen Bekanntheitsgrad. Programmatisch deutlich wird die kreative, dem Kommerziellen gegenüber aufgeschlossene Haltung zur eigenen Ungeschicklichkeit in Warhols Statement „NICHTS ist aufregend. NICHTS ist sexy. NICHTS ist nicht peinlich."[44] Das erlaubte ihm in höchst einträglicher Weise die Arbeit an einer umfassenden „Apotheose der Banalität".[45]

Als ästhetisches Prinzip hat Andy Warhol die Ungeschicklichkeit schon früh in seinen „gewollt naiven Zeichnungen"[46] und seiner Werbegrafik[47], vor allem aber in seinen Siebdrucken, später auch in seinen Filmen realisiert.[48] Nachdem das Erlernen reproduktiver Techniken und Collage-Verfahren bereits zum Studium gehört hatte,[49] setzte er 1962 zeitgleich mit Robert Rauschenberg den

---

39 Spohn: Andy Warhol (s. Anm. 15), S. 44.

40 Vgl. Sabin: Andy Warhol (s. Anm. 22), S. 22 f.

41 Amy Vanderbilt's Complete Book of Etiquette. A Guide to Gracious Living. Drawings by Fred McCarroll, Mary Suzuki and Andrew Warhol. New York 1952; vgl. Sabin: Andy Warhol (s. Anm. 22), S. 27.

42 Sabin: Andy Warhol (s. Anm. 22), S. 84.

43 Spohn: Andy Warhol (s. Anm. 15), S. 39.

44 Andy Warhol: Die Philosophie des Andy Warhol von A bis B und zurück. Übers. von Regine Reimers. Frankfurt a. M. 2006, S. 16.

45 Reißer/Wolf: Kunst-Epochen. Bd. 12: 20. Jahrhundert II (s. Anm. 13), S. 129.

46 Sabin: Andy Warhol (s. Anm. 22), S. 33.

47 Ebd., S. 40.

48 Zu Warhols Verstößen gegen sämtliche formalen Regeln des Hollywoodfilms (die im Regelverstoß gleichwohl affirmiert werden), zu denen unter anderem eine schlampige Kameraarbeit, dilettantische Schwenks und ein sorgloser Umgang mit dem Ton gehörten, sowie zu den Wirkungen der Filme und ihrer Beziehung zu den Bildserien vgl. Honnef: Andy Warhol 1928–1987 (s. Anm. 37), S. 75–81.

49 Vgl. Sabin: Andy Warhol (s. Anm. 22), S. 16 f.

fotomechanischen Siebdruck regelmäßig ein.[50] Nun entstanden serielle Folgen mit mehr oder weniger trivialen Bildmotiven, die Warhol nach der großen Resonanz auf seine Werbegrafiken auch zu einem erfolgreichen Künstler machten. Mit dem Verfahren des Siebdrucks entfernte er sich von der malenden Hand, die für den Abstrakten Expressionismus als direkter Ausdruck von authentischen Emotionen noch unverzichtbar war. Warhol orientierte sich stattdessen an den konstruktivistischen Überlegungen des emigrierten Bauhausdozenten László Moholy-Nagy, der den Einsatz mechanischer Hilfsmittel als konsequente Weiterentwicklung des Pinsels empfohlen und sowohl manuelle als auch mechanische Ausführungen am mehr oder weniger geschickten Umgang mit dem eingesetzten Verfahren gemessen hatte.[51] Entsprechend verstand Warhol den Künstler als Maschine, als Ausführungsorgan, das sich der Technik bedient.[52] Überdies betraute er bald auch seine Mitarbeiter mit der Ausführung, sodass seine Grafiken schließlich „Produkte einer Manufaktur" wurden.[53]

Bei dem von ihm bevorzugten fotomechanischen Siebdruck handelt es sich um eine komplexere Form des Schablonendrucks.[54] Zur Erstellung der Schablone wird zunächst die mehr oder weniger stark manipulierte fotografische Vorlage auf Acetatfolie kopiert. Die Folie fungiert als eine Art Diapositiv, mit dem das Sieb belichtet wird.[55] Das fertige Sieb weist eine jeweils spezifische Gewebefeinheit, Belichtungsstärke und Konturschärfe auf. Für den Druck wird es auf eine grundierte Malfläche gelegt und es wird Farbe hindurchgestrichen. Das ist mechanisch möglich, kann aber auch von Hand geschehen. Andy Warhol hat sich für die zweite Variante entschieden und zunehmend auch seine Assistenten den Druckprozess

50 Spohn: Andy Warhol (s. Anm. 15), S. 38.
51 Vgl. Lüthy: Andy Warhol. Thirty Are Better Than One (s. Anm. 25), S. 71 f.
52 Spohn: Andy Warhol (s. Anm. 15), S. 40. Vgl. Lüthy: Andy Warhol. Thirty Are Better Than One (s. Anm. 25), S. 107.
53 Honnef: Andy Warhol 1928–1987 (s. Anm. 37), S. 26.
54 Zum Verfahren vgl. Sabin: Andy Warhol (s. Anm. 22), S. 52; zu seinen Vorteilen aus der Sicht Warhols vgl. Honnef: Andy Warhol 1928–1987 (s. Anm. 37), S. 54–57.
55 Vgl. ebd., S. 79.

ausführen lassen. Das ermöglichte ihm auf verschiedenen Ebenen Manipulationen. So ließ sich etwa von Druck zu Druck die Menge und die Qualität der jeweils eingesetzten Farbe variieren, man konnte die Druckrakel unterschiedlich führen, die Andruckstärke des Siebs verändern und es verschmutzen lassen, oder es vor dem nächsten Druck reinigen. Durch die Wahl des Malgrundes und seiner farblichen Gestaltung konnten zusätzliche Effekte erzielt werden und auch der Druck selbst erlaubte Manipulationen, indem etwa die einzelnen Drucke und Druckebenen einander teilweise überlappen konnten.[56]

Der Prozess der Bildentstehung erweist sich beim fotomechanischen Siebdruck als „eigentümliche Mischung von Handwerk und Technik".[57] Das hat weitreichende Folgen für den Einsatz von Ausführungsfehlern in Warhols Werken. Sie können nun sowohl beim technischen Vorgang der Siebherstellung, als auch beim Druckvorgang auftreten und haben in jedem Fall, gegenläufig zur entindividualisierenden Logik des reproduktiven Verfahrens, eine Individualisierung der fertigen Objekte zur Folge. Tatsächlich hat Andy Warhol Ungenauigkeiten und ‚Fehler' gezielt als Gestaltungsmittel eingesetzt.[58] Sie verliehen seinen Arbeiten eine eigene Handschrift.

Warhol hatte schon Anfang der sechziger Jahre Comicfiguren wie Batman, Dick Tracy und Popeye zu Gegenständen seiner Bilder gemacht. Da aber auch Roy Lichtenstein in dieser Zeit mit Comicfiguren arbeitete, überließ er diesem das Sujet und wandte sich stattdessen dem Starporträt zu.[59] Dafür griff er auf Fotografien zurück, denen er als einer der ersten, ähnlich wie in Deutschland Gerhard Richter, „künstlerische Legitimation" verlieh.[60] In dichter Folge entstanden ab 1962 die Siebdruckserien zu Fotos von Liz Taylor, Elvis Presley, Marlon Brando und Marilyn Monroe. Mit ihnen begann für

---

56 Ebd., S. 73.

57 Ebd., S. 72.

58 Ebd., S. 73.

59 Vgl. Honnef: Andy Warhol 1928–1987 (s. Anm. 37), S. 43, sowie Sabin: Andy Warhol (s. Anm. 22), S. 41 f., und Spohn: Andy Warhol (s. Anm. 15), S. 36 f.

60 Vgl. Honnef: Andy Warhol 1928–1987 (s. Anm. 37), S. 45.

Warhol der weltweite Ruhm.[61] Er nutzte für seine Porträts den Umstand, dass der Star immer schon als visuelle Realität in Erscheinung trat. Die Vorstellung, die sich die Öffentlichkeit von ihm machte, wurde ausschließlich durch massenhaft kursierende Fotografien und Filmbilder erzeugt.[62] Das Image, das auf diese Weise entstand, war so mächtig, dass auch die teils erheblichen Reduktionen, die Warhol an seinen Vorlagen vornahm, den Wiedererkennungswert nicht verminderten. Zugleich verstärkte der Seriencharakter seiner Porträts, die dasselbe Bild scheinbar endlos und in verschiedenen Formaten wiederholten, die Größe und den Ruhm der Dargestellten.[63] Dabei bezogen sich Warhols Drucke in unterschiedlicher Weise auf die visuellen Realitäten, die ihren Ausgangspunkt bildeten.

Für den Stellenwert der Ungeschicklichkeit in der Globalisierungsmoderne ist vor allem die Serie der Marilyns aufschlussreich. Sie reagiert auf den Selbstmord Marilyn Monroes im August 1962.[64] Er war seinerseits eine Reaktion auf die ungeheure Macht der Bilder. Ausgelöst wurde er von der zunehmenden Unfähigkeit der Dargestellten, sich immer wieder neu einem öffentlich kursierenden Bild anpassen zu müssen.[65] Andy Warhol hat das indirekt bestätigt, indem er für die Wahl seines Motivs keinen tieferen Grund, sondern „just a surface reason" angegeben hat.[66] Seine Serie der Marilyns führt vor, wie sich eine Person in ihren Bildern auflöst. Als reale Figur kommt sie grundsätzlich nicht mehr in den Blick.[67]

Für seine Marilyn-Porträts griff Warhol auf ein Foto zurück, das er als Jugendlicher nach gemeinsamen Kinobesuchen mit der Freundin Margie Girman erhalten hatte. Im Anschluss an den Kinobesuch gab es regelmäßig ein Eis und signierte Hochglanzbilder von Stars, die Warhol sammelte und zwanzig Jahre später für

61 Spohn: Andy Warhol (s. Anm. 15), S. 38.
62 Lüthy: Andy Warhol. Thirty Are Better Than One (s. Anm. 25), S. 43.
63 Ebd., S. 65.
64 Vgl. Sabin: Andy Warhol (s. Anm. 22), S. 58.
65 Vgl. Lüthy: Andy Warhol. Thirty Are Better Than One (s. Anm. 25), S. 49, sowie Honnef: Andy Warhol 1928–1987 (s. Anm. 37), S. 59–62.
66 Zit. nach Lüthy: Andy Warhol. Thirty Are Better Than One (s. Anm. 25), S. 50.
67 Ebd., S. 56.

seine Porträtserien nutzte.[68] Die Serie der Marilyn-Porträts basiert auf einem Setfoto, das der Fotograf Gene Korman 1953 zum Film *Niagara* angefertigt hat. Das Gesicht der Schauspielerin erscheint dort zur Maske erstarrt, die Laszivität wird zur Pose. Warhol hat den Konstruktcharakter des Fotos im Wissen um den Selbstmord der Dargestellten aufgegriffen und massiv verstärkt. Dazu hat er die auf dem Foto noch sichtbare Rumpfpartie auf der Höhe der Kehle abgetrennt, sodass nur der radikal entkontextualisierte, „starr ins Bild einquadrierte Kopf" übrig blieb.[69] Zudem steigerte die Druckvorlage den Hell/Dunkel-Kontrast des Schwarzweißfotos und reduzierte den Kopf auf ein flaches Klischeebild. Dadurch wird die Prägnanz der Gesichtszüge erhöht und der Wiedererkennungswert gesteigert. Für den Druck wurden schließlich grelle Farben gewählt, die starke Kontraste erzeugen und übertrieben wirken. Der Teint ist zu rosig, die Harre zu blond, die Lippen zu rot und die Lidschatten zu bläulich. Dadurch erscheint das Gesicht der Porträtierten „flach und zugleich bodenlos"[70].

Die Serie der Marilyns besteht zum einen aus mehreren Einzelbildern, die in verschiedener Größe und in unterschiedlichem (teils quadratischem, teils rechteckigem) Format auf jeweils teils farbige, teils naturweiße Malgründe aus Leinwand oder Papier gedruckt worden sind. Zum anderen besteht sie aus der Wiederholung desselben Konterfeis in einem einzigen Bild.[71] Bei allen Elementen der Serie handelt es sich um manipulierte Siebdrucke, die auf eine einzige fotografische Vorlage zurückgehen. Während Warhol mit der Wahl des Formats für seine Einzelbilder ein Moment der Zufälligkeit ins Spiel bringt, das in der Kunstgeschichte zuvor undenkbar gewesen war,[72] gelten die seriegrafischen Bilder als seine grundlegende Innovation.[73] Unter anderem besteht die Serie der

68 Spohn: Andy Warhol (s. Anm. 15), S. 16.
69 Lüthy: Andy Warhol. Thirty Are Better Than One (s. Anm. 25), S. 54.
70 Ebd.
71 Ebd., S. 87; Sabin: Andy Warhol (s. Anm. 22), S. 58 f.
72 Lüthy: Andy Warhol. Thirty Are Better Than One (s. Anm. 25), S. 82.
73 Ebd., S. 89. Früh schon findet sich das Prinzip des Serienporträts auf dem Umschlag der Campus-Zeitschrift *Cano* vom November 1948. Er zeigt zwölf Violinspieler mit runden, minimal voneinander abweichenden Gesichtern,

Marilyns aus mehreren Einzelköpfen auf unterschiedlichem Grund und in verschiedener Größe, aus zwei Diptychen, von denen das eine den Farbdruck eines Konterfeis mit einem Schwarzweißdruck kombiniert und das andere eine farbig gedruckte innerbildliche Serie von Köpfen mit einer innerbildlichen Serie schwarzweißer Köpfe kombiniert, aus den *Twenty-Five Colored Marilyns* sowie aus der zweiteiligen innerbildlichen Serie *Marilyn Monroe's Lips*, die sich auf den Mund der Porträtierten beschränkt. In späteren Jahren kamen Wiederaufnahmen wie die *Ten Marilyns* von 1967 und die Negativserie aus den Jahren 1979–1986 hinzu.

Bei den *Twenty-Five Colored Marilyns*, an denen sich der Umgang Warhols mit der Ungeschicklichkeit besonders gut zeigen lässt, handelt es sich um eine gitterförmige Reihung von Drucken des identischen Konterfeis auf einem großformatigen Tafelbild. Die Reihung macht das Verfahren der seriellen Produktion zu einer zweiten inhaltlichen Ebene des Bildes.[74] Weil dasselbe Sieb zwar wiederholt, aber jeweils in etwas anderer Weise genutzt wurde, kommt es innerhalb des Bildes zu unterschiedlichen Ausführungen des identischen Motivs. Es liegt eine „eigentlich unvollkommene, technisch nicht einwandfreie Reproduktionsweise" vor.[75] Unterstellt man, dass es sich nicht um einen reinen Zufall handelt, dann kann man von bewusst eingesetzten Performanzfehlern sprechen. Man hat der Strategie geradezu „subversive Züge" attestiert.[76] In jedem Fall schwankt die Druckqualität. So wirkt die Marilyn oben links verschmutzt, ebenso wie die erste und zweite in der Reihe darunter. Die Marilyn ganz links in der zweiten Reihe von unten ist dagegen extrem blass. In der gleichen Reihe findet sich in der Mitte eine Marilyn, deren Lippen übertrieben rot und deren Lidschatten übertrieben blau gedruckt sind. Man hat von einer „dilettantisch wirkenden Einfärbung" gesprochen, „die dem plakativ schönen

die in vier Reihen zu jeweils drei Spielern angeordnet sind; vgl. Sabin: Andy Warhol (s. Anm. 22), S. 17 f.

74 Lüthy: Andy Warhol. Thirty Are Better Than One (s. Anm. 25), S. 89.

75 Reißer/Wolf: Kunst-Epochen. Bd. 12: 20. Jahrhundert II (s. Anm. 13), S. 139.

76 Honnef: Andy Warhol 1928–1987 (s. Anm. 37), S. 57.

Tafel 7 Andy Warhol, Twenty Five Colored Marilyns, 1962

Urbild widerspricht."[77] In einigen Fällen ist der Lidschatten auch unter das Auge gerutscht, oder nur über einem der beiden Augen sichtbar. Teils treten die Zähne im Mund zurück, wie auf der Marilyn rechts unten, teils werden sie besonders deutlich sichtbar, wie bei der mittleren Marilyn in der obersten Reihe. Die Hell/Dunkel-Kontraste werden entweder stark betont wie bei der Marilyn rechts oben oder aber bis ins Verschwommene und Ätherische vermindert wie in der ‚blassen' Marilyn, die sich links in der zweiten Reihe von unten findet. Das Lächeln tritt daher teilweise zurück, oder es wird regelrecht zugekleistert. Eine klare Struktur, die es bei Warhol in anderen Fällen durchaus gibt, wird dabei nicht erkennbar. Sieht man einmal von der Häufung ‚verschmutzter' Varianten im linken oberen Teil des Bildes ab, so erscheint die Verteilung der Abweichungen zufällig und irregulär.

Im Resümee erweist sich Warhols *Twenty-Five Colored Marilyns* als Kombination von Einzigartigkeit mit Alltäglichkeit. Umgekehrt ist das scheinbar Immergleiche aber auch individualisiert oder singularisiert. In gesteigerter Form liegt damit das „Paradox invarianter Varianten" vor.[78] Durch den Einsatz von verfahrensbedingten Performanzfehlern, die sich der manuellen Umsetzung eines technischen Verfahrens verdanken und zum integralen Teil des Bildes werden, entsteht eine Konstellation von Abweichungen. Sie tastet freilich die Regel der Reproduktion eines identischen Motivs nicht an. Überträgt man die „überaus demokratische Ästhetik",[79] die Warhols Arbeiten zugrunde liegt, auf das Gesellschaftsmodell der Globalisierungsmoderne, so könnte man von einer stark normierten Formation aus jeweils unterschiedlich realisierten Gleichen sprechen. Ihre Gleichheit entsteht durch egalisierende Verfahren, deren mehr oder weniger geschickte Umsetzung zumindest auf Warhols Bildern zugleich Differenzen generieren. Die Form der Anwendung erzeugt gezielt jene Nuancen,[80] die bei den alten Meistern für die Aura der Echtheit gesorgt und ihren Ruhm

77 Reißer/Wolf: Kunst-Epochen. Bd. 12: 20. Jahrhundert II (s. Anm. 13), S. 139.
78 Lüthy: Andy Warhol. Thirty Are Better Than One (s. Anm. 25), S. 87.
79 Sabin: Andy Warhol (s. Anm. 22), S. 136.
80 Honnef: Andy Warhol 1928–1987 (s. Anm. 37), S. 58.

begründet hatten. Auf Warhols Bildern bleibt die Funktion der Nuance erhalten, verliert aber ihre Aura. Vielmehr erzeugt eine bewusst und gezielt eingesetzte Form des Ungeschicks die Besonderheit und die persönliche Note der ästhetischen Objekte. Dabei entsteht so etwas wie eine „‚Phänomenologie' des medial vermittelten Weltzugangs."[81] Sie feierte ihre größten Erfolge vielleicht nicht zufällig in Europa und speziell in dem Land, um das es im Folgenden geht: in Deutschland.[82]

81 Lüthy: Andy Warhol. Thirty Are Better Than One (s. Anm. 25), S. 113.
82 Spohn: Andy Warhol (s. Anm. 15), S. 55, Sabin: Andy Warhol (s. Anm. 22), S. 121.

II

Locker werden

Mit dem Zusammenbruch des Nationalsozialismus endete die Heroische Moderne abrupt und asymmetrisch.[83] Jedenfalls auf den ersten Blick. Bei genauerem Hinsehen setzte sie sich in der Bundesrepublik Deutschland latent und unterschwellig fort, während sie in der Deutschen Demokratischen Republik, wie generell in den kommunistischen Ländern, überwiegend nur die Uniform wechselte.[84] Nachdem man die Deutschen hatte spüren lassen, dass sie den Krieg verloren hatten,[85] begann in beiden Teilen des Landes eine lange, durch die beiden Supermächte im Westen und im Osten abgesicherte Periode der politischen Stabilität, die mindestens bis 1989 andauerte. Zu den Garanten der neuen politischen Stabilität gehörten Wirtschaftssysteme, die sich anschickten, Ressourcen von beliebiger Qualität und in scheinbar unbegrenzter Fülle zu verarbeiten. Die Steigerungen der Produktivität deckten aber auch zunehmend die Begrenztheit und Verletzlichkeit der weltweiten Ökosysteme auf.

Als Motor des Wirtschaftssystems erwies sich die Technik. Sie trug zudem essenziell zur Globalisierung bei und wurde von den Gegnern der kulturellen Moderne als Bedrohung empfunden.[86] Ab den 1960er Jahren entstand durch neue Technologien wie dem internationalen Luftverkehr „ein eigenes System der Metropolen“, das „ein wahres Weltstädtesystem“ begründete.[87] Die Verselbstständigung der Technik innerhalb der industriellen Fertigung zeigte sich vor

83 Heinz Dieter Kittsteiner: Die Stufen der Moderne. In: Johannes Rohbeck/Herta Nagl-Docekal (Hg.): Geschichtsphilosophie und Kulturkritik. Historische und systematische Studien. Darmstadt 2003, S. 91–117, hier S. 113.

84 Letzteres konnte sich auf das „Bild eines heroischen kommunistischen Widerstands gegen die NS-Herrschaft“ stützen; Kershaw: Achterbahn (s. Anm. 2), S. 271.

85 Vgl. Herbert: Geschichte Deutschlands im 20. Jahrhundert (s. Anm. 5), S. 550.

86 Vgl. ebd., S. 692 f.

87 Osterhammel: Die Verwandlung der Welt (s. Anm. 1), S. 386.

 | DOI:10.30965/9783846761038_030

allem in ihrer zunehmenden Immunisierung gegenüber Störungen. Das hatte eine geradezu „euphorische Technikbegeisterung der Nachkriegsära“ zur Folge. Ost- und Westdeutschland waren sich darin einig, dass mit Unterstützung der Technik der Wohlstand unbegrenzt zu vermehren sei. In der DDR war man sich zudem sicher, dass künftig Elektronenhirne die Planungen übernehmen und dadurch die Fehlerhaftigkeit des Menschen überwinden würden.[88] Auch in der Philosophie, der Literatur und den bildenden Künsten ist die Technikeuphorie aufgenommen und reflektiert worden.[89] Der wenig technikaffine Martin Heidegger hat in den fünfziger Jahren „Steuerung und Sicherung“ zu den „Hauptzügen“ der Technik gezählt,[90] während Bertold Brecht etwa gleichzeitig mit Blick auf ein „neues, ansteckendes Lebensgefühl“ den technikgläubigen Sozialismus als „eine Geschichte der behebbaren Schwierigkeiten, der korrigierbaren Ungeschicklichkeiten“ bezeichnet hat.[91] Man lache über alle Ungeschickten, „ohne sie je auf die leichte Achsel zu nehmen.“[92] In der technisierten Welt können sich allerdings schon marginale Ausführungsfehler rasch zu globalen Störfällen ausweiten.[93] Die Nutzer der Technik sind daher so zu trainieren, dass sie Fehler weitgehend vermeiden – und diese Vermeidungsstrategien auch in ihr Selbstverhältnis einbauen. Aus der Perspektive der Organisationssoziologie gilt dann: „Nur wer sich selbst technisiert, ist sicher.“[94] Gegenläufig zu den massiv gestiegenen Ansprüchen an

88 Herbert: Geschichte Deutschlands im 20. Jahrhundert (s. Anm. 5), S. 825.

89 Zu letzteren vgl. Reißer/Wolf: Kunst-Epochen. Bd. 12: 20. Jahrhundert II (s. Anm. 13), S. 94.

90 Martin Heidegger: Die Frage nach der Technik (zuerst 1954). In: ders.: Die Technik und die Kehre. 3. Aufl. Pfullingen 1976, S. 5–36, hier S. 16.

91 Bertold Brecht: Katzgraben-Notate 1953. In: ders.: Werke. Hg. von Werner Hecht u. a. Bd. 25. Berlin/Weimar 1994, S. 399–490, hier S. 423 f.

92 Ebd., S. 424.

93 Vgl. aus kultur- und literaturwissenschaftlicher Perspektive Lars Koch/Christer Petersen/Joseph Vogl (Hg.): Störfälle. Bielefeld 2011.

94 Dirk Baecker: Plädoyer für eine Fehlerkultur. In: ders.: Organisation und Störung. Aufsätze. Frankfurt a. M. 2011, S. 55–65, hier S. 58.

Sorgfalt und Vorsicht muss daher das „Menschenrecht auf Irrtum" wieder eigens betont werden.[95]

Schon in den fünfziger Jahren ist angesichts der Technisierung die „Geschicklichkeit [...] im Alltagsleben das Normale" geworden, „während Ungeschicklichkeit, obgleich sie häufig vorkommt, doch stets gleichsam ‚aus dem Rahmen fällt' und dadurch auffällt."[96] Ungeschickt agieren demnach Personen, die sich nicht den Forderungen gemäß verhalten, die durch das ihnen vorgegebene Tätigkeitsziel und das darin enthaltene Ausführungsideal an sie herangetragen werden.[97] Der Ungeschickte versteht sich in einer konkreten Situation nicht auf das, was er tun will[98] (oder soll) und demonstriert dadurch seine „Anpassungsunfähigkeit", seinen „Mangel an Bereitschaft sich anzupassen."[99] Darin zeigen sich die Anforderungen der Industriegesellschaft und ein normativ geprägtes Sozialmodell. Aus existenzialistischer Perspektive wurde es angegriffen und zusammen mit sämtlichen Förmlichkeiten zurückgewiesen. Ein Zeitgenosse hat dazu festgehalten: „mit der Verfemung des ‚Man' durch die Existentialismen begann das verlegene Herumstehen bei Gelegenheiten, für die man keine ‚Förmlichkeit' mehr parat hat."[100] Spätestens in den sechziger Jahren verlor, ausgehend von der amerikanischen Populärkultur, das normative Sozialmodell seine Plausibilität. Es wird abgelöst vom ästhetischen Ideal einer neuen Intensität, die differenzierte Formen der Sensibilität auszubilden verlangte.[101] Willy Brandt unterlegte ihnen 1969 in seiner Regierungserklärung mit großer Resonanz den Begriff der ‚Lebensqualität'.[102] Der Anspruch auf eine qualitative Verbesserung

95 Vgl. Bernd Guggenberger: Das Menschenrecht auf Irrtum. Anleitung zur Unvollkommenheit. München 1987.

96 Louise Willemina Koch: Zur Phänomenologie der motorischen Ungeschicklichkeit. Wageningen 1955, S. 2.

97 Ebd., S. 19.

98 Ebd., S. 21.

99 Ebd., S. 22.

100 Hans Blumenberg: Beschreibung des Menschen. Aus dem Nachlaß hg. von Manfred Sommer. Frankfurt a. M. 2006, S. 728.

101 Reißer/Wolf: Kunst-Epochen. Bd. 12: 20. Jahrhundert II (s. Anm. 13), S. 94.

102 Herbert: Geschichte Deutschlands im 20. Jahrhundert (s. Anm. 5), S. 915.

der Lebensverhältnisse geht einher mit „einer weitreichenden Umwälzung der kulturellen Normen in Europa“,[103] die in den siebziger Jahren, ausgehend von der Populärkultur,[104] eine umfassende Liberalisierung und Pluralisierung der Alltagskultur nach sich zieht und zu einem kulturellen Dauerkonflikt zwischen den Generationen geführt hat.[105] Darin hat man den Ursprung auch der zeitgenössischen Erscheinungsweisen von Ungeschicklichkeit gesehen.[106] Vom auffälligen Ausnahme- ist sie seither zum unauffälligen Normalfall geworden. Da die Individuen und ihre Leistungen in der Massenkultur an Profil einbüßen und banalisiert werden, verliert das Ungeschick an hermeneutischer Tiefe und kulturkritischer Bedeutsamkeit. Allenfalls zu Unterhaltungszwecken (etwa im Slapstick) scheint es noch tauglich zu sein.

Unterstützt und verbreitet wird die Egalisierung und Banalisierung des Ungeschicks durch die Massenmedien, die in Westdeutschland nach 1945 rasch und eingreifend restrukturiert wurden.[107] Im Westen setzte sich seit den fünfziger Jahren das Fernsehen durch, das Ende der sechziger Jahre in nahezu jedem Haushalt empfangen werden konnte.[108] Es verdrängte allmählich den Film und das Radio und war bis zum Einsatz der Digitalisierungsmoderne in den 1990er Jahren das einflussreichste Massenmedium: „Das Fernsehen war die neue Gottheit.“[109] Ungeschicktes Verhalten und eine ungeschickte Motorik wird in sämtlichen Massenmedien nun bevorzugt zu komischen Zwecken eingesetzt. In Filmkomödien wie der von Blake Edwards begründeten Pink-Panther-Reihe um die trottelige Figur des Inspektors Clouseau (1963–1982) oder in den Agentenfilm-Parodien

---

103 Vgl. Kershaw: Achterbahn (s. Anm. 2), S. 227.

104 Ebd., S. 281–294.

105 Ebd., S. 250, sowie Herbert: Geschichte Deutschlands im 20. Jahrhundert (s. Anm. 5), S. 815.

106 Vgl. Rehberg: Der ‚Fehltritt‘ als Heuristik bedrohter Integrität (s. Anm. 12), sowie Adam Kotsko: Awkwardness. An Essay. Winchester/Washington 2010, S. 19.

107 Vgl. Herbert: Geschichte Deutschlands im 20. Jahrhundert (s. Anm. 5), S. 579 f.

108 Ebd., S. 813, sowie, in europäischer Perspektive, Kershaw: Achterbahn (s. Anm. 2), S. 224.

109 Ebd., S. 288.

Yves Roberts mit dem tollpatschigen Hauptdarsteller Pierre Richard (*Le Grand Blond avec une chaussure noire*, 1972; *Le retour du grand blond*, 1974 etc.) kommt es ebenso zum Einsatz wie in einschlägigen TV-Formaten, zu denen etwa die Sendungen *Vorsicht Kamera* (ab 1961) und *Verstehen Sie Spaß?* (ab 1980) sowie die von Max Schautzer konzipierte, in die Digitalisierungsmoderne überleitende Sendung *Pleiten, Pech und Pannen* (1986–2003) gehören. Auch die deutsche Literatur öffnet sich nun allmählich der Komik, wobei etwa an Friedrich Dürrenmatt oder Thomas Bernhard, vor allem aber an Eckhard Henscheid zu denken wäre. Henscheids *Trilogie des laufenden Schwachsinns* (1973–1978) präsentiert in ihrem ersten Band unter dem Titel *Die Vollidioten* „eine neue blöde Geschichte",[110] in der sich der Erzähler mit „fremdem, abgelegenem und zuletzt schon ganz dummem Unfug und Kramzeug"[111] konfrontiert sieht. Einer der Figuren „ist da gerade etwas so unheimlich Blödes passiert, so blöd, daß ich es überhaupt nicht verstehen kann."[112]

Zwischen tragischer Überhöhung und komischer Banalisierung des Ungeschicks stehen autobiographische, essayistische und dokumentarische Präsentationsformen, die sich teils am Film und der Fotografie orientieren, auf ideologische Wertungen verzichten und zur nüchternen Beschreibung tendieren. Vor allem sie tragen zur Egalisierung des Ungeschicks bei. Dazu gehören nach 1945 die Arbeiten Alexander Kluges, die wiederholt auf ungeschicktes Verhalten eingehen, sowie die Essays des auch als Fotograf tätigen Michael Rutschky. Von Michael Rutschky stammt auch der mit Abstand gewichtigste, an Benjamin und Adorno anknüpfende und im

110 Eckhard Henscheid: Die Vollidioten. Ein historischer Roman aus dem Jahr 1972 (zuerst 1973). Frankfurt a. M. 1976, S. 10. Als mögliches Vorbild lässt sich Martin Kessels Angestelltenroman *Herrn Brechers Fiasko* von 1932 identifizieren; vgl. zu Kessels Roman Nicolas von Passavant: Nachromantische Exzentrik. Literarische Konfigurationen des Gewöhnlichen. Göttingen 2019, S. 225–233.

111 Henscheid: Die Vollidioten (s. Anm. 110), S. 13.

112 Ebd., S. 211.

Kern zeitdiagnostische Beitrag zum Ungeschicklichkeitsdiskurs in der deutschen Literatur nach 1945.[113]

„Bist du aber ungeschickt!"

Das Jahr 1945 markiert auch in der lexikographischen Erfassung des Ausdrucks *ungeschickt* einen Einschnitt. Die sprachgeschichtliche, präskriptiv akzentuierte Ausrichtung der deutschen Lexikographie findet nun ihr Ende und die Wörterbücher wenden sich in deskriptiver Perspektive der Gegenwartssprache zu. Damit kommt gewissermaßen der von den Brüdern Grimm und ihren Schülern verfemte Daniel Sanders zu späten Ehren. Vorreiter der Neuorientierung ist die sozialistische Germanistik der DDR.[114] Sie fährt das überbordende, historisch tief gestaffelte Bedeutungskontinuum von *ungeschickt* auf ein Minimum zurück, zieht für die Belege verstärkt jüdische, von den Nationalsozialisten verfolgte Autoren heran und polt in kritischer Absicht vor allem die Schicksalskomponente um, die im Zuge der Heroischen Moderne dem Ausdruck eingezogen worden war.

Sieben Jahre nach dem Ende des Zweiten Weltkriegs veranstaltete das Institut für Deutsche Sprache und Literatur an der Humboldt-Universität zu Berlin seine Gründungstagung. Der Finnougrist Wolfgang Steinitz hielt dort einen Vortrag *Über die Aufgaben der Abteilung Deutsche Sprache der Gegenwart*. Darin stellte er den Plan eines fünf bis sechs Bände umfassenden, aus Primärquellen erarbeiteten Wörterbuchs der Gegenwartssprache vor.[115] Das Projekt wurde unter der Leitung von Ruth Klappenbach an der Deutschen

113 Michael Rutschky: Reise durch das Ungeschick. Und andere Meisterstücke. Zürich 1990.

114 Der Ausdruck DDR ist in der BRD lange umstritten gewesen. Insbesondere die SPD lehnte ihn bis zum Beginn der siebziger Jahre vehement ab. Nachdem ihn das Presse- und Informationsamt der Bundesrepublik im Februar 1952 mehrfach verwendet hatte, prangerte dies die SPD als „ungeschickt" an; ss: Ungeschickt. In: Sozialdemokratischer Pressedienst, 19.2.1952, S. 5.

115 Vgl. Ulrike Haß-Zumkehr: Deutsche Wörterbücher – Brennpunkt von Sprach- und Kulturgeschichte. Berlin/New York 2001, S. 235 f.

Akademie der Wissenschaften und später an ihrer Nachfolgeinstitution, der Akademie der Wissenschaften der DDR, umgesetzt. Es erklärte ähnlich wie Daniel Sanders und das Grimm'sche Wörterbuch die Literatursprache zur Leitvarietät,[116] orientierte sich aber nicht mehr an einem sprachpolitisch gewendeten Ursprungsdenken wie der *Grimm* und der *Trübner*, sondern rehabilitierte die deskriptive Leistung von Sanders und setzte dabei konsequent die Erkenntnisse des russischen Strukturalismus und der Prager Schule um. Das *Wörterbuch der deutschen Gegenwartssprache* trägt insofern, auf der Basis eines modernen linguistischen Fundaments, zur lexikographischen Wiedergutmachung bei und muss als eigenständige sprachwissenschaftliche Forschungsleistung verstanden werden.[117] Damit hat es Maßstäbe gesetzt. Zahlreiche Mitarbeiter, unter ihnen auch hauptamtliche Exzeptoren, sorgten dafür, dass der erste Band 1961, im Jahr des Mauerbaus, erscheinen konnte. Ab dem vierten Band, der 1970 publiziert wurde, richtete man sich konsequent am Marxismus-Leninismus aus und versuchte, sich aktiv von der Bundesrepublik abzugrenzen.[118]

Das Lemma *ungeschickt* findet sich im fünften Band, der 1976 im Druck vorlag. Gegenüber den ausufernden, hochdifferenzierten und mit Belegen vollgestopften Ausführungen im Grimm'schen Wörterbuch und der rassenideologisch motivierten Wortgeschichte im *Trübner* ist der Artikel radikal reduziert. Das liegt zum einen am programmatischen Verzicht auf historische Tiefe, zum anderen am linguistischen Fundament des Wörterbuchs. Der Artikel unterscheidet lediglich zwei Bedeutungspositionen, von denen die erste die Standardbedeutung, die zweite dagegen eine Sonderbedeutung anführt. Als Standardbedeutung wird angegeben: „*in seinem Verhalten, bes[onders] bei manueller Tätigkeit, nicht geschickt, nicht gewandt*".[119] Der Ausdruck *ungeschickt* bezieht sich damit ausschließlich auf Personen und ihr motorisches und soziales Verhalten. Die

116 Ebd., S. 227.

117 Ebd., S. 228.

118 Ebd., S. 230 f.

119 Wörterbuch der deutschen Gegenwartssprache. Hg. von Ruth Klappenbach und Wolfgang Steinitz. Bd. 5. 3. Aufl. Berlin 1978, S. 3929.

Verwendungsbeispiele zeigen, dass man damit Personen generell („jmd. ist ein u[ngeschickter] Mensch“), ihre Tätigkeiten („jmd. ist u[ngeschickt] in der praktischen Arbeit, bei der handwerklichen Tätigkeit“) und ihre Einstellungen („sich u[ngeschickt] anstellen“) charakterisieren kann. Sie zeigen ferner, dass zur Pragmatik von *ungeschickt* eine exklamative, tadelnde Verwendung gehört („wie kann man nur so u[ngeschickt] sein!; bist du aber u[ngeschickt]!“) und dass sich das Adjektiv auf die Körpermotorik und ihren Übungsgrad („etw. u[ngeschickt] anfassen; u[ngeschickte] <*ungelenke*> Hände, Finger haben“), partiell auch noch auf Respektgesten bezieht („sich u[ngeschickt] <*linkisch*> verbeugen“).[120] Spezieller kann *ungeschickt* das Sprach- und Interaktionsverhalten bezeichnen. Die Bedeutung lautet dann: *„ungewandt in der sprachlichen Ausdrucksweise“*, auf die Interaktion bezogen auch *„ungewandt anderen gegenüber“*.[121] In dieser Verwendung bleibt bis weit ins 20. Jahrhundert hinein die Nähe von *ungeschickt* und *unschicklich* und die frühneuzeitliche Orientierung der Semantik von *ungeschickt* an der Rhetorik aktiv.

Die zweite Bedeutungsposition bezieht sich nicht auf Personen. Sie lautet *„unpassend, zu einem ungünstigen Zeitpunkt“*.[122] Hier geht es um die ältere, instrumentelle Bedeutung von *ungeschickt* und ihre Fortgeltung im 20. Jahrhundert. Das ist zugleich der verschwindend geringe Restbestand, auf den das reichhaltige und tief gestaffelte semantische Kontinuum im Grimm'schen Wörterbucheintrag zusammengestrichen worden ist. Nur zu dieser Bedeutungsposition werden literarische Belege angeführt. Beide stammen aus Texten, die 1946 erschienen sind. Sie verdeutlichen, dass die scheinbar sehr alten Bedeutungspositionen auch in der Endphase des Nationalsozialismus noch im Gebrauch waren. Der erste stammt aus dem nachgelassenen Roman *Balzac* von Stefan Zweig, der zweite aus der Erzählung *Der Ausflug der toten Mädchen* von Anna Seghers. Beide Autoren waren jüdische Deutsche und beide sind daher aus Deutschland emigriert. Zweig hatte in Brasilien Selbstmord begangen, Seghers hatte ihre Erzählung in Mexiko geschrieben und amtierte im

---

120 Ebd.
121 Ebd.
122 Ebd., S. 3930.

Erscheinungsjahr des Lemmas *ungeschickt* als Präsidentin des Schriftstellerverbandes der DDR. Die Belege nehmen unterschwellig die Schicksalssemantik des Ausdrucks wieder auf, die der *Trübner* im polemischen Rekurs auf Döblin und im affirmativen auf Schäfer zugunsten von *missgeschickt* marginalisiert hatte, setzen sie aber nun kritisch ein und können insofern als Revokation der heroischen Aufladung von *ungeschickt* in der Globalisierungsmoderne verstanden werden.

In der Bundesrepublik hat die Duden-Redaktion dem *Wörterbuch der deutschen Gegenwartssprache* als Pendant und Rivalen *Das große Wörterbuch der deutschen Sprache* zur Seite gestellt. Die erste Auflage erschien zwischen 1976 und 1981 in sechs Bänden unter der Leitung von Günther Drosdowski, die zweite Auflage umfasste acht Bände, die nach dem Ende der DDR von 1993 bis 1995 herauskamen und die dritte, zehnbändige Auflage wurde 1999 unter der Projektleitung von Werner Scholze-Stubenrecht publiziert. Von Anfang an stand das Unternehmen in verschwiegener Abhängigkeit von seinem ostdeutschen Vorgänger, dessen wissenschaftliche Leistung gleichsam gekapert wurde. Es greift deutlich weniger als dieses auf Primärquellen zurück, beschränkt sich auf ein engeres Spektrum von Textsorten, entscheidet sich aber für aktuellere und ideologisch ‚neutralere' Quellen.[123]

Die erste Auflage führt das Lemma *ungeschickt* im sechsten und letzten Band an, der 1981 erschienen ist. Eingebettet ist es in das Lemmanest *Ungeschick*.[124] Die Abhängigkeit von Klappenbach/Steinitz ist dort mit Händen zu greifen. Ebenso wie der ostdeutsche Vorgänger unterscheidet der Artikel zwei Bedeutungspositionen. Die erste wird nun aber nicht mehr in toto auf das Verhalten von Personen bezogen, sondern in zwei Unterpunkte unterteilt. Der erste von ihnen lautet: „*nicht geschickt* [...]; *linkisch, unbeholfen*",

---

123 Haß-Zumkehr: Deutsche Wörterbücher (s. Anm. 115), S. 233–235.

124 Duden. Das große Wörterbuch der deutschen Sprache in sechs Bänden. Hg. vom Wissenschaftlichen Rat und den Mitarbeitern der Dudenredaktion unter Leitung von Günther Drosdowski. Bd. 6. Mannheim/Wien/Zürich 1981, S. 2691.

der zweite *„nicht, wenig gewandt“*.[125] Damit differenziert auch das *Duden*-Großwörterbuch zwischen motorischer und sozialer Ungeschicklichkeit und gibt ersterer größeren Raum als letzterer. Zu den Belegen gehören in der ersten Auflage ausschließlich Beispielsätze. Sie geben dieselben Bedeutungsnuancen an wie das Wörterbuch von Klappenbach/Steinitz, konkretisieren aber in den Erläuterungen zum motorischen Ungeschick den ungeschickten Menschen zur ungeschickten Frau und räumen damit der weiblichen Ungeschicklichkeit erstmals einen Platz im Wörterbuch ein: „ein [ungeschickt]es Mädchen; sie hat [ungeschickt]e Hände“; erst danach folgt der ungeschickte Mann, freilich als Techniker und Handwerker, der die Dinge wieder zum Laufen bringt – oder eben daran scheitert: „er ist [technisch, handwerklich] zu u[ngeschickt], um das zu reparieren“.[126] Auch die tadelnde Verwendung wird übernommen: „wie kann man sich nur so u[ngeschickt] anstellen?“[127] Hinsichtlich der sozialen Ungeschicklichkeit wird anders als bei Klappenbach/Steinitz das Respektverhalten und die Interaktion weniger stark akzentuiert als vielmehr das Sprachverhalten und seine ergebnisorientierte Anwendung: „eine [ungeschickt]e Formulierung; sich u[ngeschickt] ausdrücken; er ist bei den Verhandlungen sehr u[ngeschickt] vorgegangen.“[128] Daraus lässt sich ableiten, dass in der westdeutschen Globalisierungsmoderne der späten siebziger Jahre zwar der Bezug auf die alteuropäische Rhetorik in eingeschränktem Maße noch wirksam bleibt, die damit verbundene Sozialordnung unter Einschluss der zugehörigen Verhaltenskonventionen aber für die Ungeschicklichkeitssemantik keine Rolle mehr spielt.

Auf literarische Beispiele wird in der ersten Auflage noch vollständig verzichtet. Erst in der stark erweiterten zweiten Auflage werden sie in den unveränderten Artikelaufbau integriert. Das Lemmanest *Ungeschick* findet sich nun im siebten Band, der 1995 erschienen ist. Fünf Jahre nach dem Ende der deutschen Teilung illustrieren die literarischen Beispiele ausschließlich das motorische

125 Ebd.
126 Ebd.
127 Ebd.
128 Ebd.

Ungeschick. Sie stammen von Wolfdietrich Schnurre, Heinrich Böll und Peter Handke, also von Ikonen der älteren und jüngeren bundesrepublikanischen Nachkriegsliteratur.[129] Autoren der DDR werden nicht berücksichtigt.

Während das *Duden*-Großwörterbuch im Unterschied zum *Wörterbuch der deutschen Gegenwartssprache* die erste Bedeutungsposition ab der zweiten Auflage literarisch abstützt, hat es die zweite Bedeutungsposition, also den Restbestand des historischen Bedeutungskontinuums, von Anfang an entliterarisiert und oralisiert. Die Position wird nun als „landsch[aftlich], bes[onders] südd[eutsch]"[130] markiert und damit auf den mündlichen Sprachgebrauch beschränkt. Damit kehrt der *Duden* gewissermaßen zum Grimm'schen Wörterbuch zurück. Dieser Bedeutungsposition wird nicht nur die temporale Sonderbedeutung des DDR-Großwörterbuchs subsumiert („*zu einem unpassenden Zeitpunkt, ungelegen*"), sondern auch – durch „(seltener)" gekennzeichnet – die instrumentelle, historisch sehr alte und auf Gegenstände bezogene Position „*unpraktisch, wenig handlich*" mit dem Kompetenzbeispiel „eine [ungeschickt]e Zange".[131]

Mit der Feststellung einer Präferenz der motorischen vor der sozialen Ungeschicklichkeit und der Konzentration des sozialen Ungeschicks auf ein erfolgreiches Sprachverhalten ist zugleich das vorläufig letzte Wort der Lexikographie zur Sache gesprochen. Es unterstreicht die leitende These einer zunehmenden Egalisierung und Invisibilisierung des Ungeschicks in der Globalisierungsmoderne. Wer sich weiterhin für das Phänomen interessiert, ist an

129 Duden. Das große Wörterbuch der deutschen Sprache in acht Bänden. Hg. vom Wissenschaftlichen Rat und den Mitarbeitern der Dudenredaktion unter der Leitung von Günther Drosdowski. Bd. 7. 2., völlig neu bearb. und stark erw. Aufl. Mannheim/Leipzig/Wien/Zürich 1995, S. 3563 f. Unverändert übernommen in die dritte Auflage, die allerdings das Lemmanest *Ungeschick* auflöst und für *ungeschickt* ein eigenes Lemma ansetzt; vgl. Duden. Das große Wörterbuch der deutschen Sprache in zehn Bänden. Hg. vom Wissenschaftlichen Rat der Dudenredaktion. Bd. 9. 3., völlig neu bearb. und erw. Aufl. Mannheim/Leipzig/Wien/Zürich 1999, S. 4105.

130 Duden. Das große Wörterbuch der deutschen Sprache in sechs Bänden. Bd. 6 (s. Anm. 124), S. 2991.

131 Ebd. Die zweite und dritte Auflage übernehmen das unverändert.

Diskurse verwiesen, die motorisches Ungeschick thematisieren, dabei aber auch die sozialen Aspekte in den Blick nehmen und in besonderer Weise auf das Sprachverhalten achten. Dazu gehört prominent die Literatur.

Engagierte Rüpel

Um die literarische Thematisierung der Ungeschicklichkeit in der Globalisierungsmoderne nach 1945 in den Diskurs über den ungeschickten Deutschen einordnen zu können, bietet sich ein Blick auf einschlägige Studien von Erich von Kahler und Norbert Elias an. Bei beiden handelt es sich um jüdische Deutsche, die 1933 aus Deutschland emigriert sind und danach von außen auf ihre ehemalige Heimat geblickt haben. Während Kahler 1944 die ungeschickte Schwerfälligkeit der Deutschen historisch mit ihrem mangelnden Selbstbewusstsein erklärt, das er durch eine Erziehung zur Demokratie stabilisieren will, macht Elias aus zivilisationstheoretischer Perspektive den europäischen Informalisierungsschub aus einer neuen, auf Egalisierung zielenden Einstellung der Jugend heraus verständlich und fordert von den gezielt zur Rüpelei übergehenden Linksintellektuellen die Rückkehr zu Respekt und Anstand.

Der eng mit Thomas Mann und Hermann Broch befreundete Schriftsteller, Kulturphilosoph und Soziologe Erich von Kahler hat Deutschland 1933 verlassen. Ein Jahr später wurde er offiziell ausgebürgert. Ab 1938 lebte er in Princeton. Ein Jahr zuvor war in Zürich seine monumentale Studie *Der deutsche Charakter in der Geschichte Europas* erschienen.[132] Seine kulturhistorischen Forschungen, die er 1941 und 1942 in Form von Vorlesungen an der *New School for Social Research* in New York entwickelt hatte, publizierte Kahler 1943 unter dem Titel *Man the Measure. A New Approach to History*. Beide Forschungsperspektiven bündelte er unter dem Eindruck des nahen Kriegsendes in einem kurzen Essay mit dem Titel *Das Problem Deutschland*. Der Essay erschien im Frühjahr 1944 in der

132 Vgl. dazu oben, S. 443 f.

Zweimonatsschrift des *American Jewish Commitee*.[133] Mit dem Titel seines Essays nahm Kahler gezielt diejenige Formulierung auf, unter der in den USA der vierziger Jahre kontrovers über die Zukunft Deutschlands diskutiert worden war. Kahler bezieht in dieser Diskussion eine klare Position und plädiert für eine versöhnliche Haltung. Konkret fordert er eine umfassende Erziehung der Deutschen zur Demokratie und ihre Integration in eine globale Weltordnung.

Kahler argumentiert auch in dieser Schrift kulturgeschichtlich und versucht, den deutschen Charakter aus seiner Entwicklung zu erklären.[134] Die geographische Lage der Deutschen und ihre im europäischen Vergleich teils überstürzte, teils verzögerte historische Entwicklung hätten bei diesem Volk eine abgründige Unsicherheit, ein „Schaukeln zwischen Extremen" erzeugt.[135] Diese Disposition, in der sich unschwer das deutsche Ambivalenzschema wiederfinden lässt, wird vom Autor dramatisiert zum „Mißgeschick, das am Ende zu Greuel wurde".[136] Ihr haltloses Schwanken habe das „unselige Geschick" der Deutschen zur Folge gehabt.[137] Wenn für die deutsche Geschichte zudem „jene unfaßbare, tragische Form von Verantwortlichkeit, die im Charakter verhängt ist", in Anspruch genommen wurde,[138] dann setze sich darin eben jene tragisch-fatalistische ‚Vertiefung' des deutschen Nationalcharakters fort, die für die Heroische Moderne typisch sei. Kahler bedient aber auch das intrikate Verhältnis zwischen Heroischer Moderne und Globalisierungsmoderne,

---

133 Michael Winkler: Die civitas hominum als Wolkenkuckucksheim? Ideen zu einer besseren Nachkriegswelt im New Yorker Freundeskreis Erich Kahler, Hermann Broch und Hannah Arendt. In: Thomas Koebner/Gert Sautermeister/Sigrid Schneider (Hg.): Deutschland nach Hitler. Zukunftspläne im Exil und aus der Besatzungszeit 1939–1949. Opladen 1987, S. 88–103, hier S. 93–95. Vgl. auch Dieter Borchmeyer: Was ist deutsch? Die Suche einer Nation nach sich selbst. Berlin 2017, S. 200 f.

134 Erich Kahler: Das Problem Deutschland (zuerst 1944). In: ders.: Die Verantwortung des Geistes. Gesammelte Aufsätze. Frankfurt a. M. 1952, S. 92–116, hier S. 95.

135 Ebd.

136 Ebd., S. 93.

137 Ebd., S. 96.

138 Ebd., S. 94.

denn er stilisiert ein künftiges, demokratisch erneuertes Deutschland zum weltweiten „Vortrab" eines vom „rasenden technischen Fortschritt" überforderten Geistes[139] und behauptet zudem im Schlussabschnitt seines Essays: „Das deutsche Problem ist eins mit dem Problem der gesamten künftigen Weltordnung."[140] Man kann das als inversen Großmachttraum verstehen.

Zum ‚Problem Deutschland' gehört auch der zur Ungeschicklichkeit neigende deutsche Nationalcharakter. Kahler geht davon aus, dass seit jeher der „Deutsche mit all seiner Verwirrung seinen moralischen und geistigen Rückhalt aus sich selbst bestreiten" musste.[141] Das habe ihn überfordert und dieser Überforderung verdanke sich dann der befremdliche Eindruck, den Deutsche auf Ausländer immer wieder gemacht hätten. Dabei handle es sich um den

> Eindruck eines Menschen ohne natürliche Sicherheit, ohne gesellschaftliche Geschmeidigkeit und Lebensvernunft, ohne jenes angeborene ‚savoir vivre', das selbst einem einfachen italienischen oder spanischen oder skandinavischen Bauern eigen ist. Der Mangel an Selbstsicherheit machte ihn schwerfällig, unbehaglich und ganz besonders verletzlich in der Gesellschaft von Menschen anderer Nationen.[142]

Kahler greift damit die Heterostereotype auf, die vor ihm bereits auch Montaigne, Germaine de Staël, Henry Edwin Dwight oder Mark Twain eingesetzt und verstärkt hatten. Eher an die Imitationskritik Gabriel Wagners, Herders und Arndts erinnert dagegen die These, dass sich aus der „häufigen Unterlegenheit im geselligen Verkehr" bei den Deutschen das „Gefühl von fortgesetztem Betrogensein, individuellem wie kollektivem" entwickelt habe.[143] Dieses Gefühl finde seinen Ausdruck im typischen Selbstbild des Deutschen Michel. Das sei „ein plumper Bauernbursch mit seiner

139 Ebd., S. 104.
140 Ebd., S. 116.
141 Ebd., S. 106.
142 Ebd.
143 Ebd., S. 106 f.

Nachtmütze, offenherzig, weltfremd, vertrauensselig und dauernd übers Ohr gehauen".[144]

Das Dauerschwanken der Deutschen und ihr Minderwertigkeitsgefühl habe sie schließlich auch für machtvolle Führerfiguren empfänglich werden lassen:

> Was sie kennzeichnet ist eine allgemeine nationale Charakterschwäche, ein gefährdender Mangel an innerem Halt. Man kann sie zum Besten wie zum Schlimmsten verführen. Und ihre abgründige Unsicherheit macht sie zur leichten Beute für eine entschlossene Willenskraft, die sich leider zumeist bei den brutalen Kräften befindet.[145]

Der Schwäche des deutschen Charakters, seine Tendenz, jedem Machtprotz nachzulaufen, verdanke schließlich auch Adolf Hitler seinen Aufstieg und mit ihm die „gewollte Rebarbarisierung"[146] des äußerlich und innerlich amorphen Landes.[147] Kahler schlägt daher vor, den deutschen Charakter zu ändern, ihm das Ungeschick gewissermaßen abzutrainieren. Er hält das für eine wahrhaft gigantische „volkspädagogische Aufgabe",[148] die nur in einer globalen Weltordnung umgesetzt werden könne. Letztlich zielt Kahlers Vision auf eine innere Befriedung der Deutschen in einer gesamteuropäischen Wirtschaftsunion.[149] Ihr Schwanken zwischen Extremen soll durch demokratische Bildungsarbeit beruhigt und ausgeglichen werden. Kahlers Plädoyer für eine Erziehung zur Mitte nimmt partiell bereits das nach 1945 einsetzende Entnazifizierungs- und Reeducationprogramm der USA in den Westzonen[150] und die schrittweise europäische Integration der bald darauf gegründeten Bundesrepublik vorweg.

---

144 Ebd., S. 107.
145 Ebd., S. 108.
146 Ebd., S. 109.
147 Vgl. ebd., S. 97.
148 Ebd., S. 112.
149 Ebd., S. 114.
150 Vgl. Herbert: Geschichte Deutschlands im 20. Jahrhundert (s. Anm. 5), S. 569. Zu den Bildungsreformen in den Besatzungszonen vgl. ebd., S. 576–578.

Auch für den Soziologen Norbert Elias ist die geopolitische Lage der Deutschen und die mit ihr verbundene Unsicherheit ein Schlüssel zur deutschen Kultur und Gesellschaft. Elias war der Sohn gläubiger Juden und hatte im Ersten Weltkrieg als Soldat für Deutschland gekämpft.[151] Während seines Studiums schloss er sich zionistischen Vereinigungen an. 1924 hat er in Breslau bei Richard Hönigswald in der Philosophie promoviert und sich danach der Soziologie zugewandt. Seine Frankfurter Habilitation, die Karl Mannheim betreut hatte, war bereits eingereicht, als das Institut von den Nationalsozialisten geschlossen wurde. Elias emigrierte 1933 über Frankreich nach Großbritannien. Ab 1975 wohnte er in Amsterdam und nahm von dort aus verschiedene Gastprofessuren wahr. Sein Hauptwerk ist die Studie *Über den Prozeß der Zivilisation*. Sie erschien zuerst 1939 in Basel, blieb aber lange resonanzlos. 1969 kam im Francke-Verlag eine zweite, um eine Einleitung erweiterte Auflage heraus, deren 1976 als Suhrkamp Taschenbuch Wissenschaft erschienener Nachdruck dann ausgesprochen breit rezipiert wurde. Elias hat sich wiederholt mit der deutschen Gesellschaft und dem deutschen Charakter beschäftigt. Dabei streift er auch das Phänomen der Ungeschicklichkeit und nimmt die Folgen der Egalisierung in der Globalisierungsmoderne in den Blick.

Einschlägig ist dafür der Band *Studien über die Deutschen*. Er wurde 1989, ein Jahr vor dem Tod des Autors und zeitgleich mit der Öffnung der innerdeutschen Grenze, von seinem Schüler Michael Schröter bei Suhrkamp publiziert.[152] Der Band versammelt ältere Arbeiten über Deutschland und die Deutschen aus der Perspektive der Zivilisationstheorie. In der Einleitung, die Norbert Elias für den Band neu verfasst hat, wird die Zielsetzung umrissen. Um Gründe für den „Entzivilisierungsschub der Hitler-Epoche"[153] zu finden, wird mit der von Sigmund Freud inspirierten Annahme gearbeitet,

---

151 Zur Biographie vgl. Dieter Borchmeyer: Was ist deutsch? Die Suche einer Nation nach sich selbst. Berlin 2017, S. 207.

152 Norbert Elias: Studien über die Deutschen. Machtkämpfe und Habitusentwicklung im 19. und 20. Jahrhundert. Hg. von Michael Schröter. Frankfurt a. M. 1989.

153 Ebd., S. 7.

dass sich „das Schicksal eines Volkes im Lauf der Jahrhunderte im Habitus seiner einzelnen Angehörigen niederschlägt."[154] Auch Elias, der in der Heroischen Moderne sozialisiert wurde, hält also noch lange nach 1945 am Schicksalsbegriff fest. Zu den Gründen, die er für den Zivilisationsbruch der Deutschen anführt, gehört ähnlich wie bei Kahler ihre Mittelblock-Stellung,[155] vor allem aber die relative Schwäche der Staatsmacht in der deutschen Geschichte. Die Staatsentwicklung sei in Deutschland durch Brüche und Diskontinuitäten gekennzeichnet,[156] die bei den Bürgern zeitweise zur Verarmung und Verrohung geführt sowie langfristig Gefühle des Unglücks und der Unsicherheit erzeugt hätten.[157] Das ist erneut die seit den dreißiger Jahren zirkulierende These vom deutschen Minderwertigkeitsgefühl.

Für die Figur des ungeschickten Deutschen sind zwei Arbeiten des Bandes aufschlussreich, die in den späten siebziger Jahren entstanden sind. Die eine beschäftigt sich mit dem europaweiten, nach Elias aber besonders in Westdeutschland bemerkbaren Informalisierungs- und Individualisierungsschub des Verhaltens,[158] die andere mit dem ostentativ undisziplinierten Verhalten der Jugendsubkultur[159] im aufgeheizten Klima der Bundesrepublik Deutschland nach den Anschlägen der RAF.

Am 18.12.1978 hat Norbert Elias an der Universität Bielefeld einen Vortrag über *Veränderungen europäischer Verhaltensstandards im 20. Jahrhundert* gehalten. Er vertritt darin die These, dass es in jeder Gesellschaft ein spezifisches Verhältnis zwischen stark und schwach regulierten Verhaltensweisen gebe. Während man sich etwa in der Oper eher formell benimmt, kann man sich beim Fußball oder unter Freunden gehen lassen. Das Verhältnis zwischen beiden Arten des Verhaltens wird von Elias als *„Formalitäts-Informalitäts-Spanne"*

154 Ebd., S. 27.
155 Ebd., S. 9.
156 Ebd., S. 15.
157 Ebd., S. 12 f.
158 Zur europäischen Dimension des Individualisierungsschubs vgl. Kershaw: Achterbahn (s. Anm. 2), S. 312.
159 Vgl. Herbert: Geschichte Deutschlands im 20. Jahrhundert (s. Anm. 5), S. 818.

bezeichnet.[160] Diese Spanne kann in synchroner, auf einen aktuellen Querschnitt durch eine Gesellschaft bezogener, aber auch in diachroner, auf einen historischen Längsschnitt bezogener Hinsicht untersucht werden. In der Geschichte Europas, speziell in Deutschland, habe sich das Gefälle von formellem zu informellem Verhalten seit dem 18. Jahrhundert, in dem die Spanne vergleichsweise groß gewesen sei, bis hin zur Gegenwart stark vermindert. In allen Ländern Europas sei es aktuell vor allem die Jugend, die sie weiter zu verkleinern versuche. Besonders in der Nachkriegsgeneration Westdeutschlands begegne man „ganz bewußt Versuchen, die Formalität des Verhaltens weiter abzubauen."[161] Verstehen könne man diese Versuche als Gegenreaktionen gegen die antizyklische Vergrößerung des Formalitäts-Informalitäts-Gefälles durch den Nationalsozialismus, eine Vergrößerung, die in der Terminologie Kittsteiners als Effekt der Heroischen Moderne verstanden werden kann. Nach Elias gibt es in der Bundesrepublik der siebziger Jahre eine Tendenz, keinerlei Bereiche mehr zu dulden, in denen formelles Verhalten bewahrt wird. Stattdessen ziele man „auf gleiches Verhalten in allen Lebenslagen"; besonders die westdeutsche Jugend experimentiere zudem „mit extremen Graden der Informalität" und übersehe dabei, dass „totale Form- und Normlosigkeit" gar nicht möglich und auch nicht wünschenswert sei.[162] Elias erklärt die Verringerung der Formalitäts-Informalitäts-Spanne sowohl in diachroner als auch in synchroner Hinsicht mit dem funktionalen Demokratisierungsprozess, der einen „Schub der Verringerung des Machtgefälles zwischen Regierenden und Regierten, zwischen dem gesamten Staatsestablishment und der großen Masse der Außenseiter" zur Folge gehabt habe.[163] Die dadurch ausgelöste Informalisierungswelle sei schon nach dem Ende des Ersten Weltkriegs in der Weimarer Republik signifikant gewesen. Das wiederhole sich nach 1945 in gesteigerter Form. Der Vortragende steht dem damit verbundenen Demokratisierungsprozess erkennbar positiv gegenüber, missbilligt

160 Elias: Studien über die Deutschen (s. Anm. 152), S. 41.
161 Ebd., S. 42.
162 Ebd.
163 Ebd., S. 43.

es aber, daraus Lizenzen zum radikalen Abbau formellen Verhaltens abzuleiten. Für ihn ist formelles Verhalten ein hohes Gut. Es löst nämlich ein Schlüsselproblem des Zivilisationsprozesses, wonach eine gelingende Zivilisierung die Befriedigung elementarer animalischer Bedürfnisse ohne die Erniedrigung und Schädigung Anderer voraussetzt.[164] Allerdings meint Elias empirisch belegen zu können, dass sich Fremdzwänge im Zivilisationsverlauf in Selbstzwänge transformieren müssen. Der scheinbare Abbau von Normen und Konventionen im Geschichtsprozess korreliert also historisch signifikant und idealerweise auch in der Gegenwart mit einer individuellen, ethisch begründeten Art formellen Verhaltens. Man wird nicht länger beherrscht, sondern man lernt, sich selbst zu beherrschen. Das scheint die westdeutsche Jugend mit ihrem radikalen Abbau von Formalität mit Füßen zu treten. Elias vermutet offenbar, dass die Agenten der Informalisierung eine rücksichtslose Durchsetzung ihrer Bedürfnisse und Interessen anstreben.

Diese Hypothese verdeutlicht Elias auf dem Höhepunkt der feministischen Bewegung wohl nicht zufällig am Beispiel der Geschlechterverhältnisse. Auch hier konstatiert er den rasanten Abbau eines ehemals stark formalisierten Verhaltens.[165] Werbung und Paarbildung unter jungen Deutschen seien „in höherem Maße individualisiert“ als noch in der Weimarer Republik und äußere Zwänge würden aktuell forciert in die Erwartung von Selbstzwängen transformiert.[166] Das geht offenbar nicht länger gut. Weil es ihnen angesichts der nationalsozialistischen Genderkonzepte an glaubhaften Vorbildern und Verhaltensregeln fehle, sähen sich junge Menschen in Westdeutschland verstärkt zu Beziehungsexperimenten gezwungen und damit einer strukturellen Verunsicherung ausgesetzt.[167] Ihre Experimente könnten immer auch scheitern. Im Alltag werde (mit einem Beispiel aus dem *Time*-Magazin) unklar, ob

---

164 Ebd., S. 46.

165 Vgl. ebd., S. 51. Für Studenten vor dem Ersten Weltkrieg galten etwa Frauen gegenüber „die Verkehrsformen der guten Gesellschaft: man verneigte sich, küßte die Hand, tanzte mit ihnen in der vorgeschriebenen Art und Weise, küßte sie, wenn sie es erlaubten, sprach, wenn nötig, bei ihren Eltern vor“.

166 Ebd., S. 53.

167 Ebd.

die Weigerung eines jungen Mannes, einer (emanzipierten) Frau die Tür zu öffnen, bereits Ausdruck seiner sexuellen Emanzipation oder einfach nur ungeschickt und flegelhaft sei. In jedem Fall zeige das stark informalisierte Verhalten zwischen den Geschlechtern eine Egalisierung des gesamten Machtgefüges an,[168] die ihrerseits einen massiven „Schub der Individualisierung"[169] ausgelöst habe.

Das Unbehagen, das Norbert Elias (und andere Angehörige der Vorkriegsgenerationen) angesichts des betont rücksichtslosen Verhaltens von Jugendlichen und Studenten in den späten siebziger Jahren beschlichen haben muss, schlägt sich in einem längeren Beitrag des Soziologen nieder, der 1977/78 im Umfeld der Terroranschläge der RAF entstanden und 1985 im *Merkur* erschienen ist.[170] In ihm wird das Problem des ungeschickten Deutschen in der Globalisierungsmoderne (die Elias „unsere Weltgesellschaft" nennt[171]) um eine markante Nuance erweitert und mit den Informalisierungswellen der siebziger und frühen achtziger Jahre verknüpft. Unter dem Titel *Gedanken über die Bundesrepublik* greift der Beitrag die bereits im Bielefelder Vortrag erörterten Beobachtungen auf und spitzt sie unter dem Eindruck einer radikalen gesellschaftlichen Polarisierung im Umfeld des Deutschen Herbstes zu. Es entsteht ein ausgesprochen düsteres Bild der Bundesrepublik,

168 Ebd., S. 55.

169 Ebd., S. 60.

170 Herausgeber des *Merkur* war damals seit einem Jahr Karl Heinz Bohrer, der in seiner Autobiographie einen markanten Beleg für die Informalisierungsschübe der späten siebziger Jahre und ihre Folgen liefert. Anfang der achtziger Jahre sei er vor seinem Bielefelder Habilitationsvortrag von einem „sich radikal links gebenden Literaturhistoriker" in betont nachlässiger Kleidung ohne weiteres geduzt und provoziert worden: „Du kriegst hier heute keinen Stich." Sein Gegenüber habe dabei eine Bierdose in der Hand gehalten und „zwei seiner Assistenten, ebenfalls mit Bier bewehrt, standen feixend im Hintergrund." Karl Heinz Bohrer: Jetzt. Geschichte meines Abenteuers mit der Phantasie. Berlin 2017, S. 251. Es dürfte Gründe für Bohrer gegeben haben, den Beitrag von Elias in den *Merkur* aufzunehmen.

171 Elias: Studien über die Deutschen (s. Anm. 152), S. 527. Der Begriff wurde in der Folge prominent ausgearbeitet von Niklas Luhmann und seiner Schule; vgl. vor allem Rudolf Stichweh: Die Weltgesellschaft. Soziologische Analysen. Frankfurt a. M. 2000.

das auch die Frage des Anstands – und mit ihr das Problem des Schicklichen – thematisiert. Elias stellt in der BRD eine bis zum blanken Hass gesteigerte Feindseligkeit zwischen unterschiedlichen politischen Gruppierungen fest, als die sich im Rückblick eine bis zur Terrorbereitschaft radikalisierte Linke und ein autoritär auftretender Staat ausmachen ließen.[172] Beide Seiten verhielten sich, „wie in früheren Phasen der jüngeren deutschen Geschichte, kompromißlos und absolut".[173] Es drohe ein Ordnungsverlust, der bis zum Bürgerkrieg eskalieren könne: „Die Gefühle der totalen Feindschaft gegenüber den Gegnern im eigenen Volk" ließen sich offenbar kaum noch kontrollieren „und vielleicht wird es sogar als falsch, als unaufrichtig und daher als undeutsch empfunden, sie zu kontrollieren."[174] Damit greift Elias zurück auf eine Facette des ungeschickten Deutschen, der sich nach Arndt, Fichte, Goltz und anderen aus dem Gefühl seiner moralischen Überlegenheit heraus zum idealischen Flegeltum berechtigt glaubt. Fixiert auf die Legitimität seines Hasses fegt er Sitte und Anstand beiseite und lässt den Aggressionen freien Lauf. Das ist der Kontrollverlust, den Elias in seinem Beitrag erklären und vor dessen Folgen er seine Leser warnen will. Er betrifft beide Seiten, diejenige des Staates und diejenige der rebellierenden Jugend. Zu den Erklärungen gehört einmal mehr die „Sinn- und Maßlosigkeit" der nationalsozialistischen Gewalttaten[175] und die von Hitler ausgehende Verstärkung der in Deutschland so beliebten Tendenz zum „Regiertwerden von oben"[176]. Das steht den Überlegungen Kahlers nahe. Ferner gehöre dazu „[d]er traditionelle Mangel an Augenmaß bei deutschen

172 Vor allem die Auseinandersetzungen zwischen radikalen Atomkraftgegnern und Polizeikräften brachten „ein zuvor in der Geschichte der Bundesrepublik nicht gekanntes Maß an Gewalttätigkeit mit sich"; Herbert: Geschichte Deutschlands im 20. Jahrhundert (s. Anm. 5), S. 918. Zum Terrorismus der siebziger Jahre vgl. ebd., S. 923–929, sowie Kershaw: Achterbahn (s. Anm. 2), S. 329–331.

173 Elias: Studien über die Deutschen (s. Anm. 152), S. 519.

174 Ebd.

175 Ebd., S. 536. Aus der Perspektive des Historikers: „Das Wesenselement des NS-Staates war die Gewalt"; Herbert: Geschichte Deutschlands im 20. Jahrhundert (s. Anm. 5), S. 545.

176 Elias: Studien über die Deutschen (s. Anm. 152), S. 540.

Führungsschichten",[177] ein Mangel, der vor allem im Umgang des Staates mit der RAF zu Tage trete. Das „Zentralproblem der Bundesrepublik" und der weitreichendste Grund für die aktuellen Hassausbrüche auf beiden Seiten ist für Elias aber „das Problem der nationalen Identität"; es sei lange durch das sogenannte Wirtschaftswunder verdeckt worden und habe das Land daher als „schleichende Identitätskrise" von international beispiellosen Ausmaßen befallen.[178] Weil er nicht mehr weiß, wer er ist, greift der deutsche Michel zur Bierdose und zum Gewehr.

Auf Seiten der Nachkriegsgenerationen hat sich nach Elias' Beobachtungen die deutsche Identitätskrise als zunehmende „Unlust an der Bundesrepublik" manifestiert.[179] Damit rückt die radikalisierte Linke in den Blick. Seit 1968 habe sich vielen Jugendlichen angesichts des katastrophalen Versagens der Vätergeneration „sowohl emotional wie intellektuell" der Marx'sche Kommunismus als Argumentations- und Orientierungshilfe angeboten.[180] Das habe die studentische Linke auch zu einer vorsichtigen Annäherung an die DDR geführt. Problematisch wird es nun, weil sich in der Nachkriegsgeneration der BRD die Orientierung am Kommunismus mit der weltweiten Informalisierungswelle verbindet, die ihrerseits von den Ressourcen der Konsumgesellschaft lebte[181] und rasch zum großen Geschäft[182] wurde. Man kleidete sich bewusst nachlässig und unkonventionell, ließ sich die Haare wachsen und gab sich kritisch distanziert gegenüber der Mehrheitsgesellschaft.[183]

---

177 Ebd., S. 542.

178 Ebd., S. 543.

179 Ebd., S. 525. Zur lange fehlenden Akzeptanz der Bundesrepublik in der Bevölkerung, speziell auf Seiten der Linken, vgl. auch Herbert: Geschichte Deutschlands im 20. Jahrhundert (s. Anm. 5), S. 694 f. und S. 760.

180 Elias: Studien über die Deutschen (s. Anm. 152), S. 532. Vgl. dazu auch Herbert: Geschichte Deutschlands im 20. Jahrhundert (s. Anm. 5), S. 850 f., sowie Kershaw: Achterbahn (s. Anm. 2), S. 315 f.

181 Vgl. Herbert: Geschichte Deutschlands im 20. Jahrhundert (s. Anm. 5), S. 818.

182 Kershaw: Achterbahn (s. Anm. 2), S. 285.

183 Herbert: Geschichte Deutschlands im 20. Jahrhundert (s. Anm. 5), S. 820. Das war auch in der DDR nicht anders, allerdings reagierte der Staat deutlich rigider. In einer Leipziger Tageszeitung war über ein örtliches Rockkonzert zu lesen: „Beatgruppen wie ‚The Shatters' oder ‚The Butlers' gebärden sich

Mit den Folgen der Informalisierung hatte sich Elias besonders in seinem Bielefelder Vortrag beschäftigt. Diese Verbindung habe zur Torpedierung von angeblich überflüssigen Sekundärtugenden, allen voran zum Verlust des Anstands geführt.[184] Zum Kampf der westdeutschen Linken gegen Ungerechtigkeit, Unterdrückung und Ausbeutung, für politische Gefangene, bedrohte Tierarten und „die Schönheit der unverschandelten Erde", hält Elias kritisch fest:

> Ihr humanistisches Ethos ist manchmal utopisch, zuweilen realistisch und oft ein Gemisch von beidem. Dem sozialethischen Engagement fehlt überdies zuweilen das unabtrennbare Komplement eines individualethischen Engagements, also die Verpflichtung zum Anstand im persönlichen Verkehr der Menschen untereinander, die oft als bürgerlich-liberales Prinzip abgewertet wird, die aber, genauer betrachtet, eine soziale Verpflichtung wie die andere ist. Die Schaffung einer weniger ungleichen und oppressiven Gesellschaftsordnung würde wenig bedeuten, wenn die Menschen persönlich einander belügen und betrügen würden, wenn es ihnen, mit einem Wort, an dem Bemühen um Anstand, Freundlichkeit und Verläßlichkeit im Verkehr miteinander fehlte.[185]

Der Figur des ungeschickten Deutschen und ihrer Wiederkehr in der Gestalt der mehr oder weniger engagierten und häufig rüpelhaft auftretenden „Möchtegernrevolutionäre"[186] (wie ein Historiker sie jüngst genannt hat) wird damit von einem unverdächtigen Zeugen und Betroffenen deutscher Gewaltexzesse im 20. Jahrhundert der Spiegel vorgehalten. In den Augen von Elias fehlt es der unbestimmt erregten Jugend an der Akzeptanz von Selbstzwängen und der

---

bei ihren ‚Darbietungen' wie Affen, stoßen unartikulierte Laute aus, hocken auf dem Boden und wälzen sich auf ihm herum, verrenken die Gliedmaßen auf unsittliche Art." Zit. nach Herbert: Geschichte Deutschlands im 20. Jahrhundert (s. Anm. 5), S. 833. Die Beatgruppen wurden daraufhin verboten, den Jugendlichen wurden von Polizisten die Haare abgeschnitten und viele von ihnen zu Zwangsarbeit im Braunkohletagebau verurteilt.

184 An die Stelle von „Autorität, Gehorsam, Pflichterfüllung" traten nach Herbert als Leitwerte nun „Partizipation, Transparenz, Gleichberechtigung und Liberalität"; ebd., S. 842.

185 Elias: Studien über die Deutschen (s. Anm. 152), S. 533.

186 Kershaw: Achterbahn (s. Anm. 2), S. 318.

Fähigkeit, Respekt vor dem Anderen als notwendige Voraussetzung für die Umsetzung ihrer Ziele zu akzeptieren.

Es ist festzuhalten, dass sich die Verwendung des Ausdrucks *ungeschickt* in der Globalisierungsmoderne deutlich verändert hat. Die Veränderung entspricht dem Befund, den auch der Blick in die Wörterbücher geliefert hatte. Im Lichte der Ausführungen zu Kahler und Elias wird die Veränderung auch erklärbar. Denn im Zuge der weltweiten Informalisierungswelle werden zunehmend die sozialen Regeln abgebaut, gegen die man überhaupt noch verstoßen kann. Vor allem die soziale Ungeschicklichkeit verliert dadurch an Sichtbarkeit. Was als sozial ungeschickt erscheint, kann tatsächlich in Wahrheit ein gezielt idiotisches Anrennen gegen angeblich formelle Verhaltensweisen sein, denen aber kaum noch jemand folgt. Und was wie ein bewusster und mutiger Regelverstoß aussieht, kann sich bei näherem Hinsehen als Tölpelei und schieres Ungeschick erweisen. Genau mit dieser Ambivalenz arbeitet Andy Warhol in seinen *Twenty-Five Colored Marilyns*. Es kommt zu einer Dominanz der motorischen und einer Aufwertung der poetischen Ungeschicklichkeit, die der deutschen Literatur neue Möglichkeiten eröffneten. Sie wurden insbesondere von Autoren mit Affinitäten zur Pop Kultur genutzt.

III

Ein ganz alltäglicher Film

Das Ende des Zweiten Weltkriegs[187] markiert auch in der deutschen Literaturgeschichte einen markanten Einschnitt. Nach 1945 verändert sich der Rahmen des Ungeschicklichkeitsdiskurses in der deutschen Literatur grundlegend, indem die Heroische Moderne verblasst und die untergründig schon seit dem 19. Jahrhundert präsente Globalisierungsmoderne immer deutlicher hervortritt. Mit ihrer Pluralisierung von Verhaltensoptionen bildet sie den zunehmend diffusen Maßstab für geschicktes oder ungeschicktes Verhalten. Plakativ könnte man sagen, dass in Deutschland der Heroismus der Nationalsozialisten den weltweit verbündeten Siegermächten unterliegt und zum Abdanken gezwungen wird. Plötzlich verwandelte sich eine über ihre Uniformen penibel differenzierte und hierarchisierte Bevölkerung in eine Ansammlung von scheinbar Gleichen.[188] Mit den Worten Wolfgang Borcherts: „Helm ab Helm ab: – Wir haben verloren!"[189] Aus der Masse der im Unglück vereinten Verlierer geht ein geteiltes Land hervor, das als Bundesrepublik unter Adenauer im November 1949 die Westintegration vollzieht,[190] während es sich als Deutsche Demokratische Republik zum Osten hin an der Sowjetunion orientiert.[191] In beiden deutschen Staaten

187 Vgl. aus der Sicht des Historikers Herbert: Geschichte Deutschlands im 20. Jahrhundert (s. Anm. 5), S. 550: „Nie zuvor in der deutschen Geschichte der Neuzeit hatte es einen nachhaltigeren, tiefer greifenden Einschnitt gegeben als in diesem Moment."

188 Ebd.

189 Wolfgang Borchert: Das ist unser Manifest (zuerst 1947). In: ders.: Das Gesamtwerk. Hg. von Michael Töteberg unter Mitarb. von Irmgard Schindler. 2. Aufl. Reinbek b. Hamburg 2011, S. 517–524, hier S. 517.

190 Bereits im Oktober 1945 hatte Adenauer eine durch Deutschland verlaufende Trennung in Ost- und Westeuropa als Tatsache bezeichnet und eine Union der westeuropäischen Staaten ins Auge gefasst; vgl. Herbert: Geschichte Deutschlands im 20. Jahrhundert (s. Anm. 5), S. 587.

191 Erich Honecker hat noch in seinem ZK-Bericht von 1971 eine stärkere Verflechtung mit den übrigen sozialistischen Staaten der Welt eingefordert; vgl.

 | DOI:10.30965/9783846761038_031

haben nach 1945 vor allem die Massenmedien für die Herausbildung eines grenzüberschreitenden Lesepublikums gesorgt, das nur noch in europäischen und transatlantischen Kategorien zu fassen ist.[192] Es wird von einem expandierenden Buchmarkt bedient, der sich zunehmend in wenigen Großverlagen konzentriert und einer Logik der strikten Ökonomisierung folgt.[193]

Die deutsche Literatur nach 1945 wird in der Regel als Nachkriegsliteratur bezeichnet. Sie liegt in einer west- und einer ostdeutschen Variante vor und endet 1989 mit dem Zusammenbruch der DDR und der Öffnung der Grenzen zwischen beiden Teilstaaten. Die Jahre von 1945 bis 1989 werden hier in drei Abschnitte unterteilt, in denen sich die Rahmenbedingungen des Ungeschicklichkeitsdiskurses jeweils modifizieren. Der erste behandelt mit den vierziger und fünfziger Jahren die unmittelbare Nachkriegszeit und den Beginn des bundesrepublikanischen ‚Wirtschaftswunders', der zweite geht auf die Phase der wachsenden Opposition in den sechziger und siebziger Jahren ein, und der dritte konzentriert sich auf den Beginn der Postmoderne in den achtziger Jahren.

Prägend für den Ungeschicklichkeitsdiskurs in der deutschen Literatur der vierziger und fünfziger Jahre ist das Ende des Zweiten Weltkriegs. Das gilt sowohl für die Bewertung dieses Endes als auch für seine Folgen. Was die Bewertung des Kriegsendes betrifft, so ist die deutsche Niederlage in Figurenrede als „vaterländische Katastrophe" bezeichnet worden, „mit der verglichen die Niederlage von damals [das Ende des Ersten Weltkriegs; U. B.] als mäßiges Mißgeschick [...] erscheint."[194] Das Kriegsende von 1945 sperrt sich

---

Wilfried Barner: Ein Jahrzehnt sozialistischer Stagnation: Literarisches Leben in der DDR. In: ders. (Hg.): Geschichte der deutschen Literatur von 1945 bis zur Gegenwart. 2., aktual. und erw. Aufl. München 2006, S. 691–702, hier S. 692 f.

192 Barner: Vorwort. In: ders. (Hg.): Geschichte der deutschen Literatur von 1945 bis zur Gegenwart (s. Anm. (s. Anm. 191), S. XVII–XXVI, hier S. XIX.

193 Peter J. Brenner: Neue deutsche Literaturgeschichte. 3., überarb. und erw. Aufl. Berlin/New York 2011, S. 362.

194 Thomas Mann: Doktor Faustus. Das Leben des deutschen Tonsetzers Adrian Leverkühn, erzählt von einem Freunde (zuerst 1947). In: ders.: Große kommentierte Frankfurter Ausgabe. Werke – Briefe – Tagebücher. Hg. von Heinrich Detering u. a. Bd. 10.1. Frankfurt a. M. 2007, S. 488. Die Formulierung

gegen den Einsatz der Schicksalssemantik. Angesichts von etwa 5,7 Millionen ermordeten Juden und 12 bis 14 Millionen außerhalb von Kampfhandlungen im deutschen Machtbereich umgekommenen Zivilisten[195] konfrontiert es stattdessen die Täter mit ihrer Schuld und ihrer Verantwortung. Allerdings wurde die Diskussion der Schuldfrage vor allem in der Öffentlichkeit der Bundesrepublik alsbald zum Tabu erklärt und blieb es dort auch lange[196] – zum Entsetzen etwa von Hannah Arendt.[197] Vielmehr wurde die Schuldfrage zur privaten Aufarbeitung den Familien überlassen, die dadurch vielfach überfordert waren. Das liegt nicht zuletzt an der deutschen „Rückkehrerkrise".[198] Damit ist der Umstand gemeint, dass nach dem Krieg massenhaft gründlich zermürbte Ehemänner und Väter, von denen viele bereits sehr jung zwangsmobilisiert, in die Kriegsmaschinerie eingebunden, an Gewalt und Gehorsam gewöhnt und dadurch in ihrer Entwicklung gestört worden waren, aus der Kriegsgefangenschaft in Haushalte zurückkehrten, die längst ohne sie funktionierten.[199] Schon während des Krieges waren sie nur gelegentlich bei Frau und Kind zu Besuch gewesen, hatten dort ungelenke Fragen gestellt und mussten dann wieder fort in den Kampf. Nach dem Krieg kamen sie als müde Verlierer zurück, fühlten sich fremd in den eigenen vier Wänden, provozierten Missverständnisse,[200] beanspruchten dennoch ihren Platz als Haushaltsvorstand und verhielten sich dabei häufig ungeschickt und verständnislos

---

von der vaterländischen Katastrophe ist möglicherweise inspiriert von Friedrich Meinecke: Die deutsche Katastrophe. Betrachtungen und Erinnerungen. Wiesbaden 1946.

195 Herbert: Geschichte Deutschlands im 20. Jahrhundert (s. Anm. 5), S. 482.

196 Signifikant dazu Kolbenhoff: Heimkehr in die Fremde (s. Anm. 10), S. 197: „[…] ‚Müssen wir immer von unserer Schuld und von unserer Sühne reden?' ‚Nein, nein', sagte ich hastig."

197 Vgl. Hannah Arendt: The Aftermath of Nazi-Rule. Report from Germany. In: Commentary 10 (1950), S. 342–353.

198 Vgl. Florian Huber: Hinter den Türen warten die Gespenster. Das deutsche Familiendrama der Nachkriegszeit. Berlin 2017, S. 123.

199 1945 waren etwa dreißig Millionen Deutsche nicht an ihrem Heimatort, das war mehr als die Hälfte der in den vier Besatzungszonen lebenden Menschen; vgl. Herbert: Geschichte Deutschlands im 20. Jahrhundert (s. Anm. 5), S. 553.

200 Huber: Hinter den Türen warten die Gespenster (s. Anm. 198), S. 29.

gegenüber ihren Kindern.[201] Ehemalige Funktionäre des Dritten Reichs fühlten sich ratlos und stammelten, brummten und stotterten allenfalls widerwillig „von Verbrechen und Schuld".[202] Bisweilen verfielen sie wieder in lächerliche Heldenposen oder brüllten aus nichtigem Anlass plötzlich los, etwa weil sie ihre Brille verlegt hatten.[203] Die Kinder der Rückkehrer zogen sich daher, wie eine frühe soziologische Untersuchung festhielt, „in eine mißtrauisch-abwartende Haltung" zurück;[204] sie probten den Aufstand gegen das ungeschickte Verhalten der Vätergeneration.[205] Dabei eigneten sie sich, befeuert durch Filmstars wie Marlon Brando und James Dean, Verhaltensroutinen insbesondere der amerikanischen Besatzungsmacht an.[206] Das führte in den fünfziger Jahren, parallel zur nahezu vollständigen Wiedereingliederung ehemaliger Nationalsozialisten in die Bundesrepublik,[207] zur sogenannten ‚Halbstarken'-Revolte.[208] Bei ihr handelte es sich um eine „Rebellion ohne Agenda"[209], in der sich bereits die außerparlamentarische Opposition der sechziger Jahre und die ‚zweite Kultur' der Frauen-, Friedens- und Ökologiebewegungen in ihrem Gefolge ankündigte.[210]

201 Vgl. ebd., S. 219 f. Bei Kolbenhoff: Heimkehr in die Fremde (s. Anm. 10), S. 220, heißt es über den Kriegsheimkehrer Hannes: „Seine Bewegungen waren klobig und vorsichtig, als fürchte er, überall anzustoßen."

202 Jürgen Lodemann: Der Solljunge. Göttingen 1977, S. 71; hier zit. nach Huber: Hinter den Türen warten die Gespenster (s. Anm. 198), S. 155.

203 Ebd., S. 158.

204 Hilde Thurnwald: Gegenwartsprobleme Berliner Familien. Eine soziologische Untersuchung an 498 Familien. Berlin 1948, S. 148; zit. nach Huber: Hinter den Türen warten die Gespenster (s. Anm. 198), S. 193.

205 Vgl. ebd., S. 257.

206 Vgl. Michael Rutschky: Der Untergang des amerikanischen Imperiums. Reisebericht zwo (zuerst 1988). In: ders.: Reise durch das Ungeschick. Und andere Meisterstücke. Zürich 1990, S. 175–198, hier S. 178: „vor allem kam der Rock 'n' Roll auf, der vielen Eltern und Lehrern als gefährliche Art von Revolte galt, eine Revolte, die als politische und kulturelle erst zwanzig Jahre später losbrach."

207 Herbert: Geschichte Deutschlands im 20. Jahrhundert (s. Anm. 5), S. 665.

208 Vgl. Kershaw: Achterbahn (s. Anm. 2), S. 284 f.

209 Huber: Hinter den Türen warten die Gespenster (s. Anm. 198), S. 274.

210 Zu letzterer vgl. Kershaw: Achterbahn (s. Anm. 2), S. 341 f.

Von der deutschen Literatur ist die Heroische Moderne nur zögernd verabschiedet worden. Im Westen nimmt sich nach 1945 vor allem der historische Roman heroischer Figuren an und stellt mit Vorliebe Kaiser, Könige und Offiziere ins Zentrum.[211] Ihr Verhalten ist alles andere als ungeschickt. In ihren Erinnerungsbüchern beugten sich gebildete Kriegsteilnehmer wie Peter Bamm und Eberhard Kästner tief hinab zum gewöhnlichen Soldaten und ließen ihn an ihrer Bildungsfülle teilhaben.[212] Auch das schließt Ungeschicklichkeit weitgehend aus. In der Trümmerliteratur Borcherts und Bölls wurden die Soldaten dagegen als tragische Opfer, aber ebenfalls kaum als Ungeschickte dargestellt.[213] In den fünfziger Jahren erfolgte eine zögerliche Hinwendung zu den Tätern und ihrer Schuld, während das anhaltende Bedürfnis nach Heroen aller Art weiter durch Apologien von Hitlergenerälen, Publikationen von Soldatenverbänden[214] und von 1957 bis 2013 durch die wöchentlich produzierte Heftroman-Reihe *Der Landser* befriedigt wurde. Ernst Jünger, der einen radikalen Heroismus der Übererfüllung vertrat, erinnerte sich noch 1970 an eine Bemerkung im Krieg gegenüber seinem Freund Walter, der sich mit der Syphilis infiziert hatte. Jünger hatte ihm empfohlen, sich in den Schützengraben schicken und sich dort erschießen zu lassen. Walter hatte geantwortet: „Daran habe ich auch schon gedacht. Aber um fallen zu können, muß man sauber sein."[215] Sauberes Fallen – das ist nicht nur ein Bild heroischer

211 Manfred Karnick: Krieg und Nachkrieg: Erzählprosa im Westen. In: Barner (Hg.): Geschichte der deutschen Literatur von 1945 bis zur Gegenwart (s. Anm. 191), S. 31–75, hier S. 41.

212 Ebd., S. 51.

213 Eine Kombination von Opferstatus und Ungeschick findet sich bei Kolbenhoff: Heimkehr in die Fremde (s. Anm. 10), S. 93, wo ein aufgrund seiner Armprothese unbeholfen rauchender Kriegsheimkehrer auftaucht. Gegenüber einer Frau wird auch der aus dem Krieg heimgekehrte Erzähler unbeholfen; ebd., S. 172.

214 Wilfried Barner: Zwischen dem „Wendejahr" und dem „Durchbruch": Westliche Erzählprosa in den fünfziger Jahren. In: ders. (Hg.): Geschichte der deutschen Literatur von 1945 bis zur Gegenwart (s. Anm. 191), S. 172–193, hier S. 180.

215 Ernst Jünger: Annäherungen. Drogen und Rausch (zuerst 1970). München 1990, S. 442.

Übererfüllung, sondern auch ein signifikantes Gegenmodell zum ungeschickten Sturz.

Auch in der Sowjetischen Besatzungszone ist Übererfüllung – und damit ein Höchstmaß an Geschicklichkeit – das Signum des wahren Helden. Nun geht es um Helden der Arbeit nach dem Vorbild der sowjetischen Aktivistenbewegung. Der Bergmann Adolf Hennecke, der am 13. Oktober 1948 die Arbeitsnorm um 387 Prozent ‚übererfüllt' hatte, konnte daher zu einer Symbolfigur werden.[216] Willy Bredel hat ihn 1950 zum Vorbild seines Romans *Fünfzig Tage* und dadurch die Normvorgabe zum Verhaltensmaßstab gemacht.[217] Entsprechend wurden in der DDR alle negativen und ungeschickten Figuren in Literatur, Kunst und Musik zunächst abgelehnt. In Dresden wurde 1952 sogar eine Barlach-Ausstellung abgebrochen, weil die dargestellten Figuren angeblich zu pessimistisch waren; den gleichen Vorwurf zog ein Jahr später der Held von Hanns Eislers Opernlibretto *Johann Faustus* auf sich.[218] Die folgenden Ausführungen konzentrieren sich daher auf die Literatur der Bundesrepublik Deutschland.

Für die Semantik der Ungeschicklichkeit folgt aus dem verzögerten Abschied der Heroischen Moderne die Vorzeichnung eines Schwankens. Einerseits bleiben die heroischen, das Ungeschick ausschließenden Implikationen noch eine Zeit lang erhalten, maskieren sich aber jetzt bevorzugt als heroische Verzweiflung, als Pathos und existenzielle Dramatik, später auch als bloße Entschlossenheit und inszenierte Kompetenz. Andererseits erhalten alle Versuche der

216 Wilfried Barner: Im Zeichen des „Vollstreckens": Literarisches Leben in der SBZ und frühen DDR. In: ders. (Hg.): Geschichte der deutschen Literatur von 1945 bis zur Gegenwart (s. Anm. 191), S. 116–130, hier S. 128. Vgl. auch Herbert: Geschichte Deutschlands im 20. Jahrhundert (s. Anm. 5), S. 707.

217 Lothar Köhn: Von der Formalismus-Debatte zum „Bitterfelder Weg". In: Barner (Hg.): Geschichte der deutschen Literatur von 1945 bis zur Gegenwart (s. Anm. 191), S. 287–306, hier S. 290.

218 Wilfried Barner: Aufbau, Tauwetter, „Kulturrevolution": Literarisches Leben in der DDR der fünfziger Jahre. In: ders. (Hg.): Geschichte der deutschen Literatur von 1945 bis zur Gegenwart (s. Anm. 191), S. 274–286, hier S. 275. Der Ingrimm der Behörden richtete sich dabei generell gegen die kulturelle Moderne; Herbert: Geschichte Deutschlands im 20. Jahrhundert (s. Anm. 5), S. 710.

tragischen Überhöhung des Ungeschicks zum Missgeschick, ähnlich wie im Slapstick oder bei Kafka und Benjamin, lächerliche Züge, weil die Maßstäbe der Heroischen Moderne erodieren. An ihre Stelle tritt zunächst eine von Not und Hunger bedingte Verrohung der Umgangsformen und sodann die Pluralisierung von Routinen, die aus der Ungeschicklichkeit ein mäßig interessantes Alltagsphänomen werden lässt. Mit anschwellenden kulturpessimistischen Begleitbässen wird das Ungeschick schrittweise banalisiert.

Kaputtgemacht

Die heroische Aufladung der Ungeschicklichkeit und das Vakuum, das der Fanatismus Hitlerdeutschlands hinterlassen hatte, wirkte direkt nach dem Ende des Zweiten Weltkriegs vor allem bei Wolfgang Borchert weiter nach. Er hat den Heroismus existenzialistisch aufgebrochen. Borchert vertritt in dem 1947 publizierten *Gespräch über den Dächern*, das er seinem Verleger Bernhard Meyer-Marwitz gewidmet hat, die Auffassung, dass wir stets „dem Zufall [...] ausgeliefert" sind, einem schweren und tragischen Zufall: „Was fällt in der Welt, kann auf dich fallen und dich erdrücken oder stehenlassen."[219] Figuriert wird der existenzialistische Pantragismus unter anderem in einem gewaltigen Sturm, der in der Gegenwart einstmals begangenes Unrecht rächt.[220] Borcherts früheste Erzählungen führten den deutschen Heros als Befehlsempfänger[221] und groben, gewalttätigen Mann vor. In seiner Darstellung verschlingen sich in unheimlicher Weise Abscheu und Faszination. Über einen brutalen Lastwagenfahrer, der ein junges Mädchen vergewaltigt, heißt es etwa, zwischen erlebter Rede und Erzählerkommentar schwankend: „Helden können nicht die Behutsamkeit von Feiglingen haben – sie

219 Wolfgang Borchert: Gespräch über den Dächern. In: ders.: Das Gesamtwerk (s. Anm. 189), S. 55–66, hier 57. Ähnlich Kolbenhoff: Heimkehr in die Fremde (s. Anm. 10), S. 176: „Es ist alles nur Zufall."

220 Wolfgang Borchert: Tui Hoo (zuerst 1947). In: ders.: Das Gesamtwerk (s. Anm. 189), S. 323–331.

221 Wolfgang Borchert: Die Kegelbahn (zuerst 1947). In: ders.: Das Gesamtwerk (s. Anm. 189), S. 195–197.

müssen gewalttätig und brutal sein."[222] In der frühen, schon 1946 in der *Hamburger Freien Presse* abgedruckten Erzählung *Die Hundeblume*, die Borchert zum Durchbruch verhalf, ist der kriegsgefangene Ich-Erzähler von tiefem Hass auf seine Mithäftlinge erfüllt.[223] Sein Hass steigert sich noch, wenn sie sich beim täglichen Hofgang ungeschickt verhalten. Während also nach 1945 auf habituelles und motorisches Ungeschick mit Hass reagiert wird, dominiert davor lautes und hämisches Gelächter.[224] Dieses Gelächter, das innerhalb der Ungeschicklichkeitsszene zur Phase der Sanktionen gehört, wollen die Betroffenen um jeden Preis vermeiden. Signifikant wird das in einer Kinoszene deutlich, die in den späten dreißiger Jahren spielt und einen Einblick in die Psychodynamik des Nationalsozialismus erlaubt. Jugendliche sehen im Kino einen Indianerfilm. Einer von ihnen, dem inmitten des Publikums ein kleines Malheur passiert ist, warnt daraufhin seinen Vetter mit den Worten: „Wenn du jetzt anfängst zu lachen, hau ich dich tot!"[225] Unter den Konditionen der Heroischen Moderne musste Ungeschicklichkeit also entweder tragisch zum Missgeschick vertieft oder um jeden Preis verborgen werden.

Zwar sieht man sich nach dem Krieg tagtäglich umgeben vom Kleinen, Armseligen, Unzulänglichen und Ungeschickten, sehnt sich aber heimlich zurück nach der verlorenen, technisch unterstützten Größe und der mit ihr verbundenen Machtfülle. In der Skizze *Die Elbe* heißt es etwa: „Wir hören die metallischen Herzen der kleinen, tapferen armseligen ausgelieferten treuen Kutter tuckern – aber heimlich hören wir wieder die Posaunen der Mammutkrähne, der

222 Wolfgang Borchert: Alle Milchgeschäfte heißen Hinsch (zuerst 1962). In: ders.: Das Gesamtwerk (s. Anm. 189), S. 349–353, hier S. 351.

223 Wolfgang Borchert: Die Hundeblume (zuerst 1946). In: ders.: Das Gesamtwerk (s. Anm. 189), S. 27–43.

224 Vgl. etwa ebd., S. 38; Wolfgang Borchert: Vier Soldaten (zuerst 1947). In: ders.: Das Gesamtwerk (s. Anm. 189), S. 198 f., hier S. 199; ders.: Radi (zuerst 1947). In: ders.: Das Gesamtwerk (s. Anm. 189), S. 220–223, hier S. 220 f.

225 Wolfgang Borchert: Der Stiftzahn oder Warum mein Vetter keine Rahmbonbon mehr ißt (zuerst 1962). In: ders.: Das Gesamtwerk (s. Anm. 189), S. 354–358, hier S. 357.

Großen, der Gewaltigen, der Giganten."[226] In der späten Programmschrift *Das ist unser Manifest*, die Borchert für das Jahrbuch *Der Phönix 1948. Ein Almanach für junge Menschen* verfasste, hat er dann ein kleines Psychogramm seiner Generation entworfen. Jetzt hört sie überwiegend Jazz, fällt aber manchmal wieder zurück in „das alte sentimentale Soldatengegröhl". Doch habe man schon während des Krieges heraushören können, dass „[h]eldischer Männergesang" nur „das Schluchzen der Herzen" und den „Schrei nach der Mutter" überdeckt habe.[227] Nach dem Krieg wollen die jungen Heimkehrer dann unbedingt vermeiden, in Tränenozeanen unterzugehen. Sie bemühen sich daher, „grob und proletarisch" zu erscheinen und ihre „lärmende Angst" nicht zu ersticken, sondern sie „bis in die lilanen Mädchen hinein" zu tragen.[228] Das korrespondiert mit dem brutalen Lastwagenfahrer und den zutiefst irritierten Geschlechterbeziehungen in Borcherts Texten. Weil sie so „viele weltschwere wächserne Tote" auf ihren „mageren Schultern" tragen müssen,[229] können die jungen Kriegsheimkehrer am Ende sich selbst verzeihen und sogar „die Helden, die Hölderlinhelden, für die kein Tag zu hell und keine Schlacht schlimm genug war [...] lieben um ihren gebrochenen Stolz".[230] Die Schuldfrage vertrocknet in tränenlosem Selbstmitleid.

Borcherts erfolgreichste Figur, der Heimkehrer Beckmann in *Draußen vor der Tür*, setzt dieses Psychogramm um. Als Dramenfigur kann er das Festhalten an Grundentscheidungen der Heroischen Moderne ganz ins Innere wenden, wo es dann als tragisch-existenzialistische Verzweiflung zu Tage tritt. Entsprechend wird Beckmann in der Vorbemerkung als lächerliche Vogelscheuche eingeführt.[231] Die Reihe der Erniedrigungen, die er während seiner

---

226 Wolfgang Borchert: Die Elbe. Blick von Blankenese (zuerst 1948). In: ders.: Das Gesamtwerk (s. Anm. 189), S. 108–113, hier S. 112.

227 Wolfgang Borchert: Das ist unser Manifest (s. Anm. 189), S. 518.

228 Ebd., S. 521.

229 Ebd.

230 Ebd., S. 523.

231 Wolfgang Borchert: Draußen vor der Tür. Ein Stück, das kein Theater spielen und kein Publikum sehen will (zuerst 1947). In: ders.: Das Gesamtwerk (s. Anm. 189), S. 115–192, hier S. 118.

schrittweisen Rückkehr nach Deutschland durchläuft, ist nichts Besonderes, sondern „eigentlich nur ein ganz alltäglicher Film".[232] In seinem Zentrum steht die erschütternde Erfahrung, dass für Beckmann und seinesgleichen „kein Zuhause mehr da ist": „Ihr Deutschland ist draußen, nachts im Regen, auf der Straße."[233] Vor dem Hintergrund des nationalistischen Pathos' am Ende der Vorbemerkung erweist sich Beckmanns Sturz in die Elbe, mit dem das Stück beginnt, als ungeschickter Selbstmordversuch. Er endet tragikomisch: Der Gefallene, den die Elbe ans Ufer befördert hat, kommt nicht mehr hoch. Er hat sich aus dem Krieg „ein steifes Bein mitgebracht".[234]

Borcherts Beitrag zum Ungeschicklichkeitsdiskurs verdichtet sich in der Kurzerzählung *Die Kirschen*.[235] Sie ist 1947 entstanden und erschien erstmals 1948 in der illustrierten Frauenzeitschrift *Für Dich*. Die Erzählung hält eine Episode zwischen einem Vater und seinem fieberkranken Sohn fest. Die Mutter ist abwesend – möglicherweise ist sie gerade verstorben (vielleicht an eben dem Fieber, an dem auch der Sohn jetzt laboriert). Im Zentrum der Erzählung steht eine motorische Ungeschicklichkeit und ihre Deutung. Der Vater ist in der Küche gestürzt und hat dabei in ungeschickter Weise die Lieblingstasse der Mutter zerbrochen. In ihr wollte er dem Sohn eingemachte Kirschen bringen, die von der Mutter vor ihrem Tod noch für diesen Zweck bereitgestellt worden waren. Bei seinem Sturz hat sich der Vater an den Scherben der Tasse verletzt, sodass er blutet. Er hat sich aber auch am Bein verletzt, denn er kommt, wie er mehrmals sagt, „buchstäblich nicht wieder hoch".[236] Das verbindet ihn mit

232 Ebd.

233 Ebd. Vgl. auch die Bemerkung in Wolfgang Borchert: Generation ohne Abschied (zuerst 1947). In: ders.: Das Gesamtwerk (s. Anm. 189), S. 67–69, hier S. 67, über die „Irrfahrten unserer Füße", die nichts mehr haben, „zu dem wir heimkehren könnten"; ebd., S. 69. Mit dem Motiv der Irrfahrt wird ein zentrales Motiv der literarischen Dekadenz aufgenommen und entheroisiert.

234 Borchert: Draußen vor der Tür (s. Anm. 189), S. 127.

235 Wolfgang Borchert: Die Kirschen (zuerst 1948). In: ders.: Das Gesamtwerk (s. Anm. 189), S. 342–343.

236 Ebd., S. 343.

dem Heimkehrer Beckmann. Die Folgen seines Ungeschicks muss der Ungeschickte selbst tragen, sodass die Dezisionsphase entfällt.

Der fiebernde Sohn kann das Geschehen von Anfang an nicht einordnen. Er hört in seinem Bett das Zerbrechen der Tasse, deutet es aber in das Klirren eines Glases um. Dadurch kann er dem Vater unterstellen, das Einmachglas mit den Kirschen absichtlich zerbrochen zu haben, um den Inhalt selbst zu verzehren und ihn so dem Kranken vorzuenthalten. Die falsche Deutung des Geschehens, die der Leser aus dem inneren Monolog des Sohnes erfährt, wird erst nach dem Gang des Kranken in die Küche, an den Ort des Ungeschicks, und in seinem Gespräch mit dem verletzten Vater über das Ereignis korrigiert. Entscheidend ist dabei das Eingeständnis des Vaters: „Jetzt hab ich sie kaputt gemacht. Ausgerechnet diese Tasse, die sie so gern mochte."[237] Auch hier verhindert die Selbstbeschuldigung jede Schuldzuweisung durch Außenstehende. Mit ihr erweist sich die Deutung des Sohnes als falsch. Aus der bösen Absicht des Vaters wird eine entschuldbare Ungeschicklichkeit, die ihr Urheber zutiefst bedauert. Der fiebernde Sohn zieht sich mit dieser Erkenntnis wieder ins Bett zurück und schämt sich für seine Unterstellung, indem er sich unsichtbar zu machen versucht: „Als der Vater mit den Kirschen kam, hatte er den Kopf tief unter die Decke gesteckt."[238]

Versteht man den Vater als Figuration einer gescheiterten Macht, dann geht es in der Erzählung auch um die richtige Einordnung dessen, was die Vätergeneration „kaputt gemacht" hat – und wie es dazu kam. Das zerstörte Objekt, die Lieblingstasse der abwesenden Mutter, lässt sich dann (ähnlich wie der zerbrochene Krug in Kleists Drama) als Symbol eines funktionierenden Alltags deuten. Ihn hat die Vätergeneration vernichtet. Die Destruktion ist aber nicht absichtsvoll geschehen, sondern lediglich eine Folge ungeschickten Handelns. Dessen Konsequenzen sind freilich immens, denn es hat die Akteure verletzt und sie so zu Fall gebracht, dass sie sich kaum wieder aufrappeln können. Die Söhne dieser Väter sind krank und nicht mehr Herr ihrer Sinne. Sie phantasieren und unterstellen ihren

237 Ebd.
238 Ebd.

Vätern, sie in ihrer Einsamkeit allein zu lassen und sich nur um sich selbst zu kümmern. Diese Deutung scheint ein Bedürfnis zu erfüllen, denn sie erlaubt es den Söhnen, sich zu bemitleiden. Allerdings verfehlt sie in peinlicher Weise die Tatsachen. In Wahrheit – so Borcherts Narrativ – bedauern die Väter ihr Handeln, versuchen dessen Folgen tapfer zu ertragen und kümmern sich zugleich entsagungsvoll um ihre Söhne, die sie dadurch zutiefst beschämen. Die Kurzerzählung entwickelt an einer unscheinbaren Ungeschicklichkeitsszene das Psychogramm einer mutterlosen Männerwelt im Schatten der Katastrophe.[239]

Eine gewisse Viereckigkeit

Im Oktober 1946 hatte Wolfgang Borchert für die *Hamburger Freie Presse* Theodor Pliviers Roman *Stalingrad* rezensiert. Das sei „kein gutes Buch", befand er.[240] Dennoch wird es – und zwar als ‚wahres Buch' – gelobt. Sein Verfasser habe darauf verzichtet, aus der historischen Schlacht von Stalingrad, aus „diesem Chaos, aus diesem Inferno, diesem Spukspektakel" irgend eine Art von „Harmonie" zu machen; stattdessen habe er die „Mosaiksteine", die er gesammelt habe, so belassen wie er sie vorfand: „nackt, wirr, sinnlos, formlos, wahrhaftig."[241] Damit spricht Borchert das negative Formprinzip der poetischen Ungeschicklichkeit an, das er in christlicher Tradition als Wahrheitsausweis ausgibt. Es wird zeitgleich auch von Thomas Mann eingesetzt, der 1943 im amerikanischen Exil mit der Niederschrift seines Romans *Doktor Faustus* begonnen hatte. Als Emigrant teilte er die Erfahrung Adornos, wonach man im Exil immer in der Irre

239 Das ist ein aufschlussreiches Gegenmodell zur vaterlosen Gesellschaft, die wenig später mit großer Resonanz analysiert wurde von Alexander Mitscherlich: Auf dem Weg zur vaterlosen Gesellschaft. Ideen zur Sozialpsychologie. München 1963.

240 Wolfgang Borchert: „Stalingrad" (zuerst 1946). In: ders.: Das Gesamtwerk (s. Anm. 189), S. 491–492, hier S. 491.

241 Ebd.

lebt und sich nicht auskennt.[242] Im *Doktor Faustus* nimmt Thomas Mann die Figur des Künstlers wieder auf, die er Jahrzehnte zuvor ins Zentrum seiner Erfolgsnovelle *Tonio Kröger* gestellt und auch im *Tod in Venedig* eingesetzt hatte.[243] Am Beispiel des Komponisten Adrian Leverkühn wird nun sowohl eine Aufstiegs- als auch eine Verfallsgeschichte erzählt, in der sich zugleich der Aufstieg Deutschlands unter den Nationalsozialisten und der tiefe Fall des Landes in die Katastrophe spiegeln soll. Die Spiegelung wird über die Erzählerfigur, den Altphilologen und Gymnasiallehrer Serenus Zeitblom, organisiert, der angeblich 1943 mit der Niederschrift der Biographie seines Freundes Leverkühn beginnt und sie nach dem Zusammenbruch Deutschlands im Jahr 1945 beendet. 1947 ist der Roman bei Bermann-Fischer in Stockholm erschienen.

Ungeschickt ist im *Doktor Faustus* zunächst der Erzähler, der humanistisch gebildete Gymnasiallehrer Serenus Zeitblom. Er ist als Repräsentant des deutschen Bürgers angelegt.[244] Seine Ungeschicklichkeit verbindet ihn untergründig mit dem Teufel, der später im Gespräch mit Adrian Leverkühn seine Rede „mit Gesten von feinem Ungeschick" begleiten wird.[245] Zeitblom attestiert sich „eine gewisse Trockenheit und Steifigkeit", die ihn, im Gegensatz zum Schicksal seines Freundes Adrian Leverkühn, zur „Ausgelassenheit" ganz und gar „ungeschickt" mache.[246] Wiederholt agiert er in peinlicher Weise als Oberlehrer und neigt zu falschem Pathos.[247] Auch werde er durch die Anmut von Kindern, etwa von Adrians Neffen Nepomuk, anders als sein Freund nicht inspiriert, sondern in „tiefe Unbeholfenheit" versetzt.[248] Schon zu Beginn seiner Niederschrift, mit der er am

242 Theodor W. Adorno: Minima Moralia. Reflexionen aus dem beschädigten Leben (zuerst 1951). Frankfurt a. M. 1978, S. 32.

243 Helmut Koopmann: Doktor Faustus. In: ders. (Hg.): Thomas-Mann-Handbuch. Stuttgart 1990, S. 475–497, hier S. 475–478.

244 Vgl. Hermann Kurzke: Thomas Mann. Epoche – Werk – Wirkung. 2., überarb. Aufl. München 1991, S. 280.

245 Th. Mann: Doktor Faustus (s. Anm. 194), S. 347. Vgl. Adorno: Minima Moralia (s. Anm. 242), S. 174, zum Zwang des Intellektuellen, sich falsch zu verhalten.

246 Th. Mann: Doktor Faustus (s. Anm. 194), S. 128.

247 Vgl. Kurzke: Thomas Mann (s. Anm. 244), S. 282.

248 Th. Mann: Doktor Faustus (s. Anm. 194), S. 676.

gleichen Tag anfängt wie der Autor des *Doktor Faustus*, thematisiert er auch seine Ungeschicklichkeit als Schriftsteller. Auf sie komme es freilich nicht an. Denn gleichgültig „wie geschickt oder ungeschickt" seine Biographie Adrian Leverkühns ausfalle – fest stehe, dass die Nachfrage nach ihr künftig groß sein werde.[249] Im Laufe der Niederschrift erinnert er sich dann daran, dass er sich „das Verfehlen eines beherrschten und regelmäßigen Aufbaus von Anfang an bei dieser Arbeit zum Vorwurf machen mußte".[250] Die kompositorischen Fehler seien aber ein Beweis der Wahrheit des Dargestellten. Denn völlig zu Recht verschmähe man immer dann, „wenn es ernst wird", die Kunst und sei „ihrer nicht fähig".[251] Das ist auch eine Einschätzung der Weltlage, in welcher der Exilroman entsteht und in der er Resonanz beansprucht. Kurz darauf gesteht Zeitblom mit der Vorwegnahme einen weiteren schweren Kunstfehler ein, weist aber auch darauf hin, ihn nicht „freiwillig", sondern „unter einem Zwange" begangen zu haben.[252] Damit wird das Konzept der unbewussten Fehlleistungen aus Freuds *Psychopathologie des Alltagslebens* abgerufen. Dem Leser gegenüber rechtfertigt Zeitblom seine literarische Ungeschicklichkeit mit einem psychodynamischen Argument. Er sehe nämlich im Laufe seiner Niederschrift „mit Furcht und Sorge" einzelne Ereignisse im Leben Leverkühns auf sich zukommen und entlaste sich von ihrer unheimlichen Ausstrahlung, indem er sie „vorzeitig anspielungsweise und freilich nur mir selbst verständlich zu Worte kommen" lasse.[253] Zeitblom ist also ein trockener, wenig gewandter Freund und Lehrer, der von seinem Gegenstand so gebannt ist, dass dieser ihn zu ungeschickten und idiosynkratischen Prolepsen greifen lässt. Legitimiert werden sie auch wegen ihrer apotropäischen Leistung. Als Humanist kann er seine Ungeschicklichkeit offen eingestehen, denn von Heroismus, allerdings nicht von Pathos, ist er weitgehend frei.[254]

---

249 Ebd., S. 50.

250 Ebd., S. 257.

251 Ebd.

252 Ebd., S. 259.

253 Ebd., S. 416.

254 Als Altphilologe hat er freilich auch ein gewisses, ironisch gebrochenes Verständnis für die übertriebene Liebe der Deutschen zum Schicksal, zu „jedem

Das ist beim Gegenstand seines Erzählens, dem Komponisten Adrian Leverkühn, anders. Er ist eine exemplarische Figur der Heroischen Moderne. Fern von jedem Pathos bemüht er sich mit großem Aufwand, niemals ungeschickt zu handeln. Er muss daher durch andere zu Fehlern verführt oder gezwungen werden. Dazu dient vor allem die Bordellszene, in deren Folge sich der Komponist mit der Syphilis infiziert und einen Teufelspakt eingeht. In einem Brief Leverkühns an Zeitblom, teilweise verfasst in einem künstlichen, stark archaisierenden Stil, ist von dieser Szene als einer „recht schimpflichen Facetie und Büffelposse"[255] die Rede, die der Schreiber auch „den Schwanck und das Speiwerk"[256] nennt. Die veralteten, auf den Humanismus und auf Grimmelshausen zurückgreifenden Wendungen[257] zeigen in ihrer auch orthografisch befremdenden Drastik, dass hier der „Hochmut des Geistes"[258] düpiert, der Stolz des Heros gebrochen und ebenfalls ins Idiosynkratische umgelenkt worden ist. Ein eigenartiger Dienstmann hat den Komponisten, auf den ersten Blick gegen seinen Willen, unterschwellig aber vielleicht diesem Willen entsprechend, ins Bordell geführt. Nachdem Leverkühn seine „Fehlführung"[259] bemerkt hat, geht er „blind" zum Klavier und schlägt dort einige Akkorde an.[260] Dabei streichelt ihn die schöne Esmeralda, eine der Prostituierten, woraufhin der Komponist ungeschickt „mit dem Knie die Sitzbank bei Seite" stößt und sich über den Teppich zurück zum Ausgang begibt.[261] Zeitblom versichert dem Leser, dass diese Szene „nicht eine Spur des Komischen" enthalte – allenfalls „in dem bitter-tragischen Sinn der Vergeblichkeit".[262] Damit steigert er das Ungeschick

---

Schicksal, wenn es nur eines ist, sei es auch der den Himmel mit Götterdämmerungsröte entzündende Untergang!"; ebd., S. 254.

255 Ebd., S. 204.

256 Ebd., S. 206.

257 Vgl. Ruprecht Wimmer unter Mitarb. von Stephan Stachorski: Kommentar. In: Thomas Mann: Große Kommentierte Ausgabe. Werke – Briefe – Tagebücher. Bd. 10.2. Frankfurt a. M. 2007, S. 401.

258 Th. Mann: Doktor Faustus (s. Anm. 194), S. 217.

259 Ebd., S. 212.

260 Ebd., S. 217.

261 Ebd., S. 209.

262 Ebd., S. 217.

Leverkühns zum tragisch vertieften Missgeschick im Sinne Schäfers und des *Trübner*.

Diese Steigerung, die für die Heroische Moderne typisch war, wird nachdrücklich bestätigt durch eine Charakteristik des Arztes, der die Geschlechtskrankheit Leverkühns behandelt. Zudem wird sie über den Arzt eng mit der Geschichte Deutschlands verknüpft. Denn dieser bezeichnet nicht nur kalauernd die Krankheit seines Patienten „im Sinne eines groben Mißgeschicks, eines Hineinfalls", als ‚R(h)einfall von Schaffhausen', sondern er trägt auch einen schmalen Schnurrbart, der, wie Zeitblom mit Blick auf Hitler anmerkt, „später zum Attribut einer welthistorischen Maske werden sollte."[263]

Als Gegengabe für seine Erkrankung erhält Adrian Leverkühn bekanntlich die Fähigkeit zur Komposition bedeutender musikalischer Kunstwerke. Das ist der Teufelspakt, den er eingeht. Auch dieser Pakt wird eng mit der Geschichte Deutschlands und besonders mit der deutschen Ungeschicklichkeit verknüpft. Dazu hält der Teufel im Fiebergespräch mit Leverkühn, seinerseits kalauernd, fest: „Begabt aber lahm ist der Deutsche, – begabt genug, sich an seiner Lahmheit zu ärgern und sie auf Teufel komm raus durch Illumination zu überkommen."[264] Leverkühns Kompositionen werden alsbald über Deutschland hinaus im europäischen Ausland und in den USA bekannt. In ihnen treten die deutschen, plumpen und ungeschickten Klänge aber nicht etwa zurück, sondern konstituieren ihre Form und werden zum Ausweis ihres hohen ästhetischen Rangs.[265] Freilich erscheint die Ungeschicklichkeit in diesen Kompositionen nicht länger als ungebildete Grobheit und degoutanter Fehltritt, mit dem man sich dem Spott und dem Hohn aussetzt. Vielmehr wird sie zum besonders raffinierten Kunstgriff. Dabei kann man sich auch an Tonio Kröger erinnern und den Griff,

---

263 Ebd., S. 230.

264 Ebd., S. 334.

265 Thomas Mann greift hier auf Nietzsches Wagner-Kritik zurück; vgl. Friedrich Nietzsche: Jenseits von Gut und Böse. Vorspiel einer Philosophie der Zukunft (zuerst 1886). In: ders.: Sämtliche Werke. Kritische Studienausgabe. Hg. von Giorgio Colli und Mazzino Montinari. Bd. 5. 2., durchges. Aufl. München 1988, S. 9–243, hier S. 180. Siehe dazu auch oben, S. 335.

mit dem er am Ende die ungeschickt gestürzte Dänin aufhebt und sie zur Adressatin seines Werkbegehrens macht.

Im Gespräch zwischen Adrian Leverkühn und dem jüdischen Konzertagenten Saul Fitelberg, in dem sich das Teufelsgespräch unter Konditionen des Ruhms wiederholt, wird die poetische Transformation der Ungeschicklichkeit thematisiert. Dem weit gereisten, international beschlagenen Agenten ist die „qualité d'Allemand" von Leverkühns Kompositionen aufgefallen.[266] Für seine Begriffe sind sie typisch deutsch durch „eine gewisse Viereckigkeit, rhythmische Schwerfälligkeit, Unbeweglichkeit, grossièreté".[267] Ihre Themen bestehen „fast durchweg aus geraden Werten, Halben, Vierteln, Achteln".[268] Zwar sind diese Notenwerte synkopiert und überbunden, „verharren aber gleichwohl in einer oft maschinell arbeitenden, stampfenden, hämmernden Unwendigkeit und Uneleganz." Das sei ebenso faszinierend wie höchst charakteristisch und „in der Serie von Konzerten internationaler Musik", die der Agent gerade vorbereite, „ganz unentbehrlich." Die deutsche Ungeschicklichkeit wird zur ästhetischen Nuance in der Globalisierungsmoderne.

Ähnlich wie im *Tonio Kröger* ist damit eine poetologische Verwendung der Ungeschicklichkeit vorbereitet. Eingesetzt wird sie in der Abschiedsrede Adrian Leverkühns vor seinen Freunden und Weggenossen. Der Komponist befindet sich im Endstadium seiner syphilitischen Erkrankung und verhält sich insofern ungeschickt, als er sich in seiner Rede wiederholt verspricht. Da Zeitblom die extreme Abneigung seines perfektionistischen Freundes gegenüber jedem Fehlverhalten bekannt ist, bereiten ihm die Versprecher größte Qual – zumal Leverkühn „bei dem Versuch, den lapsus zu verbessern, in einen neuen verfiel".[269] Allmählich gibt der Kranke seine

266 Th. Mann: Doktor Faustus (s. Anm. 194), S. 583. Zu den Quellen der Passage, die auf Thomas Manns 1933 in der *Neuen Rundschau* publizierten Essay *Leiden und Größe Richard Wagners* zurückgreift, vgl. Wimmer unter Mitarb. von Stachorski: Kommentar (s. Anm. 257), S. 768 f.

267 Th. Mann: Doktor Faustus (s. Anm. 194), S. 583. In der Handschrift findet sich statt „grossièreté" zunächst „Klobigkeit". Wimmer unter Mitarb. von Stachorski: Kommentar (s. Anm. 257), S. 769.

268 Th. Mann: Doktor Faustus (s. Anm. 194), S. 583. Die folgenden Zitate ebd.

269 Ebd., S. 717. Die folgenden Zitate ebd.

Verbesserungsversuche auf. Zeitblom kann die Fehler als Philologe damit entschuldigen, dass Leverkühn sich „einer Art von älterem Deutsch" bediene, das „dem Barbarischen" noch nicht ganz entwachsen sei. Im Laufe seiner Rede geht der kranke Komponist dann aber dazu über, seine Sprachfehler nicht nur zu ignorieren, sondern sie ausdrücklich zu bestätigen. Indem er sein ungeschicktes Redeverhalten wiederholt, affirmiert er es auch. So verbessert er gleich anfangs das Wort „entschüldigen" in „entschuldigen", wiederholt dann aber den fehlerhaften Ausdruck.[270] In ähnlicher Weise verbessert er die falsche, auch von seinem qualvoll verstorbenen Neffen Nepomuk Schneidewein verwendete Form „Gotes" in „Gottes", um dann doch wieder auf „Gotes" zurückzukommen.[271] Schließlich korrigiert er „geruget" zu „geruht", wiederholt aber dann das ungebräuchliche „geruget".[272] Indem er seine rhetorischen Fehler affirmiert, zieht sich der Sprecher in eine idiosynkratische Privatsprache zurück. Das mündet in einen Gesangsversuch, der sich aber nur noch als ungeschickter „Klagelaut"[273] artikulieren kann. Mit diesem Laut bricht der Komponist über dem Klavier zusammen, wobei die szenische Ausgestaltung an das ungeschickte Wegstoßen der Klavierbank im Bordell anklingt.

Das rhetorische Ungeschick des Komponisten Leverkühn, in dem sich das poetische des Erzählers Zeitblom auf der diegetischen Ebene wiederholt, führt ihn in den Zusammenbruch. In ihm soll sich die Katastrophe Deutschlands und mit ihr der Untergang der Heroischen Moderne spiegeln. Was es aber mit der rhetorisch-poetischen Ungeschicklichkeit der Doppelfigur Leverkühn/Zeitblom wirklich auf sich hat, verdeutlicht die Einschätzung des Agenten Fitelberg. Ihr zufolge gehört die poetische Ungeschicklichkeit, die Thomas Manns Roman *Doktor Faustus* in thematischer wie formaler Hinsicht strukturiert, zu den international nachgefragten Nuancen auf einem global agierenden Kunstmarkt. Sie mit Wahrheit und Authentizität zu verwechseln, wie Borchert das in seiner Rezension

270 Ebd., S. 718.
271 Ebd., S. 719; vgl. ebd., S. 682.
272 Ebd., S. 726.
273 Ebd., S. 728.

zu Pliviers *Stalingrad* vorschlägt, ist aus dieser Perspektive nur ein Indiz für das Fortwirken der Heroischen Moderne nach ihrem politischen Scheitern.

Es ist nichts

In den fünfziger Jahren kommt es zu einer Festigung der liberalen Demokratie in den Ländern Westeuropas, die auch auf die Bundesrepublik ausgreift.[274] Ausschlaggebend für die demokratische Konsolidierung Westdeutschlands war neben dem ‚Wirtschaftswunder' auch der Kalte Krieg.[275] Mit der Demokratisierung der Bundesrepublik war zugleich eine erste Periode der Nachkriegsliteratur abgeschlossen. Nun werden „neue Modelle der Wirklichkeitserfassung" nötig.[276] Mit ihnen reagiert die westdeutsche Literatur etwa auf Anzeichen einer neuen Kriegsgefahr, die von der aggressiven Expansionspolitik der Sowjetunion ausgelöst wurde und in der Bundesrepublik bei gleichzeitig wachsendem Wohlstand von der Entscheidung zur Wiederaufrüstung auszugehen schien.[277] Hinzu kam die Furcht vor der zunehmenden atomaren Bedrohung. Das rief eine pazifistische Massenbewegung hervor, die von Großbritannien ausging[278] und maßgeblich von Intellektuellen und Wissenschaftlern getragen wurde.[279] Auch Literaten im Umfeld der Gruppe 47 haben sich daran beteiligt.[280] Sie beklagten zugleich den engstirnigen Provinzialismus der Adenauerära mit

---

274 Vgl. Kershaw: Achterbahn (s. Anm. 2), S. 81, der die Entwicklung in Westdeutschland sogar als „Dreh- und Angelpunkt der Stabilisierung und Demokratisierung Westeuropas" begreift; ebd., S. 95.

275 Ebd., S. 97 f.

276 Wilfried Barner: Kommerz und Experiment: Literarisches Leben im Westen. In: ders. (Hg.): Geschichte der deutschen Literatur von 1945 bis zur Gegenwart (s. Anm. 191), S. 163–171, hier S. 163.

277 Ebd. Vgl. zum historischen Kontext Herbert: Geschichte Deutschlands im 20. Jahrhundert (s. Anm. 5), S. 635–638.

278 Vgl. Kershaw: Achterbahn (s. Anm. 2), S. 55–58.

279 Vgl. ebd., S. 58–61, sowie Herbert: Geschichte Deutschlands im 20. Jahrhundert (s. Anm. 5), S. 650 f.

280 Vgl. ebd., S. 763, zur „enormen Breitenwirkung" der Gruppe.

seinem Ressentiment gegen ästhetische Innovation und kulturelle Dynamik.[281] Unterstützt wurden sie von Emigranten wie Theodor W. Adorno, der 1951 noch im amerikanischen Exil seine *Minima Moralia* publiziert, aber schon 1949 in Frankfurt die Professur seines Freundes Horkheimer vertreten hatte. In seinen *Reflexionen aus dem beschädigten Leben* spricht Adorno von einem Zwang zur Ungeschicklichkeit, der von den gesellschaftlichen Verhältnissen ausgehe. Ihr Modell findet er in den USA. In kulturkritischer Perspektive wird festgehalten, dass „die Absenz einer jeden objektiv verbindlichen Sitte" im Hochkapitalismus auch den denkenden Menschen „auf Schritt und Tritt zu Verhaltensweisen, Reden und Berechnungen" zwinge, „die nach dem Maß des Humanen barbarisch und selbst nach dem bedenklichen der guten Gesellschaft taktlos sind."[282] Jedem Stürzenden, so Adornos Reminiszenz an Friedrich Theodor Vischers *Auch Einer*, schalle noch „das Hohngelächter des tückischen Objekts nach, das ihn entmächtigte."[283] Der Kafka-Leser und Herausgeber Benjamins schließt daraus, dass man sich „privat so bescheiden, unscheinbar und unprätentiös" wie möglich zu benehmen habe.[284] Adorno bestätigt damit die Verabschiedung des Ungeschicklichkeitsdiskurses der Heroischen Moderne und seine Transformation in den der Globalisierungsmoderne.

In der Erzählliteratur der BRD wird dieser Schritt prominent von Wolfgang Koeppen vollzogen. Der zwischen allen Klassen sozialisierte, vaterlos aufgewachsene Autor hatte früh in der Literatur einen geschützten, das Spiel mit unterschiedlichen Identitäten zulassenden Rückzugsort gefunden.[285] An seine Zimmertür heftete der Fünfzehnjährige das Schild „W. K., Literat".[286] Seine ersten Schreibversuche stehen im Schatten des Expressionismus und sehen sich in ihrer nonkonformistischen Perspektive durch Kafka bestätigt.[287] Auch Koeppen versteht sich als Außenseiter und Opfer, der sich für

---

281 Vgl. Kershaw: Achterbahn (s. Anm. 2), S. 103.

282 Adorno: Minima Moralia (s. Anm. 242), S. 23.

283 Ebd., S. 283.

284 Ebd., S. 24.

285 Vgl. Martin Hielscher: Wolfgang Koeppen. München 1988, S. 13–25.

286 Ebd., S. 26.

287 Ebd., S. 28 f.

alles Exzentrische und Periphere interessiert und sich mit anderen Opfern solidarisiert.[288] Zeitgenossen wie Max Tau oder August Scholtis haben ihn als schüchtern und in Alltagsangelegenheiten entwaffnend hilflos geschildert.[289] In der Tat ließen ihn „seine Unbeholfenheit, sein Hochmut und seine Erfahrungslosigkeit“ immer wieder scheitern.[290] Nach ersten Erfolgen im nationalsozialistischen Deutschland, in dem er sich zumindest nach außen konformistisch verhalten hatte, publizierte Koeppen zwischen 1951 und 1954 sein Hauptwerk, das die Literaturkritik als Trilogie des Scheiterns bezeichnet hat. Mit ihr trägt er in Deutschland zum Genre des Gesellschaftsromans bei. Koeppen kritisierte mit seiner Romantrilogie die restaurativen Tendenzen der Bundesrepublik und ihren Verzicht auf eine Bearbeitung der Vergangenheit.[291] Der erste Roman, *Tauben im Gras*, stellt nicht länger einen individuellen Helden, sondern die bundesrepublikanische Gesellschaft um 1950 ins Zentrum. In Form eines polyperspektivischen, vielstimmigen und simultanen Erzählens, das auf die Literatur der Moderne, auf Techniken des Films, aber auch auf den Tiefenraum des globalen Museums mit seinen Mythen und Topoi zurückgreift,[292] entwirft der Roman ein Panorama verwirrter, überwiegend ziellos agierender Figuren.[293] Beschrieben wird in Form eines literarischen Rondos ein einziger Tag des Jahres 1951 in einer von Amerikanern besetzten Großstadt, die an München erinnert, in erster Linie aber als symbolisches

---

288 Ebd., S. 32 und S. 45.

289 Ebd., S. 52 und S. 62.

290 Ebd., S. 36.

291 Ralf Schnell: Geschichte der deutschsprachigen Literatur seit 1945. Stuttgart/Weimar 1993, S. 286. Kershaw: Achterbahn (s. Anm. 2), S. 260, hat Koeppen zu den ersten Autoren gerechnet, „die sich mit der deutschen Schuld am Holocaust auseinandersetzten.“

292 Vgl. Hielscher: Wolfgang Koeppen (s. Anm. 285), S. 75.

293 Wilfried Barner: Zwischen dem „Wendejahr“ und dem „Durchbruch“: Westliche Erzählprosa in den fünfziger Jahren. In: ders. (Hg.): Geschichte der deutschen Literatur von 1945 bis zur Gegenwart (s. Anm. 191), S. 172–193, hier S. 181. Vgl. Schnell: Geschichte der deutschsprachigen Literatur seit 1945 (s. Anm. 291), S. 286 f.

und allegorisches Zeichen fungiert.[294] In diesem Zeichenraum begegnen sich mehr als 30 Figuren und trennen sich wieder. Viele davon verhalten sich ungeschickt. Ihr Ungeschick trägt zur tragikomischen Faktur des Romans bei.[295] Es wird als Effekt von Fehlentscheidungen, Zufällen oder technischen Apparaturen vorgeführt, aber auch als kleiner, banaler Realitätsschock, der einen zwar zu Fall bringen kann, nach dem man sich aber rasch wieder aufrappeln muss. Dabei geht es immer auch um den Status der Literatur.

Zu Beginn des Romans wird noch einmal das Ungeschicklichkeitsnarrativ der Heroischen Moderne aufgerufen. Einmal mehr hat es die Form einer Fallgeschichte, die nun aber von einem weiblichen Ungeschick erzählt. Frau Behrend, eine soziale Absteigerin aus dem Bürgertum, liest einen trivialen Heftroman mit dem Titel *Das Schicksal greift nach Hannelore*. Personifiziert wird das boshafte Schicksal auf dem Titelbild des Heftchens durch eine Ansammlung von „Schurken", die zum Verderben der jungen und rührend braven Protagonistin eifrig „ihre Gruben" graben.[296] Der „Weg der Anständigen" sei stets, also auch für Hannelore, „voll Fallgruben", doch am Ende „triumphieren die Guten".[297] Koeppens Roman greift dieses Schema partiell auf, verweigert sich ihm aber auch. Vor allem geht es bei ihm am Ende nicht wirklich gut aus für die Reingefallenen.

Tauben im Gras stellt dem trivialisierten Schicksalskonzept des Nationalsozialismus ein nihilistisches Szenario radikaler Kontingenz entgegen. Entfernt erinnert es an Borcherts *Gespräch über den Dächern*. Das Szenario bestimmt die narrative Organisation von Koeppens Roman und sein Autorschaftskonzept. Es verdichtet sich im titelgebenden Bild der Tauben im Gras. Wie das Motto verdeutlicht, entlehnt es Koeppen der Amerikanerin Gertrude Stein,

---

294 Vgl. Sabina Becker: Ein verspäteter Modernist? Zum Werk Wolfgang Koeppens im Kontext der literarischen Moderne. In: treibhaus. Jahrbuch für Literatur der fünfziger Jahre 1 (2005), S. 97–115, hier S. 112 und S. 114.

295 Günter und Hiltrud Häntzschel: Wolfgang Koeppen. Frankfurt a. M. 2006, S. 91, haben auf die „Mischung von Tragödie und Posse" in Koeppens Roman hingewiesen.

296 Wolfgang Koeppen: Tauben im Gras (zuerst 1951). In: ders.: Werke. Hg. von Hans-Ulrich Treichel. Bd. 4. Frankfurt a. M. 2006, S. 7–219, hier S. 20.

297 Ebd.

einer Schlüsselfigur der literarischen Moderne. Im Roman wird es aus der Perspektive der Siegermacht Amerika konturiert. Für die amerikanische Lehrerin Miss Burnett sind die Vögel, die sie in einer noch unter Hitlers Regime entworfenen Grünanlage beobachtet, rein „zufällig hier".[298] Damit nimmt Koeppen die Kategorie des Zufalls auf, die auch Borchert favorisiert hat, legt sie aber einer Amerikanerin in den Mund. Vielleicht, so sinniert sie, waren auch Hitler und der Nationalsozialismus nur „ein grausamer und dummer Zufall", ja „vielleicht ist die Welt ein grausamer und dummer Zufall Gottes".[299] Ebenso wie die Vögel sich nur kurz an einem Ort versammeln und dann wieder auffliegen und sich zerstreuen, treffen auch die Figuren in Koeppens Roman nur zufällig zusammen und gehen dann wieder auseinander. Der angesehene amerikanische Dichter Edwin, der in Koeppens Roman einen ambitionierten Vortrag hält, greift das Bild der Tauben im Gras auf, wobei er explizit Gertrude Stein zitiert. Damit wird das Bild zu einem Symbol der Gegenwart und ihrer Deutung. Zwar weist Edwin alle zivilisationskritischen Versuche entschieden zurück, mit dem Bild der Tauben im Gras „das Sinnlose und scheinbar Zufällige der menschlichen Existenz bloßzustellen, den Menschen frei von Gott zu schildern, um ihn dann frei im Nichts flattern zu lassen, sinnlos, wertlos, frei und von Schlingen bedroht".[300] Doch gerade durch die kommentierende Wiederaufnahme des Bildes wird der Gedanke von der Gefährdung und Zufälligkeit des Menschen als „so allgemein" und verbreitet markiert, dass ihn unterschiedlich gebildete Menschen „fast gleichzeitig äußern konnten".[301] Verstärkt wird das nihilistisch-modernistische Grundkonzept des Romans durch die Integration physikalischen Wissens, nach dem jedes Ding und jeder Mensch zwar „Mitte und Kreis, Anfang und Ende", aber eben „nichts Besonderes" mehr ist.[302]

298 Ebd., S. 171.
299 Ebd.
300 Ebd., S. 215. In den Schlingen der Vogelsteller kehren die Fallgruben wieder, die der unschuldigen Hannelore von den Agenten des Schicksals gestellt werden.
301 Ebd.
302 Ebd., S. 211.

In diesem Weltmodell „hatte der Mensch abgedankt."[303] Zugleich kehrt er aber als moderner Autor wieder. Dabei werden zwei Formen zeitgemäßer Autorschaft unterschieden. Nach der einen gilt: „der Schriftsteller stand in der Mitte, und die Welt um ihn war überall gleich fern und nah"; nach der anderen dagegen gilt umgekehrt: „der Schriftsteller war außen, und die Welt war die Mitte, war die Aufgabe, um die er kreiste, etwas nie zu Erreichendes, niemals zu Bewältigendes, und es gab keine Ferne und keine Nähe".[304]

Die beiden Formen, mit denen moderne Autoren das radikale Kontingenzkonzept bewältigen können, hat Koeppen auf zwei Figuren verteilt. Vertreter des Autors als Mittelpunktfigur, um die sich die Welt bewegt, ist der berühmte, europäisch gebildete und nicht nur an T. S. Elliot, sondern auch entfernt an Thomas Mann erinnernde Amerikaner Edwin.[305] Er wird als „einer von den rührenden hilflosen gequälten Sehern"[306] bezeichnet und damit auch als ungeschickt charakterisiert. Vertreter des Autors als Trabant, der aussichtslos um die Welt rotiert, ist dagegen der erfolglose deutsche Schriftsteller Philipp. Auch er ist ein Ungeschickter, der gerne schweigt und sich selbst „der Reingefallene" nennt.[307] Letzteres verbindet ihn mit dem trivialen Schicksal Hannelores und den Fallgruben, die für sie und ihresgleichen gegraben werden. Zugleich ist Philipp, der „wie ein Vogel an der Rute" klebt,[308] eine der Tauben, die nach Edwin frei vor dem Nichts flattern und dabei von den Schlingen der Vogelfänger bedroht werden. Allerdings hat er sich mehr oder weniger freiwillig an die Rute begeben. Gemeint ist damit seine Beziehung zu der wiederholt taumelnden[309] und

303 Ebd., S. 212.
304 Ebd., S. 103.
305 Auf Thomas Mann verweisen die große Nase, der großbürgerliche Habitus und die Homosexualität Edwins; vgl. etwa ebd., S. 106 f.
306 Koeppen: Tauben im Gras (s. Anm. 296), S. 213.
307 Ebd., S. 57. Das ist möglicherweise eine Variation über den Kalauer, den Thomas Mann dem Arzt Adrian Leverkühns in den Mund legt; s. oben, S. 577.
308 Koeppen: Tauben im Gras (s. Anm. 296), S. 214.
309 Ebd., S. 36.

stolpernden[310] Kommerzienratserbin Emilia, mit der zusammen er der „Luxusbohème“[311] angehört. Wie unter Bohèmiens üblich, hat Philipps Beziehung zu Emilia die Form einer Amour fou, einer „Liebesfesselung“.[312] Das ist es, was ihn in die Grube stürzen bzw. an der Rute kleben lässt. Denn als hilflos Verliebter kann er sich „zu den kleinen Flügen, die ihm bestimmt waren und die ihm sein Futter gegeben hätten, nicht mehr rühren.“[313] Zwar fühlt er sich ständig zu einer großen Arbeit aufgerufen, zwar ist für ihn die Welt, die er umkreist, eine unendliche Aufgabe, doch unternimmt er nichts, sie zu bewältigen und lässt sich lediglich treiben.[314] Wiederholt ungeschickt agierend, „von Schüchternheit gehemmt“,[315] ist er ein Autor ohne Werk mit komischen Zügen,[316] ein „Sonderling“[317]. Über sich selbst hält er resigniert fest: „unfähig, feige, überflüssig bin ich: ein deutscher Schriftsteller.“[318]

Edwin und Philipp, der erfolgreiche und der erfolglose Schriftsteller, verweisen wechselseitig aufeinander und werden im Roman auch zusammengeführt. Koeppen nimmt damit strukturell die innere Verwandtschaft auf, die Thomas Mann im *Doktor Faustus* zwischen Adrian Leverkühn und dem ungeschickten Erzähler Serenus Zeitblom konstruiert hatte. Zugleich ist das Zusammentreffen von Edwin und Philipp aber nur eine weitere Begegnung von Tauben im Gras, ein purer Zufall. Als Mise en abyme spiegelt es die Makrostruktur des gesamten Romans. Erzählt wird die Begegnung als „Philipps Mißgeschick“, in dem aber zugleich „das Fragwürdige und Komische“ der Existenz Edwins „wie durch einen Schatten vergrößert“ erscheint.[319] Wenn die Lebensform des Autors mit dem

310 Ebd., S. 53. Emilia ist damit ein frühes Beispiel für das vermehrte Auftreten ungeschickter Frauenfiguren in der deutschen Nachkriegsliteratur.

311 Ebd., S. 214. Zu Koeppens Verhältnis zur Bohème vgl. Hielscher: Wolfgang Koeppen (s. Anm. 285), S. 95.

312 Koeppen: Tauben im Gras (s. Anm. 296), S. 214.

313 Ebd.

314 Ebd., S. 145.

315 Ebd., S. 97.

316 Ebd., S. 31 f.

317 Ebd., S. 169.

318 Ebd., S. 57 f.

319 Ebd., S. 106.

Begriff des Missgeschicks bezeichnet wird, ist damit aber durchaus keine Heroisierung im Sinne Wilhelm Schäfers verbunden, sondern im Gegenteil eine Wendung ins Absurde und Banale eingeleitet.

Philipps Missgeschick beginnt damit, dass er von einer Tageszeitung den Auftrag erhält, mit dem berühmten Autor Edwin in dessen Hotelzimmer ein Interview zu führen. Schon im Eingangsbereich des Hotels wird Philipp von einer jungen und unerfahrenen Journalistin, die für eine andere Tageszeitung arbeitet, mit Edwin verwechselt. Plötzlich richten sich die Blitzlichter der Fotografen auf ihn. Das ist ihm peinlich und beschämt ihn auch,[320] denn es konfrontiert ihn mit seiner Erfolglosigkeit. Gesteigert wird das Missgeschick, als ihn eine neugierig gewordene Gruppe von amerikanischen Lehrerinnen, unter denen sich auch die kontingenzsensible Miss Burnett befindet, für den Sekretär ihres Idols Edwin oder doch für einen mit Edwin bekannten und insofern sicherlich bedeutenden deutschen Autor hält. Philipp flieht vor den Amerikanerinnen in den Innenhof des Hotels. Dort begegnet er plötzlich Edwin, der sich seinerseits der Dummheit und Sensationsgier der Journalisten entziehen wollte und sich dabei verlaufen hat. Beide sind also gleichermaßen „geflohen vor der Gesellschaft der Menschen",[321] können sich trotz dieser Gemeinsamkeit aber nicht verständigen. Philipp wird durch seine „Verwirrung" und „Verblüffung" angesichts der unvermuteten Begegnung an einer Kontaktaufnahme gehindert,[322] während der homoerotisch veranlagte Edwin zwar gerne einen ihn verehrenden jungen deutschen Dichter angesprochen hätte, durch die Anzeichen von „Zweifel", „Trauer" und „Sorge" in Philipps Gesicht, in denen er seine eigenen Zweifel, seine eigene Trauer und seine eigene Sorge wiederfindet, aber abgeschreckt wird.[323] Daher denken beide das gleiche: „‚ich muß ihn meiden'",[324] bleiben dabei aber einen Moment lang ratlos stehen. Im Augenblick dieses Stillstands kippt die Szene ins Absurde und lässt einen lyrischen Nullpunkt zwischen

320 Ebd., S. 98.
321 Ebd., S. 112.
322 Ebd., S. 111.
323 Ebd., S. 112.
324 Ebd.

Trümmerliteratur (Philipp) und internationaler Moderne (Edwin) aufscheinen.[325] Erst als der Portier des Hotels die beiden Literaten unwirsch anspricht, geht es weiter. Unter dem Druck der antiliterarischen Ordnungsmacht bewegen sie sich, „scheu zueinander Distanz wahrend", zum Ausgang und passieren dabei eine „Kontrolluhr". Diesem „mechanischen Sklavenhalter" und „Arbeitszähler" haben sich beide bisher „nie unterworfen", sodass der Portier, der ihm ebenso wie große Teile der arbeitenden Bevölkerung ausgeliefert ist, die beiden Ungeschickten nicht von ungefähr für „‚Pack' und ‚Nichtstuer'" hält, die sicherlich geheimen erotischen Anliegen nachgehen würden.[326] Das sind erneut die Merkmale der Bohème, in der sich Trümmerliteratur und Globalisierungsmoderne zusammenfinden.

Mit der Kontrolluhr hat Koeppen geschickt ein technisches Element in die Schlüsselszene seines Romans eingebaut. Es unterstreicht den antiliterarischen Impuls der Szene und über sie hinaus auch seines Romans. Dieser Impuls wird sich in der westdeutschen Literatur der Folgejahre massiv verstärken. *Tauben im Gras* arbeitet gezielt mit diesem Impuls und gewinnt daraus auch ein alternatives Literaturkonzept. Es konfiguriert die kleine Störung, die für ungeschicktes Verhalten charakteristisch ist, in neuer Weise als technischen Störfall. Mit ihm wird das Ende der Literatur im traditionellen Sinn indiziert. Vorgeführt wird das an der Rede Edwins, die er im Amerikahaus hält. Mit dieser Rede will er seine deutschen Hörer vom Fortschrittsparadigma abziehen und ihre Einkehr in den europäischen, Antike und Christentum, Ritus und Religion verbindendenden Tiefenraum des Abendlandes[327] initiieren. Im Publikum

---

325 Hielscher: Wolfgang Koeppen (s. Anm. 285), S. 82, hat im Anschluss an diese Szene, die etwa in der Mitte des Textes steht, von einem „anti-epischen Zug des Romans" gesprochen. G. und H. Häntzschel: Wolfgang Koeppen. Frankfurt a. M. 2006, S. 90, haben im Anschluss an die Forschung auf die Verbindung von Gestaltungselementen in Romanen der literarischen Moderne mit solchen herkömmlicher Romane aufmerksam gemacht. Eben diese Verbindung wird in der Begegnung der beiden Literaten zum Thema.

326 Koeppen: Tauben im Gras (s. Anm. 296), S. 112.

327 Zur kulturkritischen Verwendung der Kategorie des Abendlandes in der Nachkriegszeit vgl. Herbert: Geschichte Deutschlands im 20. Jahrhundert (s. Anm. 5), S. 690–697.

befinden sich auch Philipp, der reingefallene Schriftsteller und Bohèmien ohne Werk, sowie die literaturbegeisterte Reisegruppe der amerikanischen Lehrerinnen. Allerdings kollabiert bald schon die Kommunikation zwischen dem Autor und seinem Publikum.[328] Statt der erbaulichen Worte Edwins dringt „nur Geräusch zu seinen Zuhörern, ein Gurgeln und Knacken und Raspeln wie von Jahrmarktspritschen."[329] Das ist die Folge einer technischen Störung, einer „Unfunktion" der Lautsprecheranlage im Amerikahaus. Sie erzeugt eine Ungeschicklichkeit neuer Art. Mit ihr wird die in der Heroischen Moderne dominante Zurechnung des Ungeschicks zu externen Instanzen wie dem Schicksal (Schäfer, Kafka) oder der Gesellschaft (Benjamin, Adorno) mediologisch transformiert. Über die ‚Jahrmarktspritschen' wird es nicht nur mit der in Deutschland so virulenten Volkskultur verbunden, sondern auch als Revolte gegen die Herrschaft der Vernunft und analog zum Aufstand der Halbstarken gegen ihre Väter markiert: „Man rebellierte. Die Technik rebellierte gegen den Geist, die Technik, das vorlaute, entartete, schabernacksüchtige, unbekümmerte Kind des Geistes."[330] Ähnlich wie die Begegnung der beiden unterschiedlichen Literaten im Innenhof des Hotels erzeugt auch die technische Störung einen Stillstand. Edwin, der sich wie ein Artist auf dem Hochseil vorkommt, muss plötzlich feststellen, „daß er nunmehr weder vorwärts noch rückwärts gehen kann".[331] Seine unfreiwillige Koppelung an technische Hilfsmittel, an „Blech und Draht", empfindet er als direkten Angriff auf den Humanismus: „wir sind keine Menschen mehr, keine ganzen Menschen".[332] Der Vortrag endet im Rauschen.[333]

Zu den gelungensten Kunstgriffen in Koeppens *Tauben im Gras* gehört der Umstand, dass ausgerechnet das Problem technisch bedingten Nichtverstehens die beiden ungeschickten Literaten doch noch zusammenführt. Denn auch Edwins Pendant Philipp sieht

---

328 Hielscher: Wolfgang Koeppen (s. Anm. 285), S. 78.
329 Koeppen: Tauben im Gras (s. Anm. 296), S. 191.
330 Ebd.
331 Ebd.
332 Ebd.
333 Vgl. zum Rauschen als Hintergrund technischer Medien Friedrich Kittler: Grammophon, Film, Typewriter. Berlin 1986, S. 72.

in der technischen Übertragung und Verstärkung literarischer Rede einen katastrophalen Einschnitt: „‚Alles zerbricht', dachte Philipp".[334] Ihm zufolge dient die moderne Technik nicht länger ihren Nutzern. Vielmehr halten umgekehrt „die Lautsprecher, diese gefährlichen Roboter", auch den mit ihnen verkoppelten Autor gefangen und verzerren seine Rede „zur Lautsprechersprache, zu dem Weltidiom, das jeder kennt und niemand versteht."[335] Damit ist die Kulturindustrie im Zeitalter ihrer technologischen Globalisierung angesprochen. Ihre Folge ist nach Philipps Ansicht eine vollkommen gestörte öffentliche Kommunikation.[336] Erst unter der Prämisse der Unverständlichkeit kann Philipp in Edwin einen unglücklichen, lieben, großen Bruder erkennen,[337] erst im Zeichen eines technisch induzierten Ungeschicks finden deutsche Trümmerliteratur und amerikanische Moderne nicht nur milieuspezifisch, wie im Fall der Bohème, sondern auch medienspezifisch zusammen. Die neuen Medien, zu denen in den frühen fünfziger Jahren vor allem das Radio, der Tonfilm und das Fernsehen zu rechnen waren,[338] ermöglichen eine globale Verbreitung literarischer Verfahren, separieren diese aber auch von den mit ihnen befassten Akteuren. Das wird vor allem dann deutlich, wenn das Medium gestört wird. Koeppens Roman zeigt das an einer schweren, aber auch banalen Form des Störfalls. Nachdem Edwin seine tapfer fortgesetzte Rede beendet hat, meldet sich die Technik selbst zu Wort. Sie lässt die Kommunikation kollabieren. Denn nun reißt „das wortlose Knirschen und Knacken" der Lautsprecher das Publikum „aus Schlaf, Traum und abwegigem Denken", in das es sich während des Vortrags zurückgezogen hatte.[339] Zwar applaudieren die dergestalt Aufgeschreckten höflich dem Redner, streifen damit aber nur den technisch zerstörten „Anhauch seines Geistes als lästige Spinnwebe von sich".[340]

---

334 Koeppen: Tauben im Gras (s. Anm. 296), S. 209.

335 Ebd.

336 Vgl. Hielscher: Wolfgang Koeppen (s. Anm. 285), S. 80.

337 Koeppen: Tauben im Gras (s. Anm. 296), S. 220.

338 Vgl. Herbert: Geschichte Deutschlands im 20. Jahrhundert (s. Anm. 5), S. 683–685.

339 Koeppen: Tauben im Gras (s. Anm. 296), S. 215 f.

340 Ebd., S. 220.

Das ist aber noch nicht das letzte Wort, der letzte kratzende Ton, den Koeppens Roman zum deutschen Ungeschicklichkeitsdiskurs beizusteuern hat. Aufgetragen wird die Pointe zwei Kindern. Sie bilden zusammen mit dem Dienstmann Josef, der Hure Susanna und dem Amerikaner Odysseus Cotton eine Gruppe von Figuren, der die Sympathien des Romans gehören und die er daher trotz seiner Nähe zum Nihilismus mit einem utopischem Glanz versieht.[341] Das letzte Wort haben zwei elfjährige Jungen, ein amerikanischer und ein deutscher. Beide haben sich in die trivialen Phantasiewelten von Märchen und Indianergeschichten geflüchtet. Ezra, Sohn einer Jüdin, und Heinz, Sohn eines im Zweiten Weltkrieg verschollenen deutschen Vaters, haben sich in den Trümmern eines zerstörten Hauses geprügelt und sind dabei auf die Steine einer einfallenden Mauer gestürzt. Das hatte sie jäh aus ihren „Märchen und Indianergeschichten"[342] aufgeweckt und dazu geführt, dass sie sich für ihr Verhalten schämten. Als sich Polizeisirenen näherten, haben „sie sich gegenseitig von den Steinen aufgeholfen" und sind weitergelaufen.[343] Diese Fallgeschichte, die entfernt an den Mauersturz von Kafkas K. anklingt und möglicherweise eine Szene aus Walter Kolbenhoffs *Heimkehr in die Fremde* aufnimmt,[344] ist vollständig untragisch und hat auch keinerlei komische Dimension. Stattdessen erzählt sie von einem Weg heraus aus den Welten der Phantasie, in denen auch die trivialen Heftchenromane spielen, in eine nüchterne Wirklichkeit, in der es auf gegenseitige Unterstützung ankommt. In der Realität der frühen fünfziger Jahre wird vergangenes ungeschicktes Verhalten, sowohl in motorischer (Stürzen) als auch sozialer Form (Kampf), zur Lappalie, der es handelnd zu begegnen gilt, über die es sich aber nicht zu reden lohnt. Das erinnert an die Depotenzierung des Missgeschicks bei Kafka und Benjamin, führt aber bei Koeppen zu einer ans Indolente grenzenden Abgeklärtheit,

341 Vgl. Hielscher: Wolfgang Koeppen (s. Anm. 285), S. 78 und S. 87.

342 Koeppen: Tauben im Gras (s. Anm. 296), S. 217.

343 Ebd.

344 Vgl. Kolbenhoff: Heimkehr in die Fremde (s. Anm. 10), S. 25: „‚Sind Sie verletzt?' fragte ich. ‚Keine Spur', sagte er. ‚Ich bin gefallen, aber es ist nicht so schlimm.'"

in der die vielen traumatisierten, zur Kommunikation unfähigen Jugendlichen der Nachkriegszeit zur Sprache kommen: „‚Frag nicht', sagte Ezra zu Christopher [seinem Vater – U. B.], ‚frag nicht, ich möchte nach Hause fahren. Es ist nichts. Ich bin hingefallen.'“[345]

---

345 Koeppen: Tauben im Gras (s. Anm. 296), S. 217.

IV

Fast in einem Schwung

Die Fallgeschichte der Literatur in den sechziger und siebziger Jahren konzentriert sich auf Texte, die in der Bundesrepublik Deutschland erschienen und von Männern verfasst worden sind. Das ist begründungsbedürftig. Eine Beschränkung auf Texte aus der BRD bietet sich darum an, weil dort die Informalisierungswelle, die für die Globalisierungsmoderne charakteristisch ist, in vollem Umfang durchschlagen konnte. Das veränderte in signifikanter Weise auch den Umgang mit der Ungeschicklichkeit. Heinrich Böll etwa lässt seinen liebeskranken Clown Hans Schnier bei einem Auftritt absichtlich ausrutschen,[346] um dann unter anderem zeigen zu können, wie seine Hände „ungeschickt vor Einsamkeit"[347] werden. In der DDR dagegen war die literarische Darstellung negativer oder pessimistischer Helden, zu denen auch Außenseiter, Einzelgänger und Ungeschickte gehörten, lange verboten. Walter Ulbricht hat sie 1964 als einen Ausdruck von bloßen Planungsfehlern abgetan, die sich künftig eliminieren ließen.[348] Der technikbegeisterte Vorsitzende des Zentralkomitees der SED reagierte damit auf den Umstand, dass der positive Held nach Brigitte Reimanns *Ankunft im Alltag* (1961) und Werner Bräunings *Gewöhnliche Leute* (1969) auch in der Literatur der DDR zum Auslaufmodell geworden war. An seine Stelle trat, ähnlich wie in der Bundesrepublik, ein Realismus

346 Heinrich Böll: Ansichten eines Clowns. Roman (zuerst 1963). 23. Aufl. München 1977, S. 28.

347 Ebd., S. 136.

348 Wilfried Barner: Der Apparat und neue Spielräume: Literarisches Leben in der DDR. In: ders. (Hg.): Geschichte der deutschen Literatur von 1945 bis zur Gegenwart (s. Anm. 191), S. 502–514, hier S. 507 f. Generell waren „Fehler" und „Feinde" in der DDR die „wichtigsten Legitimationsfiguren zur Erklärung von Rückschlägen und Misserfolgen"; Herbert: Geschichte Deutschlands im 20. Jahrhundert (s. Anm. 5), S. 709.

 | DOI:10.30965/9783846761038_032

des Alltags[349] – und mit ihm das weite Feld der banalen Reinfälle und kleinen Performanzfehler. Allerdings waren die Spielräume, in denen sie ausphantasiert werden konnten, ideologisch begrenzt. Erst in den siebziger Jahren vollzieht sich eine Öffnung. In Ulrich Plenzdorfs *Die neuen Leiden des jungen W.* bezeichnet sich der nonkonformistische Protagonist Edgar Wibeau, der als ungeschickter Handwerker[350] seine Kollegen daran zu hindern scheint, ihren Jahresplan zu erfüllen, wiederholt als Idioten.[351] Er ist aber auch latent als verkannter avantgardistischer Künstler mit Neigungen zur Pop-Art[352] und als technisches Genie angelegt, vor allem aber als Liebeskranker in offensichtlicher Analogie zu Goethes Werther (und weniger offensichtlich zu Bölls Figur des unglücklichen Clowns[353]). Freilich ging die DDR mit Vollidioten weniger tolerant um als die BRD.

Hinsichtlich der fehlenden Berücksichtigung ungeschickter Frauenfiguren ist festzuhalten, dass sie erst in den sechziger Jahren verstärkt auftauchen.[354] Davon wird in diesem Kapitel auch ausführlich die Rede sein. Bei Alexander Kluge und Peter Handke werden sie gegen die Reste einer patriarchalischen Heroisierung des Ungeschicks in Stellung gebracht. Beide greifen dafür auf traditionelle Zuschreibungen zum weiblichen Geschlechtscharakter zurück, die

349 Lothar Köhn: Vom Bitterfelder Roman zur Literatur für „Prosaleser". In: Barner (Hg.): Geschichte der deutschen Literatur von 1945 bis zur Gegenwart (s. Anm. 191), S. 515–541, hier S. 527.

350 Vgl. Ulrich Plenzdorf: Die neuen Leiden des jungen W. (zuerst 1973). 6. Aufl. Frankfurt a. M. 1977, S. 91–93, wo Edgar von seinen Fehlern beim Fensterstreichen und beim Anrühren von Gips berichtet.

351 Vgl. etwa ebd., S. 111: „Ich war ein völliger Idiot, ehrlich."

352 Beim Streichen einer Toilette bemalt er die Wände und die Decke „auf diese Pop-art" mit blauer Farbe; ebd., S. 95.

353 Vgl. ebd., S. 100: „Die Experten dachten wohl, ich war der Clown der Truppe." Zuvor erzählt der Protagonist von einem Film, in dem der ihm sympathische Bruder des Hauptdarstellers „Clown im Zirkus" werden will und am Ende aus der sozialistischen Gesellschaft aussteigt; ebd., S. 41 f.

354 In den fünfziger Jahren war in der Bundesrepublik das traditionelle Bild von Frauen und Familien unter anderem durch die Rentenreform gezielt stabilisiert worden; Herbert: Geschichte Deutschlands im 20. Jahrhundert (s. Anm. 5), S. 656.

Frauen als Hüterinnen der Schicklichkeit konstruiert hatten. Erst in den Informalisierungswellen seit den sechziger Jahren verliert die Ungeschicklichkeit ihre Zuordnung zum männlichen Geschlechtscharakter und gibt auch ihre Beschränkung auf die begrenzte Dauer der weiblichen Adoleszenz auf. Damit nähert sie sich einer genderneutralen Kategorie. Auf diesen Prozess scheinen Autorinnen präziser und sensibler zu reagieren als Autoren. In einem Vergleich wären Unterschiede und Gemeinsamkeiten genauer zu bestimmen. Das verdiente eine eigene Untersuchung, die hier nicht geleistet werden kann. Stattdessen werden gezielt Anschlussstellen für einen solchen Vergleich markiert.

Das Recht auf Schwäche

In den sechziger Jahren, die man als „eine Phase des Übergangs"[355] bezeichnet hat, war die Bundesrepublik Deutschland „vermutlich das am stärksten industrialisierte Land der westlichen Welt"[356]. Es herrschte Vollbeschäftigung, die Steuermittel sprudelten nur so, und die Zustimmungsraten der Bevölkerung zu ihrem staatlichen Provisorium schnellten in die Höhe. Die Bundesrepublik entwickelte sich ebenso wie andere westeuropäische Länder zu einer Konsumgesellschaft mit freien Wahlmöglichkeiten.[357] Zugleich zeigte sich, dass der Nationalsozialismus in ihr unterschwellig weiter fortlebte.[358] Das führte vor allem bei westdeutschen Intellektuellen zu einem stark ausgeprägten Gefühl des Befremdens, das unter anderem im neuen Genre des Filmessays Gestalt annahm.[359]

In diesem Jahrzehnt hat der Jurist, Literat und Regisseur Alexander Kluge den Ungeschicklichkeitsdiskurs in den Kontext des Rechtssystems und seines historischen Wandels gestellt. Er tritt damit in die Spuren Benjamins und Adornos, die Ungeschicklichkeit

355 Ebd., S. 769.
356 Ebd., S. 627.
357 Ebd., S. 809.
358 Ebd., S. 771.
359 Kershaw: Achterbahn (s. Anm. 2), S. 294.

zu einem Effekt sozialer Strukturen gemacht hatten. Nachdem er Rechtswissenschaften, Geschichte und Kirchenmusik studiert und 1956 mit einer juristischen Arbeit promoviert hatte, war er als Rechtsanwalt und Bildungstheoretiker tätig. Kluge hat sich Ende der fünfziger Jahre erfolgreich dem Film zugewandt, ohne sich (wie dies unter anderem Adorno versucht hat) von seinen literarischen Ambitionen abbringen zu lassen. Diese Ambitionen äußerten sich markant in seinem Erstling *Lebensläufe*, der 1962 bei Goverts erschien. Der Verlag hatte elf Jahre zuvor auch Koeppens *Tauben im Gras* publiziert. Beide Texte verbindet die lakonische, ans Banale grenzende Behandlung ungeschickten Verhaltens und die Vorliebe für Montageverfahren. Kluge assoziiert die Montage mit dem Registrieren von Mechanismen, in denen typisierte Figuren sich als abhängig erfahren.[360] Die *Lebensläufe* wurden von den Rezensenten gelobt und brachten ihrem Autor eine Einladung zur Herbsttagung der Gruppe 47 im Jagdschloss Göhrde bei Lüneburg ein. Von der zeitgenössischen Kritik wurde das entheroisierende, kühl distanzierte Erzählen bemerkt, das die *Lebensläufe* in die Nähe juristischer Fallgeschichten rücke. Gekonnt imitiere Kluge den Sprachgebrauch der Bürokratie und lasse ihn sich selbst decouvrieren.[361] In der Tat führen die *Lebensläufe* in Form von mehrdimensionalen und multiperspektivischen Fallgeschichten[362] den Zynismus, die Willkür und die patriarchale Macht einer historisch kontingenten Systemrationalität vor. Ihr stellen sie eigensinnig und mit einer gehörigen Portion schwarzen Humors[363] „das Recht auf die eigene Schwäche

---

360 Vgl. Hans Mayer: Deutsche Literatur seit Thomas Mann. Reinbek b. Hamburg 1967, S. 100, sowie Schnell: Geschichte der deutschsprachigen Literatur seit 1945 (s. Anm. 291), S. 358.

361 Anon.: Kurze Prozesse. In: Der Spiegel 49 (1962), S. 118–120. Differenzierter dazu Thomas Böhm-Christl: Sprachgesten der *Neuen Geschichten*. In: ders. (Hg.): Alexander Kluge. Frankfurt a. M. 1983, S. 117–153, hier S. 123.

362 Vgl. zur Faktur der *Lebensläufe* Ludgera Vogt: Der montierte Lebenslauf. Soziologische Reflexionen über den Zusammenhang von Kluges *Lebensläufen* und der Form des Biographischen in der Moderne. In: Christian Schulte (Hg.): Die Schrift an der Wand. Alexander Kluge: Rohstoffe und Materialien. Osnabrück 2000, S. 139–153.

363 Ebd., S. 144.

gegenüber, das zu den Grundrechten der Persönlichkeit zählt".[364] Die Formulierung vom Recht auf die eigene Schwäche nimmt zentrale Intentionen Kafkas und Benjamins auf und weist auf den Kerngedanken Christoph Schlingensiefs voraus. Im Rekurs auf die eigene Schwäche eröffnen sich angstfreie Spielräume für geschicktes wie ungeschicktes Verhalten, die dem Eigensinn der Protagonisten Raum geben. Davon erzählen Kluges Lebensläufe, die vor und nach 1945 bis zum Beginn der sechziger Jahre spielen.

Bereits der erste Lebenslauf führt am Beispiel des Oberleutnants Rudolf Boulanger vor, wie das politische System des Nationalsozialismus das Handeln auch gutwilliger Akteure ungeschickt werden ließ. Boulanger ist ein mäßig begabter, aber ehrgeiziger junger Mann mit medizinischen Interessen, der 1942 einen militärischen Sonderauftrag erhalten hat. Er sollte in den östlichen Kriegsgebieten dafür sorgen, dass der Reichsuniversität Straßburg die abgeschnittenen Köpfe von ermordeten oder gefallenen „jüdisch-bolschewistischen Kommissaren"[365] zugeschickt werden. Wissenschaftler wollten an ihnen die nationalsozialistische Rassentheorie verifizieren. Boulanger versucht professionell zu agieren, scheitert aber an der fehlenden Schärfe und Ungenauigkeit seines Auftrags. Jüdisch-bolschewistische Kommissare lassen sich in der Realität nicht eindeutig von anderen Toten unterscheiden – er sendet die falschen Köpfe nach Straßburg. Die unhintergehbare „Willkürlichkeit der Auswahlmethoden",[366] die ihm immer deutlicher bewusst wird, lässt ihn an seinem Arbeitsauftrag zweifeln. Was tun? Der Erzähler hält fest: „Die starke Irrtumsmöglichkeit legte die Konsequenz nahe, diese Aktion überhaupt abzubrechen."[367] Das freilich wird

364 Alexander Kluge: Lebensläufe (zuerst 1962). Frankfurt a. M. 1986, S. 190.

365 Ebd., S. 11. Die Erzählung basiert auf dem sogenannten ‚Kommissarbefehl', vom 6.6.1941, wonach im Krieg gegen die Sowjetunion Politische Kommissare entweder sofort erschossen werden sollten oder nach der Gefangennahme zu ‚erledigen' seien. Die Anordnung führte zum Tod von etwa zehntausend Männern. Vgl. Herbert: Geschichte Deutschlands im 20. Jahrhundert (s. Anm. 5), S. 432 f. Zwischen jüdischen Männern und kommunistischen Funktionären wurde dabei kein Unterschied gemacht; ebd., S. 441.

366 Kluge: Lebensläufe (s. Anm. 364), S. 16.

367 Ebd., S. 17.

von Boulanger verworfen. Stattdessen entscheidet er sich für sein Grundrecht auf Schwäche und bedient weiter seinen unklaren Auftrag: Man muss, so sagt er sich, „die Irrtümer bei Beibehaltung einrechnen und tolerieren".[368] Dieser Lebenslauf demonstriert, dass die Ideologie des politischen Systems nicht realitätstauglich ist. Systemisch bedingte „Mißgriffe"[369] zwingen gerade die gewissenhaften unter den systemaffinen Agenten zur Akzeptanz der Ungeschicklichkeit ihres Verhaltens.

Wird die eigene Ungeschicklichkeit aber nicht nur notgedrungen akzeptiert, sondern affirmiert, so kann das zur Dissidenz führen. Die *Lebensläufe* führen das am Fall des studierten Germanisten und Oberstudiendirektors Eberhard Schincke vor. Ähnlich wie Raabes Heinrich Schaumann ist der massige Mann schon in seinem Habitus ungeschickt. 1933 entscheidet er sich aus Idealismus für Hitler und dessen Partei. Zwar fällt er der SA „in seiner beleibten, elefantenartigen Gestalt, seiner etwas schlaffen und die Schultern hängenlassenden Haltung"[370] unangenehm auf, kennt sich aber als sprachhistorisch ausgebildeter Philologe, anders als seine Kameraden, in der althochdeutschen Literatur aus. So weiß er etwa: „zu den ältesten germanischen Sprüchen gehört der Satz, daß ein wirklich starker Mann träge ist."[371] Das bezieht er auf sich selbst. Im Bekenntnis zur eigenen Trägheit kündigt sich der Widerstand an, den er nun zu leisten beginnt. Es ist allerdings „schon ein starker Reiz" nötig, „ihn und seinen schweren Leib gegen die gesamte Umgebung, von der er schließlich lebte – und das dritte Reich umfaßte wie ein Hegelscher Begriff alles –, in Bewegung zu setzen".[372] Am Ende ist es dann die „Summe der kleinen Irritationen und Beobachtungen", die sich „zu einer plötzlichen Antipathie gegen die Bewegung, der er bis dahin vertraut hatte", verdichtet.[373] Sein Verhalten führt dazu, dass er seines Amtes enthoben und kaltgestellt

368 Ebd.

369 Ebd., S. 18.

370 Ebd., S. 53.

371 Ebd.

372 Ebd., S. 54.

373 Ebd., S. 57. Für die deutschen Eliten war während des Zweiten Weltkriegs generell ein „Teildissens zur Regimeführung in bestimmten Bereichen und

wird. Nach Luftangriffen im März 1945 flieht Schincke aus der Stadt und setzt sich zusammen mit ehemaligen Schülern in einer Scheune fest. Als der Schulleiter erscheint, ist er nicht bereit, die Scheune zu verlassen. Im Tagebuch hält er fest: „Meine Ungeschicklichkeit hätte er noch verziehen; daß ich grundsätzlich nicht bereit bin, diesen Ort zu verlassen, verstand er nicht."[374] Schincke kennt also seine Eigenarten und hält auch unter erschwerten Bedingungen an ihnen fest. Zwar macht ihn das zwischenzeitlich hilflos („Ich hatte das entsetzliche Gefühl, daß mir alles aus den Händen gleitet"[375]); es erlaubt ihm aber auch, innerhalb des von ihm abgelehnten Staates vorübergehend eine pädagogische Provinz einzurichten.

Einen besonderen Status im Umgang mit einer Gesellschaft, die geradezu zwangsläufig Ernst- und Reinfälle hervorbringt, erhalten in Kluges *Lebensläufen* die Frauen.[376] Sie wurden in den vierziger und fünfziger Jahren von der patriarchalen Komponente der Systemrationalität ins Ungeschick getrieben. Schon der Sturz der Baronin von Posa (in der Erzählung *Fräulein v. Posa*) liest sich wie eine zynische Wiederaufnahme des Mauersturzes der beiden Elfjährigen in Koeppens *Tauben im Gras* unter geänderten Voraussetzungen. Aus den beiden Jungen ist eine alte Frau geworden. Sie hat ihren gesamten Besitz verloren – bis auf ein Kästchen mit den Familienjuwelen. Diese Juwelen nennt sie ihr ‚Gewissen'. In den letzten Kriegstagen sind ihr zudem beide Beine gebrochen worden. Daher gelangt sie bereits „als Gelähmte" nach Nürnberg, kommt in einem Gasthaus unter und gerät im Januar 1945 in einen Bombenangriff. Um sich aus dem zerstörten Gebäude in die Katakomben unter der Stadt zu retten, kriecht sie auf einen Mauerdurchbruch zu. Dabei muss sie jedoch eine Schwelle überwinden:

die Zustimmung zu anderen" kennzeichnend; Herbert: Geschichte Deutschlands im 20. Jahrhundert (s. Anm. 5), S. 466.

374 Kluge: Lebensläufe (s. Anm. 364), S. 69 f.

375 Ebd., S. 80.

376 Das verläuft parallel zu tiefgreifenden Veränderungen der Funktion der Familie und der Rolle der Frau seit dem Gleichberechtigungsgesetz von 1957; vgl. Herbert: Geschichte Deutschlands im 20. Jahrhundert (s. Anm. 5), S. 687 f.

> Von dieser Schwelle stürzte die Baronin in den wesentlich tiefer liegenden Katakombengang. Die schlecht verheilten Schienbeine brachen. Als sie um Hilfe rief, erschienen nach Stunden aus der Dunkelheit Plünderer, die ihr den einzigen Besitz, die Kassette mit dem Gewissen, fortnahmen.[377]

Es ist die Anomie der letzten Kriegsmonate, die in dieser Fallgeschichte den ungeschickten Sturz einer schwer Versehrten zur Katastrophe steigert. An die Stelle männlicher Verbrüderung tritt der Diebstahl an einer schwer verletzten Frau.

Auch wenn sich Frauen in der Nachkriegszeit ausgesprochen geschickt zu bewegen verstanden, wie die Protagonistin in der auf einem realen Justizfall beruhenden Erzählung *Anita G.* („Sie konnte sich bewegen, ohne irgendein Geräusch zu machen“[378]), drohten sie jederzeit an den patriarchalen Strukturen zu scheitern. Das macht sie zu Erbinnen der Unterschichten des 19. und frühen 20. Jahrhunderts. Die schwangere Anita G. ist das Kind jüdischer Eltern, die von den Nationalsozialisten im KZ Theresienstadt interniert worden sind und nach 1945 befreit wurden. Den vollständigen Namen der Protagonistin erfährt man nicht, sie selbst gibt wechselnde Namen an. Im Modus einer permanenten Flucht bewegt sich Anita kreuz und quer durch die Nachkriegsgesellschaft. Um wenigstens zeitweilig „ihr Leben wieder in den Zustand von Sicherheit und Ordnung zu bringen“,[379] geht sie Verhältnisse mit Männern ein, ohne sie ausnutzen zu wollen. Stets will sie dabei „einfach und natürlich“[380] erscheinen. Das sind die traditionellen Zuschreibungen an Frauen seit dem 18. Jahrhundert. In Mainz hat sie Schulden gemacht und will daher die Stadt verlassen. Auf dem Weg nach Wiesbaden wird sie jedoch in einen Unfall verwickelt: „an der Torausfahrt der Universität wurde sie, als sie die Straße überquerte, von einem Auto erfaßt (es

377 Kluge: Lebensläufe (s. Anm. 364), S. 48.
378 Ebd., S. 95.
379 Ebd., S. 94.
380 Ebd.

kann auch sein, daß sie in das Fahrzeug hineinlief)".[381] Der Erzähler entscheidet sich hier für die Unfallversion, bietet jedoch auch eine Alternative an. Ihr zufolge kann sich die Protagonistin auch gezielt ungeschickt verhalten haben. In jedem Fall beginnt sie mit dem seinerseits ungeschickten, dabei aber engstirnigen Fahrer des Wagens ein Verhältnis, das dann freilich „ein sehr schwerer Fehler, den sie beging", beinahe beendet.[382] Am Ende läuft sie kopflos von der Mainzer Bahnhofstraße aus erneut „in ein Auto hinein, das scharf bremsen mußte und noch weitere Fahrzeuge aus dem Kurs brachte".[383] Die Erzählung kombiniert das Ungeschick also mehrfach mit dem Unfalldiskurs. Trotz ihres Unfalls rafft sich Anita auf und läuft weiter bis zur Wohnung ihres ungeschickten Geliebten, den sie wenig später verlässt. Nach weiteren Fluchtbewegungen überantwortet sie sich der Polizei und bringt im Anstaltshospital ihr Kind zur Welt. Es wird ihr weggenommen und in eine Pflegeanstalt gebracht, woraufhin die Protagonistin einen Nervenzusammenbruch erleidet. Auf ihrem Freiheitsverlangen und ihrer strategisch eingesetzten Ungeschicklichkeit ließ sich unter den patriarchalen Konditionen der bundesrepublikanischen Nachkriegsgesellschaft keine Lebensform aufbauen. Das Motto, das der Erzählung voransteht, lautet nicht von ungefähr: „Haben Sie nicht eine erfreulichere Geschichte?"[384]

Kluges Ausdehnung des Ungeschicklichkeitsdiskurses auf weibliche Akteure kulminiert in einer Gerichtsanekdote, die sich im abschließenden Lebenslauf mit dem Titel *Korti* findet. Die Anekdote trägt den Titel „Das Strichmädchen als Schöffin". In ihrer Schärfe und Prägnanz schließt sie an die Anekdoten Kleists an. Erzählt wird von

381 Ebd., S. 96. In den sechziger Jahren war das Auto „zum Inbegriff individueller Freiheit" geworden; Herbert: Geschichte Deutschlands im 20. Jahrhundert (s. Anm. 2), S. 686.

382 Kluge: Lebensläufe (s. Anm. 364), S. 103.

383 Ebd., S. 106.

384 Ebd., S. 92. Alexander Kluge hat die Erzählung 1966 unter dem Titel *Abschied von gestern* auch verfilmt. Die Figur der Anita G. wurde von seiner Schwester Alexandra gespielt.

einer „gräßliche[n] Fehlleistung“,[385] die 1959 der Justizverwaltung in S. unterlaufen sei. Eine Prostituierte sei dort irrtümlich zur Schöffin gewählt worden und habe auch an mehreren Urteilen mitgewirkt. Als das herauskommt, wird die Fehlleistung „sofort bereinigt“.[386] Die Prostituierte wird „unverzüglich der Bestrafung zugeführt“ und alle Urteile, an denen sie beteiligt war, werden „selbstverständlich aufgehoben“.[387] Die Anekdote verdeutlicht, dass große Organisationseinheiten und Behörden sich selbst auf ‚Fehler‘ beobachten, um diese dann umgehend reparieren zu können. Insofern erzählt sie vom Ungeschick eines sozialen Systems. Indem sie aber sowohl die Ungeschicklichkeit, als auch ihre Korrektur durch hyperbolische Ausdrücke charakterisiert (‚gräßlich‘, ‚sofort‘, ‚unverzüglich‘, ‚selbstverständlich‘), kommt eine affektive Komponente ins Spiel. Sie verweist im Verbund mit den übrigen Beispielen auf die Radikalität der Irritation des Systems durch Frauen, die seine Handlungsmacht infrage stellen und es dadurch in toto bedrohen.[388] Vor allem muss das System seine ‚Reinheit‘ sichern und sie gegen jedes weibliche Freiheitsbegehren verteidigen. Gelingt ihm das nicht – und sei es auch aus eigenem Verschulden – dann nimmt es Rache für die eigene Ungeschicklichkeit und benötigt ein Opfer, um seine Reinheit zu restituieren.

---

385 Kluge: Lebensläufe (s. Anm. 364), S. 218.

386 Ebd.

387 Ebd.

388 Kluge hat diese Irritation nicht nur in dem Filmessay *Abschied von Gestern*, sondern auch in weiteren Filmen eingesetzt, wobei etwa an die Figur der Leni Peickert in *Die Artisten in der Zirkuskuppel: ratlos* (1968) zu denken wäre. Vgl. dazu Georg Stanitzek: Autorität im Hypertext: „Der Kommentar ist die Grundform der Texte“ (Alexander Kluge). In: Internationales Archiv für Sozialgeschichte der Literatur 23 (1998), H. 2, S. 1–46.

Absturz der Schreibmaschine

Ende der sechziger Jahre hatte sich die Bundesrepublik für eine „neue Politik der Globalsteuerung“[389] entschieden. Angesichts des abrupt endenden Nachkriegsbooms wurde politisches Planungshandeln nun am Kriterium der Wissenschaftlichkeit ausgerichtet und die Finanzmärkte wurden ihrer Eigendynamik überlassen.[390] Das zeigte erste Wirkungen. In der Folge konnte „die freie Entfaltung des Individuums“ zum „sozialen Leitwert“ aufsteigen.[391] Unterstützt durch die Einführung der Pille wurde nun auch die Sexualität zur Privatsache.[392] Damit änderten sich das Selbstbild und das Selbstbewusstsein vor allem junger Frauen[393] und das traditionelle Familienmodell verlor seine Monopolstellung.[394] Zugleich verschärfte sich mit dem nahenden Ende der klassischen Industriegesellschaft[395] und den Ölpreisschocks von 1973 und 1979 das öffentliche Klima und mit ihm die Funktionskrise der Literatur. Nach den Studentenunruhen der späten sechziger Jahre verbreiteten sich unter Literaten Ernüchterung und Resignation, nach 1975 auch Stagnationsempfindungen. Sie wurden durch die öffentliche Intellektuellenhetze in der BRD verstärkt.[396] Im Zuge einer Kommerzialisierung und Demokratisierung des Buchmarkts, der in den achtziger Jahren zu einer Übersättigung führt, fächert sich in der Bundesrepublik die Literatur in Sparten auf, denen ein breites Spektrum von Schriftstellertypen zuarbeitet.[397] In einer dieser Sparten etabliert sich mit großen Anfangserfolgen die

389 So Bundeskanzler Kiesinger 1966 in seiner Regierungserklärung; zit. nach Herbert: Geschichte Deutschlands im 20. Jahrhundert (s. Anm. 5), S. 836.

390 Ebd., S. 893.

391 Ebd., S. 816.

392 Vgl. Kershaw: Achterbahn (s. Anm. 2), S. 305–308.

393 Herbert: Geschichte Deutschlands im 20. Jahrhundert (s. Anm. 5), S. 817.

394 Ebd., S. 908.

395 Ebd., S. 903.

396 Wilfried Barner: Das Jahrzehnt der Ungleichzeitigkeiten und der langgezogenen „Tendenzwende“: Literarisches Leben im Westen. In: ders. (Hg.): Geschichte der deutschen Literatur von 1945 bis zur Gegenwart (s. Anm. 191), S. 583–601, hier S. 593–596.

397 Ebd., S. 584 f., S. 592.

Frauenliteratur als Erbin der Protestbewegung von 1968. In ihr erscheinen die Protagonistinnen nicht länger – wie noch in Kluges *Lebensläufen* – als Opfer einer patriarchalen Sozialstruktur. Vielmehr werden sie zu gleichberechtigten Anwärterinnen auf Freiheit und Selbstbestimmung. Das ließe sich an Texten wie Verena Stefans *Häutungen*, oder an Karin Strucks *Klassenliebe* zeigen.[398] Für den Ungeschicklichkeitsdiskurs ist eher der Reflex dieser Neukonstellation in Peter Handkes Erzählung *Die linkshändige Frau* aufschlussreich, die dezidiert literarisch auf die Frauenbewegung reagiert hat. Handke vertrat in den sechziger Jahren zunächst noch eine Minderheitenposition mit Affinitäten zur Pop-Art, stieg aber in den siebziger Jahren zu einer Art Ikone des Literaturbetriebs auf.[399] Er bediente das Bedürfnis nach Alternativen zum Gemeinschaftsfuror der linken Szene und integrierte dabei auch gezielt Formen der Ungeschicklichkeit. Schon in den vor der *Linkshändigen Frau* erschienenen Texten Handkes hatte ungeschicktes Verhalten eine zentrale Rolle gespielt. Ein zeitgenössischer Rezensent hielt etwa zur Motivkonstanz in den bis 1976 erschienenen Arbeiten fest: „immer wieder ‚stolpern' Leute, sind ‚ungeschickt', verstoßen so, aus Versehen wenigstens, gegen die Dramaturgien des Alltags."[400] Das verweist auf Handkes sprachkritische Anfänge, vor allem aber auf den Film, der auch auf Handke stilbildenden Einfluss hatte. Bereits der Titel der *Linkshändigen Frau* enthält mit der Linkshändigkeit einen Hinweis auf eine Normabweichung, die lange mit linkischem Verhalten assoziiert und entschieden bekämpft worden ist.[401] Erst im Zuge der Bildungsreformen der siebziger Jahre, die ihrerseits die

398 Vgl. Ulrich Breuer: Nackt wandern. Karin Strucks *Klassenliebe* im Bekenntnisdiskurs (der siebziger Jahre). In: LiLi. Zeitschrift für Literaturwissenschaft und Linguistik 32 (2002), H. 126, S. 103–127.

399 Barner: Das Jahrzehnt der Ungleichzeitigkeiten (s. Anm. 396), S. 592.

400 Benjamin Henrichs: Als wenn von nichts die Rede wäre. Peter Handkes neue Erzählung: *Die linkshändige Frau*. In: Die Zeit, 17.9.1976.

401 Auch Edgar Wibeau, der Protagonist in Plenzdorfs Erfolgsprojekt, ist Linkshänder; Plenzdorf: Die neuen Leiden des jungen W. (s. Anm. 350), S. 138: „Ich glaube, ich sagte noch nicht, daß ich ein echter Linkshänder war. Das war ungefähr das Einzige, was Mutter Wiebau mir nicht abgewöhnen konnte."

Funktionskrise der Literatur massiv verstärkt haben,[402] wurde das angebliche Defizit allmählich akzeptiert.

Ebenso wie Alexander Kluge hat auch Handke Jura studiert, sich aber noch vor dem Abschluss seines Studiums für die Literatur entschieden. Mit Kluge verbindet ihn überdies die angesprochene Affinität zum Film und seinen Darstellungsverfahren. Sie ist für die hier thematische Erzählung bedeutsam, denn deren Ausgangspunkt ist ein Drehbuch.[403] Es entstand bis zum Januar 1976 in Paris.[404] Erst nach Abschluss des Drehbuchs wurde im Februar 1976, ebenfalls in Paris, die Erzählung niedergeschrieben. Gegenüber seinem Freund Hermann Lenz äußerte Handke am 12.2.1976 Bedenken zu ihrem Gelingen, da sie, ihrer Herkunft aus einem „Filmdrehbuch" entsprechend, „keine ausdrückliche Innenwelt" vorführe, sondern „nur Konstatierung von Gesprächen und Bewegungen" biete.[405] An seinen Verleger Siegfried Unseld schrieb er nach dem Abschluss des Typoskripts skeptisch: „manchmal bin ich doch ziemlich sicher, daß es besser wäre, wenn ‚Die Linkshändige Frau' ein bloßes Drehbuch bliebe. Es ist halt doch mehr ein Film."[406] Erst nach einer begeisterten Rückmeldung Unselds[407] erschien das Buch *Die linkshändige Frau*

402 Vgl. Barner: Das Jahrzehnt der Ungleichzeitigkeiten (s. Anm. 396), S. 590.

403 Vgl. zum Folgenden Katharina Pektor: Die linkshändige Frau. Entstehungskontext. In: https://handkeonline.onb.ac.at/node/1389 (14.5.2019).

404 Handke hatte seinem Verleger Siegfried Unseld am 30.9.1975 geschrieben, er würde gern „in diesem Jahr noch ein Filmdrehbuch schreiben können, damit ich etwas anderes gemacht hätte als nur Aufsätze und Artikel." Peter Handke an Siegfried Unseld, 30.9.1975. In: Peter Handke/Siegfried Unseld: Der Briefwechsel. Hg. von Raimund Fellinger und Katharina Pektor. Berlin 2012, S. 293–294, hier S. 293. Unseld hielt in seinem *Reisebericht Paris, 20./21. November 1975*, fest: „Er schreibt an einem Film-Drehbuch, das er in 2–3 Monaten zu Ende haben möchte." Ebd., S. 296.

405 Peter Handke an Hermann Lenz, 12.2.1976. In: Peter Handke/Hermann Lenz: Berichterstatter des Tages. Briefwechsel. Hg. von Helmut Böttiger, Charlotte Brombach u. Ulrich Rüdenauer. Frankfurt a. M. 2006, S. 94–95, hier S. 94.

406 Peter Handke an Siegfried Unseld, 2.3.1976. In: Handke/Unseld: Der Briefwechsel (s. Anm. 404), S. 298.

407 Unseld hatte Handke direkt nach der Lektüre des Typoskripts von Wien aus angerufen „und ihm bestätigt, wie sehr ihm dieser Text gelungen sei." Das hielt er in seinem *Reisebericht Wien, 6.–8. März 1976*, fest; ebd., S. 298 f. Kurz nach der Rückkehr aus Wien schrieb er dem Autor: „Die Lektüre wirkt

Ende August 1976 im Suhrkamp-Verlag. Der gleichnamige Spielfilm, bei dem Peter Handke Regie führte, wurde im Mai 1978 erstmals in Cannes gezeigt. Er war im Frühjahr 1977 auf der Basis eines neuen Drehbuchs entstanden, dem nun die fertige Erzählung zugrunde lag.[408]

Das konstatierende, ‚filmische' Erzählen in der *Linkshändigen Frau*[409] hat Folgen für den Umgang des Textes mit der Ungeschicklichkeit. Deren Formen und Valenzen werden in Konstellationen eingelagert, die zwischen der Protagonistin und den übrigen Figuren hergestellt werden. Dabei fällt auf, dass die weitgehend unbestimmt bleibende Protagonistin Marianne, die sich zu Beginn der Erzählung von ihrem Mann trennt und mit dem gemeinsamen Sohn allein zu leben beginnt, von mehreren Figuren umstellt wird, die sich allesamt ungeschickt verhalten und auf die sie dann unterschiedlich reagiert. Thematisiert wird ungeschicktes Verhalten vor allem an zwei Figuren. Die eine ist „ein ziemlich dicker Junge"[410] namens Jürgen, ein Freund ihres Sohnes, die andere der Vater der Protagonistin, ein Schriftsteller. Während der dicke Jürgen sich ungewollt tollpatschig verhält, scheint der Vater seine Ungeschicklichkeit routiniert zu inszenieren. Nur von der unbeabsichtigten Ungeschicklichkeit wird die Protagonistin berührt, ja zum Weinen und zum Lächeln gebracht, die inszenierte durchschaut sie und korrigiert stillschweigend ihre Folgen. Das sei näher ausgeführt.

Als die Protagonistin auf einem Zusatzkanal ihres Fernsehers, der den Kinderspielplatz der Wohnsiedlung zeigt, „das stumme, schwarzweiße Bild" betrachtet, „in dem gerade ihr Sohn auf einem

---

durchaus nach. Sei sicher, Du hast eine großartige Erzählung geschrieben." Ebd., S. 299.

408 Handke hat sich zu seinem Film auch ausführlich geäußert und dabei die angestrebte Affinität der Protagonistin zu einem Westernhelden, die Orientierung am Stummfilm und die Nähe zu Martin Scorseses *Taxi Driver* angesprochen; vgl. Peter Handke: „Durch eine mythische Tür eintreten, wo jegliche Gesetze verschwunden sind". In: Raimund Fellinger (Hg.): Peter Handke. Frankfurt a. M. 1985, S. 234–241.

409 Vgl. zur metonymischen Form der Erzählung auch Rolf Günter Renner: Peter Handke. Stuttgart 1985, S. 105: „Das Erzählen verfährt phänomenologisch, es simuliert eine filmische Abfolge".

410 Peter Handke: Die linkshändige Frau. Erzählung. Frankfurt a. M. 1976, S. 29.

Baumstamm balancierte, während sein dicker Freund immer wieder herunterfiel", treten ihr Tränen in die Augen.[411] Diese unmittelbare, im christlichen Sinne barmherzige[412] Reaktion auf das darstellungstechnisch zum Slapstick gewordene motorische Ungeschick unterscheidet sich scharf von der pädagogischen Rationalisierung und Distanzierung des Ungeschicks, die den konkreten Einzelfall aus dem Blick verliert. Das wird an der emanzipierten, politisch engagierten Lehrerin Franziska vorgeführt. Sie fordert ihre Schüler regelmäßig dazu auf, die „traurigen Abenteuer" Donald Ducks zu lesen, um aus ihnen etwas über die „Daseins-Formen" jenseits der „gutsituierten Haus- und Grundbesitzerlandschaft hier" zu erfahren.[413] Indem das Ungeschick in die Nähe des Comics gerückt wird, verschwindet es als didaktisch und sozialkritisch instrumentalisierbares Stilmittel in der Populärkultur der Globalisierungsmoderne. Entsprechend erhält der dicke Jürgen durch Franziska keinerlei Unterstützung. Während eines Gesprächs mit Marianne nimmt Franziska ihn gar nicht wahr, wenn er im Streit mit dem Sohn Mariannes „eher traurig"[414] vor den beiden Frauen steht. Marianne dagegen ruft beiden Kindern zu, sie sollten ihre „Feindschaft heute" beenden, woraufhin Jürgen „erlöst" lächelt.[415] Dieses Lächeln findet sich gegen Ende der Erzählung dann bei Marianne wieder, als sie einen sie verehrenden Schauspieler den Kopf ungeschickt durch das falsche Loch seines ärmellosen Pullovers stecken sieht.[416] Ebenso wie ihre Tränen ist ihr Lächeln Ausdruck eines intimen Zugangs zum Ungeschick und der unhintergehbaren Unbestimmtheit seines Grundes.[417]

Dieser Zugang kulminiert in dem angesprochenen Gespräch zwischen Marianne und Franziska. Auf die neugierige Frage

---

411 Ebd., S. 31 f.

412 Zu den stark ausgeprägten christologischen Dimensionen der Erzählung, die auch ihre kreuzwegartige Struktur bestimmen, vgl. Scott Abbott: Forms of Identity. Stations of the Cross in Peter Handke's *Die linkshändige Frau*. In: handkeonline.onb.ac.at/forschung/pdf/abbott-2013.pdf (15.5.2019).

413 Handke: Die linkshändige Frau (s. Anm. 410), S. 26.

414 Ebd., S. 84.

415 Ebd.

416 Ebd., S. 129.

417 Vgl. dazu die Einleitung; s. oben. S. 9 f.

Franziskas, ob sie sich nicht nach einem wirklichen Freund sehne, ruft Marianne aus:

> „O ja. O ja. – Aber ich möchte nicht wissen, wer er ist. Auch wenn ich immer mit ihm zusammen wäre, wollte ich ihn nie kennenlernen. Nur eins hätte ich gern" – sie lächelte wie über sich – „daß er ungeschickt wäre, ein rechter Tölpel; ich weiß selber nicht, warum." Sie unterbrach sich: „Ach Franziska, ich rede wie eine Heranwachsende."[418]

Die Protagonistin rekurriert damit auf die lizensierte Ungeschicklichkeit von Frauen im ‚Backfischalter'. Ihr idealer Partner ist ein vertrauter Fremder, ein Anderer, dessen Inneres ihr unbekannt bleibt, während er sich nach Außen ungeschickt verhält. Bei diesem Wunschbild ist nicht zuletzt an die konstatierende Faktur der Erzählung selbst zu denken, die auf Innenperspektiven verzichtet und lediglich die Bewegungen und Gespräche der Figuren registriert.[419] Das Wunschbild verweist aber auch auf den ungeschickten Jürgen, der die Protagonistin mit seinen vergeblichen Bemühungen zu Tränen rührt und den sie aus seiner Trauer erlöst, sowie auf den ungeschickt im Pullover verhedderten Schauspieler, der die Protagonistin zum Lächeln bringt. Und nicht zuletzt verweist das Wunschbild auf die Protagonistin selbst und ihre eigene Ungeschicklichkeit. Die psychoanalytisch geschulte Franziska dagegen kann in dem Wunschbild des ungeschickten Freundes nur das unbewusste Begehren Mariannes nach ihrem Vater erkennen, da dieser sich wiederholt ungeschickt verhalten habe.[420]

Das ist allerdings eine Fehlinterpretation. Sie verdankt sich dem Umstand, dass Franziska den Vater Mariannes bereits einbestellt hat, damit er sich seiner ‚haltlos' gewordenen Tochter annimmt. Daher unterschiebt sie den Vater dem Wunschbild Mariannes. Als diese von Franziskas Eigenmächtigkeit erfährt, reagiert sie ablehnend.

---

418 Handke: Die linkshändige Frau (s. Anm. 410), S. 82.

419 Für Uwe Schultz: Die Einsamkeit der Emanzipation. Zu Peter Handkes Erzählung *Die linkshändige Frau*. In: Fellinger (Hg.): Peter Handke (s. Anm. 408), S. 229, ist Handkes Erzählung geradezu „eine literarische Galerie von Wunschbildern".

420 Handke: Die linkshändige Frau (s. Anm. 410), S. 82.

Sie braucht ihren Vater nicht. Seine inszenierte Ungeschicklichkeit rührt sie auch nicht; vielmehr wird diese von ihr radikal sachlich behandelt. Sobald er angekommen ist, korrigiert sie schweigend seine linkischen Handlungen. Am Bahnhof hilft sie ihm, die Waggontür zu öffnen und aus dem Zug auszusteigen.[421] Als ihm bei einer gemeinsamen Mahlzeit Geld und Schlüssel aus der Hosentasche gefallen sind, hebt sie beides auf, während er damit kokettiert, bei der letzten Heimfahrt ein Geschenk von ihr, eine Geldbörse, sofort verloren zu haben.[422] Kurz darauf öffnet sie die Weinflasche, deren Korken er nicht zu ziehen vermocht hatte, und unterstützt ihn bei seiner vergeblichen Suche nach einem Glas.[423] Ungeschickt verhält sich ihr Vater überdies, wenn er beim gemeinsamen Gang durch die Stadt am Ende einer Rolltreppe stolpert.[424] Und obwohl er sich ständig ungeschickt verhält, wirft er anderen, etwa einem tollpatschigen Schauspieler, ihre „Fehler" vor.[425] Der Grund für diese Paradoxie zeigt sich erst, wenn er abreist: „Er stieg sehr behende, ohne zu stolpern, rückwärts das Trittbrett hinauf und verschwand im Zug, der schon anfuhr. Das Kind sagte: ‚Er ist ja gar nicht so ungeschickt.' Die Frau: ‚Er hat immer nur so getan.'"[426] Bei der inszenierten Ungeschicklichkeit des Vaters handelt es sich um eine Form des poetischen oder idiotischen Ungeschicks, die zu seinem Schriftstellerberuf passt. In dieser Hinsicht ist der Vater eine Wiederaufnahme traditioneller Autorfiguren wie derjenigen Edwins in Koeppens *Tauben im Gras*, die ihrerseits auf noch ältere Figuren wie den zerstreuten Poeta doctus oder den Brunnensturz des Protophilosophen zurückweisen.

In Handkes Erzählung steht freilich die ‚authentische' Ungeschicklichkeit des dicken Jürgen mit der auf traditionelle Weise poetischen des Vaters in einem untergründigen Zusammenhang. Hergestellt wird dieser Zusammenhang über die Protagonistin. Das zeigt sich zunächst in einer Engführung, die der Text im Verhältnis

---

421 Ebd., S. 85.
422 Ebd., S. 86.
423 Ebd., S. 87 f.
424 Ebd., S. 93.
425 Ebd., S. 95.
426 Ebd., S. 98.

von Vater und Tochter vornimmt. Der Vater hatte Marianne bei seinem Besuch prophezeit, dass sie eines Tages „so enden" werde wie er; mit dieser Bemerkung sei seine „Mission hier erfüllt".[427] Tatsächlich aber verhält sich umgekehrt der Vater ebenso wie zuvor seine Tochter, wenn er am Ende seines Aufenthalts überaus behende rückwärts in den Zug einsteigt, der ihn wieder nach Hause bringt. Denn Marianne geht noch vor seinem Besuch in ihrem Haus hin und her und ändert dann plötzlich die Richtung: „Sie bewegte sich rückwärts, sehr schnell, abbiegend, wieder abbiegend."[428] Die Passage bezieht sich ihrerseits zurück auf ein Gespräch Mariannes mit ihrem Verleger und Arbeitgeber, in dem sie ihre Irritation über die Anlage des von ihr bewohnten Hauses zum Ausdruck bringt: „Was mich an dem Haus hier stört, ist die Art, wie man abbiegen muß, um von einem Raum in den andern zu kommen: immer im rechten Winkel, noch dazu immer nach links. Ich weiß nicht, warum diese Bewegungsart mich so verdrießlich macht; sie quält mich geradezu."[429] Durch die Antwort des Verlegers, Marianne solle doch diese Erfahrung literarisch festhalten, wird der Linksabbiegezwang mit der literarischen Faktur der Erzählung verbunden. In ihr muss der Leser die vorwärts gerichtete Lektüre durch eine zurückblickende ergänzen. Die Linkslastigkeit ist im Kontext der siebziger Jahre aber auch politisch zu lesen. Handke arbeitet an einem radikalen Kurswechsel, den er dann in der umstrittenen Tetralogie *Langsame Heimkehr* umsetzen wird.

In der linkshändigen Frau, die durch Rückwärtsbewegungen auch Rechtswendungen ermöglicht, konvergieren am Ende dann auch die natürliche und die poetische Ungeschicklichkeit. Aus ihrer Verbindung entspringt letztlich die Kunst. Das demonstriert der vorletzte Absatz des Textes. Marianne nimmt sich dort ein Blatt

---

427 Ebd., S. 92.

428 Ebd., S. 69. Hier werden, wie Schultz: Die Einsamkeit der Emanzipation (s. Anm. 419), S. 233, etwas ungeschickt aber zutreffend festhält, die „Abläufe von Alltagsbewegungen [...] ein weiteres Mal zu Abenteuern, deren Unheimlichkeit nicht zuletzt in der Bloßstellung von Banalitäten gegeben ist."

429 Handke: Die linkshändige Frau (s. Anm. 410), S. 51.

Papier und einen Bleistift und beginnt zu zeichnen.[430] Dabei entsteht ein umgestülptes Selbstporträt.[431] Über seine Entstehung heißt es: „Sie zeichnete nicht schwungvoll, eher zittrig und ungeschickt; doch dazwischen gelangen ihr ab und zu Striche in einer einzigen Bewegung, fast einem Schwung."[432] Der Satz hält fest, wie die linkshändige Protagonistin im Prozess des Zeichnens die Kunst für sich entdeckt. Um den Stellenwert dieses Satzes zu erfassen ist der Hinweis nötig, dass Handke ihn erst nach Erhalt der Abschrift seines Typoskripts durch den Verlag in die Erzählung eingefügt hat. Das teilt er seinem Verleger bei der Rücksendung der korrigierten Abschrift am 30.4.1976 mit.[433] Am gleichen Tag hatte er den Satz[434] im Notizbuch entworfen und daneben – ein wenig dilettantisch – einen Bison gezeichnet. Das kann als Wiederaufnahme des u. a. von Paul Klee kultivierten naiven Primitivismus verstanden werden und korrespondiert mit dem Einsatz des ‚dicken Kindes' als Quellpunkt der Ungeschicklichkeit von Handkes Protagonistin. In jedem Fall besteht zwischen dem Satz über die Entstehung der Kunst aus der Ungeschicklichkeit und der Zeichnung des Büffels ein textgenetischer Zusammenhang, der dann auch für die Umschlaggestaltung genutzt worden ist. Am Ende eines komplizierten Abstimmungsprozesses zwischen Autor und Verlag erschien die Erstauflage mit

430 Als Zusammenfall von äußerlichem Erzählen und einem subjektiven „Gestus der Remythisierung" gedeutet bei Renner: Peter Handke (s. Anm. 409), S. 109.

431 Die Zeichnung hält den Blick Mariannes auf den eigenen Leib und seine Umgebung fest und erinnert damit an ein inverses Selbstporträt Ernst Machs; vgl. dazu Abbott: Forms of Identity (s. Anm. 412), S. 5 f. Den Begriff des inversen Selbstporträts für Machs Darstellung entwickelt Manfred Sommer: Evidenz im Augenblick. Eine Phänomenologie der reinen Empfindung. Frankfurt a. M. 1987, S. 17–37.

432 Handke: Die linkshändige Frau (s. Anm. 410), S. 131.

433 Vgl. Peter Handke an Siegfried Unseld, 30.4.1976. In: Handke/Unseld: Der Briefwechsel (s. Anm. 404), S. 206–307, und den zugehörigen Kommentar.

434 Er lautet dort: „Sie zeichnete nicht schwungvoll, eher ungeschickt, zögernd; aber dazwischen gelangen ihr Striche in einem einzigen Schwung, die zusammen mit den anderen, gehemmten und zittrigen Strichen, der vollendeten Zeichnung dann den Augenschein von einer langen, in wechselnden Gemütszuständen durchlebten Zeit gaben." In Klammern hinzugefügt ist der Hinweis „(einfügen in ‚Die linkshändige Frau')". Peter Handke: Notizbuch. PH: NB 4, S. 58.

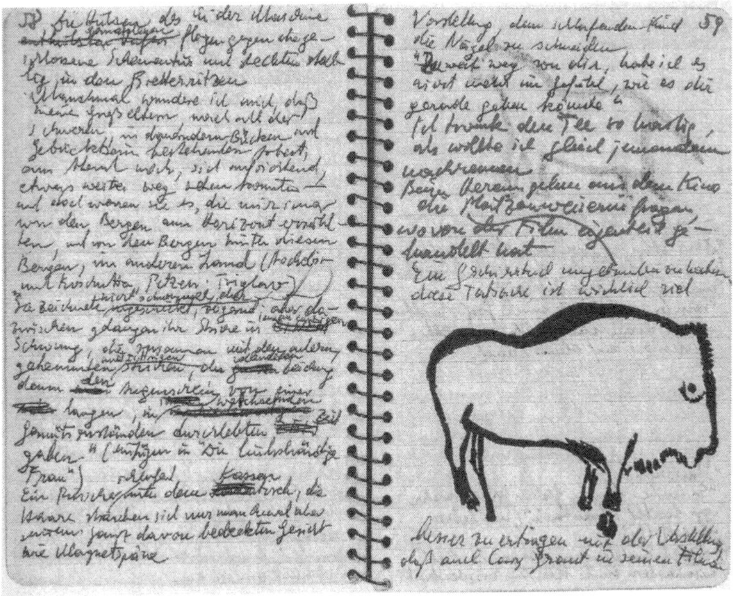

Abb. 15 Peter Handke, Bison, 1976

der Höhlenzeichnung eines Bisons auf dem Umschlag. Für die zeitgenössischen Leser musste der Bezug rätselhaft anmuten, erst im textgenetischen Nachvollzug wird die Zeichnung als Emblem einer Ästhetik des Ungeschicks erkennbar.

Indem die linkshändige Frau am Ende ein Selbstporträt zeichnet und dabei den paläoanthropologischen Übergang von natürlicher in poetische Ungeschicklichkeit auf persönlicher Ebene nachvollzieht, inszeniert die Erzählung auch einen Medienwechsel. Ähnlich wie in Koeppens *Tauben im Gras* geht es dabei um den Status der Literatur in der Medienkonkurrenz. Handke entscheidet sich gegen die Fortschreibung einer schriftzentrierten Form der Literatur, er optiert für ihre Erweiterung oder Überwindung durch Bildmedien. Das zeigt sich dann auch in der konstatierenden, auf die Herkunft der Erzählung aus einem Drehbuch verweisenden Schreibweise seines Textes. Der Medienwechsel kündigt sich erstmals an, als die

Protagonistin gegen ihr Schreibgerät aufbegehrt.[435] Zuvor war sie als Autorin eingeführt worden, die nach der Trennung von ihrem Ehemann ihr Geld mit literarischen Übersetzungen verdient. Bald schon bricht sie aber aus dem Käfig der Literatur aus, indem sie bewusst ihre Schreibmaschine vom Tisch stürzen lässt: „Auf einmal schob die Frau die Schreibmaschine zur Seite, und diese fiel zu Boden."[436] Damit riskiert sie ihren Beruf. Der gezielt herbeigeführte Sturz der Schreibmaschine ist zugleich eine erste, unscheinbare Form intentionaler Ungeschicklichkeit, die sich vom routinierten Einsatz der Ungeschicklichkeit durch ihren Schriftstellervater abgrenzt. Allerdings führt dieser Sturz im Fall der Protagonistin in eine gänzlich andere, aus der Welt der Schrift ausbrechende Richtung. Der Ausbruch setzt sich in ungeschickten Gesten der Wut fort, zu denen ein Aufstampfen mit dem Fuß gehört (bei dem ihr der Absatz eines Schuhs abbricht, sodass sie zum Stolpern gezwungen wird),[437] aber auch der Wurf mit einer Bürste nach ihrem Sohn, bei dem ein Glas zerbricht.[438] Erst im Konkurrenzmedium der bildenden Kunst, erst im Vollzug der Zeichnung schwingt sich die teils aggressive Ungeschicklichkeit Mariannes in eine Ausdrucksbewegung ein, die ihre Urheberin beruhigt und befriedet. Die Suche nach dem Medienwechsel kommt an ihr Ziel, in dem sich geschicktes und ungeschicktes Handeln produktiv verbinden: „Es vergingen Stunden, bis sie das Blatt weglegte. Sie schaute es lange an; zeichnete dann

---

435 Vgl. dazu auch die aufschlussreiche Bemerkung Mariannes gegenüber Franziska: „die einzige politische Handlung, die ich verstehe, ist der Amoklauf." Handke: Die linkshändige Frau (s. Anm. 410), S. 83. Werkgenetisch kann man dabei an die Erzählung *Die Stunde der wahren Empfindung* denken, die ein Jahr zuvor erschienen ist.

436 Handke: Die linkshändige Frau (s. Anm. 410), S. 59.

437 Ebd., S. 65 f. In der Verfilmung läuft die Protagonistin nach der Mitteilung an ihren Ehemann, dass er sie verlassen soll, in ihren hochhackigen Schuhen schnell eine Straße entlang, stolpert und stürzt. Zurück in ihrem Haus in der Rue de Raison greift sie sich Krücken und stakt damit zusehends sicherer durch die Wohnung.

438 Handke: Die linkshändige Frau (s. Anm. 410), S. 71.

weiter."[439] Handkes Erzählung *Die linkshändige Frau* endet in der Erhebung der Ungeschicklichkeit zu einem poetologischen Prinzip, das über das Medium Schrift hinaus Geltung beansprucht. Es hat in seiner Unscheinbarkeit jeden Heroismus abgelegt und den Raum der Literatur in den globalen Raum des Visuellen erweitert.

439 Ebd., S. 131.

V

Der Elefantenmensch

Handkes Erweiterung der Literatur um visuelle Medien weist voraus auf die achtziger Jahre. Nach den politisch linkslastigen Siebzigern machte in Westeuropa der Schlingerkurs eine Wende nach rechts.[440] In der Bundesrepublik wartet das Jahrzehnt mit einer entschiedenen Verschärfung der Konkurrenz von Lesen und Sehen auf, die zusammen mit einer Übersättigung des Buchmarkts und einem weitgehenden Ausbleiben neuer literarischer Muster die Funktionskrise der Literatur verstärkt.[441] Zugleich bricht nach dem Ende der Industriegesellschaft, der Ausweitung des Dienstleistungssektors und dem Beginn der Digitalisierungsmoderne das Verhältnis zwischen avancierter Kultur und Politik weiter auseinander und es entsteht der Eindruck eines historischen und kulturellen Stillstands.[442] Er begünstigt die unverbindlich-collagehaften Spielformen der Postmoderne[443] und mündet in eine „Kultur der ironisch, aber durchaus lustvoll genossenen Oberflächlichkeit“[444]. Da ein massiver „Trend zur Individualisierung“ auf eine „soziale Entdifferenzierung in der Mitte der Gesellschaft“ trifft, verschwinden die großen zugunsten der kleinen und feinen Unterschiede.[445] Modernisierung und technischer Fortschritt werden nun zu Domänen der Konservativen, die ihr Erscheinungsbild erneuern, während Wachstums- und Industriekritik zusammen mit Antiamerikanismus

---

440 Kershaw: Achterbahn (s. Anm. 2), S. 397.

441 Vgl. Wilfried Barner: Zwischen unübersichtlichem Überfluss und unverhoffter „friedlicher Revolution“: Literarisches Leben im Westen. In: ders. (Hg.): Geschichte der deutschen Literatur von 1945 bis zur Gegenwart (s. Anm. 191), S. 797–813, hier S. 798.

442 Schnell: Geschichte der deutschsprachigen Literatur seit 1945 (s. Anm. 291), S. 442–444.

443 Vgl. Herbert: Geschichte Deutschlands im 20. Jahrhundert (s. Anm. 5), S. 1004; zum Begriff vgl. Kershaw: Achterbahn (s. Anm. 2), S. 477.

444 Herbert: Geschichte Deutschlands im 20. Jahrhundert (s. Anm. 5), S. 1007.

445 Ebd.

 DOI:10.30965/9783846761038_033

und Kulturpessimismus zu Domänen der Linken werden.[446] In der Figur des erfolgreichen Machtpolitikers Helmut Kohl schienen sich die antiintellektuelle Wende und die neue Unübersichtlichkeit der achtziger Jahre geradezu idealtypisch zu verdichten.[447] Die motorische Unbeholfenheit des großen und beleibten Bundeskanzlers und seine wiederholt praktizierte Ungeschicklichkeit auf dem politischen Parkett[448] ließen ihn zu einer beliebten Zielscheibe der Karikatur und der literarischen Satire werden.[449] Das hat die Germanistik auch erkannt und in Literaturgeschichten kodifiziert.[450] Im historischen Rückblick werden Spott und Häme aber den Leistungen Kohls, dessen Regierung – trotz anderslautender Ankündigungen und kleineren Deregulierungsmaßnahmen – bis 1989 keine nennenswerten Rückschritte in den Sozialleistungen zuließ,[451] nicht gerecht.[452]

Weitgehend übersehen oder marginalisiert wurde in der Geschichtsschreibung der deutschsprachigen Literatur allerdings das literarische Werk Michael Rutschkys, das sehr präzise auf die politischen und sozialen Veränderungen der achtziger Jahre reagiert hat.[453] Es gehört zu den aufschlussreichsten Fallbeispielen

---

446 Ebd., S. 958 f.

447 Zu Kohl vgl. ebd., S. 980 f.

448 Empörung und Irritationen löste vor allem Kohls Gleichsetzung Michail Gorbatschows mit Joseph Goebbels hinsichtlich ihres propagandistischen Umgangs mit den Medien aus; vgl. Kershaw: Achterbahn (s. Anm. 2), S. 475 f.

449 Vgl. hier nur Eckhard Henscheid: Helmut Kohl. Biografie einer Jugend. Zürich 1985; Michael Rutschky: Kohl und du. Der Jahresbericht 1987. In: ders. (Hg.): Die andere Chronik 1987. Köln 1987, S. 188–207.

450 Vgl. etwa Barner: Zwischen unübersichtlichem Überfluss und unverhoffter „friedlicher Revolution" (s. Anm. 441), S. 799.

451 Herbert: Geschichte Deutschlands im 20. Jahrhundert (s. Anm. 5), S. 973; vgl. Kershaw: Achterbahn (s. Anm. 2), S. 409.

452 Kershaw, ebd., S. 517, nennt ihn einen „Politiker, der ständig unterschätzt worden zu sein scheint, aber bei der Transformation seines eigenen Landes und auch Europas einen herausragenden persönlichen Beitrag leistete."

453 Vgl. aus der überschaubaren Literatur Florian Wolfrum: Michael Rutschky. In: Dietz-Rüdiger Moser (Hg.): Neues Handbuch der deutschen Gegenwartsliteratur seit 1945. München 1990, S. 538–540; Erhard Schütz: Planet Rutschky und andere Trabanten. Neue Feuilletons. Nachrichten aus der anderen Welt der Literatur. In: ders.: Echte Falsche Pracht. Kleine Schriften zur Literatur.

poetisch-idiotischer Ungeschicklichkeit im 20. Jahrhundert. Nach der Publikation von wissenschaftlichen Studien und journalistischen Fingerübungen beginnt der Essayist Rutschky 1980 mit einer scharfsinnigen Analyse der Eroberung des Alltags, des Körpers und der Lebenspraxis in den siebziger Jahren.[454] Mit ihr wird der Autor zu einem der bedeutendsten, ausnehmend einflussreichen Vertreter der deutschsprachigen Zeitkritik[455] und des Gegenwartsessays.[456] Regelmäßig hat er kritische Zeitdiagnosen vorgelegt, in denen er trotz der verbreiteten Resignationshaltung seit den späten siebziger Jahren und des Antiintellektualismus der Achtziger weiter auf die demokratisierende Leistung der Literatur vertraut.[457] Für eine Fallgeschichte der Ungeschicklichkeit sind die zahlreichen Essays Rutschkys aus den achtziger Jahren eine Fundgrube ersten Ranges, weil sie im Ungeschick die Signatur des gesamten Jahrzehnts erkennen.[458] Der Autor hat diese Signatur zu Beginn der achtziger

---

Hg. von Jörg Döring und David Oels. Berlin 2011, S. 262–272; Rüdiger Zymner: Poetischer Journalismus. In: Urs Meyer/Roberto Simanowski/Christoph Zeller (Hg.): Transmedialität. Zur Ästhetik paraliterarischer Verfahren. Göttingen 2006, S. 224–233; Georg Stanitzek: Essay – BRD. Berlin 2011, S. 122–153; Georg Stanitzek: Er. In: Christopher Busch/Till Dembeck/Maren Jäger (Hg.): Ichtexte. Beiträge zur Philologie des Individuellen. Paderborn 2019, S. 107–113.

454 Michael Rutschky: Erfahrungshunger. Ein Essay über die siebziger Jahre. Köln 1980. Vgl. dazu Schnell: Geschichte der deutschsprachigen Literatur seit 1945 (s. Anm. 291), S. 396 f., sowie Reinhard Baumgart: Authentisch schreiben. Deutsche Literatur der 70er Jahre. In: Rolf Grimminger/Jurij Murašov/Jörn Stückrath (Hg.): Literarische Moderne. Europäische Literatur im 19. und 20. Jahrhundert. Reinbek b. Hamburg 1995, S. 608–636, hier S. 617 f.

455 Zeitkritik wird seit den späten fünfziger Jahren zu einem journalistischen Leitbegriff; vgl. Herbert: Geschichte Deutschlands im 20. Jahrhundert (s. Anm. 5), S. 762.

456 Vgl. etwa die Würdigung von Stephan Wackwitz: Der Rutschky-Kreis. In: Die Zeit, 8.8.2019, S. 35.

457 Vgl. zum generellen Verlust dieses Vertrauens in den späten siebziger Jahren Barner: Das Jahrzehnt der Ungleichzeitigkeiten (s. Anm. 396), S. 597.

458 Vgl. als Vorstudie, auf die ich hier verschiedentlich zurückgreife, Ulrich Breuer: Echt komisch. Rutschkys *Reise durch das Ungeschick*. In: Carsten Jakobi/Christine Waldschmidt (Hg.): Witz und Wirklichkeit. Komik als Form ästhetischer Weltaneignung. Bielefeld 2015, S. 69–85. Michael Rutschky hat die Lektüre der Studie in einer E-Mail kommentiert: „Ihren Beitrag über mein

Jahre erstmals fixiert und dann immer prägnanter herauszuarbeiten versucht. Das Ungeschick ist aber nicht nur das zentrale Thema in Rutschkys Essays der achtziger Jahre; vielmehr gewinnen diese Essays erst in der Auseinandersetzung mit dem Ungeschick und den ihm zugeordneten Formen des Redens ihre literarische Form. Gesammelt und in chronologischer Folge abgedruckt hat der Autor einige seiner nach 1985 erschienenen Essays, ergänzt um drei neu verfasste, in dem Band *Reise durch das Ungeschick. Und andere Meisterstücke*, der 1990 in Zürich bei Haffmanns erschienen ist.[459] Der Band wird in der *Vorrede* einem ausgedehnten Feld von zeitdiagnostischen Beiträgen zugeordnet, die sich nach dem Ende der deutschen Teilung retrospektiv mit den achtziger Jahren beschäftigten. Michael Rutschky beansprucht in diesem Feld eine eigene Stimme: „Also gut, sage ich jetzt, *dies* ist *mein* Buch über die achtziger Jahre –".[460] Von den Konkurrenten hebe es sich dadurch ab, dass es dezidiert „einen *theoretischen Anspruch*"[461] verfolge. Weil dieser Anspruch literarisch umgesetzt wird, bildet die *Reise durch das Ungeschick* den Fluchtpunkt der folgenden Überlegungen. Sie nehmen darüber hinaus die zwischen 1980 und 1985 erschienenen Arbeiten Rutschkys in den Blick. Dabei geht es erstens um den Band *Errungenschaften*,[462] in dem der Autor für die Reihe *edition suhrkamp* u. a. Arbeiten von Rainald Goetz, Bodo Kirchhoff, Hanns-Josef Ortheil, Lothar Baier und Horst Königstein versammelt hat. Zweitens geht es um die ebenso wie *Erfahrungshunger* in Köln bei Kiepenheuer & Witsch publizierte essayistische Prosa des Bandes *Wartezeit. Ein Sittenbild*.[463] Und drittens schließlich handelt es sich

---

Ungeschick habe ich – natürlich – mit größtem Interesse gelesen. Das haben Sie sehr schön auseinanderklamüsert; die quasifiktive Rolle des Wissenschaftlers habe ich, genau besehen, bis heute beibehalten […]. Wenn ich gefragt werde, erkläre ich auch stets lauthals, ich sei kein Dichter sondern Forscher." Michael Rutschky an den Verf., 12.9.2016.

459 Rutschky: Reise durch das Ungeschick (s. Anm. 206).

460 Michael Rutschky: Vorrede. In: ders.: Reise durch das Ungeschick (s. Anm. 206), S. 7–11, hier S. 7.

461 Ebd., S. 8.

462 Michael Rutschky (Hg.): Errungenschaften. Eine Kasuistik. Frankfurt a. M. 1982.

463 Michael Rutschky: Wartezeit. Ein Sittenbild. Köln 1983.

um die als *suhrkamp taschenbuch* erschienene Essaysammlung *Zur Ethnographie des Inlands. Verschiedene Beiträge.* Letztere ist gewissermaßen die kleine Schwester, die Vorläuferin oder der erste Band der *Reise durch das Ungeschick*.[464] Generell ist dabei das bewegliche Verhältnis zwischen den Zeitschriftenbeiträgen und den Buchpublikationen Rutschkys zu beachten. Es korreliert mit seiner Übergangsstellung zwischen Journalismus und Literatur.

Zieht man den Rahmen weiter auf und nimmt die Traditionen des deutschen Ungeschicklichkeitsdiskurses in den Blick, dann schließen Rutschkys Essays sowohl formal als auch in ihrer Intention und ihrer Themenwahl an Schreibweisen der kritischen Theorie an. Dabei ist etwa an Walter Benjamin zu denken, der in der 1930er Jahren auf der Grundlage seiner Kafka-Studien das Ungeschick als Kategorie der Selbstdeutung und zugleich als zeitdiagnostische Kategorie verwendet hatte. In Abgrenzung vom Missgeschick ist das Ungeschick für Benjamin ein Effekt von Unterdrückungs- und Verschleierungsmechanismen der Heroischen Moderne. Ähnlich wie Benjamin, aber stärker sozialpsychologisch orientiert, hat Adorno, bei dem Rutschky in den 1960er Jahren studiert hatte, die Ungeschicklichkeit für eine sozialkritische Gegenwartsdiagnose genutzt, die er unter anderem an Materialien aus der Unterhaltungsindustrie der 1930er Jahre entwickelt und in den kurzen Stücken der *Minima Moralia* suggestiv ausgeformt hat. Dort ist, wie ausgeführt, von einem sozial induzierten Zwang zur Ungeschicklichkeit und dem Verlust sittlicher Verbindlichkeiten im Hochkapitalismus die Rede. Und schließlich orientiert sich Rutschky an den journalistischen, literarischen und theoretischen Arbeiten Siegfried Kracauers. „Der Kollege Kracauer"[465] hat ihn mit seinem Essay *Die Wartenden* zum Titel von *Wartezeit* inspiriert. Überdies hat Kracauer mit seiner epochalen Studie *Die Angestellten* die thematische Vorgabe für den

464 Michael Rutschky: Zur Ethnographie des Inlands. Verschiedene Beiträge. Frankfurt a. M. 1984.

465 Rutschky: Wartezeit (s. Anm. 463), S. 228.

Essay *Wir, die Angestellten*[466] geliefert, mit dem die *Reise durch das Ungeschick* beginnt.

Allerdings grenzt sich die literarische Soziologie Rutschkys auch markant von der kritischen Theorie und ihrem ‚überheblichen' Umgang mit dem Ungeschick ab. Rutschkys Großessay *Erfahrungshunger* hält zwar sympathisierend fest, dass Adorno „Kritik als intellektuelle Lebensform ausgebildet habe",[467] aber für den Kopf der Kritischen Theorie sei sie nur ein „Modus des Denkens, Redens, Schreibens" gewesen, „in dem er sich über das Alltagsleben erhob (wo er sich, wie vielfach berichtet wird, ungeschickt, verwirrt, unverständlich verhalten konnte: erst in der Reflexion auf sein Verhalten pflegte er es zu übersteigen; ‚was man auch macht, es ist falsch')."[468] Man kann die Erhebung der Kritischen Theorie über den Alltag und seine Praktiken als intellektuelles Pendant der Heroischen Moderne verstehen,[469] das nach dem Scheitern der Studentenrevolte zunehmend antiquiert wirkte und in den siebziger Jahren zu einem massiven Einstellungswechsel führte. Rutschky beschreibt diesen Wechsel als Versuch „Kritik zu leben: sie soll nicht mehr ein Modus des Denkens, Redens, Schreibens jenseits vom Alltag sein, sie soll sich unmittelbar darin realisieren."[470] Das ist auch die alltagssensible, antiheroische Einstellung des Essayisten Michael Rutschky.[471] Er hat sie in den achtziger Jahren konsequent praktiziert und schließlich auch programmatisch zugespitzt: „Eine Gesellschaftskritik, die

466 Michael Rutschky: Wir, die Angestellten. Ein Bericht. In: Merkur 40 (1986), S. 179–191. Aufgenommen in Erststellung in ders.: Reise durch das Ungeschick (s. Anm. 206), S. 12–33.

467 Rutschky: Erfahrungshunger (s. Anm. 454), S. 92.

468 Ebd.

469 Das legt schon Rutschky selbst nahe. Er spricht über die pessimistisch-heroische Geschichtsphilosophie eines Oswald Spengler und Arnold Toynbee, „die aus großer Höhe das Treiben der Menschen beobachtet und sie egoistisch findet, statt am Gemeinwohl interessiert, et cetera." Rutschky: Der Untergang des amerikanischen Imperiums (s. Anm. 206), S. 188.

470 Rutschky: Erfahrungshunger (s. Anm. 454), S. 92.

471 Zu seiner Distanz gegenüber Adorno vgl. auch das späte Interview mit den Merkur-Herausgebern Christian Demand und Ekkehard Knörer; https://www.youtube.com/watch?v=EhoZ1v7qW-4 (3.6.2019).

nicht immer auch mich selbst enthält, ist keine".[472] Für den Umgang mit der Ungeschicklichkeit hat dieser Einstellungswechsel massive Folgen, denn er verwickelt die Rede des Kritikers über das Ungeschick der Zeitgenossen immer auch in die Rede über das eigene Ungeschick und verbietet ihr dadurch, sich theoretisch allzu weit darüber zu erheben. Damit rückt der Essayist Rutschky wieder näher an Walter Benjamin und dessen Engführung von Historiographie und Autobiographie heran: Nur im Verständnis der Geschichte versteht man sich selbst – und umgekehrt.

Freilich markiert Rutschky auch in diesem Punkt eine entscheidende Differenz, indem er in zeittypischer Weise (darin Koeppen, Kluge und Handke ähnlich) die Literatur gegen das Schreiben ausspielt. Während für Benjamin noch die retrospektive Form der literarischen Autobiographie einen Orientierungsrahmen geboten hatte, der das Ich des Schreibers und Erzählers von dem des Protagonisten zu trennen erlaubte, greift Rutschky in seinen Essays die Verbindung beider Positionen in der ‚antiliterarischen' Bewegung des autobiographischen Schreibens auf. Auch das ist eine zeittypische Neuerung der siebziger Jahre. Sie ist unter dem von Lenin entlehnten Begriff einer ‚neben' und ‚unter' der Hochkultur herlaufenden und sie durchkreuzenden zweiten Kultur diskutiert worden[473] und hat zur Pluralisierung und Demokratisierung des Literaturverständnisses,[474] damit einhergehend aber auch zum Funktionsverlust der Literatur in der Globalisierungsmoderne beigetragen. Dass Rutschkys Essays aus der Subjektivitäts- und Innerlichkeitswelle dieser zweiten Kultur das singularisierende Formprinzip des autobiographischen Schreibens

---

472 Michael Rutschky: Was man zum Leben wissen muß. Ein Vademecum. Mit 25 Zeichnungen von F. W. Bernstein. Zürich 1987, S. 79.

473 Vgl. Gundel Mattenklott: Literatur von unten – die andere Kultur. In: Klaus Briegleb/Sigrid Weigel (Hg.): Gegenwartsliteratur seit 1968. München 1992, S. 153–181, hier S. 178 f.; Schnell: Geschichte der deutschsprachigen Literatur seit 1945 (s. Anm. 291), S. 396; Barner: Das Jahrzehnt der Ungleichzeitigkeiten (s. Anm. 396), S. 599 f.

474 Vgl. Ulrich Breuer: Autobiographisches Schreiben der 70er Jahre: Aspekte der Forschung. In: Jahrbuch für Internationale Germanistik 33 (2001), H. 2, S. 9–25.

übernehmen, belegt der 1982 erschienene Essay über den *Zwischenraum*. Er beginnt mit Mottos von Adorno und Benjamin, ergänzt um ein anonymes Westberliner Graffito, und führt als Gegenstand des Gegenwartsessays den Begriff des Soziotops ein.[475] Soziotope ließen sich, so Rutschky, nur durch eine Kombination der Rollen des Beobachters, des Erzählers und des Interpreten erfassen und darstellen, wobei diese Rollen allesamt selbst zum Soziotop gehören und zu seinem Funktionieren beitragen. Daher ist die Perspektive dieser Rollenmuster „unlösbar an die Geschichte, die sie erzählen und interpretieren, gebunden", sodass zu konstatieren sei: „das autobiographische Verfahren ist bislang nicht zu ersparen".[476] Es bewege sich, darin der Ich-Rede in der Psychoanalyse ähnlich,[477] in einem kommunikativen Zwischenraum[478] und ziele letztlich auf „ästhetische Evidenz".[479] Näher konturiert Rutschky das autobiographische Schreiben dann am Beispiel der Eugen-Rapp-Erzählungen von Hermann Lenz, subkutan auch durch die Schreibweisen des Lenz-Entdeckers Peter Handke,[480] um dieser Form des Schreibens (dem Schreiben der ‚zweiten Kultur') schließlich das politische Programm eines „operativen Regionalismus" zuzuordnen. Dessen Aufgabe bestehe darin, dass er „Regionen aus dem Zugriff von Zentralgewalten heraussprengt und sie autonomisiert".[481] (Das liest sich im Rückblick wie eine Prophetie des wenig später einsetzenden Vorgehens Michail Gorbatschows bei der Auflösung der Sowjetunion.) Indem Rutschky das autobiographische Schreiben mit einem (literarischen) Erkenntnisanspruch ausstattet und es politisiert,

---

475 Michael Rutschky: Der Zwischenraum. In: ders. (Hg.): Errungenschaften (s. Anm. 462), S. 378–406.

476 Ebd., S. 391.

477 Über den Zusammenhang von Psychoanalyse und Literatur hatte der Autor 1978 bei Wilhelm Emrich promoviert; Michael Rutschky: Studien zur psychoanalytischen Interpretation von Literatur. Diss. FU Berlin 1978; die Druckfassung erschien drei Jahre später bei Ullstein; vgl. Michael Rutschky: Lektüre der Seele. Eine historische Studie über die Psychoanalyse der Literatur. Frankfurt a. M./Wien 1981.

478 Rutschky: Der Zwischenraum (s. Anm. 475), S. 393.

479 Ebd., S. 384.

480 Vgl. ebd., S. 400 f. und S. 405.

481 Ebd., S. 405 f.

begibt er sich freilich auf ein Terrain, das in den achtziger Jahren immer erfolgreicher die alternativen Szenen, die Friedensbewegung und die Partei DIE GRÜNEN bewirtschaftet haben.[482] Sowohl die Friedensbewegung als auch die GRÜNEN wurden „rasch und nachhaltig" in das politische System der Bundesrepublik integriert und verschafften diesem System „einen erheblichen Zuwachs an demokratischer Legitimation".[483] Das entzieht Rutschkys Essays zunehmend ihren Resonanzraum in der zweiten Kultur.[484] Für die politisch ambitionierten Erben der zweiten Kultur sind seine Essays zu literarisch, für die verdämmernden Ausläufer der Subjektivitäts- und Innerlichkeitswellen sind sie dagegen zu theoretisch.[485] Im Januar 1989 hält Rutschky im Tagebuch daher illusionslos fest, dass Literatur „im Augenblick nicht der Kernbezirk der legitimen Kultur" sei.[486]

Gesteigert wird der Resonanzverlust der literarischen Essayistik Rutschkys durch einschneidende Veränderungen auf dem Buchmarkt. Um seine Texte mit Gewinn zu verbreiten wählte der Autor vor allem anspruchsvolle Kulturzeitschriften wie den *Merkur*, für den er kurzzeitig auch als Redakteur arbeitete. 1980 kündigte er aber seine Stelle und wechselte in die Redaktion der neu gegründeten Monatszeitschrift *TransAtlantik*. Im Oktober 1980 erschien das erste Heft mit einer sehr hohen Startauflage. Der gut informierte Siegfried Unseld, Leiter des Suhrkamp-Verlags, hat seinem inzwischen sehr erfolgreichen Autor Peter Handke die Neuerscheinung angekündigt und dabei kein Blatt vor den Mund genommen:

> ein neues Magazin erscheint, das dem „New Yorker" nachgebildet ist und dessen „Konzeption und Vetorecht" von Hans Magnus Enzensberger stammt. Ich gebe der Sache keine lange Überlebenschance,

482 Vgl. dazu Herbert: Geschichte Deutschlands im 20. Jahrhundert (s. Anm. 5), S. 984–986; kompakt auch Kershaw: Achterbahn (s. Anm. 2), S. 410.

483 Herbert: Geschichte Deutschlands im 20. Jahrhundert (s. Anm. 5), S. 1001.

484 Zum „Umwandlungsprozess der politischen Linken in eine lagerübergreifende Umweltbewegung" seit 1980 vgl. ebd., S. 920 und S. 927.

485 Vgl. Barner: Zwischen unübersichtlichem Überfluss und unverhoffter „friedlicher Revolution" (s. Anm. 441), S. 800.

486 Michael Rutschky: In die neue Zeit. Aufzeichnungen 1988–1992. Berlin 2017, S. 49.

bin aber anderseits sicher, daß diese erste Nummer sehr beachtet wird.[487]

Unseld, dessen Verlag wenig später auch den Autor Michael Rutschky ins Programm aufnahm, sollte mit seiner Einschätzung recht behalten. Das Projekt *TransAtlantik* fiel der Krise anspruchsvoller Kultur- und Literaturzeitschriften am Anfang der achtziger Jahre zum Opfer.[488] Schon 1982 ist Rutschky aus der *TransAtlantik*-Redaktion wieder ausgeschieden, um seither als freier Schriftsteller zu arbeiten.[489] Mit *Wartezeit* hat er sein Entréebillett in die deutsche Literatur abgegeben. Die Literaturkritik wusste freilich nicht viel damit anzufangen. Wie man im historischen Rückblick weiß, wurde auch sie nun von der Funktionskrise der Literatur erfasst. Ihre Normen und Maßstäbe zerfielen und wurden willkürlich, sodass plötzlich sogar ein bisher als Trivialautor eingestufter Autor wie Johannes Mario Simmel gefeiert und gelobt werden konnte.[490] Rutschky reagierte auf das Scheitern seiner literarischen Ambitionen, indem er sich einem emphatischen Konzept der handwerklich überzeugenden Arbeit an den Sachen selbst verschrieb. Es verbindet ihn Anfang der achtziger Jahre eng mit dem von ihm

---

487 Siegfried Unseld an Peter Handke, 23.9.1980. In: Handke/Unseld: Der Briefwechsel (s. Anm. 404), S. 417. Auf der zweiten Seite des ersten Heftes war eine Anzeige für Handkes Essay *Die Lehre der Sainte-Victoire* abgedruckt.

488 Zu diesem Projekt und der Rolle Rutschkys vgl. Erhard Schütz: „Fliegen des Geistes". Vom Journalismus her: Reporter, Kolumnisten u.a. In: Walter Delabar/E. Sch. (Hg.): Deutschsprachige Literatur der 70er und 80er Jahre. Autoren, Tendenzen, Gattungen. Darmstadt 1997, S. 53–74, hier S. 61 f.; zur Krise ambitionierter Literatur- und Kulturzeitschriften vgl. Barner: Zwischen unübersichtlichem Überfluss und unverhoffter „friedlicher Revolution" (s. Anm. 441), S. 810. Zur Krise des *Merkur* in den achtziger Jahren vgl. Bohrer: Jetzt (s. Anm. 170), S. 273.

489 Zum Einstieg hagelte es Absagen. Der Autor erfährt im August 1982, dass die Zeitschriften *Stern, konkret* und *Freibeuter* die Texte, die er ihnen zugesandt hatte, nicht drucken wollen; Michael Rutschky: Mitgeschrieben. Die Sensationen des Gewöhnlichen. Berlin 2015, S. 188.

490 Vgl. Barner: Zwischen unübersichtlichem Überfluss und unverhoffter „friedlicher Revolution" (s. Anm. 441), S. 812.

geförderten Rainald Goetz.[491] Das Konzept motiviert die im Untertitel der *Reise durch das Ungeschick* nicht nur ironisch, sondern auch als literaturtheoretische Stellungnahme zu verstehende Bezeichnung der eigenen Texte als *Meisterstücke*. Die plakative Umstellung von Subjektivität und Inspiration auf Arbeit und Handwerk, verbunden mit dem Anspruch auf theoretischen Durchblick und realisiert in Form von regelmäßigen Publikationen in Zeitschriften und Buchverlagen, seit den 1990er Jahren auch flankiert von einträglichen Rundfunk- sowie Fernsehproduktionen, verhinderte allerdings nicht, dass Michael Rutschky allmählich zwischen alle Stühle geriet und aus der Zeit fiel, die er doch gerade theoretisch erfassen und beschreiben wollte. Sein unverrückbarer theoretischer Anspruch ließ ihn gewissermaßen ungeschickt werden. Dazu trug auch sein Wechsel von Kiepenheuer & Witsch und Suhrkamp zum Zürcher Haffmanns-Verlag bei. Der 1982 gegründete Verlag setzte auf ein humoristisch-satirisches, von der ‚Zweiten Frankfurter Schule' um Robert Gernhardt, F. W. Bernstein und Eckhard Henscheid bestimmtes Programm, das die theoretischen und literarischen Ambitionen Rutschkys auf ihre unterhaltsamen Aspekte reduzierte. Rutschkys Form des Theorie-Schreibens bekam damit selbst Züge des Slapsticks und näherte sich den in den neunziger Jahren mit Protagonisten wie Harald Schmidt rasant reüssierenden Comedy-Formaten. Dadurch büßte es seine Stichhaltigkeit ein. Das zeigt sich vor allem in Rutschkys erster, 1987 erschienener Publikation bei Haffmanns, dem satirischen Ratgeber *Was man zum Leben wissen muß*. Er war mit Zeichnungen von F. W. Bernstein versehen, die Rutschkys Einlassungen ins Groteske verschoben.[492]

Vom Leiden am nachlassenden Erfolg, ständigen Depressionen und ihrer Kompensation durch Alkohol legen dann vor allem die späten Tagebücher Zeugnis ab. Unter anderem halten sie fest, dass 2002 Dietz-Rüdiger Moser, Herausgeber des *Neuen Handbuchs der deutschen Gegenwartsliteratur*, den Eintrag ‚Rutschky' für eine

491 Vgl. Rainald Goetz: Die Entdeckung des Arbeitens. Aus einem Krankenhaus. In: Rutschky (Hg.): Errungenschaften (s. Anm. 462), S. 29–52, hier S. 38, mit Rutschky: Der Zwischenraum (ebd.), S. 382.

492 Rutschky: Was man zum Leben wissen muß (s. Anm. 472).

Neuauflage streichen wollte, weil der Autor keine Literatur, sondern lediglich Essays verfasst habe.[493] Die Resignation kulminierte 2006 in der Feststellung „‚Man hat mich vergessen'", die allerdings durch Anführungszeichen distanziert und ironisiert wird.[494] Schon wenige Tage später notiert der Tagebuchschreiber aber ungeschminkt, dass ihn das Ausbleiben des Ruhms quäle und dass seine „Karriere, die spät, aber hoffnungsvoll startete, vollständig daneben" gegangen sei. Resümierend heißt es: „l'échec de Routchkie."[495] Der Theoretiker des Ungeschicks ist aus dem Ungeschick ins Unglück geraten[496] – ein Reinfall der Literaturgeschichte.

Dass er sich dabei selbst immer schon als Ungeschickten begriffen und darunter gelitten hat, geht ebenfalls aus den Tagebüchern hervor. Die Aufzeichnungen aus den achtziger Jahren stellen unter anderem einen Zusammenhang zwischen dem eigenen Ungeschick und dem ungeschickten Elefantenmenschen des gleichnamigen Films von David Lynch her.[497] Sie halten fest, dass der Autor als kleiner Junge von seiner Mutter für sein ungeschicktes Handeln und seine fehlende Selbstständigkeit ausgelacht worden ist[498] und geben zu, dass den Erwachsenen die „Autowelt" irritiert, weil sie „ihm seine Inkompetenz, ja Impotenz zurückspiegelt".[499] Das deckt sich mit dem Ungeschicklichkeitskonzept der Bände *Wartezeit* und *Zur Ethnographie des Inlands*. In den Aufzeichnungen aus der Zeit der Wiedervereinigung wird notiert, dass Rutschky sich als

---

493 Vgl. Michael Rutschky: Gegen Ende. Tagebuchaufzeichnungen 1996–2009. Berlin 2019, S. 151.

494 Ebd., S. 230.

495 Ebd., S. 235.

496 Vgl. ebd., S. 206.

497 Rutschky: Mitgeschrieben (s. Anm. 489), S. 13. Das kann auch die Wahl des Fotos eines Zirkuselefanten für den Umschlag der Aufzeichnungen *In die neue Zeit* erklären. Obwohl sein linkes Bein an einen Pflock gefesselt ist, versucht der Elefant in ungeschickter Weise wegzulaufen. Im Hintergrund ist der Fernsehturm zu sehen, der 1989 für die Bewohner Westberlins in neuer Weise zugänglich wurde.

498 Rutschky: Mitgeschrieben (s. Anm. 489), S. 138.

499 Ebd., S. 324. Vgl. dazu auch den Eintrag „Das Auto" in Rutschky: Was man zum Leben wissen muß (s. Anm. 472), S. 25–32.

sozialer Aufsteiger verstand,[500] der sich aus Unkenntnis der jeweils geltenden Regeln wiederholt peinlich oder unpassend benommen und ungeschickt bewegt hat.[501] Das korreliert mit dem Ungeschicklichkeitskonzept der *Reise durch das Ungeschick*. Schließlich bezeichnet er sich in seinen späten, stark auf die eigene Erscheinung fixierten Aufzeichnungen als „Tölpel"[502] und hält, wenn auch zunächst nur in Parenthesen, seine permanente Angst vor Performanzfehlern fest „(unvermindert die Kinderangst, irgendetwas dramatisch falsch zu machen)"[503], um sie am Ende offen einzugestehen: „Aber so ist er wieder mal das Kind, das nur teilweise informiert ist."[504]

In der Auseinandersetzung dieses ungeschickten und am Ende schwer enttäuschten Aufsteigers mit dem Ungeschick der achtziger Jahre lassen sich drei Stufen unterscheiden.[505] Erstens wird Ungeschicklichkeit als auffälliges Strukturmuster der anhebenden achtziger Jahre entdeckt, das sowohl auf der sozialen als auch auf der individuellen Ebene zu Tage trat, zweitens wird das Ungeschick zu einem Erkennungsmerkmal des politischen Neokonservatismus, insbesondere der CDU/CSU-Regierung erklärt, und drittens erscheint es als Effekt der sozialliberalen Bildungsreformen und prägende Gestalt der postmodernen Gesellschaft.

500 Rutschky: In die neue Zeit (s. Anm. 486), S. 30. Vgl. auch die Beobachtung in einer Bar in Wyk auf Föhr, deren Interieur als „Beitrag zu ‚Das Ungeschick des ambitionierten Aufsteigers'" bezeichnet wird; ebd., S. 109. Zur Vermehrung der Aufstiegschancen in den meisten europäischen Ländern während der sechziger und siebziger Jahre vgl. Kershaw: Achterbahn (s. Anm. 2), S. 297 f.

501 Rutschky: In die neue Zeit (s. Anm. 486), S. 63, S. 85, S. 211, S. 270 f., S. 273.

502 Rutschky: Gegen Ende (s. Anm. 493), S. 130.

503 Ebd., S. 304.

504 Ebd., S. 330.

505 Ihre Abfolge stützt sich auf die Publikationsdaten der Texte, nicht auf ihre Entstehung. Legitimiert wird die Zusammenstellung durch eine (für Rutschky untypische) Fußnote im Essay *Reise durch das Ungeschick*, in der die im folgenden untersuchten Texte zusammengestellt werden; Rutschky: Reise durch das Ungeschick (s. Anm. 466), S. 35.

Liebesspiele

Die erste Stufe repräsentiert vor allem der 1983 erschienene Band *Wartezeit. Ein Sittenbild.*[506] Er führt das Thema der Ungeschicklichkeit zunächst in sozialer Perspektive am Beispiel verschiedener Fundstücke und sodann in individueller als Bestimmungsmoment maskuliner Selbsterfahrung ein. Um die soziale Perspektive geht es in dem Abschnitt „Entdeckung des Ungeschicks". Er weist eine signifikante Nähe zu einer anekdotischen Notiz aus Peter Handkes Aufzeichnungen *Die Geschichte des Bleistifts* auf. Handkes Aufzeichnungen sind aus Notizheften zusammengestellt worden, die seinem vierteiligen, in der zeitgenössischen Kritik umstrittenen Großprojekt *Langsame Heimkehr* (1979–1981) zugrunde lagen. In der hier interessierenden Notiz geht es um eine junge Frau, die sich ähnlich wie einzelne Figuren in der *Linkshändigen Frau* motorisch und sozial ungeschickt verhält und vergeblich dagegen anzukämpfen versucht. Zwar organisiert sie ihr Verhalten ausschließlich in Form von Routinen und redet in Floskeln, doch „lebt sie zugleich auch ernsthaft."[507] Dabei gibt es, so Handke,

> einen Zusammenhang zwischen ihrer Ungeschicklichkeit und ihrer Floskelhaftigkeit: die Floskeln sind ein Ausdruck ihrer Ungeschicklichkeit (ja ihres Ungeschicks) und wirken selber ungeschickt (das Slapstickhafte ihrer Floskeln, durch deren tapferen Gebrauch, auch in der Katastrophe, sie manchmal liebenswert werden kann).[508]

Ungeschicktes Handeln und ungeschickte Reden sind hier eng verknüpft. Im Reden der Frau bekundet sich ein starker Wille zur Selbstbehauptung ‚trotz allem', der sie gerade in ihrer ausweglosen, zum Slapstick neigenden Ungeschicklichkeit sympathisch erscheinen lässt. Die Passage liest sich wie die latente Keimzelle

506 Der Untertitel lässt sich als Allusion auf den Untertitel der deutschen Übersetzung von Flauberts *Madame Bovary* auffassen: *Ein Sittenbild aus der Provinz* (*Mœrs de Province*). Tatsächlich scheint die Schreibweise Flauberts zu den Stilvorbildern von *Wartezeit* gehört zu haben.

507 Peter Handke: Die Geschichte des Bleistifts (zuerst 1982). Frankfurt a. M. 1985, S. 19.

508 Ebd., S. 19 f.

der Ungeschicklichkeitsstudien Michael Rutschkys. Vor allem im Kapitel „Entdeckung des Ungeschicks“ erhebt er der Sache nach Handkes Beobachtung zu einer „einheitliche[n] Struktur“,[509] die er an zufällig aufgefundenen Werbeprospekten und Redebeiträgen herausarbeitet und schließlich zum Kernstück seiner Poetik erklärt.

Die Struktur besteht zunächst in einem spezifischen Zusammenhang zwischen unterschiedlichen Gegenständen und der Rede über sie. Konkret geht es darum, dass inkompatible Materialien in teils naiver, teils dreister Weise kombiniert und dann zum Gegenstand einer rhetorischen Präsentation werden. Sie fördert gegen den Willen ihres Urhebers die hoffnungslose Ungeschicklichkeit der von ihm vorgenommenen Materialkombination zu Tage. Insofern realisiert sich im Ungeschick „die Idee einer im Zustand des Materials begründeten Inkompetenz“.[510] Das Kapitel verdeutlicht diese Inkompetenz seinerseits durch die Kombination von heterogenem Material. Es umfasst den Werbeprospekt einer dilettantischen Lyrikerin, Ausführungen zu Kunststoffimitaten von Echtholzmöbeln und einen Wahlaufruf des Präsidenten des Deutschen Bundestags zur Bundestagswahl 1980. Die neu entdeckte Struktur des doppelten, auf der Ebene des Handelns wie des Redens gleichermaßen virulenten Ungeschicks spannt damit Kultur (Lyrik), Wirtschaft (Möbel) und Politik (Bundesregierung) zusammen; sie verbindet unterschiedliche soziale Domänen. Indem der Erzähler die BRD nicht verlässt, sondern gemeinsam mit seiner Frau, seinen Freunden und den übrigen Bürgern zur Bundestagswahl geht, entscheidet er sich für ein Leben in und mit dieser Struktur. Seine Rede entzieht sich aber auch ihrem Zugriff.[511] Als literarische Rede stellt sie, ähnlich wie die Rede in Handkes Notiz, das Ungeschick aus und führt es vor, nähert sich ihm dabei auch an (indem sie ihrerseits

509 Rutschky: Wartezeit (s. Anm. 463), S. 18.

510 Ebd., S. 20 f.

511 Der Sprecher lenkt die Aufmerksamkeit am Ende des Kapitels gezielt auf seine eigene Rede, indem er zunächst die selbstreflexive Wendung am Ende der Rede des Präsidenten des Deutschen Bundestags feststellt (dass dieser ausgerechnet Richard *Stücklen* hieß, gehört zu den historisch gewordenen Pointen von *Wartezeit*): „der Mann führe vor, wovon er spreche“; ebd., S. 22. Damit hat Rutschky den Modus der Selbstreflexion installiert.

heterogenes Material zusammenführt), hält es aber kunstfertig auf Distanz – vor allem durch seine narrative Aufbereitung und begriffliche Pointierung. Literatur/Schreiben wird in Rutschkys *Wartezeit* zu einer Form des Widerstands gegen das Ungeschick und zugleich zu einem privilegierten Medium seiner Beobachtung.

Dabei bleibt es nicht. Das demonstriert der Abschnitt „Letzte Maßnahmen gegen das Ungeschick", der eine individuelle, auch und gerade die Erzählerfigur betreffende Perspektive auf die Ungeschicklichkeit aufzeigt. Angelegt als erotisches Gespräch zwischen dem Erzähler und seiner Partnerin nach dem Vorbild von Schlegels *Lucinde*[512] diskutiert er die Frage nach dem angemessenen Umgang mit dem überall auftretenden ungeschickten Verhalten: Soll es lediglich hingenommen, zumindest (literarisch) dokumentiert oder auch aktiv bekämpft werden? Während der männliche Erzähler es weder hinnehmen noch bloß dokumentieren, sondern auch bekämpfen will, vertritt seine Partnerin die gegenteilige Ansicht. Ihr zufolge verstärken sämtliche Maßnahmen gegen das Ungeschick nur dessen Verbreitung.[513] Schon der Wille zum Kampf gegen das öffentlich verbreitete Ungeschick wird als typische Männerphantasie decouvriert.[514] Männer unterstellen die Unvollkommenheit der Welt, um in sie eingreifen und guten Gewissens am Programm der Aufklärung festhalten zu können. „Frauen" dagegen, so die Partnerin des Erzählers, „verstehen sich mehr auf das unauflösliche Ineinander von Vollkommenheit und Unvollkommenheit".[515] Sie erkennen daher in

512 Das Gespräch lässt sich als Wiederaufnahme des Abschnitts „Treue und Scherz" lesen; vgl. Friedrich Schlegel: Lucinde. Ein Roman (zuerst 1799). Studienausgabe. Kritisch hg. von Karl Konrad Polheim. Rev. und erw. Ausg. Stuttgart 1999, S. 43–52. Es bezieht sich aber auch auf Roland Barthes: Die Lust am Text. Übers. von Traugott König. Frankfurt a. M. 1974.

513 Rutschky: Wartezeit (s. Anm. 463), S. 168: „Wahrscheinlich nimmt das drohende Ungeschick genau in dem Maße zu, je einfacher und radikaler die Maßnahmen dagegen vorgestellt werden." Wie bereits bei Berthold Auerbach, nun aber auch explizit, wird damit die prekäre Eskalationslogik aufgedeckt, die in der Diskursivierung ungeschickten Verhaltens immer schon angelegt ist.

514 Als Denkform wirkungsmächtig verbreitet von Klaus Theweleit: Männerphantasien. 2 Bde. Frankfurt a. M. 1977–78.

515 Rutschky: Wartezeit (s. Anm. 463), S. 161; ähnlich S. 169.

den Maßnahmen gegen das Ungeschick einen typisch männlichen Macht- und Vernichtungstrieb, der erst in der Zerstörung der Welt endgültig zur Ruhe kommen würde. Auch in der hochgradig befriedigenden Evidenz, mit der die im Abschnitt „Entdeckung des Ungeschicks“ präsentierte Strukturformel des Ungeschicks dem Erzähler eingeleuchtet hatte, äußert sich, so die Partnerin, sein patriarchaler Macht- und Vernichtungstrieb.[516] Hinter ihm verbirgt sich eine typisch männliche Angst vor der Impotenz. Statt das Ungeschick also redend vernichten zu wollen, sollte sich der Mann ihm (und damit auch ihr) einfach aussetzen. Dann würden sich Geschick und Ungeschick in einer nicht zuletzt erotisch befriedigenden Weise verschlingen, die mit der Angst vor der Impotenz auch die Angst vor der Inkompetenz gegenstandslos werden ließe. Der Sache nach adaptiert Rutschky damit den Übergang von natürlicher in poetische Ungeschicklichkeit, in den Handke wenige Jahre zuvor *Die linkshändige Frau* hatte einmünden lassen. Nicht zufällig findet in beiden Fällen eine Frau heraus, wie man am besten mit dem Ungeschick umgeht. Aus dem Übergang ins Literarische macht Rutschky aber kein Aufleuchten der Poesie sondern ein erotisiertes Schreibprinzip. In expliziter Abgrenzung von Handke und Botho Strauß setzt dieser Übergang gerade keinen absoluten Anfang, keinen Ursprung.[517] Vielmehr lässt Rutschkys Form des Schreibens nach dem Vorbild von Schlegels *Lucinde* natürliche und poetische Ungeschicklichkeit permanent ineinander übergehen und wie zwei unermüdliche Liebende immer schon einander suchen. Die einzige sinnvolle Maßnahme gegen das Ungeschick ist dann die erotische, das Liebesspiel imitierende Aufladung eben desjenigen

516 Vgl. ebd.

517 Vgl. ebd., S. 159: „‚Ja, das kann man machen, Handke macht es, Botho Strauß hat es gemacht: einen Anfang verkünden, hinter den nicht zurückgegangen werden soll.‘ ‚Mit der Verkündigung ist schon klar, daß es kein Anfang sein kann.‘“ Botho Strauß hatte sich zuvor zwar nicht namentlich von Michael Rutschky, aber erkennbar von seiner Schreibweise abgegrenzt: Statt eines Adorno „begleiten uns nun einige jüngere Denker-Satiriker, die Ethno- und Anarcho-Essayisten, bei denen wir etwas unentwegt Naßforsches in Kauf nehmen müssen“; Botho Strauß: Paare, Passanten (zuerst 1981). 8. Aufl. München 1997, S. 115. Mit Dank für den Hinweis an Christopher Busch.

Redens und Schreibens, das von ihm Zeugnis ablegt. Wenn zeitbedingt alle Anlässe des Schreibens (und Liebens) ungeschickt anmuten, sollte der Chronist der Ungeschicklichkeit „rechtzeitig anfangen, darüber nachzudenken, wie man ohne Ungeschick zum Ende kommt."[518] Dabei kann er im Rekurs auf Roland Barthes darauf vertrauen, dass „im Reden gewisse Elemente ausfindig zu machen sind, die sich auf das gleichursprüngliche Ungeschick des Handelns und seine Vermeidung beziehen."[519] Eben das führt der Abschnitt dann auch an sich selbst vor. Es bestimmt Michael Rutschkys Poetik.

Inszenierte Politik

Als der Band *Wartezeit* erschien, war die Ausweitung der Struktur des Ungeschicks auf die achtziger Jahre bereits abgeschlossen. Vorgenommen wurde sie in einem Essay, der die Ungeschicklichkeit politisiert. Er geht auf eine Beobachtung zurück, die Michael Rutschky im April 1982 während eines Abstechers nach Hamburg gemacht hat. Im Tagebuch hielt er dazu fest:

> Im Alsterpavillon sitzt ein Jüngling – vielleicht 18 Jahre alt – im weißen Hemd, grauen Cordjeans, Sneakers. Er raucht und blickt aufs Wasser, zuweilen auch vorsichtig um sich.
>
> Dann bringt der Kellner, was der Jüngling bestellt hat: ein Stück Käsesahne und ein großes Pils.[520]

Die aparte Kombination von Speise und Getränk, verbunden mit dem Gestus der Verunsicherung, passt exakt ins Fangschema eines psychoanalytisch geschulten Adepten der Kritischen Theorie. Gleich hat er auch die Deutung parat: „Zwei ganz unterschiedliche Wünsche müssen sich in dem Jüngling Geltung verschafft haben. Der eine: groß zu sein und im Alsterpavillon Bier zu trinken. Und der kindliche Wunsch nach dem süßen Schaum."[521] In der Geschmacks-

518 Rutschky: Wartezeit (s. Anm. 463), S. 163.
519 Ebd., S. 165.
520 Rutschky: Mitgeschrieben (s. Anm. 489), S. 130 f.
521 Ebd., S. 131.

verbindung von Bier mit Käsesahne liegt der Schlüssel zum Verständnis der achtziger Jahre.

Aus dem Tagebucheintrag entsteht wenig später der Essay *Vom Stretchcord bis zur Unregierbarkeit. Kurze Reise durch das Ungeschick*. In ihm tritt die psychologische Deutung zugunsten einer politischen zurück, ohne allerdings ganz zu verschwinden. Vielmehr wird sie von der Sprecherfigur genutzt, um auf den paradoxen, kulturgeschichtlich aufschlussreichen Doppelwunsch nach heroischer Größe und kindlichem Lustgewinn die eigene Schreibbewegung zu gründen. Zu diesem Zweck führt der Essay die beiden unterschiedlichen Perspektiven auf die Ungeschicklichkeit aus *Wartezeit* zusammen. Die von-bis-Struktur im Haupttitel organisiert nun einen Übergang von der psychodynamischen zur sozialen Perspektive auf das Ungeschick, wobei die soziale jetzt nicht primär (wie in *Wartezeit*) literarisiert, sondern politisiert wird.[522] Entsprechend hat Michael Rutschky den fertigen Essay an die linke Zeitschrift *konkret* geschickt, im August aber telefonisch eine Absage erhalten. Manfred Bissinger, der Chefredakteur, „verschleppe die Entscheidung, sage weder ja noch nein."[523] Erschienen ist der Beitrag daher erst 1984 in der Sammlung *Zur Ethnographie des Inlands*.[524] Der Titel ordnet den unter ihm versammelten Essays einen ethnographischen Blick auf die Bundesrepublik Deutschland zu, der alles Nahe und Vertraute methodisch als Fremdes und Unbekanntes zu sehen erlaubt.[525] Innerhalb des Bandes sind die einzelnen Essays chronologisch nach dem Datum ihrer Fertigstellung angeordnet. Die Datierungen reichen vom Mai 1978 bis zum November 1983, decken sich also teilweise mit der Entstehungszeit von *Wartezeit*. Der Essay *Kurze Reise*

---

522 Zum Verhältnis zwischen literarisch-poetischer und politischer Rede vgl. auch Michael Rutschky: Schöner reden. Das unerwartete Wiederauftauchen der Poesie. In: ders.: Zur Ethnographie des Inlands (s. Anm. 464), S. 63–72.

523 Rutschky: Mitgeschrieben (s. Anm. 489), S. 188.

524 Michael Rutschky: Vom Stretchcord bis zur Unregierbarkeit. Kurze Reise durch das Ungeschick. In: ders.: Zur Ethnographie des Inlands (s. Anm. 464), S. 92–103.

525 Vgl. Michael Rutschky: „Spurensicherung in Besse". Bericht über eine neue Volksliteratur. In: ders.: Zur Ethnographie des Inlands (s. Anm. 464), S. 104–126, hier S. 114.

durch das Ungeschick ist laut Selbstauskunft des Autors im „Juni 1982" fertiggestellt worden.[526] Über den Titelbegriff der ‚Reise' wird er zum einen mit der ethnografischen Perspektive verbunden, die der Bandtitel anzeigt: Ethnologen gewinnen ihre Erkenntnisse auf Reisen,[527] sie mischen sich in der Ferne unter andere Leute. Zum anderen gehört die Reisebeschreibung ebenso wie die Autobiographie zu den faktualen Gattungen, zu denen auch der Essay gerechnet wird. Insofern geht der Titel dann, wenn Literatur auf Fiktionalität beschränkt wird, zur ‚Literatur' auf Distanz. Und drittens kann man im literaturgeschichtlichen Rückblick Rutschkys Essays zusammen mit einer Reihe weiterer Texte der späten siebziger und achtziger Jahre in einem Grenzraum zwischen Theorie und Literatur situieren, deren Bewirtschafter ihren „literarischen Konstitutionsrahmen [...] in Erfahrungen der Reise" gefunden haben.[528]

Der Essay selbst besteht aus sieben durch Asteriske getrennten Abschnitten. Sie lassen sich drei Argumentationsschritten zuordnen. Der erste, expositorische Teil, der die Abschnitte eins bis drei umfasst,[529] diskutiert neben der Anekdote vom geschmacksverirrten Jugendlichen im Alsterpavillon (der nun zu einem 17-Jährigen verjüngt wird) zwei weitere Fallgeschichten ungeschickten Verhaltens. Sie stammen aus Politik (Franz-Josef Strauß) und Wirtschaft (Hoechst AG) und berühren das auch für den Essayisten relevante Problem der Depression und ihrer Bekämpfung.

Im zweiten, argumentativen Teil, der die Abschnitte vier bis sechs umfasst,[530] wird nach einem bewusst ungeschickten Einstieg das

---

526 Rutschky: Vom Stretchcord bis zur Unregierbarkeit (s. Anm. 524), S. 92.

527 Vgl. dazu auch Michael Rutschky: Auf Reisen. Ein Fotoalbum. Frankfurt a. M. 1986.

528 Hermann Schlösser: Literaturgeschichte und Theorie der Literatur. In: Briegleb/Weigel (Hg.): Gegenwartsliteratur seit 1968 (s. Anm. 473), S. 385–403, hier S. 396 f.

529 Rutschky: Vom Stretchcord bis zur Unregierbarkeit (s. Anm. 524), S. 92–96. Verbunden werden sie durch die anaphorische Verwendung des Demonstrativpronomens: „Dies Café-Restaurant" (ebd., S. 92), „Auch dieser Politiker" (ebd., S. 93), „Diese Mattigkeit" (ebd., S. 95).

530 Ebd., S. 96–103. Nun werden die Abschnitte anaphorisch durch die Konjunktion ‚aber' verbunden: „... Aber ich sollte" (ebd., S. 96), „Aber im Ernst" (S. 99), „Aber im Ernst" (S. 101).

„Beispielerzählen“[531] abgebrochen und eine Verallgemeinerung der „Zeugnisse des Ungeschicks“[532] vorgenommen. Hier werden, wie bereits angedeutet, die Ergebnisse der beiden Ungeschicklichkeits-Abschnitte aus *Wartezeit* zusammengeführt. Festgestellt wird eine bisher unbemerkte Form politischer Ungeschicklichkeit. Sie entstehe aus einem falschen Umgang mit der grundsätzlich nicht auszuschaltenden Ungeschicklichkeit des Alltags. Statt sie, wie noch in *Wartezeit* nahegelegt, einfach hinzunehmen, soll sie durch Gegenmaßnahmen bekämpft werden. Die Maßnahmen verstärken das Ungeschick aber nur und machen es allererst öffentlich sichtbar. Insofern unterscheidet der Essay zwei Umgangsweisen mit dem Ungeschick und verteilt sie sodann auf die politischen Lager. Während „die Linke (was auch immer das sei)“[533] seit jeher „das normale, alltägliche Durcheinander“[534] als vertrautes Milieu empfunden und Ungeschicklichkeiten daher unaufgeregt und entspannt als gegeben hinnehme, hätten die erstarkenden Neokonservativen nach Gegenmaßnahmen gesucht, die das Ungeschick, das sie bekämpfen wollten, allererst sichtbar werden ließen. Im Rückblick wird man vermuten dürfen, dass Rutschky dabei vor allem an das veraltete, den Mann als Ernährer und die Frau als Mutter auffassende Familienmodell gedacht hat, auf dem nach dem Regierungsantritt Helmut Kohls

531 Ebd., S. 96. Der ungeschickte Einstieg besteht darin, dass zunächst eine überflüssige vierte Fallgeschichte erzählt wird.

532 Ebd., S. 97.

533 Vgl. ebd., S. 103. Der Essayist rechnet sich dieser Formation, die in den frühen Achtzigern neben den Mitgliedern linker Parteien (von der SPD bis zur DKP) auch die nicht (mehr) organisierten, in die Jahre gekommenen Protagonisten der Studentenbewegung sowie die bunte Fülle an neuen Protestbewegungen umfassen konnte, wenig später über das Personalpronomen ‚wir‘ auch selbst zu: „Die Leute werden schon darauf kommen, wie man ein Kondom gebraucht, es hängt nichts davon ab, ob wir es ihnen erklären!“ (Ebd.). Die kalkulierte Unschärfe in der Benennung der Linken deutet freilich darauf hin, dass hier nicht die politische Linke im engeren Sinne, sondern vielmehr das „durch ein Höchstmaß an Informalität“ ausgezeichnete „alternative Milieu“ westdeutscher Großstädte gemeint ist, in dem neue Lebensstile ausprobiert worden sind; vgl. dazu Herbert: Geschichte Deutschlands im 20. Jahrhundert (s. Anm. 5), S. 922.

534 Rutschky: Vom Stretchcord bis zur Unregierbarkeit (s. Anm. 524), S. 98.

die umfangreichen familienpolitischen Maßnahmen der von ihm angeführten Koalition beruhten.[535] Für Rutschky waren diese Maßnahmen und diejenigen, die sie propagierten, zutiefst ungeschickt. Mit weiteren Fallbeispielen will er belegen, inwiefern die politische Ungeschicklichkeit die Vertreter der CDU/CSU-Opposition und ihre Angriffe gegen die Regierungskoalition aus SPD und FDP betraf. Im Zentrum dieser Angriffe stünden die sozialliberalen Bildungsreformen der siebziger Jahre und ihre diversifizierenden kulturpolitischen Folgen (zu denen auch der Essayist und der verunsicherte Jüngling im Alsterpavillon gehören).[536] Schließlich werden Einwände gegen die These vom ungeschickten Agieren des Neokonservatismus entkräftet. Um die These zu stützen wird das historisch neue Phänomen der medialen Inszenierung politischen Redens und Handelns herangezogen. Es habe der Politik mit dem Ideologiegehalt auch ihre Ernsthaftigkeit genommen und sie ins Ästhetische verschoben. Daher könne man öffentliche Äußerungen nicht länger als „richtig oder falsch, nützlich oder gefährlich“ beurteilen, sondern nur noch „unter dem Gesichtspunkt von Geschick oder Ungeschick der Inszenierung“.[537] Vor allem die Neoliberalen mit ihren übertriebenen Maßnahmen gegen angebliches Ungeschick, allen voran Strauß, Kohl, Reagan und Thatcher,[538] hätten „die Welt in *Slapstick* verwandelt“[539]. Die unfreiwillige, medial induzierte Komisierung der Politik habe schließlich sämtliche politischen Diskussionen seit Beginn der achtziger Jahre „seltsam kraftlos“ werden lassen.[540]

535 Herbert: Geschichte Deutschlands im 20. Jahrhundert (s. Anm. 5), S. 974.

536 Vgl. dazu auch ebd., S. 881, wo auf die enorme „Ausweitung der Staatskompetenzen“ im Zuge der sozialliberalen Reformpolitik hingewiesen und festgehalten wird, dass diese „in deutlichem Widerspruch zum Partizipationspostulat der Regierung“ standen.

537 Rutschky: Vom Stretchcord bis zur Unregierbarkeit (s. Anm. 524), S. 101.

538 Zur Durchsetzung marktradikaler Wirtschaftskonzepte in England und den USA vgl. Kershaw: Achterbahn (s. Anm. 2), S. 389 f.; zu Thatcher vgl. ebd., S. 399–403, zu Reagan ebd., S. 437. Zur eher zurückhaltenden Adaption dieser Konzepte in der Bundesrepublik vgl. Herbert: Geschichte Deutschlands im 20. Jahrhundert (s. Anm. 5), S. 964–967.

539 Rutschky: Vom Stretchcord bis zur Unregierbarkeit (s. Anm. 524), S. 97.

540 Ebd.

Der dritte Teil, bestehend aus dem siebten und letzten Abschnitt,[541] zieht ein kurzes Fazit. Es empfiehlt der bundesdeutschen Linken, „die ästhetische Inszenierung von Entschlossenheit und Regierungswille“[542] aufmerksam zu beobachten und sie als Popanz zu entlarven. Das erst könne die oppositionellen Bewegungen der BRD in die Lage versetzen, politisch wirksame Alternativen auszuarbeiten. Prädestiniert seien sie dafür durch ihr entspanntes Verhältnis gegenüber dem primären, unhintergehbaren Ungeschick alltäglichen Verhaltens.

Ordnet man Rutschkys *Kurze Reise durch das Ungeschick* in die Diskursgeschichte ein, dann schließt sie an denjenigen Strang an, in dem ungeschicktes Verhalten vor allem den Unterschichten zugeordnet wird. Er hat seinen Ursprung in der frühneuzeitlichen Identifikation von Ineptia und Rusticitas, findet sich im 19. Jahrhundert bei Keller im *Grünen Heinrich*, wo Dienstboten und Fabrikarbeiter ganz unten an der langen Tafel besonders ungeschickt agieren, und ist im 20. Jahrhundert sowohl in Kafkas Roman *Das Schloß* vertreten, wo die beiden sozial depravierten Gehilfen wie Figuren im Slapstick auftreten, als auch bei Walter Benjamin, der das bucklige Männlein aus dem *Wunderhorn*-Lied zur Allegorie der Unterschichten des 19. Jahrhunderts gemacht hat. Hinzuziehen lässt sich gerade für Rutschky Sigmund Freuds Abhandlung *Zur Psychopathologie des Alltagslebens*, die ebenfalls das ungeschickte Verhalten der Unterschichten thematisiert, es aber als Akt unbewusster Aggressionen deutet und dafür eine sozialpsychologische Begründung liefert: Eine „dumpfe Feindseligkeit“ gegen die Hochkultur und ihre künstlerischen Erzeugnisse „beherrscht unser dienendes Volk“, zumal dann, wenn diese Erzeugnisse „eine Quelle von Arbeitsanforderungen für sie werden.“[543] In Form von ungeschickten Verhaltensweisen, die sich häufig gegen Produkte der Hochkultur richten, nimmt die soziale Aggression der Ungeschickten dann Gestalt an.

541 Ebd., S. 103. Einleitend angezeigt wird das Fazit durch das Adverb „Kurzum“.

542 Ebd.

543 Sigmund Freud: Zur Psychopathologie des Alltagslebens (Über Vergessen, Versprechen, Vergreifen, Aberglaube und Irrtum). Berlin 1904, S. 59.

Neu an Rutschkys Umgang mit diesem Strang der Diskursgeschichte ist freilich die Änderung des Kontextes. Nach dem Zusammenbruch der Heroischen Moderne und seit dem Beginn der Globalisierungsmoderne ist auch das Ungeschick der Unterschichten zu einem Alltagsphänomen geworden.[544] Es bedarf weder der tragischen Vertiefung, noch der besonderen Vorkehrungen, sondern kann in der vergleichsweise reichen Bundesrepublik nach der sozialliberalen Bildungsreform entspannt hingenommen und bisweilen sogar – etwa im Liebesspiel oder im lustvollen Schreiben – als spannungsreicher Widerpart genossen werden. Damit aber rutscht die Ungeschicklichkeit ab ins Private. Sie wird zu einem Erfahrungswert in Beziehungsformen des linken Protestmilieus.

Wenn Rutschkys Essay jenseits der privaten Beziehungen nun eine neue, öffentliche Gestalt des Ungeschicks thematisiert, dann gerät damit auch die Wiederaufnahme heroischer Denkformen und Handlungsmuster in der Globalisierungsmoderne in den Blick. Für die deutsche Literatur nach 1945 scheint die Wiederkehr des gründlich diskreditierten Heroischen nicht untypisch zu sein. Auch bei Borchert, Thomas Mann und Koeppen hatten sich derartige Wiederaufnahmen und ihre Auswirkungen auf die Modellierung der Ungeschicklichkeitssemantik feststellen lassen.[545] In den Texten Kluges und Handkes werden sie ebenso wie bei Rutschky mit einer Genderperspektive verbunden und dadurch depotenziert. Verstärkt treten in der deutschen Literatur seit den sechziger Jahren Frauen auf, die nicht länger zu Hüterinnen des Schicklichen stilisiert werden, sondern ebenso wie Männer ungeschickt handeln. Heroisierungen lehnen sie im Wissen um den Wert eines stabilen Alltags als ungeschickte Männerphantasien ab und weisen allenfalls auf die ästhetisch produktiven und erotisch reizvollen Überblendungen von Geschick und Ungeschick hin.

Die diskursgeschichtliche Leistung der *Kurzen Reise durch das Ungeschick* besteht vor diesem Hintergrund darin, die Wiederkehr

---

544 Vgl. Rutschky: In die neue Zeit (s. Anm. 486), S. 128: „Der Proletarier weiß, dass er immer alles falsch macht."

545 Vor allem Botho Strauß arbeitet zudem an einer neuen Heroisierung des Literarischen.

heroischer Handlungsmuster in der politischen Öffentlichkeit der achtziger Jahre als Serie medialer Inszenierungen zu entlarven. Dazu werden sie als Männerphantasien mit slapstickhaften Zügen beschrieben. Ihr Inszenierungscharakter lässt diese Handlungsmuster nicht nur ungeschickt, sondern auch komisch und letztlich banal erscheinen. Auch das schließt an Vorarbeiten an, besonders an die Medientheorie in Benjamins *Kunstwerk*-Aufsatz und an Adornos sozialpsychologische Studie *Über Jazz*, aber auch an die Thematisierung medialer Ungeschicklichkeit in Koeppens *Tauben im Gras*. Rutschky führt diese Tendenzen freilich in neuer Weise zu einer Zeitdiagnose zusammen, die im Rückblick durchaus präzise auf historische Veränderungen reagiert. Dazu gehört zum einen die frühe Entdeckung einer „Kulturalisierung des Politischen", die das politische Handeln in den achtziger Jahren „oberflächlicher, spielerischer, konsumistischer" werden ließ.[546] Sie ging einher mit einer neuen, vor allem von den Metropolen und den Universitäten ausstrahlenden „Konventionalisierung universeller Moral",[547] die nicht länger die soziale Ungleichheit von Reichen und Armen zum Ausgangspunkt machte, sondern ein generelles Diskriminierungsverbot von Normabweichungen aller Art forderte. Über die globale Ausdehnung der Popularkultur, insbesondere mithilfe des neuen, unter anderem von Andy Warhol initiierten[548] und von Sendern wie MTV in Umlauf gebrachten Formats des Musikvideos,[549] verbreitete sich der neue moralische Standard in rasanter Weise. Herkömmliche Unterscheidungen von Moral und Sitte, richtig und falsch wurden durch ihn ausgehebelt, neue dagegen etabliert. Zu ihnen gehört die Unterscheidung zwischen geschickt und ungeschickt. Sie dient der Bewertung manipulativer Kompetenzen in einer globalen Kultur der Inszenierungen und Simulationen. Die entscheidende Frage lautet dann: Macht man da mit oder zieht man sich raus?

---

546 Herbert: Geschichte Deutschlands im 20. Jahrhundert (s. Anm. 5), S. 1008.

547 Ebd.

548 Spohn: Andy Warhol (s. Anm. 15), S. 60.

549 Vgl. Kershaw: Achterbahn (s. Anm. 2), S. 479 f.

System ohne Zentrum

Hier setzt die dritte und letzte Stufe der Auseinandersetzung Michael Rutschkys mit der Ungeschicklichkeit an. Nun wird die Genealogie der neuen, kulturpolitisch virulenten Form des Ungeschicks präzisiert und ihre Reichweite ins Globale hochskaliert. Das Ungeschick wird dadurch zur ubiquitären Signatur einer breiten Gegenwart und zum Dauereffekt einer Simulation der sozialen Praxis, dem es sich aktiv auszusetzen gilt. Die Ausweitung verdankt sich theoriestrategisch dem Umstand, dass Überlegungen Rutschkys zur Ungeschicklichkeit der Neokonservativen und Neoliberalen Mitte der achtziger Jahre gerade nicht bei der politischen Linken Resonanz fanden, sondern eher auf der Seite ihrer Gegner. Zu den prominentesten unter ihnen gehörte Karl Heinz Bohrer, der erst 1984, nach dem Antritt seiner Professur in Bielefeld, die Herausgeberschaft der renommierten Kulturzeitschrift *Merkur* übernehmen konnte.[550] Unterstützt wurde er dabei von Kurt Scheel, der 1980 die zuvor von Rutschky besetzte Stelle in der Redaktion der Zeitschrift erhalten hatte und als Rationalist ein „No-nonsense-Prinzip“[551] vertrat. Bohrer drückte nach seiner Installation dem *Merkur* sofort seinen Stempel auf. Im Rückblick hielt er dazu fest: „Das bedeutete, mit sowohl ästhetisch als auch politisch neuen Themen Aufmerksamkeit zu erregen. Oder: die Pointe zu setzen, dass das Ästhetische und das Politische in dieser Zeitschrift anders aussahen als in den anderen Zeitschriften“.[552] Es waren letztlich auch die ästhetiktheoretischen Interessen Bohrers, die Michael Rutschky für ihn attraktiv werden ließen. Als Bohrer im Herbst 1986 ein Doppelheft des *Merkur* zum Thema „Ästhetik und Politik“ publizieren wollte, wurde Rutschky zur Mitarbeit eingeladen. Auf dem Umschlag des Heftes (und nur an dieser Stelle) wurden die

---

550 Die Herausgeberschaft war Bohrer schon Ende der siebziger Jahre angetragen, ihre Umsetzung ist jedoch an die erfolgreiche Habilitation und die Berufung auf eine Professur gebunden worden; Bohrer: Jetzt (s. Anm. 170), S. 222 f.

551 Ebd., S. 274.

552 Ebd., S. 267.

redigierten Beiträge drei Rubriken zugeordnet, die mit „Ästhetik des Staates", „Physiognomie des Politischen" und „Ästhetik der Kunst" überschrieben waren. Bohrer hatte im Editorial festgehalten, dass es unter dem „physiognomischen Aspekt" um „das Defizit der symbolischen Form in der Politik" der achtziger Jahre gehen sollte.[553] Zwar bildete dabei die Bundesrepublik mit ihrem Kanzler Helmut Kohl den Ausgangspunkt, doch sprach Bohrer dem Konservatismus der Nach-Wendezeit jegliches Format ab.[554] Im *Merkur* könne man sich daher nicht mehr ernsthaft mit ihm auseinandersetzen.[555] Das war nicht zuletzt an die Adresse Rutschkys gerichtet. Auch sollte im Unterschied zu Vorgängerheften der Zeitschrift die Ästhetik des Staates „nicht mehr beschränkt auf Westdeutschland" thematisiert werden.[556] Vielmehr sei der Problemzusammenhang nun genereller und globaler zu fassen.

Michael Rutschky hat auf diese Vorgaben reagiert. Für die Sprecherposition seines Beitrags fingierte er die Rolle eines Wissenschaftlers, der einen Vortrag über die Ungeschicklichkeit der Globalisierungsmoderne hält. Damit nahm er in gattungsgeschichtlicher Perspektive den autoritativen Typ des Essays auf, der auf Francis Bacon zurückgeht: „Der Referent teilt hier seine neuesten Forschungen über das Ungeschick mit."[557] Die Rolle des Forschers erlaubte es, seine bisher erschienenen Arbeiten unter den ästhetiktheoretischen Rahmenbedingungen des neuen *Merkur*-Herausgebers aufzunehmen und mitzuführen. In einer Fußnote weist Rutschky speziell auf den Band *Wartezeit* und die *Kurze Reise durch das Ungeschick* hin, also auf diejenigen Arbeiten, die hier als erste und zweite Stufe seines

553 Karl Heinz Bohrer: Ästhetik und Politik sowie einige damit zusammenhängende Fragen. In: Merkur 40 (1986), S. 719–724, hier S. 721.

554 In der Tat gab es einen scharfen Widerspruch zwischen den verbalen Ankündigungen der Bundesregierung, die Freiheit, Dynamik und Selbstverantwortung versprachen, und einer „eher an Kontinuität orientierten Praxis", die Sozialleistungen und Subventionen weitgehend unangetastet ließ; Herbert: Geschichte Deutschlands im 20. Jahrhundert (s. Anm. 5), S. 978.

555 Vgl. Karl Heinz Bohrer: Hans Paeschke zum 75. Geburtstag. In: Merkur 40 (1986), S. 902–904, hier S. 902.

556 Bohrer: Ästhetik und Politik (s. Anm. 553), S. 724.

557 Michael Rutschky: Reise durch das Ungeschick. In: Merkur 40 (1986), S. 768–779, hier S. 768.

Beitrags zum Ungeschicklichkeitsdiskurs erörtert worden sind.[558] Allerdings ist nicht ganz klar, welche Wissenschaft der fingierte Forscher vertritt. Explizit lehnt er eine denkbare Zuordnung zur Moralphilosophie, speziell zu den Traditionen einer kulturkritischen Moralistik (Adorno etc.), ab und setzt dabei auch seinen Klarnamen ein. Niemand könne sagen, „Rutschky handle im neuen *Merkur* vom wünschenswerten Konservatismus der guten Sitten, des gelingenden Lebens oder so ähnlich."[559] Stattdessen rückt der Sprecher seine Überlegungen in die Nähe der Gestalttheorie: „Das Ungeschick beschäftigt den Referenten seit längerem als eine *Gestalt*, wie die einschlägige Wissenschaft sagt, als prägnante, gut erkennbare Figur, die sich in den unterschiedlichsten Materialien abzeichnet."[560] Freilich erlebte die Gestalttheorie ihren Höhepunkt bereits in den 1920er Jahren und war in den achtziger Jahren kaum noch präsent. Ihre überwiegend jüdischen Fachvertreter mussten 1933 emigrieren und ihre Ansätze gingen in andere Wissenschaften wie die soziologische Systemtheorie oder die psychologische Feldtheorie ein. Rutschky dürfte aber den Gestaltbegriff gewählt haben, um an seiner ursprünglichen Intention einer Verknüpfung von individueller (motorischer) und sozialer Dimension der Ungeschicklichkeit festhalten zu können. Überdies erlaubte ihm der Gestaltbegriff als fallweise auch empirisch arbeitender Gegenwartswissenschaftler aufzutreten, insbesondere als Theoretiker der Postmoderne.[561] Das rückt den fingierten Referenten in die Nähe der Soziologie. In der Tat stützt Rutschky seine Theorie des allfälligen Ungeschicks mit dem Soziologen Pierre Bourdieu, den er in einer weiteren Fußnote auch zitiert,[562] und erwägt alternativ die Erklärungsleistung der soziologischen Systemtheorie Niklas Luhmanns.[563] Anders als Bourdieu oder Luhmann bleibt Rutschky aber eng auf das aktuelle politische Geschehen bezogen und nähert sich dadurch disziplinär

558 Ebd.

559 Ebd.

560 Ebd.

561 „Dabei verfolgt den Referenten die Ahnung, die Gestalt des Ungeschicks habe etwas mit der Postmoderne zu tun"; ebd., S. 768 f.

562 Ebd., S. 774.

563 Ebd., S. 779.

der Zeitgeschichtsschreibung. Das zeigt sich an seiner Datierung des Beginns der Postmoderne, die auf Ereignisse aus der Geschichte des westdeutschen Neokonservatismus rekurriert; dabei geht es insbesondere um die Entstehung des Neokonservatismus aus Vortragsrunden mit Referenten,[564] also aus einem Format, das Rutschkys Essay gezielt aufnimmt und ironisch bricht. Er beruft sich dazu auf die Machtkritik Foucaults,[565] die er eng mit Luhmanns Systemtheorie verbindet.

Entsprechend wird die wissenschaftliche Autorität des Referenten in der *Reise durch das Ungeschick* auch dekonstruiert und als Sprechermaske markiert. Sie ist ihrerseits durch Formen der Ungeschicklichkeit ausgezeichnet, die den Sprecher als sozialen Aufsteiger kennzeichnen. Das lässt sich an der Gliederung des Essays zeigen, an seinem Einsatz von Fußnoten, an der Integration von weiteren Stimmen und an stilistischen Brüchen. Beginnt man den Blick auf die Details mit der Gliederung des Essays, so folgt diese keineswegs den Postulaten der Nüchternheit und Rationalität, die der Rolle eines wissenschaftlichen Referenten angemessen wären. Vielmehr wird als Gliederungsprinzip des ‚Referats' der Hit *Bruttosozialprodukt* eingesetzt, den die Bochumer Neue-Deutsche-Welle-Band *Geier Sturzflug* bekannt gemacht hatte.[566] Er ist in zeitgenössischen Presseorganen als „Parteitags-Song der CDU" apostrophiert und als symbolischer Ausdruck der politischen Wende von der SPD zur CDU-Regierung wahrgenommen worden.[567] Sein Refrain endet mit der Parole „Ja, ja, ja, jetzt wird wieder in die Hände gespuckt". Rutschky greift das neokonservative Kernelement „jetzt wird

564 Angesprochen wird erstens die im Dezember 1974 an der Bayerischen Akademie der Schönen Künste vor allem vom baden-württembergischen Kultusminister Wilhelm Hahn organisierte zeitdiagnostische Konferenz „Tendenzwende?" (vgl. Andreas Rödder: 21.0. Eine kurze Geschichte der Gegenwart. Durchges. und aktual. Aufl. München 2017, S. 99 f.), zweitens das im Januar 1978 im Wissenschaftszentrum Bonn ebenfalls von Hahn organisierte Forum „Mut zur Erziehung" und drittens der Regierungsantritt Helmut Kohls am 1.10.1982.

565 Rutschky: Reise durch das Ungeschick (s. Anm. 557), S. 777.

566 Zur Neuen Deutschen Welle vgl. auch Herbert: Geschichte Deutschlands im 20. Jahrhundert (s. Anm. 5), S. 1005.

567 Vgl. https://de.wikipedia.org/wiki/Bruttosozialprodukt_(Lied) (24.6.2019).

wieder" am Ende der Einleitung seines Essays auf und nutzt es, um daraus Varianten zu bilden: „Jetzt wird wieder richtig regiert. Jetzt wird wieder richtig gebildet. Jetzt wird wieder richtig gearbeitet."[568] Verbunden sind die Varianten dadurch, dass sie das postmoderne Ungeschick durch den Appell an einen blinden Aktionismus weiter steigern, statt es zu beenden. Eingesetzt werden sie zur Gliederung des ‚Referats', indem sie (mit abnehmender Deutlichkeit) in den drei Abschnitten wiederholt werden.[569] Im Schlussabschnitt werden sie durch zwei weitere, auf das eigene Schreibverfahren bezogene Varianten ergänzt,[570] bevor in der Conclusio des letzten Absatzes, nach einem Gedankenstrich, die Parole in toto und mit ihr der kopflose Aktionismus der Postmoderne zurückgewiesen wird: „– Daß aber Sie mit der Parole, jetzt wird wieder richtig was auch immer, nicht weiterkommen, das dürfte doch auf jeden Fall klar sein!"[571] Ironischerweise folgt die Conclusio selbst der Parole, die sie ablehnt, denn in ihr ‚wird wieder richtig klargestellt'.

Auch der Fußnoteneinsatz dient dem Machtabbau durch Dekonstruktion der Referentenmaske, auch er markiert den Sprecher als ungeschickten Wissenschaftler. Vor allem in den Geisteswissenschaften gehören Fußnoten zu den markantesten Ausweisen wissenschaftlichen Schreibens und Arbeitens.[572] Auch in Rutschkys Essay wird diese Praxis eingesetzt, sodass der szientifische Status des Sprechers auf den ersten Blick unterstützt wird. Bei näherem Hinsehen erscheint er aber im Gegenteil durch die Art des Einsatzes der insgesamt drei Fußnoten unterminiert. Denn nach der ersten Fußnote, die aus werkpolitischen Gründen zwei (schon als

568 Rutschky: Reise durch das Ungeschick (s. Anm. 557), S. 769.

569 „Ja, jetzt wird wieder richtig gearbeitet und produziert" (ebd., S. 769); es gibt staatliche Bemühungen, junge Menschen „wieder richtig zu bilden" (ebd., S. 772); der Minister will vorführen, „daß jetzt wieder richtig regiert wird" (ebd., S. 775).

570 „Peter Sloterdijk. Jetzt wird wieder richtig philosophiert."; „Botho Strauß. Jetzt wird wieder richtig gedichtet" (ebd., S. 777).

571 Ebd., S. 779.

572 Vgl. zuletzt Georg Stanitzek: Zur Lage der Fußnote. In: Merkur 68 (2014), S. 1–14.

solche ungeschickte) Selbstzitate[573] des Essayisten Rutschky enthält, führt die zweite mit Pierre Bourdieus *Die feinen Unterschiede* die Studie eines ausgewiesenen Wissenschaftlers und Soziologen an, während die dritte den Literaten Eckhard Henscheid und seine Satire *Helmut Kohl. Biographie einer Jugend* zitiert. Das ist zum einen ungeschickt, weil es unterschiedslos literarische wie wissenschaftliche Quellen anführt, zum anderen aber auch strategisch geschickt, weil die zweite und dritte Fußnote gewissermaßen die beiden disparaten Flügel, den des Theoretikers und den des Literaten, öffnen, die in der Figur des Essayisten, die in der ersten Fußnote markiert wird, aber eingefaltet bleiben müssen.

Dass es sich bei dem Referenten tatsächlich nicht um einen Wissenschaftler, sondern um eine gezielt konstruierte Mischfigur aus Theoretiker und Schriftsteller handelt, wird auch im Schlussabschnitt des Essays deutlich. Hier werden erneut die Typen des Theoretikers und des Schriftstellers angeführt, doch werden sie nun je für sich durch die Wahl zweier neokonservativer Repräsentanten satirisch bloßgestellt. Peter Sloterdijk (mit seiner von Rutschky ohne Nachweis zitierten *Theorie der zynischen Vernunft*) steht für eine ins Bombastische und Epigonale abgleitende Form der Theoriebildung,[574] Botho Strauß (mit seiner ebenfalls ohne Nachweis zitierten Prosaarbeit *Paare. Passanten*) für eine Form der Literatur, die auf jeden „kritischen Gebrauchswert“[575] verzichtet und sich mit neoheroischem Dichterpathos über das Publikum erhoben hat. Beide Extrempositionen lehnt der ‚Referent‘ ab. Er entscheidet sich stattdessen für eine gebrauchsfähige Verbindung zwischen ihnen, deren Modell er bei Stanisław Lem und dessen Zukunftsroman *Eden* findet. Ausgehend von diesem Roman lässt sich die Opazität postmodernen Ungeschicks schärfer und nüchterner fassen als mit

573 Zum Selbstzitat vgl. Remigius Bunia/Till Dembeck: Mich zitieren. Zur Problematik des Selbstzitats (Fichte, Jean Paul, Nietzsche, Derrida und andere). In: Joachim Jacob/Mathias Mayer (Hg.): Im Namen des anderen. Die Ethik des Zitierens. München 2010, S. 53–73.

574 Vgl. dazu das Vorwort zur Taschenbuchausgabe von Heinrich Niehues-Pröbsting: Der Kynismus des Diogenes und der Begriff des Zynismus. Frankfurt a. M. 1988, S. 7 f.

575 Strauß: Paare. Passanten (s. Anm. 517), S. 109.

den aufgeheizten Selbstermächtigungsgesten eines Peter Sloterdijk oder Botho Strauß. Der Rückgriff auf den Roman erlaubt es überdies, den ungeschickten Referenten mit dem reisenden Ethnografen aus der *Kurzen Reise durch das Ungeschick* zu identifizieren. Beide gewinnen ihre Erkenntnisse wie die Besucher eines fernen Planeten oder die Beobachter einer fremden Zivilisation. Am Ende der *Reise durch das Ungeschick* wird damit klar, welche Art von Wissenschaft der Ungeschicklichkeitsforscher betreibt: Es handelt sich im Wortsinn um Science Fiction, um eine mit Fiktionen arbeitende Form der Wissenschaft und zugleich um eine Form der Literatur, die auf theoretische Ansprüche und einen pragmatischen Gebrauchswert nicht zu verzichten bereit ist. Das damals zeitgleich erschienene Fotobuch *Auf Reisen* hat diesen Einsatz als *„Fantasy"* bezeichnet und ihm im Inhaltsverzeichnis einen eigenen Eintrag zugewiesen.[576] In Hitlers Geburtsort Braunau fotografiert Rutschky etwa einen Hydranten der Armaturenfirma HAWLE, dem er eine geheimnisvolle Botschaft abliest. Was diese Form von theoriegeleiteter Fantasy in den Blick bekommt, bezeichnet der Referent abschließend mit Lem als Prokrustik.[577] Gemeint ist damit eine angewandte, politisch wirksame Form der Informationstheorie, die im großen Stil das „Selektionieren, Hemmen, Blockieren von Informationen"[578] und damit auch „Zensur, Geschichtsfälschung, Manipulation der Informationsströme"[579] ermöglicht. Das Ungeschick verdankt sich in dieser Perspektive einer über Medien prozessierenden, die Zurichtung der Massen betreibenden Öffentlichkeit. Sie kaschiert die Existenz konkreter Herrscherfiguren, damit diese im Schein ihrer Abwesenheit umso wirksamer – oder weitblickender – agieren

576 Michael Rutschky: Auf Reisen. Ein Fotoalbum. Frankfurt a. M. 1986, S. 5.

577 Vgl. dazu auch – ohne Erwähnung Lems – den satirischen Eintrag von Lucien Gris: Prokrustik. In: Enzyklopädie Philosophie. Hg. von Hans Jörg Sandkühler. Bd. 2. Hamburg 2010, S. 2158–2160, wonach der Begriff „eine Argumentationsmethode" bezeichnet, „bei der die Argumente des Opponenten auf die Argumente des Proponenten durch sog. *Dehnung* oder *Abkürzung* angepaßt werden."

578 Stanisław Lem: Eden. Roman einer außerirdischen Zivilisation (zuerst 1959). Übers. von Caesar Rymarowicz. 12. Aufl. München 1985, S. 282.

579 Rutschky: Reise durch das Ungeschick (s. Anm. 557), S. 778.

Abb. 16
Michael Rutschky, Braunau, 1986

können. Darin Luhmanns Systemtheorie ähnlich versucht Rutschkys Theorie des Ungeschicks die „Steuerungsprobleme eines Systems ohne Zentrum“ zu beschreiben.[580]

Nicht zuletzt durch die Integration von weiteren Stimmen über Formen der Redewiedergabe sowie durch stilistische Brüche wird schließlich die Sprechermaske des Referenten als Autoritätsfiktion dekonstruiert und der Sprecher als ungeschickter Sozialaufsteiger entlarvt. So ist es unüblich für wissenschaftliche Vorträge, den Sprecher zu unterbrechen. Eben dies geschieht aber, wenn, abgesetzt durch einen Gedankenstrich, ein Zwischenrufer nach der Präsentation einer Fallgeschichte den Bezug zum Thema vermisst: „– Aber was ist daran das Ungeschick?“[581] Der Sprecher des Essays geht auf den Zwischenruf ein, statt ihn vornehm zu ignorieren, und

580 Ebd., S. 779.
581 Ebd., S. 770.

nutzt ihn zu einem ersten Bestimmungsversuch: „Das Ungeschick manifestiert sich als Fehler in der Ökonomie.“[582] Üblich ist es in wissenschaftlichen Vorträgen dagegen, durch Zitate auf Autoritäten zu verweisen. Davon macht auch der Referent in Rutschkys Essay Gebrauch, agiert dabei aber ebenfalls scheinbar ungeschickt. Denn seine Gewährsleute bleiben anonym, ihre Aussagen können also nicht überprüft werden. Zum einen lässt er „eine weibliche Stimme“ auftreten, die seine Behauptungen lediglich im Rekurs auf eigene Erfahrungen unterstützt,[583] zum anderen beruft er sich auf das Expertenwissen von „Gärtnerinnen und Gärtnern“[584], die ihn in einer Fachfrage eines Besseren belehrt hätten. Erst bei näherem Hinsehen wird deutlich, dass Rutschky in beiden Fällen seinem Essay Formationen der ‚zweiten‘ Kultur inkorporiert, die sich in den achtziger Jahren gegen die Autoritätsansprüche auch der Linken in Stellung gebracht haben und denen die Zukunft gehören sollte: die Frauen- und die Ökologiebewegung. Das scheinbar ungeschickte Zitat erweist sich als strategisch kluger Schachzug.

Auf stilistischer Ebene wird schließlich durch Formen des Selbstlobs, aber auch durch vulgäre und aggressive Ausdrücke die Autorität des Referenten scheinbar bestätigt, in der Übertreibung aber wiederum unterminiert. Ähnlich wie im Fall der Frauen- und der Ökologiebewegung verraten nun gezielt eingesetzte stilistische Brüche den Status des Sprechers und geben zugleich bildungsfernen Schichten eine Stimme. Das unter Wissenschaftlern verpönte Selbstlob kommt zum Einsatz, wenn sich der ‚Referent‘ wiederholt „den klugen Leuten“ zurechnet.[585] Ein ‚echter‘ Wissenschaftler hätte eine solche Selbstzuschreibung nicht nötig. Er würde auch auf die offen ausgestellte Aggressivität verzichten, die über die agonale Dimension des besseren Arguments hinausgeht. Dass der Referent in Rutschkys Essay aggressiv agiert, offenbart sich im Begriff der „Vernichtungsargumentation“, in den er seine

582 Ebd.
583 Ebd., S. 771.
584 Ebd., S. 772.
585 Ebd., S. 770.

Überlegenheit über andere einmünden lässt.[586] Später kommentiert er die Phrase eines Politikers, der angesichts einer anstehenden Debatte Gelassenheit heuchelt, mit dem Ausruf: „Aber was uns vielleicht für sie eingenommen hätte, Mann, das wäre der Wutanfall gewesen!"[587] Im vulgären „Mann" wird eben dasjenige Aggressionspotenzial eingespielt, das die Aussage vom Gegenüber einfordert. Die aggressive Haltung des ‚Referenten' äußert sich auch im dritten, auf das politische Ungeschick bezogenen Teil des Essays. Dort wird zuerst an eine fachgerechte semantische Klarstellung und dann an die Interpretation eines peinlichen Auftritts Helmut Kohls die kolloquiale Vergewisserungsformel „Alles klar?" angehängt, um kurz darauf den rüden Befehl „merken Sie sich das" nachzuschieben.[588]

Dass es sich aber bei dem aggressiven, seine Zuhörer wiederholt vor den Kopf stoßenden Sprecher um einen sozialen Aufsteiger handelt, der sich im Wissenschaftsbetrieb danebenbenimmt, wird erst im Schlussabschnitt deutlich. Dort wird die Frage nach dem Sinn des postmodernen Ungeschicks aufgeworfen. Es bedeute, so die Antwort, „[d]en Konservatismus von Aufsteigern, okay, das ist das beste, was mir bislang eingefallen ist."[589] In der saloppen Vergewisserungsformel „okay", geschickt inseriert in die theoretische Kernaussage des Essays, aber auch in der scheinbar naiven Phrase „ich frage ja bloß"[590], verrät sich die Nichtzugehörigkeit des angeblichen Referenten zu den Hochkultursphären von Wissenschaft und Literatur. Ebenso wie sein Selbstlob und seine Aggressivität verweist die saloppe Rede auf eine Herkunft aus den Mittel- oder Unterschichten.

---

586 Ebd.
587 Ebd., S. 772.
588 Ebd., S. 776.
589 Ebd., S. 778.
590 Ebd., S. 779. In der BRD wurde die Phrase bekannt durch die Dialogerzählungen von Wolfdietrich Schnurre: Ich frag ja bloß. München 1973.

Alles klar?

Sieht man sich nach der Klärung der Sprecherposition die Argumentation des sozialen Aufsteigers in der *Reise durch das Ungeschick* näher an, so greift sie die beiden Merkmale des Ungeschicks auf, die bereits der Band *Wartezeit* und der Essay *Vom Stretchcord bis zur Unregierbarkeit* entwickelt hatten. Zum einen handelt es sich um das strukturelle Problem der Überdetermination, durch die jeder davon betroffene Sachverhalt „vollkommen wertlos“[591] wird und das zugehörige Reden in „Selbstdementis“[592] verwandelt; zum anderen geht es um die Paradoxie der Gegenmaßnahmen, die das Ungeschick bekämpfen sollen, es aber lediglich vermehren und steigern. Während das erste Bestimmungsmoment die soziale Dimension des Ungeschicks betrifft, geht es beim zweiten um seine individuelle Dimension. Beide Aspekte, die soziale und die motorische Ungeschicklichkeit, versucht auch die *Reise durch das Ungeschick* zusammenzuhalten. Neu hinzu kommt nun aber die Frage nach den Ursachen, dem aktuellen Status und der Verbreitung des Ungeschicks. Sie ist aufs Engste mit der Ausweitung der Ungeschicklichkeitsdiagnose auf die Globalisierungsmoderne (die bei Rutschky als Postmoderne firmiert) verbunden. Die Frage wird gewissermaßen doppelt beantwortet. An einen ersten und primären, auf die praxeologische Theorie Pierre Bourdieus rekurrierenden Antwortversuch schließt sich ein ergänzender zweiter, an die Machttheorie Foucaults und die Systemtheorie Luhmanns angelehnter an. Das Verhältnis beider Antwortversuche besteht darin, dass der zweite die politische Stoßrichtung des ersten zurücknimmt und dadurch auch die semiliterarische Schreibweise des Essays legitimiert.

Die erste Antwort auf die Frage nach den Ursachen des postmodernen Ungeschicks erklärt das Phänomen klassentheoretisch mit der sozialen Mobilität der siebziger Jahre. Die sozialliberale Bildungsreform dieses Jahrzehnts habe auch dem Nachwuchs aus den unteren Schichten der Gesellschaft „einen (durchaus

591 Rutschky: Reise durch das Ungeschick (s. Anm. 557), S. 776.

592 Ebd., S. 772.

bescheidenen) sozialen Aufstieg"[593] erlaubt. Er habe die Betroffenen jedoch in Milieus geführt, in denen sie sich nicht zurechtgefunden hätten. Dort quälten sie sich mit dem Problem, nicht zu wissen, welche Regeln nun den Alltag bestimmen und wie man sich richtig benimmt.[594] Daher verhielten sie sich ungeschickt (indem sie etwa in teuren Lokalen Bier zum Käsekuchen bestellten). Eine Beendigung dieser Qualen, die in *Wartezeit* noch gendertheoretisch erklärt worden waren, hat nach Rutschky der Neokonservatismus angeboten. Als sekundärer oder reflektierter Konservatismus ersetzte er das funktionslos gewordene Wissen um die Routinen eines verlorenen Alltags durch erfundene und inszenierte Routinen, die angeblich für jedes Milieu passten. Das ist die Ideologie der Postmoderne.[595] In ihr werden Gewissheiten des Verhaltens und Regeln der Praxis lediglich simuliert, während sie in Wahrheit die Unsicherheit der sozialen Aufsteiger massiv vermehren. In der populären Refrainformel „nun wird wieder …" verdichtet sich die Simulation von Alltagspraktiken unter der Voraussetzung ihres Vertrautheitsverlustes. Mit dem Regierungsantritt Helmut Kohls im Oktober 1982 und dem klaren Wahlsieg der CDU im März 1983 hat der Neokonservatismus dann auch politisch reüssiert. Seither versuchte er im Schulterschluss mit dem Neoliberalismus durch simulierte Handlungskompetenzen (gewissermaßen mit aufgekrempelten Hemdsärmeln) und eine fiktive Tugendlehre die Auswirkungen der Bildungsreform zu begrenzen und zurückzunehmen. Das führte zu einer antiquierten, angesichts der generellen sozialen Dynamik ungeschickten Familienpolitik, beschränkte sich aber überwiegend auf Parolen. Berühmt und vielfach verspottet wurde vor allem diejenige von der „geistig-moralischen Wende".[596] Das deckte sich mit der von England ausgehenden Wende zum Neoliberalismus[597]

---

593 Ebd., S. 774. Vgl. zu den Voraussetzungen dieses Aufstiegs Herbert: Geschichte Deutschlands im 20. Jahrhundert (s. Anm. 5), S. 906.

594 Rutschky: Reise durch das Ungeschick (s. Anm. 557), S. 774.

595 Ebd.

596 Zit. nach Herbert: Geschichte Deutschlands im 20. Jahrhundert (s. Anm. 5), S. 979.

597 Vgl. Kershaw: Achterbahn (s. Anm. 2), S. 386–390. Kershaw kritisiert den Begriff und schlägt stattdessen ‚Monetarismus' vor; ebd., S. 388.

und führte zu aufgeregten Reaktionen auf Seiten der Linken, hatte aber in der Bundesrepublik kaum praktische Konsequenzen. Nach Rutschkys übertriebener Darstellung hat der Regierungsantritt der Konservativen mit ihrer wolkigen Rhetorik jedoch zu einem „Klassenkampf“[598] geführt, der seither nicht nur auf den Feldern der Politik und der Ökonomie, sondern auch auf dem der Kultur ausgetragen wird. Die bildenden Künste,[599] sowie Literatur und Philosophie beteiligen sich an ihm, indem sie Simulationen ‚echter‘ Malerei (Ulrich Zeh), ‚echter‘ Dichtung (Botho Strauß) und ‚echter‘ Theoriebildung (Peter Sloterdijk) mit fiktiven Geltungsansprüchen ausstatten und gegen die Selbstverständigungsversuche der sozialen Aufsteiger und die Vertreter der zweiten Kultur ins Feld führen.[600] Da in allen Fällen aber die jeweiligen Maßnahmen und Kompetenzen lediglich behauptet und angemaßt werden, reihen sich die simulierten Meisterwerke und -denker bruchlos ein in die politischen und ökonomischen Zeugnisse ungeschickten Verhaltens.

Der zweite Antwortversuch auf die Frage nach den Gründen und der Bedeutung des Ungeschicks in der Globalisierungsmoderne schließt hier an. Zwar behält er den Erklärungswert des ersten bei, stellt ihn aber in einen neuen Theorierahmen und nimmt ihm dadurch die politische Spitze. Denn dass sich das Ungeschick der Globalisierungsmoderne mit Bourdieu als eine Form des Klassenkampfs beschreiben lässt, setzt voraus, dass die kämpfenden Antagonisten klar unterschieden und benannt werden können. Auf den ersten Blick ist das auch der Fall: Die neokonservativen Vertreter der CDU/FDP-Regierung kämpfen sowohl gegen die Unterschichten als auch gegen die sozialen Aufsteiger im Gefolge der Bildungsreformen, die in den siebziger Jahren von der SPD initiiert und umgesetzt worden sind. Rutschkys Essay markiert die Frontlinie zwischen beiden vor allem über die Verteilung der Personalpronomina. Während mit ‚sie‘ der neokonservative Gegner und

598 Rutschky: Reise durch das Ungeschick (s. Anm. 557), S. 774.

599 Vgl. ebd.

600 Zum bunten, pluralistischen Montage- und Zitatcharakter der Kultur der achtziger Jahre und ihrer ideologischen Orientierung vgl. Herbert: Geschichte Deutschlands im 20. Jahrhundert (s. Anm. 5), S. 1003 f.

speziell die Regierung unter dem Kanzler Kohl getroffen werden soll, sind ‚ich' und ‚wir' für die Position des Sprechers und seiner Mitstreiter reserviert. Beide werden den „klugen Leuten",[601] also den überwiegend den Linken nahestehenden Intellektuellen zugerechnet. Der neue Theorierahmen, den der Essay Foucault und Luhmann entleiht, stellt die Klarheit dieser Fronten aber infrage. Er bestreitet nämlich, dass sich dem postmodernen Ungeschick ein Kopf wie derjenige Helmut Kohls oder ein ideologisches Zentrum wie dasjenige des Neokonservatismus und seiner Vertreter zuordnen lässt: „es gibt gar keine Regierung mehr, das Zentrum ist leer – das System hat keinen Kopf, sagt Michel Foucault –, die Dinge laufen so".[602] Der Schlussabschnitt des Essays nimmt diese Überlegung wieder auf und entwickelt sie, wie gesehen, mit Lems Roman *Eden* weiter. In ihm wird die Fiktion einer Gesellschaft thematisiert, die ihre Machtpraktiken durch den Einsatz von Informationsmedien zu verschleiern versteht. Das erlaubt es dem Referenten, von der Theorie des Ungeschicks in den vergleichsweise reicheren Möglichkeitsraum der Literatur umzuschalten. Von ihm aus können der Distanzierungsgestus und die Suggestion des Apolitischen, die mit der These vom leeren Zentrum verbunden sind, abgemildert und durch eine engagierte Variante der These ersetzt werden. Nach dieser Variante erzeugt die Globalisierungsmoderne vor allem Unverständlichkeit: „alles bezieht sich ausschließlich auf sich selber, wer von draußen kommt, versteht nichts".[603] Für diese Beobachtung verweist der ‚Referent' dann auf Luhmann, der sie zum Maßstab einer neuen Form der Theoriebildung gemacht habe.[604]

---

601 Reise durch das Ungeschick (s. Anm. 557), S. 770, erweitert ebd., S. 775: „mit mir und den anderen klugen Leuten".

602 Ebd., S. 777. Rutschky resümiert hier vermutlich einen Abschnitt aus dem ersten Band von *Sexualität und Wahrheit*; vgl. Michel Foucault: Sexualität und Wahrheit. Bd. 1: Der Wille zum Wissen. Übers. von Ulrich Raulff und Walter Seitter. Frankfurt a. M. 1977, S. 110–112.

603 Rutschky: Reise durch das Ungeschick (s. Anm. 557), S. 779.

604 Vgl. Niklas Luhmann: Soziale Systeme. Grundriß einer allgemeinen Theorie. Frankfurt a. M. 1984, S. 9–11, zur Selbstreferenz des eigenen Unternehmens, das „in einer azentrisch konzipierten Welt und einer azentrisch konzipierten Gesellschaft eine polyzentrische (und infolgedessen auch polykontexturale) Theorie" vorlege (ebd., S. 14).

Am Ende erweist sich der Sprecher des Essays als ambivalenter Beobachter und Außenseiter. Weder ist er ein Wissenschaftler, noch ein Literat, sondern von beidem etwas und daher nichts Ganzes und nichts Halbes; weder ist er dem Ungeschick vollständig unterworfen, dessen Omnipräsenz er herausarbeitet, noch kann er ihm gänzlich entgehen und betreibt daher die „Allegorese dessen, was auf dem Markt zu haben ist“[605]; weder gehört er schließlich zu dem soziokulturellen System, das er beschreibt, noch befindet er sich außerhalb dieses Systems, sondern ist vielmehr ‚von außen‘ in es hineingekommen – ähnlich wie ein Migrant in ein fremdes Land oder ein sozialer Aufsteiger, der in ein neues Milieu mit unbekannten Regeln eintritt. Die Folge ist ein Höchstmaß an Stress. Es äußert sich bei ihm und seinesgleichen in einem „überanstrengte[n] Ingenium“,[606] einem fundamentalen Orientierungsverlust („der Aufsteiger weiß nie genau, wo er sich gerade befindet“) und im „Ausdruck von Qual“, der auf allen seinen Aktionen liege.[607]

Die literarische Lösung, die Rutschky für diese Ambivalenz gefunden hat, hält der Titel seines Essays fest: *Reise durch das Ungeschick*. Er fand sich bereits 1984 im Untertitel des Vorgängeressays und wird 1990 auch zum Obertitel der Buchpublikation, in die der *Merkur*-Essay eingeht. Der Titel bereitet darauf vor, dass sich die Sprecherfigur auf der Durchreise befindet und dass der Ort und die Zeit, die sie durchquert, vom Ungeschick geprägt sind. Dass Rutschky mit dem Begriff der ‚Reise‘ einen damals aktuellen Trend des bundesrepublikanischen Theorie-Schreibens aufgreift und dass er sich speziell in der Ethnologie und bei der Science Fiction bedient, ist bereits festgehalten worden. Beachtenswert ist darüber hinaus die unscheinbare Präposition ‚durch‘[608]. Sie hat einen signifikanten literaturgeschichtlichen Hintergrund[609] und signalisiert, dass sich

605 Rutschky: Reise durch das Ungeschick (s. Anm. 557), S. 772.

606 Ebd., S. 771.

607 Ebd., S. 774.

608 Vgl. dazu Peter Eisenberg: Grundriß der deutschen Grammatik. 3., überarb. Aufl. Stuttgart/Weimar 1994, S. 263.

609 Im Namen der 1886 in Berlin gegründeten freien literarischen Vereinigung „Durch!“ hat der Germanist Eugen Wolff 1887 in der *Allgemeinen Deutschen Universitätszeitung* zehn Thesen zur literarischen Moderne publiziert, in

der Sprecher zu einem bestimmten Zeitpunkt vor dem Eintritt in das Ungeschick (vor 1980) noch nicht darin befunden hatte, dass er sich dann eine Zeit lang in ihm aufhielt und dass er (1986) eines Tages wieder aus ihm austreten wird oder es (1990) bereits hinter sich gelassen hat. Mit dem Wörtchen ‚durch' wird daher festgehalten, dass sich der Sprecher nicht nur wie ein Theoretiker über das Ungeschick zu erheben versucht, sondern es auch leibhaftig zu erfahren und mit literarischen Bordmitteln zu durchqueren bereit ist. Versteht man die Ungeschicklichkeit als eine Form des Nichtkönnens, dann verdeutlicht das ‚durch', dass der Sprecher sich dem fremden und eigenen Nichtkönnen rückhaltlos auszusetzen versucht hat, um es am Ende mit einem neuen Wissen um das Phänomen der Ungeschicklichkeit und neu erworbenen Fähigkeiten hinter sich zu lassen. Seine ‚Errungenschaften' sind dann die Texte, die das Ungeschick zum Ausdruck bringen und es dadurch greifbar werden lassen. Insofern gehört der Durchgang, die Passage, zur Poetik des Ungeschicks. Die Passage gehört zugleich in die Poetik des Essays. Das zeigt sich in der Aufnahme des programmatischen Essays *Wir Essayisten* in die *Reise durch das Ungeschick*,[610] aber auch paratextuell in der Genrebezeichnung *Meisterstücke*, die Rutschky in der Buchpublikation *Reise durch das Ungeschick* für den gleichnamigen Essay und die übrigen Essays des Bandes gewählt hat. In werkgenetischer Perspektive markiert die Poetik des Ungeschicks den Abschluss einer Ausbildung, die der Essayist in den achtziger Jahren nach eigener Einschätzung durchlaufen hat. Bedenkt man weiter, dass Rutschkys Essays zum Typus des Gegenwartsessays gehören, dann wird die BRD der achtziger Jahre von ihm als Werkstatt modelliert, in welcher der Essayist sein Handwerk gelernt hat. Die westdeutsche[611] Ungeschicklichkeit ist dann derjenige Gegenstand,

---

denen erstmals das Substantiv ‚die Moderne' verwendet worden ist; vgl. Peter Sprengel: Geschichte der deutschsprachigen Literatur 1870–1900. Von der Reichsgründung bis zur Jahrhundertwende. München 1998, S. 54.

610 Vgl. dazu Stanitzek: Essay – BRD (s. Anm. 453), S. 125–146.

611 Das Fotobuch *Auf Reisen*, das die Sammlungen ergänzt, verdeutlicht die Dominanz urbaner Räume wie München und Berlin für den reisenden Essayisten, zeigt aber auch sein lebhaftes Interesse an der Provinz und bezieht als Dokument der Globalisierungsmoderne auch den europäischen

mit dessen Bearbeitung er sich den Meistertitel erworben und zum versiertesten Essayisten der deutschen Literatur nach 1945 aufgeschwungen hat. Das wird auch dadurch bestätigt, dass der Autor nach dem Gesellenstück *Zur Ethnographie des Inlands* und dem Meisterwerk *Reise durch das Ungeschick* keine weiteren Essaysammlungen mehr publiziert hat.

Der Essay als Form, so lässt sich die Einsicht verallgemeinern, ist die Form des Ungeschicks. Zwar stellt es sich in der Bundesrepublik Deutschland während der achtziger Jahre besonders prägnant dar, ist aber von vornherein mit globalen Entwicklungen (vor allem in England und den USA) verbunden und wird als ein zentrales Merkmal der Postmoderne identifiziert. Versteht man die Postmoderne als Teilphase der Globalisierungsmoderne, dann hat Michael Rutschky mit dem Ungeschick eine Grundfigur der Gegenwart herausgearbeitet. In der Digitalisierungsmoderne stürzt sie ab.

Großraum (England, die Niederlande, Österreich, Italien, Jugoslawien) mit ein.

NEUNTER TEIL

Abgestürzte / 1990–2018

I

Goofys Triumph

> Er sieht so normal aus, sagte Mercedes Jahre später, deswegen dauert es eine Weile, bis man merkt, dass er in Wirklichkeit wie ein Magnet alles Sonderbare, Lächerliche und Traurige anzieht.
>
> *Terézia Mora*

Die vorläufig letzte Phase des Ungeschicklichkeitsdiskurses in der deutschen Literatur des 20. Jahrhunderts beginnt mit dem Zusammenbruch des Kommunismus und der Wiedervereinigung Deutschlands. Letztere wurde durch eine kuriose Ungeschicklichkeit eingeleitet.[1] Zugleich endete nun der Primat der klassischen Industriegesellschaften[2] und es begann die Digitalisierungsmoderne. Man hat das Epochenjahr 1990 als „Ende einer Ära"[3] bezeichnet, denn in zwei Weltkriegen und mit einem eklatanten Zivilisationsbruch hatte vor allem Deutschland Leid und Zerstörung über Europa gebracht. Nun hatte es Teil am „globalen Schub der Demokratisierung"[4] und trug entscheidend zu Frieden, Wohlstand und Stabilität auf dem europäischen Kontinent bei. Nachdem der Eiserne Vorhang verschwunden war, konnten und wollten nur noch die USA „eine unilateral strukturierte Weltordnung" errichten.[5] Auch das hat sich inzwischen geändert. Jedenfalls schien es zum demokratischen Kapitalismus im posttotalitären Zeitalter keine

---

1 Günter Schabowski, der Sprecher der SED-Führung, hatte am 9.11.1989 den Inhalt einer Verordnung, auf den er während einer Pressekonferenz angesprochen wurde, nicht genau gelesen und – mit historischen Folgen– ihr sofortiges Inkrafttreten verkündet; vgl. Ian Kershaw: Achterbahn. Europa 1950 bis heute. Übers. von Klaus-Dieter Schmidt. München 2019, S. 504.

2 Vgl. Ulrich Herbert: Geschichte Deutschlands im 20. Jahrhundert. 2., durchges. Aufl. München 2017, S. 1238.

3 Kershaw: Achterbahn (s. Anm. 1), S. 530.

4 Herbert: Geschichte Deutschlands im 20. Jahrhundert (s. Anm. 2), S. 1092.

5 Ebd., S. 1160; vgl. Kershaw: Achterbahn (s. Anm. 1), S. 551.

 DOI:10.30965/9783846761038_034

ernsthafte Alternative mehr zu geben, wenn er im Umgang mit den Ökosystemen auch denkbar ungeschickt agiert und dadurch seine eigene Existenz aufs Spiel gesetzt hat. Auch Deutschland ist seither in die globale und speziell in die europäische Ordnung eingebunden, fremdelte allerdings mit seiner neuen Rolle als Führungsmacht und agierte etwa im Jugoslawienkrieg ausnehmend ungeschickt.

Die in diesem Teil thematisierte Phase erstreckt sich von den Überforderungen der neunziger Jahre, in denen die Folgen der Wiedervereinigung zu bewältigen waren[6] und die Literatur rapide an Geltung verlor,[7] über die globalen Wirtschaftskrisen im ersten Jahrzehnt des 21. Jahrhunderts und den Terroranschlag gegen die westliche Welt an 9/11 hinaus bis an die Schwelle der Gegenwart. Sie kann hier nur skizzenhaft umrissen werden, da die historische Distanz sich zur Gegenwart hin minimiert und sich die großen Linien im Gewirr der kleineren nur schwach abzeichnen.[8] Mehr als eine vorsichtige Markierung von prägnanten Trends ist daher nicht zu leisten.

Der prägnanteste Trend in der hier interessierenden Phase ist die Ausdehnung der Informalisierung. Lockeres, lässiges, ruppiges und grobes Verhalten wird zum Normalfall. Sein Gegenpart, die Vermeidung des Unschicklichen und die Achtung des Anstands, zieht sich auf klar umgrenzte Gruppen und Szenen zurück. Neue Formate der Kommunikation erleichtern durch Anonymisierung der Akteure,

---

6 Sie kostete zwischen 1991 und 1999 ca. 1,2 Billionen DM, für die jährlich etwa ein Drittel des Bundeshaushalts aufgebracht werden musste; Herbert: Geschichte Deutschlands im 20. Jahrhundert (s. Anm. 2), S. 1151. Bei der Umsetzung wurden angesichts mangelnder Erfahrungswerte mit der Privatisierung und teilweisen Stilllegung einer ganzen Volkswirtschaft auch zahlreiche Fehler gemacht; vgl. ebd., S. 1154 f.

7 Einen Zusammenhang zwischen beiden Befunden sieht Henning Ritter: Notizhefte (zuerst 2010). 5. Aufl. Berlin 2011, S. 72. Ihm zufolge war die deutsche Teilung ein „Idealzustand" für die westdeutschen Intellektuellen, der ihrem Typus entgegengekommen sei.

8 Vgl. zum Problem der mangelnden Distanz zur Gegenwart auch Herbert: Geschichte Deutschlands im 20. Jahrhundert (s. Anm. 2), S. 1238, und als Lösungsversuch Andreas Rödder: 21.0. Eine kurze Geschichte der Gegenwart. Durchges. und aktual. Aufl. München 2015.

das Zurücktreten emphatischer Individualitätskonzepte[9] und das Erzeugen von Teilöffentlichkeiten die Preisgabe zivilisierten Distanzverhaltens und begünstigen Beleidigungen und Hassausbrüche.[10] Die Informalisierung geht einher mit einer massiven Standardisierung der Kommunikationskanäle. Für die vorläufig letzte Phase dieser Fallgeschichte ist daher mit einer Normalisierung und Invisibilisierung, aber auch mit einer strategischen Funktionalisierung des Ungeschicks zu rechnen. Zum einen wird es schwerer, ungeschicktes von geschicktem Verhalten zu unterscheiden und Formen des Ungeschicks überhaupt zu erkennen. Zum anderen kann der strategische Einsatz des Ungeschicks dann, wenn er nur rigoros genug erfolgt, auch weiterhin Aufmerksamkeit erzeugen. Damit lassen sich dann Formgewinne erzielen, auch in der Literatur.

Zuvor sei als Form und Gewinn verbindendes Beispiel aus der bildenden Kunst eine Plastik des Briten Damien Hirst herangezogen. Sie macht innerhalb eines spektakulären Ensembles das Ungeschick des Künstlers in der Digitalisierungsmoderne zum Thema und führt ihn als Triumphator nach seinem Absturz und Untergang vor. Hirsts Selbstverständnis ist stark von Marcel Duchamp beeinflusst, der zu den Vorbildern Andy Warhols gehörte, stärker aber noch von Jeff Koons, der seinerseits Impulse Andy Warhols aufgenommen und radikalisiert hat. Koons hat die Konsumkultur der Globalisierungsmoderne ins Zentrum seiner Arbeiten gestellt und dabei auch auf Kitsch, Pracht und Glamour zurückgegriffen. Vor allem aber hat er sich ganz dem Erfolg, dem Medienspektakel und der Gunst des Publikums verschrieben.[11] Der 1965 in Bristol geborene und in Leeds aufgewachsene Damien Hirst schließt an die Karrierestrategien von Warhol und Koons an. Er gilt inzwischen als einer der weltweit reichsten, aber auch umstrittensten Künstler. Seinen steilen

9 Vgl. Ritter: Notizhefte (s. Anm. 7), S. 77: „Das Individuum ist nur noch ein Anhang des Systems, Bedürfnisproduzent auf der untersten Ebene, was sich schließlich nicht mehr rentiert."

10 Vgl. Kershaw: Achterbahn (s. Anm. 1), S. 714 und S. 718, zum Einfluss des Hassmediums Internet auf die Verbreitung des radikalislamischen Terrorismus.

11 Ulrich Reißer/Norbert Wolf: Kunst-Epochen. Bd. 12: 20. Jahrhundert II. Durchges. Ausg. Stuttgart 2017, S. 133.

Aufstieg erzielte er mit diversen Tätigkeiten als Maler, Bildhauer, Konzeptkünstler und Kurator von Ausstellungen, aber auch als Produzent von Pop-Songs und kommerziellen Musikvideos. Dabei erwies er sich als Virtuose der Selbstvermarktung. Neben Duchamp und Jeff Koons gehört die Punk-Band Sex Pistols zu seinen Vorbildern. Von 1986 bis 1989 hat Damien Hirst am Goldsmiths College, das zur University of London gehört, Fine-Arts-Kurse belegt. In den späten achtziger Jahren gehörte er zur Gruppe der Young British Artists. Beachtung fand er erstmals mit der von ihm kuratierten Ausstellung *Freeze*, die 1988 in den Surrey Docks, einem leerstehenden Lagerhaus mitten im Londoner Hafenviertel, stattfand.

Im Zentrum der Arbeiten von Damien Hirst stehen Installationen und Plastiken zu den Themenkomplexen Mensch und Tier, Tod und Leben, Konsum und Religiosität. In den Titelfindungen zeigen sich häufig Spuren britischen Humors. Bekannt wurde Damien Hirst mit seinen in Formaldehyd eingelegten Tierkörpern. Erhebliches Aufsehen erregte er 1991 mit einem präparierten Tigerhai, der mit aufgerissenem Rachen in einer Vitrine schwamm. Die Arbeit hieß *The Physical Impossibility of Death in the Mind of Someone Living*. Da sich der Körper des Hais allmählich zersetzte, musste er durch einen zweiten ausgetauscht werden. Das führte zu Diskussionen über die Authentizität des Kunstwerks. Die Austauschversion des Tigerhais schaffte es bis nach New York ins Metropolitan Museum, wo sie von 2007 bis 2010 zusammen mit weiteren Haidarstellungen zu sehen war. Ein Maximum an Aufmerksamkeit erreichte Damian Hirst mit dem diamantenbesetzten Platinabguss eines menschlichen Schädels, der 2007 in der Londoner Galerie White Cube gezeigt wurde (*For the Love of God*). Der Schädel gehörte angeblich einem Europäer, der im 18. Jahrhundert gelebt hatte und mit 35 Jahren gestorben war. Unter den 8.601 Diamanten, mit denen er besetzt war, gibt es auch einen besonders prächtigen, 52 Karat schweren, der auf der Stirn des Schädels angebracht ist. Verkauft wurde das Objekt für 75 Millionen Dollar. Damit war *For the Love of God* die teuerste Arbeit innerhalb der zeitgenössischen Kunst. Typisch für Hirst ist der Umstand, dass er selbst zur Käufergruppe des Schädels gehörte, sich also an der Steigerung seines Ruhms aktiv beteiligte. Begleitet wurde der Verkauf von einer aufwändigen Marketingkampagne, die parallel zur Ausstellung des diamantenbesetzten Schädels ein ganzes Arsenal von Merchandise-Produkten wie Plakate, T-Shirts und Dokumentationen einsetzte. Man hat behauptet, dass Hirsts Marketingkampagnen seine eigentlichen Kunstwerke seien.

In jedem Fall erschloss Hirst der zeitgenössischen Kunst in findiger Weise neue Vertriebskanäle und Kundenstämme. So gelang es ihm etwa, weltweit die Neureichen für seine Arbeiten zu interessieren, insbesondere russische Oligarchen,[12] arabische Ölscheichs und europäische Hedge-Fonds-Manager.[13] 2008 versteigerte er parallel zur Finanzkrise auf einer Auktion bei Sotheby's insgesamt 287 seiner Werke direkt aus dem Atelier. Der spektakuläre Selbstausverkauf brachte ihm 140 Millionen Dollar ein. Sein ökonomisches Geschick hat ihm auch Einladungen von Business Schools beschert, wo er über strategische Innovationen sprach. Zugleich wurde sein ökonomischer Erfolg seitens der Kunstkritik als Indiz für ästhetisches Versagen gewertet. Was kommerziell so gut funktionierte zog den Verdacht auf sich, ästhetisch wertlos und ungeschickt zu sein. Tatsächlich kam es 2013 zu einem radikalen Absturz der Marktpreise seiner Werke.

Vier Jahre später schien Hirst wie ein Phönix aus der Asche aufzuerstehen. In Venedig, wo am 13. Mai 2017 die 57. Biennale beginnen sollte, eröffnete er rund einen Monat vorher eine spektakuläre Doppelausstellung.[14] Sie fand in zwei traditionsreichen Gebäuden statt. Der eine Teil war im Palazzo Grassi zu sehen, einem 1772 fertiggestellten klassizistischen Prachtbau am Canal Grande, der andere in der 1682 erbauten Punta della Dogana, dem ehemaligen Sitz der venezianischen Zollbehörde. Beide Gebäude hatte der reiche französische Unternehmer und Kunstsammler François Pinault erworben und zu Museen ausbauen lassen. Seit 2006 bzw. 2009 nutzt sie der mit Hirst befreundete Pinault für Ausstellungen.

---

12 Zur Etablierung einer neuen Oberschicht der superreichen Oligarchen nach der Auflösung der Sowjetunion vgl. Herbert: Geschichte Deutschlands im 20. Jahrhundert (s. Anm. 2), S. 1165.

13 Nach 2000 suchte das „in enormen Mengen vorhandene Investitionskapital" weltweit nach neuen Anlagemöglichkeiten; ebd., S. 1215.

14 Vgl. Frederik Hanssen: Lügenbaron der Lagune. Damien Hirst in Venedig. In: Der Tagesspiegel, 15.6.2017.

Hirsts Doppelausstellung trug den Titel *Treasures from the Wreck of the Unbelievable*. Sie arbeitete mit einer simplen, aber wirksamen Story. Angeblich hatte vor 2000 Jahren ein ungebildeter, aber zu Geld gekommener ehemaliger Sklave aus Antiochien namens Aulus Calidius Amotan seine von überall her zusammengeklaubten Kunstschätze auf ein gewaltiges Schiff verfrachtet, das den Namen *Apistos* (Unbelievable) trug. Mit den Objekten wollte Amotan einen neuen Tempel bestücken. Das Schiff erlitt jedoch vor Sansibar in einem Sturm Schiffbruch und versank. Erst 2008 wurde der gesunkene Schatz angeblich von dem Heidelberger Doktoranden Peter Weiss wiederentdeckt, der durch ein Youtube-Video auf seine Spur gebracht worden sein soll. Weiss, der nicht zufällig den Namen des Verfassers der *Ästhetik des Widerstands* trägt, hatte sich angeblich an Hirst gewandt, der angesichts des medienwirksamen Ausverkaufs seiner Arbeiten offenbar gerade über viel Geld verfügte. Hirst habe daraufhin die Bergung der Kunstschätze finanziert, die 2010 erfolgt sei. Mit den insgesamt 189 geborgenen, teils extrem großen Objekten sei schließlich die Ausstellung bestückt worden. Tatsächlich stammten alle Objekte von Hirst selbst.

Der Regisseur Sam Hobkinson hat zu dieser Story auch einen Film gedreht, der die Beteiligten zu Wort kommen lässt und die Bergungsarbeiten dokumentiert. Der Film trägt ebenfalls den Titel *Treasures from the Wreck of the Unbelievable* und war zeitweilig auf Netflix abrufbar.[15] Hirst erzählt dort unter anderem die mit pseudodokumentarischen Aufnahmen unterlegte Geschichte eines Nachbarn in seiner Studienzeit, der als veritabler Messie in seiner Wohnung eine wüste Sammlung aller möglichen Gegenstände angehäuft habe. Das hätte ihn inspiriert. Der Film zeigt dann vor allem die Suche nach dem Schatz und die Bergungsarbeiten. Dabei arbeitet der Regisseur mit einer klaren Differenz zwischen der Welt unter Wasser, die als Reich des Traums, der Phantasie und des kollektiven Unbewussten markiert wird, und der Welt über der Wasseroberfläche, in der die Rationalität regiert und dem Enthusiasmus nur selten, dann aber mit großem Gewinn, Raum gegeben werden kann.

15 Jetzt unter www.documentarymania.com/player.php?title=Treasures from the Wreck of the Unbelievable (3.5.2020).

Strukturiert wird der Film über die Momente, in denen die angeblich auf dem Meeresgrund aufgefundenen ‚antiken' Objekte die Wasseroberfläche durchstoßen und zum Erstaunen aller Beteiligten sichtbar werden. Am Ende bricht der Film seinen pseudodokumentarischen Charakter gezielt auf und gesteht seine Fiktionalität ein. Dazu zeigt er ca. fünf Minuten vor dem Ende eine angeblich ebenfalls geborgene, mit Seepocken besetzte Goofy-Figur und endet mit einer Einstellung auf eine bunte, mit Korallen und Schwämmen besetzte Doppelplastik, die den Sammler Damien Hirst als Wiedergänger des Sammlers Amotan (oder des Messie-Nachbarn aus Studienzeiten) Hand in Hand mit Mickey Mouse darstellt. Die Doppelplastik bezieht sich auf ein Foto, das den avantgardistischen Regisseur Sergei Eisenstein ebenfalls Hand in Hand mit einer Mickey Mouse zeigt.[16]

Hirsts gigantomanische Ausstellung kann als Aktualisierung der traditionsreichen Daseinsmetapher vom Schiffbruch mit Zuschauer verstanden werden.[17] Der Zuschauer ist dann das Publikum und der fiktive Schiffbruch des Ex-Sklaven Amotan ist auch ein Schiffbruch des Künstlers Hirst, vielleicht sogar einer der bildenden Kunst. Kunsthistorisch steht die Ausstellung in aufschlussreichen Kontexten. Dazu gehören etwa die zivilisations- und politikskeptischen Gemälde *Le Radeau de La Méduse* von Théodore Géricault und *Das Eismeer* von Caspar David Friedrich aus dem frühen 19. Jahrhundert, die Assemblage *Trousse du Naufragé* von Hans Arp aus den 1920er Jahren, auf der ungefüge Holztrümmer als letzte Habe von Schiffbrüchigen aufgenagelt sind, verschiedene Schiffbruch- und Schatzsucher-Filme der dreißiger und vierziger Jahre, und vor allem die *Time Capsules* Andy Warhols. Bei ihnen handelt es sich um 610 braune Pappkartons, in denen Warhol seit Ende der sechziger Jahre bis zu seinem Tod alles Mögliche (Quittungen, Einladungen, Fotos, Briefe, Schallplatten, Schuhe des Schauspielers Clark Gable,

---

16 Jacqui Davies: Damien Hirst's Treasures from the Wreck of the Unbelievable. Anatomy of a Blockbuster. www.bfi.org.uk/news-opinion/sight-sound-magazine/comment/festivals/damien-hirst-s-treasures-wreck-unbelievable-anatomy-blockbuster (3.8.2017).

17 Vgl. Hans Blumenberg: Schiffbruch mit Zuschauer. Paradigma einer Daseinsmetapher. Frankfurt a. M. 1979.

Kinderbücher, Kleidungsstücke etc.) hineingelegt und aufbewahrt hat.[18] Wenn ein Karton voll war, wurde der nächste bestückt. Im Rückblick erlauben die *Time Capsules* einen Einblick in Alltag und Kultur der siebziger und achtziger Jahre.

Hirsts Ausstellung ist als eine Art Time Capsule der globalen Kunstgeschichte von den Anfängen bis zur Gegenwart unter Einschluss von Trivialmythen und Ikonen der Popkultur angelegt. Sie verbindet die Idee der zufallsbedingten Sammlung kultureller Zeugnisse in selbstreflexiver Form mit dem Schiffbruch als Metapher des Scheiterns und generiert daraus ein großes Spektakel. An den ausgestellten Objekten will Hirst zehn Jahre lang gearbeitet haben. Sie nutzen den fingierten Rekurs auf die rituelle Funktion von Kunst in den frühen Hochkulturen und spielen mit dem Figurenarsenal des Mythos. Zu den ausgestellten Objekten, die vielfach auf erfolgreiche Filme Bezug nehmen, gehört ein gigantischer, 18 Meter hoher Dämon ohne Kopf, bei dem es sich angeblich um die Vergrößerung eines antiken Artefakts handelt; dazu gehören gefakte ‚antike' Münzen und Schmuckstücke, mehrere Torsi, die von künstlichen, aus kostspieligem Material gefertigten Muscheln, Korallen und Algen bedeckt sind, eine Pharaobüste mit den Zügen des Sängers Pharrell Williams, die Göttin Ato mit Tätowierungen des Popstars Rihanna, ein deformierter ‚Elefantenmensch' mit Zügen des Protagonisten von David Lynchs *The Elephant Man* und ein Maschinenwesen aus dem Film *Transformers*[19], sowie von Korallen, Schwämmen oder Seepocken bedeckte Disneyfiguren wie Mickey Mouse und Goofy. Für die Käufer waren alle Arbeiten in mehrfacher Ausfertigung und in verschiedenen Größen verfügbar. Auch das Authentische hat hier Warencharakter. Angeblich war die Ausstellung ein großer Verkaufserfolg.

Für die Fallgeschichte der Ungeschicklichkeit ist vor allem die auch im Film eingesetzte Goofy-Figur von Interesse. Sie war im Palazzo Grassi ausgestellt. Die Plastik gibt einer Ikone der Popkultur die gefälschte Patina einer ehrwürdigen Herkunft. Das ist nicht

18 Vgl. Annette Spohn: Andy Warhol. Frankfurt a. M. 2008, S. 128.

19 Vgl. Davies: Damien Hirst's Treasures from the Wreck of the Unbelievable (s. Anm. 16).

vollständig abwegig, denn Goofy kann auf eine für eine Comicfigur bereits recht lange Geschichte zurückblicken. Sie führt tief hinein in die Heroische Moderne. Die Figur wurde 1932 als Dippy Dawg erfunden und 1939 in Goofy umbenannt. Im Disneyuniversum gehört sie zu den engsten Freunden von Mickey Mouse. Goofy trägt üblicherweise eine hohe blaue Mütze und einen roten Pullover mit schwarzer Weste. Er ist treu, aber auch naiv und ungeschickt. Auf seine Niederlagen reagiert er stets mit Gleichmut, lässt sich also nicht aus der Bahn werfen. 1953 erhielt Goofy eine eigene Heftreihe. In den auf ihn zugeschnittenen medialen Kontexten registriert er seismografisch die Wandlungen im Ungeschicklichkeitsdiskurs des 20. Jahrhunderts. Während er in den dreißiger Jahren als tollpatschiger Tänzer agiert, ist er in den vierziger Jahren ein unbegabter Sportler, in den Fünfzigern ein wüster Autofahrer, in den Siebzigern und Achtzigern ein postmoderner Revenant berühmter historischer Figuren wie Leonardo da Vinci oder Louis Pasteur und in den Neunzigern ein alleinerziehender Vater.

Hirst stellt den ungeschickten Goofy überlebensgroß auf einem Podest aus.[20] Bei ihm erscheint Goofy in einer selbstbewussten, einstudierten und daher ein wenig eitlen Pose. Als Vorlage lässt sich eine handelsübliche Plastikfigur identifizieren.[21] Hirst präsentiert Goofy als Triumphator in einer kecken, extrovertierten Rednerhaltung. Einen Begleiter hat Mickeys engster Freund nicht nötig. Während der rechte Arm erhoben ist, um der Rede Nachdruck zu geben, wird die linke Hand kokett in die Hüfte gestemmt. Das rechte Bein ist als Spielbein ausgestellt, der überdimensionale Fuß parallel zur linken Hand emporgekrümmt, das Standbein tritt dagegen zurück. Die Plastik ist aus Bronze gefertigt, mutet aber wie ein komplett von abgestorbenen Seepocken (Balanidae) besetztes Objekt aus Stein oder Terrakotta an. Hirst nutzt also gerade nicht die Glätte, die Bronzestatuen üblicherweise auszeichnet (und die er bei einigen ausgestellten Objekten auch sehr gezielt einsetzt),

---

20 Ein YouTube-Video zeigt die Figur im Rundgang um sie; www.youtube.com/watch?v=wflHTqwPNIs (25.4.2020).

21 Vgl. etwa www.galeria.de/Bullyland-Comic-World-Disney-Junior-Goofy/34093736.html?src=90L100001 (27.4.2020).

Tafel 8 Damien Hirst, Goofy, 2017

sondern arbeitet mit einer durchgehend porösen, die Kalkplättchen der abgestorbenen Seepocken und deren unterschiedliche Größen imitierenden Oberfläche. Das nimmt der Comicfigur ihre Farbigkeit und gibt ihr die Anmutung eines stark verpixelten Videos. Der hohe Stellenwert, den die Figur für Hirst hat, lässt sich dem Umstand entnehmen, dass er das offizielle YouTube-Video zur Ausstellung mit einer Erläuterung des Begriffs ‚unbelievable' enden lässt, die in eine Einstellung auf seine Goofy-Statue mündet.[22]

Welche Perspektiven lassen sich aus Hirsts Plastik für den Umgang mit der Ungeschicklichkeit in der auf Kreativität, Forschung und Marketing basierenden Digitalisierungsmoderne gewinnen? Zunächst fällt auf, dass das Ungeschick nicht mehr mit tragischen Untertönen heroisiert werden und als heroisiertes nicht mehr ernsthaft bekämpft werden kann. Es bleibt ebenso banal, alltäglich und unauffällig wie in Andy Warhols Marilyn-Serie. Mit dem Moment der Serialität teilt es auch Warhols Einbettung in den Kontext der Popkultur und seine Stellung in einem größeren Ensemble. Dieses Ensemble ist im Fall von Hirsts Goofy-Plastik eine Ausstellung von angeblich antiken Kunstobjekten, die Disney-Figuren eigentlich ausschließt. Ihre Aufnahme in die Ausstellung ist eine Irritation, ein bewusst eingesetzter Performanzfehler. Insofern gehört Hirsts Goofy in die Geschichte des Ungeschicks.

Neu ist vor allem der selbstbewusste, ja triumphale Auftritt des Ungeschickten, der jede Scham abgelegt hat, sich nicht länger rechtfertigen muss und die marktschreierische Selbstinszenierung bis hin zur Selbstvermarktung nicht scheut. Der Darstellung dieses Ungeschickten (und seiner etwas scheueren Gesellinnen und Gesellen) können sich auch schwer befrachtete Themenkomplexe wie die Stellung des Künstlers in der Globalisierungsmoderne und die Lage der Kunst unter den Konditionen digitaler Kommunikation anlagern.[23] Aus dem Schiffbruch der Tradition taucht Goofy unversehrt

22 Vgl. www.youtube.com/watch?v=hwfjymPx8kM (4.5.2020).

23 Vgl. etwa Botho Strauß: zu oft umsonst gelächelt. München 2019, S. 36: „Niemand im Publikum sah, wie hinterm geschlossenen Vorhang sich jemand ungeschickt bewegte, ein wenig vortretend den Stoff buchtete und beulte, einer, der gern endlich aufgetreten wäre, der in der breiten Falte des

auf – nicht zuletzt darum, weil er jede Niederlage abschütteln und ihm kein Absturz etwas anhaben kann. Das Ungeschick ist in der Gegenwart zwar überwiegend im Alltag verborgen und unthematisch, kann aber jederzeit aus seiner Latenz heraustreten und sich Raum verschaffen. Dabei verbleibt es freilich im Rahmen von Komik und Ironie, nimmt sich also selbst nicht restlos ernst. Seine Auftritte muten an wie die Sequenzen eines schlechten, mehr oder weniger dilettantisch produzierten Videoclips.

Vorhangs nur auf die Gelegenheit wartete, endlich auf offener Bühne zu stehen."

II

Das Paradox der Unsichtbarkeit

Als maßgeblicher Rahmen des Ungeschicklichkeitsdiskurses ist auch bei Annäherung an die Gegenwart die Globalisierungsmoderne anzusetzen. In ihrer postindustriellen Phase wird sie zwar weiterhin von der Technik angetrieben, nun aber in der speziellen Form der digitalen Kommunikationstechnik.[24] Seit 1991 das World Wide Web und 1995 das Internet allgemein zugänglich wurde, beschleunigt sich die ökonomische, soziale und kulturelle Integration weltweit in rasanter Weise.[25] Das wurde vielfach als Überforderung erfahren und hat in jedem Fall erhebliche Folgen für die Literatur. Internetdienste und Soziale Medien stellen in Echtzeit die globale Vernetzung von Gegenständen, sozialen Akteuren und ihren Tätigkeiten her. Sie lösen Fortbewegung und wechselseitigen Austausch von der Biomotorik ab, überwinden Räume und synchronisieren Zeiten.[26] Personen erscheinen dann nur noch als Ansammlungen von Körperpunkten in Figurationen ständiger Bewegtheit, die erst im ständig drohenden, immer auch latent produktiven Störfall Aufmerksamkeit erregen und dann wieder auf Personen zurückgerechnet werden können.[27] Zugleich werden bislang dominante durch neue

---

24 Zum Beginn der digitalen Revolution vgl. Herbert: Geschichte Deutschlands im 20. Jahrhundert (s. Anm. 2), S. 735.

25 Vgl. Kershaw: Achterbahn (s. Anm. 1), S. 21. Zugleich nimmt freilich „die Spaltung zwischen den Bevölkerungsteilen" zu; ebd., S. 662.

26 Vgl. Rödder: 21.0 (s. Anm. 8), S. 28, sowie Herbert: Geschichte Deutschlands im 20. Jahrhundert (s. Anm. 2), S. 1239 f., der die Leistungen der Digitalisierung gegen ihre Gefahren abwägt. Ähnlich Kershaw: Achterbahn (s. Anm. 1), S. 638 f., der zudem von einem durch die „Kommunikationsrevolution" ausgelösten „qualitativen Sprung" spricht und auf die Verstärkung wechselseitiger Abhängigkeiten hinweist; ebd., S. 615.

27 Vgl. Karl-Siegbert Rehberg: Der ‚Fehltritt' als Heuristik bedrohter Integrität. Über Mikroverletzungen institutioneller Handlungsordnungen. In: Peter von Moos (Hg.): Der Fehltritt. Vergehen und Versehen in der Vormoderne. Köln/Weimar/Wien 2001, S. 419–446, hier S. 442 f. Vgl. als literarische Reaktion auf das Problem das Überwachungsszenario im Berliner Sony-Center am Anfang

 DOI:10.30965/9783846761038_035

Kommunikationsformate ersetzt, in denen sich die Beteiligten nicht mehr entweder face to face oder one to all, sondern many to many begegnen.[28] Die neuen Teilöffentlichkeiten gehen einher mit bisher unbekannten Formen und Foren der Inklusion. Sie konstituieren relativ homogene Gruppen, in denen man sich zwar wechselseitig bestätigt, zwischen denen sich aber auch Gräben auftun. Zudem gibt es Gewinner und Verlierer. Die weltweite Digitalisierung des öffentlichen Lebens ist für Manager und Intellektuelle, die erheblich von ihr profitieren, attraktiv, sie hat aber auch exkludierende Effekte und wirkt sich depravierend auf diejenigen aus, denen es in der Folge von Modernisierungsprozessen deutlich schlechter geht als zuvor. Es entsteht ein neues Proletariat, kleine Firmen haben das Nachsehen und auch der Buchhandel veränderte in der Ära von Amazon nachhaltig sein Gesicht.[29] Für die Literatur folgt daraus, dass in der Globalisierungsmoderne ein unübersichtliches Meinungschaos produziert wird, das sich mit einer weit über die Wirkungsweise von Büchern hinausgehenden medialen Wucht verbreitet. Es findet immer neue Kanäle und lässt die soziale Leistung der literarischen Literatur fraglich werden.[30] Die literarische Literatur hat sich daher verstärkt gegenüber der Populärkultur geöffnet. Vor allem aber hat die Digitalisierung Auswirkungen auf das Konzept der Situation, dem für die Ungeschicklichkeit und ihre Darstellung zentrale Bedeutung zukommt. Denn verstärkt ist in der digitalen Welt mit einer Pluralisierung der Schauplätze und Formen elektronischer Distanzerzwingung zu rechnen, in denen sich zwar die Gelegenheiten zur Ausstellung von „Selbstdarstellungsgeschicklichkeiten"[31]

---

von Ulrich Peltzer: Teil der Lösung. Roman (zuerst 2007). 5. Aufl. Zürich 2007, S. 7–13.

28 Rödder: 21.0 (s. Anm. 8), S. 23.

29 Vgl. Kershaw: Achterbahn (s. Anm. 1), S. 639–642.

30 Wilfried Barner: Abrechnen und Rechthaben: Literarisches Leben der neunziger Jahre. In: ders. (Hg.): Geschichte der deutschen Literatur von 1945 bis zur Gegenwart. 2., aktual. und erw. Aufl. München 2006, S. 925–963, hier S. 926.

31 Hans Blumenberg: Beschreibung des Menschen. Aus dem Nachlaß hg. von Manfred Sommer. Frankfurt a. M. 2006, S. 730.

und mit ihnen auch die Fehltrittschancen massiv vermehren,[32] in denen aber ungeschicktes Verhalten angesichts einer globalen Informalisierungswelle nur noch indirekt und vermittelt bemerkbar wird. Wenn es überhaupt auffällt, dann richtig.[33]

Das kann man auch als Verschiebung im Umgang mit der Eskalationslogik verstehen, die dem Ungeschick eingeschrieben ist. Denn durch die permanente digitale Erfassung von Alltagszusammenhängen, verbunden mit dem immensen Ausbau von Speicherkapazitäten, steigen auch die Gelegenheiten, Performanzfehler zu bemerken, festzuhalten und in Teilöffentlichkeiten publik zu machen. Jeder muss damit rechnen, dass sein Fehlverhalten innerhalb kürzester Zeit weltweit ein großes, zu Hohn und Spott allzu bereites Publikum findet. Auch wenn es innerhalb der einen Teilöffentlichkeit zunächst folgenlos bleiben sollte, kann es verspätet noch aus den Tiefen des Netzes hervorgezerrt, in anderen Teilöffentlichkeiten wirkungsvoll kommentiert und tausendfach angeklickt werden. Der *jetzt* ausgebliebene Skandal kann *später* umso massiver über den Ungeschickten hereinbrechen.

Es wird insofern immer wahrscheinlicher, dass das eigene Ungeschick bemerkt wird, und es wird zugleich ungewisser, ob und wann es auch sanktioniert wird. Auch wenn man die Community, in der man sich bewegt, als schützend und zuverlässig empfindet, können die Spuren des eigenen Verhaltens außerhalb dieser Community verheerende, aber auch grandiose Folgen haben. Rücksichtnahme, Diskretion, die Bereitschaft zum Verzeihen und zum Schutz von Freunden – kurz: die Gebote von Anstand und Schicklichkeit – werden mit Blick auf das Verhalten im digitalen Raum ebenso zu Illusionen wie maßlose Zustimmungswerte. Daher kommt es vermehrt zur Installation von Prüfinstanzen, die der Eskalationslogik, die dem Ungeschick eingeschrieben ist, Einhalt gebieten sollen, und

32 Rehberg: Der ‚Fehltritt' als Heuristik bedrohter Integrität (s. Anm. 27), S. 444.

33 Vgl. in anekdotischer Form das Zerwürfnis zwischen Frank Schirrmacher und Navid Kermani während Kermanis Tätigkeit für die *Frankfurter Allgemeine Zeitung*; Navid Kermani: Dankrede. Jeder Mensch eine Menschheit. In: Joseph-Breitbach Preis 2014. Hg. von der Akademie der Wissenschaften und der Literatur Mainz und der Stiftung Joseph Breitbach. Mainz 2016, S. 13–26, hier S. 24 f.

zugleich zu ganzen Branchen, die am unvermuteten Erfolg des Ungeschicks mitverdienen.

Zur Abmilderung der Ungewissheit, wie die eigenen Äußerungen eingeschätzt werden, gehören verschiedene Strategien. Überwiegend gibt man sich als Mann oder als Frau und profiliert scheinbar kohärente, tatsächlich aber zerbröselnde Identitäten.[34] Insofern führt der Umgang der neuen Medien mit dem Ungeschick zu einer oberflächlichen Normalisierung. Auf der anderen Seite kann man aber auch auf Differenz und Dissidenz setzen. Unentschiedenheit und Ambiguitäten werden in diesem Fall gezielt eingesetzt und die eigene Ungeschicklichkeit ausgestellt. Man identifiziert sich dann mit dem Ungeschick und macht es zu einer alternativen Form von Normalität.[35]

Ihre strukturelle Allgegenwart in der digitalen Moderne erschwert es zunehmend, Ungeschicklichkeit überhaupt zu identifizieren. Die Apperzeptionsphase verschwimmt. Tendenziell wird das Ungeschick unsichtbar, weil die Regeln verschwinden, gegen die es verstoßen kann. „Im Sturz aller fühlen sich alle geborgen."[36] Das verschiebt den Fokus von der sozialen weiter auf die motorische und die radikale Ungeschicklichkeit. Die Normalisierung von Performanzfehlern seit dem Beginn der Digitalisierungsmoderne[37] verdeckt auch diejenigen sozialen Muster und Strukturen, die durch manifeste Akte

---

34 Die anhebende Digitalisierungsmoderne geht einher mit einem „alsbald inflationären Gebrauch des Begriffs der ‚Identität', der als virtuelle Homogenisierung politischer und sozialer Gruppen umso stärker beschworen wurde, je mehr sich die wachsende Heterogenität von Volk, Nation und Kultur offenbarte." Herbert: Geschichte Deutschlands im 20. Jahrhundert (s. Anm. 2), S. 1179.

35 Vgl. etwa die Figur der „Pechmamsell" bei Strauß: zu oft umsonst gelächelt (s. Anm. 23), S. 78, die lernen kann, aus ihrem Ungeschick am Ende „ein neues Selbstvertrauen" zu beziehen.

36 Botho Strauß: Der Fortführer. Reinbek b. Hamburg 2018, S. 29.

37 Seit den späten achtziger Jahren, so hat man beobachtet, nimmt „eine allgemeine *Toleranz gegenüber Fehlleistungen*" zu; Felix Philipp Ingold/Yvette Sánchez: Zur Einführung. In dies. (Hg.): Fehler im System. Irrtum, Defizit und Katastrophe als Faktoren kultureller Produktivität. Göttingen 2008, S. 10–18, hier S. 10, unter Berufung auf Paul Ormerod: Why Most Things Fail. Evolution, Extinction and Economics. New York 2005.

der Ungeschicklichkeit allererst sichtbar werden. Insofern hat man in der Soziologie mit Blick auf soziale Mikroverletzungen in der Globalisierungsmoderne von einem „Paradox der Unsichtbarkeit" gesprochen, das zur „Invisibilisierung der auf Visibilität beruhenden Übertretung" beitrage.[38] Das gilt zum Teil schon für die achtziger Jahre. Sobald aber Störungen nicht mehr die Ausnahme, sondern die Regel sind, erkennt man nicht mehr gleich, wer eigentlich die Macht hat, sie zu benennen und den Umgang mit ihnen zu administrieren. Besonders dann nicht, wenn sich der Machthaber als Tölpel geriert. Das hat, wie vor allem Michael Rutschky gezeigt hat, Folgen. Denn wenn sich geschicktes von ungeschicktem Verhalten nicht mehr klar unterscheiden lässt, werden die sozialen Differenzen verdeckt, die sich unter anderem an Verhaltensdifferenzen haben ablesen lassen. Die Ungeschicklichkeit verliert ihren Nimbus als Unterschichtenphänomen, sie fungiert nicht länger als verlässlicher Indikator für sozialen Aufstieg und kulturelle Fremdheit. Dadurch wird sie nicht nur salon-, sondern im globalen Maßstab öffentlichkeitsfähig. Unter dem Mantel egalitärer und informeller Umgangsweisen, eingehüllt in Tollpatschigkeiten aller Art, kann man das Spektakel des ungeschickten Aufsteigers genießen und dabei die Ordnungen der Ungleichheit eine neue Stabilität gewinnen lassen.[39] Motorische, soziale und radikal-kreative Ungeschicklichkeit rücken dadurch in ein neues Licht: Sie werden zum Anderen einer auf Perfektion getrimmten Technosphäre und konstituieren einen informalisierten, allenfalls noch schwach regulierten Alltag. Zugleich lässt sich durch ein erfolgreiches Selbstmanagement, das den strategischen Umgang mit der eigenen Ungeschicklichkeit einschließt, der Erfolg

38 Rehberg: Der ‚Fehltritt' als Heuristik bedrohter Integrität (s. Anm. 27), S. 445.

39 Seit den achtziger Jahren kommt es mit dem Ende der industriellen Massenfertigung zu einer deutlichen Verschärfung der sozialen Ungleichheit; so verdoppelte sich etwa zwischen 1980 und 1995 die Zahl der Vermögensmillionäre parallel zu derjenigen der Sozialhilfeempfänger; Herbert: Geschichte Deutschlands im 20. Jahrhundert (s. Anm. 2), S. 1218. Durch die Agenda 2010 wurde Deutschland dann entscheidend saniert, die soziale Ungleichheit aber noch weiter verstärkt; ebd., S. 1246. Vgl. zur Agenda 2010 und ihrer Aufnahme auch Kershaw: Achterbahn (s. Anm. 1), S. 655 f.

des eigenen Auftritts steigern.[40] Ein bisschen Ungeschick macht schick. Unter Jugendlichen scheint ungeschicktes Verhalten sogar zum Herzstück eines neuen Wertesystems geworden zu sein, das man als radikale Authentizität bezeichnet hat: Schwächen lassen sich in Stärken ummünzen, wenn man sich zu ihnen bekennt. Das ist möglicherweise als paradoxer Heroismus der Schwäche zu verstehen. Damit hat Goofy gewonnen. Eine zunehmende Perfektionsermüdung macht die Zuwendung zum Trivialen attraktiv und das Mittelmaß generiert Follower in Massen, wenn es sich nur unverfälscht und leidenschaftlich präsentiert.[41] Die Attraktivität des Verhaltensmusters radikaler Authentizität kann nicht zuletzt den Dauerhype um plakativ ungeschickte Repräsentanten politischer Macht wie Donald Trump[42] oder Boris Johnson[43] plausibel machen. Es prägt aber auch popkulturelle Großprojekte wie das des Büchnerpreisträgers Rainald Goetz.

Der systematische Blick auf den Rahmen des Ungeschicklichkeitsdiskurses lässt sich historisch differenzieren. Anzusetzen ist dabei am Übergang der Globalisierungsmoderne in ihre digitale Phase. In den achtziger Jahren kommt es wie gesehen zu einer Pluralisierung und Dekonstruktion klassischer Ordnungsmodelle, an der sich unter dem sozialpsychologischen Leitkonzept des Ungeschicks die Essays Michael Rutschkys abgearbeitet haben. Das Ende der DDR besiegelte zunächst das Scheitern eines dritten Wegs, mit dem – ausgehend von Diskussionen unter DDR-Intellektuellen – eine Alternative zu Kapitalismus und Sozialismus erhofft und propagiert worden war.[44] Der kapitalistische Westen integrierte stattdessen

40 Vgl. Rehberg: Der ‚Fehltritt' als Heuristik bedrohter Integrität (s. Anm. 27), S. 446.

41 Vgl. Simon M. Ingold: Die jüngere Generation wird den Fake-News den Garaus machen. In: Neue Zürcher Zeitung, 24.7.2019, S. 17.

42 Vgl. Kershaw: Achterbahn (s. Anm. 1), S. 755 f.

43 Vgl. ebd., S. 734.

44 Vgl. programmatisch Rudolf Bahro: Die Alternative. Zur Kritik des real existierenden Sozialismus. Köln/Frankfurt a. M. 1977; dazu Herbert: Geschichte Deutschlands im 20. Jahrhundert (s. Anm. 2), S. 1068 f., sowie Rödder: 21.0 (s. Anm. 8), S. 41 und Barner: Abrechnen und Rechthaben (s. Anm. 30), S. 931 und S. 933.

in einem langwierigen Prozess den wirtschaftlich maroden sozialistischen Osten und erbrachte dabei eine immense ökonomische Leistung.[45] Allerdings erwiesen sich einzelne Akteure vielfach auch als rücksichtslos und wenig geschickt. Die Erosion der altvertrauten politischen Ordnungsmodelle führte zur Auflösung verbindlicher Gewissheiten, sie verschob normative Vorstellungen über die Bedeutung von Identifikationsbegriffen wie Nation und Geschlecht und löste schon früh Debatten über Modernegewinne und -verluste aus.[46]

Obwohl insbesondere über die Rolle von Schriftstellerinnen und Schriftstellern in der DDR teils erbittert gestritten wurde, verstärkte sich seit 1989 auch der öffentliche Funktionsverlust der Literatur. Spätestens auf der Buchmesse 1992 war das ‚Leseland DDR' nur noch Geschichte; zugleich erwies sich der Bücherabsatz im Westen als stark rückläufig.[47] Mit dem Vordringen des Computers[48] und der digitalen Medien stieg aber auch der Erwartungsdruck gegenüber der Literatur, von der sich vor allem das Feuilleton Antworten auf die neue Weltlage erwartete.[49] Generell verlor nach 1989 das Konzept der Normalität seine Anbindung an die Regulative der Schicklichkeit. In Verhaltensfragen ist seither guter Rat teuer und es dominieren Unsicherheit, Gedanken- und Ratlosigkeit.[50] Da vor

45 Vgl. Herbert: Geschichte Deutschlands im 20. Jahrhundert (s. Anm. 2), S. 1127–1131.

46 Mit Signalwirkung Heinrich Klotz (Hg.): Revision der Moderne. Postmoderne Architektur 1960–1980. Katalog zur Ausstellung des Deutschen Architekturmuseums Frankfurt. München 1984; vgl. Rödder: 21.0 (s. Anm. 8), S. 101.

47 Vgl. Herbert: Geschichte Deutschlands im 20. Jahrhundert (s. Anm. 2), S. 1063 f., sowie Barner: Abrechnen und Rechthaben (s. Anm. 30), S. 948.

48 1990 gab es in der Bundesrepublik bereits vier Millionen Computer, die aber noch nicht untereinander verbunden waren; Herbert: Geschichte Deutschlands im 20. Jahrhundert (s. Anm. 2), S. 1006. Fünf Jahre später startete das Internet und setzte sich dann rasch durch; ebd., S. 1216.

49 Vgl. Manfred Durzak: Die Erzählprosa der neunziger Jahre. In: Barner (Hg.): Geschichte der deutschen Literatur von 1945 bis zur Gegenwart (s. Anm. 30), S. 964–1007, hier S. 965.

50 Vgl. aus der Sicht des Kolumnisten Axel Hacke: Über den Anstand in schwierigen Zeiten und die Frage, wie wir miteinander umgehen. 5. Aufl. München 2018, S. 49.

allem in den neuen, digital erzeugten Teilöffentlichkeiten allenfalls noch Minimalstandardisierungen funktionieren,[51] konnte sich die Geste des Ungeschicks allmählich als neue Norm etablieren.[52]

In den neunziger Jahren haben sich die Pluralisierungsprozesse verstärkt und beschleunigt, vor allem auf der Ebene der Debattenkultur. Auf die postmoderne Revision der klassischen Moderne folgte ihre Radikalisierung und Überwindung.[53] Zwei dominante Strömungen zeichneten sich dabei ab. Die eine lässt sich als radikale Marktorientierung mit dem Effekt einer kulturellen Ökonomisierung fassen, die andere ist emanzipatorischer Art. Sie entstand aus der akademischen Bewegung der Dekonstruktion und mündete ein in die mächtige Kultur der Inklusion.[54] Beide Strömungen hatten auch für die Literatur Konsequenzen. Plakativ sichtbar wurde die kulturelle Ökonomisierung während der neunziger Jahre in zahlreichen großen Buchhandlungen, in denen plötzlich multimediale Präsentationen prospektiver Bestseller auftauchten und sehr viel Raum einnahmen. Die Aggressivität der Werbung ließ die Bücher, zu deren Kauf sie animieren sollte, zur massenhaft verfügbaren Randerscheinung werden und verdrängte zugleich ihre Konkurrenten aus den Regalen.[55] Zum literarischen Thema ist das Paradigma der Marktorientierung vor allem bei den sogenannten Popliteraten (Benjamin von Stuckrad-Barre, Christian Kracht, Alexa Hennig von Lange etc.) geworden.[56] Sie inszenierten Arroganz, zitierten Markennamen und verbanden beides mit provokant ausgestelltem Ungeschick. Auch die deutlich weniger erfolgreichen, an Broch und Musil orientierten Romane Ernst-Wilhelm Händlers

51 Rehberg: Der ‚Fehltritt' als Heuristik bedrohter Integrität (s. Anm. 27), S. 443.

52 Vgl. Adam Kotsko: Awkwardness. An Essay. Winchester/Washington 2010, sowie Melissa Dahl: Cringeworthy. A Theory of Awkwardness. New York 2018.

53 Rödder: 21.0 (s. Anm. 8), S. 104.

54 Ebd., S. 108.

55 Vgl. Lothar Köhn: DDR im Rückblick – Dilemma der neuen Verhältnisse. In: Barner (Hg.): Geschichte der deutschen Literatur von 1945 bis zur Gegenwart (s. Anm. 30), S. 1008–1024, hier S. 1008 f.

56 Vgl. Durzak: Die Erzählprosa der neunziger Jahre (s. Anm. 49), S. 984. Einschlägig dazu Joachim Bessing/Christian Kracht/Eckhart Nickel/Alexander von Schönburg/Benjamin von Stuckrad-Barre: Tristesse Royal. Das popkulturelle Quintett. Berlin 1999.

stellten sich offensiv dem Paradigma der Ökonomisierung. Händlers Roman *Fall*, in dem wiederholt Figuren wie im Slapstick ausgleiten und hinfallen,[57] in dem aber auch soziale Beziehungen gezielt zu Fall gebracht werden, „um aus der Art und Weise des Falls" dann Schlüsse zu ziehen,[58] erzählt von dem Versuch eines literarisch ambitionierten Erben, das mittelständische Unternehmen seines verstorbenen Vaters in modernisierter Form weiterzuführen und dabei auch als Schriftsteller zu reüssieren. Letzteres wird auf der Formebene reflektiert. So wird etwa eine Schwangerschaft zunächst in mündlicher Rede so charakterisiert: „Eine Ungeschicklichkeit, wie sie eben manchmal vorkommt."[59] Das geht dann wörtlich in das Manuskript des Unternehmers/Literaten ein.[60] Im Gespräch mit dem schreibenden Unternehmer negiert die Schwangere jedoch die Aussage. Bei ihr heißt es: „Keine Ungeschicklichkeit, wie sie eben manchmal vorkommt."[61] Die ‚Realität' straft ihre literarische Verarbeitung Lügen. Man hat Händlers Romanen attestiert, dass in ihnen „der Literatur die traditionelle Geltung als Schutzzone, in die man sich, von den Mechanismen des Wirtschaftslebens angeekelt, zurückziehen kann", genommen wird.[62]

Gegenläufig dazu haben einige der älteren, in den 1940er Jahren Geborenen, insbesondere Peter Handke, Botho Strauß und W. G. Sebald, die Schutzzone der Literatur und die mit ihr verbundenen Ungeschicklichkeitslizenzen zu erhalten versucht. Sie schlossen dazu emphatisch an Traditionslinien der Heroischen Moderne, der Sprachkritik und der Kritischen Theorie an, stilisierten sich als

57 Vgl. etwa Ernst-Wilhelm Händler: Fall. Roman. Frankfurt a. M. 1997, S. 58: „Als der Mann sah, daß die Kassiererin aufstand und ging, wollte er sich mit einer plötzlichen Bewegung abwenden. Dabei trat er auf einen auf dem Boden liegenden Hochglanzprospekt einer Galerie, rutschte aus und fiel hin. Obwohl der Mann fast aus dem Stand hinschlug, lag er für einen Augenblick – so hatte es Murau Gambetti berichtet – fast waagrecht seitlich in der Luft. Und es schien, als wehten seine Anzugschöße und Ärmel im Luftzug."

58 Ebd., S. 196.

59 Ebd., S. 67.

60 Ebd., S. 129.

61 Ebd., S. 202.

62 Durzak: Die Erzählprosa der neunziger Jahre (s. Anm. 49), S. 996.

Solitäre und beklagten vor allem einen umfassenden Erinnerungsschwund.[63] Er betraf nicht nur das literarische Milieu, dem sie sich zugehörig fühlten, sondern auch den Holocaust und ging einher mit einem erstarkenden Rechtsradikalismus[64] und Rechtspopulismus[65]. Auf diesen reagierten wiederum die „neuen Diskurslinken", deren Sprachgebrauch Autoren wie Rainald Goetz sich zu stellen versuchten.[66] Für die Geschichte der deutschen Literatur hat man im Rückblick konstatiert, dass die neoliberale Ökonomisierung auch der Kultur nach der Wiedervereinigung mit einem Gewinn an literarischer Vielfalt einherging.[67] Unterstützt wurde die Vielfalt durch die traditionell dezentrale Organisation des deutschen Literaturbetriebs. Auch und besonders die emanzipatorisch-dekonstruktiven Strömungen haben dazu beigetragen. Der dekonstruktive Impetus zeigte sich unter anderem an formalen Experimenten, mit denen Autoren, die wie Wolfgang Hilbig und Reinhard Jirgl in der DDR aufgewachsen waren, Aufmerksamkeit erzielten.[68] Der emanzipatorische Impuls trat dagegen in einem nachdrücklichen Interesse an Biographien und Autobiographien zu Tage, in denen es am Leitfaden von Identitätsbehauptungen häufig um Desillusionierung und Scheitern, um ungeschickte Außenseiter und sozialen Abstieg ging.

Das hat zu einer immensen Produktion an autobiographischen Texten geführt. Ihre Poetik der Authentizität, der Anbiederung und

---

63 Vgl. zum Kontext Barner: Abrechnen und Rechthaben (s. Anm. 30), S. 950.

64 Herbert: Geschichte Deutschlands im 20. Jahrhundert (s. Anm. 2), S. 1178, spricht von der Herausbildung einer neuen Form des organisierten Rechtsradikalismus vor allem unter Jugendlichen seit den 1990er Jahren. Kershaw: Achterbahn (s. Anm. 1), S. 720–722, geht auf den Auftrieb rechtsextremer Parteien und die Relativierung liberaler Werte in ganz Europa nach der Migrationskrise ein.

65 Vgl. ebd., S. 760.

66 Rainald Goetz: Abfall für Alle. Roman eines Jahres (zuerst 1999). Frankfurt a. M. 2003, S. 263.

67 Barner: Abrechnen und Rechthaben (s. Anm. 30), S. 929. Zum etwa 1995 Fahrt aufnehmenden Neoliberalismus in der Bundesrepublik, seinen angloamerikanischen Vorbildern und seinen Schattenseiten vgl. Herbert: Geschichte Deutschlands im 20. Jahrhundert (s. Anm. 2), S. 1210 f.

68 Vgl. Köhn: DDR im Rückblick (s. Anm. 55), S. 1012 f. und S. 1016 f.

des strategisch eingesetzten Ungeschicks lässt sich einer Passage in Ernst-Wilhelm Händlers Roman *Fall* entnehmen. Der Erzähler zitiert den Gestus dieses Schreibens, um ihn zu verspotten:

> Hier schreibe ich, ich kann auch anders, aber ich gestehe alle meine Irrtümer ein. Ich müßte meine Fehler nicht zugeben, ich könnte ja auch den allwissenden Erzähler mimen, aber ich tue es nicht. Ich will keinen Abstand zu den Dingen und zu mir vortäuschen, den ich nicht tatsächlich einhalte. Ihr irrt euch auch. Ich irre mich. Alle irren sich.[69]

Eher skeptisch hat sich Yoko Tawada zur Autobiographie geäußert: „Eine Autobiografie zu schreiben bedeutete, alles, was man nicht mehr weiß, zu erraten oder zu erfinden."[70] Helmut Krausser dagegen hat sich den in den neunziger Jahren verbreiteten Fällen sozialen Abstiegs gewidmet und von ungeschickten Außenseitern erzählt, während sich Wilhelm Genanzino auf die Missgeschicke von kleinen Angestellten konzentrierte.[71] Ihre Texte zeigen, dass mit der Marktorientierung nicht alle gleich gut zurechtgekommen sind.[72] Zu denken ist dabei vor allem an die Aussiedler, Flüchtlinge und Asylbewerber.[73] Das hält auch der ‚andere deutsche Roman' fest, in dem sich die Generation der Geflohenen und Zugewanderten zu Wort meldete.[74] In ihm kamen auch die Folgen des weltweiten, nach 1990 immens vergrößerten Nord/Süd-Gefälles zum Ausdruck. Feridun Zaimoglu etwa hat zur Verbindung von

69 Händler: Fall (s. Anm. 57), S. 402.

70 Yoko Tawada: Etüden im Schnee. Roman. Tübingen 2014, S. 80.

71 Durzak: Die Erzählprosa der neunziger Jahre (s. Anm. 49), S. 990–994.

72 Vgl. mit Blick auf die Literatur von ehemaligen Bürgern der DDR Köhn: DDR im Rückblick (s. Anm. 55), S. 1008.

73 Zum Hintergrund vgl. Herbert: Geschichte Deutschlands im 20. Jahrhundert (s. Anm. 2), S. 1171–1180; Kershaw: Achterbahn (s. Anm. 1), S. 600 und S. 606 f., weist auf die europäische Dimension der Asylproblematik hin, diskutiert die politischen Folgen der globalen Migrationsströme (ebd., S. 647, S. 661 f.), und versucht eine erste Einordnung der europäischen Migrationskrise; ebd., S. 705–714. Sie habe gezeigt, „wie dünn die Schicht der liberalen Werte war, die in den europäischen Gesellschaften fest verankert zu sein schienen." Ebd., S. 711.

74 Vgl. Durzak: Die Erzählprosa der neunziger Jahre (s. Anm. 49), S. 997–1006.

Migration und existenziellem Ungeschick festgehalten: „Irreguläre Lebensläufe aus Zusammenbruchsszenen sind das wahre Gesicht der Einwanderung."[75] Die gelungene Integration von Migranten in der Bundesrepublik wurde dann breitenwirksam in einer Rede zum 65-jährigen Bestehen des Grundgesetzes deutlich, die Navid Kermani 2014 auf Einladung des Deutschen Bundestags hielt. Darin deutete er den Kniefall Willy Brandts in Warschau, einen Fall radikaler Ungeschicklichkeit, in einen „Akt der Demut" um, durch den die Bundesrepublik „Würde" erlangt habe. Brandts Heroismus der Schwäche, der – über Kermanis Ausführungen hinaus – aufs Schönste mit seinen Vorläufern bei Thomas Mann, Kafka und Benjamin harmoniert, ist die belastbare Grundlage eines „sehr leisen und doch bestimmten Stolzes auf eine solche Bundesrepublik Deutschland".[76]

Im ersten Jahrzehnt des 21. Jahrhunderts sind die alten rechts/links-Schemata endgültig aufgelöst. Es kommt im langen Schatten von 9/11[77] nun verstärkt zu bislang verpönten Verknüpfungen zwischen marktliberal-ökonomischen mit emanzipatorisch-gleichheitsorientierten Konzepten. In diesen Zusammenhang gehören auch die Arbeiten von Damien Hirst. Das prominenteste Beispiel ist aber zweifellos das Gender Mainstreaming, das ökonomische Interessen mit feministischen verbindet und dadurch große politische Wucht entfaltet.[78] Auch für den Ungeschicklichkeitsdiskurs hat es enorme Folgen, weil sich nun verstärkt Autorinnen an ihm beteiligen. Für sie scheint das Ungeschick auch und besonders eine politische Bedeutung zu haben. Das legen jedenfalls Texte wie Charlotte Roches *Feuchtgebiete* (2008), Terézia Moras Romantrilogie

---

75 Feridun Zaimoglu: Kopf und Kragen. Kanak-Kultur-Kompendium. Frankfurt a. M. 2001, S. 10. Aus der Bärenperspektive heißt es dagegen bei Tawada: Etüden im Schnee (s. Anm. 70), S. 109: „Sie gingen nie ins Exil, überquerten die Grenzen, ohne sich irgendeine Genehmigung zu holen."

76 Vgl. www.bundestag.de/dokumente/textarchiv/2014/280688-280688 (7.5.2020). Auch die Zusammenhänge zwischen Migration und Ungeschick bedürften einer eigenen, hier nicht zu leistenden Untersuchung.

77 Vgl. dazu Kershaw: Achterbahn (s. Anm. 1), S. 610 f., für den das Datum „den wirklichen Beginn eines neuen Jahrhunderts" markiert; ebd., S. 611.

78 Vgl. Rödder: 21.0 (s. Anm. 8), S. 113.

über den tollpatschigen IT-Spezialisten, „Schwejkschen, lächelnden Alles-ist-in-Ordnung-Trottel“ und typischen Kleinbürger Darius Kopp[79] (2009–2019), die Texte der selbsternannten Sachenausdenkerin Kathrin Passig (*Sie befinden sich hier*, 2007) oder diejenigen Yoko Tawadas nahe.[80]

Emblematisch zeigt sich die Verknüpfung von Emanzipation und Ökonomie auch an der Geschichte der Loveparade, die im ersten Jahrzehnt des 21. Jahrhunderts zum Marketingevent geworden ist und seit dem juristisch nicht geahndeten Duisburger Unglück von 2010 nicht mehr durchgeführt wird. Angesichts der Auflösung und Neuformierung politischer Frontlinien gerieten auch zahlreiche Literaten in ideologische Verwirrung und suchten nach neuen Positionen.[81] Die Lage ist nicht übersichtlicher geworden, nachdem 2008 durch die weltweite Immobilien- und Bankenkrise das Paradigma der radikalen Marktorientierung schwer erschüttert worden ist. Es vermochte nicht, sich davon wieder zu erholen. Seither ist zudem das Gegengewicht zur Kultur der Inklusion weggebrochen. Der „Terror der Inklusion“, wie ihn Rainald Goetz genannt hat,[82] etablierte sich daher als Hauptstrom und einzig verbliebene Direktive der Gegenwart.[83] Mit ihm stieg das problematische Konzept der Identität zum omnipräsenten Machtfaktor in Kultur und Politik auf. Kritik kann nur noch innerhalb des Identitätsparadigmas geäußert werden, etwa wenn das linkssubversive Milieu der Berliner Kunstszene von engagierten Vertretern der Migrantenliteratur dafür attackiert wird, dass es die Dauerprovokation (und mit ihr auch die eigene Ungeschicklichkeit) zum Markenzeichen perfektioniert hat.[84] Aus dem Ungeschick ist ein Stilregister geworden, das sich strategisch nutzen, maximieren und jederzeit auch negieren lässt.

---

79 Vgl. Terézia Mora: „Ich bin kein theoretischer Mensch“. In: www.fr.de/kultur/ich-kein-theoretischer-mensch-11525323.html (8.5.2020).

80 Das bedarf wie gesagt einer eigenen, hier nicht zu leistenden Untersuchung.

81 Barner: Abrechnen und Rechthaben (s. Anm. 30), S. 945.

82 Rainald Goetz: Klage. Vanity Fair 2007/08. Tagebuchessay (zuerst 2008). Frankfurt a. M. 2014, S. 264.

83 Rödder: 21.0 (s. Anm. 8), S. 116.

84 Vgl. Durzak: Die Erzählprosa der neunziger Jahre (s. Anm. 49), S. 1001 f.

Saukomisch?

Auch im Ungeschicklichkeitsdiskurs seit der Finanzkrise von 2008 bis zur Gegenwart sind Trends nur schwer zu identifizieren. Ein neues Wörterbuch, das sie verzeichnen und dabei über das *Duden*-Großwörterbuch hinausgehen würde, ist nicht erschienen und Studien über die Deutschen wie diejenige von Dieter Borchmeyer, in denen es auch um die deutsche Ungeschicklichkeit geht, wurden in den einzelnen Teilen dieser Fallgeschichte bereits umfassend genutzt.[85] In jedem Fall werden die Deutschen nicht weniger ungeschickt.[86] Den Neulingen der Koalition aus SPD und GRÜNEN etwa, die 1998 mit dem Kanzler Gerhard Schröder und dem Außenminister Joschka Fischer die Regierung übernahm, „unterliefen zu Beginn so viele Fehler, dass das Wort von den ‚Chaostagen' die Runde machte".[87] Dennoch lässt sich eine dominante Tendenz zur Um- und Aufwertung des Ungeschicks ausmachen, die etwa gleichzeitig in unterschiedlichen Diskursfeldern wie der Philosophie, der Politik und der Zeitkritik auftritt und zu der auch die vorliegende Fallgeschichte beiträgt. Beginnt man mit der Philosophie, dann finden sich die Spuren dieser Umwertung in der philosophischen Ästhetik, speziell in der dritten Generation der Frankfurter Schule. „Die Kunst", so heißt es bei Christoph Menke im dialektisch zugespitzten Vollsound der Dekonstruktion, „besteht in einem paradoxen Können: zu können, nicht zu können; fähig zu sein, unfähig zu sein."[88] Das ist die philosophische Version des Heroismus der

---

85 Dieter Borchmeyer: Was ist deutsch? Die Suche einer Nation nach sich selbst. Berlin 2017; mit Gewinn verwendet wurde auch Werner Hofmann: Wie deutsch ist die deutsche Kunst. Eine Streitschrift. Leipzig 1999.

86 Vgl. etwa die Ausführungen von Herbert: Geschichte Deutschlands im 20. Jahrhundert (s. Anm. 2), S. 1095, zu dem ein wenig angelernt wirkenden „Bemühen um eine selbstkritische Haltung als Ausweis erreichter demokratischer, liberaler Reife" in den zahlreichen Artikeln und Ansprachen zum 40. Jahrestag der Bundesrepublik im Jahr 1989.

87 Ebd., S. 1221. So „stotternd und ungeschickt" die neue Regierung auch begann, so sehr hat sie sich durch ihre Reformprojekte doch bewährt und am Ende eine durchaus ansehnliche Bilanz ziehen können; ebd., S. 1237.

88 Christoph Menke: Die Kraft der Kunst. Sieben Thesen. In: ders.: Die Kraft der Kunst. Berlin 2013, S. 11–14, hier S. 14. Ähnlich Strauß: Der Fortführer

Schwäche und der Paradoxie radikaler Ungeschicklichkeit. Menkes langjähriger Frankfurter Kollege Martin Seel springt ihm mit dem Hinweis zur Seite, dass sich das eigene Vermögen bei näherem Hinsehen als Kehrseite eines Unvermögens erweise.[89] Es sei „eine Kunst in aller Kunst", etwas „absichtsvoll Unfertiges zu machen, oder stehen zu lassen, oder geschehen zu lassen, oder es so aussehen zu lassen"; das habe schon Miles Davis seinen Mitspielern gepredigt.[90] Perfektion dagegen ist etwas für Anfänger, nicht für Könner: „Gelingen geht nur übers Scheitern."[91]

Im Feld der Politik hat zuletzt Robert Habeck, promovierter Literaturwissenschaftler und seit 2018 zusammen mit Annalena Baerbock Bundesvorsitzender der massiv erstarkten Partei DIE GRÜNEN, die demokratische Leistung ungeschickten Redens und Handelns unterstrichen. Jedem Politiker würden im aktuellen Betrieb „Fehler, Gedankenlosigkeiten" unterlaufen.[92] Das gehöre zu den Üblichkeiten der politischen Arbeit. Wer sich der Politik widme, müsse aber auch bereit sein zu „lernen, das Nichtfertige, das Unvollendete anzunehmen, ja zu feiern", weil es die Demokratie ausmache.[93] Ungeschickt und gerade darin demokratisch sei aber grundsätzlich auch der ans Medium Sprache gebundene Dialog, denn mit ihren „Unklarheiten und auch mit den Missverständnissen

(s. Anm. 36), S. 121: „Es geht nicht darum, irgend etwas durchzusetzen. Es geht darum, ohnmächtig zu werden."

89 Martin Seel: Nichtrechthabenwollen. Gedankenspiele. Frankfurt a. M. 2018, S. 153.

90 Ebd., S. 12. Etwas schlichter und populärer, ohne direkten Bezug zur Ästhetik, bereits Manfred Osten: Die Kunst, Fehler zu machen. Frankfurt a. M. 2006. Das Bändchen ist in der Reihe „Bibliothek der Lebenskunst" erschienen und steht damit in der Tradition der Moralistik.

91 Seel: Nichtrechthabenwollen (s. Anm. 89), S. 82. Man könnte meinen, dass Seel hier Helge Schneider beschreibt, für dessen Erfolg man „sein radikales Bekenntnis zur Improvisation, zur Spontaneität [...], zum Unfertigen und Unvollkommenen" in Anschlag gebracht hat; Peter Kemper: Helge Schneider. 100 Seiten. Stuttgart 2018, S. 4.

92 Robert Habeck: Wer wir sein könnten. Warum unsere Demokratie eine offene und vielfältige Sprache braucht. Köln 2018, S. 19.

93 Ebd., S. 66.

öffnet die Sprache den politischen Raum und sorgt für Debatte".[94] Diktaturen dagegen könnten „das Ungewollte, Ungeplante, die Probleme" gerade nicht aussprechen, sondern müssten alles Defizitäre verdrängen.[95] Ähnlich wie für die dritte Generation der Frankfurter Schule sind auch für Habeck Unfähigkeit und Schwäche eine Grunderfahrung der Moderne und ähnlich wie sie versteht er diese Grunderfahrung zugleich als Freiheitschance.[96] Auch für den ästhetisch gebildeten Vorsitzenden der GRÜNEN kommt diese Erfahrung exemplarisch in der modernen Kunst zum Ausdruck.[97] Habeck lässt sein Plädoyer für ein demokratisches Sprach- und Interaktionsverständnis in den Appell einmünden, „offen zu bleiben, angreifbar zu sein, verletzlich zu sein und optimistisch."[98] Ungeschicklichkeit ist aus dieser Perspektive nicht nur das Signum des Denkens und der Kunst, sondern auch die etwas ausgewaschene Flagge eines operativen Optimismus.[99]

Mit Blick auf die soziale Interaktion hat die Kulturkritik in jüngerer Zeit einen Trend zum Verlust des Schamgefühls festgestellt, während sich zugleich durch Entformalisierung die Peinlichkeiten vermehren würden. Das entspricht dem Befund des schwindenden Wissens um das Unschickliche. Der neue Schamverlust resultiere aus der zunehmenden Komplexität der sozialen Systeme.[100] Man

94 Ebd., S. 81.
95 Ebd., S. 67.
96 Ebd., S. 75.
97 Vgl. ebd., S. 78.
98 Ebd., S. 127.
99 Ein Skeptiker könnte diesen Optimismus mit einer Anekdote konfrontieren, die sich vor den Präsidentschaftswahlen im April 2016 in Brooklyn zugetragen hat. Die Kandidaten Hilary Clinton und Bernie Sanders wollten sich volksnah geben, stellten sich aber im Umgang mit dem jedermann vertrauten New Yorker U-Bahn-System denkbar ungeschickt an, während ihr am Ende erfolgreicher Gegner Donald Trump für die Kurzstrecke zwischen den Trump-Towern am Central Park und der Fifth Avenue den Helikopter benutzte und daher erst gar nicht in eine vergleichbare Verlegenheit kam; vgl. Andrea Köhler: Buhlen um Brooklyn. Clinton und Sanders präsentieren sich in New Yorks coolstem Stadtteil. In: Neue Zürcher Zeitung, 20.4.2016, S. 25.
100 Ulrich Greiner: Schamverlust. Vom Wandel der Gefühlskultur. Reinbek b. Hamburg 2014, S. 25.

hat daraus das schiefe Bild eines veritablen Ozeans von Anstandslosigkeit gemacht, der aktuell nicht nur um die Welt schwappe, sondern regelrecht tobe[101] und dabei „die Grundlagen menschlichen Zusammenlebens“ unterspüle.[102] Verursacht werde die neue Unanständigkeit durch neue Formen despektierlichen Sozialverhaltens im digitalen Zeitalter, das Beleidigungen und Verleumdungen begünstige, die Nutzer sozialer Plattformen nicht nur verunsichere, sondern auch zur Selbstinszenierung zwinge und Zwischentöne, Differenzierungen und Nuancen blockiere: „Hier geht es immer um 0 oder 1, hier wird's sofort schroff, und die Schatten sind hart.“[103] Die rasche Ausbreitung dieses Sozialverhaltens habe eine „Praxis der Dummheit“ etabliert, in der „die blanke, unverhüllte Mitleidlosigkeit“ regiere.[104] Sie könne das Ungeschick der anderen immer „nur saukomisch“ finden.[105] Den Anschluss an die ungeschicklichkeitsaffinen Positionen der philosophischen Ästhetik und der Politik findet dieser Diskurs im etwas wohlfeilen Appell, „das Widersprüchliche und Komplizierte zu akzeptieren und auszuhalten“, ja sich als „Anhänger des inneren Widerspruchs“ zu bekennen.[106] Man

101 Hacke: Über den Anstand in schwierigen Zeiten (s. Anm. 50), S. 7. Immerhin findet sich das Bild auch in ambitionierten literarischen Texten, etwa bei Jürg Laederach: Passion. Ein Geständnis. Roman. Frankfurt a. M. 1993, S. 194, wo der wiederholt ungeschickt agierende Protagonist vom „Ozean meiner Plumpheit“ spricht.

102 Hacke: Über den Anstand in schwierigen Zeiten (s. Anm. 50), S. 31.

103 Ebd., S. 64.

104 Ebd., S. 145.

105 Ebd., S. 63. Um einiges radikaler und unter heroisch-tragischen Vorzeichen konstatiert Botho Strauß: Lichter des Toren. Der Idiot und sein Jahrhundert. München 2013, S. 131, in der Gegenwart „Untugenden wie Rücksichtslosigkeit, Feigheit und Verlogenheit“ und sieht sie eingelassen in die „überall praktizierte *condition-salaud*, das Programm der schweinischen Lebensführung, das konkurrenzlos den gewöhnlichen Alltag beherrscht.“ Lustvoll dazu Helge Schneider: „Da kommt er wieder, der Schneider, die alberne Schweinesau. Sack, du. Du Pillemann. Albernes Sau-Pillemann-Arschloch. Du blöde Kuh, du. Schneider, du. Mistfink“. Hier zit. nach Kemper: Helge Schneider (s. Anm. 91), S. 61.

106 Hacke: Über den Anstand in schwierigen Zeiten (s. Anm. 50), S. 39; vgl. S. 140. Vgl. auch die ältere, weniger plakative, in der Sache aber analoge Argumentation von Osten: Die Kunst, Fehler zu machen (s. Anm. 90).

kann das auch als Aufforderung (miss)verstehen, Performanzfehler künftig mit gutem Gewissen zu begehen.

In diese Richtung scheint eine Wiederaufnahme älterer Warnungen vor der Verstärkung des Ungeschicks durch Gegenmaßnahmen zu zielen. Sie tauchte in einer Zeitungsrubrik mit dem Titel „Smarter Living“ auf und stützte sich auf Erkenntnisse von Sportpsychologen. Diese hätten herausgefunden, dass Leistungssportler nur dann erfolgreich agieren können, wenn sie ihr Verhalten nicht mehr beobachten, sondern sich ihren antrainierten Automatismen überlassen. Entsprechend wird der Ungeschickte, der „explicit monitoring“ betreibt, immer nur noch ungeschickter.[107] Wer gut und besser leben will, sollte sich nicht länger beim Handeln beobachten, sondern sich kopf- und rücksichtslos dem Flow seiner Vibes überlassen. Am Ende des Schamverlusts erhebt sich ein neuer Brutalismus – oder eine neue Form der Komik.[108]

Wie geht nun die deutsche Literatur nach 1990 mit der Ungeschicklichkeit um? In welcher Weise setzt sich ihre Fallgeschichte fort? Und wer oder was kommt jetzt eigentlich noch zu Fall? Eine Antwort auf diese Fragen setzt eine Reflexion auf das Verhältnis des für die Literatur zentralen Mediums Buch zu elektronischen Konkurrenzmedien in der digitalen Phase der Globalisierungsmoderne voraus. Auszugehen ist dabei vom vielfach konstatierten Funktionsverlust der Literatur, der seit der Wiedervereinigung auch und besonders die deutschsprachige Literatur erfasst hat. Mit Blick auf die hier interessierende Fallgeschichte ist es, in zugespitzter Formulierung, die Literatur selbst, die im vorläufig letzten Teil dieser Geschichte zu Fall kommt. Erst als Abgestürzte kann sie am Ende vor dem Ende reüssieren, erst in der Krise wird sie (vielleicht) erneut attraktiv. Entscheidend ist dabei der Umstand, dass Literatur zusammen mit ihren Verfassern und Lesern spätestens seit den neunziger Jahren

---

107 Vgl. Melissa Dahl: Why trying to be less awkward never works. In: The New York Times, 13.2.2018. Mit Dank an Tim Attanucci.

108 Für sie steht im deutschsprachigen Raum besonders Helge Schneider ein: „Schamlosigkeit gehört zu seinem Programm, spiegelt ihm seine eigene Souveränität zurück.“ Kemper: Helge Schneider (s. Anm. 91), S. 60.

des 20. Jahrhunderts auf der anderen Seite der Technosphäre steht. Das liegt vor allem daran, dass die digitale Welt Unentschiedenheit ausschalten muss, wenn sie ihre Funktionen erfüllen will. In dieser Welt sind die Entscheidungen immer schon vorher, in der Phase der Programmierung, gefallen. Für literarische Texte dagegen, wie für alle ästhetischen Artefakte, bleiben Unentschiedenheit und Unbestimmtheit essenziell.[109] Damit geraten sie in einer Welt der Entschiedenheiten unweigerlich ins Abseits, bedienen aber auch weiterhin Erfahrungen der Verunsicherung und Überforderung, die durch die Digitalisierungsmoderne verstärkt werden. Versteht man Unsicherheit und Unbestimmtheit auch als zentrale Merkmale der Ungeschicklichkeit, dann wird die Attraktivität des Ungeschicks für die neuere und neueste Literatur verständlich. Denn diese kann im Ungeschick ihren Funktionsverlust erkennen und dadurch die Chance nutzen, ihre periphere Lage in der digitalisierten Welt schärfer als bisher zu profilieren. Der Vorteil der Literatur besteht in dieser Perspektive vor allem darin, die perfekte Welt von Industrie und Technik auch weiterhin mit der imperfekten Realität ihrer Nutzer zu verschränken.

In der deutschen Literatur nach 1990 zeichnen sich zwei Strategien ab, mit dieser Chance umzugehen. Die eine ist eher konservativ, die andere eher progressiv. Die konservative Strategie neigt zu einem anthropologisch existenziellen Verständnis von Ungeschicklichkeit, einer Emphatisierung der Literatur und einer kulturkritischen Verdammung der Globalisierungsmoderne. Demgegenüber knüpft sie an kulturpessimistische Traditionen der Heroischen Moderne und der Kritischen Theorie an. Hier wird sie exemplarisch durch Botho Strauß und W. G. Sebald vertreten. Beide sind noch in der Schlussphase der Heroischen Moderne geboren worden und in der schwierigen Phase ihres allmählichen Rückbaus aufgewachsen. Das verbindet sie mit Michael Rutschky, der als Essayist einen Seitenweg eingeschlagen hat, mit einem operativen Literaturbegriff arbeitet,

109 Vgl. etwa Hans Blumenberg: Die essentielle Vieldeutigkeit des ästhetischen Gegenstandes. In: Kritik und Metaphysik. Studien. Heinz Heimsoeth zum achtzigsten Geburtstag. Hg. von Friedrich Kaulbach und Joachim Ritter. Berlin 1966, S. 174–179.

primär an der Gegenwart interessiert ist und durch die Verbindung dieser Merkmale zu den Vorreitern der progressiven Strategie gehört. Diese Strategie wird in der jüngeren Generation derjenigen Autoren, die bereits in der Globalisierungsmoderne geboren worden sind, radikalisiert. Für sie stehen hier Rutschkys Protegé Rainald Goetz[110] und der Aktionskünstler Christoph Schlingensief ein. In ihren Arbeiten erscheint Ungeschicklichkeit primär als transitorisch-situativer Katalysator von Kreativität und Literatur bzw. Kunst. Sie ist weniger eine Eigenschaft als vielmehr ein Operationsmodus mit Störungspotenzial, ein Faktor zum „Hörbachmachen von Störungen".[111]

110 Zum Verhältnis Rutschky/Goetz vgl. Hubert Winkels: Einschnitte. Zur Literatur der 80er Jahre. Köln 1988, S. 232–242.

111 Das ist über Helge Schneider gesagt worden; Kemper: Helge Schneider (s. Anm. 91), S. 49.

III

Fata Morgana

Schrullige Figur

Botho Strauß, um mit ihm zu beginnen, zählt zu den Konstanten der deutschen Literatur nach 1945. Anfangs ein Liebling des Feuilletons, gehört er seit den frühen neunziger Jahren zu dessen Reizfiguren. Für den Umschwung sorgte der Essay *Anschwellender Bocksgesang*, der den „verklemmten deutschen Selbsthaß" und die deutsche „Anspruchsunverschämtheit" anprangerte und ihnen eine „Apologie der Schwebe" entgegensetze.[112] Die Karriere des Autors nahm in den siebziger Jahren im Kontext der Neuen Empfindsamkeit Fahrt auf. In den frühen Achtzigern kreuzte sie den Weg Michael Rutschkys, den Strauß in *Paare, Passanten* abfällig einer neuen Generation nassforscher Ethno- und Anarcho-Essayisten zugerechnet hatte, während Rutschky ihn im Gegenzug zu einem literarischen Pendant des neokonservativen Ungeschicks stilisierte.[113] In *Paare, Passanten* taucht auch schon der Begriff der Unbeholfenheit auf, in dem sich der Beitrag von Botho Strauß zum Ungeschicklichkeitsdiskurs konzentriert. Er diente dort der Charakteristik jüngerer Schriftstellerkolleginnen und -kollegen, die sich zwar für die literarische Überlieferung interessierten, in der Öffentlichkeit aber kaum noch unterstützt würden. Das habe sie auf sich selbst zurückgeworfen: „Das Interesse der Jungen, welches lebhaft genug ist, bleibt unbeholfen."[114] Der junge Rainald Goetz, der sich dadurch angesprochen fühlen konnte, hat *Paare, Passanten* eine bemerkenswerte Rezension gewidmet. Sie ist im Oktober 1981 vom *Spiegel* gedruckt worden.[115] Goetz berichtet

112 Botho Strauß: Anschwellender Bocksgesang. In: Der Spiegel, 8.2.1993, S. 202–207, hier S. 203.

113 S. oben, S. 631 und S. 645 f.

114 Botho Strauß: Paare, Passanten (zuerst 1981). 8. Aufl. München 1997, S. 109.

115 Rainald Goetz: Im Dickicht des Lebendigen. In: Der Spiegel, Nr. 43, 19.10.1981, S. 232–239.

 | DOI:10.30965/9783846761038_036

dort von einem Gespräch, das er mit einem älteren, der Linken nahestehenden Ehepaar geführt habe. Offenbar handelte es sich dabei um Katharina und Michael Rutschky.[116] Er habe den beiden vergeblich seine Faszination durch die Lektüre von *Paare, Passanten*, vor allem durch das den Text prägende „Arbeitsethos“[117] und dessen „Radikalität“[118], zu erklären versucht. Daraufhin sei ihm (von Michael Rutschky) entgegengehalten worden, dass Strauß an seinen übergroßen Ambitionen gescheitert sei. Um das zu kompensieren, habe er „seine Unfähigkeit als beabsichtigt“ ausgegeben.[119] Parallel zur ungeschickten Frau in Handkes Notiz kann man die Passage als Ursprungsszene des Interesses von Michael Rutschky am Ungeschick der achtziger Jahre lesen.

Botho Strauß hat Jahre später den Begriff der Unbeholfenheit aufgenommen und ihn ins Zentrum einer Novelle gestellt.[120] In ihr geht es um einen frisch verliebten Mann namens Florian Lackner, der sich um seiner neuen Freundin willen auf deren Geschwister und ihren Freundeskreis einlässt. Lackner ist auch der Erzähler der Novelle. Seine Geliebte Nadja geht mit ihren Freunden so eng und vertraut um, dass er sich bei seinem ersten Besuch wie „in einer fremden Gemeinschaft“[121] vorkommt. Da er die Umgangsformen dieser ‚Teilöffentlichkeit‘ nicht versteht, begeht er im Gespräch einen „Regelverstoß“; die verschworene Gruppe mit ihren „kleinen Riten und Reizen“ bleibt bis auf weiteres „dem Neuankömmling völlig undurchschaubar“.[122] Damit wird die soziokulturelle

---

116 Vgl. ebd., S. 232: „Meine Gesprächspartner sind ebenso alt wie der Autor, über den wir streiten: Aktive Achtundsechziger, Berliner Witz und Schärfe; ein Ehepaar: erprobte, sich gegenseitig die Bälle zuspielende Intelligenz.“

117 Ebd., S. 234. Vgl. auch oben, S. 624 f., sowie das mittlerweile legendäre Motto „Don't cry – work“ auf dem Rückumschlag von Rainald Goetz: Irre. Roman (zuerst 1983). 16. Aufl. Frankfurt a. M. 2015; mit Dank für den Hinweis an Johannes Breuer.

118 Goetz: Im Dickicht des Lebendigen (s. Anm. 115), S. 238.

119 Ebd.

120 In einer seiner jüngsten Prosaarbeiten gibt es sogar *„eine betörende Unbeholfenheit“*, ein Begriff, der sich auf Filme der fünfziger Jahre bezieht; Strauß: zu oft umsonst gelächelt (s. Anm. 23), S. 188.

121 Botho Strauß: Die Unbeholfenen. Bewußtseinsnovelle. München 2007, S. 49.

122 Ebd.

Variante der Ungeschicklichkeit aufgerufen. Erst allmählich wird der Erzähler – und mit ihm der Leser – in die kulturkritischen Denkweisen des Kreises hineingezogen. Das geschieht in Form von Gesprächen, in denen die geistige Situation der Zeit erörtert wird. Elena, eine Schwester Nadjas, erkennt „das Neue" der gegenwärtigen Lage in einer gesteigerten Erfahrung des Ungeschicks:

> Zwar haben die meisten eine Menge technischen Behelf in ihr Leben, Alltagsleben, hineingenommen, wie man eben Bequemlichkeiten immer hinnimmt, und sind doch im Herzen ganz unbeholfen geblieben. Ja, sie erfahren im Umgang mit allem, was funktioniert, bei allem äußeren Geschick erst recht die gottgegebene Unbeholfenheit des Menschen.[123]

Die ubiquitäre Ausdehnung der Technosphäre mit ihrem Perfektionsgebot wirft uns nach Elenas Ansicht in der Gegenwart auf die Erkenntnis der radikalen Ungeschicklichkeit humaner Existenz zurück. Damit ist die Variante der radikalen oder absoluten Ungeschicklichkeit aufgerufen. Sie ist nun nicht mehr nur die Signatur eines Jahrzehnts, sondern, wie ansatzweise schon bei Michael Rutschky, ein Merkmal der Globalisierungsmoderne in toto. Deren Ungeschick folgt einer Steigerungslogik: Desto mehr technisches Knowhow sich im Alltag manifestiert, desto größer die Unbeholfenheit derer, denen es dienen soll. Hinter der anthropologischen These vom Mängelwesen Mensch lässt die Passage auch die theologischen Fundamente dieser These sichtbar werden.[124] Sie eröffnet dadurch den Tiefenraum der Geschichte und transzendiert ihn zugleich ins Eschatologische.[125] Wenig später kommt Romero, der Ex-Geliebte

---

123 Ebd., S. 76 f.

124 Ähnlich wie die Figur in Strauß' Novelle argumentiert nicht zufällig auch der studierte Theologe Adam Kotsko mit Blick auf den Begriff der radikalen Ungeschicklichkeit; vgl. Kotsko: Awkwardness (s. Anm. 52), S. 7–17. Spöttisch dagegen, aus der Perspektive eines Bären, Tawada: Etüden im Schnee (s. Anm. 70), S. 83: „Wer hat diese dumme Kreatur geschaffen? Es gibt Menschen, die behaupten, sie seien Ebenbilder Gottes. Das wäre eine Beleidigung für Gott."

125 Einige Jahre später schreibt Strauß: „Der Künstler wird den Menschen am ehesten in seinem Fallen, in seinem nachstürzenden Engelsturz erkennen."

Nadjas, auf die neue, durch die Digitalisierung induzierte Erfahrung radikaler Ungeschicklichkeit zurück. Seine emphatische Beschwörung vergangener Großartigkeiten der deutschen Literatur, die er der digitalen Welt entgegenstellt, mündet in einen Appell zur Bewahrung der Religion im Zeitalter ihres Verschwindens. An dem „abgeschirmten Ort", an dem man sich zum Gespräch versammelt habe (einer Allegorie des Schutzraums der Literatur in der Gegenwart), stehe man gemeinsam „in der Freiheit des Erinnerns."[126] Diese Gemeinsamkeit macht der Redner zum Ausgangspunkt eines neuen Appells an die Selbstbehauptung: „Wir behaupten uns, so gut wir können, mit den Mitteln des unbeholfenen Existierens gegen den Sog einer daseinslosen Zerebralsphäre."[127] Man wird das so verstehen können, dass in der deutschen Literatur mit ihrer Affinität zu religiösen Denkformen die Erfahrung radikaler Ungeschicklichkeit Instrumente der literarischen Selbstbehauptung ausgebildet hat. Von ihnen wird nun angenommen, dass sie sich in der Gegenwart zur Konstitution einer humanen Lebensform innerhalb und gegen die digitale Welt der Globalisierungsmoderne nutzen lassen könnten.

Dass es dabei nicht nur um das Selbstverständnis einer literarischen Figur, sondern auch um die des Autors Botho Strauß geht, lässt sich der Kurzprosa *Lichter des Toren* entnehmen. Mit ihr schließt Strauß an die traditionsreiche, auch für den Ungeschicklichkeitsdiskurs aufschlussreiche Figur des Idioten an. Für sie gelte in der Gegenwart: „Es gibt nur das Staunen und das Ungeschick."[128] Mit dem Idioten korreliert die Globalisierungsmoderne, die ihrerseits als idiotisch bestimmt wird. Sie ist das Zeitalter, das den Idioten hervorbringt und ihn als Schriftsteller auf die deutsche Literatur verpflichtet: „Zu schreiben, ausgesetzt der medialen Weltoffenheit,

---

Strauß: Lichter des Toren (s. Anm. 105), S. 143. Man kann dabei auch an den Kniefall Willy Brandts in Warschau denken, auf den Navid Kermani seinen Stolz auf die Bundesrepublik und das deutsche Grundgesetz gründet; s. oben, S. 682.

126 Strauß: Die Unbeholfenen (s. Anm. 121), S. 86.

127 Ebd., S. 86 f.

128 Strauß: Lichter des Toren (s. Anm. 105), S. 24.

verstärkt im Gegenzug eine nationalliterarische Introvertiertheit."[129] Auch wenn man alle Ingredienzien von ‚deutsch' kenne, „zuvörderst die fürchterlichen", komme es darauf an, „dessen eingedenk es erst recht zu sein."[130]

Sein Selbstporträt als deutscher Idiot hat Strauß in seinem Skandalessay *Der letzte Deutsche* aufgenommen und radikalisiert. Der Essay erschien 2015 im *Spiegel* und schloss explizit an die Rede Romeros in der Novelle *Die Unbeholfenen* an.[131] Er stilisiert seinen Autor zum Solitär, der an den Traditionen der deutschen Literatur, ja der deutschen Dichtung, trotz ihres Funktionsverlusts festhält. Das zwinge den Solitär dazu, „unschlüssig zu sprechen, heteroglott" (um nicht zu sagen grotesk) und dabei das „Unvereinbare auszuhalten, bis es der Vernunft wehtut."[132] Mehrsprachigkeit, das ‚Reden in Zungen',[133] wird bei Strauß zu einer Form der Ungeschicklichkeit. Dabei macht der aberwitzige Versuch, in der Gegenwart „Hüter und Pfleger der Nation in ihrer ideellen Gestalt zu sein" jeden, der sich ihm verschreibt, unweigerlich „zur komischen Figur!"[134] Indem er sich als unbeholfener Sonderling und „schrullige Figur" stilisiert,[135] schließt Strauß an den heroischen Ungeschickten des späten 19. Jahrhunderts an und nimmt damit Konstellationen auf, die vor ihm bereits von Meyr, Vischer und Raabe ausgearbeitet worden sind. Zugleich verknüpft er den Ungeschicklichkeitsdiskurs der Gegenwart mit dem Deutschlanddiskurs. Nicht mehr die Deutschen sind in der Gegenwart ungeschickt, sondern nur noch ihr letzter

129 Ebd., S. 69.

130 Ebd., S. 162.

131 Botho Strauß: Der letzte Deutsche. Eine Glosse. In: Der Spiegel, H. 41, 2.10.2015, S. 122–124, hier S. 122; vgl. Strauß: Die Unbeholfenen (s. Anm. 121), S. 83.

132 Strauß: Der letzte Deutsche (s. Anm. 131), S. 124.

133 Zur literarischen Mehrsprachigkeit vgl. den Aufriss von Till Dembeck: Für eine Philologie der Mehrsprachigkeit. Zur Einführung. In: T. D./Georg Mein (Hg.): Philologie und Mehrsprachigkeit. Heidelberg 2014, S. 9–38.

134 Strauß: Der letzte Deutsche (s. Anm. 131), S. 124. Zum Phänotyp des letzten Deutschen vgl. auch Strauß: Der Fortführer (s. Anm. 36), S. 177.

135 Strauß: Lichter des Toren (s. Anm. 105), S. 9.

Poet – der aber mit voller Dichterkraft: „Wir müssen Verwirrung stiften wie einst die Dichter das Bleibende."[136]

Irgendein kriechendes Wesen

Ähnlich wie Botho Strauß, wenn auch weniger radikal, hat auch W. G. Sebald sich von der Gegenwart abgekehrt und zum Solitär stilisiert. Anders als Strauß, der explizit an nationalliterarische Denkformen anschließt, hat er aber Deutschland verlassen und sich in England angesiedelt. Er blickt daher von außen auf das Land, dessen Literatur er kennt, schätzt, erforscht und jahrelang auch unterrichtet hat. Das führt schon in den frühen Werken zu radikalen Distanzierungsgesten vor einem ins europäische, ja globale erweiterten Horizont. Der Blick auf Deutschland und seine Bewohner ist daher vorrangig von Scham und Ekel geprägt. Ausgelöst wird beides unter anderem durch den skandalösen Umgang insbesondere Westdeutschlands mit dem Nationalsozialismus. Sebald bezieht damit Stellung am Beginn der „historisch beispiellosen Aufarbeitungsdebatte"[137] der neunziger Jahre. In *Schwindel. Gefühle* besucht der Ich-Erzähler Italien und hört dort am Abend in der Unterkunft seine „ehemaligen Landsleute […] die unsäglichsten Dinge untereinander reden".[138] Angewidert registriert er ihre „auf

136 Strauß: Der Fortführer (s. Anm. 36), S. 101. Vgl. auch Strauß: zu oft umsonst gelächelt (s. Anm. 23), S. 160: „*Wovon sprechen wir denn, tausend Dichter, alle wie mit einer Zunge? Na, immer und ausschließlich von diesem Verfehlen und jenem Danebengehen.*"

137 Herbert: Geschichte Deutschlands im 20. Jahrhundert (s. Anm. 2), S. 1206. Paul Whitehead: Im Abseits. W. G. Sebalds Ästhetik des Marginalen. Bielefeld 2019, S. 240, hat den konstruktiven, antimelancholischen Charakter der Texte Sebalds darin gesehen, dass „sie an gesamtgesellschaftlichen Diskussionen partizipieren" und als Beispiel „die individuelle und kollektive Gedenkkultur" angeführt. Man könnte die Migrationsdebatte hinzufügen, zu der Sebald mit dem Band *Die Ausgewanderten* beigetragen hat.

138 W. G. Sebald: Schwindel. Gefühle (zuerst 1990). München 2014, S. 106 f. Das schlechte Benehmen deutscher Reisenden im Ausland war schon in den 1920er Jahren topisch; vgl. Hans Ulrich Gumbrecht: 1926. Ein Jahr am Rand der Zeit. Übers. von Joachim Schulte. Frankfurt a. M. 2001, S. 371 f.

das ungenierteste sich breitmachenden Dialekte“ und empfindet „geradezu eine Pein, die lauthals vorgebrachten Meinungen und witzigen Aussprüche einer Gruppe junger Männer aus meiner unmittelbaren Heimat mit anhören zu müssen“.[139] Die Scham entsteht hier auch aus einem fortwirkenden Gefühl der Zugehörigkeit.

Zwei Jahre später, im Erzählungsband *Die Ausgewanderten*, erklärt ein nach England übersiedelter deutscher Maler, dass er Deutschland von England aus erinnert „als ein zurückgebliebenes, zerstörtes, irgendwie extraterritoriales Land, bevölkert von Menschen, deren Gesichter wunderschön sowohl als furchtbar verbacken sind.“[140] Er sei daher nie wieder dorthin zurückgekehrt. Der autofiktionale Erzähler sucht nach den Spuren der jüdischen Familie des Malers in Kissingen. Auf der Hinreise steigt zwischen Gemünden und Kissingen ein „Unhold“[141] zu ihm ins Abteil, der als groteskes Zerrbild des deutschen Michel angelegt ist:

> Er hatte ein rotfleckig angelaufenes Gesicht und sehr engstehende, etwas einwärts verdrehte Augen. Schwer vor sich hin schnaufend, wälzte er in einem fort seine unförmige Zunge, auf der sich noch Essensreste befanden, in seinem halboffenen Mund herum. Die Beine gespreizt, saß er da, Bauch und Unterleib auf eine grauenerregende Weise eingezwängt in eine kurze Sommerhose.[142]

Nach intensiven Nachforschungen, die ihn u. a. auf den jüdischen Friedhof von Kissingen führen, sieht sich der Erzähler schließlich gezwungen, seinen Aufenthalt in Deutschland abzubrechen. Er muss sich eingestehen, dass „die rings mich umgebende Geistesverarmung und Erinnerungslosigkeit der Deutschen, das Geschick, mit dem man alles bereinigt hatte, mir Kopf und Nerven anzugreifen begann.“[143] Der unbeholfene Unhold am Anfang der Deutschlandreise und die Einsicht in die angeblich erfolgreichen Strategien deutscher

139 Sebald: Schwindel. Gefühle (s. Anm. 138), S. 107.

140 W. G. Sebald: Die Ausgewanderten. Vier lange Erzählungen (zuerst 1992). München 2013, S. 267.

141 Ebd., S. 324.

142 Ebd.

143 Ebd., S. 333.

Geschichtsvergessenheit[144] an ihrem Ende sind kompositorisch einander zugeordnet. Je erfolgreicher die Deutschen ihre Geschichte verdrängen und sich auf ihre Gegenwart beschränken, desto ungeschickter und unerträglicher werden sie für Sebald.

Als Gegenfigur zur deutschen Geschichtsblindheit hat Sebald die Figur Jacques Austerlitz angelegt. Nach ihr ist sein letzter großer Roman benannt. Austerlitz entfernt sich geradezu zwanghaft von den Menschen und kann auch die Nähegebote einer Liebesbeziehung nicht einhalten. Erst im Rückblick versteht er jedoch, warum er sich von seiner Freundin abwenden musste. Das liegt vor allem an seinen Erinnerungen, denen er nicht entkommt. Die daraus entspringende Existenzform eines Solitärs ist freilich in hohem Maße ambivalent. Denn Austerlitz fühlt sich einerseits „in diesem Michabwenden“ gerettet, kommt sich andererseits aber auch vor „wie ein zum Fürchten häßlicher, unberührbarer Mensch.“[145] Wer sich dem Erinnern und Gedenken verschreibt und der Vergangenheit nachspürt, kann darüber nur zu leicht zum ungeschickten Unhold und Paria werden. Das war bereits das Thema von Raabes *Stopfkuchen* und es verbindet Sebald – bei allen zweifellos beträchtlichen Unterschieden – mit dem ‚Idioten‘ Botho Strauß,[146] aber auch mit Rainald Goetz, der die Sonderstellung des Literaten immer wieder thematisiert hat und sich in *Klage* en passant „DER ASOZIALE“[147] nennt.

Ähnlich wie Strauß und Goetz interessiert sich auch Sebald geradezu obsessiv für die Ungeschicklichkeit des Schriftstellers und für das Ungeschick der Literatur. Das beginnt mit Prosastudien über literarische Vorbilder und greift dann zunehmend auf die eigene literarische Existenz über. In den Prosastudien von *Schwindel. Gefühle* sind es vor allem Stendhal und eine Sanatoriumsbekanntschaft

144 Vgl. dazu auch Barner: Abrechnen und Rechthaben (s. Anm. 30), S. 956–959.

145 W. G. Sebald: Austerlitz. München/Wien 2001, S. 308.

146 Strauß: Lichter des Toren (s. Anm. 105), S. 75: „Der Idiot und seine Zeit – Zeit, der er zum Erkennungszeichen wird, und solche Zeit, die seine eigene, mit niemandem geteilte ist.“

147 Goetz: Klage (s. Anm. 82), S. 366.

Kafkas, die als Ungeschickte charakterisiert werden.[148] Stendhal durchkreuzt seine Chancen bei der schönen Métilde, die er schon beinahe für sich gewonnen hatte, „durch eine, wie er sich im nachhinein sagen mußte, nicht wiedergutzumachende *gaffe*".[149] Weil er nicht von ihr getrennt sein kann, reist er ihr nach und spaziert in einer grotesken Kostümierung, zu der ein extrahoher Veloursshut und „ein paar grüne Brillen" gehören, in ihrer Nähe herum.[150] Sie fühlt sich dadurch kompromittiert und gibt ihm den Laufpass. In der Kafka-Erzählung ist das Subjekt des Ungeschicks dagegen nicht der Schriftsteller, sondern ein krankes Mädchen, dem Dr. K. im Sanatorium nahekommt und mit dem er auch eine Ruderpartie unternimmt. Auch hier hat die Beziehung keine Zukunft. Bei ihrer Abreise betritt das Mädchen aus Genua „mit unsicheren Schritten" das Dampfboot[151] und nach dem Ablegen malt sie Kafka zum Abschied „mit der linken Hand, die rechte lag ruhig auf der Reling, etwas ungeschickt das Zeichen für Ende in die Luft."[152] Ähnlich wie Stendhal und Jacques Austerlitz sind auch Kafka und das namenlose Mädchen aus Genua dazu verdammt, allein oder mit erheblicher Distanz zu ihren Mitmenschen durchs Leben zu gehen.

In den *Ringen des Saturn* ist es dann der homodiegetische Erzähler, den ein Bandscheibenvorfall unbeholfen werden lässt. Im Krankenhaus versucht er sich mühsam an der Fensterbrüstung seines Zimmers hochzuziehen und überblendet dabei seine Lage literarisch mit derjenigen der wohl bekanntesten Figur Kafkas:[153]

---

148 Sebald verbindet dabei belegbare Fakten mit imaginären Bildern und arrangierten Erinnerungen; vgl. Durzak: Die Erzählprosa der neunziger Jahre (s. Anm. 49), S. 978.

149 Sebald: Schwindel. Gefühle (s. Anm. 138), S. 24.

150 Ebd.

151 Ebd., S. 174.

152 Ebd., S. 175.

153 Sebald orientiert sich dabei an einer Comiczeichnung aus dem Band von David Zane Mairowitz/Robert Crumb: Kafka for Beginners. Cambridge 1993; vgl. Heike Gfrereis/Ellen Strittmatter: Ausstellungstexte. Wandernde Schatten. W. G. Sebalds Unterwelt. In: www.dla-marbach.de/fileadmin/redaktion/Downloads/Ausstellungstexte_Sebald_Gfrereis_Strittmatter.pdf (8.5.2020).

> In der krampfhaften Haltung eines Wesens, das sich zum erstenmal von der ebenen Erde erhoben hat, stand ich dann gegen die Glasscheibe gelehnt und mußte unwillkürlich an die Szene denken, in der der arme Gregor, mit zitternden Beinchen an die Sessellehne sich klammernd, aus seinem Kabinett hinausblickt in undeutlicher Erinnerung, wie es heißt, an das Befreiende, das früher einmal für ihn darin gelegen war, aus dem Fenster zu schauen.[154]

Ebenfalls in den *Ringen des Saturn* wird aber nicht nur der Erzähler, sondern auch die Tätigkeit des Schreibens mit dem Ungeschick in Beziehung gesetzt. So heißt es über die Schreibskrupel Flauberts, diesem sei zeitweilig „nicht nur jedes zukünftige Schreiben völlig ausgeschlossen" erschienen, sondern er sei „darüber hinaus davon überzeugt [gewesen], daß alles bisher von ihm Geschriebene nur aus einer Aneinanderreihung der unverzeihlichsten, in ihren Auswirkungen unabsehbaren Fehler und Verlogenheiten bestehe".[155] Das verbindet Flaubert mit dem Erzähler und dem Protagonisten von *Austerlitz*. Der Erzähler gesteht dort ein, die Sprache Stendhals und Flauberts nur „mit schandbarer Unbeholfenheit" zu sprechen,[156] während dem Protagonisten Jacques Austerlitz, der formvollendet Französisch spricht, nun die Schreibskrupel Flauberts zugeschrieben werden. Obwohl Lesen und Schreiben immer Austerlitz' liebste Beschäftigungen gewesen seien, erzeugt eines Tages schon der Anblick der von ihm beschriebenen Blätter „ein Gefühl des Widerwillens und des Ekels".[157] Austerlitz geht dem Erzähler gegenüber mit einer an Thomas Bernhard erinnernden Hyperbolik ins Detail:

> Jetzt aber war mir das Schreiben so schwer geworden, daß ich oft einen ganzen Tag brauchte für einen einzigen Satz, und kaum daß ich einen solchen mit äußerster Anstrengung ausgesonnenen Satz niedergeschrieben hatte, zeigte sich die peinliche Unwahrheit meiner Konstruktionen und die Unangemessenheit sämtlicher von mir verwendeten Wörter.[158]

---

154 W. G. Sebald: Die Ringe des Saturn. Eine englische Wallfahrt (zuerst 1995). München 2015, S. 13.

155 Ebd., S. 16 f.

156 Sebald: Austerlitz (s. Anm. 145), S. 46.

157 Ebd., S. 176.

158 Ebd.

Wenn es ihm dennoch gelungen sei, „durch eine Art Selbsttäuschung“ sein Tagespensum zu erfüllen, „dann starrten mir jeweils am nächsten Morgen, sowie ich den ersten Blick auf das Blatt warf, die schlimmsten Fehler, Ungereimtheiten und Entgleisungen entgegen.“[159] Die automatisierten Techniken des Schreibens und Lesens werden Austerlitz zunehmend fremd und unheimlich, bis sich ihm schließlich „die Buchstaben in zerbrochene Zeichen und diese in eine bleigraue, da und dort silbrig glänzende Spur“ auflösen, „die irgendein kriechendes Wesen abgesondert und hinter sich hergezogen hatte und deren Anblick mich in zunehmendem Maße erfüllte mit Gefühlen des Grauens und der Scham.“[160] Der Grenzfall des abgestürzten, an seinen eigenen Ansprüchen scheiternden deutschen Schriftstellers verdichtet sich im Zerrbild der kriechenden Molluske und ihrer zwiespältigen, das Unansehnliche (bleigrau) mit dem Schönen (silbrig glänzend) verbindenden Schriftspur.

Es gibt bei Sebald aber noch ein weiteres, nicht auf die Literatur beschränktes Bild der poetischen Ungeschicklichkeit, das sie zum Normalfall des Ästhetischen ausweitet. Dabei handelt es sich um die menschliche Hand. Sie ist der Inbegriff aller motorisch-technischen Konzepte der Geschicklichkeit und kann daher auch dazu dienen, das Antonym der Ungeschicklichkeit zu konturieren. Thomas Mann hat das für seinen hilflosen Referendar in den *Buddenbrooks* genutzt und Sebald folgt ihm darin. Schon in *Schwindel. Gefühle* spielen Hände eine große Rolle. Stendhal soll angeblich auf seinem Schreibtisch einen Gipsabdruck der linken Hand Métildes deponiert haben. Dazu wird ein Foto in den Text eingefügt, das eine schlanke Gipshand mit einem abnorm abgekrümmten kleinen Finger zeigt.[161] Im gleichen Band berichtet der Erzähler von einer Wanderung,

---

159 Ebd.

160 Ebd., S. 180.

161 Sebald: Schwindel. Gefühle (s. Anm. 138), S. 25. Michael Rutschky hat Sebalds enigmatischen Umgang mit Fotos gelobt, aber auch auf die Gefahr hingewiesen, dass „es irgendwann auch ein bisschen ins Mysteriöse abkippt“; Phantasmatische Fakten für Städtebewohner. Michael Rutschky im Gespräch mit Annett Gröschner und Stephan Porombka. In: Annett Gröschner/Stephan Porombka (Hg.): Poetik des Faktischen. Vom erzählenden Sachbuch zur Doku-Fiktion. Werkstattgespräche. Essen 2009, S. 15–30, hier S. 19.

während der er in einer Kapelle eingekehrt sei. Dort hätten ihn die Kreuzwegstationen beeindruckt, „die von einer ungeschickten Hand um die Mitte des 18. Jahrhunderts gemalt worden sein mußten und von denen die Hälfte bereits von Schimmel überlaufen und zerfressen war".[162] Die ungeschickte Hand wird hier zur formelhaften Verdichtung einer defizitären Form der Kunstausübung, die gerade mit ihren an Hirsts Goofy erinnernden Defiziten den Betrachter beeindrucken kann. Das nimmt Schlegels Theorie des Hässlichen auf und wird in den *Ausgewanderten* an einem dilettantisch angelegten Fresko weiter ausgeführt. Es befindet sich in einem arabischen Lokal in Manchester und zeigt eine Karawane, die sich auf den Betrachter zubewegt:

> Infolge der Ungeschicktheit des Malers und der schwierigen Perspektive, die er gewählt hatte, wirkten die menschlichen Figuren sowohl als die Lasttiere in ihren Umrissen leicht verzerrt, so daß es, wenn man die Lider halb senkte, tatsächlich war, als erblicke man eine in der Helligkeit und Hitze zitternde Fata Morgana.[163]

Das Ungeschick ist die Grundlage einer „Ästhetik der Verschwommenheit, des Diffusen", die man als „zentrale Kategorie von Sebalds Textproduktion" ausgemacht hat.[164] Dass es freilich bei den Reflexionen über die ungeschickte Hand des Künstlers und ihre überraschenden Effekte nicht nur um ein Lob des Dilettantismus, sondern um ein ästhetisches Programm geht, wird in den *Ringen des Saturn* am Beispiel Rembrandts verdeutlicht. Auf Rembrandts Gemälde *Die Anatomie des Dr. Tulp* irritiert den Erzähler die linke Hand des toten Delinquenten, die gerade seziert wird. Mit ihr habe es „eine eigenartige Bewandtnis", denn sie sei „geradezu grotesk disproportioniert" und „auch anatomisch gänzlich verkehrt."[165] Damit wiederholt Sebald Topoi der Rembrandt-Rezeption seit Jacob Burckhardt und Georg Simmel. Zugleich gibt er ihnen eine neue, ästhetische Wendung. Denn wenn das Gemälde

---

162 Sebald: Schwindel. Gefühle (s. Anm. 138), S. 195 f.
163 Sebald: Die Ausgewanderten (s. Anm. 140), S. 240.
164 Whitehead: Im Abseits (s. Anm. 137), S. 15.
165 Sebald: Die Ringe des Saturn (s. Anm. 154), S. 27.

„genau in seinem Bedeutungszentrum" umkippe „in die krasseste Fehlkonstruktion",[166] dann sei dies kein Versehen oder gar ein Ausdruck des Unvermögens, wie auf den Bildern in der Kapelle oder im arabischen Restaurant, sondern ein gezielter Kunstgriff: „Vorsätzlich erscheint mir vielmehr die Durchbrechung der Komposition."[167] Die „unförmige Hand" lasse performativ die „Gewalt" sichtbar werden, die den getöteten Leib zugerichtet habe. Indem Rembrandt einen gezielten Kompositionsbruch inszeniere, solidarisiere er sich mit dem „Opfer" dieser Gewalt.[168] Die ungeschickt gemalte aufgeschnittene Hand ist daher auch die Hand des Künstlers, die Geschick und Ungeschick in sich vereinigt.

Das leitet über zur Poetik der Texte Sebalds. Man hat sie zuletzt im Kontext einer Ästhetik des Marginalen erörtert.[169] Sebalds Arbeiten opponieren gegen die Gewalt, die Menschen einander zufügen und solidarisieren sich mit den Opfern dieser Gewalt. Zugleich erzählen sie von der Übermacht menschlicher Gewaltausübung, die sich mit der Natur und mit großen Zeiträumen zu verbinden versteht. Die Texte folgen dabei dem Modell einer ausweglosen Katastrophengeschichte, deren Ausformung bevorzugt Denkzusammenhänge der zwanziger Jahre wie das messianische Geschichtskonzept Walter Benjamins,[170] Gershom Scholems und Theodor W. Adornos, aber auch das neomarxistische Utopiedenken Ernst Blochs aufnimmt.[171] Ihr korrespondiert die Melancholie. Sie bildet auch den Rahmen für

166 Ebd.

167 Ebd.

168 Ebd.

169 Nach Whitehead: Im Abseits (s. Anm. 137), S. 16, geht es beim Marginalen nicht nur um eine weitere Variation des Außenseiters und Sonderlings (obwohl dies offenkundig *auch* der Fall ist), sondern um das zentrale Moment von Sebalds Texten.

170 Vgl. Luisa Banki: Post-Katastrophische Poetik. Zu W. G. Sebald und Walter Benjamin. München 2016. Sebalds Poetik weist damit eine Reihe von Parallelen zu Erscheinungsformen der zeitgenössischen englischen Lyrik auf. Zu letzterer vgl. Antony Rowland: Holocaust Poetry. Awkward Poetics in the Work of Sylvia Plath, Geoffrey Hill, Tony Harrison and Ted Hughes. Edinburgh 2005.

171 Weitere wichtige Einflüsse nennt die quellenbasierte Studie von Whitehead: Im Abseits (s. Anm. 137), S. 18.

den Beitrag Sebalds zum Ungeschicklichkeitsdiskurs. Das lässt sich an einem letzten Bild demonstrieren. Es findet sich in den Schlusspartien der *Ringe des Saturn*. Sie nehmen Bezug auf eine Bemerkung Ernst Blochs über das Elend der ersten Fabrikarbeiter: „Die frühen Fabriken waren dasselbe wie Galeeren; ein verhungertes, schlafloses, verzweifeltes Proletariat wurde an Maschinen gekettet."[172] Ihre „tägliche Arbeit" sei „ein Schmutzwerk ohnegleichen" gewesen. Die unscharfe Reproduktion,[173] mit der Sebald dieses Schmutzwerk illustriert, zeigt einen Weber in seinem überdimensionalen Webstuhl bei der Arbeit. Der Weber erinnert mit seinem Schnurrbart und seiner Statur entfernt an den Autor selbst.[174] Der Erzähler spricht hinsichtlich der befremdlichen Koppelung zwischen Arbeiter und Arbeitsgerät von „einer eigenartigen Symbiose".[175] Die Weber seien „mit ihren armen Körpern fast ein Leben lang eingeschirrt gewesen" in die „an Foltergestelle oder Käfige erinnernden Webstühle".[176] Indem Sebald den Webstuhl zu einer Allegorie der Technik macht, wird das Bild zum Emblem einer negativen Anthropologie. Es verdeutliche, „daß wir uns nur eingespannt in die von uns erfundenen Maschinen auf der Erde zu erhalten vermögen."[177] In dieser Perspektive können die Weber mit den Gelehrten und Schriftstellern gleichgesetzt werden, die in ähnlicher Weise „zu endlosem Überrechnen weitläufiger künstlicher Muster" gezwungen seien.[178] Ihre Webtätigkeit lässt die Betroffenen melancholisch werden, macht sie im Leben ungeschickt und setzt sie Unfällen aus, erzeugt aber auch Arbeiten von einer „mit Worten

---

172 Ernst Bloch: Das Prinzip Hoffnung. Bd. 2. 6. Aufl. Frankfurt a. M. 1979, S. 647. Mit Dank für den Hinweis an Paul Whitehead.

173 Sebald: Die Ringe des Saturn (s. Anm. 154), S. 334. Die Abbildung ähnelt einem Kupferstich von Thomas Jefferys, der vor 1771 entstanden sein muss; vgl. commons.wikimedia.org/wiki/File:Textiles;_a_loom_for_ribbon-weaving,_with_a_weaver_working._Wellcome_V0024136.jpg (8.5.2020).

174 Uwe Schütte: Annäherungen. Sieben Essays zu W. G. Sebald. Wien/Köln/Weimar 2019, S. 129, geht ebenfalls davon aus, dass es sich bei der Passage um eine Selbstbeschreibung des Autors Sebald handelt.

175 Sebald: Die Ringe des Saturn (s. Anm. 154), S. 334.

176 Ebd.

177 Ebd.

178 Ebd., S. 335.

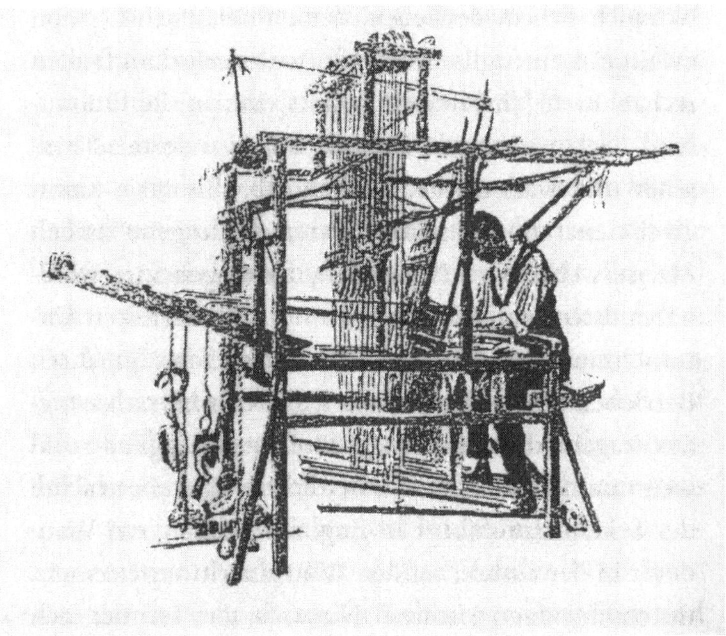

Abb. 17 W. G. Sebald, Die Ringe des Saturn, 1995

kaum zu beschreibenden Schönheit".[179] Man kann die Passage, über ihre negative Anthropologie hinaus, als ausnehmend präzise Beschreibung der Poetik W. G. Sebalds lesen. Kulturkritisch ergänzt wird sie durch eine melancholische Einsicht in die zwangsläufige Ungeschicklichkeit menschlicher Großprojekte, zu denen auch literarische Werke oder die Digitalisierungsmoderne zu zählen sind. Am Ende von *Austerlitz* hält der Protagonist am Beispiel der neuen Bibliothèque nationale de France fest,

> daß in jedem von uns entworfenen und entwickelten Projekt die Größendimensionierung und der Grad der Komplexität der ihm einbeschriebenen Informations- und Steuersysteme die ausschlaggebenden Faktoren sind und daß demzufolge die allumfassende, absolute Perfektion des Konzepts in der Praxis durchaus

179 Ebd.

> zusammenfallen kann, ja letztlich zusammenfallen muß mit einer chronischen Dysfunktion und mit konstitutioneller Labilität.[180]

Hier liegt der Ausgangspunkt für gegenläufige literarische und ästhetische Projekte, die nicht länger die Tradition fortzuschreiben, sondern sich von ihr abzustoßen versuchen. Sie kalkulieren die konstitutionelle Labilität der technischen Moderne ein, akzeptieren aber auch deren Vorgaben und antworten darauf mit ähnlich labilen Entwürfen. Das hat Folgen für den Umgang dieser Entwürfe mit der Ungeschicklichkeit.

---

180 Sebald: Austerlitz (s. Anm. 145), S. 394 f. In Bauten wie der Bibliothèque nationale findet nach Whitehead: Im Abseits (s. Anm. 137), S. 14, in Sebalds Werken „der Widerstand gegen die Totalität der Moderne" – man könnte auch sagen: gegen die Heroische Moderne – ihren Ausdruck.

IV

Macht der Fehler

. VORSICHT / Literatur

Seinen literarischen Durchbruch hat Rainald Goetz 1983 in Klagenfurt beim Wettbewerb um den Ingeborg-Bachmann-Preis erzielt. Er schnitt sich am Ende seiner Lesung mit einer Rasierklinge in die Stirn und ließ das Blut auf das Manuskript tropfen. Während der Diskussion seines Textes hielt er ein Papiertaschentuch vor die stark blutende Wunde. Ungeschickt war dieser Schnitt, weil er tiefer als vorgesehen ausgefallen war. Daher verzichtete Goetz auf den geplanten zweiten Einschnitt. Das ist den Tagebuchaufzeichnungen Michael Rutschkys zu entnehmen.[181] Sie halten auch fest, dass Rainald Goetz dem Ehepaar Rutschky seinen Entschluss zur Teilnahme am Wettbewerb verheimlicht hatte. Als Michael Rutschky, der durch Isolde Ohlbaum dennoch davon erfuhr, ihn telefonisch darauf ansprach, habe Goetz zunächst „vor innerem Druck" kaum sprechen können und dann bestätigt, dass er nach Klagenfurt fahren und dort öffentlich vortragen werde. Er habe hinzugefügt: „Das ist ja das Unglück!"[182] Von der Selbstverletzungsabsicht hätten die Rutschkys nichts gewusst, denn Katharina Rutschky habe nach Kenntnisnahme der dpa-Meldung in der *Süddeutschen Zeitung* „die Hände vors Gesicht [geschlagen] mit der typischen Geste der Verzweiflung" und sei

---

181 Michael Rutschky: Mitgeschrieben. Die Sensationen des Gewöhnlichen. Berlin 2015, S. 303. Vgl. dazu Christoph Rauen: Notieren/Konstruieren – Rainald Goetz in Michael Rutschkys *Mitgeschrieben* (2015). In: Simon Hansen/Jill Thielsen (Hg.): Tendenzen der deutschsprachigen Gegenwartsliteratur. Narrative Verfahren und Traditionen in erzählender Literatur ab 2010. Berlin 2018, S. 85–97, hier S. 94 f.

182 Rutschky: Mitgeschrieben (s. Anm. 181), S. 301. In dem von ihm gelesenen Text sagt der Autor, dass er sich während der Lesung „voll in Panik" befinde; Rainald Goetz: Subito. In: ders.: Hirn. Schrift (zuerst 1986). 2. Aufl. Frankfurt a. M. 2015, S. 9–21, hier S. 12; noch Jahre später spricht er davon, dass ihn Lesungen aus eigenen Texten stets „in PANIK" versetzten; er könne dann „schreien vor Unglück wie ein kleines Kind." Goetz: Klage (s. Anm. 82), S. 346.

 | DOI:10.30965/9783846761038_037

später „in Tränen" ausgebrochen.[183] Zurückgekehrt nach München habe Goetz den Rutschkys von seinem Auftritt berichtet: „Das Ganze sei ‚irrsinniger Stress' gewesen." Erst nachdem er die Wunde versorgt und das Hotel verlassen habe, „sei der Schmerz verebbt, ebenso die Aufregung, und er habe sich darüber freuen können, dass ihm die Sache gelungen war."[184] Michael Rutschky hat den Auftritt seines Protegés nicht kommentiert, sondern lediglich zwei absprechende Kommentare, aus der *Süddeutschen Zeitung* und dem *Stern*, in sein Tagebuch integriert. Als wenn sie etwas beweisen würden.

Mit seinem Klagenfurter Stirnschnitt hat sich Rainald Goetz von Michael Rutschky entfernt und einen eigenen Weg eingeschlagen. Das gilt auch für seinen Beitrag zum Ungeschicklichkeitsdiskurs. Dennoch teilen beide Autoren eine Reihe von Gemeinsamkeiten. Dazu gehört vor allem das Festhalten am autobiographischen Schreiben[185] mit seiner „Authentizitäts-Fiktion des Textes"[186], in der Tradition Hubert Fichtes und Rolf Dieter Brinkmanns.[187] Es führt bei Goetz dazu, fremde und eigene Kaputtheit „unglaublich GEIL" zu finden, „weil das mit Kaputtheiten korrespondiert, die ich überall in mir und um mich herum sehe."[188] Damit schließt Rainald Goetz explizit an die Subjektpolitik der siebziger Jahre an.[189] Auch für ihn ist das Subjekt politisch und die Politik subjektiv. Autor und Werk werden daher auf radikale, die eigene Verletzlichkeit sowohl ausstellende als auch ausbeutende Weise verbunden. Die 2008 in *Klage* formulierte Leitidee, „dass nämlich die eigenen Texte und man selbst in echt absolut ein und dasselbe seien",[190] hatte bereits die Klagenfurter Selbstverletzung von 1983 vorgeführt. Gemeinsam ist Goetz

183 Rutschky: Mitgeschrieben (s. Anm. 181), S. 302 f.

184 Ebd., S. 303.

185 Goetz: Abfall für Alle (s. Anm. 66), S. 563: „Jede Autobiographie heißt Ich, jedes Leben ist everybody's autobiography."

186 Ebd., S. 247; vgl. zum „Problem" der Authentizität auch ebd., S. 536 und S. 538.

187 Bündig ebd., S. 654, auf eine Nachfrage zu einer Bewerbung um Unterstützung durch den Literaturfond: „Erkläre Referenzen, Fichte, Brinkmann." Zu Fichte vgl. auch ebd., S. 14, S. 300 und S. 675, zu Brinkmann vgl. S. 173, S. 267 und S. 672.

188 Ebd., S. 265.

189 Vgl., im Rekurs auf Foucault, Goetz: Abfall für alle (s. Anm. 66), S. 201.

190 Goetz: Klage (s. Anm. 82), S. 249.

und Rutschky zudem die Fixierung auf die Gegenwart als Korrelat oder Kerker des Subjekts.[191] Die eigenen Projekte sind für Goetz, der damit auch die dem Essay-Begriff inhärente Semantik des Experiments aufgreift, „ein Rekonstruktions-Versuch der Gegenwart".[192] Für das Ungeschick folgt daraus, dass Goetz ähnlich wie Rutschky ins Ungeschick hineingeht und sich (wie bei seiner ungeschickten Selbstverletzung) vorbehaltlos darauf einlässt, es also nicht nur als Bestandteil der sozialen Praxis, sondern auch als Element der Selbsterfahrung begreift. Allerdings unterscheidet sich der promovierte Mediziner und Historiker Goetz auch von dem promovierten Germanisten Rutschky, denn anders als dieser fordert er im Umgang mit der Gegenwart die (unmögliche) Preisgabe der Beobachterposition ein. Während man die Vergangenheit „nur beobachten kann", gelte für die Gegenwart, dass man sie „selber nur sein kann, leben muß. Und daß das das Anstrengende und Schwierige ist, die Zeit mehr oder weniger einfach durch sich durch zu lassen."[193] Als ein der Popkultur verpflichteter Autor versucht Goetz die intellektuelle Distanz gegenüber der Praxis aufzugeben, an der Rutschky als Vertreter einer linken Spartenliteratur im Bann der Kritischen Theorie noch festgehalten hatte. Mit ihr verschwindet auch die Möglichkeit, sich lediglich temporär (etwa für die Dauer eines Jahrzehnts) auf Praxisphänomene wie das Ungeschick einzulassen. Sie versorgen den Durchlauferhitzer der Gegenwart nun permanent mit Energie. Ein ‚Außerhalb' gibt es nicht mehr.

Die radikale Inklusion hat Folgen für den Literaturbegriff. Während Michael Rutschky in seinen Essays einem nüchternen, operativen Literaturverständnis folgt, das sich jeder Emphase verweigert, versucht er in seinen erst nachträglich und in redigierter Form publizierten Tagebüchern literarische Ansprüche doch noch zu bedienen, indem er sich in der Tradition Montaignes zu radikaler

191 Vgl. Rainald Goetz: Dekonspiratione. Erzählung (zuerst 1998). Frankfurt a. M. 2002, S. 149, wo vom „Ich, im jetzt-Knast seiner Gegenwart" die Rede ist. In *Abfall für Alle* findet sich die Formulierung vom „Bunker des Privaten"; Goetz: Abfall für Alle (s. Anm. 66), S. 570.

192 Ebd., S. 263. Vgl. auch ebd., S. 654: Es geht „um mehrere verschiedenartige Bücher, um deren Kombination unter dem einen Hauptnenner Gegenwart."

193 Ebd., S. 93.

Offenheit verpflichtet – und dort nun hemmungslos der ansonsten von ihm scharf verdammten Kulturkritik frönt.[194] Das hat dann auch degoutante Züge, etwa in den ungeschickten späten Versuchen, eine Erektion zu fotografieren. Rainald Goetz dagegen begegnet dem Literaturbegriff dann, wenn es um sein Privatleben geht, ausnehmend skeptisch, schließt aber in seinem Gesamtwerk an ein emphatisches Literaturverständnis an, das bei unterschiedlich stark ausgeprägter Distanz zur Populärkultur auch Botho Strauß und W. G. Sebald vertreten. Der skeptische Literaturbegriff kommt ins Spiel, wenn für das Internet-Tagebuch *Abfall für Alle* einleitend Verschwiegenheit im Privaten gefordert wird:

> das meiste muß schweigen, sonst gehen riesige Lügen los, Spastereien, im Grunde Literatur
> und das wollen wir ja gerade VERMEIDEN
> hier.[195]

Generell werden die privaten Aufzeichnungen unter das Vorzeichen

> VORSICHT
> Literatur[196]

gestellt.

Der emphatische Literaturbegriff dagegen ist schon nach dem blutigen Auftritt in Klagenfurt von Marcel Reich-Ranicki auf Goetz appliziert worden. Als Juror hat er in seinem positiven Statement vor allem die literarische Qualität des Skandaltextes hervorgehoben. Goetz selbst hat sein enthusiastisches Literaturverständnis durch ein manifestes Werkbegehren signalisiert. So hat er seine Publikationen schon früh zu Bestandteilen eines expandierenden Gesamtwerks deklariert, das inzwischen auf sechs Hauptteile angewachsen ist. Ihr Zusammenhang wird jedem Einzeltext vorangestellt und weist

---

194 Zu den Irritationen, die das in Rutschkys unmittelbarem Umfeld ausgelöst hat, vgl. exemplarisch Jörg Lau: Ein trauriger Optimist. In: Merkur 72 (2018), S. 80–82.

195 Goetz: Abfall für Alle (s. Anm. 66), S. 14.

196 Ebd., S. 15.

ihm seinen Platz an. Die Zusammengehörigkeit unterschiedlicher Texte zu einem der Werkteile wird auch durch eine einheitliche Farbgebung angezeigt (hellgrüne Einbände für Teil II, hellblaue Einbände für Teil IV, hellrote für Teil V, dunkelblaue für Teil VI).[197] In allen Werkphasen finden sich trotz des durchgehaltenen Willens zur formalen und medialen Innovation auch traditionelle Gattungen (Prosa, Drama, Lyrik) und Aufzeichnungen (Materialien, Tagebücher) wieder. Überdies lässt sich im Laufe der Werkentwicklung eine Tendenz zur Ordnung, Verdichtung und formalen Klärung beobachten, deren vorläufigen Höhepunkt der vergleichsweise traditionell erzählte Roman *Johann Holtrop* bildet. Diese Tendenz dürfte Rainald Goetz 2015 auch den Büchner-Preis eingebracht haben.[198]

Ein emphatisches Verständnis von Literatur, das Goetz von Rutschky trennt und ihn trotz seiner Neigung zur Populärkultur mit Strauß und Sebald, aber auch mit Handke verbindet, zeigt sich schließlich auch in der ‚typisch deutschen' Deklaration von Einsamkeit zum wichtigsten Produktions- und Rezeptionsmodus von Literatur. Sie hat eine labile Weltstellung zur Folge, die es in der Digitalisierungsmoderne erlaubt, dem Ungeschick Tür und Tor zu öffnen. Das verstärkt die Möglichkeit, an der Gegenwart zu partizipieren. In *Abfall für Alle* heißt es dazu: „Literatur ist die einzige Art von Kunst, deren innerster Kern […] Stille, Alleinsein, Asozialität ist. Wenn das mal klar ist, kann man im Feld des Sozialen und der Medien trotzdem alles machen."[199] Alles: das bedeutet Pop, Rave und Harald

---

197 Vgl. dazu Christopher Busch: „Blättern Sie halt mal kurz hinein". Rainald Goetz' Roman *Irre* als Buch. In: Christian Benne/Carlos Spoerhase (Hg.): Materialität: Von Blättern und Seiten. Wiesbaden 2019, S. 71–87.

198 Nicht zufällig wurde die Verleihung in eine relativierende Relation zur Gegenwartsorientierung im Werk des Geehrten gebracht: „Die Ehrung ist hochverdient, keine Frage, aber eben doch in gewissem Sinne zu spät: weil der literarische Ansatz, für den Goetz jetzt allerorten gefeiert wird, durch die rasante Medienevolution endgültig obsolet geworden ist. Gegenwartsmitschrift? Dann meld' dich doch bei Twitter an." Richard Kämmerlings: Was soll man empfangen, wenn alle immer senden? In: Welt, 16.7.2015; www.welt.de/kultur/literarischewelt/article144102183/Was-soll-man-empfangen-wenn-alle-immer-senden.html (7.8.2019).

199 Goetz: Abfall für Alle (s. Anm. 66), S. 649.

Schmidt, Luhmann und Dieter Bohlen usw. Ähnlich wie bei den Trivialitätsverächtern Strauß und Sebald und vorgebildet in Figuren wie Thales und Don Quichote erzeugt auch im Fall von Goetz die Inklination der Literatur zur Einsamkeit ein ungeschicktes Alltagsverhalten. Es dient in seinem Fall der Selbstversorgung mit Material für die Fortsetzung des Schreibens und hat seine Ursachen darin, dass der Autor „im Zustand der Schwäche, zwischen den Büchern, in der Sprache, anstatt in der Welt" steht.[200] Zu den Äußerungsformen dieses Alltagsverhaltens gehören Zustände der „Verwirrtheit im Raum der Welt"[201]. Sie können dazu führen, dass dem Betroffenen die Geistesgegenwart fehlt,[202] oder dass er die Orientierung verliert[203] und ins Stolpern gerät.[204]

Für die Stellung dieses in der Stille fundierten, das Ungeschick befördernden Werkprojekts im Ungeschicklichkeitsdiskurs der Gegenwart ist freilich auch seine programmatische Kontingenzoffenheit von Bedeutung. Sie zeigt sich prägnant in dem Theaterstück *Jeff Koons*, wo sie als Bestandteil einer über die Literatur hinausgehenden, essayistischen Poetik des Versuchens und Ausprobierens erscheint. In der Szene *An der Bar* heißt es dazu:

> Es geht um ein Probieren, im Tasten und Verwerfen,
> um Zukunftsakte im Moment der Gegenwart.
> Um etwas also, was wie kommt, wenn wir uns
> so und so nach dahin öffnen.[205]

Gegen Ende, in der Szene *Keller*, wird diese Poetik im Kontext von Gewalt- und Sexfantasien weiter verdichtet:

> Offenheit, Schutzlosigkeit, Präzision
> banal, grandios und alltagsmäßig tragisch trashig
> Bild im Bild, Momente, Melodie.[206]

---

200 Rainald Goetz: loslabern. Bericht Herbst 2008. Frankfurt a. M. 2009, S. 124.
201 Ebd., S. 78.
202 Goetz: Klage (s. Anm. 82), S. 338.
203 Goetz: loslabern (s. Anm. 200), S. 78 f.
204 Ebd., S. 45.
205 Rainald Goetz: Jeff Koons (zuerst 1998). 3. Aufl. Frankfurt a. M. 2015, S. 19.
206 Ebd., S. 142.

Einige Jahre später, im Bericht *loslabern* aus dem Herbst des Krisenjahrs 2008, findet Goetz für seine Poetik dann die Einmalformel vom „ästhetischen Sofortismus".[207] Sie trifft sich mit dem von Karl Heinz Bohrer inspirierten Anliegen der Literaturtheorie Hans Ulrich Gumbrechts[208] und lässt sich auch auf das Werk von Christoph Schlingensief applizieren.

Die Ästhetik des Sofortismus konstituiert eine Ungeschicklichkeitsszene, die das Werk von Rainald Goetz durchgehend bestimmt. Exemplarisch lässt sie sich an einer Passage von *Abfall für Alle* verdeutlichen. Wir sind gewissermaßen live dabei, wenn der Verfasser des Internet-Tagebuchs eine Ungeschicklichkeit begeht, sich dafür entschuldigt und daraufhin plötzlich aggressiv wird:

> entschuldigung –
> als mir Jüngers Siebzig verweht V eben vom Stuhl auf den Boden fiel – zum Buch, zu Jünger, zum Ganzen der Situation, in der ich ungeschickt war – und gleich danach versuchte ich eine Mücke, die mir zwischen Bild der Schrift am Laptopbildschirm und meinen Augen umhertanzte – die erste dieses Jahres – zu ERSCHLAGEN – mit den gedachten oder gesagten Worten: also DAS geht ja nun jetzt zu weit – zwei mal schlug, nicht sah, ob ich sie traf – und dann dachte: was war denn DAS jetzt wieder für ein Anfall? Wieso darf denn diese Mücke hier nicht bißchen vor mir tanzen? Was geht denn da zu weit?[209]

Auf das ungeschickte Alltagsverhalten, das mit der literarischen Existenz korreliert und sie untergründig auch angreift (fallende Bücher, zu Fall gebrachte Vorbilder, der eigene Fall), folgt hier reflexhaft die Übernahme von Verantwortung im Eingeständnis des eigenen Versagens und der eigenen Schwäche. Es richtet sich an die Welt der Literatur (ans Buch, an Ernst Jünger[210]) und an die sie umgebende Welt der Praxis (das Ganze der Situation). Weder

207 Goetz: loslabern (s. Anm. 200), S. 147.

208 Vgl. Karl Heinz Bohrer: Plötzlichkeit. Zum Augenblick des ästhetischen Scheins. Frankfurt a. M. 1981. Die zwischen 1984 und 2004 entstandenen Beiträge Gumbrechts zum Thema liegen inzwischen gesammelt vor; Hans Ulrich Gumbrecht: Präsenz. Hg. von Jürgen Klein. Frankfurt a. M. 2012.

209 Goetz: Abfall für Alle (s. Anm. 66), S. 67 f.

210 Vgl. auch Goetz: Klage (s. Anm. 82), S. 356, wo ein zeitversetztes Alter Ego „meinen alten Freund Jünger" trifft: „Wir gaben uns die Hand."

die Literatur noch die Praxis können freilich antworten und die Entschuldigung annehmen. Der ästhetische Sofortist bleibt daher mit seinem Entlastungswunsch allein. Er sieht sich aber durch sein Schreibprojekt wieder einmal zur Niederschrift eines signifikanten Falls angehalten. Obwohl er sich entschuldigt hat, muss er sein Ungeschick literarisch fixieren – und dadurch nicht nur seine Schwäche, sondern auch seine hilflos-absurde Reaktion darauf vor einem anonymen Publikum einbekennen. Auf dieses doppelte, die Lage nicht entspannende, sondern verschärfende Ungeschick und das eng mit ihm verbundene Leidenmüssen scheint der plötzliche Hassausbruch zu reagieren, der vordergründig eine zwischen selbstleuchtendem Text und seinem Autor tanzende Mücke zu treffen und zu vernichten versucht, sich in Wahrheit aber gegen das eigene Schreibprojekt richtet.[211] Eine passendere Allegorie für die hier thematische Form ungeschickten Schreibens als eine Mücke ließe sich schwerlich finden, denn in ihr verkörpert sich die kunstvoll-chaotische Choreographie der Goetzschen Textgebirge ebenso wie deren gegen den Autor sich wendender Vampirismus. Das wird am Ende literarisch abgemildert, reflexiv eingeholt und ins Offene geführt durch die abschließende Frage: „Was geht denn da zu weit?"

Damit integriert Rainald Goetz in sein doppelt ungeschicktes, da Performanzfehler nutzendes und zugleich erzeugendes Schreibprojekt Schwäche und Schuld, Hass und Gewalt, Denken und Schreiben. Es wird dadurch zutiefst urban. Anders als der letzte Deutsche Botho Strauß und ähnlich wie der ‚Engländer' W. G. Sebald versteht Goetz sein Projekt deshalb nicht primär als Beitrag zur deutschen Literatur und Kultur, sondern zielt dezidiert auf das Rahmenkonzept „europäische Kunst" und über dieses hinaus auf „Weltkunst".[212] Das geht aus der Passage „Hitlers Sekretärin vor dem Globus in der großen Halle des Berghofs" hervor, die das Datum des 21.6.1998 trägt. Die Passage ist etwa in der Mitte von

211 Einige Jahre später heißt es dazu ebd., S. 344: „Der Text war der Spitzel gegen das Ich des Autors." Er bedroht den Autor durch die „Folgen der dauernd gegen ihn laufenden Beobachtung" und „weiß mehr, als für den eigenen Lebensvollzug gut ist".

212 Goetz: Abfall für Alle (s. Anm. 66), S. 420 f.

Abfall für Alle platziert.[213] Sie beginnt, animiert durch den Unmut über verschiedene FAZ-Artikel von Michael Jeismann, mit dem Statement „Deutschland hat Dachschaden". Ähnlich wie Sebald führt Goetz gegen alle Reparaturversuche am ‚deutschen Wesen' das Erschrecken vor, das von dessen Manifestationen bis hinein in die „schönsten Dinge" wie die Gemälde eines „Cranach, Baldung, sogar Dürer" ausgehe. Wer sich das als Deutscher ansehe, müsse zwangsläufig traurig werden und Angst bekommen vor sich selbst, „weil man ja heute weiß, was das politisch beinhaltet hat, diese Weltsicht." Damit ruft Goetz die altbekannte These von der Grobheit, Viereckigkeit und Ungeschicklichkeit der Deutschen auf, die seit dem 18. Jahrhundert, unter anderem von Herder, Schlegel und Fichte, massiv affirmiert worden ist. Die Affirmation bleibt bei Goetz allerdings aus. Auch wird die mögliche Abzweigung in die Melancholie vermieden, die W. G. Sebald favorisiert hatte. Vielmehr weist Goetz als strammer Aufklärer in der Tradition seines Mentors Michael Rutschky darauf hin, dass man „das Sosein des Deutschen" im eigenen Land regelmäßig auch zu bekämpfen versucht und „mit allen Energien immer DAGEGEN gearbeitet" habe. Diesem Kampf gegen den eigenen Hang zur Grobheit verdanke sich die deutsche Literatur.[214] Bücher würden daher auf dem deutschen Buchmarkt als „ARZNEIMITTEL"[215] vorgehalten, die eine „stille Individualimpfung gegen den Brutalismus des stumpfen eigenen Wesens, usw usw" ermöglichten. Über den Stich der Impfspritze bezieht sich die Passage subtil zurück auf die tanzende Mücke, die sich dann, wenn sie sticht, allerdings vom Blut des Autors nährt. Laut Goetz hat vor allem Helmut Kohl um die Gefährlichkeit des deutschen Ungeschicks gewusst und daher mit aller Kraft, selbst um den Preis der „ABSCHAFFUNG DEUTSCHLANDS" willen, die europäische Integration vorangebracht. Eines Tages werde es daher eine

213 Ebd., S. 420. Die folgenden Zitate ebd.

214 Ähnlich bereits: Deutschland. Von Anne Germaine, Baronin von Staël Holstein. Übers. von Friedrich Buchholz u. a. Bd. 1. Reutlingen 1815, S. 53: „Kein Land bedarf so sehr der literarischen Beschåftigung als Deutschland." Das liege an der Abwesenheit von „Grazie" und „Lebhaftigkeit" unter den Deutschen; ebd. Vgl. dazu auch oben, S. 322–324.

215 Goetz: Abfall für Alle (s. Anm. 66), S. 420. Die folgenden Zitate ebd.

„europäische Kunst“ und „irgendwann, noch viel später, wird es eine Weltkunst geben.“[216] Das sei ihm klar geworden, als er vor einem Techno-Club in Japan auf einer Treppe saß und plötzlich erkannte, „wie toll das wird“ wenn die Menschheit „der eine Mischmasch sein wird, auf den das schon immer hinsteuert, alles“.[217] Hier wird die globale Dimension im Ungeschicklichkeitsdiskurs von Rainald Goetz greifbar, die sein literarisches Projekt in den Rahmen von Weltkunst einmünden lässt.

Die Utopie der Weltkunst hat Rainald Goetz in der Figur und den Arbeiten des Amerikaners Jeff Koons realisiert gesehen. Er lässt ihn in romantischer Tradition als freies, aber ungeschicktes Kind auftreten. Man kann ihn im Alltag sofort erkennen,[218] denn dort ist er „real zu infantil, um völlig simple Dinge hinzukriegen.“[219] Im Umgang mit seinem kleinen Sohn macht der erfolgreiche Künstler nicht nur „einen kleinen Fehler“, indem er „das Kind als Kapital“ ansieht, sondern für sein Verhalten gilt generell: „er macht ganz viele Fehler übrigens“.[220] Auch wenn er über sich selbst reden soll fühlt er sich „wirr, vielleicht ein bißchen wirr / ja wirr / genau, sehr wirr“.[221] Um mit seiner Infantilität zurechtzukommen, macht er sie zum Ausgangspunkt und Gegenstand seiner Werke: „er plant den von ihm selber sogenannten Kindkomplex.“[222] Doch auch bei der Umsetzung dieser Werke verhält er sich ungeschickt und begeht Fehler:

> Der Künstler sucht und findet nichts, er spürt den vorigen Gedanken wieder, es ist ein Unsinn alles, was ich mache, Fehler, was hier vorgeht, Quatsch, kaputt, vorbei. So geht das nicht, so wird das nichts,

216 Ebd., S. 420 f.

217 Ebd., S. 421.

218 Goetz: Jeff Koons (s. Anm. 205), S. 67: „Der ist bestimmt ein Künstler, / sowas sehe ich, ich seh das gleich, / daß das ein Künstler ist, / das sieht man denen an, / ich sehe sowas, echt. / Ein Künstler, Gott, / du liebe Güte, Künstler. / Was muß das nur / für ein Leben sein?“

219 Ebd., S. 79.

220 Ebd., S. 86.

221 Ebd., S. 81.

222 Ebd., S. 79.

> der Zweifel wird Verzweiflung, Verzweiflung wird Wut, aus Wut wird Müdigkeit, Erschöpfung, Haß. Das wars.[223]

Das erinnert an die Qualen der ästhetischen Produktion, die Sebald an Flaubert und der Figur Jacques Austerlitz, aber auch am Bild des Webers in seinem Webstuhl verdeutlicht hat, und es erinnert an den Umschlag von der Wahrnehmung des eigenen Ungeschicks in den Gewaltausbruch gegen die tanzende Mücke, den Goetz in *Abfall für Alle* festhält. Wenn die Werke des infantilen Weltkünstlers aber gelingen, integrieren sie ihr Gegenteil und lassen in romantischer Tradition „Nichtkunst, Alltag, Unauffälligkeit, ganz leicht" als ästhetisch unerreichbare „Horizontideen" aufscheinen.[224] Auf der Produktionsebene geht es daher um ein dynamisches, am Maßstab des Werkganzen auszurichtendes Passungsverhältnis zwischen Perfektion und Imperfektion, Gelingen und Misslingen, Geschick und Ungeschick:

> es geht um Fehler
> Perfektion
> zu glatt
> zu wenig rauh
> zu wenig wild und
> viel zu wenig viel zu viel.[225]

Der Weltkünstler erarbeitet sich damit eine Position „am Rand vielleicht, / vielleicht auch in der Mitte, ganz egal. / Der Witz ist, seine Position ist völlig frei."[226] Kreative Freiheit als gelingende Darstellung von Fehlerhaftigkeit im Ganzen der Welt – das ist die Utopie der Kunst, auf die hin sich Rainald Goetz aus dem deutschen Ungeschick herausschreibt.

---

223 Ebd., S. 84.
224 Ebd., S. 93.
225 Ebd., S. 102.
226 Ebd., S. 117. Vgl. aus der Perspektive der Literatur Goetz: Abfall für Alle (s. Anm. 66), S. 188, zum Umgang mit Unbeholfenheiten im eigenen Text, von denen einige getilgt werden müssten, andere dagegen nicht.

Bei sich sein

Am 26. August 1998 hat Rainald Goetz an Christoph Schlingensief geschrieben. Er antwortete damit auf Schlingensiefs Bitte um Unterstützung für die Partei *Chance 2000*.[227] Sie war am 13. März 1998 in einem Wiener Zirkuszelt gegründet worden. Unter dem Slogan „Scheitern als Chance" verband sie ästhetische mit politischen Optionen und forderte die Wiedereinsetzung des Volkes, unter dem jede einzelne Person verstanden wurde, als Souverän des Staates. Man könnte im Rückblick sowohl hinsichtlich der Klientel als auch bezogen auf die Erfolge[228] von einer Partei der Ungeschickten sprechen. Unter anderem warb sie mit dem Slogan: „Macht Fehler. Du weiß schon wie das geht."[229] Schlingensief hatte Goetz für die Partei zu gewinnen versucht, indem er auf die Bereitschaft von Klaus Theweleit und Elfriede Jelinek zur Mitwirkung hingewiesen hatte. In seinem Antwortbrief führte Rainald Goetz seinen „Promi-Horror" ins Feld und seine „fixe Idee", wonach als „limitierende Größe" (wohl für seine Bereitschaft zur Mitwirkung) „die Aufnahme und vernünftige Einbeziehung FREMDEN Outputs" anzusetzen sei.[230] Es liest sich wie eine Antwort darauf, wenn Christoph Schlingensief am 19.9.2001 auf den *Berliner Seiten* der *FAZ* festhielt: „Goetz leidet unter ständigem Leidenmüssen."[231] Aus seinen autobiographischen Aufzeichnungen *Ich weiß, ich war's*, die Aino Laberenz zwei Jahre nach dem Tod Christoph Schlingensiefs herausgegeben hat, geht hervor, dass dieser unter seinem Leidenmüssen nicht gelitten zu haben scheint. Den rohen, literarisch anspruchslosen Aufzeichnungen ist

227 Ebd., S. 551. Zu Parallelen und Differenzen zwischen Rainald Goetz und Christoph Schlingensief vgl. Holm Friebe: Gott ist ein Türsteher. In: jungle.world/index.php/artikel/2000/03/gott-ist-ein-tuersteherJungle World (27.8.2019), sowie Christoph Hägele: Politische Subjekt- und Machtbegriffe in den Werken von Rainald Goetz und Thomas Meinecke. Innsbruck 2010, S. 207–209.

228 Bei der Bundestagswahl 1998 erreichte die Partei 0,007 % der Erst- und 0,058 % der Zweitstimmen.

229 Vgl. www.medienkunstnetz.de/werke/chance-2000/bilder/3/ (13.5.2020).

230 Goetz: Abfall für Alle (s. Anm. 66), S. 551.

231 Christoph Schlingensief: Intensivstation. In: Frankfurter Allgemeine Zeitung, 19.1.2001, S. BS3.

darüber hinaus zu entnehmen, dass Schlingensief deutlich radikaler und offener mit Fremdmaterial umgegangen ist, als der in dieser Hinsicht auch nicht gerade zurückhaltende Rainald Goetz.

Schlingensiefs autobiographische Skizzen gehören zu den Formen ästhetischer Selbstreferenz, die spätestens seit Andy Warhol das Werk erfolgreicher moderner Künstler umgeben. Sie erlauben es dem Produzenten, zum Theoretiker der eigenen Kunst zu werden. Zugleich dienen sie der eigenen Selbstvermarktung. Insofern gehören Schlingensiefs Aufzeichnungen zu den zahlreichen Epitexten, mit denen er sein Werk angereichert hat. Sie steigern dessen Resonanz – ähnlich wie die Merchandiseprodukte Damien Hirsts. Das erlaubt es abschließend, den Ungeschicklichkeitsdiskurs aus dem Feld der Literatur in das breitere Feld der Werkpolitik und der Ästhetik hineinzuführen. Dort wird die poetische Ungeschicklichkeit zum Operator einer Poetik des Widerspruchs. Sie ist auf Fremdmaterial immer schon angewiesen. Schlingensief berichtet, dass er schon als Zehn- oder Elfjähriger seine stummen Filme auf den Bildschirm des heimischen Fernsehers projiziert hatte, um sie mit einer Tonspur auszustatten. Während der Ton des Fernsehers eingeschaltet blieb, wurde das Fernsehbild ausgeschaltet. Die zufällige Synchronität, die dabei trotz der gezielt herbeigeführten Achronität bisweilen entstand, habe ihm verdeutlicht, „wie Fremdmaterial eine neue Ebene hineinbringt und das eigene Material neu belichtet."[232] Zugleich war das Phänomen nicht zu wiederholen, „es war ein Zufallsgenerator"[233], der den Bildern nur momentan und transitorisch eine neue, eigene Autonomie verlieh. Widersprechendes verknüpfen, Konflikte herbeiführen und die Verwirrung kreativ nutzen, das Ungeschick nicht vermeiden, sondern sich ihm gezielt aussetzen und es fallweise zur immer auch politisch wirksamen Kunst erklären – das war das radikale ästhetische Programm von Christoph Schlingensief. Es verbindet ihn nicht nur mit Rainald Goetz, der in *Jeff Koons* den Eröffnungsredner einer Ausstellung am Ende „auf die Kunst" und „die Vielfalt der von ihr erlebten Widersprüche" das Glas

232 Christoph Schlingensief: Ich weiß, ich war's. Hg. von Aino Laberenz. Köln 2012, S. 203.

233 Ebd.

erheben lässt,[234] sondern auch mit dem antiästhetischen Theaterkonzept Peter Zadeks, der in seiner Autobiographie festgehalten hatte: „Mich interessieren auch heute keine ästhetischen Konzepte, sondern die Widersprüche in den Menschen, in den Figuren. Die Widersprüche im Leben. Das Leben ist eben nie Eins-zu-Eins. Es besteht für mich nur aus Widersprüchen. Und das will ich immer zeigen."[235] In einem Interview mit Thomas David vom 17. Juli 2010, wenige Wochen vor seinem Tod, hat Christoph Schlingensief das literarische Konzept von Rainald Goetz und das postdramatische Programm Zadeks weit über die Grenzen der Literatur und des Theaters hinaus ins Politische ausgeweitet und gefordert: „Ich will, dass wir uns zu unserer Widersprüchlichkeit bekennen. Ich verlange einfach, dass der Mensch aufhört zu tun, als wisse er, wer er ist. Wir wissen nicht, wer wir sind, weil niemand von uns analysiert, was wir ursprünglich einmal wollten."[236] Die autobiographischen Aufzeichnungen *Ich weiß, ich war's* versuchen sich an einer solchen Analyse. Sie führen damit in die Poetik ein, die dem hochgradig irritierenden und transitorischen, auf den Moment berechneten Werk Christoph Schlingensiefs zugrunde liegt. Indem die Aufzeichnungen seine vielfach ungeschickten und oft auch peinlichen Aktionen motivieren, wollen sie dafür sorgen, dass ihr abgestürzter Urheber am Ende „nicht nur als blöder Unfall" aus seinen Höhenflügen „herunterknallen"[237] und „nicht als Depp gehen"[238] muss. Das rückt sie formgeschichtlich in die Nähe der Bekenntnisse und der Beichte, die Schlingensief ähnlich wie im Pietismus coram publico ablegt. Sichtbar wird dabei auch eine zeitgemäße Poetik der Ungeschicklichkeit, die Schlingensief unter anderem mit Helge

234 Goetz: Jeff Koons (s. Anm. 205), S. 121.

235 Peter Zadek: My Way. Eine Autobiographie. 1926–1969 (zuerst 1998). Köln 2004, S. 392. Schlingensief zitiert Zadeks Forderung nach einem authentischen Theater, grenzt sich aber auch von ihm ab; Schlingensief: Ich weiß, ich war's (s. Anm. 232), S. 122.

236 Ebd., S. 125.

237 Ebd., S. 225.

238 Ebd., S. 272.

Schneider teilt[239] und von der noch nicht entschieden werden kann, ob sie die Globalisierungsmoderne lediglich ein weiteres oder gar letztes Mal radikalisiert, oder einen Neuanfang darstellt.

Zu den Voraussetzungen dieser Poetik gehört eine neue, andere Fehlerkultur. Ihre angebliche Urszene findet sie nicht zufällig im Medium des Films und im Jahr 1968. Ein versehentlich doppelt belichteter Ferienfilm habe bei dem Achtjährigen eine „Revolution der Irritation" ausgelöst.[240] Plötzlich sei ihm klargeworden, dass der Ausführungsfehler eine Wahrheit allererst sichtbar gemacht habe, die ohne ihn hätte unentdeckt bleiben müssen:

> Was ist, wenn das gar kein Fehler war? Wenn wir in Wahrheit alle doppelt, dreifach, vierfach belichtet werden? Wenn das Leben der Hauptdarsteller ist, der unsere Pläne ständig durchkreuzt, der unsere Ideen, wie unser Leben sein müsste, permanent hintertreibt? Und wir alle wahnsinnig damit beschäftigt sind, diese Mehrfachbelichtungen und Überblendungen zu ignorieren bzw. zu bekämpfen, statt sie produktiv zu nutzen?[241]

Die Fragenkette löst den Fehler aus seinen Verankerungen, die ihn für unzulässig erklären, und macht ihn disponibel. Sobald man ihm probeweise einen Wahrheitswert zugesprochen und ihn dadurch ästhetisch legitimiert hat, kann man ihn akzeptieren, aus ihm lernen und sogar das eigene Verhalten an ihm ausrichten. Umgekehrt werden dann alle Versuche, Fehler zu bekämpfen oder zu kaschieren, zum absurden und verknöcherten Slapstick.[242] Sie aktivieren lediglich die Eskalationslogik des Ungeschicks. Nicht wer Erfolg hatte, sondern nur wer gescheitert ist, verfügt wirklich über Erkenntnisse: „Diese Leute wissen, wie es sich anfühlt, wenn eine Katastrophe eintritt, weil sie selbst mittendrin stecken."[243] Es liegt dann nahe, Performanzfehler gerade nicht zu vermeiden, sondern

239 „Man muss die Plattform der Sicherheit verlassen, runterspringen ins Nichts. Ich akzeptiere auch, unsicher zu sein, ich arbeite in der Gefahr." Zit. nach Kemper: Helge Schneider (s. Anm. 91), S. 97.

240 Schlingensief: Ich weiß, ich war's (s. Anm. 232), S. 44.

241 Ebd., S. 44 f.

242 Vgl. ebd., S. 274.

243 Ebd., S. 58.

sie gezielt zu begehen. Das ist für eine Ästhetik des Widerspruchs sogar geboten, „weil die Unwägbarkeit des Lebens eben auch die Qualität des Lebens ist."[244]

Die neue Fehlerkultur verändert grundlegend und nachhaltig das Verhältnis von Kunst und Leben, Ethik und Ästhetik. Im Sinne der Romantik wird daraus ein Resonanzverhältnis. Beide Seiten, die der Kunst und die des Lebens, werden eng aufeinander bezogen und immer wieder auch unauflösbar miteinander vermengt.[245] Zum Einsatz komme dabei, so Christoph Schlingensief, sein „romantischer Quirl", mit dem er immer aufs Neue die Urszene der Überblendungseffekte zu wiederholen versucht habe.[246] Entsprechend habe er die „Schnittstellen zwischen Realität und Fiktion, zwischen Leben und Kunst", gezielt manipuliert und auf diese Weise „Kippmomente" herbeigeführt, in denen er eine fiktive Situation für real oder eine reale für fiktiv gehalten habe.[247] Im Zuge dieser Überblendungen werden gezielt Konventionen verletzt und Geschmacksgrenzen überschritten, die Ungeschicklichkeiten also ins Gebiet der Schicklichkeitsregeln und Schamgrenzen vorangetrieben. In einem Interview mit Robert Buchschwenter, das im Kontext seines Wiener Container-Projektes entstanden ist, hat Schlingensief daher am 13.6.2000 statuiert: „Ich bin alles, was mit Peinlichkeit zu tun hat."[248] Weiter noch geht er mit der Forderung, die Hochkultur durch die Beteiligung von Akteuren, „die damit eigentlich nichts zu tun haben", zu sprengen[249] und auch im öffentlichen Leben immer wieder dem Impuls nachzugeben, „Harmonie zu zerstören"[250]. Das sei ein zentrales Kennzeichen moderner Kunst, die seit André

244 Ebd., S. 252.

245 Vgl. dazu zuletzt Sarah Ralfs: Theatralität der Existenz. Ethik und Ästhetik bei Christoph Schlingensief. Bielefeld 2019, S. 10, die von einer „existentiellen Verschränkung von Kunst und Leben im Werk Christoph Schlingensiefs" ausgeht.

246 Schlingensief: Ich weiß, ich war's (s. Anm. 232), S. 165. Vgl. auch ebd., S. 104: „Ich bin ja auch extrem pathetisch, ich bin hochromantisch".

247 Ebd., S. 99.

248 Ebd., S. 104. Vgl. dazu auch die Ausführungen von Greiner: Schamverlust (s. Anm. 100) und Dahl: Cringeworthy (s. Anm. 52).

249 Schlingensief: Ich weiß, ich war's (s. Anm. 232), S. 166.

250 Ebd., S. 202.

Breton, Marcel Duchamp und Joseph Beuys eine „zutiefst böse und aggressive Veranstaltung" sei.[251] Der ungeschickte Künstler als *Agent Provocateur.*

Der Auftritt dieses Provokateurs stürzt freilich nicht nur regelmäßig das Publikum, sondern auch ihn selbst in „Totalverwirrung"[252]. Ebenso wenig wie alle anderen habe er gewusst, „was gerade los ist, auf welcher Seite der Grenzlinie ich mich gerade befinde."[253] Die Poetik des Ungeschicks stärkt insofern nicht nur die Position derer, die sich ihr verpflichtet fühlen, sondern schwächt sie auch. Sie wird mit einem Maximum an Unruhe erkauft, das sich nur schwer ertragen lässt.[254] Derjenige, der sich ihr handelnd verschreibt, wird dadurch überfordert und in die Isolation getrieben. Das hat Christoph Schlingensief in seinem letzten Filmprojekt darzustellen und mit seiner schweren Krebserkrankung zu verknüpfen versucht.[255] Damit rückt er in die Nähe der Abstürze in Einsamkeitserfahrungen, von denen Botho Strauß, W. G. Sebald und Rainald Goetz sprechen. Mit unterschiedlichen Akzentuierungen bedienen sie den deutschen Topos des ungeschickten Sonderlings und Außenseiters und schreiben ihn weiter.[256]

Hervorgebracht wird dieser Außenseiter durch das Milieu, in dem er aufwächst. Es ist das Milieu der westdeutschen Nachkriegsgesellschaft und das der wiedervereinigten Republik nach 1989. Insofern geht es bei Schlingensief explizit um die nationale Dimension der Ungeschicklichkeit. Im Jahr der deutschen Wiedervereinigung brachte er etwa einen neuen Film heraus, der an den Geburtstag Adolf Hitlers im Jahr 1889 erinnern sollte: *100 Jahre Adolf Hitler – Die letzte*

251 Ebd., S. 227.

252 Ebd., S. 99.

253 Ebd.

254 Ebd., S. 251.

255 Über die Albträume des Protagonisten heißt es: „alle sind plötzlich verschwunden, weil er Fehler gemacht hat, weil er zu schwach war, weil sie mit seiner vernichteten Physis nichts zu tun haben wollen, weil sie Egoisten sind, die keine Mühen gebrauchen können"; ebd., S. 277.

256 Vgl. dazu auch die Überlegungen zu Benjamin von Stuckrad-Barre bei Nicolas von Passavant: Nachromantische Exzentrik. Literarische Konfigurationen des Gewöhnlichen. Göttingen 2019, S. 275–287.

Stunde im Führerbunker. Der Regisseur versuchte sich damit nach eigener Aussage, an den „Unheilswahn des Faschismus heranzuwagen, möglichst nahe, denn man kann doch nur etwas vertreiben, was man auch ungeschützt und ungesichert an sich ranlässt."[257] Der Film sollte angesichts von Übergriffen auf Asylbewerber und einer neu erstarkenden rechten Szene[258] „die Führergespenster, den Dreck in uns selbst" zum Thema machen – und damit auch ein wesentliches Moment des deutschen Ungeschicks. Dazu rechnet Schlingensief vor allem die defätistisch-kulturkritischen Züge der westdeutschen Nachkriegskultur. Er verachte vor allem „diesen deutschen Ton", der jeweils schon vorher zu wissen glaube, „das alles sowieso nicht geht".[259] Im Namen seiner Fehlerpoetik wendet er sich gegen den Hang, „alles ohne genaue Informationen schon im Vorfeld als falsch einzustufen."[260] In Deutschland würden vor allem die Impulse des Einzelnen, der „aus sich selbst heraus etwas zu kreieren" versuche,[261] „immer wieder in ein Betonkleid gepackt, weil es ja sonst angeblich nicht weitergeht, weil sonst keine Ordnung reinkommt in das Ganze."[262] Das hat Folgen für die Gesellschaft. Im Mai 2010 hat Schlingensief bei einem Bühnenauftritt in der Kulturfabrik Kampnagel die Deutschen als „Gesellschaft der Selbstgeschädigten und Selbstbeschädigten" bezeichnet, die aufgrund ihrer Schädigungen „für nichts die Verantwortung übernehmen" könnten.[263] Dagegen stellt er programmatisch den Titel seiner Aufzeichnungen, in dem er sich mit seinem Leben identifiziert und dafür auch die Verantwortung übernimmt: *Ich weiß, ich war's*.

---

257 Schlingensief: Ich weiß, ich war's (s. Anm. 232), S. 228 f.

258 Zwischen 1900 und 2000 haben Rechtsextremisten in Deutschland mehr als einhundert Ausländer ermordet; Herbert: Geschichte Deutschlands im 20. Jahrhundert (s. Anm. 2), S. 1177.

259 Schlingensief: Ich weiß, ich war's (s. Anm. 232), S. 256.

260 Ebd., S. 256 f. Vgl. auch ebd., S. 93: „So viel wird bei uns von vornherein totgemacht!"

261 Ebd., S. 177.

262 Ebd., S. 177 f.

263 Ebd., S. 264. Im Kontrast verstärkt das die Bedeutung, die Navid Kermani dem radikal ungeschickten Kniefall Willy Brandts in Warschau zugeschrieben hat; vgl. oben, S. 682.

Das ungeschickte, in sich widersprüchliche Subjekt, das für seine Handlungen auch einzustehen bereit ist, weiß sich durch ästhetisch-anthropologische, latent theologisch aufgeladene Theoreme legitimiert. Dazu gehört eine Mitteilungs- und Darstellungsmaxime, wonach „der Mensch sich doch ausdrücken“ will,[264] sowie die These vom grundsätzlich „unscharfe[n] Wesen der Seele“.[265] Letztere berührt sich latent mit den Thesen von Nietzsche, Keyserling und Kahler zur Unklarheit und Unfertigkeit des deutschen Charakters und geht auf das anthropologische Axiom vom Menschen als Mängelwesen zurück, das auch Botho Strauß einsetzt. Die theologische Dimension dieser Anthropologie wird deutlich, wenn Schlingensief vom „Leid-Wesen“ spricht, „das im Menschen noch drinsteckt“.[266] Mit diesem Begriff, mit dessen Hilfe er in der FAZ noch gegen Rainald Goetz und sein ‚Leidenmüssen‘ polemisiert hatte, wird der christliche Passionsgedanke aufgenommen, der in der Sündentheologie Augustinus' und Luthers radikalisiert worden ist. Schlingensief versucht sogar, die protestantische Sündentheologie und die darauf beruhende Anthropologie in den eher auf Thomas von Aquin und seiner These von der Güte der Natur[267] beruhenden Katholizismus seiner Herkunftswelt zu integrieren. Dazu heißt es, teilweise unter Berufung auf Alexander Kluge:

> Wenn der Papst dazu stehen würde und sagen würde: Die besten Projekte sind die unscharfen Projekte, der Mensch ist ein unscharfer Organismus, dann hätte man eine sensationelle Religionsmöglichkeit, glaube ich. Wir brauchen wieder Unschärfe in den Religionen, die sie ja eigentlich auch haben. Unter dem Rock unseres Gottes zum

---

264 Schlingensief: Ich weiß, ich war's (s. Anm. 232), S. 177. Nach Friedrich Schlegel ist der Satz *„das ich soll mitgeteilt werden“* das „Fundament und Objekt der Politik“; Friedrich Schlegel: Versuch über den Republikanismus veranlaßt durch die Kantische Schrift zum ewigen Frieden (zuerst 1796). In: Kritische Friedrich-Schlegel-Ausgabe. Hg. v. Ernst Behler u. a. Bd. 7. Paderborn u. a. 1966, S. 11–25, hier S. 15.

265 Schlingensief: Ich weiß, ich war's (s. Anm. 232), S. 177.

266 Ebd., S. 243.

267 Mit Dank für den Hinweis an Mechthild Dreyer.

> Beispiel findet man hundert andere Götter, hat Alexander Kluge mir mal erklärt."[268]

Die Einsicht in die Unschärfe und Ungeschicklichkeit des leidenden Menschen führt allerdings nicht dazu, Fehlverhalten zu entschuldigen. Sie steigert vielmehr den Wahrheitsanspruch und den ethischen Rigorismus der auf ihr beruhenden Projekte und Handlungen. Das geht erneut aus dem letzten Filmprojekt von Christoph Schlingensief hervor. Es sollte einen schwer erkrankten Regisseur vorführen, der „die Leute" liebt, der sie aber auch „in all ihren Schwächen, Fehlern und Eitelkeiten durchschaut".[269] Unverblümt sagt ihnen der Todkranke schließlich auch, was er von ihnen denkt und er sagt es ihnen „genau und beharrlich ins Gesicht", weil er „nicht mehr die Zeit hat, sich anzuschauen, wie sie schon wieder den gleichen Fehler wiederholen."[270] Die Einsicht in die eigene Fehlbarkeit schärft den Blick für die der anderen. Das rückt den Regisseur, der unschwer als filmisches Pendant Schlingensiefs zu erkennen ist, in Jesusnähe. Hergestellt wird diese Nähe durch die zehnte der insgesamt 23 projektierten Szenen, mit denen die autobiographischen Aufzeichnungen enden. Die Szene sollte offenbar den Regisseur im Gespräch mit Jesus zeigen. Sie lautet: „Danke Jesus! Bedank dich bitte nicht für das, was nicht funktioniert hat!"[271] Der kleine und durchaus paradoxe Dialog beginnt mit einem Gebet en miniature, mit dem der Regisseur sich bei Jesus für sein Leben bedankt. Jesus will den Dank aber nicht – wie üblich – auf das bezogen wissen, was im Leben des Regisseurs gelungen ist, sondern nur auf dasjenige, was in ihm schiefging. Sämtliche Ausführungsfehler, jedes Misslingen und jedes Scheitern werden dadurch religiös gerechtfertigt. Sie reizen nach alter, dem ehemaligen Messdiener Schlingensief vertrauter Lehre das Leid-Wesen Mensch dazu an, Gutes zu tun. In der Sache ähnlich, allerdings nicht religiös motiviert, sondern eher in

268 Schlingensief: Ich weiß, ich war's (s. Anm. 232), S. 243 f.

269 Ebd., S. 276.

270 Ebd.

271 Ebd., S. 279.

der Traditionslinie der Anthropologie, hat es der mit Schlingensief befreundete Helge Schneider gesehen.[272] Auf die Frage „Welche Fehler entschuldigen Sie am ehesten?" hat er ebenso falsch wie richtig die Antwort „Fehler" gegeben.[273] Das kann auch heißen, dass die Frage falsch gestellt ist.

Mit seinen eigenen „unscharfen" Projekten,[274] vor allem mit seinem afrikanischen Operndorf, wollte Schlingensief dabei sein, „wenn die Seele sich entfalten darf, in ihrer Unschärfe akzeptiert wird und dabei Kräfte mobilisiert, vielleicht auch neue Währungen erfindet, die wir hier doch so dringend benötigen."[275] Dabei sind immer auch Fehler zugelassen. Die Informalisierungswelle der Gegenwart wird dergestalt zum Ausgangspunkt einer neuen Ästhetik der radikalen Offenheit und der Authentizität. Resümierend heißt es dazu am 26.5.2009 in einem Kommentar: „Ich habe meine Projekte immer aus der Offenheit begangen, dass es auch falsch sein kann, was da gemacht wird."[276] Alles komme darauf an, grundlos aus Freiheit zu handeln.[277] Man muss dafür „die Kontrollmechanismen

---

272 Zum ersten Auftritt von Helge Schneider, den Schlingensief über Werner Nekes kennengelernt hat, vgl. ebd., S. 219. Zur Kollaboration von Helge Schneider und Christoph Schlingensief anlässlich der Filme *Menu Total* (1986), *Stangenfieber, Johnny Flash* (beide 1987), *Mutters Maske* (1988) und *Jagd auf Nihil Baxter* (1994) vgl. Kemper: Helge Schneider (s. Anm. 91), S. 82–84 und S. 87 f.

273 Vgl. ebd., S. 68.

274 Schlingensief: Ich weiß, ich war's (s. Anm. 232), S. 243.

275 Ebd., S. 178.

276 Vgl. ebd., S. 93. Vgl. auch ebd., S. 57, wo es in biographischer Perspektive über eine schutzlose Öffnung der Partnerin gegenüber heißt: „Und dieser Moment ist das Tollste – weil man nicht aus Kausalzusammenhängen handelt, weil man nicht wissen will, was dabei herauskommt, wo der Effekt ist." Verallgemeinert ebd., S. 93: „Es ist so wichtig, dass wir dahinkommen, offen zu sein, einfach zu sagen, ja, mach doch, ich freu mich, das ist super, leg doch los und schick mir das mal."

277 Im Parteipapier „Ihre Chance 2000" hieß es im März 1998: „Freiheit ist, grundlos etwas zu tun, das kann gut oder böse sein. Wir haben uns diesmal für das Gute entschieden." Zur „Politik der Freiheit" bei Helge Schneider vgl. Kemper: Helge Schneider (s. Anm. 91), S. 96.

verlieren, sich in einen fließenden rauschartigen Zustand versetzen. Eben authentisch werden. Bei sich sein."[278]

Damit ist im Kern ein instabiles Programm umrissen, das unter den zahlreichen Modernisierungsverlierern um die Jahrtausendwende (unter Einschluss der eigenen Weltposition) nach Alternativen zur Globalisierungsmoderne sucht. Die theologisch fundierte Poetik der Ungeschicklichkeit „lebt von der Unsicherheit, ob das jetzt Kunst oder Leben, Inszenierung oder Wahrheit ist."[279] Sie manifestiert sich daher auch in Werken, die „ganz bewusst mit Mehrfachbelichtungen und Anschlussfehlern arbeiten".[280] Durch die Aufnahme von Fremdmaterial werden sie mehrschichtig, fluide, projektförmig und nähern sich dem Ereignischarakter von Installationen. Das zeigt sich etwa in der Gründung der Partei *Chance 2000*, in der Wiener Container-Aktion *Bitte liebt Österreich* aus dem Jahr 2000, der Zürcher *Hamlet*-Inszenierung von 2001, der Bayreuther *Parzifal*-Inszenierung von 2004 und den Bemühungen um das *Operndorf Afrika* seit 2008.[281] Diskontinuitäten, Fehler und Brüche sind in diesen Projekten ausdrücklich zugelassen. Sie führen vor was es heißt, Ungeschicklichkeit produktiv zu nutzen.[282] Indem die Projekte Schlingensiefs, zu denen auch Epitexte wie die hier herangezogenen autobiographischen Aufzeichnungen oder das 2009 publizierte Krebstagebuch *So schön wie hier kanns im Himmel gar nicht sein!* gehören, in romantischer Tradition zwischen Kunst und Leben nicht scharf unterscheiden, beanspruchen sie eine neue Form der „Autonomie, die durch den Zufall entsteht".[283] Die Kunst kann sich gegenüber der Gesellschaft dann nicht mehr verselbstständigen, sondern bleibt derartig in sie verwoben, dass der Gesellschaftskörper selbst fallweise zur Kunst wird. Schlingensief greift

278 Schlingensief: Ich weiß, ich war's (s. Anm. 232), S. 122 f.

279 Ebd., S. 99.

280 Ebd., S. 217.

281 Ausführlicher dazu Ralfs: Theatralität der Existenz (s. Anm. 245), S. 15–24.

282 Vgl. Schlingensief: Ich weiß, ich war's (s. Anm. 232), S. 44 f. und S. 116.

283 Ebd., S. 203.

Abb. 18
Workshop Taumeln, Stolpern, Fallen, 2018

damit auf Konzepte der politischen Romantik[284] und besonders auf den Gedanken der sozialen Plastik zurück, den er von Joseph Beuys übernimmt, ihn dabei aber radikalisiert und egalisiert:[285]

> Die Beuys'sche Idee einer sozialen Plastik fand ich ja schon immer toll. Der Gedanke zündete vielleicht deshalb nicht, weil man immer dachte, man muss das Ding erst bauen. Aber für mich ist inzwischen klar, die soziale Plastik ist schon da [...] – es geht nur darum, sie sichtbar zu machen.[286]

---

284 Ethel Matala de Mazza: Der verfasste Körper. Zum Projekt einer organischen Gemeinschaft in der Politischen Romantik. Freiburg i. Br. 1999.

285 Vgl. dazu Helen Roth: Christoph Schlingensief. Vom Provokateur zum Erbauer einer sozialen Plastik. Würzburg 2018.

286 Schlingensief: Ich weiß, ich war's (s. Anm. 232), S. 175.

Das Stilregister der Ungeschicklichkeit, so lässt sich das zuspitzen, verhilft der sozialen Plastik zur Sichtbarkeit. Es lenkt die Aufmerksamkeit auf das permanent mitlaufende Taumeln, Stolpern und Fallen, das im Funktionalitätsfuror der Globalisierungsmoderne unsichtbar zu werden droht. Dem arbeitet seit einiger Zeit die akademische Forschung entgegen.[287] Sie hat triftige Argumente für die Annahme erbracht, dass Literatur und Kunst als Katalysatoren wirken, die scheinbare Fehler in ästhetische Objekte oder Ereignisse transformieren und uns die Chance geben, im Moment des Absturzes auszurufen: „Kunstaktion!"[288]

---

287 So wurde etwa im Februar 2018 an der Johannes Gutenberg-Universität Mainz mit Unterstützung des Gutenberg Forschungskollegs und des Schwerpunkts Historische Kulturwissenschaften ein interdisziplinär besetzter Workshop über *Figuren des Defizitären* durchgeführt.

288 Schlingensief: Ich weiß, ich war's (s. Anm. 232), S. 225.

ZEHNTER TEIL

… usw. – Kurzer Schluss

I

Ferner liefen

And it's alright now
Nick Cave

Peter Handke hat auch in seiner jüngsten Erzählung das Ungeschick thematisiert. Darin geht es um einen Rächer, der einen Mord begehen will. Allerdings hat er schon als Kind seine Racheabsicht nicht umsetzen können. Sein Versuch, so gesteht er, war eine „bloße Nachahmung, und ungeschickter nicht möglich"[1]. Am Ende von Handkes Erzählung ist die Rache literarisch transformiert und ihre Gewalt gebrochen. Das Beispiel belegt, dass sich die Literatur auch weiterhin mit dem Ungeschick auseinandersetzt. Auf der Gegenstandsebene geht die Fallgeschichte der deutschen Literatur am Leitfaden des Ungeschicks also ungebremst weiter. Ans Ende gekommen ist dagegen nun ihre Phänomenologie. Auf sie ist zurückzublicken. Angelegt war sie als Untersuchung der Verarbeitung des Ungeschicks in der deutschsprachigen Literatur. An literarischen Texten vom 16. Jahrhundert bis zur Gegenwart wurde das Zusammenwirken kultureller Muster mit einer von Ausführungsfehlern durchzogenen und auf diese Fehler reagierenden kulturellen Praxis analysiert. Dabei sind signifikante Verschiebungen und Neueinsätze festgestellt worden, die im zweiten Abschnitt des Schlussteils zusammengefasst werden. Dem Anspruch nach ist dabei eine ‚andere' Geschichte der deutschen Literatur entstanden, die von Eskalationslogiken und ihrer ästhetischen Brechung und Bewältigung handelt. Sie öffnet sich der Kulturgeschichte, segelt dabei aber so dicht wie möglich am Wind der Literatur. Wie in Kulturgeschichten üblich wurde dem einschlägigen Material ein hohes Eigengewicht zugestanden, auch in epistemologischer Hinsicht. Denn der richtige Fund am richtigen Ort ist das beste Argument, oder, um es gleich mit einem Fund zu

1 Peter Handke: Das zweite Schwert. Eine Maigeschichte. Berlin 2020, S. 70.

 DOI:10.30965/9783846761038_038

sagen: „Die schönsten Einsichten sind doch – die Funde."[2] Das hat Folgen für die sprachliche Form der hier vorgelegten Fallgeschichte. In die Beschreibung der literarischen Darstellung von Ungeschicklichkeit lagern sich literarische Darstellungen von Ungeschicklichkeit ein. Das lässt die Darstellung ihrerseits tendenziell unbeholfen und ungeschickt werden. Hans Blumenberg hat sich dazu gelegentlich notiert, dass Sprache ursprünglich nicht entstanden ist, um zu beschreiben, „sondern um zu bewältigen; das macht ihre Unbeholfenheit für eine so späte, ganz unlebensweltliche Aufgabe".[3] Weil die Unbeholfenheit der Beschreibungsleistung durch die Einlagerung literarischer Rede in die Sprache, die diese Rede beschreibt, gesteigert wird, wurden am Anfang der historischen Teile dieser Fallgeschichte Darstellungen des Ungeschicks in der bildenden Kunst herangezogen.

Ein Äquivalent dieses ‚Kunstgriffs' weist auch der kurze Schluss auf. Es geht dabei um die ‚groteske' Kurvenlinie, die auf dem Umschlag dieser Fallgeschichte abgebildet ist.[4] Hätte sie einen Namen, dann müsste sie *Linie des Ungeschicks* heißen. Sie rekurriert auf eine lange und spannende Vorgeschichte, die hier nur gestreift werden kann.[5] Nachdem Albrecht Dürer im 16. Jahrhundert auf der Suche nach Regeln der Proportion die abweichenden Formen gekrümmter und die kuriosen Möglichkeiten mehrfach gewundener Linien genutzt und theoretisch reflektiert hatte,[6] präsentierte William Hogarth im Zeitalter der Aufklärung die seither topische *Line of Beauty*. Wie der Buchstabe S schwingt sie symmetrisch erst nach rechts und dann nach links aus. Auf einem 1749 entstandenen Selbstporträt (mit Hund) liegt die Schönheitslinie wie ein formbarer, körperlich

---

2 Henning Ritter: Notizhefte (zuerst 2010). 5. Aufl. Berlin 2011, S. 88.

3 Hans Blumenberg, Karteikarte (ohne Nummerierung): „Theorie der Begriffsgeschichte", DLA Marbach; hier zit. nach Hannes Bajohr: Shifting Grounds. Hans Blumenberg's Immanent and Transcendent Modes of Thought. In: Timothy Attanucci/Ulrich Breuer (Hg.): Leistungsbeschreibung. Literarische Strategien bei Hans Blumenberg. Heidelberg 2020 (i. Dr.).

4 Mit Dank dafür an Johannes Breuer.

5 Ich stütze mich dabei auf Werner Hofmann: Die Schönheit ist eine Linie. 13 Variationen über ein Thema. München 2014.

6 Ebd., S. 53.

greifbarer Gegenstand auf der Palette des Malers.[7] Auch der junge Goethe hat sich als Zeichner in der Manier Dürers gerne in Kurven und Schnörkeln ohne Mitteilungsabsicht verloren, die Hogarth'sche Linie der Schönheit aber auch als Linie der Liebe erotisiert und sie auf den Wechsel von Paarung, Trennung und erneuter Paarung bezogen.[8] Bei Goethes Zeitgenossen William Blake ist die Vitalität der Schönheitslinie und ihre Nähe zur Kreatürlichkeit dann als pulsierende Einheit von Widersprüchen universalisiert worden: „Every Line is the Line of Beauty".[9] In deutscher Übersetzung könnte das fast schon ein Fragment seines Zeitgenossen Friedrich Schlegel gewesen sein, der sich freilich eher für die Arabeske interessiert hat.[10]

Im Unterschied zur Linie der Schönheit hat die Linie des Ungeschicks einen Knick. Er fügt in die Schönheitslinie eine Irritation, eine irreguläre Ausbuchtung ein und verschiebt sie dadurch ins Asymmetrische. Ähnlich wie bei der linkshändigen Frau in Handkes Erzählung, die am Ende ihr Selbstporträt zeichnet,[11] oder beim Fußballspieler Javier Pastore,[12] interagieren ungeschickte Elemente mit dem Schwung des Gelingens. Diese Linie kommt, wenn man sie auf die Gegenstandsebene der vorliegenden Studie bezieht, von weit her – aus den Frühneuzeitlichen Traditionen des Ineptia-Paradigmas – und sie endet keineswegs im Hier und Jetzt. Denn die Figuration des Ungeschicks kennt keinen Anfang und kein Ende, sondern nur eine mehr oder weniger verwirrende, transitorische Dynamik.[13] Sie wird in der Fallgeschichte der deutschen Literatur, die sie illustriert, dergestalt unterbrochen, dass der gewählte

7 Vgl. ebd., S. 117–119.

8 Ebd., S. 123–126.

9 Zit. nach Hofmann; ebd., S. 86.

10 Vgl. Wolfgang Düsing: Schönheitslinie. In: Historisches Wörterbuch der Philosophie. Hg. von Joachim Ritter und Karlfried Gründer. Bd. 8. Basel 1992, Sp. 1387–1390, hier Sp. 1388.

11 Vgl. Peter Handke: Die linkshändige Frau. Erzählung. Frankfurt a. M. 1976, S. 130 f.; vgl. dazu oben, S. 610 f.

12 Vgl. oben, S. 3.

13 Ebenso wie die Linie der Schönheit; vgl. Hofmann: Die Schönheit ist eine Linie (s. Anm. 5), S. 15.

Ausschnitt eine plausible, für den Diskurs des Ungeschicks signifikante Konfiguration ergibt. Die Auszackung kann dann als Überlagerung der Semantik des Ausdrucks *Ungeschick* durch die heroisch aufgeladene Semantik des Ausdrucks *Missgeschick* in den zwanziger und dreißiger Jahren des 20. Jahrhunderts verstanden werden, die gegenläufige Impulse bei Autoren wie Kafka und Benjamin ausgelöst hat. Sie haben den Richtungswechsel im Ungeschicklichkeitsdiskurs nach 1945 eingeleitet. In einer globalisierten Welt ließ sich das Ungeschick immer schwerer erkennen, wurde aber auch programmatisch als radikale Ungeschicklichkeit von einer Kunst des Kunstlosen, für die etwa Marcel Duchamp und Andy Warhol einstehen, adaptiert. In der Phase ihres freien Falls wird die Linie des Ungeschicks dann auch in der deutschen Literatur „zur Metapher von Ungewissheitsbeziehungen, die sich der Kodifizierung entziehen".[14]

Geht man vom Ausblick zurück zum Fazit und lässt die Bildbeschreibungen am Beginn jedes Teils der Fallgeschichte noch einmal Revue passieren, dann führen sie die Figur des Ungeschickten in unterschiedlichen Konstellationen vor. Bruegel integriert ihn in eine Gruppe von Versehrten, die verschiedene Stadien des Abfalls vom Glauben vor Augen führt, während Rembrandt ihn, als Redner erhöht, vor einem eng besetzten Kreis von Zuhörern auftreten lässt, die ihm teils näher, teils ferner stehen. Watteau stellt ihn ebenso wie Rembrandt auf eine Erhöhung, akzentuiert seine Nähe zum Animalischen und kontrastiert ihn mit seinesgleichen, wohingegen Goya den Ungeschickten als Puppe von einer Gruppe von Frauen in die Luft werfen und dabei verhöhnen lässt. Manet wiederum hat den Kampf der Ungeschickten um Ruhm und Ehre durch einen Pulk koboldhafter Reiter allegorisiert, die sich vor einem großen Publikum gegenseitig auszustechen versuchen, während Klee einen Ungeschickten als schutzsuchenden Solitär in einer totalitären, rechtslastigen Umgebung vorführt. Warhol wiederum vervielfältigt das Porträt einer populären Kunstfigur und unterscheidet das eine Porträt der Serie vom anderen durch Ausführungsfehler. Zuletzt hat Hirst den Ungeschickten als gefälschten Fund aus Meerestiefen und längst vergangenen Zeiten auf ein Podest gestellt und das Publikum

14 Ebd., S. 110.

um ihn herumgehen lassen. Das wiederholt Watteaus Erhöhung und invertiert die Konstellation Rembrandts, schließt aber auch an die Spottlust Goyas und die popkulturellen Neigungen Warhols an.

Es könnte sich lohnen, die Konstellationen der Figur des Ungeschickten in der bildenden Kunst weiter zu typisieren und ihre Relationen zu systematisieren. Das muss jedoch der Kunstgeschichte vorbehalten bleiben. Für die hier vorliegende Fallgeschichte ging es lediglich um die Ableitung von Deutungsperspektiven und Untersuchungsaspekten, die nicht selbst schon auf der Seite des Gegenstands auftreten, diesen aber für die Gegenwart aufschließen können. Tatsächlich hat sich gezeigt, dass vor allem die Arbeiten Klees, Warhols und Hirsts charakteristische Aspekte des Ungeschicklichkeitsdiskurses in der Globalisierungsmoderne visualisieren. Unter den Bedingungen der Weltgesellschaft wird das Ungeschick seriell vermehrt und zugleich zunehmend invisibilisiert. Es wird vermehrt, weil mit der Öffnung kultureller Grenzziehungen die Gelegenheiten multipliziert werden, sich unpassend, falsch oder peinlich zu verhalten. Man kann dann versuchen, die kleinen Fehler zu übersehen, wie es etwa Lichtenberg gefordert hat: „Kleine Fehler zu entdecken ist seit jeher eine Eigenschaft solcher Köpfe gewesen die wenig oder gar nicht über die mittelmäßigen erhaben waren, die merklich erhabenen schweigen still oder sagen nur etwas gegen das Ganze und die großen Geister schaffen nur ohne zu tadeln.“[15] Man kann aber auch einfach drauflos handeln und sich nicht um die Folgen scheren. Der ungeschickte Deutsche, so könnte man sarkastisch resümieren, hat das schon immer prima gekonnt. Als „redlicher Unkönner“ ist er so etwas wie „ein unkluger Versager mit gutem Gewissen.“[16] Die Invisibilisierung des Ungeschicks dagegen folgt aus dem massiven Schwund eines in Routinen übergegangenen Regel- und Erwartungswissens, das Verhaltensweisen zu unterscheiden und zu bewerten erlaubt. Ohne dieses Wissen fällt es schwer, Performanzfehler zu erkennen und zu verstehen, wovon da überhaupt die Rede ist. Das führt dazu, dass auch Machtverhältnisse und Unterschiede

15 Georg Christoph Lichtenberg: Schriften und Briefe. Hg. von Wolfgang Promies. Bd. 1: Sudelbücher I. München 1968, S. 578.

16 Emanuel Seitz: List und Form. Über Klugheit. Frankfurt a. M. 2019, S. 133.

zwischen Dilettantismus und Professionalität, die nicht zuletzt durch Ungeschicklichkeiten indiziert werden, zunehmend schwerer zu erkennen sind.[17]

An den Arbeiten Christoph Schlingensiefs und zum Teil auch Helge Schneiders ist in dieser Fallgeschichte abschließend gezeigt worden, inwiefern auf die Multiplikation und Invisibilisierung des Ungeschicks mit einer Ästhetik geantwortet werden kann, die beides nicht denunziert, sondern produktiv aufnimmt. Auch die Arbeiten von Rainald Goetz lassen sich dieser Ästhetik zurechnen. Erweitert man jedoch den Blick über die Grenzen der deutschsprachigen Literatur hinaus, dann stammt der aktuell wohl aufschlussreichste Beitrag zu einer globalen Ästhetik des Ungeschicks von dem französischen Schriftsteller Michel Houellebecq. Er macht in seinen Romanen die weiterhin kursierenden und neu entstehenden Anstandsregeln kontrafaktisch dadurch sichtbar, dass er sie provoziert und gezielt verletzt.[18] Houellebecqs Romanfiguren sind mittelmäßige Ungeschickte, frustrierte Angestellte und depressive Loser. Der Autor hat sie in einem Zeitungsinterview als „völlig durchschnittliche, vom romanesken Standpunkt aus a priori wenig anziehende Leute"[19] charakterisiert. Für diese Figuren wählt Houellebecq eine Sprache, die Äquivalente „für die Indifferenz, für das Nichts" zu finden versucht und in ihrer Affirmation von Stillosigkeit gezielt den Vorwurf der Literaturkritik auf sich zieht, ärmlich, ungelenk und kraftlos zu sein.[20] Damit schließt er an die schlichte und teils bewusst ungeschickte Rhetorik des frühen Christentums und seiner Adepten an, verzichtet aber – zumindest vordergründig – auf die mit ihr verbundene höhere Einsicht.

---

17 Zum Beispiel ist der Horrorfilm *Blair Witch Project* (1999), ein Hollywood-Blockbuster, als Found-Footage angelegt und imitiert stilistisch durchgehend einen ungeschickten Amateurfilm.

18 Vgl. Julia Encke: Wer ist Michel Houellebecq? Porträt eines Provokateurs. Berlin 2018, S. 107. Mit Dank für den Hinweis an Günter Oesterle.

19 Hier zit. nach Encke; ebd., S. 50.

20 Ebd., S. 53. Vgl. dazu auch Ulrich Breuer: „Gegen Stil, für das Zufällige" – Brinkmann (Nietzsche, Goethe) in Venedig. In: Sprachstil – Zugänge und Anwendungen. Ulla Fix zum 60. Geburtstag. Hg. von Irmhild Barz, Gotthard Lerchner u. Marianne Schröder. Heidelberg 2003, S. 31–42.

Figurenwahl und Stilhaltung der Romane Houellebecqs werden wie bei Schlingensief und Hirst von Auftritten flankiert, in denen der Autor seine literarischen Grenzüberschreitungen in der Öffentlichkeit performativ ausagiert und sich medienwirksam „als Antityp der Medienwirksamkeit“[21] inszeniert. Er tritt als betont schlecht gekleidete und ungepflegte Kunstfigur auf, die als sarkastischer Dandy mit „langsamen Gesten betonter Ungeschicklichkeit“[22] daherkommt und sich angeblich ausschließlich für Rauchen, Trinken, Schreiben und Frauen interessiert.[23] Das war und ist gezielt auf den Effekt abgestellt. Zu einem seiner Auftritte hat man festgehalten: „Je abgewetzter die Jacke, je speckiger der Rucksack, je eingefallener der Mund, je weggedämmerter der Blick, desto kostbarer jede Erinnerung an Kultur, wenn Michel Houellebecq dann doch das Wort ergriff und, wie immer zögerlich, aber druckreif, sprach“.[24] Jürgen Kaube hat ihm daher in der FAZ ein überaus raffiniertes „Eindrucksmanagement der eigenen Person“ attestiert.[25] Die Pointe dieser zeitgemäßen Version des Ungeschickten besteht in der Tat darin, dass seine Ungeschicklichkeit das Resultat einer minutiösen Inszenierung ist. Ihr oberstes Ziel ist die perfekte Illusion von Imperfektion.[26] Wie die späten Tagebücher Michael Rutschkys mit ihren obsessiven Beobachtungen des verfallenden Leibes und den unbefriedigenden Versuchen, die letzten Erektionen fotografisch festzuhalten, geradezu schmerzhaft demonstrieren, kann dieses Ziel auch über einen rücksichtslos ausagierten Wahrheitsanspruch erreicht werden. Das ist dann aber deutlich weniger marktgängig.

Das Beispiel Houellebecq ist aufschlussreich, weil es den aktuellen Stand des Ungeschicklichkeitsdiskurses in der Literatur wie in einem Brennpunkt zusammenzieht. Kulturgeschichtlich

---

21 Encke: Wer ist Michel Houellebecq? (s. Anm. 18), S. 88.

22 Bernard-Henri Levy, zit. nach Encke; ebd., S. 117.

23 Vgl. ebd., S. 122.

24 Gerhard Mack, zit. nach Encke; ebd., S. 125.

25 Jürgen Kaube: Michel Houellebecq. Was uns fasziniert. In: Frankfurter Allgemeine Zeitung, 29.9.2016; www.faz.net/aktuell/feuilleton/buecher/autoren/was-uns-an-schriftsteller-michel-houellebecq-interessiert-14457970.html (12.5.2020).

26 Vgl. Encke: Wer ist Michel Houellebecq? (s. Anm. 18), S. 102 und S. 125.

aufschlussreicher ist in dieser Hinsicht aber die Populärkultur. Im mehrfach ausgezeichneten und sehr erfolgreichen Blockbuster *Joker* (2019) spielt Joaquin Phoenix den ungeschickten Außenseiter Arthur Fleck, der stets zur Unzeit lacht.[27] Erst seine Umgebung lässt den ambitionierten Mittdreißiger zum erfolglosen ‚Joker' werden, der bewusst die Rolle des Clowns übernimmt. Im Scheitern an einer Welt, die Leistung fordert und nur Zurückweisung bietet, findet der Ungeschickte seine Ästhetik in der Destruktion. Nur in ihr ist er frei. Wenn das Ungeschick nicht wahrgenommen und anerkannt wird, bricht es sich in höchst ungemütlicher Weise Bahn. Vorgeführt wird dies in düsteren, albtraumhaften Bildern, die Romantik mit Realismus kombinieren.

Der Tragödie des Ungeschickten lässt sich noch ein Satyrspiel hinzufügen. Im Januar 2019 hat sich der Fußballspieler Franck Ribéry, damals noch bei Bayern München unter Vertrag, in Dubai für 1.200 Euro ein goldenes Steak servieren lassen. Das dabei entstandene Video[28] hat einen massiven Shitstorm ausgelöst. Ribéry scheint sich im türkischen Steakhouse bei monotoner Hintergrundmusik als weltmännischer Kenner und Genießer inszenieren zu wollen, gibt sich aber eher als schlicht gebliebener Neureicher zu erkennen. Der Versuch, kultiviert und cool zu agieren, fördert das eigene Ungeschick nur umso schonungsloser zu Tage.

Wenn man an dieser Stelle die Kulturgeschichte des Ungeschicks mit ihren Anarchoclowns und goldenen Steaks auf sich beruhen lässt, bleibt noch die Frage offen, was die Fallgeschichte der deutschen Literatur in literaturgeschichtlicher Perspektive geleistet hat. Eine Übersicht bietet das abschließende Resümee.

---

27 Vgl. https://de.wikipedia.org/wiki/Joker_(Film) (14.5.2020). Mit Dank für den Hinweis an Johannes Breuer.

28 sportbild.bild.de/video/clip/franck-ribery/bayern-star-ribery-isst-goldenes-tomahawk-steak-59346294.sport.html (12.5.2020).

II

Die Überlegung, wisse, findet ihren Zeitpunkt weit schicklicher *nach*, als *vor* der Tat.
Heinrich von Kleist

In der vorliegenden Studie ist erstmals versucht worden, die Geschichte der deutschen Literatur als Auseinandersetzung mit Formen des Ungeschicks darzustellen. Dazu wurde das Ungeschick als geringfügiger Performanzfehler definiert. Er stört Routinen oder bricht mit Konventionen und kann soziale, motorische oder poetische Formen annehmen. Dem Umgang mit Performanzfehlern ist immer schon eine Eskalationslogik eingeschrieben. Sie beginnt mit der bewussten Wahrnehmung einer Störung und kann sich über ihre Evaluation und Artikulation bis hin zur Sanktionierung und den daraufhin erfolgenden Gegenreaktionen steigern. Weil sich die kleine Störung immer auch zum globalen Störfall ausweiten kann, gibt es Bewältigungsstrategien, die deeskalierend eingreifen um die Gewalt des Ungeschicks kleinzuhalten und zu depotenzieren. Zu ihnen gehört die Literatur. Sie kann Performanzfehler zum Thema machen, sie aber auch, etwa durch übermäßige Lektüre, allererst auslösen. Nicht zuletzt kann die Literatur das Ungeschick durch Integration in ihre Verfahrensordnungen prozessieren und es als stilistische Nuance oder wirkungsmächtiges Schreibverfahren einsetzen.

Für die deutsche Literatur ist das Ungeschick ein relevantes Thema, weil es seit dem Humanismus regelmäßig dem deutschen Nationalcharakter zugeschrieben worden ist. Selbstbeschreibungen der Deutschen decken sich in diesem Punkt mit Fremdbeschreibungen. Weil der Grund des Ungeschicks unbestimmt ist, kann der Fehlgehende zwar zur Verantwortung gezogen werden, ihn trifft aber keine Schuld. In der Gestalt des ‚gemütlichen' deutschen Michel ist dafür auch ein nationales Symbol gefunden worden. Sein überreiches Innenleben scheint mit einem schlichten und naiven, vielfach aber auch mit einem groben oder sogar absichtsvoll

 | DOI:10.30965/9783846761038_039

rüpelhaften Verhalten einherzugehen. Wer wissen will, wo diese Figur herkommt, was aus ihr geworden ist und wie vor allem die deutsche Literatur mit ihr umgegangen ist, muss sich an die Geschichte wenden. Nur so bleiben wir handlungsfähig, denn „[w]er sich auf die Vergangenheit nicht einlässt, bleibt an die Gegenwart gekettet, und die Zukunft ist dann nichts anderes als eine verlängerte Gegenwart."[29] Die hier vorgelegte Fallgeschichte der deutschen Literatur vom 16. Jahrhundert bis zur Gegenwart ist als Narrenreigen angelegt. Anders als beim Musenreigen, den strahlend und schön Apollon anführt, müsste dem Narrenreigen eigentlich der deutsche Michel voranschleichen. Weil er aber behäbig und etwas steif ist, tritt er lieber auf der Stelle und legt sich auch gern mal ins Bett. Zum Tanzen gebeten wurde er hier durch einen Reigen Gleichgesinnter. Während die älteren unter ihnen, die schon in der Frühen Neuzeit auftreten, sich nicht allein ungeschickt, sondern immer auch unschicklich verhalten, sind Schicklichkeit und Ungeschick seit der Sattelzeit semantisch getrennt. Das teilt die Fallgeschichte des Ungeschicks innerhalb der deutschen Literatur in zwei große Blöcke. Die ersten drei Narren im Reigen gehören zum ersten, die fünf folgenden zum zweiten Block.

Der älteste im ersten der beiden Blöcke ist der Blindgänger. Er taucht am Ende des 15. Jahrhunderts als ungebildeter *rusticus* und bald auch die Städte verunsichernder Grobian auf. In literarischen Texten der Reformation wird er zu einem rebellischen Träger eines neuen, religiösen Freiheitsgedankens. Es reicht ihm aber nicht, die neu gewonnene Freiheit auf seine Beziehung zu Gott zu beschränken. Vielmehr will er auch politisch etwas davon haben. Das macht ihn für seine Zeitgenossen ungeschickt und treibt ihn gemeinsam mit seinen Anhängern innerhalb der evangelischen Bewegung in die Isolation. Freilich wird er dabei nicht verdammt, sondern man lässt ihm den Rückweg offen. Nach der Konsolidierung der Reformation im Augsburger Religionsfrieden kommt es dann zu einer Aufwertung des politischen Raums. Nun können ungeschickte

29 Herfried Münkler: Der Dreißigjährige Krieg. Europäische Katastrophe, Deutsches Trauma. 1618–1648. 2. Aufl. Berlin 2017, S. 822.

Störungen im Gemeindeleben entweder zynisch verspottet, oder in Aushandlungsprozessen geklärt und abgestellt werden.

Das nutzt im Barockzeitalter als zweiter Narr der Rohling. Er betritt die Bühne der Welt unter der Redemaske des Ungeschickten und ergreift erstmals in der deutschen Literaturgeschichte in eigener Sache das Wort. Entweder verstellt er sich dabei in satirischer Absicht in einen ungeschickten Redner, der unter seiner Narrenmaske nur umso wirkungsvoller die irreduzible Kulturleistung der Rhetorik zur Sprache bringen kann, oder er gibt sich als limitierter Autor, der im seinerseits ungeschickten Liebesgott Eros den Urheber allen Ungemachs ausmacht. Religiös legitimiert durch seine Weltabkehr und im Schulterschluss mit der Damenwelt wagt er sogar, den obersten Souverän um die Einhaltung von Sitte und Anstand zu bitten.

Im Zeitalter der Aufklärung nimmt der Rohling seine Redemasken ab und verwandelt sich in einen Tanzbären. An ihm wird vorgeführt, dass man herausragende Fähigkeiten besser nicht ausstellen, sondern bescheiden verbergen sollte. Auch der Literat muss von nun an natürlich und einfach agieren. Das hat man radikalisiert und im Ungeschick ein Freiheitsmerkmal erkannt. Es ließ sich als kurze und klare Rede gegen die Abhängigkeit der deutschen Höfe von der urbanen Kultur der Franzosen ausspielen. Komplexer und wirkungsgeschichtlich erfolgreicher war der Versuch, das patriotische Freiheitsverlangen junger Männer in einen offenen Konflikt mit den erotisch aufgeladenen Verlockungen der Oberschichten zu verwickeln. Das erlaubt seither ein juveniles Dauerzögern angesichts immer rigider wirksamer Perfektionierungszwänge, das literaturgeschichtlich erhebliche Folgen hatte.

Mit dem Beginn der Sattelzeit schlägt die Stunde des vierten Narren, des Hampelmanns. Mit ihm ist das Ineptia-Paradigma beendet und es beginnt der zweite Block. Nun werden einerseits die Verhaltensnormen der höfischen Oberschichten als zivilisatorische Errungenschaften akzeptiert, andererseits aber wird das Ungeschick zum Katalysator neuer Verhaltensstandards umfunktioniert. Kindheit und Kindlichkeit steigen dadurch zum utopischen, einstmals angeblich realisierten Ideal auf. Es erlaubt den strategischen Einsatz von Selbstvergessenheit, eröffnet die etwas unheimlichen

Evasionsräume der Fantasie und lizensiert intellektuelles Probehandeln. Das überwiegend männliche Subjekt wird jetzt zum Spielball von Kräften, denen es sich teils gezielt aussetzt, teils aber auch ausgeliefert sieht. In den Befreiungskriegen wird das Ungeschick dann patriotisch instrumentalisiert und dem deutschen Nationalcharakter zugeschrieben. ‚Bloße Geschicklichkeit' kann fortan als Eigenschaft anderen Ethnien zugewiesen und antisemitisch instrumentalisiert werden. In der romantischen Poetik werden Fehler aufgewertet und erhalten individualisierende Funktionen. Sie erhöhen zudem die Zugänglichkeit literarischer Texte. Im Roman wird Ungeschicklichkeit daher zum literarischen Formprinzip. Zugleich wird das Ungeschick jetzt männlich markiert und der zivilisierenden Kraft der Frauen unterstellt. Im Geschlechterverhältnis setzt sich der nur scheinbar verabschiedete Schicklichkeitsdiskurs bis weit in die Moderne hinein fort.

Im 19. Jahrhundert tritt der fünfte Narr als Tollpatsch auf. Der literarische Realismus gibt ihm umfänglich Raum. Dabei kommt es zu einer werkästhetischen Integration der Ungeschicklichkeit. Ihre Bearbeitung leitet ihre Normalisierung ein und allmählich erhält sie die Weihen des Alltags. In einer ersten Phase erscheint der Ungeschickte zum einen als liebenswürdiger Außenseiter, dessen Fehltritte entschuldigt werden können, zum anderen aber als Genie, an das sich die träge Gegenwart hängt, um es zu Fall zu bringen. In der zweiten Phase tauchen sowohl geborene Tollpatsche auf, die ihrem Schicksal nicht entgehen können, als auch solche, die von ihrer Umgebung zu Ungeschickten gemacht werden und sich nur mühsam wieder von diesem Stigma zu befreien vermögen. Außerdem wird das Ungeschick als Katalysator republikanischer Selbstbildung präsentiert. Die patriotische Funktionalisierung des Ungeschicks verbindet sich nun mit einer christlich-religiösen. Dadurch wird die antisemitische Verurteilung ‚bloßer' Geschicklichkeit massiv verstärkt. Die dritte Phase schließlich gehört dem heroischen, sein Ungeschick mit einer massiven Misogynie verknüpfenden Sonderling. Er kann als Grobian der Gerechtigkeit versuchen, die üble Welt zurechtzuschimpfen, sich als Opfer von Beschleunigungsprozessen der bösartigen Tücke des Objekts ausgesetzt sehen, oder als erratischer

Erzähler einen ungeschickten Steinwurf mit tödlicher Wirkung zum Anlass eines defätistischen Welt- und Selbstentwurfs nehmen. Der heroische Sonderling kann aber auch aus der Perspektive eines jüdischen Deutschen als kluge und gebildete Frau auftreten, die sich in ihr tägliches Ungeschick ‚schickt'.

In der ersten Hälfte des 20. Jahrhunderts wird der Ungeschickte zum Ernstfall. Er ist der sechste Narr im Reigen. Mit ihm kommt es zu einer ideologischen Aufladung der Ungeschicklichkeitssemantik. Dabei wird dem alltäglichen, allmählich der Banalisierung verfallenden Ungeschick das heroische, tragisch aufgeladene Missgeschick gegenübergestellt. Letzteres ist dem nun zunehmend rassenbiologisch bestimmten Deutschen vorbehalten. Zwei Phasen lassen sich unterscheiden. Bis zum Ende des Ersten Weltkriegs steht der Ungeschickte dem ästhetisch sensiblen, dabei aber schwachen und haltlosen Décadent nahe. Aus diesem Diskurs geht die Figur des tragisch scheiternden Deutschen hervor, den literarische Texte zum Symbol der Zeit machen. In ihm soll das nationale Tiefenschicksal zum Ausdruck kommen. Es gibt aber auch erfolgreiche Gegenentwürfe, die einen Heroismus der Schwäche favorisieren und in ihrer ironischen Poetik mit den Schwankenden, Stolpernden und Fallenden sympathisieren. In der zweiten, von Gewalt geprägten Phase, die in einen beispiellosen Zivilisationsbruch hineinführt und mit der Kapitulation Deutschlands endet, versucht sich die deutsche Literatur an einer Brechung und Neukonstellation der Heroischen Moderne im Zeichen des Ungeschicks. Zum einen wird nun ein Heros der Schwäche ins Zentrum des Erzählens gerückt, der in seinem teils kindlichen, teils juvenilen, weiterhin mit misogynen Zügen verbundenen Probehandeln zwischen Hochgefühlen und radikalen Sinnverlusten schwankt. Zum anderen wird die romantische Figur des buckligen Männleins zu einer Allegorie deutsch-jüdischen und jüdisch-deutschen Ungeschicks ausgeformt. Sie hält die Erinnerung an die Geschichte und ihre Opfer wach, verdeutlicht aber auch, dass diese Opfer dann, wenn sie an die Macht kommen, ihren Historiographen mit dem Tod bedrohen werden.

Auf den Ernstfall in der ersten Hälfte des 20. Jahrhunderts folgt als siebter Narrentyp der personifizierte Reinfall. Nun setzt sich die Globalisierungsmoderne, der sich die inzwischen diskreditierte Heroische Moderne entgegengestemmt hatte, auf allen Ebenen durch. In der Nachkriegszeit taucht der existenzialistisch überhöhte Typus des Kriegsheimkehrers auf, der sich in seiner zutiefst irritierten Familie nicht mehr zurechtfindet und von seinem Nachwuchs vielleicht zu Unrecht denunziert wird. Zugleich erscheint die ästhetische Vorliebe der Deutschen für das Schwerfällige und Unelegante nun als unverzichtbare Nuance auf dem globalen Kunstmarkt. In den fünfziger Jahren folgt die deutsche Literatur einer Poetik des Zufalls mit nihilistischen Zügen, die der Existenzform des Künstlers jedes falsche Pathos austreibt, erstmals auch strukturell technische Störungen integriert, ihre medialen Aspekte reflektiert und das Ungeschick zum banalen Realitätsschock depotenziert. Die sechziger Jahre warten mit narrativen Reflexionen über den Nexus von Ungeschick und staatlichem Handeln auf und fordern ein Recht auf Schwäche ein. Der patriarchalisch organisierte Staat zwingt insbesondere Frauen zu ungeschicktem Verhalten. Erst in den siebziger Jahren öffnet sich die deutsche Literatur verstärkt für weibliche Protagonisten. An ihnen wird etwa vorgeführt, wie sich motorische Ungeschicklichkeit und poetisches Gelingen unangestrengt verbinden lassen. Als Grundfigur der Postmoderne (und über sie hinaus auch der Globalisierungsmoderne) ist das Ungeschick dann in den achtziger Jahren identifiziert worden. Im Medium des Essays wird es als Strukturprinzip der Öffentlichkeit gefasst, dem Neokonservatismus von Sozialaufsteigern im Gefolge der sozialliberalen Bildungsreformen zugeordnet und mit der Dezentralisierung von Macht sowie der Autonomisierung sozialer Systeme erklärt.

Der letzte Narr, der den deutschen Michel zum Tanz auffordert, ist der Abgestürzte. Er entsteht in einem globalen, seit den neunziger Jahren von der Digitalisierung geprägten Milieu, in dem sich nach der deutschen Wiedervereinigung die Fehltritte häufen, dabei aber immer schwerer zu bemerken sind. Das stabilisiert die sozialen Ordnungen. Sie verschwinden hinter einer Wand aus Schamlosigkeiten. Die deutsche Literatur kommt dadurch partiell zu Fall. Teils reagiert sie darauf durch den Anschluss an die Tradition und macht den Autor zum unbeholfenen Idioten oder zum tief verstrickten Außenseiter, der sich für seine Landsleute schämt und melancholisch den katastrophischen Folgen eines allgegenwärtigen Größenwahns nachspürt. Teils versucht sie aber auch aus dem Kerker des Subjekts auszubrechen und das Ungeschick als Bestandteil einer durch und durch kontingenten Welt zu feiern: Don't cry, work! Aus dem Fall des Literaten soll durch eine Nivellierung der Grenze zur Populärkultur nach dem Vorbild des Amerikaners Jeff Koons am Ende Weltkunst entstehen. Die Poetik des Ungeschicks wird ergänzt von einer Ästhetik der Ungeschicklichkeit, die avantgardistisch alle Grenzen zwischen Kunst und Leben einreißt, eine neue Fehlerkultur fordert und mit Provokationen arbeitet. Ihr geht es darum, grundlos aus Freiheit zu handeln und dadurch die soziale Plastik auch dort sichtbar zu machen, wo sie sich zu verbergen versucht. Noch im Absturz ist das Zivilisationsniveau zu schützen und darauf zu achten, Irritationen möglichst eine Form zu geben. Solange das gelingt, gehen die Fallgeschichten weiter.

Dank

Mit dem Ungeschick in der deutschen Literatur habe ich mich in den achtziger Jahren als Student zu beschäftigen begonnen – when I was young („My faith was so much stronger then / I believed in fellow men / And I was so much older then“). Die ersten Impulse gingen von der Staatsexamensarbeit Georg Stanitzeks über *Blödigkeit* im 18. Jahrhundert aus und die daraus hervorgegangene Dissertation hat mein Verständnis der Neueren deutschen Literaturwissenschaft nachhaltig geprägt. Als ich unter dem Titel *Ungeschickt. Beispielsweise „Lucinde“* im Juli 2007 im Atrium Maximum der Johannes Gutenberg-Universität Mainz meine Antrittsvorlesung gehalten habe, war ich der festen Überzeugung, mit ihr ein Problem abschließend bearbeitet zu haben, das mir meine Bekenntnisstudien übriggelassen hatten. Dass es dann anders gekommen ist, liegt an Till Dembeck. Er hat mir vorgeschlagen, aus dem Thema doch ein Buch zu machen. Das ist jetzt 13 Jahre her und die akademische Rede hat sich erheblich erweitert. Es wird auch nicht mehr ein Forschungsprogramm angekündigt, sondern ein langjähriges Forschungsprojekt abgeschlossen. Entscheidend gefördert wurde es durch ein einjähriges *Zielgerade*-Fellowship des Gutenberg-Forschungskollegs, für das ich mich herzlich bedanke.

Dass dieses Buch fertig geworden ist, liegt zu großen Teilen wiederum an Till Dembeck. Er hat mich immer wieder zur Weiterarbeit ermutigt und das gesamte Manuskript detailliert kommentiert. An zweiter Stelle gebührt mein Dank Ingrid und Günter Oesterle für ihr inspirierendes Interesse an dem Projekt, für ihre Freundschaft und Gastlichkeit und ihre klugen Rückfragen, Kommentare und Anregungen. Durch seine Frage nach der Zielsetzung des Buches hat mich Nikolaus Wegmann bei einem winterlichen Frühstücksgespräch im letzten Moment vor einem Irrweg bewahrt. Indirekt ist er auch für die Gliederungsidee verantwortlich. Mit Tim Attanucci und Loreen Dalski habe ich sämtliche Teile des Manuskripts intensiv diskutiert. Sie haben mir dabei unbequeme Fragen gestellt und förderliche Hinweise gegeben – zu Stifter, Kafka

 | DOI:10.30965/9783846761038_040

und Kluge sowie zur digitalen Moderne – aber auch zum Status von Eichhörnchen. Die Einleitung schließlich haben Christian Benne und Christopher Busch kritisch gegengelesen und mich dadurch von manchem Holzweg abgebracht. Christian Benne hat sich in langen Telefonaten wiederholt nach dem Stand der Arbeiten erkundigt, während Christopher Busch immer ein offenes Ohr und eine kluge Idee parat hatte. Ihnen allen, aber auch meinen ehemaligen und aktuellen Mitarbeitern Markus Häfner, Maren Jäger, Matthias Emrich, Sarah Köllner, Christine Waldschmidt, Anke Lindemann, Cosima Jungk und Tim Porzer, sowie meinen Hilfskräften, unter denen ich aus Raumgründen hier nur Vilja Reimer hervorheben kann, danke ich von Herzen.

Der Kontakt zum Verlag ist durch Hans Jacobs entstanden, der sich sehr für das Buch eingesetzt hat. Andreas Knop hat es bei Wilhelm Fink auch nach der Übernahme durch Brill als Lektor aufmerksam betreut. Sehr gefreut habe ich mich über die zuverlässigen Korrekturen von Marie-Luise Kumbartzky, ihre Spontaneität und ihre professionelle Akribie.

Für Anregungen, Hinweise, Diskussionen, Zusendungen von Texten und das Interesse am Thema danke ich zahlreichen Kolleginnen und Kollegen quer durch die Disziplinen, namentlich Jochen Bär, Mita Banerjee, Tobias Boll, Volker Deubel, Mechthild Dreyer, Wolfgang Düsing, Winfried Eckel, Johannes Endres, Armin Erlinghagen, Verónica Galfione, Ursula Geitner, Thomas Hieke, Andreas Kelletat, Jan Kusber, Véronique Liard, Steffen Martus, Ethel Matala de Mazza, Damaris Nübling, Dirk von Petersdorff, Doris Prechel, Jörg Rogge, Thomas Schirren, Andreas Solbach, Manfred Sommer, Bernhard Spies, Ludwig Stockinger, Uta Störmer-Caysa, Philipp Theisohn, Barbara Thums, Johannes Ullmaier, Ludwig Völker, Rudolf Voss, Paul Whitehead und Christoph Zeller.

Ohne meine Freunde und meine Familie hätte ich dieses Buch nicht schreiben können. In Freundschaft eng verbunden sind wir seit unseren zehn Finnland-Jahren mit Briitta und Jarmo Korhonen. Sie haben mir Kraft gegeben. Bei Martin Cielobatzki, André Stuhm-Spieker und Hansjörg Sellin habe ich in vielen Gesprächen und an langen gemeinsamen Abenden Ablenkung und Zuspruch gefunden.

Johannes Breuer hat mein Anliegen am Ende vielleicht besser verstanden als ich selbst, Julia Rückeis hatte die entscheidende Idee für den Klappentext und Theresa Heider hat mich auch in schwierigen Zeiten immer unterstützt. Der größte Dank aber gebührt Margot Zündorf-Breuer: Dies ist auch ihr Buch, denn ohne sie wäre alles nur Schall und Rauch und das Ungeschick nur ein tönend Erz und eine klingende Schelle.

Mainz, im Mai 2020 Ulrich Breuer

Abbildungsverzeichnis

Farbtafeln

Weitere Abbildungen

Namenregister